5판

# 사회심리학의 이해

| **한규석** 지음 |

Social Psychology

학지사

# 5판 머리말

사회심리학은 사람들이 다른 사람과 집단, 공동체와 교류하며, 영향을 주고받으며 갖게 되는 심리 및 행동에 대한 사회과학적 연구 분야이다. 그래서 다루는 내용들이 사람들에게 친숙한 것들이다. 자기란 무엇인지, 다른 사람에 대한 인상은 어떻게 갖게 되는지, 그 인상이 맞는지, 왜 차별과 편견이 나타나는지, '내로남불' 같은 갈등은 왜 나타나는지, 사회의 위계체제는 어떻게 작동하는지, 인종학살, 테러 행위는 어떠한 기제로 나타나는지, 사람들은 어떻게 사랑을 하며 폭력적인 행동을 보이는지, 온라인 교류가 지니는 특징은 무엇인지, 개인행동과 집단행동은 어떻게 다른지 등등이다. 사람들은 친숙한 것들에 대하여 많이 안다고 생각한다. 사회심리학은 체계적 연구를 통해서 이렇게 알고 있는 내용의 진위를 탐구한다. 맞는 내용도 있지만 잘못 알고 있는 내용도 많다. 이런 사회생활의 현상들에 대하여 심리학적인 분석을 하고 통찰을 추구하는 것이 사회심리학 공부의 재미이고 매력이다.

이 책 『사회심리학의 이해』의 초판을 출판한 지 30년이 지났다. 초판은 교수 생활을 시작한 지 3년 만에 한국말로 된 교재가 필요하다고 느껴 집필에 들어갔으며, 이후 5년 만인 1995년에 출간되었다. 미국에서 학위를 마치고 돌아와 미국 교재로 사회심리학을 강의하면서, 한국 사회가 주는 문화적 괴리감을 많이 느꼈다. 당시에 한글로 된 교재는 번역서뿐이었다. 1980년대 중반부터는 구미 국가에서도 문화 간 차이를 다루는 사회심리학의 분야가 활발하게 연구되고 있던 차라 한국문화에 걸맞은 사회심리학의 필요성을 깨닫게 되었고, 이를 위해서는 한국어로 된 교재가 필요하다고 느꼈다. 그리고 당시 국내에서 사회심리학 연구가 많았던 것은 아니지만, 초판의 마지막 장에 '한국인의 사회심리'를 편성하였다. 그 후 약 7년 주기로 개정판을 내었고 이번이 5번째 개정판이다. 정년퇴임을 2년 앞두고 낸 4판이 마지막 개정일 것이라고 여겼다. 그런데 정년퇴임을 하고 나서 비교적 홀가분한 몸으로 온전히 3년의 작업 끝에 5판을 발간하게 되었다.

5판은 이전 판의 체제를 대부분 유지하였지만 내용에는 상당한 변화가 있었다. 2019년 시작된 Covid-19는 삼 년간 세계를 얼게 했다. 선진국을 포함하여 수많은 국가가 심한 봉쇄정책을 취했지만 오백만 명이 넘는 사망자가 나왔다. 원격으로 진행되는 교육과 구매가 일상화되면서 비대면 교류가 대면 교류를 대체하는 경우가 확산되었다. Covid-19 팬데믹의 가장 큰 원인은 인간중심적 삶의 방식에 있다. 이 방식이 수백 년간 생태계를 파괴하면서 인수감염병이 증가하였고, 급기야 기후변화에 의한 이상기후를 초래하였다. 지금 우리가 경험하고 있는 기후위기에 대응하는 노력이 전방위적으로 요구되는 현실이라 기후변화를 다루는 사회심리학적 이해를 설명하는 장을 새롭게 편성하였다. 그래서 전체 장은 총 13개로 구성되었다. 아울러 한국 사회는 물론 전 세계적으로 심각해지고 있는 불평등 심화의 문제, 한국 사회에서 크게 부각되고 있는 불공정, 차별의 문제 등의 내용을 보충하여 이들 문제에 대한 사회심리학적 논의와 관심을 촉구하고자 하였다. 그러다 보니 분량이 이전 판에 비해서 더 늘어나고, 각 장의 길이도 편차가 많이 났다. 강의하시는 분들의 판단에 따라 내용을 선별하여야 할 것이다. 추후에 사정이 허락하면 내용을 대폭 줄여서 학부 과정에서 충분히 다룰 수 있는 정도의 축약본을 내고자 한다. 이번 5판 개정 작업에서 외국 교재로는 Baumeister와 Bushman(2014), Greenberg 등(2015; 남기덕 외 공역, 2017), Gilovich 등(2011)도 좋은 참고가 되었다.

미국에서 석박사 과정을 마치고, 미국의 교재로 사회심리학을 강의하면서 사회심리학이 취하는 개인주의적 접근의 한계를 느끼면서 한국인의 세계관에 바탕하는 사회심리학을 모색하는 노력을 해 왔다. 그 모색에 대한 귀중한 답의 단서는 내게 두 번 다가왔다. 첫 번째는 30년 전에 중앙대학교의 고 최상진 교수께서 제공해 주었다. 그는 구미의 사회심리학 교재들에서 다루지 못하는 한국인의 교류심리인 정, 인정, 우리, 눈치, 체면, 한 등의 현상을 사회심리학적으로 분석하는 연구물을 내면서 내 눈을 뜨이게 했다. 20여 년 넘게 자주 만나 많은 활동을 같이 하면서 많은 것을 그에게서 배울 수 있었다. 고마운 인연이다. 두 번째는 10년 전 한국항공대학교의 최봉영 교수가 제공해 주었다. 초판이 출판되던 1995년 처음 만나게 된 최봉영 교수와의 교류는 이번 개정에 큰 영향을 주었다. 그는 우리말에 꽂힌 독보적인 한국학 연구자이다. 그는 우리가 생각 없이 쓰는 어휘들과 우리말 특유의 문장 차림방식에 천착하며 누구도 보이지 못한 우리말의 바탕과 세계관을 드러내었다. 그는 한국인 고유의 세계관은 모든 일이 쪽으로 구성된 것들이 함께 어울려서 벌어진다고 보는 '쪽'의 세계관임을 일깨워 주었다(제12장 참조). 이 세계관은 기존에 집단주의 틀에 의해 설명되던 것들을 모두 설명할 수 있고, 더 나아가 생태계에서 보이는 사람들의 행태와 현상들을 폭넓게 설명할 가능성을 지니고 있다. 더욱이 인간중심주의에 의해 초래된 인류세와 기후변화의 위기를 맞은 인류에게 서구적 세계관을 포용, 대체하여 설명할 수 있는 가치를 지니고 있다. 이 세계관은 우리 고유의 것이지만 보편성을 지닌다는 것이 놀랍다. 이 통찰의 내용을 바탕으로 이 책의 모든 내용을 재편성하고 싶지만 그 작업은 많은 연구가 누적되어야 가능할 것이다. 본서에서는 초판부터 편성했던 제12장 '한국인의 사회심리'에 그 통찰의 내용을 구체적으로 소개하였고, 관련된 장들에서도 다루었다.

여러 가지로 부족한 부분이 많은 교재이지만 많은 분이 다양한 강의에서 사용하여 주신 것에 감사드린다. 이번 개정판이 나올 때까지 많은 분들에게서 도움을 받았다. 책의 내용을 구성하기 위하여 요청한 수많은 연구 문헌을 일일이 찾아 제공해 주신 전남대학교 도서관의 이희문, 하은희, 김정은 사서, 자신의 연구물을 흔쾌히 제공해 준 연세대학교의 정찬섭, 서은국 교수, 서울대학교의 이재열, 고려대학교의 윤인진, 계명대학교의 M. Joshanloo, 충남대학교의 전우영 교수, 경남대학교의 고재홍, 서강대학교의 나은영 교수분들께 고마움을 전하며, 개정판 원고를 읽고 조언해 주신 런던대학교의 문찬기, 교토대학교의 박준하 교수, 시드니의 이경숙 박사, 전남대학교 심리학과의 신지은, 강영신, 김서홍 교수분들에게도 깊은 감사의 마음을 드린다. 30년 동안 한결같이 집필을 격려해 주신 학지사 김진환 사장과 까다로운 편집 일을 도맡아 수고해 주신 이영봉 선생께도 깊은 감사를 드린다.

이번 개정 작업으로 퇴임 이후에도 많은 시간을 갖지 못한 김미진 선생과 딸 지민에게 미안함과 고마움을 전한다.

제석산 자락에서

한규석

2025. 3. 30.

## 1판 머리말

내세울 만한 업적이 없고 식견도 짧은 몸으로 본서『사회심리학의 이해』를 집필하게 된 데는 몇 가지 절실한 이유가 있다. 무엇보다도 그동안 국내에 소개된 사회심리학 관련 서적들이 모두 하나같이 미국인, 넓게는 서양인들을 다루고 있다는 사실을 뒤늦게나마 깨달은 데 있다. 미국에서 심리학을 공부하면서, 사회심리학의 내용이 한국인들의 이해를 위해서는 부적절할 수 있다는 생각을 하였지만 막상 국내에서 교편을 잡고 연구활동을 시작하면서 이 인식은 보다 절실하게 부각되었다. 우리에게 적절한 사회심리학의 이론은 무엇인가? 사회심리학 교재들에서 보편적인 원리인 것처럼 제시되고 있는 이론들이 과연 우리 한국인들이 보이는 사회적 행위를 이해하는 데 얼마나 도움이 되는가? 이 문제는 필자뿐 아니라 한국의 사회심리학자들 모두를 괴롭혀 온 난제라고 생각된다.

필자는 이 난제를 푸는 중요한 단서를 한 학회에서 얻게 되었다. 1990년 서울에서 개최된 '집단주의-개인주의: 동서양의 심리문학적 관점'이라는 국제학술대회에 참여하고 나서 문화 차이에 대한 연구가 상당히 진척되고 있음을 알게 되었다. 비교문화 연구들이 한국인의 사회심리학을 정립시켜 주지는 못하지만, 최소한 서구의 사회심리학이 지닌 문화적 한계성을 밝히고 있음을 인식한 것이다. 이러한 인식을 갖고 기존 사회심리학 교재들을 다시 검토해 보니, 어느 교재도 문화를 심도 있게 다루고 있지 않다는 사실에 놀랐고, 더 이상 이러한 교재를 사용하는 것에 회의를 느끼게 되었다.

1980년대에 이미 비교문화 심리학 분야의 연구가 상당히 진행되고 있었지만 이러한 연구 결과들은 미국의 교재들에서 흥미 위주로 몇 군데에서 거론되고 있을 뿐이다. 비교문화 연구의 성과가 누적됨에 따라서 최근에 발간된 교재(예: Myers, 1994)에서 비로소 한 장(章)이 문화를 다루고 있지만 이것도 '사회적 영향'이라는 영역에서만 국한되어 다루어지고 있는 정도이다. 그러나 최근에 발간된 몇몇 비교문화 심리학 분야의 저서들이 사회심리학과 문화의 불가분성을 잘 보여 주고 있어 한국인의 사회심리를 과학적으로 검토해 보기 위해 기존의 사회심리학의 이론을 제시하되, 이를 문화와 연결시켜 생각해 볼 수 있는 교재가 필요하다고 여겼다.

두 번째 이유는, 그동안 국내 사회심리학계의 연구가 꾸준히 이루어져 어느 정도 자료를 축적하였으므로 국내 자료를 부분적으로나마 다룬 집필이 가능하다는 것이다. 1994년 10월 현재 한국심리학회 산하의 사회심리학회 회원 수가 87명에 이르고 이들이 발간하는 전문연구지가 매년 2권씩 간행되고 있다. 지금까지 총 15권이 발간되었고 실린 논문의 수도 144편이 된다. 이러한 양이 결코 많은 것은 아니지만 그 성과가 적지는 않다. 그러나 이들 문헌이 연구자들을 위하여 쓰인 것이기 때문에 일반인들이 접하기가 쉽지 않다. 이들 문헌의 일부라도 일반인들에게 소개될 필요가 있다는 인식에서 본서의 집필이 필요하다고 여겨졌다.

마지막 이유는, 우리나라에 사회심리학이라는 학문이 일반인들에게 거의 소개가 되어 있지 않았다는 판단 때문이다. 일반인들이 사회심리라는 말을 들먹이는 경우는 많지만 그 경우가 애매하고 사회과학으로서의 사회심리학과 거리가 멀다. 관심 있는 일반인들이 읽고 이해할 수 있는 소개서가 필요하다는 생각이 들었다.

### 책의 구성

욕심 같아서는 기존의 교재들에서 주로 다루어지고 있는 주제와 이론들에 구속받지 않고 한국인의 사회심리 이해를 위해 필요한 주제를 중심으로 책을 꾸미고 싶었다. 그러나 필자의 역량이 그에 미치지 못하며, 아직은 그 정도까지 연구 업적이 축적되어 있지 못하다는 생각에서 그 욕심을 뒤로 미루고 여러 양서 교재를 참조하여 다룰 주제를 선정하였다. 전체의 구성은 첫 장의 소개 부분을 제외한다면 제1부 사회인지(2, 3, 4, 5장), 제2부 대인교류(6, 7, 8, 9장), 제3부 집단(10, 11장), 제4부 문화와 사회심리(12, 13장)로 구분하였다. 기존 교재에서 거의 빠짐없이 다루어지고 있는 주제들은 대부분을 다루었지만 그 취급의 정도는 다소 차이가 있다. 이를테면 친사회적 행위와 집단역학은 별도의 장으로 다루지 않았다. 반면에, 의사소통, 갈등들을 독립적으로 다루었다. 마지막으로, 한국인의 사회심리를 비교문화적으로 조명해 보기 위한 장을 두었고, 한국인의 고유 심리를 실증 연구 중심으로 점검해 보는 장을 마련하였다.

각 장의 집필은 그동안 필자가 보아 온 수종의 사회심리학 교재(Hewstone et al., 1988; Myers, 1985, 1994; Sears et al., 1991; Tedeschi et al., 1985)를 참고하여 골격을 잡았고 문화비교 연구 결과를 곳곳에 제시하였으며 최근의 연구들을 보충함으로써 중요한 분야에서의 연구 진행상황을 소개하였다.

## 본서의 특징

한국인의 사회심리에 대하여 사회심리학자들보다는 국문학자, 수필가, 언론인들이 나름대로 해답을 제시하고 있다. 그러나 그것을 말하는 사람은 많아도 이것이라고 과학적 자료를 보여 주는 사람은 적은 것이 현실이다. 한국인의 사회심리를 구명하기 위하여 여러 가지 접근법을 취할 수 있지만 대부분의 기존 접근이 연구자들의 생활 경험, 나름의 관찰, 통찰에 의지하고 있다. 이에 비해서 사회심리학을 과학으로서 연구하는 사람들은 일상의 관찰에서 가설을 구성하고 이의 적합성을 체계적이며 객관적인 방법을 써서 구한 실증적 자료에 의해 검증한다. 이론개발과 검증의 순환적 과정을 거쳐서 한국인의 사회심리의 중요한 측면들을 밝히고자 한다. 본서는 이러한 과학적 접근을 옹호하는 입장에서 그동안 있었던 연구성과를 부분적이나마 제시하고 이 분야의 관심을 고취시키고자 하는 의도에서 집필되었다.

본서는 기존의 사회심리학 개론서들과 비교하면 두 가지 특성을 지니고 있다. 가장 큰 특징은 전권에 걸쳐서 문화 차이에 많은 부분을 할애하였다는 점이다. 그 이유는 기존 사회심리학 이론들이 지닌 문화적 한계성을 인식시키고 한국인에의 적용 가능성을 생각하도록 촉구하는 목적에서이다. 또한 지식은 비교를 통해서 보다 정확해지기 때문이다. 사실, 알게 된다는 그 자체가 본질적으로 비교의 과정인 것이다. 알기 전 상태와 비교되는 것이고, 현상의 파악은 그것이 지닌 독특성을 비교하여 파악함으로써 비로소 이루어지는 것이다. 미국의 연구를 중심으로 우리의 것을 파악하는 것은 불가능하지만, 우리 것만을 연구함으로써 우리 것의 파악이 완전할 수도 없다. 즉, 비교될 때 비로소 정확한 파악이 가능한 것이다. 이러한 취지에서 비교문화 연구들을 많이 취급하였다. 가장 좋은 자료들은 물론 연구의 대상으로 한국이 들어가 있는 자료들이겠지만 그러한 자료는 드물고, 우리와 상당부분 문화적 유사성을 지니고 있는 일본과 중국을 서양과 비교하는 연구들이 제법 있음을 발견하고 그러한 연구들을 많이 참고하였다. 독자들은 이 비교문화 연구들의 결과를 통해 우리 한국인들의 특성을 미루어 짐작할 수 있을 것이다. 그러나 우리는 또 일본이나 중국과 많은 차이가 있는 것도 사실이다. 그러한 차이가 어떻게 나타날 것인지는 추후 연구들에서 밝혀야 할 것이다. 물론 비교문화의 외국 문헌에만 의존하지 않고 관련된 국내 문헌들을 되도록 많이 참고하고자 노력했으나, 국내 문헌의 경우 사회심리학 분야의 발표 논문들을 주로 참고하는 데 그친 점이 아쉽기도 하다.

본서가 지닌 두 번째 특징은, 곁글을 많이 활용하여 독자의 이해와 흥미를 유지하려고 했다는 점이다. 사회심리학이 일반인들에게 소개되지 않은 중요한 이유 중 하나가 기존 교재들이 강의 없이는 이해하기가 어렵게 쓰였으며, 딱딱한 문체와 편집형태를 사용했기 때문이라고 판단한다. 그래서 필자는 가급적 친숙한 표현을 본문에서 쓰고자 노력하였고, 독자의 흥미를 위해 곁글을 많이 사용하였다. 곁글에서 다루어지고 있는 것들은 대체로 세 가지로 구분된다. 하나는 본문의 내용과 관련되어 독자들이 흥미를 느낄 수 있는 내용들이다. 둘째는 본문에서 다루기에는 전체의 흐름상 적절하지 않다고 여겨지는 것으로 너무 산만해져서 흐름을 놓치게 할 가능성이 있는 것들이다. 셋째는 이론적이고 전문적이지만 관심 있는 이들의 호기심을 충족시키기 위한 것들이다.

### 독자의 이해를 돕기 위해

필자의 집필 의도는 사회적 행위의 다양한 측면을 다루는 사회심리학을 풀어서 제시하는 데 있기 때문에 많은 교재들이 취하고 있는 이론 중심적인 서술을 가급적 피하고 사회적 행위 현상을 중심으로 다루어 서술하였다. 아울러 주요 독자층을 사회심리학에 관심 있는 대학생 및 식자층으로 삼았다. 따라서 가급적 평이하게 쓰고자 했으며, 전문용어가 나오는 경우는 여백에 간단한 해설을 제시하였다.

비록 본서의 각 장들은 몇 개씩 묶일 수 있지만, 이 같은 묶임과 관계없이 각기 별개로 읽힐 수 있도록 집필하였다. 따라서 독자의 흥미에 따라 주제를 취사선택하여 읽어도 무방할 것이다. 그러나 제1장의 소개 부분은 다른 장들을 이해하는 데 도움이 될 것이고, 제12장의 비교문화 부분은 전권에 걸쳐서 다루어지고 있는 문화 차이에 대하여 포괄적인 이해를 도모한다는 점에서 다른 장들에 앞서 읽으면 도움이 되리라 생각한다.

생각하며 읽는 독자들은 본서에서 해답과 함께 보다 많은 의문을 지니게 될 것이다. 그러한 독자의 지적 욕구를 위해 본문에는 많은 문헌들을 인용하였고 그 원전을 참고문헌에 밝혔다. 본문에는 원저자 이름을 한글 또는 영문으로 표기하였다. 연구자가 세 명 이상인 경우는 본문에서는 (책임연구자 이름 등, 발표년도)의 방식으로 표기하였다. 그러나 참고문헌에서는 모든 연구자 이름을 한국심리학회의 표기 권장 방식에 따라 제시하였다.

용어 번역은 그 뜻이 명백한 경우에는 원문을 표기하지 않았으나, 몇 가지 번역이 가능하다고 여기는 경우에는 원문을 옆에 표기하였다. 용어 번역을 위해서는 한국사회심리학회가 마련한 번역준거집을 참조하였으나 여기에 나와 있지 않는 용어들에 대하여는 필자가 판단하여 번역했다. 중요한 용어에 대하여는 한글과 영문의 대역을 권말에 모아서 제시하였으므로 본문에 표기되지 않은 영문에 대하여는 이를 참조하기 바란다. 영문 용어를 이미 알고 있는 독자를 위해서 해당 영문에 대한 한글 번역을 권말에 아울러 제시하였다. 오역이 적었기를 바라며 독자들의 조언이 있기를 빈다.

이 책이 독자들에게 유익한 읽을거리가 되고 나아가서 한국인의 사회심리를 과학적으로 밝히는 데 기여할 수 있기를 바랄 뿐이다. 그래서 추후 개정을 할 때 많은 국내 참고문헌들이 존재하게 되기를 바라며, 한국인을 위한 사회심리학의 보다 충실한 소개서가 될 수 있기를 빈다. 동학과 학생들의 비판과 조언을 기대하며 밑에 저자의 연락처를 남긴다.

1995년 1월

무등산 자락에서 한규석

ghan@jnu.ac.kr

# 차례

## 제9장 집단 속의 개인 515

## 제10장 집단 간 교류: 고정관념, 편견과 차별 571

## 제12장 한국인의 사회심리 705

## 제13장 사회심리학의 응용, 전망, 교훈 785

# 사회심리학의 소개: 특징, 역사와 연구방법

일반인들이 궁금해하는 사회심리와 학문으로서 연구되는 그것 사이에는 제법 괴리가 있다. 일반인들은 사회에서 일어난 특이할 만한 사건—이를테면, 팬데믹, 세월호 사건, 촛불혁명, 호주제 폐지, 엽기적인 범죄 등—에 대해 이러한 현상이 어떠한 사회심리를 반영하는 것인지, 이들 사건에 의해 사회가 어떻게 변할 것인지를 궁금해한다. 사람들이 듣고 싶어 하는 것은 안전불감증, 부패한 사회, 불평등 심화, 핵가족화, 정치의 민주화, 생활터전의 변화 등에 의해 초래되는 전통적 윤리와 규범의 붕괴 및 이러한 변화가 초래하는 사회변화에 대한 설명인 것 같다. 이러한 설명, 즉 거시적인 사회체제의 광범위한 변화가 그 성원의 행위와 사고에 미치는 영향은 중요한 주제이지만 사회심리학자들이 일반적으로 다루고 있는 주제와는 거리가 있다. 물론 그러한 주제가 탐구의 대상이 될 수 없다는 것이 아니다. 다만, 변인들 간의 구체적인 인과적 설명에 관심을 두고 있는 사회심리학 주제와는 거리가 있다는 것이다.

학벌폐지와 대학평준화를 요구하는 시위

출처: 한겨레21(2014. 7. 21.).

올포트(Floyd Henry Allport, 1890~1978)

동생인 고든 올포트와 함께 사회심리학의 발전에 공헌한 미국의 심리학자다. 실험사회심리학의 아버지라고도 여겨진다. 특히 그는 집단심리란 개개인의 구성원을 이해함으로써 파악될 수 있다고 믿었고 태도의 측정에 관심을 기울였다(Corsini, 1994).

콩트(Auguste Comte, 1798~1857)

프랑스 대혁명 이후의 혼란기에 삶을 산 콩트는 수학과 자연과학을 전공하였으며, 사회현상에 대한 분석에 자연과학의 방법을 적용시킬 것을 적극 옹호하여, 사회물리학과 같은 과학적이고 법칙적인 분석이 가능하다고 보았다. 그는 심리학을 생리학의 한 분야로 보았으며, 사회를 집합적 유기체로 보아 구성원인 개인과 구분되는 대상으로 보았다. 그는 사회물리학을 대체하는 사회학이란 용어를 만들었다고 여겨진다(Jahoda, 2007, pp. 77-78).

## 사회심리학은 어떠한 학문인가

사회심리학자들은 사람들이 사회 속에서 생활하면서 보이는 행동과 생각의 양상과 그 작용원리를 연구한다. 가장 널리 받아들여지고 있는 정의는 사회심리학의 토대를 마련한 하버드 대학교의 F. Allport 교수에 의한 정의다. 그는 사회심리학을 "개인들의 행위가 실제적이건 가상적이건, 타인의 존재에 의하여 영향 받는 과정, 그리고 이에 관계된 사고, 행위, 상호작용에 대한 과학적 연구"라고 규정했다(1924: G. Allport, 1968에서 인용). 즉, 사회심리학은 사회 속의 개인이 무엇을 하며, 무엇에 의해 영향을 받는지에 의문을 품고 답을 추구한다.

인간이 보이는 사회적 행위를 연구하는 학문은 다양하며 사회과학의 모든 분야가 이에 해당된다(곁글 1-1). 사회학자와 인류학자는 물론이고, 경제학자는 경제적 행위(혼자서는 경제활동이 성립할 수 없으므로 모든 경제활동은 사회적 행위라고 볼 수 있다)를, 정치학자는 정치적 행위(투표, 정당활동 등)를, 경영학자는 조직 내의 행위나 소비자 대중의 행위를 다룬다는 면에서 사회과학의 모든 영역들이 이들의 관심사다. 그렇다면 사회심리학의 영역과 관심의 독특한 점은 무엇인가? 이를 이해하기 위해서는 인접 학문과 비교해 보자.

사회심리학의 모태라고 볼 수 있는 것은 사회학과 심리학이다. 사회심리학은 두 학문의 특성을 아우르면서 나름의 독특한 영역을 구축하게 되었다. 우선, 사회학적 영향은 Comte(1798~1857)와 Dürkheim(1858~1917)으로부터 온다. 이들은 사회현상이 사회 속의 개인의 연구로 모두 파악될 수는 없다고 보았다. 즉, 사회는 개인들의 집합체이지만 개인적 접근으로 파악되거나 환원될 수 없는 특성을 지니고 있다는 것이다(Graumann, 1988). 사회학은 이러한 관점에서 인간 개개인보다는 조직, 계층, 결사체, 국가 등과 같은 집합적 단위를 연구 대상으로 삼는다. 관찰되는 규범, 양상, 집합적 행위(자살률, 출산율, 분규 발생률 등)와 같은 사회현상을 역사, 정치, 경제, 문화적 요인들로 설명한다. 이를테면, 사회의 변혁 운동을 연구하는 사회학자들은 시위 건수의 증감, 시위의 과격성, 참가 인원수 등에 대한 특정 집단의 통계치들을 구하여 정치의 민주화 정도, 분배구조의 왜곡 정도, 권력의 특정 계급에 의한 점유도 등으로써 설명한다.

사회학과 달리 심리학은 분석의 단위를 통상 사회구성원 개인에게 둔다. 개인이 보이는 사회적 행위를 개인의 태도, 성격, 가치, 동기, 신념 등에 의하여 설명하는 접근이다. 따라서 촛불시위에 대한 심리학적 접근은 개인이 시위에 참여하는

**곁글 1-1** 인간은 왜 유독 큰 뇌를 가졌나?: 사회성의 생물학

인간은 사회적 동물이라는 명제는 너무 자명해서 별 흥미를 끌지 못한다. 사람들이 모여 사회를 구성하는 것은 너무나 당연하게 보이기 때문이다. 그렇지만 인간의 생물학적 구조에도 이 사회성이 작용하고 있다면 이는 새로움을 더해 준다. 인류학자 Dunbar는 인간에게서 기형적으로 큰 뇌가 난산을 초래하여, 산모를 위태롭게 하고, 활동을 어렵게 하여 민첩성을 떨어뜨리는 등 적자생존의 논리에서 여러 불리함을 초래하면서도 진화되어 온 사실에 관심을 갖고 여러 가지 가설을 검증하였다. 그가 다양한 종류의 원숭이들의 식생활, 먹이 획득 활동, 무리의 크기들을 비교하면서 발견한 것은 군집생활의 무리가 클수록 그에 비례해서 뇌의 크기가 커진다는 것이다([그림 1-1], Dunbar, 1993). 관찰된 자료에 근거하여 그는 뇌와 군집의 크기를 설명하는 일차방정식을 도출하여, 인간의 현재 뇌의 크기로 예측되는 군집의 크기를 150으로 제시하였다. 즉, 인간 뇌의 크기를 갖고 효율적으로 영위할 수 있는 무리(관계망)의 크기는 약 150명 안팎이라는 것이고, 이를 넘어서면 너무 커서 인간의 뇌로 다룰 수 있는 적절한 한계를 넘어선다는 것이다. 이를 발견자의 이름을 따서 Dunbar 지수라고 한다. 물론 사람들이 유지하는 친밀한 사람들의 숫자는 150명보다는 훨씬 적다(McPherson et al., 2006).

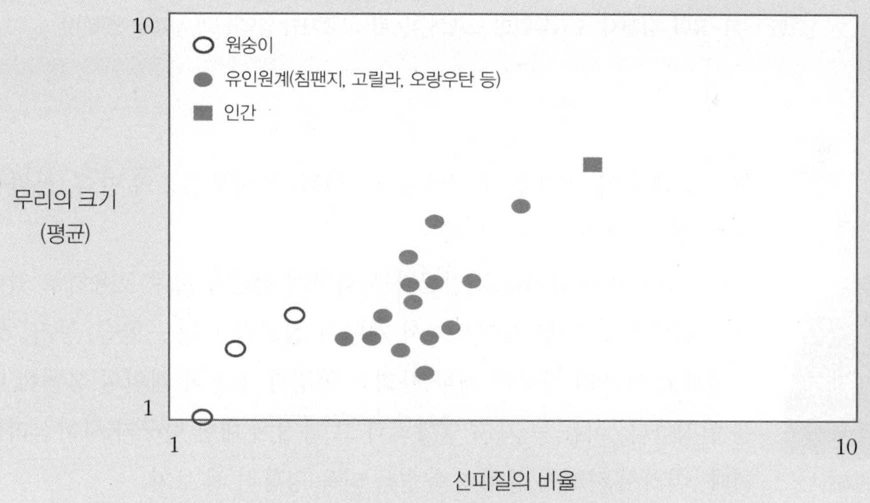


**[그림 1-1] 신피질의 크기와 군집의 크기의 관계**

한편, 심리학자들의 연구(Hermann et al., 2007)는 침팬지, 오랑우탄, 두세 살 유아들을 대상으로 다양한 과제를 주어 비교한 결과, 유아의 지능은 물리적 문제해결 영역(먹이를 숨겼을 때 찾아내는 것, 먹이의 양의 크기를 구분하는 것, 손이 닿지 않는 곳에 도구를 이용하는 것 등)에서 유인원과 차이가 없었다. 그러나 사회적 영역—상대의 의중을 읽는 것, 상대의 눈을 따라 표적을 보는 것, 숨겨진 먹이가 있는 곳을 가리키는 동작—을 이해하는 행위 등에서 유아가 월등히 뛰어남을 발견하였다([그림 1-2]). 두 연구가 모두 인간의 지능이 사회생활의 필요성에 근거하고 있음을 보이고 있으며, 특히 뒤의 연구는 지능이 높다는 것이 모든 영역에서 뛰어나다는 것이 아니라 사회적 교류에 필요한 영역에서 특수하게 나타남을 보여 주고 있다.

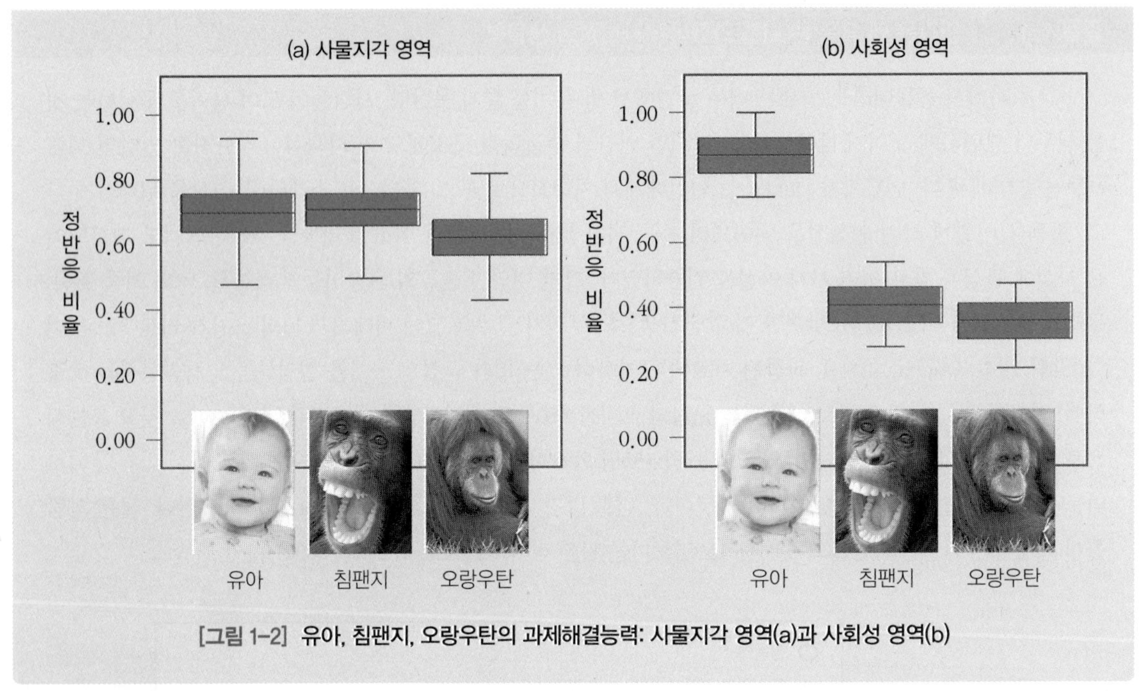


[그림 1-2] 유아, 침팬지, 오랑우탄의 과제해결능력: 사물지각 영역(a)과 사회성 영역(b)

**뒤르켐(Émil Dürkheim, 1858~1917)**
프랑스의 사회학자. 경험적 조사와 사회학적 이론을 결합하는 시도를 하여 경험적 사회학의 기초자로 알려지게 되었다. 아노미 이론과 자살론으로 대표되는 업적을 남겼다.

정도에 대하여 각 개인이 지닌 동기, 성격, 사회불평등의 인식, 시위행동에 대한 학습경험 등을 파악하려 든다.

사회심리학은 심리학적 접근과 사회학적 접근을 모두 포용하고 있다. 즉, 인간의 행위에 대한 영향 요인으로서 개인의 심리적 과정—학습, 동기, 성격 등—을 인정하고 아울러 개인이 처한 사회적 환경과 조건이 개인의 행동에 미치는 영향을 인정한다. 이들 두 가지 영향력과 그 과정에 대한 탐구가 사회심리학의 연구과제다. 여기서 사회적 환경의 특성을 더욱 명확히 해 보자.

개인을 둘러싸고 있는 사회적 환경은 실로 다양하다. 좁게는 개인의 일차적인 가족 상황, 어울리는 사람들의 특성에서부터 넓게는 개인이 속한 사회계층, 연령대, 성, 조직 및 문화가 모두 개인의 행위에 영향력을 미친다. 이 중에서 특히 사회심리학자들의 관심을 끌고 있는 것은 개인을 둘러싼 즉각적인 상황조건이 미치는 영향력이다. 이 같은 관심은 사회심리학자들이 사회구조나 제도와 같은 체제의 골간을 이루는 요인들이 중요하지 않아서가 아니라 주요 분석단위인 개인의 행위와 그 같은 거시적인 요인 간에는 너무나 많은 과정이 개재되어 있어서 직접적인 영향과정을 특정하기가 어렵다고 보기 때문이다. 또한 일반 심리학자들처럼 실험실에서 조작할 수 있고 그 조작효과를 관찰할 수 있는 실험적 연구방법(후에 상술함)을 사회심리학자들도 선호하다 보니, 실험적 조작이 불가능한 거시적 요인보다는 실험적 접근이 가능한 즉각적 상황요인에 관심을 지니게 되었다. 그래서 시위 참여행동에 대한 설명변수로서 참여행동의 기대효과, 타인 및 준거집단의 행동, 상황규범, 개인의 역할 등을 관심 있게 본다.

사실, 사회현상에 대한 각기 다른 접근법이 때로는 상반된 설명을 제시하기도 하지만, 대부분의 경우에 사회현상을 이해하는 데 상보적인 관계에 있다. 오늘날 학문 간의 경쟁보다는 총체적 이해를 위해 학제간 연구와 융합연구의 필요성이 증대되는 것은 이런 인식을 반영하는 것이다.

## 사회심리학의 관심 주제들

구체적으로 사회심리학자들의 관심사를 들여다보자. 사회심리학자들은 사회생활에서 나타나는 개인들의 행동과 생각, 정서의 양상을 정리하고 이들을 이해하는 데 필요한 다양한 요인들과 조건들을 밝히는 작업을 한다. 사람들의 행위와 생각을 조성하고, 이에 영향을 주는 수많은 요인 중에서 사회심리학자들이 관심을 지닌 대표적인 요인을 다섯 가지 영역으로 구분할 수 있다.

**사회적 상황 요인** 사회적 상황이란 개인이 처한 생활 장면에서 작용하는 개인 외적인 요인들이다. 대표적인 것은 타인의 존재, 그의 행위 및 타인과의 교류양상이다. 타인의 존재 여부, 타인의 숫자, 타인의 집단성(내집단/외집단), 상대방에 대한 호감, 인상, 친숙도 등등의 상황 요인들은 그 상황에 처한 사람들에게 많은 영향을 준다. 대표적인 예로, 동조 행동을 들 수 있다. 사람들은 혼자서 판단을 하는 경우에는 자기 생각대로 판단하겠지만, 다른 사람들과 같이 있는 상황에서는 전혀 모르는 사람들의 행동일지라도 그들의 숫자가 많을 경우에는 그들의 행위를 따라하는 양상을 강하게 보인다(Asch, 1955; 본서 9장 참조).

사회적 상황에서 작용하는 영향은 접하는 정보들이 어떠한 인지과정을 통해서 처리되느냐에 따라서 다르게 나타난다. 한가한 버스에서 휴대폰을 오래도록 사용하는 사람을 보면서, 상식 없는 짓거리라고 여긴다면, 이를 연인 간의 애틋한 대화의 연속이라고 여기는 경우와는 전혀 다른 행동이나 감정을 촉발시킬 것이다. 즉, 동일한 물리적 자극(휴대폰 통화)이라도 이에 대한 인식은 다를 수 있으며, 이 인식이 상대방에 대하여 보이는 우리의 태도와 행동에 큰 영향을 미친다.

**환경적 요인** 사람들은 늘 환경의 영향을 받는다. 문제는 어떠한 환경 요인이 어떻게 사람들의 사회적 행위에 영향을 주는가 하는 점이다. 환경 요인도 물리적, 구조적, 심리적 환경 요인으로 구분할 수 있다.

물리적 환경 요인으로는 기온, 기후, 주거환경, 시간대 등을 들 수 있다. 기온이 높아지면 짜증이 잦고, 이러한 짜증은 사소한 좌절을 분노로 연결시켜 폭력성이 높아질 수 있다(본서 7장 참조). 개발을 위한 생태계의 파괴가 진행되면서 자연생태계가 인간에 미치는 영향도 새롭게 조명을 받고 있다.

21세기 들어서 사람들은 정보통신 기술의 발달로 전혀 새로운 방식의 소통환경에서 살아가고 있다. 전자우편, 누리집은 물론 카카오톡, 페이스북, 인스타그램 같은 사회관계망서비스(SNS)를 사용하면서 친구들과 사적인 소통을 하면서 동시에 불특정 다수의 사람들과 의도적 및 비의도적 소통을 하게 된다. 개인의 변화와 아울러 엄청난 사회변화가 이들 매체를 이용하여 전개되고 있어 사회심리학자들의 관심도 크다(곁글 1-2).

**곁글 1-2** **새로운 매체 환경에서 전개되는 비주도적 사회운동**

2024년 12월 3일 한밤중인 10시 30분에 느닷없이 비상계엄령이 발표되자 시민들은 국회로 모이기 시작했고 계엄군이 국회를 점거하는 것에 저항하였다. 긴급히 모인 여야 국회의원 190명 전원 찬성으로 새벽 1시에 비상계엄 해제 결의안이 통과되어 계엄은 무효가 되었다. 이 과정에서 재야 운동권이 관여했다는 소식은 듣지 못했다. 2016년의 박근혜 탄핵재판에서 피고 측 변호사는 촛불시위가 민의가 아니라 민주노총이 주도한 것이라 탄핵사유가 될 수 없다고 주장했다. 그러나 새로운 매체 환경에서는 매우 느슨하게 연계된 단체들과 그들과는 전혀 무관하지만 사안별로 관심을 갖게 되는 시민 개개인의 자발적 참여에 의해서 대규모로 시위가 진행되는 것이 세계적 현상이다. 이 새로운 시위 형태의 대표적인 사례는 2011년 9월 중순 미국에서 시작된 **"월가를 점령하라(Occupy Wall Street)!"**이다. 금융자본주의 체제에서 혜택 받는 1%를 대상으로 99%의 일반 시민들의 분노가 표출된 이 시위는 미국의 여러 도시로 확산되었고, 10월 15일 시위는 서울을 포함하여 전 세계 1500여 개 도시에서 동시다발적으로 진행되기도 하였다(국민일보, 2011. 10. 16.). 주도하는 단체가 없이 사람들이 공감하는 이슈에 동참하여 진행된 이 시위는 비록 제도의 변혁을 가져오지 못했지만, 스페인에서는 **'분노하는 사람들'**이라는 시위로 이어져, 참여자들의 요구에 부응한 정치세력화에 성공하기도 하였다(이진순, 2016).

어떻게 이런 사회운동이 가능하게 되었는지를 이해하기 위해서는 새로운 매체 환경이 제공하는 사회적 특징을 보아야 한다. 우선, 사람들이 인터넷 환경에서 관심을 갖고 공유하는 정보와 지식들은 공공재의 성격을 지닌다(Fulk et al., 1996). 이 공공재의 혜택은 다수가 누리며, 다수가 그 정보의 수집, 고급화 활동에 참여함으로써 정보가 고급의 것으로 진화할 가능성이 있다. 몇몇 특정인의 관심으로 그가 지닌 능력에 힘입어 일반인들은 꿈도 꾸지 못했을 정보들이 대중 앞에 무상으로 나타난다. 한 사례가 세월호의 침몰원인이 외부충돌에 의함이란 의혹을 풀기 위하여 깊이 있는 자료를 수집하여 '세월X'라는 제목의 동영상을 제시한(http://zarodream.tistory.com/) 네티즌 수사대를 자처하는 '자로'를 들 수 있다. 사람들은 전문적인 내용이나 실제 경험에 해당되는 것을 마치 자신이 체험이라도 하듯이 접할 수 있게 되었다. 둘째, 새 매체 환경에서 사람들은 개인적인 관심과 참여 동기를 갖고 있지만, 이를 표출하는 언행을 보임으로써 개인의 것이 공공의 것으로 전환되는 특징을 지닌다. 즉, 공과 사의 경계를 넘어가는 것이다. 즉, 새로운 매체 환경에서는 개인의 사적인 행위가 공적인 것으로 전환되어 데이터베이스 역할을 하게 되는 2차 공공재가 된다. 이를테면 누군가가 올려놓은 글에 댓글을 달거나 찬반 의사표시를 하거나, 퍼나르는 것을 들 수 있다. 이들 행위는 그 자체가 공공재적 정보의 가치를 지니게 된다는 점에서 2차 공공재라고 할 수 있다(Bimber et al., 2005). 예를 들면, 민박을 중개하는 누리집(airbnb.com)에 민박경험을 올린 사적인 글들을 보고 사람들은 해당 숙소가 어떤 곳인지를 알게 된다. 이렇게 전혀 조율되지 않고, 순수히 개별적인 행동이고, 때로는 전혀 의도되지 않은 것들이 가치 있는 공공재가 된다. 셋째, 새 매체 환경에서 개인들은 다양한 정보를 취사선택하면서 개인적 판단을 할 가능성이 높다. 잘 알려진 신뢰할 만한 조직의 결정에 맹목적으로 따르기보다는 사안별로 판단하여 참여의 정도를 결정하는 것이다. 그렇기에 신뢰롭지 못한 출처의 것, 편집되지 않은 날것의 정보라 할지라도 관심을 촉발시켜 공공성을 획득하게 된다. 신상털기 활동이 그 사례가 될 것이다. 아울러 조직이 아닌 개인이 운영하는 영향력 있는 블로거의 등장을 볼 수 있다. 넷째, 새 매체 환경에서는 집합적 행동을 조직하는 데 필수적으로 여겨졌던 요건들을 갖추는 것이 매우 용이해진 것이다. 즉, 공통의 관심사를 가진 사람들을 파악하는 것, 전하고 싶은 내용을 사람들에게 알리는 것 등은 모두 사람들의 활동을 조율하고, 통제하는 조직이 요구되는데 이런 여건들이 새로운 매체 환경에서는 저렴하고 용이하게 갖추어질 수 있다(Bimber et al., 2005). 2024년 비상계엄사태 이후 매주 토요일마다 전국 주요 도시에서 진행된 탄핵집회에서 등장한 깃발들은 '응원봉 연대' '스파게티 괴물연대' '전국고양이연대' 등등을 내세우고 있어(강원도민일보, 2024. 12. 9.) 비조직적이며 개별적이고 자발적인 참여의 시위 모습을 보여 준다.

요약하면, 새로운 매체 환경에서는 사적으로 여겨 왔던 개인의 행적이 사안에 따라 공공재의 가치를 지니게 되면서 공사의 영역 구분이 불가능하게 되었으며, 가능해진 다양한 형태의 정보공유 방식과 정보의 진화기제가 느슨하게 연결된 조직과 개인들 간의 집합적 행위를 자발적이고 창발적으로 만들어 가고 있다(Flanagin et al., 2006). 이전 시대에서 정보 소통과 생산의 문지기 노릇을 하던 언론이나 단체가 미치는 영향이 줄어들면서, 필요에 따라 손쉽게 구성되는 네트워크의 활용, 새로운 연결방식의 시도가 추구되면서 시민들의 활동은 매체환경과 더불어 진화하고 있다(Trere, 2012).

2024년 12월 3일 밤에 발표된 비상계엄선언을 듣고 국회의사당 앞에 모인 시민들
https://www.youtube.com/watch?v=-p2KV-6Wo3U

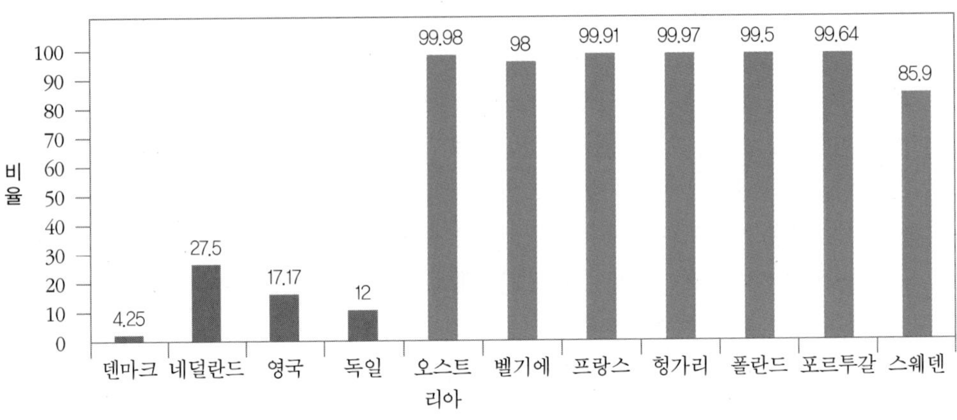


[그림 1-3] **장기기증 국가 차이**

물리적 환경은 아니지만 사회의 체제나 제도와 같은 구조적 환경도 중요하다. 이를 보여 주는 예로 장기기증에 대한 유럽 국가들 간의 차이를 들 수 있다. [그림 1-3]에서 보듯이 오스트리아, 벨기에, 프랑스, 헝가리, 폴란드, 포르투갈, 스웨덴(초록)의 장기기증 비율은 90%대에 있지만, 덴마크, 네덜란드, 영국, 독일(검정)은 20% 안팎으로 60~70% 이상 차이가 난다. 비교적 유사한 경제, 문화, 교육 수준을 지닌 나라들 간에 이렇게 큰 차이가 나는 이유에 대하여 흔히 국민의식을 문제시 삼는다. 그러나 장기기증이 높은 나라는 사람들이 장기기증을 안 하겠다는 것을 선택하여 알려야 하는 제도를, 장기기증이 낮은 나라는 기증을 하겠다는 것을 선택하여 알려야 하는 제도를 지니고 있다. 이런 제도의 차이 때문에 장기기증에서 국가 간의 차이가 현저하게 나타난다. 국내의 경우에도 기증하겠다는 것을 선택해서 등록해야 하는 제도이기에, 뇌사자의 장기기증율은 8.7%에 불과한 수준이다(의사신문, 2020. 10.). 이는 스페인 48.9%, 미국 36.9%에 비해 현저히 낮다. 기증할 의향이 있어도 실제로 행동으로 옮기기까지 번거로움(보호자의 동의 등)이 있다면 그 실행률은 현저히 떨어지게 된다. 행동을 취하기가 얼마나 용이하냐에 따라 사회적 행위는 큰 영향을 받는다는 평범한 사실이 너무 자명해서 우리는 상황의 중요성을 놓치는 경우가 많다.

윌슨 (E. O. Wilson 1929~2021)
하버드 대학 생물학과 교수로 개미의 생태계를 연구하여 1975년 『사회생물학: 새로운 통합』을 저술하여, 진화생물학적 관점에서 사회적 행동과 생태계의 진화를 설명하는 학문분야를 개척하였으며, 이 관점은 심리학자들에 의해 진화심리학 연구의 바탕이 되어 확산되고 있다. 그는 어렸을 때 사고로 오른쪽 눈을 실명하여 작은 곤충에 관심을 가지게 되었으며, 다양한 분야의 학자들과 협업을 수행하며, 종 다양성과 사회성에 대한 새로운 통찰을 제시하며 가장 영향력 있는 생물학자로 자리매김하고 있다. 1978년 『인간의 본성에 대하여』, 1998년 『통섭: 지식의 통합』, 2012년 『지구의 정복자』를 저술하였다(Wikipedia, 2016. 6. 20.).

**문화적 환경** 이런 요인으로는 사람들이 생활하는 지역, 국가의 지배적인 문화, 규범, 가치관, 인간관 등을 들 수 있다. 사람들의 행동이 이러한 문화의 영향을 받는다는 것은 전혀 새로울 것이 없다. 예를 들어, 1970년대만 하더라도 이혼은 매우 드물었다. 그러나 50년이 지난 오늘날 한국 사회에서는 신혼 부부 세 쌍 중에서 한 쌍이 이혼하고 있다. 이 같은 사회변화는 더 이상 이혼을 크게 문제 삼지 않는 문화로 정착할 수 있다. 이같이 연령대, 주거지역, 사용언어, 부족, 국가 등으로 구분될 수 있는 특정 집단의 사람들이 공유하고 있는 규범이나 사고방식, 인간 및 사회에 대한 관점 등을 아는 것은 개인의 행동을 이해함에 필수적인 내용이다. 1990년대 이후에 사고방식, 정서, 동기에 있어서 문화권에 따라 큰 차이가 있다는 연구들이 누적되면서 이 분야의 연구가 큰 활기를 띠고 있다(Heine, 2008).

**생물학적 요인** 사람들이 지닌 행동적 · 심리적 특징도 신체적 특징과 마찬가지로 오랜 세월에 걸친 진화의 결과로 나타난다(Buss, 1999). 즉, 다양한 행동들이 환경에 적응하기 위해서 나타나지만, 이들 중에서 뚜렷한 적응적 가치를 지닌 행동들은 다수의 개체들에 의해서 채택되고 유전되는 진화의 과정에 들어온다. 예를 들어, 군거 생활을 하는 종들에서 나타나는 협동 등의 친사회적 행위(본서 8장 참조), 배우자 선택의 양상에서 나타나는 남녀의 차이(Schmitt, 2003) 등은 문화권과는 무관하게 공통적으로 나타나는 진화된 행동의 양상이라고 볼 수 있다(곁글 1-3).

**곁글 1-3** 사회적 행위에 대한 진화심리학적 설명과 주의점

개미를 연구하는 생물학자 윌슨(E. O. Wilson, 1975) 교수가 제시한 **사회생물학적** 접근에서 사람들의 심리현상을 연구하는 **진화심리학**은 여러 분야에서 흥미로운 연구 결과들을 제시하고 있다. 그중 하나가 종의 번식을 위해 가장 중요한 행위인 배우자 선택 행위에 대한 분석이다. 여러 나라들에서 남성은 여성보다 많은 수의 상대방과 성행위를 하려는 양상들이 나타나고 있다. 진화심리학자들은 이 양상에 진화의 원리가 작용한다고 본다. 즉, 남성은 여성보다 많은 씨를 뿌릴 수 있기에, 많은 수의 후손을 갖기 위하여 많은 수의 여성과 성관계를 맺고자 하지만 여성은 그렇지 못하기 때문에 소수의 상대방을 엄선해서 건강한 아이를 갖는 것이 자신의 유전자를 확산시키는 데 유리하다는 것이다. 이런 가설을 검증하기 위하여 Schmitt(2003)는 세계 각지 52개 나라의 16,000명 이상의 사람들에게 배우자 선택과 관련된 질문을 하였다. 그중에서 향후 한 달간 성행위 상대방으로 삼고 싶은 사람의

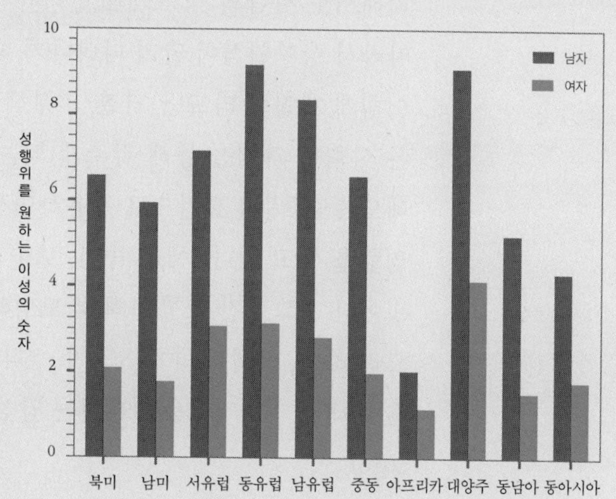


**[그림 1-4] 원하는 성행위 대상자의 수에서 남녀 차이**

숫자를 조사한 결과가 [그림 1-4]에 제시되어 있다. 나타난 결과는 진화심리학적 가설이 타당함을 보이고 있다.

이타적 행위, 배우자 선택, 살인 등과 같이 서로 관계없는 현상으로 여겨져 별개로 연구된 주제들이 진화심리학의 틀에서는 서로 관련된 현상으로 이해될 수 있다는 점에서 진화심리학은 사회과학자들이 모색하고 있는 검증가능한 대이론으로서 기능할 수 있음을 보여, 큰 관심을 유발하고 있다. 이러한 탓에 진화심리학에 대한 정확한 이해가 필요하다. 우선, 진화심리학은 특정 행동이 유전된다고 보는 것이 아니라 행동 경향성이 유전된다고 본다는 점이다. 이 경향성은 개체가 처한 환경의 조건에 따라서 현실적 행동으로 나타날 수도 있고, 그렇지 못할 수도 있다(본서 13장 참조). 둘째, 진화심리학은 인간의 행동이 유전자에 의해서 특정한 형태로 결정된다고 보지는 않는다. 유전자의 발현양상은 절대적인 것이 아니라 후천적 경험, 환경적 필요성에 따라 달리 나타날 수 있다. 예를 들어, 남자들이 여성에게서 선호하는 외모의 양상이 경제상황이 변함에 따라서 변할 수 있음이 나타났다(Pettijohn & Jungeberg, 2004). 즉, 경제가 어려울 때, 남자들에게 선호되는 여성상은 보다 성숙해 보이는 모습(눈이 작고, 턱이 크며, 완숙한 몸매를 갖춘)으로, 경제가 좋을 때와는 다른 것으로 나타났다. 즉, 진화론자들은 생물학적 유전 요소가 결정적인 것이라고 보지는 않는 것이다(Baron et al., 2006, pp. 13-14 참조). 유전자가 표현형질로 나타나기 위해서는 다른 유전자 및 환경과의 상호작용에서 필요한 단백질 생성 정보들의 작용이 필요하다. 그래서 똑같은 유전자를 지닌 일란성 쌍둥이도 성장하면서 다른 특징을 지니게 된다.

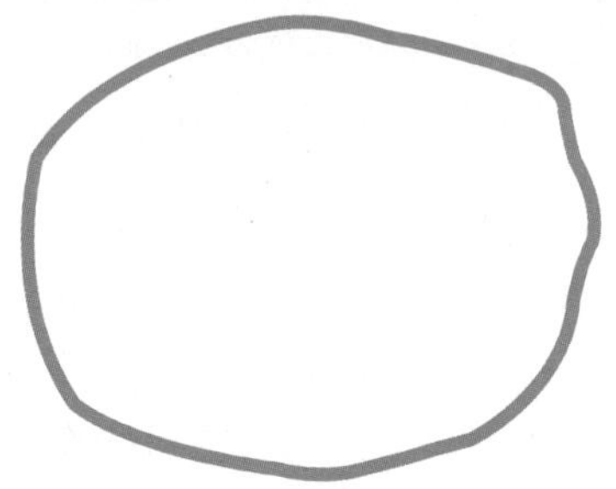

[그림 1-5] 찌그러진 원: 당신은 이 그림이 동그라미라고 생각합니까?

**성격적 요인** 사람들이 사회생활에서 보이는 행동을 이해하기 위하여 사회적 상황 요인을 이해하는 것 못지않게 개인 내적인 요인을 이해하는 것도 중요하다. 똑같은 상황에 처해서도 사람의 성격적 요인이나 가치관에 따라서 상황인식이 달리 나타나기 때문이다. 이렇게 개인이 타고난 기질, 피부색, 성은 물론 사회화 과정을 통해 갖추게 되는 가치관, 태도 등이 내적 요인으로 작용하면서 행동에 영향을 주고 있다. 예를 들면, 보수 성향자들은 진보 성향자에 비해서 전형에서 벗어난 찌그러진 도형을 해당 도형의 범주에서 많이 벗어나 있어서 수용하지 않으려 하며, 사회적 약자(노숙자, 실직자 등)에 대한 도덕적 분노를 크게 느끼며, 이들에 대한 지원정책을 반대하는 양상이 높은 것으로 나타난다(Okimoto & Gromet, 2016).

**곁글 1-4** 5요인 성격 이론

사람들은 누구나 저마다의 성격 특징을 지니고 있다. 어떠한 특징들이 있으며, 이런 특징이 어떻게 형성되는지는 심리학의 핵심 주제로 성격심리학이라는 분야를 형성하고 있다. 특히 성격의 유형에 대한 사람들의 관심이 커서 혈액형에 따른 성격론이라든가 MBTI 같은 유형론이 인기를 끌고 있다. 여러 가지 유형론이 나왔지만, 성격을 다음과 같은 핵심 요인 다섯 가지로 파악하는 5요인 성격 이론이 심리학자들의 큰 호응을 얻고 있다(Goldberg, 1993; McCrae et al., 1999).

- 신경증(Neuroticism): 정서적으로 안정적인지 불안정한지의 요인으로, 불안정한 사람들은 심리적으로 고통을 겪고, 충동적이며, 불안하고, 부적응적 대처 양상을 잘 보인다. 안정된 사람들은 차분하며, 편안하고, 자족적인 특징을 보인다.
- 외향성(Extraversion): 사회생활에서 사람들과의 상호작용의 양상을 보여 주는 요인이다. 외향적인 사람은 대인관계가 활발하고, 자극을 추구하고, 즐거움을 잘 느낀다. 반대로, 내향적인 사람은 과묵하고, 남과 잘 어울리지 못하는 특징을 보인다.
- 개방성(Openness): 새로운 경험을 수용하고 추구하는 정도를 보여 주는 요인으로, 개방성이 높은 사람은 새로운 경험을 찾고 즐기며, 낯선 것들에 호기심과 관용을 보이고, 창의적이며, 상상력이 풍부한 특징을 보인다. 개방성이 낮은 사람들은 전통적이며, 현실적이고, 고정관념적인 사고를 많이 하는 양상을 보인다.
- 우호성(Agreeableness): 대인관계 지향성의 특징을 보여 주는 요인으로, 우호성이 높은 사람은 친밀감을 잘 보이고 느끼며, 온화하고, 친절하며, 신뢰를 잘하고, 신뢰받는 특징을 보인다. 우호성이 낮은 사람들은 남을 잘 신뢰하지 않고, 비협조적이며, 냉소적이고, 냉담하며, 교활한 특징을 보인다.
- 성실성(Conscientiousness): 생활에서 목표를 달성하려고 체계적인 노력을 하는 지와 관련된 특징 요인으로, 성실성이 높은 사람은 노력하며, 목표지향적이고, 꼼꼼하고, 체계적인 행동 특징을 보인다. 성실성이 낮은 사람은 목표의식이 약하고, 해이하며, 의지가 약하고, 믿음직하지 못한 특징을 보인다(Cervone & Pervin, 2013, p. 331).

5요인 성격 이론은 기존의 성격 이론에서 다루는 중요한 성격 차원들과 요인을 잘 반영하고 있다는 평가를 받으며, 각 요인들로 개인의 성격 특징을 측정하는 척도가 개발되어 다양하게 활용되고 있다('나 알기 1' 참조).

## 나 알기 1: 나의 성격 특징 파악하기(5요인 성격)

자신은 일상에서 어떤 특징의 성격을 보이는지 각 항목에서 답하시오.

| | 매우 | | 조금 | 어느 쪽도 아니다 | | | 조금 | | 매우 | |
|---|---|---|---|---|---|---|---|---|---|---|
| **내향성 대 외향성** | | | | | | | | | | |
| 조용한 | 1 | 2 | 3 | 4 | 5 | 6 | 7 | 8 | 9 | 수다스러운 |
| 주장이 없는 | 1 | 2 | 3 | 4 | 5 | 6 | 7 | 8 | 9 | 주장적인 |
| 모험적이지 않은 | 1 | 2 | 3 | 4 | 5 | 6 | 7 | 8 | 9 | 모험적인 |
| 힘이 없는 | 1 | 2 | 3 | 4 | 5 | 6 | 7 | 8 | 9 | 힘이 넘치는 |
| 소심한 | 1 | 2 | 3 | 4 | 5 | 6 | 7 | 8 | 9 | 대담한 |
| **적대성 대 우호성** | | | | | | | | | | |
| 불친절한 | 1 | 2 | 3 | 4 | 5 | 6 | 7 | 8 | 9 | 친절한 |
| 비협조적인 | 1 | 2 | 3 | 4 | 5 | 6 | 7 | 8 | 9 | 협조적인 |
| 이기적인 | 1 | 2 | 3 | 4 | 5 | 6 | 7 | 8 | 9 | 이타적인 |
| 사람을 믿지 않는 | 1 | 2 | 3 | 4 | 5 | 6 | 7 | 8 | 9 | 사람을 믿는 |
| 인색한 | 1 | 2 | 3 | 4 | 5 | 6 | 7 | 8 | 9 | 관대한 |
| **방향 상실 대 성실성** | | | | | | | | | | |
| 정돈되지 않은 | 1 | 2 | 3 | 4 | 5 | 6 | 7 | 8 | 9 | 정돈된 |
| 무책임한 | 1 | 2 | 3 | 4 | 5 | 6 | 7 | 8 | 9 | 책임감 있는 |
| 실천적이지 않은 | 1 | 2 | 3 | 4 | 5 | 6 | 7 | 8 | 9 | 실천적인 |
| 부주의한 | 1 | 2 | 3 | 4 | 5 | 6 | 7 | 8 | 9 | 빈틈없는 |
| 게으른 | 1 | 2 | 3 | 4 | 5 | 6 | 7 | 8 | 9 | 근면한 |
| **정서적 안정성 대 신경증 성향** | | | | | | | | | | |
| 이완된 | 1 | 2 | 3 | 4 | 5 | 6 | 7 | 8 | 9 | 긴장한 |
| 편안한 | 1 | 2 | 3 | 4 | 5 | 6 | 7 | 8 | 9 | 불안한 |
| 안정된 | 1 | 2 | 3 | 4 | 5 | 6 | 7 | 8 | 9 | 불안정한 |
| 만족한 | 1 | 2 | 3 | 4 | 5 | 6 | 7 | 8 | 9 | 불만족한 |
| 정서적이지 않은 | 1 | 2 | 3 | 4 | 5 | 6 | 7 | 8 | 9 | 정서적인 |
| **폐쇄성 대 새로운 경험에 대한 개방성** | | | | | | | | | | |
| 상상력 빈곤한 | 1 | 2 | 3 | 4 | 5 | 6 | 7 | 8 | 9 | 상상력 풍부한 |
| 창의적이지 않은 | 1 | 2 | 3 | 4 | 5 | 6 | 7 | 8 | 9 | 창의적인 |
| 호기심 없는 | 1 | 2 | 3 | 4 | 5 | 6 | 7 | 8 | 9 | 호기심 많은 |
| 사색적이지 않은 | 1 | 2 | 3 | 4 | 5 | 6 | 7 | 8 | 9 | 사색적인 |
| 세련되지 못한 | 1 | 2 | 3 | 4 | 5 | 6 | 7 | 8 | 9 | 세련된 |
| | 매우 | | 조금 | 어느 쪽도 아니다 | | | 조금 | | 매우 | |

출처: Cervone & Pevin (2013).

# 사회심리학은 어떻게 성립되었나

사회심리학의 역사를 처음으로 정리한 G. Allport(1954)에 따르면 사회심리학이 제1차 세계대전과 뒤이은 대공황, 그리고 제2차 세계대전이라는 사회의 격변기에 사회현상들을 이해하려는 노력으로 등장하였다. 현대 사회심리학의 토대를 제공한 선구적 사상은 유럽과 미국 사회에서 이미 19세기에 제시되었다. 유럽의 지성사에서 Comte의 실증주의적 접근, Darwin의 진화론적 접근을 사회현상의 이해에 적용하는 시각, 프랑스의 Le Bon, Dürkheim 같은 이들이 집단현상을 설명하려 제시한 개념들, 그리고 독일의 Wundt 같은 이가 언어와 문화에 대하여 구상하던 생각들이 한데 어울리며, 사회심리학 형성에 영향을 주었다(G. Allport, 1968; Jahoda, 2007). 미국에서는 W. James가 1890년에 내놓은 저서 『심리학의 원리』에서 사회적 자기(social self)를 다양한 사람들과의 관계에서 나타나는 복수의 자기들(selves)로 제시하였고, 비슷한 시기에 Baldwin(Valsiner & Van der Veer, 2000, 4장)은 개인 심리마저도 사회와의 관계 속에서만 이해될 수 있다는 주장을 하였다. 그는 개인 자체가 사회적 산물이라고 보았던 것이다(이 같은 관점은 한국인의 오래된 관점이기도 하다: 본서 12장 참조). 이 같은 관점들이 제기되던 시점에 최초의 사회심리학적 실증 연구가 Triplett(1897)에 의해 행해졌다. 그는 자전거 선수들이 혼자 연습할 때보다 시합에서 훨씬 향상된 기록을 보인다는 사실을 주목하고 타인의 존재가 개인의 수행에 미치는 영향력을 조사하기 위하여 간단한 실험을 수행하였다. 아이들에게 낚시 릴을 주고서 낚싯줄을 최대한 빨리 감는 일을 시켰다. 어떤 아이는 이 일을 혼자서 하였고 다른 아이들은 두 명씩 짝지은 상태에서 각자가 수행하도록 하였다. 두 가지 조건의 결과를 비교하니 짝 지은 조건에서 훨씬 빨리 감는 것으로 나타났다(사회촉진 현상: 본서 9장 참조). 이 연구는 즉각적인 사회상황이 인간의 행위에 미치는 영향력을 최초로 실험적으로 분석했다는 역사적 의의를 지니고 있다(Farr, 1996).

고든 올포트(Gordon W. Allport, 1897~1967)

친형인 플로이드 올포트의 권유로 진학한 하버드 대학교에서 맥두걸의 지도로 박사학위를 취득하였으며 성격심리학자로 명성을 날렸으나 '루머와 편견, 태도'와 같은 사회심리학의 주제도 관심 있게 탐구하였다. 1954년에 출판한 『편견의 본질』은 오늘날도 인용되는 고전으로 인정된다(Jahoda, 2007, pp. 188-190).

제임스(William James, 1842~1910)

의학과 철학을 전공하고 실용주의적 접근을 포용하고 제시하며 심리학을 경험과학으로 정립하는 데 크게 기여한 하버드 대학교의 심리학과 교수다. 1890년에 출간한 두 권짜리 『심리학의 원리』는 현대 심리학의 방향을 설정하는 데 중요한 영향을 주었으며, 심리학의 고전으로 간주되고 있다. 국내에서도 고인이 되신 정양은 교수(2005년 아카넷 간행)에 의해 늦게나마 번역이 이루어져 출간되었다.

## Wundt와 사회심리학

독일의 W. Wundt는 1879년에 라이프치히 대학에서 최초로 심리학 실험실을 만들어서 심리의 작용을 과학적으로 연구하기 시작한 업적으로 현대 심리학의 시조라고 인정받고 있다. 그러나 분트는 실험적 접근만으로는 인간정신을 온전히 이해할 수 없다고 보았다. 왜냐하면 인간의 사고가 언어, 관습, 신화 등에 의해 큰 영향을 받음을 인정하였기 때문이다. 그는 1900년부터 20년에 걸쳐서 오늘날의 문화인류학 영역의 연구에 해당된다고 볼 수 있는『민족심리학(Volkerpsychologie)』 10권을 저술해 내었다. 이 저서는 실험적인 성격을 지닌 것이 아니라 역사적 · 국가적 · 문화적 특성을 기술하는 심리학이다. 이 분야에의 관심은 Wundt 생존 시대에 독일의 철학자들이 사회를 대중의 문화, 국가 공동체로서 취급하고, 그 공동체의 정신 혹은 얼(Volk)이 성원들을 결속하는 작용을 한다고 보았던 사조를 반영한다(Graumann, 1988). 민족심리학은 "민족정신의 과학, 즉 제 민족들의 정신적인 삶의 요소들과 법칙에 대한 학문"(김정운, 한성열, 1998)으로서, 민족의 언어, 종교, 관습, 미신 같은 현상의 연구이며, 개인의 의식만으로는 제대로 설명할 수 없다. Wundt에게 개인심리학은 의식의 연구였고, 민족심리학은 의식의 외적 발현(즉, 문화) 양태를 연구하는 학문이었다. Wundt는 인간과 공동체의 이해가 인간심리를 이해하는 중요한 부분이며, 이러한 이해가 결여된 실험심리학은 반쪽일 뿐이라고 보았다(Farr, 1996).

**분트(Wilhelm Wundt, 1832~1920)**
생리학을 공부하여 헬름홀츠(1821~1894)의 조수 생활을 한 후에 취리히 대학교에서 철학을 가르치면서 민족심리학을 강의하기 시작하였다. 라이프치히 대학교의 철학과로 옮겨서는 철학과 심리학을 가르쳤으며, 1879년 심리학 실험실을 운영하기 시작하였다. 초기에는 심리학을 자연과학적으로 접근하였으나, 후기에는 인문학적으로 접근하며, 『민족심리학』이라는 제목으로 10권의 책을 집필하였다. 독일에서는 민족심리학이 스탕달과 라자루스에 의해서 민족의 정신과 얼을 연구하는 인문학적인 색채가 강했으나, Wundt는 이러한 초기의 접근과 달리 민족의 심리에 대한 작용 양상, 개인들의 의식 양상을 연구하는 방향을 취했다. Wundt는 집단정신이 개인과는 별개로 존재함을 인정하며, 이를 연구하기 위하여 언어, 신화, 관습을 탐구대상으로 삼았다(Farr, 1996).

Wundt는 심리학 연구를 위해 실험적 접근법을 제시했지만, 민족심리학 연구에 적절한 방법론을 제시하지는 못했다. Wundt가 민족심리의 연구에는 적절치 못하다고 본 실험법을 사회심리학자들이 주된 방법론으로 채택하면서 오늘날의 사회심리학은 Wundt의 민족심리학과는 큰 차이를 지니게 되었다. 그래서 사회심리학의 역사에서 Wundt는 도외시되고 있다(Farr, 1996; 곁글 1-3). 그러나 문화가 사회심리학의 중요한 영역으로 부각되자 Wundt가 새롭게 조명되었다(Cole, 1996). 흥미 있는 사실은 그의 민족심리학이 심리학이 아닌 다른 학문의 모태적 역할을 하였다는 것이다. 그 밑에서 수학한 Malinowski(영국 사회인류학의 시조), G. H. Mead(상징적 상호작용), Thomas(사회학자), Dürkheim, Saussure 등이 각기 오늘날의 문화인류학과 사회학, 언어학의 전개에 중요한 공헌을 하였다(Farr, 1996).

## 사회학과의 분리

1908년 두 권의 서적이『사회심리학』이란 제목을 갖고 미국에서 출판되었다. 그 하나는 심리학자인 McDougall이 저술한 것으로 진화론을 받아들여 사회적 행위를 본능론적 관점에서 설명함으로써 개인 심리학적인 접근을 취한 것이다. 그는 나중에『집단정신(Group mind)』(1920)을 저술하여, 마치 Wundt가 그러했듯이 개개인의 차원을 넘어선 사회의 실체를 인정하는 사회학적 접근을 포용하는 입장을 취했다. 다른 하나는 사회학자인 Ross에 의하여 쓰였는데 타인의 영향력이 초래하는 행위의 동질성을 강조하였다.

초기 사회심리학의 연구에 큰 영향을 준 것은 1920년대를 전후하여 심리학계에 정착하게 된 행동주의다. 즉, 사회심리학이 과학으로서 뿌리를 내리기 위해서는 보이지 않는 심리보다는 드러난 행동에 관심을 갖고, 이를 측정하는 정확한 방법을 개발하고 그 행동의 변화를 야기하는 사회적 상황의 영향력을 연구하는 실험적 방법론의 채택이 절실한 것으로 여겨졌다. 행동주의의 영향은 특히 미국에서 강했으며 1924년에 F. Allport가 저술한 사회심리학 교재는 탐구대상을 개인에게 맞추고, 실험적 접근을 연구방법으로 채택하였으며, 태도를 측정하는 척도의 개발에 중점을 둠으로써 사회학적 접근과의 차이를 보이고 있다. 특히 태도와 같은 무형의 것이라도 측정할 수 있다는 Thurstone의 연구가 제시된 1928년 이후, 태도의 연구는 사회심리학의 핵심 주제가 되었다(본서 5장 참고). 제2차 세계대전 동안 군인들의 사기 진작, 심리전, 홍보전쟁을 치루는 현실적인 관심사와 맞물려 사회심리학은 전개되었다(Danziger, 1997, 8장).

심리학자들이 전개하고 있는 사회심리학과는 별개로 Wundt에게서 배운 경험이 있는 시카고 대학교의 철학과 교수 G. H. Mead가 사회심리학 강좌를 운영한 것이 그의 사후 사회학자들에 의해 전개된 사회심리학에 큰 영향을 끼쳤다. 그는 인간을 탐구함에 있어서 마음과 몸의 이분법적인 사고를 탈피하고, 인간의 행동에서 내적인 생리현상과 외적인 발현을 구분할 수 없다고 보았다. Mead는 사람들 간의 소통에 주목하여, 사람들이 생각한다는 것은 언어라는 상징 체계를 이용하며, 언어는 공공성을 지닌 사회적 구성물이므로 본질적으로 사회적 산물이자 과정이라고 보았다(Collins, 1998). 사람들은 생각하기 위해서 말을 이용할 뿐 아니라, 말은 상대방과 동시에 자신에게도 들리기 때문에(자기반추적) 말을 하면서 상대방의 관점을 취하고, 이를 자의식에 의해서 분석하고 조정해 가는 사회적 교류를 해 가는 것이다(Farr, 1996, 4장과 6장). 마음이란 생각을 떠날 수 없고 생각이 언어적 상징과 이의 교류 없이 이루어질 수 없다는 그의 사상은 사회학자인 Blumer 등에 의하여 계승되어 상징적 상호작용 학파를 형성하게 되었다(곁글 1-5).

**행동주의**

1913년 J. Watson에 의하여 제안되고 B. F. Skinner에 의해 확립된 심리학의 유파이자 접근방식이다. 이들은 관찰 가능한 행동만이 심리학의 연구대상이 되어야 한다고 보았고, 의식, 정신, 태도 등 눈으로 볼 수 없는 것은 심리학의 연구주제에서 배제시켰다. 행동주의는 심리학의 성립 초기에 큰 호응을 얻어 오늘날처럼 과학으로서의 심리학을 형성하는 데 큰 기여를 하였다.

미드(George Herbert Mead, 1863~1931)

헤겔의 관념철학을 연구하던 그는 독일 유학에서 Wundt를 만나, 영향을 받았고(Farr, 1996), 미국으로 돌아와서 듀이와 쿨리를 만나 실용주의 철학의 터를 닦았다. 그는 마음의 기원에 대한 문제를 천착하였으며, 시카고 대학교에서 타계할 때까지 이 문제를 다루었다. 그의 사후에 그의 강연내용을 제자들이 정리하여 나온 책(1934)이 『Mind, self, & society』다. 미드가 사회학에 미친 영향은 지대하지만, 그는 사회과학적 이론을 정립하여 제시한 사회과학자라기보다는 사회와 개인의 관계를 천착하면서 이 문제를 보는 시각을 제시한 철학자라고 볼 수 있다.

**곁글 1-5** 상징적 상호작용 학파

James, Dewey, Peirce 등과 같은 시대에 실용주의 철학을 하던 G. H. Mead는 인간과 사회의 관계를 설명하는 상징적 상호작용 이론을 제시하였다. 이 이론은 1940~1950년대 미국 사회학계에서 중심적인 위치를 차지하였으나, 1960~1970년대 와서는 기능론적 사회학(Parsons)과 Marx 이론의 영향을 받은 거시사회학에 밀려 사회학의 변방으로 밀렸다. 그러나 1980년대 들어서 사회와 개인의 관계 문제가 새롭게 조명받으며 다시 관심의 대상이 되고 있다(손장권 외, 1994, pp. 1−2). Hewitt(1991: 손장권 외, 1994에서 인용)는 이 이론의 핵심적 주장을 다음과 같이 정리하고 있다.

1. **사회심리학은 인간행동의 형성과 다양성을 설명하는 것이다:** 인간의 행동이란 본질적으로 사회적이며, 개인의 특성만으로는 설명될 수 없다.
2. **인간의 행동은 의미의 창조와 유지 과정에 의존한다:** 인간은 의도와 목적을 갖고 행동하며, 주어진 의미체계를 벗어나는 경우 새로운 의미를 추구하며 사회생활을 한다. 이 의미는 개인적이기보다는 사회적인 것이다.
3. **사람들은 다른 사람과 상호작용하면서 행동을 형성한다:** 행동은 개인적일 수 있지만, 그 행동이 지속성을 지니고 의미를 지니기 위해서는 사회적 상호작용의 과정을 거쳐야 한다.
4. **사회와 문화는 행동을 규정하는 동시에 행동의 산물이기도 하다:** 사회와 문화는 성원들에게 영향을 주지만, 아울러 성원들의 행동에 의해 변화된다.

## Lewin의 역할

사회심리학의 형성에서 가장 중요한 영향을 남긴 사람은 독일 출신으로 유대인 탄압을 피해 미국으로 망명한 K. Lewin이다(Festinger, 1980). 그는 개인의 삶의 공간에서 작용하는 여러 요인들 간의 상호관계 및 역동을 강조하는 장(場, field) 이론의 입장을 제시하였다. 인간의 이해를 위해서 개인적인 요소뿐 아니라 사회적 영향 요인을 연구해야 한다고 주장하며, 개인이 사회생활에서 보이는 다양한 행위들이 서로 연결되어 있기 때문에 이들을 하나씩 따로 분리하여 보는 것을 꺼렸다. 아울러 Lewin(1951)은 "방법론에 관한 한 심리학에서의 법칙의 발견은 실험법을 통해서만 가능하다"(p. 204)는 입장을 취했다. 이 같은 입장은 그가 배출한 많은 제자들—후에 상당수가 사회심리학에 나름의 발자취를 남김(Festinger, Kelley, Cartwright, Deutsch, Schachter, French, Thibaut 등)—에 의하여 자연스럽게 채택되고 사회심리학의 모습을 오늘날과 같이 만드는 역할을 하였다. Lewin은 사람들의 삶에 직접적인 영향을 주는 것은 대면접촉이 이루어지는 소집단 상황임을 강조

**집단역학**
집단 내 구성원들의 상호작용 과정에 관심을 갖는 사회심리학의 한 분야다. 리더십, 조직 내 의사소통, 과제의 종류에 따른 수행의 비교, 대인 간 친소관계 형성 등의 문제를 탐구한다.

하며, 소집단이야말로 사회구조의 영향력이 개인에게 행사되는 실체라고 주장하였다(Festinger, 1980). 그에 의해서 MIT 대학에 집단역학연구소(Research Center for Group Dynamics)가 창설되었고, 이 연구소는 그의 사후에 미시간 대학교로 옮겨 가(Institute for Social Research로 개명함) 사회심리학 분야의 많은 연구들을 선도적으로 수행하여 왔다. 방법론에 있어서 심리학적 실험을 택하였지만 주제의 선정에 있어서 사회학적인 입장을 취함으로써 Lewin은 Ross와 McDogall 이후로 맥을 달리하여 연구되고 있던 두 가지 사회심리학(곁글 1-6 참조)의 다리를 놓기도 하였다.

레빈(Kurt Lewin, 1890~1947)

베를린 대학교에서 심리학과 철학을 전공하고 제1차 세계대전에 참전하여 부상을 당한 후 대학교로 돌아와 게슈탈트 학자들과 교류하였다. 지각의 영역에서 작용하는 심리를 구명하기 위하여 물리학과 생물학의 개념을 사용하여 심리학의 과학화에 노력하였다. 나치정권에서 미국으로 망명하고서는 아동과 사회적 행위에 관심을 가지며, 장이론적 접근을 체계화하여 제시하였으나, 그의 장이론적 접근은 후학들에 의해서 계승되지 못하였다. 그는 올포트에 의해서 부정되었던 집단/사회성을 리더십에 대한 실험적 연구를 통해서 사회심리학의 영역으로 복원시키며, 사회심리학의 영역을 확대시키는 역할과 더불어, 많은 제자들을 길러 내 현대 사회심리학의 아버지로 일컬어진다(Jahoda, 2007, pp. 213-215).

그러나 Lewin이 1947년에 심장마비로 사망하고 나서 그가 관심을 보였던 사회체제 등의 사회학적 요인들은 사회심리학의 연구주제에서 밀려났다. 이러한 주제들에 대한 실험적 접근이 불가능했기 때문으로 보인다. 사회심리학자들은 인과관계를 볼 수 있는 실험적 방법을 선호하였으며, 이 같은 선호는 개인과 그를 둘러싼 직접적인 환경으로 사회심리학의 소재를 제한시키는 변화를 가져왔지만, 이 변화는 수용할 만한 것으로 여겨졌다(Smith & Bond, 1998, p. 11). Lewin의 사후, 사회심리학은 개인 내적인 요소인 인지, 태도, 성격이 대인 간 교류과정에서 어떻게 나타나는지, 그리고 그 요소들이 상황 특성과 결합하여 행동에 미치는 영향과정에 대한 연구를 주로 다루었다. 이 점에서 사회심리학은 사회현상의 집합적 실체에 대해 개인 심리 위주로 접근한다는 심리학적 환원주의 성격을 지니게 되었다(Pepitone, 1981). 이런 현상에 대한 비판이 1970년대 중반부터 강하게 제기되어(Gergen, 1973; Rosnow, 1981), 다루는 영역이 확대되었으며, 사회구조, 문화 등의 영역이 사회생활에 미치는 영향력에 대한 탐구가 본격적으로 시작되었다. 또한 최근에는 통계방법의 발달에 힘입어 실험법에 밀려나 있던 관찰과 조사 및 빅데이터를 활용한 연구방법들이 활발하게 채택되고 있다.

**곁글 1-6 두 가지 사회심리학**

1908년 사회과학의 여명기에 두 권의 사회심리학 개론서가 전혀 다른 입장을 취한 두 학자에 의해서 출판되었다. 심리학자인 McDougall(1908, p. 15)에게 있어서 사회심리학은 "개인의 자연적 경향과 능력이 어떻게 사회의 복잡한 심리 상태를 창출해 내는지를 보이는" 학문이었다. 한편, 사회학자인 Ross(1908, p. 1)는 사회심리학을 "인간들이 사회를 구성함으로써 존재하게 된 경향, 조류, 현상"들의 연구로 보았다. 이러한 관점의 차이는 오늘날까지도 지속되고 있어서 **심리학적 사회심리학**에서는 사회 성원 개인들의 인지, 동기, 성격, 경험에 초점을 맞추어, 개인들이 서로 영향을 주고받는 양상을 밝히려 든다. 한편, **사회학적 사회심리학**에서는 집단, 조직, 사회규범, 역할 등에 초점을 맞추어 사회라는 조직체가 형성, 유지, 변화되는 양상을 밝히려는 노력을 보이고 있다. 그러나 각 분야에서 현재 많이 쓰이는 주요 교재의 목차를 비교한다면 이러한 차이는 상대적이며 상당부분이 서로 중복되고 있음을 발견할 수 있다. 다루는 주제보다 더 현격한 차이를 보이는 것은 선호하는 연구방법상의 차이일 것이다. 심리학적 사회심리학자들은 실험방법을 주로 사용하고 있으며, 사회학적 사회심리학자들은 조사방법을 주로 사용한다.

연구주제의 유사성과 방법론상의 차이는 복잡한 주제에 대한 상보적인 접근으로 조화가 잘 이루어질 수 있을 것 같다. 그러나 두 진영의 연구자들은 서로 교류가 거의 없으며, 참고문헌도 자기 진영의 학자들에 의한 것만을 사용하는 등 전혀 별개의 학문인 것처럼 여기는 바람직하지 못한 실정에 있다(Wilson & Schafer, 1978). 학문분야의 연구 성과를 집약하여 편집, 출판하는 **편람**(handbook)의 출판작업도 이제는 각 분야에서 별도로 진행시키는 정도로 분리되었다.

## 사회심리학의 인간관

현재 사회심리학의 주요 발견들은 주로 미국에서 이루어졌으며 미국에서 가장 활발히 연구되고 있다. 문화 차이가 심리학에서 중요한 관심사로 대두된 21세기에도, 가장 권위 있다고 여겨지는 심리학 학술지에 20년간(1988~2007) 출간된 논문의 주저자는 90%가 영어권의 학자들이고, 아시아권의 학자는 1%에 불과한 것으로 나타난다(미국 국적이 78%를 차지함: Arnett, 2008). 이런 현황은 심리학의 주무대가 미국이라는 것을 확연히 보여 준다. 사실, 미국에서 수학하고 자국으로 돌아가 활동하고 있는 대부분의 사회심리학자들이 미국의 학풍을 지니고 있다면 사회심리학은 전적으로 미국의 학문이라고 해도 과언이 아니다. 이런 연구현장에서 나오는 결과와 이론들이 아시아나 아프리카권의 사람들에게도 그대로 적용될 수 있는 것인가? 그동안 다양한 나라들에서 이루어진 가치관, 도덕적 판단, 사회적 규범, 지각 양상, 인지적 범주화와 추론, 자기개념 등에 대한 연구 결과들을 비교했을 때 서구인들의 특징은 다른 나라 사람들과는 뚜렷한 대척점에 위치하고 있다는 것이 드러났다. [그림 1-6]은 여러 연구에서 나타난 다양한 사람들이 사물을 분류하는 방식을 보여 주고 있다. 사람들에게 세 가지 대상(예: 닭, 소, 풀)을 두 부류로 나누는 과제를 수행하게 하였을 때, 거의 모든 사람들은 **범주라는 규칙**(닭과 소를 함께, 풀은 따로)이나 **친숙성**(소와 풀을 함께, 닭은 따로)에 따르는 분류를 하였는데 서구인들의 분류 방식은 다른 사회에 비해서 범주규칙을 따르는 양상이 강하게 나타났다. 이 연구자들은 여러 연구에서 나타나는 결과로부터 서구인들이 '가장 WEIRD' (Western, Educated, Industrialized, Rich, Democratic의 머리글자들을 조합한 용어이지만, 영어에서 이 단어는 '이상한'이란 의미를 지니고 있음)한 사람들이라고 규정하면서, 이들에게서 나온 결과가 인류 보편적일 것이라고 여겨서는 안 된다고 경고하고 있다(Henrich, Heine, & Norenzayan, 2010; Henrich, 2021; Sanchez-Burks & Luis, 2013). 이 단어를 처음으로 합성하여 제시한 연구자는 구미의 개인주의 성립과정에 대한 역사적 분석을 하면서 그간에 누적된 경제학, 생물학, 심리학의 성과를 아우르고 있어 관심을 끌었다(곁글 1-7; Henrich, 2020).

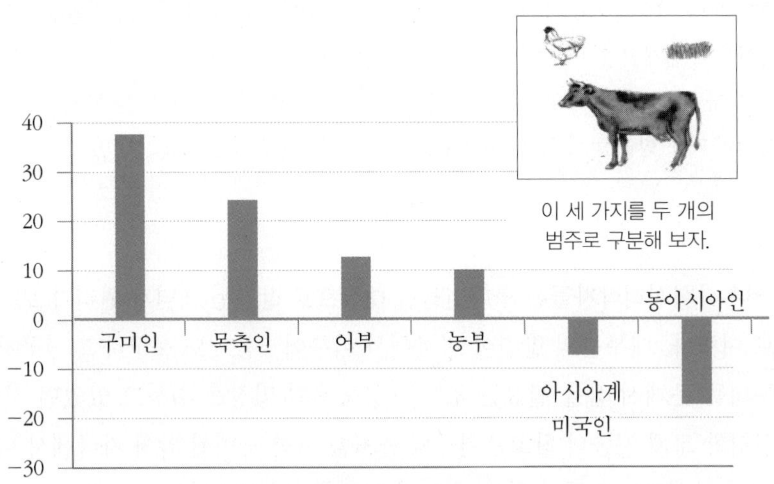


**[그림 1-6] 분류과제에서 적용하는 규칙의 선호에서 나타나는 문화 차이**

양의 숫자는 범주에 따른 분류를 하는 양상이 강함을 의미하고, 음의 숫자는 친숙성에 따른 분류를 하는 경향이 강함을 의미. 목축인, 어부, 농부는 터키의 흑해 연안 거주자들임(Uskul et al., 2008).

출처: Henrich et al. (2010). Fig. 5.

**곁글 1-7** 서구의 '이상한(WEIRD)' 개인주의 성립에 기여한 중세의 사건

'개인'이란 개념은 고대 그리스 시대로 소급된다(Siedentop, 2014). 도시국가의 형태를 띠고 상업적인 교역이 활발했던 고대 그리스 문명권에서는 다양한 사람들이 모여 복잡한 사회생활을 하면서 다양한 철학과 주장들을 논의하였고, 자연현상을 이해하는 노력도 나타나던 시절이었다. 스토아학파의 대부로 여겨진 헤라클레이토스(BC 535~475)는 "인간의 성격이 운명이다"라면서 각자의 삶이 개인의 성격에 따라 다르게 전개되는 모습을 자연스럽게 여겼고(임철규, 2004), 개인을 함축하는 말들(privilegium 등)이 쓰이고 있었다(Lee, 2017). 개인주의를 심화시킨 역사적 사건으로 몇몇 심리인류학자들(Henrich, 2020; Schulz et al., 2019)은 로마 교황청의 근친결혼 금령이 큰 역할을 하였다고 지적한다. 6세기에 로마는 기독교를 국교로 채택하면서 근친결혼, 이중결혼, 이혼을 금하였지만 잘 지켜지지 않았다. 14세기에 흑사병으로 유럽 인구의 1/3이 죽임을 당하자, 일손이 모자라는 농촌 지역에서 높은 임금을 받게 된 농노들은 돈으로 신분을 세탁하며, 자영농을 하거나 도시지역으로 이동하여, 각

종 산업생산에 종사하게 되었다. 아울러, 16세기에 개신교의 개혁에 직면해 가톨릭교에서 자정 운동과 변화가 나타나면서 6촌 이내의 친족 간의 결혼을 금하였다. 이 금령이 엄하게 시행되자 사람들은 배우자를 찾기 위해서 도시로 이동하여 먼 친척, 모르는 사람들과 교류하는 일이 빈번해지기 시작하였다. 따라서 자신의 모습을 스스로 가꾸고, 능력을 키우며, 남에게 자신을 알리는 개인화 작업이 활발하게 진행되었다.

낯선 사람들 간의 교류가 많아지면서 갈등이 증가하자, 사람들은 이질적인 집단에 속한 사람들에게도 수용될 수 있는 규범과 규칙들을 만들어 갔다. 이들은 새로운 사회의 규범으로 자리잡는다. 낯선 이들의 분배에 적용되는 공평성의 규범, 성실함과 정직함의 가치, 협동정신, 속마음보다는 드러난 행동을 중시하며 낯선 이들의 교류를 촉진하고, 도시화를 가속시키며, 보다 민주적이고 참여적인 정치제도를 만들어 갔다. 이런 제도가 개인주의 심리를 강화시키고 확산시키는 양상으로 전개되었다. 이에 따라 전통적으로 강했던 친족집단의 영향력이 줄어들고, 조합과 같은 기술자 및 학자들의 자발적인 결사체 활동이 증가하며, 노동의 분업화와 전문화가 진행되었고, 상업적인 교류의 증가로 개인화 작업이 더욱 힘을 받게 되었다(Cohen, 2015; Henrich, 2020; Schulz, 2019).

그러나 사회심리학자들은 구미인들을 대상으로 발견된 개념과 원리가 보편적일 것으로 여겼다. 대부분의 발견이 미국에서 이루어졌음에도 불구하고 연구자들은 연구무대를 문제시 삼을 필요는 없다는 암묵적인 입장을 취하고 있었던 것이다. 사회심리학 교재 저술의 참고문헌들의 출처를 보면 구미권 밖의 자국에서 이루어진 연구가 차지하는 비중이 매우 적은 것으로 나타나고 있다(Smith & Bond, 1998).

이러한 자세에 대한 비판이 제기되었고, 사회심리학과 문화가 지니는 관계를 이해하고, 해당 문화권에 적합한 사회심리학의 주제를 선정하고 이를 경험적으로 연구해야 한다는 주장이 당연히 제기되었다(한규석, 1991, 2002; Moghaddam et al., 1993; Smith & Bond, 1998). 1995년에 대만, 일본, 홍콩, 한국의 사회심리학자들이 주축이 되어 아시아사회심리학회(AASP: 초대 회장 최상진 교수)가 발족되어 아시아인들의 가치와 삶의 모습을 반영하는 사회심리학 탐구가 활발하게 진행되고 있다.

**인류세(Anthropocene)**
이 용어는 산업혁명 이후 짧은 기간이지만 생태계의 변화가 급속도로 진행되어 지구 생태계에 인류의 흔적이 뚜렷해진 것을 별도로 구분해야 한다는 주장에서 나온 것이다. 생물학자인 Stoemer가 노벨상을 수상한 대기학자인 Crutzen과 같이 발표한 2002년 기고문에서 쓰이며 퍼졌고, 용어 채택이 지질학자들 간에 심각하게 논의되고 있다(김지성 외, 2016).

사회심리학이 지닌 문화적 특성은 무엇인가? 이는 지식사회학의 흥미 있는 주제가 되겠지만, 그 연구주제의 설정, 인기 있는 주제들에서 중요한 통찰을 얻을 수 있다. 한 가지 분명한 것은 개인들이 모여 교류하는 과정과 개인의 삶에 초점을 맞추어 사회심리학 연구가 진행되어 왔다는 것이다. 사회심리학이 함축하고 있는 세계관은 서구인들이 수천 년의 역사를 통해 형성되어 온 것이다. 그 세계관의 특징은 인간을 세계의 중심에 두고, 인간만이 온전한 주체가 되어 다른 생명체와 자연을 객체로서 대상화시켜 본다는 것이다(곁글 1-8). 이 세계관이 보이는 사상의 특징은 개인주의, 이성주의, 자유주의로 요약될 수 있다(Hogan & Emler, 1978). 즉,

사회란 자율적인 개인들의 집합체로서, 개인은 유전 및 사회화 과정을 통해 형성된 나름의 가치와 성격 특징을 갖고 자신의 자유의지에 의해 나름의 합리적인 사고 과정을 통해 자신의 행복을 추구하는 방향으로 사회생활을 영위하여 간다. 서구인의 이 같은 인간관의 특징은 사회심리학 및 심리학 전반의 연구주제의 선정과 접근 방식에 큰 영향을 미치고 있다. 이 같은 인간관은 아시아인들의 세계관과는 큰 차이가 있다(본서 12장 참조; 최봉영, 2023; 최봉영, 한규석, 2021; Pe-Pua, 2018; 곁글 1-8).

**곁글 1-8 팬데믹의 교훈: 인간중심주의가 초래한 재앙**

2019년 12월에 중국 내륙도시인 우한에서 발생한 폐렴증세는 전 세계적으로 퍼져나가 다음 달에는 한국에서도 확진자가 발생하였다. 700만 명이 넘는 사망자를 초래하며 전 세계를 얼어붙게 하였고, 3년이 지나도록 생활의 모든 영역에서 모든 사람에게 크고 작은 영향을 미치고 있다. Covid19로 불리우는 바이러스에 의한 질병이며, 야생동물 박쥐에게서 기원한 것으로 여겨지고 있다. 조류독감(닭), 메르스(낙타), 에이즈(침팬지), 에볼라(과일박쥐) 등등 발생할 때마다 인류를 공포에 떨게 한 인수감염질환이 지난 세기 이후 크게 문제가 된 이유는 인간이 동물의 서식지를 무차별적으로 침범하여 갈 곳이 없는 동물이 생존을 위해 인간의 주거지로 들어오면서 인간과의 접촉의 기회가 늘어난 탓이다(Quammen, 2017). 급속도로 증가한 사람들의 생활공간이 확대되면서 야생동물의 서식지가 줄어들고, 자연스럽게 야생동물과의 접촉기회가 늘어나면서 인간이 아무런 면역력을 지니지 못한 동물의 바이러스에 노출된 것이다.

이런 현상의 바탕에는 만연된 **인간중심주의적** 세계관이 작용하고 있다. 인간이 만물의 영장으로 세상을 다스릴 수 있다는 서구적 세계관에서는 인간만이 주체이며, 생태계의 모든 것을 소용가치를 지닌 대상으로 여긴다. 이 세계관에서 인간의 생존, 편익과 쾌락을 도모하는 활동들을 위해서 생태계가 이용되고, 심지어 파괴되고 있다. 수천년 동안 인간중심주의를 당연한 것으로 여기는 세계관을 지닌 서구문명이 선진문명으로 여겨지면서 자연을 소용가치로 대해 왔다. 인간의 생존과 편익에 지장을 초래하는 것들을 개발하거나 제거하는 것이 당연하게 여겨졌다. 이런 인간중심주의의 생활방식이 생태계의 종다양성을 감소시켰고, 동물 축산과 양식업을 발전시키며, 대량도살 행위를 정당화시키며, 생태계 오염이라는 심각한 위기를 초래했다. 인류문명이 시작된 일만 년의 시간에 의해 초래된 생태계의 변화가 뚜렷하여 지질학자들도 이 짧은 기간을 **인류세**라고 이름 지을 필요성을 논의하고 있는 지경이다(김지성 외, 2016; Crutzen & Stoemer, 2002).

**토착심리학(Indigenous psychology)**
구미인의 주류 심리학이 각국의 현지문화에 적용되는 것은 학문으로 식민지화하는 것이라는 문제의식에서 현지인들의 생활언어와 문화에 기반하는 심리학 연구를 해야 한다는 학자들의 연구이다. 1970년대 필리핀에서 시작되어 대만, 한국, 일본, 남아시아, 북미, 남미 및 호주의 원주민 학자들이 활발히 참여하고 있다.

이러한 관찰들은 사회심리학의 명칭을 다시 생각하게 만든다. 즉, 기존의 사회심리학은 엄밀히 말해서 '미국인의 토착 심리학'(Berry, 2000)이기 때문에 한국 사람들을 이해하기 위해 그 원리들을 아무 생각 없이 적용하는 것은 삼가야 할 일이다. 어느 사회에서나 사람들이 만나서, 결혼하고, 자식을 양육하고, 다투고, 돕는 행동들은 공통적으로 나타난다. 그렇다고 해서 그 심리가 같다고 볼 수는 없다. 한 예로, 친구 관계를 보자. 어느 사회에서나 사람들은 친구들과 어울린다. 그러나 미국인들이 보이는 친구관계와 서아프리카의 가나인들이 보이는 친구관계는 상당한 차이가 있음이 밝혀졌다(Adams & Plaut, 2003). 가나인들은 친구들에게 실질적인 도움을 제공하는 것을 당연하게 여기며, 친구의 수를 늘리는 것은 부담을 늘리는 바보짓이라고 여긴다(곁글 6-6 참조). 그러나 미국인들은 친구들과는 정서적인 지원을 주고받는 것이라고 여기므로, 친구의 수가 많은 것을 자랑거리로 삼는다. 이처럼 동일한 사회적 관행이 상이한 심리를 바탕으로 나타날 수 있으므로 해당 문화권의 사회심리학자는 미국의 판에서 벌어지고 있는 사회심리학이 보여 주는 원리의 문화적 특수성을 인지하고, 이들이 자신의 문화판에서 적합하게 적용될 수 있는지 여부를 검토하여야 한다(최상진, 한규석, 1998; 한규석, 최봉영, 2015).

**곁글 1-9 마음의 이름 짓기**

각 문화권에서 사용하는 말은 그 사회 성원들이 세상을 보고 파악하는 분류체계 혹은 판이라고 볼 수 있다. 이 분류체계는 시공간적 제약을 받는 문화적 구성물이다. 심리학의 주요 개념들이 부침하는 역사를 탐구해 온 캐나다의 K. Danziger(1997)는 『마음의 이름 짓기(Naming the mind)』란 저술에서 심리학의 용어들이 자연류(natural kinds)로 여겨지는 착각을 예리하게 지적하고 있다. **자연류**란 연구자가 대상을 어떻게 이름 짓는가와 무관하게 존재하는 실체적 대상을 말한다. 예를 들어, 폭포를 폭포라 하건, 물벽이라 하건, 워터폴이라 하건 그 속성이 변하지 않는다. 그러나 심리학의 용어들은 모두가 **인간류**(human kinds)의 용어들이다. 인간류의 개념들은 이름을 어떻게 짓느냐에 따라 속성이 변한다. 예를 들어, 60대 장년의 남자를 노인이라 부른다면 이 남자는 화를 내거나 노인처럼 행동할 수 있다. 인간류의 용어는 대상을 어떻게 보겠다는 실행성(practice)을 지닌 정치적 용어라는 것이다. 이 점에서 심리학의 이론과 용어는 우리들이 잘 의식하지 못하는 정치적 힘을 지니고 있다. 일례로, 지능(intelligence)을 이야기한다면 높낮이에 따른 아동의 서열화가 자연스럽게 여겨진다. 그러나 지성(intellect)을 이야기한다면 인간성과 야만성의 차이가 문제가 된다. 심리학의 용어(지능, 내외 귀인, 성취동기, 우울증 등)는 범주화를 수반하고 이 범주는 가치를 내포하고 있어, 사람에 대한 판단을 불가피하게 만든다. 서구에서 개발된 이론과 용어를 그들의 문화적 배경과 분리되어 존재하는 보편적인 것으로 여기게 되면 그러한 잣대와 판에 의해 우리 한국인을 보게 되며, 그러한 연구의 누적은 한국인의 이해와는 필연적으로 괴리를 지닐 수밖에 없다(한규석, 1999에서 발췌).

## 국내의 사회심리학

한국심리학회가 1946년에 창설된 이후에 미국의 사회심리학이 수입되기 전까지 소수의 심리학자들은 한국 사회의 현실과 관련된 사회심리학적 주제를 다루었다. 최초의 논문은 서울대학교 이진숙 교수(1959)가 쓴「팔도인의 성격에 대한 선입관념」으로 여겨진다. 이는 1980년대에 활발히 이루어진 지역감정에 대한 연구의 효시적 연구였다. 이듬해에 고려대학교의 김성태 교수에 의해『4 · 19 학생봉기의 사회심리학적 분석』이 출판되었으며, 1965년에 윤태림 교수가「한국인의 성격」을 박사학위논문으로 출판하였다. 그러나 본격적인 사회심리학의 전개는 서울대의 정양은 교수가 스탠퍼드 대학교에 체류하고(1963년) 와서 Festinger의 이론을 소개하고, 동조현상의 연구를 위해 실험실 접근을 도입한 이후로 여길 수 있다. 정양은 교수의 제자들, 그리고 그를 이어 서울대학교의 사회심리학 교실을 이끈 차재호 교수에 의해서 1970년대 당시에 전개되고 있던 미국의 사회심리학이 직수입되면서 한국의 사회심리학 연구도 착근을 하게 되었다. 1975년에 사회심리학회가 한국심리학회의 분과학회로 결성되었고 1982년에 최초의 사회심리학 전문 학술지가 창간되었다. 이 당시의 연구자들은 가치관, 대인지각, 공격행위, 귀인과 같은 당시 미국 학자들이 보이던 사회심리학 주제들에 관심을 보이며, 활발하게 연구활동을 전개하였다(한규석, 1996). 1991년에 한국심리학회가 국제비교문화심리학회와 공동으로 대규모의 국제적인 학술행사를 가진 이후에 사회심리학을 한국 문화와 관련하여 보는 관심이 크게 증가하였다(최상진, 2000; 한규석, 2002; 한성열 외, 2015).

**정양은(1923~2004)**
서울대학교 심리학 박사. 서울대학교 교수로 1970년대 중반까지 초기의 사회심리학 교실을 운영하였고, 나중에는 산업심리학 교실을 이끌면서 많은 제자를 배출하였다. 심리철학과 심리학의 탐구와 응용에 많은 관심을 기울였으며, 말년에는 현대 심리학 형성에 큰 영향을 미친 윌리엄 제임스의 저서『심리학의 원리』(1890년)를 번역, 발간하였다. 국내 사회심리학회의 초대 회장(1975년)을 역임하였다.

한편, 국내의 사회학계에서도 개별적으로 사회심리학적 관심을 보이는 연구자들이 나타났고, 최초의 사회심리학 교재가 고영복 교수에 의해서 1962년에 출판되었다. 사회적 일탈, 가치관 등을 다루는 사회심리학 논문들이 한국사회학 학회지 창립 이후부터 간간히 발간되고 있다(김두섭, 은기수, 2002 참조). 그러나 1960대 초기부터 1980년대 중반까지의 군사정권 시대에 사회학도들의 주된 관심사는 사회체제, 마르크시즘, 계층론, 사회변화 등에 모여 있었고, 개인에 관심을 두는 사회심리학은 별다른 주목을 받지 못하였다. 공산주의 종주국인 소련이 해체되고, 21세기로 넘어오면서 국내의 사회학계에서도 사회심리학적 연구를 하는 학자들이 눈에 띄게 증가하였으며, 이들에 의해 학술모임이 운영되고 있다. 이들은 사회적 연결망과 공동체의 작동, 다문화사회의 출현, 사회계층의 양극화, 세대차 등 다양한 주제에 대한 연구 성과를 내놓고 있다.

**차재호(1934~ )**
UCLA 사회심리학 박사. 1974년에 서울대학교 교수로 취임하여 사회심리학 교실을 운영하였다. 한국 사회의 가치관, 귀인이론의 연구에 업적을 남겼으며, 국내 사회심리학회 회장을 역임하였다. 행동주의적 관점에서『문화설계의 심리학』(1994년)을 저술하였다.

**곁글 1-10** 심리학과 근대정신-모더니즘(modernism)

사회심리학을 인간행위의 보편적 원리를 구명하는 과학이기보다는 시대적 역사성을 지닌 행동을 연구하는 역사학의 분야라며 사회심리학의 과학성 논쟁에 큰 불을 지핀 바 있던 Gergen(1991)은 '자기성'의 모습의 변화와 시대정신의 관계를 분석한 글에서 심리학의 역사성을 잘 보여 주고 있다.

낭만적 계몽주의에서 산업혁명을 거치면서 근대정신이 출현한다. 근대정신의 요체는 합리주의, 과학주의, 진보, 객관성이다. 근대정신의 과학적 방법론은 모든 현상의 분석에 쓰일 수 있다고 믿어져, 이 믿음은 사회과학을 배태시켜 정착시켰다. 철학에서는 과학철학이 중요한 부분으로 각광받고 윤리학, 신학은 거의 골동품적 존재로 전락한다.

근대정신은 예술에도 영향을 미쳐 미학적 디자인이 탐구되고, 문학에서는 작가의 의도보다는 작품 속의 구조를 분석하는 비판운동이 나타났고 춤에는 모던발레라는 양식이 출현한다. 심리학에서 근대정신은 인간을 기계로 봄과 동시에 분석적·실험적 연구에 의해서 완전한 이해가 가능하다는 사조로 나타났다. 따라서 인간의 이해는 하등동물의 이해를 통해서도 가능하다고 보아, 쥐, 비둘기, 개의 연구를 통해 매우 야심적인 제목의 저서들이 출현되었다(Skinner의 『유기체의 행동』, Hull의 『행동의 원리』, Tolman의 『동물과 인간의 의도적 행동』 등). 이러한 근대정신에 부합하지 않은 신비주의적인 정신분석은 심리학의 영역에서 밀려나고, 철저한 분석이 가능한 자기심리학(Kohut), 의식적 선택(Adler), 인지 발달(Sullivan), 정체감 발달(Erickson)을 강조하는 학자들이 각광을 받게 되었다(Gergen, 1991, pp. 28-41).

**요약**

1. 사회심리학은 개인과 개인, 개인과 사회의 상호 영향과정을 이해하기 위한 학문으로 사회학과 심리학의 복합적 성격을 지니고 있다. 사회심리학은 분석의 단위를 개인의 행위와 사고에 두고 있으며, 이에 영향을 미치는 다양한 사회적 요인들—타인의 존재, 인지과정, 상황의 특성, 집단의 문화—을 분석한다.
2. 사회심리학은 초기부터 심리학적 전통과 사회학적 전통에서 각기 독립적으로 출발하였다. 사회학적 전통은 상징적 상호작용론으로 발전하였으며, 심리학적 전통은 실험사회심리학으로 발전하였다.
3. 현대 심리학의 시조인 Wundt에 의해서 사회심리학은 구상되었지만, 그 착근과 개화는 미국에서 이루어졌다. 세계 여러 나라에서 이루어진 연구 결과를 비교하면 미국인은 보편적인 특성을 보이는 것이 아니라 'WEIRD'한 특징을 보이고 있다는 것이 나타나고 있다.
4. 사회심리학이 담고 있는 구미문화가 인간을 보는 시각은 개인주의, 이성주의, 자유주의로 요약할 수 있다.

5. 사회심리학의 개념과 원리의 문화적 특성을 인식하고, 각국에서 생활언어와 세계관을 담아 내는 토착심리학에 대한 관심이 필요하다.
6. 국내에서도 사회심리학은 매우 활발한 연구가 이루어지고 있는 학문분야이며, 최근에 문화에 대한 관심이 활발히 나타나고 있다.

# 사회심리학자들이 취하는 연구방법

## 과학적 연구방법의 특징

물리현상을 탐구하든지 사회현상을 탐구하든지, 과학자들은 과학적 연구방법을 적용한다. 비록 탐구의 대상은 달라도 과학적 방법은 몇 가지 공통된 특징을 지닌다. 우선, 과학적 연구는 신뢰할 수 있는 현상을 대상으로 한다. 과학자들이 초능력 현상에 대한 연구를 꺼리는 것은 초능력의 발현을 신뢰할 수 없기 때문이다. 둘째, 검증하고자 하는 이론의 적용영역과 한계를 명시함으로써, 이론이 적용되지 못하는 경우를 분명히 한다. 정신분석 이론을 과학적 이론으로 여기지 않는 것은 그 이론이 적용되지 않는 선이 그어지지 않기 때문이다. 즉, 과학적 연구는 절대 진리를 인정하지 않는다. 셋째, 연구 절차의 객관성이다. 이는 연구 절차를 명시하여 다른 연구자들이 연구를 재검할 수 있도록 하고, 이렇게 나온 결과들에 의해 이론이 수정되는 가능성을 항상 열어 놓는다는 것이다(곁글 1-11).

사회심리학자들이 탐구하는 주제 중에는 친구의 우정, 연인 간의 사랑, 인간의 폭력성, 대인갈등 등이 포함된다. 사람들은 이러한 주제를 누구나 경험하고 있고, 경우에 따라서는 현상을 설명하는 나름의 이론을 지니고 있다. 사회에는 이들 현상을 이해하는 데 도움이 되는 격언이나 속담, 경구 같은 것들이 있어 통찰을 제공하기도 한다. 사실, 어느 사회에나 인간사를 이해하는 데 필수적인 상식이 있으며 이들을 활용하여 사회생활이 유지된다. 이러한 측면에서 사회심리학은 사회생활의 상식을 다루는 학문이기도 하다. 주제가 친숙한 만큼 연구자들의 관심은 자신의 사적인 관심이나 연구자가 처한 사회가 던져 주는 현실적 문제에서 출발하는 경우가 많다. 그러나 출발점이 어떠하건 연구가 과학적으로 설득력을 갖추어 추구되어야 한다.

과학적인 방법은 첫 단계에서 현상의 관찰이나 기존의 이론으로부터 논리적 도출에 의해서 잠정적인 이론을 형성한다. 두 번째 단계에서는 이 이론으로부터 그 타당성을 검증해 볼 수 있는 구체적 가설을 도출하고 이를 검증하는 자료를 편파성 없이 체계적으로 수집한다. 마지막 단계에서 수집된 자료가 이론을 지지한다면 새로운 가설을 도출해서 다시 그 이론을 새로운 영역에서 검증할 것이고, 수집된 자료가 이론을 지지하지 못한다면 이론에 수정을 가하게 된다([그림 1-7]).

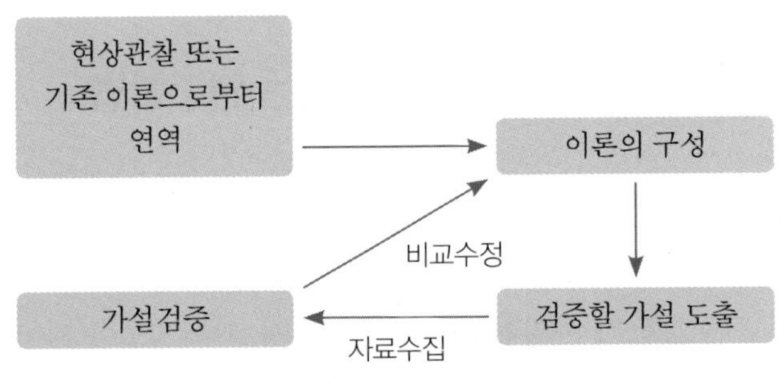


**[그림 1-7] 과학적 연구방법**

**결글 1-11** 과학적 이론의 요건–반증가능성이 중요한 이유

『**열린사회와 그 적들**』이란 저술로 유명한 Popper(1902~1994)는 탁월한 인식론 철학자이기도 하다. 그는 과학적 이론과 비과학적 이론을 구분하는 준거를 이론의 **반증가능성**에 두었다. 즉, 이론이 부정될 수 있게끔 기술되어 있느냐 하는 것이다. 그는 정신분석학 이론이 '모든' 인간사를 설명할 수 있는 가능성을 갖기 때문에 비과학적이라 보았다. 그 한 예로, **뚜렛 증후군**의 치료사를 들 수 있다. 이 증후군에는 안면의 경련, 타인의 말과 외설스러운 표현을 반복하며, 돼지처럼 꿀꿀거리는 특징이 포함된다. 이 증후군은 오늘날 중추신경계의 기질성 질환으로 알려졌으며, 할로페리돌이라는 약물을 사용하여 성공적으로 치료된다. 그러나 1921~1955년 기간 중에 이 증후군은 정신분석학적으로 설명되고 치료가 시도되었다. 이들 환자가 '안면경련을 멈추지 않는 이유는 안면경련이 성적 쾌감의 원천이 되며 무의식적인 성적 추구의 표현이기 때문'이라는 식으로 여긴 것이다. 그러나 이러한 식의 설명은 그럴듯하게 들릴 수 있지만 병을 다스리는 데 아무 도움이 되지 못하였다. 정신분석 이론은 모든 사건을 설명할 수 있어 유혹적이긴 하지만, 이 설명은 사건에 대한 발생 후의 설명일 뿐, 예측 가능한 설명이 아니다. 과학적 이론의 특성은 모든 것을 설명하는 것이 아니라 이론의 적용한계를 명백히 지니고 있는 것이다(Stanovich, 1994, pp. 57-60).

## 상식과 사회심리학의 차이

사회심리학자들은 종종 일상의 상식적인 것들을 과학적 탐구의 결과라고 제시한다는 비판을 받고 있다. 즉, 그렇게 힘들여 연구하지 않아도 다 알고 있는 뻔한 것들이라는 것이다. 과학적 관찰에 의한 설명과 일상적인 설명은 어떠한 차이가 있는가? 가장 큰 차이는 그 성립과정의 차이다. 사회심리학과 달리 상식은 비체계적인 관찰을 바탕으로 성립된다. 즉, 관찰자 개인의 경험을 바탕으로, 또는 관찰자 주위의 사람들의 행동을 바탕으로 상식은 만들어진다. 이 경우에 관찰자는 편파적인 표본을 대상으로 얻어진 이론을 일반현상으로 여긴다는 문제점을 지닌다. 그 결과, 상식이나 격언에는 서로 모순되는 것들이 늘 함께 존재한다. 이를테면 '아는 것이 힘이다/모르는 것이 약이다.' '안 보면 멀어진다/안 보면 애틋한 마음이 더욱 강해진다.' '작은 고추가 맵다/생강은 묵어야 제 맛이다.' 등등이다. 이에 반해서, 사회심리학자들은 연구 결과를 신뢰할 수 있고 타당하게 갖추어 가는 절차를 지니고 있다. 따라서 상식이 보이는 모순은 공존할 수가 없다. 있다면 이는 해결되어야 할 좋은 연구과제가 될 것이다. 상식이 맞는 경우가 많지만, 특히 사후분석에서 잘 들어맞는다. 그래서 우리는 "우리가 실제로 알고 있는 것보다 훨씬 더 많이 알고 있다고 착각"하는 것이다(Myers, 1993, p. 29).

두 번째로, 상식의 경우는 관찰자의 동기, 바람, 감정 등이 자료를 해석하는 데 미치는 영향을 막는 장치가 없다. 그래서 '귀에 걸면 귀걸이, 코에 걸면 코걸이' 식의 해석이 나온다. 사람들은 이런 식으로 자료를 보면서도 이를 깨닫지 못하는 경우가 많다. 사회심리학자의 자료 수집과 해석이 항상 객관성을 띠고 있다고는 볼 수 없지만 이를 검토하는 장치가 작동한다. 이를테면, 자료 수집의 대상이 주로 백인 중류층 대학생이었다는 비판을 들 수 있다. 이는 정당한 비판이며 연구 결과의 일반화에서 늘 고려되어야 할 것이다. 이러한 비판의 존재가 바로 과학적 연구의 특징이고, 과학적인 연구들은 편파성이 개입될 조그마한 가능성까지 따져서 이를 배제하도록 노력한다.

상식으로는 사건의 발생을 예측할 수 없고, 사건이 발생한 후에 설명을 할 뿐이다. 사건이 발생한 후에 보면, 마치 발생할 수밖에 없었던 것으로 생각하기 쉽다. 이는 특히 그 사건이 우연적 사건이 아닌 경우에 더욱 그러하다(Hawkins & Hastie, 1990). 2002년 대선에서 노무현-이회창 두 후보가 접전을 벌이는 중에는 누가 대통령으로 당선될 것인지 누구도 몰랐으며, 노무현 후보의 가능성을 보았던 사람은 많지 않았지만, 당선이 되자, 많은 정치분석가들은 그가 당선될 수밖에 없었던 다양한 설명들을 제기하며, 당선될 줄 알았다는 식의 설명을 제시하였다.

사람들은 이 책에서 소개되는 많은 연구 결과를 보면서 이미 알고 있던 것이라고 여길 수 있다. 그러나 나중에 선다형 시험문제를 받는다면 이것도 저것도 모두

**최인철(1967~ )**
서울대학교 심리학과 교수이며, 2010년 행복연구센터를 설립하고 운영하며 한국인의 행복 문제를 다루고 있다. 미국 미시건대학교에서 Nisbett 교수 밑에서 심리학 박사학위를 취득하였다. 『프레임』을 저술하였으며, 『생각의 지도』를 번역, 출간하였다.

**되돌아보기 편향**
일이 벌어진 후에 사태에 대한 설명은 일이 벌어질 수밖에 없었다는 식으로 관련된 정보를 처리하는 양상

정답일 것 같은 혼란에 빠지기 쉽다. 사람들이 지닌 되돌아보기 편향(hindsight bias)은 사회심리학의 발견들을 상식으로 여기게끔 만들며, 아울러 사람들로 하여금 스스로의 예견력을 과대평가하는 자부심을 갖게 할 수 있다(Fischhoff & Beyth, 1975). 또한 다른 사람이 실책을 저질렀을 경우에는 미리 예상하지 못한 우매함을 책망하게 만든다. 2001년 9·11 테러의 주범을 지원하는 탈레반 정권을 없애려고 미국은 아프가니스탄을 침공해 들어갔다. 그러나 끈질긴 탈레반의 저항으로 20년을 끌다가 2021년에 결국 아무런 소득 없이 철수하였다. 미국은 2조 달러가 넘는 전쟁경비를 치렀다고 한다. 사후에는 명명백백한 것으로 보이는 것도 사전에는 전혀 예측하기 어려웠음을 생각하지 못한다. 한국인들은 특히 이 양상을 잘 보인다는 것이 실험연구로 드러났다(Choi & Nisbett, 2000; 곁글 1-12).

**곁글 1-12** 놀랄 일이 별로 없는 한국 사람들

지수는 신앙심이 깊고, 자비로우며, 관대한 사람으로 신학원에 등록하여 목회자가 되는 과정을 밟고 있다. 하루는 수업이 길어져 설교 연습을 하게 되는 다음 수업 시간에 늦어지게 되었다. 그는 강의실을 빠져나와 옆 건물로 서둘러 가는 중에 쓰러져 있는 사람을 보게 되었다. 그를 돕게 되면 설교 연습 수업에 제대로 맞출 수 없는 상황이다. 이런 상황에서 당신은 지수가 곤경에 처해 있는 사람을 도우리라 여기는가?

그렇다( )    아니다( )

성경에 나오는 착한 사마리아 사람의 우화에 착안하여 실제 미국의 신학원에서 위와 같은 상황을 꾸며서, 두 가지 조건에서 사람들의 행동을 비교하였다. 한 조건에서는 사람들이 서둘러 가야 했기에 돕게 되면 다음 수업에 늦는 상황이고, 다른 조건에서는 시간적 여유가 있던 상황이었다. 연구 결과, 바쁜 조건의 사람들은 10%만이 도왔으나, 바쁘지 않은 조건에서는 63%가 도움을 준 것으로 나타났다(Darley & Batson, 1973).

최인철은 그의 박사학위 연구(Choi & Nisbett, 2000)에서 미국과 한국의 대학생들에게 세 가지 조건을 변화시켜 앞의 상황을 기술문으로 제시하고서 사람들로 하여금 도울 가능성과 주인공이 보인 행동을 알고서 놀란 정도를 평가하게 하였다. 한 조건에서는 지수가 도움을 주었다고 하였고, 다른 조건에서는 지수가 도움을 주지 않았다고 알려 주었다. 세 번째 조건에서는 도움을 주었는지 여부를 알려 주지 않았다. 사람들에게 지수가 어떻게 했는지를 모르는 상황에서, 지수가 도움을 줄 가능성이 얼마나 되는지를 평가하도록 한 결과, 도움 여부를 안 알려 준 상황에서는 한미 양국 모두 도움을 줄 가능성이 매우 높다고 예측하였다. 실제 도움을 주었지만 이를 모르는 상황이라 가정했을 때도 양국 모두 도움을 줄 가능성이 높은 것으로 나타났으며, 도왔다는 것에 대하여 놀랄 일이 전혀 아니라고 답하였다. 그러나 돕지 않았다는 것을 알려 주었지만 이를 모르는 것처럼 가정한 조건에서 미국인들은 여전히 도움을 줄 가능성이 높은 것으로 나타났지만, 한국인은 도움을 줄 가능성을 훨씬 낮게 보았다. 아울러 미국인은 지수가 돕지 않았다는 것을 놀라워하는 경향이 한국인에 비해 월등 높게 나타났다. 이 같은 양상은 한국

인이 벌어진 상황이 무엇인지를 아는 경우에 사태에 작용할 수 있는 맥락적 원인 요소들을 가져와서 설명해 버리는 양상이 높다는 것을 잘 보여 주고 있다(본서 3장 참조).

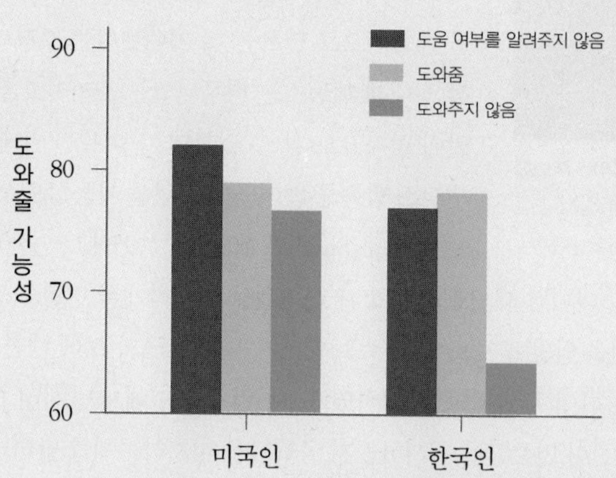


[그림 1-8] **세 실험 조건에서 도움을 줄 가능성에 대한 평가**

출처: Choi & Nisbett (2000).

## 어떻게 연구를 수행하는가(실험과 조사)

연구자가 알아보고자 하는 주제를 정했다면 그다음 단계로 이를 어떻게 알아볼 것인지의 방법을 결정해야 한다. 가장 많이 쓰이는 연구방법으로는 실험법과 조사법의 두 가지 유형이 있다. 실험연구는 연구자가 실험상황을 정교하게 설정하고 의도적인 상황조작(조건들의 설정)을 통해 참가자들의 행동이 조건마다 어떻게 나타나는지를 비교한다. 반면, 조사연구에서는 연구자가 여러 변수를 설정하여 측정하고, 이들 간의 관계를 기록하고 통계학적으로 분석한다. 두 연구방법의 차이를 좀 더 구체적으로 알아보자(곁글 1-13).

**곁글 1-13** TV 앵커의 태도는 대선에 영향을 줄까?: 조사와 실험의 차이

미국의 1984년 대통령 선거 당시에 주요 TV 방송국의 앵커들이 뉴스보도 시 각 정당 후보인 레이건(공화당 후보로 당시 현직 대통령)과 먼데일(민주당 후보)에 대한 언급을 할 때 특정 후보를 지지하는 발언이나 편향적 보도가 이루어지지는 않았다. 그러나 피터 제닝스라는 ABC 방송의 앵커는 레이건을 언급할 때면 미소를 짓는 것이 관찰되었다. 사회심리학자들이(Mullen et al., 1986) 전국에서 유권자들을 대상으로 선거가 끝난 후에 어느

손석희 앵커. 인기 있는 앵커가 어느 후보를 지지하는지가 시청자에게 영향을 미치나?

방송을 주로 보았으며, 누구를 지지했는지를 조사하였더니, ABC 청취자 중에서 레이건을 지지한 사람들의 비율이 다른 주요 방송국인 CBS나 NBC의 청취자들에 비해서 높게 나타났다. 제닝스의 미소가 레이건을 대통령으로 만드는 데 기여했다는 주장이 나오게 되었고, 이러한 주장에 대해 제닝스는 터무니없는 소리라고 펄펄 뛰었다. 사실, 제닝스의 말이 맞다고도 할 수 있는데 그 이유는 원래 레이건 지지자들이 ABC의 제닝스 방송을 많이 청취하였을 가능성도 있기 때문이다.

한 연구(Smith & Mackie, 1995에서 인용)는 레이건 지지자가 제닝스 뉴스를 많이 시청한 것인지, 아니면 제닝스의 미소가 레이건을 지지하게끔 영향을 준 것인지를 밝혀 보고자 실험을 하였다. 가상의 정치인을 양당 후보로 내세우고, 앵커가 두 후보(A와 B)에 대한 보도를 하면서 특정 후보를 언급할 때만 미소를 짓도록 하여 두 조건을 설정하였고, 세 번째 조건에서는 전혀 미소를 짓지 않도록 하였다. 실험에 참가한 사람들은 자신이 민주당을 지지하는지 공화당을 지지하는지를 밝히게 하였다. 보도를 접하고 앵커와 두 후보에 대한 평가를 하게 한 결과, 우선 자신이 지지하는 정당 후보를 언급할 때 미소 짓는 앵커에 대하여 더 큰 호감을 갖는 것으로 나타났다. 이는 레이건 지지자들이 제닝스의 뉴스를 보았을 가능성을 알려 준다. 흥미로운 결과는 자신이 반대하는 후보를 언급할 때 앵커가 미소를 짓는 조건에 있던 참가자들에게서 자신의 지지 후보에 대한 호감이 감소하고, 반대 후보에 대한 호감이 증진된 결과가 나타났다. 이 결과는 제닝스의 미소가 레이건에게 도움이 되었음을 의미하는 것이기도 하다.

**실험연구** 이론을 검증하는 경우에 사회심리학자들이 선호하는 방법은 실험이다. 실험이 조사와 다른 가장 큰 차이점은 변인 간의 인과관계를 보여 줄 수 있다는 점이다. 실험은 이를 위해서 세밀한 절차를 요구하는데 크게 두 가지 면에서 조사와 다르다. 우선, 연구자는 관심 있는 실험조건을 설정하고, 이 조건에서 나타나는 결과를 비교해 볼 수 있는 통제조건을 설정하여 실험을 진행한다. 이때 연구자는 독립변인(인과적 영향력을 행사하는 변인)을 갖고서, 이를 실험실에서 구현하기 위하여 조작적 정의를 수행하여 독립변수를 구성해 낸다. 하나의 독립변수에는 두 개 이상의 수준이 포함되어 있는데, 이 수준별 상황조작에서 나타난 차이는 참가자의 반응 행위에 반영되어 나타난다. 이 반응 행위가 대변하는 이론적 변인을 종속변인이라 한다. 연구자의 목적은 독립변수의 조작효과가 종속변수에 반영되는 정도를 보고자 하는 것이다.

**변인과 변수**
과학적 연구에서 연구자들은 관심 있는 현상에서 작용하는 요인들 간에 어떤 관계가 있는지를 보고자 한 다. 이때 관심 가는 요인에는 변화성이 있어야만 관계성을 밝히는 비교가 가능하다. 이론이 다루는 변화성이 있는 요인을 **변인**이라 하고, 이 변인을 관찰 수준에서 수치화시켜 측정하는 것을 **변수**라 한다.

독립변인의 선정은 연구자가 다루는 이론 혹은 개념을 잘 반영하도록 해야 한다. 예를 들어, '시청물의 폭력성이 시청자의 폭력행위를 조장할 수 있다'는 가설을 검증한다면 시청물의 폭력성이 독립변인이 된다. 왜냐하면 그것이 독립적 원인 요인으로 취급되기 때문이다. 연구자는 폭력성이 다른 두 가지 영화를 선정하여 독립변인의 조작효과를 비교할 수 있다. 이렇게 이론적 개념(폭력성이란 변인)을 실험에서 검증하기 위해 변수로 구체화시키는 과정을 조작적 정의 과정이라 한다(Bridgman, 1927/1961). 항상 실험에서는 독립변인의 조작이 시간적으로 종속변인의 측정에 선행하기 때문에 독립변인이 종속변인에 영향을 미친다는 인과관계를 이야기할 수 있다. 그러나 이 인과관계는 실험의 조건들에서 나타난 종속변인(폭력행위) 상의 차이가 조건들 간의 다른 차이가 아니라 독립변인(폭력 정도가 다른 시청물) 상의 변화에 기인한 것임을 보여야 한다. 그러기 위해서 참가자들을 실험의 조건들에 배정함에 있어서 무선배정을 하는 것이 실험의 두 번째 특징이다. 이는 독립변인 조작 전에는 조건들 간에 차이가 없음을 확률적으로 담보하기 위함이다. 조작 전에 이미 조건들 간에 차이가 존재한다면 종속변인상의 변화를 독립변인의 차이(조건이 다른) 탓으로 돌리기 어려울 것이기 때문이다. 이 무선배정은 조사연구에서 나오는 무선표집과는 구별되어야 한다. 무선배정은 배정과정에서 조건 간 차이를 없애기 위함이다. 반면에, 무선표집은 표본이 모집단을 대표할 수 있도록 하기 위함이며, 연구 결과를 모집단에게 일반화하기 위한 목적에서 취해진다([그림 1-9]).

실험에서 조건들은 두 가지로 구분이 된다. 실험조건과 통제조건이 그것이다. 실험조건은 연구자의 관심이 직접 반영되게끔 상황 설정을 하는 조건이며, 통제조건은 실험조건의 결과를 비교하기 위해 설정하는 조건이다. 통제조건의 참가자들은 실험조건의 참가자들과 동일한 과정을 모두 거치지만 한 가지—처치의 여부—에서만 차이가 난다. 그럼으로써 두 조건 간 반응치(종속변수)에서 차이가 나

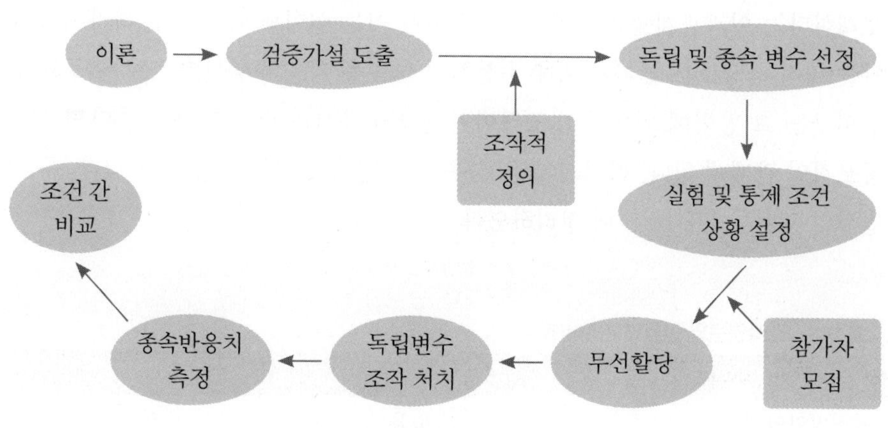


**[그림 1-9] 실험의 절차**

타나면 이를 독립변인의 처치 탓으로 여길 수 있는 것이다. 종종 변인 조작이 치밀하지 못한 경우에 가외변인(오염변인이라고도 함)의 효과로 인해 종속변인상의 변화가 초래되며, 이러한 경우에 실험의 내적 타당도가 낮다는 치명적인 비판을 받는다(곁글 1-14).

**곁글 1-14** 잘된 실험연구의 판단 준거들: 타당도의 종류

수행된 실험연구가 잘된 연구인가를 평가하는 데는 고려할 몇 가지 준거가 있다.

- 내적 타당도: 종속변인에서 나타난 조건 간의 차이가 고려되지 못한 가외변인의 영향 때문이 아니라 독립변인의 처치에 의한 차이라고 확신할 수 있을 때 연구 결과의 내적 타당도가 높다고 한다. 즉, 내적 타당도가 높다는 것은 실험이 잘 수행되어 인과관계의 해석이 명확함을 의미한다.
- 외적 타당도: 연구 결과가 유사한 실험상황에서 다른 사람들을 대상으로 해서 비슷하게 나온다면 외적 타당도가 높다고 한다(Campbell & Stanley, 1963). 이는 연구 결과의 일반화가 가능하다는 것을 의미한다.

연구자들은 실험을 계획할 때 우선 내적 타당도에 관심을 가져야 한다. 높은 내적 타당도는 외적 타당도를 높일 수 있다. 외적 타당도는 참가자의 특성에 따라 영향받을 수 있으므로 연구목적에 따라서 그 비중이 달라질 수 있다. 내적 타당도가 높다면 낮은 외적 타당도는 새로운 연구의 주제를 제공할 수도 있다. 연구자가 참가자를 다양한 사람들로 구성한다면 외적 타당도는 높아질 가능성이 크나, 이 경우 실험처치 효과가 매우 강력해야만 원하는 결과가 나타난다는 점에서 내·외적 타당도는 서로 상쇄적인 관계에 있다고 보겠다. 그러나 두 가지가 늘 모순적인 관계에 있는 것은 아니므로 연구자는 둘 모두를 높이는 방안을 모색할 수 있다.

실험이 지닌 무선배정과 엄격한 조건 간 통제는 독립변수가 종속변수의 변화를 초래한다는 인과관계를 보고자 하는 것이다. 이는 실험의 핵심이다. 따라서 연구자는 내적 타당도를 높이기 위해 우선적인 노력을 기울여야 한다. 조사연구와 실험연구는 그 방법에 있어서 대조적이지만 연구목적의 달성 면에서 본다면 서로 상보적인 관계에 있다. 따라서 많은 경우에 두 방법이 모두 유용할 수 있다. 두 방법상의 차이를 〈표 1-1〉에 정리하였다.

**표 1-1** 조사연구와 실험연구의 비교

| | 조사연구 | 실험연구 |
|---|---|---|
| 독립변인의 통제 | 없음 | 있음 |
| 무선배정 | 불가 | 가능 |

| | | |
|---|---|---|
| 인과관계의 애매성 | 높음 | 낮음 |
| 이론검증의 목적 | 가끔 | 항상 |
| 경제성 및 효율성 | 높음 | 낮음 |
| 다양한 변수 간 관계 파악 | 자주 | 거의 안 됨 |

**조사연구** 조사연구는 연구자가 관심을 가지고 있는 두 가지 이상의 변인들의 발현 양상을 관찰하여 그 변인들 간에 관계가 있는지, 나아가서 어떤 관계인지를 통계학적으로 파악하는 방법이다. 조사연구는 현상의 드러내기 연구라고 볼 수 있다. 즉, 변인들 간의 관계가 있는지 여부를 드러내는 것이다. 예를 들어, 여러 아동들에게서 그들이 매일 폭력물을 시청하는 정도를 알아보고 아울러 각자가 얼마나 공격적인 행위를 보이는지를 파악하여 폭력물 시청이라는 변인과 아동의 공격성이라는 두 변인 간에 관계가 있는지를 알아볼 수 있다.

통계학적으로 상관계수는 −1.0에서 +1.0까지의 값을 취한다. +1.0은 완벽한 정 상관관계로, 만약 앞의 예에서 이러한 상관이 나왔다면 이는 연구에 참여한 아동들의 경우에 한 시간 더 폭력물을 시청하는 아동은 그만큼 더 폭력적인 행위를 내보이며 이 양상에 개인차가 존재하지 않는다는 것을 뜻한다. 반면에, −1.0의 지수가 나왔다면 이는 완벽한 역 상관관계로서 한 변수에서 측정치의 증가는 대응 변수에서의 측정치의 감소와 정확히 대응하여 나타남을 의미한다. 한편, 0.0의 상관

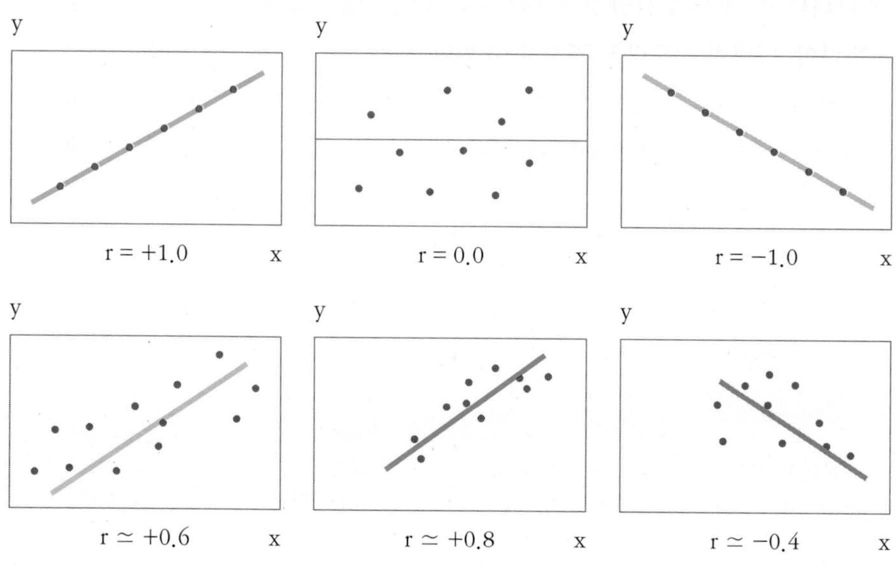


**[그림 1-10] 두 변인의 상관 정도의 다양한 분포**

은 두 변수 간에 아무런 관계가 없음을 뜻한다. 앞의 예의 경우, 0.0의 상관이 나왔다면, 이는 아동이 폭력물을 시청하는 정도는 그 아동의 공격행위의 표출 정도와 아무 관련이 없음을 말한다. 사회과학 연구에서는 극단의 값은 드물고 중간값들이 나타난다([그림1-10]).

조사연구에서는 관심 있는 변인을 설정하고 이를 측정하는 도구(설문 문항 따위)를 만든다. 이 도구는 관심변인에 대한 신뢰할 수 있고 타당한 측정치이어야 한다. 신뢰도는 같은 변수를 여러 번 측정해도 그 값이 일관되게 나오는 정도를 의미하고, 타당도는 측정치가 측정하고자 하는 변인을 제대로 반영하고 있는 정도를 의미한다. 예를 들어, 정부에 대한 국민들의 태도를 측정한다고 했을 때 문항들이 애매하여 해석의 여지가 다양하다면 매번 측정할 때마다 값이 다르게 나올 수 있어서 신뢰할 수 없고, 정부가 아니라 국회를 대상으로 하는 문항을 포함시킨다면 타당한 문항이 되지 못할 것이다([그림 1-11] A와 C).

**Cronbach 알파**
측정도구를 구성하고 있는 문항들이 얼마나 일관성 있는 측정치를 보여주는지를 알리는 지표. 흔히 내적 일관성 신뢰도라고 말한다.

**수렴타당도**
쓰려는 측정도구가 개념상 공통점을 지닌 다른 측정도구와 지닌 상관성. 이 상관이 높으면 수렴타당도가 높다고 본다.

**변별타당도**
쓰려는 측정도구가 개념상 이질적인 다른 측정도구와 지닌 상관성. 이 상관이 낮으면 변별성이 있다고 본다.

**안면타당도**
문항이 측정하고자 하는 변인의 특성을 지닌 것으로 보이는지에 대한 주관적 평가이다.

측정도구를 개발할 때는 그 도구가 신뢰할 수 있고 타당한지를 검토해야 한다. 개발한 도구를 이용한 두 번 이상의 반복적인 측정을 통해 얻어진 측정치들이 지닌 상관의 정도가 높을 경우에 신뢰할 수 있다고 판단한다(통상 Cronbach 알파로 나타낸다). 개발한 도구는 관심변인에 대한 유사한 측정도구와는 상관이 어느 정도 높아야 할 것이고(수렴타당도), 관심변인과는 무관한 측정도구의 측정치와는 상관이 없어야 할 것이다(변별타당도). 예를 들어, 자기애 성향을 재는 척도는 타인에 대한 배려심이 적은 반사회성을 보는 척도(공격성 따위)와의 상관이 어느 정도 높게 나타나고, 정서의 불안정성과는 무관하므로 불안정성 척도와의 상관이 적게 나타나야, 타당한 척도라고 평가할 수 있다.

조사연구는 두 가지 큰 장점이 있다. 우선, 연구의 경제성이다. 연구자가 여러 개의, 심지어 수십 가지 변수들 간의 관계를 한꺼번에 파악하는 것이 가능한 조사

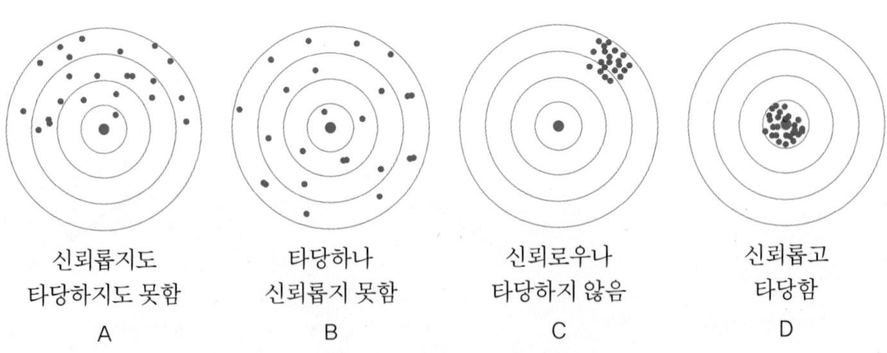


[그림 1-11] 조사연구에서 측정의 신뢰도와 타당도

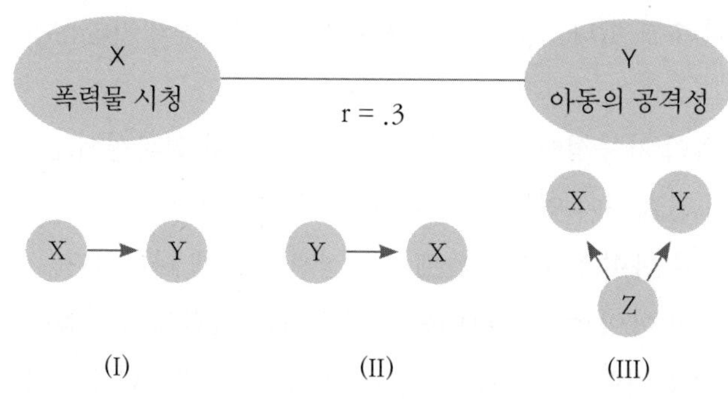


**[그림 1-12] 두 변인의 상관계수(r =.3)가 지닐 수 있는 세 가지 관계의 양상**

연구는 비교적 비용이 저렴한 연구방법이다. 공격행위와 연관이 있으리라고 생각하는 변수가 폭력물의 시청뿐 아니라, 지능, 성격, 가정환경, 성적 등 다양하다고 생각된다면 조사할 때 이들 항목을 알아보는 문항을 연구자가 추가함으로써 소기의 목적을 달성할 수 있다.

두 번째로 연구주제에 따라서는 조사연구가 유일한 방법일 수 있다. 즉, 조사연구는 연구자의 조작이 불가능한 변인들 간의 관계를 알아보는 유일한 연구방법이다. 이를테면, 사회경제적 지위, 남녀의 성, 결혼 여부 등과 같은 연구참여자가 지니고 있는 변인(속성 변인)과 공격성이란 행위의 인과관계를 알아보는 연구를 하고자 하는 경우에 실험연구는 불가능하다.

조사연구의 약점은 연구 결과의 해석에 있다. 우선, 상관관계는 인과관계와 혼동되어서는 안 된다. 변수 X와 Y가 상관이 있는 것으로 나왔다면 이는 세 가지 인과관계로 해석될 수 있다. 첫 번째는 'X가 Y를 초래한다', 두 번째는 'Y가 X를 초래한다', 세 번째는 'X와 Y는 인과적으로 아무런 관계가 없다'이다. 이 중 하나와 둘은 소위 역(逆)의 인과관계의 가능성이 존재한다는 문제다. 예로, 폭력물의 시청량과 공격행위에 대한 연구 결과로 정적인 상관관계가 나왔다면, '폭력물을 많이 시청하니까 아이가 공격적으로 된다'는 해석과 함께 '아이가 공격적이니까 폭력물을 많이 시청한다'라는 두 가지 해석이 모두 가능하다. 어떠한 해석이 맞는가는 통계가 보여 주는 것이 아니다. 연구자가 설득력 있는 이론을 제시하고 이를 정당화시키는 자료를 제시함으로써 어느 하나의 해석을 정당화시킬 수 있지만 이러한 해석은 다른 연구자에 의해서 뒤집어질 가능성도 있다. 경우에 따라서는 역의 인과관계 가능성을 걱정할 필요가 없다. 예로써, 남녀 간에 폭력행위의 차이가 나타난다면 그 인과의 방향은 하나일 것이다. 아무리 폭력행위를 많이 한다고 해도 여자가 남자가 될 수는 없으니까. 그렇지만 이 경우에 남자가 되면 폭력적이 된다는 해석은 틀릴 수도 있다. 그 이유는 바로 인과적 무관계의 가능성 때문이다([그림 1-12]).

인과적 무관계의 가능성이란 두 변인 간에는 아무런 인과성이 없지만 '제3의 변인'이 매개하여 관계성이 있는 것으로 나타나는 경우이다. 예를 들어, 계절에 따른 모기의 숫자와 아이스크림의 판매량은 상관이 크게 나타난다. 그렇다고 모기가 증가하는 것이 아이스크림 판매를 증가시키는 원인으로 작용하는 것은 아니다. 이 경우는 여름철이 되어 기온이 올라가면 모기가 증가하고, 아울러 아이스크림이 많이 팔리는 탓으로 나타난다. 즉, 기온이 서로 무관한 두 변인의 관계를 매개하여 관계가 깊은 것으로 나타나는 것이다. 이 경우에 기온이라는 변인이 매개변인 역할을 한다고 본다. 사회심리학적 소재를 예로 든다면, 폭력과 사회계층의 문제를 들 수 있다. 폭력은 하층계급의 가정에서 많이 발생한다. 이 계층의 사람들은 폭력물 드라마가 자신들의 생활과 유사한 환경을 묘사하므로 시청을 많이 할 수 있다. 따라서 이러한 가정에서 성장하는 아동들은 폭력물을 많이 보게 된다. 반면, 중산층 이상의 가정에서는 폭력물 드라마가 자신들의 생활과 너무 동떨어져 아동들의 시청률이 떨어질 수 있다. 이 경우 사회계층과 폭력성 간에 상관이 나타나지만, 두 변인 간의 직접적인 인과관계 때문이 아니라, 생활에서 직간접으로 경험하는 폭력성의 정도에 의해서 두 변인 간의 관계가 나타날 수 있다는 것이다. '제3의 변인' 문제는 항상 조사연구의 결과를 해석하는 데 작용할 수 있으므로 늘 검토되어야 할 것이다(곁글 1-15).

조사연구가 지닌 또 하나의 약점은 사람들의 응답이 좋은 쪽으로 자신을 제시하려는 사회적 바람직성 편향을 지니고 있다는 점이다. 대부분의 사람들이 남에게 자신을 잘 보이고 싶어 할 뿐만 아니라 자신을 좋은 사람으로 인식하려는 자기고

**곁글 1-15** 매개변인과 조절변인

두 가지 변인의 관계성에 대하여 제3변인이 **매개변인**(mediator)으로 작용하여 직접적인 관계가 없는 두 변인이 관계가 있는 것처럼 보이는 가능성을 본문에서 다루었다. 두 변인의 관계성 양상을 달리 만드는 제3변인의 가능성도 매우 흥미로운 연구 소재가 된다. 이런 변인을 **조절변인**(moderator)이라 칭한다. 폭력물 시청의 정도가 높을수록 아동의 공격성이 높게 나타나는 양상은 남자아이들에게서 강하지만, 여자아이들에게서는 안 나타날 수 있다. 폭력적 행위가 남자아이들에게서는 훨씬 용인될 가능성이 높기 때문이다. 이 경우는 성차가 조절변인으로 작용한다고 본다. 조절변인의 작용을 보이는 것은 현상에 대한 이해를 높이는 탓에 많은 연구자들이 관심을 보인다.

양적 성향을 지니고 있기 때문에 사회적으로 바람직한 특징을 묻는 문항에 대하여 자신을 실제보다 좋게 답하는 양상이 나타난다.

## 어디서 연구를 수행하는가(실험실과 현장)

연구의 목적에 따라 연구자는 연구를 실험실 혹은 현장에서 수행한다. 대부분의 실험연구는 실험통제가 용이한 실험실에서 행해지고, 조사연구는 현장이나 학교 교실에서 이루어진다. 그러나 현장에서 행해지는 실험도 가능하며, 이론의 현실 적용을 알아보기 위하여 꼭 필요하다.

**현장실험** 이론을 검증하는 연구라면 실험연구는 철저한 통제가 가능한 실험실 상황에서 하는 것이 가장 적합하다. 그러나 통제성을 희생하더라도 사회현장에서 실험하는 것이 유용한 경우도 있다. 실험실 실험이 지닌 작위성, 실험에 참가하고 있다는 것을 의식한 참가자들이 보이는 실험상황의 반응특성(reactivity) 혹은 부자연성이 연구목적상 부적합하다고 판단되는 경우에 현장실험이 좋은 대안이다. 이는 연구목적에 맞는 실제 사회현장을 실험자가 방문하여 의도했던 실험조작을 하거나, 실험조작에 필적하는 현장 상황을 선택하여 사회인들(자신들이 실험에 참가하고 있다는 것을 모르는 상태임)의 반응을 비교하는 것이다.

좋은 현장실험의 예로서, 서울 시민들이 위급상황을 목격한 경우 보이는 도움행위의 신속성이 목격자 집단의 크기에 따라 차이가 있는지를 알아본 연구를 들 수 있다(오세철, 조영기, 1982). 승객을 가장한 실험자가 지하철 객차 안에서 졸도하며 쓰러지는 상황을 연출했을 때 차내의 승객 중에서 누군가가 도움행위를 보일 때까지의 경과시간을 측정하여 이를 승객의 수에 따라 어떻게 다른지를 비교한 것이다. 분석 결과, 남자들만이 최초의 도움을 제공한 것으로 나타나 승객 중에 남자의 수만을 집단 크기 산정에서 고려하였다. [그림 1-13]에서 보듯이 목격자 집단이 클수록 도움행위는 더욱 지체되어 나타났다. 이는 흥미 있는 결과로서 책임감 분산 이론(본서 9장 참조)으로써 잘 설명된다. 그러나 현장실험은 실험실 실험보다 유리한 점이 있는 반면에, 결과 해석에 대한 내적 타당도의 문제가 늘 제기된다. 비록 연구자는 목격자 집단의 크기를 중요하게 생각했지만 무선배정이 불가능한 절차이므로 이 세 집단은 승객 수에 있어서만이 아니라 승객의 유형(직업, 나이 등)에 있어서도 연구자가 파악하지 못한 차이가 있을 수 있으며 이러한 가능성이 내적 타당도를 낮춘다. 조사에 따르면 유명 학술지에 발표된 연구 중 13%가

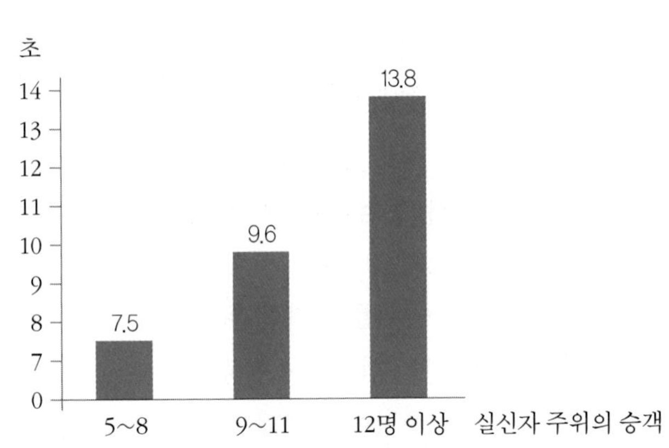


**[그림 1-13] 목격자의 수와 도움행위의 신속성**

출처: 오세철, 조영기(1982).

현장실험의 연구 결과로 나타나고 있다(Adair et al., 1985).

**기록물과 온라인 매체 연구** 사회심리학에서 가장 많이 쓰이는 실험연구와 조사연구는 연구자가 상황(실험상황 또는 설문지)을 제시하고 여기에서 나타나는 응답자의 반응을 얻어 내어 분석하는 것이다. 이와 달리 역사학자, 인류학자, 언어학자들은 현실생활에 묻혀 있는 다양한 기록물(archives)들을 발굴, 분석하여 자신의 가설을 검증하는 식의 연구를 많이 수행한다. 이러한 자료로는 속담, 격언, 낙서, 편지, 유행가, 영화, 교과서, 동화, 대자보, 블로그, 페북 등 온라인 미디어의 게시물 등이 있으며, 이는 모두 특정 시대나 장소에서 생활하던 사람들의 관심사가 무엇인지를 보여 주는 자료이므로 사회심리학적으로 중요한 의미를 지닐 수 있다. 한 예로, 유행가의 가사를 분석한 연구를 들 수 있다. 연구자들(이인영, 박혜경, 2020)은 1980~2018년 기간 대중들에게 애창되던 566개의 유행가들에서 시대별로 40개씩을 뽑아 160곡의 가사를 분석한 결과, 2010년대로 가까워지면서 강한 각성의 긍정적인 정서(신이 난, 흥분한, 놀라운, ……) 표현이 약한 각성의 온건한 정서(만족스러운, 흡족한, 차분한, 여유 있는, ……) 표현보다 3.7배나 늘어나는 양상을 발견하였다. 이러한 결과는 한국 사회에서 정서 표현이 개인주의적으로 변하는 양상이 유행가에도 나타나고 있음을 보여 준다.

다양한 형태의 사회관계망(SNS) 서비스가 사람들 간의 교류 수단으로 등장하였다. 이들이 페북이나, 각종 누리집에서 보이는 활동들이 누적되면서 엄청난 양의 자료들이 온라인에 올라와 있어 사회과학적 분석의 대상이 되고 있다(함유근, 채승범, 2012; Lazer et al., 2009). 이런 자료들은 사회과학 분야에서 이론의 검증과 구성에 혁명적인 변화를 가져오고 있다. 기존에 사회과학자들이 사람들의 생각과 행동 양상을 파악하기 위하여 실험이나 조사를 하는 경우에 소수의 사람들을 대상으로 얻은 결과를 갖고 일반인들에게 유추할 수밖에 없었지만, 온라인상의 빅데이터들은 유추가 아니라 실제가 어떤지를 보여 주고 있다. 이런 빅데이터를 이용한 한 연구로서 구글에서 제공하는 말뭉치자료 분석을 들 수 있다. 구글은 1800년 이후에 출간된 영어책을 모두 전사한 자료를 제공하면서 누구나 특정 단어나 어구의 출현 빈도를 연도별로 파악할 수 있도록 하고 있다. 한 연구자(Greenfield, 2013)는 1800년부터 2000년 어간에 사람들의 거주지역이 농어촌에서 도시지역으로 변한 인구학적인 자료를 확인하고, 이 기간에 발간된 책의 말뭉치 자료에서 개인과 관

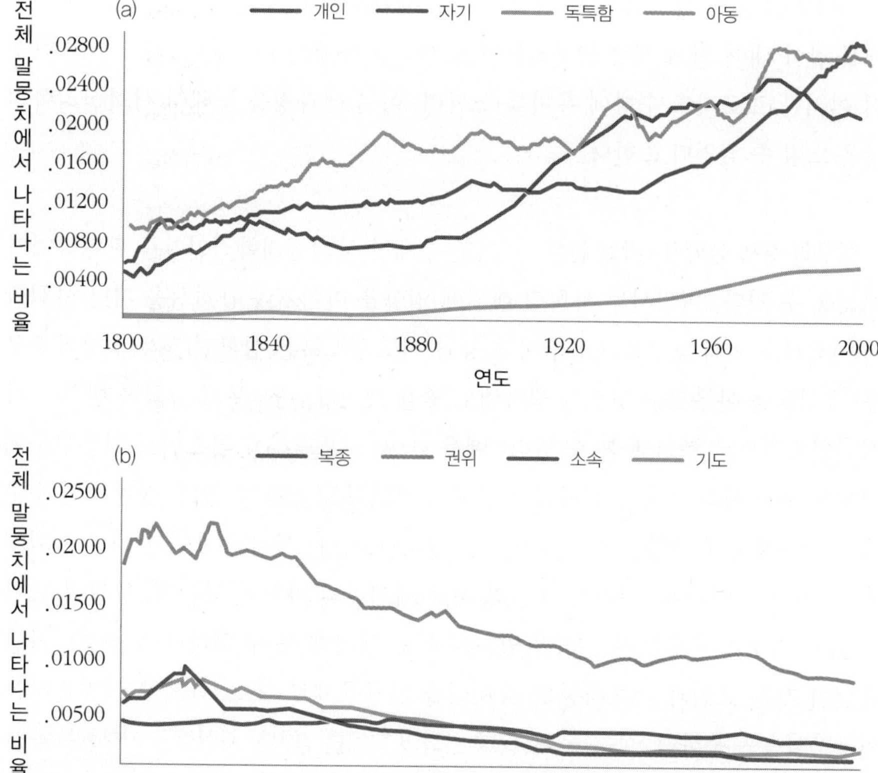


**[그림 1-14] 개인 중심의 가치 단어(a: 개인, 자기, 독특함, 아동)와 공동체 중심의 가치 단어(b: 복종, 권위, 소속, 기도) 출현의 시대별 변화 양상**

세로축은 당해연도에 해당 단어가 말뭉치자료에서 출현하는 비율임.

출처: Greenfield (2014), Fig. 5.

련된 단어(개인, 자기, 독특함, 아동 등) 그리고 공동체와 관련된 단어(복종, 권위, 소속, 기도 등)들의 출현 양상을 파악하였다([그림 1-14]). 그림에서 보듯이 개인 중심의 단어들이 출현하는 빈도는 점증하다가 1960년대 이후로 급증하는 양상을 보이며, 공동체 중심 가치를 반영하는 단어들의 출현은 그 반대로 줄어드는 양상을 보이고 있어, 시대에 따른 가치관의 변화 추이를 반영해 주는 것으로 보인다.

## 사회심리학 연구해 보기

사회심리학은 우리의 생활에서 친숙한 주제들을 다루기 때문에 책을 읽고 배우기보다는 관심 있는 주제에 대하여 문제의식을 갖고 알아보고자 하는 적극적인 활동을 통해서 훨씬 잘 배울 수 있다. 필자는 본 과목을 수강하는 학생들에게 2~4명의 조를 짜서 생활에서 접하는 현상에 대하여 문제의식을 갖고 한 가지 주제를 잡아 내어 이 주제를 연구하는 프로젝트를 수행하도록 한다. 대부분의 학생이 이러한 프로젝트 수행에 흥미를 느끼며, 이 수행과정을 통해서 사회심리학의 맛을 느낄 수 있었다고 한다.

**탐구의 주제 정하기-가설 설정** 어떤 주제가 사회심리학적인가를 판단하기가 어려울 수 있다. 여기서는 사회적 행위에 영향을 미치거나 관계성을 지닌 사회학적(사회계층, 지역 등), 심리학적(성격, 능력, 태도 등), 혹은 상황적(정서, 보상의 유무 등) 요인들을 아우르는 것으로 생각해도 좋을 것이다. 대부분의 사회적 행위는 사회심리학적으로 분석해 볼 수 있다. 예를 들어, 기후변화를 겪으면서 기후행동에 영향을 주는 사회적 혹은 심리적 변인이 무엇인지 궁금할 수 있다. 상식적인 수준에서 기후행동에 영향을 주는 요인들을 생각해 본다. 사회적 요인의 예로 사회계층 간 차이가 있는지, 심리적 요인의 예로 세계관의 차이가 있는지, 상황적 요인의 예로 거주지역에 따라 차이가 있는지 등을 생각해 볼 수 있다(11장 참조). 가장 관심이 가는 요인과 기후행동의 관계성을 연구주제로 삼고, 관계성을 진술하는 연구가설을 도출한다. 예를 들어, '기후변화의 피해를 경험한 사람들은 기후행동을 보일 것이다'라는 가설을 설정할 수 있다. 가설은 기존 이론에서 도출할 수도 있고, 언론에 보도되는 현상에 대한 설명방식을 가져올 수도 있으며, 자신이나 주위 사람들의 행태를 관찰하면서 상식에 바탕한 추론을 통해서 얻어 낼 수 있다. 가설을 설정하는 것은 연구의 초점을 맞추는 작업이다. 가설을 지녔을 때, 현상의 어떤 부분에 초점을 맞출 것인지가 정해지고, 연구 결과를 해석할 때도 명료함을 더할 수 있다. 흔히 많은 사람들이 궁금해하는 현상은 있어도 이 현상을 설명하는 가설을 갖지 못하고 있어 많은 노력을 기울이고서도 현상을 의미 있게 파악하거나 정리하지 못하는 실수를 저지른다.

### 재검 연구 수행

또 하나의 연구 수행 방식은 기존에 이루어진 흥미로운 연구에 대한 재검 연구를 해 보는 것이다. 재검 연구는 기존의 연구 방식을 좇아서 구현 가능한 방식으로 재구성하여 연구를 수행하는 것이다. 재검 연구를 통해 많은 연구들에서 종종 결함이 발견되어, 윤리적인 문제로까지 비화되기도 한다(곁글 1-16). 특히 참가자의 사회문화적 특성이 다른 심리학의 연구들에서는 한 연구의 결과가 다른 연구에서 나타나지 않는 경우가 종종 발생한다. 원연구의 내적 타당도가 높다면 유사한 결과가 재검 연구에서 나타나리라 기대된다. 재검 연구 결과가 원연구를 지지한다면 원연구의 타당도가 높다고 볼 수 있다. 가끔은 결과가 예측대로 안 나오는데, 재검 연구를 통해서 연구자가 의도적으로 자료를 변조했던 것이 탄로나기도 한다. 국내외적으로 매우 유명한 사례는 황우석 사건이었지만, 네덜란드의 저명한

**곁글 1-16** 모차르트 효과의 신빙성: 재검 연구의 중요성

모차르트 음악을 들으면 머리가 좋아진다! 미국 조지아의 주지사는 영아들의 교육을 위해 모차르트 음악을 들려주는 예산을 배정하였으며, 국내에서도 모차르트 음반이 불티나게 팔린 적이 있다. 그 이유는 주요 학술지에 모차르트 음악을 들은 사람들에게서 공간지능 점수가 일시적이나마 높아졌다는 연구 결과(Rauscher et al., 1993)가 나왔고, 이것이 언론에 부풀려져 보도되어 사람들의 관심을 끌었기 때문이다. 이 효과가 사실이라면 비행사의 조종능력 향상에 음악을 쓸 수 있으며, 인간의 지능은 서로 독립적인 여러 능력의 복합이라는 현대 지능 이론가들의 주장에 대한 만만치 않은 반론이 제기될 수 있다. 이 효과가 지닌 의미의 심각성 때문에, 많은 연구자들이 원래의 연구절차를 좇아서 재검을 시도하였으나 이 효과를 재현하지 못하였다(Steele et al., 1999). 이런 결과는 모차르트 효과에 대한 연구의 내적 타당도를 의심하게 만든다.

한편, 다른 연구자(Nantais & Schellenberg, 1999)들은 모차르트 음악뿐만 아니라 슈베르트 음악을 10분간 들려준 경우에도 아무것도 안 들려준 경우에 비해서 공간능력이 향상되었음을 보고하고 있다. 이 연구는 더 나아가서 음악 대신에 흥미 있는 이야기를 들려준 경우에도 모차르트 음악을 들려준 것 못지않게 능력이 향상됨을 보여 모차르트 효과가 모차르트에 국한되는 것이 아닌 것임을 보여 주었다. 이같이 상반되는 결과가 어떻게 정리될 수 있는지 흥미롭다. 중요한 것은, 과학적 연구는 객관적이고 구체적으로 기술되어 재검 가능하도록 해야 한다는 것이다.

사회심리학자 Stapel 교수도 충격을 주었다. 그가 수행한 여러 연구에서 자료를 변조하였지만 심사자들이 이를 포착하지 못해서 연구물이 공신력 높은 학술지에 출판된 것이 드러났다. 그는 이런 변조행위가 밝혀진 이후 자신의 행적을 드러내는 자서전을 집필하여 화제가 되었다. '출판 아니면 퇴출(publish or perish)'이라는 학계의 압력과 학자들에 대한 무조건적인 신뢰, 그리고 검증 기능을 수행하지 못하는 학계의 구조적 취약점이 함께 작용한 결과이다(Borsboom & Wagenmakers, 2013).

**현상 드러내기와 설명하기** 보고자 하는 현상에 대하여 변인 간의 관련성 혹은 특정 집단들 간의 차이에 대한 가설을 갖추게 되면 이를 검증하기 위한 자료를 수집하는 단계로 들어간다. 드러내기는 양상을 파악하기 어렵게 얽혀 있는 사회현상에서 특정 변인들의 관계성이나 변화의 양상을 파악하기 위하여 중구난방으로 흩어져 있는 자료를 정리해서 관계성을 드러내 보여 주는 작업이다. 학계의 연구자들처럼, 실험이나 조사를 할 수도 있겠지만, 양상을 파악하여 드러내기 위해서는 기록물이나 신문기사, 카톡, 게시판, 유튜브, 페이스북, 유행가 가사 등도 좋은 분석자료가 될 수 있다. 빅데이터나 트위터(현재 X)를 이용한 연결망(네트워크) 분석연구(장덕진, 김기훈, 2011 등)는 이런 드러내기 연구의 전형적인 유형이다. 특히 오늘날에는 걸러지지 않은 많은 글들을 인터넷 게시판에서 볼 수 있기에, 관심 있는 현상에 관해 올려진 의견과 댓글의 양상을 분석하는 것도 흥미롭게 해 볼 수 있다. 2007년 미국의 버지니아 공대에서 한국계 미국인 조승희가 총기를 난사하여 32명이라는 최대의 학내 희생자를 낸 참사가 발생하였을 때 한국에서는 미국에서 반한 감정이 일어날 것을 크게 우려하여, 주미한국대사가 사과를 해야 한다는 등의 의견까지 나왔었다. 실제로 한국과 미국의 주요 언론 사이트에 사건 직후에 올라온 독자들의 글을 분석 정리해 본 결과, 사건에 대한 인식에서 한국인들은 집단의 문제로 지각하는 양상이 컸으나, 미국인들은 개인의 문제로 지각하는 양상이 컸음을 볼 수 있었다(양준성 외, 2007). 이런 분석을 할 때는 자료 취득 및 그 해석에 편향이 작용하는 것을 막기 위한 조치를 취하는 것이 필요하다. 이를 위해 앞의 연구에서는 두 사람이 개별적으로 글들에 대한 범주화를 진행한 결과를 서로 대조함으로써 개인적 편향이 작용하는 것을 줄여 나가도록 하였다. 또 하나의 사례로는 유행가를 분석한 것을 들 수 있다. 한국인의 정서가 유행가에 어떻게 나타나는지를 파악하기 위하여, 해방 이후 유행했던 749곡의 유행가의 1절을 분석한 연구(최상진 외, 2001)는 남녀의 사랑과 이별이 가장 많이 다루어진 것을 확인하였다. 나아가서, 이별과 같은 부정적 사건에 대한 경험 정서와 대처 행위를 파악한 결과, 자책과 체념이 지배적이었으나 1990년대 이후에는 능동적이고 적극적인 대응 행동이 증가하면서 개인주의적 변화가 나타남을 보여 주었다.

변인 간의 관계성을 드러내는 연구에서, 더 나아가 관계성을 설명하는 연구로 진행할 수 있다. 두 변인 간의 관계성에서 어떤 인과관계가 성립하는지를 밝히고자 하는 연구이다. 이를 위해서는 실험적 방법을 이용하거나, 여러 변인을 측정하여 변인 간의 인과모형이 지닌 타당성을 고급 통계학의 기법을 이용하여 검증할 수 있다.

책이나 강의를 통해서 배우는 지식은 학기가 끝나면 대부분 잊히게 된다. 사회심리학 배우기를 넘어서 사회심리학 해보기를 통해서 학생들은 사회심리학에서 다루는 지식의 획득과정을 맛보며, 그러한 연구의 문제점과 한계점에 대한 통찰은 물론 사회현상과 자신에 대한 통찰을 얻을 수 있을 것이다.

## 요약

1. 사회심리학에서는 일상의 현상을 분석하면서 과학적 방법을 사용한다. 그 이유는 일상의 상식이 많은 **인지적 편향**(되돌아보기 편향 등. 본서 4장 참조)에 의해서 영향을 받기 때문이다.
2. 과학은 현상을 설명하는 이론을 개발하는 목적을 지닌 활동이다. 과학적 이론은 적용 한계가 뚜렷하며, 신뢰할 수 있는 현상을 객관성 있는 방식으로 체계적으로 접근한다.
3. 사회심리학에서는 실험과 조사를 대표적인 방법으로 사용한다. 실험은 변인의 실험적 처치와 연구 참여자의 실험조건 간 무선배정이라는 절차를 지니고 있다. 실험은 내적 타당도가 높게 수행되어야 한다. 실험은 실험실과 현장에서 수행될 수 있다.
4. 조사연구는 다양한 변인들 간의 상호관계를 파악하기 위해 수행된다. 조사연구에서는 인과관계의 해석에 주의를 기울여야 한다. 즉, 제3의 변인이 작용하는 문제, 역의 인과적 가능성에 대한 검토가 필요하다.
5. 사회심리학은 생활현장을 다루기 때문에 실제 연구를 수행해 보는 것이 가장 좋은 배움을 제공한다. 이를 위해서 관심이 가는 사회현상을 붙잡고, 변인 간의 관계성 혹은 집단 간의 차이에 대한 가설을 세우고, 이 관계성을 드러내 보이는 드러내기 연구를 수행할 수 있다.

## 실험실의 사회심리와 연구윤리

사회심리학 연구에서 실험실 연구가 차지하는 비중은 매우 크다. 동물이나 무생물을 대상으로 한 자연과학 실험과는 달리, 사회심리학의 실험은 참가자가 실험자와 교류를 하는 상황이라는 점에서 연구 수행에서 주의해야 할 점이 여러 가지 있다. 이러한 점들을 주의하지 않으면 연구의 내적 타당도 및 윤리성 문제가 제기될 수 있다.

**연구 참가자의 선발** 국내외를 막론하고 사회심리학 연구에서는 대부분의 연구 참가자가 대학생이다. 모집하기가 쉽기 때문이다. 최근에는 온라인 조사업체를 이용한 연구가 늘면서 일반인을 대상으로 하는 경우가 많이 늘어 가고 있다. 누구를 대상으로 하든지 대부분의 연구는 자발적으로 참가하는 참여자들에게 소정의 보상(보너스 점수나 약간의 수고비)을 제공한다. 이들을 대상으로 한 연구 결과를 일반 사람들(인종은 차치하고라도)에게도 적용할 수 있는가 하는 비판이 많이 제기되었다.

원칙적으로 연구의 참가자는 연구목적에 따라서 그 대상이 결정되어야 한다. 목적이 전체 인구의 동향을 파악하는 것이라면 전체 인구를 대상으로 한 무선표본을 취해 연구 대상으로 삼아야 한다. 연구목적이 취학 전 아동의 동향 파악이라면 이들 아동들을 대상으로 해야 할 것이다. 그러나 대표적 표본을 취하는 것은 시간적·경제적으로 많은 요구를 하는 것이기 때문에 꼭 필요한 경우가 아닌 경우는 낭비이기도 하다. 이를테면, 앞에서 거론한 책임감 분산 이론을 검증하는 연구의 경우 그 가설은 대학생뿐만 아니라, 어린이, 직장인, 노인 등 어느 집단에서도 공통된 현상을 예측할 것이다. 그렇다면, 대상 선발이 편리한 대학생들을 대상으로 해도 잘못이라 볼 수 없다. 실험연구의 상당수가 이 같이 이론을 검증하는 것들이기 때문에 대학생이라는 특수집단을 참가자로 쓰고 있는 것이 정당화되기도 하지만 연구 결과를 해석하고 일반화시키는 경우에 있어서 항상 표본의 특수성이 지닐 수 있는 한계점을 고려해야 한다.

**실험자 편향** 비록 실험을 하는 연구자는 최대한으로 객관적인 자료를 얻고자 노력하지만 알게 모르게 참가자에게 영향을 주어 자료의 객관성을 낮추는 예가 많다. 이는 참여자가 실험상황에서 실험자의 다양한 면모에 상당히 민감히 반응

**곁글 1-17** 눈치와 클레버 한스(Clever Hans)

20세기 초에 독일에서는 산수를 할 줄 아는 말 한스(Hans)가 비상한 관심을 끌었다. 주인이나 조련사가 산수 문제를 내면 한스는 그 답을 발굽으로 바닥을 두드리는 숫자로 제시하였다. 이에 호기심을 느낀 사람들이 조사위원회를 만들었는데 그중 한 위원회에서는 조사 결과, 한스가 산수와 인간의 언어(알아듣지 못하면 답을 할 수 없으니까) 능력을 겸비했다고 결론을 내렸다. 이에 만족하지 못한 Pfunst라는 심리학자는 세밀한 관찰 결과, 한스가 답을 맞히는 경우는 질문자가 이미 답을 알고 있는 경우에 국한됨을 포착했다. 사실, 한스가 질문을 이해했던 것이 아니고 계속 발굽을 두드리다가 질문자가 보이는 무의식적인 단서를 포착하여 두드리는 것을 그치는 것이었다. 물론 한스의 주인이 사기를 치려고 말에게 신호를 보낸 것은 아니었지만 미묘한 신체언어를 한스는 포착하는 능력을 지니고 있었다(Ellis & Beattie, 1986, p. 11).

크레버 한스와 주인
주인은 말 한스가 머리가 좋아 산수문제를 푼다고 확신하였다.

하는 경향이 있기 때문이다(곁글 1-17). 실험자가 보이는 친절과 어투는 물론 외모, 성 등은 모두 참여자에게 예기치 못한 반응을 조장할 수 있다. 예를 들어, 매우 폭력적인 영화를 보여 준 조건에서 실험자는 자신의 참가자들이 폭력적인 언행을 보이리라 기대하고, 그러한 언행을 부지불식간에 조장할 수 있다. 또 이 기대가 참가자들이 보인 행동의 해석에 영향을 미칠 수 있다. 실험자가 자신도 모르게 미치는 이러한 영향은 실험결과의 해석에 내적 타당도의 문제를 야기하므로 이에 대한 대책이 모색되어야 한다.

우선, 참가자들이 실험을 마치기 전까지는 실험조건에 대하여 모르도록 하며(차폐 절차), 더욱이 실험을 시행하는 실험자 자신도 연구가설과 자신이 시행하는 조건이 다른 조건과 어떻게 다른지에 대하여 모르거나 최소한의 지식만을 지니고 있도록(이중차폐 절차) 연구를 계획하고 시행해야 한다. 이를 위해서 연구자와 실험자를 분리하고 실험의 여러 단계에 각기 다른 실험자를 고용하는 등의 절차를 채택하는 것이 바람직하다.

두 번째로, 실험절차를 가능한 한 미세한 부분까지 표준화시키는 것이다. 이를테면, 실험에 참가한 사람들이 지시문을 모두 인쇄물 또는 녹음으로 제시해서 독립변인의 처치를 제외하면 실험절차가 누구에게나 일률적이게끔 구성하는 것이다. 이렇게 하면 참가자가 실험자와 만날 필요가 없으므로 실험자 편향은 걱정하지 않아도 될 것이다.

**참가자 편향** 사람들이 실험에 참가할 때 이들은 스스로가 관찰의 대상이 됨을 잘 알고 있다. 이러한 의식이 그들의 행위를 변화시킬 가능성이 있다. 이들은 연구가 무엇에 관한 것인지 호기심을 가지며, 어떻게 행동하는 것이 적당한지 궁금하고, 또 심리학자에게 자신의 흉허물을 노출시키게 될지 모른다는 두려움도 지닐 수 있다. 이렇게 관찰의 대상이 된다는 의식이 참가자의 행위에 주는 영향력을 가리켜 요구특성이라고 한다(Aronson et al., 1985, p. 454).

실험에 참가한 사람들의 행위의 특성을 분석해 보면, 대개 네 가지 유형의 사람들이 나타난다(Weber & Cook, 1972). '협조적인' 참가자들은 연구가설을 짐작해 내어 연구자가 의도하는 바를 얻을 수 있도록 자신의 행위를 조정한다. '냉소적인' 참가자들은 연구 자체를 회의적으로 보고 연구에 어쩔 수 없이 참여한다는 태도를 취하며 연구 결과가 연구자의 의도와는 반대로 나타나게 하려고 한다. '평가불안적인' 참가자들은 심리학자가 자신들의 정신상태를 평가하려 든다는 생각에 불안해하며 부정적인 평가를 받지 않으려고 노력한다. 마지막 유형은 '충실한' 참가자로 이들은 실험자의 지시에 따라서 실험자의 의도 등을 생각하지 않고 충실히 지시를 따라 행동하는 참가자들로 실험자의 입장에서는 가장 바람직한 유형이다.

실험의 요구특성과 참가자의 반응 유형을 완전히 배제시키는 것은 매우 어렵지만 방안을 강구하여 최소화되도록 해야 한다. 그 방안 중의 하나는 종속변인이 되는 반응의 측정을 참가자가 모르게 취하는 것이다. 현장실험이나 조사에서는 소위 비간섭적(unobtrusive) 측정법을 사용하는 것이 한 방법이다. 이는 관심 행위가 사회적으로 바람직하지 못한 경우에 특히 효과적이다. 한 예로, 사람들에게 그들이 마시는 맥주의 양이 일주일에 얼마나 되는지를 물어본 결과, 15%만이 마신다고 답했고 이들은 일주일에 많이 마셔야 8캔 정도라고 응답하였다. 그러나 이들 집에서 나오는 쓰레기를 일주일 동안 수거하여 빈 맥주 캔을 세어 보는 비간섭적 측정을 한 결과, 77%의 응답자 집에서 맥주 캔이 발견되었고, 이들 중 반 이상에서 8캔 이상이 발견되었다(Webb et al., 1981).

또는 진짜 종속변인을 다른 허위 변인들의 측정에 묻혀서 측정해 내거나 실험과 무관하게 여겨지는 상황에서 측정하는 방법이다. Festinger의 유명한 인지부조화 실험에서 본 실험이 완전히 끝났다고 알린 다음, 전혀 별개로 전개된 상황에서 종속변인의 측정치를 구한 것이 좋은 예다(5장 참조). 이러한 방법이 모두 곤란한 경우에, 가장 많이 쓰이는 방법은 참가자들에게 그들의 반응이 익명으로 처리됨을 알리고, 누구도(실험자를 포함) 그들의 개인적 반응을 알 수 없도록 상황을 구성하며 꾸밈없는 반응을 요구하는 것이다.

## 연구의 윤리

제2차 세계대전 당시 전쟁포로나 민간인을 대상으로 수용소에서 수용인들의 생사를 좌우할 수 있는 의학적 연구를 다수 수행한 것이 알려졌다. 이는 뉴렌버그 재판을 통해 의학연구의 윤리강령을 채택하게 만들었다. 모든 연구에서 연구 참가자의 자발적 동의는 필수이며, 사회의 이익이라도 개인의 안전에 우선할 수 없다는 원리가 채택되었고, 이 원리는 사회과학의 연구에도 수용되고 있다. 의학연구와는 달리 사회심리학의 연구가 참가자에게 신체적인 손상을 가져오는 경우는 없다. 그러나 경우에 따라서는 불유쾌한 정서나, 피하고 싶은 경험을 하게 만드는 일이 없지 않다. 사회심리학의 연구에서는 참가자에게 연구의 참 목적을 가리고 연구를 수행하는 경우가 많다. 과학적 연구를 한다는 미명하에 참가자를 속이는 것이 어쩔 수 없다고 할지라도 그 한계가 있을 것이다. 2000년대 들어서 황우석 사건처럼 연구윤리가 심각하게 위배된 연구부정들이 드러나면서 연구윤리가 강화되었다(곁글 1-18). 오늘날은 인간을 대상으로 행하는 모든 연구는 연구기관에 독립적으로 설치된 **연구윤리위원회**(Institutional Review Board: IRB)의 심사를 거친 후에 수행하도록 되어 있다. 1964년 세계의사회는 헬싱키 선언을 채택하여 인간을 대상으로 하는 의학연구의 윤리원칙을 제시하였다. 이 원칙은 다른 학문분야에서도 권장되고 있다. 심리학과 관련해서는 다음의 두 가지가 그 핵심적인 내용이다.

**사전동의** 연구자는 참가자들에게 연구에 참여하는 것이 참가자 자신들에게 무슨 결과를 가져올 수 있는지에 대하여 알려 주어야 한다. 이러한 정보를 알고서도 자발적으로 연구에 참여하는 사람을 대상으로 연구를 수행한다. 참가자는 사전에 연구절차, 참여 결과 나타날 수 있는 위험이나 혜택에 대하여 알고 있어야 하며, 그들이 연구에 참여하기를 거부할 권한이 있음을 설명받아야 한다. 연구자들은 가능한 한 진실을 이야기하고 위장을 하는 경우 그것이 초래할 위험에 대하여 충분한 고려를 하고 이를 최소화할 것이며, 신뢰를 바탕으로 참가에 동의한 사람을 대상으로 연구를 수행해야 한다.

연구가 종료된 시점에서 연구자들은 항상 참가자에게 연구의 참 목적에 대하여 납득이 가도록 설명하고 그들이 지닌 의문을 풀어 주어야 할 의무를 지닌다. 이 과정을 사후설명(debriefing)이라 하며 인간을 대상으로 한 연구의 필수적인 부분이다. 성공적인 사후설명은 참가자가 느꼈을 수 있는 불쾌감이나 흥분, 분노를 가라앉힐 수 있고 그들에게 새로운 경험, 지식을 갖게 되었다는 긍정적인 기분을 조성할 수 있다. 이 과정에서 실험자도 참가자의 경험을 들음으로 해서 연구절차에 대하여 새로운 사실을 깨달을 수 있고 추후 연구에 반영하게 될 수 있다. 연구가 참가자들의 관심을 불러일으킨 경우에는 보충적인 참고자료를 제시하고, 연구 결과에 대하여 추후에 알려 주는 것도 사후설명 과정에서 필요하다.

**최소한의 위험부담** 이는 연구에 참여함으로써 참가자가 겪는 부담이 일상생활에서 통상 겪는 위험부담에 비해 심한 것이 아니어야 한다는 것이다. 사회심리학의 연구 참여가 줄 수 있는 위험부담은 통상 사생활 침해 문제와 참여 스트레스다. 사생활 침해와 관련해서 참가자가 밝히고 싶지 않은 것이지만 실험에 참여함으로써 노출되는 일신상의 정보는 비밀이 보장되도록 조치해야 한다. 참가자가 겪는 스트레스는 여러 가지이며 그 정도는 개인마다 차이가 많다. 대부분의 참가자가 별스럽지 않게 여기는 연구일지라도 몇몇 사람들은 상당한 스트레스를 호소하는 경우가 있다. 이러한 개인차를 연구자가 사전에 모두 예측할 수는 없지만, 그러한 스트레스를 최소화하여 참가자가 참여를 마치고 돌아갈 때에 참여 전과 비슷한 심리상태가 되도록 배려해야 할 것이다.

**점화(Priming)**
사람들이 지닌 의식과 무의식은 서로 연결되어 있다. 최근의 뇌과학연구들은 밀접히 연결되어 있는 현상들은 신경망을 구성하고 있음을 보인다. 따라서 같은 망에 속한 것이라면 하나를 촉발(점화)시키게 되면 연결된 다른 요소가 무의식적으로 연상되는 가능성이 높게 나타남을 볼 수 있다.

**곁글 1-18** 사회심리학의 위기와 연구윤리의 강화

네덜란드의 사회심리학자 Stapel은 흥미로운 연구들을 출간하며 명성을 쌓았으나, 그가 오랫동안 저질러 온 연구부정 행위가 발각되어 2011년 몸 담았던 학교에서 퇴출되며 학계에서 매장당하였다. 그는 **점화절차**를 이용한 연구를 많이 하였는데, 그의 방법을 따라서 **재검 연구**를 시도한 연구들에서 결과가 확인되지 않아 연구부정이 의심되어 조사를 받았다. 조사 결과, 그는 많은 연구에서 자료를 조작하거나 선별하여 사용하는 방식으로 연구윤리를 심각하게 위반했던 것으로 드러났다. 원하는 결과가 나올 때까지 실험을 반복하거나, 기대와 어긋나게 나온 자료를 폐기하거나, 실제와는 달리 연구절차를 기술하는 등등. 원하는 결과만을 갖고서 결과를 보고하여 왔다. 노벨상을 수상한 심리학자 Kahneman 교수는 이 사태가 보여 준 연구부정 행위가 사회심리학 분야에서 무시할 수 없는 정도로 나타남을 경고하며, 점화절차를 이용한 연구들이 특히 심리학의 학문적 정당성을 위협할 수 있음을 경고하였다(https://retractionwatch.com/2015/11/11/the-write-stuff-study-ids-linguistic-patterns-of-data-cheats/).

이런 허위적 연구부정과 그에 대한 비판의식으로 심리학은 위기를 맞는 듯하였다. 연구가설과 부합하는 연구

결과가 나와야 학술지의 심사를 통과할 가능성이 높은 탓에 연구자들은 나타난 결과에 맞추어 연구가설을 연구 수행 전에 이미 갖고 있었던 것처럼 위장하기도 하였다. 이런 행위의 재발을 방지하는 여러 조치가 취해지면서, 연구에 대한 신뢰성을 높여 가는 연구풍토를 만들어 갔다. 예를 들면, 결과에 맞추어 가설을 기술하는 것을 막기 위하여, 연구비를 지원받는 연구들은 연구등록 누리집에 자료를 수집하기 전에 연구가설을 세워서 미리 올리고, 얻어진 자료를 누구라도 이용해서 재분석할 수 있도록 자료를 공개하는 등의 절차가 수립되었다. 아울러 이전에 행해진 연구에 대한 재검 연구와 동일주제에 대하여 행해진 여러 연구자의 연구를 **통합분석**하는 연구들이 권장되고, 이런 연구들에게 출판의 우선순위가 주어지는 등의 변화가 나타나면서, 연구부정을 감추는 것이 아니라 개방적으로 다루어가는 풍조가 자리 잡아 가고 있다(Wicherts, 2021).

## 요약

1. 사회심리학의 연구에서는 참가자들이 실험자와 교류하며, 늘 주변 상황을 파악하기 때문에 실험결과에 영향을 미칠 수 있다.
2. 실험자는 부지불식간에 참가자에게 영향을 주는 것을 막기 위하여 차폐 혹은 **이중차폐** 절차를 취하고, 절차를 표준화하는 것이 바람직하다.
3. **참가자 편향**과 **요구특성**을 줄이기 위한 노력이 필요하다.
4. 인간을 대상으로 한 모든 연구는 기관의 **연구윤리심의위원회**의 심사를 거쳐서 연구를 수행한다. 연구 참여에 대한 **사전동의**가 필요하며, 연구참여에 의한 **위험부담이 최소화**되어야 한다.

# 사회생활과 자기

사회심리학은 사람이 사회적 상황에서 어떻게 생각하고 행동하는지를 연구하는 관심사에서 출발하였다. 그러나 오래지 않아서 똑같은 상황에 처한 사람들에게서도 개인차가 나타난다는 것을 알게 되었고 이러한 개인의 특성을 연구하는 성격 연구가 사회심리학에서 중요한 주제로 다루어지게 되었다. 성격 이론가들은 사람들이 갖는 행동, 사고양식의 특성을 추려서 많은 사람들에게 공유된 성격 특질들을 분류하고 이런 특성들이 생활에서 보이는 대인교류의 양상, 행복, 우울, 자살 생각 등과 어떻게 관련되는지를 파악하는 일에 관심을 보인다. 심리학에서 성격은 여러 사람에게서 나타나는 내면적 특성으로서 비교적 지속성을 지닌 심리적 실체로 취급된다. 이에 비해 자기(Self)란 개인들이 갖고 있는 내적 및 외적 특성으로 자신을 남들과 구별시켜 주는 모습으로 사회생활에서 남들에게 보이는 자신의 모습이고, 자신이 파악하고, 자신을 움직이는 내면의 모습이다. 자기는 긍정적인 모습(장점)과 부정적인 모습(약점)을 모두 지니고 있으며, 사회생활의 장면들에서 자신을 관리하면서 남들에게 존중받으며, 무시당하지 않도록 노력한다. 이를 위해서 상황을 파악하고, 적절히 대응하는 노력을 보이는 자신과 자신에 대한 평가를 포함하는 개념이다. 자신이 지닌 특성의 지속성과 맥락에 따른 일시성을 모두 지니고 있는 보다 역동적인 개념이다(Markus & Wurf, 1987). 한편, 자아(Ego)는 자기와 종종 뒤섞여 쓰이기도 하는데, 성격심리학의 분야에서 많이 쓰이는 개념으로 자신의 내면에서 자신을 지탱해

로뎅의 생각하는 사람

주는 욕망에 가깝다. 자아는 자신이 중요한 사람이라고 여기며, 사회생활에서도 끊임없이 이런 평가를 받아 내려 하고, 그렇지 못할 경우에는 방어기제를 동원하여 자신을 보호하려고 든다. 이에 해당하는 자아의 모습을 에고라고도 부른다. 에고는 항상 남으로부터 좋은 평가를 받으려 하고, 자신이 좋다는 것을 확인받으려 하고, 늘 생활의 중심에서 주위 사람들의 주의와 칭송을 요구한다. 이 장에서는 자기의 본질, 그 형성과정, 자기의 기능과 변화 및 평가, 자기상의 변화, 행위와 자기의 관계, 문화의 역할 등을 알아보겠다.

## 자기란

사람들은 누구나 다른 사람과 구별되는 저마다의 몸을 지니고 다른 사람들과 어울리며 세상을 함께 살아가고 있다. 다른 사람과 구분되는 몸을 지니고 있고, 이 몸의 주인이 자기라고 여긴다. 고대 그리스 시대에 델파이의 신전에 쓰여 있었다는 구절 "너 자신을 알라!"에 대하여 사람들은 나름의 답을 갖고자 한다. 독자 스스로도 자문을 해 보고 답을 써 보기 바란다. "나는 누구인가?" 여러 연구들에서 이 질문에 대한 사람들의 응답을 분석한 결과, 세 가지 측면이 중요한 것으로 드러났다([그림 2-1]). 첫째는 자의식이다. 자신이 어떤 사람인지를 알기 위해서 사람들은 자신을 제3자의 입장에서 보면서 자신의 생김새, 성격, 취향, 기질, 장점과 단점을 파악하여 스스로 어떤 사람인지에 대한 느낌과 생각을 갖는다. 이런 자기관찰 능력을 자의식이라 한다. 자의식을 통해 자기가 어떤 사람인지를 알고 있기에 매일 아침 거울을 보면서 변한 모습에 놀라기도 하며, 지난주에 나온 성적표를 보고 부끄러워하거나, 자부심을 느낀다. 자기에 대한 관념이 없다면 거울에 비친 모습이나 성적표에 놀라거나 부끄러울 일이 없을 것이다. 둘째는 사회생활을 하면서 남에게 보이거나 숨기는 사회적 자기 모습이다. 남들과 더불어 살아가야 하기에 남에게 자신에 대한 인상을 심어 주려고 노력한다. 성실하다거나, 재미있다거나, 믿을 만하다거나, 능력 있다는 등의 인상을 주는 것은 상대방과의 교류에 많은 영향을 주기 때문에 누구나 인상관리에 신경을 쓴다(Goffman, 1959). 셋째는 주체성의 측면이다. 자신이 생활에서 당면하는 여러 가지 일들을 처리해 감에 있어서 선택과 결정을 하는 자기의 모습이다. 남이 시켜서나 관습에 따르는 것이 아니라 생활의 임자로서 스스로 판단하고 결정을 내리며, 자기의 역량을 관리하고, 신장시키며, 자신의 선택과 행위에 대한 책임을 지는 모습이다.

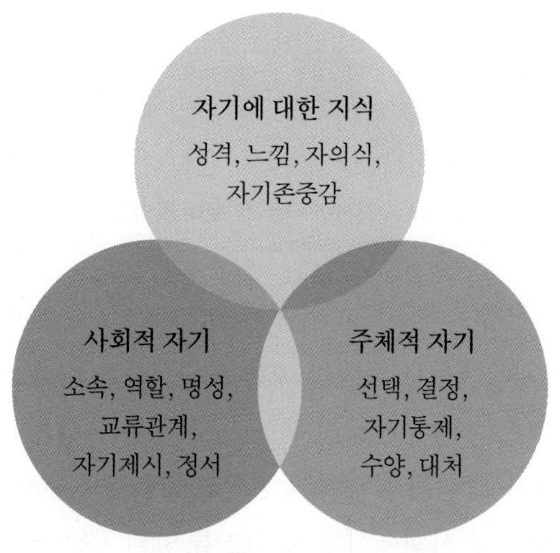


**[그림 2-1] 자기의 구성 측면들**

출처: Baumeister & Bushman (2014), p. 73.

## 자기의 실체는 어디에?: 내 안인가, 사회 속인가

사람들은 자신뿐만 아니라 다른 사람의 진실된 모습, 즉 실체에 대해서 알고 싶어 한다. 생활을 하면서 상황의 필요에 따라 꾸며진 모습을 보이는 경우가 많은데 그런 모습이 아닌 진실된 모습을 알고 싶어 한다. 예를 들어, 당신은 자신을 보호하고자 하는 충동에 따라서 치열한 전투가 벌어지는 상황에서 총 맞고 죽은 척하는 행동을 취하는 사람과, 같은 상황에서 군인으로서 충실하게 적들과 맞싸우고 있는 사람 중 누가 진정한 자기 모습을 보이는 사람이라고 여기겠는가?

진정한 자기가 어떤 모습이냐에 대한 객관적인 답은 없다. 자기를 이해함에 있어서 두 가지 접근이 있다. 하나는 개인이 느끼는 내적 감정과 욕구를 강조한다. 다른 접근은 사회적인 규범과 역할을 수행하는 의지를 강조한다. 개인주의 문화가 심화되고 확산되면서 개인의 내면을 진정한 자기라고 보는 모습이 많이 수용되어 가고 있다. 서양에서는 개인의 내면 모습(성격, 느낌, 생각, 가치관, 생활습관 등)이 진정한 모습이라 여기고 이를 알고 싶어 하며 이에 충실한 삶을 살고자 한다(Wood et al., 2008). 사회적 역할이나 규범 때문에 보이는 행동은 필요한 가면을 쓰고 그에 맞추어 보이는 행동이므로, 실제 자신의 모습은 아니라고 여긴다. 그래서 처음 만나는 사람이 보인 행동으로 상대방의 실체를 파악하지만, 상대방의 성격 특성에 대하여 이미 알고 있는 경우에는 그가 보이는 행동(지속성을 지녔더라도)보다 내적 성격의 상태를 상대방의 실체라고 보는 경향이 높다(Johnson et al.,

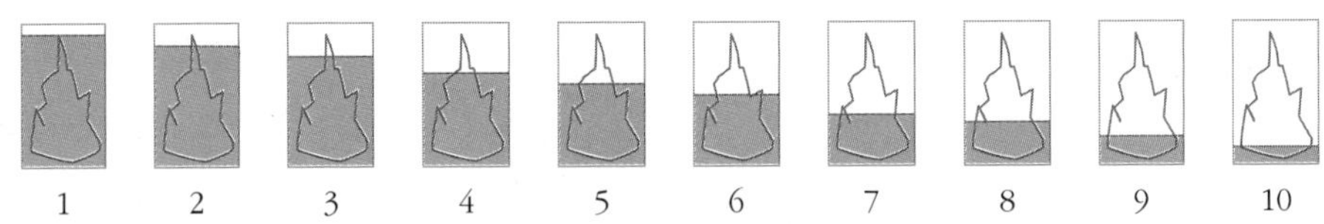


[그림 2-2] 어느 빙산이 나를 잘 보여 준다고 여기는가?

출처: 서은국(2007).

2004). 그러나 동아시아에서는 개인의 내면 모습보다는 그가 생활에서 보이는 진정성 있게 노력하는 모습과 자기관리 행동(외모, 신분, 직업 등)을 알고 싶어 한다. 드러난 행동을 통해서 그 사람의 사회적 인성인 인격을 유추하는 것이다. 즉, 몸을 경계로 구분했을 때 서구 사회에서의 자기는 몸 안의 개인적 자기(personal self)를, 동아시아에서의 자기는 몸 밖의 사회적 자기(social self)를 중시하는 양상을 보인다(곁글 2-1). 흥미로운 비교문화 연구에서 미국과 한국의 대학생들에게 다양한 빙산의 모양을 제시하고서 어느 빙산이 자신을 나타내느냐고 물었을 때([그림 2-2]), 미국인들은 수면 아래로 숨겨진 부분이 드러난 부분보다 많은 빙산들을 택한 반면(평균 5.0), 한국인들은 수면 위로 드러난 부분이 수면 아래의 부분보다 많은 빙산을 선택하는 양상을 보였다(평균 6.5: 서은국, 2007).

이런 문화 차이는 배우자 선택과 결혼생활 속에서도 나타난다. 구미권의 사회에서 결혼식이란 두 개인의 끌림에 따른 결합의 사회적 선언이다. 중요한 것은 상대방에 대하여 느끼는 사랑의 감정이다. 이 감정이 없어지거나 변했을 때 결혼생활은 종지부를 찍게 된다. 그리하는 것이 자신에게 충실한 삶을 살아가는 것이기 때문이다. 연애하는 짝을 대상으로 한 연구는 상대방에 대하여 꾸밈없는 자신의 모습을 보이고, 상대방에게서 그런 모습을 인식하는 짝들이 관계만족도와 상대방에 대한 신뢰감이 높은 것을 보이고 있다(Wickham, 2013). 반면에, 동아시아 문화권에서는 사회생활에서의 개개인이 수행하는 역할을 중요하게 여기므로 개인의 감정이나 마음의 변화로 인해 역할 수행을 포기하는 것을 잘못이라고 여긴다. 결혼한 부부가 서로에 대한 감정이 식거나 변하더라도 상대방을 배신하지 않고 가정에서의 역할에 충실한 생활을 영위하는 한, 원만한 결혼생활을 유지해 갈 수 있다. 이런 사회에서 결혼식은 두 사람의 언약에 그치는 것이 아니라 자기의 실체(사회적 자기)를 가꾸어 가겠다는 사회적 선언이다. 한국 사회에서 급격히 늘어나는 황혼이혼은 자식에 대한 부모와 부부로서의 역할 수행을 위해 내면의 욕망을 눌러 왔던 것에서 벗어나, 개인적 삶을 추구해 보자는 바람이 표출되고 있는 것이다.

**황혼이혼**
혼인지속 기간이 20년 넘은 부부가 벌이는 이혼으로 통계청의 발표에 따르면 2019년에 3.8만 건이 넘었으며 전체 이혼 건수의 34.7%라 한다.

한국인의 결혼

서구인의 결혼

**곁글 2-1** '나' '남' '우리' 란?: 바탕말에 터한 이해

자기에 해당하는 순수한 우리말은 '나'다. 바탕말을 탐구하여 사람과 사회 및 우주를 이해하는 인식의 지평을 넓히고 있는 최봉영 교수(2024)는 '나, 나이, 나다, 낳다' 등이 같은 말뿌리인 '나'를 지니고 있으며, '나'는 (태어)난 존재이고, 살아가는 존재이며, 나이(연령)라는 역사성 때문에 존재하는 현상적 실체라고 설명한다. 이 '나'는 숨을 쉬면서 생명현상을 이어 가는 저마다의 존재성을 지님과 아울러, '나'를 넘어 있는 '남'과 더불어 '우리'를 형성한다. 사람들은 저마다 따로 하는 낱낱의 '저'를 자신뿐만 아니라 남에게도 쓴다. 이를테면, "저 가 볼게요."에서 '저'는 자기를 가리키는 말이고, "저마다 갈 길을 갔다."에서 '저'는 남들을 가리키는 말이다. '저'는 누구라도 될 수 있지만, '나'는 말하는 이를 특정하는 유일한 존재다. 사람들은 남과 어울릴 때 이쪽의 저(나)와 저쪽의 저(남)가 함께 '우리'를 구성한다고 본다. '우리'는 '울+이'의 합성어로서 같이 함께하는 것이다. '나'는 숨을 쉬면서 생명현상을 이어 가는 저만의 임자성(저마다의 나)을 지님과 동시에 남과 어울려 영향을 주고받는 함께성으로 존재한다. 함께하는 '우리'에서 나는 늘 '이쪽'이고, 마주하고 있는 상대(남: 사람뿐만 아니라 자연의 모든 것들이 포함될 수 있음)는 '저쪽'으로 쪽과 쪽으로 교류하는 것이다. 한국 사람들이 상대방을 부르는 일반칭(영어의 You)을 쓰지 않고 상대의 직함이나 역할, 상황에 적합한 칭호를 쓰는 것과 존비어 어법을 사용하는 것은 이런 쪽으로서의 관계 맺음이 일상적임을 반영하는 것이다.

나란 존재는 그 모습을 유지하기 위하여 어느 한시라도 이 주위의 것들과 어울리지 않을 수 없는 어울림의 존재다. 한국 사람들이 생활 장면에서 '내가 ~'를 쓰기보다 '우리가~'를 더 편하게 쓰는 것에는 이런 바탕말의 쪽 세계관이 무의식적으로 작용하는 탓이라고 이해해야지 잘못된 어법이라 보아서는 안 된다. 우리말에 터한 이런 설명은 지금까지 심리학에서 자기(self, ego)에 대한 논의가 어울림이 전제되지 않은 독자적인 존재성(오인 나)의 모습을 바탕으로 하고 있다는 것을 깨우쳐 준다. 어울림을 존재의 바탕으로 보는 관점(쪽인 나)은 최근에 뇌과학자들이 인간과 침팬지의 뇌에서 발견한 거울뉴런의 존재와 그 작용기제에 의해서도 힘을 받고 있다(본서 12장 참조).

**생활 속의 역할(쪽인 나)** 사람들은 살아가면서 싫건 좋건 다양한 역할을 맡게 되고 역할이 요구하는 일들을 수행하게 된다. 부모-자식의 역할은 자기의 모습으로 내면화되어 지속적으로 역할에 걸맞는 행동과 일들을 수행하게 되고, 직업인으로서의 역할은 직무를 수행하는 상황에서 자기의 모습이 된다. 이렇게 제한된 상황에서 한시적으로 수행하는 역할행동은 마치 영화배우가 자신이 맡은 역할에 따라 전혀 다른 행동을 보이는 것과 같다. 사회학자 Goffman(1959)은 사회생활이란 주어진 상황에 맞추어 요구되는 역할을 수행하는 연극과 같은 것으로 보았다. 조선시대의 농촌 마을에 살던 사람들에게 자신들이 수행해야 할 사회적 역할은 그리 다양하지 못하였을 것이다. 그러나 오늘날 사회가 복잡해지면서 사람들은 다양한 사람들과 교류하게 되었고, 따라서 수행해야 하는 역할이 매우 다양해졌다. 학생으로서, 가족의 일원으로서, 시민단체나 동아리의 회원으로서, 선배 혹은 후배로서의 자기 정체감을 느끼며 그에 부합하는 행동을 취한다. 이런 역할은 각각의 공동체(가족, 회사, 대학, 동아리 등)가 추구하는 일과 목표 수행을 위해 부여되고, 추구된다.

생활하면서 처한 현장 상황에 따라 사람들은 다양한 모습의 자기를 내보인다. 사람들은 일을 하며 살아간다. 모든 일들은 관여하는 자신의 쪽과 함께하는 상대방 및 주어진 여건이라는 쪽이 어울리며 벌어지는 사태다. 이런 일에 나는 쪽으로서 관여하는 쪽인 나이다. 이를 서구학자들은 일하는 자기(situated self 혹은 working self; Markus & Wurf, 1987)로 말한다. 사람들은 처한 상황에서 벌어지는 일에 맞추어 다양한 쪽인 나의 모습을 보이며 살아간다. 특이하게도 한국사람들은 나를 말하면서 '나다움'을 구분한다. 나답지 못한 나를 고민한다! 나다움은 의미상 내가 추구하는 진정한 나를 의미한다. 내 몸을 넘어 다양한 관계에서 쪽들로 관여하는 나의 모습에 나타나는 일관성과 쪽인 나들이 지향하는 나의 모습이라 할 수 있다. 쪽인 나들이 지향하는 것은 다른 쪽들과 어울려 벌어지는 일들이 잘되도록 노력하는 것이다. 한국 사람은 나를 독립적인 개체로서 인정하기보다는 늘 쪽으로서 어울리는 사회적 존재로 보아 왔던 탓에 서구인들이 '내(my)'라고 지칭하는 것들(나라, 학교, 아들, 남편……)에 대해서 '우리'라는 표현을 더 자연스럽게 써 온 것이다. '우리 마누라'라고 할 때, 우리는 한자리에 있는 너와 나의 소유라는 의미가 아니라 내 쪽과 마누라 쪽이 함께 하는 '우리'를 지칭하는 것이다(곁글 2-1).

## 복합적 자기

현대인들은 과거에 비해서 다양한 생활 장면에서 사회적 역할을 수행하며 살아간다. 학교에서 나의 모습은 집에서의 자기 모습과 다를 수 있으며, 온라인 공간에서는 전혀 다른 성격의 인물로 활동하기도 한다. 상이한 생활공간에서 지속적으로 주위 사람 혹은 사건들과 상호작용하면서 자신의 특징들을 갖추게 된 사람들은 서로 차별화된 복합적 자기를 지니게 된다. 그러나 생활하면서, 자기에 대한 능력이나 소질을 파악할 수 있는 과제를 접하지 못하고, 경험을 충분히 하지 못하면, 자기의 능력이나 소양에 대한 자각이 불확실하며, 이들의 자기상은 불안정하고, 상황맥락에 의한 영향을 많이 받게 될 것이다. 사실, 많은 경우에 자신의 모습은 모순적이고, 비합리적이며, 종잡을 수 없다는 느낌을 주기도 한다. 사회에서 다양한 역할을 갖고 상이한 규범이 작용하는 상황들에서 활동하는 현대인들이 이 같이 복잡한 자신의 모습을 경험하는 것은 피할 수 없다.

사람들은 저마다의 개성을 지니고 있다. 어떻게 개성이란 성격구조가 자리잡게 되는가? 자기는 스스로 조직되는 체계라고 보는 관점(Vallacher & Nowak, 2000)은 자기의 다양한 요소를 가상적인 자기구성체상의 하나의 조각으로 표시하되, 이를 긍정적인 것과 부정적인 것(흑백의 색깔로 구분됨)으로 표시한다. 이들은 초기에는 거의 무작위적인 형태로 나타나 뚜렷한 구조가 보이지 않지만([그림 2-3a]), 시간이 경과하면서 서로 관련 있는 것들이 영향을 주고받으며, 중요성이 큰 부분들이 뚜렷이 부각되면서 자기의 구조가 형성됨([그림 2-3b])을 컴퓨터 시뮬레이션을 통해 보여 주었다.

사람들은 자기복합성(self-complexity)에 있어서 개인차를 보이고 있다. 어떤 이는 비교적 단순한 구조의 자기를 지니고 있고, 다른 이는 매우 복잡한 자기 모습을 지니고 있다. 이 두 유형의 사람들이 보이는 생활적응력을 보고자 실험이 수행되었다(Linville, 1985). 이들 두 부류로 사람들을 구분하여 과제를 수행하게 하고서 한 조건에서는 잘하였다고 알려 주고, 다른 조건에서는 잘못하였다고 알려 주었다. 이 같은 과제수행 평가에 의해서 자긍심이 영향을 받는 정도가 자기복합성이 낮은 사람들에게서 크게 나타났다. 이러한 결과는 복합성이 높은 사람들에게서 복합적 자기를 구성하는 하위 요소들 간의 상호 완충 역할이 나타나고 있음을 시사한다. 즉, 한 생활영역에서 실패하여도(직무수행의 실패), 다른 생활영역에서 잘하는 자신의 모습(좋은 친구)을 지니고 있다면, 실패의 경험에 의한 충격을 덜 받는다는 것이다. 사회의 생활영역이 복잡해져 가고, 그에 따라 수행하는 역할, 활

(a)

(b)

**[그림 2-3] 복합적 자기의 구조에 대한 컴퓨터 시뮬레이션**

각 조각은 자기의 한 요소들이며, 각 요소의 중요성은 높이로 나타난다. 각 요소의 값은 인접요소의 값(+/−)들에 의해 영향을 받는다. 중요한 요소는 주변의 영향력에 저항하고, 쉽게 바뀌지 않는다. 중요하지 않은 요소는 주위의 영향에 의해 쉽게 바뀐다.

(a): 각 요소의 값이 무작위로 주어진다(구조가 없는 자기의 모습을 표상함). 단, 60%의 요소는 긍정적인 것으로 구성하여, 대부분의 사람들이 자기를 긍정적으로 평가하고 있음을 반영한다.

(b): 무작위로 6곳에 중요성을 부여하여 평형상태가 이르도록 시뮬레이션을 한 결과, 안정적인 형태를 갖추게 된다.

출처: Vallacher & Nowak (2000).

동도 다양화되어 가는 현실에 적극적으로 참가하면서 복합적 자기성을 갖추어 간다면 비교적 안정된 자기의 모습을 견지할 가능성이 높아진다고 보겠다.

자기의 복합성이 높음에도 불구하고 통합된 자기관을 지니고 있는 사람들은 자기에 대한 확신감이 높고 생활에 적응을 잘한다. 그러나 통합성이 낮은 사람들은 자신의 특징에 대하여 불확실하게 느끼며, 자긍심도 낮아 상황에 크게 휘둘리는 양상을 보인다(Campbell et al., 2000). Vallacher와 Nowak(2000)은 자기의 불안정성을 분석하여 자기의 복합적 구조가 뚜렷한 개인들의 경우에([그림 2-4]의 a와 b) 새로운 경험이 기존의 자기구조에 편입되면서 자기구조가 큰 영향을 받지 않으나, 자기구조가 불분명한 경우([그림 2-4]의 c)에는 새 경험을 수용하는 뚜렷한 자기구조가 없어서 상황에 의해 크게 영향받으며, 안정성도 떨어지는 모습을 도식화하여 보여 주었다.

국내의 연구에서는 자기복합성이 높고 낮음이 중요하기보다는 인지적 유연성(상황의 필요에 대응하는 능력)이 심리적 적응에 큰 영향을 주며(김완일, 2008), 자기일관성이 낮아도 스스로의 모습 변화에 대한 이해와 자기통제감이 있다면 적응적인 생활을 하는 것으로 나타났다(육근영 외, 2006; McConnell et al., 2005). 이런 양상은 한국인에게서 자기의 일관성이나 뚜렷한 특징을 지닌 것이 서구에서처럼 순기능을 하는 것은 아님을 시사한다.

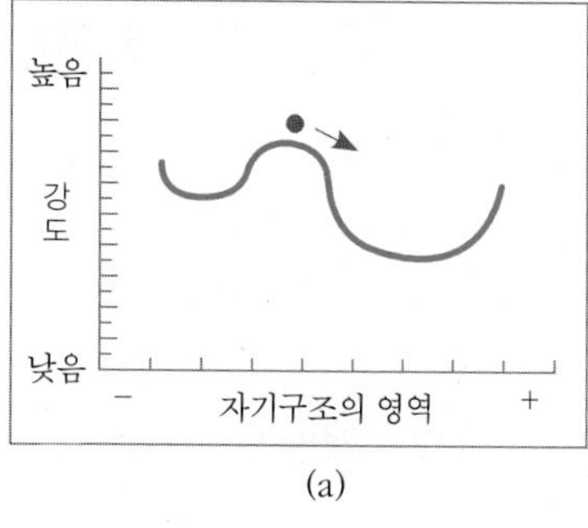

(a)

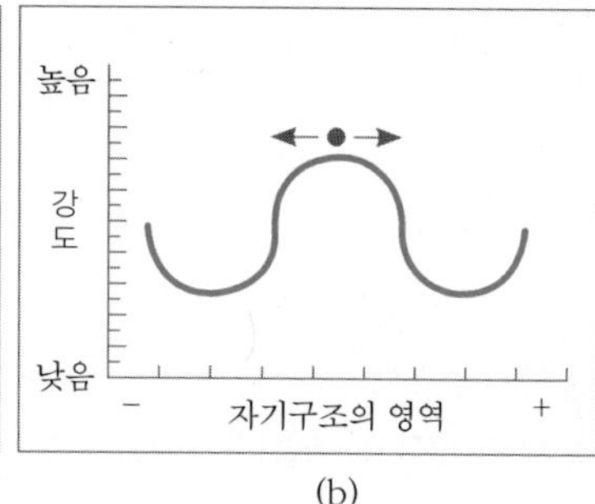

(b)

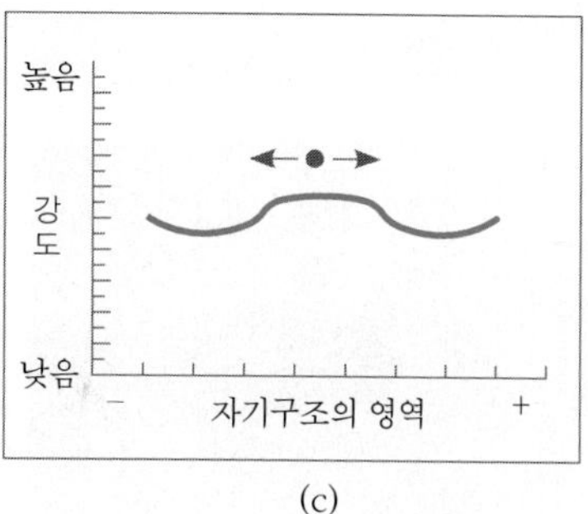

(c)

**[그림 2-4] 새로운 경험과 자기구조의 동학**

(a): 새로운 경험이 뚜렷한 자기구조로 편입되어 안정된다.
(b): 새로운 경험이 복합적 자기구조로 편입되어 안정된다.
(c): 새로운 경험이 불분명한 자기구조에서 유동적으로 편입된다.

## 자기의 파악과 참나: 자신을 어떻게 알게 되는가

20세기 초 사회과학의 선구자들(James, Cooley, Mead, Baldwin 등)은 자기를 개인이 지닌 내적인 특성이 발현되어 나타난 것이 아니라, 본질적으로 사회적 구성체라고 보았다. 즉, 자기는 사회적 상호작용 속에서 이루어지는 다양한 역할 수행과정에서 자기 자신에 대한 반성적 성찰을 통해 파악되고 구성되는 것이다. 자기 속에는 그 사회의 구조와 체제, 가치 및 성원들의 생각 등이 반영될 수밖에 없다. 따라서 자기는 저마다 나름의 개인을 사회와 연결해 주는 가장 중요한 매개체인 것이다(손장권 외, 1994; Mead, 1934 참조).

**페스팅거(Leon Festinger, 1919~1989)**
미국 스탠퍼드 대학교 사회심리학 교수로 있으면서 인지부조화 이론, 사회비교 이론 등을 제시하여 가장 영향력 큰 사회심리학자의 하나로 자리매김하였다. 레빈에게서 수학하였으며 인간과 사회의 진화과정에 대한 답과 물음을 위해 은퇴 후에는 고고학과 생물학 분야에 관심을 보였으나, 암으로 죽음을 맞았다. 그는 인지부조화 이론을 제시하여 당시에 심리학계의 지배적인 행동주의의 퇴조를 가져오는 데 영향을 끼쳤다.

일찍이 사회학자인 Cooley(1902)는 나의 파악에 있어서 가장 중요한 것은 주위 사람들임을 간파했다. 그에 따르면 "인간의 본성은 집단 속에서 발현된다. 타인과의 교류 없이 개인이 개성을 지닐 수 없으며, 고립이 장기화되면 자기성도 마모된다."(Cooley, 1909, p. 30) 이 같은 생각은 사회심리학자인 Festinger(1954)가 제안한 사회비교 이론으로 보다 구체화되었다. 그는 자기가 객관적으로 존재하는 물리적 실체라기보다는 사람들과의 교류와 비교과정에서 구성되는 것임을 지적한다. 물리적 실체로서의 몸을 지니고 있지만 몸이 크다거나 작다거나 하는 인식은 남들과의 비교를 통해서 지니게 되는 것이다. 자신의 성격이 내향적이라는 것은 자신과 유사한 타인에 비해서 얼마나 더 내향적 행동을 보이는가를 비교해서 갖게 되는 생각이다. 이 파악과정은 세 가지로 구분된다.

**곁글 2-2** 인간이 아닌 인격체–동물의 자기인식 능력

롯데월드 수족관에서 폐사한 다섯 살 흰고래 벨로

돌고래는 자기를 인식하는 능력을 지닌 비인간인격체다. 이런 인격체가 좁은 수족관에서 자유를 구속당한 채 사람들의 눈요깃감으로서 평생을 사는 것이 즐길거리인가?

고양이나 개의 면전에 큰 거울을 놓으면 이들은 짖거나 탐색하는 행동을 취한다. 거울에 비친 동물이 자기라는 것을 모르기 때문이다. 자기 몸을 보고 자기라고 인식하는 능력은 자기 개념의 형성에 필수적인 능력일 것이다.

다른 것들과 구별된 자기만의 몸통을 지닌 모든 생명체는 개체성을 지닌다. 그러나 자신의 모습에 대한 자의식은 모든 생명체가 지닌 것은 아니다. 자기상의 인식은 자신을 주위 환경, 또는 다른 개체와 구별해 낸다는 것이며 자신의 독특성을 인식하는 고등 정신작용을 필요로 한다. 인간이라고 모두 다 자기상을 지각하는 것은 아니다. 갓 태어난 아이들에게서 자기를 식별하는 능력은 생후 2~3개월이 지나서 나타난다. 영아의 코에 연지를 칠하고 거울을 보여 주면 생후 9~12개월 된 아이 중 1/4만이 자기 코를 이상하다는 듯이 만져 보지만 21~25개월 된 아이들은 3/4이 그 같은 행동을 보이는 것으로 보아(Lewis & Brooks, 1978) 인간의 자의식 능력은 성숙이 필요함을 알 수 있다.

자기상의 인식 능력이 인간에게만 국한된 것은 아니다. 원숭이 종류에서도 지능이 특히 높은 침팬지의 우리에 큰 거울을 비치해 두면 투영된 자기상을 보고 마치 다른 놈인 것처럼 행동을 한다. 그러나 수일이 지나면 거울 앞에서 여기저기를 만지기도 하고 치장 행위를 보이기 시작한다. 이때 침팬지를 꺼내서 마취를 시켜 냄새 없는 빨간색을 눈가에 칠해서 다시 우리에 놓아두면 거울이 없는 경우는 칠한 부분에 손을 대지 않지만 거울을 보여 주면 그 칠한 부분을 문지르거나 자주 손을 대는 행위를 보인다(Gallup, 1977).

최근의 연구들은 자기를 인식하는 능력이 돌고래, 코끼리에게서도 나타나는 것을 보인다(Plotnik et al., 2006). 그래서 **비인간인격체**(nonhuman personality)라는 개념이 쓰여야 한다는 주장이 나오고 있다. 이는 인간(human)은 아니지만 개개의 인격(person)을 지닌 개체로 보아야 한다는 것이다(Schwartz, 1982). 사실, 인간도 동물의 범주에 속하기 때문에 **인간–동물**의 구분은 **인격체–비인격체**로 대체되어야 한다는 주장이 힘을 받고 있다. 동물은 움직이는 기계와 차이가 없다는 시각은 오래전에 폐기되었다. 거울 인식과 같은 능력을 인격체의 잣대로 삼는 것은 동물생태계에 인간중심주의적인 준거를 갖다 대는 잘못이라는 비판이 제기되면서 이제는 어떤 동물들까지 비인간인격체로 간주될 수 있는지를 보는 연구들이 활발히 나오고 있다(Morell, 2014 참조). 2013년 인도 정부는 돌고래 수족관 설치를 금하였다. 그 이유는 돌고래가 비인간인격체라고 보았기 때문이라고 한다.

**남들과의 비교를 통해서(사회비교)** 자신의 테니스 실력을 알고자 하는 사람은 자신과 비슷한 연령, 구력을 지닌 사람들과 비교할 것이다. 다섯 살짜리와 비교한다거나, 프로테니스 선수에 비교하여서는 자신의 실력을 알 수가 없기 때문이다.

즉, 비교대상이 적절히 정해져야 바른 답을 내릴 수 있다. 이 비교대상이 되는 것은 우리 자신과 유사한 사람들이다(Festinger, 1954). 특히 남자는 남자를, 여자는 여자를 비교집단으로 삼는 경향이 크고 연령이나 능력 따위에서 자신과 유사한 사람들이 비교집단이 된다.

잘하고자 하는 욕구가 강한 사람들은 자신에게 도움이 될 수 있는 정보를 제공해 줄 수 있는, 약간 더 잘하는 사람들을 비교대상으로 선택하는 상향적 사회비교 양상을 보인다(Feldman & Ruble, 1981). 그러나 상향적 비교는 그다지 편한 기분을 주지는 못한다. 생활 속에서 나쁜 기분을 피하고 싶어 하므로 통상 사람들은 자신보다 못한 사람들과 비교하는 하향적 비교 양상을 보인다. 데이트 중인 남녀에게 다른 데이트 쌍에 비해 자신의 짝이 나은 짝이라는 이유를 가능한 많이 쓰게 하거나('하향비교' 조건), 자신의 짝이 만족스러운 짝이라는 이유를 가능한 많이 쓰게 하였다('좋은 이유' 조건). 이유를 쓰고서 자신들의 관계만족 정도를 평가하도록 하였더니, '좋은 이유' 조건보다 '하향비교' 조건에서 관계만족도가 더 높은 것으로 나타났다(Buunk et al., 2001). 사람들은 절대적으로 좋은 관계라서 만족하기보다는 남들에 비해서 상대적으로 나은 관계라서 만족하는 양상을 보이는 것이다. 사람들은 역량을 키우거나 성취를 위해서는 상향비교를 하지만, 그런 목적이 없는 상황에서는 하향비교를 통해서 자긍심(자존감)을 유지한다. 그러나 페이스북을 뚜렷한 목적 없이 자주 사용하는 사람들은 올라오는 사진이나 글을 보면서 무의식적으로 상향비교를 하게 되는 탓에 우울함을 느끼는 양상이 보고되고 있다(Verduyn et al., 2015; 곁글 2-3).

**곁글 2-3** 페이스북 사용의 부작용(페북 우울증): 무의식적 상향비교

매일 전 세계에서 17억 명 이상의 사용자들이 페이스북(페북)을 사용하고 있다. 페북의 사용이 일반화되고 페북 중독의 현상이 나타나면서 페북 사용에 대한 심리학자들의 관심이 증대하고 있다(Wilson et al., 2012). 페북에 올리는 사진이나 정보들이 진정한 자기의 모습인지 아니면 바람직하게 꾸며진 것인지를 알아보기 위하여, 미국과 독일에서 20대 초반 남녀로 페북을 하는 230여 명(표적인물)을 대상으로 성격검사를 하고, 그들의 지인 네 사람으로부터 이들에 대한 성격 평가를 얻어 표적인물의 실제 성격 특징으로 간주하였다. 아울러 자신이 각 성격특질에서 이상적으로 여기는 모습을 평가하도록 하여 이상적 성격의 모습을 파악하고, 표적인물을 전혀 모르는 아홉 사람들로 하여금 표적인물의 페북 프로파일을 보고 이들의 성격을 평가하게 하여 이들 평가치들을 실제 성격 특징과 비교하였다(Back et al., 2010). 그 결과, 페북 프로파일은 자신이 여기는 이상적인 성격보다는 실제의 성격을 많이 반영하는 것으로 나타났다. 개인의 외향성, 양심성, 개방성의 성격 특질은 페북 프로파일로서 충분히

예측할 수 있었고, 신경질적 경향성도 어느 정도 예측 가능한 것으로 나타났다. 페북에 올라오는 사진들은 행복한 사진들이 많지만 자신을 이상적으로 꾸며 제시하는 것은 아니었다.

한편, 페북 사용과 사람들의 정신건강과의 관계를 알아보기 위하여 뉴질랜드 전국의 페북 사용자 만여 명에게 설문조사를 한 연구(Stronge et al., 2015)는 이들이 자신의 신체에 대한 만족도가 낮은 것을 보고하고 있다. 그 이유는 페북에 올려진 사진들과 자신을 의식 혹은 무의식적으로 비교하는 결과 때문으로 여겨진다. 이는 남녀와 연령을 불문하고 공통으로 나타나지만, 특히 중년여성의 경우가 가장 심했다. 여성들이 남성보다 페북을 사용하는 사람들이 많은 양상이 확인되고 있으며(McAndrew & Jeong, 2012), 남들과의 사회비교가 본능적으로 이루어지는 양상이라는 점에서 페북을 자주 사용하는 것은 정신 건강에 해로울 수 있다. 네덜란드에서 다국적 출신의 20대 남녀 200여 명을 대상으로 조사한 연구(de Vries & Kühne, 2015)는 페북에 대한 애착을 느끼는 사람들에게서 상향적인 사회비교 양상이 높게 나타나며, 이런 경향은 특히 생활만족도가 낮은 사람들에게서 매우 강하게 나타남을 보였다([그림 2-5]). 상향비교의 양상이 심할수록 사람들이 느끼는 사회적 유능감(친구가 많다 등)과 신체적 매력은 낮은 것으로 나타났다. 국내의 대학생 페북 사용자들도 상향비교를 하는 양상이 높을수록 우울감을 경험하는 양상을 보이는데(손영화, 2020), 이런 경향은 특히 자기 개념이 불명확한 사람들에서 강하게 나타났다(정소라, 현명호, 2015). 페북 사용자들은 타인들이 올린 글과 그림을 보면서 자연스럽게 남들과 비교되는 자기평가를 하게 되며, 그럴수록 부정적인 정서를 더 느끼고 이것이 페북 피로감으로 이어져 이를 중단하려는 마음을 먹게 된다(차경진, 이은목, 2015).

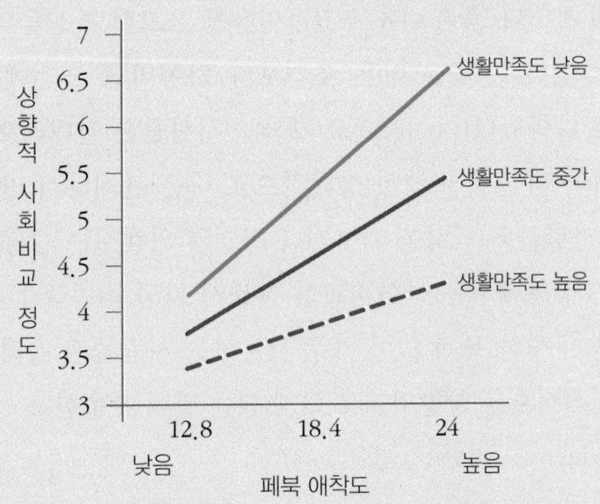


**[그림 2-5] 페이스북 애착도, 생활만족도, 상향적 사회비교 양상**

출처: De Vries & Kühne (2015), Fig. 2.

실제로 페북의 사용 정도(적극적-소극적)와 안녕감을 분석한 연구는 6일 동안 사람들에게 매일 다섯 번씩 무선적으로 신호를 주어 당시에 느끼던 정서를 기록하도록 하였다. 페북에 적극적으로 사진이나 자료를 올리는 경우에 비해서 수동적으로 남들이 올린 것을 보기만 하는 경우에는 정서적인 안녕감이 더욱 떨어지는 것으로 관찰되었다(Verduyn et al., 2015). 수동적으로 페북을 사용할 때 사람들은 질투와 선망의 감정을 느끼며 이는 안녕감에 나쁜 영향을 미치는 것이었다.

**남이 보는 나(반영 평가)** 사회생활에서 만나는 다른 사람들이 나를 어떻게 생각하는가 하는 점도 자기의 형성에 중요한 영향을 미친다. 특히 자신과 깊은 교류 관계에 있는 남들이 자기를 어떻게 여기는지의 모습이 중요하다. 아이들이 보는 자기 모습은 부모나 교사, 친구들이 자신에 대하여 보는 모습을 닮아 간다(Harter, 1999). 유아들이 재능이 있다고 여기는 부모의 아동들은 부모의 믿음에 걸맞게 재능을 발달시키는 상호작용적 영향력이 아동과 부모의 관찰에서 확인되었다(Louis & Lewis, 1992). 남이 자기를 어떻게 본다고 여기는 모습과 자기가 보는 자기 모습은 나이가 들수록 비슷해져 간다(Van Aken, Van Lieshout, & Haselager, 1996).

**스스로가 보는 나(자기지각)** 사람들이 타인의 행동을 보고 그의 성격이나 취향을 파악하듯이 우리는 스스로의 행위에 대한 관찰을 통해서도 자기를 파악한다. Bem(1967)은 사람들의 이러한 자기 관찰과정이 자신의 기호, 태도, 성격을 파악하는 중요한 과정임에 착안하고 자기지각 이론을 제시하였다. 이 이론에 따르면 취향이나 태도가 약하거나 일관되지 못한 경우에, 행위자는 최근의 행위를 바탕으로 자기의 취향과 태도를 짐작해 낸다(Chaiken & Baldwin, 1981; 5장 참조). 자신이 신을 믿는지 자문해 보라. 신을 믿고 종교가 필요하다고 여겨 왔지만 지난 수년간 교회를 거의 나가지 않았던 자기 모습을 떠올리는 경우에 당신은 신에 대한 믿음에 회의감을 지니게 될 것이다. 신앙심 같은 내면 심리는 드러나는 증거가 없으면 불확실해지며, 외적인 요인(좋아하던 목사의 전출 등)과 결부되는 경우에도 불확실한 것으로 여겨질 수 있다.

**나는 과연 어떤 사람인가?** 사람들은 자신을 긍정적으로 보려고 하는 편향을 갖고 있기 때문에 자신을 제대로 파악하는 것이 어려울 수 있다. 때로는 자기보다 남들이 나를 더 정확히 파악하는 경우를 접하면서 놀라기도 한다. 한 연구는 자신의 자기파악과 주위 사람들의 파악을 비교하여 흥미롭다(Vazire, 2010). 미국의 남녀 대학생에게 잘 아는 친구 다섯 명이 팀을 이루어 같이 참여하도록 하여, 서로에 대한 성격 특징을 평가하게 하였다. 아울러 처음 만난 사람들끼리 3~5명씩 둘러앉아 10분간 서로 소개를 하도록 하고서 서로에 대한 성격 특징을 평가하게 하였다. 이들 평가를 바탕으로 각 성격 특징에 대하여 자신의 평가, 친구들의 평가, 낯선 이들의 평가의 세 가지 평균을 구해 해당 특징에 대한 정확한 측정치로 간주하고, 각 평가가 전체의 평가와 얼마나 관계성이 높은지를 분석하였다. 평가하도록 한 성격 특징은 세 가지 종류로, 관찰하기 어렵고 사회적 가치가 낮은 특징(자기존

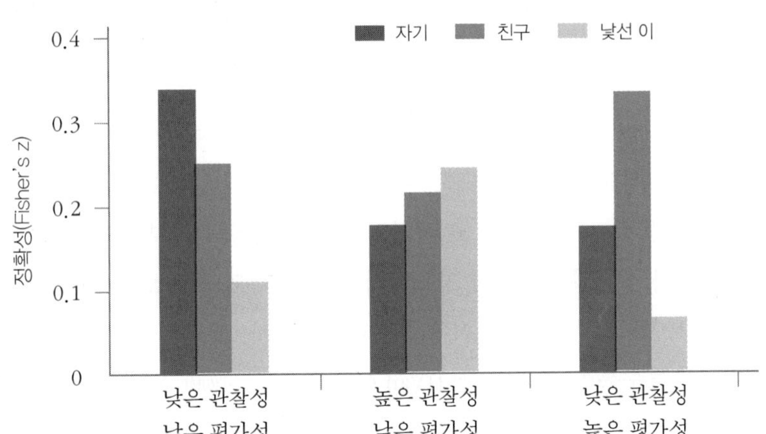


**[그림 2-6] 자신의 성격에 대한 자신의 평가, 친구들의 평가, 낯선 이의 평가 비교**

출처: Vazire(2010) Fig. 1에서 가져옴.

중감, 불안경향성), 관찰이 어렵지만 가치가 높은 특징(창의성, 지능), 그리고 관찰하기 쉽고 가치가 낮은 특징(말 많은, 지배성, 리더십)이었다. 관찰이 어렵고 가치가 낮은 특성에 대해서는 자기평가가 가장 정확하였다. 그러나 관찰하기 쉽고 가치가 낮은 특징에 대해서는 자기평가나 다른 이들의 평가나 별 차이가 없었으며, 관찰이 어렵지만 가치가 높은 특징에 대하여는 자신보다 친구들의 평가가 정확한 것으로 나타났다([그림 2-6]). 이같은 양상이 나타나는 이유는 자신에 대한 긍정편향이 가치가 높은 특징에서는 많이 작용하는 탓이다. 따라서 사회적으로 중요한 평가를 받는 특징(바람직하건 바람직하지 않건)에 대하여는 스스로의 생각에 의존하지 말고, 친구들에게 묻는 것이 자신을 더 정확히 알 수 있는 지혜로운 방식이다.

## 참나는 무엇

사람들은 진정한 자기의 모습, 참나(眞我)가 무엇인지 오랫동안 알려고 노력해 왔다. 다양한 생각과 행동을 보이는 자기의 모습에 혼란스럽고, 고민하면서, 참나를 알면 번뇌를 털어 낼 수 있을 듯하고, 참나가 자기 삶의 주인이라고 여기는 탓이다. 참나가 무엇인지를 알 수는 없지만, 사람들의 인식에 공통점도 있다. 한 사례를 보자. 당신의 동생이 다른 사람들을 잘 돕는 등의 선한 행동을 보이지만, 다른 면에서는 반려 동물을 학대하고, 남의 페이스북 게시판에 욕지거리를 남기는 행동을 한다고 하자. 그의 진정한 모습을 알기 위하여 전문가들에게 진단을 부탁하였더니, 행동검사와 뇌검사를 하였다. 그런데 두 검사에서 상반된 결과가 나왔다. 행동검사로 나타난 결과와 뇌검사 결과의 어느 것이 동생의 참나를 보여 준다고 보는가?

미국에서 온라인 조사기관을 이용한 조사에서 사람들은 선한 행동이 나쁜 행동보다는 더 자유의지로 나타났다고 여기며, 행동검사보다는 뇌검사가 사람의 참나를 더 잘 보여 준다고 여기는 것으로 나타났다(Berent & Platt, 2021). 이런 결과는 사람들이 마음은 본질적으로 악하기보다는 선한 특징을 지니고 있다고 믿으며, 행동적 특성보다는 몸(생물학)의 특성으로 새겨져 있다고 믿는다는 것을 보여 준다. 사람들은 자신뿐 아니라 다른 사람의 참나도 본질적으로 선하다고 본다. 그래서 나쁜 사람이 좋은 사람으로 변하는 것을 참나가 드러난 것이라 여기지만, 좋은 사람이 나쁜 사람으로 변하는 것은 사람이 변했다고 여기는 양상을 보인다. 참나의 본질이 선하다는 믿음은 국민성이 냉소적이라는 러시아인들에게서도 나타나고 있어 범문화적으로 공유되어 있는 믿음으로 보인다(De Freitas et al., 2018).

참나에 대한 관심은 자신 내면의 모습에 충실한 생활을 하는 것이 바람직하다고 여기는 삶의 철학에서 당연한 관심이다. 복잡한 세상사를 대하면서 자신의 줏대를 갖고 살려면 참나를 알아야 한다는 것이다. 한 집단의 미국인에게 논리적인 관점을 취해서 의사결정을 하도록 하고, 다른 집단의 사람들에게는 참나의 관점에서 의사결정을 하도록 하여 비교해 보니, 참나의 관점에서 의사결정한 사람들이 만족감을 더 크게 느끼는 것으로 나타났다(Kim, J. et al., 2021). 미국인들은 부모의 바램을 좇기보다 참나를 좇아서 자신이 원하는 경력에 종사하는 것이 의미있고 만족스러운 삶이라 여긴다(McGregor & Little, 1998; Schlegel et al., 2011).

한국인들이 추구하는 나다움과 사람다움은 다양한 관계 맥락에서 바람직한 모습을 추구한다는 점에서 참나에 충실하고자 하는 서구인들과 차이를 보인다(곁글 2-1, 본서 12장 참조).

**요약**

1. 자기는 사람들이 스스로의 모습이라고 여기는 구성체이며, 사회생활의 산물이다. 자기는 다양한 측면을 지니고 있는 복합적 구성체이며, 생활 속에서 변화한다.
2. 한국인에게 활동하는 자기는 생활에서 벌어지는 일들에 관여하는 쪽인 나의 모습이다.
3. 자신을 객체로서 인식하는 자의식 능력이 인간과 동물을 구분 짓는 특성이다. 자의식 능력이 동물에게서도 발견되면서 비인간인격체 개념이 나타났다.

4. 복합적 자기 현상은 현대 사회에서 적응적인 양상을 보이고 있다. 자기복합성이 높아도 통합된 자기관과 자기통제감을 지닌 경우에 삶의 만족도는 높다.
5. 자기는 스스로를 남들과 비교하는 과정, 남들이 나를 보는 모습의 반영, 스스로의 행동과 사고를 평가하는 과정을 통해서 갖추고 변모되어 간다.
6. 페이스북의 사용 시 무의식적 상향비교를 하는 탓에 우울증 등 정신건강에 악영향을 받는다.
7. 사람들은 참나를 모색하며, 참나에 따른 삶을 살고자 한다. 참나에 대한 분석은 사람들이 인간의 본성은 선하다고 여김을 보여 준다.

## 자기의 기능

사람들이 지니고 있는 자기관은 크게 세 가지 기능을 수행한다. 첫째, 정보 및 경험을 소화하고 적절히 대처하는 것을 돕는다. 둘째, 자신의 모습을 평가함으로써 행동에 변화를 가져온다. 셋째, 개인의 행위에 일관성을 부여하고 예측 가능하게 한다. 따라서 일을 계획하고 추진해 나갈 수 있는 근거가 된다.

### 정보처리자로서의 자기

바틀렛(Frederick Charles Bartlett, 1886~1979)
영국의 케임브리지 대학교 심리학과 교수로서 실험심리학과 응용 분야의 접목에 힘을 기울였다. 일상생활에서의 기억과정 연구에 업적을 남겼다.

사람들은 생활에서 접하는 수많은 정보를 효율적으로 처리하기 위해 도식을 사용한다. 도식(圖式, schema)이란 용어는 영국의 심리학자 Bartlett(1932)이 제시하였는데, 그는 영국인들에게 낯설은 북미 인디언들의 이야기를 들려주고 회상토록 하였다. 학생들은 그 이야기를 들은 그대로 회상하는 것이 아니라 자신이 이해할 수 있도록 내용을 변조시키는 행동을 보였다. 즉, 사람들은 자신이 지닌 나름의 친숙한 정보 분류의 체계를 적용시켜, 새로운 것들을 이해하고, 이 이해과정에서 정보를 편향되게 이해하는 양상을 보인다. 이렇게 정보들을 저장하면서 쓰이는 개념, 생각, 믿음들로 이루어진 추상적 체계들을 도식이라 말한다. 도식을 이용한 정보처리는 많은 양의 정보를 순간적으로 처리할 수 있게 해 주기도 하며 적은 양의 정보로부터 관련된 많은 정보를 이끌어 낼 수 있도록 해 준다. 이 과정에서 정보의 왜곡된 저장이나, 회상의 왜곡이 발생할 수 있다. 한 연구(Johnson et al., 1973)는 각본의 주인공이 벽에 못을 박았다는 내용을 사람들에게 제시하였는데 비록 각본에는 망치가 언급이 안 되었지만 회상 시에는 망치라는 단어가 있었던 것으로 파악하는 경향이 강하게 나타났다(사건의 목격자의 증언과 관련된 흥미 있는 발견을 위해 Loftus & Ketcham, 1996 참조).

자기도 이같이 도식으로 작용하면서 자신과 관련된 정보를 효율적으로 처리하게 만드는 기능을 지닌다. 자기도식(self-schema)은 "어떤 정보에 대하여 주의를 할 것인지, 그 정보를 어떻게 파악할 것인지, 그것이 얼마나 중요한지, 그리고 정보처리로 무엇이 나타날 것인지를 결정하는 선택적 기제로서 기능한다."(Markus, 1977, p. 64) 대부분의 자기도식은 성격 특성을 기술하는 영역별로 존재할 수 있다. 어떤 이는 수다스럽고, 외향적이고, 친절하다는 자기도식을 갖고 있고 다른 이는 영리하고, 과묵하고, 인정 많은 자기도식을 갖고 있다.

자기도식이 갖는 정보처리상의 특징은 세 가지로 요약된다. 첫 번째, 해당 특성의 자기도식을 가진 사람은 그러한 특성의 도식이 없는 사람에 비해 관련 정보를 훨씬 빠르게 처리한다.

자기도식의 두 번째 기능은 여과 기능이다. 즉, 새로운 정보가 자기도식과 부합하면 쉽게 처리되고 모순되면 처리에 저항이 걸린다. 실험 참가자들에게 그들의 자기도식과 모순되는 정보를 주는 경우(즉, 감수성이 예민한 사람에게 둔감한 편이라고 알려 줌) 참가자들이 강한 의혹을 나타내고 정보의 조작효과가 거의 나타나지 않는다(Sweeney & Moreland, 1980).

세 번째, 자기도식과 관련된 정보는 쉽고 빠르게 배울 수 있다. '의대생 증후' 현상은 의대생들이 자기가 학습하는 질병의 발병양상을 몸으로 자주 경험하는 것을 말한다. 이 현상은 의대생들이 질병을 잘 파악하기 위해 자기도식과 관련을 지을 경우 훨씬 기억을 잘하기 때문일 수 있다. 즉, 자기를 판단의 준거로 삼을 때 정보처리가 잘되는데 이를 자기참조효과라고 한다. 이 현상을 잘 보여 준 연구에서는 사람들에게 '수줍은' '활동적인' 등의 일련의 특성 형용사를 제시하였다. '자기참조' 조건에서는 그 단어가 자기를 묘사하는지를 판단케 하고, '타인참조' 조건에서는 그 단어가 실험자를 묘사하는지를 판단케 하였다. 또 '단어형태' 조건에서는 단어가 긴지 짧은지를 평가하게 했고 '단어의미' 조건에서는 각 단어가 구체적인지 추상적인지를 평가하게 했다. 나중에 각 조건의 사람들에게 제시된 단어를 기억하게 했을 때 '자기참조' 조건에서 가장 회상이 좋았고, 그 과제에 대해 쉽게 여겼으며 자신의 판단에 확신을 가진 것으로 나타났다(Kuiper & Rogers, 1979).

## 행위의 평가자로서의 자기: 자기관련 동기와 자긍심

자기의 일관성 탓에 사람들은 자신을 평가하게 된다. 이런 평가와 관련되어 세 가지 기본적인 동기가 나타난다(Banaji & Prentice, 1994). 첫째는 자기평가의 동기다. 사람들은 자신의 특성, 능력에 대하여 알고 싶어 하고 이에 대한 자신의 인식을 확인해 주는 증거를 모색한다. 둘째는 자기향상의 동기다. 스스로를 자신이 바라는 모습으로 끌어올리려는 동기이며, 자신의 역량이 부족하다는 평가를 하게 되면 바람직한 역량을 갖추려는 행위를 보인다. 셋째는 자기고양의 동기인데, 이는 자존심을 보호하고 스스로에 대한 긍정적인 자기상을 가지려는 활동으로 나타난다.

한 연구는 한국 대학생 350명과 미국 대학생 205명을 대상으로 자기를 남과 비교하는 세 가지 동기의 수준을 파악하고, 이런 동기가 사회비교를 통해 충족되는 정도를 파악하여 사람들이 느끼는 주관적 안녕감(행복감)의 관계를 파악하였다(장은영, 2009). 한국 학생들이 미국 학생들에 비해서 자기향상 동기, 자기평가 동기, 자기고양 동기 세 가지가 모두 높으며, 자기향상 동기가 특히 높은 것으로 나타났다. 이런 동기가 사회비교를 통해 충족되는 정도에 있어서도 한국 학생들은 향상 동기와 평가 동기의 충족 수준이 높은 것으로 나타났다. 한편, 주관적 안녕감(본서 13장 참조)에 있어서는 미국 학생들이 한국 학생에 비해서 훨씬 높은 것을 보여 주는데, 흥미로운 것은 한국 학생들은 자기향상 동기와 그 충족도가, 미국 학생들은 자기평가 동기와 그 충족도가 안녕감에 긍정적인 영향을 크게 주는 것으로 나타났다. 대표적인 표집이 아니고 조사 시점도 한국과 미국 두 나라의 조사시점도 2년여의 시차가 나는 등의 이유로 반복 검증이 필요하지만 한국인들에게 안녕감이 자기향상 동기와 깊은 관련이 있다는 것은 한국문화의 특성과 맥이 닿아 있는 흥미로운 발견이다.

**자기고양적 평가의 이유** 스스로를 좋게 보려는 자기고양 욕구는 자신을 지나치게 긍정적인 모습으로 파악하게 만들 가능성이 있다. 그러한 자기 모습은 주위 사람들의 인식과 상충하여, 사회생활에서 부작용을 초래할 가능성이 크다. 그렇기 때문에 사람들은 자신에 대한 사실적 정보를 파악하는 것에도 큰 관심을 보인다. 심지어 그 정보가 좋지 않은 자기 모습을 보여 주는 경우라도 그렇다. 이를 자기검증 동기라 한다. 이 동기를 잘 보여 준 연구(Swann & Gill, 1997)에서, 부정적 자기상을 지닌 사람과 긍정적 자기상을 지닌 두 부류의 사람들에게 자기상을 확인시켜 주는 정보를 제시하고서, 그 정보에 대한 정확성과 사실성을 평가하게 하였다. 그 결과, 긍정적 자기상을 지닌 사람은 긍정적 정보를, 부정적 자기상을 지닌 사람은 부정적 정보를 사실적이고 맞는 정보라고 여기는 것으로 나타났다. 그러나 두 부류 모두 자기에게 긍정적 정보를 좋아하고, 부정적 정보를 싫어하는 것으로 나타났다. 자기에 대한 사실적 파악을 하고자 하는 자기검증 동기 탓에 사람들은 자기정보에 대한 사실적 평가를 할 수 있으며, 자기를 긍정적으로 평가하고픈 자기고양 욕구 탓에 하향비교(자기보다 못한 사람을 비교대상으로 삼음)를 하지만 자기향상을 위해서는 상향비교를 한다.

사람들이 남들보다 자신을 더 좋게 평가하는 경향에는 흥미로운 이유가 있음이 나타났다. 즉, 사람들은 자신에 대해서는 자신이 보인 최고 상태를 자신의 참모습으로 여기지만, 남에 대해서는 그가 보인 상태들의 평균을 그의 참모습으로 여기는 경향이 있다(Williams & Gilovich, 2012). 그 이유는 사람들이 향후에 무언가를 하고자 할 때 자신이 해 왔던 최고의 수행 실적에 자신의 의지를 더해서 미래의 목표를 설정하기가 쉽기 때문이다. 자신만이 아는 숨겨진 역량이나 의지를 최대로 발휘하면 더 잘할 수 있다고 여기므로 자신의 최상의 상태를 자신의 모습으로 여긴다. 그러나 남에 대하여는 그가 지닌 의지의 강도나 최고의 역량을 알지 못하므로, 그가 보인 수행 전체를 갖고서 그의 능력을 짐작하기가 쉽다. 한 연구에서 남녀 참여자들을 대상으로 두 집단으로 구분하여 한 집단은 자신의 성격 특성에 대하여, 다른 집단은 얼굴만 아는 이의 성격 특성에 대하여 판단하게 하였다. 참가자들은 자신(혹은 아는 이)과 비슷한 연배의 사람들이 각 성격 특성을 어느 정도 지니고 있는지의 대략적인 범위를 설정하게 하고서, 자기 및 아는 이의 위치를 찍도록 하였다. [그림 2-7]에서 보듯이, 사람들은 모든 특성에서 자신의 위치를 가능 범위의 위쪽에 찍었으나, 아는 이에 대하여는 범위의 아래쪽에 찍는 경향이 뚜렷하였다. 이전 연구들에서 사람들이 보이는 '나는 보통사람보다 낫다(better than average)' 현상은 주관적 해석의 여지가 많은 모호한 특성(우호적, 재능 있는 등)에서 두드러지는 것으로 밝혀졌다(Dunning et al., 1989). 그러나 이 연구는 자기의 경우에는 평균 수행보다는 최고 수행이 자신의 모습이라고 여기는 것을 보이므로 모호하지 않은 특성(시간 엄수, 신속한 등)에서도 자기우월적 평가를 할 가능성이 크다는 것을 보여 준다. 올림픽 금메달을 딴 사람을 그의 최고 실적으로 평가하는 것처럼 예외적인 경우가 있지만, 일반적으로 사람들은 자신을 평가할 때는 자신의 가능성으로, 타인을 평가할 때는 그의 실적에 대한 기대치(평균)로 하는 경향성을 보인다. 따라서 사람들은 자신을 일반인보다 우월하다고 여기는 편향성을 보인다(곁글 2-4).

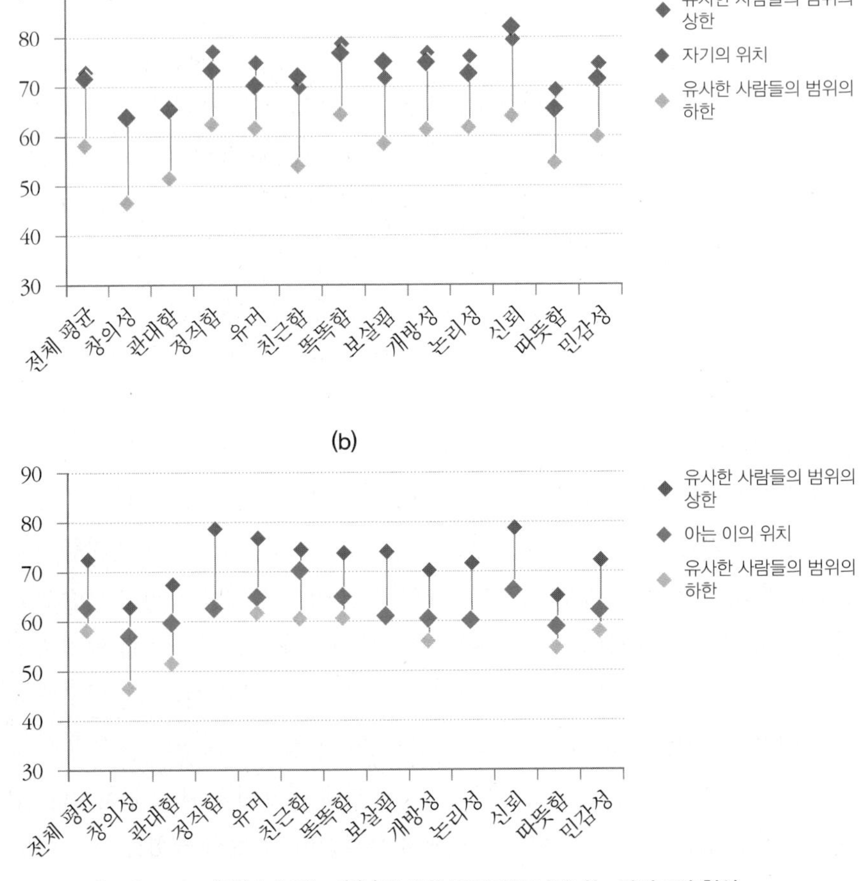


**[그림 2-7] 자신(a)과 아는 이(b)의 성격 평가에서 나타나는 자기고양 현상**

출처: Williams & Gilovich(2012) Fig. 1의 일부.

**곁글 2-4** 저 잘난 맛에 산다!: 한국인의 자기고양성

자신을 좋은 사람으로 여기고 싶어 하는 자기고양성은 문화에 따라 그 정도의 차이가 나타나지만 보편적인 현상이다(Sedikides et al., 2003). 고양적 평가는 정신건강에 긍정적인 탓이다(Taylor & Brown, 1988). 이런 현상을 국내에서 점검한 연구(백수경, 고재홍, 2007)는 고등학교 같은 반의 동성 급우들을 4명씩 묶어서 네 사람으로 하여금 자신의 성격은 물론 다른 성원 개개인의 성격을 5요인 성격 특성으로 평가하게 하고(1장 참조), 스스로에 대한 평가와 다른 세 사람이 한 평가 간의 차이를 구하여 개인별로 보이는 자기고양성 점수를 구하였다. 학생들은 자기고양보다는 자기겸양(스스로의 평가가 남들의 평가보다 낮은) 양상을 보였다. 그런데 이들이 느끼는 행복감은 타인의 평가보다는 자기평가와 더 높게 관련되어 있으나, 인기도는 자기평가보다는 타인의 평가와 관련이 높았다. 즉, 자기 스스로 고양적 평가를 하는 사람이 행복감은 높지만 인기도는 낮은 것으로 나타났다.

정서적 안정성과 개방성에서 고양적 평가를 하는 사람은 더 행복하게 느끼는 것으로 나타났지만, 인기도에는 부정적 영향을 주는 것으로 나타났다.

우리말 속담에 '저 잘난 맛에 산다'는 표현이 있다. 이는 한국인도 자기고양적 경향성을 보임을 인정하는 것이다. 그러나 이런 경향이 강한 사람들은 사회에서 좋은 평판을 받지 못한다는 것을 알기 때문에 강한 자기고양적인 표현을 삼가는 편이다. 그러나 상대방과의 관계가 단기간이거나 늘 지속되는 것이 아니라 업무시간에 국한해서 발생하는 상황에서는 한국 사람들도 미국 사람 못지 않게 자기고양적 생각과 표현을 하는 것으로 나타난다(Kim, Lee, & Gim, 2011). 그러나 상대와의 관계가 오랜 기간 지속되거나, 상대와 밀접하게 교류해야 하는 상황에서 미국인들이 자기고양적으로 자신의 능력을 지각하지만, 한국인들은 겸양적인 평가를 하는 양상을 보인다.

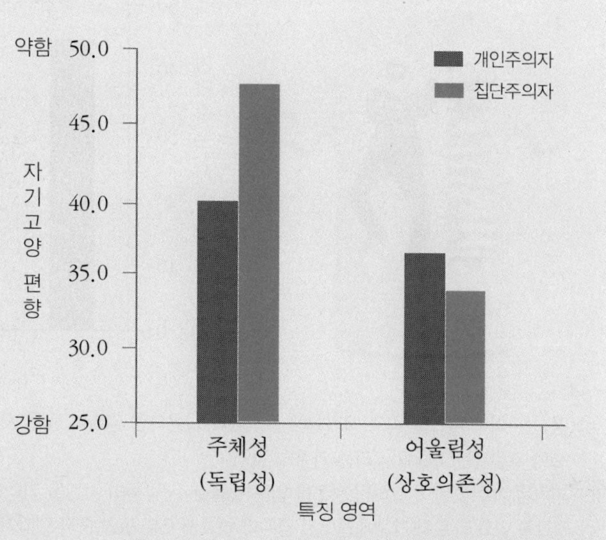


**[그림 2-8] 한국 대학생이 보이는 자기고양성**

출처: 박혜경(2011a), 그림 1.

한국인이 보이는 자기고양성은 특성이 주체성의 중요한 특징(독립성, 역량, 자율성 등)일 경우에는 미미하지만 어울림성의 특징(협동, 도움, 양보 등)들에서는 제법 뚜렷하게 나타난다. 집단주의자와 개인주의자로 성향을 구분하였을 때, 개인주의자는 주체성에서 자기고양성을 뚜렷이 보이고 있지만, 집단주의자는 어울림성에서 자기고양성을 더 보였다(박혜경, 2011a; [그림 2-8]).

**자기중심적 편향** 살면서 사람들은 누구나 자신 및 자기 주위에서 벌어지는 일들에 관심을 크게 가질 수밖에 없다. 시끄러운 술집에서도 누가 자기 이름을 부르면 곧 알아듣게 되고, 친구가 자기를 비난하면 매우 아프게 느끼는 등 우리들이 보이는 많은 생각과 행위는 자기중심적 편향을 보인다. 이 편향 탓에 사람들은 자기 주위에서 발생하는 일들에 민감하게 반응하며, 자기가 겪는 아픔을 가장 심하게 경험하며, 이런 아픔을 몰라주는 남을 야속하게 여긴다. 이 기제는 진화론적으로 유기체의 생존에 불가피한 역할을 하였다.

자기중심적 편향 탓에 흥미로운 현상들이 관찰된다. 사람들은 외출할 때 늘 차림새를 점검하는데, 마치 관객들이 늘 무대 위에서 조명을 받는 사람에게 주목하듯이 주위 사람들이 자신을 주목하고 있다고 여긴다. 이를 잘 보여 준 연구는 학생들에게 유명인사(간디, 마틴 루터 킹 목사 등) 얼굴이 크게 그려진 티셔츠를 입고

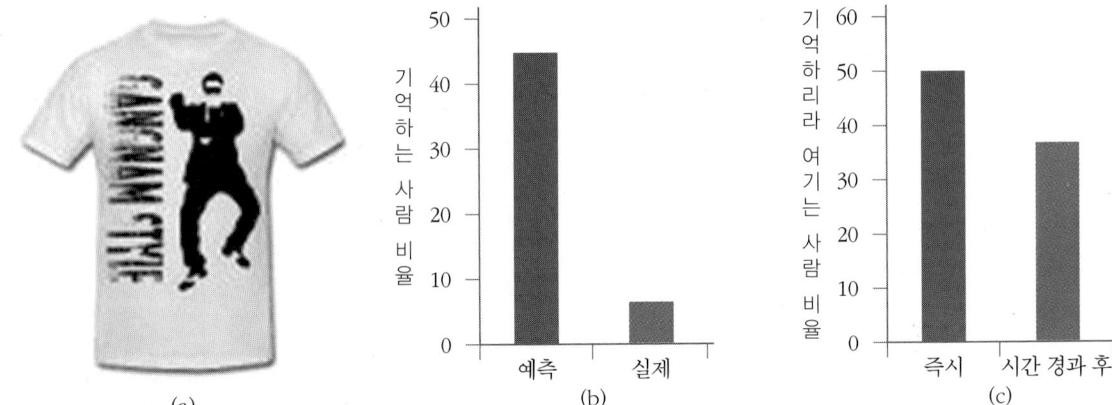


(a): 당신은 이 티셔츠를 입고 대기실에 들어갔다 나온다면 얼마나 많은 사람들이 당신의 셔츠를 기억하리라 생각하는가? (실제 실험에서 쓰인 프린트는 'Manilow'라는 가수의 것임)

(b): 괴팍한 가수 얼굴이 그려진 셔츠를 입은 것을 본 사람들이 사진을 기억하리라는 예측의 비율과 실제 기억한 사람의 비율

(c): 셔츠를 입고 바로 대기실에 들어간 경우와 입고서 15분 동안 혼자 있다가 대기실에 들어간 경우에 기억하리라 여기는 사람의 비율 차이

**[그림 2-9] 각광효과를 보이는 실험의 결과**

5~6명의 사람이 대기하고 있는 방에 들어가 잠시 있다가 나오도록 하였다. 이들에게 얼마나 많은 사람이 자기가 입었던 티셔츠의 얼굴을 기억하리라고 여기는지 묻고서, 실제 대기실에 있던 사람들에게 티셔츠의 인물을 기억하는지를 물었을 때, 사람들은 실제 기억하는 사람의 숫자보다 6배나 많은 사람이 자신이 입은 티셔츠의 얼굴을 기억하리라 여기는 것으로 나타났다(Gilovich et al., 2000; [그림 2-9]의 b). 각광효과라고 불리는 이 현상은 좋은 일이나 치장을 했을 때 남들이 이를 알아주지 못하는 것에 안타까워하고, 나쁜 일을 저질렀을 때 남들이 알아챌까 봐 두근거리는 사태를 초래한다. 사람들은 다른 사람들이 자신에게 갖는 관심을 일반적으로 확대 평가하는 양상을 보인다. 미장원에서 머리가 원하는 대로 나오지 않았을 때 하루 종일 찜찜해하지만 그 머리를 이상하게 여기는 사람은 거의 없을 것이다. 맛있거나 맛이 형편없는 음료수를 마시면서 아무런 표정을 짓지 않도록 요구받았을 때 사람들은 자신의 어색한 얼굴표정이 남들에게 쉽게 포착되리라고 여기며, 협상 장면에서 자신이 양보하는 것을 상대방도 잘 알 것으로 여기는 투명성 과장오류 현상(Gilovich et al., 1998; 본서 8장 참조)도 이런 각광효과의 일종으로 모두 사태를 인식함에 있어서 나타나는 자기중심적 편향에서 비롯된다고 할 수 있다. 이 편향성은 변화된 상태가 오래 지속되면서 둔감해지고 약화된다([그림 2-9]의 c). 물론 사람들은 이를 어느 정도 인식하고, 상대방의 입장을 취하려고 하지만 늘 충분한 것은 아니다. 이 현상은 일상에서 늘 나타나는 것이 아니라 자기의 모습에 대하여

관심을 지닌 자의식적인 상황에서 특히 잘 나타난다. 우리의 모습이 우리가 생각하는 만큼 남에게 주의를 끌지 못한다는 것을 안다면 자신이 저지르는 실수를 수용하고, 후회하게 되는 경우도 훨씬 더 적어질 것이다.

사람들이 공동으로 성취한 일에 대해 스스로의 공을 많이 내세우는 현상이 자기의 욕심 때문만이 아니라 정보처리 과정의 특성이 그 원인이 될 수 있음을 깨닫는다면 갈등이 적어질 수 있다. 사실, 친구나 동료와의 미묘한 갈등(공 다툼)의 바탕에는 욕심과 무관한 정보처리상의 자기중심적 편향이 깔려 있다(Ross & Sicoly, 1979; 곁글 2-5 참조).

**곁글 2-5** 잘된 일은 내 탓, 못된 일도 내 탓

남과 같이 한 작업 결과가 잘 되었을 때는 내 탓, 잘못되었을 때는 남 탓으로 돌리는 자기고양적 행위를 흔히 보는데 이를 동기론자들은 자존심을 고양, 유지시키기 위함이라고 설명한다. 그러나 많은 경우에 있어서는 판단에 쓰이는 정보가 자기의 것이 상대방의 것보다 많기 때문에 나타나는 정보처리의 관점에서 해석될 수도 있다. 이 가능성을 검증하기 위해 Ross와 Sicoly(1979)는 37쌍의 학생 부부를 대상으로 내외 각각에게 집안 청소, 설거지, 장보기, 부부싸움 등의 일상사에 대해 각자가 생각하는 대로 자신의 책임을 평가하게 하였다. 30개 항목 중 16개의 항목에서 자기 책임이 더 크다고 하는 응답이 나온 것은 부부 모두 자기중심적 정보처리를 하는 까닭이라고 볼 수 있다. 이 같은 경향은 부부싸움 등의 나쁜 일에서도 나타나 동기론적 설명이 부적절함을 보인다.

판단을 하는 사람의 주의가 자신에게 쏠리는지 타인에게 쏠리는지도 역시 정보의 가용성을 변화시키므로 판단에 영향을 준다. 대학원 석사논문을 끝마친 학생들을 대상으로 자신의 논문에 대한 자신의 기여도와 지도교수의 기여도를 평가하도록 했다. 학생들이 그러한 평가를 자기가 한 일에 초점을 맞출 경우 지도교수의 공헌도는 16.5%로 나타났으나 지도교수가 한 일에 초점을 맞출 경우는 33.3%로 나타나고 있어 역시 가용한 정보의 특성에 의해 큰 영향을 받음이 나타났다.

**자긍심** 자기존중감(self-esteem)이라고도 하며, 자신의 자질, 특성, 해 온 일의 성패, 스스로가 느끼는 가치에 대한 전반적인 평가의 결과이다. 자신이 지닌 내적 준거를 기준으로 못 미치면 낮고, 미친다면 높다. 이 점에서 한국 사람들이 일상에서 자주 말하는 자존심과는 의미가 사뭇 다르다. 한국인의 자존심은 자신에 대한 스스로의 기준으로 판단하는 것이 아니라 자신에 대한 타인의 평가에 따라 좌우된다. 다른 사람이 나를 어떻게 평가하느냐에 대한 평가의 지각이다(한민 외, 2013). 그래서 비교 상대보다 우월하거나, 남이 부러워하는 것을 느낄 때 우쭐거리며, 상황에 따라 오르락내리락한다(염동섭, 유승엽, 2012; 최상진, 박정열, 이

**나 알기 1: 나의 자긍심**

다음의 항목들을 보면서 자신에 해당하는 정도를 평가해 보시오.

(0: 전적으로 동의하지 않음, 1: 동의하지 않음, 2: 동의함, 3: 전적으로 동의함)

1. 나는 내가 적어도 다른 사람과 같은 수준으로 가치 있는 사람이라고 느낀다.
2. 나는 내가 장점을 많이 가지고 있다고 느낀다.
3. 대체적으로 나는 내가 실패자라고 느끼는 경향이 있다.(역)
4. 나는 대부분의 사람만큼 일할 수 있다.
5. 나는 나 자신이 자랑스럽게 여길 만한 것들이 그다지 없다.(역)
6. 나는 내 자신에 대하여 긍정적인 태도를 가진다.
7. 전체적으로 나는 나 자신에 만족한다.
8. 나에 대해서 더 많은 존경심을 가질 수 있기를 바란다.(역)
9. 나는 때때로 무용지물임에 틀림없다고 느낀다.(역)
10. 때때로 능숙하지 않다고 생각한다.(역)

* (역)이라고 표시된 것은 역채점하고, (역)이 없는 문항들은 그냥 점수를 더한다.

Rosenberg(1965)가 개발한 검사를 이희경 등(2008)이 번역한 척도임. Rosenberg 척도의 전형적인 점수는 대략 22점이며, 대부분의 점수는 15~25점 사이임.

장주, 1997). '나 알기 1'에 심리학자들이 많이 쓰는 자긍심 척도가 제시되어 있다(Rosenberg, 1965). 자긍심 척도는 자긍심과 자존심을 모두 담고 있지만 자긍심에 더 가깝다.

사람들이 일반적으로 낮지 않은 자긍심을 유지하는 심리적 기제는 무엇일까? 자기평가유지 모형은 두 가지를 제시한다(Tesser, 1988). 첫 번째, 사람들은 자신에 대한 긍정적인 평가를 유지하려고 동기화되어 있다. 두 번째, 이런 동기는 사회비교 과정에서 전략적으로 나타난다.

전략적 비교는 세 가지로 작용한다. 우선, 자신이 중요하다고 여기는 특성에서가 아니라면 나쁜 평가를 받아도 크게 문제 삼지 않는다. Rosenberg(1965)는 스스로가 남에게 호감을 주는 인상이 아니라고 생각하는 청소년들은 이런 인상이 중요한 것이 아니라고 생각하며 아무런 열등의식도 느끼지 않음을 발견했다. 흥미로운 것은 사람들이 자신이 중요하다고 여기는 영역에서는 자신을 좋게 평가할 수 있는 소지가 다분히 있다는 것이다. Dunning 등(1989)은 사람들이 스스로의 평가에 중요하다고 보는 창의성, 지능 등은 상당히 포괄적이고 정의하기가 애매한 특성이란 점에서, 누구나 스스로가 그런 면모를 지니고 있다고 여길 수 있음을 잘 보이고 있다. 학생들에게 창의성의 다양한 면을 보여 주는 목록을 제공하고서 각 면모가 창의성을 얼마나 잘 나타내는지를 평가하게 한 후 일주일이 경과되어 각 면모에서 자신에 대한 평가를 시켜 보니 두 가지 평가 간에 상관이 높게 나타났다. 이는 자기가 가진 특성이 창의성을 잘 보여 주는 것이고, 자기가 지니지 않은 특성은 창의성과 별 관계가 없다고 생각하므로 스스로가 창의성이 높은 사람으로 여기는 경향을 보이는 것이다. 마찬가지로 멍청함이란 부정적인 특성에 대해서 자신이 지닌 부정적인 면이 멍청한 것과는 다르다고 여김으로써 스스로를 멍청하지 않다고 여기는 것이다. 따라서 사람들은 자신이 중요시 하는 면에서 자신에 대한 평가를 높게 할 수 있다. 이러한 부풀린 평가는 기준이 비교적 뚜렷한 지능이나 학업의 영역보다는 상대적으로 모호한 도덕성의 영역에서 더 강하게 나타난다 (Allison et al., 1989).

둘째, 사람들은 어떤 일에 실패한 경우에는 그것을 상황 탓으로 여기고, 성공한 경우에는 자신의 능력, 노력 탓으로 돌림으로써 자긍심을 유지할 수 있다. 이러한 경향이 성패와 관련된 정보의 수집과정에 나타나며, 얻게 된 정보의 편중성으로 성공은 내 탓으로 여길 수 있다. 한 실험(Pyszczynski et al., 1985)에서 참가자들에게 그들의 대인관계 능력을 평가한 결과를 높은 편 또는 낮은 편이라고 알려 주었다. 이와 함께 다른 참여자의 점수가 적힌 카드를 6매 보여 주면서 더 많이 보고 싶으면 요청을 하라고 하였다. 이 6명의 점수는 조건에 따라 대부분 본인의 점

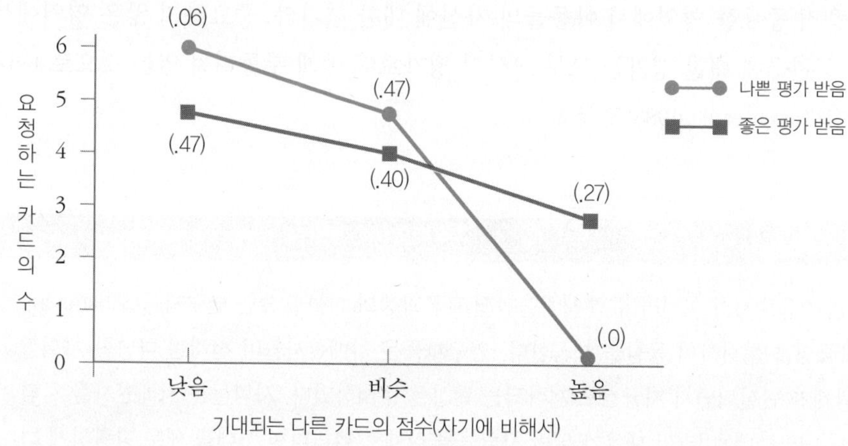

( ) 안의 수치는 각 조건에서 추가 요청하는 사람들의 비율임.

**[그림 2-10] 자긍심의 바탕: 정보의 탐색**

출처: Pyszczynski et al. (1985).

대학졸업은 자기평가에 긍정적인 기여를 한다.
출처: 한겨레21.

수보다 낮거나, 비슷하거나, 높은 것들로 구성된 것이다. 결과([그림 2-10])를 보면 자신의 점수가 낮을 경우에 다른 사람들의 점수가 더 낮을 수 있다면 더욱 많은 정보를 요구하지만 타인의 점수가 높다고 여겨지면 스스로의 점수가 낮음을 확인시켜 주는 정보 탐색은 나타나지 않았다. 사람들은 하향비교를 통해서 자신의 현재 처지에 상대적으로 만족할 수 있다.

셋째, 자긍심이 위협받는 상황에서 사람들은 그 상황을 직면하기를 피함으로써 자긍심을 보호하기도 한다. Steele(1993)는 미국의 중등학교에서 흑인 학생들의 자퇴가 높게 나타나는 이유는 이들이 학교에서 학업부진으로 자긍심이 반복적으로 손상되는 것을 막기 위해서 정규 교육제도의 가치를 깎아내리고 그 장면을 떠나기 때문이라 주장한다. 학교 밖에서는 더 이상 나쁜 학업성적 탓에 반복적으로 자긍심을 상하는 상황을 피할 수 있는 것이다(곁글 2-6).

자기평가유지 모형은 사람들이 맺는 친구관계의 특징을 흥미롭게 설명한다. 자신이 중요하게 여기는 영역에서 자기를 앞서는 상대를 피하므로써 자긍심을 느끼되, 자신이 중요하지 않게 여기는 영역에서는 자기보다 잘하는 사람을 친구로 함으로써 그가 잘할 때 동반적으로 자긍심을 느끼고 싶어 한다. 미국의 초등학교 아동을 대상으로 한 연구에서 아동들은 자신이 중요하다고 여기는 영역에서는 자신이 친구보다 잘한다고 여기지만, 중요하지 않다고 여기는 영역에서는 친구가 자신보다 더 잘한다고 여기는 양상이 나타났다. 아울러 중요한 영역에서 아동들의 자신에 대한 평가와, 중요하지 않은 영역에서 자기 친구에 대한 평가는 모두 교사의 평가보다 좋게 부풀려져 있는 것으로 나타났다(Tesser et al., 1988; 곁글 2-6).

**곁글 2-6** 치매 환자의 자긍심

사람들의 심리를 개인의 소유로서가 아니라 주위 사람들과의 교류과정의 산물로 보는 연구자들(Sabat et al., 1999)이 치매환자들의 자긍심을 분석하여 통찰을 제공한다. 연구자들은 치매환자들이 전처럼 다양한 사회활동을 못하고, 사람들과 관계가 단절되면서 자긍심도 저하되는 현상을 주시하였다. 사람들은 치매환자를 사람으로 보기보다는 환자로서 대하는데, 이러한 대우가 일반 사람들을 상대로 나타나면 상대를 매우 당황하게 하거나, 기분 나쁘게 할 것이다. 그러나 환자의 사고능력이 저하되면서, 주위 사람들은 환자를 병자나 아이 대하듯이 대한다. 이에 화를 내는 환자의 행동을 그의 병 탓으로 여기고, 그가 받은 부당한 대우 탓으로 여기지 않는다. 이래서 환자들은 더욱 정서적으로 불안해지고, 상대방에게 쓸데없이 화를 잘 내는 사람으로 여겨지며, 쌍방 관계가 더욱 나쁘게 진행되면서 자긍심을 상실하게 된다.

**사례:** M은 4년 전에 치매진단을 받은 75세 여교수로, 운전도 못하게 되었고, 말도 어눌해졌으며, 셈도 할 수 없고, 날짜를 기억하지 못하며, 서명도 할 수 없고, 옷을 입거나 화장도 못하게 된 증상을 보인다. 강단에서 강의하고 집필하던 것을 못하게 되면서 센터의 집단모임에 가는 것도 꺼리게 되었다. 그 이유는 자신이 그 집단에 기여도 못하고, 얻지도 못하며(말을 못한다고 생각하므로), 자신에게서 무엇이 잘못 되었는지를 발견하려고 애쓰는 치료사들을 만나는 것도 불편하게 된 탓이다. 즉, 자신의 저하된 언어 능력 탓으로, 자긍심이 저하되었고, 이를 확인시켜 주는 집단모임에도 참석을 꺼리게 된 것이다. 연구자들이 그녀에게 치료집단 모임에서 그녀가 말할 충분한 시간을 주고, 그녀의 표현을 도와주기로 하면서, 그녀도 모임에 참석할 의향을 가지게 되었다. 그녀는 '그렇다면 나도 모임에 생산적으로 참여하며, 모임이 잘 되어 나가도록 기여할 수 있다'고 여기게 된 것이다.

몇몇 사례가 보여 주는 것은 자긍심이 타인이 자기에 대하여 보이는 평가의 인식이라기보다는 자신의 특성에 대한 개인적 태도와 생각, 그러한 특징을 남에게 보이게 되는 상황에서 경험하는 황당함 등의 복합적 작용에 의하여 유지됨을 보인다. 즉, 치매환자들은 ① 과거의 자신이 보인 능력, 활동으로부터 얻게 된 자긍심을 지니고 있으며, 그러한 능력을 여전히 자신의 것으로 여기며(self 1), ② 치매에 걸리면서 지니게 된 증상들이 있으며(self 2), 이들 때문에 황당하고, 문제가 있다는 것을 인식한다. ③ 이들은 자신의 self 2만을 인정하고, self 1의 모습을 인정하지 않으려고 하는 사람들과 관계하기를 싫어한다. 수용할 수 있는 현재의 self 3의 유지는 다른 사람들의 협력이 필요한데 여기에 어려움이 있다. 즉, 새로 관계를 맺는 사람들이 self 2에만 관심이 있고 이를 계속 확인시키므로, 환자들은 고통과 불안을 겪는다. 따라서 치매환자의 주위에 있는 사람들은 환자의 현재 증상(self 2)에만 바탕한 교류를 할 것이 아니라 이전의 그의 장점(self 1)이 환기되고 유지될 수 있도록 기회를 제공하여 현재의 self 3(self 1+self 2)가 수용할 만하다는 긍정적인 자기관을 회복하고 유지할 수 있도록 해야 할 것이다.

이와 관련하여 국내의 한 작가는 자연농을 하면서 8년간 치매 어머니를 모신 이야기를 풀어낸다. 그는 밭에서 신나게 쑥을 뜯은 어머니를 트럭에 태우려고 안으니 바지가 축축해서 "어머니, 오줌 누셨네요?" 했더니 "뭐 어때, 어차피 집에 가서 씻을 낀데 뭐." 하셨단다. 안기는 어머니는 "애기 맹크로 또 보듬나?" 묻고, 작가가 "우리 김정임 애기, 어구, 오줌을 많이도 쌌네." 했더니 "듣는구마, 넘이 듣는구마. 와 자꾸 캐야." 하시더란다. 집에 들어와서 훍투성이 어머니를 목욕시키며 "오늘 어머니 일 많이 하셨어요. 힘드셨죠?" 했더니 "헤, 일 푸지기 했다. 보듬끼 각고 댕긴 사람이 힘들긴 뭐가."라고 했단다. 치매 환자를 환자로서 대하는 것이 아니라 대화와 함께함이 가능한 상대로 대하면 환자의 자긍심이 되살아남을 보여 준다(전희식, 김정임, 2023, pp. 97-98).

* 경상도 사투리가 강한 어머니의 말(밑줄)은 반어법으로 "그래, 일 많이 했다. 보듬어 안겨 다닌 사람이 힘들게 뭐 있나?"의 의미다.

**곁글 2-7** 자긍심을 위한 숨은 경쟁

친구들과는 서로 잘될 수 있도록 도와주는 것이 당연한 일이라고 여긴다. 그런데 과연 그럴까? 한 연구(Tesser & Smith, 1980)에서 미국 대학생 참여자들을 친구와 짝지어서 실험에 참여하게 하였다. 매 실험마다 두 쌍의 참여자 4명이 참여하는데 이들은 각기 독방에 들어가서 단어를 맞추는 퀴즈를 풀게 되었다. 다른 참여자 세 사람이 제공하는 도움단서를 이용하여 단어를 맞추는 것인데, 참여자들이 받은 목록에는 도움이 되는 정도가 다른 여러 항목이 적혀 있었고, 참여자들은 이들 중에서 선택해서 다른 세 명의 상대방에게 제공할 수 있는 상황이었다. 모든 참여자는 서로에게 단서를 제공하고 제공받는 상황인데, 자기가 누구에게 단서를 제공하는지는 알 수 있지만, 누구에게서 도움단서가 온 것인지는 알 수 없는 상황이었다. 한 조건에서는 이 과제가 그냥 게임으로 묘사되었고(중요성 낮음), 다른 조건에서는 이 과제가 언어 능력을 보여 주는 것으로 묘사되었다(중요성 높음). 참여자들은 중요성이 낮은 상황에서는 낯선 이보다 친구에게 도움이 되는 단서를 주는 양상이 높았으나, 중요성이 높은 상황에서는 친구와 낯선 이 모두에게 난이도가 높아서 별 도움이 되지 않는 단서를 제공하는 양상을 보였다([그림 2-11]). 이런 결과는 자기평가유지 모형의 예측을 잘 지지하는 것으로 개인주의 문화권에서 친구관계도 숨겨진 경쟁의 구도가 작용하고 있음을 시사한다.

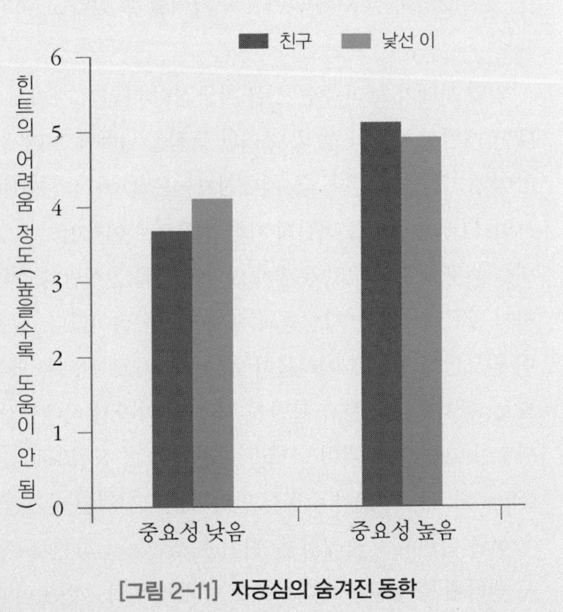

[그림 2-11] 자긍심의 숨겨진 동학

사람들은 잘 나가는 주위 사람들이 실수를 하여 망치는 사건을 접하면 안타까워하기도 하지만 경우에 따라서는 고소해하기도 한다. 이런 상반된 반응에 영향을 주는 것이 자긍심일 수 있다. 탁월한 학생의 이력서에서 그의 잘못을 알게 되었을 때, 자긍심이 낮은 사람들이 **고소함**(Schadenfreude: 남의 불행을 접해서 느끼는 쾌감을 뜻하는 독일어)을 많이 느끼지만, 이들도 자기의 긍정적인 모습을 확인받는 기회를 가졌을 경우에 이런 감정을 훨씬 덜 느끼는 것으로 나타났다(van Dijk et al., 2006).

**자긍심의 기능** 자긍심은 단순히 심리적 만족감을 주는 것 외에도 개인이 살면서 느끼는 불안에 잘 대처하도록 해 준다는 사실이 밝혀지고 있다. 한 연구(Greenberg et al., 1992)에서 참가자들에게 성격검사를 치르게 한 다음, 그 결과를 조작하여 자긍심을 높이거나, 그저 그런 상태로 만들었다. 그리고 죽음에 관련된 동영상을 보여 주면서 이들이 느끼는 불안의 강도를 측정하였다. 그 결과, 동영상이 불안을 증가시키는 현상은 자긍심이 고양된 사람들에게서는 나타나지 않았다.

또한 후속 연구에서도 자긍심을 고양시키는 것이 장차 닥칠 전기충격에 대한 불안을 상쇄시키는 역할을 하는 것으로 나타났다. 연구자들은 이러한 결과로 자긍심은 사람들이 불안한 환경에 처할 때 경험하는 공포에 잘 대처하게 해 준다는 공포관리 가설을 제시하였다(Greenberg et al., 1997).

이 가설에 따르면 사람들은 죽으면 모든 것이 사라진다는 것에 무의식적인 공포와 불안을 느낀다. 이 공포를 달래기 위해서 영속적인 가치나 신념, 혹은 종교를 믿으며, 그런 가치관을 구현하는 생활을 하려고 한다. 후손이나 자신의 가문, 사회, 국가처럼 지속적인 집단에 대한 헌신도 이런 공포를 관리하는 기능을 수행한다(Greenberg et al., 1997; 곁글 2-8 참고).

**곁글 2-8** 죽음의 공포를 달래 주는 명화와 헤비메탈 음악

사람들은 죽음을 두려워한다. 죽음의 공포에 대처하는 다양한 방식에 있어 사람들의 선호하는 방식이 다르다. 삶과 죽음에 대한 의미와 성찰을 제공하는 영화를 명화라며 즐기는 사람이 있고, 헤비메탈과 같은 독특한 음악을 즐기는 사람들도 있다.

한 연구(Rieger et al., 2015)는 소위 명화를 시청하고 난 후에 사람들은 죽음이 부각된 상황에서도 암묵적으로 자긍심을 평가했을 때 자긍심이 이전에 비해 고양되는 현상을 보이지 않았다. 그러나 재미나 정보 위주 영화를 시청하고 나서는 시청 전보다 암묵적인 자기평가에서 자기를 더 긍정적으로 높게 평가하는 양상을 보였다. 명화는 대개 의미 있는 영화로 여겨지며 이들은 사람들이 지닌 세계관을 보존하고, 공동체를 유지하기 위해 애쓰거나 자신을 희생하는 가치를 일깨우며, 삶의 가치를 고무시키는 기능을 통해 죽음의 공포를 달래 준다.

헤비메탈은 매우 독특한 연주자들의 분장이나 무대 장식, 연주와 청중의 반응들이 여느 장르와는 확연히 구별되는 특징을 지니고 있어, 감동적인 영화와는 매우 다른 장르의 예술이지만 심리학적으로는 애호가들이 느끼는 죽음에의 공포를 이겨 낼 수 있도록 도움을 주는 효과가 있다. 한 연구(Kneer & Rieger, 2015)는 메탈 팬들을 대상으로 죽음을 생각할 때 드는 감정에 대한 글을 5분간 쓰도록 하고서, 두 조건으로 나누어 한 조건에서는 잘 알려진 메탈 노래를 듣게 하고, 다른 조건의 사람들에게는 3분 동안 생소한 이야기 책의 내용을 들려주었다. 모든 이들은 죽음의 감정에 대한 글을 쓰기 전에 메탈과 관련 있거나, 관련 없는 20개의 단어를 하나씩 보면서 각 단어에 대한 호감을 평가하였고, 실험조건에 따라서 메탈 음악 혹은 이야기를 듣고 나서 다시 한번 평가하는 시간을 가졌다. 관심을 갖고 측정한 것은 이들 단어에 대한 반응시간이었다. 죽음을 생각하고 메탈 음악을 들었던 사람들은 이들 단어에 대한 두 번의 평가에서 보이는 반응시간에서 차이가 없었다. 그러나 음악 대신 이야기 책을 들은 사람들은 메탈 관련 단어에 대한 반응시간이 빨라져 호감도가 증가하는 것으로 나타났다. 이런 효과가 좋아하는 메탈 음악을 들었는지 못 들었는지에서 오는 차이인

지, 메탈팬 집단에 대한 소속감이 메탈의 세계관을 활성화시켜 실존적인 불안이 경감된 탓인지를 알아보기 위해, 두 번째 연구를 수행하였다. 같은 절차를 수행하면서 메탈에 호감을 지니지 않은 일반인들을 포함시키며, 자기와 관련된 긍정적인 단어 20개와 부정적인 단어 20개를 평가하도록 하였다. 죽음에 대한 공포가 촉발되었을 때 메탈 음악을 들었던 메탈 팬들은 자기관련 단어를 평가할 때 죽음 공포 촉발 전과 차이가 없는 것으로 나타났다. 그러나 이야기를 들었던 메탈 팬들과 일반인들은 자기관련 긍정 단어의 평가가 모두 빨라진 것으로 나타났다. 이런 양상은 죽음의 공포를 달래기 위해서 무의식 수준에서 자긍심을 높이는 평가가 메탈 음악을 들었던 메탈 팬들을 제외하고 모두에게서 나타났음을 의미한다. 메탈 팬들에게서는 메탈의 문화에 대한 정체감을 확인함으로써 죽음에 대한 실존적 공포감이 완화된 것으로 볼 수 있다.

**자기애 성향** 사람들이 자신에 대한 자긍심을 느끼고 싶어 하고, 자신의 좋지 않은 측면을 인정하며, 이를 수용하고 개선하려는 노력을 보인다면 이는 건강한 것이다. 하지만 자신의 부정적인 모습을 보지 않고, 인정하지 않으려는 자기애 성향이 심해지며, 퍼지고 있다(Lasch, 1979; Twenge & Campbell, 2009). 자기애 성향자들은 자신이 대단하다고 여기고, 이런 자기상에 대한 위협이나 모욕 같은 것에 매우 민감하게 반응한다. 무의식적으로 자기를 보호하려는 욕구가 작용하는 탓에 자기의 부정적인 면을 보지 못한다. 이들은 주위의 비판에 대하여 강한 분노와 적개심을 보이고 공격적으로 반응한다(임지영, 2011; Baumeister et al., 2000; Twenge & Campbell, 2003). 타인과의 공감능력이 약한 탓에 남들과 신뢰 있는 관계를 발전시키기 어렵다. 그런 탓에 맺어진 관계에 집착하며, 대인관계가 불안정하다(Park et al., 2013).

살인범, 강간범, 폭력범들을 보면, 이들이 우울하거나, 불안감을 보이거나, 열등감에 시달리기보다는, 오히려 자신에 대하여 과다할 정도로 긍정적인 생각을 갖고 있고, 이러한 자기상에 대한 위협을 느낄 때 매우 폭력적인 행동을 저지르는 것으로 나타난다(Gilovich et al., 2011, p. 201). 그래서 사회심리학자들은 노예제, 테러리즘, 인종 학살 같은 역사적인 범죄행위의 배경에는 자기 민족에 대한 지나친 자부심과 자기상에 대한 위협이 작용하고 있다고 본다(Baumeister et al., 1996). 국내의 대학생을 대상으로 한 연구도 자긍심에서 차이가 없다면 자기애 성향이 높은 사람들이 공격성이 높음을 보여 주며(서수균, 권석만, 2002), 자기애 성향이 높은 사람들이 상대에 대한 공감수준이 낮은 경우에 성폭행을 저지를 가능성도 높은 것으로 나타났다(박다원, 이인혜, 2015).

1999~2014년에 국내에서 이루어진 자기애 성향에 대한 28개 연구(참여 대학생

수 총 13,450명) 자료를 분석한 결과는 1999년 이후로 자기애 성향이 뚜렷이 증가하는 추세를 보이고 있다([그림 2-12]. 이선경 외, 2014). 이런 증가추세는 미국에서 1980~2006년에 행해진 85개의 조사 결과에 버금가고 있다(Twenge & Campbell, 2009). 십여 년 전 인기가수 2NE1이 2011년에 유행시킨 〈내가 제일 잘 나가〉의 가사 "내가 봐도 내가 좀 끝내 주잖아~내가 제일 잘 나가!"는 자기애 성향이 한국과 미국의 젊은 세대에게 거부감 없이 수용되고 있음을 보여 준다(곁글 2-9).

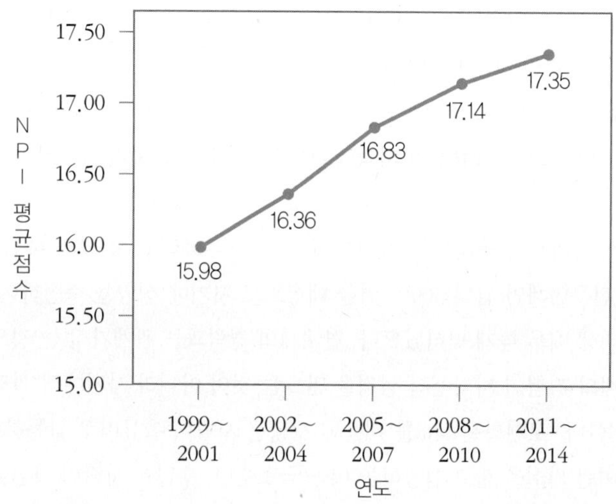


**[그림 2-12] 연도에 따른 한국 대학생들의 NPI(자기애) 점수 변화 추이**

출처: 이선경 외(2014).

## 나 알기 2: 자기애 성향

다음 항목들을 보면서 자신에 해당하는 정도를 평가해 보시오. (전혀 아니다 1 2 3 4 매우 그렇다)

1. 나는 개인적인 일들, 내 건강, 내게 소중한 것들에 완전히 정신을 빼앗기곤 한다.
2. 다른 사람들이 나를 비난하거나 우스개로 삼는 경우에 아주 감정이 상한다.
3. 사무실에 들어갈 때 모든 사람들이 나를 바라보고 있다는 생각을 한다.
4. 내가 한 일에 대한 칭찬을 다른 사람과 같이 나누는 것은 싫다.
5. 나만의 일도 신경 쓸 게 많아서 다른 사람들의 곤경을 걱정할 여유가 없다.
6. 나는 아무도 나를 알아주지 않는 집단의 사람들과 자리하는 것이 매우 싫다.

* 이 척도는 Raskin & Terry(1988)에 나타난 자기애 성격 척도의 일부임.

**곁글 2-9** 자기애 성격장애의 부상

일반인들에게서 자기애 성향이 증가하고 있다. 자기애 성향이 병적으로 지나친 사람도 늘어 가고 있다. 이들은 자기를 과대망상적으로 높게 평가하는 웅대한 자기상을 지니고 있다. 이 자기상은 근거가 취약하며, 실은 무의식적 열등감을 깔고 있다. 이것이 드러나지 않도록 자기를 보호하는 것이다. 그래서 이들은 오만하고, 타인의 칭송을 추구하며, 그런 칭송에서 우월감을 즐기며, 비판을 용납하지 못한다. 현대 미국 사회에서 자기애 성격장애를 지닌 사람들이 10%로 추정되고 있다(Twenge, 2009).

또래 집단 관계에서 불량한 또래와 어울리며 폭력적인 집단을 형성하여 활동하는 청소년들의 경우나(Wink, 1991: Gilovich et al., 2011, p. 201에서 인용), 흉악한 범죄의 50%를 저지른다고 추정되는 **정신병질자**(psychopaths; Hare, 1993)의 경우에 모두 강한 자기애 성향을 보이는 것으로 나타난다.

대부분의 사람이 지니고 있는 다소 간의 자기애 성향은 문제가 되지 않는다. 이를 점검하기 위해서, 당신이 스스로의 약점과 나쁜 점을 인정하고, 이를 주위 사람들이 지적할 때 수용할 수 있는지를 자문하기 바란다.' '그렇다'고 답하면 문제는 없다.

현대 사회에서는 전통사회와 달리 연예계에 종사하는 사람들이 고소득을 올리고, 선망의 대상이 되고 있다. 미국에서 스타 초대석에 초대된 전문연예인 남녀 300여 명을 대상으로 자기애 성향을 측정하여 분석한 결과, 이들은 자기애 성향이 일반인에 비해 매우 높게 나타났으나, 연예계의 경력과는 관계가 없는 것으로 나왔다(Young & Pinsky, 2006). 이는 연예계의 경험이 자기애적 성격을 만드는 것이 아니라 자기애적 성격이 연예계에 종사하려는 욕구로 나타남을 의미한다. 보편화된 SNS를 이용해 수많은 사람이 유튜버로 활동하며, 돈과 명성을 동시에 추구하고 있다. 그러나 이런 기회를 잡고 성공하는 이는 극소수다. 수많은 사람이 좌절을 경험하면서, 자기애로 부풀려진 자아 풍선이 터지는 경험을 하게 된다. 적지 않은 사람들이 마약이나 도박에 빠지며, 아동학대도 늘어 가고 있다(Young et al., 2016). 경제불황이 지속되면서 사람들의 좌절이 심해지면 허영심, 대우받아 마땅하다는 생각, 자기애 성향도 줄어든다는 것이 최근의 미국, 캐나다, 호주의 분석에서 나타나고 있다(Arnett et al., 2013; Hamamura et al., 2020)

**자긍심의 안정성** 자긍심이 높으면 자기애 성향도 높을 수 있다는 최근의 주장은 암묵적 측정법을 이용한 연구에 의해 검토되면서 자긍심의 높낮이보다는 안정성이 중요함을 보이고 있다. 암묵적 측정법(Greenwald & Banaji, 1995; 본서 5장 참조)을 이용하여 무의식적으로 느끼는 자긍심을 측정하고, 설문을 사용하여 명시적으로 측정된 자긍심과의 차이를 분석한 연구(Jordan et al., 2003)는 명시적 자긍심이 높은 사람에게서는 암묵적 자긍심이 낮을수록 자기애 양상이 높게 나타났으나, 명시적 자긍심이 낮은 사람에게서는 두 가지의 상관이 없는 것으로 나타났다. 이러한 양상은 명시적 자긍심이 높은 사람들에게서 자기애 성향이 높다면 오히려 건강하지 못할 가능성이 있음을 보인다. 이 연구에 참여한 참가자들에게 자기집

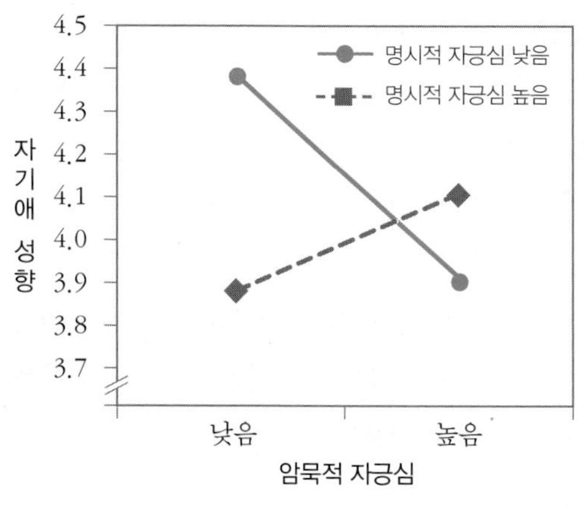


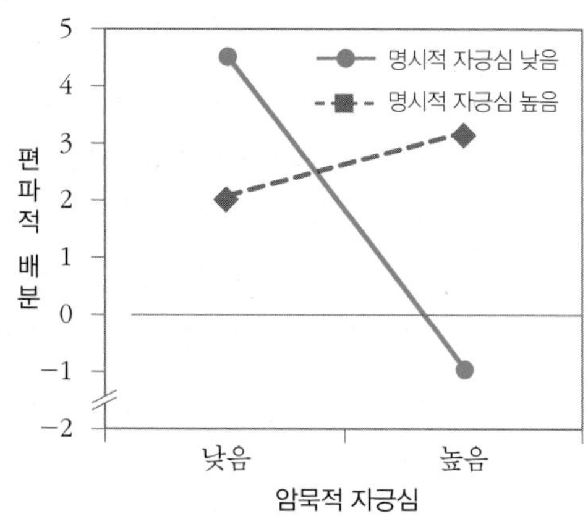


**[그림 2-13] 자긍심과 자기애의 구분**

단과 다른 집단 성원을 대상으로 점수를 배분하게 하여 자기집단 성원에게 차별적 대우를 하는 정도를 살펴본 결과, 명시적 자긍심이 높은 사람들 중에서 암묵적 자긍심이 낮은 사람들이 눈에 띄게 자기집단 성원에게 편파적으로 점수를 많이 주는 양상이 나타났다. 명시적 자긍심이 높은 사람들이 안정형과 방어형의 부류가 있으며, 방어형 부류의 사람들에게서 자긍심은 매우 취약할 수 있다는 것을 보여 주고 있다([그림 2-13]).

이런 연구 결과들은 자긍심의 높낮이가 중요한 것이 아니라 자신의 장점과 단점을 모두 자기 것으로 인정하면서 긍정적인 자기상을 지니고 있는 안정형이냐 아니면 주위 사람들의 평가에 과민하게 반응하는 불안정형이냐가 중요한 점이라는 것을 보여 주고 있다. 한국 대학생들에게서 열등한 영역에서의 자기 모습을 인정하는 사람들이 이를 부인하는 사람들에 비해서 더 자긍심이 높은 것으로 나타났다(안신호, 박미영, 2005). 단점을 수용하는 사람들은 이를 부인하려는 사람보다 안정된 자긍심을 지닌다. 이런 안정성이 자기 개념의 명료성이나 자긍심의 높낮이보다 정신건강에 더욱 중요한 것으로 나타났다(고현석 외, 2012).

2014년 소치 동계올림픽에서 은메달을 받은 김연아

판정의 편파성 시비가 나오면서 많은 한국민들이 분개하였으나, 김연아 선수는 최선을 다했고 자신의 수행에 만족한다며 의연한 모습을 보였다.

**구실 만들기 전략** "내일이 중요한 기말시험인데 왠지 자신이 없다. 중간고사는 예상 밖으로 성적이 매우 잘 나왔지만, 배우는 내용이 상당히 어려웠다. 시험

공부를 하려고 도서관에 가다 만난 친구가 두 가지 알약을 주면서 하나를 선택하라고 한다. 하나는 인지과제 수행을 촉진시키는 효과가 있고, 다른 하나는 인지과제 수행에 도움이 안 되는 효과가 있는데 둘 다 제약회사에서 시험 중인 약물이며, 참여하면 문화상품권을 받을 수 있다고 한다. 당신은 어느 약물을 선택하겠는가?" 이 장면은 이제 고전이 된 한 실험연구의 상황을 묘사한 것이다. 실험에 참여한 사람들의 70%는 도움이 되지 않는 약물을 선택하였다(Berglas & Jones, 1978). 중요한 일을 앞두고 있지만 자신이 없는 경우에 실패를 정당화할 수 있는 구실을 만들어 실패를 하더라도 스스로의 능력에 대한 자책보다 구실 탓을 할 수 있고, 그런 구실에도 불구하고 성공한 경우 자신의 자긍심을 더욱 부추길 수 있다. 이 같은 자긍심 보호 행위를 구실 만들기 전략(self-handicapping strategy; Berglas & Jones, 1978)이라 한다.

구실 만들기는 다양한 형태로 취해지는 것으로 나타났다. 사람들은 완전한 실패를 모면하기 위해서 중요한 수행평가를 앞두고 스트레스성 질환을 앓거나, 연습량을 줄이기도 하며(Rhodewalt et al., 1984), 최선을 다하지 않으며(Hormuth, 1986), 상대 경쟁자에게 유리한 위치를 양보하거나(Shepperd & Arkin, 1989), 최상의 몸 상태가 아님을 주위 사람들에게 알리기도 한다(Baumgardner, 1991). 이 전략은 자긍심이 낮은 사람들이 많이 보이는데(Rhodewalt, 1990), 자긍심이 높은 사람들도 그것이 자신을 탁월하게 부각시킬 수 있는 경우에 이 전략을 잘 취하는 것으로 나타났다. 자긍심의 높낮이와 이 전략의 관계를 보면 자긍심이 높은 사람들은

**나 알기 3: 나의 구실 만들기 경향성**

다음의 각 진술문에 대하여 당신이 동의 또는 반대하는 정도를 적절히 표기하시오.

(전혀 아니다 0 1 2 3 4 5 매우 그렇다)

1. 나는 매사를 미리미리 처리하기보다는 마감 날이 임박할 때까지 미루는 편이다.
2. 나는 시험이 임박하거나, 발표가 다가오면 매우 불안해진다.
3. 나는 시합이나 게임 등 무언가를 겨룰 때 유난히 운이 나쁜 적이 많았다고 생각한다.
4. 중요한 시험이나 발표, 면접이 다가오면 나는 전날 되도록 충분히 잠을 자려고 한다.
5. 무언가 잘못되어 망쳤을 때 나는 우선 상황을 탓하는 경향이 있다.

4번과 5번은 거꾸로 채점함. 이 진술문은 Breckler et al. (2006), p. 153에 나온 것의 일부이며, 원 척도에 대해서는 Jones & Rhodewalt(1982)가 판권을 보유하고 있음.

성공을 부추기기 위해서, 자긍심이 낮은 사람들은 실패를 무마하기 위해서 이 구실 만들기를 하는 것으로 나타난다(Tice, 1991). 종단연구를 수행한 결과, 구실 만들기 경향이 높은 사람들은 과제수행력이 떨어지고, 자긍심도 결국 낮아지는 양상이 나타났다(Zuckerman et al., 1998). 실제 수행보다 잘했다고 부풀려진 자기평가를 하는 사람은 물론, 잘못했다고 위축된 자기평가를 하는 사람들은 정확하게 자기를 평가하는 사람보다 과제를 불리한 조건에서 하려는 구실 만들기 전략을 취하고, 과제에 대한 준비도 덜 하며, 제대로 수행하지 못하는 양상을 보였다(Kim et al., 2010). 국내의 대학생을 대상으로 수행한 연구는 지능이 고정된 것이라고 믿을수록, 평가에 대한 두려움이 크고 자기효능감이 낮을수록, 부모에게서 일의 과정보다는 결과를 중요하게 여기는 훈육을 받을수록, 구실 만들기 방략을 많이 취하는 것으로 나타났다(김지경, 2008).

## 자기관리: 자기통제감, 자기효능감, 자기임자성, 자기억제력

사람들은 자기관리를 중요하게 여긴다. 경쟁적인 현대 사회에서 성공하기 위해서 철저한 자기관리로 역량을 키우는 것이 중요하다고 여기는 탓이다. 자기관리는 심리학적으로는 여러 측면이 관여한다. 적절한 생활의 목표를 달성하기 위하여 필요한 역량을 갖추어 가는 자기효능감, 자신 및 환경을 통제할 수 있다는 자기통제감, 생활에서 만나는 유혹적인 자극들에 빠지지 않도록 욕심을 절제하고, 자신의 주의를 집중하는 자제력, 어려운 상황이나 고통을 인내하는 것 등등이다. 이런 면의 자기관리에 관련된 내용을 이해해 보자.

2022년 연예인 마약으로 적발된 돈스파이크

**자기통제감** 생활하면서 자신에게 벌어지는 일들에 대하여 스스로가 통제력을 행사할 수 있느냐 못하느냐는 생활에서의 안녕감과 자신에 대한 평가에도 중요한 영향을 미친다. 사람들은 상황에 대한 통제감을 갖고자 하고, 이를 느끼는 경우에 정신건강도 크게 증진된다. 노인 요양병원에서 환자들은 100% 보호를 받아야 하는 것으로 여겨지고 있어, 사소한 일도 모두 간호사들이 해 주는 식으로 생활이 관리되고 있다. 한 요양시설에서 환자들이 스스로 볼 영화 프로그램을 선택하고, 화분을 어디에 놓아둘 것인지 등등 일상의 사소한 일들에 대해서 스스로가

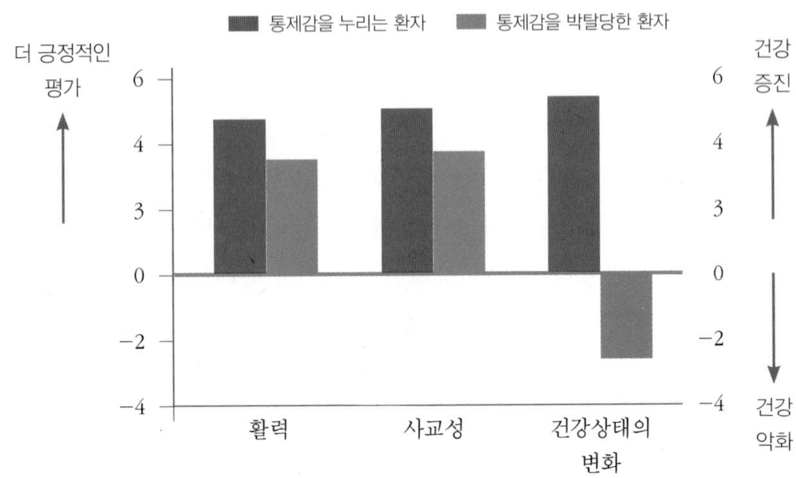


[그림 2-14] **통제감의 증가가 미치는 안녕감**

출처: Rodin & Langer (1977).

결정하며 거주하도록 하였다. 이런 여건에서 생활한 지 18개월이 지났을 때 이들은 일반 요양시설의 환자들보다 심신 건강상태가 크게 좋아졌다([그림 2-14]). 관찰기간 동안 통제감이 높아진 시설의 환자는 15%가 사망하였지만, 일반 시설에서의 사망률 30%의 절반 수준이었다. 이 시설의 환자들의 활력은 비교집단보다 높았으며, 건강상태도 크게 개선되었다(Langer, 2009).

**자기효능감** 스탠퍼드 대학의 Bandura(1986, 1997, 2008) 교수는 사람들이 생활의 중요한 영역들에서 자기가 노력하면 원하는 결과를 가져올 수 있다는 자신의 역량과 기능에 대한 믿음을 갖는 것이 중요함을 제시하며 이 믿음을 자기효능감이라고 불렀다. 생활의 영역별로 다를 수 있는 이 자기효능감을 지닌 경우에, 사람들은 어려운 과제를 하면서 좌절하거나 포기하지 않고 차분히 해결책을 모색하고, 끈기 있게 시도하며, 자신의 역량을 키워 간다. 국내의 농촌 아동을 대상으로 수행한 4년간의 추적연구는 초·중등 시절을 거치면서 자기효능감이 전반적으로 낮아지는 양상을 보여 주고 있다([그림 2-15]; 박영신, 김의철, 2013, pp. 298-300). 중학교로 진학하면서 어려워진 교과목의 내용들이 자기효능감을 낮추는 것으로 여겨진다. 그렇다고 농촌 아동의 자기효능감이 도시 아동에 비해 떨어지는 것은 아니다. 전국의 13개 중학생을 대상으로 한 조사는 농어촌지역이나 도시지역이나 자기효능감은 차이가 없으며, 자기효능감이 높을수록 실제의 학업성적이 높으며, 아울러 삶의 질도 높은 것으로 나타났다(박영신 외, 2011).

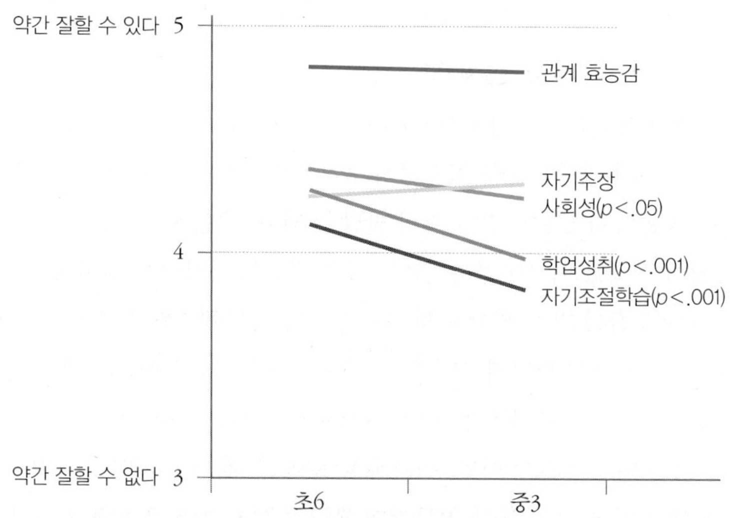


**[그림 2-15] 학령별 자기효능감의 변화: 초6에서 중3까지 추적종단 분석**

출처: 박영신, 김의철(2013), p. 300.

자기효능감을 증진시키는 방법은 무엇일까? 대학 신입생을 두 집단으로 나누어, 실험집단에게는 신입생들이 초기에는 어려움을 겪겠지만 자신이 무능력한 탓에 적응을 못해서 겪는 것이 아니라 대학이라는 낯선 환경에 들어온 모든 사람이 초기에 겪게 되는 어려움일 뿐이니 스스로의 무능함을 탓할 필요가 없다고 알려주었고, 통제집단에게는 이런 설명을 하지 않아 대부분의 미국 학생이 그러듯이 겪게 되는 어려움을 자기 탓으로 여기게끔 놓아두었다. 학년 말이 되었을 때 실험집단의 사람들은 통제집단의 학생들에 비해서 좋은 성적을 보였으며, 자퇴율도 낮게 나타났다(Wilson & Linville, 1982). 초등학생들에게 자신의 실패를 노력의 부족이나 잘못된 접근 방식 탓으로 여기도록 교육받은 집단의 경우에 끈기 있게 학업에 달려들고, 성적도 향상되는 양상이 나타났다(Dweck, 2000).

**앨버트 밴듀라(Albert Bandura, 1925~2021)**
캐나다 출생으로 미국 아이오와대학교에서 박사학위 후 스탠퍼드 대학교에서 교수생활을 하였다. 사회학습이론, 자기효능성 이론을 제시하여 심리학과 교육학 분야에서 가장 영향력이 큰 심리학자의 한 사람으로 여겨지고 있다.

자기효능감은 자신이 원하고 성취하고픈 목표를 구체적으로 설정하고 성취에 필요한 기술을 갖추어 가면서 증진된다. 자신의 부족한 점을 극복하기 위해 도전적인 과제를 수행하며 실패를 통해서 배우는 과정이 필요하다.

**자기임자성** 스스로 하고자 하는 것이 아니라 제도나 부모에 의해 부과된 목표는 학생들에게 성취하고자 하는 동기를 불러내지 못하므로, 학습에 대한 무관심을 초래하거나, 스스로의 통제감을 회복하겠다는 욕구로 나타날 수 있다. Deci와 Ryan(1987, 2000)은 사람들이 자기 삶의 임자가 되고 싶어 하는 욕망이 있음을

**자기임자성**
자기결정성(self-determination)이라고 번역되기도 한다. 필자도 이전에는 이렇게 써 왔는데 결정성보다는 임자성(자신이 주인임)이라는 우리말이 더 적절하다고 여겨 바꾸었다.

정리하여 자기임자성 이론을 제시하였다. 이 이론은 인간을 자기실현과 성장을 위해 새로운 경험을 추구하고, 도전하는 것을 즐기며, 자기 삶의 임자이길 원하는 적극적인 존재라고 본다. 이 임자적 삶의 욕망이 개인들에게 내발적 동기로 자리잡기 위해서는 주위 사람들과의 교류에서 얻게 되는 긍정적 지지가 꼭 필요하다. 이런 요인이 작동하지 않는다면 동기의 발달은 멎고, 책임 있는 성인으로서 성장해 가는 과정이 제대로 이루어질 수 없다. 이런 경우에 사람들은 정서적으로 불안정하고, 마지못해 끌려 가는 생활을 하면서 삶에 만족감을 느끼기 어렵다. 자기임자성 이론에서는 건강한 발달과 성숙한 자기를 구현하는 과정에서 인간의 활동은 유능성(잘하고자 하는 욕구), 자율성(외적인 필요에 의해서가 아니라 스스로가 하고자 하는 욕구), 관계성(다른 사람들과 어울리고자 하는 욕구)의 세 가지 기본적인 욕구를 충족시키고자 한다고 본다. 이들을 기본적인 욕구로 보는 까닭은 이들의 충족이 만족감을 주고, 건강한 삶을 유도하며, 이들이 충족되지 못할 경우에 심리적 불안, 정서적 불행감을 느끼기 때문이다. 이들 욕구 충족에서 상당히 개인차가 작용하지만, 이들 욕구가 골고루 충족되거나, 어느 하나라도 충분히 충족되는 한에 있어서 사람들은 자기의 가치를 느끼고 만족스러운 삶을 살고 있다는 느낌을 갖는다. 그래서 사람들은 이 세 욕구를 충족시키는 환경을 의도적으로 추구하고 그런 활

### 나 알기 4: 내가 하는 공부는 얼마나 내발적 동기에서 나오나?

수업시간 혹은 자주 하는 활동들이 얼마나 세 가지 내발적 동기에서 나오는지를 알아 보자. 1(전혀 아님)~5점(매우 그럼) 척도를 이용하여 다음 각 항목에 대하여 자기의 상태를 평가한다(Reeve & Sickenius, 1994).

수업시간에 나는:

1. 구속받지 않는다고 느낀다.
2. 내가 하고 싶어 하는 것을 한다고 느낀다.
3. 무엇을 할 것인지 내가 결정할 수 있다.
4. 스스로 공부할 수 있다고 느낀다.
5. 공부하는 것에 자신 있다.
6. 내 실력이 나아지는 것을 느낀다.
7. 공부할 때 주위 친구들과 도움을 주고받는다.
8. 공부하면서 친한 친구들과 무언가를 할 수 있다.
9. 공부하면서 친구들과 가까워지는 느낌이다.

1~3: 자율성 욕구, 4~6: 유능성 욕구, 7~9: 관계성 욕구 항목임

동에 적극적으로 관여하는 모습을 보인다.

좋은 직장을 얻고자 하는 목적에서 공부를 한다면 이는 외발적 동기에 의한 것이므로 목적을 달성하면 시들게 된다. 그러나 새로운 것을 알아 가는 자체가 좋아서 공부를 한다면 이는 내발적 동기의 작용으로 지속된다. 서울에 있는 일반 고등학교의 남녀 142명을 대상으로 이들이 학교에서 공부하면서 가장 만족스러웠던 경험을 회상시키며, 그를 경험할 때 작용했던 여러 가지 심리적 욕구의 충족 정도를 파악한 결과, 유능성과 자율성, 그리고 관계성을 충분히 느끼던 상황으로 나타났다. 특히 유능성이 강하게 나왔다. 한편, 가장 불만족스러웠던 공부 경험을 회상시켜 당시에 작용하던 욕구의 충족도를 파악한 결과는 자율성, 유능성의 욕구가 가장 아쉽게 느껴지던 상황으로 나타났다(Jang et al., 2009, 연구 1). 고교 교사들이 수업시간에 학생들로 하여금 자율성을 느끼게끔 수업 분위기를 만들 경우에 학생들의 자율성과 유능성 욕구가 충족되면서 수업 몰입도가 높아지고, 성적도 향상되는 효과가 큰 것으로 나타났다(앞 연구 2).

**자기억제력(만족지연)** 음주운전이 타인을 해칠 수 있다는 경각심으로 처벌이 세졌지만, 음주운전으로 신세를 망치는 사람은 여전히 많다. 사람들은 현재의 즐거움과 그것이 가져올 수 있는 미래의 결과를 저울질하는 경우가 많다. 하고 싶지만 참으면 훨씬 더 좋은 결과를 거두는 상황에서 현재의 욕구 충족을 미루는 힘은 큰 의미를 지니고 있음이 밝혀졌다. 1960년대 수행된 실험에서 중산층의 유치원 어린 아동(4~6세)을 한 명씩 실험실에 데리고 와서 잠시 놀아 주다가 의자에 앉히고, 아이들이 좋아하는 마시멜로가 하나 놓인 접시를 보여 주었다. 아이는 먹고 싶은 경우에 종을 쳐서 실험자를 불러 먹을 수 있었다. 아이가 종을 치지 않고 실험자가 돌아올 때까지 참으면 두 개를 먹을 수 있다고 알려 주었다. 이 간단한 연구가 '마시멜로 연구'로 유명해진 것은 십여 년이 지난 후에 실험에 참가했던 아이들을 다시 실험실에 불러 유사한 실험을 수행하고, 부모에게 이들의 학교 생활상에 대하여 파악한 결과가 발표된 후였다. 유치원 당시 아이들이 기다렸던 시간은 평균 513초(표준편차 369초)였다. 10여 년 후의 조사 결과, 기다린 시간이 길었던 아동들이 좌절이나 유혹의 상황에서 자신을 억제하는 경향이 높았고, 집중이 요구되는 상황에서 집중을 잘하였으며, 학업능력도 높은 것으로 나타났다. 이 연구는 사회생활을 함에 있어서 유아기에 보인 자기억제력(욕구만족 지연행위)이 매우 중요한 특징임을 보여, 자기억제력을 향상시키는 것이 중요하다는 교훈을 던져 주고 있다. 따라서 많은 연구가 자기억제력 행위와 관련해서 이루어졌으며, 실험

마시멜로 실험을 재연한 동영상 https://www.youtube.com/watch?v=4L-n8Z7G0ic).

자에 대한 신뢰감, 아동의 주의의 초점 등이 변함에 따라서 그 행위가 많은 영향을 받는 것으로 알려졌다(Shoda, Mischel, & Peake, 1990; 곁글 2-10).

**곁글 2-10** 마시멜로 효과에 가려진 가정환경

최근에 자기억제력이라는 심리적 특징보다 아동 가정의 사회경제적 지위(가정의 안정성)가 더욱 중요한 역할을 한다는 것이 밝혀졌다. Watts 등(2018)은 중산층 아동을 대상으로 행해진 원연구보다 훨씬 많은 어린이를 대상으로 인종, 부모의 교육수준을 골고루 고려하여 표본의 대표성을 개선하고, 가계소득에 따라 자기억제력과 장기적인 성공이 달라지는지를 검토했다. 분석 결과, 아동의 사회적 성공은 자기억제력이 아니라 아동의 사회경제적 환경이 더 큰 영향을 미치는 것으로 나타났다. 사회경제적으로 상층일수록 자기억제력이 높고 성공할 가능성이 높은 것으로 나타났으나, 사회계층이 유사하다면 기다리는 시간(자제력)의 길이는 아동의 성취에 별 영향이 없는 것으로 나타났다. 사회계층이 낮은 가정의 아동은 놀거리가 많지 않고, 욕구 만족이 매일매일 형편에 따라 달라지는 탓에 아동이 눈에 뜨이는 대로 기다리지 않고 먹거나 즐기려고 하는 행동을 보일 가능성이 높다. 즉, 이들은 부모가 약속을 잘 지키지 않는 상황을 많이 경험하므로, 앞으로의 약속보다는 현재의 유혹에 더 취약하다. 반면에, 경제적으로 안정된 집안의 아동들은 기다리는 경우에 실망보다는 더 큰 만족을 경험할 가능성이 높으므로 더욱 더 만족지연 행동을 보일 가능성이 높다. 가난한 집에서는 기다림이 보상으로 연결된다는 보장이 없으므로, 당장의 만족을 추구할 가능성이 높다.

**곁글 2-11** 한정된 자원으로서 자기억제력

자기억제력의 경우 행위자가 언제나 행사하려면 행사할 수 있는 것인가? 자기억제력을 늘 염두에 두고 살아야 할 것인가? 예를 들어, 식후에 커피를 마시는 습관을 지닌 사람들은 밥 먹고 나서 자연스럽게 커피를 찾는다. 손이 갈 때 의사의 권유가 떠올라 마시지 말아야겠다고 자제한다. 자기억제력을 행사하는 것이 이어지는 생각이나 행동에 어떤 영향을 미칠까?

자기억제력 행사는 성격적인 부분도 있지만, 상황적인 영향을 많이 받기도 한다. 마치 주의력이 제한되어 있듯이, 자기억제력은 한정된 자원인 탓에 많이 쓰면 고갈될 수 있다. 사람들은 자신의 자연적인 정서를 억제하고 나면 (억제하지 않는 경우에 비해) 아이스크림을 시음하는 기회가 되었을 때 더 많이 먹는 양상을 보인다. 즉, 자기억제를 했던 사람들은 억제 상태가 끝나면 욕구 충족을 더 하려는 행동을 보인다. 그러나 앞으로 자기억제를 해야 되는 상황이 올 것을 아는 사람들은 현재의 자기억제에 들이는 노력을 줄여서 앞으로의 상황에 대비하는 행동을 보이기도 한다(Muraven et al., 2006). 흔히 자기억제를 오래 하면 진이 빠진다고 이야기한다. 실제로 연구 참여자들을 두 집단으로 구분하여 자기억제를 하면서 동영상을 보게 하거나(즉, 이야기하는 여인의 동영상에 나타나는 자막글씨를 보지 말도록 함), 자기억제 없이 동영상을 보도록 하였다. 각 집단을 다시 둘로 나누어 한 집단에게는 설탕이 든 과일음료를 마시도록 하고, 다른 집단에게는 설탕대체제로 단맛을 낸 무칼로리 과

일음료를 마시도록 하고 십 분 후에 스트룹 과제(자기억제가 요구됨)를 수행하도록 하였다. [그림 2-16]에서 보듯이 스트룹과제의 성적(오류의 빈도)은 설탕 음료를 마신 사람들에서는 실험조건 간 차이가 없었다. 그러나 무칼로리 음료를 마신 사람들에서는 동영상을 보면서 자기억제를 했던 사람들이 자기억제 없이 본 사람들에 비해서 스트룹과제에서 오류를 더 많이 보였다. 이 같은 결과는 자기억제가 혈액 속의 포도당을 소모하며, 설탕 음료로 칼로리가 보충되었을 때 자기억제가 지속될 수 있음을 보여 준다(Gailliot et al., 2007, 연구 8).

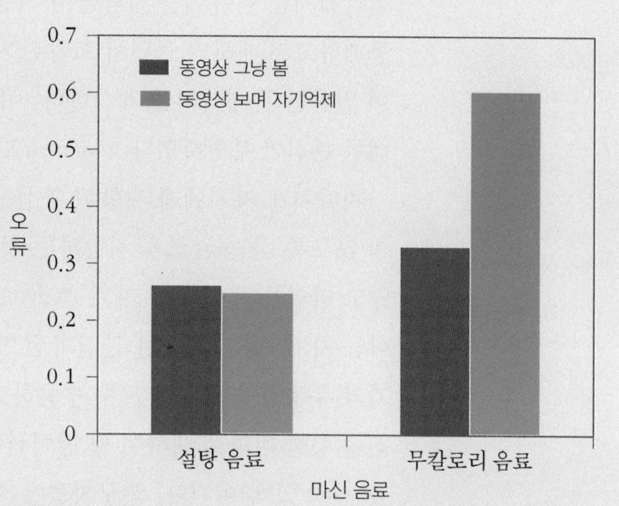


**[그림 2-16] 자기억제 유무와 포도당 섭취 여부에 따른 스트룹 과제 수행의 오류**

출처: Galliot et al. (2007), Fig. 2.

당신이 학교 동아리에서 아프리카에서 온 흑인 유학생을 만나 인권에 대해 이야기를 나누게 되었다고 하자. 일반적인 다른 대학생을 만났을 때와는 달리 흑인에 대한 인종차별주의자로 여겨지지 않도록 말투나 표정을 관리할 가능성이 높을 것이다(자기억제). 이런 교류를 5분 정도 하는 것도 혈액 속의 포도당 수준을 현저히 낮추는 것으로 나타났다(Gailliot et al., 2007, 연구 1).

자기억제를 늘 해야 하는가? 아니다. 불필요한 경우는 할 필요가 없다. 자기억제를 하지 않을 때 사람들은 창발성 있고, 융통성 있고, 경험에 열려 있고, 따듯한 마음으로 사람들을 대한다(Baumeister, Schmeichel, & Vohs, 2007).

## 소박한 자아

지금까지 제시된 자기본위적 편향, 자기중심주의, 자기고양성 등은 사람들의 자기가 스스로에 대한 긍정적인 평가를 위해서 정보를 탐색하고, 인지하고, 해석하는 양상에서 편향과 왜곡을 일삼는 전제군주적 성격을 지닌 것을 알려 준다(Greenwald, 1980). 심리학자들은 건강한 자기의 징표를 자긍심으로 보았으며, 이를 느끼지 못하는 경우에 부적응과 우울 등의 정신건강 문제를 겪는 것으로 보았다. 그래서 자긍심을 향상시키는 각종 프로그램을 개발하여 적응의 문제를 겪는 우울증 환자, 청소년 비행자, 섭식장애를 보이는 사람들 등의 다양한 집단들에 적용시키고 있다. 그러나 몇몇 심리학자들은 생태계의 위기, 문화충돌, 대인갈등이

**스트룹(stroop) 과제**
카드의 가운데에 색깔을 지칭하는 글자(예: 노랑)를 쓰고 카드 색깔을 글자와는 다른 색으로 만들어 제시하면서, 카드 색깔 혹은 글자를 말하게 하는 과제다. 하나의 정보를 처리하면서 주위의 정보가 무의식적으로 같이 처리되는 양상을 보이는 데 많이 쓰이는 실험과제다.

심각해지는 이유에는 사람들이 지닌 자기중심편향, 자기주장성, 자기 밖의 것을 통제하고 지배하려 들면서 고양된 자긍심을 즐기는 부풀려진 자아(noisy ego)가 놓여 있다는 문제의식을 제시한다. 이와 대조되는 소박한 자아(quiet ego)의 모습에 대한 관심이 부상하였다(Wayment & Bauer, 2008; Wayment et al., 2014).

지나치게 자기에게 지향된 관심을 줄이고, 아울러 타인에 대한 관심도 지나치지 않도록 하는 균형을 지향하는 것이 소박한 자아의 모습이다. 즉, "자기를 잃지 않고 타인을 품어 안는 자기"(Wayment & Bauer, 2008, p. 8)의 모습이다. 소박한 자아는 자기-타인에 대한 관심의 균형뿐만 아니라 자기와 타인에 대한 긍정적인 평가와 부정적인 평가를 모두 수용하며 균형을 지향한다. 따라서 소박한 자아는 자신을 향한 비판에 대하여 덜 방어적이고, 수용적이며, 타인의 삶에 기여하는 행동을 가치 있게 여긴다. 연구자들은 이런 생각을 바탕으로 네 가지 특징(자신을 조망하는 마음, 주위의 것들을 자신으로 끌어안는 자아의 표용성, 관점 취하기, 마음이 성장한다는 생각)을 반영하는 척도를 만들어 대학생 집단을 대상으로 분석하였다(Wayment et al., 2014). 소박한 자아 성향은 공격성, 분노, 모험 추구성, 정서조절과는 부적인 상관관계가 나타났으나, 자긍심, 겸허 성향, 개방적 및 협동적 사고,

### 나 알기 5: 나의 소박한 자아 성향

다음의 항목에 대하여 각기 얼마나 자신을 잘 묘사하는지 5점(1-전혀 그렇지 않다~5-매우 그렇다) 척도를 사용하여 응답하라.

1. 나는 무슨 일을 하건 그다지 깊은 주의를 기울이지 않는다.
2. 무슨 일을 할 때 무엇을 하고 있는지 생각하지 않고 거의 자동적으로 일들을 처리한다.
3. 나는 모든 생명체와 연결되어 있음을 느낀다.
4. 나는 전혀 낯선 이와도 연결되어 있음을 느낀다.
5. 나는 다른 인종의 사람들과도 연결되어 있다고 느낀다.
6. 누군가를 비판하기 전에 나는 그 사람의 입장이라면 어떨 것인지 생각해 보려 든다.
7. 나는 다른 사람의 입장에서 사건을 보는 것이 어렵다.
8. 나는 살아오면서 많이 성장했다는 느낌을 갖는다.
9. 내게 삶이란 늘 새로운 것을 배우고, 변하고, 성장하는 연속적인 과정이다.
10. 자신과 세상에 대하여 지닌 생각에 도전적인 새로운 경험을 하는 것은 중요하다.

이 척도는 Wayment 등(2014)이 개발한 '소박한 자아 척도' 14문항 중 일부임.

자기연민, 주관적 안녕감 및 자기결정 성향, 삶의 의미 발견과는 정적인 관계가 나타났다. 자신을 생태계의 일원으로 범주화시키며, 친환경적 태도를 보이는 경향 및 자기초월(성숙)과도 높은 관계가 있는 것으로 나타났다. 소박한 자아 성향을 지닌 미국인들은 권위주의 성향이 낮고, 남을 지배하려는 양상도 낮으며, 무슬림들에 대하여 긍정적인 태도를 보이는 것으로 나타났다(Al-Kire et al., 2022). 국내에서 대학생들이 느끼는 관계적 안녕감은 자긍심과는 별개로 소박한 자아 성향에 의해 긍정적인 영향을 받는 것으로 나타났다(이선직, 2019).

사람들은 역경을 겪으면서 내적으로 외상후 성장을 경험할 수 있다. 자폐아동을 둔 어머니가 겪는 이 성장경험은 아동의 증상 관련 행위나 자폐증 진단 이후 시간 경과와는 무관하였지만, 어머니가 지닌 소박한 자아 성향과 주위로부터 받는 사회적 지원의 정도에 따라 긍정적인 영향을 받는 것으로 나타났다(Wayment, Al-Kire, & Brookshire, 2019).

**겸허함의 가치** 개인의 주체성을 중시하던 서구사회에서 기후위기 등의 생태계 위기를 만나면서 자연과의 공생에 기여하는 가치에 대한 탐색이 많이 나타나고 있다. 겸허함(humility)이란 가치는 긍정심리학의 연구가 활발히 진행되면서 개인의 강점덕성으로도 새롭게 주목받고 있다(Maldonado et al., 2022; Peterson & Seligman, 2004; Tangney, 2000). 겸허함은 소박한 자아의 핵심적인 특징으로 단순히 대인교류에서 겸손한 행동을 보이는 것과는 다르다. 겸허한 사람들은 저 잘났다는 자의식이 잘못임을 깨닫고, 자만을 경계하고, 남의 비판에 열려 있으며, 자연 생태계와 함께하는 삶의 자세를 지니기에 죽음을 크게 두려워하지 않는다(Kesebir, 2014). 대학생을 대상으로 겸허함을 포함한 여러 덕성을 지닌 상태를 파악하고, 두 집단으로 나누어 죽음의 위협 조건에 있는 사람들에게는 '무덤' 관련 인터넷 정보를 세 개 찾아보도록 하고, 통제조건의 사람들에게는 '필기구' 관련 정보를 세 개 찾으라고 하였다. 그러고서 이들에게 죽음에 대한 불안감을 얼마나 느끼는지를 평가하였다. 죽음을 상기시키는 것은 겸허성이 낮은 사람들에게 죽음에 대한 불안감을 상승시키는 양상이 나타났으나, 겸허성이 높은 사람들에게서는 죽음에 대한 불안감을 감소시키는 양상이 나타났다(Kesebir, 2014, 연구 2, [그림 2-17a]). 이어지는 연구에서는 참여자들을 세 조건으로 구분하여, 겸허조건에서는 과거의 경험 중에서 자신을 겸허하게 느끼게 만든 경험을 회상하여 쓰도록 하고, 자부심 조건에서는 자신이 자부심을 느꼈던 경험을 회상하여 쓰도록 하였다. 통제조건에서는 아무런 처치가 취해지지 않았다. 이런 처치 후에 사람들이 느끼

**신영복(1941~2016)**

젊은 시절 빨갱이로 몰려 20년을 옥살이를 하며, 추운 독방에 쪼이는 두 시간의 햇빛이 고마웠다는 고 신영복 교수는 『감옥으로부터의 사색』, 『담론』, 『강의』의 저술을 통해서 많은 사람에게 겸허한 삶의 자세와 깨침을 보여 주었다.

는 죽음 불안을 측정한 결과, 겸허한 처치를 받은 경우에 자부심 조건이나 통제조건에 비해서 죽음 불안을 느끼는 정도가 적게 나타났다([그림 2-17b]). 사람들은 겸허함을 느끼는 경험을 통해서 자신이 얼마나 작은 존재이며('태양이 뜨는 것을 보거나 밤하늘을 볼 때 자신이 정말 작게 느껴진다'), 부족한지를 깨닫게 되며, 죽음에 대하여 보다 수용적으로 된다. 삶은 불확실하고, 어찌할 수 없는 일들로 가득 차 있으며, 자기 힘으로 해낼 수 있는 것들이 많지 않음을 인정하게 되면 겸허할 수밖에 없을 것이다.

소박한 자아에 대한 관심은 자기의 의지와 욕망을 실현하기 위하여 자기의 주체성을 극대화시키는 삶을 추구해 온 서구적 세계관에 대한 반성에 터한다. 겸허함은 사람들이 우주의 광대함과 자연의 신비에서 경외감을 느낄 때 경험하는 작은 자기의 모습이기도 하다(Keltner & Haidt, 2003; Piff et al., 2015). 생태계의 한 부분으로 자신을 인정하고, 주위의 것들과 어울리면서 삶의 가치를 모색하는 안빈낙도의 동양적 가치관이 사회심리학적 관심사로 부상한 것이다(최봉영, 한규석, 2021).

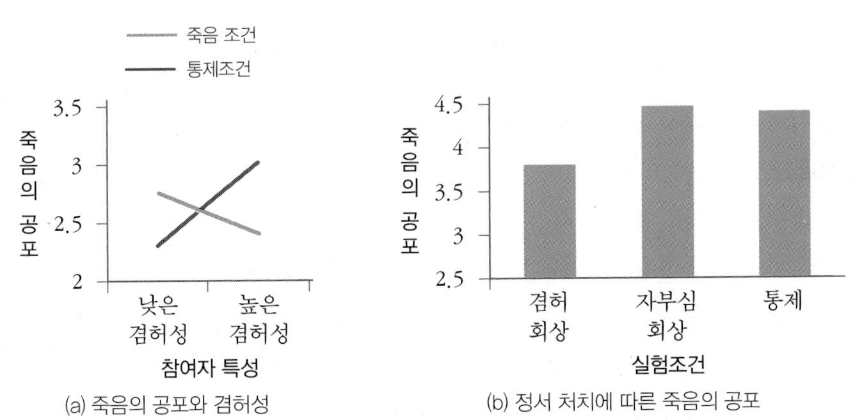

(a) 죽음의 공포와 겸허성

(b) 정서 처치에 따른 죽음의 공포

**[그림 2-17] 죽음의 공포에 미치는 겸허 성향(a)과 겸허 관련 실험조건(b)**

출처: Kesebir (2014).

**요약**

1. 자기는 생활에서 중요한 기능을 수행한다. 첫째는 정보 및 경험을 소화하고 적절히 대처하는 효율적인 정보처리자로서 기능한다. 사람들은 자기도식을 이용하여 자기와 관련된 정보를 효율적으로 처리한다. 이 과정에서 정보처리 편파가 나타나기도 한다.

2. 자기는 행위의 평가자로서 기능한다. 자신의 모습을 자기의 기준에 비추어 평가함으로써 행동을 조절해 간다. 이러한 평가과정에서 자기고양적 편파가 작용하여, 사람들은 일반적으로 높은 자긍심을 견지하며, 자긍심을 보호하기 위한 다양한 책략을 취하기도 한다. 자긍심은 적응의 가치를 지닌다.
3. 자긍심은 스스로에 대한 자신의 긍정적인 평가이며, 자존심은 타인의 관점에서 보는 자기의 가치에 대한 평가다. 현대사회에서 사람들은 자신을 보호하려는 동기에서 자기애 경향을 보이는 양상이 증가하고 있으며, 자기애 경향성은 자긍심의 고양을 가져올 수 있으나, 자긍심의 안정성을 낮추는 영향을 준다.
4. 자기의 역량과 기능에 대한 믿음인 자기효능감은 생활영역별로 달리 느낄 수 있다. 자기효능감은 노력에 의해서 키울 수 있으며, 이 효능감이 적응에 큰 영향을 미친다.
5. 자기임자성 이론은 누구나 자기 삶의 주인이 되고 싶어 하는 욕망을 지니고 있으며, 유능성, 자율성, 관계성의 내적 욕구가 충족되는 삶이 그런 욕망이 충족되는 삶이라 제시한다.
6. 자기중심성과 고양된 자긍심을 즐기는 부풀려진 자아가 생태위기의 문제일 수 있다는 문제의식에서 이와 대조되는 소박한 자아 개념이 제시되었다. 자기를 잃지 않고 타인을 품어 안는 자기의 모습이다.
7. 소박한 자아의 핵심적인 특징의 하나는 겸허함이다. 겸허한 사람들은 자만을 경계하고, 남의 비판에 수용적이며, 자연 생태계와 함께하는 삶의 자세를 지닌다.

## 자기의 일관성과 변화

자기의 또 다른 주요 기능은 사회생활을 함에 있어서 다양한 생각과 행위를 관철하는 자기의 일관성을 부여해 주는 것이다. 우리는 사람들이 보이는 행위를 근거로 행위자의 내면적 특성을 추론한다(3장 참조). 행위자의 특성을 알면, 그가 어떠한 행위를 보일 것인지 예측할 수 있다고 여긴다. 그러나 다양한 상황에서 보이는 행위는 행위자의 내적 특성과는 무관하게 나타나기도 한다(5장 참조). 사실, 우리가 행동할 때는 상황이 요구하는 행위를 생각 없이 하는 경우가 많다. 나중에 생각해 보면 자기가 그런 행위를 했다는 것이 믿기지 않을 정도로, 예를 들면 야구 구경 갔다가 분위기에 휩쓸려 고래고래 고함을 지르고, 모르는 사람과 부둥켜 안고, 대수롭지 않은 도발에 과격하게 반응하는 등, 아들을 대학에 합격시키려고 부정한 방법을 쓰는 학부모의 경우도 부모가 수단과 방법을 가리지 않는 부도덕한 성격의 소유자라기보다는 나름의 절박한 상황인식에서 필요성에 따라 저지른 행위인 경우가 많다. 사람들이 행동을 취할 때 스스로의 가치나 취향을 뒤돌아본다면 그때에 보이는 행동은 자기 내면의 기준에 보다 부합할 것이다.

## 의식의 초점: 자의식 이론

Wicklund(1975)는 개인의 주의(注意)가 자신에게 맞추어졌느냐 또는 상황에 맞추어졌느냐에 따라 나타나는 행위가 다르다는 점에 주목했다. 그는 전자의 경우 행위는 행위자의 내면 특성을 반영하고 후자의 경우 행위는 상황적 힘에 의해서 결정된다는 자의식 이론을 주장하였다. 이 이론에 따르면 자의식 상태에서 사람들은 자신의 능력, 가치관, 태도, 취향을 근거로 이미 취했거나 또는 취하고자 하는 행위들을 평가하게 되며, 취하는 행위가 그 내적 기준과 괴리가 클 때 불편감을 느끼며, 그 강도가 심하다면 그 국면을 모면하거나 둘 사이의 괴리를 좁히려는 시도를 하게 된다.

어떠한 상황에서 의식의 초점이 자기에게 쏠리는가? 거울을 볼 때, 사진이나 카메라로 자신을 찍을 때, 자신의 모습이나 목소리를 녹화한 것을 보거나 들을 때 우리는 자의식 상태에 빠진다. Duval과 Wicklund(1972)는 참가자들에게 심리검사를 치르게 한 후 그들의 실제 수행과는 무관하게 두 집단으로 나누어 한 집단에게는 그들이 창의적이고 지성적인 사람들이라는 결과가 나왔다고 알려 주었다. 다른 집단에게는 창의력이 부족하고 그저 평범한 결과가 나왔다고 알려 주었다. 모든 참가자는 대기실에 들어가 다음 실험진행자가 올 때까지 기다려 달라는 부탁을 받았고 만약 진행자가 5분이 넘도록 오지 않으면 실험실을 떠나도 좋다는 말을 들었다. 참가자들 중 반은 거울과 영상촬영기가 설치되어 있는 방에서 기다렸고 나머지 반은 거울이나 촬영기가 없는 방에서 기다렸다. 5분이 경과한 후 기다린 시간을 종속변수로 측정한 결과, 나쁜 평가를 받고 촬영기가 설치된 방에서 기다리던 참가자가 가장 빨리 대기실을 빠져나온 것으로 나타났다. 즉, 이들은 자신의 보잘것없는 수행결과에 불만족스러웠고 촬영기에 의해 자신에게 주의가 쏠린 상황에서 자신의 내적 기준과 수행 간의 괴리 때문에 불편했으며 괴리를 좁히는 행동적 대안이 없는 상태에서 그 상황을 회피하고자 하는 동기가 강했으리라 보겠다([그림 2-18]).

거울을 대하는 상황에서 사람들은 사회의 규범에 부합하는 행동을 보인다. 한 현장실험 연구(Beaman et al., 1979)는 아이들이 가면을 쓰고 집집마다 다니며 사탕을 얻어먹는 할로윈 날을 택했다. 연구자는 집 현관 앞 탁자 위에 사탕 바구니

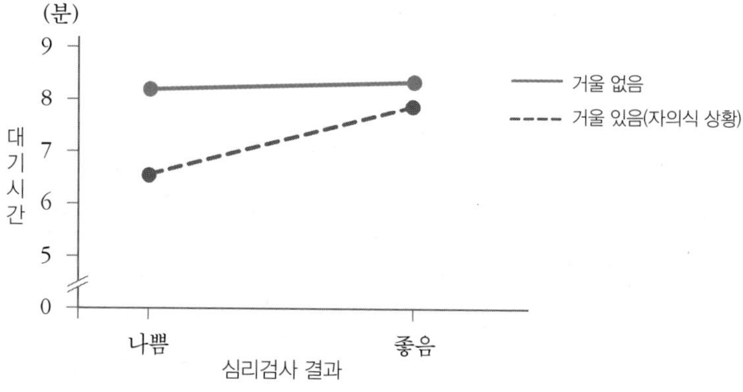


**[그림 2-18] 자의식이 가져오는 불편함**

근거: Duval & Wicklund(1972)를 바탕으로 그림.

를 갖다 놓고 바구니 옆에 하나씩만 가져 가라고 써 놓고 몰래 관찰하였다. 이 경우 9~12세 정도의 아이들은 약 1/2이 하나 이상을, 12세 넘은 아이들은 약 3/4이 하나 이상을 가져갔다. 그러나 사탕 바구니 바로 뒤에 거울을 놓아둔 경우에는 9~12세 아동의 10%만이 한 개 이상을, 12세 이상의 경우는 아무도 한 개 이상을 가진 사람이 없는 것으로 나타났다. 거울이 아동들이 준수해야 할 정직성 기준을 촉발시켜 사회규범을 어기는 행동에 제재를 가한 결과로 해석될 수 있다. 마찬가지로 승강기 안에 거울을 설치하는 것과 안 하는 것은 승강기의 청결상태 및 탑승자들의 행위에도 영향을 미치는 것으로 보인다(곁글 2-12).

**곁글 2-12 자의식의 탈출구로서 술**

한국인들은 주위 사람들과 어울리기 위해서 못하는 술자리라도 자주 하게 된다. 요즘은 좀 변하고 있지만 술을 따라 주는 우리의 수작문화와 달리 서구인들은 자신이 마시고 싶은 만큼을 마시는 독작문화다. 한 연구(Hull & Young, 1983)는 미국인들이 술을 마시는 동기에는 자의식 회피 동기가 작용함을 보여 주고 있다. 학생들의 자의식 성향을 검사하여 높은 유형과 낮은 유형의 학생들을 뽑아서 이들로 하여금 똑같은 논리 과제를 풀게 하였다. 성공조건의 학생들에게는 그들이 과제에 좋은 점수를 받았다고 알려 주고, 실패조건의 학생들에게는 점수가 나빴다고 알려 주었다. 그런 다음, 포도주를 시음하는 기회를 제시하고서 이들이 시음한답시고 몇 잔이나 마시는지를 관찰하였다. 실패조건에 배정된 자의식 성향이 강한 사람들이 가장 많이 마시고, 성공조건에 배정된 자의식 강한 사람들이 가장 적게 마신 것으로 나타났다. 왜? 자의식은 내적인 기준에 자신의 모습을 비추며, 실패한 사람은 술을 마심으로써, 자의식 상태로부터 탈출하는 것이다. 다른 연구는 미국의 고등학생들에게서 자의식이 높으면서 학업성적이 뒤떨어진 학생들이 술을 가장 많이 마시는 것을 보여 주고 있다(Hull & Bond, 1986).

## 자기의 변화와 역동

후고구려의 황제인 궁예의 죽음이 역사책에서와 드라마에서 다르게 나타나 논란이 일었다. TV 드라마는 물론 우리가 알고 있는 역사(신대륙의 발견은 페니키아인이 하였지만 콜럼버스가 한 것으로 믿고 있는 것이 한 예)와 마찬가지로 우리의 자아도 사실과 각색이 뒤섞인 구성염이다.

**자기의 통합기제** 사람들은 자기의 온갖 모순된 행위의 기억 저장고에서 일관성 있는 행위들만 골라 과거사를 재편집함으로써 통합된 자기상을 유지한다(Greenwald, 1980). 어른들이 자식을 꾸짖으면서 자신은 과거에 비난받을 행동을 하지 않았다고 생각하는 것은 현재의 책임 있는 어른 입장에서 과거의 기억을 재편집하여 마치 과거에도 자기는 지금과 같았다고 여기기 때문이다. 우리가 비교적 일관된 자기상을 견지하는 것은 일관성을 희구하는 욕망이 작용하는 인지적 편향이 작용하는 탓이다. 자기도식과 자기참조효과의 심리는 사람들이 다양하게 변하는 상황과 성장의 과정에서도 놀라울 정도로 자신의 특징을 일관성 있게 지각하는 현상을 초래한다. 어려서 수줍고 얌전하다는 자기상을 지닌 아이들이 학교생활에서 소극적인 양상을 보이고, 대인관계에 어려움을 느끼고, 결혼도 늦게 하는 양상(Caspi et al., 1988)을 볼 수 있다. 자기상은 자기도식의 기능을 하여 자기도식에 부합하는 행동, 사건들이 기억에 오래 저장되고, 과거를 되돌아볼 때도 그러한 것들이 쉽게 떠오르기 때문에 남들이 보는 자기보다 스스로가 보는 자기가 더욱 안정된 모습으로 지각된다.

**자기의 변화** 자기는 발달단계에 따라 그 내용과 특징이 바뀌며 개인의 중요한 관심사, 개인이 속한 문화 및 시대의 특징을 반영하기도 한다. 어린 아동들은 자신을 기술할 때 '키가 크다' '말랐다' 등의 신체적 특징과 자기 가족의 구성원이라는 점을 주로 든다. 나이를 먹음에 따라 자기의 능력, 태도, 믿음, 성격 등과 같은 점을 대며 용어도 구체적인 용어를 탈피하고 추상적인 용어를 사용하는 경향을 보인다(Rosenberg, 1979). 이와 같이 생활 장면에서의 경험으로 자기의 특징은 변하지만, 자기에 대한 변화를 의도적으로 추구하는 경우에도 자기의 모습은 변할 수 있다.

자기의 변화가 안정적인 것으로 되기 위해서는 최소한 두 가지가 필요하다(Swann, 1984). 첫째는 스스로의 자기관에 변화가 있어야 한다. 이런 자기관의 변화는 인성이 변할 수 있다고 여기는 인성관을 지녀야 한다. 인성이 노력에 의해서 변할 수 있다는 믿음(성장론적 인성관)이 모든 사람들에게 공유되어 있는 것은 아니다(곁글 3-10 참조). 이 믿음을 지닌 사람들은 성장을 도모하기 위해 필요한 활동에 종사하며 자신을 변화시키려 한다. 반면에, 인성은 변하지 않는다는 고정론적 인성관을 지닌 사람들은 자기 적성에 맞는 일자리와 조건들을 찾아다니는 양상을 보이면서 새로운 자기의 모습을 발견할 기회가 적고, 변화의 가능성도 낮다(Dweck, 2000).

둘째는 이 변화가 주위의 중요한 인물들에 의해서 인정되어야 한다. 즉, 이들과 교류를 통해서 변화의 모습이 인정되어야 비로소 변화가 안정된다. 흥미 있는 실험에서 Swann과 Hill(1982)은 지배적 · 복종적 성향으로 참가자 집단을 구분해서 실험협조자와 교류를 하게 한 후 협조자로부터 자신의 성향과 일치하거나 모순되는 피드백을 받게 했다(즉, 지배적인 사람을 지배적이라고 하거나 다른 조건에서는 복종적이라고 함). 이 피드백에 대해서 참가자의 절반에게는 응수를 할 기회를 주었고 나머지 반은 그런 기회를 갖지 못했다. 그 결과, 모순된 피드백을 받고 응수할 기회를 가진 사람들에게서는 자기관의 변화가 없었으나, 응수할 기회를 갖지 못한 사람들은 피드백에 가까운 방향으로 자기관이 변화하는 것으로 나타났다. 이 실험 결과는 자기검증 이론을 지지하는 데 사람들은 자기관에 모순된 정보를 접하면 기존의 자기를 견지하려는 행위를 보이지만, 그러한 행위가 불가능하다면 새 정보를 수용하는 쪽으로 변화를 보인다는 것이다. 자신을 바꾸려는 사람들은 자신이 도모하는 모습을 사람들에게 공개적으로 알리고 변화된 행동을 주위 사람들에게 인정받음으로써 두 가지 조건을 모두 충족시킬 수 있다.

**행위식별 수준과 자기상** 사람들이 보이는 다양한 행동들을 구체적인 낮은 수준에서 식별하는 경우에("욕을 하기에 한두 대 때렸다."), 그 행동은 자기상에 미치는 영향이 적다. 이러한 행동이 바람직하지 못한 행위라면 그는 죄책감을 느끼고, 그 행동을 삼가려는 노력을 보일 것이다. 그러나 행동을 추상적인 높은 수준에서 식별하는 경우에("화가 나면 앞 뒤 안 가리는 성격이다."), 행동은 자기상에 미치는 영향이 크며, 사람들은 수치감을 느끼고, 자신을 변모시키려는 노력을 보일 것이다. 행위식별 이론은 추상적 수준에서 사태를 인식하고 사고하는 것이 자기의 특성에 영향을 주며, 자기와 모순된 행동을 많이 보이더라도 이를 구체적 수준에서 식별하는 경우에는 자기관에 별 영향을 주지 못함을 설명하고 있다(Vallacher & Wegner, 1987).

'모으면 자원, 버리면 쓰레기'라는 생각을 하며 일한다는 폐지 줍는 노인
출처: KBS1 〈시사기획 창〉(2022. 9. 6. 방영).

## 움직이는 자기: 인상관리

어빙 고프만(Erving Goffman, 1922~1982)

캐나다 태생의 미국의 사회학자로 사람들이 사회생활에서 보이는 모든 행위는 사회의 규범과 관습의 제약을 받고, 사람들의 기대에 따라서 자신의 인상을 관리하는 연극행위로 볼 수 있다는 주장을 폈다. 연극행위이기 때문에 거짓이라는 것이 아니라 관습과 기대에 부응하면서 자기 모습을 구성해 간다는 것이다. '낙인' '인상관리' 이론을 제시하였다. 그는 민속지적 연구방법을 사용하며 사회 안에서 보이는 사람들의 행위를 미시적으로 분석하면서 주류 사회학과는 구별되는 관심사와 방법을 사용하였다.

사람들은 남들이 자신에 대하여 갖는 평가와 인상에 큰 관심을 갖는다. 삶을 끊임없는 연극의 무대로서 본 사회학자 Goffman(1959)은 사람들 간의 교류를 무대에 선 배우들이 상황과 역할에 따라 표정, 몸짓, 말투, 동작을 바꾸는 것에 비유한다. 상황에 따라서 사람들이 일반적으로 보이는 자기상은 다를 수 있으나, 사람들은 긍정적인 자기상을 보이려 하며, 교류 목적을 달성하는 데 도움이 되게끔 자신의 정체성과 모습을 가꾸어 가며 자기를 제시한다. 인상관리의 과정이 꼭 의도성을 띠는 것은 아니다. 본인이 인상관리를 한다는 의식을 하지 않을 수 있다. 근자에 들어서 환경문제가 큰 관심사로 부각되면서 많은 사람이 환경보호에 관심을 가지고, 그런 자신의 모습을 보이려 한다. 사람들은 마트 같은 곳에서 구매를 할 때 비싸더라도 환경친화적인 제품을 구입하는 모습을 보이지만, 자신이 드러나지 않는 온라인 구매를 할 때는 이런 모습을 보이지 않는다(Griskevicius et al., 2010). 마찬가지로, 공중화장실 이용 후에 타인이 있을 때는 혼자 있을 때보다 손을 씻을 가능성이 높다. 손 씻는 시간에는 차이가 없는 것으로 나타나, 타인에 의한 감염 우려 때문이기보다 보다 규범적인 자기 모습을 남에게 보이는 무의식적인 인상관리 탓이라 보겠다(Munger & Harris, 1989).

사람들은 자신이 바라는 정체성이나 모습을 보이려고 할 뿐만 아니라 정체성이 환기되는 상황에서는 그 정체성에 부응하려고 행동한다. 한 연구는 2008년 미국의 대선투표를 앞둔 사람들에게 투표에 대한 조사라며 두 가지 유형의 설문을 마련하였다. 똑같은 내용을 묻는 설문지이지만 한 조건에서는 투표하는 것(동사)의 중요성에 대하여 응답하도록 질문을 꾸몄고, 다른 조건에서는 자신이 투표자가 되는 것(명사)의 중요성에 대하여 응답하도록 질문을 꾸몄다. 두 가지를 조사에 참여한 유권자들에게 무작위로 뿌려서 응답을 받았다. 다음날 선거에서 동사조건의 참여자들은 81.8%가 투표하였지만, 명사조건의 참여자들은 95.5%가 투표한 것으로 나타났다(Bryan et al., 2011). 이런 결과는 유권자라는 자신의 정체성이 환기되면 그에 부응하는 행동이 나타날 가능성이 높은 탓이다.

자기제시의 과정에서 사람들은 종종 건강을 해치는 위험도 감수한다. 피부암 발병의 가능성을 높인다는 것을 알면서 몸 건강을 과시하기 위해서 햇볕에 태우거나, 건강을 해친다는 것을 알면서도 폭음을 하거나 흡연을 시작하는 것을 볼 수 있다. 요즘은 여성 흡연자들이 많아졌다. 흡연이 해롭다는 것을 알면서도 상당수의 사람들이 자신의 성인으로서 정체감 혹은 또래 집단에의 소속감을 보이기 위

해 흡연을 시작한다(김경선, 2001). 사람들에게 생존을 위한 보호 본능 못지 않게 사회적 소속과 자신의 정체감을 드러내는 것이 중요한 탓이다(곁글 2-13).

**곁글 2-13** 인상관리에 성공하려면!

상대방에게 좋은 인상을 심어야 할 때가 있다. 말로써 아부하기는 쉽지만, 표정관리를 그에 맞추기는 쉽지 않은데 그 이유는 얼굴의 근육들이 자율신경계통의 지배를 받기 때문이다. 이 표정을 의식적으로 관리하는 노력들은 실패하기 쉽다. 그렇다면 자동적이고 무의식적으로 언행이 나오도록 연습을 해야 할 것이다. 마치 배우들이 자기의 역할에 파묻혀서 표정연기가 일상의 생활처럼 자연스럽게 나타나듯이 말이다. 한 실험(Ritts & Patterson, 1996)에서 대학생들에게 서로 처음 만나는 이성과 대화를 하면서 상대에게 좋은 인상을 주도록 하라면서, 어려운 조건에서는 좋은 인상을 주기 위해 여러 가지(얼굴표정, 몸짓, 어투 등)를 신경 써야 한다고 했고, 쉬운 조건에서는 한 가지, 즉 미소를 짓도록 하라고 하였다. 교류가 끝난 후에 자신의 행위에 대한 평가와 상대방에 의한 평가를 받아 비교한 결과, 교류불안이 높은 사람들은 낮은 사람에 비해서 좋지 않은 평가를 받았으며, 쉬운 과제를 받은 사람들이 어려운 과제를 받은 사람에 비해서 좋은 평가를 받았고, 스스로의 행동에도 만족한 것으로 나타났다. 이 연구 결과는 인상관리를 하고자 할 때 한 가지를 자동적으로 할 수 있도록 연습하는 것이 모든 것을 잘하도록 신경 쓰는 것보다 효과적임을 제시한다. 지나치게 특정 부분을 가리려고 의식하다 보면 오히려 부자연스러운 표정이 나타나는 상황이 전개될 수 있으며, 표정마비가 초래될 수도 있다(Greene et al., 1985: Wegner & Bargh, 1998에서 인용).

**자기제시의 개인차** 영화나 연극의 배우들은 맡은 역에 맞추어 자신의 모습을 변화시키는 재주가 탁월하다. 상황에 맞추어 자기를 제시하는 능력에 있어서 개인차에 주목한 Snyder(1979)는 자기조정 이론을 제시하였다. 자기조정 능력이 뛰어난 사람은 상황에서 적절한 행위가 무엇인지에 신경 쓰고, 상대방의 행위, 반응에 주의를 기울이며, 자기의 인상관리에 능하고, 이러한 능력을 여러 상황에서 구사하며, 인상관리에 필요한 다양한 행동의 구색을 잘 갖추고 있다(Gabrenya & Arkin, 1980). 반면에, 자기조정 능력이 낮은 사람들은 상황의 요구나 상대방의 반응에 관심을 덜 갖고, 인상관리 능력도 떨어진다. 이들은 자신의 태도, 의견에 중심을 두기 때문에 드러난 행동과 태도 간에 일관성이 높은 경향을 보인다(Snyder & Swann, 1976).

**거겐(Kenneth Gergen, 1935~ )**

미국 듀크 대학교에서 사회심리학 박사학위(지도교수 E. E. Jones)를 취득(1962)하고 스워스모어 칼리지 교수로 재직했다. 초기의 실험사회심리학에 대한 관심을 접고 1973년에 「역사로서의 사회심리학」논문을 발표하여 학계에 충격을 주면서, 사회과학의 전통인 실증주의적 인식론을 사회구성주의적 인식론으로 대체시키는 작업을 진행

자기조정 이론은 그 내용에 있어서 『고독한 군중』의 저자 D. Riesman(1950)이 제시한 내부 지향 인간(자기조정력이 낮은 사람)과 외부 지향 인간과 대조되어 흥미롭다. Riesman이 내부 지향 인간을 보다 바람직한 유형으로 여기고 있는 반면에, Snyder는 자기조정력이 높은 사람들이 여러 면에서 남에게 수용적이고, 활동적이

시키고 있다. 현재는 노인의 정신건강 문제와 현실의 사회교류 문제를 다루는 것에 깊은 관심을 보이기도 한다.

며, 타인에 대한 기억이 우월하며, 표현력이 다채롭고, 영향력도 크다는 것을 보이고 있어 대조적이다(Gergen, 1991, pp. 151-2). Gergen(1991)도 후기근대 사회에서 요구되고 잘 적응할 수 있는 사람은 다양한 자기상을 보이며 융통성 있게 살아가는 사람들임을 주장하고 있다(곁글 2-14). 아마도 일관된 하나의 자기상은 시대정신이던 근대성과 그 바탕에 놓인 이성이 추구해 왔던 이상적인 자기 모습을 반영하는 것이라고 볼 수 있다.

온라인 세계가 현실세계와 같이 펼쳐지는 21세기에 사람들은 더욱 다양한 자기상을 시험할 수 있게 되었다. 이런 변화된 현실에 적응하지 않고서는 살기가 어렵게 된 세상이다. 그럼에도 불구하고 다양한 자기상을 통합하고 관리하는 자기의 모습을 갖고 있다고 여기는 것은 필요하다. 최근에 명상 혹은 마음챙김, 참나에 대하여 관심이 고조되는 것은 이런 시대적 요구를 반영한다고 보겠다.

**곁글 2-14 후기근대의 서구의 자기상**

합리주의와 과학정신, 그리고 발전이라는 이상에 의해 표상되는 근대정신은 유대인 종족학살과 핵전쟁에 의한 대량 학살을 목도하면서 수많은 비판을 받게 되었고, 다원주의적 철학이 뿌리를 내리게 되었다. 고도의 통신수단에 의해 급격히 생활양태가 변하고 있는 소위 후기근대에 살고 있는 서구인들의 자기상에는 어떤 변화가 나타날 것인가? Gergen(1991)은 다음의 〈표 2-1〉과 같은 변화를 정리하고 있다.

**표 2-1 자기상과 시대변화**

| | 근대 | 후기근대 |
|---|---|---|
| 생활특성 | 단조로움 | 복잡 다양함 |
| 만나는 사람 | 소수/비슷한 배경<br>대인관계 반경이 좁음 | 다수/다양한 배경<br>대인관계 반경이 좁음 |
| 통신 수단 | 편지, 왕래<br>유선전화 | 이메일, Network, UCC<br>휴대전화, 인터넷전화, 팩스 |
| 자기의 특성 | 개성<br>일관성, 안정성<br>개인이 중요 | 융통성, 친화력<br>적응성, 창조성<br>관계가 중요 |

1. 자기는 모순된 행위들의 저장고에서 일관된 행위만을 골라 재편집해서 통합되고 일관성 있는 체계를 유지할 수 있다.
2. 자기의 중요한 기능은 자기일관성이다. 자의식 이론은 개인의 주의 초점이 자신에게 맞추어졌는지 외부에 맞추어졌는지에 따라 자기-행동의 관련성이 달라짐을 설명한다.
3. 자기의 변화를 위해서는 스스로의 자기관이 변화해야 하고, 이런 변화가 주위 사람들에게 인정받아야 한다.
4. 사람들은 사회라는 연극무대에서 자신의 인상을 관리하면서 세상을 살아가는 존재이다. 인상관리는 무의식 수준에서도 나타난다. 남에게 제시하는 자기 모습은 단순히 가면의 기능만을 하는 것이 아니라 자신의 실제 모습으로 구성되는 효과를 지닌다.
5. 탈근대사회에서 펼쳐지는 다양한 생활공간이 요구하는 자기상에 부응하는 자기조정 능력이 요구되고 있다.

## 문화권에 따른 자기성의 차이

자기는 개인 및 집단이 속한 사회 문화적 맥락 속에서 형성되고 기능하는 사회 문화적 산물이다(Bruner, 1990). 나는 누구이며, 무엇을 행하고, 가치 있게 여기는지, 어떤 삶을 지향하는지에 대한 의문을 추구하고 답을 제공하는 자기는 사회 속에서 형성되므로 그가 생활하는 문화의 특성을 반영할 수밖에 없다. 문화권에 따라 요구되는 바람직한 인간관이 다르고, 성원들이 세상을 보는 세계관이 다르다. 이 같은 차이가 사회적 사건의 인식, 경험하는 정서, 삶의 방식 등에 포괄적인 차이를 가져올 수 있다는 주장(Markus & Kitayama, 1991)이 제기되고, 공감대가 폭넓게 형성되면서 문화에 따른 자기성에 관한 연구가 1990년대 이후로 활발히 전개되고 있다.

**브루너(Jerome Bruner, 1915~2016)**
하버드 대학의 심리학 교수로 1950년대 시작된 인지혁명을 주도한 학자의 한 사람. 영향력 큰 연구와 저작 활동을 통해 인지/생각의 사회적 구성과정을 강조하였으며, 아동의 학습과 발달에 새로운 관점을 제시하여, 암기 위주의 교육제도에 과정의 이해를 중시하는 쪽으로의 변화를 가져오는 데 영향을 미쳤다. 임종 말년까지 연구와 저작을 놓지 않았다.

### 자기성 구성에서의 문화차

이 분야의 연구를 선도한 Markus 등은 자기성에 초점을 맞추어 사회 성원들 간의 관계를 개인과 개인의 독립적인 관계로 보는 문화와 상호의존적으로 보는 문화를 구분하여 집단적 자기구성 이론을 제시하며 각 문화권의 자기성의 특징을 대조시키고 있다.

마커스(Hazel Rose Markus, 1949~ )
미시간 대학교에서 심리학 박사학위를 취득한(1975) 후 미시간 대학교를 거쳐 현재는 스탠퍼드 대학교에서 교수로 재직 중이다. 자기(self)에 대한 연구업적을 많이 보였으며, 제자였던 기타야마와 1991년에 공동으로 발표한 논문 'culture and self'로 문화에 따른 자기성의 특징에 대한 많은 연구를 촉발시켰다(http://psychology.stanford.edu/~hmarkus/).

기타야마(Shinobu Kitayama, 1957~ )
미시간 대학교에서 박사학위를 취득한 후 교토대학교를 거쳐 현재 미시간 대학교 교수로 재직 중이다. Nisbett 교수를 이어 '문화와 인지' 연구실을 운영하고 있으며, 동서양의 사고 및 정서의 특징에 대한 연구에 여러 업적을 보이고 있다.

독립적 자기문화권(서유럽, 북미)에서 생활의 기본 단위는 개인이며, 개인은 개성을 갖추고 주위 사람들과는 독립적으로 판단하고, 자율적으로 자신의 삶을 일구어 가며, 자기를 실현하는 것이 삶의 궁극적인 목표라고 본다. 이를 위해서 독립적이고 안정된 자아상을 확립하는 것이 바람직하며, 자신의 내면의 능력, 욕구, 특성에 귀를 기울이고, 자신의 의견을 솔직하게 표출하고, 역경을 의연히 헤쳐 나가는 생활을 권장한다. [그림 2-19]에서 보듯이 독립적 자기는 주위 사람들과 교류하지만 경계가 확연히 구분(실선)되는 모습으로 형상화할 수 있다. 한편, 상호의존적 자기문화권에서 생활의 기본 단위는 가족 혹은 공동체이며, 개인은 내집단 성원들과 어울리는 관계 속에서 독립된 성원으로서, 혹은 한 부분(쪽)으로서 공동체의 목표를 위해 부과된 역할과 의무를 수행하며, 자신의 사적인 욕망을 다스리고 초월하는 삶에서 의미를 발견하는 것을 추구한다. [그림 2-19]에서 보듯이 상호의존적 자기는 교류하는 주위 사람들과 경계가 확연하지 않으며(점선) 끊임없이 영향을 주고받는다.

몸을 경계로 구분했을 때 독립적 자기관 사회에서의 자기는 몸 안의 개인적 자기(personal self)가 핵심이며, 상호의존적 자기관의 사회에서 자기는 몸 밖의 사회적 자기(social self)가 핵심이라 하겠다. 전자를 '작은 자기', 후자를 '큰 자기'라고도 할 수 있다. 자신이 아닌 타인이 자기의 구성에 관여하는 정도는 뇌영상장치를 이용한 연구(Zhu et al., 2007)에서도 흥미롭게 나타났다. 뇌에는 자기관련 정보를 처리할 때 활성화되는 영역으로 중전전두엽(Medial prefrontal cortex: MPFC)이 있는데 사람들에게 성격형용사를 제시하고 자신에 대한 것인지, 엄마에 대한 것인지, 타인(빌 클린턴 혹은 주룽지)에 대한 것인지를 판단하도록 하고 fMRI로 촬영하였다. [그림 2-20]에서 보듯이 서양인에게 MPFC 영역의 활성화는 자기관련 판단을

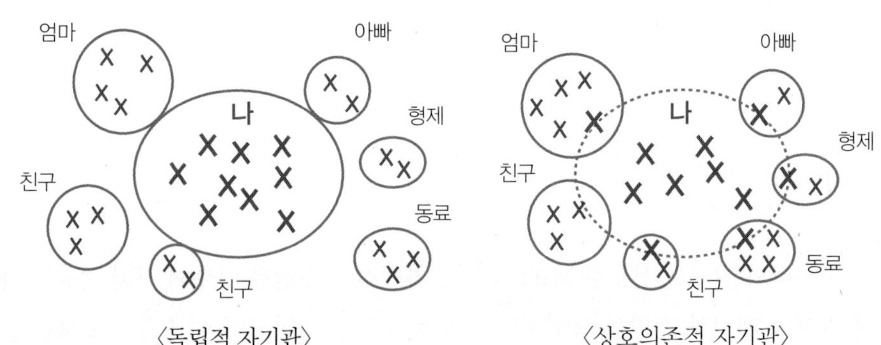


**[그림 2-19] 독립적-상호의존적 자기관의 특징**

출처: Markus & Kitayama (1991).

(a) 자기 빼기 타인

(b) 자기 빼기 엄마

중국인

미국인

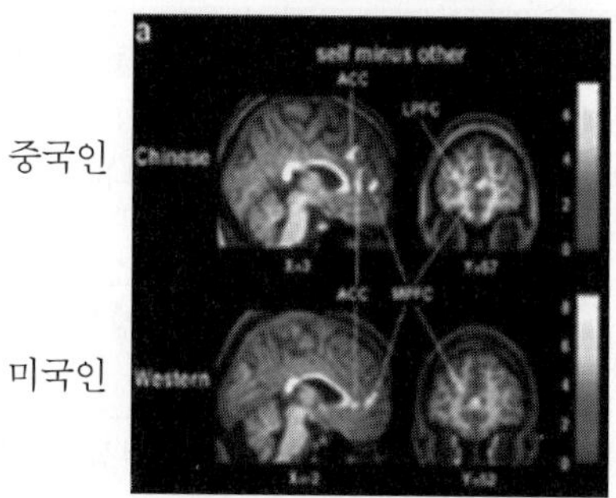


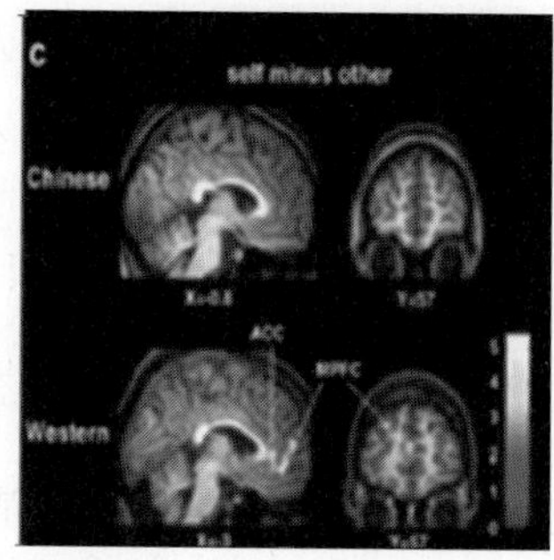


**[그림 2-20] 뇌의 MPFC 영역이 활성화되는 양상의 문화 차이**

(a): 자기판단 시 활성화되는 영역에서 타인판단 시 활성화되는 정도를 빼준 그림. 중국인과 미국인 모두 자기판단 시 활성화되는 영역이 뚜렷하다.

(b): 자기판단 시 활성화되는 영역에서 엄마판단 시 활성화되는 정도를 빼준 그림. 중국인에게서는 자기관련 활성화되는 영역이 공유되어 없어졌지만, 미국인의 경우에는 자기영역 활성화가 뚜렷이 드러나, 엄마와 자기는 별개라는 것을 보여 준다.

출처: Zhu et al. (2007).

하는 경우에만 나타났지만, 중국인의 경우에 자기는 물론, 엄마에 대한 판단을 하는 경우에도 활성화되는 것으로 나타났다. 이는 중국인에게 엄마와 자기의 연결이 강함을 뇌과학적으로 보여 주고 있는 것이다.

독립적 자기성과 상호의존적 자기성은 문화의 대표적 양상으로 구분할 수 있지만, 개개인들에서 활성화되는 복합적 자기성의 두 가지 양상으로 간주될 수도 있다. 독립적 자기성이 환기되는 상황에서 사람들은 자율적 · 독립적 · 개성적 자기성을 추구하며, 그에 바탕을 두고 있는 정서와 동기가 활성화되고 관련된 행동이 나타날 가능성이 높다. 그러나 상호의존적 자기성이 환기되는 상황에서는 주위 상황에 어울림을 추구하며, 자기가 속한 집단의 화목과 유지 및 목표달성에 기여하는 정서와 동기가 활성화되고, 관련된 행동이 나타날 가능성이 높다(〈표 2-2〉). 같은 문화권에서 생활하더라도 사회화의 과정에서 독립적 자기성이 강하거나, 상호의존적 자기성이 강한 개성을 지니게 될 수 있다. 일본인과 백인계 미국인을 대상으로 자기성 구성검사를 통해 집단주의자와 개인주의자를 구분하여 fMRI 촬영대에 눕혀서 성격진술문('나는 진실하다' 등)을 제시하고 자기의 일반적 특징에 해당하는지, 혹은 어머니를 대하는 자기(맥락적 자기)에 해당하는지를 판단하게 하였을 때 국가 간의 차이는 나타나지 않았으나, 개성의 차이는 나타났다(Chiao et al., 2009). [그림 2-21]에서 보듯이 개인주의자는 자신의 일반적 특징을 판단할

**표 2-2** 두 가지 자기성과 관련된 주요 특징들

| | 독립적 자기성 | 상호의존적 자기성 |
|---|---|---|
| 삶의 목표 및 과제 | 자기실현, 개성 추구, 자기표현, 자기만족/즐거움, 권리 향유, 참나 추구 | 집단에의 이바지, 적응, 어울림, 자족함, 역할과 임무 수행, 나다움 추구 |
| 자기의 핵심 | 개인적 · 사적 역량 및 사고 감정 | 사회적 · 관계적 자기 |
| 통제력의 행사 | 일차적 통제(상황/환경을 통제함) | 이차적 통제(주어진 상황에 자신을 맞추어 감) |
| 주요 정서 | 자기초점적 정서: 자부심, 분노, 좌절 등 자기의 관점을 취하면서 경험하는 정서 | 관계초점적 정서: 동정심, 부끄러움, 연민 등 타인의 관점을 취하면서 느끼게 되는 정서 |
| 주요 동기 | 자기만족, 성취, 역량발휘, 수월성 추구, 자기평가, 자기실현<br>⇨ 자기고양적 동기 | 친화, 양육, 비난회피, 겸허, 자기수양, 사회적 평가의식<br>⇨ 자기조절적 동기 |

출처: Markus & Kitayama(1991)의 논의를 바탕으로 구성함.

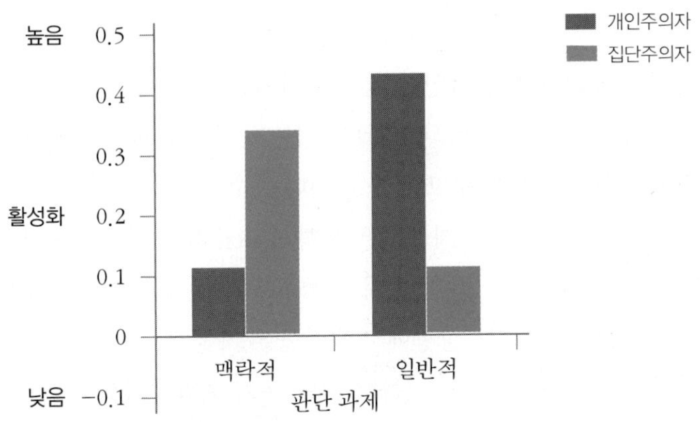


**[그림 2-21] MPFC 영역이 활성화되는 판단에서 개인주의자와 집단주의자의 차이**

출처: Chiao et al. (2009).

때, 집단주의자는 맥락적 자기에 대한 판단을 할 때 MPFC 영역이 활성화되는 것으로 나타났다.

비교문화 심리학자들은 자기의 특징이 상호의존적의 문화권과 독립적 특징의 문화권으로 구분하여 연구를 전개하고 있다. 이와는 달리 문화심리학적 접근을 취하는 최상진과 김기범(1999)은 동아시아의 자기성을 관계성으로 설명하는 이론을 제시한 바 있다(곁글 2-15).

**곁글 2-15 문화에 따른 자기성의 특징: 집단적 자기구성 이론(Markus & Kitayama, 1991)을 넘어**

한국인 심리학의 필요성과 가능성을 보여 준 최상진 교수는 한국인의 자기성을 **유추적-마음-자기**라고 이름 짓고, 이를 서구인의 **참고적-실체-자기**와 대조시키고 있다(최상진, 김기범, 1999). 그에 따르면, 서구인의 자기성은 사회적 맥락에 구속받지 않는 초월성과 일반성을 지니며, 추상적이고, 몸 안에 담겨 있어 타인의 자기와 섞이지 않으며, 고정적이고, 안정적이며, 자율적이며, 존재론적 실체성을 지니고 있다. 이와 대조적으로 한국인의 자기성은 사회적 맥락에 구속받아 구체적이며, 관계지향적이며, 유동적이며, 일관성이 약한 현상학적 특징을 지니고 있다. 최상진은 자기성의 이 같은 문화심리적 규정에서 참고성을 유추성에, 그리고 실체성을 마음성에 대조시키고 있다. 참고성과 유추성의 차이 탓에 서구 사람들은 선택을 하거나 의사결정을 해야 하는 상황에서 마치 단어의 의미를 알기 위해서 갖고 다니는 전자사전을 뒤적이듯이, 늘 **몸 안에 갖고 다니는 자기**에게 묻고, 자기를 참고하여 의사결정을 한다. 그러나 자기를 실체적 존재라기보다는 현상학적으로 느끼는 한국인들은 '나는 누구인가?'라는 질문에 답하는 것을 어렵게 여기고, 관계상황의 맥락에 따라 매우 유동적인 자기의 모습을 보이면서도 불편함이나 잘못된 것이라는 생각을 하지 않는다(이 양상을 실험적으로 보인 연구로 최인철, 2000; Choi & Choi, 2002; Suh, 2002 등이 있음). 이렇게 상황에 따라 가변적으로 드러나는 외현적 자기 모습을 대하기 때문에 상황에 휘둘리지 않는 내면의 **마음상태**를 알고자 한다. 이 내면의 마음상태는 나의 실체적 특성(성격, 지능, 동기, 취향 등)이 아니라 대상지향적 의지의 상태이며, 이를 알기 위해서 보이는 행동단서들을 유심히 관찰한다. 즉, 상대가 리더십이 강한지, 내향적인지에 대한 관심보다는 다른 이에게 상대가 가진 마음의 지향성(**마음 쓰기**)에 대하여 관심을 갖는 것이다(한규석, 최상진, 2008). 대인관계에서 상대방의 행동에 대한 궁극적 책임을 물을 수 있는 **주인성 마음**이 관심거리다. 주인성 마음이 삶을 주관해 가는 임자이기 때문이다(김서홍, 2019; 최상진, 2000; Malle, 2004, 2008).

**자기일관성과 문화** 다양한 상황에서 일관되게 표출되는 자기일관성은 자기의 중요한 특징으로 전제되어 있다. 당연히 자기일관성이 높아야 줏대 있는 삶으로 여겨져 바람직한 것처럼 여겨 왔다. 그런데 이 자기일관성이 동아시아 사람들에게 서구 사람에 비해서 낮다는 것이 관찰되면서, 동아시아 사람들은 자기정체성의 발달에 문제가 있는 것으로 의심받기도 했다. 그러나 여러 비교문화적 연구들은 이것이 우열의 문제가 아니라 문화의 특성 탓임을 보이고 있다. 이를 잘 보여 준 연구(Cousins, 1989)는 20개 자기진술문('Who am I?') 검사를 일본과 미국의 대학생들에게 제시하고 응답을 분석하였다. 미국인들은 자신들이 지니고 있는 일반적인 성격 특성을 기술하는 경향이 강한 반면, 일본인들은 사회적 역할을 상대적으로 많이 기술하였으며, 아울러 자신의 성격 특성을 기술하는 경우는 일반적인 특성으로보다는 상황 특수적인 것으로 기술하는 경향이 많았다. 즉, '도박을 즐긴다'라기보다는 '주말이면 마작을 한다'라는 식이다. 이 차이를 일본에서는 특정한 역할이나 상황과 결부되었을 때 개인의 특성이 명확하게 규정되는 반면에, 미

**최상진(1942~2012)**
하와이 대학교에서 심리학 박사 학위를 취득하고 귀국하여 중앙대학교에서 심리학과 교수로 재직하였다. 한국심리학회 회장, 아시아사회심리학회 초대회장을 역임하였고, 한국인의 심리를 이해하는 관건은 우리말의 쓰임새에 있다는 것을 여러 가지 경험적인 연구와 이론적 연구로 보여 주었다. 한국인의 이해를 위해 그동안의 논문을 편집하여 2000년 『한국인 심리학』을 펴냈고, 2011년에는 일반인들에게 쉽게 풀어쓴 『한국인 심리학』을 저술하였다. 매우 열정적이고, 활동적이었으나 대장암으로 타계하였다.

국에서는 개인의 특성이 상황이나 역할에 크게 구애받지 않고 독립적으로 규정되기 때문이라 보았다. 즉, 일본인의 자기는 상황에 따라 가변적인데 미국인의 자기는 고정된 불변체의 성격이 강하다. 서은국(Suh, 2002)은 이러한 양상을 한국과 미국 대학생을 대상으로 색다른 방법으로 보여 주었다. 20개의 성격 특성 형용사를 제시하고서 각 형용사가 자신의 특징을 잘 보여 주는 순서를 매기도록(A) 하고, 아울러 친구와 있을 때, 부모와 있을 때, 교수와 있을 때, 혹은 낯선 이와 있을 때의 자기 모습을 각기 생각하면서 순서를 다시 매기도록(B) 하여 평가(A)와 평가(B)가 어떤 관계를 보이는지 상관을 구하였다. [그림 2-22]에서 보듯이 미국 학생들의 평가는 여러 관계맥락에서 일관성이 높은 것으로 나타났지만, 한국 학생들의 평가는 일관성이 낮게 나타났다.

상대가 누구인지에 따라 변하는 자기의 모습은 자기를 고정적이며 안정된 실체로 보는 시각에 익숙한 사람들에게는 어딘가 잘못된 것이라는 느낌을 줄 수 있다. 이를 반영하듯이 미국 대학생들에게서는 자기의 일관성이 낮은 사람은 자긍심이 낮고, 적응에 어려움을 보고하며(Donahue et al., 1993), 삶의 만족도도 낮은 양상이 뚜렷하다(Suh, 2002). 그러나 한국인들에게서 자기일관성이 삶의 만족도에 미치는 영향은 미국인들의 1/4 정도로 훨씬 낮게 나타났다(Suh, 2002). 한국인들의 삶의 만족도에 더 큰 영향 요인은 주위 사람들이 자기를 얼마나 수용하고 있는지에 대한 인식(사회적 수용)으로 나타났다([그림 2-23]). 교류 상대가 변하면 자기일관성이 낮게 나타나는 동양인도 상대방이 동일인인 경우에는 서양인과 마찬가지

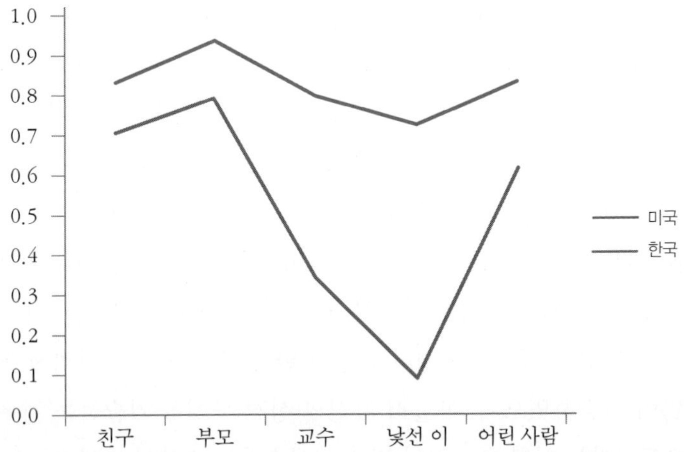


**[그림 2-22] 자기 혼자 있을 때와 다른 사람들과 있을 때 자기의 특징에 대한 평가의 상관관계에서 문화 차이**

출처: Suh(2002) 결과에 근거하여 그림.

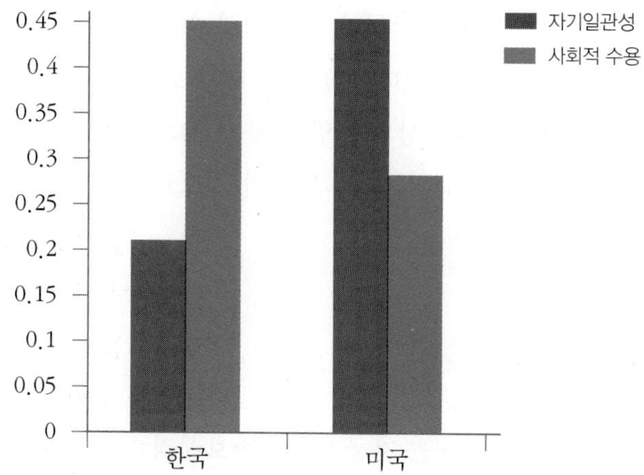


**[그림 2-23] 생활만족도에 미치는 자기일관성과 사회적 수용의 영향력-한 · 미 비교**
출처: Suh(2002)에 근거하여 그림.

로 자기일관성이 높게 나타난다(English & Chen, 2007).

**세계관의 차이** 이런 결과를 이해하려면 세계관의 특징을 이해하여야 할 것이다. 동아시아에서는 음양 변증법적 세계관을 수용하고 있다. 이에 따르면 변하지 않는 것은 없으며 음양이라는 반대 속성은 서로 배척하는 것이 아니라 공존하는 것이다. 따라서 모순의 논리는 잘못이므로 배척될 것이 아니라 당연히 수용될 논리다. 이에 반해 서구의 세계관에서 모순은 병존이 아니라 통합되어야 할 것이며, 변화보다는 항상성을, 순환론적이기보다는 일방향적 선형성을 지향하는 특징을 보인다. 이런 세계관의 차이는 자기진술문 응답에서도 나타난다. 중국인들은 하나의 문장에 반대되는 어구를 사용하는 양상(예: "나는 젊어. 그런데 나이도 먹었어")과, 상호 반대되는 기술문들("나는 게을러" "나는 매사에 열심히 하는 편이야")을 모두 제시하는 양상을 구미인에 비해서 많이 보인다(Spencer-Rodgers et al., 2005). 다양한 성격 형용사를 제시하고서 자기의 특징인지 여부를 판단하는데 걸리는 반응시간을 분석한 결과, 일본 사람들은 상반되는 형용사(예, 내향성-외향성 등)를 모두 자기의 특징으로 판단하는 양상이 미국인에 비해서 높게 나타났다(Spencer-Rodgers et al., 2009). 그러나 단일 성격 특징(내향성, 외향성, ……)에 대한 반응시간(짧을수록 확신한다는 의미로 여김)에서 미국인과 일본인은 차이를 보이지 않았다. 즉, 자기성격의 파악에 있어서 차이는 없었다는 것이다. 그러나 미국인의 경우에 이 확신성이 높을수록 그 특징과 반대되는 특징을 자기라고 인정하는 양상이 낮게 나타났지만 일본인의 경우에 이런 관계는 나타나지 않았다. 서구인들도 모순적인 자기 모습을 보이는 경우가 많지만 이는 어쩔 수 없는 상황이 작용하는 탓이라 여기고, 그런 상황의 제약이 없다면 일관된 자기 모습을 보인다. 그러나 동아시아인들이 보이는 비일관성은 상황의 압력 못지 않게 음양론적 세계관이 깔려 있는 탓에 상호 모순적인 자기의 모습을 당연한 것으로 수용하게끔 만드는 양상이 크다는 것을 보여 준다.

## 자긍심과 문화

자기에 대한 평가결과로 느끼는 자긍심은 문화보편적 현상으로 간주되어 왔다. 우리는 정상적인 사람이라면 누구나 긍정적인 자기상을 지니려 하고, 높은 자긍심을 유지하려 든다고 생각한다. James, Maslow, Rogers 같은 서구의 저명한 심리학자들이 그런 전제를 바탕으로 자신들의 이론을 펼쳤다(Brown, 1998; James, 1890; Maslow, 1954; Rogers, 1951). 그런데 최근의 연구들은 이 같은 현상이 개인주의 문화권에서 더욱 두드러지게 나타나는 현상임을 보이고 있다. 널리 쓰이는 자긍심 척도(Rosenberg, 1965; 나 알기 3)로 캐나다인 1,500여 명과 일본인 1,600여 명을 대상으로 조사한 결과, 캐나다 백인의 자긍심 점수의 분포는 아주 높은 쪽으로 치우쳐서 나타나 자긍심이 낮다고 분류되는 사람들마저도 이론적 중간점수를 넘는 것으로 나왔다. 오직 7%만의 사람들이 중간점수보다 낮게 나왔다. 그러나 일본인들의 경우에는 중간점수를 중심으로 좌우로 비교적 균형 있게 퍼져 있는 것으로 나왔다([그림 2-24]; Heine & Lehman, 1999).

여러 가지 분석을 한 결과, 이런 차이를 일본인들이 겸손하게 보이려는 속성을 지니고 있다거나, 척도가 지니고 있는 편향성 탓으로만 보기는 어렵다고 나타났

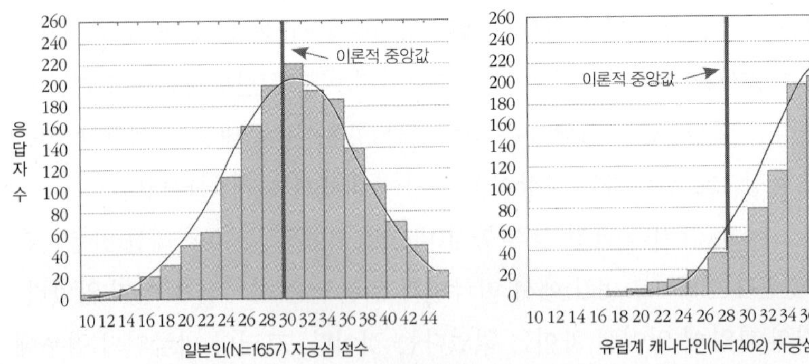


**[그림 2-24] 외국 방문경험이 없는 일본인과 백인의 자긍심 점수 비교**

출처: Heine et al., 1999.

다. 이 차이는 일본인들에게 있어서 자긍심이란 것이 서구문화처럼 높은 가치를 지닌 것은 아님을 시사한다. 이를 보이는 한 연구(Heine, 1996; Heine et al., 1999에서 인용)에서 20개의 성격 특성 단어를 제시하고 중요한 순서에 따라 순위를 매기게 하였을 때 캐나다인은 자신감을 두 번째, 일본인들은 18번째의 순위를 매기는 것으로 나타났다. 원적이 일본인인 사람들 2,500여 명을 대상으로 구미의 생활경험이 많은 정도에 따라 구분(즉, 본국을 떠난 적이 없는 사람, 캐나다에 최근에 이민 온 사람, 이민 온 지 꽤 된 사람, 캐나다 거주 일본인 2세대, 3세대 등)하여 이들의 자긍심을 측정한 결과는 구미 생활경험이 많을수록 자긍심이 선형적으로 증가하는 추세를 보이고 있다. 이는 자긍심이 구미문화에서 생활하는데 특히 가치 있는 특성임을 확인해 주고 있다([그림 2-25]; Heine et al., 1999).

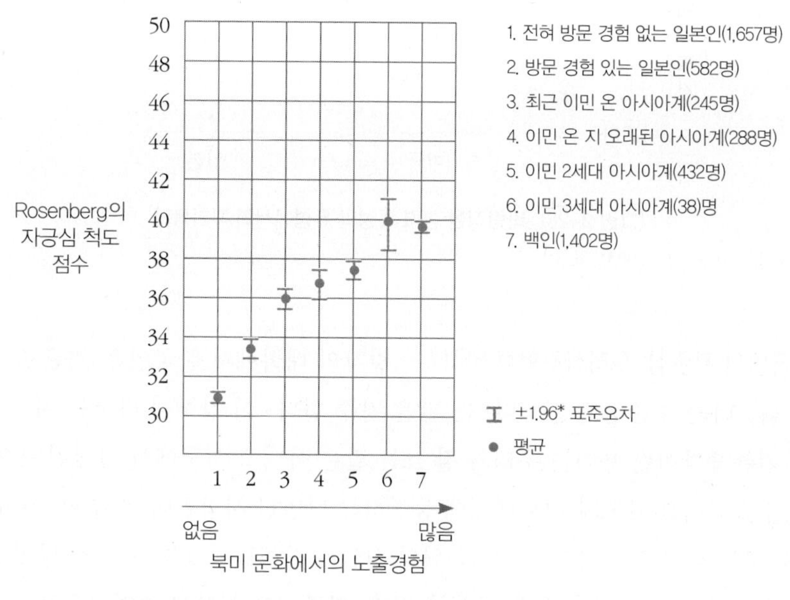


**[그림 2-25] 북미 문화에의 노출경험 정도에 따른 자긍심**

출처: Heine et al. (1999).

**하이네(Steve Heinen)**
캐나다 브리티시컬럼비아 대학교 심리학 교수다. 문화비교 심리학 분야에서 활발한 연구와 저술활동을 하고 있다. 일본에서 수년간 체류하면서 일본과 구미 국가 간의 문화 차이에 매료되어 서구인의 문화심리적 독특성과 동아시아 국가와의 차이에 대해 연구 성과를 보이고 있다. 널리 읽히는 대학교재 『문화심리학(4판)』(2020)을 저술하였다.

**자기고양의 문화 차이** 일본인들이 서구인에 비해서 뚜렷이 보이는 자기겸양적 평가, 자기비판 때문에 일본인은 자기고양 욕구가 없는 사람들인지에 대한 관심이 크게 일었다(Heine et al., 1999). 이를 밝히기 위해서 개인주의적 특성(개성적, 창의적 등)과 집단주의적 특성(경청하는, 협동적인 등)을 보는 형용사를 뒤섞어 제시하고 미국과 일본 학생들에게 자기가 속한 집단의 전형적인 구성원에 비교해서 자신을 평가하도록 하였다(Sedikides et al., 2003). 미국 학생들은 개인주의적 특성에서 자기고양성를 뚜렷이 보였으며, 일본인들은 집단주의적 특성에서 고양적 양상을 보였다([그림 2-26]). 자긍심의 측정내용에 개인주의에서 중시하는 것(성취, 승리, 우월감 등)과 집단주의에서 중시하는 것(인내, 노력, 친화력 등)을 포함시켰을 때 한국인들은 집단주의적 특성에 대하여 자신들을 높게 평가하는 것으로 나왔다(한유화, 정진경, 2007). 이러한 결과는 자기고양적 양상이 두 문화에서 나타나지만 그 양상은 각 문화에서 가치 있게 여겨지는 특성들을 중심으로 나타남을 보여 준다.

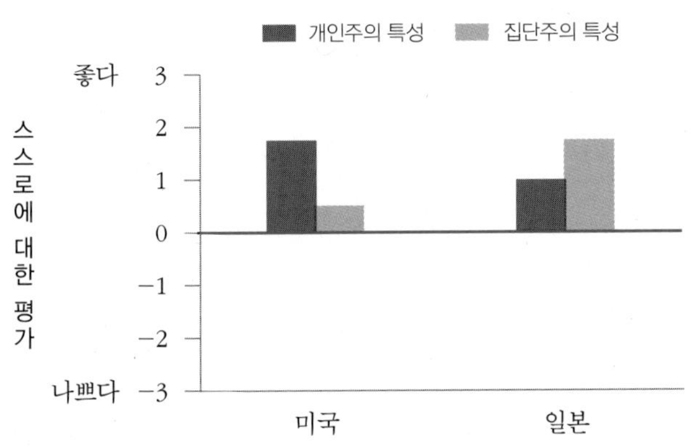


**[그림 2-26] 바람직한 성격 특성의 유형에서의 자기평가**

출처: Sedikides et al. (2003), 표 3.

**한국인의 자존심: 토착심리학적 분석** 일상의 대화에서 한국인은 '자존심 상했다'느니, '너는 자존심도 없느냐?'는 말을 자주 한다. 이 장에서 다루는 자긍심이나 자기존중감이란 용어는 우리가 잘 쓰는 말은 아니고 서구에서 이식된 용어다. 자존심의 의미를 보고자 언론매체에 등장하는 다양한 사람들이 쓴 수필, 기사, 칼럼, 수기 등의 자료 24건과 평생교육원의 성인 수강생들에게 '자존심'을 넣어 짧은 글짓기를 하게 한 자료 30건을 분석한 결과, 자존심은 인간의 존엄성으로 누구나 가져야 하는 것이라서 없어도 문제이고 너무 세어도 문제인 것으로 나타났다(한민 외, 2013). 없는 경우에 문제가 되는 자존심의 내용은 스스로에 대한 인정과 존중감으로 어떤 경우라도 꺾여서는 안 된다. 너무 세서 문제가 되는 자존심은 남과 비교되는 허세적인 것으로 자만심, 교만으로 버려야 할 성질의 것이다. 이런 자존심이 손상되는 경우는 남에게 무시당하거나, 능력이 의심받거나, 자신의 허점이 드러난 상황으로 자존심이 '짓밟히거나, 상하거나, 구겨지거나, 꺾인다'는 표현이 나타나고, 교류에 좋지 않은 영향을 미친다. 자존심을 때로는 포기하는 상황도 있는데 사람들은 '버린다, 포기한다, 내려놓다'의 표현을 하며, 더 중요한 것을 얻거

나 지키기 위해서('목구멍이 포도청' 같은) 부득이한 상황이 있다고 본다.

성인 남녀 26명과 심층면담을 통해 자존심 관련 경험을 분석하여 보니 자존심이 상한 경우의 인과적 맥락은 비슷했으나 사람들이 취하는 대처방식은 세 가지 유형으로 정리된다(〈표 2-3〉). 상대방에 대하여 화를 내고 상한 자존심을 회복하는 행동, 드러내지 않고 삭이거나 회피하는 행동, 감정을 달래며 타협적으로 자존심을 회복하는 행동이다.

서구인의 자긍심이 자신의 가치에 대한 자신의 평가이고, 평가를 위한 사회적 비교의 대상을 자신이 선택하는 것에 반해서, 한국인의 자존심은 자신의 가치에 대한 타인의 평가이며, 비교의 대상이 타인에 의해서 정해진다는 차이를 보인다. 따라서 자긍심은 비교적 안정성이 있는 편이지만 자존심은 상황에 따라 유동적인 특성을 지닌다. 자기를 수용하는 것은 동서의 문화에 관계없이 필요한 것이지만 그것이 유지되고 상하는 경험은 문화적으로 상당한 차이가 있음을 인식할 필요가 있다.

**한민(1975~ )**

고려대학교에서 한성열 교수 지도하에 문화심리학 박사를 취득하였고, 우송대학교 교수로 재직하였다. 한국인의 토착적 심리현상에 대하여 질적 방법을 도구로 분석하며, 한국인의 자존심, 신명, 한국인과 일본인의 자기의 특징에 대한 연구성과를 보이고 있다. 『문화심리학』 『선을 넘는 한국인, 선을 긋는 일본인』 등의 저서를 냈고, 온라인 활동을 하고 있다.

**표 2-3 자존심 상함에 대한 대처 유형**

| | 적대적 회복형 | 회피형 | 타협적 회복형 |
|---|---|---|---|
| 동기 | • 자기가치 회복 동기 | • 상황 및 관계 고려 | • 상황 및 관계 고려<br>• 자기가치 회복 동기 |
| 행동 | • 감정의 표현(공격적) | • 간접적 표현(대치)<br>• 삭임, 사회적 표현 | • 감정의 표현(타협적) |
| 결과 | • 자존심의 회복<br>• 관계단절 혹은 유지<br>• 복합적 감정 | • 자존심 미회복<br>• 명목상의 관계유지<br>• 개인적 노력<br>• 미해결된 감정 | • 자존심의 회복<br>• 관계를 유지함<br>• 개인적 노력<br>• 자기향상적 감정 |
| 특징 | • 상황이나 상대방과의 관계보다 자존심 회복 동기가 더 강함 | • 상황이나 상대방과의 관계 때문에 자존심 회복이 불가능 | • 상황이나 상대방과의 관계를 유지하는 전제에서 자존심 회복 |

출처: 한민 외(2013) 표 2-8의 일부를 재구성함.

1. 자기성에는 문화적 특성이 녹아 있다. 구미사회는 독립적 자기문화권이며, 동양사회는 상호의존적 자기문화권으로 특징 지을 수 있다.
2. 독립적 자기문화권에서는 개인의 가치실현을 중시하고 자율성, 자기일관성을 강조하며, 상호의존적 자기문화권에서는 공동체에서의 어울림, 역할수행 목표를 강조한다. 관계맥락에 따라 자기의 모습도 상당히 차이를 보이는 것으로 나타난다. 구미에서는 자기일관성이 생활만족도에 미치는 영향이, 한국에서는 타인의 인정이 생활만족도에 미치는 영향이 크다.
3. 각기의 문화에 따라 자긍심의 바탕이 다르며 그 기능도 다르므로, 자긍심의 높낮이를 숫자로 비교하여 문화의 우열을 말하는 것은 잘못이다.
4. 자기일관성에서의 문화 차이는 문화권에 따른 세계관의 차이를 반영한다.
5. 자기고양성은 보편적으로 나타나는데 동양권에서는 집단주의적 특성에서, 서구권에서는 개인주의적 특성에서 나타난다.
6. 자긍심의 생활가치는 서구문화권에서 높기 때문에 서구문화에 노출경험이 많은 사람들에게서 자긍심이 높은 양상을 보인다.
7. 자긍심은 개인이 지닌 내적 준거에 의한 자기평가의 모습이라서 안정적이고, 한국인의 자존심은 사회적 준거에 의한 자기평가의 모습이라서 유동적이다.

# 다른 사람에 대한 파악: 인상형성과 귀인

사회생활은 다른 사람들과의 만남으로 이루어진다. 이런 만남에서 상대가 어떤 사람인가를 파악하는 것은 매우 중요한 일이다. 물리현상을 이해하기 위해서 물체가 지닌 특징을 이해해야 하듯이 사회생활에서 상대방이 어떤 사람인지를 파악하는 것은 매우 중요하므로, 사람들은 의식 · 무의식적으로 상대방을 파악하는 행동을 보인다. 사람들이 타인들을 파악하는 양상에 대하여 체계적인 탐구를 시도한 F. Heider(1958)에 따르면 인간은 세상에 대한 조리 있는 이해를 하려는 기본적인 욕구가 있으며 이 같은 이해는 사건을 예측하고 준비할 수 있다는 통제감을 심어 준다. 이러한 파악을 위하여 우리는 상대방의 생김새, 행동, 평판 등 수많은 정보를 처리한다. 이 과정에서 우리가 접하는 정보들은 정확하지 않을 수 있으며 많은 경우에는 모순된 것들이 섞여 있다. 따라서 상대방이 어떤 사람인지를 파악하는 것은 논리적으로 본다면 쉬운 일이 아니다. 더욱이 일단 형성된 인상은 상대방과의 교류 시 다각적인 영향을 주며, 상대방의 추후 행위를 해석하는 데 영향을 주므로 어떠한 인상을 지니는가 하는 것은 중요한 의미를 지니고 있다. 그래서 사람에 대한 인상형성과 사람이 보인 행동 혹은 접하게 된 사건 및 사태를 어떻게 파악하는지(귀인이라 함)를 다루는 문제는 사회심리학에서 핵심적인 관심거리로 여겨져 왔다.

하이더(Fritz Heider, 1896~1988)

오스트리아 출신으로 그라즈 대학교에서 24세에 박사학위를 받고 게슈탈트 학풍의 영향을 받아 Koffka의 조수로 일하였으며, 미국 캔자스 대학교에서 교수로 재직하였다. 1958년 『대인관계의 심리학』 저서로 사회심리학에서 대인지각, 사회인지 영역의 중요성을 제시하였다. 그의 이론의 요체를 이해하기 위해서는 최상진(1985)을 참고 바란다.

## 인상형성 과정의 원리

서로 만나서 상대방을 파악하고 인상을 형성하는 과정에서 나타나는 심리현상은 크게 두 가지로 구분하여 살펴볼 수 있다. 사람들은 상대를 만나면 외모로부터 그가 어떠할 것인지에 대한 인상을 형성하지만, 외모뿐만 아니라 다양한 요소들이 작용한다. 이들을 살펴보자.

### 외모로 판단하는 인상

**영화 〈관상〉 포스터**
얼굴은 사람의 특징과 운명을 보여 주는가?

우리는 누군가를 처음 만날 때 상대방의 얼굴이나 행동을 보고 어떤 인상을 갖게 된다. 이런 인상이 거의 자동적이고 빨리 파악되는 것이 밝혀져 놀랍다. 흥미로운 실험에서 연구자들은 66장의 얼굴 사진을 한 장씩 보여 주면서 보여 주는 시간을 변화시키면서 표적인물의 성격이 어떤지를 평가하도록 하고 이들 평가 간에 어떤 관계가 있는지를 분석하였다(Willis & Todorov, 2006). 이들 사진을 보여 주는 시간을 세 가지(1초간, 1/2초간, 및 1/10초간)로 뒤섞어서 보여 주었고, 인물의 성격이 매력적인지, 공격적인지, 호감이 가는지, 신뢰할 수 있는지, 능력 있어 보이는지를 '예/아니오'로 평가하도록 하여 분석하였다. [그림 3-1]에서 보듯이 노출시간이 길어진다고 무제한 노출 시의 판단과 상관이 증가하는 것은 아니었다. 매우 짧은 시간동안 본 사진에서 얻은 인상은 오래 본 사진에서 얻은 인상과 높은 상관을 보여 주었다. 노출시간이 길어지면서 성격 평가는 부정적인 쪽으로 나타났고, 평가하는 데 걸리는 반응시간이 짧아졌으며, 평가에 대한 확신감도 강해지는 것

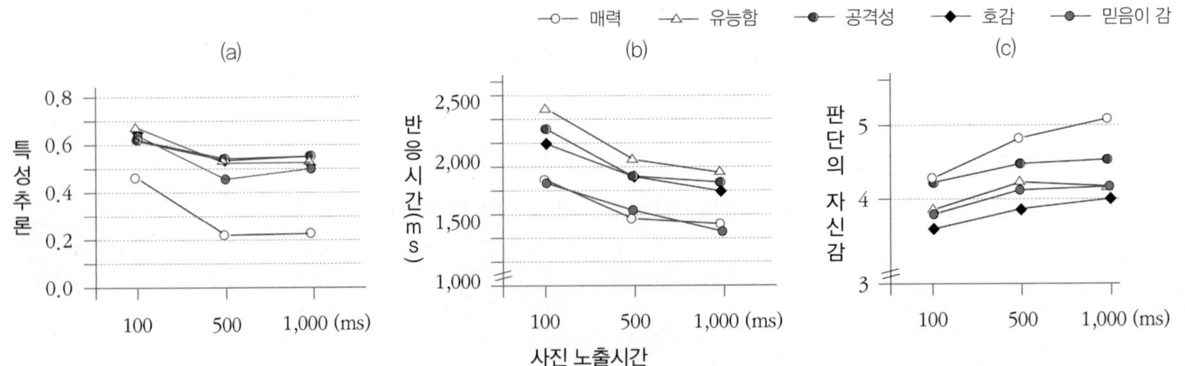


**[그림 3-1] 사진 노출 시간에 따른 성향판단(a), 반응시간(b), 판단에 대한 자신감(c)**

으로 나타났다. 노출시간과 무관하게 신뢰감에 대한 평가는 변하지 않았다.

이런 결과는 인상평가가 우리의 의식수준 밖에서 자동적으로 매우 빨리 일어남을 보여 준다. 더욱이 3~4세 아동들이 낯선 얼굴 사진을 보고 내리는 인상판단이 성인들의 판단과 크게 차이 나지 않음을 보이는 연구들은 얼굴로부터 인상을 얻는 능력이 선천적인 자질이라는 것을 시사하고 있다(Cogsdill et al., 2014).

**인상판단의 내용** 사람들이 얼굴을 보고 판단하는 내용이 무엇일까? 이를 보기 위하여 [그림 3-2]의 정중앙에 있는 무표정한 얼굴을 사람들에게 제시하고 인상에 대하여 이야기하도록 하여 이를 분석한 결과, 두 가지 중요한 차원이 이야기되는 것을 발견하였다. 그림에서 보듯이 중앙의 사진을 기본으로 얼굴의 모습을 컴퓨터 그래픽으로 다양한 형태로 변화시킨 사진을 제시하였을 때 좌우의 얼굴 모습 변화는 신뢰성의 증감과, 상하의 변화는 지배성의 증감과 관련되는 것으로 나타났다(Oosterhof & Todorov, 2008). 이들 사진은 모두 무표정한 얼굴들인데도 사람들에게 보여 주며 어떤 정서를 보이는지 물었을 때, 사람들은 신뢰할 수 있는 얼굴은 행복감을, 신뢰할 수 없는 않은 얼굴은 분노를, 지배적인 얼굴은 남성적이

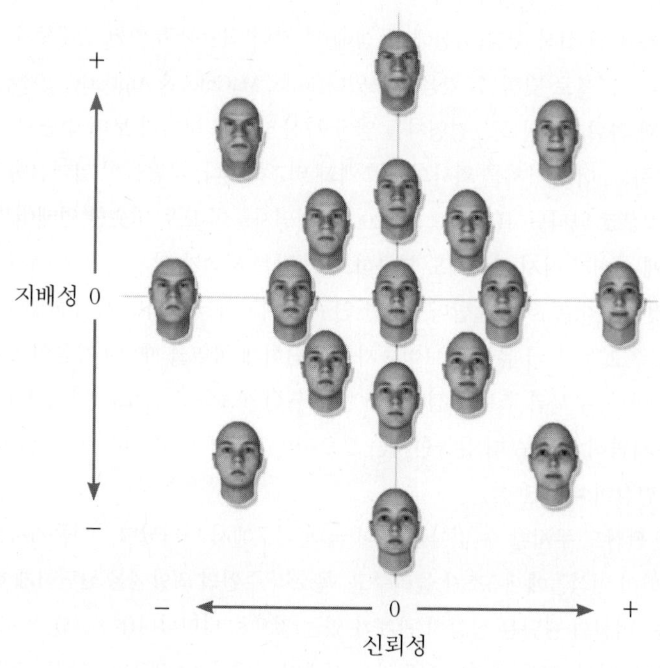


**[그림 3-2] 표정의 판단에서 나타나는 2차원의 성격 특성(신뢰성과 지배성)**

출처: Oosterhof & Todorov (2008).

고, 복종적인 얼굴은 여성적인 표정이라고 판단하는 양상을 보였다. 얼굴 생김만으로 이러한 특징을 유추해 내는 이유는 아마도 사람들이 진화의 역사를 통해서 만나는 상대가 위험한지 여부를 빨리 판단해야 했기 때문으로 보인다. 위험성에 대한 판단은 접근할 것인지 혹은 피할 것인지의 결정이며, 이를 결정하기 위해서는 상대가 자기를 해칠 의도를 가졌는지(신뢰성)와 그럴 능력을 지녔는지(지배성)의 판단이 필요한 탓에 무표정한 얼굴을 보는 것에서도 사람들은 이런 특성의 판단을 하는 것으로 보인다.

사람 인상에 대한 우리의 판단이 이렇게 순간적으로 무의식적으로 이루어진다는 것이 대인지각이 어쩔 수 없는 것을 뜻하는 것은 아니다. 자기 구역의 의원 선거처럼 상대방에 대한 판단이 중요한 경우에 우리는 다양한 정보를 얻고 이를 바탕으로 신중하게 판단하는 양상을 보인다. 즉, 상대를 알아야겠다는 동기가 강한 경우에 우리는 첫인상을 벗어난 판단을 한다(Riggio & Riggio, 2010).

**곁글 3-1** 짧게 본 얼굴에서 받은 첫인상의 정확성

순간적으로 상대방의 얼굴만 보고서 내리는 판단이 과연 정확할까? 이를 검증하는 연구들은 1/20초라는 짧은 순간만 제시된 얼굴을 보고서 상대방이 남자인지 여자인지, 연령대가 어느 정도인지, 어떤 인종인지를 놀라울 정도로 알아맞힐 뿐만 아니라, 상대가 지닌 성적 취향(이성애, 동성애)과 같이 외관상 뚜렷한 범주로 구분되지 않는 내용에 대하여도 우연보다는 높은 확률로 맞힐 수 있음을 보였다(Rule, MaCrae, & Ambady, 2009). 또 한 연구는 포춘 500대 기업의 상위그룹과 하위그룹의 최고경영자들 얼굴 사진 50개를 하나씩 보여 주면서 그의 리더십, 호감, 유능감 등을 평가하도록 하고, 이 평가치를 회사의 매출액과 비교하였다. 사람들이 리더십이 높으리라 여긴 사람들은 경영실적도 높은 것으로 나타났다(Rule et al., 2008). 경영자들이 모두 비슷한 연배이고, 대부분이 백인이며, 생김새에 있어서 크게 차이가 나지 않음에도 불구하고 이 같은 차이가 잠시 본 사진에서 얻어진 첫인상으로부터 나타날 수 있다는 것은 흥미롭고 또 놀랍다. 또 한 연구는 미국의 국회의원 지역구에서 당선된 사람과 낙선된 사람을 짝 지어 보여 주고 누가 더 유능해 보이는지를 판단하게 하였을 때, 더 유능한 사람들로 판단된 사람들의 당선율이 69%로 나타나, 무작위 추측의 정확성 50%를 훨씬 웃도는 것으로 나타났다(Todorov et al., 2005). 유능하다는 인상을 준 사람이 실제로 더 유능한지는 모르지만, 유능하다고 여겨지는 사람에게 표를 던질 가능성이 높은 까닭에 이런 현상이 나타난다.

한편, 목소리를 잠시 듣고서 하는 판단도 무시할 수 없다는 것이 국내 연구에서 나타났다. 신문기사를 담담하게 읽는 젊은 남성 목소리를 녹음하여 여성들에게 3초간 들려주고, 목소리 주인의 외향성을 판단하게 하였다. 녹음자 스스로의 판단과 녹음을 듣는 여성의 판단은 상당히 관계가 있는 것으로 나타났다($r = .43$). 8개월이 지나서 목소리 남성이 보이는 성취지향적 가치, 삶을 즐기는 정도와도 상관이 나타나 3초의 노출에서도 어느 정도 정보를 얻을 수 있음이 나타났다(신지은, 서은국, 손미나, 2014).

어떻게 이런 현상이 나타나는가? 이런 연구 결과는 짧은 순간에 얻게 되는 첫인상이 무시해도 되는 것이 아님을 보여 주며, 우리가 아직 잘 이해하지 못하고 있는 자동적인 인지체계(본서 4장 참조)에 의해서 상대방의 중요한 특징이 포착되고 있음을 시사하고 있다. 이러한 무의식적인 체계에 더해서 몇 가지 기제가 첫인상의 정확성을 높일 수 있다(Zebrowitz & Collins, 1997). 우선, 동일한 유전자가 심리적 특성과 외모의 특성 발현에 작용하여 둘 사이에 관계가 깊게 나타날 수 있다. 또한 심리적 특성이 신체적 특성에 영향을 미칠 수 있다. 예를 들어, 게으른 사람은 운동을 싫어해서 비만해질 가능성이 높다. 반면에, 신체적 특성이 심리적 특성을 키울 수도 있다. 예컨대, 매력적인 외모의 소유자는 다른 사람들에게 환대를 받으면서 대인관계에서 자신감을 지니게 될 것이다. 이들에 더하여, 우리가 상대방에 대하여 지니게 된 인상이 상대에게 전달되어 상대로 하여금 우리의 기대에 부응하는 행위를 보이게 만드는 **자성예언적 현상**이 작용하여 상대방에 대한 인상이 타당성을 지니게 될 수 있다.

## 인상형성에서 나타나는 기제들

다음의 인물에 대하여 당신은 어떠한 인상이 드는가?

> "그는 스스로에 대하여 과대망상적이어서 유아독존격인 생각을 갖고 있으며 자기만큼 대단한 인물은 없다고 생각한다. 다른 사람들이 자기와 다른 생각을 갖는 것을 용납하지 못하며 자기를 비판하는 사람을 사정없이 공격하며 남들이 방해했다고 생각되면 자제력을 잃고 흥분한다. 책임감도 약하며 남에게서 빌린 돈을 제대로 갚는 일이 드물며 자기의 열렬한 팬의 부인을 침대로 끌어들였다."(Taylor, 1966)

바로 독일이 낳은 위대한 작곡가 리처드 바그너에 대한 이야기다. 음악가로서 바그너의 명성은 매우 탁월하기 때문에 일반 사람들이 그에 대하여 품고 있는 생각은 매우 호의적이다. 그러나 이 인물이 바그너라는 것을 알았을 때와 몰랐을 때, 우리의 인상은 크게 다를 것이다.

애쉬(Solomon Asch, 1907~1996)
폴란드에서 태어나 미국으로 건너가 컬럼비아 대학교에서 심리학 박사학위를 취득한 유대계 교수다. 게슈탈트적 관점을 취해서 대인지각 연구를 하여 초두효과 등의 현상을 정리 · 발표하고, 동조실험으로 명성을 날리고, Milgram을 제자로 키웠다.

**초두효과** 그 이유는 틀이 다르게 작용하기 때문이다. 앞에 든 바그너의 사례에서 상대가 바그너라고 알았을 때 위대한 예술가란 틀에서 그에 대한 정보들이 처리되지만, 모르고 들었을 때는 망나니라는 틀에서 그에 대한 정보들이 처리되는 것이다. 이 현상을 보여 준 고전적 연구에서 Asch(1946)는 학생들에게 가상적인 인물에 대한 성격을 묘사하는 형용사들을 나열하여 제시하고, 학생들이 그 인물에 대하여 느끼는 인상이 무엇인지를 쓰게 하였다. 한 조건에서는 형용사의 순서가 "똑똑하고, 근면하고, 충동적이며, 비판적이고, 고집이 세며, 질투심이 강함"이었고, 다른 조건에서는 똑같은 형용사들을 제시하는 순서를 뒤바꿨을 뿐이다(즉, 질투심이 강하고, 고집이 세며……). 참가자들은 긍정적인 형용사들이 먼저 제시되었을 때 상대방에 대하여 훨씬 더 호의적인 인상을 느끼는 것으로 나타났다. 이같이 먼저 제시된 정보가 나중에 제시된 정보보다 더 큰 영향력을 보이는 것을 초두효과라고 한다.

처음에 제시된 정보가 틀(맥락)을 형성하고 이 맥락 속에서 나중에 제시된 정보가 해석되기 때문에 나중 정보가 지니는 의미가 달라지는 것이다. 어떤 사람이 '똑똑하다'고 들었는데 그가 성실하고 정직하다는 것을 알았을 때와 그가 성실하지 못하다는 것을 알고서 '똑똑하다'는 것을 알게 되는 경우는 똑똑하다는 정보가 달리 해석되어 앞의 경우는 유능하고 믿음직하다는 인상이 형성되고, 뒤의 경우는 요령꾼, 사기꾼이란 인상이 형성될 수 있다(곁글 3-2).

일단 형성된 첫인상을 바꾸는 것은 가능한가? 첫인상을 바꾸는 것은 바쁘거나, 다른 할 일이 있을 경우에는 나타나지 않는다([그림 3-4]). 사람들은 특별한 이

**곁글 3-2** **초두효과는 사회적 영향에도 작용한다!**

같은 능력과 배경, 자원을 지닌 사람들이라 해도 하는 일의 성패를 예측하기 어렵다. 관찰자가 보기 어려운 개인의 특성 때문에 차이가 나타날 수도 있지만, 한 연구는 초기의 우연적 성공경험이 성패를 가를 수도 있다는 가능성을 실험적으로 검증하였다. 연구자들은 소규모(1,000~5,000달러)의 크라우드 펀딩(crowd funding)을 하지만 아직 지원자가 없는 293개를 선정하여 무작위로 실험집단과 통제집단으로 나누어 실험집단에는 모금액의 1%를 보냈고, 통제집단에는 보내지 않았다. 연구자들은 펀딩 마감 기일까지 모금이 되는 양상을 관찰하였다. 아울러 연구자들은 매우 인기 높은 소비자보고/평가/고발 누리집에 올려진 평가글 중에서 답글이 달리지 않은 글들의 내용을 보고 잘 쓴 정도를 판단하여, 잘 쓴 것들을 골라 이들의 절반은 실험조건에 배정하여 글에 대한 평가를 '매우 도움이 됨'이라고 표시하였고, 통제조건에 배정된 글들은 아무 응답 없이 놓아두었다. 이들 글에 대하여 댓글 및 응답이 달리는 양상을 두 주간 기록하였다. 유사한 절차를 적용하여 각종 청원 내용을 올리고 지지자를 모으고 있는 누리집에서 지난 24시간 동안 아무런 응답이 없는 청원들을 실험집단과 통제집단으로 구분하여, 실험집단에는 12명이 신규 지지하도록 하여, 아무도 지지를 보이지 않은 통제집단과 비교해서 2주간 일반인의 서명이 이루어지는 양상을 비교 · 분석하였다. [그림 3-3]에서 보듯이 초기에 거둔 성공의 효과는 말미까지 활동의 내용(펀딩, 평가, 청원 등)과 무관하게 지속되는 것을 볼 수 있다. 연구자들은 초기 성공의 양(반응 빈도)을 4배로 증가시킨 조건을 추가하여 비교하는 실험도 하였는데, 그 효과가 약간 증가하지만 큰 차이가 없는 것을 보았다. 이 연구는 초기에 우연적일 수 있는 성공의 경험 여부가 성패에 영향을 미치는 효과를 흥미롭게 보이고 있다.

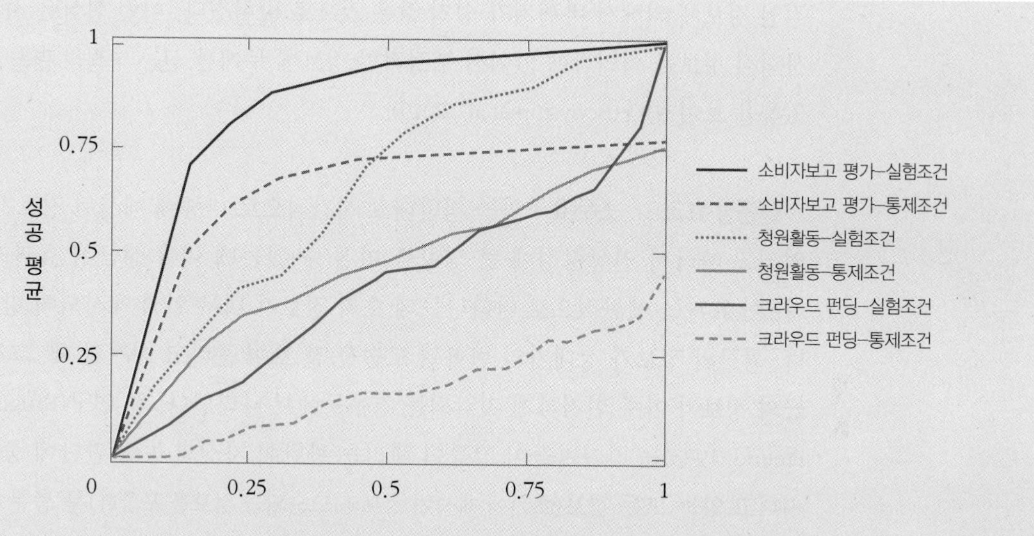


**[그림 3-3] 초기 성공의 영향이 지속되는 양상을 보이는 현장실험 결과**

가로축은 개입시간(0)에서 마감시간(1)까지의 시간을 정규화시켜 표기하였고, 세로축은 마감시간의 실험조건 응답을 1로 잡고 반응이 이루어지는 빈도를 상대적으로 표기하고 있다.

출처: van de Rijt et al. (2014), Fig. 2의 일부.

유가 없는 한, 자신이 접하는 정보를 참인 것으로 자동적으로 받아들이고, 여유가 있을 때 그 진위 여부를 고려하여 판단을 조정하는 양상을 보인다(Gilbert et al., 1993). 그러나 상대방과 계속 교류하게 되면 첫 대면에서 본 것들 이후로도 다양한 정보를 얻게 된다. 처음에 갖게 된 긍정적인 인상은 나중에 알게 된 부정적인 정보에 의해서 영향을 많이 받지만, 처음에 갖게 된 부정적인 인상은 나중의 긍정

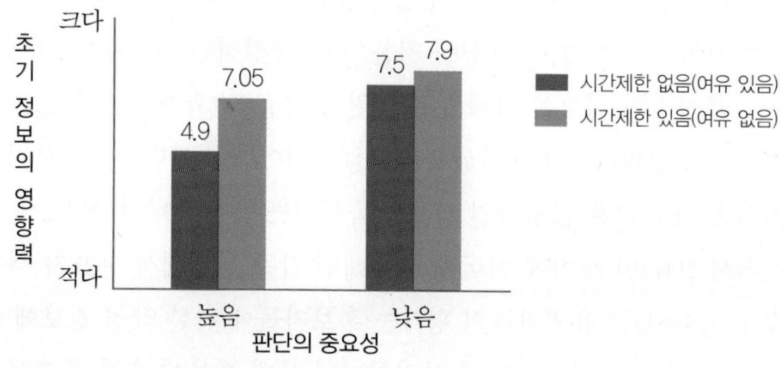


**[그림 3-4] 초두효과에 미치는 시간 제한의 영향**

초두효과는 시간적 여유가 없거나 판단의 중요성이 높지 않을 때 특히 잘 나타난다.

출처: Kruglanski & Freund (1983).

적인 정보에 의해서 바뀌기가 쉽지 않은 것으로 밝혀졌다. 이런 현상은 사람들이 사회적 정보를 처리함에 있어서 부정적인 정보에 무게를 싣는 부정성 편향을 갖고 있음을 보여 준다(Bodystun et al., 2019).

**신근성 효과** 초두효과와는 정반대로 시간적으로 나중에 제시된 정보가 잘 기억되고 따라서 인상형성에 큰 영향을 미칠 수 있는데 이를 신근성 효과라고 한다. 이 효과는 제한적으로 나타나는데 초기 정보가 너무 일찍 제시되어 망각되거나, 최근의 정보가 상대자의 변화된 모습을 잘 보여 준다고 여겨질 때, 그리고 최근의 정보가 아주 현저하게 지각되는 경우들에서 나타난다. 한 연구(Kruglanski & Freund, 1983)는 참가자들이 그들이 내리는 판단이 자신의 능력 판단에 중요하며 지니고 있는 모든 정보(초기에 제시된 정보와 모순되는 정보를 포함한)를 충분히 고려할 시간적 여유가 있을 때도 초두효과를 상당히 감소시킬 수 있음을 보이고 있다. 이 같은 몇 가지 예외적인 경우를 제외한다면 초두효과가 인상형성의 일반적인 현상이다.

**현저성 효과와 부정성 편향** 사람들은 상대방이 제시하는 여러 정보에 공평하게 주의를 기울이기보다는 현저하게 부각되는 면에 의지해서 인상을 형성하게 된다. 심리학에서 가장 잘 알려진 지각상의 원리는 '도형–배경 원리'라고 할 수 있는데 이것이 대인지각에서도 적용된다. 즉, 상대와의 만남에서 유난스럽게 주의를 끄는 상대의 모습을 중심으로 그에 대한 인상을 갖추게 된다는 것이다. 일반적으로 사람들은 대인관계에서 상대로부터 긍정적인 정보를 많이 접하기 쉽다. 그러므로 어쩌다 눈에 뜨이는 부정적인 정보는 드물게 보이면서 주목을 끄는 현저성 효과를 지녀, 상대방의 파악에 큰 영향을 준다(Fiske, 1980). 사람들은 긍정적인 정보보다 부정적인 정보에 더 관심을 기울이고, 긍정적인 정보를 바탕으로 내린 판단보다는 부정적인 정보를 바탕으로 내린 판단을 더 확신하는 양상을 보인다(Hamilton & Zanna, 1972), 이런 현상을 부정성 편향이라고 한다. 아주 부정적인 정보가 얻어졌을 경우 다른 긍정적인 정보는 묵살되는 양상이 나타난다.

1968년에서 1980년 사이에 미국에서 행해진 각종 선거에서 투표자 행위를 분석한 연구(Lau, 1982)는 유권자들의 평가는 후보자들에 관한 악성 정보에 의해 크게 영향 받는 것을 보였다. 이 탓에 선거철이면 상대 후보에 대한 흑색선전과 루머가 난무하는 것은 국내외 정치판에서 차이가 없다. 그런 정보는 투표에 미치는 효과가 크다고 여겨져서 이런 정보를 유통시키는 것을 불법으로 하고 있다. 정보처리 양상에서 일반적으로 나타나는 부정성 편향은 사람들이 보이는 투표와 마케팅에서 큰 영향을 주는 것으로 여겨진다. 그러나 최근에 이 편향이 사람들이 지닌 동기적 정보처리에 의해 영향받는다는 것이 드러나고 있다(Kunda, 2000). 미국에서 1992년과 1996년 치러진 대선을 분석한 결과, 특정 후보 혹은 정당에 대한 뚜렷한 선호를 지니고 있는 경우에는 자당 후보에 대해서는 부정적 정보에 의한 영향이 별로 나타나지 않고, 상대당 후보에 대한 평가에서만 뚜렷이 나타남을 보인다([그림 3-5]; Klein & Ahluwalia, 2005). [그림 3-5]에서 클린턴 지지자들에게 클린턴의 장점(똑똑함, 배려심 등)은 중요한 비중을 차지하지만, 부시 지지자들에게는 클린턴의 약점(도덕성, 정직)이 중요한 비중을 차지하는 것을 볼수 있다. 기존의 투표 양상 분석에서 나타난 부정성 편향은 유권자의 후보 선호도를 구분하지 않았

(a)

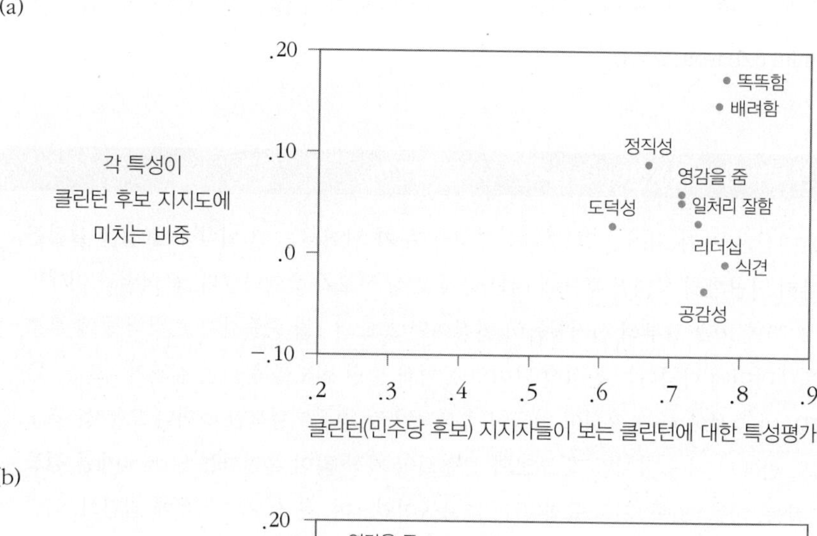


(b)

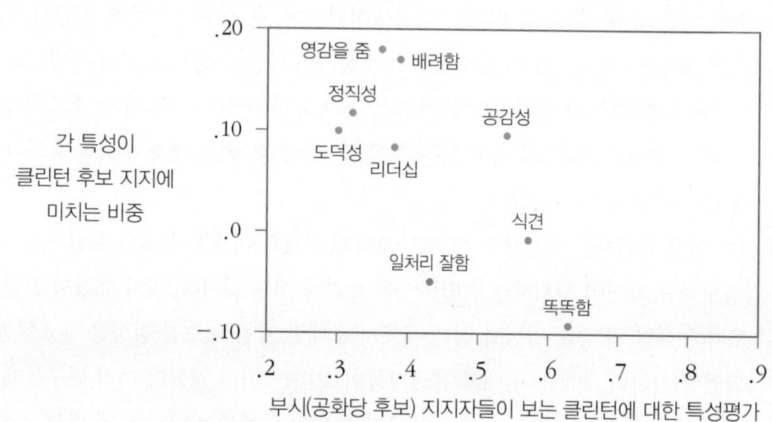


**[그림 3-5] 각 정당 지지자들이 보이는 클린턴에 대한 특성평가와 각 특성이 클린턴 지지에 미치는 영향**

출처: Klein & Ahluwalia (2005), Fig. 2.

을 때 나타났을 가능성이 높다. 선거에서 상대방 후보에 대한 흑색선전들이 난무하지만 그 효과는 자기가 지지하는 후보가 아니라 반대하는 상대 후보에 대한 평가를 더욱 낮추는 방향으로 작용한다.

그러나 좋은 정보와 나쁜 정보가 같은 수로 나타나고 있는 경우에도 유독 나쁜 정보가 현저하게 부각되는 양상이 있는데, 이는 지각의 현저성 탓만으로는 설명이 되지 않는다. 이에는 진화론적 설명이 가능하다. 상대방의 나쁜 면과 좋은 면에 대하여 나쁜 면(칼을 든 상대방)을 놓쳤을 경우에 지각자에게 오는 손실은 좋은 면(빵을 든 상대방)을 놓쳤을 경우에 오는 손실에 비해서 매우 클 수가 있다. 그래서 우리들은 나쁜 정보에 더 민감하게 반응하며 진화의 적응력을 키워 왔을 것이다(Pratto & John, 1991; Rozin & Royzman, 2001; Vaish et al., 2008). 부정성 편향에 대한 진화론적 설명은 여섯 달 된 유아가 나쁜 일에 대해서는 장난감 행위자의 의도를 탓하지만 좋은 일에 대하여는 그런 양상을 보이지 않는 발견으로도 힘을 받는다(Hamlin & Baron, 2014).

**곁글 3-3** 상대방에 대한 비방과 흑색선전이 효과적인 선거전략일까

2022년 3월 치루어진 20대 대선은 '누가 되어야 하느냐'가 아니라 '누가 되어서는 안 되냐'가 표심을 결정한 선거로 기억된다. 선거 초반부터 막판까지 상대방 후보에 대한 온갖 악성 정보가 횡행하였다. 윤석열과 이재명이 각 당에서 후보로 선출된 2020년 10월 경부터 선거활동이 한창이던 2022년 1월 중순까지 트위터 등에 후보와 관련된 단어들이 언급된 빅테이터에 나타나는 감성적 단어의 유형과 출현 빈도를 분석한 결과가 〈표 3-1〉에 나와 있다(공윤엽 외, 2022). 이 후보에 대한 감성어 언급이 긍정적인 것이나 부정적인 것이나 모두 윤 후보에 비해서 월등히 많아, 인지도 면에서 더 높았지만 각 후보와 관련되어 가장 많이 출현하는 단어 50개를 검토해 보면, 이 후보의 경우에 대장동, 아들, 조폭, 의혹 등과 같은 내용들이었으며, 윤 후보의 경우에 김건희, 이준석, 조국 트위터 계정, 부인과 같은 내용들이었다. 이 후보의 경우에 부정적인 내용이 범죄/도덕성과 관련된 것이며, 윤후보의 경우에 도덕성보다는 능력/무능과 관련된 내용이 많은 것으로 나타났다. 아울러 이 후보의 경우에 부정적 단어의 출현빈도가 윤 후보의 경우보다 2배 이상 많은 것을 알 수 있다. 이 점에서 부정성 효과가 윤 후보보다는 이 후보에게 더 크게 작용하였다고 볼 수 있다.

한편, 지난 20대 대선에서 선거 전날 유권자를 대상으로 한 조사에서 윤석열과 이재명에 대한 유권자의 지지도는 후보 개인에 대한 좋은 감정보다는 자신이 지지하는 정당이기에 호감을 지닌 것이며, 이런 호감이 강한 경우에 투표하고자 하였으며, 후보자에 대한 안 좋은 감정과 상대 후보자에 대한 호감/비호감 감정은 투표행동에 영향을 주지 못한 것으로 분석되었다(김하나, 2023). 국내의 유권자들이 보이는 이런 양상이 여러 연구들에 의해서 확인될 필요가 있지만, 미국에서 투표행위가 개인이 보는 후보자에 대한 평가를 반영하는 데 반해서 한국에서는 후보자에 대한 평가보다는 지지정당에 의해 크게 영향받음을 시사한다.

**표 3-1** 20대 대선 당시 윤석열, 이재명 후보에 대한 트위터의 감성어 출현빈도 분석

| | | 이재명 후보 | | 윤석열 후보 | |
|---|---|---|---|---|---|
| | | 긍정적 단어 | 부정적 단어 | 긍정적 단어 | 부정적 단어 |
| 상위 단어 5개 | 출현빈도 | 214,271 | 525,270 | 87,381 | 213,874 |
| | 내용 | 지지, 정상, 믿다, 좋다, 희망 | 의혹, 범죄, 싫다, 논란, 거부 | 지지, 진심, 낫다, 잘하다, 찬양 | 의혹, 범죄, 논란, 망언, 허위 |

출처: 공윤엽 외(2022).

1. 처음 보는 상대방에 대한 인상형성은 순간적이고 자동적으로 이루어지며, 상대방의 신뢰성과 지배성에 대한 판단이 주요 내용이다.
2. 대인지각과정에서 나타나는 특징들로 초두효과, 신근성 효과, 현저성 효과, 부정성 편향을 들 수 있다.
3. 부정성 편향은 동기화된 인지와 상호작용하면서 내집단의 사람보다 상대집단 사람에게 뚜렷이 나타난다.

# 대인지각의 내용

## 무의식적으로 처리되는 정보들

소개팅에 나가 만난 상대방이 보여 주는 수많은 정보(생김새, 말투, 했던 일, 취미, 만난 장소 등) 중에서 우리는 어떠한 정보를 처리하는가? 우리는 상대방이 어떤 사람인지를 알아보겠다는 의도를 갖고 정보탐색에 나서기도 하지만, 많은 정보를 별 의식 없이 자동적으로 처리한다. 이렇게 무의식적으로 처리되는 정보들이 우리들의 판단에 영향을 미친다. 특히 나에 대한 정보, 자주 경험하는 정보, 나쁜 행위에 대한 정보, 집단범주에 대한 정보의 네 가지가 무의식적으로 처리되는 정보들이다(Wegner & Bargh, 1998). 그 증거로 우리는 떠들썩한 모임자리에서도 자신의 이름이 불리는 것을 놓치지 않으며(칵테일파티 현상), 스트룹 과제 수행 시, 쓰인

**스트룹(stroop) 과제**
카드의 가운데에 색깔을 지칭하는 글자(예: 노랑)를 쓰고 카드 색깔을 글자와는 다른 색으로 만들어 제시하면서, 카드 색깔 혹은 글자를 말하게 하는 과제다. 하나의 정보를 처리하면서 주위의 정보가 무의식적으로 같이 처리되는 양상을 보이는 데 많이 쓰이는 실험과제다.

단어가 자신이 자주 접하는 단어(자신의 성격, 가치, 태도 등)일 경우에 과제수행이 더 느려지는 현상을 보이며(Bargh & Pratto, 1986), 상대방에 대한 나쁜 행위, 특징에 대한 정보에 민감한 것을 들 수 있다(Fiske, 1980). 상대방이 속한 집단 관련 정보, 특히 성, 인종, 연령은 무의식적으로 처리가 이루어진다. 이 밖에도 생김새, 신분 등에 대한 정보들이 자동적으로 처리된다. 집단에 대한 고정관념은 정보처리의 효율성을 도와주어, 한정된 주의자원을 다른 것에 돌릴 수 있도록 도와준다(Macrae & Bodenhausen, 2000; 본서 10장 참조). 고정관념이 활성화되면, 고정관념과 불일치하는 정보들의 처리에 제동이 걸려 우리의 주의 밖으로 밀려나는 현상이 나타난다(Dijksterhuis & Van Knippenberg, 1996). 상대방에 대하여 정확하게 파악하려는 것은 상당한 노력을 요하는데, 우리가 그러한 동기를 강하게 가지고 있지 않는 한, 많은 정보는 우리의 의식 밖에서 자동적으로 처리가 이루어지며 상대에 대한 인상형성에 영향을 미친다.

**사람 판단의 두 기본적 차원** 사람들은 남을 판단하는 경우에 상대방에 대한 여러 자료가 없어도 한두 가지 정보를 바탕으로 상대가 어떤 사람인지 추측한다. 사회의 통념에다가 개개인들이 사회생활을 하면서 나름대로 갖게 된 성격 이론을 갖고 있기 때문에 이를 적용시키는 것이다. 이를테면, 입술이 얇은 사람은 신의가 없으며, 달변인 사람은 신중하지 못하다는 등 자신의 사회 경험을 통해 터득했거나 민간 속설, 관상학, 독서 등을 통해서 믿게 된 것들인데 이러한 믿음 혹은 이론들을 내현성격이론(Schneider, 1973)이라고 한다. 이 이론은 개개인마다 생활경험을 통해서 나름대로 지니게 될 수 있지만, 많은 사회에서 공통적으로 나타나는 것들도 있다. 대표적인 것이 어린아이의 얼굴 모습(동그란 눈, 튀어나온 볼과 이마, 큰 머리통 등등)을 가진 사람들을 어린아이와 비슷한 성격(순진하고, 잘 속고, 약하고,

1928년에 처음 나온 미키마우스 모습이 그동안 바뀌면서, 더욱 아동의 얼굴 모습을 띠는 형태로 진화되어 왔다.

순종적인)을 지녔다고 여기고, 이와는 대조적으로 작은 눈, 좁은 이마, 각진 턱을 지닌 얼굴의 사람을 강하고 지배적인 성격을 지닌 것으로 여기는 양상을 들 수 있다(Zebrowitz & Montepare, 2005). 이런 내현성격이론의 적용 탓에, 같은 범죄를 저지른 사람일지라도 어린이의 얼굴 모습을 지닌 피의자들이 받는 양형이 적은 것으로 나타난다(Zebrowitz & McDonald, 1991).

사람들이 타인을 만나면서 상대에 대하여 파악하고자 하는 중요한 특징은 무엇일까? 그동안 이루어진 이 분야의 많은 연구들을 정리할 수 있는 모형으로 제시된 이중관점 모형(dual-perspective model)에 따르면, 다양한 특징들은 주체성과 어울림성이라는 두 가지 차원에서 정리될 수 있다(Abele & Wojciszke, 2007; Wojciszke et al., 2011). 주체성이란 상대방이 주체적으로 일을 도모하고 수행할 수 있는 역량을 알려 주는 특징들이다. 이런 특징에는 활동성, 주장성, 창의성, 똑똑함, 지혜, 논리성, 자신감, 자율성 등이 포함된다. 어울림성이란 상대방이 타인을 배려하고, 포용하며 좋은 관계를 맺어 갈 수 있는지를 알려 주는 특징들로, 돌봄, 신뢰감, 자기희생, 겸양, 공감, 충성심, 포용력, 감수성 등이 포함된다. 사람들은 두 가지 중에서 주체성보다는 어울림성의 판단에 일반적으로 더 큰 중요성을 부여하는 것으로 나타난다. 상대방을 만날 때 알고 싶어하는 정보 10가지를 적으라 하였을 때 평균적으로 여덟 가지는 어울림성에 대한 특징으로 나타났다(Wojciszke et al., 1998). 인상형성에 있어서 어울림성의 정보는 주체성의 정보보다 더 큰 영향을 미치며, 더 빨리 처리된다(Abele & Bruckmüller, 2011; Ybarra, Chan, & Park, 2001). 한 연구에서는 자신이 알고 있는 사람 20명에 대하여 전반적인 호감도를 표시하고, 주체성 및 어울림성에 관한 항목 20개에 그들을 평가하게 하였다. 상대방에 대한 호감도에 영향을 미치는 것은 주체성보다는 어울림성 관련 특징인 것으로 나타났다(Wojciszke et al., 1998, 연구 3).

우리가 타인의 특성을 파악하려는 이유는 상대방과 어떠한 행위—동업, 비밀토로 등등—를 해도 되는지 여부를 판단하고자 하기 때문이다. 상대방과 어떤 관계를 지향하는가에 따라 중요하게 여기는 특징은 다르게 나타나기도 한다. 상대와 동업을 하거나, 성과를 목표로 일하는 경우(교환관계)에는 상대방의 주체성 정보(능력, 의지 등)를 중시하지만, 상대와 우정이나 친분을 맺으려는 경우(친분관계)에는 상대방이 얼마나 믿을 만한지, 자신을 수용할 것인지의 어울림성 정보를 중시한다([그림 3-6]; 조긍호, 1990; Abele & Wojciszke, 2013).

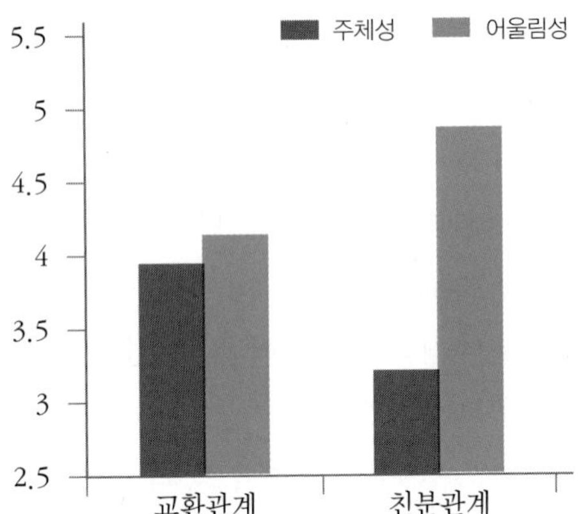


**[그림 3-6] 교환관계와 친분관계에서 상대방에 대하여 요구하는 특징의 유형**

교환관계에서는 두 가지 특징을 고루, 친분관계에서는 어울림의 특징을 요구한다.

출처: Abele et al.(2013) 연구 2의 결과.

**도덕성 차원** 최근에 어울림성 차원이 도덕성(삶의 자세: 원칙적인, 정직한, 공정한, 책임지는 등)과 친화성(따듯한, 친근한, 까다롭지 않은, 외향적인 등)으로 구분되는 차원이라는 주장이 제시되었다(Goodwin et al., 2014; Landy et al., 2016). 사람들에게 표적인물을 도덕성이 높은 사람 혹은 낮은 사람으로 설정하고, 이 도덕성에 친화성의 높고 낮음을 결합시켜 제시하고, 또 도덕성에 역량의 높고 낮음을 결합하여 제시하여 네 가지 표적인물에 대한 전반적인 호감도를 평가하도록 하였다. 즉, 표적인물 1은 정직하고 따듯함, 표적인물 2는 정직하고 차가움, 표적인물 3은 정직하고 유능함, 표적인물 4는 부정직하고 유능함 등으로 제시한 것이다(곁글 3-4참조). 결

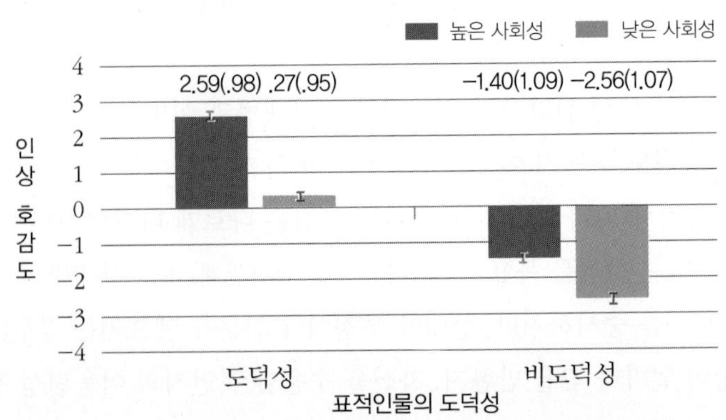


**[그림 3-7] 도덕성이 좋아야 사회성이 제대로 평가받으며, 부도덕하면 사회성이 높고 낮음에 관계없이 부정적인 평가를 받음**

출처: Landy et al. (2016).

과를 보면, 사람들은 도덕성이 좋아야 사회성 좋은 것을 높게 평가하지만, 부도덕한 인물에 대하여는 그의 사회성이 좋고 나쁨에 관계없이 부정적인 평가를 하는 것으로 나타났다([그림 3-7]). 도덕성과 역량의 좋고 나쁨을 조합한 것에 대한 평가도 유사하게 나타났다. 즉, 도덕성이 좋다면 다른 차원의 특징이 좋건 말건 긍정적인 평가를 받지만, 어울림성이나 역량이 긍정적인 평가를 받는 것은 도덕성이 전제되었을 때로 나타났다. 이런 결과는 도덕성과 사회성이 유사해 보이지만 분명히 구분되는 특징임을 보여 준다(Brambilla & Leach, 2014). 능력이나 사회성이 낮은 상대방에 대해서는 위협을 느끼지 않지만, 도덕성이 낮은 상대방에 대하여

### 곁글 3-4 한국인의 사람평가—된 사람, 난 사람

된 사람인가 난 사람인가는 한국 사회에서 누군가를 평가할 때 흔히 쓰는 표현이다. 전자는 사람의 도덕성을 포괄하는 어울림성의 의미를 지니고 있고, 후자는 능력과 성취를 위주로 하는 주체성에 대한 판단이다. 대학생을 대상으로 여러 표적인물을 제시하면서, 그에 대한 정보를 삶의 자세와 능력 면에서 긍정적인 것과 부정적인 것을 조합(예: 맡은 일에 책임을 다한다+창의적이다/ 정직하게 살려 한다+아둔한 편이다 등)하여 제시하고, 표적인물에 대한 호오도를 평가하게 한 결과, [그림 3-8]에서 보듯이 능력보다는 삶의 자세가 더 큰 영향을 미치는 것으로 나타났다(한규석 외, 2004b). 즉, 능력이 긍정적일지라도 삶의 자세가 좋지 않다면 평가는 나쁘게 이루어진다. 이중관점 모형에 비춘다면 한국인들도 주체성의 정보보다는 어울림성의 정보를 더 중요하게 보는 것이다. 다른 학생들에게 이번에는 삶의 자세와 대인관계의 정보를 긍정적인 것과 부정적인 것을 조합(예: 성실한 삶의 자세를 지니고 있다+대인관계가 원만하다/맡은 일에 최선을 다한다+자기중심적이다 등)하여 제시하고, 호오도를 평가하게 한 결과 삶의 자세 못지않게 대인관계에 대한 정보도 중요한 영향을 미치는 것으로 나타났다([[그림 3-8]). 삶의 자세가 불량해도 어울림성이 좋다면 용서가 된다는 이 결과는 관계주의적 경향이 강한 한국 사회의 특징을 반영하고 있는 것으로 해석될 수 있다.

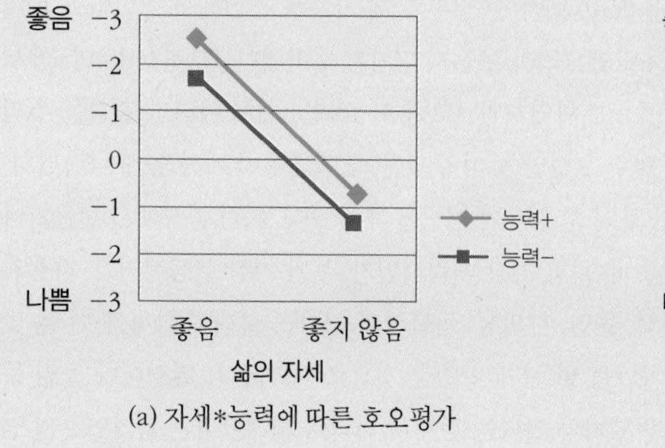

(a) 자세*능력에 따른 호오평가

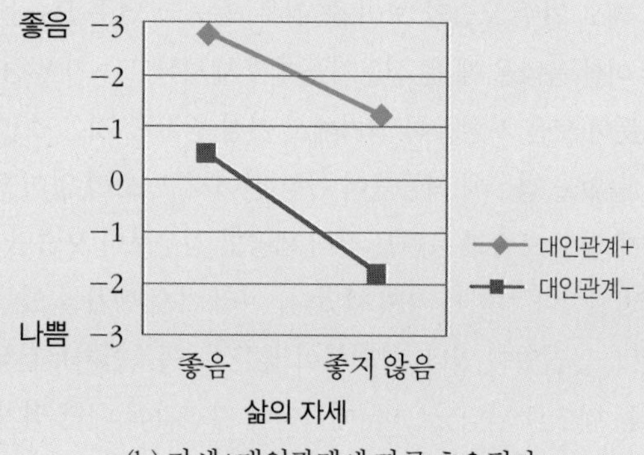

(b) 자세*대인관계에 따른 호오평가

**[그림 3-8] 표적인물에 대한 호오평가**

사람들은 위해를 당할 수 있다고 생각하며, 이 가능성이 상대방에 대한 호감을 낮추는 것이다(Brambilla et al., 2012).

**비언어적 정보의 중요성** 많은 내용의 정보는 비언어적 방식으로 전달되며, 이도 대인지각에서 중요한 역할을 담당한다. 일반적으로 비언어적 방식(몸짓, 손짓, 표정 등과 목소리의 높낮이, 떨림, 세기와 같은 부언어적인 것을 포함)은 언어적 방식의 내용에 맞추어 자연스럽게 이루어진다. 이 경우에도 비언어적 방식은 없어서는 안 될 중요한 정보를 제공해 준다. 이를 잘 보여 준 연구(Archer & Akert, 1977)에서 참여자들에게 두세 사람이 대화를 나누는 비디오를 보여 준 후 비디오의 내용에서 유추해 낼 수 있는 것에 대해 물었다. 비디오는 사회현장에서 두세 사람이 실제 대화를 나누는 1분 안팎의 짧은 내용이었는데, 한 장면에서는 두 여성이 일곱 달 된 아기를 데리고 노는 상황이었고, 참여자들은 어느 여자가 아기의 엄마인지를 맞추도록 하였다. 이 장면에서 오고 간 대화를 문장으로만 본 참여자의 경우에는 엄마를 맞히는 확률이 반반이었으나, 비디오를 본 참여자의 경우에 정답률은 훨씬 높았다. 이는 비언어적 방식에 담긴 내용이 그만큼 추가적인 정보를 제공하며, 사람들이 그러한 단서를 능숙히 활용한다는 것을 보여 준다(곁글 3-5 및 6-1 참조).

**곁글 3-5** 음악가의 연주에서도 시각정보는 중요해!

음악은 청각에 의존한 활동이라고 사람들은 생각한다. 연주를 잘하고 못하고는 청각으로 하는 판단이라고 보지만 최근의 연구는 소리를 죽인 연주 모습만 보여 주는 것만으로도 사람들의 평가는 실제 경연에서의 연주자의 수상을 더 잘 예측할 수 있다는 것을 보인다. 10개의 국제적인 피아노 경연대회의 최종 결선에 오른 응시자 세 사람의 연주 실황에서 6초 동안의 연주를 뽑아서 실험자극으로 삼았다. 실험자극은 음원 자극만 보여 준 경우, 음원은 빼고 연주 모습만 보여 준 경우, 음원과 연주 모습을 모두 보여 준 경우의 세 가지로 편집해서 일반인과 10여 년 이상 음악을 해 온 전문가들에게 제시하고 누가 일등을 했으리라 보는지 평가하게 하였다. [그림3-10]의 a에서 보듯이 모든 사람들이 평가에서 가장 중요한 것은 소리라고 하였지만, [그림 3-10]의 b에서 나타난 결과는 소리만 들었을 경우에 적중률이 가장 떨어지고, 소리 없이 연주 모습만 보여 주었을 때 적중률이 가장 높게 나타났다. 실제 연주 모습과 음원을 같이 제공한 경우보다 모습만 보여 준 경우가 적중률이 높았다. 이런 양상에서 전문가나 일반인이나 차이가 나지 않았다. 여러 가지 평가를 했을 때(누가 가장 매력적인가, 누가 가장 열정적인가, 자신감 있나, 몰입되어 있나, 창의성이 높은가, 독특한가), 열정, 몰입, 창의성, 독특성의 평가는 실제 수상자를 더 잘 맞추는 것으로 나타났으며, 매력이나 자신감에 대한 평가와는 별 관계가 없는 것으로 나타났다. 열정이나 몰입 등의 특징들은 소리로서 표현되기보다는 모습으로서 표현되기가 쉽다는 점에서 청각이 지배한다는 음악연주의 평가도 우리는 무의식적인 수준에서 상대의 모습에 의해 영향을 많이 받는다는 것을 알 수 있다(Tsay, 2013).

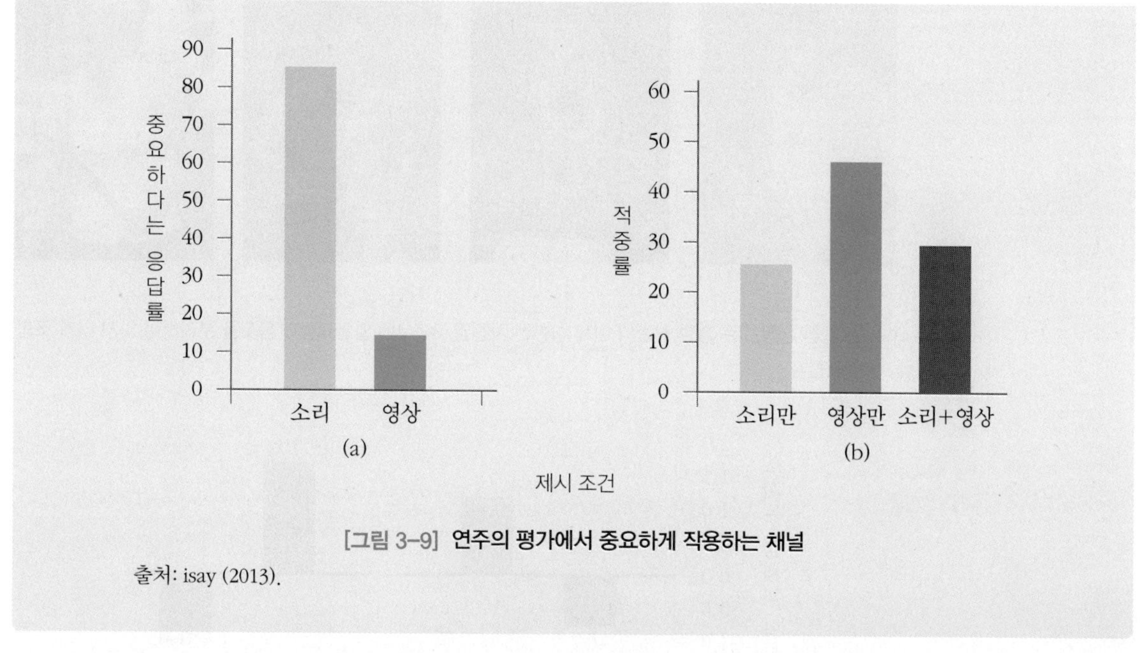


**[그림 3-9] 연주의 평가에서 중요하게 작용하는 채널**

출처: isay (2013).

그러나 언어적 내용이 애매하거나, 내용이 상황에 맞지 않는 경우, 또 말하는 사람이 거짓말하는지를 알고자 하는 경우에 사람들은 언어보다 비언어적 표현에 비중을 둔다. 비언어적 표현은 자율신경계의 지배하에 있어 사람들이 의식적으로 완전히 통제할 수 없기 때문이다. 흥미롭게도 언어적 내용과 그 내용이 전달되는 비언어적 내용이 일치하지 않는 경우에(기쁜 일을 침울한 투로 이야기하는 따위) 5세 이하의 아이들은 80%의 경우에 언어적 표현에 의존해서 말하는 사람의 정서를 판단하고, 10세가 되면 이 비율이 40% 정도로 떨어지고, 성인이 되면 거의 비언어적 방식에 의존해서 판단하는 양상이 나타난다(Morton & Trehub, 2001). 이는 사회화 과정을 통해서 대인지각의 방식이 언어에서 직감으로 변화됨을 보여 준다.

표정과 몸짓 어느 것이 중요한가? 프로테니스 선수들이 중요한 경기에서 점수를 따거나 잃을 때 보이는 얼굴 표정과 몸짓을 분리하여 사람들에게 제시하면서 선수가 느끼는 정서를 맞추도록 하였을 때([그림 3-9a]), 얼굴표정은 별 도움이 안 되지만 몸짓으로는 상당히 정확하게 정서를 맞추는 것으로 나타났다([그림 3-9b]; Aviezer et al., 2012). 그렇지만 흥미롭게도 사람들은 얼굴표정에 의지해서 정서를 판단하고 있다고 말한다. 감정이 극단적으로 경험될 때 우리의 얼굴표정은 이를 제대로 표현해 내지 못한다(너무 기쁠 때 울음이 나오는 경우를 생각해 보라!). 이 경우 우리는 자기도 모르게 몸짓에 의존한다.

(a) 1은 실점 상황, 2는 승점 상황의 실제 상반신 사진임. 3과 4는 얼굴표정과 몸짓을 분리하여 맞지 않게 조합한 사진임

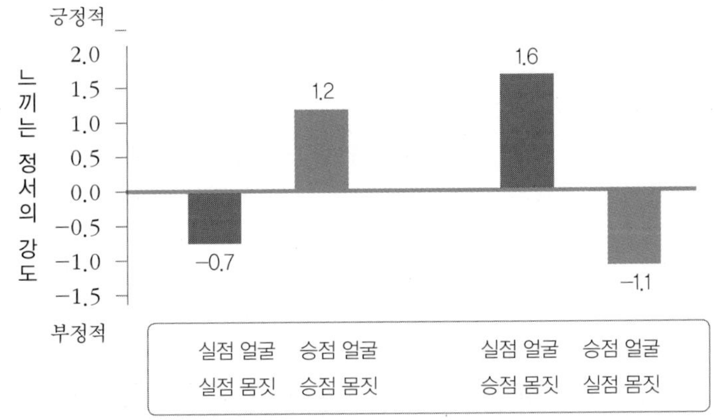


(b) 사람들의 정서판단은 얼굴보다 몸짓에 맞추어 나타남을 보임

**[그림 3-10] 표정인가, 몸짓인가?: 정서판단의 통로**

출처: Aviezer et al. (2012), Fig. 2.

## 외모의 후광효과

**통합(메타) 분석**
특정 주제에 관련하여 이루어진 많은 경험적 연구 결과가 일치하지 않는 증거를 보여 주는 경우에 각 개별 연구들의 결과를 마치 하나의 사례처럼 간주하여 분석함으로써 그 주제에 대한 혼란을 정리하고, 통합하는 새로운 틀이나 모형을 제시하는 연구다.

한국은 성형공화국이다. 2013년에 나온 국제미용성형외과협회 통계에 따르면, 한국은 인구 10만 명당 성형수술 건수가 79건으로 세계 1위다. 미국(65건), 이탈리아(64건), 일본(45건) 순으로 뒤를 잇는다(한겨레신문, 2014. 8. 15.). '아름다운 것은 좋은 것!'이라는 고정관념은 동서양 공통인 듯 싶다. 많은 경험적 연구의 결과를 통합한 메타분석은 매력적인 사람이 그렇지 않은 사람에 비해 거의 모든 영역(대인관계 자신감, 적극성, 지적 능력, 성실성)에서 유리한 평가를 받는다고 결론지었다. 다만, 타인에 대한 배려성에 있어서는 차이가 없으나, 겸손이나 사치성에서 부정적으로 여겨짐을 발견했다. 외모의 후광효과는 여자뿐 아니라 남자를 대상으로도 나타나고 있다(Eagly et al., 1991; Feingold, 1992).

**아름다움의 평가에 미치는 얼굴의 특징** 다양한 얼굴의 특징들—작은 눈, 큰 코, 얇은 입술, 주걱턱, 호랑이 눈썹 등—이 어우러져 얼굴에 대한 인상을 형성한다. 한 연구(박은아, 서현숙, 2009)는 얼굴의 특징이 어떤 인상을 주는 역할을 하며, 이들이 최종적으로 아름답다는 평가에 어떻게 영향을 미치는지를 보고자, 인터넷에 올려진 취업 증명사진첩에서 수집한 다양한 사람들의 사진(남녀 각 46장)을 남녀 대학생 평가자 460여 명에게 주고 얼굴의 물리적 특징과 심리적 인상을 평가하도록 하였다. 여성 얼굴의 매력을 평가하는 물리적 특징으로는 눈 크기와 모양, 얼굴선, 코 높이, 피부결, 입의 크기, 눈썹 등으로 나타났다. 심리적 특성으로는 단아함, 당당한 자신감, 깜찍스러움, 편하고 따뜻함, 섹시함 등이 나타났다. 여성 얼굴의 평가에 가장 큰 영향을 미치는 것은 단아함이었으며, 섹시함도 긍정적으로 나타났다. 당당한 자신감은 경력 여성에게 긍정적으로 작용했으나 일반 여성에게는 부정적인 영향을 주었다.

한편, 남성 얼굴에서의 매력적인 특징으로 부각된 것은 여성과 비슷하였다. 심리적 특성으로는 단정하고 훤칠함, 앳되고 여림, 강한 개성, 편하고 선해 보임이 나타났다. 이들 심리적 특성 중에서 단정하고 훤칠함이 전반적인 잘생김 평가에 가장 큰 영향을 주며, 앳되고 귀여움도 긍정적인 평가를 주는 것으로 나타났지만, 강한 개성(남성적)은 별 영향을 주지 못하였고, 편하고 선해 보임은 부정적인 영향을 주는 것으로 나타났다.

**곁글 3-6** 국내 정치인의 인상과 당선 가능성

선거 때가 되면 후보들의 사진이 담장들을 도배한다. 누구나 자신의 얼굴이 사람들에게 호소력을 지녀 표심을 끌어당기기를 원한다. 그런데 어떤 인상이 도움이 될까? 유능한 인상일까, 온화한 인상일까? 서구의 연구들에서는 유능하게 여겨지는 후보자가 그렇지 않은 후보자보다 선택될 가능성이 높다는 것이 밝혀졌다. 국내의 연구자들이 미국과 한국의 대학생들에게 각국에서 국회의원 선거에 출마하였으나 얼굴이 잘 알려지지 않은 90명의 동성의 후보자 얼굴(미국은 백인후보만 제시함)을 서로 경합한 사람끼리 짝으로 묶어 45쌍을 제시하며 누가 더 유능하게 보이는지를 판단하도록 하고, 선거 결과와 비교하는 연구를 수행하였다. 양국의 참여자들이 양국의 후보 얼굴에 대하여 모두 판단을 내리도록 하였다. 얼굴을 보고서 내리는 유능성 판단은 양국 모두 비슷하였다. 즉, 동일한 얼굴에 대하여 한・미 참여자들 모두 유능성에 대한 판단은 차이가 없었다. 흥미롭게도 미국 후보에 대하여, 한국과 미국 참여자가 더 유능하다고 여긴 후보가 당선된 비율은 60% 정도로 우연(50%)보다 높았다. 그러나 한국 후보에 대하여는 유능하다고 여긴 후보가 당선된 비율은 우연의 수준을 넘지 못하였다([그림 3-11]). 연구 참여자들에게 유능성을 판단하도록 하고서 자신이 투표를 한다면 누구에게 표를 던지겠느냐를 물었을 때 양국 참여자 모두 자신이 유능하다고 여기는 사람에게 표를 던지는 비율이 높게 나왔다. 이런 결과는 대학생들이 유능하다고 여겨지는 후보에게 표를 준다고 말은 하지만, 실제 선거 결과를 보면 유능성 판단이 미국에서는 표심을 끄는 중요한 요인으로 작용하지만 한국에서는 아니라는 것을 의미한다(Na et al., 2015).

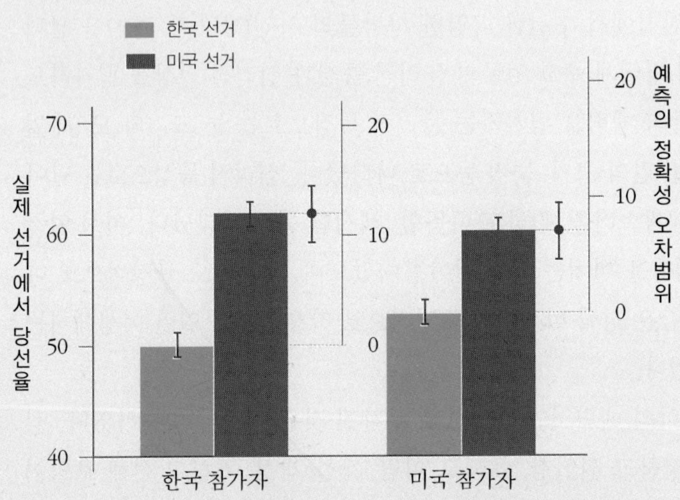


**[그림 3-11] 한국과 미국 의원선거에 나선 후보에 대한 한국과 미국의 연구참여자가 내린 유능성 평가와 선거 결과의 관련성**

왼쪽 그림은 한국 참여자가 유능하다고 평가한 한국 후보자의 당선율은 50% 정도이나, 미국 후보자에 대하여 유능하다고 판단한 사람의 당선율은 60%를 넘었다. 오른쪽 그림은 미국 참여자의 판단결과다. 각 그림의 오른쪽 세로축은 양국 후보에 대한 당선 가능성 예측의 오차범위를 보이고 있다. 한국 참여자의 오차가 미국 참여자보다 큼을 보인다.

출처: Na et al. (2015), Fig. 1.

그렇다면 한국에서 표심을 끄는 얼굴의 특징은 무엇인가? 이를 밝히기 위해서 정치인들의 얼굴을 모르는 경기도의 한 초등학교 3학년생을 대상으로 2012년과 2016년 총선에 출마하여 경합한 정치인들의 선거용 홍보물에 나타난 얼굴사진 60개를 선택하여 경합한 지역별로 두 개씩 짝으로 제시하며, 두 후보 중에서 누가 더 똑똑해 보이는지(유능성)와 누가 친구가 더 많아 보이는지(사회성)를 평가하도록 하고, 이 평가를 실제 선거 결과와 비교하였다. [그림 3-12]에서 보듯이 2012년과 2016년 모두 유능성이 높다고 지각된 후보보다 사회성이 높다고 지각된 후보의 당선 확률이 높은 것으로 나타났다(나진경, 허진, 2016).

상대의 얼굴만 보고서 하는 신뢰성과 유능성의 판단결과가 아동이나 어른에게서 차이가 없다는 기존의 연구(Cogsdill et al., 2014) 결과를 원용한다면 이런 연구 결과는 한국과 같은 집단주의적 문화권에서 사람들이 중요하게 여기는 것은 개인적 역량과 관련된 속성이기보다는 사회적 관계(포용성, 어울림성 등)와 밀접히 관련된 속성임을 시사한다. 유사한 결과가 대만과 미국의 비교 연구에서도 나타났다(Chen et al., 2016). 이런 결과는 상대방의 얼굴에서 받는 유능성, 신뢰성의 정도는 문화권에 차이 없이 공통되지만, 그런 속성이 각 사회에서 시회적 사건(투표 등)에 작용하여 미치는 영향은 나라별로 차이가 있음을 보여 준다(Rule et al., 2010).

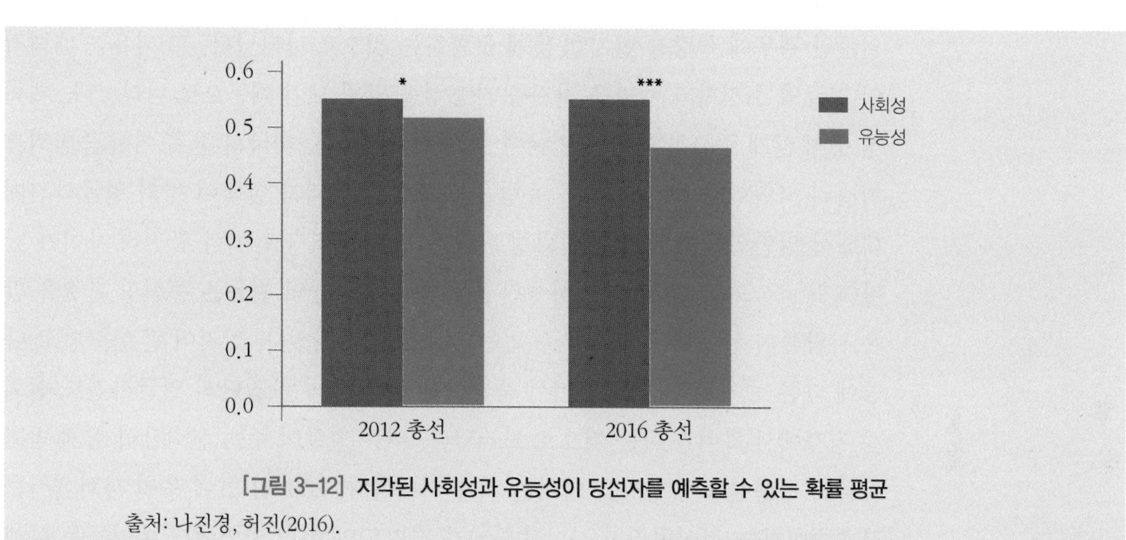


[그림 3-12] 지각된 사회성과 유능성이 당선자를 예측할 수 있는 확률 평균

출처: 나진경, 허진(2016).

**얼굴의 매력과 사회적 판단** 얼굴의 매력에 대한 판단은 순간적으로 이루어지며, 유발된 정서는 상대방에 대한 판단은 물론 무관한 일에도 영향을 미친다. 한 연구는 인식하지 못할 정도로 짧게(약 1/100초) 제시된 매력적인 얼굴이 뒤이어 제시된 다양한 단어의 의미가 좋은 것인지 나쁜 것인지를 판단하는 데 걸리는 시간에 영향 주는 것을 보였다(Olson & Marshuetz, 2005). 매력적인 얼굴이 제시된 경우에는 긍정적인 단어가 좋은 것인지 나쁜 것인지를 판단하는 시간이 더 빨리 이루어졌다. 얼굴사진을 뒤집어서 제시하거나, 아름다운 집 사진을 제시한 경우에는 이런 촉진 현상이 나타나지 않았다는 점에서 얼굴의 매력성은 의식의 수준 이하에서 빨리 포착되며 포착되는 경우에 본능적으로 긍정적인 정서를 유발하는 것으로 보인다. 이런 증거는 첫인상에 대한 처리가 고도의 정신활동을 관장하는 신피질 영역이 관여하기보다는 원시적인 뇌 영역의 소관이며, 통제할 수 없는 자동적인 처리기제로 작용함을 의미한다. 사람들은 매력적인 얼굴을 쉽게 포착하고, 기억하며, 긍정적인 것들과 연상시켜서 처리하는 진화적 기제를 발전시켜 왔다고 하겠다.

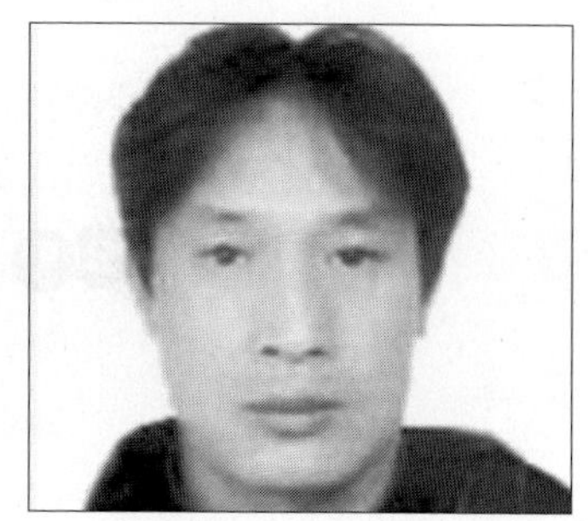

연쇄살인범 강호순

국내에서 여대생을 대상으로 한 연구는 매력적 얼굴에 대한 지각이 범인에 대한 형량판단에 영향을 미침을 보여 주었다(고재홍, 1994). 현상수배 된 남자 범인의 얼굴사진에서 매력적인 사람과 그렇지 못한 사람의 얼굴을 골라서 그가 강간사건의 범인이거나 교통사고의 과속 운전자라고 알려 주고 구형량을 물었다. 여대생들은 강간범이 매력적인

얼굴인 경우에 형량을 현저히 낮게 구형하는 것으로 나타났다. 그 이유는 매력적인 얼굴의 소지자가 재범을 저지를 가능성을 낮게 보기 때문으로 나타났다. 매력성 못지 않게 중요한 특징이 얼굴이 주는 신뢰성이다. 미국의 한 주에서 중범죄를 저질러 사형이나 종신형의 두 유형을 선고받은 범죄자 칠백여 명의 얼굴사진에 대해서 일반인들이 평가한 신뢰성 판단은 두 유형의 집단에서 확연히 차이가 났다(Wilson & Rule, 2015). 즉, 사형판결을 받은 사람들의 얼굴은 종신형 판결을 받은 사람들의 얼굴보다 신뢰할 수 없는 것으로 평가되었다. 심지어 판결을 받고 나중에 다른 증거로 혐의가 없어서 풀려나온 사람들의 두 집단의 얼굴사진도 신뢰성 평가에서 차이가 나는 것으로 드러났다. 이는 얼굴이 주는 신뢰감이 실제 범죄자들의 형량산출에 영향을 미치는 것을 의미한다. 2009년 초에 우리 사회에서는 강호순이라는 정신병질자(사이코패스)가 경기도의 여러 지역에서 여성들을 살해한 범인으로 잡혀 화제를 불러일으켰다. 고급차를 몰던 그의 타고난 외모 탓에 여성들이 그의 탑승제의를 의심하지 않았다가 변을 당한 것으로 보인다.

**매력은 보기만 좋은 것?** 매력적인 남녀 얼굴은 보기만 좋은 것이 아니라 배우자들이 원하는 특징을 지닌 것과 무관하지 않다는 것으로 나타나 흥미롭다. 국내에서 대학생 참여자들에게 다양한 사람들의 얼굴사진을 보여 주고, 매력도를 평가하게 하고, 이 얼굴의 사람들이 지닌 신체적인 특징과 사회경제적인 특징을 조사하여 매력도 평가와의 관련성을 분석하였다(Shin, Suh, & Jang, 2018). 매력적이란 평가를 받은 남자들은 사회경제적 지위도 높은 경향을 보였으며, 매력적이란 여성은 날씬한 몸매(허리와 골반 길이의 비율)를 지닌 것으로 나타났다. 얼굴의 매력도가 이성의 상대에게서 바라고 있는 자원(남성의 경제력, 여성의 신체매력)과 관련성이 있다는 것이다. 이런 관련성이 나타나는 이유는 밝혀지지 않았으나, 진화의 과정에서 그런 특성들을 감지하여 매력을 느끼는 기제가 갖추어져 무의식적인 수준에서 작동하는 것으로 여겨진다.

**요약**

1. 대인지각의 내용에 있어서 사람들은 상대방이 지닌 집단관련 정보(성, 인종, 연령 등)를 무의식적으로 자동 처리하며, 생김새, 출신 등에 대한 정보들도 자동적으로 처리된다.

2. 대인교류에서 상대방에 대한 지각의 두 가지 차원은 주체성과 어울림성이다. 어울림성은 도덕성과 친화성으로 구분될 수 있다. 어울림성과 도덕성에 대한 판단이 상대방에 대한 호감에 가장 큰 영향을 준다.
3. 외모가 지닌 후광효과는 광범위하게 나타난다. 매력적인 사람은 대인관계 자신감, 적극성, 지적능력, 성실성에서 유리한 평가를 받는다. 후광효과는 특히 해당 문화권에서 중요하게 여기는 덕목에서 잘 나타난다.
4. 비언어적인 행위와 단서는 상대방의 진의를 파악함에 있어서 유용한 정보를 제공한다.
5. 매력에 대한 평가는 상대방의 사회적 행위에 대한 판단에도 영향을 주며, 실제 사회적 정보를 제공하기도 한다.
6. 인상형성 시에 사람들은 자신이 지니고 있는 내현성격이론과 고정관념을 활용한다. 인상형성은 교류 초기에는 상대방이 보여 주는 행동들의 보기에 의해서 영향을 받지만, 교류가 진행되면 보기들에서 유추된 특성들에 의해서 영향을 크게 받는다.

## 행위/사건/일의 파악: 귀인과 설명

2014년 4월 16일 아침 수학여행 길에 들떠 있는 고등학생과 일반인들 470여 명을 태우고 제주로 가던 대형여객선 세월호가 진도 앞바다에서 전복되었다. 구조를 기다렸으나 구조활동이 제대로 전개되지 못하여 299명이 수장되고 5명이 실종되는 대형 참사였다. 우왕좌왕하는 해경의 구조활동, 학생들에게 움직이지 말고 기다리라고 하고서 저들만 빠져나온 선장과 선원들, 청해진 해운의 과다선적 및 허위보고, 안전 점검에 소홀한 감독청 및 종사자들, 배의 결함 등등 다양한 요인들이 종합적으로 사고를 초래한 것으로 분석되고 있다(곁글 9-10 참조). 더욱이 배가 침몰하는 전 과정이 TV로 네 시간 이상 생중계되어 지켜 본 모든 이들에게 충격을 준 사건이었다. 이같은 대형 사건뿐만 아니라 사람들이 생활하면서 겪는 많은 사건들에 대해서도 사람들은 무엇 때문에 사건이 발생하였는지 궁금해하며, 나름대로 분석을 한다. 이 분석이 사회적 사건에 대한 대처행위와 전개양상에 큰 영향을 미친다. 세월호 참사 때 박근혜 대통령이 해경에게 무능하게 대응했다는 책임을 묻

2014년 4월 16일 진도 앞바다에서 전복되어 가라앉고 있는 세월호와 구조선박들. 구조작업이 제대로 이루어지지 못하여 304명이 목숨을 잃은 참사가 되었다.

고, 61년간 해양안전을 맡아 왔던 해양경찰청을 해체하고 다른 정부조직으로 편입시켜 버린 예에서 이를 잘 볼 수 있다. 이렇게 행동이나 사건의 원인을 귀속시키는 과정인 귀인(歸因)은 세상사를 이해하고 대처하기 위해 꼭 필요한 행위이다.

사람들이 예기치 못했던 나쁜 일을 접하였을 때 더욱 귀인을 탐색하는 경향이 강한데, 이는 추후에 유사한 일의 발생을 예측하거나 예방하려는 동기 때문이다 (Pyszczynski & Greenberg, 1981). 귀인은 귀인자의 감정, 태도를 결정짓는 역할을 한다. 길을 가다가 물벼락을 맞았을 때 상대방이 당신을 보고도 의도적으로 물을 뿌렸다고 생각했을 때와 모르고 실수로 그리했다고 여길 때 당신이 보이는 행동은 다를 것이다.

**귀인의 차원** 사람들이 사건을 파악하는 귀인의 가장 중요한 차원은 내외 귀인 차원이다. 내귀인은 사건을 행위자의 성격, 의도, 동기, 건강 상태 등 내적 요인 탓으로 설명하는 것이고, 외귀인은 상황, 과제, 운, 역할 등 행위자가 처한 상황에서 작용하는 요인 탓으로 설명하는 것이다. 대표적인 요인을 지목하여 전자를 성향귀인, 후자를 상황귀인이라고도 한다. 또 하나의 귀인 차원은 안정성–가변성이다. 성격으로 내귀인을 한다면 이는 안정적 요인이지만, 기분으로 한다면 이는 가변적인 요인이다. 세 번째 귀인의 차원은 일반성–특수성이다. 유사한 상황에 일반적으로 적용되는 것인지 해당 상황에만 적용되는 특수성을 지닌 것인지를 보는 것이다.

**곁글 3-7** 사건에 대한 당신의 설명양상은

당신이 살아오면서 경험한 좋았던 일 세 가지와 나빴던 일 세 가지를 생각하면서 각 사건이 왜 일어났는지를 간단히 설명해 보라. 그 설명을 보고 사건의 원인이 ① 자신 탓이었나 아니면 다른 사람이나 상황 탓이었나, ② 안정적인 요인 탓이었나 아니면 변동적인 요인 탓이었나, ③ 그 상황에서만 작용한 것인가 아니면 유사한 다른 상황들에도 일반적으로 작용하는 것인가를 따져 보라. 나쁜 경험에 대하여 나의 안정적이며 일반적인 특성 탓이라고 여기는 것은 비관적 설명유형이며, 일시적이며 당시의 상황 탓으로 여기는 것은 낙관적 설명유형이라 할 수 있다.

Seligman 등은 하버드 대학교의 학생이었던 사람들이 제2차 세계대전이 끝난 1946년에 전쟁 중에 가장 어려웠던 경험을 어떻게 설명하는지에 대한 기록을 얻어 각 개인의 설명양상을 파악한 다음, 이들이 졸업 후 60세까지 정기적으로 신체검사를 받으면서 남긴 건강기록과 대조하며, 설명양상과의 관계를 종단적으로 검토하였다. 그 결과, 40세까지는 아무런 관계가 나타나지 않았다. 이는 아마도 이들이 대체로 40세까지는 건강했기 때문으로 여겨진다. 그러나 45세 이후 상관이 뚜렷이 나타나고 있어, 젊었을 때의 낙관적인 설명양상의 정도가 노인이 되어 누리는 건강상태에 긍정적인 영향을 미치는 것을 볼 수 있었다(Peterson et al., 1988; [그림 3–13]).

**표 3-2** 사건에 대한 귀인의 분석 차원

| 차원 | 사건 | 비관적 | 낙관적 |
|---|---|---|---|
| 안정성-가변성 | 좋은 일 | 오늘은 운이 좋군.<br>상대가 지친 모양이군. | 나는 언제나 운이 좋아.<br>상대가 형편없군. |
| | 나쁜 일 | 이제 끝장이군.<br>사장은 나쁜 놈이야. | 지금은 너무 지쳤어.<br>사장이 기분이 안 좋군. |
| 일반성-특수성 | 좋은 일 | 내가 그 재주는 있거든.<br>사장에게 오늘 잘 보였거든. | 내가 하려고 하면 다 돼!<br>사장이 기분이 안 좋군. |
| | 나쁜 일 | 선생님들은 모두 다 그래.<br>책은 아무 쓸모없어. | 한 교수는 형편없어.<br>이 책은 전혀 도움이 안 돼. |
| 내부-외부 | 좋은 일 | 오늘 운이 좋군.<br>동료들 덕분에 잘 되었지. | 행운이 아무한테나 오나?<br>내가 포기하지 않았거든. |
| | 나쁜 일 | 내가 어리석은 탓이야.<br>내가 돈에는 약해. | 네가 할 일을 못한 탓이야.<br>내가 가난하게 자란 탓이야. |

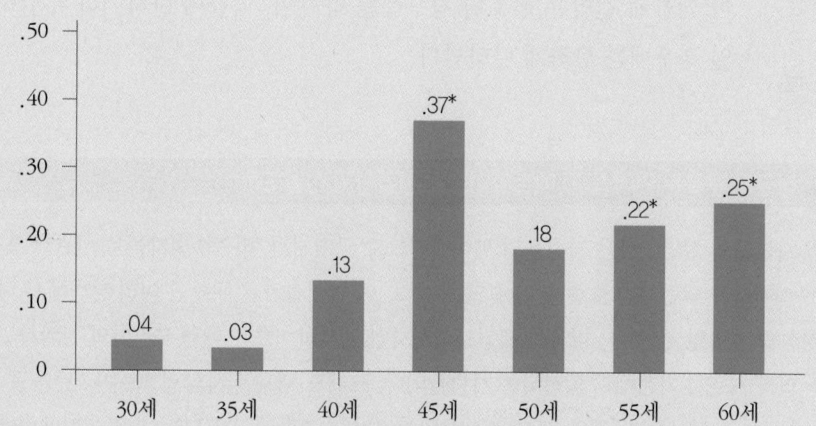


[그림 3-13] 20대 때의 설명양상과 다양한 나이에서의 건강상태의 상관관계

출처: Peterson et al. (1988).

## 행위에 대응하는 성향 추론: 대응추리 이론

교통경찰에게 뇌물을 주려다 고발된 사람, 시합하다가 싸움으로 번져 상대를 살해한 사람, 소개팅에 나와 멋있게 자기를 표현한 사람 등을 보면서 과연 그들이 보인 행동이 행위자의 내면을 반영하는지 우리들은 궁금해한다. 통상 사람들은 드러난 행위에 대응하는 태도, 의도, 바람, 성격 등의 심리적 속성을 행위자가 지니고 있다고 여긴다. 이를 대응추리(Jones & Davis, 1965)라고 한다. 사람들의 행위는 그의 내적 성향 탓에서 나타나기도 하지만, 다양한 상황적 요인에 의해서도 나타날 수 있기에 사람들의 대응추리 양상에도 분석의 논리가 작용한다. 첫 번째는 절감의 원리(Cha, 1971; Kelley, 1973)로 행위를 야기할 만한 이유가 여럿 있을 경우에 내적 성향 탓을 하는 강도는 줄어든다. 서비스 센터에 들어가서 친절한 점원을 대한다면, 그 점원은 역할 때문에 친절함을 보일 수 있으므로, 그 사람이 친절한 성품을 지닌 사람이라는 생각에 대한 확신은 줄게 되는 것과 마찬가지다. 두 번째는 증가의 원리로 행위를 가로막는 요인이 있었음에도 불구하고 행위가 나타났다면 내적 성향 탓을 더 확신한다. 예를 들어, 교수가 학생들에 의한 교수평가를 해야 한다는 주장을 한다면, 교수의 권익에 대한 제한을 감수하겠다는 발언이므로 그가 소신이 강한 사람이라는 내귀인을 하기 쉽다. 두 가지 원리가 작용하기 때문에 관찰자들이 행위자의 내적 속성으로 귀인하는 대응추리적 귀인양상은 그 행동이 역할에 걸맞은 행동일 경우에는 약하며, 역할에 반하거나 부합하지 않는 행동일 경우에는 강하게 나타난다.

**결글 3-8** 성공을 부르는 언어습관: 메트라이프의 신입사원 선발 도박

사건에 대한 사람들의 설명양상은 사람들의 언어습관으로 굳어져서, 비관주의자들은 비관적 표현을 입에 달고 살며, 낙관주의자들은 낙관적인 표현을 입에 달고 산다. 이 언어습관은 생활의 여러 장면에서 나타나므로 이를 분석하여 성향을 파악할 수 있다. 미국의 생명보험회사인 메트라이프는 매년 5천 명의 신입사원을 선발하는데, 이들은 6만 명의 지원자 가운데서 엄선되는 사람들이다. 그래도 채용된 사람의 50%가 1년을 못 견디며, 80%는 4년을 넘기지 못하고 퇴사한다. 직원 한 명을 채용하는 경비가 3만 달러가 넘는다. 보험판매업에서 성공하는 사람들은 낙관적인 언어습관을 보이는 사람들이라는 가설을 갖게 된 중역진은 Seligman 박사의 자문을 받아 대담한 인사선발 실험을 했다(Seligman & Schulman, 1986).

이들은 1985년 초 회사에 지원한 15,000명을 대상으로 설명양식 질문지와 경력분석표를 작성하도록 하였다. 이들은 이전의 채용방식에 따라 경력분석표를 분석하여 공채로 1,000명을 선발하였다. 아울러 경력분석표 기준을 아깝게 통과하지 못한 지원자들 가운데 설명양식 질문지에서 낙관성 점수가 높은 사람들 129명을 특채로 추가하였다. 이들 두 팀에 속한 사원들의 활동을 2년간 조사한 결과, 입사 첫해에 공채된 낙관주의자들은 비관주의자들보다 8% 높은 실적을 올렸다. 입사 2년 차에는 31% 더 높은 실적을 보였다. 특채된 사람(모두 낙관주의자임)의 경우에 공채된 비관주의자들보다 첫해에 21% 판매실적이 높았고, 2년차에는 57% 높았다. 메트라이프는 이 실험을 계기로 경력분석표에 통과하였더라도 비관적인 설명을 하는 사람들을 불합격시키고 있다(Seligman, 1990, pp. 183-184).

## 반복된 관찰이 가능할 때 귀인양상: 공변모형

상대방의 행위를 다양한 상황에서 보았을 때 사람들은 합리적인 상황분석을 귀인과정에 적용한다. 이를 이론화한 것이 Kelley(1973)가 제시한 공변(共變)모형이다. 공변이란 여러 상황에 걸쳐서 발생하는 사건 혹은 요소들이 같이 변화하는 정도를 의미한다. 공변모형은 내・외귀인 과정을 모두 다루며 복수의 관찰을 전제로 하는 귀인과정을 다루며, 대응추리보다는 더 형식논리에 의존하는 합리적인 인간상을 전제하고 있다.

Kelley에 따르면 사람들은 귀인할 때 세 가지 정보를 사용한다. 자극 대상, 행위자, 상황이 그들이다. 자극 대상과 관련되어 관찰자는 행위자의 행위가 특정 자극에 대한 독특한 것인지 아니면 일반적인 반응인지를 분석한다(특이성, distinctiveness). 즉, 동수가 다른 TV 프로는 안 보면서 유독 〈동물의 왕국〉만을 본다면 그 프로가 시청행위의 원인이 된다. 그러나 동수가 다른 자연 다큐멘터리도 시청한다면 시청행위는 동수의 취향으로 귀인이 될 것이다. 행위자와 관련되어 관찰자는 같은 상황하에 있는 다른 사람들의 반응은 어떠할지를 생각한다. 즉, 동수만 〈동물의 왕국〉을 좋아하는지 아니면 많은 사람들이 시청하는지를 따진다(합의성, consensus). 동수만이 본다면 시청행위는 동수의 취향 탓으로 여겨지고 많은 사람이 본다면 그 프로의 특성 탓으로 여겨질 것이다. 상황과 관련되어서 관찰자는 유사한 상황에서 행위자가 같은 행위를 지속적으로 보일 것인지 아니면 이번에만 보이는지를 판단한다(일관성, consistency). 동수가 〈동물의 왕국〉을 항상 시청한다면 드라마의 특성이나 동수의 취향 탓으로 귀인이 이루어질 것이나 이번 주에만 보았다면 그러한 내귀인이 부적절할 것이다. 이를 표로 정리한 것이 〈표 3-3〉이다. 개인의 행동이 특정 상황에서만 나타나는 것이 아니고, 유사한 대상에 대해서 일관되게 나타나며, 다른 사람들과는 달리 나타나면 우리는 그 행동이 행

**표 3-3** 공변적 귀인과정의 차원

| | | |
|---|---|---|
| 특이성<br>(자극) | 고: 동수는 〈동물의 왕국〉만 시청<br>저: 동수는 거의 모든 다큐를 시청 | 자연 다큐 탓(자주)<br>동수의 취향 |
| 합의성<br>(타인들) | 고: 다른 사람들도 시청<br>저: 다른 사람들은 안 보고 동수만 시청 | 해당 프로 탓(자주)<br>동수의 취향 |
| 일관성<br>(상황) | 고: 동수는 〈동물의 왕국〉을 항상 시청<br>저: 동수는 이번 주에만 시청 | 취향 또는 자연 다큐<br>상황 |

* TV 프로그램 〈동물의 왕국〉의 시청행위에 대한 귀인과정의 분석

위자의 내적 속성 탓이라 여기지만, 그 상황에 국한된 것이고, 다른 사람들도 비슷한 반응을 보인다면 상황귀인이 나타난다.

**곁글 3-9** 합의성 정보의 쓰임에 있어서 문화적 차이

공변모형이 들고 있는 세 차원 중에서 합의성 정보는 그 중요성과는 달리, 잘 활용되지 않고 있다(McArthur, 1972). Miller(1986)는 참가자들에게 『권위에의 복종』(Milgram, 1963, 9장에 상세히 기술되어 있음)의 연구 절차를 설명해 주고 그 실험에서 '학생'에게 점점 더 강한 전기충격을 준 '선생'을 평가하게 하였다. 한 조건(고 합의성)에서 참가자들은 모든 '선생'의 65%가 복종했다는 것으로 들었고, 다른 조건의 참가자들은 다른 '선생'이 어떻게 했는지에 대한 정보를 듣지 못했다. 합의성 정보의 유무에 관계 없이 참가자들은 '선생'들의 행동을 내귀인하는 것으로 나타났다.

합의성 정보는 뚜렷한 상황규범이 없을 때(Hilton et al., 1988), 상대방에 대하여 다른 아무런 정보가 없을 경우에(Read, 1983), 관찰자의 사전기대가 무산되었을 경우에, 합의성이 무작위 표본에서 얻어진 정보인 경우(Wells & Harvey, 1977)에만 쓰이는 것으로 나타난다. 그 이유로써, Kassin(1979)은 합의성 정보를 두 가지로 구분하여 설명한다. 명시적(explicit) 합의성은 다른 사람들이 실제 어떻게 행동하는가의 정보이고 암묵적(implicit) 합의성은 다른 사람들이 어떻게 하리라고 생각하는 지각자의 생각이다. 이 후자는 많은 경우에 지각자 자신의 행위와 같다고 여겨지는 경우가 많다(**허위합의성 효과**; 4장 참조). 이 두 가지가 일치하지 않을 경우 명시적 합의성 정보가 잘 쓰이지 않기 때문에 합의성 정보가 무시되는 것으로 나타난다.

그러나 국내에서 이루어진 한 재검연구(Cha & Nam, 1985)는 합의성 정보가 일관성과 특이성 정보에 못지않게 쓰임을 보이고 있다. 한국 대학생의 경우에도 성향귀인이 나타나고 있지만 합의성 정보가 쓰이는 것은 상황의 영향력에 대한 민감성이 한국인에게서 상대적으로 높음을 시사하는 것이며, 이러한 증거는 점차 누적되고 있다.

**마음 상태(의도성)의 추론이 우선임** 대응추리 이론과 공변모형은 행위를 목격한 제3자의 관점에서 나타나는 귀인양상이다. 그 행동에 의해 영향을 받게 된 당사자의 관점에서 나타나는 귀인양상과는 거리가 있다는 지적이 제기되었다(Malle, 2004, 2008). 사실, 대인지각의 연구를 개척한 Heider의 관심은 당사자의 관점에서 나타나는 귀인이었다. 이 경우에 사람들은 성향추론보다 의도성이 있는지를 먼저 판단한다. 비의도적인 행위라면 크게 문제 삼지 않지만, 의도적인 행위로 여겨지는 경우에 그 이유를 탐색한다. 이때 행위자의 성격보다는 마음 상태를 알려고 든다. 사람들에게 일상에서 접할 수 있는 다양한 사회적 행동을 글이나 영상으로 제시하고서 해당 글이나 영상을 보면서 어떤 생각이 떠오르는지를 기술하게 하여 분석한 결과, 행위자의 의도와 바람이 가장 많이, 또 가장 빨리 떠오르는 생각이

었고, 그다음으로 행위자의 신념/믿음이고, 마지막으로 나오는 것이 행위자의 성격에 대한 것이었다. 응답의 빈도가 적은 것들이 응답이 나오는 데 걸리는 시간도 느린 것으로 나타났다(Korman & Malle, 2016; Malle & Holbrook, 2012). 이런 발견은 행동을 목격했을 때 대응추리 이론에서 제시하는 식으로 성격의 추리가 우선적으로 나타나는 것이 아니라 행위자의 마음 상태(의도와 바람, 신념 등)에 대하여 알고자 하는 것이 우선임을 보인다.

행위자의 의도와 바램을 알고 싶어 하는 양상은 발달과정의 어린 아동에게서도 일찍부터 나타나는 현상이다(Wellman et al., 2001). 상대의 성격이 어떠한지 아는 것과 상대의 의도와 목적이 무엇인지를 아는 것을 비교한다면, 사태의 파악에서 더 도움이 되는 것은 행위자의 성격보다 그 상황에서 작용하는 의도와 목적을 아는 것이다. 성격이 아니라 마음 상태를 아는 것이 상황파악과 대처에 직접적인 도움을 줄 수 있기 때문이다.

**요약**

1. 사람들은 사건을 접했을 때, 그 행위자에 대한 파악을 하는 귀인양상을 보인다. 이런 파악을 통해 행위자와 환경에 대한 예측력과 통제감을 얻을 수 있기 때문이다.
2. 귀인의 가장 중요한 차원은 원인의 소재(내-성향/외-상황)이다.
3. 관찰이 한 번일 경우에는 행위에 대응하는 내적 속성 탓을 하는 대응추리 양상이 나타나며, 이에는 절감의 원리와 증가의 원리가 작용한다.
4. 관찰이 여러 번 이루어진 경우에는 논리적인 분석과정을 거쳐 귀인이 이루어진다. 공변모형은 자극대상의 독특성, 행위자와 다른 사람과의 합치성, 상황의 일관성 정보를 따져서 귀인이 이루어짐을 제시한다.
5. 상대의 행위에 의해 영향을 받는 당사자의 귀인은 행위자의 성격 특성보다 마음 상태(의도, 바람, 신념)를 더 중요시한다.

# 귀인의 편향성과 문화

귀인과정을 설명하는 여러 이론은 관찰자가 합리적으로 정보처리를 한다고 가정하고 있다. 그러나 사람들은 합리성보다는 효율성을 더욱 추구하는 정보처리를 하는 경향이 강하다(4장 참조). 또한 접한 행동·사건의 해석에 영향을 미치는 선입견, 기대, 자기관여의 정도 등으로 귀인이 영향을 받으면서, 몇 가지 독특한 편향성을 보인다. 아울러 최근의 연구들은 이런 편향성이 문화에 따라 달리 나타남을 보이고 있다.

## 귀인에서 나타나는 주요 편향들

**근본귀인오류** 사람들은 매일매일 접하는 뉴스나 남의 이야기를 통해서 많은 사람의 행적에 대하여 알게 된다. 보고 듣는 사실에 관심이 가면 그 행위자가 어떤 사람인지 궁금해하면서 특성을 유추한다. 이때 우리는 행위자가 처한 상황이 어떠했는지를 간과하기 쉽다. 이를테면, 동사무소에 인감증명을 발급 받으러 간 사람이 매우 사무적이고 불친절한 직원을 접한 경우에 그 직원이 자기직무에 성실하지 못한 형편없는 사람일 것이라고 생각하기 쉽다. 그가 하루에도 수십 명이 넘는 민원인들과 접하며 사무를 처리한다는 사실을 간과하는 것이다. 이같이 행위의 원인을 행위자의 내적 특성 탓으로 여기고 상황의 힘을 무시하는 경향을 근본귀인오류라고 한다(Ross, 1977). 이 성향귀인 양상이 항상 잘못된 것이라서 오류라고 하는 것이 아니라 상황의 힘을 당연히 고려해야 함에도 간과한다는 점에서 오류라고 한다.

이 편향성을 잘 보여 준 실험에서, 대학생들이 퀴즈게임 상황에 참가자로 참여했는데 짝을 지어서 한 사람은 질문자, 다른 사람은 답변자의 역할을 하게 했다. 질문자는 질문을 자기 마음대로 지어 낼 수 있는데 대답이 어렵지만 불가능하지는 않은 질문들을 하도록 요구받았다. 질의응답이 끝난 후에 두 사람 모두 스스로와 상대방의 상식에 대하여 평가하게 한 결과, [그림 3-14]와 같이 나왔다(Ross et al., 1977).

이 현상은 상황보다는 행위자가 현저하게 부각되며, 현저한 것이 원인적인 요소로 여겨지는 경향을 잘 보여 주고 있다. 그러나 행위자의 행위를 보여 주는 대신에 글로 써서 제공하는 경우에도 역시 나타나고 있어 지각의 현저성만으로 설

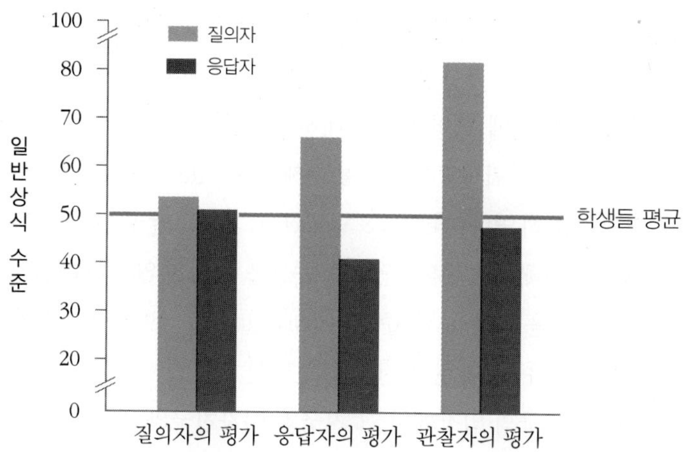


**[그림 3-14] 질의자와 응답자의 상식에 대한 질의자, 응답자, 관찰자의 판단**

출처: Ross et al. (1977).

명할 수는 없다(Winter & Uleman, 1984). 여러 연구 결과들을 종합하여 제시된 대인지각의 이단계 모형(Gilbert & Malone, 1995)은 상대방이 무슨 행위를 했다는 것을 아는 순간 1단계의 성향추론이 자동적으로 나타난다고 본다. 이 다음 단계에서 상황적 제약 조건을 고려하게 되면 성향추론이 나타나지 않을 수 있다. 그러나 이런 고려는 사람들이 여유가 있어야 한다. 다른 과제를 수행하거나 관심을 쓰는 일이 있다면 성향귀인이 그대로 나타난다.

이전에는 근본귀인오류가 불합리하고 경계해야 할 것으로 여겨 왔다. 그러나 그 현상이 지닌 순기능이 조명되고 있다(Gilbert & Malone, 1995). '누구누구는 어떻다'라고 남들에게 이야기할 때 그 사람의 행적을 일일이 열거하면서 설명하기보다 그 사람의 특성과 성격을 한두 마디로 말하는 경우 다양한 정보들이 효과적으로 전달될 수 있다(Hoffman et al., 1984). 비슷한 상황에서 상대가 어떻게 행동할 것이라는 추측이 가능하기 때문에, 근본귀인오류는 적응적 가치를 지니고 있다고 볼 수 있다.

**행위자-관찰자 편향** 미국의 역대 대통령 중 가장 훌륭한 사람으로 평가를 받고 있는 링컨 대통령은 1864년에 쓴 편지에서 "내가 많은 사건들을 잘 처리하며 국정을 운영해 왔다고 할 수는 없다. 오히려 많은 사건에 어쩔 수 없이 끌려다녔다고 고백할 수밖에 없다"고 적고 있다(Duchacek, 1971, p. 214). 링컨의 관찰자들은 그의 업적으로부터 그의 성향을 추론하는 근본귀인오류를 보이고 있으나 링컨 자신은 자신의 행위를 처한 상황의 탓으로 돌리는 경향이 나타났는데 바로 이러한 차이가 행위자-관찰자 귀인이 보이는 전형적인 차이 양상이다. 미국에서 워터게이트 사건이 터졌을 때 도청행위에 대하여 당시 대통령 닉슨과 범행 참여자들은 어쩔 수 없었다는 외귀인('국가안보를 위해서')을 했으나, 언론은 부패한 정권, 권력욕 등의 내귀인을 하였다(Wegner & Vallacher, 1977). 달리 말한다면 행위자 자신은 자신의 행위에 대해서는 근본귀인오류 양상을 보이지 않는다는 것이다.

행위자-관찰자 편향을 처음 보여 준 연구(Nisbett et al., 1973)에서 남학생들에게 여자친구와 사귀는 이유 및 자신의 전공을 선택한 이유를 쓰도록 하고, 아울러 자신이 가장 좋아하는 친구의 입장에서 그 친구의 여자친구와 친구의 전공선택 이유를 쓰도록 하여 이를 비교하였다. 여러 이유들을 내귀인('같이 지내고 싶은 사람이 필요해서' '돈을 많이 벌고 싶어서' 등)과 외귀인('그녀가 멋있으므로' '내 전공이 전망이 좋아서' 등)으로 분류하여 그 숫자를 평균한 결과, 친구가 한 선택에 대하여는 내귀인적 요소를, 자기의 선택은 외귀인적 요소를 더욱 많이 드는 것으로 나타났다.

왜 이 같은 차이가 나타나는가? 몇 가지 설명이 가능하다. 우선, 관찰자와 행위자는 지각적 초점이 다르기 때문이라는 설명이다(Jones & Nisbett, 1972). 외부지각의 가장 중요한 감각기관인 시각은 바깥을 향해 있다. 즉, 관찰자의 입장에서는 초점이 행위자에 맞추어지고 행위자가 처한 상황은 배경이 되므로 행위자가 부각된다. 그러나 행위자의 초점은 외부 상황에 맞추어지므로 상황적 정보가 중요하게 부각된다. Storms(1973)는 두 사람의 참가자에게 마주 보고 앉아 토의하도록 하고서 이들 각자를 비디오 촬영하였다([그림 3-15]). 행위자들은 자신들의 행위를 상대방의 행위에 반응하여 나타나는 것(외귀인)으로 여겼다. 그러나 자기의 모습을 비디오로 보면서 스스로의 행위를 설명하게 했을 때는 내귀인하는 경향이 뚜렷이 증가하였다.

또 다른 설명은 행위자와 관찰자는 가지고 있는 정보에 차이가 있기 때문이라는 설명이다(Jones & Nisbett, 1972). 행위자는 스스로에 대하여 다양한 상황에서 어떠한 행위를 취했는지를 잘 알고 있다. 자신이 처했던 상황들에서 상황적 압력이 어떠했는지 알지만 관찰자의 경우는 그런 정보를 알 수 없다. 따라서 행위자는 상황 탓을, 관찰자는 행위자 탓을 하게 된다는 설명이다.

사람들(질문자 A)은 응답자(B)가 처해 있던 상황의 제약을 알고 있는 경우에도 상황 탓에 보인 B의 행동을 B의 성향 탓에 나타난다고 여긴다(대응추리 양상). 그런데 B에게 자신의 행위를 본 A가 자신(B)에 대해 어떤 사람으로 여길지를 물어보면 실제 A가 보인 대응추리보다 더 강하게 대응추리하는 양상을 보인다(Van

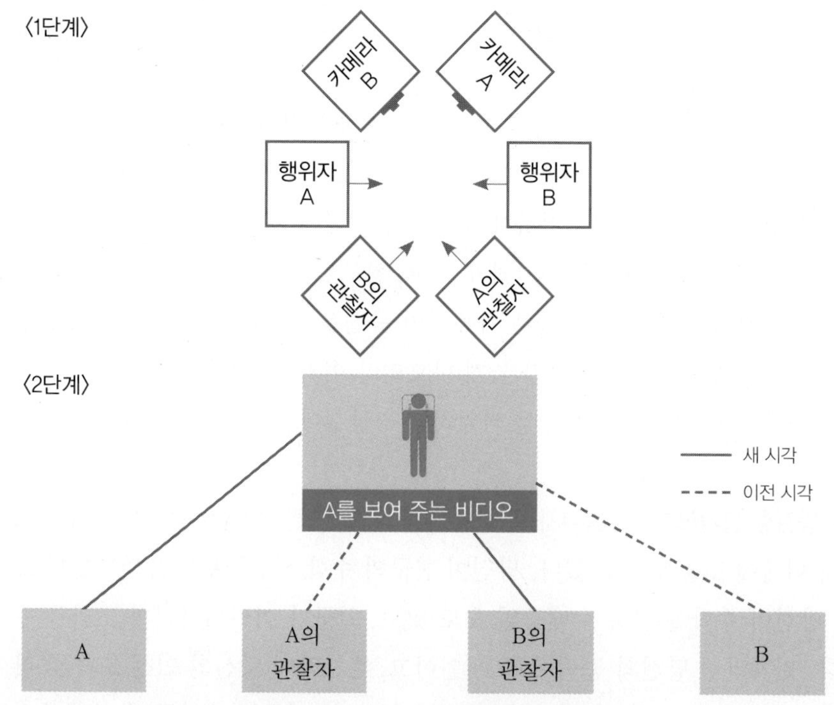


**[그림 3-15] 행위자-관찰자 편향의 지각적 원인**

출처: Fiske & Taylor (1984), p. 78.

Boven et al., 1999, 연구 2). A와 B의 대화 내용을 관찰한 제3자에게 질문자 A가 응답자 B를 어떤 사람으로 여길지를 예측하게 한 결과는 행위자 B의 예측과 매우 비슷하게 나타났다. 이런 양상은 사람들이 성향론자로서 사회생활을 하지만 자신의 행위에 대해서는 상황론을 잘 받아들인다는 것을 보여 준다. 일본인을 대상으로 똑같은 실험을 했을 때(연구 3) 미국인처럼 성향론적 대응추리를 하는 양상은 나타났지만, 관찰자의 입장에서 B의 행동을 성향론적으로 대응추리 하는 양상이 행위자(A)의 대응추리 양상과 차이 나지 않았다. 즉, 미국인들은 상황을 경험하지 않았을 경우에 대응추리하는 양상이 일본인에 비해서 강하게 나타나는 문화 차이를 보인다.

동기의 차이에 의한 설명도 제기될 수 있다. 관찰자들은 행위자와 교류가 예상될 때 상대방에 대하여 알고 싶어 하므로 성향귀인을 하는 경향이 나타난다. 한 연구(Miller, Norman, & Wright, 1978)는 관찰자들이 상대방과 교류를 기대하는 경우 그런 기대를 하지 않을 경우보다 상대방의 행위를 내귀인하는 경향이 강하게 나타남을 발견했다. 행위자-관찰자 편향은 좋은 행동보다 부정적이거나 나쁜 행동을 설명할 때, 의도적인 행동보다는 비의도적인 행동을 설명할 때 두드러지게 나타난다(Malle et al., 2007).

사람들은 행위자로서는 상황 요인의 영향을 잘 포착하는 편이지만, 관찰자로서는 그렇지 못하다(Van Boven & Gilovich, 1999). 12명의 학생이 죽은 콜롬바인 총기 난사 사건을 설명하고, 참여자들에게 사건 발생에 영향을 미친 여러 요인을 제시하면서 각 요인의 영향력을 평가하게 하고, 친구들은 어떻게 평가할 것인지를 예측하도록 하였을 때, 참여자들은 가해자의 특성을 중요하게 여기는 정도에서 자신보다는 다른 친구들의 평가가 높게 나오리라 여기는 것으로 나타났다. 이는 타인에 대한 평가 시 상대의 특성을 파악하는 경향성이 강함을 보여 준다.

**이중관점 평가모형** 행위자–관찰자 편향의 또 다른 측면이 제시되면서 사회갈등의 이해에 도움을 주고 있다. 당신이 친구의 수학 시험공부를 도와주었다고 하자. 당신이 수학을 잘하기 때문일 수도 있고, 친구가 어려워하니까 도와줄 수도 있다. 전자라면 당신의 능력이 주 원인이고, 후자라면 당신의 인성(도덕성) 탓이다. 당신은 어떤 쪽으로 귀인하겠는가? 이번에는 도와주는 행위를 한 사람이 친구라고 해 보자. 친구의 행위에 대한 당신의 귀인이 달리 나타날까? 행동 의도와 결과를 좋거나 나쁜 것으로 조합하여('위로하려다 오히려 화를 내게 만듦' '그럴듯한 말로 부당이득을 챙김' 등) 다양한 행위를 제시하고서 연구 참여자에게 행위자 혹은 관찰자의 입장에서 이를 어떻게 평가하는지를 분석하였다. 사람들은 행위자의 입장에서는 자기 행위를 유능성 차원에서 설명하는 양상을 보였으나, 관찰자의 입

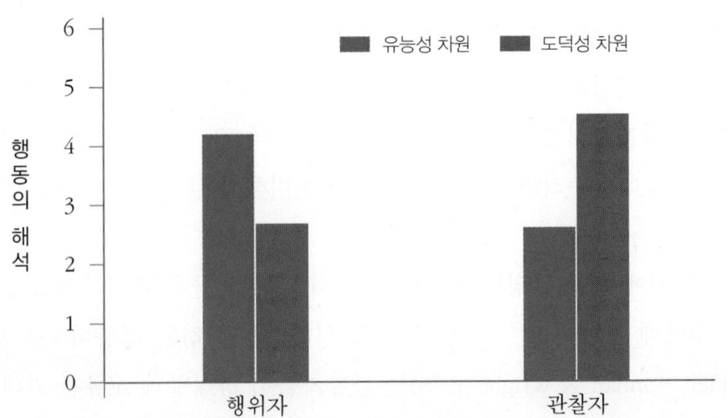


**[그림 3-16] 행위자–관찰자의 귀인양상의 차이**

출처: Wojciszke (1994).

장에서는 도덕성 차원에서 설명하는 양상을 보였다(Wojciszke, 1994; [그림 3-16]). 이런 양상을 바탕으로 제시된 이중관점 평가모형(Abele & Wojciszke, 2007)은 행위자와 관찰자 각자가 자신에게 현저하게 작용하는 관점에서 사건을 접근하는 탓에 이런 양상이 나타난다고 본다. 즉, 행위자의 관점은 일을 수행하면서 성공하느냐 실패하느냐에 두므로, 능력, 활동, 수행 등 주체성 차원에서 보게 되고, 관찰자는 상대방인 행위자가 자신에게 해를 끼치거나 자신을 이용할지에 관심이 크기 때문에 도덕성, 신뢰감 등 어울림성 차원을 중시하게 된다는 것이다. 그래서 시위대를 마주하고 있는 경찰은 시위대를 통제하는 일에 관심을 두고 필요한 행동과 조치를 취하지만, 이를 보는 시위대나 기자들은 진압 행위의 무자비함에 시선이 꽂히고 도덕성 차원에서 비난을 하게 된다. 이같이 타인의 행위를 도덕성의 관점에서 보는 양상에서 남녀 차이는 없으나, 자신의 행위를 보는 경우에 남자는 여자보다 더욱 주체성 중심으로 설명하는 경향이 나타난다(Wojciszke, 1994).

**경찰의 폭력진압**

2015년 11월 14일 광화문에서 열린 민중궐기대회에서 대치한 경찰이 시위대를 향해 물대포를 쏘았고, 이를 직격으로 맞은 농민 백남기 씨가 혼수상태에 빠졌다. 시위대를 진압하는 경찰은 항상 과잉진압의 비난을 받는다.

**내로남불의 평가편향** '내로남불!' 이 말은 똑같은 행위를 놓고 남이 하면 불륜이라고 도덕적인 비난을 퍼붓지만 자신이 하면 로맨스라며 죄책감을 느끼지 않는 이중잣대를 일컫는 일상어가 되었다. 이 말은 비아냥 거리는 말로 정치판을 떠나 일상에서 자주 쓰이는 말이 되었는데 어떤 심리가 작용하여 나온 말일까? 상대를 비난하고 폄하하려는 의도가 없어도 이런 현상을 배태시키는 일반적인 심리가 작용한다. 사람들은 남보다 자신이 지닌 생각, 감정의 마음에 대하여 잘 알고 있다고 여긴다. 자신의 행위가 이런 자신의 마음 상태의 직접적인 영향을 받으므로 그 마음의 작용에 큰 비중을 둔다. 반면에, 다른 사람에 대하여는 그의 마음속을 볼 수 없으므로 드러난 행동으로 상대의 마음을 짐작한다(Pronin, Berger, & Molouki, 2007). 그래서 내가 하는 불륜은 나의 마음의 로맨스적인 감정으로 정당화시킬 수 있지만, 남의 불륜은 부도덕한 탓으로 여기는 것이다.

사람들은 자기의 머릿속에서 벌어지는 생각이 무엇 때문에 나타난 것인지 내적인 관찰(내성)을 통해서 알 수 있다고 여긴다. 그러나 심리학자들의 연구는 내성을 한다고 생각의 과정을 알 수 있다는 것은 착각임을 보인다. 자신의 결정이나 행동, 느낌을 정당화하기 위해서 그럴듯한 이유를 대는 것이지 벌어지고 있는 과정을 들여다보는 것은 아니라는 것이다(Nisbett & Wilson, 1977; Wilson, 2002). 내성은 기억과 마찬가지로, 구성되고 추론되는 과정으로서 다른 사람들의 생각을 간접적으로 유추하는 것과 차이가 없다. 사람들은 내성으로 정확하게 자기 생각을 보고 있다고 여기지만, 이 생각의 과정을 알 수 없다는 것을 모르고 있다. 이 경향성을 내성착각이라 한다(Pronin, 2007). 이 착각 때문에 사람들은 상대와의 만남에서 보인 자신의 행동을 설명할 때 자신의 내면의 생각이나 믿음, 의도 등을 주로 대고, 내성을 적용할 수 없는 상대방을 설명할 때는 그가 보인 행동을 도덕성 관점에서 설명한다(Malle & Pearce, 2001). 상대가 믿을 만한 사람인지를 알고 싶어 하는 탓이다.

**편향맹점** 사람들은 자신에게 여러 가지 무의식적인 것들이 영향을 미친다는 것을 잘 모르고, 인정하지도 않으려 한다. 좋은 날씨, 궂은 날씨 같은 것이 남들에게는 영향을 미치지만 자신에게는 별 영향을 미치지 않으리라 여긴다. 점화효과가 보이는 것처럼, 자신들이 무의식적인 단서에 의해서 성차별 또는 인종차별 행위를 보일 수 있다는 것을 인정하지 않으려 한다. 이를 자신에게 작용하고 있는 편향을 모른다는 뜻에서 편향맹점(bias blind spot)이라 한다(Pronin et al., 2002). 이를 잘 보여 준 연구에서 실험 참가자들에게 심리학에서 잘 알려진 8가지 편향을 설명해 주었다. 그런 다음에 일반인들이 이런 편향을 보일 가능성과 자신이 편향을 보일 가능성을 써 보도록 했다. [그림 3-17] 에서 보듯이 남들은 편향의 영향을

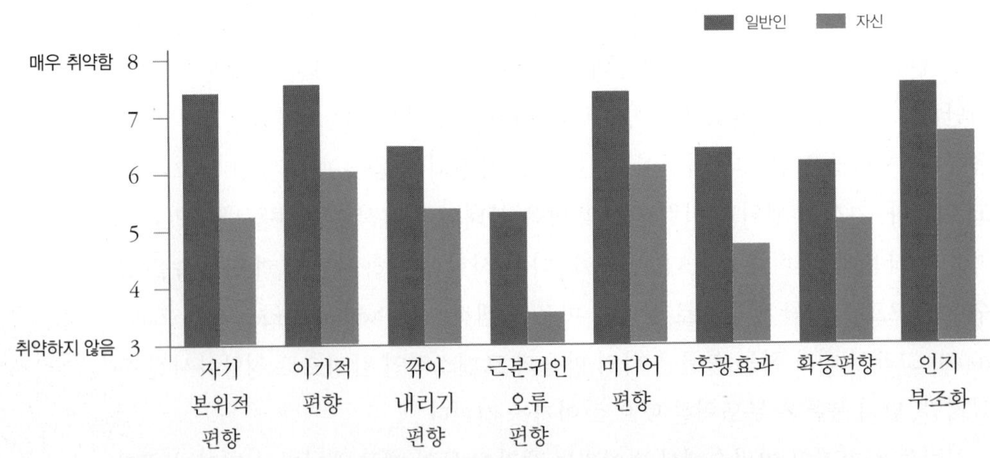


**[그림 3-17] 각종 편향을 자신과 남(미국인 일반사람)이 보일 가능성**

주: 미디어 편향: 자기 입장에 반대되는 진영의 중립적 의견이 적대적이라고 여기는 편향
깎아내리기 편향: 협상 상대방의 주문을 깎아내리거나 가치 없다고 여기는 편향

출처: Pronin et al. (2004).

받지만 자신은 안 받거나 덜 받을 것으로 여겼다. 이 편향맹점은 대인갈등/집단갈등을 야기하는 기제로 작용하기도 한다. 사람들은 서로 상대방의 행위 또는 결정이 편향된 것이라고 비난하고, 자신은 편향되지 않았으므로 상대의 편향을 잡아주면 쉽게 해결될 수 있다고 여긴다. 문제는 상대방도 똑같이 생각한다는 것이다.

사람들은 이처럼 자신은 편향에 덜 취약하다고 여길 뿐만 아니라, 자신과 견해가 다른 정도가 심할수록 상대방의 견해가 욕심이나 무지, 혹은 편향에 의해서 지니게 된 것이라고 여기는 경향이 높다([그림 3-18]). 결국 사람들은 자신의 견해는 편향되지 않고 객관적이고 타당하다고 착각하고 있다. 이 분야에서 행한 자신의 많은 연구를 종합하며 Ross(2018)는 이 착각이야말로 진짜 근본적인 귀인오류에 해당한다고 지적한다.

**로스(Ross, Lee, 1942~2021)** 캐나다 출신으로 컬럼비아 대학교에서 스탠리 섹터 교수 지도로 박사과정을 마친 후 스탠퍼드대학교 심리학 교수로 근무하였다. 인간의 인지편향에 대한 많은 업적을 남겼으며, 분쟁지역의 갈등 해결에 연구발견을 적용하기 위하여 중동지역, 북아일랜드 등지에서 현지 활동도 하였다. Nisbett 교수와 『인간의 추론』(한규석, 박상철 공역, 1991), 『사람일까 상황일까』(김호 역, 2019)를 저술하였다.

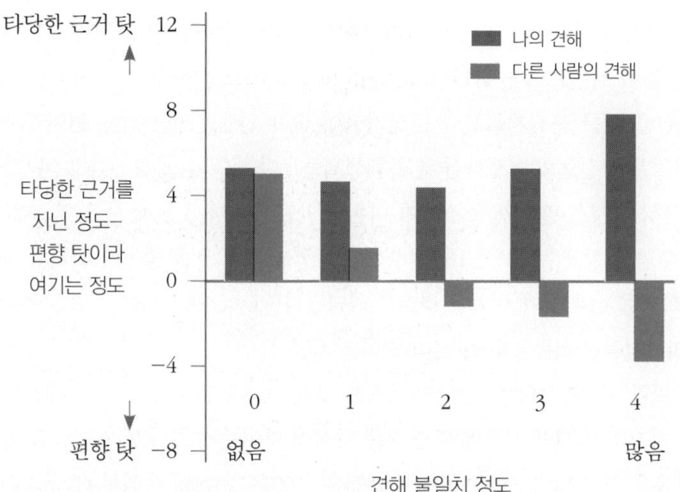
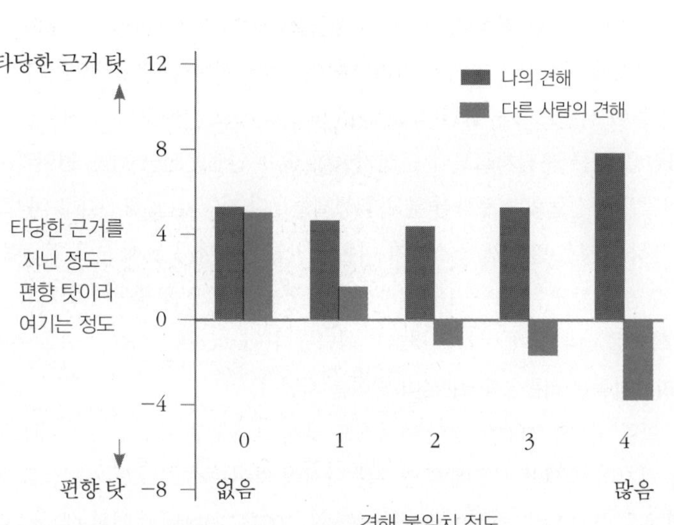


**[그림 3-18] 자신의 견해와 다른 사람의 견해가 타당한 근거를 가졌다고 평가하는 정도와 편향이나 욕심을 반영하고 있다고 평가하는 정도의 차이**

초록 막대는 타당한 이유(사실에 유의하기, 공정성을 고려하기, 장기적 결과 고려하기 등)를 반영하는 정도이며, 검정 막대는 편향이나 욕심(동료로부터 인정받으려는 욕망, 희망 등)을 반영하는 정도를 보여 준다. 막대의 크기는 타당한 이유의 정도 평가에서 편향적 이유의 정도 평가를 뺀 수치다.

출처: Pronin, Gilovich, & Ross (2004), Fig. 3.

**자기본위적 편향** 이는 자기가 한 일에 대하여 잘된 경우는 스스로의 책임으로, 못된 경우에는 남이나 상황 탓으로 귀인하는 경향성을 말한다. 학생이 공부를 잘하면 학생은 자신의 노력이나 능력 탓으로, 선생은 자신이 잘 가르친 탓으로 여기고, 공부를 못하면 학생은 선생 탓을, 선생은 학생 탓을 하는 경향은 실험적으로도 잘 증명된 바 있다(Johnson et al., 1964). 이 편향은 자신의 행위에 대해서만

이 아니라 자신이 속한 집단이나 가깝게 여기고 있는 집단(자기 고장의 야구 팀 따위)의 성패에 대해서도 나타난다(Lau & Russell, 1980; Winkler & Taylor, 1979). 집단을 대상으로 나타날 때 이를 집단본위적 편향이라고 한다.

왜 자기본위적 편향이 나타나는가? 동기론적인 설명과 정보처리적 설명이 모두 가능하다. 동기론적인 설명은 사람들이 자긍심을 유지하려는 욕구에서 이 편향이 나온다고 본다(Greenwald, 1980). 성공과 실패는 개인 스스로에 대한 평가에 중요한 영향을 미친다. 실패 시 상황 탓을 함으로써 자긍심의 손상을 막을 수 있고, 성

**곁글 3-10** 못 말리는 낙관주의: 비현실적 낙관론

사람들은 일반적으로 바람직하다고 여겨지는 특성에 있어서 자신들을 적어도 평균 이상으로 높게 여기는 경향이 강하다. 이를테면, 대부분의 기업가는 자신들이 다른 기업가보다 윤리의식이 강하다고 여기며(Brenner & Molander, 1977), 미국인들은 자신들이 남들보다는 편견이 없으며(Messick et al., 1985), 운전자들—심지어 사고를 냈던 사람들까지도—은 자신을 다른 운전자들보다 운전기술이 좋고 안전운전을 하는 편이라고 여기며(Svenson, 1981), 대부분의 미국인들은 자신들의 연로하신 부모를 형제들보다 자기가 잘 모신다고 여기고(Lerner et al., 1991), 결혼부부의 반이 이혼하는 것을 알지만, 스스로가 이혼할 가능성은 매우 낮게 보고 있으며(Lehman et al., 1988), 대학생들은 자기의 수명을 평균수명보다 10년 더 잡고, 스스로가 알코올 중독이 되거나, 심장발작을 일으키거나, 직장에서 해고될 확률을 매우 낮게 여기는 것으로 나타났다(Larwood, 1978). 거의 모든 비교영역에서 나타나는 이 양상을 사회심리학자들은 **비현실적 낙관론**이라 이름 지었다.

**비현실적 낙관론**은 재해 발생에 의한 피해를 자신이 당할 가능성도 낮게 보게 만들어 안전 조치에 소홀함을 초래할 수 있다. 샌프란시스코에서 지진이 발생한 직후에 주민들은 자신이 자연재해로 다칠 가능성을 높게 보았지만, 3개월 후에 물었을 때 그 확률은 다시 낮아졌다(Burger & Palmer, 1991). 2011년 동일본 대지진 이후 닥친 쓰나미로 후쿠시마 원자력 발전소에 정전이 발생하였고, 원자로에 폭발사고가 발생하여 엄청난 재해가 발생했다. 일본은 놀라서 모든 원자력 발전을 중단하고 점검하였으며 탈원전 정책을 취하였으나, 2022년 원자력 발전을 유지하는 정책으로 전환하고, 노후 원전의 수명을 연장하고 있다. 국내에서는 원자력 발전소들이 여럿 밀집해 있어, 사고 위험성이 더 크지만, 환경단체 외에는 관심이 없다. 수시로 발생하는 안전사고로 수많은 사람이 목숨을 잃는다. 거리에서 자전거나 보드를 타면서 헬멧을 쓰는 사람이 드물고, 공사 현장, 헬스클럽에서 안전교육을 안 하고, 안전장구를 구비하지 않는 것 등, 이런 현상의 바탕에는 한국인이 지닌 비현실적 낙관론이 작용하고 있다(이누미야 요시유키, 2009).

2011년 후쿠시마 원자력 발전소 폭발사고로 벌어진 화재

공 시 그 책임을 자신에게 돌림으로써 자긍심을 고양시킨다.

정보처리적 설명은 사람들이 성공하려고 노력을 해서 성공할 경우 노력과 성공을 연결시키는 것은 공변원리의 적용에 의함이라고 보는 것이다. 즉, 성공하려고 많은 노력을 해서 성공했을 때는 기대한 대로 되었기에 내귀인을, 실패했을 경우에는 자신들의 기대와 부합하지 않으므로 상황 탓을 하게 된다는 것이다(Miller & Ross, 1975). 앞의 두 가지 설명은 경합하기보다는 같이 작용한다고 보겠다(Hewstone & Antaki, 1988; Sears et al., 1991, p. 125).

자기본위적 편향이 매우 보편적인 현상이므로 그 현상의 순기능적인 측면이 탐색되고 있다. 성취하게 된 이유를 자신의 노력과 능력 탓으로 여기는 경우 사람들은 장래에 관련된 일에서 성취를 기대하고 성취지향 행위를 보이며(Taylor & Brown, 1988), 실직자들이 해고사유를 경기불황 등으로 외귀인하는 경우에 재취업을 위해 애쓰며 새 직업을 빨리 발견하게 된다(Schaufeli, 1988; 곁글 3-10, 곁글 3-11).

**곁글 3-11** 우울한 사람은 현실을 정확하게 본다: 비관주의의 기능

우울한 사람은 현실도 우울하게 볼까? 한 실험에서 참가자들을 불빛의 밝기를 조절하는 정도가 다른 두 조건으로 구분하여 집단을 편성하였다. 완전히 통제할 수 있는 조건의 사람들은 단추를 누르면 불이 켜졌고, 누르지 않을 때는 한 번도 켜지지 않았다. 통제할 수 없는 조건의 경우에 불빛은 참가자가 단추를 누르는 것과는 무관하게 들어오곤 나갔다. 우울한 사람과 정상인을 두 조건에 배정하여 불빛을 자신이 얼마나 통제할 수 있다고 여기는지 평가하도록 했다. 그 결과, 우울한 사람들은 어느 집단에서건 자신의 통제력을 정확하게 평가했다. 그러나 정상인의 경우에 통제할 수 있었던 경우에는 정확하게 평가를 하였으나, 통제할 수 없었던 경우에도 자신들이 상당한 통제력을 지니고 있다고 평가하는 양상이 나타났다(Alloy & Abramson, 1979).

불빛 누르는 과제를 신중하게 하지 않을 수 있기에 불빛 누르기에 금전적 보상을 결부시켜 불빛이 켜지면 돈을 따고, 켜지지 않으면 돈을 잃도록 하였고, 한 집단에서는 참가자들이 불빛을 어느 정도 통제할 수 있었으나 결과적으로는 돈을 모두 잃게 과제를 만들었고, 다른 집단에서는 돈을 모두 따게 되도록 과제를 만들었다. 정상인들은 돈을 잃게 된 조건에서는 통제력을 실제보다 적게 느낀 것으로 보고하였으나, 돈을 따게 된 조건에서는 통제력을 실제보다 크게 느낀 것으로 보고하였다. 우울한 사람들은 돈을 잃건 따건 통제력을 정확하게 평가하는 것으로 나타났다.

대인관계에서의 지각은 어떨까? 우울증 환자와 일반 환자를 공개토론회에 참석하여 자신의 토론능력을 알아보도록 하였다(Lewinsohn et al., 1980: Seligman, 1990, p. 190에서 인용). 이들은 모두 자신이 얼마나 설득력 있게, 호감이 가게 행동했는지를 판단하도록 했다. 토론을 관찰한 사람들의 평가에 따르면 우울증 환자들은 설득력도 별로였고 호감이 가지도 않았다. 우울한 환자들의 자기평가는 이러한 외부 평가자의 평가와 일치하는 것으로 나타났다. 그런데 일반 환자들의 경우에 관찰자의 평가에 비해서 자신을 훨씬 더 설득력 있고 호감이 가게

행동했다고 과대평가하였다.

여러 증거를 볼 때 우울하지 않은 사람들은 현실을 자신에게 이로운 방향으로 왜곡하여 보는 반면에, 우울한 사람들은 현실을 정확하게 보는 경향이 뚜렷이 나타난다. 그렇다면 어떻게 비현실적인 정상인들이 진화과정에서 생존하며 문명의 발달을 가져왔을까? 현실을 정확하게 보는 상황에서는 무모해 보이는 꿈을 가질 수 없을 것이고, 모험을 시도하기 힘들며, 현실에 안주하기 쉬울 것이다. 불가능한 것을 생각하고, 먹구름 속에서도 햇살을 보며 희망을 갖는 정신이 냉정한 현실관을 지닌 사람들의 비판과 제제를 받으면서, 역동적 긴장관계를 형성하여 진화의 바퀴를 굴려 온 것이다.

## 귀인의 편향성에서 문화차

관찰된 행동에 대한 이유를 파악하는 귀인현상 그 자체는 어느 문화에서나 보편적으로 나타난다. 그러나 귀인이론들이 보여 주는 귀인양상은 개인주의 문화권의 사람들 분석에서 나온 것이므로, 문화가 다른 사회 성원들의 귀인에는 적용이 안 될 수 있다. 귀인의 문화 차이를 극명하게 보여 준 연구(Morris & Peng, 1994)에서는 미국과 중국의 학생들이 도형의 움직임에 대한 귀인에 있어서는 차이가 없지만, 생물체의 움직임을 귀인함에 있어서는 문화 차이가 나타남을 보였다. 즉,

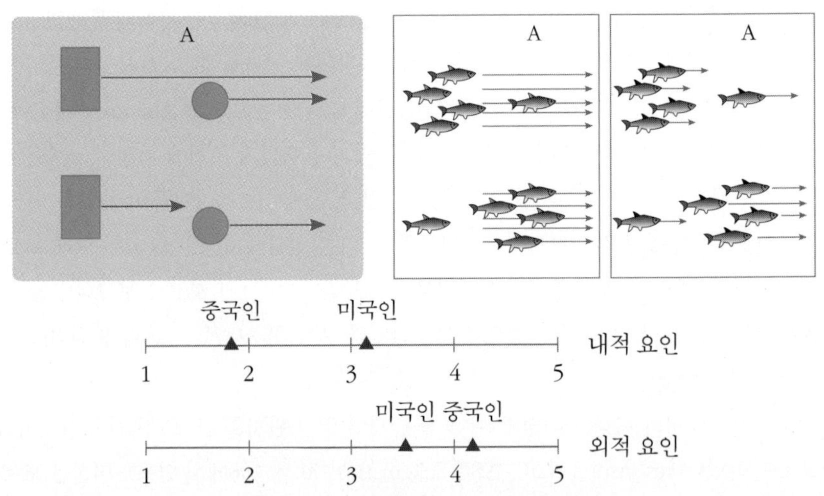


**[그림 3-19] A의 움직임은 무엇 때문일까요?**

도형의 경우, 설명에서 나타나는 문화 차이가 없었으나 물고기의 경우, 중국인은 외적인(다른 물고기 무리) 원인을, 미국인은 내적인 요인을 많이 들었다.

출처: Morris & Peng (1994).

중국인들은 미국인에 비해서 무리의 앞에서 헤엄치는 물고기의 움직임이 뒤에 있는 물고기 무리에 의해서 영향을 받았기 때문이라는 설명을 많이 하는 것으로 나타났다([그림 3-19]).

**내 · 외귀인의 문화차** 내 · 외귀인의 판단은 행위의 책임에 대한 규명과정이다. 이는 사회적 행위의 궁극적 책임을 개인 중심으로 보는 개인주의 문화권에서 중요한 부분이며, 그 중요성이 근본귀인오류라는 양상으로 나타나고 있다. 그러나 세계관이 다른 사회에서는 사회화 과정의 영향으로 귀인양상이 달리 나타나고 있다는 것이 비교문화 연구들에 의해 밝혀지고 있다.

우선, 사회화 과정의 영향은 성장과정에서의 차이로 드러난다. Miller(1984)는 미국과 인도에서 다양한 연령층의 청소년과 성인을 대상으로 잘 아는 사람들의 최근 행위 중에 친사회적 행위와 반사회적 행위를 기억하여 쓰도록 한 후 왜 그 사람이 그렇게 했는지를 설명하게 하여 분석하였다. 대표적인 문화 차이의 예를 보면, 미국인은 이웃 사람이 세금을 성실히 신고하지 않은 이유를 설명하라고 하면 '그는 원래 그런 사람이다' 식으로 내귀인을 하는데, 인도인들에게 공사대금으로 1,500루피를 받고서 이를 착복한 사람이 왜 그랬겠는가를 설명하게 하면, '그는 무직이므로 돈을 돌려줄 형편이 아니다'라는 식의 상황귀인을 많이 하는 것으로 나타났다. 이러한 양상의 차이는 아동들에게서는 나타나지 않으나 커 가면서 강하게 나타났다([그림 3-20]; 결글 3-12). 즉, 사회화의 영향이 작용하는데, 인도인

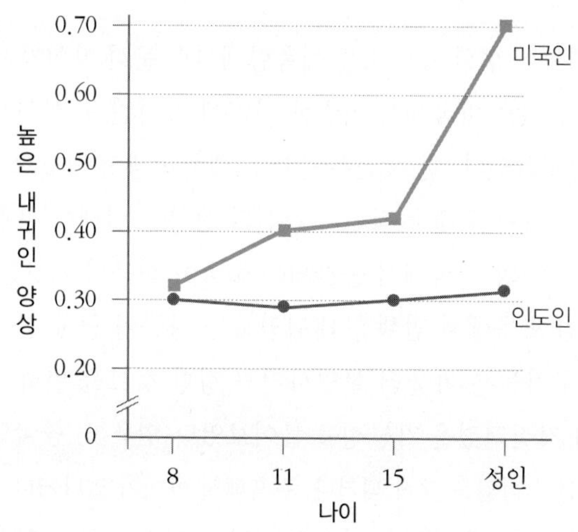


**[그림 3-20] 내귀인 양상에서 나타나는 연령차와 문화 차이**

출처: Miller (1984).

**곁글 3-12** 성향론의 유형과 문화 차이

일부 연구자들은 행위자-상황의 이분적 구분 자체가 미국문화적이며, 동아시아에서는 이러한 식의 구분을 잘 하지 않으며, 오히려 총체적으로 파악한다는 인식론에 있어서의 문화 차이를 주장한다. 이들은 성향론도 실체(entity)론과 가변(incremental)론으로 구분할 수 있다고 본다(Dweck, 2000). 즉, 실체(고정)론은 서구인의 인간관을 반영하는 것으로 성격, 지능, 적성 등의 속성은 일반적이며, 추상적이고 안정적인 것으로 임의로 변경되는 것이 아닌 실체성을 지닌 것이라고 본다. 한편, 가변(성장)론은 이런 내적 속성이 구체적이고, 노력하면 변할 수 있는 것으로 보며, 동아시아의 인간관을 반영하는 것으로 볼 수 있다(Dweck et al., 1993).

한 연구(Choi & Markus, 1998)에서 한국과 미국의 학생에게 살인사건을 들려주고 왜 그 사건이 일어났는지를 설명하게 한 결과, 양국인 모두 범인의 성향론을 드는 경향은 차이가 없었으나, 범인의 성향이 그렇게 형성되게 된 이유를 대는 경향이 한국에서 높게 나타나 가변론적 인성론을 보여 주고 있다.

성향론의 두 가지 종류는 한 문화권 내에서도 두 가지 인성관으로 나타날 수 있다. 즉, 같은 문화권에서도 **실체론자**와 **가변론자**가 섞여 있을 수 있다. 실체론자들은 성격 특성 정보에 의존하여 행위자의 미래행위를 강하게 예측하고, 행동을 보면 행위자의 특성을 알 수 있다는 강한 믿음을 지니고 있는 것으로 나타났다(Chiu et al., 1997). 이러한 유형을 발견한 컬럼비아 대학교의 Dweck(2000)은 가변(성장)론적 인성관의 믿음이 개인의 성장은 물론 기업의 성공에도 긍정적인 영향을 미칠 수 있음을 제시하고 있다.

중에서도 유럽식 교육을 받은 사람들은 내귀인을 하는 경향이 강한 것으로 나타났다. 이같이 연령과 교육의 차이가 나타남은 사건에 대한 관심의 초점을 행위자와 상황 어디에 두는 것이 적절한지를 사회화 과정을 통해 아동이 내재화시켜 가기 때문이다.

상황에 따라 행동이 변할 것인지를 예측함에서도 문화 차이가 나타난다. Morris와 Peng(1994, 연구 2)은 미국에서 비슷한 시기에 벌어진 두 살인사건에 대한 언론보도의 양상을 비교하였다. 한 사건은 중국인 대학원생이 지도교수를 살해한 사건이고, 다른 사건은 백인 우체국 직원이 자신의 상사를 살해한 사건이었다. 연구자들은 『뉴욕 타임스』지와 미국에서 출간되는 중국어 신문의 기사를 분석하였다. 미국 신문은 두 사건 모두에서 범행을 내귀인하는 경향이 중국 신문에 비해서 강하게 나타났다. 연구자들은 아울러 살인사건의 정황 정보를 변화시켜 변화된 상황에서 살인사건이 저질러졌을 가능성을 물어보았다(연구 3). 중국인의 응답은 상황이 바뀐 경우(범인이 직업을 갖게 되거나, 결혼해서 아이가 있다거나, 미국이 아니라 중국에서 박사과정을 함 등)에 살인을 저지르지 않을 것으로 보는 양상이 미국인의 응답보다 강하게 나타났다. 이는 상황이 바뀌면 행동도 바뀌리라는 상황론을 중국

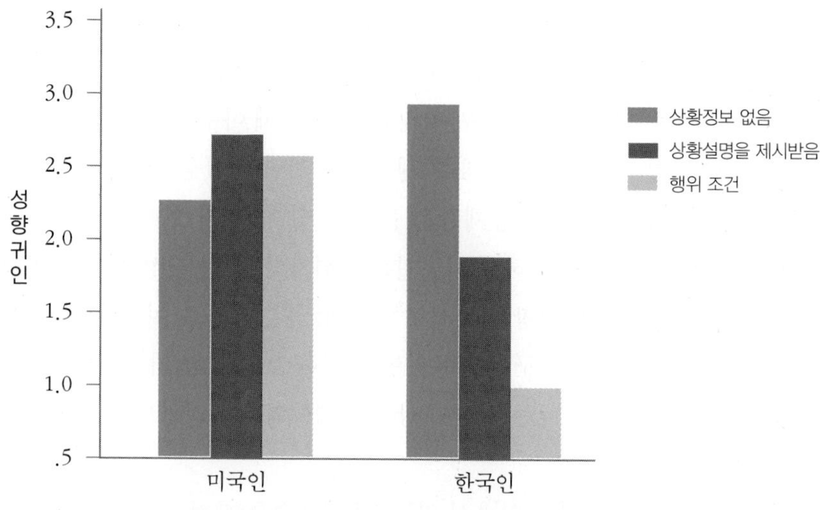


**[그림 3-21] 대응추리 양상의 실험조건별 문화 차이**

출처: Choi & Nisbett (1998).

인이 미국인보다 잘 수용한다는 것이다. 이런 양상은 한국인과 미국인을 비교한 다른 연구에서도 나타났다. 행위자에 대한 성향정보(낯선 이에게 도움을 주었다)가 있고 상황정보(여윳돈이 있거나 없는 상황)가 현저히 부각되지 않을 때, 행위자의 미래행위를 예측하는 경우에 문화 차이는 없이 성향정보에 따라 예측을 하였다. 그러나 성향정보가 있어도, 상황정보가 현저하게 부각된 상황에서나(여윳돈이 있거나 없거나 하는 상황), 표적인물에 대한 성향정보가 없을 경우에, 한국인들은 상황정보에 따라 행위 예측을 달리하는 경향이 미국인보다 강하게 나타남을 보였다 (Norenzayan et al., 1999, 연구 3).

사람들은 인터넷 검색을 하면서 게시판이나 블로그에 올려진 많은 글들을 보며, 의견을 올린 사람이 어떤 믿음이나 성향을 지니고 있는지 짐작한다. 자기가 쓰고 싶어서 쓴 글이라고 여기기 때문이다. 그러나 그 글이 본인 의사로 쓴 것이 아니라 강요에 의해서 쓰인 것을 알았다면 어떨까? 한 연구(Choi & Nisbett, 1998)는 이 같은 내귀인 경향이 미국인과 한국인 모두에게 보이는 것을 발견하였다. 그러나 일반적으로 사람들은 상황의 힘에 둔감하다는 점을 고려하여, 자유의사가 없었음을 부각시키는 경험(즉, 참가자에게 사형제도에 대한 찬반주장을 쓰도록 하는데 자기 생각과 반대되는 글을 쓰도록 강요함)을 하게 하였더니, 강요에 의해 쓴 글에 대하여, 미국인은 내귀인을 계속 하지만, 한국인들은 내귀인을 거의 하지 않았다([그림 3-21]).

**내 · 외귀인 문화차의 이유** 귀인에서 성향론은 보편적으로 나타난다고 해도, 상황론의 수용은 문화 차이가 크게 나오고 있다. 성향론에 의지하지 않는다면 우리는 타인에 대하여 파악하기 어려우며, 상대를 대할 때 아무런 심적 준비를 할 수도 없다. 비록 틀릴지언정 상대에 대한 성향론을 지니고 있을 때, 우리는 상대와의 만남에서 대응할 수 있다는 통제감을 즐길 수 있다. 상황에 따라 사람들이 일관되지 않게 행동하는 것에 대하여 서양인은 행위자의 못 믿을 성향, 미숙함 탓으로 여기고, 동양인은 이를 상황의 차이로 인해 당연한 것으로 여긴다면, 두 문화권의 사람들이 교류할 때, 서구인은 동양인에 대한 오해를 할 가능성이 높다. 이 점에서는 동양인이 마음을 보는 시각이 상황의 영향력을 고려하므로 보다 합리적이라고 할 수 있다.

이런 통제감은 교류상대가 일관성 있는 자기 모습을 가져야 한다는 서구적인 인간관에서 실제 필요하다(2장 참조). 그러나 사회에서 개인의 행동이 내적인 특징보다 상황의 요구에 따라 변할 것을 요구하는 동아시아 사회에서는 성향론을 견지하는 것이 그다지 필요하지 않다. 즉, 행동을 보고 성향추론 하는 것이 지닌 전략적 이점이 두 문화권에서 차이가 있다는 것이다. 이를 검증하기 위해서 미국에서 백인계와 아시아계를 대상으로 자기 인종 사람의 얼굴사진(20장)을 자막에 하나씩 1.5초간 제시하고, 그 사람의 성향을 함축하는 행동단어를 같이 제시하며, 이들 얼굴과 행동을 기억하도록 하였다. 연후에 얼굴사진을 하나씩 제시하고, 이

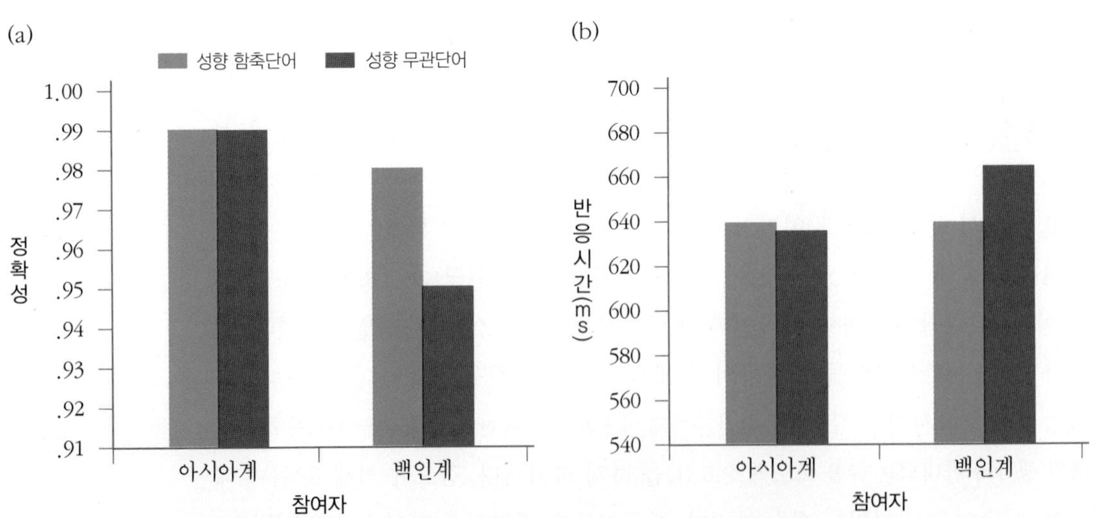


**[그림 3-22] 얼굴사진과 두 유형의 단어 판단에 대한 정확성(a)과 반응속도(b)에서 나타나는 문화 차이**

출처: Na & Kitayama (2011), Fig. 1.

전에 제시된 행동이 함축하는 성향 단어와 성향 무관단어를 뒤섞어 제시하면서 얼굴과의 관련성을 판단하도록 하였다. [그림 3-22]에서 보듯이, 아시아계는 해당 얼굴과 같이 제시된 성향 단어를 제시했을 때나 성향 무관단어를 제시했을 때 정확성이나 반응속도에서 아무런 차이를 보이지 않았다. 한편, 백인계는 성향 함축단어에 빨리 반응하고, 정확성도 높게 나타나, 행동을 갖고 자동적으로 특성을 추론하는 양상을 보였다. 그러나 아시아계 참여자들에게 사진 인물의 성격 특징을 파악하라는 지시를 하고서 동일한 과제를 시행하면, 백인계와 똑같은 양상을 보였다. 이 연구는 일상에서 개인의 성향을 파악하고자 하는 양상이 대응추리의 내귀인을 가져오고 이는 개인주의 문화권에서 필요하기에 늘 이루어지는 것이지만 집단주의 문화권에서는 개인의 성향을 파악하는 것이 그다지 중요한 일이 아니라는 것을 보여 주고 있다(Na & Kitayama, 2011).

**자기본위적 편향의 문화차** 서구의 독립적 자기성 문화권에서 행동의 주체인 개인이 자부심을 느끼는 것은 적응에 필수적이며, 자기본위적 편향은 이 자부심을 느끼도록 한다. 그렇다면 상호의존적 자기성 문화권에서는 어떠할 것인가? 우리 옛 속담에 있는 '잘되면 제 탓, 못되면 조상 탓' 한다는 말이 자기본위적 편향을 반영하는 것이다. 그러나 우리가 많이 쓰는 '덕분에'는 이 편향성과 반대되는 표현이기도 하다. 이 표현이 때로는 진심이겠고, 때로는 인상관리 차원에서 나온다.

**트리안디스(Harry Triandis, 1926~2019)**

그리스 출신으로 미국 코넬대학교에서 사회심리학을 전공하였고, 일리노이 대학교 교수로 재직하였다. 비교문화심리학 분야를 개척한 학자로 개인주의-집단주의 이론을 정리하였다.

자기본위적 편향의 문화차를 보기 위해 한 연구에서 일본인과 미국인들에게서

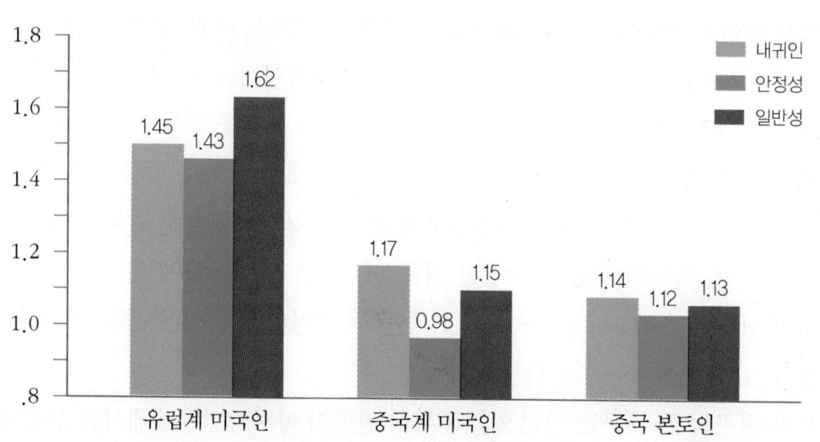


**[그림 3-23] 자기본위적 편향의 문화화**

유럽계 미국인은 자기에게 생긴 좋은 일을 안정적이고 일반적인 내적 요소로 귀인하는 경향이 높다.

출처: Lee & Seligman (1997).

자신들이 성공한 것과 실패한 일에 대하여 어떻게 생각하는지를 기술하도록 하여 분류한 결과, 미국인들은 실패한 경우보다 성공한 경우에 능력 탓으로 여기는 경향이 나타났다. 그러나 일본인들에게는 그 반대로 나타났다(Kashima & Triandis, 1986). 다른 연구는 백인계 미국인, 중국계 미국인, 중국 거주 중국인을 대상으로 스스로에게 있었던 좋은 사건(만족스러운 데이트 따위)과 좋지 않았던 사건(일자리를 구하려다 실패함 따위)에 대하여 이유를 설명하도록 하고, 이 이유를 귀인의 세 차원(내-외, 안정성-가변성, 일반성-특수성)을 적용하여 분석하였다. [그림 3-23]에서 볼 수 있듯이, 백인들은 좋은 사건을 내적, 안정적, 일반적 요소로 귀인하는 경향이 다른 두 중국인 집단보다 강한 것으로 나타났다(Lee & Seligman, 1997).

미국인들의 자기본위적 편향과 비견되어 아시아 문화권에 주로 나타나는 이 현상을 겸양귀인 편향이라고 부른다(Smith & Bond, 1998). 유학의 인간관은 인심(人心)과 도심(道心)을 구분하여 인심은 인욕의 근본이어서 위태로운 만큼 이를 항상 다스리는 수양을 통해서 도심을 갖추어야 하는 것이 인간의 도리라고 본다. 한덕웅(1994, pp. 263-267)은 유학의 4단(四端) 정서가 중시되는 문화권에서 인의, 사랑, 자애, 측은, 예의, 사양, 겸양 등의 가치가 존중되며, 이 가치와 조화되는 귀인양상이 바로 겸양적 귀인이라고 본다. 문제는 이 같은 겸양적 귀인이 인상관리 전략인지 아니면 실제로 내재화된 것인지를 밝히는 것이다.

인상관리 차원에서 나올 수 있는 가능성을 보기 위해서 한 연구에서는 다양한 과제(탁구시합, 학교성적 등)에서 성공(또는 실패)한 사람이 자신의 성공(실패)을 자기본위적 또는 겸양적으로 귀인하는 것을 접한 관찰자들의 평가를 실험적인 방법으로 알아보았다(김진국, 1986). 자기본위적(즉, 성공은 내 탓, 실패는 상황 탓)으로 귀인하는 사람들에 대한 대학생들의 평가는 부정적인 것으로 나타났다(또한 김혜숙, 유주란, 1995; 이지은, 1996). 겸손하게 귀인하는 사람들에게 호감도가 높은 것으로 나타나 겸손이라는 덕목이 대인교류에서 좋게 여겨지는 것임을 알 수 있다. 아울러 중국 참가자들이 성공이나 실패의 귀인을 실험자에게 알릴 때는 겸양적으로 나왔지만, 익명적인 응답지에 할 경우 미국인들과 비슷하게 자기본위적 편향이 나타났다(Wan & Bond, 1982). 이런 연구는 겸양적 귀인이 인상관리 차원에서 나올 수 있음을 보이는 것이다.

보다 최근의 한 연구는 이런 자기본위적 편향이 아시아인들에게서는 상황에 따라 크게 달리 나타남을 보이고 있다. 즉, 미국 대학생 중에서 아시아인이나 백인이나 자신을 묘사하는 성격 특성 단어를 선택하게 했을 때 모두 긍정적인 단어를 많이 선택하는 양상을 보였으나, 부모의 관점에서 선택하게 하는 경우에 아시아계는 긍정적인 단어를 선택하는 양상이 덜 보였으나, 백인계는 차이를 보이지 않았다([그림 3-24]; Kim Y. et al., 2014). 이런 결과는 아시아인들이 다른 사람의 입장에서 자신을 평가하는 것에 익숙하며, 그런 평가를 하는 경우에 서양인과 달리 자기편향성을 보이지 않으며, 맥락적으로 변하는 자기의 특성을 반영하고 있다(2장 참조). 이런 탓에 타인의 눈을 의식하는 경향성이 높은 아시아인(Chiu et al., 2010; Cohen & Gunz, 2002)들이 자기겸양적 귀인을 보일 가능성은 상대적으로 높다고 보겠다(곁글 3-13).

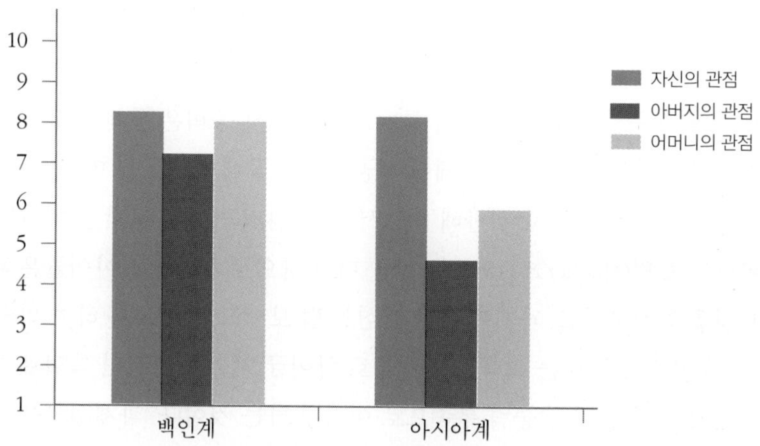


**[그림 3-24] 취하는 관점에 따라 나타나는 자기평가의 긍정성에서의 문화 차이**

출처: Kim Y. et al. (2014), Fig. 1.

**곁글 3-13　일본인의 겸양은 꾸밈이 아니라는 근거**

동아시아의 유교문화권에서 사람들은 뽐내기보다는 겸양을 덕으로 삼는다. 이 겸양이 겸허한 진실된 마음을 반영할 수 있으나(2장 참조), 속마음이 아니라 인상관리 차원에서 나오는 것이라는 반론도 만만치 않다. 일본인을 대상으로 이루어진 여러 연구들을 검토하면서 일군의 연구자들(Heine et al., 1999)은 이 겸양이 꾸며진 것이 아니라는 주장을 제시하고 있다.

겸양을 보이는 이유가 남들에게 잘 보이기 위함이라면 첫째, 개인의 사회적 바람직성을 측정하는 척도점수에서 일본인들의 점수가 미국인에 비해 높게 나와야 하지만 그렇지 못하다. 둘째, 겸양적 답을 분명히 요구하는 문항들(자신과 남을 직접 비교하는 등)에서는 그러한 답을 요구하지 않는 문항들(자신이 별 책임 없는 성과에 대한 질문 등)에서보다 겸양적 답이 미국인에 비해 강하게 나와야 하지만 그렇지 못하다. 셋째, 남을 평가할 때보다 자신을 평가할 때 더 자기비판이 강해야 할 것이다. 그러나 이러한 차이는 나타나지 않는다. 넷째, 겸양을 보일 필요가 전혀 없는 익명의 상황, 아무도 안 보는 상황에서도 자기비판적이며 겸양적인 행위가 나타난다. 아울러 일본인들은 미래에 나쁜 일이 자신에게 발생할 가능성을 남에게 발생할 가능성보다 높게 보는데, 미국인들은 좋은 일이 자신에게 발생할 가능성을 더 높게 보는 양상을 보인다(Chang & Asakawa, 2003: 곁글 3-10).

이러한 증거들에 더해서 Heine 등(1999)은 흥미로운 실험결과들을 바탕으로 일본인들은 자기고양적 귀인을 보이지 않으며, 자긍심을 고양시키려는 행위보다는 자기비판을 통해서 사회 문화적으로 인정받는 자신의 모습을 갖추어 가려는 자기개선 행위와 동기를 강하게 지니고 있다고 주장한다. 한 예로, 일본과 캐나다 대학생들로 하여금 실험과제를 수행하게 한 후 성공/실패의 성적을 알려 주었을 때 일본인들은 자신이 남들보다 잘했다는 사실을 인정하기 꺼려 했으나, 캐나다인들은 남보다 못했다는 사실을 인정하기 꺼리는 것으로 나타났다(Heine, Takata, & Lehman, 2000).

**능력 · 노력의 귀인** 귀인요소의 통제성 차원에서 능력은 통제가 불가능하고, 노력은 통제가 가능한 것이다. 과제에 성공한 아이들에게 성공을 머리가 좋은 탓, 또는 열심히 노력한 탓으로 칭찬해 주고서, 어려워지는 과제를 맞은 아이들의 행위를 관찰해 보면(Mueller & Dweck, 1998), 머리 탓으로 칭찬받은 아이들은 과제가 어려울 것을 걱정하였고, 과제에 대한 관심을 덜 보이고, 해내고자 하는 의지도 약했다. 머리 탓으로 돌리는 교육은 아이들로 하여금 지능을 고정된 특질로 생각하게 만들고 실패하는 것은 능력 부족으로 여기게 하는 것이다. 과제성공을 열심히 노력한 탓으로 여기는 아이들은 자신의 능력에 대하여 보다 안정적인 생각을 지니고, 수행 성적보다는 무언가 새 것을 배워 가는 것을 더욱 중시하는 것으로 나타났다. 실패하는 경우 이를 그대로 수용하기보다는 더 잘해 보려 노력한다.

귀인의 통제성 차원에서 문화 간 차이가 나타나고 있다. 즉, 아동이 낙제한 것을 중국의 학부모는 노력의 부족 탓으로 돌리나 미국의 학부모는 아동의 능력, 지능 탓으로 여기는 경향이 있으며, 산수를 잘하면 중국인들은 목표를 상향 조정하지만, 미국인은 보상과 격려를 해 주는 등, 중국에서는 개인을 평가할 때 가변적인 요소인 노력에, 안정적인 요소인 능력이나 성격보다 더 비중을 두고 있다(Hess et al., 1987).

여러 연구들이 이와 관련된 현상을 보여 주고 있다. 한 연구(Mizokawa & Ryckman, 1990)는 미국 내에서 아시아계(한국 포함) 아동들 2,500여 명에게 각본을 제시하고 주인공이 학과목에서 성공 혹은 실패한 경우 그 이유를 표시하게 하였다. 아시아계는 모두 노력 귀인을 상대적으로 많이 하는 것으로 나타났다. 특히 한국과 일본, 중국계 아동들이 노력 귀인을 가장 강하게 하는 것으로 나타났다. 아시아계 미국인들이 학습된 무기력증에 빠지는 경향이 덜한 것으로 보고되고 있는데, 이는 이러한 노력 귀인과 무관하지 않다.

또 다른 연구는 초등학생을 대상으로 일본과 미국에서 난이도가 어려운 문제를 주면서 얼마나 오랫동안 풀려고 노력하는지를 비교한 결과, 일본 아이들이 미국 아이보다 오랫동안 매달리는 것으로 나타났다(13.9분 대 9.5분; Blinco, 1993). 이는 노력 귀인을 강조하는 문화 차이로 여겨질 수 있다. 아동 양육 과정에서 문화 차이를 보면, 초등학생 자녀의 성적이 나쁜 것에 대하여 일본의 학부모와 교사들은 미국 학부모들보다 노력 부족이라고 여기는 경향이 강하였으며, 아동들도 능력보다는 노력 부족의 탓이라고 여기는 경향이 베이징에서도 강하게 나타났다(Stevenson & Stigler, 1992; [그림 3-25]). 또 다른 연구가 과제수행에서 작용하는 동기의 문화 차이를 잘 보여 주었다. 이 연구에서는 대학생을 대상으로 세 가지 단어들을 하나의 묶음으로 제시하고, 단어들이 지닌 공통점을 연상해 내는 과제(RAT)를 일본인과 캐나다인에게 제시하였다. 이들의 과제수행 성적을 조작하여 잘하였다(혹은 좋지 않았다)고 알려 주었다. 같은 과제를 다시 수행하는 기회를 제공하고서 과제수행 시간을 암암리에 측정한 결과, 흥미로운 문화 차이가 나타났다. 즉, 과제에 성공했을 경우에 캐나다인들은 실패했을 경우에 비해 더 오래 과제를 잡고 있었지만, 일본인의 경우에는 반대로 나타났다. 즉, 실패했을 때 오히려 더 오랫동안 매달리는 것으로 나타났다([그림 3-26]). 이는 캐나다인의 경우에 능력으로 귀인하는 탓에 잘하는 과제를 즐기고, 못하는 과제를 기피하는 것을 보인 것이다. 그러나 일본인의 경우에 성패를 노력으로 귀인하는 탓에 못하는 과

**Remote Association Test (RAT)**
상호 관련성이 높거나 낮은 세 개의 단어를 제시하고, 이들과 공통으로 연상이 될 수 있는 단어를 맞추도록 하는 실험과제다.
(예) 유엔–전쟁–비둘기 → 평화
한약–글씨–모자 → 쓰다
(정욱, 한규석, 2005에서 발췌).

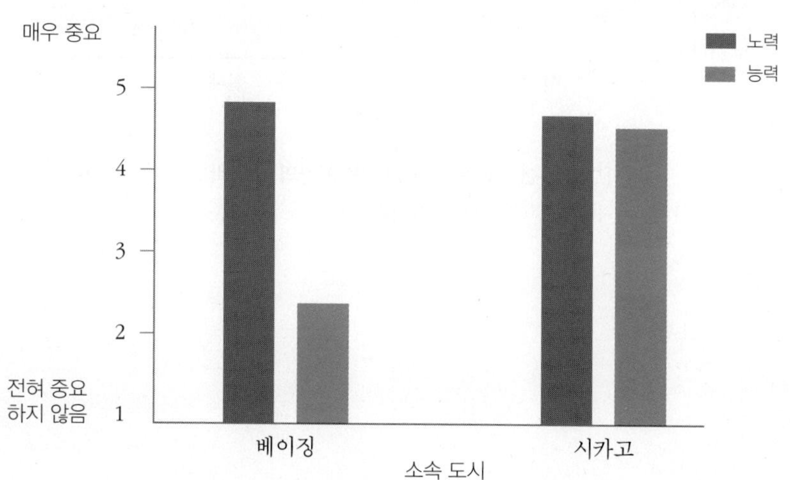


**[그림 3-25] 학교에서 성공하기 위해 필요한 능력과 노력의 중요성에 대한 아동들의 평가**
출처: Stevenson & Stigler (1992).

제에 대하여 더욱 노력을 기울이는 양상을 보이는 것이다. 같은 방식으로 한국 대학생을 대상으로 행한 실험은 놀랍게도 캐나다인의 양상과 동일한 양상을 보였다(정욱, 한규석, 2005; [그림 3-26]).

이 맥락에서 교육제도에 대한 문화 차이를 주목할 수 있다. 미국이나 유럽의 국가들, 특히 독일의 경우 대학을 진학할 것인가 직업전선으로 나갈 것인가는 초등학교와 중학교를 졸업할 때 대부분 결정된다. 즉, 학업 능력에 대한 판단을 일찍 내린다는 것이다. 반면, 한국의 경우 대부분의 학생들에 대한 학력의 판단은 고교에 가서나 내려진다. 그때까지 학업에 관한 귀인은 노력 탓으로 돌려진다. 공부 못하는 사람에게는 노력 부족, 공부 잘하는 사람은 머리 탓보다 노력 탓으로 보상을 해 주는 것이다. 이 같은 문화의 특징을 반영하는 듯 중국과 한국에서는 학생들에게 많은 숙제를 부과하고 있고, 동일과제를 할 때 중국과 일본 학생들의 학업성취는 미국 학생들보다 전반적으로 높다고 보고되고 있다(Stevenson & Stigler, 1992; 조긍호, 1996에서 인용).

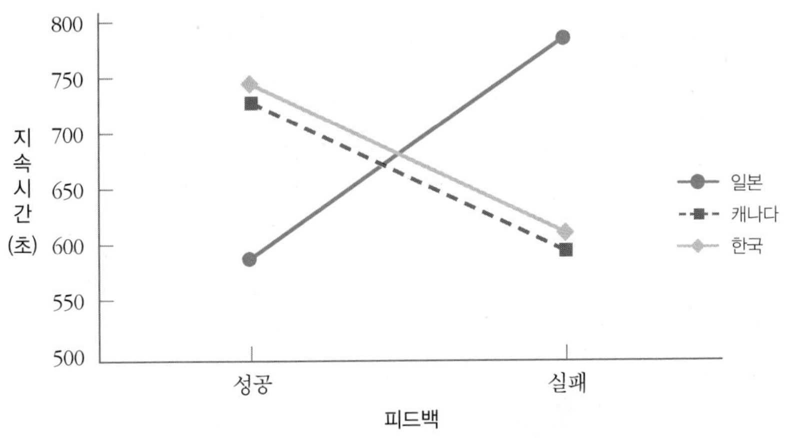


**[그림 3-26] K-RAT 과제수행 시간의 삼국 비교**

출처: 일본과 캐나다 결과는 Heine 등(2001)에서 가져온 것임.

**요약**

1. 사람들은 합리성을 최대화하는 정보처리를 하기보다는 효율성을 추구한다. 귀인에서도 이 경향이 여러 가지 편향성으로 나타난다.
2. 사람들은 현저하게 지각되는 것이 사건을 야기한 책임이 있다고 여기는 현저성 편향을 보인다. 관찰자에게는 행위자가 현저하게 부각되므로 행위의 원인을 행위자의 내적 특성 탓으로 여기고 상황의 힘을 무시하는 양상을 보이는데, 이를 근본귀인오류라고 한다
3. 행위자-관찰자 편향은 행위자는 상황 탓, 관찰자는 성향 탓을 하는 차이로 현저하게 부각되는 지각적 초점이 달라서 나타나기도 하며, 각자가 지닌 정보의 차이 때문에 나타날 수 있다.
4. 이중관점 평가모형은 사람들이 자신의 행위를 평가할 때는 일을 수행하는 관점에서, 남의 행위를 평가할 때는 도덕성 관점에서 평가하는 양상의 차이를 설명한다.
5. 내로남불 평가편향은 자신의 생각과 행동에 대하여 스스로가 잘 알고 있다는 내성착각 현상에 의해서 자신의 의도와 마음을 중심으로 스스로의 행동을 평가하고, 남의 행동에 대하여는 도덕성의 관점에서 평가하는 탓에 나타나는 현상이다.
6. 귀인의 편향성은 특히 독립적 자기성 문화권의 가치와 맞물려 있음이 인식되면서, 귀인의 문화 차이가 드러나고 있다. 성향귀인은 보편성을 지니나 상황귀인의 수용에 있어서 문화 차이가 나타나며, 자기본위적 편향의 정도에 있어서도 문화 차이가 확인되고 있다.
7. 성공에 대한 귀인을 동양은 노력 탓으로, 서양은 능력 탓으로 돌리며, 동양은 겸양적 귀인이, 서양은 자기본위적 귀인이 강한 경향이 나타난다. 특히 일본인에게서 나타나는 겸양적 귀인이 인상관리 차원에서가 아니라는 증거들이 나타나고 있다.

## 귀인의 적용

대인관계에서 상대방의 특성을 파악하는 과정에 초점을 맞추었던 귀인이론은 오늘날 세상사에 대한 전반적인 파악에 적용되고 있다. 언제 사람들이 사건에 대한 설명을 하려 드는가? 항상 원인 분석을 하는 것이 아니라 기대 밖의 일, 범상치 않은 일이 발생했을 때, 특히 좋지 않거나 고통스러운 일이 자신에게 발생했을 때 더욱 그러하다. 한 예로, 95%의 암 환자들이 암의 원인에 대한 귀인을 하고 있으며, 환자의 가족 중 70%가 귀인을 하고 있는 것으로 나타났다(Taylor, Lichtman, & Wood, 1984). 귀인은 사건을 이해하는 과정에서 필수적으로 거치는 과정이며, 이 귀인이 정서의 판단은 물론 과제수행 및 정신질환의 증상 경험과 치료에도 중요한 영향을 미친다.

## 정서의 판단과 귀인

인간은 다양한 정서를 경험한다. 기본적인 정서가 몇 가지인가는 상당한 논의의 대상이 되고 있다(Izard, 1977; McClelland, 1985). 최근에 들어서 정서마다 독특한 신경회로를 지니고 있다는 가설이 주장되고 있지만, 많은 정서가 사실 명확하게 구별이 안 되고 있는데 이를테면 질투와 사랑 같은 것이 그 한 예다. 자신이 경험하는 정서를 어떻게 아는가에 대하여 Schachter(1964)는 정서 2요인설을 주장하였다. 즉, 정서를 경험하기 위해서는 생리적 홍분을 느껴야 하며 그에 대한 인지적 해석 및 판단이 내려져야 한다는 것이다. 그에 따르면 생리적 홍분은 다양한 방법으로 해석될 수 있고 그 해석에 따라 경험하는 정서가 규정된다는 것이다.

**섁터(Stanley Schachter, 1922~1997)**
미시간 대학교에서 Lewin과 Festinger의 지도로 사회심리학 박사학위를 취득했으며, 컬럼비아 대학교에서 교수로 재직하였다. 정서 2요인설을 제시하였으며, Nisbett과 Ross를 제자로 가르쳤다.

심리학에서 가장 잘 알려진 실험 중의 하나인 Schachter와 Singer(1962)의 연구는 바로 이 점을 검증한 것이다. 두 집단의 대학생들에게 에피네프린(각성호르몬으로, 호흡을 촉진하고 맥을 빨리 뛰게 함)을 주사하고 한 집단에게는 그 진짜 약효를 알려 주었고 다른 집단에게는 곧 어지럽고 약간의 두통을 느낄 것이라고 약효를 가짜로 알려 주었다. 통제집단의 학생들에게는 약을 주사하지 않았다. 참가자들은 실험실에서 다른 참가자 한 명(사실은 실험협조자)의 옆에 앉아서 실험자가 준 질문지에 응답을 하였다. 잠시 후에 옆에 있던 참가자가 매우 기분이 좋아진 듯한(다른 조건에서는 화가 많이 난) 행동을 하기 시작하였다. 약효를 잘못 알고 있는 참가자들은 진짜 약효가 나타나면서 자신들이 왜 이렇게 홍분하게 되었는가를 의아하게 생각할 것이고 똑같은 약을 주사받은 옆 사람이 즐거워하거나 화를 내면 그 사람에게서 상황단서를 얻어 스스로도 옆 사람이 경험하고 있는 정서를 경험할 것이다. 그러나 홍분하게 될 것이라고 알고 있는 참가자들은 자신의 홍분을 약 탓으로 돌리며, 옆 사람의 행위를 보고 덩달아 따라 하지는 않을 것이다. 애초에 약

**표 3-4** 정서의 2요인설 검증실험

| 조건 | 실험 절차 순서<br>1<br>홍분제 복용 | 2<br>약효 설명 | 3<br>옆 사람의 행위 | 4<br>자신의 신체 홍분에 대한 귀인 | 5<br>경험정서 |
|---|---|---|---|---|---|
| 약효 설명 가짜 | 함 | 가짜 | 즐겁거나 화를 냄 | 상황 | 즐겁거나 화냄 |
| 약효 설명해 줌 | 함 | 제대로 들음 | | 약 | 없음 |
| 통제집단 | 안 함 | 없음 | | 없음 | 없음 |

* 본 표는 Sears 등(1991, p. 115)이 Schachter와 Singer(1962)의 연구를 바탕으로 작성함.

을 주사받지 않은 사람들(통제집단)은 흥분을 느낄 까닭이 없고 따라서 아무런 정서를 경험하지 않을 것이다. 이러한 가설을 지지하는 연구 결과가 나타났다(〈표 3-4〉).

중심인물(2)의 정서판단에 주위 사람들의 표정이 영향을 미치는가?

이 연구는 정서의 판단에 귀인이 중요하게 작용함을 잘 보여 준 연구다. 여러 후속적인 연구가 이 귀인과정의 중요성을 보여 주었다. Vallins(1966)는 남학생들에게 자신의 심장소리를 확대시켜 들려준다는 이어폰을 끼게 하고서 여자의 나체사진을 여러 장 보여 주었다. 학생들이 어떤 사진을 보았을 때는 그들은 자신의 심장이 빨리 뛰는 것을 느꼈고 다른 사진을 보았을 때는 차분해지는 것을 느낄 수 있었다. 기실, 이 맥박소리는 연구자가 임의로 조작하여 들려준 것이다. 학생들은 자기의 맥이 '빨라진' 것이 그 사진 때문이었다고 느끼고 맥을 빨리 뛰게 한 사진의 주인공을 가장 매력적인 여자로 평가했다. 실험이 끝나고 마음에 드는 사진을 가져가라고 했을 때 대부분의 학생들은 바로 자신의 맥을 '빨리 뛰게 만든' 사진을 가져갔다. 이 연구는 사람들이 자신의 생리적 흥분을 설명할 만한 이유를 찾으며 적절한 상황단서가 있는 경우, 이것을 흥분의 원인으로 여겨 버린다는 것을 잘 보여 준다.

정서의 경험에서 인지적 상황평가의 중요성은 정서의 평가이론(Ellsworth & Scherer, 2003)으로 발전하여 정서 경험의 문화 차이에 대한 흥미로운 발견들을 제시하고 있다. 이를테면, 일본인들은 사진의 중심인물(배번 2)의 표정이 드러내는 정서를 판단할 때 그의 주위 사람들이 어떤 표정을 짓고 있는지에 따라 미국인들보다 더욱 민감하게 반응하는 것으로 나타났다(Masuda et al., 2008). 이는 2장에서 논의한 상호의존적 자기성 문화의 특징을 보여 준다. 문화권마다 같은 사건(성공 혹은 실패)을 경험하여도 정서에는 차이가 나타나는데, 미국인들은 성공 시 자부심을 크게 느끼지만, 일본인들은 운이 좋았다라는 생각에 자부심을 느끼는 정도가 크지 않다. 그러나 이런 문화 차이는 경험하는 성공 혹은 실패 상황에 대한 귀인에 차이가 없게 된 경우에는 사라진다(Imada & Ellsworth, 2011). 정서는 느낌에 대한 상황인식(귀인) 설명의 결과로 경험하기 때문이다.

## 사후가정사고

사람들이 벌어진 사건을 대하며 경험하는 정서는 벌어지지 않았던 사건을 어떻게 생각하느냐에 의해 큰 영향을 받는다. 예를 들어, 기말시험을 준비할 때 친구가 알려 준 예상문제를 미처 공부하지 못하고 시험 치를 때 느끼는 좌절감은 그런 예상문제를 전혀 접하지 못했을 때와는 다를 것이다. '아무리 시간이 없었어도 그것만 보고 왔더라면!!…….' 하는 사후가정 사고는 사건에 대하여 경험하는 정서는 물론, 미래의 행위에도 큰 영향을 미친다. 이스라엘 군에서는 어떤 일이 있어도 병사 자신들에게 떨어진 임무를 다른 사람과 바꾸는 일은 허용되지 않는다고 한다. 바뀐 임무를 수행하다가 불행을 당하면 유가족들은 피할 수 있던 죽음에 분노하고, 임무가 바뀌어 살아남은 병사는 죄책감으로 괴로움을 겪기 때문이다(Gilovich et al., 2011, p. 127). 이런 일들은 사후가정사고에 대한 이해의 필요성을 보여 준다.

사후가정사고는 두 가지 양상으로 나타난다. 상향적 사후가정사고를 하게 되면 우리는 실제 일어난 일보다 잘되었을 상황에다가 벌어진 상황을 비교함으로써 자괴감, 자책감, 실망을 느끼게 된다. 그럼에도 불구하고 상향적 사고는 기대했던 일이 잘못되었을 때 나타나면서(Roese & Olson, 1995), 유사한 사건이 미래에 발생할 때 보다 잘 대처하도록 해 줄 수 있다. 시험을 잘못 본 사람들에게 시험을 잘 볼 수 있었을 손쉬운 방법을 생각하게 한 경우에 나중 시험에 보다 잘 대비하고 성적도 좋아지는 현상이 확인된 바 있다(Roese, 1994). 한편, 하향적 사후가정사고를 하게 되면 실제 일어난 일보다 더 나쁜 상황을 생각하게 됨으로써, 발생한 상황에 대하여 안도감과 즐거움을 더 느끼게 된다. 교통사고를 당하여 차를 폐차 처분하게 된 사람이 '크게 다칠 뻔 했는데, 안 다치고 이만하길 다행이야.' 하면서 스스로를 위로하는 것이 대표적인 사례다.

1992년 바르셀로나 올림픽 메달 수상자들이 시합에서 자기의 메달이 확정되는 순간과 시상식에서 보인 얼굴표정들을 분석한 연구(Medvec et al., 1995)는 기쁨의 크기가 금·은·동의 순서가 아니라 금·동·은의 순으로 뒤바뀐 것을 보여 준다. 사후가정사고가 은메달(상향적)과 동메달(하향적)에서 다르게 작용하는 탓이다. 기쁨이 성적 자체에 좌우되는 것이 아니라 누구와 비교되느냐에 의해 좌우된다는 것은 매우 흥미로운 현상이다. 이때 벌어지지 않은 사건이 얼마나 연상되기 쉬우냐에 따라 정서적 반응이 증폭된다(Fiske & Taylor, 1991). 이 탓에 2022년 10월 말에 이태원 참사 사건의 유가족들은 더욱 가슴이 아픈 것이다.

1992년 바르셀로나 올림픽 시상대의 한 장면. 행복은 메달의 색깔순이 아니다.

출처: Gilovich et al. (2011), p. 126.

하향적 비교는 무의식적으로 진행되는 탓에 관찰자

2022년 10월 29일 이태원 참사로 희생된 156명의 영령을 위로하는 현장. 이태원 희생자의 유가족은 경찰의 안전조치가 있었다면 죽임을 당하지 않았을 수 있다는 가능성 탓에 더욱 가슴이 아프다.

**허태균(1968~ )**

미국 노스웨스턴 대학교에서 Roese 교수 지도하에 사회심리학 박사학위를 취득한 후에 고려대학교 교수로 재직 중이다. 한국사회및성격심리학회 회장을 맡았으며, 한국인의 사회심리적 특성을 규명하는 연구관심사를 지니고 있다. 『어쩌다 한국인』(2015) 등의 저술을 펴냈다.

의 눈에 띄지 않지만 상향적 비교는 의식적으로 이루어지며, 이를 관찰자들이 어렵지 않게 알 수 있다(Roese, 2005, p. 51). 시간의 차원에서 미래의 일에 대하여는 상향적 사고가, 과거의 일에 대해서는 하향적 사고가 많이 나타나고 있다. 이는 미래에 대해 더욱 잘 준비하게 만들고, 과거 일에 대해 너무 연연하지 않도록 하는 기능을 함으로써, 잘못된 현실을 위로받고, 미래에 대비하는 데 관심을 갖도록 해준다(곁글 3-14).

**곁글 3-14** 사람들은 무엇을 후회하는가

지금까지의 삶을 다시 살 수 있다면 당신은 어떻게 할 것인가?

서구에서 지난 20여 년간 다양한 연령대의 성인들을 대상으로 이 질문에 대한 응답을 집계한 결과, 32%의 사람이 학업, 22%가 직업경력, 15%가 사랑과 인간관계를 대며, 자녀양육, 자기계발, 여가생활의 순으로 나타났다. 앞 네 가지는 여러 연구에서 공통적으로 상위권에 순서대로 나타났다(Roese, 2005, p. 60에서 인용). 대표적인 응답 하나는 "가장 큰 후회는 학교에 진학하지 않고, 내 인생의 꿈을 이루지 못한 것이다. 나는 친구들을 따라서 멋져 보이는 것을 좇으며 살았지만…… 더 좋은 교육을 받았다면…… 삶이 달라졌을 것이다."였다(Roese, 2005, pp. 61-62). 다른 연구에서는 거리에서 일반인들을 대상으로 물어본 결과, 지난 일주일에 대한 응답에서는 자신이 한 행동에 대한 후회(53%)가 안 한 행동에 대한 후회(47%)보다 높게 나타났다. 그러나 지금까지의 삶 전체를 본 경우에는 안 한 행동에 대한 후회가 84%로 한 행동에 대한 후회(16%)보다 압도적으로 높았다(Gilovich & Medvec, 1994).

국내의 대학생을 대상으로 조사한 결과, 저지른 행동에 대한 후회는 37%로 나왔으나, 하지 않은 행동에 대한 후회는 63%로 나타났다(남궁재은, 허태균, 2009). 후회의 영역도 한국과 미국이 비슷하지만, 미국인들은 애정, 친구, 교육, 여가의 순으로, 한국 대학생들은 교육, 애정, 자기, 친구의 영역 순으로 내용 차이도 나타났다. 독거노인 380명을 대상으로 한 연구는 사회생활에서의 성취에 대한 후회보다 가족과 이웃관계에 대한 후회가 많이 나타나며, 안녕감에 영향을 많이 미치는 것을 보였다(서경현, 2014).

한 행동과 안 한 행동의 후회 차이는 왜 나타날까? 저질러진 행동에 대하여 취소할 수 없다면 정당화와 합리화를 통해 자기를 보호하는 양상을 보인다. 이를 **심리적 면역기제**(Gilbert, 2006)라고 할 수 있다. 이 면역기제는 사소한 일보다는 중요한 일에서 작동한다. 그래서 사람들은 잘못된 선택으로 두고두고 후회하기보다는 뼈아픈 교훈을 얻었다며 의미를 둘 수 있다. 사람들은 **후회 혐오증**을 지니고 있기 때문이다. 그러나 흥미로운 것은 국내 대학생이 애정, 친구와 같은 인간관계 영역에서는 저지르지 않은 행동보다 저지른 행동에 대하여 후회하는 양상이 높게 나타났다. 미국에서도 여성들은 성생활과 관련해서는 저지른 행동에 대해 후회하는 양상이 높게 나타났다. 이는 중요한 대인관계에서 저지른 잘못의 여파는 지속적으로 삶에 영향을 미치는 탓이라 보인다.

**요약**

1. 귀인은 여러 심리현상의 이해에 적용된다. 대표적인 것이 정서의 경험이다. 정서 2요인설은 사람들이 경험한 신체의 흥분을 적당한 상황 탓으로 귀인시켜서 정서를 경험한다는 것을 보여 준다.
2. 사건 자체보다는 사건을 어떻게 해석하느냐가 중요하다. 사후가정사고는 벌어지지 않을 일에 비교해서 사람들이 겪는 후회가 달라짐을 설명한다.

# 사회생활 속의 추론과 판단

사람들은 생활 속에서 크고 작은 결정을 내린다. 결정을 하기 위해서는 지니고 있는 정보들을 고려하여 판단을 한다. 이러한 판단이 어떻게 이루어지는가가 본 장의 주제다. 큰 논란을 일으켰던 한 연구에서 정상인으로 하여금 정신건강의학과 병원을 찾아가 환청이 들리는 증상을 호소하도록 하였다. 그 외에는 정상적으로 행동하였다. 의사들은 이 환자들의 과거 병력, 생활상을 검토하고, 조현병으로 진단하여 입원을 시켰다. 한 환자는 의사와의 면담에서 "어렸을 때 엄마와는 친했지만, 아빠와는 멀었어요. 사춘기 이후는 아빠와도 친한 친구 사이가 되었고, 대신 엄마와 좀 멀어졌어요. 지금 아내와의 관계는 가깝고 좋아요. 가끔씩 다투기도 하지만, 갈등은 별로 없어요. 아이들도 때리는 일은 거의 없어요."라고 말했다. 이 내용은 의사에 의해서 다음과 같이 해석되었다. "이 39세 백인 남자는 …… 가까운 사람과 양가감정을 느끼는 역사가 오래되었다. 엄마와의 따듯한 관계가 사춘기에는 식었고, 아빠와의 소원한 관계가 매우 가까워졌다고 한다." "정서가 매우 불안정해요. 아이와 아내에 대하여 느끼는 감정을 통제하려고 하나 가끔씩 분노를 터뜨리며 아이를 때리기도 해요……." 이 연구의 연구자는 연구내용을 알려 주고 보스턴 지역의 정신건강의학과 의사들에게 3개월 이내에 한 명 이상의 가짜 환자가 입원을 시도할 것이라고 이야기했다. 3개월이 지난 후에 의사들

2024. 12. 3. 비상계엄을 선포하는 윤석열 대통령. 벌어지는 수많은 일들을 이해하고, 판단하여 특정한 결정을 하는 과정에서 사람들이 보이는 심리와 양상은 어떠한가?

에게 그동안 입원한 193명의 환자 중 누가 가짜였다고 보는지를 물었더니 41명의 환자에 대하여 적어도 한 명 이상의 의사를 가짜 환자로 판단했다고 한다. 그러나 가짜 환자는 투입되지 않았다(Rosenhan, 1973). 이 연구는 윤리적 논란을 크게 빚었으나, 사람(전문가 포함)들이 판단을 하는 방식을 잘 증언해 주고 있다. 사람들이 어떤 정보에 귀를 기울이고, 어떻게 취합, 정리하여 판단을 내리는가 하는 과정을 다루는 것이 사회적 추론의 분야다.

사회적 판단의 연구들이 갖고 있는 전통은 사람들이 실제로 판단을 하는 과정을 합리적인 추론 방략과 비교하는 것이다. 합리적 혹은 규범적 모형이란 논리적이고 수학적이며, 오류나 편파의 가능성을 배제한 것인 데 비해 사람들이 실제 따르는 서술적(descriptive) 방략은 비논리적인 요소를 포함하고 있으며, 오류와 편향을 지니고 있다(Einhorn & Hogarth, 1981). 규범모형과 서술모형을 비교하는 것은 인간의 정보처리 과정을 이해하는 데 많은 통찰을 제시해 주었다. 이 분야에서 이루어진 많은 연구는 사람들의 생각과 판단이 두 가지 체계로 정리될 수 있음을 보인다. 체계 1은 직감적으로 빠르게 이루어지는 양식이고, 체계 2는 논리적으로 느리게 이루어지는 방식이다. 사람들은 체계 1에 의존해서 일상적인 판단을 하지만, 필요하다고 여겨지는 상황에서는 체계 2를 보인다.

## 정보의 수집

우리가 접하는 대상이 실재하는 것인지, 그의 실재성을 어떻게 알 수 있는가? 이를 논의하는 과학철학의 논쟁에서 비교적 새롭게 제시된 비판적 실재론(Bhaskar, 1975; 이에 대한 논의는 이영철, 2010 참조)은 사회과학자들이 취하고 있는 구성주의적 관점에 반대하여 탐구의 대상이 되는 것이 우리의 인식과는 무관하게 존재하는 것을 인정한다. 다만, 우리는 그것이 무엇인지를 직접적으로 알 수 없고 이성적 사유과정의 비판적 작업을 통해서만 유추할 수 있다고 본다. 과학철학자들은 모든 사람들의 관찰이 이론의존적(theory-laden)임을 지적한다. 우리가 지닌 신념, 이론, 가치라는 렌즈를 통해서 그 현상을 파악할 수밖에 없다는 것이다. 이론이 다를 경우에 우리는 전혀 다른 현실을 경험하는 것이다. 똑같은 우주를 관찰하면서, 천동설과 대치되는 지동설을 주장한 코페르니쿠스의 우주는 당시 받아들여지고 있던 프톨레마이오스의 우주와는 전혀 다른 것이었다(김영식, 2001 참조). 현상을 대하는 사람들이 지닌 믿음이 현상의 파악에 어떠한 영향을 주는가를 살펴보자.

## 신념과 선입견의 영향

러시아의 영화감독인 Kulechov는 사람들의 사전 기대에 의해 같은 장면에 대한 해석이 크게 달라지는 현상을 적극적으로 이용해서 영화를 제작하였다고 한다(Myers, 1993에서 재인용). 이를테면, 그는 무표정한 남자의 얼굴을 보여 주기 전에 죽은 여인을 보여 주거나, 여자아이가 노는 것을 보여 주거나, 수프 한 그릇을 보여 주면, 그 남자의 얼굴이 각기 이전에 무엇을 관객이 보았느냐에 따라 슬프거나, 행복하거나, 사색에 빠진 것으로 여겨지는 것을 촬영에 이용한 것이다. 사람들이 낯선 대상을 접할 때 자신이 가지고 있는 선입견이나 도식들을 적용시킨다는 것은 잘 알려진 심리학의 원리다. 똑같은 대상도 어떠한 도식으로 보는가에 따라 다르게 파악된다. 대부분의 심리학개론 책에서 지각현상을 설명할 때에 가역성 도형의 예가 제시되고 있는데, 이 예들은 어떠한 관점으로 보는가에 따라 같은 대상이라도 달리 보임을 잘 보여 준다([그림 4-1]).

Rothbart와 Birrell(1977)의 연구에서 사용된 쿨트 월덴의 사진

이 사람은 잔인할까요? 인간적일까요?

더 친근한 예를 들 수 있다. 오른쪽 사진의 인물을 보자(Myers, 1993, p. 111). 이 사람은 나치 게슈타포의 일원으로 집단수용소에서 수용자들을 대상으로 온갖 생의학 실험을 저지른 사람이었다. 그의 얼굴에서 차디찬 냉기와 사람들을 비웃는 듯한 눈초리를 읽을 수 있을 것이다. 이제 그 사람이 제2차 세계 대전 당시 나치에 대항한 저항운동가로 수천 명의 유대인을 구해낸 용기 있는 사람이라고 생각하면 어떨까? 아마도 그의 인간애가 넘치는 눈과 여유 있는 듯한 입가의 미소를 느낄

'당신은 이 그림에서 천사를 봅니까,악마를 봅니까?'

이 Escher의 목공예에서 가역성 도형과 배경은 보기에 따라서 검은 악마 또는 흰 천사를 보여 주고 있다(네덜란드의 Haags Gemeete 박물관 소장).

**[그림 4-1] 가역성 도형의 예**

수 있을 것이다.

우리들이 가진 신념이 제시된 증거들을 왜곡시키는 현상을 흥미롭게 보여 준 실험을 보자(Lord et al., 1979). 대학생들에게 사형판결에 대한 의견을 물어서 찬성자와 반대자를 구분하였고 이들에게 최근에 나타난 사형판결의 효과에 관한 두 가지 연구 결과를 설명해 주었다. 한 연구는 사형판결이 범죄의 억제효과가 있음을 보여 주는 것이고 다른 연구는 그러한 효과가 없음을 보여 주는 것이었다. 찬성하는 사람이나 반대하는 사람이나 자신의 생각을 지지하는 결과를 보여 준 연구에서는 '역시, 그렇겠지.'라는 식으로 받아들였다. 그러나 연구 결과가 자신의 생각과 반대되었을 경우에는 비판적이며, 여러 가지 이유로 그 연구가 잘못되었을 가능성을 제시했다. 결과적으로는 두 가지 모순되는 증거를 제시받았음에도 불구하고 입장에 따라 자신들이 기존에 지니고 있던 생각을 더욱 강화시켜 준 것으로 나타났다. 그러나 자신의 입장이나 의견에 반대되는 증거나 주장을 비판하거나 거부하며 완고하게 자신의 원래 입장에 매달리는 행위는 자신이 중요하게 여기는 가치를 환기시키게 되면 줄어드는 양상을 보인다. 즉, 자기의 가치를 상대방이 인정하면 비판에 훨씬 수용적인 자세를 지니게 된다(Cohen, Aronson, & Steele, 2000).

**신념의 집요성** 우리가 지닌 신념이 잘못된 것임을 알게 되었을 때 쉽사리 그 신념을 털어 버릴 수 있다면 문제는 덜 심각하다. 그러나 일단 받아들인 신념은 놀라울 정도로 오래 지속된다. 대학생들을 대상으로 한 실험에서 소방관에 대한 사례를 보여 주었다. 한 집단에게는 모험심이 많은 사람이 소방관으로서 적합함을 보여 주는 사례를 제시하고, 다른 집단에게는 오히려 조심스러운 사람이 적격임을 보여 주는 사례를 제시하였다. 사례 제시가 끝나고 참가자들로 하여금 왜 모험심이 강한(또는 조심스러운) 사람이 소방관으로 더욱 적합한지를 나름대로 설명하는 글을 쓰게 하였다. 이는 원래 제시된 정보를 바탕으로 하나의 이론(신념)을 만들어 보도록 하는 것이었다. 그러고 나서 이들에게 처음에 제시해 준 사례가 극히 예외적인 사례에 불과하다는 것을 알려 주었지만 사람들이 믿게 된 신념은 이러한 정보에 의해 별로 영향을 받지 않는 것으로 나타났다(Anderson, Lepper, & Ross, 1980). 이 연구 결과는 우리가 지니게 된 신념과 이론을 검토하여 나름의 논리를 갖추게 되면 그 신념에 반대되는 정보를 많이 접해도 신념의 변화는 잘 나타나지 않음을 보여 준다.

사람들은 복잡한 현상을 설명함에 있어서 과잉단순화시키는 경향이 강하다. 그리고 일단 사건들을 이해하는 데 도움이 되는 설명을 하나 갖게 되면 다른 설명의 타당성을 깎아내리는 경향이 있다. 따라서 우리들은 새로운 사실에 접해서 갖고 있는 이론을 변경시키기보다는 이미 갖고 있는 신념에 맞추어서 새로운 사실을 소화해 내는 경향이 강하며(Tversky & Kahneman, 1981), 우리의 기존 생각에 걸맞은 정보들을 회상해 내기가 쉽다. 인간이 지닌 정보처리의 중요한 특징은 이처럼 매우 보수적이라는 것이다.

## 정보 수집에서의 오류와 편향

사람들이 판단을 하는 경우에 관련된 정보를 수집하게 된다. 이러한 정보들이 어느 한 쪽으로 치우쳐서는 안된다고 논리학에서는 가르친다. 그러나 많은 경우에 우리는 치우친 정보를 모색하는 경향이 있는데 특히 기대를 갖고 있을 때 그러하다.

**확증적 정보 탐색** 기대 또는 가설이 있다면 사람들은 그에 부응하는 정보를 수집하려 든다. 이를 줄여서 확증편향이라고 하며 다양한 상황에서 나타남이 밝혀졌다. 이를 잘 보여 준 연구(Snyder & Swann, 1978)에서 대학생들에게 처음 만나는 상대방과 대화를 하면서 상대방의 성격이 내향적(혹은 외향적)인지를 알아보게 하였다. 면접이 행해지기 전에 모든 대학생들에게 26개의 질문을 보여 주면서 그중에서 면접 시 물어보고 싶은 질문 12개를 선택하도록 하였다. 내향적인지를 알아보고자 하는 사람들은 내향성을 확인하는 질문(예: 당신은 사교모임을 '좋아하지 않죠?')들을 외향성을 확인하는 질문(예: 당신은 사교모임을 '좋아하죠?')보다 많이 택하는 경향이 나타났다. 이런 확증편향은 그 사전 가설이 얼마나 신뢰할 만한 것인가와 무관하게 나타나며, 사전 가설이 맞을 가능성이 높으냐 낮으냐와도 무관했으며, 심지어 정확한 판단을 하는 경우 보상이 주어진다고 해도 여전히 나타났다. 상대를 파악하고자 하는 사람은 자신의 생각이 맞는지를 확인하는 질문을 하고, 이 질문을 받는 사람은 상대방의 질문에 '그렇다'라는 답을 주기가 쉽다. 즉, 상대가 "파티를 좋아하죠?"라고 물을 때, 비록 좋아하지 않는다고 해도 "아니요"라고 답하기보다는 "글쎄…… 가끔은……."이라고 답하기가 쉽다(Davies, 1997). 이런 교류를 통해 확증편향은 자성예언 현상을 초래하기도 한다(곁글 4-1).

**자성예언 현상**
타당한 근거 없이 상대방의 모습이나 사건에 대하여 지니고 있는 생각, 가설, 이론이 사회적 상호작용을 통해 맞는 것으로 나타나는 현상이다. 학생이 공부를 못할 것으로 기대하던 선생은 그 학생을 공부 못하는 학생으로 만들어, 학생에 대한 기대가 현실로 나타날 수 있다. 교육현장에서는 이를 피그말리온 효과 혹은 로젠탈 효과라고도 부른다.

### 곁글 4-1 예언하면 이루어지는 자성예언: 교사와 학생

아무런 생각 없이 만나서 상대를 파악해 가는 경우도 있지만 상대방이 어떤 사람이라는 기대를 갖고서 만나는 경우도 많다. 학년 초에 새로운 학생들을 만나는 교사들은 몇몇 학생들에게는 좋은 성적을 기대하게 되며, 대개 이런 기대는 학생들에게 의식 · 무의식적으로 전달되어 충족되는 경우가 많다. 교사의 평가는 학생들의 수행에 바탕하는 결과이지만, 좋은 수행을 초래하는 원인으로 작용할 수도 있다. 이를 처음 발견한 연구는 미국의 초등학교에서 학년 초에 교사가 담임을 맡게 된 교실의 학생 몇 명을 무선적으로 뽑아서 이들이 전에 치룬 지능검사에서 우수한 점수(날조함)를 얻었다고 알려 주었다(Rosenthal & Jacobson, 1968). 한 학기가 지날 때 치룬 지능검사에서 이 아동들은 다른 아동보다 우수한 점수를 얻는 것으로 나타났다. 전혀 날조된 지능검사 성적이었지만 교사가 이들에게 갖게 된 긍정적인 기대와 행동이 이들에게 전달되어 이런 결과가 나온 것이다. 즉, 높은 잠재성을 지닌 학생들을 대할 때 교사들은 관심과 미소를 보이고, 더 자주 만나며, 자상하게 지도한다(Harris & Rosenthal, 1985). 사람들은 높은 기대를 하는 학생과 낮은 기대를 하는 학생에게 보이는 교사의 목소리와 표정을 10초간 보고서 그 교사가 상대 학생을 얼마나 좋아하는지를 충분히 알 수 있는 것으로 나타났다(Babad et al., 1991). 일반적으로 교사의 기대가 좋을수록 학생들의 수행과 성취도 좋아서, 상관계수가 .75 정도로 높게 나타난다(Jussim et al., 2009).

학생이 교사에게 거는 기대(지루한 선생, 잘 가르치는 선생……)도 역시 그에 상응하는 결과를 가져온다. 잘 가르치는 교사에게 배울 것을 기대한 학생들은 그렇지 않은 학생들에 비해서, 자신의 학생들이 어떤 기대를 하고 있는지 모르는 교사를 더욱 유능하고 재미있다고 여길 뿐만 아니라 더 많은 것을 배우는 것이 실험 장면(Feldman & Prohaska, 1979)과 실제 교실에서도 관찰되었다(Jamieson et al., 1987). 캐나다의 한 고등학교에서 네 개의 교실을 선정하여 두 개의 교실에는 학생들이 교사에게 높은 기대를 하도록 정보를 제공하고, 다른 두 교실을 통제조건으로 비교하였다. 통제 학급에 비해서 높은 기대를 하는 교실에서 학생들이 수업에 더 집중하고, 기말고사에서도 높은 성적을 올렸으며, 교사에 대한 평가도 높게 나타났다. 교사가 학생에게 갖는 기대 못지않게 학생들이 교사에게 갖는 기대도 중요하다.

남에게 기대를 하려면 좋은 기대를 해야겠고, 혹시라도 나쁜 기대를 갖게 되는 경우에는 **자성예언**이란 심리현상을 상기할 필요가 있다.

사전 기대가 잘못된 판단을 유도하는 경우는 세 가지로 정리할 수 있다(Nisbett & Ross, 1980). 첫째, 그 기대가 날조된 경우다. 많은 악성 편견이 여기에 속한다. 한국 사회에서 호남인들에 대한 근거 없는 편견들은(김진국, 1987; 김혜숙, 1989; 민경환, 1989; 이진환, 1989) 사람들에게 그릇된 기대에 걸맞는 듯한 사례를 통해서 끈질기게 살아남는다. 둘째, 사전 기대가 정보 수집에 미치는 이러한 영향력을 인식하지 못하는 경우이다. 흔히 사람들은 호남인에 대한 고정관념이 호남인들이 보여 준 행태 자료에서 판독한 것이라 믿는다. 그렇지만 그러한 판독은 사전 기대,

선입견의 무의식적 영향력에 의한 산물이란 것을 인식하지 못하고 있다. 사람들이 자신들은 아무 선입견 없이 자료를 보고 있다고 여기지만, 실제로 자기도 모르게 선입견을 적용시키는 관행은 분명 위험스러운 일이다. 셋째, 사전 기대, 선입견에 의해서 그러한 기대를 뒤집을 수 있는 정보들을 접할 기회를 원천적으로 못 갖게 되는 것이 문제이다. 채용면접 대상자를 최종 선발하는 과정에서 경영자가 갖고 있는 지역 편견 때문에 자질이 우수한 응시자가 면접기회를 가져 보지도 못한다면 그 경영자는 스스로가 쳐 놓은 편견의 울타리에 갇힌 희생자가 된 것이다. 요즈음 대기업에서 무자료 면접을 하는 것이 확산되고 있다는 보도를 접한 바 있다. 이는 바로 이러한 편견의 울타리를 벗어나는 방책으로 권장되어야 할 것이다.

**표본의 편파성** 판단을 위해 정보를 수집할 때 편파적인 자료가 수집된다는 점을 사람들은 잘 인식하지 못할 뿐 아니라 자료가 편파적이며 타당성이 낮다고 하는 것을 알려 주어도 이를 무시하는 경향이 강하다. 이 현상을 잘 보여 준 연구에서는 교도관이 자기 직무에 대하여 이야기하는 인터뷰 장면을 대학생들에게 보여 주었다. 한 집단에게는 교도관이 갱생에 큰 관심을 갖고 죄인들을 인간적으로 대하는 것으로, 다른 집단에게는 갱생을 비웃고 죄인들을 거칠게 다루는 모습으로 제시되었다. 아울러 인터뷰에 나타난 교도관이 교도관 일반을 얼마나 잘 대표하는지를 조작하여 제시하였다. 한 조건에서는 대부분의 교도관이 그렇다고 알려 주고, 다른 조건에서는 그런 교도관은 매우 드물다고 알려 주고, 통제조건에서는 그러한 정보를 전혀 알려 주지 않았다. 영화를 보여 준 후 미국의 교도관들 일반에 대한 평가를 하게 했을 때 제시된 사례의 대표성 정보는 거의 영향을 주지 않은 것으로 나타났다([그림 4-2]). 즉, 접한 표본이 얼마나 전체 교도관을 대표하는지와는 무관하게 인간적인 교도관을 본 사람은 비인간적인 교도관을 본 사람들보다 모든 교도관들이 훨씬 갱생에 관심을 갖고 인간적인 대우를 해 주는 것으로 여겼다(Hamill et al., 1980).

〈갱생에의 관심〉

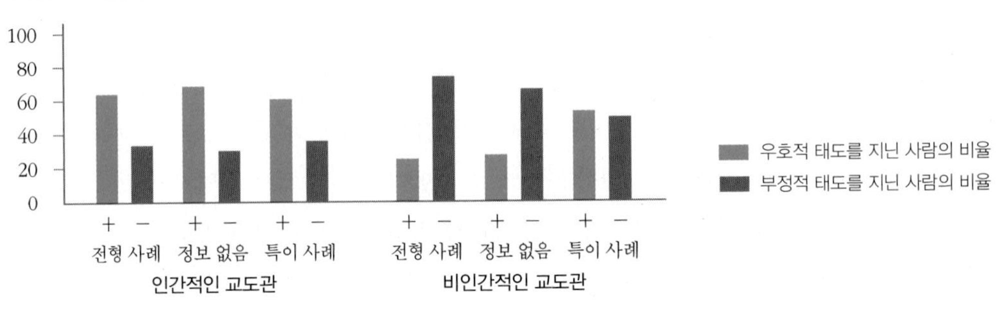


〈죄수를 다루는 공평성〉

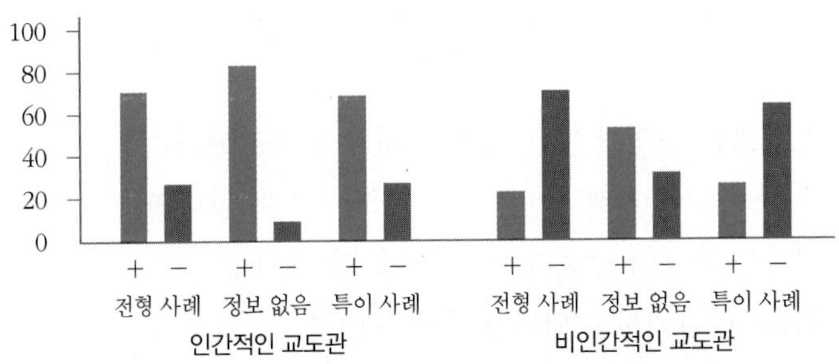


**[그림 4-2] 표본의 특성에 대한 무관심**

제시된 사례가 모집단을 대표하는 전형적 사례이건 아니건 사람들은 크게 신경 쓰지 않는다.

출처: Hamill et al. (1980).

**표본의 크기** 수집된 자료의 편파성만큼이나 중요한 의미를 갖는 것은 그 표본의 크기다. 통계학에서 큰 수의 법칙(Law of Large Numbers)은 큰 표본일수록 모집단의 특성을 더 잘 반영함을 알려 준다. 역으로 말하면 표본이 작을 경우 무선표본일지라도 모집단의 특징을 잘 반영하지 못할 수 있다. 그러나 사람들은 마치 작은 수의 법칙(Tversky & Kahneman, 1971)도 존재하는 것으로 여긴다. 이를테면, 승용차의 평균 엔진 수명이 15만 km라고 했을 때 이는 수천 대 이상의 표본자료를 근거로 했기 때문에 정확한 예측치가 된다. 그러나 자기 차를 15년 이상 사고 없이 몰고 다닌 사람은 20만 km는 된다고 주장할 것이다(곁글 4-2).

**사례정보 대 통계정보** 두 가지 정보가 있다. 사례정보와 통계정보다. 논리적으로 본다면 사례는 다양한 것들 중의 하나일 뿐이고, 통계정보는 여러 사례를 묶어 경향성을 제시하는 것들이다. 따라서 정보의 가치는 통계정보가 더 크다고 하겠다. 그럼에도 불구하고 두 가지 정보가 모두 있다면 사람들에게 미치는 영향은 사례정보가 더 큰 것으로 나타난다(Bar-Hillel & Fischhoff, 1981; Taylor &

Thompson, 1982).

Borgida와 Nisbett(1977)은 심리학을 전공하려는 심리학 개론 수강생들에게 10개의 심리학 전공과목에 관한 정보를 두 가지 유형으로 제시하였다. '통계정보' 조건의 학생들은 이전 학기에 각 과목을 택한 수십 명의 학생들이 내린 평가(5점 척도상)의 수치를 제시받았고 '사례정보' 조건의 경우에는 3~4학년 심리학 전공자 10명으로 구성된 집단을 접했는데 각 과목에 대해서 그 집단에서 해당 과목을 수강한 2~3명이 5점 척도로 과목을 평가하고 자신들의 평가와 일치하는 몇 가지 촌평을 알려 주었다. 물론 각 과목 평가의 평균치는 양 조건 간에 아무 차이가 없이 주어졌다. 이 같은 정보를 접한 후에 학생들은 어느 과목을 택할 것인지를 결정하고 그 결정에 대한 자신감을 피력하였다. 사례정보를 접한 학생들은 통계정보를 접한 학생보다 높이 평가된 과목을 더 수강하려고 하였고 나쁘게 평가된 과목을 회피하려는 경향을 강하게 보였다. 아울러 자신들의 그러한 선택에 대한 확신감도 사례정보 조건에서 더욱 높게 나타났다. 이 같은 결과는 통계정보 조건의 참가자들에게 사례 조건에서 나온 촌평을 글로써 덧붙여 제시함으로써 통계정보를 사례적 자료(촌평)로 보충한 경우에도 변하지 않았다.

이 연구에 참여한 사람들은 연구가 이루어진 학기 초에 자신들이 장차 심리학

**결글 4-2** 작은 수의 법칙과 큰 수의 법칙

다음의 세 가지 질문에 답해 보시오.

1. 어떤 도시에 두 병원이 있다. 한 병원에서는 하루에 아이가 평균 15명 태어나고, 다른 병원에서는 45명이 태어난다. 두 병원 중에서 태어나는 남아의 비율이 하루에 60%가 넘는 날은 어느 병원에서 더 많이 나타나겠는가?

2. 미국의 남녀 평균 신장은 각각 5피트 10인치, 5피트 4인치다. 둘 다 정규분포이며 표준편차는 약 2피트 5인치다. 어느 조사자가 한 모집단을 선정해서 무작위 표본을 추출했다. 다음의 두 가지 표본 중 어느 경우에 모집단을 남성으로 선정했을 가능성이 더 큰가?
   ① 표본이 5피트 10인치 신장을 가진 한 사람임.
   ② 표본이 6명이며 평균 신장이 5피트 8인치임.

3. 당신보다 테니스 실력이 뛰어난 친구와 테니스로 저녁 내기를 해야 할 상황이다. 당신을 얕보는 상대가 단판으로 할 것인지 3판 양승제로 할 것인지를 당신보고 정하라고 하였다. 어떻게 하겠는가?
   단판승부 삼판양승제 상관없다.

* 답은 결글 4-3에 나와 있음.

을 전공하겠다고 밝힌 사람들이었다. 연구가 이루어질 때 상당 시간이 경과되어 마음을 바꾼 학생들도 많이 나타났는데, 바꾼 사람과 바꾸지 않은 사람들을 비교해 본 결과, 사례정보의 효과를 더 보이고 통계정보의 효과가 덜 나타난 집단은 바로 심리학을 전공하겠다고 초지일관한 사람들이었다. 이 연구는 중요한 판단을 할 때에는 사람들이 통계자료를 더욱 선호할 것이라는 생각이 희망일 뿐임을 잘 보여 주고 있다.

**요약**

1. 사람들이 정보를 판단할 때 신념과 선입견이 작용한다. 선입견을 지니고 있는 경우에 모순된 증거를 제시받았을 때, 신념을 지지하는 증거는 쉽게 수용하고, 반대적인 증거는 비판적으로 판단하고 배척한다.
2. 사람들은 사전 기대를 지니고 정보를 탐색할 때 확증검증 방략(확증편향)을 사용하여, 기대를 지지하고 확인해 주는 정보를 탐색한다. 따라서 사전 기대는 지지적인 증거를 접하여 자성예언 현상을 보이기 쉽다.
3. 정보의 가치를 판단하는 경우에 사람들이 표본의 편파성과 크기 정보에 주의를 기울이지 않는다. 사람들은 작은 수의 법칙을 믿으며, 통계정보보다 사례정보의 영향을 많이 받는다.

## 정보의 취합과정

2016년 3월 구글이 개발한 인공지능 알파고는 천재 바둑기사 이세돌을 4승 1패로 이기는 기염을 토해 세계를 놀라게 했다. 수많은 기보를 바탕으로 스스로 학습하는 컴퓨터 프로그램은 인간의 취약한 정보처리 양상을 보이지 않는다. 알파고는 세계 바둑 1위의 자리에 올랐다.

자료가 모이면 사람들은 이들을 취합해서 어떤 판단을 내리게 되는데, 우리는 이 판단에서 일관성이 없고 규범적 원리를 따르지 않는다. 이를테면, 누구를 채용할 것인가를 결정하는 문제를 생각해 보자. 응시자의 학교 성적, 채용시험 성적, 면접 성적, 교수의 추천서 등 판단의 근거가 될 여러 가지 자료를 갖고 합불을 판정하는 경우 사람들은 일관성을 보이지 않아서, 컴퓨터나 단순한 취합공식에 의한 판단방식에 의존하는 경우보다 오판을 하는 경우가 많다(곁글 4-3).

왜 이러한 현상이 나타나는가? 채용의 의사결정 상황을 예로 들면, 면접관들은 자신들의 경험에 의해 인물관, 직무관이 각각 다르며, 이에 따라 면접 시에는 응시자가 보인 행동들의 다른 측면들에 관심을 두고 볼 수 있다. 즉, 사장은 영업사원의 경우 우선 배짱이 좋아야 한다고 믿고, 전무는 관리능력을 중요시하며, 상무는 인화력을 중요시한다면 이들이 응시자에게서 보고자 하는 면모는 각기 다를 것이고 같은 장소에서 잠시 동안 행해진 면접이라지만 각 면접관에게 부각되는 면은 다를 것이다. 심지어 한 면접관에게 있어서도 응시자로서 당신이 제시하는 자료는 당신 이전의 응시자가 제시한 모습에 의해 영향을 받아 당신과는 전혀 관계없이 변할 수 있다. 즉, 이전 응시자가 우연히도 면접관의 인물관에 잘 부합하는 사람이었다면 당신은 불리한 판정을 받을 가능성이 높으며, 당신과 앞 사람이 한 가지씩 상대방이 안 가진 장단점을 갖고 있다면 면접관은 일관성 있는 판단을 하기가 매우 어려울 것이다. 이에 반해, 채용면접에서 경영층이 컴퓨터를 이용한다고

**전문가 시스템**

인간 의사결정자에게 중요한 정보를 제공하기 위한 목적에서 인공지능의 연구가 탄생시킨 특정 판단을 전문으로 하는 컴퓨터 프로그램이다. 다양한 것들이 나와 있는데, MYCIN이라는 것은 전염병을 진단하도록 설계된 것으로 전문가의 진단에 필적할 만한 것으로 정평이 나 있다. 심장발작을 진단하기 위한 심전도 측정도표 2240건을 갖고 심장발작을 예측하게 했을 때 전문의는 620건을 정확하게 맞추었으나 전문가 시스템은 738건을 맞추어 더 우월한 것으로 나타났다.

**곁글 4-3** 판단 방략의 타당성 비교–적용의 일관성이 문제!

미국 오리건 대학의 Dawes(1979)는 의사결정을 하는 사람들의 판단이 얼마나 타당한가 하는 것에 깊은 관심을 갖고, 인간의 판단과 다른 여러 방략에 의한 판단을 비교하는 연구를 하였다. 〈표 4–1〉에는 다섯 가지 연구 결과가 요약되어 있다. 우선, 첫 번째 연구에서는 29명의 임상심리학자들에게 861명의 환자들에게서 얻은 MMPI 프로파일 11개 점수를 제시하고서 각 환자가 정신병이냐 신경증 환자이냐를 판단하게 한 결과를, 그 후에 더 많은 정보를 갖고 판단한 최종 분류와 비교한 것이다. 두 번째 연구는 일리노이 대학교 심리학과 대학원 신입생 90명의 학업에 관한 여러 정보—대학 성적, 적성시험, 추천서 및 자기평가 등—를 갖고 1학년 성적을 예측하는 과제를 다른 대학원생이 수행한 연구다. 세 번째 연구는 같은 과제를 오리건 대학원생이 수행한 것이고, 네 번째 연구는 오리건 대학교 심리학과에서 잘 적응하고 있는 대학원생(1964~1967년 입학생)을 이들을 잘 아는 교수들이 1969년에 5점 척도상에 평가한 것을 종속변수로 삼고, 이들의 입학사정 시 쓰였던 정보—GRE 점수, 학부 성적, 졸업한 대학의 저명도—를 독립변수로 삼아 회귀분석을 한 결과다.

첫째 행은 판단자들의 평균 타당성을 보여 주고 있다. 둘째 행은 한 판단자의 판단형태를 분석해 하나의 모형을 도출하여 이 방식을 다른 판단자들의 판단방식 대신에 적용시킨 경우의 타당도다. 셋째 행은 가중치를 무선적으로 정한(부호는 제외) 모형이다. 넷째 행은 변수에 대해 똑같은 가중치를 준 모형이다. 마지막 행은 표준회귀분석으로 구한 최적회귀식에 의해 나타난 타당도다.

공통적으로 나타나는 것은 어떠한 모형이건 선형모형을 적용시키면 사람이 내리는 판단보다 주어진 과제들에서 결과가 더 좋다는 것이다. 각기 다른 선형모형들이 큰 차이가 없는 것으로 나타나 가중치의 변경은(부호가 변하지 않는다면) 결과에 큰 차이를 야기하지 않음을 보이고 있다(예를 들어, X+2Y와 2X+Y의 상관은 X, Y가 독립적이라고 할 때 .80으로 나타남). 결국 우리가 해야 할 일은 어떤 변수들을 고려할 것인가와 그것을 어떻게 취합할 것인가를 결정하고 이를 일관성 있게 적용시키는 것이다.

**표 4-1** 판단 방략 간의 타당성 연구

| | ① 판단자의 타당성 | ② 한 판단자의 모형 적용 | ③ 무선모형 적용 | ④ 같은 가중치 적용 | ⑤ 회귀분석 모형 |
|---|---|---|---|---|---|
| 정신병/신경증의 판단(MMPI) | .28 | .31 | .30 | .34 | .46 |
| 일리노이 대학원생의 성적 예측 | .33 | .50 | .51 | .60 | .69 |
| 오리건 대학원생의 성적 예측 | .37 | .43 | .51 | .60 | .69 |
| 교수들의 1969년 평가 | .19 | .25 | .39 | .48 | .54 |

* 결글 4-2의 답: ① 15명 병원, ② 6명 표본, ③ 단판 승부

**MMPI 프로파일**
(Minnesota Multiphasic Personality Inventory Profiles)
정신질환의 양상을 판단하기 위하여 가장 널리 사용되는 성격검사로, 10개의 하위 임상척도와 3개의 타당도 척도로 구성되어 있다. 응답자들의 정신건강을 하위척도들의 양상이 보여주는 프로파일로 파악한다.

하자. 경영층들은 어떠한 속성을 가장 중시할 것인지의 순서를 정하고 각 속성에서 응시자를 판단한 점수를 컴퓨터에 입력시켜 응시자의 적합성을 판단할 수 있을 것이다. 이 경우 판단의 비일관성은 문제가 될 수 없을 것이다. 오늘날 환자 진료에 컴퓨터를 이용하는 전문가 시스템이 등장하는 것은 바로 이 같은 인간의 판단이 보이는 비일관성과 상황맥락의 영향을 줄이자는 것이다(Gawande, 2002, pp. 55-68).

## 사상 간의 관계 파악

'몸이 건강하면 마음도 건강하다.' '환경오염이 인간성을 파괴한다.' 등의 지식은 두 가지 사상 간의 관계를 서술하고 있다. 즉, 몸 건강과 마음 건강, 환경오염과 인간성 등이다. 이같이 모든 지식이란 두 가지 이상의 사상 간의 관계에 대한 진술이다. 즉, 어느 한 사상이 변하면 다른 사상에서 어떤 변화가 나타나는가에 대한 공변(共變) 관계의 진술이다. 사건 간의 공변성을 인식하는 능력이 인간의 사회생활과 생태계에의 적응에 필수적이라는 것은 두말할 것이 없다.

사람들이 재테크로 주식에 관심을 많이 보이는 것을 생각해 보자. 주식투자를 하고자 하는 사람이 친구가 추천해 준 주식분석가 갑을 찾아가 그의 조언을 듣기 전에 그의 실적이 어떤지를 알고 싶을 것이다. 많은 주식분석가 중 갑의 실적이 좋다고 판단될 때 그의 조언을 들을 것이다. 이때 논리적인 평가를 하기 위해서는 [그림 4-3]에 나타난 A, B, C, D의 네 가지 정보가 모두 필요하다. 그러나 일반적으로 사람들은 방안 A의 자료만을 갖고서 판단하기 쉽다.

예를 들어, 증권시장에 100개의 회사 주식이 상장되어 있다고 하자. 이 중 갑이 10개를 택해서 권유하길래 샀다고 하고 일주일이 지나서 그중 6개의 시세가 올라

| | | 분석가의 권유 | |
|---|---|---|---|
| | | 권유종목 | 비권유종목 |
| 시장가격 | 상승 | A | B |
| | 하락 | C | D |

| | 권유 + | 비권유 − |
|---|---|---|
| ↑ 가격상승 + | 6 | |
| ↓ 가격하락 − | 4 | |
| | 10 | 90 |

(I)

| | 권유 + | 비권유 − |
|---|---|---|
| ↑ 가격상승 + | 6 | 72 |
| ↓ 가격하락 − | 4 | 18 |
| | 10 | 90 |

(II)

| | 권유 + | 비권유 − |
|---|---|---|
| ↑ 가격상승 + | 6 | 36 |
| ↓ 가격하락 − | 4 | 54 |
| | 10 | 90 |

(III)

| | 권유 + | 비권유 − |
|---|---|---|
| ↑ 가격상승 + | 6 | 54 |
| ↓ 가격하락 − | 4 | 36 |
| | 10 | 90 |

(IV)

[그림 4-3] **증권분석가에 대한 판단에 필요한 정보**

갔다면 60%의 적중률을 지니고 있으니 괜찮다고 본다(I). 그러나 그가 구매를 막은 종목에서 시세가 올라가고 있는 것이 80%라면 여전히 갑을 괜찮다고 볼 수 있는가?(II) 마찬가지로 다른 분석가들의 경우 구매종목의 적중률이 80%라면 역시 갑을 대단하게 여길 수 없을 것이다. 즉, 갑의 증권 분석능력을 제대로 알기 위해서는 B, C, D의 방안에 들어 있는 정보도 필요하다. (III)와 (IV)를 비교하면 (III)의 경우 갑은 구매종목의 예측과 비구매종목의 예측 모두에서 성적이 좋으나 (IV)의 경우라면 갑의 전문성은 의심스럽다고 볼 수 있다. 방안 D의 정보는 여기의 예에서는 중복되는 정보이지만(즉, B의 숫자에 의해서 결정됨), 둘 이상의 대안이 있을 경우에 별도의 정보가 된다.

자료를 수집하여 [그림 4-3]의 분할표로 분류하는 과정에서도 사람들은 사전 기대에 의해 영향을 받는다. 만약 어떤 사람이 영남인은 성실하다는 기대를 갖고 있다면, 그 기대에 부응하는 사례를 보면 지체 없이 분류하고(Klayman & Ha, 1987), 신입 직원이 아침에 지각을 했는데 영남인이라면 성실한 것과 무관한 것으로 여기고 판단을 보류할 수 있다. 또한 영남인이 말없이 일하는 것을 보면 성실한 것으로 여기는 편향성을 보일 수 있다.

더욱이 사람들은 자기 기대에 부응하는 정보들을 잘 기억하고 부합하지 않는 자료들—특히 모순 정도가 높지 않은 것들—은 잘 망각하는 경향이 있다(Crocker et al., 1983). 따라서 두 사상 간의 관계에 대한 사전 가설을 갖고 있다면 그 관계를 지나치게 강한 것으로 파악하게 된다. 사람들은 농구선수들에게 '달아오른 손(hot hand)'이 작용한다고 여긴다. 즉, 손이 달아오르면 슛을 쏘는 족족 들어간다는 것

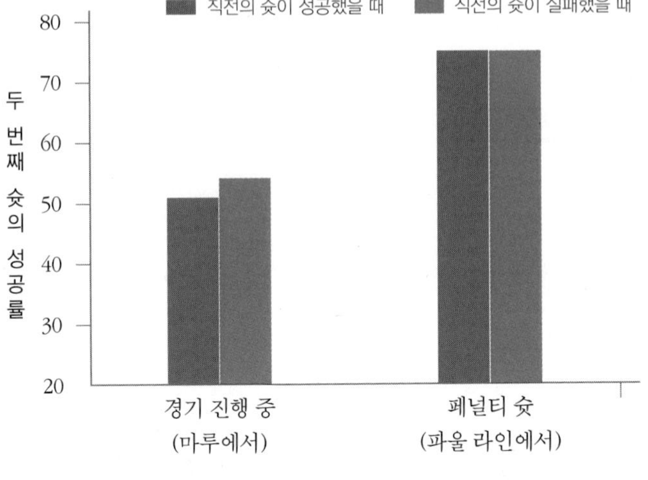


**[그림 4-4] 농구선수에게서 직전 슛이 성공했거나 실패한 후에 이어지는 슛의 성공률: '달아오른 손'은 신화일 뿐이다.**

출처: Gilovich et al. (1985).

농구황제로 불리는 마이클 조던의 연속 성공률은 .56, 앞에 놓쳤을 경우 성공률은 .53이며, 매직 존슨은 .29, .45, 데니스 로드맨 .55, .63이라고 한다(Gilovich et al., 1985).

이다. 과연 이전 슛의 성공이 다음 슛의 성공으로 이어질까? 이를 보기 위하여 미국농구연맹의 기록을 분석한 연구가 있다. [그림 4-4]에서 보듯이, 경기에서 슛은 달리며 쏘든, 서서 쏘든 이전 슛이 들어간 여부와는 무관하게 성공률이 비슷하다. 즉, 달아오른 손에 대한 기대는 기대일 뿐이지 실제 객관적인 증거는 없다는 것이다. 그렇다면 왜 이런 믿음을 사람들이 지니고 있을까? 아마도 이미 추측할 수 있듯이 사람들은 선수가 연속으로 슛을 성공시키는 경우를 보다 잘 기억하기 때문이라 볼 수 있다(Gilovich, 1991).

**상관의 착각** 사람들에게는 관계가 없는 두 사상 간의 관계를 피상적인 이유 탓으로 마치 관계가 있는 것처럼 파악하는 경향이 있다. 이를 상관의 착각 또는 착각적 상관(illusory correlation)이라고 부른다. 이에는 두 가지 요소가 크게 작용한다. 첫째, 지금까지의 논의에서처럼 두 사건이 관계가 있으리라는 사전 기대가 작용한다. 둘째, 두 사상이 서로 피상적이나마 독특한 특성을 공유하고 있다고 여겨지는 경우다. 이 현상을 잘 보여 준 실험에서, 참가자들에게 집단 A의 성원들이 취한 행동 26가지를, 집단 B의 성원들이 취한 행동 13가지를 보여 주면서, 각 집단의 성원들의 행동에서 2/3는 바람직한 것이었고, 나머지 1/3은 바람직하지 못한 행동으로 제시하였다. 시간 경과 후에 각 행동을 뒤섞어 다시 보여 주면서 각 행동이 어느 집단 성원에 의해 행해졌는지를 알아맞히게 하였다. 집단 B(적은 수 집

**표 4-2** 2011년 국내 거주 외국인 및 내국인 범죄율

| 구분 | 외국인 체류자 | 내국인 |
|---|---|---|
| 전체 인구 | 139만 5,077명 | 5,073만 4,284명 |
| 피의자 수 | 2만 6,915명 | 187만 9,748명 |
| 비율 | 1.9% | 3.7% |

출처: 경찰청.

단)는 바람직하지 못한 행위(적은 빈도행위)와 더욱 관련이 있는 것으로 파악됐다. 즉, 소수의 집단(집단 B)은 소수의 행위 유형(바람직하지 못한 행위)과 관련되는 것으로 착각적 상관이 지각된 것이다(Hamilton & Gifford, 1976; 유사한 결과가 국내에서도 나타남-송관재, 이훈구, 1993). 국내에서 외국인들이 저지르는 범죄가 자주 보도되면서 외국인을 경계하는 양상이 나타난다. 그러나 통계는 이런 지각이 왜곡된 현상임을 보인다. 외국인이라는 소수집단과 범죄라는 소수 현상의 관계가 착각적 상관에 의해 부풀려져 보이는 것이다. 〈표 4-2〉에서 보듯이 외국인 체류자가 범죄를 저지를 확률은 내국인에 비해서 훨씬 낮음에도 사람들은 이 확률이 매우 높은 것으로 착각한다.

착각적 상관은 관찰자가 가설이나 선입견을 지니고 있을 때 특히 잘 나타난다. 즉, '아는 만큼 보이는 현상'이 나타난다. 한 연구(Chapman & Chapman, 1969)에서 대학생과 임상심리학자들에게 환자의 진단명과 환자가 그린 인물 그림을 보여 주고 어떤 관계가 있는지를 파악하라고 하였다. 두 집단 모두 의심이 많은 환자들은 눈 모양을 특이하게 그리는 것을 알 수 있다고 하였으나, 실제 의심이 많은 환자들이 그린 눈 모양은 특이한 것보다는 그렇지 않은 것이 더 많았다. 둘 사이에 관계가 있다고 믿는 눈에게는 이 관계를 확인시켜 주는 자료가 눈에 잘 띄고, 기억에 남기 때문이다.

**결글 4-4 관계의 파악 경향성: 자료의존 대 이론의존 비교**

사람들이 사상 간의 관계를 파악하는 양상을 체계적으로 연구하기 위해 Jennings 등(1982)은 스탠퍼드 대학생을 대상으로 두 가지 변수 간의 관계를 파악하도록 하는 과제들을 제시하였다. 그 하나는 10개의 숫자쌍을 제시하여 두 숫자 간의 상관을 추측하도록 하는 것이었다. 두 번째 과제는 지팡이를 짚고 있는 사람들의 사진 10장을 제시하고 사람 키와 지팡이 길이의 상관을 파악하는 것이었다. 이러한 과제에서 연구자의 관심사는 두 변수 간의 관계에 대해 아무런 이론이 없을 때 자료를 바탕으로 한 공변성의 파악이 얼마나 잘되는지를 보는 것이었다. 한편, 이론을 바탕으로 두 사상 간의 공변성을 파악하는 정도를 알기 위해 16개의 사건쌍(키와 무게, 수줍음-여행 정도, 체력검사 시 부정한 아이가 시험에서 부정행위하는 가능성 등)을 제시하고 각 쌍의 상관 정도를 추측케 하였다. 결과를 보면 자료로써 관계를 파악하는 경우에 매우 인색한 것이 나타났다. 실제 상관이 .6이나 되어야 상관이 약간 있는 정도로 파악할 뿐 상관이 .4 정도 되는 것은 관계가 없는 것으로 파악했다. 반면에, 두 사상 간의 관계가 있으리라고 여겨지는 경우(삼각형 표시)에는 실제의 상관보다 훨씬 상관이 높은 것으로 파악하는 것이다(Ward & Jenkins, 1965; [그림 4-5]). 사람들에게는 흔히 이야기하는 '아는 만큼 보이는 것' 이상으로 보인다고 하겠다.

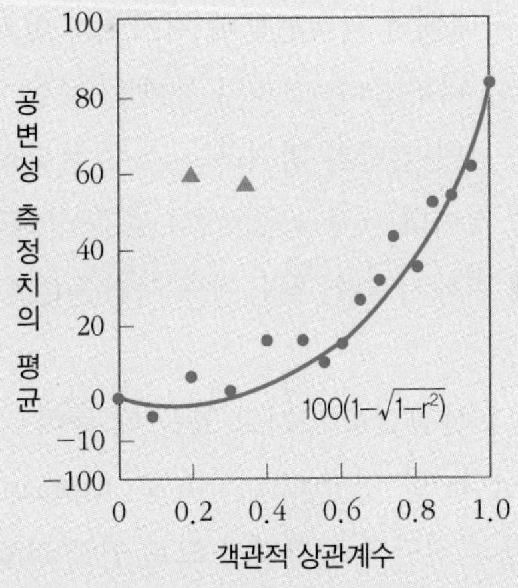


**[그림 4-5] '자료의존적' 대 '이론의존적' 공변성 추정**

출처: Jennings, Amabile, & Ross (1982).

## 통제감의 작용

사람들은 흔히 두 변수의 상관관계를 인과관계로 오인하는 경우가 많다(본서 1장 참조). 구름과 비는 인과관계에 있으며 상관이 높은 편이나, 성행위와 임신은 인과관계에 있지만 상관은 낮다. 흥미로운 것은 전혀 무관한 두 사건이 우연히 발생하였을 뿐이지만, 자신이 취한 행위가 다른 것을 선행했을 때 마치 인과관계에 있는 것으로 파악하는 양상이다. 가장 잘 알려진 것은 Skinner의 비둘기 실험이다.

Skinner(1948)는 배고픈 비둘기들을 스키너 상자 안에 넣고 수분 동안 15초 간격으로 먹이를 주는 일을(고정간격 강화) 수일 계속하였다. 비둘기들은 일정한 양상의 행동을 보이기 시작했는데, 한 마리는 먹이가 나오는 간격 동안 시계 반대 방향으로 우리 안을 도는 행위를 2~3회씩 보였고, 다른 두 마리는 머리를 시계추처럼 흔드는 동작을 보였고, 또 한 마리는 바닥을 쪼는 듯한 행위를 보였다. 이러한 행위는 먹이가 나타나기 직전에 했던 행위들로 먹이에 의해 해당 행동이 강화된 것이다. 먹이가 제시되는 간격을 1분으로 늘렸을 때 새들의 행위도 더욱 복잡해져 갔다. 한 새는 먹이가 나오기 전까지 약 40초 동안 계속 제자리 뛰기를 하기도 했다. 이 새는 먹이가 끊어졌을 때도 뛰는 것을 1만 번이나 계속하고야 그만두었다. 비둘기들은 자기의 행위가 먹이를 가져왔다고 믿는 것 같다. 도박하는 사람들이 도박판에서 나름대로 취하는 의식들이 있는 것과 같다. 그러한 행동이 몇 번 좋은 패에 의해서 보상을 받으면 보상받지 못하는 많은 경우에도 불구하고 지속되는 것이다. 또한 야구 선수들 중에서도 외야수보다는 투수에게서, 그리고 타석에 서기 전에 선수들이 나름의 미신적 행동을 많이 취하는 것으로 나타났다(Gmelch, 1978). 전설적 농구황제 마이클 조단은 프로 선수 시절 운동 팬츠 안에 대학 시절의 팬츠를 같이 입고 뛰었다고 한다(Breckler et al., 2006, p. 91에서 인용).

동물 행동의 원리를 연구하고자 자신이 만든 스키너 박스를 보는 스키너

스키너(Burrhus F. Skinner, 1904~1990)

하버드 대학교에서 심리학 박사 학위 취득(1931년) 후 하버드 대학교에서 교수로 재직하였다. 행동주의의 원리를 체계화하여 심리학의 뿌리를 세우는 데 큰 기여를 하였으며, 행동의 원리를 밝히고 구명하는 데 널리 쓰이는 스키너 상자를 만들었고, 조작적 조건화의 원리를 발견하였다. 행동주의 원리를 적용한 유토피아적 세계의 건설이 가능함을 주장하였다. 『월덴 2』 『자유와 존엄을 넘어서』 등의 저술을 남겼다.

**통제감의 착각** 개인들은 물론 사회적으로도 미신적인 행사를 많이 한다. 21세기에 들어서 한국은 가장 혹독한 가뭄을 경험하였다. 사회 일각에서는 기우제를 지내기도 하였다. 이 기우제도 역시 통제감의 욕구가 발현된 현상이다. 행위와 보상의 인과관계가 없음에도 불구하고 행위가 보상적 결과를 초래한다고 여기는 것은 보상이 안 나타났을 때 이를 설명할 만한 이유를 댈 수 있으면 특히 끈질기게 지속된다. 기우제를 지냈지만 '부정을 탔기' 때문에, '정성이 모자랐기' 때문에 비가 오지 않았다는 식의 설명은 오히려 인과관계를 계속 유지시키는 역할을 한다. 사람들은 통제 불가능한 일에도 영향력을 행사할 수 있다는 믿음을 갖고 있다.

Langer 교수는 다양한 관찰과 실험연구를 통해 사람들이 보이는 통제감의 욕구를 흥미롭게 제시하고 있다. 1973년 대학 미식축구 결승전의 복권(상금 50달러)을 1달러씩 사람들에게 팔았다. 이때 사람들로 하여금 로또처럼 번호를 선택케 하거나 판매자가 갖고 있던 복권 중 하나를 골라서 나누어 주었다. 복권 배정 방법이 어떻게 되었느냐에 따라 사람들은 당첨 가능성을 다르게 여기는 것으로 나타났

랑거(Ellen Langer, 1947~ )
미국 예일대학교에서 박사학위를 하고 하버드 대학교에서 심리학과 최초의 여성 종신교수가 되었다. 통제감의 착각, 노인의 건강, 의사결정, 마음챙김 분야의 연구를 선도하는 업적을 보였다.

다. 추첨 직전에 구매자들에게 복권을 원하는 다른 사람에게 얼마 주면 팔겠느냐고 했을 때 번호를 스스로가 선택한 사람은 평균 8.67달러를, 그냥 배정받은 사람들은 1.96달러를 원하였다(Langer, 1975).

사람들은 이 통제감의 욕구를 갖고 살아가며, 이 욕구는 통제할 수 없는 상황에서도 자신의 행위와 결과를 연결시키는 통제감의 착각 현상으로 나타난다. 한 연구(Langer & Rodin, 1976)는 통제감을 지니는 것이 건강유지에 미치는 효과를 노인들을 대상으로 잘 보여 주었다. 노인 요양시설에 있는 노인들을 두 집단으로 구분하여, 한 집단에게는 "운영진들이 시설을 깨끗하고, 모범적인 상태로 관리 유지한다"라고 말하고, 노인들을 마치 환자가 입원한 것처럼 시설에서 생활하게 하였다. 다른 집단의 노인들에게는 노인들에게 시설운영에 관여하고, 선택과 결정의 기회를 갖도록 하였다. 3주가 지나갈 때, 이미 두 집단의 노인들의 건강상태는 눈에 띄게 다르게 나타났다. 시설운영에 관여하며 통제력을 행사하는 노인들은 대부분 정신이 맑아졌고, 활동도 늘었으며, 만족감도 높은 것으로 나타났다.

사람들은 순전히 우연적인 사건일지라도 초기에 통제할 수 있다는 생각을 갖게 되면 나중에 통제가 안 될지라도 통제감의 착각을 버리기 어렵다. Langer와 Roth(1975)는 대학생을 대상으로 동전 던지기를 30회 시키면서 그 결과를 예측케 했다. 이 결과를 조작하여 일군에게는 초기에 많이 맞힌 것으로, 다른 군에게는 초기에 많이 틀린 것으로, 마지막 군에게는 무선적으로 맞힌 결과를 알려 주었다. 어느 조건에서나 30회 동안에 맞춘 횟수는 15회가 되도록 하였다. 30회가 끝난 후 다시 100회를 던지는 경우에 맞힐 횟수를 예측하라고 했을 때 초기에 많이 맞힌

**곁글 4-5 통제감의 착각: 평균으로 회귀 현상**

한 학기에도 여러 번 치르는 시험에서 큰 노력 없이도 좋은 성적을 거두는 경우가 있지만, 노력이 뒤따르지 않으면 그다음에는 평균작을 하기가 쉽다. 즉, 극단적인 값이 나온 다음에는 평균값에 접근하는 현상이 발생한다는 것은 통계학의 가장 기본적인 원리이지만 이를 생활현상의 이해에 의식적으로 적용하는 사람은 적은 것 같다. 군에서 사단 사격대회에서 우승한 소대장이 감격해서 소대 회식을 거나하게 차렸지만 다음번 사격대회에서는 등외로 밀려났다. 소대장 왈 "역시 군인은 계속 짜야 돼! 풀어 준 것이 잘못이야." 반면, 사격대회에서 꼴찌한 소대의 소대장은 단체 기합을 주고, 열심히 연습을 시켜 다음번 대회에서 바닥권을 벗어났다. 그 소대장 왈 "역시 짜면 돼!"

고민하다가 최악의 상태에서 정신건강의학 의사를 찾은 우울증 환자는 상담이 진행되면서 증세가 호전될 가능성이 높다. 치료가 효과적이라기보다는 **평균으로 회귀**라는 통계현상 때문일 수 있다(Tversky & Kahneman, 1974).

조건의 학생들은 다른 집단보다 많이 맞힐 것으로 예측하였다.

사람들이 통제감을 추구하는 경향에서 개인차가 있으며, 이 경향성이 강한 사람들은 자기가 익숙한 상황에서는 자신의 통제력이 작용할 것이란 착각을 많이 하기도 한다. 도박을 잘하는 사람들은 자기에게 익숙한 카드로 도박할 때 더 많은 돈을 건다(Burger, 1986).

**통제감의 상실** 주어진 상황에서 통제감 상실이 오래가는 것을 사람들은 고통스러워하고 수행력이 떨어지며(Glass & Singer, 1972), 분노를 느끼고, 무력감과 우울증에 빠지기도 한다(Abramson et al., 1978). 그래서 많은 사람들은 초기에 통제력을 회복하려는 노력을 보인다. 사람들이 암에 걸렸을 때 체념하고 죽음을 기다리는 것이 아니라 자기 삶의 통제력을 회복하려는 시도를 많이 보인다. 이런 통제감 회복의 욕구는 점성술과 음모론에 대한 믿음을 증가시키는 양상으로도 나타난다.

루게릭병으로 삶의 통제력을 잃고 사는 대신에 존엄사를 택한 베치 데이비스라는 미국 여성이 생의 마지막 날 친지들을 초청한 파티에서 누워 친구와 담소하고 있다.

출처: 한겨레21(2016. 9. 5.)

주식시장이 요동치는 경우에 점산업이 호황을 누린다. 9·11 테러의 배후로 미국 CIA가 지목되는 것, 천안함 침몰을 두고 벌어지는 음모론 등은 어지럽게 벌어지는 사태에 대하여 이해해 보려는 통제감 회복의 노력일 수 있다. 이를 보여 주는 연구에서 사람들은 자신이 통제감을 확실히 느꼈던 상황을 회상하는 경우보다 통제감을 상실했던 상황을 회상하는 경우에 음모론을 더 그럴듯하게 여기는 양상을 보인다. 통제감을 상실한 경우에 사람들은 아래 사진처럼 애매한 장면에서 어떤 모양을 볼 수 있다고 하는 양상이 높게 나타나며, 자신의 제안이 부서 회의에서 거부된 사건에 대해서, 전혀 무관한 사건(회의 시작 전에 바닥을 발로 세 번 딛는 버릇 따

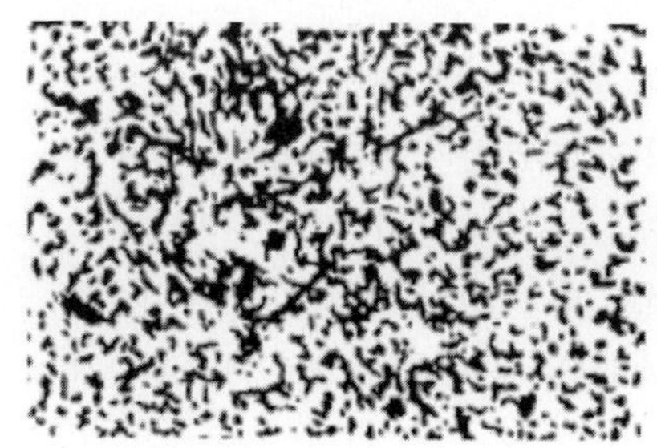

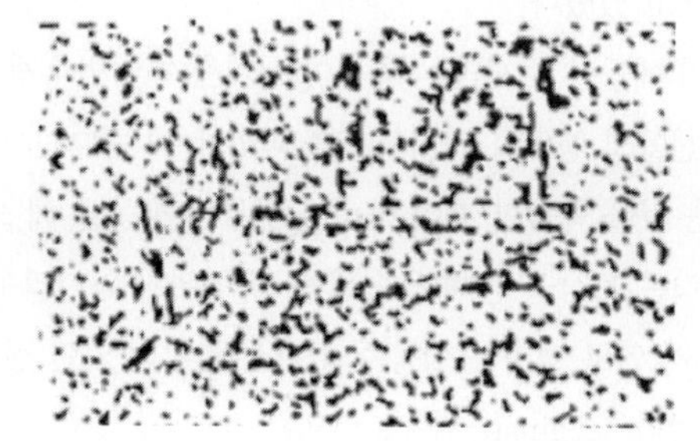

Q. 각 사진에서 어떤 모양이 보입니까?

위)의 영향이 있었던 것으로 여기는 경향을 보여 주었다(Whitson & Galinsky, 2008).

이러한 노력이 무위로 드러날 때 우리는 절망하고 무력감에 빠지며 우울증에 걸린다. 즉, 학습된 무기력을 보이는데, 특정 과제에 반복적으로 실패한 경험이 있는 사람들은 그러한 과제에 처음 접한 사람들보다 쉽게 그 과제를 포기하는 경향이 강하다(Seligman, 1975). Hiroto와 Seligman(1975)은 듣기 싫은 소리에 노출되어 소리를 그치기 위한 반응을 해도 아무 효과를 볼 수 없었던 참가자들은 새로운 상황에서 그러한 소리를 없앨 수 있는 반응을 습득하는 데 (이런 경험이 없는 참가자들보다) 더욱 어려움을 겪음을 잘 보여 주었다.

통제감의 착각은 논리적으로는 불합리한 것이지만 개인의 적응과 동기에 필수적인 기능을 하는 것으로 여겨진다(Taylor, 1983; Taylor & Brown, 1988). 통제감의 착각은 집단적으로 작용하여, 세상사는 공평한 원리가 지배한다는 공정한 세상이라는 믿음의 바탕을 제공한다.

**곁글 4-6** 학습된 무기력: 학습된 행동인가 증후군인가

하는 일마다 뜻대로 되는 것이 없는 사람들은 무력감을 느끼고, 이것이 장기화되면 성격 자체가 우울해지고, 수동적이며, 소심해지고, 자신감을 상실하게 된다. 행동주의자들이 설명하듯이 이런 사람들은 수동적인 행위가 보상받는 것을 학습했기 때문에 그런 행동을 보일까? 무기력에 대한 동물모형을 발견한 Seligman과 Maier(1967)는 개를 대상으로 세 집단으로 나누어 실험을 하였다. 첫째 집단(통제력 집단)에게는 실험상자에 넣고 바닥에 고통스러운 전기가 흐르도록 하고, 개가 단추를 누르면 전기가 꺼지도록 하였다. 둘째 집단(무기력 집단)에게는 첫째 집단과 똑같은 상자에서 단추까지 장치했지만 개의 반응은 아무런 효과가 없었다. 다만, 첫째 집단의 개가 맞은편에서 단추를 누르면 둘째 집단의 개가 있는 상자 바닥에 흐르는 전기도 멈추게 되었다. 셋째 집단은 상자 속에서 아무런 전기자극을 받지 않도록 했다. 이렇게 실험을 진행한 뒤에 모든 조건의 개들을 칸이 구분된 왕복상자에 넣어서 한쪽 칸의 바닥에 전기충격이 흐를 때 다른 칸으로 가면 충격을 피할 수 있도록 하였다. 왕복상자에서 첫째 집단과 셋째 집단의 처치를 받았던 개들은 전기가 흐르자마자 모두 건너 칸으로 옮겨 갔지만, 둘째 집단, 즉 무기력 집단의 처치를 받았던 개들 8마리 중 6마리는 그냥 주저앉아 전기충격이 그칠 때까지 기다리고 있었다.

과연 무기력 집단의 개들은 주저앉는 행동이 전기충격을 멈추게 한다는 것을 학습했기에 그런 것일까? 다른 두 집단의 경우에 자신들의 행위가 전기충격을 피하게 해 준다는 것을 학습했지만 무기력 집단의 경우에 주저앉는 행동이 보상되는 것을 학습한 것이 아니라 아무런 행동을 해 보아야 안 된다는 포기가 무기력한 행동으로 나타난 것이다. 무기력은 보상을 통해 학습된 특정 행위가 아니라 아무것도 할 수 없다는 것을 알게 된 결과적 행위 증후인 것이다. 이 연구 결과는 행동주의 관점에 갇혀 있던 심리학의 관심사를 정신현상으로 확대 전환시키는 데 큰 역할을 하였다(Seligman, 1990, p. 56).

**공정한 세상 가설** 자신이 통제할 수 없는 사건들에 대해서도 통제감을 지니고 있다고 믿는 사람들은 결국 세상사 모든 일이 순전히 우연한 것은 없고 당사자들에게 책임이 어느 정도는 있다고 본다. 그래서 교통사고를 당한 행인은 어딘가 부주의한 데가 있었으며, 성추행을 당한 여자는 당할 만한 소지가 있었다고 여기며, 가난한 사람들은 게으르다거나, 머리가 나쁜 탓이라고 여긴다. 사람들은 '세상은 공정하다'는 믿음을 깊숙이 지니고 있는 것 같다. 한 연구에서는 이러한 믿음이 도전을 받는 상황(즉, 강도를 당해 딱한 처지의 피해자의 영상을 보았으나, 범인이 해외로 도망가 못 잡는 상황이란 설명을 들음)에서 사람들은 피해자와 스스로의 사이에 심리적으로 더 거리를 두고, 피해자를 경멸하는 행동을 보임으로써 공정한 세상의 믿음을 견지하려는 현상을 보인다(Hafer, 2000). 2022년 할로윈날 이태원에서 158명이 압사당했을 때 3일과 10일 후에 성인 남여를 대상으로 조사한 결과 공정한 세상 믿음이 강할수록 운명론적인 설명을 하며 희생자의 책임도 묻는 것으로 나타났다(Choi & Seo, 2024). 이 믿음이 강한 사람들은 잘못한 일 없이 성추행을 당한 피해자에게는 금전적인 보상을 해 줌으로써 불공정한 현상을 개선하려는 행동을 보인다(Foley & Pigott, 2000). 많은 사람이 이승에서 불공정한 대접을 받았으면(착한 사람이 계속 어렵게 사는 등) 저승에 가서 복을 받을 것이라는 생각을 한다. 이 믿음 역시 통제감의 착각을 반영한다. 그 믿음이 사회를 지탱하는 순기능적인 면을 지니고 있지만, 반면에 사회의 불우한 사람들의 처지를 사회의 불리한 구조보다는 당사자들의 탓으로 여김으로써 현상을 정당화시키는 체제정당화 심리(Jost, Banaji, & Nosek, 2004)를 제공하는 역기능적인 면도 있다(본서 8장 참조).

### 요약

1. 분할표를 사용하여 사건들의 공변관계를 파악하는 과정에서 사람들은 필요한 모든 정보를 활용하기보다는 방안 A의 자료만을 사용하는 경향이 강하다.
2. 사전 기대를 갖고 있을 때 공변관계의 파악은 매우 지나친 편이고, 아무 기대가 없이 자료로 파악하는 경우에는 매우 보수적인 경향을 보인다.
3. 상관의 착각현상은 피상적인 특성을 공유하고 있는 것들이 마치 상관이 있는 것처럼 파악하는 인지현상이며, 소수집단에 대한 차별행동에 작용할 수 있는 인지다.
4. 사람들은 통제감을 추구하며, 이는 통제감의 착각과 공정한 세상에의 믿음 현상을 가져오기도 한다. 통제감의 착각은 순전히 우연적인 사건과 확률적인 사건에 자신이 영향력을 행사할 수 있다는 믿음으로 나타나 비록 착각적이지만 적응적인 가치를 지닌다.
5. 통제감의 욕구는 세상은 공정하다는 공정한 세상 가설과 체제정당화 심리의 바탕에 놓여있다.

# 도식과 은유의 활용

## 사회도식의 활용

사회도식이란 사회현상을 이해하는 구체적인 사례들을 포함한 사건들의 관계에 대한 지식체계이다(Fiske & Taylor, 1991). 사회도식에는 특정인(윤석열, 트럼프, 히틀러, 놀부, 심청이 등), 직업(경영자, 선생, 경찰 등), 고정관념, 잘 알려진 사건(세월호, 5 · 18 광주민주화운동, 9 · 11 테러 등) 등등이 사회도식으로 작용할 수 있다. 사람들은 사회도식을 활용하여 사건과 상황들을 파악해 간다.

**선택적 주의** 사람들이 사태를 파악할 때는 주의를 기울인다. 이 주의라는 인지적 자원은 무제한으로 있는 것이 아니므로 파악하고자 하는 것에 집중된다. 처한 상황에서 주의가 집중될 때 사람들의 상황인식이 어떻게 바뀔 수 있는지를 보여 준 흥미로운 실험이 보고되었다. 이 연구에 참여한 사람들은 짧은 동영상을 보게 되었는데, 동영상은 흑색 셔츠와 백색 셔츠를 입은 3명씩의 사람들이 뒤섞여서 농구공을 주고받는 영상으로, 연구 참여자들은 흑팀 혹은 백팀의 사람이 던지는 공의 개수를 세어야 하는 상황이었다. 45초가 지날 쯤 이들이 공을 주고받는 한가운데로 고릴라 복장으로 온몸을 싼 사람이 들어와서 잠시 있다가 걸어 나갔다. 영상이 끝난 후 참여자들에게 고릴라를 보았냐고 물어보면, 고릴라를 보지 못한 사람들이 반 정도 나타난다. 공 던지는 횟수를 세는 것에만 신경이 팔려 있던 사람들의 반 정도는 이 고릴라를 보지 못한 것이다(Chabris & Simons, 2010). 즉, 게임 도식에 빠져 전혀 예상할 수 없었던 고릴라의 출현마저 보지 못하는 상황이 벌어진 것이다. 모든 사람이 고릴라를 못 본 것은 아니다. 그러나 못 본 사람이 적지 않게 있다는 것이다. 이 실험은 사람들의 주의가 한쪽으로 쏠리면 그 상황에서 벌어지는 뻔한 일도 놓칠 수 있다는 것이다. 주의는 매우 한정된 자원이라는 것이고, 같이 있는 사람들일지라도 주의가 어디에 쏠리느냐에 따라 인식되는 세상은 전혀 다를 수 있음을 보여 준다.

보이지 않는 고릴라

보이지 않는 고릴라의 동영상을 보면서 "하얀 셔츠를 입은 사람들이 공을 몇 개 주고받는지 세어 보라!"
https://www.youtube.com/watch?v=vJG698U2Mvo (81초)

**점화** 사람들의 기억은 관련된 정보들이 연결되어 있는 망이다. 각 사회도식마다 각기의 연결망이 있다고 볼 수 있으며, 이 망들은 관련성의 정도에 따라서 강하게, 혹은 약하게 연결되어 있다. 도식망의 한쪽이 건드려지면 전체 망이 활성화될 수 있으며, 경우에 따라서 연결된 다른 도식으로 활성화가 번질 수 있다. 사회도식은 매우 추상적이고 일반적인 요소뿐만 아니라 매우 구체적이고 단편적인 요소까지 포함한 구조이기 때문에, 전혀 무관한 사건들에 의해서도 촉발되면서 사건과 대상의 인식에 큰 영향을 줄 수 있다. 예를 들어, 당신은 다음 사람을 어떻게 생각하는가?

> "그는 스릴을 좋아해서 극한 스포츠를 즐기며, 여러 번 다치기도 하였고, 목숨을 잃을 뻔한 적도 있었다. 그는 스카이다이빙을 하며 태평양을 요트로 횡단할 생각을 하고 있다. 그는 상당한 재능의 소유자이지만, 생계를 위하여 필요한 만큼만 사람들을 만나며, 이마저도 줄이려 한다. 그에게는 하고자 마음먹는 것이 중요하지, 하는데 얼마나 세월이 필요하며 얼마나 어려운가는 문제가 아니다. 일단 결정한 것을 도중에 변경하는 일은 거의 없다."(Higgins et al., 1977에서 인용)

이 사람에 대한 당신의 평가는 당신 머리에서 어떤 도식이 촉발되는지에 따라 현저히 달라진다. 연구자들은 이 표적인물에 대한 기술문을 제시하는 두 번째 실험 전에, 연구 참여자들을 전혀 무관한 실험에 참가하게 하여, 이들 중 반에게는 '모험적인, 확신에 찬, 독립적인, 인내심 강한' 등의 긍정적 성격 형용사를 다른 특성 형용사에 묻혀 제시했고 나머지 반에게는 '고집쟁이, 겁 없는, 꽉 맥힌, 제멋대로인' 등의 부정적인 특성 형용사를 다른 형용사에 묻혀서 제시했다. 두 번째 실험에서 앞의 소개 글로 제시된 사람에 대하여 평가를 하게 한 결과, 무관한 실험에서 어떤 단어를 접했는가 하는 점이 평가에 작용하여, 긍정적인 특성을 접한 집단에서의 평가는 부정적인 특성을 접한 집단에서의 평가보다 좋게 나타났다. 모험가 도식과 고집쟁이 도식이 각기 촉발되어 이런 결과가 초래된 것이다. 이처럼 두 가지의 무관한 사건들이만, 선행하는 사건이 촉발하는 도식으로 뒤따라 오는 사건이 영향을 받아 처리되는 것을 점화효과라고 한다.

**점화효과(priming effect)**
시간적으로 선행한 자극이나 사건에 의해서 이와는 무관하지만 이어서 발생한 자극이나 사건이 처리되는 과정에 무의식적으로 영향을 주는 현상. 사회심리학에서 점화효과는 정보들이 도식의 구조로 파악되고 있어서 도식의 한 부분이 선행사건에 의해 연상되면서 처리가 촉진되는 양상을 보여 준다.

점화는 평가뿐만 아니라 무의식적으로 행동에도 영향을 미친다. Bargh 등(1996)은 실험참가자들의 실험조건에 있는 사람들에게 노인에 대한 고정관념과 관련 있는 단어들(나이 든, 고집 센, 현명한, 얼굴 주름, 은퇴한, 건망증, 신중한, 회색 등 등)을 5개씩 제시하고, 이 중 4개의 단어를 골라서 문장을 만드는 과제를 30개 수

전우영(1966~ )

연세대학교 심리학 박사학위를 받고, 현재 충남대학교 교수로 재직 중이다. 사회적 무의식과 점화현상에 대한 관심을 갖고 연구하며 한국심리학회 학술상을 수상했다. 『사회적 배척과 심리적 통증』 『무의식의 심리학, 점화』를 저술했다.

행하도록 하고, 통제조건에서는 같은 과제를 하되 단어들이 노인과는 무관한 단어들(목마른, 개인적, 깨끗한 등등)이었다. 실험은 사람들이 얼마나 단어들을 융통성 있게 사용하는지를 알아보기 위한 것이라고 알려 주었다. 과제가 종료되면 실험이 모두 끝났음을 알려 주고 실험실을 나가도록 하였다. 연구자들은 참여자들이 실험실을 나가 복도를 걸어서 승강기까지 걸어가는 속도를 측정한 결과, 통제조건에 있던 참여자들에 비해서 실험조건에서의 참여자들의 걸음속도가 훨씬 느린 것을 발견하였다. 놀라운 것은 이 사람들은 자신들이 수행한 문장완성 과제에 노인과 관련된 단어들이 많았지만 그런 것을 인식하지 못하고 있었다는 것이다. 즉, 이들은 노인이라는 점화자극에 대한 인식이 없었지만 행동은 그 영향을 받은 것이다(관련된 더 많은 현상은 전우영, 2014 참조).

**도식적 처리의 기능** 사회도식은 다양한 기능을 제공한다. 우선, 사회도식은 회상이 용이하도록 돕는다. 도식과 부합하는 정보뿐만 아니라 도식과 모순되는 정보까지도 회상을 용이하게 한다(Brewer et al., 1981). 이는 도식과 무관한 정보의 경우 기억하기가 어렵다는 반증이기도 하다. 김 교수가 국문학을 하면서 시, 소설을 좋아한다면 도식과 부합할 것이다. 정 교수는 국문학을 하면서 여가시간에는 디스코 클럽을 많이 다닌다면(교수도식과 모순) 정 교수의 행위도 김 교수 이상으로 잘 기억될 것이다. 그러나 정 교수가 우표 수집을 즐겨 한다면 이 정보는 도식과 무관하므로 별 주목을 못 받을 것이다.

둘째, 도식은 정보처리 시간을 단축시킨다. 도식에 부합하는 정보는 처리가 빠른 반면, 도식에 부합하지 않는 정보는 느리다(Markus, 1977; 2장 참조). 그러나 경우에 따라서 도식적 처리는 도식에 포함된 많은 정보의 처리를 요하기 때문에 정보처리를 더디게 할 수 있다(Fiske & Taylor, 1991). 따라서 고고학자가 발굴된 토기의 연대를 판단하는 데는 일반인들보다 훨씬 많은 시간이 걸릴 수 있다.

셋째, 도식과 관련된 정보의 처리는 거의 자동적으로 의식적인 노력 없이 이루어진다. 행위자가 촉발시킨 인물도식이나 내현성격 이론에 근거하여 보이지 않은 면에 대하여도 자동처리가 나타난다. 내현성격 이론 또는 인물도식이 작용하는 경우 상대방에 대한 다양한 판단이 이루어진다. 이 점에서 도식은 부족한 정보를 보충해 주는 기능을 한다. 10분 동안 만났던 사람이 대학교수였다면 그 사람의 학력, 성격, 생활정도 등 전혀 제공받지 못한 정보에 대해서도 어느 정도는 파악이 가능하다.

넷째, 도식은 새로운 정보를 듣고 파악하는 데 도움을 준다. 환경전문가는 수질 오염상태가 8ppm(물속에 녹아 있는 용존산소량의 측정단위. 5ppm이면 물고기가 못 산다)으로 나타났다는 말을 들으면 얼마나 오염이 심한지, 어떻게 조치를 취해야 할 것인지 등을 생각할 수 있다. 마찬가지로, 자동차 정비공은 엔진의 소리만 듣고서도 문제점을 지적해 낼 수 있다. 이는 도식이 얼마나 잘 정리되어 있는가에 따른 결과다(Fiske & Neuberg, 1990). 이 점에서 전문가가 된다는 것은 그 특정 분야의 정보처리에 대한 도식들을 획득해 가는 과정이라고 할 수 있다.

마지막으로, 도식은 정서를 포함하고 있어 대상자극들을 처리할 때 정서적 느낌도 수반된다. '이완용'이라는 정치인 도식은 모든 사람에게서 부정적인 느낌을 수반하는데 내일 만나게 될 국회의원을 누가 '이완용'이라고 부르면 그 의원에 대한 감정이 부정적으로 나타날 것이다(Westen, 1988).

정보처리의 양상에서 나타나는 도식의 역할과 뒤에 설명될 어림법의 사용이 보여 주는 인간의 특징을 한마디로 표현한 것이 인지적 구두쇠다. 사람은 정보처리의 효율성을 지향하며, 꼭 필요한 경우에만 합리적 논리에 합당한 방식으로 정보처리를 하려는 노력을 보인다(Kunda, 1999).

**도식적 처리의 문제점** 도식적 처리는 그 장점에도 불구하고, 단점도 수반한다. 즉, 양날의 칼과 같다. 도식과 부합한다고 판단되면 도식적 처리가 자동적으로 나타나 실제 자료를 왜곡하거나, 복잡한 현상을 과잉단순화시켜 처리하게 될 수 있다. 그 결과, 잘못된 고정관념이나 편견을 촉발시켜 상대방을 잘못 파악할 수도 있다. 필자의 연구실을 노크하는 소리가 나서 들어오라 했더니 어떤 초로의 신사가 문을 열고 들어와 멈칫거렸다. 세일즈맨 도식을 촉발시킨 필자는 세일즈맨 대하듯이 하다가 곧 몇 주 뒤에 치러질 총장선거에 후보로 나온 교수라는 것을 알게 되어 당황했던 적이 있다. 정책결정자가 잘못된 도식을 적용시킬 경우 초래될 수 있는 경우가 〈곁글 4-7〉에 나와 있다. 판단의 중요성이 클 경우에는 도식과 불일치하는 정보에 신경을 씀으로써 도식적 처리에 제동을 걸 수 있다.

사회생활은 수많은 도식의 활용에 의해 가능하기도 하다. 그러나 그 많은 도식 중 어떠한 도식이 촉발되는가? 처음 만나는 사람이 지닌 인종, 성(性), 나이, 외모와 관련된 도식 중에서 현저히 부각된 범주도식이 상대방을 대함과 동시에 거의 자동적으로 촉발된다. Devine(1989)은 편견이 심한 사람이건 거의 없는 사람이건 흑인을 접했을 때 흑인에 대한 도식이 자동적으로 촉발되지만 충분한 시간을 갖고 상대에 대한 정보를 검토할 수 있는 경우 편견이 없는 사람은 도식적 반응을 비편파적인 반응으로 대치시킴을 발견했다. 이는 도식 및 그에 따르는 부정적 감정마저도 대상을 보면 자동적으로 촉발되는 경향이 있지만 그 영향력을 감소시키는 것은 여유와 동기가 있을 경우에만 가능하다는 것을 시사한다.

상대방이 지닌 성격에 대한 도식보다는 역할과 관련된 도식이 촉발되기 쉽다. 상대방이 내성적이라는 것을 알게 되었을 때보다 의사라는 것을 알게 되었을 때 그에 대해 훨씬 풍부한 정보를 얻게 되는 탓이다. 그의 학력, 지능, 교제하는 사람, 하는 일 등등 많은 정보들이 파악된다. 아울러, 역할도식은 성격도식보다도 회상

**곁글 4-7** 역사의 교훈

역사는 우리에게 무엇을 가르치는가? 많은 정치가와 정책입안자들에게 역사공부는 필수적인 것으로 여겨진다. 케네디 대통령이 1960년대 초에 동남아시아의 내전에 개입하는 결정을 내렸을 때 그는 '뮌헨회담의 도식'을 적용시킨 것으로 여겨진다. 즉, 동남아시아의 국가들이 도미노처럼 공산주의로 변하는 것을 막기 위해서 미국은 소련의 지원을 받는 월맹에 대하여 강한 군사력으로 맞서야 한다는 결정을 내렸다.

뮌헨회담은 히틀러가 1938년에 독일 영토를 확장하고자 했을 때 이탈리아, 영국, 프랑스, 독일의 수상들이 뮌헨에 모여 체코의 한 지방을 독일에 할양하고 전쟁을 방지하는 조약을 체결한 회담이다. 그러나 히틀러는 이를 무시하고 폴란드, 벨기에를 침공하였다.

케네디는 뮌헨사건과 동아시아 정세가 갖는 피상적인 유사성으로 인하여 뮌헨회담 도식을 촉발시켰고 이것이 그의 월남전 개입이라는 결정을 낳는 데 일조를 한 것이다(Nisbett & Ross, 1980). 이 개입은 미국 외교사상 최악의 결정이었다는 평가를 받으며 베트남이 통일될 때까지 엄청난 희생을 미국에게 강요했다. 그 결과로 '베트남전 도식'이 생기게 되었다(Gilovich, 1981).

경쟁하는 두 가지 도식의 효과를 비교하기 위한 연구에서 참가자들에게 한 약소국가가 이웃해 있는 침략적인 독재국가의 위협을 받고 있는 상황을 제시하였다. 도식의 비교를 위해서 두 집단을 설정했다. 뮌헨도식 조건에서는 상황 설명문에 제2차 세계대전 당시 정치인이던 처칠(영국 수상), 루스벨트(미국 대통령)를 언급했고, 베트남전 도식 조건에서는 러스크(월남전 개입 시 미국무장관), 치누크 헬기, 린든 존슨(케네디 암살로 대통령이 되어 베트남전을 지휘)를 언급했다. 이 외에 상황은 똑같이 기술되었다. '뮌헨회담의 도식' 조건에서 참가자들은 '베트남전 도식' 조건의 참가자들보다 상황개입을 더욱 지원하는 것으로 나타났다.

2014년 4월 16일 진도 앞바다에서 침몰하며 300여 명의 희생자를 낸 세월호 사건은 무능한 정치인, 책임모면식의 구조활동, 부패를 조장한 해피아와 관료문화, 부당 이득을 추구하는 회사, 안전에 대한 무관심, 사태 이후에 분열된 한국 사회 등으로 한국 사회에서 중요한 사건도식으로 자리 잡게 되었다.

참사 3년이 지난 2017년 인양된 세월호 선체는 목포신항에 아직도 임시로 거치되어 있다.

을 쉽게 한다(Bond & Brockett, 1987). 우리는 고교 동창생들의 얼굴을 많이 기억하지만 그중에서 명랑한 사람들을 기억하는 것보다 반장을 기억하기가 용이하다. 인물에 대한 파악은 그들이 가진 역할로서 먼저 파악되고 나서야 성격 특성으로 파악되는 것으로 보인다. 이 탓에 교사 이름을 친구 이름으로 혼동하는 식의 전혀 다른 범주에 있는 사람들 간의 이름을 혼동하는 일은 거의 나타나지 않는다. 이는 사회생활에서 만나는 상대방에 대한 정보들을 비슷한 관계유형의 범주별로 묶어서 저장하고 있음을 시사한다. 그래서 사람들은 특정인에 대한 정보를 유사한 관계(같은 직업 등)의 다른 사람들과 같은 범주로 저장하고 있으므로 정보 인출에서 같은 범주에 속한 사람들에 대해서 혼동하는 양상이 발생하는 것이다(Fiske, 1993).

## 틀(frame) 효과

담배를 좋아하는 한 신도가 신부에게 "기도하면서 담배를 펴도 될까요?"라고 물었더니 단호히 '안 된다'는 답을 들었다. 이를 지켜본 친구가 "담배를 피면서 기도를 해도 될까요?"라고 물어보라고 권해서 그리했더니 '물론 된다'는 답을 들었다고 한다(Gilovich et al., 2011, p. 399에서 인용). 이 우화는 똑같은 행동을 단어의 순서를 바꾸어 제시하는 경우에 전혀 다른 효과를 가져올 수 있음을 보인다. 이런 효과가 나타나는 것은 틀이 달리 형성되기 때문이다(본서 3장 '초두효과' 참조). 즉, 기도 틀에서 흡연하는 것은 흡연 틀에서 기도하는 것과 다르다는 것이다. 두 가지 별개의 틀이 판단대상을 전혀 다른 문제로 바꾸기 때문이다. 정육점의 진열대에 놓인 쇠고기가 85% 무지방육이라고 표기했을 때와 15% 지방육이라고 표기했을 때 사람들의 구매의욕은 현저히 달라진다. 전자의 경우에 무지방육이라는 건강의 틀이 작동하고, 후자의 경우에 지방육이란 비만의 틀이 작동하는 탓이다. 수술의 생존율이 90%라면 사망률은 10%이다. 그러나 생존율을 제시하는 것이 사망률을 제시하는 것보다 수술을 받겠다는 생각을 더 하게 하는 것으로 나타난다(Edwards et al., 2001: Gigerenzer, 2007, p. 130에서 인용). 논리적으로는 같은 의미의 표현이라도 지각되는 틀에 따라 다르게 인식되는 이 현상을 틀 효과라고 한다(곁글 4-8).

현대 사회에서는 도시화가 진행되면서 어느 도시나 범죄가 증가하고 있다. 이런 사태의 대책을 논의하는 마당에서, 범죄 증가를 '야수가 먹이감을 노리듯이' 혹은 '바이러스가 퍼져 전염되듯이'로 설명하였을 때 사람들이 생각하는 대책은 전자에서 법집행의 강화와 관련된 내용이 대부분이었지만, 후자에서는 제도를 수정·개선하는 내용도 많이 나타났다(Thibodeau & Boroditsky, 2011; [그림 4-6]). 단

**곁글 4-8** 과거 기억을 변형시킬 수 있나?

사람들은 흔히 기억이 과거에 겪었던 일에 대한 사진과 같은 영상을 머릿속에 갖고 있는 것이라 여긴다. 그러나 이는 사실이 아니다. 자신이 지닌 과거 기억은 얼마나 정확한가? 있지도 않았던 일을 자전적 기억 속에 집어넣는 것이 가능한가? 흥미로운 연구(Hyman et al., 1995)에서, 연구자들은 대학생 연구 참여자들의 부모에게 서신을 보내 참여자들의 아동기 때 일어났던 일에 대하여 알아 두었다. 연구자들은 학생들을 불러서 이들 과거 경험에 대해서 기억하는지를 물어보면서 실제로는 없었지만 있었을 법한 내용(5세 때의 특별한 생일파티 혹은 5세 때 응급실에 실려 간 일)도 추가로 물어 기억하는지를 보았다. 첫 면담에서 아무도 이 거짓 사건에 대하여 기억하고 있는 사람은 없었다. 그러나 일주일 후 벌어질 다음 면담 때까지 어렸을 때 경험을 잘 생각해 보고 오라고 했을 때 20%의 사람들이 허위기억을 자기가 경험했던 것으로 이야기하였다. 세 번째 면담(연구 2)에서는 약간 더 증가하는 것으로 나타났다(25%). 이런 증거가 사람의 기억이 전부 조작될 수 있음을 보여 주는 것으로 지나치게 확대 해석되어서는 안 될 것이지만, 불분명한 어린 시절의 기억의 경우에 여건에 따라서 얼마든지 재구성될 수 있음을 알아야 한다. 이 점에서 전생의 기억이니, 몰랐던 어렸을 때의 성적 피학대 경험을 최면의 도움으로 회복해 낸 기억을 물증 없이 신뢰하는 것은 매우 위험한 짓이다(Kunda, 1999).

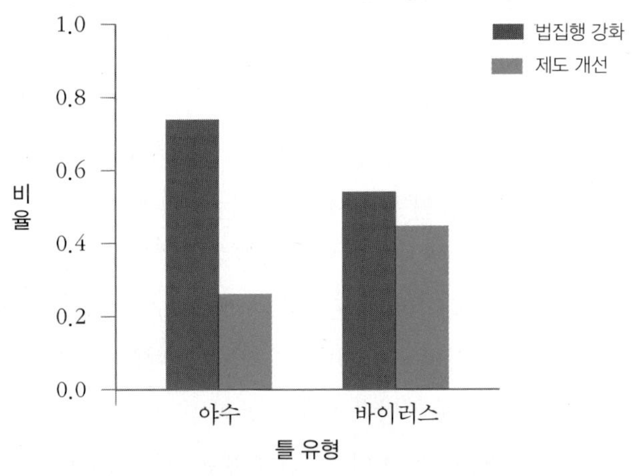


[그림 4-6] **틀의 유형에 따른 대책의 차이**

순히 연상효과의 차이가 아니라 여러 가지 대책을 제시하고 적합한 것을 선택하라고 하는 상황에서도 같은 차이가 나타났다(Thibodeau & Boroditsky, 2013).

**틀 돌리기** 사회적 이슈는 늘 다양한 측면을 건드리기 마련이다. 예를 들어, 2015년 하반기에 박근혜 정부는 당시 검인정 제도로 발간되는 역사 교과서를 국정화해야 한다며 많은 반대에도 불구하고 이를 추진한 바 있다. 그 이유는 현 교과서들이 대한민국의 정통성을 부정하고, 친북 좌편향적이어서, 학생들에게 올바른 국가관을 심어 주지 못한다는 것이다. 이에 반대하는 움직임이 전국적으로 나타났다. 국정화는 역사교육을 봉건시대로 되돌리는 발상이라며, 친일과 유신을 미화하려는 목적에서 추진되는 국정화 사업을 절대로 좌시할 수 없다는 주장을 편다. 찬성진영은 마치 미래를 지향한 시책인 것처럼 틀을 제시하려 들고, 반대진영은 과거 독재정치의 유산을 재현하려는 틀로 공방을 벌이고 있다. 찬성진영은 반대진영의 틀에 밀리자 '국정화 교과서'를 '올바른 교과서'로 바꾸어 반대여론을 무력화시키는 틀 돌리기를 한다. 이처럼 이슈와 관련된 다양한 측면 중에서 선택적으로 부각시키는 측면이 전체를 조망하는 틀로 작용하면서 사람들의 사태인식에 큰 영향을 미친다. 하나의 틀에서 어느 주장이 정당한지를 따지는 논쟁은 일찍 종결될 수 있으나, 각기 다른 틀이기에 판단 준거가 달라지므로 어느 손을 들어야 할지가 어려운 것이다. 이처럼 틀 효과를 의도적으로 가져오기 위해 연상되는 내용을 바꾸거나, 유리한 틀로 변형시키는 것을 틀 돌리기라 한다(Gilovich et al., 2011, pp. 165-166). 동성애 허용론자들은 인권의 틀을, 동성애 반대론자들은 도덕윤리의 틀을 제시하는 것들에서 볼 수 있듯이 좌파와 우파의 이념 논쟁은 물론, 여당과 야당의 정책 경쟁, 상품 마케팅에서도 자기에게 유리한 틀을 대중에게 부각시키려 노력한다. 이 점에서 정치판은 틀 돌리기의 싸움터라고 할 수 있다(틀의 작용에 대한 다양한 내용은 최인철, 2007 참조).

역사 교과서 국정화 시책에 반대하는 시민단체의 집회

**전망이론** 우리의 판단에 영향을 주는 다양한 틀 중에서 광범위한 적용대상이 되는 것이 손익의 틀이다. 약을 먹는 행위를 건강을 증진시키는 틀에서 생각할 것인지 아니면 질병 감염을 막는 틀에서 생각할지가 다르다. 다음에 답해 보라.

정부보건당국은 600명을 죽일 수 있는 희귀병이 확산될 것을 대비하는 프로그램 두 개를 놓고 저울 중이다. 다음 A와 B 중 어느 프로그램을 택할 것인가?

- A 프로그램을 채택하면 200명의 목숨을 구할 것이다.
- B 프로그램을 채택하면 600명이 모두 살 수 있는 가능성이 1/3이고, 모두 죽을 가능성이 2/3이다.

카네만(Daniel Kahneman, 1934~ )
이스라엘 태생으로 UC 버클리에서 심리학 박사학위를 취득하고 현재 프린스턴 대학교에 재직

중이다. 작고한 동료 A. Tversky 교수와 공동으로 불확실한 일상의 판단과 의사결정 과정을 연구하였다. 그의 연구는 인간의 경제행위 분석에서 고전경제학이 전제로 삼는 합리적 의사결정 모형으로 다룰 수 없는 **행동경제학**이란 분야를 개척하게 만들었고, 경제행위에 대한 새로운 이해의 지평을 제시한 공로로 2002년에 노벨경제학상을 수상하였다. 최근에는 긍정심리학의 분야에 관심을 갖고 행복의 조건에 대한 연구를 하고 있다.

이제 다음 C와 D 중에서는 어느 프로그램을 택할 것인가?

- C 프로그램이 채택되면 400명이 죽을 것이다.
- D 프로그램이 채택되면 아무도 죽지 않을 확률이 1/3이고, 600명 모두 죽을 확률이 2/3이다.

A와 B를 선택지로 제시하였을 경우에 북미지역의 학생들은 72%가 A를 선택하였다. 그러나 C와 D를 제시하였을 때는 78%가 D를 선택하였다(Tversky & Kahneman, 1981). A와 B, C와 D는 모두 살릴 수 있는 목숨이 200이라는 점에서 차이가 없다. 고전경제학의 관점에서 본다면 기대효용이 같다면 네 프로그램들의 경제적 가치는 동일하므로, 선택은 고르게 나타나야 한다. 그러나 분명히 사람들의 선택은 뚜렷한 선호양상을 보인다. 이를 설명하기 위해 제시된 것이 전망이론이다(Kahneman & Tversky, 1979). 이에 따르면, 사람들은 최종의 결과에 가치를 두기보다는 현재의 위치에서 이익이냐 손해냐에 가치를 둔다. 이익의 틀(A와 B)에서 사람들은 확보된 이익을 중시하며, 더 많은 이익을 위한 모험을 회피하고, 손해의 틀(C와 D)에서는 확정된 손실을 기피하고 모험을 추구하는 양상을 보인다. [그림 4-7]에서 보듯이 손해의 틀에서는 기울기가 더 가파르기 때문에 사람들은 이익을 보는 것에 비해 손해에 매우 민감하다. 수중에 있는 만 원을 털어서 2만 원을 만들 수 있는 기회가 있을 때 사람들은 손을 대기보다는 기회를 날린다. 최근에 뇌영상장치를 이용하여 이런 결정을 할 때 뇌의 활동을 살펴보니, 사람들이 이익의 틀에서 생각할 때는 뇌의 후두부 영역(intraparietal sulcus: 행동의 결과를 예상할 때 활

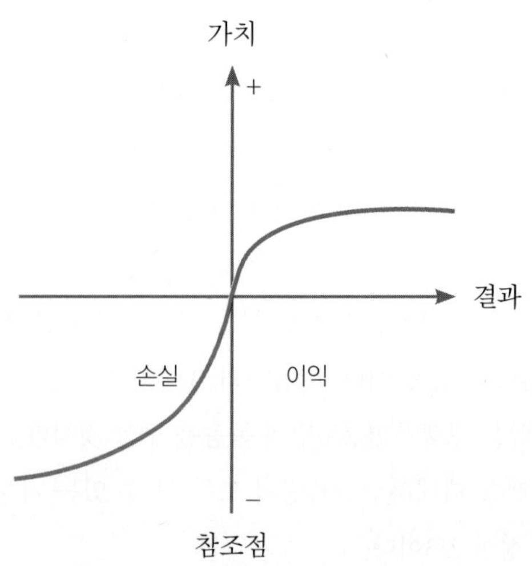


**[그림 4-7] 전망이론의 가치곡선**

성화되는 부위)이 별다른 활동을 보이지 않지만, 손해의 틀에서 확실한 손해나 큰 손해의 가능성을 생각할 때는 이 부위의 활동이 심해지는 것으로 나타났다(Gilovich et al., 2011, p. 586). 사람들은 손해의 틀일 경우에 행동의 결과에 대해서 더 신중하게 고려하게 되어 몸을 사리게 됨을 의미한다.

윤석열 대통령이 2024년 6월 3일 동해 영일만 유전의 성공 가능성이 20%라며, 직접 발표하고 있다.

전망이론이 설명하는 이익과 손해의 틀에 따른 행동의 비대칭성은 공공정책 및 마케팅의 전략을 수립하는 데 중요한 요인으로 고려되어야 한다. 이를테면, 빈곤층에 대한 지원으로 복지비를 직접적으로 지출하는 것에 대하여 납세자들은 재정의 손실로 인식하기에 그다지 반가워하지 않는다. 그러나 이를 성실 납세자의 감면 혜택을 지출하는 것으로 제시하면, 이익을 포기하는 것으로 여기므로 쉽게 받아들일 수 있게 된다. 국내에서 여대생들에게 자궁경부암 예방접종을 권유하는 설득을 두 가지 틀로 작성하여 제시하고, 접종을 받을 의향을 측정하여 비교하였다. 이익의 틀에서는 접종하면 얻게 되는 혜택을 강조하였고, 손실의 틀에서는 접종을 받지 않을 경우에 겪을 수 있는 문제를 강조하는 식으로 작성하였다. 아울러, 현재 20대인 여대생은 해당 암의 발병이 높지 않기에 그런 혜택과 손해가 가까운 미래인 30대 혹은 먼 미래인 50대에 발생하는 것으로 추가적인 변인을 설정하여 제시하였다(김재휘 외, 2010). [그림 4-8]에서 보듯이 가까운 미래(30대)인 경우에는 두 틀이 별 차이가 없었지만, 먼 미래(50대)의 경우에는 이익의 틀로 제시된 경우에 더 큰 설득효과가 나타났다. 이는 즉각적인 효과에 대해서는 손실의 틀이 (비록 여기서는 큰 차이가 없었으나) 효과가 크며, 효과가 시간적으로 늦게 나타나는 것에 대해서는 이익의 틀로 제시하

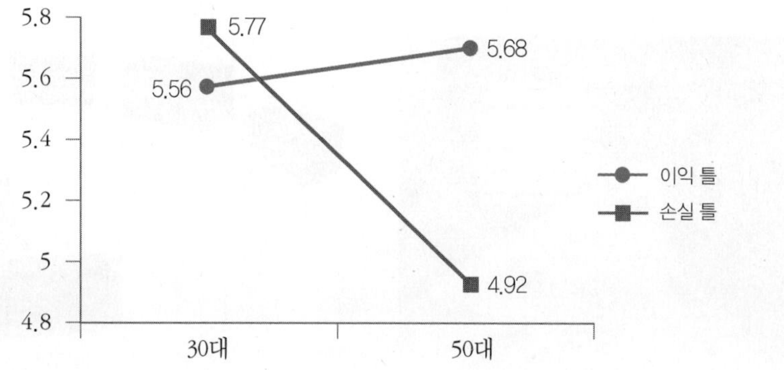


**[그림 4-8] 시점과 메시지 틀에 따른 예방백신의 접종의도**

출처: 김재휘 외(2010).

는 것이 낫다는 것을 보여 준다. 아마도 이런 현상은 자기고양 편향으로 미래에 안 좋은 일이 자기에게 발생하는 가능성을 낮게 여기는 낙관적인 동기가 작용하는 탓으로 보인다(곁글 3-10 참조).

**은유의 영향** 사람들이 말하는 것을 보면 사태를 파악하는 양상에서 수많은 은유가 작동함을 볼 수 있다. 예를 들어, '그녀의 주장이 세다.' '무거운 마음이 짓누른다.' '생각이 날아다닌다.' 등등에서 '주장'이 '힘'의 은유로, '마음'이 '무게'의 은유로, '생각'이 '새'의 은유로 표현된다. 이런 은유적 표현은 구체적이고, 이해하기 쉬운 다른 종류의 개념에 대한 지식을 이용해서 추상적인 개념들을 파악하고, 사태에 대한 통찰을 얻고 알리는 인지적 도구로 널리 쓰인다(Lakoff & Johnson, 1980). 도식이 주어진 개념을 이미 갖추어진 지식체계로 연결하여 개념에 대한 이해를 돕는 데 반해서, 은유는 주어진 개념을 그것과는 전혀 다른 범주/종류의 것에 대한 지식과 연결시켜서 이해를 도모한다(Landau et al., 2010). 예를 들어, 도덕성이란 개념을 사전적인 지식 정보로 설명하는 것이 아니라 행위의 '깨끗함/더러움'이라는 경험으로 연결시키는 식이다. '더러운 생각만 하고 있으니 하는 짓마다 나쁘다' '하늘을 우러러 한 점 부끄러움 없이' 식으로 도덕적인 것은「깨끗한/청결한/티 없는 것」으로, 부도덕한 것은「더러운/추잡한」식으로 설명한다. 이렇게 촉발되거나 점화된 은유의 틀은 행위 판단에 영향을 미친다. 대학의 4년 생활을 목적지를 향해 가는 여행의 은유로 생각하게 한 조건에서는 각 학년을 별개로 구분된 상자의 은유로 생각하게 한 조건에서보다 마지막 학년의 자기 모습을 더 학업에 충실한 것으로 그리고, 더 열심히 공부하겠다는 의지를 보이는 차이가 나타났다([그림 4-9]; Landau et al., 2014.).

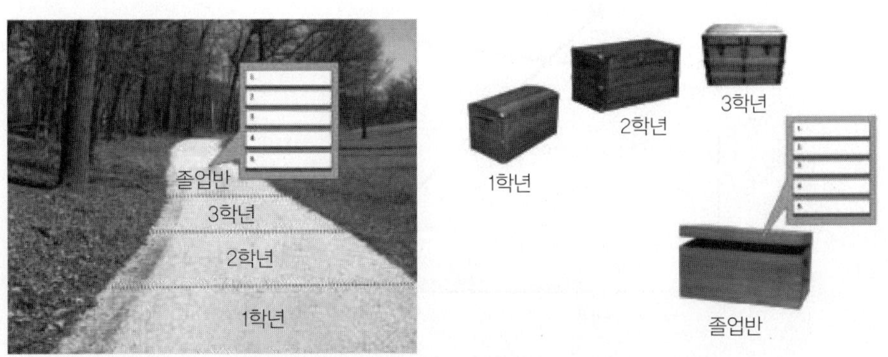


**[그림 4-9] 대학생활의 두 가지 다른 은유(좌: 여행 은유, 우: 상자 은유)**

출처: Landau et al. (2014).

말할 때 은유 사용하기를 좋아하는 사람들이 있다. 이들은 좋은 것은 깨끗한 것, 나쁜 것은 어두운 것과 연결하여 중립적인 단어라도 하얗게 쓰여 있는 경우에 까맣게 쓰인 경우보다 더 좋은 느낌을 받는 것으로 나타났다(Fetterman et al., 2016, 연구1). 은유를 사용한다는 것은 서로 무관한 것들 간의 관련성을 보는 것이라서 융통성 있는 생각을 많이 하도록 만든다. 흥미로운 연구에서 사람들에게 일주일 동안 매일매일 자신이 경험한 부정적인 정서를 보고하면서 한 조건에서는 사실적 표현("오늘은 불안하고 혼란스러웠다")을 쓰도록 했다. 다른 조건에서는 정서표현을 은유적으로 하도록 했다("오늘은 바람에 날아다니는 나뭇잎 같았다"). 연구 초기와 말기에 사람들의 정서를 측정해 보니 은유조건의 사람들에게서는 우울증세가 약해졌으나, 사실표현 조건에서는 그런 변화가 없었다(Fetterman et al., 2016, 연구5). 이런 정도의 증세변화가 심각한 것은 아니지만 은유의 사용이 그런 변화를 가져올 수 있다는 것은 매우 흥미롭고 의미 있다. 우리는 일상에서 은유를 많이 사용하는데 단순히 문학적인 취향이 아니라 사태의 인식과 뒤따르는 행동에 영향을 미칠 수 있다는 것이다.

## 판단에 대한 자신감

사람들이 생활하면서 기억하고, 생각하고, 의사결정을 하는 과정에는 부정확할 수 있는 많은 요소들이 작용할 수 있다. 그렇지만 이러한 것들을 이해하지 못하거나 대수롭지 않은 것으로 여기는 경향이 크다. 따라서 자신들이 지니게 된 판단에 대하여 그 정확성을 의심하지 않으며, 지나칠 정도로 과신하는 경향이 있다(곁글 4-8).

**스스로에 대한 판단의 정확성** 사람들이 생활에서 접하는 것들에 대한 태도는 여건에 따라 언제든지 변할 수 있지만 이 같은 변화를 사람들이 늘 자각하는 것은 아니다. Bem과 McConnell(1970)은 대학생들을 대상으로 의견조사를 하면서 학생들이 교과과정의 편성에 관여하는 것을 어떻게 생각하는지에 대한 질문을 끼워 넣었다. 그 후 일주일이 지나서 학생들에게 자신들의 교과과정 개입은 월권이라는 내용의 글을 써 보도록 요청했다. 이 글을 쓰고서 교과과정 개입에 대한 태도를 알아보니 이전보다 강하게 반대하는 것으로 나타났다. 그러나 일주일 전에 자신들의 태도가 어떠했는지를 기억해 보라 했더니 대부분은 현재의 태도와 똑같다고 응답함으로써 그러한 변화를 눈치 채지 못했다.

프로그램을 체험한 사람들의 구체적 사례로 설득력을 높이는 광고

사람들은 남들보다 스스로가 자신의 정서나 취한 행동의 이유를 잘 안다고 생각한다. 그런데 그렇지 않다는 것이 한 실험에서 잘 드러났다. Nisbett과 Wilson (1977)은 대학생들에게 다큐멘터리 영화를 보여 주었다. 한 조건에서는 영화를 시청하는 내내 관람실 밖에서 전기톱 돌아가는 소리가 요란하게 나고 있었고, 다른 조건에서는 일반 영화관처럼 조용했다. 영화가 끝난 후 영화의 내용에 대한 평가를 하면서 톱소리가 관람 및 영화의 평가에 어떤 영향을 주었는지를 물었다. 톱소리가 없었다면 영화가 더 잘 이해되었을 것이라고 그 조건의 참석자들은 답하였지만 영화에 대한 이해나 평가에 있어서 두 조건 간에 아무런 차이도 나타나지 않았다. 사람들은 자신이 판단대상에 대하여 어떠한 생각을 지니고 있는지(좋아하는지 싫어하는지 등)를 잘 알지만, 어떻게 그러한 생각을 지니게 되었는지, 무엇이 영향을 미쳤는지의 과정을 잘 아는 것은 아니다. 자신의 생각이니 잘 알리라 여기는 내성착각을 보인다(Pronin, 2007; 3장 참조). 행위의 원인이 뚜렷하거나 우리가 느끼는 직감과 맥을 같이하는 설명일 경우에는 우리의 자각적 설명은 잘 맞는다. 그러나 행위의 원인이 불분명할 때 우리들의 설명은 틀릴 가능성이 높아진다. 그렇다면 두 가지 유의할 점이 있다. 첫째, 사람들이 이야기하는 주관적 경험에 대한 설명은 틀릴 수 있으며, 문제해결(상담, 치료 등)에 도움이 전혀 안 될 수 있다는 것이다(Erickson & Simon, 1980; Fiske, 1980). 둘째, 사람들이 자신의 경험에 대해 "확실해!"라고 말할 수 있지만, 그렇다고 해서 늘 그것이 맞다는 것은 아니라는 것이다(곁글 4-9 참조). 개인들의 고백, 증언들은 경우에 따라서 상당한 설득력을 갖고 있지만 그렇다고 늘 신뢰할 만한 것은 아니다.

**과신현상** 일상생활에서 사람들이 내리는 많은 결정은 성공/실패의 가능성을 지니고 있다. 그런데 스스로가 내린 결정에 대해서 사람들은 지나치게 낙관적이다. 1986년에 미국 스페이스 셔틀 챌린저호가 25번째 임무를 띠고 발사되자마자 공중에서 폭파되어 버린 사건이 있었다. 이때 NASA의 관계자들은 이 같은 사고의 가능성을 10만분의 1로 보았다고 한다(Feynman, 1988). 이는 매일 그 셔틀을 발사하는 경우 300년에 한 번 사고가 일어날 수 있다는 정도로 안전에 자신만만했던 것이다(Plous, 1993, p. 217에서 인용). 의사결정에서 과신현상은 매우 위험할 수 있다(곁글 4-9).

많은 실험연구에서 과신현상은 잘 나타나고 있다(Fischhoff et al., 1977). 고전이 된 연구에서 연구자들(Goldberg, 1959)은 뇌의학 전문가들이 Bender-Gestalt 검사(뇌손상을 진단하기 위해 널리 쓰임) 결과를 바탕으로 뇌손상을 진단하는 정확성을 연구하였다. 그는 4명의 현역 임상심리 전문가, 10명의 수련 중인 전문가, 8명의 비전문가(비서)들에게 30개의 검사결과를 제시하였다. 이 중 15개는 실제 뇌손상 환자의 것이고, 나머지 반은

챌린저호 폭발 사건

**곁글 4-9** 목격자 증언의 정확성 문제

교통사고가 유달리 많은 우리 사회에서는 많은 교차로에서 사고현장을 본 목격자를 찾는 현수막들을 흔히 볼 수 있다. 사건 당사자들의 진술이 상충되는 경우에 제3의 목격자를 찾으면 해결된다고 여기기 때문에 이 같은 현수막들이 내걸리고 있다. 목격자가 나타나면 수사관들은 그의 진술에 의존해서 대부분 사건을 마무리하는 쪽으로 방향을 잡아 간다. 그런데 결정적으로 작용하는 목격자 증언이 잘못일 수 있다는 연구들이 발표되어 흥미롭다.

즉, 미국에서는 수사현장에서 목격자의 증언에 의해 범인으로 지목되어 형을 살게 된 사람이 DNA 감식에 의해서 혐의가 벗겨져 풀려 나는 사례가 늘어 가고 있다. 애버리라는 남자가 17년간 강간죄로 옥살이를 하고서 혐의가 풀려 2003년 9월 11일에 교도소를 나왔다. 그는 DNA 감식에 의해 풀려 난 137번째 사람이 되었다(Breckler et al., 2006, p. 84에서 인용). 범죄현장에서 목격자의 기억을 연구하기 위해서 많은 연구들이 행해졌는데 이들은 다양한 실험실 상황에서 벌어진 사건을 우연히 목격하게 된 사람들의 경우에 기억의 정확성은 10~90% 정도로 차이가 크다는 것을 보이고 있다(Wells, 1993). 흥미로운 문제는 물증이 없을 때 증언의 정확성을 어떻게 알 수 있느냐 하는 점이다. 흔히 목격자가 목격했음을 자신 있게 이야기하는 경우에 잘못 보았을 가능성은 낮으리라 여긴다. 그러나 이 확신감과 정확성의 상관은 35개의 연구에서 평균이 .25로 약하게 나타난다(Bothwell et al., 1987: Sporer et al., 1995에서 인용). 정확하게 증언하는 사람의 경우에 그 확신도는 그렇지 않은 사람에 비해서 높았지만, 틀린 증언을 하면서 확실한다고 말하는 사람들이 매우 많기 때문에 확신감을 증언의 정확성의 단서로 여기기에는 불안한 것이다.

확신감보다 정확성을 더 잘 보여 주는 지표는 판단의 속도로 나타나고 있다. 즉, 상대를 보고서 10초 이내에 피의자인지 여부를 판단해 내는 목격자는 90%의 정확성을 보였지만, 답을 하는 데 10초 이상 걸리는 사람들은 50%의 정확성을 보이는 것으로 나타났다(Dunning & Perretta, 2002). 그 이유는 신속한 판단을 내리는 사람들은 피의자의 얼굴을 보면서 현장의 피의자와 얼굴이 부합하는 감에 의존해서 무의식적으로 자동적 처리를 하는 데 반해서, 더딘 판단을 내리는 사람들은 그럴듯한 정황들에 의해서 의식적으로 정보들을 조합하고 구성하여 판단을 내리는 탓이기 때문으로 여겨진다(증언과 기억에 관련된 흥미로운 저술로 Loftus & Ketcham, 1996 참조).

조직손상이 없는 정신질환자에게서 얻은 것이다. 각 환자가 조직손상 환자인지 아닌지를 판단케 하고, 각 판단에 대한 자신감을 5점 척도상에 표기하게 하였다. 두 가지 놀라운 결과가 나타났다. 우선, 65~70% 환자를 정확하게 분류했는데 놀라운 것은 세 집단 간에 차이가 없었다는 것이다. 10년의 임상경험을 가진 전문가나 전혀 문외한인 비서가 아무 차이를 보이지 않았다. 둘째, 정확성과 신념 간에 상관이 없는 것으로 나타났다. 자신들이 잘못 판단한 경우나, 바르게 판단한 경우나, 판단에 대한 확신은 차이가 없었다.

왜 이러한 현상이 나타나는가? 여러 가지 이유가 있을 수 있는데 한 가지 분명한 것은 사람들이 정보처리 시 확증편향을 사용하는 것에 기인한다(3장 참조). 즉, 사람들은 자신의 가설을 부정하는 정보가 아닌 지지해 주는 정보를 찾고, 그러한 증거가 누적되면 비록 정보의 새로운 가치가 전혀 없더라도 더 많은 지지적인 증거를 확보했다고 여김으로 그에 대한 자신감을 더하게 된다.

**정당화할 수 없는 자신감** 일상생활에서 우리는 자신들의 생각을 지지해 주는 많은 증거를 접할 수 있다. 이를테면, 대부분의 인사권자들은 자신들이 사람을 쓰는 능력이 탁월하다고 생각하기 쉽다. 왜냐하면 대부분의 사람들은 어느 부서에서 일하건 열심히 하기 마련이기 때문에 그들을 보는 인사권자는 자신의 결정이 잘못된 증거를 보기 힘들다. 실제로 자기가 채용하지 않은 사람들이 얼마나 일을 잘하는지에 대한 정보가 전혀 없으므로 자신의 능력을 제대로 파악하기도 어렵다. 마찬가지로, 주식전문가들도 자신의 실적을 과신하기 쉬운데, 경제학자인 Malkiel(1985)이 분석한 바에 따르면 가장 실적이 좋다는 분석가들이 선택한 회사의 주식 포트폴리오들이 주는 수익성은 장기간에 걸쳐서 판단하면 주식시장에서 무선적으로 선택된 주식들의 수익성을 능가하지 못한다.

자신감과 정확성이 상관이 높다면 문제는 덜 심각하다. 그러나 많은 연구들에서 둘 사이의 상관은 적게 나타난다(Paese & Sniezek, 1991; Sniezek et al., 1990; 곁글 4-9 참조). 이러한 발견은 법정에서의 증언이 갖는 신빙성에 대한 여러 연구를 촉진시켰다. 이 연구들은 증인들이 아무리 확신을 갖고 하는 증언일지라도 그들이 갖는 확신도는 증언의 정확성과는 관계가 높지 않다는 것이다. 형사재판의 배심원들은 사건에 대하여 뚜렷한 자신의 견해를 가질수록 변호인들이 공방하면서 제시하는 증거들을 왜곡하는 양상을 보인다(Carlson & Russo, 2001). 이러한 연구 결과는 사실 경악할 만한 것이다. 이 같은 왜곡현상은 대학생에게서보다 배심원들에서 더욱 강하게 나타나지만, 사람들은 대부분 모르고 있다.

**과신현상의 수정** 그렇다면 과신현상을 어떻게 고칠 수 있는가? 첫 번째 방법은 사람들에게 그들의 판단에 대하여 즉각적인 피드백을 주는 것이다(Lichtenstein & Fischhoff, 1980). 일기예보가 그 경우에 해당되는데 예보자들은 자신들의 예측이 맞을 것인지의 판단을 비교적 정확하게 하는 것으로 나타났다(Fischhoff et al., 1977; Plous, 1993, p. 223; [그림 4-10]). 일기예보 전문가와 같이 자신의 판단에 대하여 항상 옳고 그름의 피드백을 받는 사람들은 과신현상을 덜 보인다(Keren, 1987). 두 번째 방법은 사람들로 하여금 왜 자신들의 판단이 틀릴 수 있는지를 생각하게끔 하는 것이다(Hoch, 1985; Koriat et al., 1980). 회사의 관리자들은 계획을 상정할 때 예상대로 안 될 가능성을 함께 고려해야 할 것이다. 세 번째 방법은 상황의 구성(construals)을 새롭게 해 보는 것이다. 사람들은 친구에게서 생일 초대를 받아 선물을 생각할 때 2만 원 범위에서 하겠다고 다짐하더라도 실제로 구입하는 상황에서는 3만 원을 초과지출하기도 한다. 막연히 생각만 할 때와 막상 구입할 때 예기치 못했던 상황 변화가 있기 때문이다. 행동할 때 상황변화를 예견해 보도록 한 경우에는 자신의 애초 판단에 대한 확신이 줄어드는 것으로 나타났다(Griffin et al., 1990).

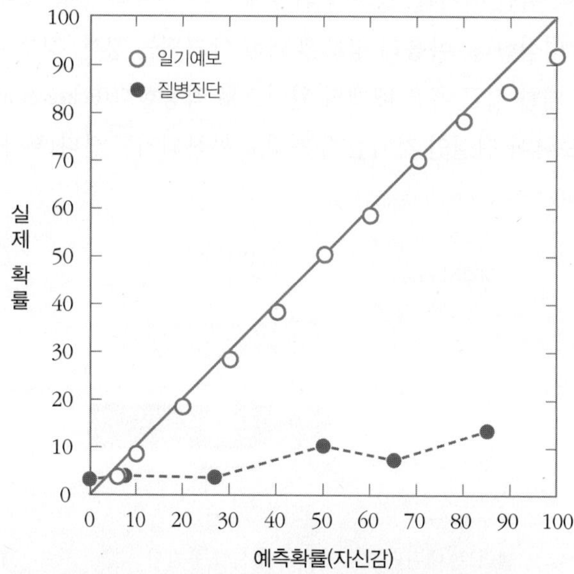


**[그림 4-10] 질병진단과 일기예보의 정확성과 자신감**

출처: Plous (1993), p. 223, Fig. 19-2.

## 잘못된 정보에 대한 믿음

오랫동안 구전되어 온 지식이나 믿음이 틀렸다는 과학적 연구 결과를 알게 되면 그 믿음이 바로 고쳐질까? 사람들은 그럴 거라고 생각한다. 그러나 그렇지 않다. 정보처리에는 객관성뿐만 아니라 사람들의 인지, 정서 및 사회적 압력이 작용하기 때문이다. 예를 들어, 적지 않은 사람들이 아직도 기후변화나 백신의 효과를 믿지 않는다. 이들이 이와 관련된 과학적 근거를 모르는 것이 아니라 그 신빙성을 부정하기 때문이다. 이유는 음모론적 생각, 공포, 자기정체감이 위협받는 탓에 무의식적으로 부정하려는 동기가 작용하기 때문이다.

잘못된 신념은 올바른 신념이 작용하는 것과 똑같은 기제로 형성되고 작용한다. [그림 4-11]에서 보듯이 무엇이 진실이냐를 판단할 때 사람들은 정보의 타당성에 대한 객관적 증거만을 갖고 기계적으로 하는 것이 아니다. 두 가지 엔진이 작동하여 정보를 사실인 것으로 몰아가는 판단을 하고 수용한다. 첫 번째 엔진은 인지적 엔진이다. 자신이 지니고 있는 직감, 취향과 선호에 따라, 관심을 두는 정보와 두지 않는 정보처리의 취사선택이 이루어지며, 친숙하고 그럴듯한 것에 대한 쏠림이 작용하여 인지적 노력이 취해지거나 소홀해진다. 두 번째 엔진은 사회-정서적 엔진이다. 자신이 지닌 세계관, 정치적 취향에 맞는 정보를 수용적으로 대하고, 맞지 않는 정보를 의심한다. 아울러 정보에 의해 야기되는 정서, 정보 제공자와의 관계 등이 정보에 대한 접근 혹은 배제의 원인으로 작용한다(Ecker et al., 2022). 그래서 근거없는 음모론이 진실인 것처럼 유통되고 확산되기도 한다(본서 8장 참조).

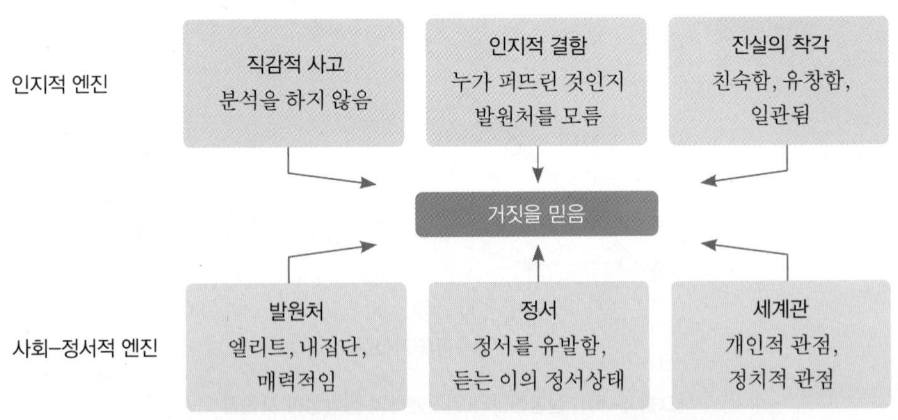


**[그림 4-11] 잘못된 정보를 믿게 만드는 두 엔진: 인지적 엔진과 사회-정서적 엔진**

출처: Ecker et al. (2022).

**여운효과** 2020년 초에 Covid19가 전 세계로 퍼지기 시작했을 때 미국인들은 중국이 바이러스를 만들어 퍼뜨리는 어떤 음모를 꾸미고 있다는 생각을 많이 하였다. 이런 생각이 그럴듯하다고 여겨 주위 사람들에게 이야기하고, 이런 믿음이 주위 사람들의 호응을 받으면 진실로 여겨진다. 일단 형성되면 사실이 아님이 밝혀진 뒤에도 완전히 사라지는 것이 아니라 여운이 지속되는 여운효과(Continued Influence Effect: CIE)를 보인다. 여운효과는 기존의 잘못된 믿음이 공동체에서 오랫동안 공유되어 왔고, 공동체의 결속이나 이익을 위해 역할을 해 왔을 경우에 강하게 나타난다(Walter & Tukachinsky, 2020). 지역감정이나 성차별적 편견 같은 것들이 좋은 사례다(10장 참조).

이런 여운효과가 나타나는 이유는 먼저 들어온 정보를 잘못되었다고 하는 새로운 정보가 들어왔을 때 앞의 정보를 뒤의 정보가 대체하는 것이 아니라 두 가지 정보가 공존하면서 서로 경합을 벌이는 인지적 상황이 벌어지기 때문이다. 물론 잘못된 정보이니까 의식적으로는 이 정보를 안 믿고 없애려 하지만 없어지는 것이 아니라 억눌린 상태로 있다가 어떤 계기가 되면 다시 살아나기 때문이다('혹시나 했는데 역시 나였어!'). 특히 가짜뉴스를 진짜로 굳게 믿었던 사람들에게서는 거짓으로 판명된 가짜뉴스라고 하더라도 자동적으로 인출되면서 판단에 영향을 미치기가 쉽다. 수정된 내용이 자신의 기존 관점이나 세계관과 부합하고, 일관성 있으며, 가짜뉴스를 만든 사람이 잘못된 것을 알려 준 경우에는 가짜뉴스가 완전히 힘을 상실한다. 그러나 가짜뉴스가 신뢰할 만한 사람이나 기관에서 제공한 것이고, 수정되기 전에 이미 여러 번 반복되어 접수되었고, 수정될 때까지 상당한 지체가 있었다면 여운효과를 강하게 보이는 것으로 나타났다(Walter & Tukachinsky, 2020; 곁글 4-10).

**곁글 4-10** 가짜뉴스의 생명력

2023년에 들어와 챗GPT, 바드 등 인공지능(AI)을 활용한 정보탐색과 조작 기능이 고도화되면서, 그럴듯한 가짜뉴스는 앞으로 더욱 범람할 것으로 기대된다. 사람들은 자신의 정치적 성향에 부합하면 의심스러운 가짜뉴스를 접해도 의심 없이 수용하고, 상반되는 정보를 접하면, 가짜뉴스라고 폄하하며 가치를 부인하거나 반증되는 논리와 증거를 찾아서 자신의 입장을 더욱 강화시키는 양상을 보인다. 이는 진보론자나 보수론자나 공통적으로 보이는 현상이다. 따라서 각진영의 찬반으로 유지되는 가짜뉴스는 더욱 기승을 부릴 것이다. 사람들은 자신의 정치적 성향에 부합하는 주장은 무비판적으로 수용하고, 반대되는 주장에 대해서는 진위와 타당성에 의구심을 품는 **'동기화된 의심'** 전략을 무의식적으로 취하고 있다(Taber & Lodge, 2006).

자신이 믿고 있던 것이 틀린 사실에 바탕하고 있다는 것이 밝혀졌을 때 그런 사실이 자신이 지닌 관점/세계관/이데올로기와 충돌하는 경우에 사람들은 별 영향을 받지 않는다. 9·11 테러 이후에 이라크가 **대량살상무기(WMD)**를 갖고 있으며, 이 무기가 테러집단에 넘어가서는 절대 안 된다는 것을 빌미로 부시 행정부는 이라크를 침공하여 후세인을 끌어 내렸지만 WMD는 발견되지 않았다. 이런 사실이 WMD 소지에 대한 믿음에 미치는 영향을 보기 위하여 미국인들을 대상으로 이라크전에서 WMD가 발견되지 않았다는 것을 알려 주고 이라크의 WMD 소지에 대한 믿음의 변화를 분석한 연구가 수행되었다(Nyhan & Reifler, 2010). [그림 4-12]에서 보듯이 응답자의 정치적 성향에 따라 효과가 상반되게 나타났다. 진보 성향자들에게서는 믿음이 약화되는 것으로 나타났으나, 보수 성향자들에게는 오히려 믿음이 강화되는 **역효과**가 나타났다. 이 연구에서 나타난 역효과는 사람들이 중요한 정보를 처리할 때 자신의 정치적 성향, 근본적인 믿음이나 가치관을 견지하려는 강한 경향성을 지니는 것이다. 즉, 사람들은 자신의 믿음과 상치되는 정보를 접할 때 이를 받아들이지 않으려고 반대 증거나 논리를 끌어다 무기로 삼게 되면서, 오히려 기존의 생각을 강화시키는 것이다. 이런 탓에 광화문 거리에서 태극기 부대와 촛불부대는 부딪히지만 어느 쪽도 상대를 설득할 수 없다.

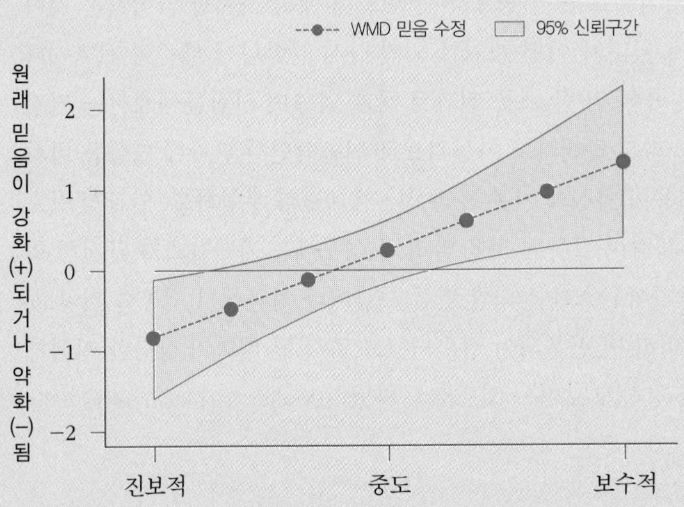


**[그림 4-12] 이라크가 WMD를 지녔다는 원래 믿음이 무기가 발견되지 않았다는 증거에 의해 영향을 받는 양상이 정치적 성향에 따라 크게 차이 남.**

출처: Nyhan & Reifler (2010), Fig. 1.

## 정서의 예측과 실제 경험의 차이

사람들은 기분 좋은 경험을 많이 하려 드는 반면, 괴롭거나 힘든 경험을 적게 하려 든다. 그런 탓에 미래에 닥칠 경험이나 일들이 어떤 정서를 가져다줄 것인지를 예측하며, 보다 큰 즐거움을 가져오리라 예상되는 것에 관심을 보이고, 필요한 투자를 하는 반면에, 괴로움과 고통을 가져오리라 예상되는 것을 기피한다. 사건을 경험하면서 우리는 다양한 정서를 경험할 수 있다. 해당 사건을 회상할 때 우리는 어떤 정서로 기억할까? 매 순간 느끼는 정서의 합으로 볼 수 있을 것인가? 매우 흥미로운 실험에서 참여자들에게 여러 가지 재미있게(혹은 불편한) 구성된 30초에서 2분 길이의 짧은 영화들을 보여 주면서 느끼는 즐거움(혹은 불쾌감)의 강도를 손에 쥔 기기에 매 순간 표기하게 하였다(Fredrickson & Kahneman, 1993). 영화는 스키 점프와 같은 재미있는 장면으로 구성되었거나, 돼지를 때려잡는 장면같이 불편한 장면들로 구성되었다. 각 영화가 끝나면 전체적인 느낌에 대하여 평가를 하도록 하였다. 경험된 사건의 판단에 작용하는 몇 가지 원리가 나타났다. 첫째는 사건을 경험하면서 느낀 즐거움(혹은 불쾌감)의 절정 상태가 경험 전체에 대한 즐거움(혹은 불쾌감)을 대표하는 것으로 나타났다. 둘째는 사건의 끝에 느낀 정서가 경험 전체에 대한 평가에 큰 영향을 미쳤다. 셋째는 쾌 · 불쾌의 정서를 경험하는 시간의 길이는 사건에 대한 평가와 별 상관이 없었다. 즉, 사람들은 사건의 절정 상태와 마지막 상태 때 느끼는 경험의 질에 의해서 전체 사건을 평가하며, 그 정서 경험이 얼마나 오래 지속되었는지는 무시한다는 것이다. 일상의 예를 들자면, 소개팅에서의 만난 상대와 1시간을 같이 하건 5시간을 같이 하건 관계없이 같이 보낸 시간 동안에 제일 즐거웠던 경험의 강도와 헤어질 때 어떤 정서를 경험하였는지가 상대와의 만남에 대한 기억으로 남는다는 것이다.

정서의 회상과 예측의 차이를 잘 보여 준 다른 연구에서는 대학가에서 통학용 열차를 기다리고 있는 사람들에게 접근하여 과거에 열차를 놓친 경험을 회상하는데 세 가지 방식 중 하나로 하도록 요구하였다. 자유회상 조건에서는 열차를 놓친 경험을 회상하라고 하였고, 편향된 회상 조건에서는 기차를 놓쳐 가장 고생했던 경험을 회상하라고 하였다. 다양한 회상 조건에서는 과거에 기차를 놓친 세 번의 경우를 회상하도록 하였다. 각 회상을 하면서 당시에 기분이 어떠했는지를 평가하도록 했고, 오늘 기차를 놓친다면 어떤 기분이 들 것인지를 예측하도록 하였더니 그 결과는 [그림 4-13]에서처럼, 자유회상은 편향된 회상과 별 차이가 없는 것으로 나타났다(Morewedge et al., 2005). 이는 열차를 놓친 경험은 많지만 뇌리에 남아 있는 것은 제일 고생했던 경험이 기억으로 남아 있음을 의미한다. 그러나 오늘 열차를 놓칠 경우 느낄 기분을 예측하게 했을 때 자유회상 조건에서 가장 기분이 나쁘리라는 예측이 나왔다. 이는 자유회상 조건에서만 과거 회상(최악을 회상하지만 사람들은 이를 자각하지 못함!)에 따른 영향을 받는 탓이고, 다른 조건에서는

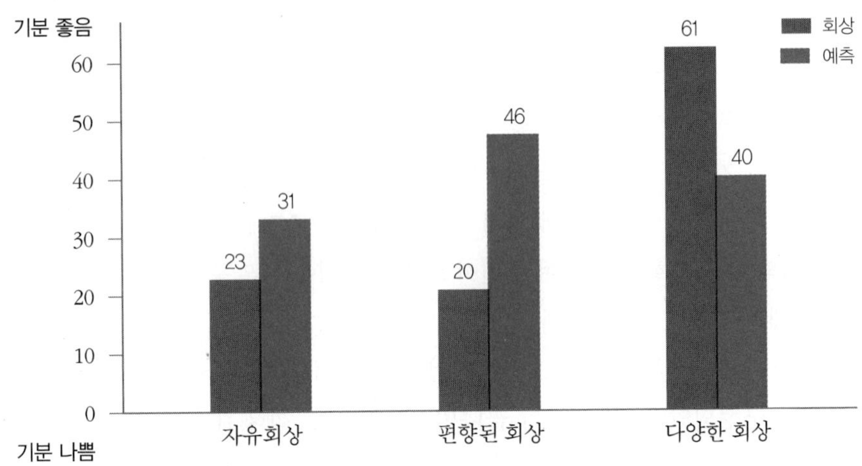


**[그림 4-13] 기차를 놓친 경우에 느끼는 기분의 회상과 예측**

출처: Morewedge et al. (2005).

최악이었음을 환기하게 되었거나, 다양한 경험이 가능함을 인식하게 되어 조정이 이루어진 탓이다.

이 연구는 사람들이 생각하는 정서의 경험 양상이 실제 사건이 전개되는 상황에서 느끼는 정서와는 상당히 차이가 있음을 잘 보여 준다. 여러 연구들은 특정 사건이 정서에 미치는 효과에 대한 사람들의 예상이 실제와는 차이가 많음을 보여 주며, 몇 가지 편향이 나타나고 있음을 보이고 있다(이 분야의 발견들을 쉽고 흥미롭게 제시한 단행본으로 Gilbert, 2006 참조).

**초점편향**(focalism) 1년 후에 유럽 여행을 파격적인 염가로 갈 수 있는 기회가 생겼다. 단, 12시간 이내에 예약하지 않으면 기회는 날아간다. 어찌하겠는가? 여행을 계획하고 있었다면 당신은 아마도 좋은 기회라 여기고 예약을 할 가능성이 높을 것이다. 사람들이 사건을 머릿속에서 모사하는 경우에 사건의 핵심만을 고려하지 사건의 경험에 수반되게 마련인 다양한 요소들을 고려하지 못한다. 따라서 즐거운 사건에 대하여는 지나친 기대에 들뜨고, 고통스러운 사건에 대하여는 지나친 염려에 몸이 탄다. 이 양상은 사건이 발생할 시점이 미리 느껴보는 시점보다 멀면 멀수록 더 심하게 나타난다. 지금은 예약 후에 들떠서 주위 사람들에게 기쁜 마음으로 이야기를 하며 다니지만, 여행 출발일이 며칠 앞으로 다가오면서 준비해야 할 것들을 챙기게 되고, 비자발급으로 추가 경비가 들고, 대사관을 방문해야 하는 등 일거리가 닥치면서 '이럴 줄 알았으면 다음 기회를 볼 것인데' 하며 후회하는 마음이 들게 된다.

초점편향은 자신의 정서를 예측하는 경우뿐만 아니라 다른 사람들이 경험하는 정서를 예측하는 경우에도 나타난다. 춘천시민과 서울시민을 대상으로 삶의 만족도를 측정하고 상대지역민에 대한 예측을 하도록 하여 비교했더니 두 지역민이 느끼는 삶의 만족도는 차이가 없었지만 상대 지역민의 만족도를 예측하는 경우에 초점편향이 작용하는 양상이 나타났다(성민선 외, 2007). 즉, 춘천시민은 서울시민에 대하여 문화와 직업영역에서 큰 만족을 느끼리라 과대평가하였으나, 자연환경 영역의 만족도를 과소평가하였다. 그러나 서울시민들은 춘천시민들이 예측하는 만큼 문화와 직업영역에서 높은 만족을 느끼거나, 환경영역에서 불만이 많은 것은 아니었다. 마찬가지로, 서울시민들은 춘천시민에 대하여 삶의 여유 영역에서 만족도를 과대평가 하였다. 이런 양상은 서울은 문화와 직업의 도시, 춘천은 환경 도시라는 것에 초점이 맞추어져 해당 지역 거주민의 삶의 만족도를 평가하는 초점편향 탓에 나타나는 것이다.

**현재편향**(presentism) 경험을 예측할 때 사람들은 자신이 현재 처한 상황이 주는 영향력을 잘 인식하지 못한다. 두 가지 양상에서 이를 볼 수 있다. 첫째는 과거의 회상이다. 명확하지 못한 과거의 자기 태도나 감정을 회상할 때 사람들은 그것이 현재의 태도나 감정과 유사한 것으로 여긴다. 현재 교제 중인 연인들에게 2개월 전 자신의 연인에 대하여 지녔던 감정을 회상하게 하면, 대부분 지금과 같은 감정을 가졌다고 말한다(McFarland & Ross, 1987). 마치 나비가 어렸을 때를 회상한다면 유충의 모습이 아니라 작은 나비였다고 회상하는 식으로 과거 기억의 빈 공간을 현재의 경험으로 채우는 경향성을 보인다.

둘째는 미래의 예측이다. 벼르던 훈제연어를 뷔페에서 배부르게 먹은 사람은 다음날 훈제연어를 거들떠보지도 않으리라 여기며, 담배를 막 피운 사람은 금연 성공 가능성을 높이 여긴다. 마찬가지로, 배부른 상태에서 시장을 보면 식품을 빠뜨리기 쉽고, 배고픈 상태에서 보면 지나치게 많은 식품을 사와 나중에 버리기 쉽다.

현재편향은 미리 느껴보기의 중요한 특징을 알려 준다. 우리가 모사를 할 때는 실제로 벌어지고 있는 것을 경험하는 것이 아니라 그 경험에 대한 기억에 의지한다. 즉, 눈앞에 보이지 않는 대상을 상상할 때는 기억의 창고에서 그 대상에 대한 정보를 꺼내 시각피질로 보낸다. 이 시각피질의 모사적 가상경험은 그 경험과 관련된 감정을 촉발시키므로, 아내의 불륜 장면을 상상할 때 질투와 분노가 솟구친다(Gilbert, 2006, pp. 175-177). 즉, 사람들은 사건을 모사하고, 그 모사와 더불어 느끼게 되는 감정을 미리 느껴보기를 하며, 그에 바탕한 미래 예측을 한다. Gilbert와 Wilson(2007)은 실제 느끼기와 미리 느껴보기의 차이점을 [그림 4-14]처럼 정리하고 있다. 두 경우 모두 행위 상황에서 작용하는 맥락이 큰 영향을 미친다. 경험의 미리 느껴보기를 할 때는 행위자가 경험하고 있는 정서, 몸의 상태 등이 영향을 주며, 이는 실제로 경험할 때의 상황맥락과는 상당히 다를 수 있다. 또한 미리 느껴보기를 할 때는 사건을 모사해 보는 것이므로 기억과 인지 및 기대에 의해 영향을 받지만, 실제 경험을 할 때는 벌어지는 사건에 대한 지각과 관점에 의해 영향을 받는다.

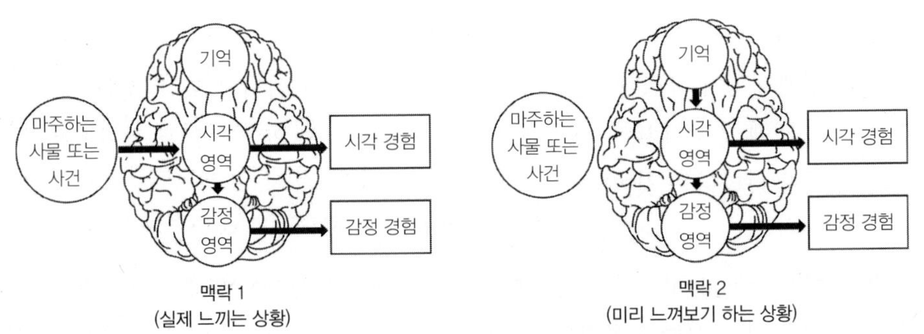


**[그림 4-14] 실제 느끼기와 미리 느껴보기의 차이**

실제 느끼기(좌)와 미리 느껴보기(우)는 모두 시각 영역을 통해 정보를 얻지만 정보의 내용이 다르다.

출처: Gilbert (2006), Fig. 11.

사람들은 종종 현재의 느낌과 미리 느껴보기의 느낌을 혼동한다. 우리가 무언가를 집중해서 모사하는 경우에는 눈을 감거나 귀를 막는다. 그 이유는 현재의 외부 대상과 모사하려는 사건 기억이 동일한 시각 및 청각 영역에서 경합을 벌여야 하기 때문이다. 우리의 뇌는 이 경우에 현재 외부에서 벌어지고 있는 것에 우선권을 주기 때문에 들어오는 자극들을 차단하지 않고서는 모사를 제대로 하기 어려운 까닭이다. 중국 고사에 월왕 구천은 복수의 마음이 무뎌질 것을 두려워하여 쓸개를 늘 옆에다 놓아두고 그 쓴맛을 보면서 오왕 구천에게 당한 수모를 늘 새롭게 하였다고 한다. 이 와신상담의 고사는 현재편향을 경계하는 선각적 지혜를 담고 있다.

**결글 4-11** 대통령 선거 패배의 아픔: 미리 느껴보기(예측)와 실제 느끼기

특정 사건에 대하여 사람들이 미리 느껴보기를 할 때 예측하는 정서와 실제 닥쳤을 때 경험하는 정서, 그리고 시간이 지나서 당시 느꼈던 정서를 회고하는 경우에 흥미로운 차이가 나타난다. 이를 잘 보여 준 연구는 2000년 미국 대통령선거(공화당 부시-민주당 고어 대결이었으며 박빙의 승부는 대법원 판결에 의해 부시의 승리로 결정됨) 수일 전에 당시 정치에 관심이 많은 양 진영의 대학생들에게 선거일에 만약 부시(혹은 고어)가 승리한다면 기분이 어떠할지를 예측하도록 하였다. 아울러, 대법원 판결로 고어가 패배를 인정한 날 기분이 어떠했는지를 조사하였다. 다시 4개월이 지난 후에 법원 판결로 승패가 결정되던 날 기분이 어떠했는지를 회상하도록 하여 비교한 결과가 [그림 4-15]에 나와 있다(Wilson & Gilbert, 2003). 우선, 예측정서는 실제 경험정서에 비해서 매우 강도가 높음을 알 수 있다. 이는 실제 경험 시의 상황맥락에 대한 고려가 거의 이루어지지 않음을 의미한다. 흥미로운 것은 4개월 지나 되돌아보는 기억정서가 실제 경험정서보다는 예측정서와 비슷하다는 것이다. 이런 차이가 나타나는 이유는 미리 경험하기를 할 때 사건의 핵심에 초점이 맞추어지며, 실제 사건이 벌어질 때는 그 핵심사건 이외의 요인들도 작용하여 정서를 경험하는 탓에 핵심사건의 충격이 크지 않으며, 회고할 경우에 사람들은 감정이 어떠했을 것이라는 믿음에 근거하여 과거를 회상하지, 실제 경험한 정서를 회상하는 것은 아니라는 것이다.

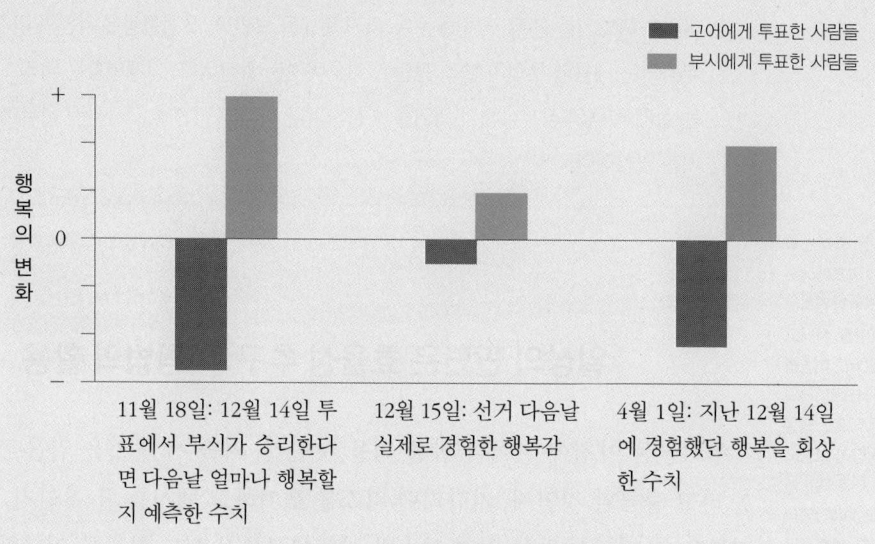


**[그림 4-15] 예측정서, 경험정서, 기억정서의 비교**

출처: Gilbert (2007), p. 117.

**요약**

1. 일상적 추론에서 사람들은 사회도식을 많이 활용한다. 도식적 처리는 회상 촉진, 정보처리 시간의 단축, 손 쉬운 처리, 새로운 정보의 해석을 돕는 순기능을 지니고 있다. 그러나 아울러, 실제 자료의 왜곡, 과잉단순화, 편견과 고정관념의 촉발 등 역기능을 지니기도 한다.
2. 사람에 대한 정보는 개개인의 성격보다는 역할과 자신과의 관계를 중심으로 조직된 도식으로 파악된다. 도식의 촉발은 점화효과의 영향을 받는다.
3. 가짜뉴스는 잘못된 것을 알았더라도 확증편향과 여운효과 탓에 오래 지속된다.
4. **틀 효과**는 사건의 자극이 촉발한 인식 틀이 사건의 해석에 미치는 효과를 지칭한다. **전망이론**은 틀 효과를 설명하는 이론으로서 이익의 틀에서 사람들은 보수적인 판단을 하지만, 손실의 틀에서는 과감한 판단을 한다고 본다.
5. 자신들의 판단이 지닌 정확성보다 그에 대한 자신감이 통상 높게 나타난다. 이 과신현상은 부분적으로는 확증 방략을 사용하기 때문에 나타난다.
6. 사건 속에서 자신이 느끼는 정서경험과 사건에 대한 기억은 차이가 있다. 사람들이 사건에서 경험한 최고 혹은 최악의 정서, 사건 마무리 시점에 경험한 정서가 사건에 대한 기억으로 남는다.
7. 미리 느껴보기를 할 때, 사람들은 두 가지 편향을 보인다. 초점편향은 사건의 가장 현저하게 부각되는 내용에 주의가 쏠려 판단이 이루어지는 양상이다. 현재편향은 미리 느껴보기 하는 현재 시점의 정서상태가 과거를 회상하거나 미래의 사건을 모사하는 경우에 영향을 끼치는 양상이다.

## 일상의 판단은 효율성 추구: 어림법의 활용

우리들은 아침에 일어나 밥을 먹을 것인지, 외출 시 무엇을 입을 것인지, 무엇을 타고 출근할 것인지, 기다리던 버스를 포기하고 택시를 탈 것인지, 강의실에서 질문을 할 것인지 하는 일견 사소한 선택에서부터 어느 학과를 지망할 것인지, 무슨 아르바이트를 할 것인지, 배낭여행을 할 것인지 등 중요한 판단에 이르기까지 많은 선택과 판단을 한다. 한 조사에 따르면 사람들은 매일 150개의 선택을 하며, 이 중 30개의 선택에서는 신중하려고 한다(Schwartz, 2003). 선택과 판단 및 의사결정의 연구는 매우 중요한 양상들을 보여 주는데, 많은 경우에 사람들은 복잡한 형식논리에 의존하지 않고 문제를 단순화시켜 도식적 처리를 하거나 어림법에 따라 지름길적인 해결 방략을 사용한다. 이 지름길적인 해결 방략은 문제를 쉽게 처

**어림법**
어림법으로 번역된 휴리스틱(heuristics)이란 그리스어에서 온 단어이며, 찾거나 발견하는 것을 돕는다는 의미를 지니고 있다(Gigerenzer, 2007). 어림법을 사용하면 효율적으로, 거의 무의식적으로, 자동적으로 답을 찾을 수 있으나, 정답이 보장되지는 않는다. 이와 대조되는 개념은 공식(algorithms)이다. 공식은 현상을 풀어내고 예측하는 논리적인 법칙이다. 오늘날의 인공지능은 목적에 따라 만들어진 공식에 따라 소비자들의 취향에 맞는 정보들을 선별적으로 제공하고 있다. 사람들이 공식을 쓰면 필요한 정보들을 제공할 수 있으나, 그러기 위해서는 공식을 알고 있어야 하지만, 이를 알고 있는 사람은 소수 전문가뿐이다.

리해 주기는 하지만 그 해답이 종종 틀릴 수 있다는 문제점을 갖고 있다. 이들을 어림법(heuristics; Tversky & Kahneman, 1974)이라 할 수 있다. 사람들이 일상의 판단에서 어림법에 많이 의존한다는 것은 사람들의 의사결정의 중요한 면을 드러내면서 사람들의 생각이 지닌 특징을 밝히는 수많은 연구를 촉발시켰다. 사람들이 일상의 판단에서 많이 사용하는 몇 가지 어림법을 파악해 보자.

## 대표성 어림법

김미숙은 31세이고, 독신이며, 활달하고, 똑똑한 처녀다. 대학에서는 철학을 전공했고, 학창시절에 여권신장의 사회운동에 참여했었다. 그녀의 현재를 잘 묘사하는 것은 어느 것인가?

A: 김미숙은 은행원이다.

B: 김미숙은 은행원이자 여권운동에 나서고 있다.

연구 참가자 86명에게 이 같은 문제를 제시했을 때 10명 중 9명은 B로 답을 했다(Tversky & Kahneman, 1982). 이 답이 틀렸다는 것은 [그림 4–16]에서 명확하다.

사람들은 이 같은 문제를 받았을 때 주어진 사람의 특성과 고려하고 있는 두 범주(은행원과 여권운동하는 은행원)에 대한 고정관념과 비교해서 어느 것이 더 그럴듯한지를 판단한다(Tversky & Kahneman, 1974). 이를 대표성 어림법이라 한다. 이에 의한 판단은 판단을 쉽게 만들지만 논리적인 것은 아니다. 앞의 질문을 바꾸어

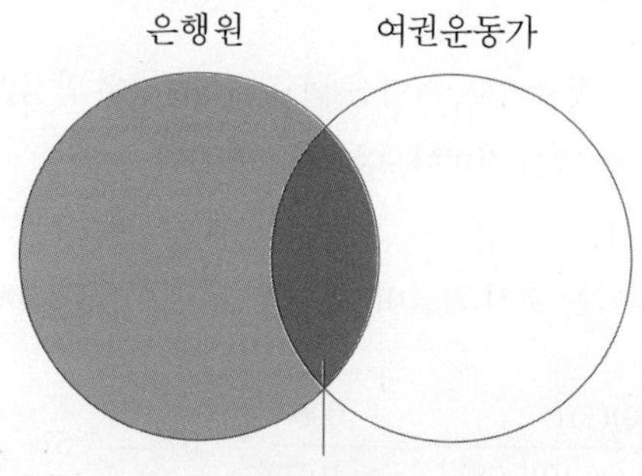


은행원이며 여권운동가의 발생확률은 은행원이라는 단순사상의 발생확률을 넘을 수 없다는 확률원리가 무시된다.

**[그림 4–16] 교집합의 오류**

'은행원(또는 여권운동하는 은행원)의 전형적인 유형이 김미숙의 특성과 유사할 확률은 얼마나 되는가?'를 보자. 두 질문이 똑같아 보이는 사람은 확률 이론을 생각해 보자. 원 질문의 경우 김미숙의 특성이 주어진 조건에서 은행원(혹은 여권운동하는 은행원)이 발생할 확률을 따지는 조건확률 P(은행원/김미숙의 특성)을 생각하는 문제이고, 후자의 경우는 반대로 은행원(혹은 여권운동하는 은행원)의 특성이 주어진 조건에서 김미숙의 특성이 발생할 가능성 P(김미숙 특성/은행원)을 따지는 문제다. 이렇게 놓고 보면 두 질문이 분명히 차이가 난다. 그러나 많은 사람들은 이 차이를 생각하지 않고 첫째 질문에 답하는 식으로 둘째 질문에 답하는 것이다(곁

### 곁글 4-12 엑스레이 진단율 90%란

당신이 의사라고 하자. 방금 여환자에 대해서 유방암 여부를 파악하는 진단을 했다. 그 환자는 젖가슴에 멍울이 있어 유방암 가능성이 있어 보였다(멍울이 그냥 멍울일 가능성도 있다). 그래서 엑스레이에 의한 맘모그램(mammogram)을 받도록 했다. 이 맘모그램은 악성종양의 80%를, 정상인의 90%를 정확히 가려내는 것으로 알려졌다. 환자의 맘모그램 결과는 양성으로 나타났다. 당신은 그녀가 유방암에 걸렸을 가능성을 얼마로 보겠는가?

Eddy(1982)가 여러 의사들에게 똑같은 상황을 부여하니 95%의 의사가 유방암 확률이 75%라고 답했으나 정답은 7.5%이다. 이러한 오판은 두 가지 확률을 구별하지 못해서 생긴다. 즉, 사람들은 양성반응이 나온 경우 암일 가능성 P(암/양성)을 암일 경우 양성 반응이 나올 가능성 P(양성/암)과 혼동하는 것이다. 이 문제를 푸는 것은 Bayes의 정리를 따르면 된다.

$$P(\text{암}/\text{양성}) = \frac{P(\text{양성}/\text{암})P(\text{암})}{P(\text{양성}/\text{암})P(\text{암})+P(\text{양성}/\text{정상})P(\text{정상})}$$

의 식에 대입하는 것이다.

P(암/양성)은 양성으로 나타난 경우 암의 조건 확률이고, P(양성/암)은 암일 경우 양성반응으로 나타날 조건 확률로서 암환자들에게 검사해 본 결과로, 구할 수 있는 것이다. 여기서는 80%다.

P(암)은 암환자의 발생비율인 기저율로 여기서는 1%이다.

P(양성/정상)은 정상인의 경우 양성으로 나타나는 조건 확률이다. 여기서는 100−90=10%이다.

$$P(\text{암}/\text{양성}) = \frac{(.80)(.01)}{(.80)(.01)+(.10)(.98)} = \frac{.008}{.107} = .075 = 7.5\%$$

Bayes 정리를 따라 계산하기가 성가시면 기저율(암 발생률)에 신경을 쓰라. 기저율과 계산 결과의 차이는 크게 나지 않는다(Plous, 1993, pp. 133-134).

글 4-12). 이 사례에서 대표성 어림법의 적용이 잘못이라는 것은 교집합의 오류에서 확연하다([그림 4-16]). 즉, 두 개의 복합사상이 동시에 발생할 확률은 어느 한 사상의 단순 발생확률보다 클 수가 없다는 원리다. 각본이 세부적으로 작성되면 각본에 포함된 모든 사건들이 동시에 발생할 확률은 줄어들지만, 대표성 어림법의 사용으로 상황이 발생할 가능성이 높은 것으로 여겨지기 때문에 나타나는 오류인 것이다. 이를테면, '피고가 살인누명을 쓸지 모른다는 두려움 때문에 범죄현장을 떠났다.'라는 진술이 '피고가 범죄현장을 떠났다.'라는 단순한 진술보다 더 사실일 가능성이 크다고 여기는 것이다. 보다 구체적인 사건이 일반적인 사건보다 발생할 가능성이 높다고 느끼는 까닭은 사람들이 지닌 사건도식이 매우 구체적이어서 구체적 상황의 묘사가 도식과 더욱 유사성(즉, 대표성)을 띠고 있기 때문이다.

**왜 대표성 어림법인가** 대표성 어림법이 자주 사용되는 이유를 분석해 보면 첫째로 사람들은 사례의 특성이 모집단의 특성과 유사하다는 믿음을 매우 강하게 지니고 있음을 알 수 있다(곁글 4-12 참조). 자연현상에 대하여는 이 같은 믿음이 크게 문제가 안 될 수 있다. 이를테면, 국화 한 송이를 보면 다른 국화꽃이 어떻게 생겼는지도 알 수 있다(일반화가 가능함). 그러나 상대방의 직업, 계층, 신념, 성격 등이 판단대상이 되는 경우는 문제가 다르다. 심리학 전공학생에 대한 고정관념이 있더라도 그 고정관념에 의지해서 심리학 전공생은 누구나 그러한 특성을 가졌다고 볼 수는 없으며 특정 정당 정치인의 행위를 보고서 해당 정당원들이 모두 그런 행위를 보일 것으로 여기는 것은 잘못이다. 그렇지만 사람들은 전체의 특성을 보고서 그 사례의 특성을 끌어내기보다는, 하나의 표본 사례를 접하고 전체로 일반화하기를 잘한다.

둘째는 대표성 어림법은 기저율을 무시하는 인간의 추론 경향에서 비롯된다(곁글 4-12). 김미숙 사례에서 기저율이란 우리 사회에서 은행원의 비율과 여권운동하는 사람의 비율이 된다. 기저율은 확률을 따지는 경우 매우 중요한 요소이지만, 일상의 판단에서는 무시되는 경우가 많다. 무시해도 별 문제가 안 되는 경우도 많다. 즉, 김미숙의 특성이 그의 직업과 역할을 결정적으로 알려 준다면 무시되어도 별 문제가 없다. 김미숙이 여권운동에 깊이 관여하였다면, 그가 직장인이면서도 여권운동에 열심히 나서리라 예상할 수 있다. 그러나 제시된 김미숙의 특성이 결정적이지 못하다면, 즉 진단력이 별로 없다면, 두 범주의 기저율을 따져야 한다. 두 범주의 상대적 비율이 비슷한 경우라면, 기저율이 문제가 안 된다. 이 경우 각 범주가 지니는 고정관념과 김미숙이 유사한 정도에 따라 판단하는 것은 문제가 없다. 사람들은 판단의 준거로 삼을 만한 그럴듯한 정보나 도식이 있다면 기저율을 무시하고 그런 준거가 없을 때만 기저율을 판단에 이용하는 경향이 크다(Kahneman & Tversky, 1972). 그러나 기저율을 사용한 경우보다 자신이 지닌 도식을 판단의 준거로써 사용한 경우에 자기가 내린 판단에 대하여 더 높은 확신감을 지닌다(고재홍, 1989). 이는 사람들이 통계정보라는 추상적 정보보다 자신의 경험

**곁글 4–13** 흥미로운 생활의 어림법들

어림법들은 사람들이 진화의 과정에서 획득하게 된 직감적 사고이며, 적응적인 문제해결 전략이라고 볼 수 있다. Gigerenzer(2007)가 정리한 몇 가지 흥미로운 어림법을 살펴보자.

- 재인(recognition) 어림법: 퀴즈쇼에 나간 당신에게 던져진 문제가 '밀워키와 디트로이트 중 인구가 더 많은 도시는?'이라면 당신은 어떻게 답을 하겠는가? 이 문제에 대한 답에서 미국 학생들은 40%만이 정답을 맞혔으나, 독일 학생들은 대부분이 맞혔다. 독일 학생들이 미국 도시에 대하여 더 많이 알기 때문일까? 미국인들이 물론 미국 도시에 대해 잘 알지만, 각 도시의 인구를 모르는 상황에서 자신들의 경험, 지식을 동원해서 답을 하는 반면에, 독일 학생들은 거의 들어 본 적이 없는 밀워키보다 자동차 산업으로 유명한 디트로이트를 기억하며, 재인 어림법을 사용한 것이다(pp. 18-20). 불확실한 상황에서 사람들은 자기에게 친숙한 것을 선택하는 양상을 보이는 것도 재인 어림법이 작용하는 것이라 보겠다. 이 어림법은 사람들이 갖고 있는 정보들이 많은 경우(미국인)보다 오히려 적은 경우(독일인)가 판단에 유리하게 작용할 수 있음을 시사하고 있어 흥미롭다(pp. 153-158).
- 시선(gaze) 어림법: '날아가는 공을 따라가 잡는 것은 어떻게 하나?' 논리적으로는 공의 궤적을 계산하고, 나의 달리는 속도를 그에 맞추어 조절하는 복잡한 수학적 계산에 의해서야 비로소 가능하다. 그러나 누구도 이런 계산을 하는 사람은 없다. 사람들은 공에다 시선을 맞추고 달려가면서 그 시선의 각도가 유지되게끔 달리기를 조정하는 것이다. 각도가 유지되지 못하고 떨어지거나(못 미침) 높아지면(지나침) 공을 놓치게 된다. 이 시선 어림법을 사용하여 공을 잡는 것은 달릴 줄 아는 아이라면 누구나 가능하다.
- 모사(simulation) 어림법: 당신이 '캘리포니아에 사는 사람과 오하이오에 사는 사람들 중 누가 더 행복할 것인가?'라는 질문을 받았다면, 당신은 양쪽 지방의 기후, 편의시설 등을 떠올리며 각 지역에서 마치 생활하는 모습을 모사적으로 그려 보며 답을 할 것이다. 그래서 대부분의 사람들은 캘리포니아를 선택하지만, 실제 양 지역민의 행복도는 차이가 없다(Gilbert, 2006, pp. 153-154에서 인용; 국내에서 성민선 등(2007)은 서울과 춘천을 비교함). 이 어림법은 해당 사건을 경험하는 경우에 느낄 정서를 미리 느껴 봄으로써 모사적 경험을 한다(Taylor et al., 1994, p. 89). 모사 어림법을 사용하는 경우에 사람들은 모사한 상황이 벌어질 가능성이 높다고 여기는 경향을 보인다. 케이블 TV 시청권을 판매할 때 케이블 TV 회사에 대한 정보만을 제공한 경우에 비해서, 케이블 서비스를 받는 것을 상상하도록 한 경우에, 사람들이 서비스 무료 사용 기회의 신청이 높고, 궁극적으로 구매를 많이 하는 것으로 나타났다(Gregory et al., 1982: Taylor et al., 1994, p. 90에서 인용).

이라는 구체적 정보를 더욱 신뢰하는 탓이다.

사람들은 사건들의 인과관계에도 이런 대표성 어림법을 잘 적용한다. 겉으로 나타난 유사성에 의해 인과관계가 있는 것처럼 여긴다. 작은 원인은 작은 결과를, 큰 원인은 큰 결과를, 원숭이 해에 태어났으면 원숭이의 특징을, 육식을 하면 힘이 생기고, 뱀탕을 먹으면 정력이 좋아진다는 등등의 믿음과 생각이다. 많은 민간처방이 대표성 어림법에 바탕한다. 이를테면, 서양에서는 뇌전증 환자에게 경련하듯이 뛰어다니는 붉은털 원숭이의 뼈를 갈아서 처방하였다고 한다. 동서양의 민간처방은 약효를 지닌 모든 자연물들이 그 모양이나 행태에서 약효가 작용하는 질환의 특징을 담고 있다는 믿음을 공통적으로 갖고 있다. 사이비 과학, 점치는 영역의 믿음에도 대표성 어림법이 작용한다.

## 가용성 어림법

우리 대학에 남자가 많은가 아니면 여자가 많은가? 해운대로 여행을 가는데 비행기와 기차, 고속버스 등 어느 것을 타는 것이 가장 안전할까? 우리는 답을 하기 위해 학교에서 보이는 남녀의 머릿수를 그려 보거나, 각 교통수단에 의한 시간, 사고 발생 따위를 생각할 것이다. 이런 판단을 할 때에 그 사건, 대상물이 해당 질문과 관련해서 떠오르는 정보가 얼마나 용이하고 빠르게 처리되는가에 의해 판단하는 것을 가용성 어림법에 의한 판단이라 한다(Tversky & Kahneman, 1973).

사건의 발생 빈도가 높을수록 회상이 용이하다면 가용성 어림법을 사용하는 것이 가장 손쉽고 정확한 답을 가져다줄 것이다. 그러나 실제 빈도 이외에도 얼마나 자주 접하는지, 중요한지, 끔찍한지 등의 요인들이 가용성에 영향을 미치므로 그릇된 답을 가져오기도 한다. 이를테면, 실업률 추정을 실업자들이 하는 경우와 직장인들이 하는 경우, 지역구에서 여야 당직자들이 자기가 소속된 당 지지도를 추정하는 경우 가용성 어림법에 의존하면 지나치게 추정하기 쉽다.

잊을 만하면 발생하는 비행기 추락 사고로 비행기 여행을 꺼리는 사람이 꽤 많다. 한국교통안전진흥공단의 자료에 의하면 1억 마일 주행당 승객 사망자 수는 승용차 16.16명, 비행기 0.08명으로 비행기 사고를 경험할 가능성은 '네 살 난 아기가 환갑 때까지 계속 비행기를 타고 있을 경우 한 번 사고를 당하는 셈'에 해당된다고 한다. 따라서 통계상으로는 항공기 여행이 가장 안전한 것으로 나타났다. 그러나 이러한 통계는 사람들이 느끼는 안전도와는 다르다. Slovic 등(1982)은 사건이 지닌 파국성이 클 경우 그 사건의 발생 가능성도 높게 인식됨을 밝혔다. 자

표 4-3 사망의 원인으로 과다/과소하게 추정되는 것들

| 가장 많이 과다 추정되는 원인들 | 가장 적게 추정되는 원인들 |
|---|---|
| 모든 사고 | 천연두 |
| 교통사고 | 당뇨 |
| 열대 회오리 바람 | 벼락 |
| 홍수 | 심장발작 |
| 모든 암 | 천식 |
| 화재 | 폐기종 |
| 살인 | 결핵 |

출처: Gilovich et al. (2011), p. 182(원전은 Slovic et al., 1982).

동차 사고는 많이 발생하지만 그 파국성은 비행기 사고에 비해 훨씬 덜하며, 뉴스에서도 경미하게 취급된다. 비행기 사고는 대형 사고이고 여러 날 집중적으로 다루어지므로 회상이 쉽기에 더 위험하게 여겨진다. 〈표 4-3〉에는 죽음의 원인으로 과다하게 여겨지는 것들과 과소하게 여겨지는 것들을 보여 준다.

**생생한 정보의 효과** 국내에서도 사법개혁의 일환으로 2008년부터 배심원 제도를 도입하고 있다. 이는 변호사와 검사가 자신들의 주장과 증거를 설득력 있게 제시하고 법 전문가가 아닌 일반 시민 중에서 선정된 배심원들이 협의를 하여 유죄인지 무죄인지를 결정하고, 이를 판사에게 알려서 판결하는 제도다. 배심원들은 특별한 훈련을 받은 사람이 아니라 일반 사회인들이므로 판단 시에 어림법을 사용하기가 쉽다. 이를 잘 보여 준 연구(Reyes et al., 1980)에서 참가자들은 음주운전 사건의 배심원 역할을 맡았다. 기소장에 의하면 피고는 크리스마스 파티가 끝나고 음주운전을 하다가 쓰레기 수거 차량을 들이받았다는 것이고 사건 발생 당시 알코올 농도 측정이 이루어지지 않아 정황증거로 음주운전 혐의를 받고 있다. 피고 측은 술에 취하지 않았다고 주장했다. 배심원들은 사건개요를 듣고서 검사와 변호사가 자기주장이 맞다는 것을 설명하는 아홉 개의 진술문들을 받았다. 이들 진술문들은 생생하게 묘사되었거나 아니면 평이한 진술문의 형태로서 제시되었다. 이를테면, 검사가 제시한 평이한 진술문은 "바깥으로 나가는 길에 피고는 상에 걸려 비틀거렸으며 그릇을 하나 바닥에 떨어뜨렸다."였고, 이를 생생하게 제시한 경우는 "바깥으로 나가는 길에, 피고는 상다리에 걸려 비틀거렸으며, 구아카몰 소스가 담긴 그릇을 바닥에 떨어뜨려 하얀 카펫이 온통 엉망이 되었다."였다. 변호사가 제시한 평이한 진술문 하나는 "쓰레기 차량의 주인은 자기 차의 색

깔이 회색이기 때문에 밤에는 식별하기가 어려움을 인정한다."였고, 이를 생생하게 제시한 진술문은 "쓰레기 차량 주인은 자기 차가 회색빛인데 그 이유는 지저분한 것들을 싣고 다니기 때문이다."라고 말하면서 덧붙이기를 "차를 분홍색으로 칠해야 시원하겠소?"라고 했다. 배심원들의 반은 생생한 변호인 측 진술문과 평이한 검사 측 진술문을 받았고, 나머지 반은 생생한 검사 측 진술문과 평이한 변호인 측의 진술문을 받았다. 받은 진술문을 모두 읽고 각 배심원들은 피고의 유무죄를 개인적으로 판단(1차)했다. 배심원들은 이틀 후에 다시 소환되었고, 이때 기억 나는 대로 진술문들을 쓰도록 하고 다시 한번 유무죄의 판단(2차)을 하도록 요청받았다. 이때 참가자들은 이전에 자신들이 내린 결정에 좌우되지 않고 판단해도 된다는 지시를 받았다. 1차 판단에는 진술문의 생생함 조작 효과가 나타나지 않았다. 그러나 2차 판단에서는 생생한 진술문 효과가 나타났다. 즉, 어느 쪽 주장이건 생생한 진술문의 형태로 제시된 것이 평이한 형태보다 더 큰 영향력을 보였다. 그 이유는 생생한 정보가 시간이 경과함에 따라 더욱 기억에 남고, 인출이 용이하기 때문이다(곁글 4-13).

자신의 백인 아내를 살해한 혐의로 재판을 받은 미식축구스타 출신의 배우 O. J. 심슨. 재판관은 배심원들이 이 사건과 관련된 방송·언론 보도를 접하지 못하도록 명령을 내렸다(한겨레 21, 1994. 11. 24.). 이는 보도매체의 생생함에 의해 판단이 영향받는 것을 막기 위함이다.

## 닻 내리기 효과

판단할 때 사람들은 자기는 의식하지 못하지만 판단 시 가용해진 정보에 의해 영향을 받는다. 이 정보가 터무니없는 경우라도 판단에 영향을 미친다. 이를테면, 사람들에게 한강의 길이가 얼마나 되는지 답해 보라면서 질문을 "한강의 길이가 500리보다 길까요, 짧을까요?"로 하는 것과 "5,000리보다 길까요, 짧을까요?"로 묻는 것은 상당히 다른 결과를 가져온다. 응답치의 평균이 전자의 질문보다 후자의 질문에서 2배 이상으로 나타났다(Tversky & Kahneman, 1974). 이같이 판단의 출발점을 어디로 잡느냐 하는 것이 큰 영향을 미치는데 이 출발점이 아무런 근거 없이 황당하게 주어진 경우일지라도 그것은 완전히 무시되지 못하고 최종 판단에 영향을 준다. 이를 닻 내리기 효과라고 한다.

이 효과는 우리에게 잘 인식되지 않지만 많은 영역에서 나타난다(곁글 4-14). 자신의 능력에 대하여 갖게 된 첫 단정("나는 수학은 못해!")은 세월이 가면서 바뀔 수 있지만 닻 내리기 효과의 영향을 받고 있으며, 마찬가지로 타인에 대한 인상도 첫인상에서 완전히 탈피하기는 어렵다. 사회생활에서 많이 쓰이는 닻의 역할을 하는 것이 '자기'이다. 친구가 운동을 잘하느냐의 판단은 일차적으로 판단자 자신에 비추어서 내려지기 쉽다(Markus et al., 1985).

**곁글 4-14** 닻 내리기(anchoring) 효과의 예와 응용

학생들에게 1×2×3×4×5×6×7×8은 대략 얼마냐고 물었더니 응답들의 중간(median) 답이 512로 나왔다. 다른 학생들에게는 8×7×6×5×4×3×2×1이 얼마냐고 물었더니 중간 답이 2250으로 나왔다. 닻 내리기 효과의 작용이다. 그러나 실제 답은 40,320이다. 어느 답이건 닻의 끄는 힘(낮은 숫자들의 곱셈으로 시작하는지 높은 숫자의 곱셈으로 시작하는지)에서 벗어나지 못하였다.

이 양상은 판단하면서 단서로 제시된 기준(닻)에서 출발하여 조정을 하지만, 닻의 효과에서 완전히 자유롭지 못함을 보인다. 이 효과는 아무 가치도 없는 값을 닻으로 주어도 나타나고(대학 교재들의 평균값이 7천 달러, 혹은 7달러보다 높나 낮나? 얼마라고 생각하느냐?), 사람들에게 제대로 된 답을 생각하도록 주의를 주거나, 보상을 해 주어도 나타난다. 닻의 값과 닻 없이 하는 일반인의 추측 간의 차이가 클수록 이 효과는 커지는 것으로 나타난다(Quattrone & Tversky, 1984; Plous, 1993, p. 146에서 인용). 협상가, 정치가, 광고가들은 이 효과를 이용하여 애초에 터무니 없는 주장을 하여 협상에서 유리한 결과를 거둘 수 있을 것이다.

**요약**

1. 사람들은 일상의 판단과 의사결정 상황에서 효율성을 추구하며, 정보의 과부하를 피하기 위하여 비공식적인 판단 방략인 어림법을 사용한다. 어림법의 사용은 인간이 인지적 구두쇠의 특징을 지니고 있음을 보여 준다.
2. 대표성 어림법은 개인 또는 사안의 특성이 집단의 전형적인 특성과 유사한 정도에 의해서 개인의 소속집단 혹은 사안의 발생 가능성을 판단하는 방략이다.
3. 가용성 어림법은 사안의 판단을 할 때 머릿속에 잘 떠오르는 정보에 의해서 판단을 하는 방략으로, 효율적이지만 적절하지 못한 경우가 있다.
4. 닻 내리기 효과는 판단 상황에서 주어진 정보가 근거가 되어 판단에 영향을 미치는 현상이다.

## 일상의 판단에서 작용하는 두 유형의 사고

지금까지 사람들이 생활 속의 판단을 하기 위해서 자료를 수집하고 해석하고 결정하는 데서 보이는 여러 가지 현상을 살펴보았다. 이러한 현상들은 규범적인 것은 아니지만 잘못된 것이라 볼 수는 없다. 다만, 그 사용이 부적합한 상황에서도 자동적으로 쓰이는 탓에 문제가 될 수 있는 것이다. [그림 4-17]은 사회적 추론

의 과정과 각 단계에서 잘못이 나타날 수 있는 가능성에 대하여 정리를 해 놓은 것이다.

Kahneman(2012)는 판단과 의사결정 분야의 연구를 정리하며 사고체계 2 유형론을 제시하였다. 사고체계 I은 촉발되는 순간 빠르게, 자동적으로 나타나며, 노력 없이 가동되며, 연상의 원리에 의존하여 무의식적 수준에서 작동한다. 이것이 획득되는 데는 오랜 진화의 시간이 걸려 정서가 담겨 있고, 탈학습이나 망각이 어렵다. 반면에, 사고체계 II는 느리게 가동되며, 의식적으로 주의를 기울여 사고 과정을 통제하며, 법칙에 따라 작동시키는 노력이 필요하다. 일상에서 학습의 과정을 통해 빨리 배울 수 있지만 망각도 용이하며, 변화의 융통성이 많고, 정서가 실리지 않는 의식적인 수준의 사고 과정이다. 사고체계 I은 직감적 사고라고 요약될 수 있고, 마치 지각 과정처럼 그 실행되는 과정을 의식하지 못하는 경우가 대부분이며, 효율성이 높다. 도식이나 어림법들은 모두 사고체계 I에서 작동하는 것들이다. 이 체계는 효율성이 높지만 특정 편향성을 지니고 있어 이것이 작용하는 것을 예측할

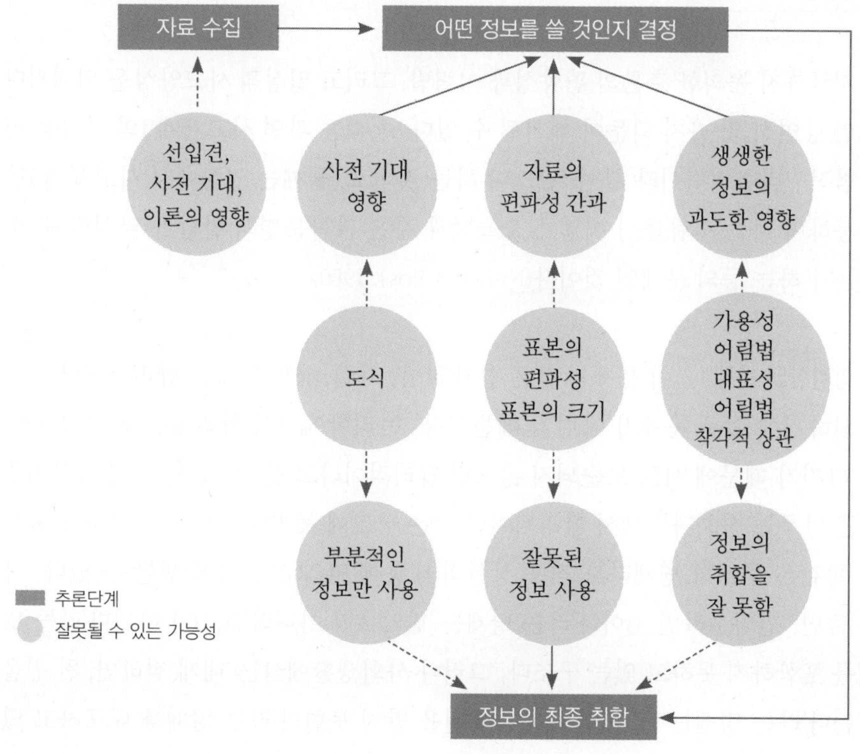


**[그림 4-17] 사회적 추론과정**

출처: Sears et al. (1991), p. 781.

**표 4-4** 판단 시 작용하는 두 가지 사고체계의 특징

| 체계 I (직감적) | 체계 II (논리적) |
|---|---|
| 빠름 | 느림 |
| 자동적 | 통제됨 |
| 노력이 불필요 | 노력이 필요 |
| 연상적 | 규칙지배적 |
| 배우기 더딤 | 융통성 높음 |
| 정서가 실림 | 중립적 |

출처: Kahneman (2012).

수 있다. 앞에서 다룬 가용성 및 대표성 어림법 등의 사용이 이를 잘 보여 준다. 사고체계 II는 논리적 사고라고 요약될 수 있다. 사람들은 일상에서 사고체계 I에 의존하여 판단하며 살고, 필요한 경우에만 사고체계 II를 가동시키며 살아간다.

## 일상적 추론(체계 I)의 놀랄 만한 적응력

지금까지 논의한 추론의 편향성과 어림법, 그리고 일상적 사고양상을 되새기다 보면 당연히 몇 가지 의문이 제기될 수 있다. 첫째는 과연 사고체계 I의 특징을 비규범적 · 비합리적이라 할 수 있느냐 하는 것이고, 둘째는 일상에서 사고체계 I을 가동하며 사는 사람들이 어떻게 오늘날과 같은 과학문명의 발달을 달성할 수 있었는가 하는 등의 문제일 것이다(Nisbett & Ross, 1980).

**합리성의 문제** 이 문제의 답은 쉽지 않다. 사실, 규범적 또는 합리적이란 것이 정의하기에 쉬운 문제가 아니기 때문이다. 논리학에서의 합리성은 논리의 구조를 따지기 때문에 서로 모순되지 않으면 합리적이라고 볼 수 있다. 그러나 사회현실을 다루는 사회과학에서 합리적이란 것은 구조에 못지않게 내용이 문제가 되므로 똑같은 구조의 명제라도 적용 상황의 내용에 따라 모순이 발생할 수 있다. 예를 들면, '만약 A라면, B이다'라는 명제는 '만약 A가 아니라면, B가 아니다'라는 명제를 포함하지 못하고 있는 구조다. 그러나 사회생활에서는 '내게 절하면, 천 원을 받는다'라는 명제는 '절을 안 하면, 천 원을 받지 못한다'라는 명제를 내포하고 있다. 즉, 이행성 법칙(transivity law)이 위배되는데, 이는 내용이 구조를 가리기 때문에 발생할 수 있다(Einhorn & Hogarth, 1981).

또한 합리성의 판단 기준이 무엇이 되어야 하는가도 어려운 문제다. 목적이 주어졌을 때 그 목적을 달성하기 위한 행동의 과정이 합리적인가—즉, 목적을 달성하기에 적합한가—를 문제 삼자는 주장이 있는가 하면, 목표 그 자체에 의해서 판단되어야 한다는 주장이 있다. 이를테면, 채권자를 죽이려는 목적에서 주도면밀하게 완전범죄를 계획한다면 계획이 합리적으로 잘 되었는가를 따질 것이냐, 아니면 살인 행위 자체를 불합리한 것으로 볼 것이냐가 논란의 문제가 된다. 이 같은 논의는 사회생활에서의 합리성의 판단은 절대적인 것이 아니라 도구적인 합리성과 목표 설정의 합리성을 모두 고려해서 판단해야 하며 과제를 행위자가 어떻게 보느냐가 중요하게 고려되어야 함을 의미한다(Einhorn & Hogarth, 1981).

사회생활에서 접하는 정보들이 논리학에서의 정보들과 달리 불확실하고, 편향적이며, 불완전하므로 규범적 모형의 적용은 애초부터 어려울 수 있다. 또한 논리학에서의 합리성이란 판단을 위한 비용이 고려되지 않고 있다. 정보들을 합리적으로 처리하기 위해서는 많은 시간과 자원을 요하는데 일상의 판단은 주어진 정보, 시간 등 자원이 제한된 상태에서 이루어질 수밖에 없는 제한된 합리성(Simon, 1972)을 지닌다. 아울러, 사회적 판단과제가 그렇게 결정적이거나 돌이킬 수 없는 것이기보다는 판단 후 수정이 가능하기 때문에 결정을 내리기 전에 규범적 모형이 요구하는 대로 철저하게 정보를 수집하고, 어렵게 합리적인 판단을 할 필요가 없는 경우도 많이 있다. 즉, 테니스장에 나가서 새로운 사람을 알게 되었는데 좋은 사람이라는 판단을 내렸다고 하자. 몇 번 더 만나면서 그에 대한 여러 면모를 접하게 됨에 따라 그 판단이 바뀔 수 있다. 처음에 내린 판단이 잘못된 것이었다고 했을 때 따르는 손실은 별로 크지 않을 수 있다.

사이먼(Herbert Simon, 1916~2001)
미국에서 태어나 시카고 대학교에서 행정학으로 박사학위를 취득(1943)하였으며 카네기멜론 대학교에서 심리학과 인공지능학 및 경제학과 교수로 재직하였다. 불확실한 상황에서 합리적 의사결정은 제한된 합리성으로 정의되어야 하며, 인간은 최대의 행복을 추구하는 최선책을 추구하기보다는 충분히 행복하게 만드는 적당한 방안을 추구한다는 satisficing(satisfy와 sacrifice의 합성어)의 개념을 제시하며, 오늘날의 행동경제학의 형성에 큰 영향을 미쳤고, 인공지능학의 대부로도 여겨진다. 1978년 노벨경제학상을 수상한 첫 심리학자가 되었다.

마지막으로, 합리적 모형(체계 II)은 그 주안점을 판단의 정확성에 두고 있는 데 비해 체계 I은 효율성에 두고 있다는 점이 있다. 자동차 운전을 하면서 거리의 온갖 정보를 논리적으로 분석하여 가속기나 감속기를 밟는 동작을 결정해야 한다면 운전이 불가능할 것이다. 오히려, 보행자 도식, 운전자 도식, 거리의 신호도식 등에 의존하여 판단상황을 최소화시킴으로써 가끔씩 돌발적인 사고를 경험하기도 하지만 수많은 차들이 메우고 있는 거리를 매일 운전하며 다니는 것이 가능하다.

**과학문명의 전개 문제** 체계 I의 사고를 하면서 어떻게 사람들이 오늘날과 같은 과학문명의 꽃을 피워 낼 수 있었는가? 문명의 발달에 획을 긋는 학문적 발견이나 발명은 그 발단이 어떠했든 간에 그 과정 자체가 직감적인 추론과정에 근거한 것은 아니었다. 과학자들과 철학자들은 논리와 합리성의 추구에 대한 훈련을 받은 사람들이며 이들도 일상의 판단에서는 체계 I에 의존한 오류나 편향성을 보이지만 학문적 과제는 체계 II에 의해 추구하도록 훈련받았고, 다른 사람들에 의해서 오류가 수정되는 절차가 있다. 학술지의 심사제도, 선도적인 발견에 대하여 후속되는 연구 및 재검연구들이 그런 역할을 한다.

사람들이 비규범적이며 직감적인 추론을 하는 경우에 그 답은 보다 규범적인 방법을 사용해서 얻어지는 것과 유사할 수도 있다. 이를테면, 탁월한 성적을 보인 선수가 교만해질까 봐 칭찬을 아끼는 감독은 실제로 평균으로 회귀 현상을 이해해서 칭찬을 덜 해 주는 경우와 같은 행동을 보이는 것이다. 경우에 따라서는 과장된 인식이 오히려 좋을 수도 있다. 이를테면, 타석에 나서는 타수가 자기의 타율이 2할이 못된다는 것을 알고 나서는 것이 바람직하다고 할 수는 없다. 과학자들이 자기 분야에서 탁월해지는 사람은 1,000명 중 하나라는 것을 알고 연구를 하였다면 아마도 과학의 진보는 더욱 더디었을지 모른다. 또한 체계 II와 비교했을 때 체계 I의 사용이 치르는 대가가 사소한 경우가 많기 때문에 체계 I의 습관적인 사용이 주는 장기간에 걸친 이익은 그 사용이 주는 손실을 충분히 보상할 수도 있다 (Nisbett & Ross, 1980).

**평균으로 회귀**
극단적인 사례나 점수는 전체의 평균치로 돌아가는 경향이 있음을 지칭하는 현상. 매우 큰 키의 부모에게서 나온 아이는 부모만큼 키가 크지 않을 가능성이 높다.

**진화심리학**
어느 사회에서건 관찰되는 보편적인 인간의 행동양상과 심리특성은 자연선택의 진화원리에 따라서 환경에 적응하면서 갖추게 된 것이라는 관점이다. 인간과 동물의 행동이 빈 서판에서 출발하여 학습된 것이라는 행동주의, 환경론적 견해와는 대립하는 시각으로 1990년대 부상한 영역이다. 사회심리학에서 서로 무관하게 다루어지던 여러 현상들을 통합적으로 이해하는 관점을 제공하는 측면 때문에 사회심리학자들도 이 관점을 취한 연구에 관여하고 있다. 예를 들어, 배우자 선택의 남녀취향, 질투의 대상, 성행위의 차이와 같이 관련되어 있는 현상들은 물론, 이타적 행위, 살인의 분석, 협동 행위의 분석에 진화심리학의 시각이 공통적으로 적용될 수 있다. 이 분야의 발전을 흥미롭게 맛볼 수 있는 대중서가 많이 나와 있으며, 대표적인 저술로 번역된 것은 텍사스 대학교의 D. Buss가 쓴 『욕망의 진화』 『이웃집 살인자』 『마음의 기원: 진화심리학』을 들 수 있다(본서 13장 참조).

**사고체계 I의 진화** 이같이 체계 I의 사용이 일상의 사고양상이라는 사실에 주목하여 진화심리학적 조명이 활발히 이루어지고 있다(Buss, 1999; Gigerenzer, 2007). 체계 I의 사고는 인지능력의 한계상, 생존에 중요한 것에 주목하고, 그렇지 않은 것은 무시하면서 생활하게 된 인류의 적응적 진화의 결과라고 보는 것이다. 사람들이 겪고 학습한 모든 것을 기억하고(곁글 4-15), 기억한 것을 합리적으로 계산하여 최선의 판단을 하며 살기에는 환경과 상황이 너무 각박할 수 있다. 생존의 가능성을 높여 주는 방향으로 우리의 지각체계는 진화된 탓에 우리에게 익숙한 착시현상을 볼 수 있으며, 말로는 설명할 수 없는 직감 혹은 육감을 갖고 생활한다. 즉, 직감과 어림법으로 특징지을 수 있는 체계 I 사고는 인류가 생활해 온 환경적 구조와 두뇌의 진화된 능력의 결과라는 것이다(Gigerenza, 2007, p. 69). 한 연구는 사람들이 사회에서 접하는 사건들의 통계와 확률이 진화의 역사에서는 매우 새로운 정보들이기에 사람들이 이를 활용하는 체계 II(형식논리, 수학논리)에 매우 서툴 것이라는 가설을 갖고, 같은 문제를 확률로 제시한 경우와 빈도로 제시한 경우에 정답률을 비교하였다(〈표 4-5〉). 빈도로 제시한 경우에 훨씬 높은 비율의 정확한 반응을 얻었다(Cosmides & Tooby, 1997: Buss, 1999에서 인용).

**표 4-5 문제의 제시 형태에 따른 정답률의 차이**

| 확률문제: 발병률이 1/1000인 질병에 대한 진단검사를 하면 해당 질병이 없는 사람도 5% 양성으로 나타난다. 질병에 걸린 사람은 그 검사에서 100% 양성으로 나타난다. 갑에 대하여 아는 바가 전혀 없을 때 갑의 검사결과가 양성으로 나타났다면, 갑이 그 질병에 감염되었을 가능성은 얼마인가? | 빈도문제: 1,000명에 1명꼴로 발생하는 질병이 있다. 질병에 걸린 사람은 그 검사에서 누구나 양성으로 나타나지만, 안 걸린 사람도 1,000명에 50명꼴로는 양성반응이 나타난다. 1,000명의 무작위로 뽑은 사람들 집단에서 그 검사에 양성반응을 보인 사람들이 질병에 감염되어 있을 사람의 수는 몇 명인가? | 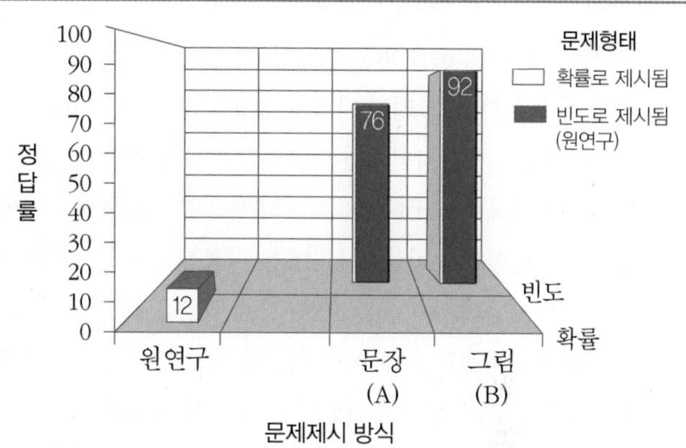 <br>**[그림 4-18] 문제제시 형태(확률/빈도/숫자/문장/그림)에 따라 차이 나는 정답률**<br>숫자 · 확률 형태에서 정답률이 가장 낮고, 확률을 빈도로 바꾸어 문장으로 제시한 경우(A)와 그림으로 제시한 경우(B), B에서 가장 정답률이 높았다(Cosmides & Tooby, 1996). |
|---|---|---|
| 12%의 하버드 의대 전문가들이 정답 맞힘 | 76%의 스탠포드 대학생들이 정답 맞힘 | 정답은 2% |

생존 혹은 승패 여부가 달려 있는 긴박한 상황에서는 직감에 의존하지 않는 체계 II의 합리적 사고가 개입하면 오히려 방해가 될 수 있다. 이를 보여 준 한 연구(Beilock et al., 2004)에서, 프로골퍼와 초보골퍼를 대상으로 퍼팅하는 시간을 3초 이내 혹은 원하는 만큼 사용하도록 하였다. 초보자는 시간이 촉박할 때 성공률이 낮았지만, 프로골퍼의 경우에는 반대로 시간이 많을 경우에 성공률이 낮았다. 골프 스윙에 신경을 집중하는 조건과 주위를 분산시키는 산만한 조건에서 스윙을 하도록 하였을 때, 프로골퍼의 경우에 산만한 조건에서, 초보자의 경우에 집중하는 조건에서 스윙이 잘 되었다. 이런 결과는 숙련된 활동은 무의식 수준에서 자동적으로 이루어지며, 이를 의식수준에서 수행하면 오히려 나쁠 수 있다는 것이다.

이러한 논리가 직감적 추론(체계 I)이 지닌 현실 적응력을 옹호하지만, 부적절한 상황에서 나타나는 직감적 추론이 잘못될 가능성을 이해하고, 판단상황에서 이들이 작용하지 않도록 하거나, 체계 II의 방식을 보다 능숙하게 활용할 수 있도록 하는 것이 바람직하다. 체계 II의 방식은 다양한 해결책의 가능성을 제시해 주는 이점을 지니고 있기 때문이다(Mata et al., 2013).

**결글 4-15** 망각을 못하는 남자: 축복인가 저주인가

사람들은 망각의 동물이다. 중요한 일이나 약속을 망각하는 일이 없도록 메모를 하지만 때로는 그 메모장을 못 찾아 실수를 한다. 그래서 기억을 돕기 위한 기억술이나 도구들이 연구되고 있다. 아주 희귀한 사례지만 러시아의 세레세프스키는 자신에게 벌어진 일을 모두 세밀하게 기억하고, 망각을 하지 못했다. 인지신경심리학 분야를 개척한 러시아의 Luria(1968)는 그의 사례연구를 통해서 기억의 중요한 특성을 밝히고 있다. 보통 사람들이 단어와 숫자로 구성된 문장을 제시하고 외우도록 하면 5~9개를 암기해 내지만, 세레세프스키는 30, 50, 70개의 단어와 숫자를 기억해 내며, 루리아와 처음 만났을 때 받은 질문들을 10여 년이 지나서도 그대로 기억해 냈다. 이렇게 기억력이 특출한 그는 어린 시절에 겪은 안 좋은 일을 회상할 때마다 극심한 불안과 분노를 보였다. 그는 "사람의 얼굴은 계속 변하게 마련이다. 얼굴의 미묘한 차이가 나를 혼란스럽게 해서 얼굴을 기억하는 데 애를 먹는다"라고 말했다. 그는 이야기를 읽으면서 단어 하나하나를 정확히 암기할 수 있지만 읽은 이야기를 요약하는 것을 힘들어했으며, 은유나 시, 동의어, 동음이의어 같은 것들을 이해하지 못했다. 보통 사람들이 망각하는 세밀한 정보로 머리를 가득 채우는 탓에 요점, 의미의 파악, 추상화를 어려워했다. 완벽한 기억이 필요한 사회는 불확실성이 없어 융통성이 없는 사회일 것이다(Gigerenza, 2007). 그러나 불확실성이 크며, 세밀한 것들을 추상화하는 능력과 적용이 필요한 사회생활에서 망각은 장애가 아니라 축복일 가능성이 크다.

## 추론능력의 향상: 체계 I의 오류 줄이기

『뉴욕 타임스』는 고등학교에서 라틴어와 그리스어를 배운 학생들의 어학 수능고사 점수가 높게 나오자, 모든 고등학교에서 학생들의 지능향상을 위해서 라틴어와 그리스어를 가르쳐야 한다고 하였다(Lehman et al., 1988에서 인용). 논리학과 미적분의 고등수학을 배우면 사람들이 생활에서 봉착하는 여러 가지 판단과제를 수행하는 데 도움이 될 수 있을까?

WASON 과제

| A | B |
|---|---|
| 4 | 7 |

〈답은 뒷면에〉

사람들은 논리학이 제시하는 추상적인 문제에 대한 답을 어려워하지만, 그 문제가 일상의 맥락에서 나타나면 손쉽게 해결한다(Cosmides & Tooby, 1997). 예를 들어, 앞면에 알파벳이, 뒷면에 숫자가 쓰인 카드 4장이 왼쪽처럼 놓여 있다고 하자. '앞면에 모음이 있으면 뒷면에 홀수가 쓰여 있다'는 법칙을 확인하기 위하여 '두 개의 카드를 들춘다면 어느 것을 들출 것인가?' 이 문제는 사람들이 어려워하지만, '액면가 10만 원이 넘는 수표에는 뒷면에 서명이 되어 있다'는 규칙을 확인하는 경우에 사람들은 10만 원 이상짜리 수표를 점검하는 것을 당연하게 여긴다. 두 문제는 형식논리상으로는 똑같은 구조의 문제이지만, 사람들이 이러한 차이를 보이는 이유는 사람들이 논리적으로 문제를 접근하는 것이 아니라, 실용적인 추론

도식을 써서 접근하기 때문이다(Nisbett & Ross, 1980). 미시간 대학교(연구 1과 2)와 UCLA(연구 3)의 대학원에 다니는 의대생, 심리학과생, 법대생 등을 대상으로 생활에서 접할 수 있는 문제들을 제시하고 답을 받아 전공별로 비교하고, 2년 후에 유사한 과제(예: 메이저리그 시작 2주가 지나서 타자의 타율이 보도되었는데, 가장 잘 치는 사람은 4할 5푼 대로 나왔다. 메이저리그 사상 그 누구도 4할 5푼의 타율을 넘지 못하였다. 이 현상을 설명해 보라.)를 제시한 연구(Lehman et al., 1988)는 흥미로운 결과를 보여 준다. 확률과 통계를 중시하는 의학과 심리학(특히 사회과학 분야) 전공생들의 성적이 2년 동안 눈에 띄게 증가한 반면, 화학, 법학 전공생 및 자연과학적 심리학 분야의 경우에 2년 사이에 별 변화가 없는 것으로 나타났다. 이러한 차이는 확률적 사고가 그 분야에서 얼마나 필요하며 관련된 교과목을 듣느냐 하는 것이 추론의 능력 향상에 도움이 됨을 보인 것이다. 실제로 형식논리학을 배우더라도 실생활에서 통계적 사고를 하는 능력이 향상된다는 증거는 적다. 인간의 추론능력 향상을 위한 교육의 효과가 가능하지만, 그 접근은 형식논리적으로 할 것이 아니라 생활에서 활용되는 도식이나 빈도(확률이 아닌, Sedlmeier & Gigerenzer, 2001)를 위주로 해야 할 필요성을 제시하고 있다.

**WASON 과제의 답**
정답은 A와 7이다. 많은 사람들은 A와 4를 답이라 여긴다. 그러나 4의 뒷면에 자음이 나온다고 해서 법칙인 '앞면에 모음이 있으면 뒷면에 짝수가 쓰여 있다.'를 위배한 것은 아니다(Wason & Johnson-Laird, 1972).

**곁글 4-16 빠르고 간단한 어림법-심장질환의 예측력 향상**

마라톤 돌연사는 대부분 순환기 계통의 문제이며, 이런 급성질환의 치료는 분초를 다투는 일이다. 한국인의 사망원인 3위는 심장질환으로 나타나고 있으며, 전 세계적으로도 심장질환은 주요 사망원인이다. 심장부위의 통증으로 병원에 오는 사람들을 접하는 미국 의사들은 환자의 90%를 집중치료실로 보낸다. 일반병실로 보냈다가 죽는 경우에 의료사고로 고소당할 가능성 때문이다. 그러나 집중치료실 입원은 다른 병원균의 감염 가능성을 높이며 해마다 미국에서 병원감염으로 죽는 사람이 2만 명이 넘는 것으로 알려졌다(Gigerenzer, 2007, p. 213에서 인용). 문제를 해결하기 위해 연구팀은 진단에 영향을 주는 요인 50가지를 파악하여 심장질환 진단 표를 만들었다. 이 표를 갖고 각 환자의 병력과 증상 상태를 파악하여 수식에 대입하여 계산한 결과로 집중치료실 입실 여부를 판단하는 것이다. 이

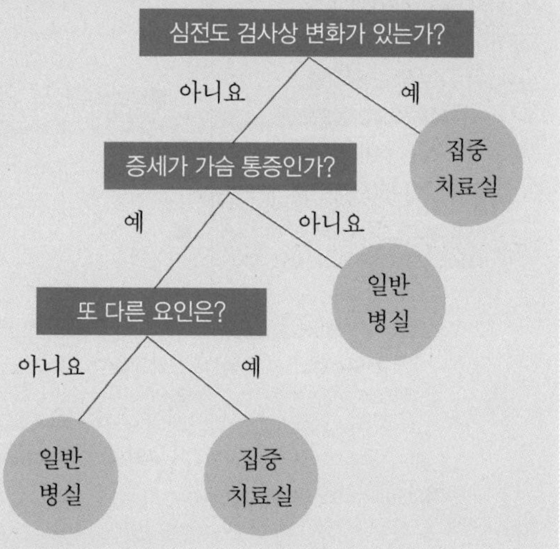


**[그림 4-19] 집중치료실 배정을 위한 빠르고 간단한 의사결정 나무 방식**
출처: Green & Mehr (1997).

방식을 이용해 보니 진단의 정확성이 크게 향상되었다. 그러나 실제 임상현장에서 의사들은 이 표를 거의 사용하지 않았다. 의사들은 진단표를 사용하기에는 수식을 이해하지도 못했고, 대입하고, 계산하는 것도 서툴렀기에 자신의 직감에 많이 의존하지만 이를 드러내지 않을 뿐이었다. 연구자(Green & Mehr, 1997)는 의사들의 직감을 이용하여 [그림 4-20]에서 볼 수 있듯이 세 가지 내용을 순차적으로 파악하여 집중치료실 입실 여부를 진단하는 빠르고 간단한 결정공식을 만들었다.

이 방식을 이용하여 미시간 주의 병원에서 그 정확도를 파악하여 다른 방식과 비교한 결과가 [그림 4-20]에 나와 있다. Y축은 정확한 진단을 한 비율이고, X축은 오진할 비율이다. 대각선에서 좌삼각 영역에 표시되면 확률보다 높은 성과를 의미한다. 이 공식이 나오기 전에 의사들은 90%의 환자를 집중치료실로 보냈다. 심장질환 진단표의 성과는 사각형으로 표시되었으며, 여러 개의 사각형이 나타나는 이유는 표를 이용하면서도 다른 여러 가지 방책이 사용되었기 때문이다. 그럼에도 표를 사용하면 성과는 높은 것으로 나타났다. 가장 좋은 성과는 빠르고 간단한 어림법으로 나타났다(Gigerenzer, 2007, pp. 212-223). 진단표를 이용한 방식이 의사들에게 제대로 쓰인다면 성과는 더 좋아질 가능성이 있다. 그러나 불확실한 상황에서 수많은 정보를 구하고 이를 오류 없이 이용하여 계산을 뽑아내는 것은 인간의 사고와는 거리가 멀다. 직감에 부합하는 간단한 규칙으로도 체계2 사고에 버금가는 성과를 거둘 수 있다는 것은 매우 의미 있는 발견이다.

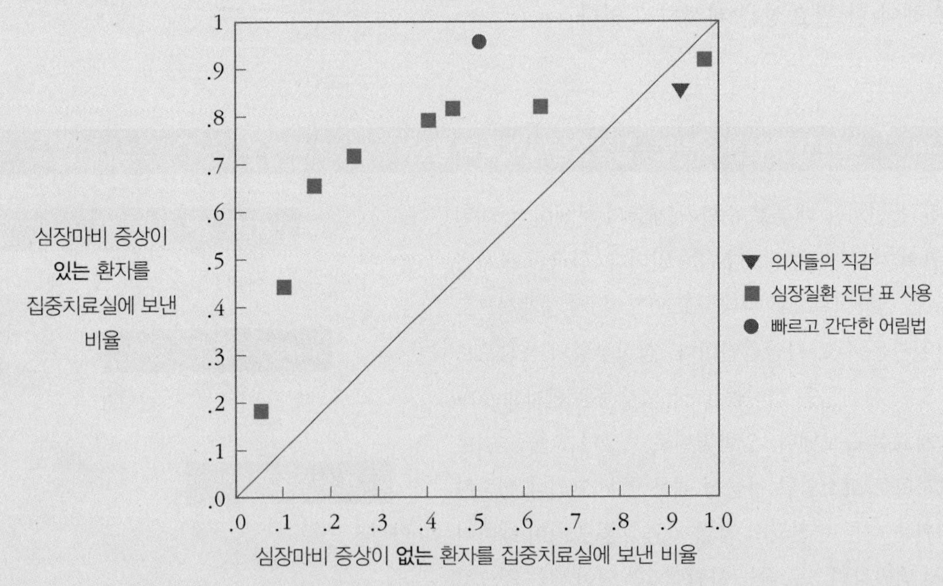


**[그림 4-20] 심장질환을 가장 잘 예측한 방법은?**

출처: Gigerenze (2007), p. 219.

**두 사고체계의 균형 잡기** 사실, 많은 경우에 우리의 직감은 논리적 사고와 일치하기도 한다. 세 개의 단어로 이루어진 묶음의 단어들이 서로 공통된 점을 지니고 있는지를 판단하는 과제에서 사람들은 공통점을 지닌 묶음을 보았을 때 논리적 분석을 하기 전에 이미 무의식적으로 이를 파악하고 긍정적인 정서를 보이는 것으로 나타났다(Topolinski & Strack, 2009). 즉, 우리의 무의식은 정보들이 논리적으로 부합하는 상황에서 이를 직감적으로 알아채고, 긍정적인 정서를 촉발시키고, 사람들은 이런 정서에 맞추어 상황분석을 하는 경우가 많다(Winkielman et al., 2007). 사람들은 생활에서 접하는 수많은 정보를 처리하도록 무의식 수준에서 자기도 모르게 머리가 돌아간다(Diekelmann & Born, 2010). 이런 과정에서 우리들의 직감적 사고들의 내용이 갖추어지므로, 직감적 사고가 현실적 실용성을 갖추는 것이다.

이런 실용성에도 불구하고, 직감적 사고(체계 I)에 의한 판단이 오류를 저지를 가능성이 있다. 이런 상황 특성을 파악하고 경계하며, 체계 II의 사고를 적용시키려는 의식적인 노력이 필요하다. 대표성 어림법이 사용되기 쉽고, 잘못된 사용을 경계하기 위하여 다음을 유념하는 것이 좋다. ① 매우 구체적인 상황 각본에 현혹되지 말자—구체적인 상황 각본이 지닌 사실성이 그 상황을 대표하는 것처럼 느끼게 하지만 그러한 상황의 발생 가능성을 낮추기 때문이다. ② 사건의 발생가능성 혹은 확률이 매우 낮거나 아주 높은 경우라면 기저율을 생각해 보자. 또한 통제력의 착각에 의한 실수를 방지하기 위하여, ① 우연적인 사건이 서로 상쇄적으로 발생하지 않는다—매 시행의 결과가 독립적이라면(아이의 성별, 복권 등) 이전의 사건은 차후의 사건 발생과 전혀 무관하다. 지금까지 운이 나빴으니 운이 좋아질 가능성이 크겠지 하면 오산이다. ② 평균으로 회귀 가능성을 염두에 두자.

한편, 체계 II의 합리적인 방식에 의존하는 것이 늘 바람직한 결과를 가져오는 것도 아니다. 한 연구(Wilson & Schooler, 1991)는 논리적 사고의 맹점을 잘 보여 주고 있다. 대학생들에게 여러 회사의 딸기잼을 맛보게 하고서 평가를 하게 하였다. 한 조건에서는 맛보고 바로 평가를 하게 하였고(직감 조건), 다른 조건에서는 맛을 보고서 자기의 느낌을 분석하도록 하고 이를 바탕으로 평가를 하도록 하였다(논리 조건). 이 두 조건의 평가결과를 전문가들의 평가와 비교한 결과, 직감 조건의 평가가 전문가 평가와 보다 유사한 것으로 나타났다. 그 이유는 무엇일까? 자기의 느낌을 분석하는 경우에 사람들은 가장 분석하기 쉬운 느낌과 말로 표현하기 쉬운 요소를 잡게 된다. 그런데 이 가용성이 높은 요소가 과연 맛의 결정에서 가장 중요한 요소인가? 그렇지 않을 경우에 이 분석에 의존한 평가는 오히려 평가를 망칠 수 있는 것이다. 또 다른 연구는 언어적 분석이 직감이나 통찰을 요구하는 과제의 수행을 방해할 수 있음을 보인다(Schooler et al., 1993). 때로는 신중한 논리적 판단이 오히려 혼란을 초래하고, 부정확한 평가를 초래할 수 있음을 기억할 필요가 있다.

그렇다면 언제 직감적 사고에 맡기는 것이 좋을까? 첫째, 문제상황에 작용하는 복잡한 정보들 중에서 판단의 준거로 먼저 부각되는 것이 있는 경우다. 특히 설명하기는 어렵지만 어떤 감이 느껴지거나 재인 어림법을 사용할 수 있는 경우들이다. 둘째, 문제에 대한 기본 규칙이 정의되어 있는 경우다. 비록 왜 그 규칙인지를 충분히 설명하지 못하는 경우라도 그 규칙의 논리성을 따지기보다는 규칙을 수용하는 것이 좋다. 셋째, 행동을 유발하기에 충분한 정서와 동기가 수반되는 경우다. 자신의 선호가 분명히 느껴진다면 왜냐고 설명하기보다는 직감에 의한 판단을 해 보는 것도 진화과정의 지혜를 이용하는 것일 수 있다(Gigerenzer, 2007).

**요약**

1. Kahneman 교수는 일상의 판단을 하는 사고유형을 체계 I과 체계 II로 정리한다. 체계 I은 자동적이며, 빠르고, 노력이 필요 없는, 연상의 원리를 따르는 사고양상으로 직감적 사고라고 요약할 수 있으며, 체계 II는 의도적으로 통제되며, 느리고, 융통성이 크며, 법칙을 따르는 합리적 사고다. 사람들은 일상에서 체계 I을 구동시키며 판단을 하고, 선별적인 경우에만 체계 II의 양상을 작동시킨다.
2. 어림법과 직감적 사고가 비합리적이라고 해도 많이 쓰이는 것은 그들이 지닌 적응력이 있기 때문이다. 생활에서의 합리성은 순수 합리성과는 다른 차원을 지니고 있다. 판단의 구조보다 내용이 중요하게 작용하며, 도구적인 합리성과 목표설정의 합리성을 모두 포함하므로, 판단자의 과제 인식이 합리성 판단에 중요하다.
3. 일상생활에서 어림법 등을 이용한 사고가 유용하기는 하여도 과학의 발전은 순수논리적 사고에 의해서 가능하며, 집합적인 활동으로 합리적 사고를 권장하여 주는 사회체제를 갖추고 있어 개인들의 어림법과 직감적 사고에 의한 폐단이 작용하는 것을 막는다.
4. 추론능력의 향상을 위해서 논리적 사고의 훈련을 공식적으로 받는 것이 별 도움이 안 될 수 있다. 실용도식을 위주로, 즉 사람들의 일상적 판단이 이루어지는 틀 속에서 접근하는 것이 중요하다.

# 태도와 태도변화

태도는 사회심리학에서 일찍부터 중요한 관심 주제로 다루어져 왔다. 그 이유는 태도가 행동에 영향을 미치는 중요한 심리적 변수이며 행동을 예측하거나 변화시키려고 할 때 가장 많이 거론되는 것이기 때문이다. 예를 들어, 당신이 사귀는 이성 친구와 결혼하려고 부모의 허락을 얻으려 할 때 이성 친구에 대한 부모의 태도를 호의적인 것으로 만들려고 노력할 것이다. 상품개발을 하는 사람들은 신상품이 소비자들에게 호의적인 태도를 불러일으키도록 디자인에 많은 신경을 쓴다. 태도는 어떻게 형성되며 행동과는 어떠한 관련성이 있는지, 그리고 어떻게 변화되는지에 대하여 이 장에서 살펴보자(곁글 5-1).

**곁글 5-1** 가치, 태도와 행동

사람들이 다양한 삶의 장면에서 매번 득실을 저울질하며 살아가는 것만은 아니다. 자신이 중요하게 여기는 가치와 철학이 있기 때문이다. 가치는 무형의 추상적인 덕목(자유, 민주, 평등, 자율 등등)에 대하여 자신이 옹호하거나, 믿거나, 혹은 배척하는 것으로 삶의 과정에서 선택과 판단의 지침을 제공하는 기능을 한다. 세상에는 다양한 가치들이 있다. 오랫동안 사람들이 지닌 가치의 체계를 연구한 이스라엘의 Schwartz(1992)는 20개국의 초중등 교사를 대상으로 56가지의 다양한 가치를 제시하고 각 가치를 자신의 삶에서 얼마나 중요한 지침으로 여기는지를 물어 분석하였다. 그는 이 56개 가치들을 10개의 범주로 묶고, 이들 범주 간의 유사성을 분석하여 가치의 구조와 체계를 설명한 **가치바퀴론**을 제시하였다. [그림 5-1]에서 보듯이 서로 인접한 가치는 유사성이 높은 것이어서 한 사람이 인접하는 가치들을 같이 포용할 수 있으나, 서로 마주 보고 있는 가치는 반대적인 것이어서 같이 포용하기는 어렵다. 예를 들어, 자기주도성(스스로의 자율적 결정을 중시)은 보편주의(모든 이의 인권과 자연의 보존을 중시) 및 자극추구(흥미와 도전추구)와 인접해 있어 같이 포용될 수 있지만, 반대편에 있는 안전, 권력(지위추구), 동조(규범준수)와는 대조적 가치로 같이 가기는 어렵다. Schwartz는 이런 가치구조가 모든 나라에서 공통적으로 나타나기 때문에 보편성을 지닌 가치체계라고 주장한다. 이들 10개의 가치 범주는 두 개의 축을 이용하여 네 개의 가치군으로 구분할 수 있다. 한 축은 자기만족–자기초월이며, 다른 축은 보수(전통유지)–개방(변화 수용)이다.

비록 이런 가치구조가 많은 나라들에서 공통적으로 나타난다고 해서 모든 나라들이 똑같은 가치구조와 중요성을 지니고 있다고 볼 수는 없다. 문화권마다 각 가치의 의미와 근거가 다를 수 있기 때문이다(김연신, 최한나, 2009; 김철민, 1999; 조남국, 1994). 예를 든다면, 남을 돕는 행위는 집단주의 문화권에서는 사회적 책임 및 전통에 터하지만, 개인주의 문화권에서는 자신의 자유 및 선택에 터하는 것을 들 수 있다.

가치는 추상적이고 일반적이어서 구체적인 행동이나 태도와는 괴리가 있겠지만 행동에 대한 포괄적인 지침을 제공하므로 가치에 바탕한 행동의 경향성을 예측할 수도 있다. 가치연구의 선구자였던 Rokeach(1968)는 평등 가치를 중요하게 여기는 백인 대학생들이 (그렇지 않은 백인보다) 흑인과 대화할 때 눈을 자주 마주쳤으며, 소수자 권리를 촉구하는 시민운동에 자주 참여하는 것을 발견하여, 가치와 사회적 행동의 관련성을 보였다. 보다 최근에 한 연구는 권력(타인 지배)에 대한 가치를 낮게 두는 사람들은 똑같은 맛의 소시지라고 해도 콩고기로 만든 소시지를 고기로 만든 소시지보다 맛있다고 여기는 양상을 보였다. 그러나 쾌락에 대한 가치를 높게 두는 사람들은 같은 맛의 콜라라고 하더라도 잘 알려진 상표의 것을 더 선호하는 양상을 보였다([그림 5–2]; Allen et al., 2008). 이런 양상은 자신이 지닌 가치와 부합하는 음식을 사람들은 선호하는 것을 보이지만 사람들이 이런 가치의 영향력을 늘 인식하는 것은 아니다.

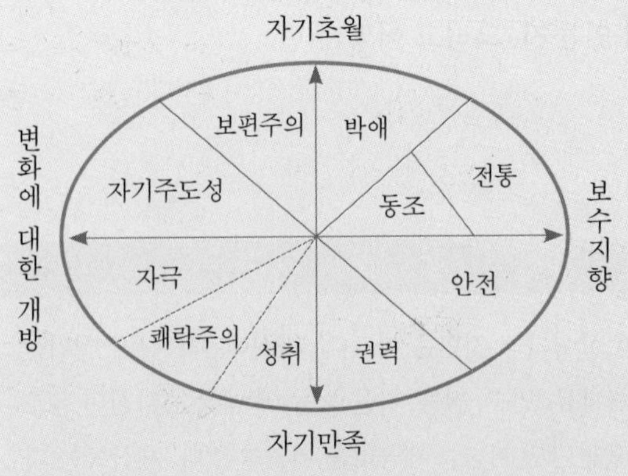


[그림 5–1] Schwartz의 이론에서 제시된 가치영역의 구조

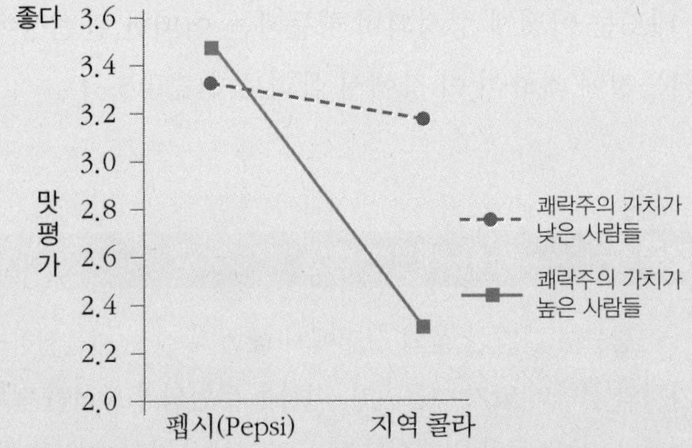


[그림 5–2] 쾌락가치 추구 경향에 따른 콜라 맛의 평가 차이

출처: Allen et al. (2008).

## 태도란 무엇인가

태도는 사람들이 대상에 대하여 지니고 있는 마음의 자세라고 볼 수 있다. 태도의 정의로서 사회심리학에서 가장 널리 수용되는 정의는 『사회심리학 편람』 초판(Murchison 편, 1935)에 G. Allport가 제시한 정의다. 그에 따르면 "태도란 태도 대상과 상황에 관련된 소지자의 반응에 직접적이거나 역동적인 영향력을 주는 심적이고 생리적인 준비상태로서 경험을 통해 형성된 것이다."(p. 810)

고대 그리스 시대부터 인간의 마음을 지(知)ㆍ정(情)ㆍ의(意)의 3요소로 분석해 오던 전통에 맞추어, 태도는 인지요소, 평가요소, 행동요소의 세 가지로 구성되어 있다고 보는 견해가 지배적이다(Olson & Zanna, 1993).

2015년 말미에 일본군 위안부 문제로 껄끄럽던 한일 외교관계에 변화가 올 만한 사건이 발생했다. 일본 대사관 앞에 설치된 소녀상을 철거하는 조건으로 일본 정부가 위안부 문제를 사과하며 10억 엔을 이들 여성을 위한 기금으로 내놓기로 불가역적인 합의가 양국 외교부 장관 사이에 이루어졌다는 발표가 나왔다. 양국민의 이 협의에 대한 반응에서 일본인은 만족해하지만, 한국인은 잘못된 합의라는 태도가 지배적이라고 보도되고 있다. 이웃해 있으면서 호오의 감정이 복합적으로 뒤섞인 일본에 대한 태도를 예로 들어 태도의 3요소를 검토해 보자.

태도의 가장 중요한 요소는 대상에 대한 평가적 내용이다. 이는 정서(情에 해당)요소로서 대상에 대하여 지닌 좋냐 나쁘냐의 정서적 평가를 말한다. 이것은 태도 대상에 대한 인지요소 각기의 평가([그림 5-3]에 +, -로 표시됨)의 종합적인 면이기도 하다. 평가요소는 단순성을 특징으로 한다. 태도 대상에 대하여 알고 있는 인지적인 측면은 좋은 면과 나쁜 면을 모두 포함하여 복잡할 수 있지만 사람들이 느끼는 호오의 감정은 한마디로 표현될 수 있다. 평가요소는 틀로서 작용하여 태도 대상에 대한 정보의 인식과 해석에 전반적인 영향을 준다. 인지요소가 망각된 후에도 평가요소는 지속되며(Anderson & Hubert, 1963), 행동에 지속적인 영향력을 발휘한다.

서울주재 일본대사관 정문 건너편에 놓인 소녀상

태도의 인지적 요소(知에 해당)는 대상에 대하여 사람들이 갖고 있는 모든 상념과 지식 등을 말한다. 이웃한 나라로 중요한 교역의 상대이고, 역사적 애증이 얽힌 나라인지라, 우리가 일본에 대하여 알고 있는 정보는 많이 있다. 인구, 크기, 지

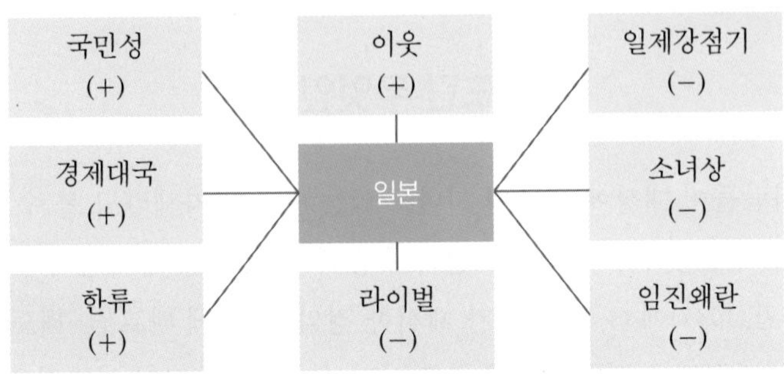


[그림 5-3] **일본에 대한 태도의 요소들**

진과 화산, 임진왜란, 일제강점기, 위안부, 독도, 2002 월드컵 공동개최, 후쿠시마 핵발전소 사건 등등. 태도의 인지요소가 갖는 특징은 그 복잡성과 수시로 변하는 변화성에 있다([그림 5-3]).

마지막으로, 행동요소(意에 해당)는 태도 대상과 관련하여 호의적 또는 혐오적으로 취하는 행동을 말한다. 행동은 보이지 않는 태도를 유추하는 데 중요한 단서다. 잘 모르는 사람이 일제 차를 몰거나, 친일 혹은 반일 시위에 동참하는 등의 행동을 보이면 그가 일본에 대하여 어떤 태도를 지니고 있는지 짐작할 수 있다. 그러나 행동을 결정하는 요인은 여럿이며 태도는 그중의 하나일 뿐이다. 따라서 종종 우리는 태도가 행동에 대한 예측력이 적거나 없음을 경험한다. 반일감정을 지녔다고 해도 일본제품을 구매하거나 일본을 방문하는 사람들이 많이 있다(곁글 5-2). [그림 5-4]에서 보듯이 일본 맥주의 수입은 연도별로 큰 차이를 보인다. 이처럼 태도 대상에 대한 행동은 태도 이외에도 다양한 상황 요인들에 의해 영향을 받는다.

**곁글 5-2** 반일감정 대 혐한감정: 이유의 차이

한국과 일본은 앙숙 관계다. 국가들이 겨루는 경기에서 양국이 붙는 경우는 서로 절대 져서는 안 된다. 지리적으로 가까이 이웃해 있는 탓에 교류가 많았지만 임진왜란 이후 늘 일본은 대륙으로 진출하기 위해 조선(한국)을 병탄하려 했으며, 급기야 1910년에는 대한제국을 강점하여 36년간을 지배했다. 1965년 한일협정으로 국교가 정상화되었으나 협정에서 빠진 종군 위안부, 민간인 피해 배상, 독도 영유권 문제 등이 해결되지 않고 계속 양국의 교류가 정상화되는 길을 막고 있다. 최근의 사건만 해도 2019년 일본이 반도체 부품을 한국에 수출 금지함으로써 국내의 반도체 산업이 어렵게 되어 반일감정이 높아져서 일본 상품에 대한 불매운동이 크게 전개되었다. 윤석열 정부에 들어서 일본과 우호적인 관계를 강화시키는 정책을 전개하여 정부수립 이후 가장 친일적이란 평

가를 받고 있다. 강점기 당시 친일 행태를 보인 사람들이 해방 이후 남한 사회에서 지배계층으로 권력을 행사하고, 당시 반일 독립운동을 한 사람들과 그들의 후손들이 궁핍한 생활을 하면서 현대 한국에서 친일은 청산해야 할 유산이고, 반일은 민족주체성을 위해 지켜야 할 정서로 남아 있다. 한편, 일본 식민지를 겪으면서 한국 사회가 비로소 근대화가 되기 시작했다는 **식민지근대화론**을 주장하는 사람들도 있다(이영훈, 2019). 이들은 친일 정책을 옹호한다. **친일 · 반일감정**은 여러 사안들에 의해서 늘 영향을 받고 관계의 진전에 따라 부침하고 있다.

동아시아연구원이 한일 양국의 시민들 각 천 명을 대상으로 조사한 결과를 보면 2020년 한국인의 일본에 대한 부정적 인식이 80%를 넘는다. 일본인도 한국에 대하여 좋지 않은 감정을 지니고 있어 이를 **혐한감정**이라 한다. 일본의 서점에 가면 혐한도서 코너가 마련되어 이 분야에 많은 도서가 출간되고 있음을 알 수 있다. 동아시안컵 축구대회(한국, 일본, 중국, 북조선)에서 상대국과의 경기 직전과 직후에 양국의 포탈미디어에 팬들이 올린 응원과 비난 관련 글들 1,200개씩을 수집해서 감정의 유형(우호적/적대적)을 점수화하여 분석한 연구(이종길 외, 2019)에서는, 한국인의 글에서 일본과의 경기 전과 후(승리함)에 자국에 대한 우호적 집단 감정(2.24)이 중국이나 북한을 상대로 할 때보다 훨씬 강하게 나타났다. 대 일본전의 경우, 경기의 승패와 관계없이 상대국에 대한 적대적 감정이 중국이나 북한을 상대할 때보다 더 강하게 나타나는 현상이 관찰되었다. 한편, 일본인의 글에서는 적대적 감정이 한국과의 경기에서 패한 경우에 특히 높게 나타났다.

일본인의 54%가 한국에 부정적 인식을 가지며 그 이유로 대부분(73.4%)이 한국인이 지닌 반일감정을 대고 있다(동아시아연구원, 2022). 일본의 혐한 감정은 한국을 대상으로 한 공격적 감정이라기보다는 식민지배를 통한 스스로의 우월감을 확인하고자 하는 자기합리화라는 점을 지니고 있다(Jo, 2016; Park, 2017). '우월한 일본인'을 확인하려는 일본의 경우는 한국의 부상으로 강한 경쟁의식을 지니게 되었고, 한국과의 경기에서 패하는 자국 선수들에게 강한 적대적 감정을 느끼는 것으로 볼 수 있다.

한국인의 반일감정은 일본인들이 보이는 행태(독도 영유권 주장, 위안부 부인, 소녀상 철거 등등)에 대한 분노감이어서 행태에 따라서 부침이 심하다([그림 5-4]). 따라서 일본이 보이는 행태가 변하면 없어질 수 있지만, 일본인이 지닌 혐한감정은 식민지배를 합리화하는 민족적 우월감의 유지를 위한 심리적 문제이기 때문에 없애기가 어렵다. 특히 일본의 우익 정치인들이 이 감정을 이용하여 역사왜곡을 정당화시키며, 일본의 주요 언론매체의 한국 관련 보도에서도 혐한의 국민 정서를 당연한 것으로 여기는 시각이 드러난다(박숙정, 2017). 그렇지만 일본에서도 자신들이 저지른 반인륜적 범죄에 대한 반성을 하는 사람들이 많이 있다. 2002년 일본에 방영된 한국 드라마 〈겨울 소나타〉 이후 일본에 퍼지는 한류의 영향과 양국 간의 교류가 늘어나면서 상대국의 문화를 향유하는 사람들이 늘어 가고 있다. 이 양상은 양국 모두에서 연령대가 젊어질수록 높아, 60대 이상의 한국인에서는 8%이지만, 20대에서는 41% 이상으로 나타나고 있다. 일제강점기가 3~4대 앞선 세대의 사건으로 기억이 희미해지면서 양국 간의 반감도 줄어들 것이지만, 반일감정은 정당한 뿌리가 있다(이인미, 2019).

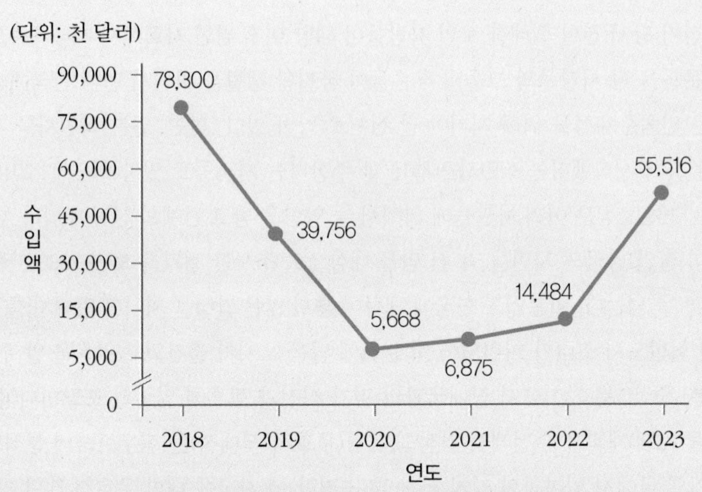


**[그림 5-4] 연도별 일본 맥주 수입액 추이**

2019년 일본 정부가 한국에 대한 반도체 부품 수출규제 조치 이후 일본산 불매운동으로 맥주 수입이 급격히 줄었으나 2022년 윤석열 정부가 일본과 유화정책을 펴면서 증가하기 시작하였고, 중국 맥주 공장에서 방뇨사건이 알려지면서 중국 맥주를 대체해 급격히 증가하였다.

출처: 연합뉴스(2014. 1. 17.).

## 태도의 형성과 측정

당신은 미국에 대하여 어떠한 태도를 지니고 있는가? 왜 그러한 태도를 지니게 되었는가? 1970년대 한국의 대학생들이 미국에 대하여 지니고 있던 태도가 매우 호의적이었던 것에 비하여 1990년대 대학생들의 태도는 그다지 호의적이라고 보기 어렵다. 태도가 획득되고 변화되는 심리적 과정은 다양하다. 태도는 주로 학습 경험과 심리적인 역동에 의해서 획득되고 변화된다.

### 학습에 의한 태도 형성

우리가 습관이나 지식을 습득하는 것과 마찬가지로, 태도도 학습의 과정을 통해서 형성된다. 학습의 기본적인 세 과정, 고전조건화, 조작조건화 및 사회학습 모두가 관여할 수 있다.

**연합에 의한 획득** 하나의 자극(중성자극: 종소리)이 다른 자극(무조건자극: 음식)에 늘 선행해서 나타난다면, 두 자극은 연합이 된다. 이렇게 되면, 선행 자극은 뒤따르는 자극의 출현을 예고하는 신호자극(즉, 조건자극)이 되어, 뒤따르는 무조건자극처럼 된다는 것이 파블로프가 발견한 고전조건화의 학습원리다. 이 원리를 이용하여 태도가 형성되는 것을 보여 준 한 실험에서는 대학생들에게 교실 장면에서 '가라 Garra'라는 실험용 상표를 부착한 구강청정제를 사람들이 좋아하는 사진(자연풍경들-설산, 열대바다, 판다)과 같이 연합시켜 4초씩 여섯 번을 제시하고, 이 상품에 대하여 갖게 된 태도를 실험 직후, 1주 및 3주 후에 측정하여, 통제조건(같은 제품의 사진이 중성적인 사진들과 연합되어 제시됨)의 사람들이 해당 제품에 대하여 갖게 된 태도와 비교하였다. 실험조건에서 형성된 호의적인 태도는 3주 후까지 지속되어 나타났다(Grossman & Till, 1998). 화장품 선전에 많은 사람에게 호감을 주는 인물을 등장시키고, 음료수 선전에 인기 운동선수를 내세우는 광고는 이 학습원리를 이용한 것이다.

손흥민 광고

2022년 영국축구리그 득점왕이 된 손흥민에 대한 국민적 호감이 자사의 커피와 연합되기를 바라는 광고

**강화에 의한 획득** 비싼 고기를 먹을 때마다 좋은 맛을 느낀 사람들은 같은 고기라 해도 비싼 고기에 대하여 호의적인 태도를 지니게 된다. 마찬가지로, 고기를 먹을 때마다 불쾌한 느낌을 받거나 비난을 받는다면 육식에 대하여 부정적인 태도를 지니기 쉽다. 이는 행동에 대한 강화와 처벌의 조작조건화의 원리가 태도 형성에 작용하는 탓이다.

**모방에 의한 획득** 사람들이 힘이 있거나, 영향력이 있거나, 존경하는 사람을 모방하는 것처럼 태도도 모방을 통해서 습득될 수 있다. 이를 사회학습의 원리라고도 한다. 아동들은 부모의 행동을 관찰하고, 부모가 지닌 태도를 자기 것으로 내재화하며, 좋아하는 선생님이 자연친화적인 태도를 지녔다면 그를 따라 자신도 자연을 좋아하게 되기 쉽다. 영화나 TV에서 방영되고 멋스럽게 그려지는 흡연 행위를 보고 흡연 행위를 대리학습하기도 한다. 부모가 취한 사회봉사 행위가 부모에게 만족감을 주는 것을 보며 자란 아동들은 사회봉사에 대하여 긍정적인 태도를 가지게 된다(Petty & Cacioppo, 1981).

**곁글 5-3** 노출에 의한 태도 형성

사람들은 친숙한 대상에 대하여 긍정적인 태도를 갖는다. Zajonc(1968)는 낯선 자극에 반복해서 노출되는 경우에 아무런 강화나 보상이 없어도 긍정적인 태도를 지니게 되는 현상을 **단순노출효과**라고 이름 지었다. 사람의 얼굴에 대하여 이 효과를 잘 보여 준 연구가 대학의 강의실 장면에서 이루어졌다(Moreland & Beach, 1992). 200명 정도가 수강하는 부채꼴 모양의 강의실에서 열리는 강의에 생김새의 매력이 비슷한 4명의 여학생을 실험협조자로 투입하였다. 이들은 강의에 들어가서는 많은 학생들의 눈에 뜨일 수 있게 늘 맨 앞에 앉았으나 질문이나 대화를 나누지 않고 수강하였다. 노출 빈도를 조정하기 위해 강의 참석 빈도를 각기 15회, 10회, 5회로 제한하였으며, 한 명은 전혀 들어가지 않았다. 학기가 끝날 무렵에 수강생들에게 이들의 얼굴을 제시하고 매력도와 호감도를 평가하게 한 결과가 [그림 5-5]에 나타났다. 수업에 참여한 빈도에 따라 해당 사람에 대한 평가가 긍정적으로 나타났다. 흥미로운 것은 수강생들에게 각 얼굴을 보았는지를 물었을 때 10% 정도의 사람들은 각 얼굴을 본 적이 있다고 응답했지만 대부분 어느 얼굴도 기억을 못한다는 것이었다. 이는 **노출효과의 작용이 의식적인 수준에서 이루어지는 것이 아님을 시사한다.**

한편, 국내의 대학생을 대상으로, 노트북과 여행용 티슈의 가공적 상표를 슬라이드로 만들어 노출시간 3초로 빈도를 달리하여 제시한 연구에서도 제품에 관계없이 노출이 많을수록(1, 2, 4, 8, 16회) 호의도가 증가되는 **단순노출효과**가 나타났다. 단순한 호의도의 증가와 더불어 각 제품이 제공하는 가치(휴대성, 메모리 용량, 위생, 부드러움 등등)에 대한 기대도 높아지는 양상이 나타났다(양윤, 김혜영, 2001).

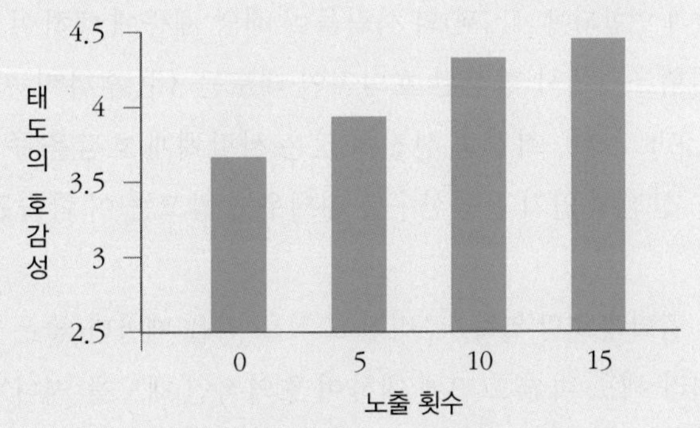


**[그림 5-5] 노출효과에 의한 태도 형성**

출처: Moreland & Beach (1992).

## 일관성 역동에 의한 태도 형성

사람들은 심리적으로 관련된 인지요소들 간은 물론 대인관계에 있어서도 일관성을 유지하려는 경향이 강하다. 태도도 이런 일관성을 유지하는 과정에서 형성 또는 변화된다.

**균형 이론** Heider(1946)는 사람들이 대상에 대하여 지닌 태도와 다른 사람과의 관계들 사이에 조화스런 균형을 유지하려는 동기가 있음을 발견하고 균형 이론을 제시했다. 이를테면, 자연보호(X)에 대한 P 교수와 O 선생의 태도를 보자. +는

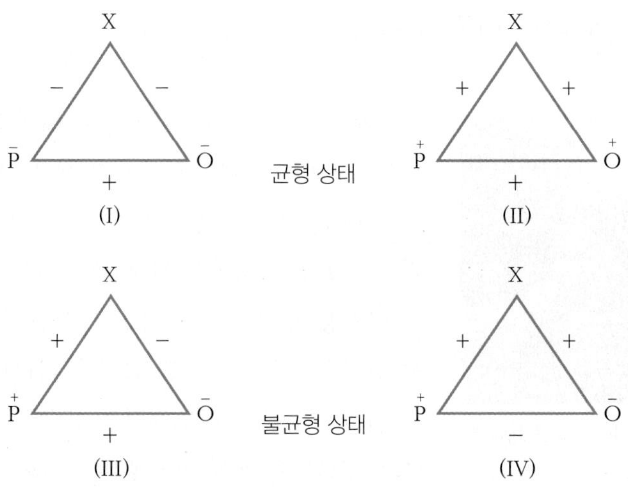


**[그림 5-6] 심리의 균형 및 불균형 상태**

긍정적인 정서를, −는 부정적인 정서를 의미한다([그림 5-6]). 균형 이론은 인지 체계를 균형이 잡힌 것과 불균형적인 것으로 구분한다. 균형이 잡힌 것은 세 가지 부호(+ −)들의 곱하기가 +를 이루는 상태이며(I, II), 곱하기가 −라면 불균형 상태라고 본다(III, IV). 불균형 상태의 것은 균형적인 쪽으로 변화를 도모한다. 균형 이론을 검증한 연구들은 사람들이 불균형을 시정하려 하며 그러한 시정은 노력을 적게 하면서 가능한 방향으로 나타남을 보이고 있다(Abelson et al., 1968). 그러나 자기가 싫어하는 사람과 겪는 인지 불균형 상태(IV의 경우)는 균형을 맞추려는 노력이 적게 나타나 이 경우를 '불균형(imbalanced)'이라기보다는 '무균형(nonbalanced)' 상태라고 보는 것이 적절하다는 주장이 제기되었다(Newcomb, 1968). 즉, 무균형 상태에서는 상대방이 무슨 생각을 갖고 있든 상관하지 않는다(홍대식, 1985).

**인지부조화 이론** 지닌 태도와 보인 행동 간에 불일치가 있을 경우 인지부조화가 발생하며 이것은 부조화 감소 동기에 의해서 조화 또는 균형을 회복하는 방향으로 변화를 가져온다. 조화의 회복은 행동을 바꾸거나 태도를 바꾸는 것 어느 것에 의해서도 가능하다. 이를 다룬 인지부조화 이론(Festinger, 1957)은 사회심리학에서 가장 중요한 이론 중 하나로 간주되며 수많은 연구를 유도하였다(Tavris & Aronson, 2007). 보다 상세한 논의를 뒤에서 하겠다.

## 손익계산에 의한 태도의 획득: 기대-가치 이론

오염된 하천을 정화시키는 흙공을 만들어 투척하는 젊은 세대들
https://www.youtube.com/watch?v=dlicfVTq7io

기후위기가 심각해지고 있다. 대기오염, 지구온난화, 난개발, 자원남용 등으로 생물다양성이 급속히 나빠졌으며, 생태계의 지속가능성이 심각하게 위협받고 있는 상황이 전개되고 있다. 생태계 친화적 생활방식으로의 변모가 모든 사람에게 필요하다는 인식은 공감대를 얻고 있지만, 나라마다, 개인마다 이를 수용하는 태도에서는 상당한 차이가 있다(12장 참조). 이런 차이는 생태계 친화적 생활이 가져다주는 손익의 저울질이 큰 영향을 미친다. 이를 설명하는 가장 대표적인 이론인 기대-가치 이론(Edwards, 1954)에 따르면, 생태계 친화적 활동이 자신에게 미치는 결과(가치)들과 그 결과들이 발생할 확률(주관적으로 인식된 기대감)의 득실을 따져서 자신의 태도를 결정한다는 것이다(〈표 5-1〉).

**표 5-1** 기대-가치 이론의 적용으로 본 생태계 친화적 태도의 강도(사례)

| | | 가치 | 기대(발생 가능성) | 효용 |
|---|---|---|---|---|
| 수용 | 자연보호 | 5 | .5 | 2.5 |
| | 오염 감소 | 3 | .5 | 1.5 |
| | 건강 | 7 | .8 | 5.6 / **9.6** |
| 반대 | 고비용 | −5 | .8 | −4.0 |
| | 성가심 | −5 | .4 | -2 |
| | 소득감소 | −10 | .5 | −5 / **−11.0** |
| | 생태계 친화활동의 효용이 9.6, 반대 효용이 −11이므로 반대적 태도를 취함 | | | |

## 태도의 유형과 측정

태도의 가장 중요한 요소는 대상에 대하여 지닌 감정적 반응이다. 이런 감정적 반응은 우리가 충분히 이해하고 있는 부분이 있는가 하면, 우리가 아직 잘 이해하지 못하는 부분이 있다. 태도의 이중처리 이론(Gawronski & Bodenhausen, 2006)에 따르면 사람들은 의식적으로 대상에 대하여 어떤 감정을 지니고 있는지 알고 왜 그런 감정을 지니게 되었는지를 이해하는 인지적 체계(체계 II)의 처리과정이 있지만, 사람들의 오랜 경험(유전과 진화를 포함한 학습과정)을 거쳐 태도를 획득하고 처리하는 경험적 체계(체계 I)의 처리과정이 있다(4장 참조). 이 경험적 체계에 대해서는 의식적으로 접근할 수 없고, 무의식적인 반응을 자동적으로 보이게 된다. 뱀에 대한 공포반응이 대표적인 사례다. 4장에서 설명된 사고의 두 체계와도 맥을 같이한다(Kahneman, 2012). 두 가지 사고체계는 독립적이며, 배타적으로 작용하는 것이 아니라 병렬적으로 작용하며, 형성과정이 다르다. 사람들은 일상에서 의식적인 판단이나 행동을 취하는 경우에 대부분 인지적 체계(체계 II)를 활용하지만, 경험적 체계는 배후에서 작동하며 영향을 준다. 코끼리에 올라타 채찍을 든 마부(인지적 체계)는 길을 자신이 살펴서 찾아간다고 여기지만, 코끼리(경험적 체계를 상징)는 자신의 의지와 마부의 의지가 같으면 마부의 말을 듣지만, 자신의 의지에 반하면 마부의 의지와는 무관하게 제맘대로 가는 것에 비유할 수 있다.

**명시적 측정** 인지적 체계에서 작동하는 명시적 태도를 측정하는 것이 가능하다는 생각은 미국의 Thurstone에 의해 1928년에 제시되었다. 명시적 측정법에는 문항의 구성 방식에 따라 다양한 방법이 있으며(Thurstone 방식, Likert 방식 등), 측정하고자 하는 태도대상에 따라 문항들이 다르게 구성된다(고려대학교 부설 행동과학연구소 편, 1998).

**서스톤(Louis L. Thurstone, 1887~1955)**
미국 태생으로 1917년 시카고 대학교에서 심리학 박사학위를 취득하였고, 교수로 재직하였다. 오늘날 쓰이는 편차 IQ 점수의 창안자이며, 대쌍비교 원리에 의한 심리측정이론을 제시하였고, 요인분석의 논리를 제시하는 등 현대 심리측정학의 발전에 큰 공헌을 하였다.

태도 척도 중에서 가장 흔히 쓰이는 유형은 Likert 방식(〈표 5-2〉)이다. 이 척도는 태도대상에 대한 진술문을 여럿 제공하고 각 진술문들에 대하여 응답자가 동의 또는 반대하는 정도를 통상 5~11개의 배열된 점수들 중에서 하나를 택하게 하는 것이다. 이 방법을 쓰는 경우 유사한 진술문에 대한 응답을 종합하여 응답자의 태도 값으로 삼는다.

이와 비슷한 유형으로 어떠한 대상에 대해서건 적용할 수 있는 의미차별척도(Osgood et al., 1957)도 있다. 이 척도는 뜻이 상반되는 형용사를 양극에 놓고, 대상에 대하여 느끼는 감정의 정도를 문항별로 표시하는 것이다. Osgood 등(1957)은 다양한 대상에 대한 평가를 여러 나라에서 한 결과, 사람들의 태도는 크게 호오(좋다-나쁘다 등), 힘(강하다-약하다 등)과 활동성(능동적-수동적 등)의 세 가지 차원으로 구별됨을 보였다. 국내에서 한덕웅(1993)은 우리말의 성격을 기술하는 단어들이 함축하고 있는 차원을 분석하여, 이와 유사한 삼차원 구조를 밝혀냈다. 이 세 차원 중 특히 호오 차원이 태도를 대표하는 것으로 여겨진다.

태도척도에 의한 측정은 응답자가 자신의 심적 상태를 알며, 이를 솔직하게 꾸밈없이 응답한다는 것을 전제로 하고 있다. 그러나 대상에 대하여 자신이 지닌 태

**리커트(Rensis Likert, 1903~1981)**
사회학 석사를 하고 1932년에 컬럼비아 대학교에서 심리학 박사학위를 취득하였으며, 미시간 대학교에서 1946년에 사회조사연구소를 창립하였다. 오늘날 가장 많이 쓰이는 심리척도법인 리커트 방식을 제시하였다. 경영심리학에 관심을 갖고 일본에서 회사를 대상으로 많은 연구를 수행하였다.

**표 5-2** Likert 척도와 의미차별척도 사례

| 리커트 척도 | | | | |
|---|---|---|---|---|
| '나는 핵무기 개발을 ____________' | | | | |
| 매우 반대한다 | 반대한다 | 모르겠다 | 지지한다 | 매우 지지한다 |
| −2 | −1 | 0 | +1 | +2 |

| 의미차별척도 | | | | | | | | |
|---|---|---|---|---|---|---|---|---|
| '핵무기 개발'에 대하여 각 항목마다에서 느낌을 평하라. | | | | | | | | |
| 나 쁨 | −3 | −2 | −1 | 0 | 1 | 2 | 3 | 좋 음 |
| 불쾌함 | −3 | −2 | −1 | 0 | 1 | 2 | 3 | 유쾌함 |
| 수동적 | −3 | −2 | −1 | 0 | 1 | 2 | 3 | 능동적 |
| 소극적 | −3 | −2 | −1 | 0 | 1 | 2 | 3 | 적극적 |

도를 모를 수 있으며, 남의 평가를 의식하는 마음에서 스스로를 바람직한 사람으로 제시하려는 경향을 배제하기 어렵다는 점에서 명시적인 측정은 취약점을 갖고 있다. 어떠한 태도 척도이건 저울이나 자와 같은 물리적 척도처럼 정교할 수 없고, 태도는 측정할 때마다 변할 수 있다는 점에서 명시적 방법으로 측정한 태도는 조심스럽게 해석되어야 한다[척도 제작에 대한 상세한 논의는 김경동, 이온죽(1989), 태도조사의 흥미로운 국내 사례들은 이성용(2003) 참조]. 이러한 취약점에도 불구하고 명시적 척도는 만들기가 용이한 탓에 태도연구에서 가장 많이 쓰이고 있다.

**김경동(1936~ )**
안동 출신으로 미국 코넬 대학교에서 사회학 박사학위를 취득한 후 서울대학교 사회학과 교수로 재직한 원로 사회학자다. 한국사회학회 회장을 역임하였고, 『한국인의 가치관 변동』 등 여러 저술을 남겼다.

**암묵적 측정** 의식적 체계와는 달리 경험적 체계에서 무의식적으로 작동하는 암묵적 태도를 측정하는 방식이 여러 가지 고안되어 활용되고 있다. 그중에서 Greenwald 등에 의해 제시된 방법이 널리 활용되고 있다(Greenwald & Banaji, 1995; Greenwald et al., 1998). 이 방법의 논리는 서로 관련성이 높을수록 두 가지를 연상하는 반응시간은 빨라진다는 것에 바탕한다. 예를 들어, 자신에 대한 암묵적인 태도를 알아보기 위해서는 우선 자신과 관련된 단어들(성, 이름, 고향, 출신교 등)을 '좋은' 범주의 평가 단어(아름다운, 착한, 성실한 등)와 연결시키는 반응시간을 재고, 다음 단계에서는 이들을 '나쁜' 범주의 평가 단어(못생긴, 나쁜, 게으른 등)와 연결시키는 반응시간을 측정하여 반응시간을 비교한다. 첫 단계의 반응시간이 둘째 단계의 반응시간보다 빠를수록 자신에 대하여 긍정적인 태도를 지니고 있다고

**곁글 5-4** 암묵적 연합 검사의 과정

참여자는 화면을 보면서 화면 가운데에 오는 사진이나 단어가 왼쪽의 〈노인 혹은 나쁨〉 범주에 속하면 자판의 E 키를, 오른쪽의 〈젊음 혹은 좋음〉에 속하면 자판의 I 키를 되도록 빨리 누른다. 십여 개의 시행이 끝나면, 다음 시행에서는 왼쪽의 자막 〈노인 혹은 좋음〉, 오른쪽의 자막 〈젊음 혹은 나쁨〉으로 바뀌고 화면 가운데에 나오는 자극이 좌우 어디에 해당하는지에 따라 자판의 E 혹은 I 키를 누르도록 한다. 사람들은 친숙한 자극을 연상하게 되면 빨리 반응한다. 친숙한 연상과 친숙하지 않은 연상의 반응속도 차이를 계산하여, 대상(젊음 혹은 나이듦)에 대한 호감의 정도를 파악하는 방식이다. 독자들은 여러 가지 대상에 대하여 자신이 지닌 암묵적 태도를 파악할 수 있다(https://implicit.harvard.edu/implicit/korea).

여길 수 있다. 컴퓨터를 이용한 암묵적 연합검사(IAT)가 개발되어 널리 활용되고 있다. 특히 대상에 대한 명시적 태도와 암묵적 태도에서 차이가 있는지를 보는 흥미로운 연구들이 진행되고 있다(곁글 5-4).

## 명시적 태도와 암묵적 태도의 관계

대상에 따라서는 명시적 태도와 암묵적 태도가 비슷한 경우가 있지만, 차이가 큰 경우도 있다. 미국인을 대상으로 다양한 태도 대상을 짝지어 두 가지 방식으로 측정하여 상관의 정도를 파악한 결과가 [그림 5-7]에 나와 있다(Nosek, 2007). 명시적 측정에서는 두 가지 대상에서 좋아하는 것이 무엇인지를 답하게 하였고, 두 가지 대상을 짝지어 암묵적 방식으로 반응속도를 측정하였다. 예를 들어, 미국의 양대 정당인 민주당과 공화당에 대한 태도는 두 가지 유형의 측정치에서 상관이 높게 나타났다(.75). 그러나 가족이냐 경력이냐를 중시하는 태도에 있어서는 두 측정치의 상관(.30)은 낮은 것으로 나타났다. 두 가지 유형의 태도는 자신의 태도를 편안하게 이야기할 수 있고, 대상에 대하여 많이 생각해 본 경우에 있어서는 상관이 높게 나타났지만, 태도 대상에 대하여 어떻게 해야 할 것인지 결정을 하지 못

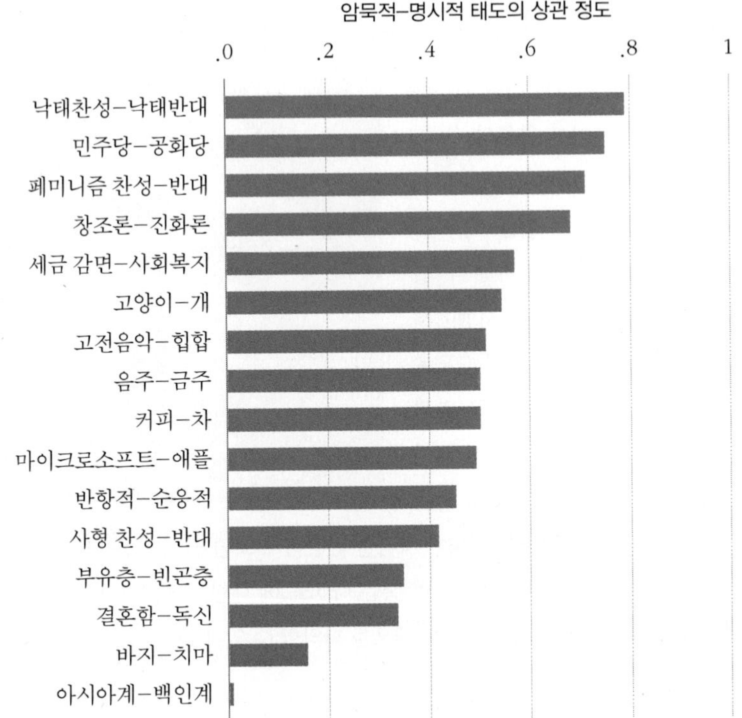


**[그림 5–7] 다양한 태도 대상에 대한 명시적 태도와 암묵적 태도의 관계**

출처: Nosek(2007)에서 일부만 발췌하여 제시함.

한 경우나 솔직하게 태도를 드러내기가 꺼려지는 상황에서는 상관이 낮거나 반대로 나타나기도 한다. 명시적 태도(마부)가 어디로 갈지를 정하지 못하였다면 암묵적 태도(코끼리)가 가고자 하는 방향으로 가면서 명시적 태도도 방향을 잡게 된다(Galdi et al., 2008).

**요약**

1. 태도는 구체적인 대상(사람, 신념, 사물 등)에 대하여 경험을 통해서 획득하게 된 심적 지향성이다. 태도는 단순한 평가요소, 복잡한 인지요소, 그리고 행동요소로 구성되어 있다.
2. 태도는 학습원리, 심리의 역동적 과정 그리고 손익계산에 의하여 형성된다. 학습론자들은 태도 획득의 원리로는 연합, 강화, 모방의 학습과정을 제시한다. 이들은 인간을 주어진 자극에 반응하는 수동적인 모습으로 보고 있다.

3. 균형 이론가들은 태도의 각 요소 간의 균형을 이루려는 심리 역동(인지-정서 일관성 이론과 인지부조화 이론), 중요한 타인과의 관계에서 균형을 희구하는 동기가 작용하여(균형 이론) 태도가 형성되고 변화한다고 본다.
4. 자신의 이해가 걸린 문제에 대하여는 손익계산에 의해 자신에게 이득이 되는 태도를 취하게 된다(기대-가치 이론).
5. 태도의 이중처리 이론은 태도 대상에 대한 의식적인 인지적 체계(체계 II)와 무의식적인 경험적 체계(체계 I)의 두 처리 과정을 제시한다.
6. 태도는 명시적인 태도 척도를 사용하거나, 생리적 반응을 측정하거나, 반응시간을 이용한 암묵적 측정 및 행위자의 행동을 관찰함으로써 측정할 수 있다.

# 태도와 행동의 일관성

흔히들 사람의 태도를 알면 대상에 대한 그의 행동을 예견할 수 있다고 여긴다. 이러한 생각을 갖고 둘 사이의 관계를 보는 사람들은 자주 둘 사이의 괴리에 놀라게 된다. La Piere(1934)라는 백인 교수는 중국인 학생 부부를 대동하고 자동차로 미국 전역을 여행하면서 250군데나 되는 식당과 여관, 호텔을 다니며 숙식을 하였다. 당시만 해도 동양인에 대한 편견이 매우 심하였던 때지만 그 많은 장소에서 단 한 군데를 제외하고는 숙식을 거절당하지 않았다. 여행이 끝난 후에 그들이 들린 업소들에 편지를 써서 중국인 손님이 들어올 경우에 서비스를 하겠느냐고 물어보았더니 128개 업소에서 답신이 왔는데 그중 92%는 거부하겠다는 대답이었다. 이 연구 결과는 서신에 응답한 사람들이 중국인 부부를 접대한 사람들인지를 확인하지 않았다는 비판을 받았지만(Dillehay, 1973), 태도와 행동의 괴리가 클 수 있음을 보여 주어 둘 사이의 관계를 탐구하는 중요한 과제를 던져 주었다.

## 태도와 행동 간의 괴리에 관여하는 요인

**태도의 강도** 태도가 관련 행동을 예측하기 위해서는 태도의 강도가 강해야 한다. 강한 태도는 극단적이거나, 중요하며, 쉽게 접근 가능하다. 태도를 강하게 하는 요인들로 나타난 것은 지식, 직접 경험, 자기관여도 등이다(Petty & Krosnick, 1995; Visser & Mirabile, 2004).

일반적으로 태도 대상에 대하여 많은 지식을 갖게 되면 태도가 강해진다. 그 역도 성립하는데 태도가 강하면 태도를 정당화시키는 근거를 갖고자 할 것이다. 학생들의 기후위기 대응 활동(자원 재활용 강좌를 듣거나, 탄소배출 절감 노력 등; 11장 참조)은 기후위기에 대한 태도와 깊은 관련을 갖고 있는데 특히 기후변화에 대하여 다양한 지식을 갖고 있는 사람들에게서 그런 것으로 나타났다(Kallgren & Wood, 1986).

직접경험의 유무도 태도 강도에 영향을 준다. 대학 신입생 중에서 바로 기숙사를 배정받은 사람과 방을 배정받을 때까지 기다리며 고생을 해 본 사람들 모두가 학교의 기숙사를 확장하는 것에 동의하는 것으로 나타났다. 그러나 확장을 위한 서명운동에 참여하는 행동은 고생한 사람들에게서 높게 나타났고(r=.42), 고생을 하지 않은 사람들에게서는 나타나지 않았다(r=.04; Regan & Fazio, 1977).

자신의 손익이 관여된 것에 대하여 우리는 강한 태도를 지니고 있다. 1978년도 미시간 주에서 음주연령을 18세에서 21세로 상향조정하는 입법예고가 있었을 때 대학생들의 태도와 행동을 조사하였는데 다른 연령층보다 해당 연령층에서 입법에 대한 태도와 항의 행동 간의 상관이 높게 나타났다(Sivacek & Crano, 1982). 태도의 강도가 강하고 확실하다면 태도로 행동을 예측하는 것이 가능하다는 결론을 내릴 수 있다.

**태도와 행동의 부합성** 태도-행동의 괴리현상이 나타나는 중요한 원인 하나는 흔히들 행동은 매우 구체적으로 설정하는데 태도는 훨씬 추상적인 수준에서 측정하는 오류에서 온다. 구체적인 행동은 구체적인 태도의 측정과 연결시켜 그 부합도를 보아야 한다(Ajzen & Fishbein, 1977). 이를 잘 보여 준 연구에서 44명의 읍소재지 거주자들의 환경보호에 대한 태도를 측정하고, 이들에게 8개월간 환경보호 활동에 관여하는 정도를 관찰하였다(Weigel & Newman, 1976). 개별적인 환경보호 활동과 태도의 관계는 그다지 높게 나타나지 않았으나(평균 r=.29), 그 행동들을 유형별로 묶은 유형군들과는 상관이 높으며(평균 r=.42), 환경보호 행동의 종합적인 행동지표에 대하여 태도는 훌륭한 예측치(r=.62)가 될 수 있는 것으로 나타났다(〈표 5-3〉).

**태도의 현저성** La Piere(1934)의 연구에서 식당주인들이 중국인 부부를 보았을 때 촉발되는 태도는 동양인에 대한 태도뿐만 아니라 손님에 대한 태도, 직업에 대한 태도 등 여러 가지일 것이다. 중국인에 대한 서비스는 동양인에 대한 태

**표 5-3 환경보호 행위와 태도**

| 개별행동 | $r^a$ | 행동유형 | $r^b$ | 행동종합 | $r^b$ |
|---|---|---|---|---|---|
| 해변가 기름 제거 | .41** | 환경보존 서명활동 (0~4) | .50** | 환경보호 종합 행동 | .62*** |
| 핵발전소 반대 | .36* | | | | |
| 배기가스 규제 | .39** | | | | |
| 전단지 배포 | .27 | | | | |
| 쓰레기 줍기 참여 | .34* | 쓰레기 줍기 (0~2) | .36* | | |
| 친구 동원 | .22 | | | | |
| 첫 주 | .34* | 자원 재활용 (0~8) | .39* | | |
| 둘째 주 | .57*** | | | | |
| 셋째 주 | .34* | | | | |
| 넷째 주 | .33* | | | | |
| 다섯째 주 | .12 | | | | |
| 여섯째 주 | .20 | | | | |
| 일곱째 주 | .20 | | | | |
| 여덟째 주 | .34* | | | | |

$N$: 44, $r^a$: 양분척도상관, $r^b$: 피어슨 적률상관, *p<.05 **p<.01 ***p<.001

출처: Weigel & Newman (1976).

도로 보아서는 생각할 수 없지만 손님에 대한 일반적 태도와는 잘 부합할 것이다. Snyder와 Swann(1976)은 피고가 성차별로 고발된 모의재판 상황에서 배심원들이 평결을 하기 전에 그들에게 차별금지법에 대한 주의를 환기시켰을 때 차별금지법에 대한 태도와 평결 간의 상관이 매우 높게 나타남을 보여 현저하게 부각된 태도는 행동을 예측할 수 있음을 보여 주었다.

태도의 현저성이 미치는 태도-행동의 일치 효과는 특히 태도가 약한 사람들에게서 강하게 나타난다. 그것은 태도가 강한 사람들에게서는 굳이 현저하게 만들지 않아도 태도에 부응하는 행동이 나타나기 때문이다. Borgida와 Campbell(1982)은 학교에 차를 몰고 통학하는 학생들은 교내 주차공간 부족으로 큰 불편을 느끼므로 주차공간 확장에 대하여 강한 태도를 가질 것으로 보았다. 통학생과 기숙사생들을 대상으로, 한 집단에는 주차공간 부족 문제를 환기시키는 내용을 듣게 하고, 다른 집단에게는 주차공간과 관계없는 내용을 듣게 하고서 주차공간 확보를 위한 서명에 참여하는 행동과 그들이 원래 갖고 있던 태도와의 상관을 조사하였다. 연구 결과, 태도의 현저성 조작은 태도-행동의 일치도를 높이는 결과를 가져왔는데, 그 같은 효과는 통학생에게서는 나타나지 않았고 기숙사 거주 학생들에게서만 나타났다. 즉, 주차공간 부족으로 불편을 많이 겪는 통학생에게는 현저성 조작의 효과가 없지만, 강도가 낮은 기숙사생들에게는 큰 효과를 가져온 것이다.

## 분별적 행위 모형

**분별적 행위 이론(theory of reasoned action)**
통상 이 이론은 이성적(혹은 합리적) 행위 이론으로 번역되어 쓰이고 있으며 본서에서도 전판까지는 그런 용어를 썼으나, '이성적'이란 번역어는 rational의 의미가 강하기 때문에 '판단된' '분별적 사고를 거친'이라는 본 이론의 내용상 reasoned를 '분별적'이라 번역하기로 했다.

태도-행위의 부합성을 설명하려고 제시된 이론 중 가장 잘 알려진 것은 분별적 행위모형(Fishbein & Ajzen, 1975; Ajzen & Fishbein, 1980)이다. 이 이론은 사람들이 합리적으로 행동한다는 가정하에 사람들은 행동 의도를 지니면 행위를 취하며, 이 행동 의도는 행동에 대한 자신의 태도와 주위의 중요한 사람들이 그 행동을 어떻게 여길 것인지(주관적 사회규범)를 검토하여 결정된다고 본다([그림 5-8]). 예로, 귀를 뚫을 것인지 말 것인지의 의도는 귀 뚫는 것에 대한 태도(행동이 초래할 여러 가지 결과의 가치와 그들의 발생가능성을 따져서 결정하게 됨)뿐만 아니라, 주위의 중요한 사람(부모, 친구, 애인 등)들이 귀 뚫는 것을 어떻게 생각하는지, 아울러 그러한 주위 사람들의 생각과 기대에 부응하려는 동기가 얼마나 큰지에 의해 결정되는 주관적 사회규범도 함께 고려해서 나타나는 의도(뚫을 것인지 말 것인지)에 따라 좌우된다.

앞의 이론을 이용하여 출산 전에 수유행동 의도(산후 모유를 먹일 것인가), 수유에 대한 태도(모유가 모자관계의 애착에 도움이 된다고 보느냐), 주관적 사회규범(남

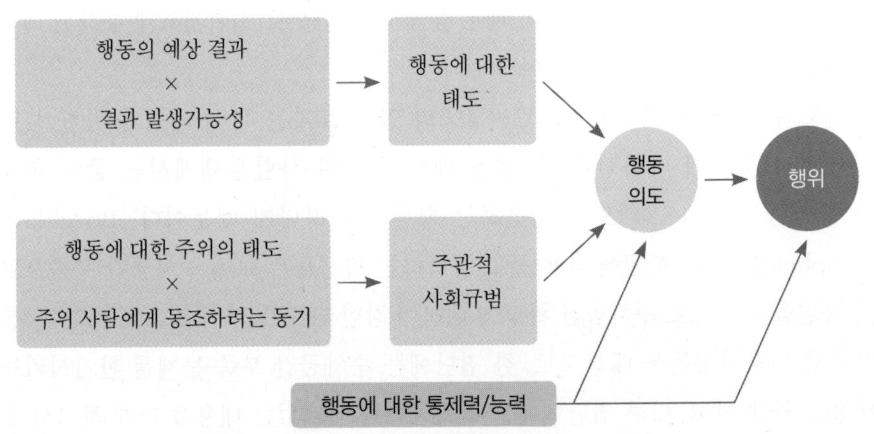


[그림 5-8] 분별적 행위 모형(점선)과 계획된 행위 모형(전체)

편이 원하는 것은 무엇이며, 그 소망에 따를 마음은 얼마나 되느냐)을 측정하여 산후 수유행위와 관련성을 조사한 결과, 매우 높은 상관(r=.77)이 나왔다(Manstead et al., 1983). 다른 여러 연구들에서 대학생들의 체력단련, 연애, 학습 행위들이 이 모형을 적용하여 잘 설명되었으며(Pagel & Davidson, 1984), 체중감소, 소비자 선택, 투표행위 및 여성의 직업 선택(Ajzen & Fishbein, 1980), 친환경 행동(이숙정 외, 2022), 해외여행 의도(문진욱, 조민호, 2022)에도 잘 적용될 수 있는 것으로 나타났다.

태도–행동의 괴리에 대한 의혹은 지금까지 제시한 여러 이유들에 의해서 대부분 설명될 수 있다(Petty & Krosnick, 1995). 분명히 태도는 행동에 영향력을 행사하며, 괴리 현상을 포괄적으로 이해할 수 있는 틀을 제시한다는 점에서 단순화된 분별적 행위 모형의 유용성이 돋보인다. 이 모형은 특히 사람들이 충분한 시간을 갖고 관련 요소들을 고려하여 행동을 하는 경우에 잘 적용된다.

행동을 보다 더 잘 예측하기 위하여 분별적 행위 모형에 추가적인 요인으로서 태도 대상과 관련된 행동을 취할 수 있는 여건, 역량, 행동의 통제력을 추가하는 것이 모형의 간결성을 유지하면서 설명력을 높여 주는 것으로 나타났다. 즉, 체중을 줄이고 싶은 동기가 강해도 줄일 수 있는 방법을 모르거나, 그 방법을 실행

**곁글 5–5** MS 오피스 돈주고 사라고?: 계획된 행위 모형의 적용

사람들이 많이 쓰는 프로그램 정품 가격이 20만원 가량되니 불법재검의 유혹이 늘 가까이 있다. 2023년 한해에만 불법재검으로 인해 산업계가 입는 피해액이 천억원이 넘는 것으로 추산된다(메트로, 2024. 2. 6.). 불법재검 행동의도에 대하여 재검행위에 대한 태도, 주위 사람들이 이를 허용하는 정도, 재검능력의 가능성(통제력)이 미치는 영향을 분석한 결과, [그림 5–9]처럼 태도와 통제력이 의도에 큰 영향을 미치지만, 주관적 규범은 태도에 영향을 미치는 과정을 통해서 의도에는 간접적인 영향을 미치는 것으로 나타났다. 행동 통제력이 가장 큰 영향력을 미치는 것으로 나타났다(Chang, 1998). 이런 영향력의 작용양상은 보고자 하는 행동에 따라서 달리 나타날 수 있다. 이 연구에서는 불법재검이 가져오는 이익이라는 요인을 고려하지 않았다. 이 이익이 크다면 재검능력을 갖추었을 경우 재검을 할 의도가 높을 것이다. 본인이 직접 재검능력을 갖추지 못했어도 해적판을 매우 싼 가격으로 구할 수 있다면 이를 살 가능성이 높을 것이다.

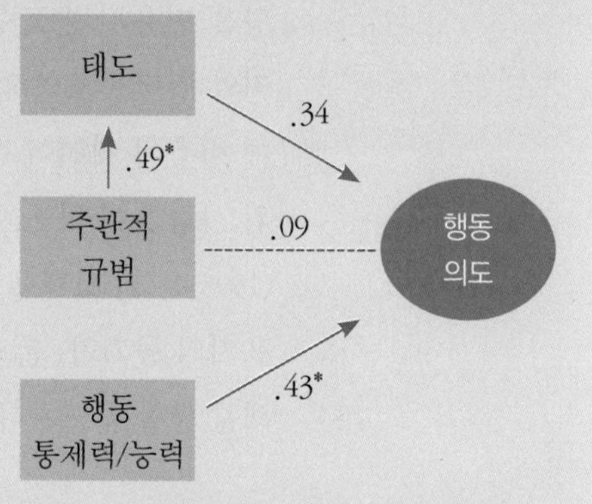


**[그림 5–9] 불법재검 행위 의도에 대한 계획된 행위 모형의 적용**

출처: Chang (1998).

할 수 있는 여건이 주어지지 않는다면 강한 태도라도 적절한 행동을 취할 의도로 연결되지 않는다. 행동 의도가 행위로 연결되기 위해 행동에 대한 통제감의 지각이 필요하다는 것이다. 통제감을 추가한 수정 모형을 계획된 행위 모형이라 한다(Ajzen, 1991; 곁글 5-5, [그림 5-8] [그림 5-9]).

**한국에서의 분별적 행위 모형 검증** 분별적 행위 모형에서 행동 의도를 결정짓는 두 가지 요인의 상대적인 영향력의 크기를 문화 차이와 관련시켜 논의할 수 있다. 즉, 개인주의 문화권에서는 두 가지 요인 중 자신의 태도가 주관적 규범보다 더 중요한 요인으로 작용할 수 있다. 결국 행동은 개인이 취하는 것이고 가장 중요한 것은 개인이 지닌 가치판단, 태도가 되기 때문이다(Triandis et al., 1990). 그러나 사회적 규범, 특히 내집단 성원들과의 어울림이 개인의 취향 못지않게 중요한 집단주의 문화권에서는 분별적 행위 모형의 두 요소 중 주관적 규범이 더 중요하다고 상정할 수 있다([그림 5-10]의 모형 II; 오세철, 윤덕현, 1982; Lee, 1990). 2009년 돼지독감이 전세계적으로 유행하여 많은 희생자를 낼 때 한국과 미국에서 예방접종을 맞으려는 의도에 영향을 미치는 요인을 분석한 연구는 한국인들에게는 (미국인들보다) 주위 사람들의 행동규범 의식이 중요하게 작용하는 것을 보였다(Cho & Lee, 2015).

국내의 한 연구자(Lee, 1990)는 유교문화권의 특징을 고려하여 분별적 행위 모형을 변용시킨 모형 III을 제시하였다. 이 모형의 특징은 규범적 신념을 체면유지와 집단동조의 압력으로 대치한 것이다. 체면유지 압력은 자신의 사회적 지위에 비추어 체면이 손상될지 모르기 때문에 느끼는 압력이며, 집단동조 압력은 주위 사람들이 하는 행동을 하지 않으면 불안해짐으로써 느끼는 압력이다. 나은영(1995)은 이 모형을 이용하여, 우리 사회에서 호화혼수가 성행하는 관행에는 체면유지의 동기가, 촌지를 주고받는 관행에는 남들 다 하는 데 안 하면 내 자식이 피해를 당할지 모른다는 집단동조의 동기가 크게 작용함을 보였다.

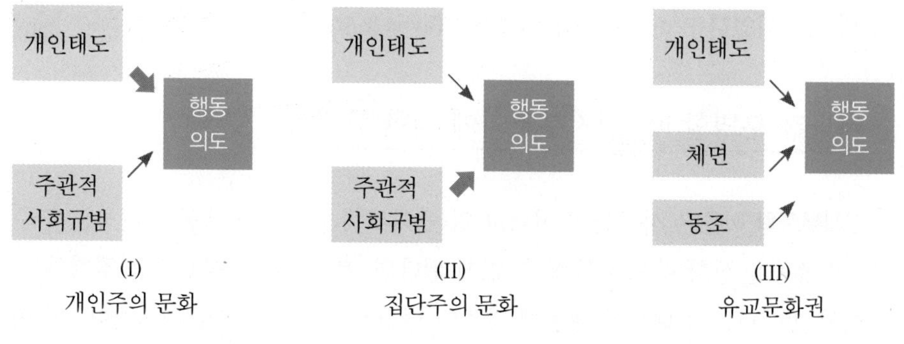


**[그림 5-10] 분별적 행위 모형과 문화**

**요약**

1. 태도와 행동 사이에는 괴리가 있게 마련이다. 태도의 강도가 강하거나, 태도와 행동의 부합성이 높거나, 태도가 현저하게 부각되거나, 태도와 부합하지 않는 상황적 압력이 적을 경우에 태도-행동의 괴리는 좁혀진다.
2. 분별적 행위 모형은 태도와 행동의 관계를 설명하기 위하여 개인의 태도와 주위 사람들의 생각에 순응하려는 동기(주관적 규범)의 두 가지 요소를 제시한다. 이 두 가지 요소의 결합에 의해서 태도 대상에 대한 행동 의도가 결정되고 이것이 행위로 이어진다.
3. 분별적 행위 모형의 두 요소의 상대적 비중에서 문화 차이가 관찰되고 있어, 동아시아에서는 주관적 규범이, 구미권에서는 개인의 태도가 상대적으로 더 중요한 역할을 하는 것으로 나타난다.
4. 계획된 행위 모형은 분별적 행위 모형에 행동에 대한 개인의 수행능력, 통제력을 추가하여 행동과 태도의 부합성을 더욱 높인 모형이다.

## 행동에 따른 태도변화

지금까지의 논의는 태도가 행동을 예측하는 내용에 초점을 맞추었다. 그러나 사회심리학의 흥미 있는 발견 중 하나가 행동이 태도를 변화시킨다는 것이다. 사람들은 자신의 행동과 태도의 일관성을 지니려고 하는 동기가 있기 때문에 행동에 걸맞게 태도를 갖추어 간다. 이러한 행동과 태도의 일치성에 대하여 연구를 주도한 이론이 인지부조화 이론(Festinger, 1957) 이다. 사회심리학에서 그 어느 이론보다도 많은 연구를 유도한 이 이론은 다양한 사회행위와 그 심적 기제를 조명하는 데 적용되었다(Petty & Cacioppo, 1981; Tavris & Aronson, 2007).

## 태도가 분명할 때: 인지부조화에 의한 합리화

인지부조화 이론은 사람들이 지니고 있는 태도에 반대되는 행동을 취하는 경우에, 이 행동을 상황 탓으로 돌릴 수 없게 된다면, 부조화라는 불편감을 경험하며, 이에서 벗어나고자 태도를 행동에 맞추어 변화시키는 가능성을 제시한다. 이 이론은 인지요소 간의 균형, 정서-인지의 균형 등에도 적용될 수 있지만 행동-태도의 균형을 이해하는 데 주로 적용되었다. 이 이론에 의하면 태도의 각 요소들은 상호 조화로운 관계, 상호 부조화 상태, 그리고 무관한 상태로 있을 수 있다. 신념들이나, 신념과 행동들이 부조화 상태에 있으면 불편하며, 이 경우 사람들은 조화로운 상태를 회복하려 든다. 이 불편감의 크기는 신념의 중요성이 클수록 커지며, 이에 따라 부조화 감소 동기가 커진다.

부조화를 경험하면 이를 감소시키려 드는데 그 방법은 여러 가지다. 흡연자가 담배의 해독을 알리는 내용을 접한 경우에 그 내용을 믿는다면 흡연행위와 부조화를 느낄 것이다. 이때 그는 담배를 끊거나 아니면 흡연의 해독을 부정할 수 있다. 2020년 현재 국내의 성인 흡연율은 20.6%로 집계되고 있다. 대다수가 흡연이 몸에 좋지 않은 영향을 미치고 있다는 것을 인정하며, 흡연률이 2000년대 초의 30% 수준보다 많이 줄기는 하였다(이현주, 최은미, 2016). 그럼에도 불구하고, 담배를 피우는 경우에 이들은 흡연의 해독은 금연 시 겪는 스트레스에 비해 오히려 사소한 것이라고 믿거나(Simon et al., 1995), 건강에 대한 보완책을 마련하여 운동을 주기적으로 하려는 노력을 취하기도 한다. 가장 흔히 나타나는 방법이 취한 행동에 걸맞게 기존 신념을 변화시키는 것이다. 흡연을 안 하던 사람이 흡연을 하게 되면서 담배를 예찬하거나, 골초가 금연에 성공하면서 흡연을 세상에서 가장 어리석은 행동으로 여기게 되는 것이다.

이러한 방법들이 모두 부조화를 줄이기 위해서 태도와 행동의 괴리를 감소시키는 직접적인 방법이라면, 이 괴리를 놓아두고 부조화를 감소시키는 간접적인 방법도 있다. Steele(1988; 1993)에 의하면 태도-행동의 괴리가 중요한 태도나 신념을 건드리고 있다면, 사람들은 괴리를 줄이기보다는 자신의 가치를 확인하는 행동을 통해서 부조화의 의미를 경감시킬 수 있다. 쓰레기 분리 처리를 하지 못하여 불편한 심기를 최근에 환경보호운동에 자원해 참여했던 경험을 회상하며 씻어 버릴 수 있는 것이 그 예다. 이 밖에도 불편한 마음을 덜기 위해서 술을 마시거나(Steele et al., 1981), 마음을 가볍게 하는 운동을 하는 것도 부조화의 불편을 더는 데 효과가 있는 것으로 알려졌다(Zanna & Aziza, 1976).

인지부조화 현상은 흥미로운 심리현상들을 보여 주고 설명한다. 이들 현상을 크게 세 가지로 묶어 볼 수 있다. 이들을 살핀 후에, 인지부조화 원리를 적용한 행동변화의 가능성과 문화와의 관련성에 대하여 살펴보자.

**흡연을 지속하는 이유를 설명하는 세 이론**

인상관리 이론

나도 남 눈치 안 봐도 되는 성인 이야~~

인지부조화 이론

건강에 안 좋다고 하지만 나는 운동도 열심히 하니 괜찮아.

자기지각 이론

흡연은 나와 맞는 것 같아.

**불충분한 정당화** 사람들은 종종 자신의 태도와 반대되는 행동을 하기도 한다. 운동 싫어하는 사람이 달리기를 하게 되었다든가, 여행을 싫어하는 학생이 여행을 하게 되었다든가, 같이 있기 싫은 사람과 영화를 본다든가 등등 이러한 경우에 우리는 불편함을 느끼고, 때로는 대상(운동, 여행, 싫은 사람)에 대한 이전의 태도를 행동에 맞추어 바꾸기도 한다. 태도가 행동에 맞추어 변하기 위해서는 취한 행동을 상황 탓으로 돌리기 어려워야 한다. 인지부조화 이론의 성립에 기여한 가장 유명한 실험(Festinger & Carlsmith, 1959)에서 참가자들은 매우 지루한 과제를 30분 동안 하였다. 판 위에 놓인 수십 개의 실패를 하나씩 차례로 돌리는 일을 반복하는 작업이었다. 실험이 끝난 것으로 안 참가자들은 실험자로부터 밖에서 기다리고 있는 다음 참가자에게 가서 이 실험과제가 '재미있었다'고 말해 달라는 요청을 받았다. 그 이유로서 실험의 목적은 과제에 임하는 사람들이 지닌 과제에 대한 선입견(재미있다, 재미없다 등)이 과제수행에 어떠한 영향을 미치는지를 알아보는 연구이기 때문이라는 설명을 받았다. 원래 이 역할을 수행하는 실험보조자가 있는데 그가 사정이 생겨 못 나오게 되었으니 그 역할을 대신해 달라는 설명이 덧붙었다. 이 설명과 함께 그 같은 일을 학기 동안 하는 대가로 일군의 참가자들에

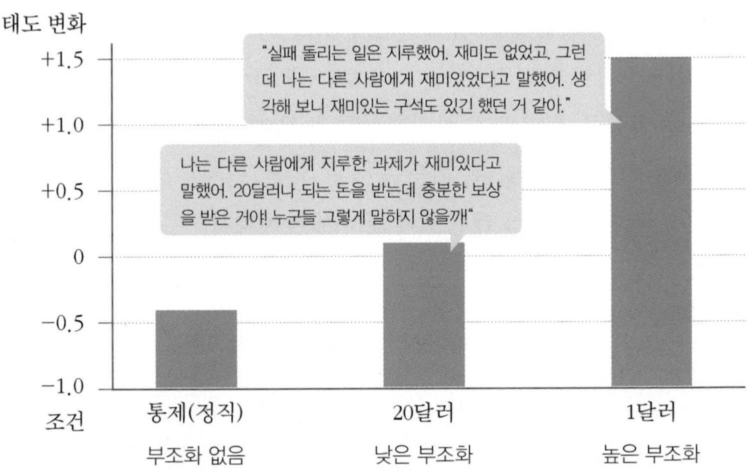


**[그림 5-11] 인지부조화 실험의 조건별 결과**

근거: Festinger & Carlsmith (1959).

게는 1달러를, 다른 군에게는 20달러를 주겠다고 하였다. 요청을 받은 모든 참가자들이 기꺼이 수락하여 밖의 참가자에게 과제가 즐거웠다고 자신들의 실제 태도와 반대되는 이야기를 하였다. 나중에 이들에게서 실험과 무관한 상황에서 실험과제에 대한 흥미도를 측정하여 분석한 결과, 불충분한 정당화 조건(1달러)에서 사람들은 과제를 더욱 흥미 있게 여기는 것으로 나타났다([그림 5-11]).

**강화의 원리**
강화(보상)를 받은 행동은 학습되어 출현 가능성이 높으며, 강화물의 크기가 클수록 학습효과는 크다는 행동주의의 행동원리.

**불충분한 정당화**는 유도된 응종(induced compliance)이라고도 불린다.

이 실험결과는 여러 상황에서 반복적으로 나타났으며(Freedman, 1963) 강화의 원리(즉, 받은 보상의 크기에 따라 태도가 결정되리라 봄)가 예측하는 것과는 반대로, 결과가 나타났다는 점에서 그 파장이 매우 컸다. 여러 연구 결과, 부조화에 의한 태도변화가 나타나기 위해서는 ① 태도와 상반된 행위를 취한 책임을 스스로가 느끼고, ② 그 행위가 스스로나 남에게 좋지 않은 영향을 가져오고, ③ 자신의 행동을 남들이 알아야 한다는 조건 등이 필요한 것으로 정리되었다(Cooper & Fazio, 1984). 후속 연구들에서는 이 같은 조건이 충족되는 경우에 인지부조화 효과가 강하게 나타남을 보인다(Eagly & Chaiken, 1993). 인지부조화 현상은 사회생활에서 매우 폭넓게 적용되는 것으로 나타나면서, 일부이지만 동물에게서도 유사한 현상을 볼 수 있게 되었고 이 현상이 지닌 진화적 가치도 탐색되고 있다(곁글 5-5).

**처벌의 효과와 부조화** 인지부조화의 논리를 처벌에 적용하면 어떻게 될까? 흔히 나쁜 것(부모가 원치 않는 것)에 대한 아동의 관심을 끊기 위해서는 호된 처벌이 바람직하다는 생각을 부모들이 많이 한다. 과연 그럴까? 5세 미만의 아동들이 매

## 곁글 5-6 동물도 인지부조화를?!

다양한 형태로 나타나는 인지부조화 현상이 동물에게서도 볼 수 있을까? 비둘기들을 대상으로 한 연구는 힘들여 얻게 된 먹이를 쉽게 얻은 먹이보다 더 좋아하는 것으로 나타났다(Egan et al., 2007에서 인용). 노력의 정당화에 해당될 수 있는 현상이 관찰된 것이긴 하지만 다른 해석의 여지가 있다. 즉, 많은 운동을 하였기에 입맛이 돌아 더 맛있게 여길 수 있다는 것이다. 이와는 달리 선택의 정당화 방식을 사용하여 원숭이를 대상으로 한 연구가 아동을 대상으로 한 연구와 비교되어 흥미롭다.

여섯 마리의 원숭이를 대상으로 M&M 초콜릿의 선호하는 색깔을 파악하기 위하여 연구자(Egan et al., 2007)들은 해당 색의 초콜릿에 얼마나 신속히 반응하는가를 측정하여 세 가지 비슷한 선호를 보이는 색깔들을 알아내었다(A, B, C; C는 셋 중에서 그나마 선호가 약하게 나타났고, A와 B는 동등함). 실험단계에서 원숭이들에게 A와 B를 제시하는데 선택 조건에서는 두 가지를 제시하고서 원하는 것 하나를 선택해 먹을 수 있게 했으나(하나를 선택하면 다른 것은 없어짐), 무선택 조건에서는 한 가지만 접근이 가능했고, 다른 것은 볼 수 있어도 먹을 수는 없었다. 첫 실험 시행에서 A와 B를 제시하여 선택이 이루어지면 이어지는 후속 시행에서는 첫 실험 시행에서 선택되지 않은 것(A 혹은 B)과 새로운 색깔인 C를 제시하고서 어느 것을 선택하는지를 관찰하였다. 이를 열 번 하면서 선택하는 색깔이 무엇인지를 분석한 것이다. 모든 원숭이가 두 달 간격으로 선택 조건과 무선택 조건에서 실험을 치렀다. 한편, 연구자들은 네 살짜리 남녀 아동 30명을 대상으로 아이들이 좋아하는 다양한 모양의 스티커를 대상으로 같은 절차의 실험을 시행하였다. 아동과 원숭이가 대상 C를 선택한 비율이 [그림 5-12]에 나타나 있다. 원숭이와 아동의 경우 모두 선택 조건에서는 무선택 조건에서보다 C에 대한 선호가 커진 것을 볼 수 있어 인지부조화 현상을 보였다. 그러나 무선택 조건의 경우 아동은 예상대로 C에 대한 선호가 무작위 수준과 차이를 보이지 못했으나, 원숭이의 경우에는 예상 밖으로 무선택 조건에서 C에 대한 선호가 감소한 것으로 나타났다. 이는 무선택 조건에서 실험자가 보여 주기만 한 것에 대하여 더 애착을 느낀 것으로 해석될 수 있다.

어린 아동과 원숭이에게서 나타나는 선택의 부조화 현상은 인지부조화 및 그 해소 현상이 고도의 인지적 현상인 자기 개념이 전제되고, 그에 바탕한 부조화의 경험들을 학습하여 이루어진 것이라기보다는 언어의 획득이나 울부짖음과 마찬가지로, 인간과 동물의 생존본능에 기인한 진화적 토대를 지닌 것이라는 가설을 성립하게 한다.

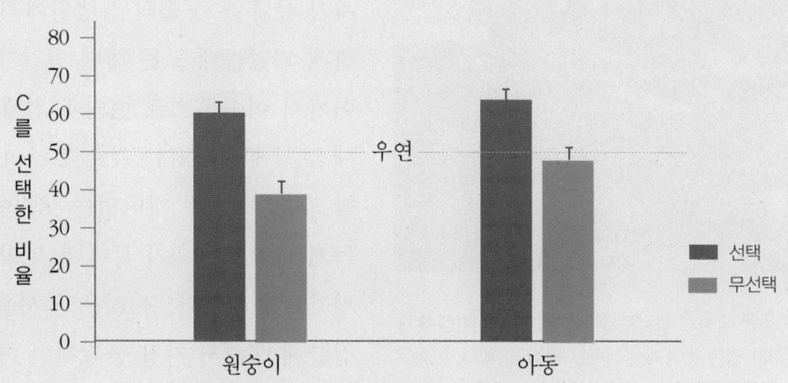


**[그림 5-12] 원숭이와 아동들이 실험조건에 따라 보이는 선택**

우 갖고 싶어 하는 장난감에 손을 못 대도록 하면서 심한 처벌 조건에서는 그 장난감을 갖고 놀다가 걸리면 다른 장난감도 갖고 놀 수 없게 되는 벌을 받을 것이라고 알려 주고 약한 처벌 조건에서는 갖고 노는 것은 잘못이라고만 알려 주었다. 금지된 장난감을 갖고 놀지 못하게 한 다음, 그 장난감과 다른 장난감들 간의 선호도를 물어본 결과, 심한 처벌 조건에서 아동들은 금지된 장난감에 대한 선호가 증가하였으나, 약한 처벌 조건에서는 오히려 감소하는 양상이 나타났다(Aronson & Carlsmith, 1963). 이런 결과는 호된 처벌이 금지 행동을 못하게끔 막을 수 있지만 그 행동에 대한 관심을 막을 수는 없으며, 오히려 약한 처벌이 금지된 행동에 대한 아동의 흥미를 감소시키는 효과가 있음을 보인다. 따라서 사람들에게 바람직한 행동을 내면화시키기 위해서는 반대되는 행동을 너무 강압적으로 못하게 하거나, 바람직한 행동을 정당화시킬 정도의 큰 보상이 따르도록 하는 것은 좋은 방책이 아니다.

**노력의 정당화** 인지부조화 이론에 따르면 무언가 열심히 했는데 얻은 것이 적다면 부조화가 크리라고 예측할 수 있다. 이 경우 부조화를 감소시키기 위해서 노력을 들여 달성코자 했던 목표를 더욱 긍정적으로 여기게 되는 현상을 볼 수 있다.

Aronson과 Mills(1959)는 여대생들로 하여금 성생활에 대한 논의를 해야 하는 실험에 참가하게 하였다. 여대생들은 자신들이 그러한 껄끄러운 주제의 논의를 할 수 있다는 것을 보이기 위해서 검사를 받아야 했다. 이 검사의 난이도를 조작해서 '쉬운 조건'에서는 남자 실험자 앞에서 성행위와 관련된 단어들을 읽게 했고, '어려운 조건'에서는 도색잡지에 나온 낯 뜨거운 장면의 묘사문을 읽게 하였다. 통제조건에서는 아무런 검사가 필요 없었다. 이 참가 절차가 끝난 후 동물의 성행위에 대한 책을 놓고 논의를 하게 되었는데 모든 개별 참가자들은 각기 독방에 들어가서 이어폰으로 논의가 진행되는 것을 듣고 나중에 토의에 참가하는 것으로 알려 주었다. 어느 참가자 할 것 없이 모두 재미없는 토의(사전에 준비된 녹음)를 듣게 되었고 논의가 끝난 후 토의의 유익성, 재미 등을 평가하게 되었다. '어려운' 검사를 거친 사람들이 토의 집단에 대해서 가장 긍정적인 태도를 보였고, 토의도 유익했던 것으로 여겼다. 지루한 논의가 가장 큰 부조화를 초래한 것은 '어려운 조건'이었다. 유사한 결과가

한국에서 남자들은 국방의 의무로 군복무를 하는데 가장 훈련이 힘들고 군기가 엄한 곳이 해병대라고 평이 나 있다. 이들은 "한번 해병은 영원한 해병"이라는 표어처럼 그 긍지나 자부심이 타군 출신에 비해 높고 응집력도 높다고 여겨진다. 그 이유는 인지부조화로 설명할 수 있다.

**곁글 5-7** 광신집단의 인지부조화

**휴거소동 시의 다미선교회 기도 장면**
공공연한 휴거의 믿음 행위가 휴거로 연결되지 않을 때 사람들의 믿음은 어떻게 변하는가?

사람들이 여러 갈 길이 있지만 한 길을 고집하는 경우, 그 길이 나중에 잘못된 것으로 드러날 때 후회하거나 큰 부조화를 느낄 수 있다. 1992년 10월 휴거설로 인해 한국 사회가 들썩거렸다. 세상에 종말이 오며 진정한 신도들은 하늘로 들리움(휴거)을 받아 올라간다는 믿음을 지닌 기독교의 일부 교파에 속하는 교도들은 휴거에 대비해 가재도구를 청산하고, 선교활동을 열심히 했다. 휴거일이 다가오자 스스로가 휴거론자임을 떳떳이 표방하고 철야기도를 하며 그날을 맞았다. 전 국민의 관심 속에 휴거일은 무사히(?) 지나갔다. 당연히 이들은 큰 허탈(부조화)을 느꼈고 부조화를 감소시키는 행위를 취했다. 한 부류는 자신이 속았다는 것을 인정하고 후회하기 시작했으나 다른 부류는 휴거일 산정에 오류가 있었음을 발견하고 정말로 오게 될 휴거에 대비하기 시작했다. 이들은 휴거 날 진실이 판명된다는 믿음에 더욱더 신앙생활을 돈독히 하리라 예측할 수 있다(미국에서 벌어졌던 유사한 소동과 관련된 심리학자의 연구를 참조함; Festinger, Riecken, & Schachter, 1956). 그러나 일본의 경우에는 최후를 예언한 교주가 자살을 시도하였고, 실패하자 나중에 그 교단을 해체하였다(Sanada & Norbeck, 1975: Heine & Lehman, 1997b에서 인용).

센 전기충격을 받아야 집단토의에 참여할 수 있었던 참가자들의 경우에도 나타났다(Gerard & Mathewson, 1966).

**자유선택의 부조화** 이 점퍼를 살까 아니면 저 코트를 살까 망설이다가 점퍼를 사기로 결정하고 돈을 지불하려 들면 코트가 더 나을 듯한 생각이 들어 결정을 미루는 경우가 많다. 이 경우 스스로의 선택을 바꿀 수 없다면 그 결정을 합리화시키기 위해 취한 것을 더욱 좋게 보고 취하지 않은 것을 평가절하시키는 심리가 작용한다('그림의 떡' '손 안의 한 마리 새가 숲속의 여러 마리 새보다 낫다').

이 같은 부조화의 심리는 특히 선택한 것과 안 한 것과의 차이가 적어서 일장일단이 있는 경우에 더욱 크다. Brehm(1956)의 연구는 이 선택의 부조화 심리를 잘 보여 주고 있다. 그는 여대생들에게 토스터, 스톱워치, 라디오 등 여덟 가지 물건을 보여 주고 각각을 얼마나 갖고 싶은지 알아보았다. 이들 중 두 가지를 짝지어 제시하고서 갖고 싶은 것을 갖도록 하였는데, '작은 부조화' 조건에서는 선호도가 확실히 차이가 나는 두 개를 짝지어 제시하였고, '큰 부조화' 조건에서는 선호도가 비슷한 두 개를 짝지어 제시하였다. 통제조건에서는 짝지어 보여 주고서는 선택권을 주지 않고 실험진행자가 하나를 골라서 주었다. 이렇게 받거나 선택한 물건과 다른 물건에 대하여 선호도를 다시 평가하게 한 결과(〈표 5-4〉), 애초의 평가와 가장 큰 차이를 보인 것은 '큰 부조화' 조건이었다. 이들은 취한 물건을 더욱 좋게, 취하지 않은 물건은 애초보다 못한 것으로 평가하였다.

**표 5-4** 의사결정 후의 부조화 감소

| 조건 | 취한 물건 | 남은 물건 | 전체 부조화 감소 |
|---|---|---|---|
| 큰 부조화 | +.32 | −.53 | +8.5 |
| 작은 부조화 | +.25 | −.12 | +3.7 |
| 선택 없는 조건 | .00 | - | .00 |

출처: Brehm (1956).

**곁글 5-8** 마라토너들에게 42.195km는 얼마나 길까

발표된 지 80년이 되어 가는 인지부조화 이론(Festinger, 1957)에 대한 연구는 한동안 소강상태이더니 지난 10여 년간 다시 활발해지는 느낌을 준다. 최근의 연구는 인지부조화가 실물의 지각에도 적용될 수 있음을 보이고 있다. 국내에서도 마라톤 붐이 일어 42.195km를 완주한 사람들이 매우 많아졌다. 이들에게 마라톤은 얼마나 힘든 경기일까? 마라톤을 대상으로 한 것은 아니지만 한 연구(Balcetis & Dunning, 2007)는 이에 대한 실증적인 답을 던져 주고 있다.

당신이라면 다음 사진에 나타난 차림(코코넛 브래지어, 꽃목걸이, 풀치마)을 하고 대학교정을 걸어 다닐 수 있겠는가? 안 할 수 있었지만 걸어 다닌 사람(자신이 선택한 조건)과 어쩔 수 없이 걸어 다닌 사람(선택 없는 조건)은 실제 자신이 걸어야 하는 거리를 산정하는 데 차이가 있을 것인가? 학생들에게 이 차림을 하고서 교정 한복판에 있는 두 표지석 사이 365피트(110m)의 거리를 걸어오도록 하고서 그 거리를 추산하도록 하였다. 모든 사람들이 거리를 실제보다 짧게 추산하였지만, 흥미로운 조건 간의 차이가 나타났다. 자신이 선택한 사람들은 표지석 사이의 거리가 평균 111피트(표준편차 62피트)로, 선택의 여지가 없던 사람들은 182피트(표준편차 90피트)로 여기는 결과가 나타났다. 평상복을 입고 걸은 사람들(통제조건)은 그 거리를 161피트(표준편차 113피트)로 여겼다. 이 결과는 불편함/어려움을 기꺼이 선택한 사람들은 실물지각에 있어서도 부조화 효과에 의해 해당 과제를 용이한 것으로 여기는 양상을 보이고 있어, 마라톤 주자들의 거리지각이 어떨지에 대한 답을 주고 있다.

**부조화 줄이기** 인지부조화 현상에 의한 태도변화의 기제가 불충분한 정당화, 선택의 부조화, 노력의 정당화 등의 다양한 주제로 연구되면서 현상의 적용 영역이 확대되고 있다. 이와 더불어 부조화의 결과 및 부조화를 줄이는 방책에 대한 연구도 정리되고 있다. 부조화를 줄이는 방책은 직접적인 방책과 간접적인 방책으로 구분된다(Stone et al., 1997). 직접적인 방책은 부조화를 줄이기 위한 인지요소나 태도의 변화를 통한 것, 부조화의 의미를 축소시키거나 사소한 것으로 간주하는 것, 태도와 반대되는 행동을 초래한 상황에 대한 책임을 회피하는 것이다. 예를 들어, 북유럽의 4개국의 십대 청소년을 대상으로 한 연구는 음주를 하는 청소년들이 자기 또래들은 더 많이 음주한다고 여김으로써 자신의 규범 이탈적인 음주행위로 겪는 부조화를 감소시키는 양상이 있음을 보였다. 이 같은 양상은 특히 음주에 대한 규제가 심한 지역에 거주하는 청소년, 음주에 호감을 지니지 않은 청소년들에서 더 강하게 나타났다(Makela, 1997).

간접적인 방책으로는 불편함을 태도-행동의 괴리로 돌리는 대신, 다른 상황적 이유 탓으로 돌리는 것, 부조화를 잊기 위해서 술을 마시거나 다른 활동에 빠져드는 것, 자신의 긍정적인 가치를 확인하는 것 등이 있다. 이 같은 직간접의 다양한 양태가 부조화의 불편감을 줄일 수 있음이 여러 연구들에서 나타났다.

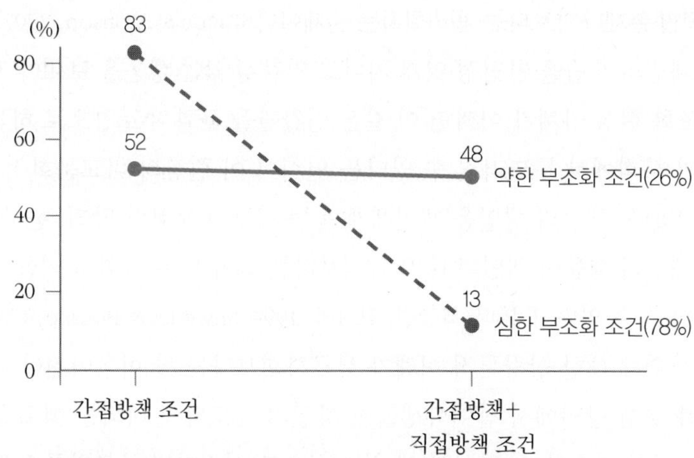


( ) 안의 숫자는 두 가지 방식이 모두 가능할 때 직접방식(콘돔 구매)을 택한 사람의 비율임.
아무것도 택하지 않은 사람이 있기 때문에 합이 100%가 안 됨.

**[그림 5-13] 부조화의 강도에 따른 부조화 해소책으로 간접방책을 택한 사람의 비율**

출처: Stone 등(1997) 표 1의 일부를 그림화.

**인지부조화 이론의 발전** Steele(1988)은 자기의 개념을 인지부조화 이론에 도입하여, 자기가치확인 이론을 제시하였다. 이에 따르면 자기의 통합적인 인격을 긍정적으로 여기려는 동기가 인지부조화 효과를 가져온다. 즉, 사람들은 자신의 인격에 부응하지 못하는 정보(스스로가 모순을 보이거나, 태도와 부합하지 못하는 행동을 보이는 등)를 접하는 경우에, 잘못되었거나 불편한 느낌을 갖게 된다. 이때 자신의 긍정적 가치를 다른 면에서 확인할 수 있다면 인지부조화에 의한 불편감을 크게 감소시킬 수 있다고 본다. 사람들은 다양한 생활 장면에서 상황마다 일관되게 자신의 바람직한 모습대로 살기 어렵다. 학교에서 시험 성적이 좋지 않아서 낙심했을 때, 가족이나 혹은 친구들과의 만남에서 자신의 가치를 재확인할 수 있다면 통합적인 인격의 긍정적인 모습을 유지할 수 있다. 실제로 Steele 등(1993)은 Brehm의 자유선택에 의한 부조화 연구방식을 사용하여 참가자들에게 자신의 긍정적인 성격 특성을 재확인시킨 조건에서는 부조화에 의한 선호도 변화가 나타나지 않음을 보였다. 아울러, 과학전공생들에게 실험실 가운을 입게 하여 자신들의 정체성을 확인시켜 준 상황에서도 부조화에 의한 선호도 변화가 나타나지 않았다(Heine & Lehman, 1997b에서 인용; Stone et al., 1997).

**인지부조화 현상은 보편적인가?** 인지부조화 현상이 제시하는 인간의 모습은 합리적인 존재라기보다는 합리화하는 존재이다(Tavris & Aronson, 2007). 행동에 걸맞은 내면의 모습을 안정성 있게 지니고 일관성 있는 행동을 보여야 정상이다. 인지부조화 현상 자체가 어쩌면 이 같은 인간관을 문화적 토양으로 하는 서구의 개인주의 사회에서 두드러질 수 있다는 인식이 이 현상의 비교문화적 연구들에서 제시되었다. 행동의 책임을 개인에게 묻는 서구의 문화와 달리, 한국이나 일본에서는 개인의 행동이 개인의 내적 특성보다는 그가 맡은 사회적 역할, 의무에 의해서 나타날 수 있다고 본다(최상진, 김기범, 1999; Shweder & Bourne, 1982). 즉, 사람들의 행위에 대한 상황론적 이해가 서구사회보다는 잘 이루어진다. 따라서 인지부조화 실험 장면에서 참여학생들이 자신의 태도와 반대되는 행위를 '교수가 요구했으니까 거절할 수 없어서 했다'는 식으로 여긴다면 부조화를 느끼지 않을 것이며, 부조화 감소를 도모하는 동기도 나타나지 않을 것이다. 한국에서 행해진 불충분한 정당화의 재검연구는 인지부조화 현상이 나타나지 않았음을 보고하고 있다(Choi & Nisbett, 1998에서 인용). 그러나 태도와 반대되는 행동을 남들 앞에서(공적 상황) 취한 경우에는 행동에 맞추는 태도변화가 일본 학생들에게서 관찰되었다(Sakai, 1981: Hoshino-Browne et al., 2005에서 인용). 국내에서는 교통법규를 위반

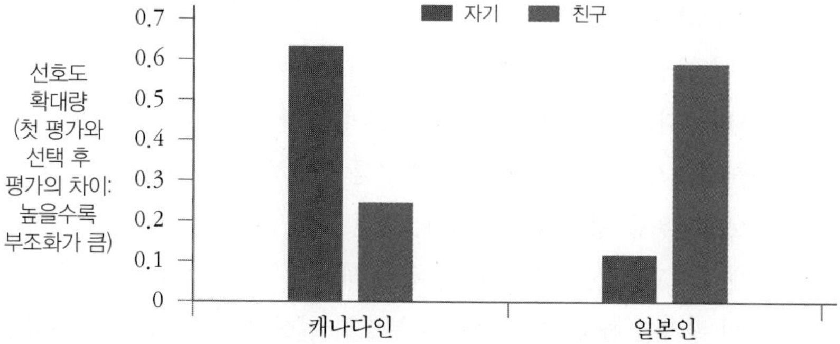

[그림 5-14] 선택 후 부조화 감소의 문화 차이(캐나다와 일본): 자기와 친구 조건

출처: Hoshino-Browne et al. (2005).

하는 행동을 보여 주고 이를 지지하는 글을 쓰게 된 대학생들은 글을 쓰기 전보다 쓴 후에 교통법규 위반에 대하여 더욱 수용적인 방향으로 태도가 변한 것으로 나타났다(허태균, 황재원, 김재신, 2005). 이는 법규 위반 행동에 대한 정당화 행동이 부조화를 야기하였고, 이 부조화를 줄이려고 법규 위반에 대한 태도를 수용적으로 바꾸는 인지부조화 현상이라고 보겠다.

인지부조화의 문화적 특성을 검토한 비교문화적 연구는 캐나다인과 일본인을 대상으로 선호도가 비슷한 중국음식 메뉴 둘 중에서 하나를 취하였을 때 취한 것이 더 좋아지고, 안 취한 것은 덜 좋아지는 선택의 부조화 효과를 검토하였다. 이때 선택한 메뉴를 먹을 수 있는 쿠폰을 자신이 갖는 상황과 친구에게 주는 상황에서 인지부조화 효과가 두 문화에서 상이하게 나타났다(Hoshino-Browne et al., 2005). [그림 5-14]에서 보듯이 캐나다인에게서는 자신이 갖는 경우에, 일본인의 경우에는 친구에게 주는 상황에서 인지부조화 현상에 의한 태도변화가 관찰되었다. 또 다른 연구는 일본인들은 자신의 선택 행동을 보는 남의 시선을 의식하는 경우에 그런 시선이 없는 경우에 비해서 부조화에 의한 태도변화를 보이는 양상이 높은 것을 보이고 있다(Imada & Kitayama, 2010).

**한국인의 인지부조화** 이 같은 문화비교 연구들은 인지부조화 현상이 각 문화의 인간관에 의해서 영향받는다는 것을 보여 주고 있다. 한국인들은 자신들의 행위가 상황에 따라 달리 나타날 수 있음을 쉽게 인정하므로 자신이 취한 행동이 내면의 태도와 모순된다고 해도 굳이 내적인 태도의 변화가 수반되지 않는다는 주장이 가능하다(Choi & Nisbett, 1998). 그러나 한국인이 상황론적인 행위 설명을 많이 하지만, 주체적 임자로서 개인주의적 행동 양식도 발달해 있음을 주목할 필요가 있다(김동직, 한성열, 1998; 이누미야, 김윤주, 2006). 최근에 선택의 부조화 방식을 이용하여 이 현상을 연구한 결과, 한국 대학생들이 인지부조화를 뚜렷이 보이는 것으로 나타났다(윤상연 외, 2013). 앞에서 설명한 연구 절차(Hoshino-Browne et al., 2005)를 빌려서 중국 음식 대신 음료수를 사용하였다. 먼저, 열 개의 음료수에 대한 선호도 순위를 평가하게 하였다. 그런 후에, 5위와 6위 평가를 받은 음료수 두 개를 제시하고 자신 혹은 친구를 위해 하나를 선택하도록 하고서, 다시 음료수들을 순위 평가를 하게 하여, 선택후 부조화 현상이 나타나는지를 보았다. 또한 음료수 같은 개인적인 선호가 아닌 공적인 규범의 경우는 어떤지를 보기 위하여 새로운 조건을 설정하였다. 이 조건에서 참여자들은 향후 한달 동안 실시될 교통법규 위반 집중단속 기간에 중점 단속할 법규 위반 사항들의 우선순위를 평가하였다. 연구자들은 참여자들이 중간 순위로 평가한 법규 위반 사항 두 개를 제시하고, 이번 단속기간에 적용할 것 하나를 선택하게 하였다. 그러고서 다시 법규 위반 사항들의 중요성 순위에 대한 평가를 하도록 하였다. 세 가지 조건 모두에서 자유선택의 부조화 현상이 나타났는데, 자신 조건과 교통법규의 조건에서 가장 크게 나타났다([그림 5-15]). 태도변화는 참여자의 집단주의적 성향이 높을수록 적게 나왔으며(r=−.28), 자신이 했던 선택이 중요하다고 여길수록 크게 나타났다(r=.41). 이런 연구 결과로 볼 때 인지부조화 현상에 대한 연구는 한국인이 그를 보이는지 여부에 맞출 것이 아니라 어떤 상황적 특성에 의해 영향을 받는지를 밝히는 방향으로 진행되어야 할 것이다. 이를테면, 요구받아 취해진 행동이 사회규

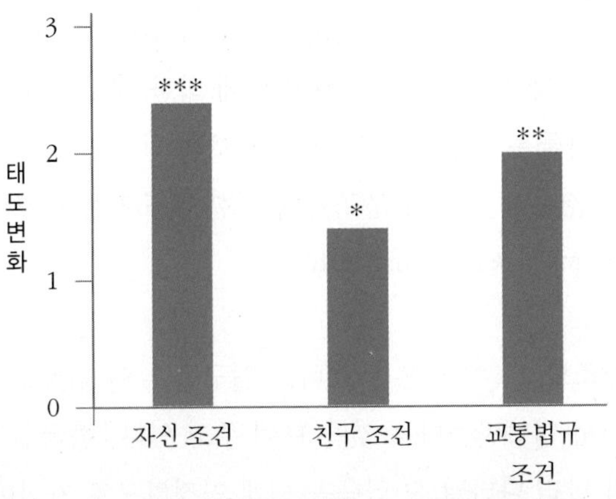


**[그림 5-15] 조건별 인지부조화 발생 확인**

세 조건 모두 부조화에 의한 태도변화는 나타났으며, 자신 조건과 교통법규 조건에서 특히 강하게 나타났다.

* $p<.05$, ** $p<.01$, *** $p<.001$

출처: 윤상연 외(2013).

범적으로 적합한 경우(부모나 교수의 부탁 등)에는 내면의 태도와 다르더라도 인지 부조화를 느끼지 않을 가능성이 높다.

## 태도가 분명하지 않을 때: 자기지각 이론의 적용

친구가 명품으로 몸을 가꾸는 것을 즐기는 것을 보면 명품에 대한 그의 태도가 매우 좋을 것으로 여긴다. 마찬가지로, 내가 지닌 보이지 않는 내적 태도를 유추하는 것도 나의 행동을 보고 상황을 고려해서 추측한다는 주장이 제기되었다. 자기지각 이론(Bem, 1967)에 따르면, 태도와 상반된 행동을 하고 20달러를 받은 사람들은 '과제가 재미있다고 한 것은 20달러라는 큰 돈 때문이야. 과제가 재미는 없었지!'라고 생각하며, 1달러를 받은 사람들은 스스로 '나는 분명히 과제가 재미있다고 이야기했어. 그 대가로 1달러를 받았지. 1달러 때문에 내가 거짓말을 한다는 것은 믿기 어려워. 다시 생각해 보니 과제가 재미있는 구석이 있었어'라고 생각할 수 있다. 이 경우 부조화 이론이 전제하는 불편감 및 그 해소동기도 필요가 없어지고, 스스로 취한 행동에 대한 상황분석을 통해서 자신의 태도를 취한다는 것이다.

자기지각 이론은 태도가 어떤지를 분명히 알고 있다면 상황분석이 필요 없을 것임을 주장하며, 따라서 원래의 태도를 확실히 부각시키면 태도변화는 나타나지 않으리라는 예측을 한다. 반면에, 인지부조화 이론은 원래의 태도를 현저하게 만들면 더욱 불편해져 더 큰 부조화 효과를 가져온다는 상반된 주장을 한다. 이 점을 비교하는 실험연구(Snyder & Ebbesen, 1972)에서 한 조건에서는 참가자들로 하여금 태도와 반대되는 행동을 취하기 전에 자신의 태도가 무엇인지를 생각하게 요청했고, 다른 조건에서는 그런 요청을 하지 않았다. 자기지각 이론이 예측하듯이 원래의 태도를 생각하게 한 조건에서는 부조화 효과가 나타나지 않았다. Chaiken과 Baldwin(1981)은 환경보존에 대하여 일관된 신념을 지닌 사람과 그렇지 않은 사람들을 분리하여 이들에게 환경보존 활동에 대하여 질문을 하였다. 질문형식을 조작하여 한 조건에서는 대답이 '예'가 많이 나오도록 질문을 구성하였고(즉, "콜라병을 수집소에 가져가 본 적이 있습니까?"), 다른 조건에서는 대답이 '아니요'가 많이 나오도록 했다(즉, "콜라병을 항상 수집소에 가져갑니까?"). 그 후 자신의 환경보존에 대한 태도를 측정하였더니 [그림 5-16]에서 보듯이 환경보존에 대한 태도의 일관성이 낮았던 사람들에게서만 조작효과가 크게 나타났다. 다른 연구들도 자기지각 과정에 의한 태도의 결정은 대상에 대한 태도가 불분명한 경우임을 밝히고 있다(Tybout & Scott, 1983; Wood, 1982; 결글 5-9).

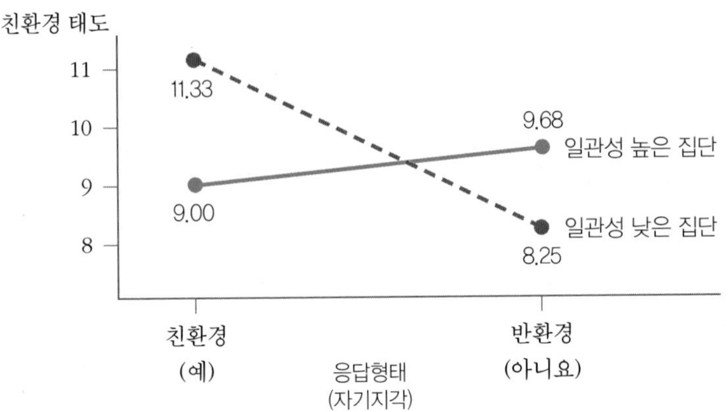


[그림 5-16] **태도의 일관성과 자기지각 처치에 따른 친환경적 태도 양상**

출처: Chaiken & Baldwin (1981).

**곁글 5-9** 자선 기금 모으는 방책-문간에 발들이기 기법

사람들로 하여금 자선기금에 출연하도록 하는 데 자기지각 이론을 응용할 수 있다. 원리는 사람들로 하여금 스스로가 자선활동에 관심 있는 사람이라는 인식이 들도록 하는 것이다. 이를 위해서는 우선 사람들에게 자선활동과 관련된 어렵지 않은 행동을 요구하여, 거절하기 힘들게 만드는 것이다. Freedman과 Fraser(1966)는 캘리포니아의 가정집을 백여 곳 방문하여 작은 요구(안전운전 혹은 환경보호 캠페인에 서명을 요구하거나, 캠페인 참여 표지를 붙이고 다니는 것)를 하였고, 접근한 거의 모든 집의 주부들에게서 수락을 받아 냈다. 2주 후에 이들을 다시 방문하여, "안전하게 차를 몹시다"라는 입간판을 설치한 집의 사진을 보여 주면서 그들의 집 마당에 이 간판을 일주일간 설치해 줄 것을 요구하였다. 일군의 주부들에게는 한 번만 방문하였으며, 이 첫 방문 때 입간판 설치를 요구하였다. 이들 중에서는 17%만이 동의한 것으로 나타났다. 그러나 두 번째 방문을 받은 사람들 중에서 첫 방문 시에 안전운행 표지를 붙이거나 다른 환경보호 캠페인에 서명하였다면 입간판 설치에 동의하는 사람이 47%로 나타났다. 이렇게 높은 참여율은 작은 참여가 자기지각 효과를 가져와 큰 참여를 끌어내었기에 가능하였다고 본다. 이 효과가 나타나기 위해서는 첫 번째 요구를 수락하는 것이 자기지각 효과('공익활동에 관심 있는 나')를 지니고 있어야 한다. 지나치게 사소한 요구의 경우에 이러한 자기지각 효과가 덜 나타나며, 이 경우에는 상대방이 요구를 수락하였을 때 상대방에게 자기상을 분명히 확인시켜 주는 것("당신은 자선활동에 관심이 많은 훌륭하신 분이군요!")이 도움이 된다. 이 효과가 나타나기 위해서는 선행 요구에 대한 수락이 자발적으로 이루어진다는 인식이 꼭 필요하다. 뚜렷한 상황적 이유 탓으로 요구를 수락한 것으로 여길 수 있다면 자기지각 효과가 나타나지 않을 것이다.

또 하나의 사례로, 미국 인디애나 주에서 주민들을 대상으로 미국암협회의 활동에 3시간의 자원봉사를 할 수 있는지를 물었다(실제 한 것은 아님). 3일 후에 다른 사람이 이들에게 전화를 걸어 암협회에 실제 도움을 줄 것을 부탁하였다. 이전에 할 수 있다고 답을 한 사람들에게서 31%가 이 요구를 수락하였는데, 이 수락률은 이 전에 전화를 받지 않은 사람들의 수락률 4%에 비해 8배에 달하는 것이다(Sherman, 1980).

1. 행동이 태도를 결정짓거나 태도에 변화를 초래하는 과정은 인지부조화 이론과 자기지각 이론이 설명하고 있다.
2. 인지부조화 이론은 대상에 대해 확고한 태도를 지니고 있을 때, 이와 반대되는 행동을 취한 이유가 충분하지 못할 경우에 부조화를 경험한다고 본다. 사람들은 이 부조화를 벗어나려는 동기를 지니고 있어, 태도를 행동에 걸맞게 변화시킨다.
3. 인지부조화 이론의 틀을 적용하여 불충분한 정당화, 노력을 정당화하려는 행위, 의사결정 후의 부조화를 설명할 수 있다.
4. 자기가치확인 이론은 인지부조화를 경험하더라도 자기의 가치를 확인할 수 있는 상황에서는 부조화를 줄이기 위한 태도변화가 나타나지 않음을 설명한다.
5. 인지부조화 이론은 안정적이고 일관된 개인의 모습을 추구하는 서구사회의 인간관을 반영하고 있으나, 그 현상의 발현이 인간에게 국한되지 않는다는 연구들이 나타나면서 진화적 가치도 추론되고 있다. 동아시아에서도 부조화 현상을 관찰할 수 있으며, 어떤 상황에서 나타나는지에 대한 연구들이 이루어지고 있다.
6. 자기지각 이론은 자신이 지닌 태도가 불확실한 경우에 사람들은 자신이 취한 행동으로부터 자신의 태도를 유추한다고 설명한다.

## 설득에 의한 태도변화

지금까지는 스스로의 행위에 따른 태도변화의 심적 기제에 대하여 다루었다. 이제 태도변화를 도모하는 설득, 설교, 광고, 홍보 등에 접해서 태도변화가 이루어지는 과정과 그 영향 요인들에 대해서 살펴보자.

설득은 전달자가 전달내용을 수용자에게 보내어 소기의 목적을 달성하려는 의사소통 행위이다. 제2차 세계대전 때 각국에서는 적대국을 대상으로 한 선전활동은 물론, 자국민을 대상으로 모병 활동과 전쟁 지원을 도모하기 위한 홍보 및 설득 활동을 활발하게 전개하였다. 이 과정에 사회심리학자들이 관여하게 되었고, 전쟁이 끝나고서 설득과정과 설득효과에 미치는 요인들의 연구가 사회심리학의 중요한 관심사로 떠올랐다(곁글 5-10). 설득의 과정을 이해하기 위해서 전달자, 수용자, 전달내용의 3요소를 구분하여 각 요소의 영향이 어떻게 작용하는지를 살필 수 있다. 여기서는 이들 3요소를 간략히 짚어 보고 이 분야의 연구 결과들을 통합적으로 이해하는 틀로서 정교화 가능성 이론을 살펴보겠다.

**곁글 5-10** 설득과정에 대한 연구의 진화

미국의 사회심리학자들은 제2차 세계대전 당시 독일을 상대로 한 심리전에 참가하면서 설득과정과 설득효과에 미치는 요인들을 이해하려고 많은 노력을 들였다. 태도변화에 대한 1세대 연구자(예일 대학교의 Hovland가 주도)들은 태도변화의 3요소에 작용할 수 있는 다양한 변인들이 설득효과에 어떠한 영향을 미치는지를 분석하였다. 초기에는 전달자의 신뢰감, 보상의 크기, 위협의 강도 등을 달리하여 내용을 전달하면서, 어떤 조건에서 내용의 설득력이 크게 작용하는지를 연구하였다. 이 변인들이 일관된 영향을 지니고 있다고 여겼다. 즉, '신뢰할 수 있는 전달자의 설득이 태도변화를 촉진한다' 등의 가설을 세우고, 이를 검증하였다. 이들이 취한 이론적 입장은 학습론적 입장으로, 전달내용이 학습이 잘될수록 효과는 크다고 보았으며, 이 학습을 도와주거나 방해하는 변인들을 상정하고 이를 연구하였다. 그러나 인지심리학의 접근이 부상하면서 2세대 연구자들은 전달내용의 효과에 영향을 미치는 요인들의 연구에서, 더 나아가 전달내용이 어떻게 처리되는지가 중요함을 인식하여, 수용자의 인지반응을 매개로 하여 태도변화가 나타나는 과정에 관심을 기울이게 되었다(Greenwald, 1968). 한 예로, 사람들이 긍정적인 정서 상태라면, 다양한 생각들이 떠오르며, 내용의 처리가 소홀하게 되는지를 보기 위해, 학생들에게 경품을 타게 한 조건과 그렇지 않은 통제조건에서 산성비 통제에 대한 설득력이 탄탄한 내용이나 혹은 허술한 내용을 접하도록 하였다(Worth & Mackie, 1987: Petty, 1997에서 인용). 허술한 내용에 접했을 경우에 긍정적 정서의 사람들은 훨씬 설득이 되었지만, 탄탄한 내용에 접한 경우에는 부정적 정서의 사람들에게 설득이 잘 먹히는 것으로 나왔다(양정애, 2010). 이같이 2세대 연구자들의 연구가 인지반응 이론을 중심으로 이루어졌으나, 여러 연구들의 결과가 일관되지 않는 경우도 많아졌다. 즉, 기분이 좋은 상태에서도 내용 처리가 잘 이루어지는 것이 관찰되었다. 오늘날의 3세대 연구자들은 이같이 상반되는 효과를 인정하고, 이 결과를 통합하려는 시도를 한다. 즉, 모순현상을 통합하는 제3의 변인들을 발견하려는 노력을 보이고 있다. 예를 들면, 3세대 연구자들은 긍정적인 정서가 내용 처리에 좋을 수도 있고 나쁠 수도 있을 가능성을 인정하며, 내용이 긍정적인 것으로 기대되는 경우에는 내용 처리가 잘 이루어지고, 내용이 부정적인 것으로 기대되는 경우에만 처리가 잘 이루어지지 않음을 발견하였다. 즉, 처리과정의 결과는 긍정적인 기분을 유지하려는 동기라는 제3변인에 의해서 좌우됨을 밝힌 것이다(Petty, 1997에서 인용).

## 전달자 요소

설득을 하려는 사람이 매력적이거나, 호감을 주거나(Wood & Kallgren, 1988), 전문성을 인정받거나, 신뢰할 수 있다고 여겨질 경우에(Hovland & Weiss, 1952) 그렇지 못한 설득자보다 설득효과를 더 지니고 있다. 매력적인 배우 혹은 신뢰감을 주는 배우나 저명인사를 광고의 모델로 많이 기용하는 것은 이 때문이다. 신뢰성은 통상 권위와 동일시될 수 있는데 이것은 전문성과 믿음으로 구분될 수 있다(Hovland & Weiss, 1952). 전문성이 인정되는 사람은 그렇지 않은 사람보다 더 큰

2011년 일본 후쿠시마 원전사고로 노출된 핵연료를 식히는 냉각장치가 파손되어 지하수가 유입되면서 매일 140톤 이상의 오염수가 발생하여 저장탱크를 채우고 있다. 일본정부는 이 탱크에 가득 찬 오염수를 정화처리했다면서 2023년 8월부터 바다에 방류하고 있어, 주변국의 반발을 사고 있다.

설득력을 발휘한다(Wood & Kallgren, 1988). 신뢰감은 전달자가 편파적이지 않음을 인정받을 때 느껴진다. 일본 정부는 2023년 8월부터 후쿠시마 핵발전소 사고로 인해 계속 발생하고 있는 엄청난 오염수가 안전하게 처리되었다며 태평양에 방류를 시작하였다. 주변 국가에서는 이 오염수의 안전성을 믿을 수 없어 방류를 반대하고 있다. 일본의 핵과학자들의 주장은 모국의 이익에 영합하는 주장을 펴고 있기에 신뢰받지 못한다. 이들 중에서 방류에 반대하는 사람은 일본에서는 환영받지 못할지라도 외국의 학자들이나 언론으로부터 신뢰성을 인정받을 것이다. 신뢰성을 인정받는 방법 하나는 전달자가 자기에게 불이익이 올 수 있는 주장을 공익을 위해서 펴는 것이다.

## 전달내용 요소

듣는 내용이 자신이 지니고 있는 태도와 괴리가 작을 때는 수용 가능성이 높으나, 괴리가 클 경우에 태도변화 이외의 다른 반응이 나타난다(Hovland et al., 1957). 설득 내용이 수용자가 지닌 태도와 반대되는 것일 때, 일방적인 내용보다는 쌍방향의 내용을 모두 제시하는 것이 더 효과적이다(McGuire, 1964). 예를 들면, 흡연자에게 금연을 권하는 내용은 금연의 장점뿐만 아니라 단점에 대한 것도 다루도록 하는 것이다.

전달내용의 논지가 탄탄하다면 그렇지 못한 경우보다 일반적으로 설득력이 높다. 이를테면, 성역 없는 국정감사를 해야 한다는 주장은 강하고 논지가 명백한 반면, 핵발전소를 추가로 건설해야 한다는 주장은 약하고 논지도 의구심을 일으킬 수 있다. 물론 성역 없는 감사의 주장도 강하게 제시할 수 있고 약하게 제시할 수 있다. 그러나 수용자가 내용에 큰 관심을 보이지 않는 경우나(Burnkrant & Howard, 1984), 수용자가 기분이 좋은 경우에는(양정애, 2010) 강한 것이나 약한 것이나 설득효과에 차이가 없는 것으로 나타났다.

## 수용자 요소

같은 내용이라도 듣는 사람에 따라 그 설득효과는 달라진다. 예를 들면, 수용자의 연령을 들 수 있다. 인지능력의 발달과 사회화에 따라 내용을 이해하는 능력은 높아지지만, 내용을 무비판적으로 수용하는 경향은 작아지면서, 이 둘이 서로 반대의 힘으로 작용하여 청소년들이 보이는 피설득력이 다른 연령층에 비해서 높을 수 있다([그림 5-17]; 나은영, 2006). 아울러 청소년들은 자기 정체감이 정립되지 않았기에 동경하는 연예인, 운동선수와의 동일시 양상이 높고, 또래 집단에의 동조 경향을 많이 보이는 경향이 있고, 이런 특징이 설득 내용의 수용에 큰 영향을 미친다(김재현, 이준희, 2000; 안동근, 2005; 양병화, 2005 등).

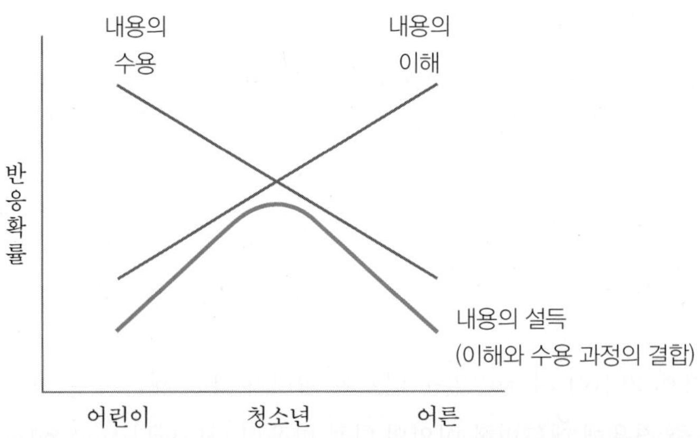


**[그림 5-17] 내용의 이해와 수용 과정의 결합으로 결정되는 내용의 설득력**

출처: 나은영(2006).

**인지욕구** 인지적 노력이 필요한 활동에 참여하고 즐기는 경향에 있어서 개인차가 존재함이 밝혀졌다(Cacioppo & Petty, 1982). 이것이 높은 사람은 낮은 사람에 비해 설득내용를 논점 위주로 처리하려는 경향이 강해서 적극적으로 논지를 생각하며, 설득주제와 관련된 내용의 회상률이 높다(Cacioppo et al., 1983). 국내에서 인지욕구를 측정하는 척도를 개발한 연구(김완석, 2007)는 이 척도상에서 인지욕구가 강하게 나타난 사람들은 물건 구입하기 전에 사전 탐색을 많이 하고, 상품 선택에 걸리는 시간이 길고, 상품 선택 시 고려하는 점도 많은 것으로 나타났다. 다른 연구는 작업용으로 입을 용도와 멋을 내기 위한 용도로 청바지를 고를 때 제품에 대한 정보를 탐색함에 있어서 인지욕구가 낮은 사람은 두 가지 상황에서 탐색 정보량이 차이가 없지만, 인지욕구가 높은 사람은 멋을 내는 목적의 청바지를 고를 때 더 많은 정보를 탐색하는 것을 보였다(양윤, 1996). 인지욕구가 높은 사람은 낮은 사람에 비해 광고에 노출되었을 때 더 많은 생각을 하며, 내용이 객관적일 때 그 광고를 호의적으로 보며, 형성된 태도가 시간이 흘러도 덜 변하는 비교적 안정성을 지니고 있음을 보인다. 인지욕구가 높은 사람들이 낮은 사람들보다 태도 변화에 대한 저항이 크지만, 일단 형성된 태도의 지속성은 높은 것으로 나타난다 (Haugtvedt & Petty, 1992).

### 나 알기 1: 인지욕구 척도

일상 생활에서 자신의 모습에 대해 다음 항목들에 1~7점의 한 점수로 답하시오.

1 (전혀 아니다) 2 3 4 (중간) 5 6 7(매우 그렇다)

1. 나는 토론하기를 좋아한다.
2. 나는 어떤 일에 궁금증이 생기면 해결하려 한다.
3. 나는 복잡한 문제를 보면 왠지 그것을 분석해 보고 싶은 생각이 든다.
4. 나는 상대와 정신적으로 겨루는 게임을 좋아한다.
5. 나는 어려운 문제를 푸는 동안이 더 즐겁다.
6. 나는 내 사고 능력에 도전하는 일이 좋다.
7. 나는 많은 생각을 필요로 하는 일에 더욱 적극적이다.

위 문항은 김완석(2007)이 개발한 인지욕구 측정용 단축 척도 15문항 중 일부임.

1. 태도변화를 위한 설득은 전달자, 전달내용, 수용자의 3요소로 구분하여 논의할 수 있으며, 변화가 이루어지는 여부는 내용의 파악, 정서의 전이, 일관성 기제의 작용, 반론의 제시 가능성에 의해서 설명할 수 있다.
2. 전달자가 호감을 주거나, 전문성을 지니고 있거나, 신뢰할 수 있다고 여겨질 때 설득효과가 높다. 전달내용이 수용자의 태도와 괴리가 클 경우에는 태도변화 이외의 다른 반응이 나타날 가능성이 높다.
3. 설득에 접한 사람의 개인적 특성이 설득효과에 영향을 미친다. 인지욕구가 강한 삶들이 논점처리를 위주로 설득을 접한다.

## 설득효과에 대한 인지적 접근: 정교화 가능성 이론

일상에서 접하는 수많은 광고나 설득내용을 보고 들으면서 사람들은 때로 논점을 세세히 파악하여 자신의 태도를 결정짓지만 다른 경우에는 논점을 따지기보다는 누가 말하는 것인지, 얼마나 호감이 가는지 등의 피상적인 면에 의해 자신의 태도를 결정하기도 한다. 어떠한 상황에서 이 같이 다른 과정이 작용하는지가 태도변화 연구의 주요 관심사가 되어 왔다. 수많은 연구들은 태도변화가 두 가지 별개의 과정을 통해서 이루어질 수 있음을 보인다. Petty와 Cacioppo(1986)는 정교화 가능성 이론(ELM: Elaboratio Likelihood model)을 제시하여 중심경로 처리와 지엽경로 처리를 구분하여 설명하고 있으며 Chaiken(1980) 역시 체계적 처리와 어림법 처리를 구분하여 설명하고 있다. 두 이론이 지닌 유사성이 높기 때문에 여기서는 정교화 가능성 이론을 중심으로 태도변화를 살펴보겠다.

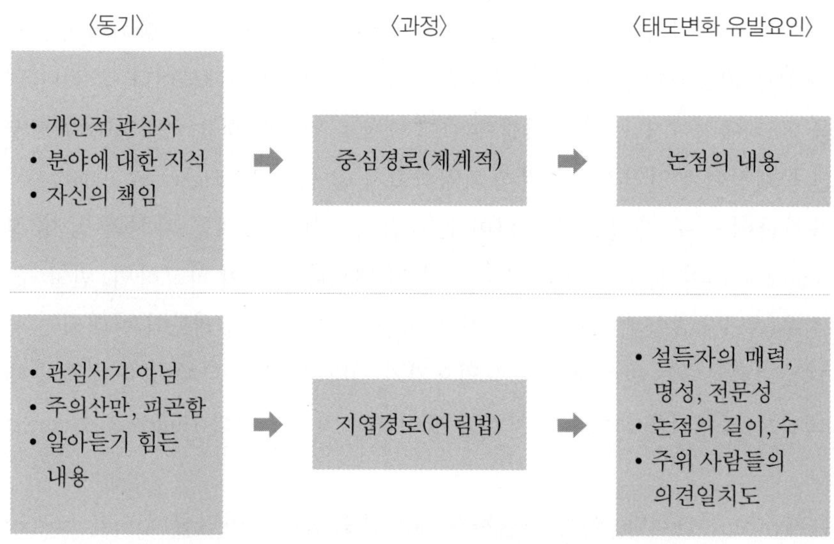


**[그림 5-18] 정교화 가능성 이론이 제시하는 설득의 두 과정**

## 중심경로(체계적 처리)를 통한 태도변화

한일관계는 윤석열 정부의 한일 유화책으로 이전에 비해서 좋아졌지만, 독도 문제와 종군 위안부, 역사 교과서 문제로 언제든지 악화될 수 있는 상태다. 문재인 정부 시절에, 일본의 우익 사학자들이 주동이 되어 편찬한 중등학교 역사 교과서에서 제2차 세계대전을 미화시키고, 한일관계를 왜곡시킨 부분이 많았다. 우리 정부는 이의 시정을 요구했으나 거의 묵살되어 한일관계가 좋지 않았다. 이러한 사태의 변화를 보면서, 과연 일본(혹은 한국) 정부가 내세우는 논지가 어느 정도 설득력이 있는지를 면밀히 검토하여 일본에 대한 태도를 결정하는 것은 중심경로를 이용한 처리다. 중심경로에 의한 태도변화가 나타나기 위해서는 우선 전달내용이 이해되어야 한다. 내용을 이해하면서 나타나는 인지반응은 단순히 내용에 동의하거나 반대를 하는 것에서, 더 나아가 동의하거나 반대하는 추가적인 생각 및 논리가 전개되는 인지적 정교화가 진행된다. 이 내용에 대한 인지적 정교화의 양상이 태도변화의 방향과 강도를 결정짓는다. 중심경로에 의한 정보처리로 나타나는 태도변화는 지속성을 지니며, 새로운 설득에 대응하는 저항력을 지닌다(Haugtvedt & Petty, 1992). 이러한 처리는 다음과 같은 경우에 주로 이루어진다.

**수용자의 자기관여와 능력** 일본의 교과서 왜곡에 대하여 많은 사람들은 잘못된 일이라고 여기지만, 구체적으로 무슨 내용이 어떻게 왜곡, 기술되어 있는지에 별 관심을 기울이지 않는다. 자신의 삶에 별 관련이 없기 때문이다. 그러나 일본인을 만날 예정이거나, 다른 사람에게 그 내용을 알려야 하는 사람들이라면 구체적인 문제점이 무엇인지를 정확히 파악하고자 할 것이다(Kruglanski, 1988).

자기관여는 두 가지로 구분되어 논의될 수 있다. 첫째는 자신의 입지/결심(Commitment)이다. 이는 자신이 취하게 된 태도나 의견이 확고하며, 변할 수 없는 경우(흑인이 흑인에 대한 태도 등)를 의미한다. 이 경우에 태도와 반대되는 설득은 태도변화보다는 방어적 반응을 일으키기 쉽다(곁글 5-9). 이 경우 내용와 내용에 대한 논점처리를 하면서도 자신을 방어하는 처리를 한다(Hutton & Baumeister, 1992).

둘째는 논점관여다. 이는 수용자가 제기된 논점에 얼마만큼 흥미를 느끼는가의 문제다. 자신의 이해가 관련되어 있는 정도가 강할수록 논점관여가 심해지며, 정보의 내용에 깊은 관심을 보이는 처리가 나타난다. 그러나 논점이 복잡한 문제를 다루고 있으면(한미 FTA 같은) 수용자의 이해 능력(교육, 지능 등)에 따라 논점보다는 전달자 효과가 나타나기 쉽다. 이를 잘 보여 준 연구(Petty et al., 1981)에서 대학생들에게 졸업 전에 종합시험을 치러야 한다는 주장을 듣게 하였다. 이 주장은 탄탄한 논리를 바탕으로 구성되었거나, 엉성한 논리에 바탕한 것이었다. 또 하나의 변인으로 이 주장의 논지를 교육학 전공교수가 마련한 것으로 알려 주거나, 고교생이 마련한 것으로 알려 주었다. 아울러 한 집단(높은 관여)에게는 종합시험의

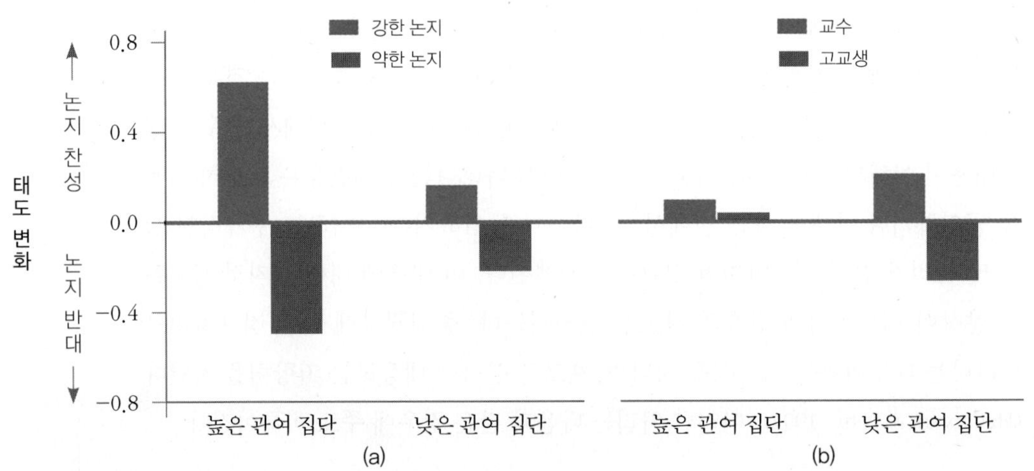


**[그림 5-19] 논점처리에 미치는 동기의 영향**

출처: Petty et al. (1981).

도입이 자신들의 대학에서 채택될 가능성이 있다고 알려 주었고, 다른 집단(낮은 관여)에는 다른 대학에서 검토하고 있는 것이라고 알려 주었다. [그림 5-19a]에서 보듯이 낮은 관여 집단의 사람들은 논점에 대한 찬반 태도가, 높은 관여 집단의 사람에 비해 적게 나타났다. 높은 관여 집단의 사람들은 논지가 탄탄한지/엉성한지에 큰 영향을 받고 강한 찬성 혹은 강한 반대 쪽으로 태도변화가 크게 나타났다. [그림 5-19b]에서 보듯이 이들에게 누가(교수/고교생) 논지를 제공했는지는 별 영향을 주지 않는 것을 볼 수 있다.

논점에 흥미를 갖게 되는 상황에서라면 사람들은 환경오염에 대한 홍보물이 손실의 틀("물고기가 죽으면 강도 죽습니다")로 제시된 경우에 이익의 틀("물고기가 살아야 강도 삽니다")로 제시되는 경우보다 더 논점처리를 하는 양상을 보인다(김재휘, 박유진, 2000; 본서 4장 참조).

주제에 대한 관여도가 높더라도 수용자의 능력이 체계적 처리에 변수로 작용한다. 복잡한 쟁점을 이해할 수 있는 지적 능력이 있고, 논지의 취약점을 평가할 수 있는 능력이 있어야 중심경로 처리가 가능하다(Wood et al., 1985). [그림 5-20]은 중심경로 처리가 벌어지는 조건과 과정을 정리해 보여 주고 있다.

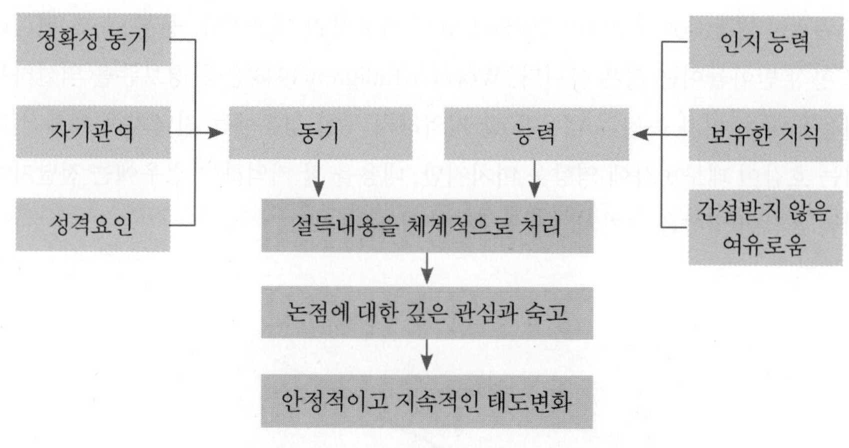


**[그림 5-20] 중심경로 처리의 조건과 과정**

출처: Smith & Mackie (1995), p. 289.

## 지엽경로(어림법 처리)를 통한 태도변화

내용을 파악하는 중심경로 처리는 많은 인지적 노력을 요구한다. 사람들은 꼭 필요한 경우가 아니라면 이런 노력을 들이기보다는 손쉬운 처리를 선호한다. 일본 교과서 문제에 대하여 그 내용을 이해하여 나름의 견해를 지니기보다는 모든 한국인들이 한결같이 일본을 성토하고 있으니 잘못되었을 리 없다고 생각하며 덩달아 그러한 태도를 지니는 것이다. 이를 지엽경로에 의한 처리라고 한다. 이 같은 처리를 할 때 사람들이 전달내용을 거부하거나 수용하게 만드는 데 작용하는 몇 가지 판단 방략들이 있다. 이들을 묶어서 설득 어림법이라고 할 수 있다(Smith & Mackie, 1995, p. 275).

**우리편 어림법** 전달내용이 듣는 이가 속한 집단의 지배적인 견해라고 여기면 소수의견인 경우보다 더욱 설득력을 지닌다. 이를 보여 준 연구(Mackie, 1987)는 대학생 참가자들에게 '82%의 그 대학 학생들이 미국이 서반구에서 군사적 균형을 유지하도록 가능한 조치를 취해야 한다'는 의견에 동조한다(또는 반대한다)고 알려 주었다. 그다음에 그 논점에 대한 찬반 의견을 똑같은 정도로 조정하여 알려 주었다. 연구 결과, 참가자들은 다수의 의견을 좇아가는 것으로 나타났다. 자신이 동일시하는 집단—동교생, 학과생, 남자, 청년, 20대, 한국인 등—이 무엇이건 처해 있는 상황에서 제시되는 논점과 관련되어 동일시하는 집단은 준거집단으로써 작용하여 소속 성원의 태도에 영향을 미친다. 이는 동조압력과 유사성 및 호감에 의한 일관성 원리(Holtz & Miller, 1985)가 함께 작용하기 때문이다. 물론, 우리 편이라고 항상 받아들이는 것은 아니다. Wood와 Kallgren(1988)은 환경보존을 역설하는 내용을 듣는 이가 논점의 내용을 잘 기억하지 못할 경우에는 전달자에 대해서 느끼는 호감이 태도변화에 영향을 미치지만, 내용을 잘 기억하는 경우에는 전달자에 대한 호감이 영향을 미치지 못함을 보였다([그림 5-21]).

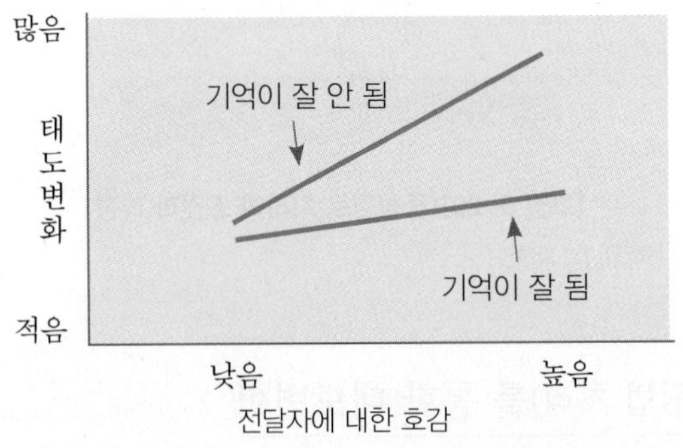


**[그림 5-21] 전달자에 대한 호감의 효과**

출처: Wood & Kallgren (1988).

**전문가 어림법** 사람들은 자신이 잘 모르는 영역이나 경험이 없는 영역의 내용에 대하여 전달자가 전문가인지 아닌지에 따라 영향을 많이 받는다. 말하는 이가 전문가로 여겨지는 경우에 전문가 어림법이 작동한다. 그래서 말을 잘하거나, 실력이 있어 보이는 사람, 학력이 높은 사람, 자신감 있는 어투, 전문가로서의 차림새나 외모를 지니고 있는 사람이 더 설득력 있다고 여긴다. 일방적인 내용보다 양방적인 내용을 모두 제시하는 것이 설득에서 효과를 거두는 것도 전달자가 주제에 대하여 잘 알고 있다는 느낌을 전해 주기 때문이기도 하다. 전문가 어림법은 수용자가 논점을 이해하려고 노력하지 않는 상황에서 효과가 있으며, 전문가로서의 특징을 쉽게 파악할 수 있는 상황(녹음보다는 녹화로 제시되는 경우)에서 잘 작용한다. 그러나 논점처리가 이루어지거나, 논점이 부각되는 방향으로 논쟁이 전개될 때(이를테면, 다수가 가진 의견이 나의 의견과 상반될 때 등)는, 논점처리가 유발되어 전문가 어림법이 통하지 않게 된다(Mackie, 1987).

건강전문가로 잘 알려진 이시형 박사가 추천하는 식사는 전문가 어림법 효과를 이용한 것이다.

**모양 어림법** 수용자가 내용를 접했으나 논점을 이해할 만한 능력이 부족하거나 이해하려는 데 관심이 없을 때, 또는 다른 일 때문에 주의를 충분히 기울일 수 없는 상황이라면 논지의 강약은 문제가 안 되고 피상적인 모양이 태도변화에 영향을 미친다. 이를테면, 내용에 담긴 주장의 길이, 조목조목 배열의 길이 등이 영향을 미칠 수 있다. 논점이 듣는 이의 관심사가 아닐 경우는 내용을 길게 하고, 많은 내용을 제시하는 것이 태도변화를 유발할 수 있다. 이 경우에는 논점의 강약이 문제가 되지 않아 실제로 정보처리가 체계적으로 이루어지지 않는다(Petty & Cacioppo, 1984). 예를 들면, 당신이 복사를 하기 위해서 도서관 복사기 앞에 줄을 서 있는데, 다른 학생이 와서 "다섯 장만 먼저 복사할 수 없을까요?"라고 요청했을 때와 "다섯 장만 먼저 복사할 수 없을까요? 바빠서 그러는데……."라고 요청했을 때 당신의 답이 달라지겠는가? 미국의 한 대학교에서 이러한 실험을 했을 때 앞의 요청을 받은 학생의 60%가, 뒤의 요청을 받은 학생의 94%가 요구에 응했다(Langer et al., 1978). 이유 같지 않은 이유이지만 첨부됨으로써 그럴듯하게 여겨진 것이다. 물론 그 내용이 문제가 되지 않은 것이다. 이 모양 어림법은 상대의 요구가 50장을 먼저 복사하는 경우라면 나타나지 않을 것이다. 아울러 모양 어림법은 논점에 대해서 모르고 있는 경우에 나타나지만, 잘 알고 있는 경우에는 나타나지 않는다(Wood et al., 1985).

1. 태도변화를 설명하는 인지적 접근은 전달내용이 수용자에 의해서 파악되는지 여부를 중시한다. 정교화 가능성 이론은 내용의 파악에 의한 중심경로 처리과정에 의한 태도변화와 전달자의 특징, 내용의 형태, 정서상태에 의해 태도변화가 나타나는 지엽경로 처리과정을 구분한다.
2. 중심경로(체계적) 처리 시에 전달내용에 대한 이해를 통해 찬반의 태도변화가 나타난다. 수신자의 자기관여가 높아 내용을 이해하려는 동기가 높을 때, 중심경로 처리가 나타나며, 이 경우에 태도변화는 지속성을 지닌다.
3. 전달내용에 큰 관심이 없는 경우에 사람들은 그럴듯한 단서를 활용하여 설득을 받아들이거나 거부한다. 이때 사람들은 우리편 어림법, 전문가 어림법, 모양 어림법 등을 사용한다.

# 태도변화와 관련된 흥미로운 주제들

## 정서 공략을 통한 설득

지닌 신념이나 접하는 논리가 우리의 태도에 영향을 미치듯이 우리가 지니고 있는 정서, 유발된 감정 같은 것도 우리의 태도에 영향을 미치고, 설득에 영향을 미친다.

**좋은 정서를 이용한 설득** 식음료를 포함한 수많은 광고는 보기만 하여도 즐겁거나, 감탄이 절로 나오는 대자연의 풍경들을 배경으로 제품의 이미지를 홍보하고 있다. 사람들은 기분이 좋은 상태에서는 현상파악에 치밀함을 보이지 않고, 설득내용에 대한 체계적인 처리를 하지 않는 경향이 있다(Smith & Mackie, 1995, p. 284). 학생들에게 졸업을 위해서 종합시험을 치러야 한다는 주장(설득력이 강하게 혹은 설득력이 약하게 작성됨)을 전화로 전하면서 일부의 학생들에게는 날씨가 화창한 날을 택하였고, 다른 학생들에게는 날씨가 좋지 않은 날을 택하여 전화하였다. 날씨가 나쁜 날에 전화를 받은 경우에는 주장의 설득력에 따라 동의율이 달리 나타났다. 그러나 날씨가 좋은 날 전화를 받은 학생들은 주장의 설득력이 있건 없건 종합시험의 필요성에 동의를 하는 경향이 높았다. 더욱 흥미로운 것은 전화를 하면서 날씨가 좋은지 나쁜지를 언급하였을 때는 날씨의 영향은 나타나지 않고 단지 주장의 설득력이 강한 영향력을 행사하는 것으로 나타났다(Sinclair et al., 1994). 재미있는 영화를 보아 기분이 좋은 상태에서는 인산염(섬유유연제 성분으로 세제에 첨가되지만, 수질오염 부작용도 있음)을 세제에 사용할 필요성을 설득력이 강하게 혹은 약하게 짜인 것을 보여 주었을 때 인산염 세제에 대한 태도에 별 차이를 가져오지 못하는 것으로 나타났다, 그러나 기분이 안 좋은 영화나 중립적인 다큐를 본 경우에는, 설득력이 높은 내용을 보았을 때 약한 내용을 본 경우보다 인산염 세제에 대한 태도가 긍정적인 것으로 나타났다(양정애, 2010). 사람들은 즐거운 기분상태에 계속 머물고자 하는 탓에 신경을 쓰는 일로 기분 망치는 것을 원하지 않는다. 따라서 설득내용이 빈약하다면 상대가 기분 좋은 상태를 유도하는 것이 설득에 유리할 것이다.

**공포감을 이용한 설득** 사람들에게 금연을 권유하기 위해 폐암 사망자의 시커먼 폐를 보여 주는 등 혐오감을 유발하는 홍보나 광고는 오래전부터 이루어져 왔다. 초기에 이루어진 연구(Dabbs & Leventhal, 1966)에서, 파상풍 예방 접종을 홍보하면서 파상풍의 위험을 설명하는 세 가지 조건을 설정하였다. 한 조건에서는 심한 공포감을 야기하도록 질병에 걸린 환자의 처참한 모습을 보여 주고, 얼마나 무서운 병인지를 알려 주었다. 둘째 조건에서는 심하지 않은 공포감을 야기시켰다. 통제조건에서는 공포감을 야기하지 않았다. 모든 조건에서 예방주사가 매우 효과적인 보호책임을 알려 주었다. 학생들이 주사를 맞을 의향과 보건소에 가서 주사를 맞은 비율은 공포가 심할수록 높게 나타났다.

그러나 공포의 크기와 태도변화는 이처럼 단순한 것이 아니라는 것이 후속 연구들에서 나타났다. 지나친 공포는 방어기제를 촉발시키며 태도변화 이외의 반응을 야기시키기 때문이다(곁글 5-11). 심한 공포가 태도변화를 유발하는 경우는 질병이 심각하며, 걸릴 가능성이 높고, 예방 행동이 어렵지 않은 경우다. 그렇지 않다면 심한 공포는 자기보호 동기(Rogers, 1983)에 의한 방어기제를 촉발시킨다. 이 경우에 사람들은 위협을 느껴서 방어적 주장을 하거나("흡연이 해롭지 않다는 연구 결과도 보았다!"), 자신에게는 해당 없다는 궤변이나 논리("그렇게 되기 전에 끊을 거야!")를 전개한다(Taylor & Shepperd, 1998). 그래서 폐암공포를 유발시키는 금연 운동의 경우, 그 효과는 골초들에게는 방어기제를 촉발시키고(끊을 가능성이 없으므로), 흡연경력이 짧은 사람들에게는 큰 영향이 없는 것으로 나타

국내의 시판용 담배에 금연을 위한 사진이 쓰이고 있다.

**곁글 5-11** 건강한 습관을 위해 어떤 정서와 틀을 이용할 것인가

의료보험공단에서는 정기적인 건강검진을 받도록 다양한 홍보를 한다. '건강검진을 정기적으로 받지 않으면 각종 암과 질환에 걸립니다'라는 부정적인 틀을 이용할 수도 있고 '건강검진을 정기적으로 받아 활기찬 생활을 합시다'라는 긍정적인 틀을 이용할 수도 있다. 어떤 틀이 효과적일까?

독일에서 남학생을 대상으로 심장질환의 증상을 알려 주며 증상을 겪는 상상을 해 보라고 했다(Broemer, 2004, 연구 1). 한 조건에서는 상상하기 쉬운 증상(가슴통증, 어깨의 통증 등)을 알려 주었고, 다른 조건에서는 상상하기 어려운 증상(호흡곤란, 심박부조 등)을 제시하였다. 상상 행위가 끝나고서 참여자들에게 심장질환을 예방하는 행위들을 제시하고, 자신이 그런 예방행동을 할 가능성을 평가하게 하였다. 이때 집단을 나누어 한 집단의 사람들에게는 행위들을 긍정적인 틀로 제시하였고('규칙적인 운동이 심장질환 가능성을 낮춘다'), 다른 집단의 사람들에게는 부정적인 틀로 제시하였다('규칙적으로 운동을 하지 않으면 심장질환에 걸릴 가능성이 높아진다'). 결과를 보면, 증상을 상상하기가 쉬운 경우에는 예방행위가 부정적인 틀로 제시된 경우에 예방행동을 취할 가능성이 높았으나, 증상을 상상하기가 어려운 경우에는 예방행위가 긍정적인 틀로 제시된 경우에 예방행동을 취할 가능성이 높게 나타났다([그림 5-22]). 여대생을 대상으로 유방암을 주제로 행한 연구에서도 같은 결과가 나왔다(연구 2).

이 같은 결과는 질병의 증세가 쉽게 경험할 수 있는 경우에는 공포와 같은 부정적 정서를 촉발시키는 것이 효과적이지만, 증세가 심각하거나 쉽게 경험하기 어려운 경우에는 긍정적인 정서를 촉발시키는 것이 효과적임을 보이고 있어, 질환의 종류와 무관하게 환자를 겁주는 것이 바람직한 것이 아님을 보여 준다.

한 연구(Sherman et al., 2000)는 사람들이 발암 가능성을 위협하는 정보를 접하였을 때, 긍정적인 자기상을 확인받은 상황에서는 정보를 수용하면서 암 예방행동을 취하는 자세를 보이는 것으로 나타났다. 이는 자신의 가치를 인정받는 경우에 사람들은 전달내용에 훨씬 수용적이며, 덜 방어적인 태도를 취한다는 **자기가치확인** 이론을 지지한다.

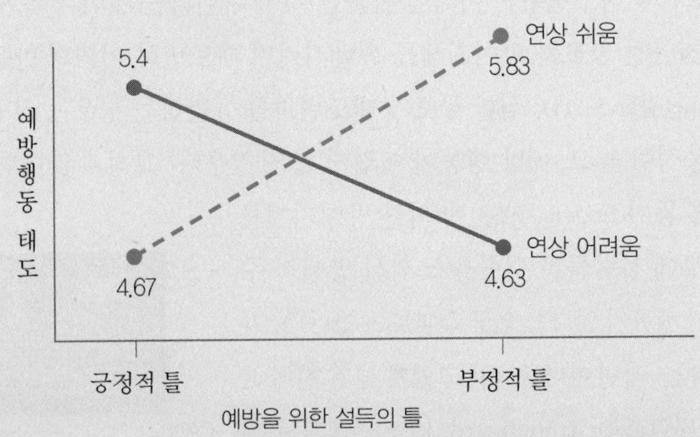


**[그림 5-22] 예방을 위한 설득의 틀과 증상의 연상 가능성에 따른 태도변화**

출처: Broemer(2004) 표 1의 결과를 바탕으로 그림.

난다. 한편, 좋은 기분 상태에서 사람들의 정보처리가 어림법 처리를 보이는 것처럼, 불안이 심한 경우에도 상황에 대한 정보처리가 피상적으로 나타남이 알려졌다(Jepson & Chaiken 1990).

호신용 전기충격기의 동영상 광고를 공포 유발을 많이 하는 것(구급전화에 녹음된 성폭행 피해자의 공포에 떠는 목소리가 포함됨)과 그렇지 않은 것 두 가지로 제작하여, 종합상가에 구경 온 여성 중에서 연구에 참가하겠다는 사람들에게 무작위로 한 가지를 보여 준 후 충격기 구매 의사를 파악하였다. 여성들은 심한 공포 조건에서 더 높은 구매의사를 보였다(LaTour et al., 1996). 음식물 쓰레기를 줄이는 환경 캠페인에 동참을 권유하려는 의향을 고취시킴에 있어서도 위협이 낮은 내용보다 높은 내용이 효과적이라는 국내의 연구(이두희 외, 2001) 등 여러 연구의 결과로 미루어, 공포감, 혐오감 등의 정서를 이용한 설득이 효과를 거두려면, 유발되는 공포나 혐오 정서가 지나쳐서 방어기제를 작동시켜서는 안 되며, 나쁜 상태를 벗어날 수 있는 대안을 어렵지 않게 실천할 수 있다고 여겨져야 할 것이다.

## 면역효과와 설득의 반복

자신의 태도와 반대되는 설득내용를 접했을 때 그것들에 저항하고자 한다면 현재 자신의 태도 근거를 확고히 하거나, 아니면 자신과 반대되는 태도의 근거를 알고 이에 대비하는 논리를 지니는 것이 효과적이다(McGuire, 1964). 후자는 마치 전염병에 면역효과를 얻기 위해서 약한 병균을 체내에 집어넣어 면역력을 배양시키는 것과 같다. McGuire와 Papageorgis(1961)는 세 집단으로 참가자를 구분하여, 첫째 집단은 자신들의 입장을 지지하는 입장을 듣고, 둘째 집단은 자기 입장을 약하게나마 공격하는 내용과 그 공격을 받아넘기는 내용을 들었고, 셋째 집단은 아무런 공방 내용을 듣지 않게 했다. 이러한 처치 후에 모든 조건에서 참가자들은 자신들의 입장을 반대하며 공격하는 내용을 들었다. 세 조건에서 가장 저항을 잘한 집단은 둘째 면역조건이었고, 그다음이 첫째 집단이었다. 추후의 연구는 입장을 지지하는 방법이 관점을 보

역사 교과서 국정화 방침이 시도되는 것에 반대하는 시민단체의 시위

2015년 12월에 박근혜 대통령은 역사 교과서를 검인정 체제에서 국정화로 바꾸었으나, 시민단체와 학계의 반대로 무산되었다. 정부에서 내세운 국정화의 필요성은 중고생이 배우는 역사 교과서가 대부분 북한을 우호적으로 다루고 있어, 이를 갖고 배운 학생들이 국가의 정통성을 의심하고, 애국심이 취약해진다는 것이다. 발간될 국정 교과서의 내용이 면역효과를 무시하고, 남한 체제를 옹호하는 것으로만 채워지는 경우에 학생들이 오히려 사상적으로 편식하여 공산주의 설득에 취약해질 수 있음에 무지한 정책추진이었다.

충한다는 면에서는 효과적이지만 전혀 새로운 반대 주장을 접했을 때는 무력하며 면역요법(둘째 집단의 경우)이 역시 효과적임을 보였다(McGuire, 1964; 곁글 5-12).

## 곁글 5-12 청소년의 흡연에 대한 면역요법과 틀 효과

흡연이 좋지 않다는 것은 잘 알려진 사실이지만 많은 사람들이 담배를 핀다. 2022년 질병관리청의 조사에 따르면 남학생 6.2%, 여학생 2.7%가 담배를 피우며, 한국 금연운동 협의회의 조사 결과, 한국 고등학교 3학년 남학생의 45%가 담배를 피우는 것으로 나타나 같은 연령층에 있는 일본 학생의 26%, 미국의 15%를 크게 앞지르고 있다. 최근 들어서 남자 기성세대의 흡연율은 떨어지고 있지만, 여성의 흡연과 청소년의 흡연은 매우 증가하였다.

생활하다 보면 사람들이 기존에 지니고 있던 태도와 반대되는 설득내용(혹은 유혹)을 접하는 경우가 많다. 미국에서 증가하고 있는 청소년의 흡연문제에 대처하기 위하여 면역법을 사용한 연구자들(McAlister et al., 1980)은 또래 아동들의 압력으로 아이들이 담배를 시작한다는 것을 알고, 아동들에게 어떻게 또래 아동의 압력이 작용하며, 흡연의 유혹을 이겨 낼 수 있는지를 알려 주었다. 이 연구에서는 중학교 1학년생과 2학년생에게 이러한 교육을 행한 학교와 행하지 않은 학교에서 흡연을 시작하는 아동들의 비율은 뚜렷이 차이 났다([그림 5-23]). 흡연에 대하여 유익한 점과 해로운 점을 모두 알려 주고, 확실하게 반대하는 논지를 갖추게 면역 교육을 하는 것이 좋다는 것이다.

한편, 국내에서 남자 고교생을 대상으로 금연에 대한 홍보물을 네 가지 유형으로 만들어 학생들에게 제시하고 흡연태도를 측정하였다. 건강에의 긍정적 효과는 "담배 안 피니까 세 게임을 뛰어도 끄떡 없어요", 부정적 효과는 "담배 많이 피니까 10분만 뛰어도 숨이 차요", 대인관계에서의 긍정적 효과는 "담배 안 피니까 여자 친구가 너무 좋아한다"로, 부정적 효과는 "담배 냄새 미치겠어! 계속 피면 안 만나!"의 문구가 적힌 홍보물을 제작하여 보여 주고 학생들이 보이는 태도를 측정하였다. 긍정적 틀로 제시된 홍보물이 부정적으로 제시된 홍보보다 금연 태도에 더 긍정적인 영향을 주는 것으로 나타났다(조형오, 2000).

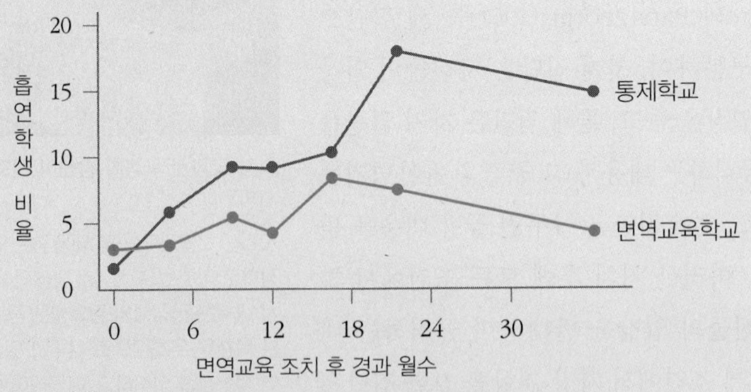


**[그림 5-23] 흡연에 대한 면역교육 조치가 흡연율에 미치는 효과**

출처: McAlister et al. (1980): Smith & Mackie(1995)에서 전재.

**반복적인 설득** 사람들이 똑같은 내용을 반복해서 접하게 되면 소위 노출효과(Zajonc, 1968)로 인해 친숙해지고 긍정적인 반응을 얻게 되지만 이 효과는 한계가 있다. 즉, 어느 정도 반복은 친숙도를 더 하지만 적정수준을 넘어서면 지루함이나 반발심을 초래하기 때문에 효과는 곡선형을 그린다(Cacioppo & Petty, 1979). 대학에서 졸업시험을 도입해야 한다는 주장의 내용이 복잡하지만 잘 짜여 있다면 여러 번 반복되어도 논점과 관련된 생각을 촉발시키는 한에 있어서 긍정적인 효과를 지닐 것이나, 내용이 약하고 짜임새가 없다면 반복은 부정적인 효과를 가져온다는 것이 실험연구에서 드러났다(Cacioppo & Petty, 1985).

## 역하 설득(광고)의 가능성과 오해

전설이 된 1990년대 가수 서태지의 노랫말에는 그냥 들어서는 알 수 없는 주술이 들어가 듣는 이에게 영향을 준다는 소문이 한때 돌아다닌 적이 있다. 우리가 의식할 수 없는 자극이 인간 행동에 영향을 줄 수 있는가? 이런 관심을 촉발시킨 최초의 사건으로 1957년에 미국의 한 극장에서 영화를 보여 주면서 "팝콘을 먹자" "코카콜라를 마시자"는 자막을 식역 이하(역하)로 수십 차례 제시하였더니 영화가 끝난 후에 팝콘 소비가 58%, 콜라 소비가 18%나 늘었다는 주장이 제기된 바 있다(Smith & Mackie, 1995, p. 300에서 인용). 사람들이 전혀 의식하지 못하는 역하 자극의 내용을 반복적으로 제시함으로써, 대상에 대한 태도를 바꿀 수 있다는 주장은 상당히 오래된 주장이고 논란의 여지가 여전히 남아 있으나, 그 현상이 지니고 있는 함축이 크다는 면에서 많은 관심거리가 되어 왔다(Wegner & Bargh, 1998 참조).

과연 역하 설득이 가능한가? 사람들의 감각기관이 인식할 수 없는 약한 자극일지라도 반복적으로 노출되면 그 자극의 영향이 나타난다는 것은 심리학자들도 인정하는 사실이다(Cacioppo & Petty, 1979). Krosnick 등(1992)은 젊은 여자 한 사람이 일상 생활하는 모습을 슬라이드로 찍어 참가자들에게 제시하였다. 각 슬라이드가 제시되기 전에 순간적으로 정서를 야기할 수 있는 슬라이드를 역하 자극(9/1000 초)으로 제시하였다. 한 집단에게는 이 역하 자극이 긍정적인 정서 슬라이드(고양이, 인형을 든 유아 등)였으며, 다른 집단에게는 부정적인 정서 슬라이드(화상을 입은 얼굴, 뱀 등)였다. 슬라이드 제시가 끝난 후 주인공 여자에 대한 평가에서 긍정적인 정서 슬라이드에 노출된 집단이 더욱 호감 가는 태도를 지닌 것으로 나타났다. 식역 이하의 자극도 태도형성에 영향을 미친다는 증거다.

이렇게 역하 자극이 미치는 영향이 드러났다고, 역하 자극으로 사람들을 조정

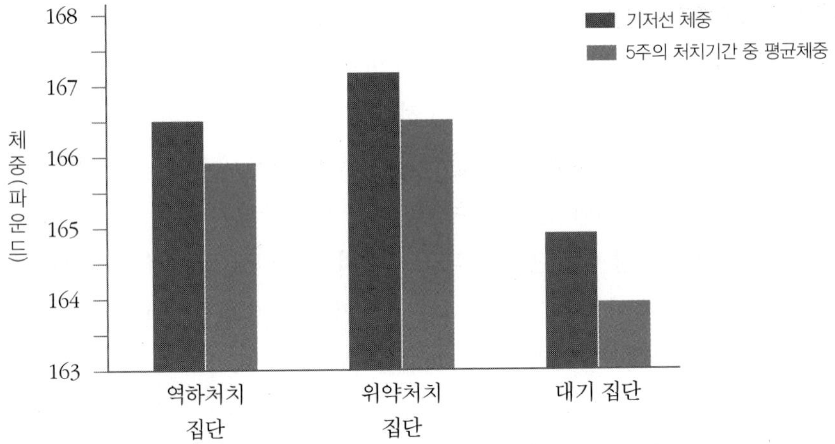

기저선 체중
5주의 처치기간 중 평균체중
체중(파운드)
168
167
166
165
164
163
역하처치 집단
위약처치 집단
대기 집단

**[그림 5-24] 살 빼기에서 식역하 학습의 효과 비교**

출처: Merikle & Skane (1992).

하는 것이 가능하다는 것은 아니다. 역하 자극의 영향은 매우 제한적인 상황에서 나타난다. 우선, 실험실의 경우, 사람들이 주어진 하나의 과제만을 하는 경우, 즉 주의가 매우 집중된 상황에서 역하 자극이 주어지므로 자주 반복되면 인식될 가능성이 높다. 일상에서 다양한 정보를 동시에 처리해야 하는데 이런 경우에 역하 자극이 영향을 미친다는 증거는 제시되지 못하였다. 둘째, 실험실에서는 역하 자극과 관심 행동이 짧은 간격을 두고 벌어지지만, 일상에서 이렇게 짧은 간격으로 두 가지가 발생할 가능성은 매우 적다. 셋째, 역하 자극은 행위자의 무심한 행동에 영향을 미치지만 행위자의 의지를 꺾으며 작용하지 않는다는 것이다.

역하 자극을 이용한 학습효과를 분석한 한 연구(Merikle & Skane, 1992)에서 살을 빼고자 하는 캐나다 성인 여성들을 세 집단으로 나누어 실험집단에게는 시중에서 파는 역하 살빼기 테이프를 주었다. 계속 들으면 살 빼는 효과가 있다는 내용을 역하의 소리 크기로 녹음하여 음악 소리에 담아 들려준 것이다. 위약집단에게는 테이프 모양은 같으나 내용이 치통을 완화시키는 효과가 있다는 내용의 녹음을 역하로 들려주었다. 통제집단의 사람들은 역하 테이프 치료를 받기 위한 대기자로 편성하고 매주 체중을 측정하도록 하였다. 5주간의 처치가 진행되자 세 집단 모두에서 체중이 줄었다. 실험집단이나 위약집단 간에 아무 차이가 나타나지 않았다. 이는 역하 학습효과가 작용하지 않으며, 사람들이 체중감량 실험에 참여하고 있다는 의식 자체가 이들로 하여금 체중조절 행위를 취하게 만들어 체중이 줄어든 것임을 시사한다. 기억력을 증진시키는 역하 프로그램의 효과를 분석한 연구에서도 기억력 증진은 테이프의 내용 때문이 아니라 테이프에 대한 기대 효과임이 나타났다(Greenwald et al., 1991).

사람들이 아무런 기대를 하지 못하고 있을 때 반복적인 역하 자극이 노출효과와 같은 영향을 미치는 것은 무엇 때문인가? 그것은 자극이 식역 이하로 제시되더라도 계속 반복된다면 자극에 대한 식역 수준이 자동적으로 더 낮아지는 현상 때문이다(Wegner & Bargh, 1998). 즉, 역하 자극이 영향을 주기 위해서는 기대에 의해서건, 반복에 의해서건 그 자극이 우선 인지되어야 한다는 것이다. 그런데 실제 복잡한 생활에서 사람들은 그렇게 미미한 자극을 인지하기가 어려우며, 서태지의 예에서처럼 말이 어순이나 음순이 뒤바뀌는 경우에 실제 인식조차 되기 어려운 것이다. 더욱이, 역하 자극의 효과가 있더라도, 이러한 효과는 미미하고 모호하기 때문에, 사람들이 의식적으로 확실히 알고 있는 것에 의해서 묵살되기 쉽다. 즉, 의식적인 처리가 역하자극의 영향을 덮어 버리는 것이다. 따라서 역하 자극으로 사람들이 의식적으로 원하지 않는 것을 하게 만들 수는 없는 것이다.

## 온라인 매체를 통한 태도의 극화: 극우와 극좌의 형성 무대

온라인 쇼핑이나 온라인으로 뉴스를 보는 경험을 한 사람들은 자신이 관심 있어 하는 상품이나, 뉴스거리들이 검색창에 나타나는 것을 보고 편리함을 느끼며 누른다. 사용자가 온라인 활동을 하며 드러나는 정보(위치, 검색 이력 등등)에 기반하여 해당 누리집의 알고리즘이 사용자가 보는 것과 유사한 내용을 제공하는 탓이다. 네이버나 쿠팡, 구글, 인터넷서점 등은 각기 나름의 알고리즘을 사용하여 수많은 정보에서 사용자가 관심 있어 할 것들만을 여과하여 이를 제공한다. 그래서 같은 단어를 검색하여도 이용자에 따라 다른 정보가 화면에 등장한다. 생활에서의 편리함을 제공하지만, 알고리즘은 사람들에게 비슷한 정보들로 이루어진 여과된 거품(filter bubble)의 벽으로 이용자를 둘러친다(Pariser, 2011). 이용자들은 이 거품을 빠져나올 수는 있지만, 의도하지 않게 비슷한 내용들의 정보들로 가득 찬 인터넷 세상을 현실인 것처럼 여기게 된다.

미국 성인 대표 20만 명이 개인적으로 사용하는 사회관계망서비스(SNS) 사용 양태를 3년간 분석한 결과, 페이스북 사용 시간이 느는 사람들은 다양한 유형의 정보원(신문, TV, 온라인 등)을 사용하지만 점차 당파색이 강한 뉴스원을 사용하는 변화를 보이는 것으로 나타났으며, 이는 보수 성향자들에게서 특히 강하게 나타났다. X(이전 트위터)의 경우에는 그런 변화가 드러나지 않았다(Kitchens et al.,

**여과된 거품과 메아리방**
단순히 정보를 접하는 것이 아니라 단톡방처럼 의견을 구하고, 관련된 정보를 접하게 되면서 비슷한 의견에 동조하고, 강화 받으면서 자기의 의견이 메아리쳐서 돌아오는 현실을 접한다. 이를 메아리방(echo chamber)이라 한다. 메아리방에 갇혀 있음을 인식하지 못하면, 현실인식이 편향적으로 왜곡되게 마련이다. 여과된 거품은 필연적으로 메아리방을 만들게 되지만, 메아리방은 다른 방식에 의해서도 만들어질 수 있다.

2020). 그 이유는 페이스북에서는 사람들이 페친으로 엮이면서 서로 공통점을 지닌 탓에 메아리방의 영향이 더 크게 작용하며, X에서는 관계가 일방적이어서 관계망이 페북에 비해서 훨씬 느슨한 점을 들 수 있다. 물론 알고리즘의 차이도 있겠지만 이는 공개되지 않고 있어 알 수 없는 내용이다. 다양한 SNS의 사용이 획일적으로 사람들의 태도를 편향적으로 만드는 것은 아니고, 어떤 특징을 지닌 것이냐에 따라 다르다는 것을 인식할 필요가 있다. 한국인들 대부분이 쓰는 카톡에서, 사용자들은 평균 5.7개의 활성화된 단톡방을 지니고 생각과 정보를 주고 받는다(양정애, 2017). 단톡방은 메아리방으로 기능할 가능성이 매우 높다. 페북처럼 공통적인 견해, 친목, 연고에 의해서 연결되어 있는 탓에 끼리끼리의 비슷한 견해들이 소통되며, 이질적인 견해에 대하여 비난이나 무시하는 언사들이 자주 보인다. 단톡방 성원들의 취향과 견해가 자신과 다른 부류라는 생각이 들면 탈퇴하는 경우가 많다.

사람들은 관심사가 비슷한 사람들을 온라인상에서 손쉽게 만나고, 연예인이나 정치인들에 대한 팬덤을 구성하는 것도 어렵지 않게 된다. 이들은 서로 소통의 과정을 거쳐서 나름의 소통 규칙, 무리에서 독특하게 쓰는 용어들을 만들어 내고, 이들을 성원들이 지키도록 권유하고, 제재를 가하기도 한다. 무리에게 도움이 되는 정보를 제공하거나 응원하는 것은 권장되고, 무리에게 비판적이거나 반대되는 의견이나 정보를 제공하는 경우에 왕따를 당하거나 무리에서 쫓겨 날 수도 있다. 이들 공동체에서 사람들은 편향되었지만 활발하게 의견을 전개하며, 찬성의 견해를 표시하면서 공동체적 강화를 주고받으며, 지닌 견해가 자연스럽게 극화되는 경험을 하게 된다.

온라인상에서 극단적인 의견 표출이 쉽게 나타나는 현상은 익명성이 제공하는 탈제재 효과도 중요한 역할을 한다(Suler, 2004). 자신의 사회적 정체가 드러나지 않는 익명적인 상태에서는 평소에 눌러 왔던 감정이나 과격한 의견들에 대한 내적 검열이 작동하지 않고 표현되고, 이런 내용들의 표출이 성원들 간의 상승작용으로 더욱 과격해질 수 있다.

알고리즘에 의해 여과된 거품의 세상에서 사람들은 보고 듣고 싶은 것만을 편식하지만, SNS 시대에서 사람들은 스스로 그런 거품의 세계를 만들어 내기도 하는 것이다. SNS를 생각이 다른 사람이나 집단과의 소통 수단으로 쓰기보다는 비슷한 사람끼리 뭉치는 수단으로 사용하는 경우에 집단극화와 집단사고(9장 참조) 및 정보 편식에 의한 현실왜곡과 태도의 극화 현상이 진행되기 쉽다(Iyengar & Hahn, 2009).

## 요약

1. 좋은 정서 상태에 있을 때 사람들은 제시된 정보를 철저히 검토하기를 꺼리며, 어림법 처리를 할 가능성이 높다. 그러나 부정적인 정서를 기대하는 상황에서는 체계적 처리를 한다.
2. 공포를 이용한 태도변화는 방어기제를 촉발하지 않는다면 효과적이다. 자기가치확인 이론은 사람들이 긍정적인 자기상을 확인하는 경우에 태도변화에 더 수용적임을 보여 준다.
3. 자신이 지닌 태도를 변화시키려는 설득에 저항하기 위하여는 상대방의 설득 논지를 미리 파악하여 면역효과를 얻는 것이 좋다.
4. 반복적인 내용를 접하게 되면 노출효과로 친숙해진다. 그러나 단순반복보다는 내용을 변화시켜 제시하는 것이 더욱 친숙도를 높인다.
5. 식역하 설득은 가능하지만 단일과제 수행 시, 시각 자극의 경우 등에만 매우 제한적으로 나타나며, 자극의 내용보다는 사람들의 기대치에 의해서 작용한다.
6. 온라인과 SNS 활동을 하면서 알고리즘에 의해 제공되는 비슷한 정보들로 둘러 싸인 여과된 거품의 세상을 현실인 것처럼 여기게 되면 사람들의 태도는 편향되고 극화되는 양상을 지니며, 이질적인 견해를 배척하기 쉽다.

# 사람들 간의 교류와 관계맺음

누구도 혼자서 세상을 살 수 없다. 부모의 보호에서 자라다가 학령이 되면 학교를 가서 처음 만나는 교사들과 다른 동네 아이들을 만나 본격적인 사회생활을 시작한다. 어떤 이와는 친밀해지고 다른 이와는 불편해지거나, 미워하게 된다. 또 사랑에 빠져 결혼하여 황홀한 시간을 맛보는가 하면 언제 그랬냐는 듯 철천지원수가 되어 이혼하기도 한다. 대인교류의 전개와 관계맺음에 대한 사회심리학자들의 관심은 오래되었으며, 온라인 교류 등 관계의 양상이 확대되면서 이를 이해하기 위한 노력이 많이 나타나고 있다. 여기서는 대인교류를 매개하는 의사소통의 현상을 먼저 살피고, 교류행위를 촉진하고 규제하는 사회의 규범과 요인, 대인교류가 지닌 기능, 마지막으로 사랑과 헤어짐에 대하여 살펴보자.

사람은 어울리는 존재로서, 자신을 살리는 힘을 주위에서 받으며 사는 힘을 내어 살아간다.

## 의사소통의 기능

사람들의 관계는 의사소통을 매개로 전개된다. 의사소통은 그 자체가 목적이라기보다는 어떤 목적을 위한 기능적 수단이다. 환자는 자신의 증상을 잘 설명하여 의사가 적절한 처방을 내리기 원하며 연인들은 자신의 진정한 마음을 전달하고자 소통을 한다. 의사소통 행위는 다양한 기능을 갖고 있다. 여기서 기능이란 의사소통 행위가 초래하는 불가피한 결과를 의미한다(Argyle, 1988). 이러한 결과가 꼭 의도되는 것은 아니지만 행위에 담겨 있기에 초래되는 것이다. 행위자가 의식·무의식적으로 내면의 심리를 대화에 실어서 내보냄으로써, 내용을 분명히 하거나 혹은 의심스럽게 만드는 모든 비언어적 소통의 내용을 인류학자 베이트슨(G. Bateson)은 메타콤(meta-com)이라 하였다(Hartwell-Walker, 2016). 이러한 메타콤은 표현된 내용을 해석할 때 중요한 상황 단서를 제시하고 있다. 아버지가 아들에게 화가 나서 "네 마음대로 해!"라고 했다면 이 내용을 곧이곧대로 해석해서는 안 될 것이다(곁글 6-1).

**곁글 6-1** 메라비안 지수: 비언어적 표현이 지닌 영향력

냉냉해진 부부 사이에 안부 전화를 끊으면서 남편이 "사랑해요"라고 말하면 부인이 믿을까? 남편은 정말임을 강조하지만 느낌이 안 온다. 많은 경우에 우리는 마음에 없는 말을 내뱉고 상대가 이 말을 믿어 주기를 바란다. 그러나 이 사례에서 보듯이 소통은 언어적인 통로는 물론, 몸짓, 표정 등과 같은 비언어적 통로가 동원되어 종합적으로 이루어진다. 이들 통로의 내용이 일치하지 않을 때 사람들은 언어를 믿기보다는 비언어적 특징(말의 높낮이, 더듬기, 몸짓 등)을 더 믿는 경향이 크다. Mehrabian과 Wiener(1967)는 두 사람 사이에 일상에서 자주 쓰이는 짤막한 단어들—긍정적인 것(*Dear, Great, Honey, Thanks* 등), 중성적인 것(*Maybe, Really, So* 등), 부정적인 것(*Don't, Brute, Terrible* 등)—을 세 가지 다른 정서(긍정적, 중성적, 부정적)의 목소리로 녹음한 것을 사람들에게 들려주면서 말하는 사람이 듣는 사람에게 지니고 있는 정서가 긍정적인지 부정적인지를 판단하게 하였다. 판단자를 세 집단으로 구분하여 한 집단에게는 모든 정보를 활용하여 판단하게 하고, 둘째 집단에게는 목소리는 무시하고 담긴 내용만 갖고 판단하라고 했으며, 셋째 집단에게는 말에 담긴 내용은 무시하고 목소리만 갖고 판단하라고 하였다. 얼굴표정을 같이 제시하면서 유사한 방법으로 무시할 통로를 제시하면서 판단을 하게 한 연구들의 결과로부터 다음과 같은 식을 구성할 수 있었다.

소통에서 느끼는 정서 = 7% 단어의 내용 + 38% 목소리의 정서 + 55% 얼굴표정의 정서

이것이 의사소통 분야에서 널리 알려진 메라비안 공식이다. 핵심은 말의 내용보다 그것이 전달되는 비언어적 정서가 중요하다는 것이다. 예를 들어, 각 통로(단어, 목소리, 표정)만을 보고서 말하는 사람이 상대에 대하여 느끼는 정서를 −3~+3의 7점 척도로 평가하게 하였을 때, 당신의 평가가 단어 +2, 목소리 −2, 얼굴표정 −2로 나왔다면, 이 수식에 적용시킬 때 당신이 상대에게 느끼는 정서는 −1.72가 될 것이다. 비록 말로는 상대가 당신을 '좋아한다'고 했지만 당신이 느끼는 정서는 '안 좋아해'가 된다. 이 수치의 정확성보다는 각 통로가 지닌 상대적 비중의 크기에 유념해야 할 것이다(Mehrabian, 1971, pp. 44–45).

## 내용과 관계

남편이 “냉장고에서 맥주 하나 갖다 줘요.”라고 했다면 그 상황에서 자신이 목마르고 귀찮으니 잔심부름을 해 달라는 부탁이다. 그러나 이러한 부탁의 이면에는 자신은 그러한 대접을 당연히 받을 자격이 있다는 두 사람 사이의 상황 보편적인 관계의 규정이 담겨 있다(Watzlawick et al., 1967). 이 예는 대화가 지닌 두 가지 근본적인 기능을 보여 주고 있다. 그 하나는 내용의 전달이며 다른 하나는 두 사람 간의 관계에 대한 규정이다. 언어학자들이 내용에 주로 관심을 지니고 있는 반면, 사회심리학자들의 관심을 불러일으키는 것은 내용보다는 관계의 차원이다. 이러한 관계의 규정은 자연스럽게 이루어지며 별다른 의식적 통제를 받지 않는다. 두 사람 사이의 관계가 원만하고 친숙할수록 관계의 정보는 배경에서 머물러 있다. 이 관계의 규정이 관심의 초점이 되는 경우는 두 사람의 관계가 순조롭지 않은 경우다. 이 경우 내용의 중요성, 의미는 별문제가 되지 않는다(Watzlawick et al., 1967, pp. 51-52).

내용과 관계의 두 요소가 명확히 구분되지 않을 때 두 사람 간의 갈등은 묘하게 진행된다. 부부상담소에 온 부부의 예를 들면(Watzlawick et al., 1967, pp. 80-81), 먼 곳에서 친구가 오랜만에 전화하며 이곳으로 2~3일 출장을 오게 되었다고 했을 때 친한 친구인 남편은 즉석에서 호텔로 가지 말고 자기 집으로 와서 머물라고 초대를 했다. 그는 자기 아내도 당연히 그렇게 하리라고 생각했다. 저녁에 집에서 아내와 마주 앉아 친구 이야기를 하자 아내가 은근히 언짢은 말을 하던 것이 다툼으로 번졌다. 치료 면담 시간에 이 문제를 놓고 이야기하면서 두 내외는 친구를 초대한 것은 당연한 일이라는 데 동의했고 아내도 전혀 이의가 없다고 말했다. 그럼에도 그들이 언쟁을 벌인 것에 대하여 둘 다 이해가 안 되는 표정이었다. 문제는 바로 내용이 아니라 관계의 수용에 있어서 차이가 있었던 것이다. 즉, 남편이 아내에게 아무런 상의 없이 결정을 내렸다는 데서 아내는 남편에게 무시당했다고 느꼈고 둘 사이의 관계에서 아내는 열등한 위치에 있다는 면을 수용하기 싫어서 사소한 일을 트집 잡아 언쟁을 한 것이다. 관계상의 갈등을 내용적인 면에서 해결하려고 하니까 혼란스러워지는 것이다.

## 관계의 두 측면

사람들 간의 관계의 심리적 측면은 상하, 친소의 차원에서 분석될 수 있다. 상하관계란 관계에서 통제력의 행사 방향을 의미하며 친소관계란 두 사람 간의 친분이나 거리감을 말한다.

**사회적 통제 (서열)** 의사소통에서 통제력이란 갑이 을의 행위, 대화의 내용을 구속하면서도 이러한 구속이 저항 없이 이루어지고 있는 경우 갑이 행사하고 있는 힘이다. 이는 서로가 서로에게 어떠한 것이 전달되고 이야기되어야 하는지를 규정하고 안내하는 역할을 하며 쌍방 간에 나누어 가질 수도 있고 어느 한쪽이 많이 지닐 수도 있다. 통제에 대한 분담이 서로에게 받아들여지면 두 사람은 관계에서 큰 문제를 느끼지 않는다. 통제감은 두 사람 사이의 협상을 통해 상호 간에 배분이 이루어진다(Wiemann, 1985). 이 협상은 둘 사이의 관계가 지속적이고, 친밀하며, 상호의존도가 높은 경우에 더 중요성을 띠게 된다. 길 가던 행인이 경찰에게 길을 물어보는 상황이라면 통제를 누가 하는가는 별문제가 되지 않는다. 의사소통상의 통제는 협상을 통해서 서로가 받아들일 수 있는 배분의 상태를 선호하지 일방적인 독점상태를 추구하지는 않는다.

의사소통에서 비언어적 통로로 통제력이 적절히 배분되었을 때 대화는 원만하게 진행된다. 통제력은 다양한 형태로 시도되고 양보되기도 하는데 의사와 환자 간의 대화를 생각해 보자. 화제의 선택(어디가 아프다, 무엇을 먹었다, 이전의 병력, 가족의 건강상태, 직업 등), 대화 중의 차단(환자가 이야기하는 중에 가로막고 다른 질문을 하거나, 더 캐묻는 행위) 행위는 통제력의 구사 행위다. 반면에, 강조성 부사의 사용(아주, 대단히, 정말, 그래요? 등), 모호한 부사, 형용사의 사용(같은, 그런 것, 있잖아요, 그런 거죠 등) 등은 통제력을 양보하는 또는 지니고 있지 않은 사람에게서 많이 보이는 표현이다.

사람들은 언어의 구사 형태가 인상형성에 미치는 영향을 인식하고 있으며 어떠한 형태가 어떠한 인상을 주는가에 대하여도 상당히 구체적인 지식을 지니고 있다. 그래서 공식석상에서는 고상한 표현, 정확한 문법을 구사하려고 애를 쓴다. 여러 언어가 공용어로 쓰이는 나라에서도 언어는 상대적인 힘이 다른데, 학교나 신문, 방송 등의 공식적인 용도에서는 공식어나 표준어를 사용하고 집이나 동네에서는 사투리나 지역어를 사용하는 것으로 조사되고 있다(Fishman, 1972). 사람들은 특정 목적을 위해서 거짓말을 하거나 스스로의 의사소통 양상에 변화를 도모하기도 한다(Baumeister, 1982; Weary & Arkin, 1981; 곁글 6-2). 한 예로서, 간호사들이 환자들에 대한 통제력을 얻기 위해 환자에 따라 변화시키는 말투를 볼 수 있다. 많은 간호사가 노인 환자들에 대하여 어린이를 상대하는 말투를 쓰는 경우

## 곁글 6-2 거짓말 탐지에 대한 두 이론

노련한 수사관은 피의자의 표정 변화나 몸동작의 무의식적 단서를 갖고 피의자가 거짓말을 하고 있는지 여부를 포착하는 데 능숙하다고 한다. 그러나 많은 연구자들은 이러한 능력이 우연의 확률 수준을 넘지 못한다고 비판한다. 사람들이 대화 중에 때로는 거짓말을 하기도 하는데 과연 우리는 거짓인지 아닌지를 어느 정도나 알 수 있을까? 2014년에 학술지 『언어와 사회심리학』에서 이 문제를 다룬 일련의 논문이 출간되었다. 두 가지 입장이 대립하고 있다. **진실바탕이론**(Truth Default Theory: TDT)은 사람들이 대화를 할 때 진실된 내용을 주고받는다고 본다. 사람들의 대화는 본질적으로 진실성을 지니고 있다는 것이다(Levine, 2014). 진실된 이야기는 자연스럽게 나오지만, 거짓말을 하게 되는 경우에는 자연스럽지 못하므로 인지적 부하가 많이 걸린다. 따라서 자연스럽지 못한 표정의 변화나 생리적 긴장을 포착하여 거짓말을 알 수 있다고 본다. 한편, **정보조작이론**(IMT: Information Manipulation Theory)은 사람들이 사회생활에서 효율성을 추구하려는 경향성을 지니고 있다는 것을 전제로 깔고, 소통에서도 마찬가지로 이를 추구하므로, 종종 거짓말을 하게 된다고 본다. 따라서 거짓말은 효율적인 상황에서 나타나며, 진실만큼이나 자연스럽게 나올 수 있다고 본다(McCornack et al., 2014).

**진실바탕이론**을 지지하는 증거들은 인지심리학적 연구들에서 나오고 있다(Verschuere & Shalv, 2014). 사실을 말하는 경우는 자연스럽지만, 거짓을 말할 때 사람들은 꾸며야 하는 탓에, 긴장하고, 생각을 통제하는 뇌의 영역이 더욱 활성화되는 양상을 보인다. 한편, **정보조작이론**을 지지하는 증거는 사회심리학적 연구들에서 제공되고 있다. 이 연구들은 거짓말을 하도록 요구하는 것이 아니라, 거짓과 참을 선택할 수 있는 상황에서 사람들의 행동을 관찰한다. 사람들이 선택의 기로에 놓이는 경우에 자기의 이익을 추구하는 것은 자연스럽다. 그러나 여러 가지 상황제약(남의 평가 등) 탓으로, 꾸미거나 사회적으로 바람직한 행동을 보인다. 자신을 꾸미려는 관심이 약하게 작용하는 상황, 즉 시간의 제약을 받을 때, 종일 일하느라 지친 오후, 수면부족 등과 같은 상태 등에 처한 사람들은 거짓말을 자연스럽게 하는 것으로 나타났다. 사람들은 누구나 비밀을 지니고 있고, 비밀에 대한 것은 자연스럽게 숨기는 행동을 취할 수 있다. 그 비밀을 드러내는 것이 심각한 문제점을 가져올 수 있는 상황에서 비밀 관련 정보가 쉽게 (자연스럽게!) 떠오르는 경우에 의도와는 별 무관하게 거짓말을 하게 될 수 있다. 아울러, 상습적인 거짓말쟁이는 거짓말이 매우 자연스러운 행위라서 거짓말 탐지기를 능히 속이기도 한다. 사람들이 진실을 자연스럽게 말하는 **진실편향**은 처한 상황에서 뚜렷한 동기가 작용하지 않는 경우에 나타나며, 자기 이익을 추구하는 것이 자연스럽게 나타날 수 있는 상황에서는 진실편향은 나타나지 않을 가능성이 높다. **정보조작이론**은 거짓말이 거짓말하고자 하는 의도의 문제라기보다는 처한 상황에서 돌아가는 머리에 거짓 정보들의 가용성이 높아서 자연스럽게 나타나는 것이 문제라고 보는 것이다(McCornack et al., 2014).

2022년 9월 미국 방문 시 바이든 대통령과 회동 장면: '바이든/날리면' 사건

정치인들은 거짓말을 수시로 한다. 그렇다고 거짓말쟁이가 정치인이 되기 쉬운 것은 아닐 것이다. 정치적 상황에서 민심을 얻거나, 혹은 잃지 않기 위해서 다양한 정보들이 뇌리 속에 작동하고 있을 때 자기방어 및 이익추구의 동기가 거짓말이 되는 말들을 진심인 것처럼 뱉어 내기 쉽게 한다. 이렇게 뱉은 말을 스스로 믿는 자기기만이 거짓말을 진실이라 믿게 만든다.

가 많다. 많은 환자들이 이러한 취급에 불쾌해하지만, 그럼에도 불구하고 간호사들은 환자의 실제 상태(어린이 같은 돌봄을 받아야 하는지 아닌지)와는 관계없이 노인 환자들이 어떨 것이라는 고정관념에 바탕을 두고, 그들에 대한 통제력을 얻으려는 무의식적인 의도에서 이러한 언어행동을 보인다(DePaulo & Coleman, 1986; Ryan et al., 1986). 간호사뿐만 아니라 주위의 많은 사람들이 노인들에 대하여 이러한 식의 언어 행위를 취하게 되면 결국 노인들이 그렇게 투영된 현실을 사실로 받아들이게 되는 것은 시간문제일 뿐이다(2장 참조).

**거리(친소)** 의사소통에서 나타나는 관계의 또 다른 측면은 둘 사이의 거리, 즉 친소감 혹은 친밀감이다. 관계의 통제감과 친소감은 별개의 문제이긴 하지만 많은 경우에 통제에 도움이 되는 대화양상(공식적 용어, 표준말의 사용 등)은 친소의 면에서는 거리가 멀게 느껴지게 만드는 경향이 있다(Giles & Powesland, 1975). 동향 선배가 표준말을 사용하여 어떤 요구를 한다면 거부하기 곤란함을 느낌과 동시에 인간적으로 거리감을 느낄 수 있다.

관계의 친밀성을 서로 간에 명확히 규정짓는 일은 일반적으로 회피된다. 관계의 규정 문제가 발생하는 경우는 관계가 악화되는 경우이기 때문이다. 친밀감의 규정은 시간을 두고 점진적으로 이루어지며 비언어적 통로로 나타난다. 눈접촉이 좋은 예가 된다. Argyle과 Dean(1965)은 두 사람의 만남에서 이루어지는 눈접촉은 서로가 지니고 있는 접근 및 회피 동기의 균형을 이루는 수준에서 나타난다는 균형가설을 제시하였다. 눈접촉은 상대방의 반응을 구하기 위한 목적이나, 친밀감 또는 위압감을 주기 위한 목적으로도 취해질 수 있다. 반면에, 상대방에게 속내를 드러내지 않기 위해서, 그리고 상대의 반응을 무시하기 위해서는 눈접촉을 피할 수도 있다. 균형가설을 검토한 실험연구에서는 참가자들로 하여금 실험협조자와 마주 앉아서 협조자가 보여 준 애매한 사진을 보고 이야기를 만들어 가는 상황을 꾸몄다. 참가자와 협조자가 앉아 있는 거리를 책상의 크기로 조정하여 2, 6, 10피트로 조건을 변화시켰다. 실험자는 계속 참가자를 주시함으로써 참가자가 눈을 맞추기만 하면 눈접촉이 유지되게끔 하였고 3분 동안의 이야기 상황에서 얼마나 오래 참가자가 눈접촉을 해 오는가를 측정하였다. 몇 가지 흥미 있는 결과가 나타났다. 우선, 눈접촉은 거리가 가까울수록 덜 나타났으며, 거리가 멀수록 자주 또 길게 나타났다. 둘째, 참가자와 실험자가 동성인 경우보다 이성인 경우에 눈접촉 시간이 서로의 거리에 관계없이 짧게 나타났다. 셋째, 2피트 떨어진 참가자들이 다른 조건에서보다 눈접촉을 가장 짧게 하면서 더욱 긴장한 것으로 나타났다([그림

6-1]). 이는 아마도 전혀 낯선 사람과 같이 있어야 하는 상황에서 상대에 대한 예우 때문에 안 볼 수도 없는 난처한 상황에 있었기 때문인 것으로 여겨진다.

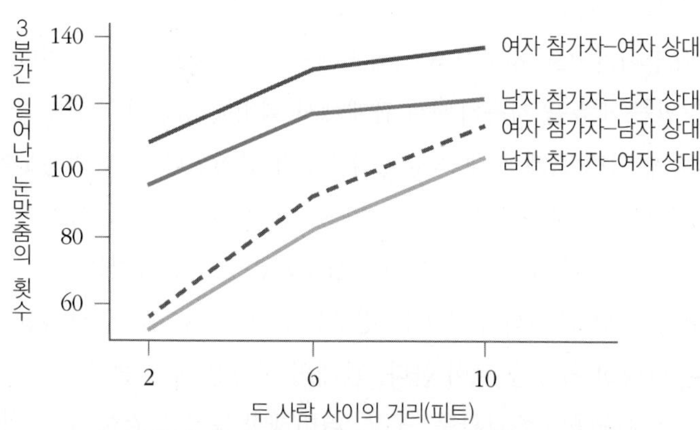


**[그림 6-1] 참가자와 실험협조자의 성과 거리에 따른 눈접촉**

출처: Argyle & Dean (1965).

**요약**

1. 대화는 소통의 내용과 둘 사이의 관계에 대한 정보를 담고 있다. 내용은 언어적 표현(디지털)의 형태로 표현되고, 관계는 몸짓(아날로그) 형태로 표현된다. 사람들은 내용과 몸짓의 괴리가 느껴질 때 갈등을 경험한다.
2. 메라비안 공식은 언어와 몸짓 소통의 내용이 갈등적인 상황에서 몸짓이 중요함을 보인다.
3. 대화에서 표현되는 관계는 사회적 통제와 친소의 두 가지 심리적 요소를 반영한다. 사회적 통제는 상호 간의 영향력 행사 방향에 대한 정보이며, 친소관계는 둘 사이의 친밀감에 대한 정보다.
4. 균형가설은 두 사람의 눈접촉을 포함한 비언어적 자세가 상대와의 관계에 따라 적절한 균형을 유지하는 쪽으로 조절되고 있음을 보인다.

## 교류의 진전

낯선 사람 둘이 교류하면서 깊은 관계로 발전하는 과정은 둘 사이의 상호의존도의 변화 과정이라고도 볼 수 있다. 애초에는 상호의존도가 약하지만 서로가 영향력을 주고받는 교류를 지속하면서 관계에서 희비를 경험하는 빈도와 강도가 증가한다. 이렇게 되면 관계에 대한 상호의존도가 깊어진다. 상호의존도가 깊은 관계는 몇 가지 특징을 지닌다(Sears et al., 1991, p. 210). 우선, 둘 사이의 교류가 장기성을 지닌다. 그러나 교류가 길어야만 상호의존도가 높아지는 것은 아니다. 교분의 시간은 짧지만 급속히 친해지는 경우는 많이 있다. 둘째, 밀접한 관계에 있는 사람들은 다양한 활동을 같이 한다. 관계의 시작은 특정 동아리활동을 하면서 시작될지라도 나중에는 종교활동, 공부, 취미생활 등으로 같이 하는 활동영역을 넓혀 나간다. 셋째, 밀접한 관계에서는 상호 간의 영향력이 크다. 백화점의 점원과 실랑이를 벌여 기분이 나빠진 경우에 우리는 이를 대수롭지 않게 여기고 기분을 돌릴 수 있지만 친구와 다툰 일은 여러 날 우리의 기분을 언짢게 하고 어떤 행동을 취하게끔 만든다. 넷째, 서로 긴밀한 사이에서는 상호 간에 강한 감정이 관여된다. 상대방에게 대놓고 표현하기 힘든 흐뭇함, 따스함과 함께 증오, 질투, 실망의 감정도 함께 지니게 된다.

### 누구에게 매력을 느끼나

매력적인 사람은 호감을 준다. 호감을 주는 바람직한 특성들로 나타나는 것들을 보면 두 가지로 대별되는데 그것은 인간적 따뜻함과 유능성이다(3장 참조). 우리는 따뜻한 느낌을 주는 사람을 냉정한 사람보다 좋아한다. 어떠한 사람이 따뜻하다고 여겨지는가? 상대방이 지닌 학식, 지능의 높고 낮음이나, 자신과의 유사성과는 무관하게 상대방이 사물과 사람들에 대하여 일반적으로 수용적이며 긍정적인 태도를 지녔을 때 따뜻한 사람으로 여긴다. 반면에, 태도가 비판적이거나 부정적인 사람은 냉정하거나 차가운 사람으로 여긴다(Folkes & Sears, 1977).

**호감의 보편성과 문화 차이** 호감을 주는 특성에는 보편성뿐만 아니라 문화적 측면도 있다. 따뜻하고, 유능하고, 적응을 잘하며, 명석한 사람이 호감을 받는 현상은 보편적으로 나타나는 현상이다. 그러나 각 사회마다 중요시하는 가치에 차이가 있고 이러한 가치들은 사람을 평가하는 데에도 적용되어 그러한 가치에 부합하는 사람을 좋게 평가하게 된다. 우리 사회에서 사람의 특징을 표현하는 단어 785개를 취합하여 대학생들에게 제시하고서 각 단어가 기술하는 특성을 지닌 사람이 얼마나 바람직한지를 평가하게 한 연구(한덕웅, 1992)의 결과, 가장 바람직한 특성은 겸허, 끈기, 몰입, 믿음직스러운, 부지런한, 의리 등의 성실성을 나타내는 단어들로 나타났다. 한편, 가장 나쁜 특성으로는 배신, 교활, 위선적인 등의 대인관계 특성이 개인의 내적 특성들(나태, 극악, 더러운 등)보다 자주 나타나는 경향이 보였다. 비교문화 연구도 한국인들은 인격을 갖춘(integrity) 사람과 타인을 배려하는 사람을 매력적인 사람으로 여김을 보이고 있다(Wheeler & Kim, 1997).

**외모** 문화 및 시대에 따라서 매력 있는 용모의 판단 준거가 변하기도 하지만 보편적인 특성도 있다(Langlois et al., 2000; 곁글 6-3). 용모가 매력적이라고 여겨지는 사람에 대하여 호감을 지니는 것은 보편적으로 나타난다. 심지어 한 돌박에 안 된 아이들도 예쁜 얼굴의 상대와 놀기를 좋아한다. 실험실에 12개월 된 아이들을 엄마와 같이 데려다 놓고 여자 조교가 매력적인 얼굴의 가면이나 못생긴 얼굴 가면을 쓰고(자기가 어느 것을 썼는지 모르는 채) 다가가서 장난감을 갖고 같이 놀도록 하면서 아이의 행동을 관찰하였다(Langlois & Roggman, 1990). 이 조교는 모든 아이에게 똑같이 행동하였지만 아이들은 매력적인 얼굴 가면의 조교를 대하면 더 잘 노는 것으로 나타났다.

대부분의 문화권에서 아름다움(잘생김)은 좋은 것이라는 통념이 작용한다. 이 통념은 잘생긴 사람은 건강하고, 성격도 좋고, 똑똑하고, 인기 있다고 여겨지므로 사회생활에도 도움을 주게 된다(조현영, 이수현, 2022). 외모의 영향이 가장 두드러지게 나타나는 경우는 이성의 짝을 고를 때이다. 첫 만남에서 상대방에 대한 만족감과 호감은 그의 용모에 대한 평가와 높은 상관을 지니고 있다. 이 경향은 남녀 모두에게서 나타난다. 교제 알선 회사에 신청한 남녀에게 여러 상대의 사진 및 신상정보, 자기소개 내용 등을 제시하면서 그중에서 5명의 가장 호감이 가는 사람과 5명의 가장 만나고 싶지 않은 사람들을 고르게 하여 이 응답을 사람들의 외모에 대한 제삼자의 평가와 관련시켜 분석하였다. 신체적 외모가 지닌 매력성이 단연 중요한 요인이었다. 상대방의 연령도 중요한 요인으로 작용하는데 남자는 자기보다 아래인 여성을, 여자는 연상의 남성을 선호하는 것으로 나타났다(Schmitt, 2003).

매력적인 용모를 지닌 사람은 똑똑하며, 실력 있고, 친절하고, 흥미로우며, 강

**자성예언**
자신이 대상에 대하여 지니고 있는 예상, 기대가 작용하여 상대방이 그 예상에 맞는 행동을 보임으로써 마치 맞는 예언인 것처럼 드러나는 현상으로, 상대가 믿을 수 없는 사기꾼이라고 여기며 관계를 맺으면 그 상대는 이를 눈치 채고 기분이 나빠서 그러한 행동을 보일 가능성이 있는 경우를 들 수 있다.

하고, 사교적이며, 이타적인 성격을 지닌 것으로 여겨진다(조현영, 이수현, 2022; Dion et al., 1972; Eagly et al., 1991). 과연 매력적인 외모를 지닌 사람이 그러한 특성을 지니고 있을까? 이 답을 구한 실험(Snyder et al., 1977)에서 남학생에게 자신이 전화로 대화를 나눌 상대 여성의 얼굴 사진을 보여 주었다. 이 사진은 예쁜 얼굴이거나 평범한 얼굴이었다. 이들의 대화내용을 녹음하여 다른 사람들로 하여금 이 남자의 행동을 평가하게 한 결과, 여자를 예쁘다고 여겼던 남자들은 훨씬 사교적이고, 따듯하고, 적극적으로 행동한 것으로 나타났다. 여자에 대한 평가도 이루어졌는데, 상대 남성의 행동에 부응하는 행동을 보였다. 남자들이 본 사진은 실제 상대한 여성의 사진이 아니었기 때문에, 상대가 매력적이라고 여긴 남자가 지닌 선입견에 의해서 여성의 특징이 매력적으로 확인되는 자성예언현상이 나타난 것이다.

국내에서 중 · 고 · 대학생을 대상으로 외모와 자긍심의 관계를 조사한 결과, 스스로가 매력적이라고 느끼는 사람일수록 자긍심이 높은 것으로 나타났으며(r=.40: 양계민, 정진경, 1993), 삶의 주관적 안녕감도 높은 것으로 나타났다(김진주 외, 2007). 국내의 한 대학에서 재학생 100여 명의 사진을 찍어 이를 다른 사람들에게 보여 주며 매력의 정도를 평가했을 때, 매력적인 평가를 받은 사람이 이성관계를 하고 있을 가능성이 높게 나왔는데 이는 여성에게서만 그러했다. 여성의 경우에 얼굴의 매력성이 높게 평가되는 사람들은 긍정적인 정서를 많이 경험하는 것으로 나타났으나 삶의 만족감이나 부정적인 정서 경험에서는 차이가 없었다. 얼굴 매력도에 대한 객관적인 평가가 미치는 영향력은 이렇듯 미미하였으나, 여성들이 스스로를 매력적이라고 여기는 정도가 높을수록 삶의 만족감이 높고, 느끼는 정서 경험도 긍정적인 것으로 나타났다(김진주 외, 2006).

**정진경(1954~ )**
미국 일리노이 대학교에서 사회심리학 박사학위를 취득하고 충북대학교에 재직했다. 21대 사회 및 성격심리학회 회장을 역임하였고, 성역할 고정관념, 새터민의 적응에 대한 연구업적을 보이고 있다.

네덜란드에서 행해진 117쌍의 부부 연구(Barelds & Dijkstra, 2009)에서는, 자신보다는 상대의 외모를 더 매력적으로 여기며, 상대를 매력적으로 느끼는 쌍들이 관계만족도가 높음을 보이고 있다. 얼굴의 매력은 아니지만, 자기고양적 평가('나는 훌륭해.')보다 배우자 고양적 평가('내 남편/아내는 훌륭해.')를 하는 사람들에게서 행복감이 높은 양상이 국내의 부부를 대상으로 한 연구에서 나타났다(김영남, 고재홍, 2011).

**왜 매력적인 인물을 좋아할까?** 매력적인 사람과 어울리는 것은 기분을 즐겁게 한다. 그 이유는 진화심리학적 측면에서 찾을 수 있다. 외모는 건강의 드러난 징표로 여겨지기 때문이다. 29개 문화권의 생태계에 기생충이 얼마나 창궐하는지

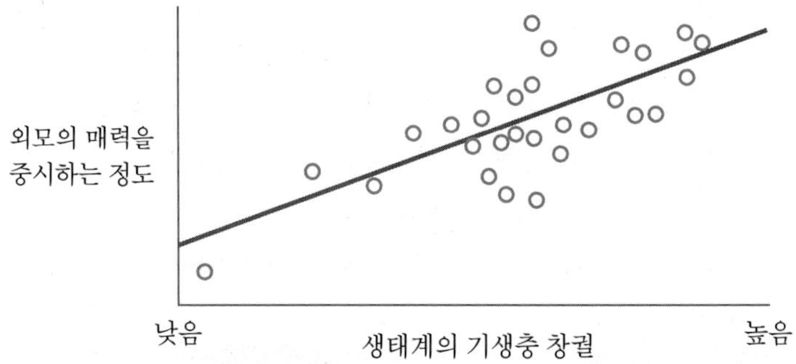

**[그림 6-2] 생태계와 외모의 매력 관계**

기생충이 많은 지역일수록 상대의 외모가 높게 평가된다.

출처: Gangestad & Buss (1993): Buss(1999)에서 인용.

의 정도와 각 문화에서 외모의 매력을 얼마나 중시하는지를 파악하여 분석한 결과가 [그림 6-2]에 나와 있다(Gangestad & Buss, 1993). 열악한 환경에서 생활하는 경우에, 위험한 상황을 많이 겪어 다치거나, 기생충의 감염 등에 의하여 신체의 비대칭성이 발생하거나 확대될 수 있다. 연령이 증가하면서 비대칭성도 두드러지게 나타나는데 이러한 비대칭성은 결국 그 사람의 건강상태를 보여 주는 것이며, 상대방이 건강하지 못하다는 모든 징표는 상대방에 대한 배우자로서의 매력을 감소시킨다(곁글 6-3).

**곁글 6-3** 얼굴의 매력과 문화: 보편성의 이해

어떤 얼굴이 매력적으로 여겨질까? 컴퓨터 그래픽을 이용하여 4명, 8명, 16명, 32명의 개인들의 사진을 각기 합성하여 만든 사진들(4개)을 각 개인들의 실제 얼굴 사진과 함께 제시하고서 매력성을 판단하게 한 결과(Langlois & Roggman, 1990), 합성 사진의 얼굴들이 개별 사진 얼굴보다 더욱 매력적인 것으로 평가되었다. 더욱이 합성의 수가 많을수록 더욱 매력적인 것으로 나타났다. 이 결과는 합성 사진이 개인들의 독특한 특성과 비대칭성들을 상쇄시키는 효과를 갖고 있으며 합성의 수가 늘수록 그러한 효과가 크기 때문에 나타난다(Rhodes & Tremewan, 1996).

어느 문화에서나 사람들이 신체 및 얼굴이 지닌 비대칭성과 불규칙성을 싫어한다는 증거가 제시되고 있다. 한 연구(Buss, 1994, p. 55에서 인용)에서는 손, 발, 귀의 크기를 측정하여 사람들에게 제시하고 호감과 매력성을 평가한 결과, 이들의 비대칭성이 클수록 부정적인 평가가 나타나는 것을 보고하고 있다. 한 연구(Mealey et al., 1999)는 얼굴의 매력성을 일관되게 하고, 대칭성과 매력의 관계를 조사하기 위하여 일란성 쌍둥이의 얼굴 사진들을 사람들에게 평가하게 하였다. 좌우 얼굴의 비대칭성(환경적 영향)이 커질수록 쌍둥이일지라도 덜 매력적

인 것으로 여겨지고 있어, 대칭성–건강–매력의 연결 관계를 보여 준다. 신체 매력의 중요성은 주거 및 관계의 이동성이 높은 개인주의 사회에서 특히 중요하게 작용한다. 외모가 매력적인 사람들이 행복감이 높은 양상은 지방 거주자보다 도시 거주자에, 동양 문화권보다 서구권에서 더욱 두드러지게 나타나는 특징이다. 그러나 아프리카 가나의 경우에 매력적인 얼굴의 소유자는 그렇지 않은 사람보다 삶의 만족도가 떨어지는 것으로 나타나 얼굴 매력이 지닌 긍정적 효과에도 문화 차이가 나타남을 볼 수 있다(Anderson et al., 2008).

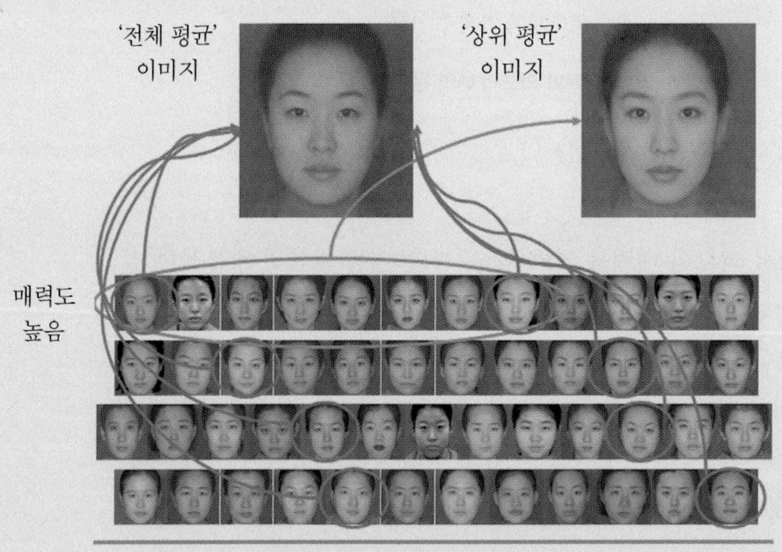


**[그림 6–3] 국내 여대생들의 대표적인 얼굴 표집을 매력 순위로 배열한 사진자료로부터 합성해 낸 두 사진**

왼쪽 사진은 전체의 합성이며, 오른쪽 사진은 매력 상위 9명의 사진 합성이다. 왼쪽 사진은 부드러운 느낌을, 오른쪽 사진은 뚜렷한 느낌을 준다.

출처: 정찬섭(2012) 제공.

원 논문: 김한경, 박수진, 정찬섭(2004).

수십만 년의 진화 기간 동안 남성은 자신의 후손을 성공적으로 퍼뜨리는 방향으로 배우자를 선택하여 왔다. 이를 위해서 상대 여성의 출산능력의 징표를 중시하였는데, 그 중요한 징표가 젊음과 몸매이다(Johnston & Franklin, 1993). 몸매에 대한 선호도에서도 남여의 차이가 나타난다. 남성은 여성의 허리 비율이 엉덩이에 비해 작은 것을 선호하며(0.7~0.8), 여성은 남성의 경우에 그 비율이 0.9~1.0에 근접한 것을 선호하는 양상이 나타났다(Singh, 1993, 1995). 여성의 경우에 이런 체형을 유지하는 것이 임신 및 건강에 유리한 것으로 알려졌다. 이런 몸매의 선호 양상은 시각장애인들에게서도 나타나고 있음이 확인되었다(Karremans et al., 2010). 비록 여성의 얼굴 매력을 판단하는 준거가 문화마다 다른 부분이 있지만, 대칭성과 매끄러운 피부 같은 보편적인 준거를 지니고 있는 것은 이 같은 진화심리학적 주장을 뒷받침한다(박은아, 서현숙, 2009; Langlois et al., 2000). 한편, 여성은 건강한 아이의 수태를 위하여 남성의 건강을 중시하지만, 더불어 긴 임신과 아동의 양육 기간에 필요한 자원을 안정적으로 제공해 주는 남성을 좋아하는 심리를 진화시켜 왔다. 이를 알아보기 위한 연구에서 남성의 체형과 남성의 소득을 변화시켜 제시하여 여성이 배우자로서 끌리는 정도를 판단하도록 하였다. 체형 못지않게 소득이 큰 영향을 미치는 것으로 나타났다. 키가 173센티미터의 키를 가진 남성은 178센티미터 키를 가진 사람보다 덜 끌리는 것으로 나타났지만, 연소득이 14.6만 달러 더 높다면 작은 키를 상쇄할 수 있는 것으로 나타났다. 157센티미터의 키라도 27.7만 달러를 더 벌 수 있다면 178센티미터의 키를 지닌 남성처럼 매력 있다고 평가를 받는 것으로 나타났다(Hirsch et al., 2006; Singh, 1995).

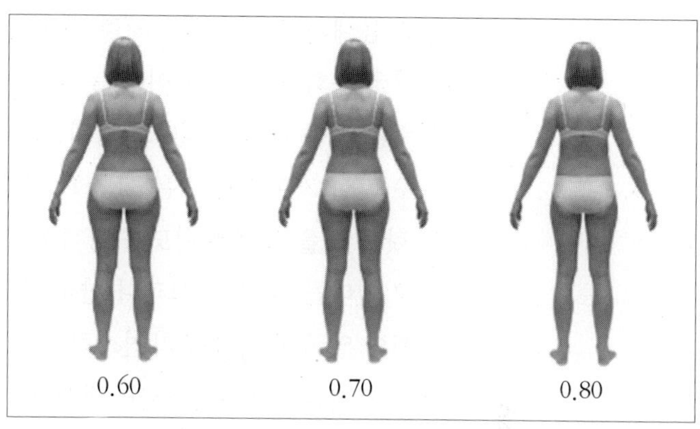

여성의 체형에 대한 선호에서 남성은 가운데 체형을 가장 선호하는 것으로 나타난다.

매력 있는 사람을 좋아하는 또 다른 이유는 그런 사람과 같이 있으므로 해서 스스로의 주가가 올라가는 것을 인식하기 때문이다. 이는 미모가 지닌 방사효과라고 할 수 있다. 같이 어울리는 사람이 매력적인 경우 매력 없는 사람과 어울리는 경우보다 제삼자들에게 더욱 호감을 사는 것으로 나타났다(Geiselman et al., 1984; Kernis & Wheeler 1981). 그러나 매력 있는 사람이 낯선 이로서 우연히 같이 있을 경우에는 매력적이지 못한 사람은 대조효과 때문에 더욱 불리한 평가를 받는다.

**미의 정형화와 성형의 문화** 현대인들은 온라인과 TV를 통해 수많은 미남 미녀를 접한다. 연예인과 광고 모델을 접하는 것은 은연중에 자기상에 영향을 미친다. 성인잡지에 나오는 여성의 전신 사진을 본 남성들은 자신의 배우자를 포함하여 일반적인 여성들의 매력도를 낮게 평가하는 경향을 보인다(Kenrick et al., 1989). 여러 연구를 통합한 분석에서 마른 체형의 여성을 접하는 것이 여성들로 하여금 자신의 몸이 비대하므로 다이어트를 다짐하게 하고, 때로는 거식증이나 폭식증의 섭식장애를 경험하게 만드는 요인이 되는 것으로 나타났다(Grabe et al., 2008). 이러한 현상은 여성의 몸을 비현실적인 잣대에 맞추도록 요구하고, 남녀 모두가 여성을 성적 대상으로 보게끔 강요하고 있다. 모든 사람이 지닌 나름의 가치가 획일적인 몸매와 얼굴 매력에 의해 대체되고, 대상화되면서, 저울질되는 것이다.

한국 사회는 성형천국이라 불리운다. 2020년 조사에서 여성 응답자의 25%가 성형수술을 한 경험이 있다고 답하고 있다. 이렇게 높은 성형수술이 이루어지는 이유로 많이 거론되던 것은 서구화 식민지론이다. 서구의 미인을 이상적으로 여기는 탓에 눈을 크게 보이도록 쌍꺼풀 수술과 코를 높이는 수술이 가장 많이 이루어지고 있다는 것이다. 그러나 한국인의 성형수술은 서구 미인을 추구하기보다 동양인의 얼굴 유형에서 자연스럽게 호감을 주는 변화를 추구한다는 점에서 이 가설은 크게 호응받지 못한다. 대신에 여러 학자들의 논의는 자기성의 유동적 특징에 바탕한 자기향상 동기를 제시한다(Holliday & Elfving-Hwang, 2012; 2장 참조). 한국인에게 자기는 자신의 몸뿐만 아니라 자신과 가까운 관계의 사람들을 포함한다. 즉, 성형수술은 개인뿐 아니라 가족의 문제가 되며, 자기의 몸은 가족을 위하여 변화될 수 있는 자산인 것이다. 결혼을 위해서, 혹은 좋은 직업을 얻기 위해서 고교나 대학 졸업선물로 부모가 자녀의 성형수술을 해 주는 것도 당연하게 여겨진다.

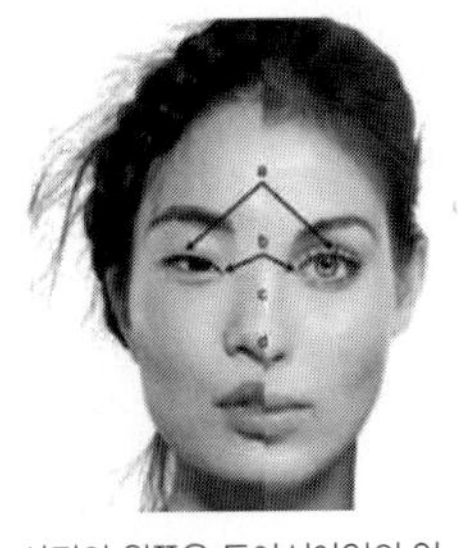


사진의 왼쪽은 동아시아인의 얼굴, 오른쪽은 백인의 얼굴이다. 큰 차이는 a: 눈꺼풀, b: 미간, c: 콧잔등, d: 코

출처: Aquino & Steinkamp (2016).

동아시아 3국에서 성형수술 관련 논문들을 검토하면서 이들 국가에서 성형이 지니는 의미를 분석한 연구(Aquino & Steinkamp, 2016)는 이들 문화에서 공통적으로 여성의 정체성에서 개성보다는 관계성이 중시되는 것에 주목한다. 그런 탓에 성형은 가족의 일이 되고, 부모는 형편이 어려워도 성형을 지원한다는 것이다. 자기성이 유동적이란 특징에서 성형을 변화하는 시대에 맞추어 자신의 신분과 모습을 전환시키는 도구로서 여긴다. 독립적 자기성이 강한 사람들에 비해서 상호의존적 자기성이 강한 사람들이 외모를 더 중시하며, 외모관리 행동을 한다는 것은 국내에서 이루어진 내외국인의 비교연구에서도 나타나고 있다(박은아 외, 2009).

**끌림과 자아** 국내의 한 결혼정보회사에서 미혼남녀 350여 명을 대상으로 첫 만남에서 가장 호감이 가는 상대방을 물어 집계한 결과, 1위가 자신을 칭찬해 주는 사람으로 나왔고, 2위는 대화를 재미있게 끌어가는 사람으로 나타났다고 한다(iMBC, 2008. 3. 29.). 그 이유는 무엇일까? 2장에서 자아의 동기로써 자기 지식 욕구와 자긍심 욕구가 있음을 설명하였다. 사람들은 애인으로부터 두 가지 욕구 모두가 충족되기를 원한다는 것이 한 연구(Katz & Beach, 2000)에서 드러났다. 남녀 대학생을 대상으로 실험실에서 자신에 대한 소개문을 작성하도록 하여 자신의 이성 짝이 될 수 있는 상대방 4명에게 제시하였다. 열흘 후에 참가자들에게 자신들이 쓴 소개문을 보고서 4명의 상대가 쓴 촌평(이 촌평은 참가자가 자신의 중요한 특성

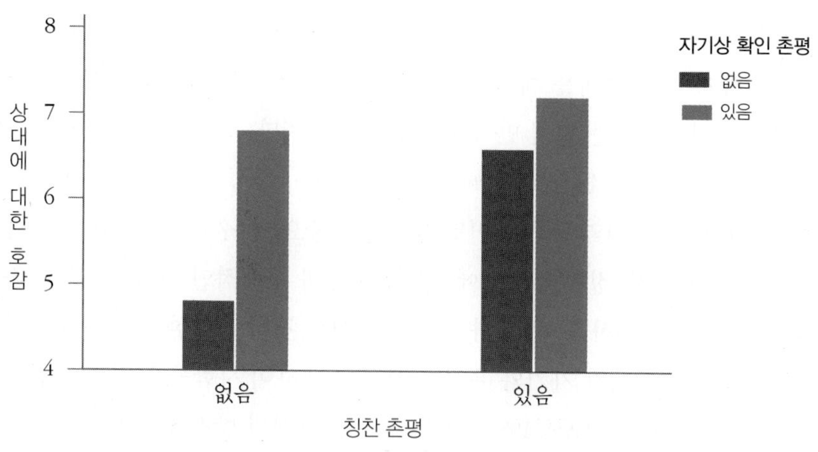


**[그림 6-4] 상대가 준 촌평 유형에 따라 달라지는 호감**

출처: Katz & Beach (2000), p. 276, Fig. 1.

이라는 것에 대한 상대의 의견임)을 네 가지로 조작하여 제시하여 주었다. 네 가지는 자신의 자기상을 확인해 주면서 칭찬하는 것, 자기상을 칭찬해 주는 평가, 자기상을 확인해 주는 평가 및 확인도 칭찬도 없는 평가로 구성되었다. 참가자들은 촌평을 보고 나서 네 사람의 촌평 제공자에 대하여 느끼는 매력을 평가하였다. [그림 6-4]는 사람들이 자신을 칭찬해 주는 상대방과 자기상을 확인해 주는 상대에 대하여 매력을 느끼며, 두 가지를 모두 제공하는 상대에게 가장 끌린다는 것을 보여준다.

## 상황 특성

개인들이 지닌 특성이 아니라 서로 지속적으로 만나게 되면서 알게 되고, 교류에서 작용하는 특성이 교류에 영향을 끼친다. 이와 관련하여 두 가지 특성이 밝혀졌다.

**유사성 원리** 유유상종이란 비슷한 사람들이 어울린다는 말이다. 서로 자주 어울리는 사람들에게서는 외모, 성격, 태도, 생활환경, 계층, 의견, 버릇, 기호, 취미 등 다양한 것에서 서로 공통점을 발견할 수 있다. 유사성을 지닌 사람들에게 호감을 느끼고 관계가 진전된다.

상대방에의 끌림에 큰 영향을 주는 것은 상대가 자신과 얼마나 유사한 생활 태도를 지니고 있는가 하는 점이다. 사람들에게 다양한 생활 모습(신을 믿는지, SF 영화를 좋아하는지 등등)을 물어 답을 얻은 다음, 이들 답에서 자신과 일치하는 상대, 전혀 일치하지 않는 상대를 제시하고 상대방에 대해 느끼는 매력을 물었더니 완전 일치하는 상대에게는 14점 만점에 13점이 나왔지만, 전혀 일치하지 않는 상대에게는 4.4밖에 나오지 않았다(Byrne, 1997).

그렇다면, 다양한 영역 중에서 어떤 유사성이 중요한가? 즉, 포괄적인 인생관이나 중요한 삶의 가치, 정치적 태도에서의 유사성과 구체적인 일상에서의 취향(좋아하는 음식, 음악, 관심사 등)의 유사성 중에서 어느 것이 중요한지를 분석한 결과, 생활의 중요한 태도에서 자기와 유사한 사람에 대하여 사람들은 더욱 호감을 느끼는 것으로 나타났다(Davis, 1981). 그러나 우정 관계의 발전을 촉진하는 것은 두 사람의 태도나 신념의 유사성보다는 취미, 활동 분야의 유사성이 더욱 중요한 것으로 나타났다(Werner & Parmelee, 1979).

한 연구(Haidt, 2003)는 여러 면모에서 사람들이 다양한 상대방을 얼마나 선호하는지를 파악한 결과, 미국인들은 인구학적 면에서 다양한 인종이 섞이는 것을 환영하지만, 정치적-도덕적 가치의 다양성, 좋아하는 활동의 다양성, 친구나 성적 대상에 대한 관점의 다양성에 대한 선호도는 떨어지는 것을 보인다. 대학생들이 세미나 수업에서 다루는 내용과 참여자의 다양성은 환영하지만, 자신과 같

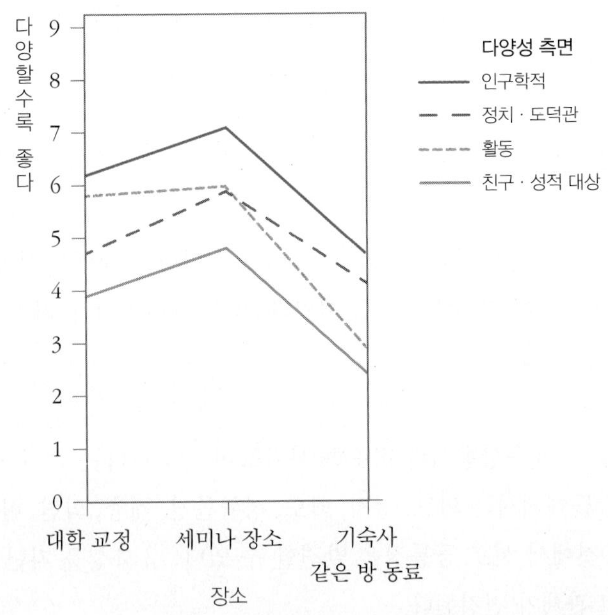


**[그림 6-5] 구성원의 다양성에 대한 수용 의도에 미치는 장소와 다양성의 측면들**

출처: Haidt (2003).

은 방을 쓸 동료가 자신의 가치와 다른 것은 좋아하지 않는 것으로 나타났다([그림 6-5]).

실제 연인관계에 있는 사람들에게서도 중요한 관심사가 비슷한 쌍의 관계만족도가 높은 것으로 나타났다(Lutz-Zois et al., 2006). 국내 연인관계의 대학생들에서 상대방과 자신이 교류에서 보이는 특징이 비슷할수록 관계 만족도가 높은 것으로 나타났다(주현덕, 장근영, 2006). 사람들에게서 취미 및 관심사(캠핑, 음악감상, 파티, 음주 등)의 유사성은 상호 간의 호감을 불러일으키며, 사회문제(사형폐지, 임신중절, 핵개발, 이민정책 등)에 있어서 태도의 유사성은 존경스러운 감정을 불러일으키는 것으로 보인다(Lydon et al., 1988). 한 현장연구에서는 사람들은 스스로가 중요하다고 생각하지만 일반적이지 않은 특성 및 가치관에 있어서 유사한 사람들과 특히 잘 어울림을 발견했다(Lea & Duck, 1982). 즉, 중요하다고 여기지만 예사롭지 않은 활동을 즐기는 동호인이나 사회운동가들이 서로에게 강하게 끌리는 현상을 보인다.

왜 유사성 원리가 강하게 나타날까? 여러 가지 이유가 작용한다. 우선, 사회비교 이론(Festinger, 1954)을 들 수 있다. 이에 따르면, 사람들은 자기 생각이 맞는지를 알기 위해 다른 사람과 비교를 하는데, 유사한 사람들은 서로 간의 비교를 통해 각자가 지니고 있는 생각, 믿음, 태도가 정당하다는 것을 확인해 주며, 서로를 지원하는 것이다. 자신의 생각에 반대하는 사람을 본다는 것은 흥미로울 수 있지만 유쾌한 경험은 아니다. 왜냐하면 자신의 견해가 잘못된 것일 수 있다는 증거가 되기 때문이다. 또한 균형 이론(본서 3장 참조)도 적용될 수 있다. 좋아하는 사람과 중요한 면에서 비슷하다는 것은 심리적 균형상태를 제공해 주기도 한다. 좋아하는 두 사람이 중요한 이슈에 대하여 생각하는 바가 다르면 관계는 불균형적이 되어, 균형을 회복하려는 노력이 나온다. 견해를 바꾸어 서로 이슈에 동의하거나, 서로를 싫어하게 될 수 있다(Monsour et al., 1993). 한 연구(Walster & Walster, 1963)에서 대학생들에게 같이 토의를 하게 될 사람들이 두 부류가 있는데 어느 부류와 토의를 하고 싶은지 선택하게 하였다. 한 부류는 그들과 같은 학생이고 다른 부류는 그들과 달리 심리학자(또는 노동자)라고 알려 주었다. 선택을 하기 전에 참가자들은 두 부류의 상대방 사람들이 모두 학생들 자신을 긍정적(또는 부정적)으로 생각하고 있다고 알려 주었다. 참여자 학생들은 상대가 자신을 부정적으로 여기

오바마 대통령의 친부와 친모 사진

고 있다면 자기와 비슷한 부류 사람과 토의하기를 원했고, 상대가 자신을 긍정적으로 여기고 있다면 자신과 다른 부류 사람과 토의를 원했다. 이 같은 결과는 자신이 다른 사람과 지내려고 하는 경우는 상대방으로부터 거부되지 않는다는 느낌을 지니고 있을 때라는 것을 보여 준다.

**상보성(complementarity) 원리** 상보성 원리는 유사성 원리와 대조되는 원리로서, 서로 대조되는 태도나 취향 및 성격의 사람들도 서로 잘 어울린다는 생각이다. 이를테면, 지배적 성격의 남자와 순종적인 여자의 경우 서로 잘 어울린다고 여겨질 수 있다. 한 연구(Hill et al., 1976)에서 연애 중인 202쌍을 대상으로 수년간 어떤 쌍이 지속되거나 또는 중단되는지를 관찰하였다. 수년 후 관계가 깨진 103쌍의 경우는 계속 관계를 유지하는 쌍들보다 성역할, 성에 대한 견해, 종교관 등에 있어서 서로 간에 차이가 많은 것으로 나타나고 있어 서로 유사한 쌍에서 오랫동안 관계가 유지되는 양상이 강함을 보였다. 사람들은 상대방이 자신과 차이가 나는 점이 흥미로워서 가깝게 지낼 수 있지만, 그 차이가 주는 매력은 시간이 가면서 마모되며, 유사한 점들을 공유하는 많은 영역들이 있어야 관계가 지속되는 것이다. 유사성의 영역이 많을수록 사람들은 서로에게 끌리고, 서로를 지원하는 현상이 일관되게 관찰되고 있다(Baron et al., 2006, p. 282에서 인용). 그러나 신경질적 경향이나 조급성처럼 부정적인 성격의 유사성이 높은 경우에는 관계에 도움이 되지 않는다(Cuperman & Ickes, 2009).

**고재홍(1958~ )**
서울대학교에서 차재호 교수 지도로 사회심리학 박사를 하였다. 경남대학교에 재직하였다. 한국사회 및 성격심리학회 25대 회장을 맡았으며, 사회적 판단, 결혼생활 등의 분야에 연구업적을 보이고 있다.

배우자들은 여러 면에서 유사한 까닭에 만나지만, 살면서 더 비슷해지는 현상도 보인다. 169쌍의 미국인 부부를 대상으로 1956년부터 7년 간격으로 1984년까지 다양한 검사를 시행한 결과, 단어를 쓰는 양상, 지적 능력, 태도 등에 있어서 유사성이 높아지는 현상이 관찰되었다(Gruber-Baldini et al., 1995). 한 연구는 20년 이상 같은 상대와 결혼생활을 유지하고 있는 60대의 부부 12쌍에게서 결혼 초기 독사진을 구해서 사람들에게 주어 얼굴의 유사성을 평가하게 한 결과, 부부끼리는 부부가 아닌 사람들의 얼굴보다 훨씬 유사한 평가를 받음을 보였다(Zajonc et al., 1987; 곁글 6-4).

**곁글 6-4** 한국인 부부의 유사성과 결혼 만족: 서로 이해하는 힘으로 산다!

한국인 부부는 유사하기보다는 서로를 받아 주는 마음으로 생활한다는 점에서 서구의 부부관계와 차이를 보이는 것으로 나타난다. 한국인 부부의 결혼만족도에 미치는 다양한 심리적 요인에 대한 실증적 연구들을 많이 진행해 온 고재홍 교수의 발견을 중심으로 살펴보자. 농어촌 부부 150쌍을 대상으로 가치관, 결혼관, 취미, 성격의 네 영역에서 부부의 특징을 파악하여 유사성을 파악한 결과, 모든 영역에서 유사성이 나타났으며, 특히 가치관과 결혼관의 유사성이 취미와 성격의 유사성보다 큰 것으로 나타났다. 네 가지 중에서 결혼관이 유사할수록 결혼만족도가 높은 것을 볼 수 있으나, 성격이나 취미 영역에서의 유사성은 만족도와 무관하였다. 그러나 가치관의 유사성은 부인의 결혼만족도에 영향을 주는 것으로 나타났다(고재홍, 전명진, 2003). 다양한 연령층의 부부 223쌍을 대상으로 부부 각자의 심리적 욕구(관계성, 자율성, 유능성)를 조사하고, 상대방에 대한 인식을 비교한 결과, 부부가 지닌 욕구는 유사한 것으로 나타났다. 자율성 욕구에서는 유사한 점이 없으나 관계성 욕구와 유능성 욕구에서 유사성이 나타났다. 서로의 욕구 차이—특히 관계성에서—가 클수록 부부갈등도 크게 나타났다(허진자, 고재홍, 2008).

여러 지역의 부부 133쌍을 대상으로 성격, 결혼가치관, 성역할 태도를 개인별로 평가하여 부부간의 유사성을 분석하니 부부들이 이들 영역에서 상당한 유사한 것으로 나타났다(김미경, 고재홍, 2008). 부부는 상대방의 성격, 가치관, 성역할 태도에 대하여 대체로 잘 알고 있었으나, 결혼기간이 늘어난다고 해서 이런 이해가 높아지는 것은 아니었다. 부부가 느끼는 주관적 안녕감은 상호 유사성의 정도와는 무관하였으나, 상대 배우자에 대한 이해가 높을수록 안녕감이 높은 것으로 나타났다. 창원 지역의 결혼 부부 150여 쌍을 대상으로 한 연구는 부부간의 성격이 서로 유사한 정도가 결혼만족도에 미치는 영향은 미미하고, 상대방에 대하여 얼마나 잘 이해하고 있느냐가 중요한 요인임을 드러내고 있다(김향련, 고재홍, 2007). 서양과 달리, 결혼기간이 증가한다고 해서 부부간의 유사성이 증가하는 양상은 나타나지 않았다(고재홍, 전명진, 2003).

결혼 초기(10년 미만)의 부부를 대상으로 생활분야(돈벌이, 처가와의 관계, 자녀 지도 문제)에서 겪는 부부 사이의 갈등 정도, 결혼가치관(애정표현, 성생활 만족, 취미활동, 상호 믿음 등), 상호 의사소통(건설적, 손상적, 회피적 등)의 양태를 파악하여 분석한 결과, 배우자가 지닌 결혼생활 가치관에 대해 잘못 오해하고 있을수록 부부갈등은 큰 것으로 나타났다. 그러나 이 경우도 부부간에 건설적 대화가 이루어지고 있으면 별 문제가 없다. 즉, 부부간 건설적 대화는 배우자에 대한 오해로 인한 갈등을 막아주는 역할을 하며, 특히 남편이 건설적 의사소통을 하는 것이 중요한 것으로 나타났다(황민혜, 고재홍, 2012; [그림 6-6]).

부부를 대상으로 자료를 구하기가 어렵다는 점에서 이런 연구들의 가치가 매우 크다. 이런 연구로부터, 한국에서의 부부관계에서 서로 유사하다는 인식은 중요하지만, 이런 인식이나 이해의 정도가 부부생활의 시간이 증가한다고 해서 높아지는 것이 아님을 알 수 있다. 이는 서구인들의 결혼생활에서 상대방에 대한 친밀감의 심화가 중요한 현상인 데 비해서 한국인에게는친밀감보다는 상대를 수용하는 마음의 크기가 만족도에 큰 영향을 미침을 보인다는 것이다.

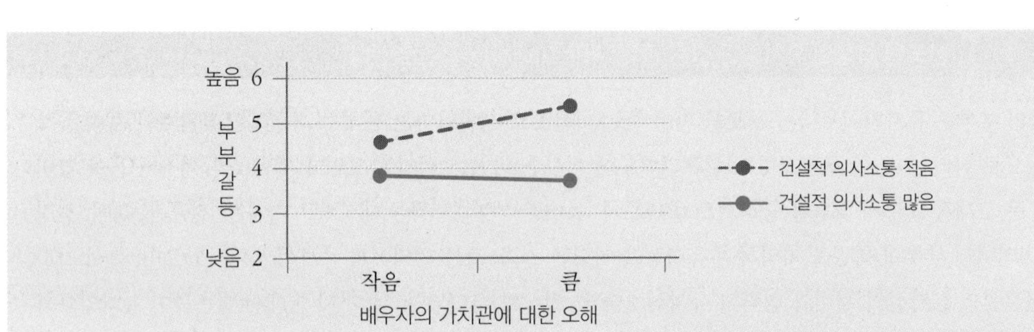


**[그림 6-6] 배우자의 결혼가치관 오해와 건설적 의사소통의 상호작용 효과**

출처: 황민혜, 고재홍(2012).

**실제 유사성 대 지각된 유사성** 유사성이 상대에 대해 느끼는 매력에 미치는 영향을 검토하는 수많은 연구들을 통합분석한 결과(Montoya et al., 2008)는 상대와의 실제 유사성은 상대와 만나기 전과 단기간의 교류에서 강한 영향을 주는 것으로 나타났다. 그러나 사회생활에서 실제 교류를 맺고 있는 사람들에게서는 실제 유사성의 효과가 미미하였으며, 중요한 것은 지각된 유사성이었다([그림 6-7]). 지속적인 관계를 위해서는 서로 간에 차이를 강조하기보다는 유사하다고 여기며 생활하는 것이 도움이 된다는 것이다. 사람들은 상대와 자신의 드러난 모습에서 유사

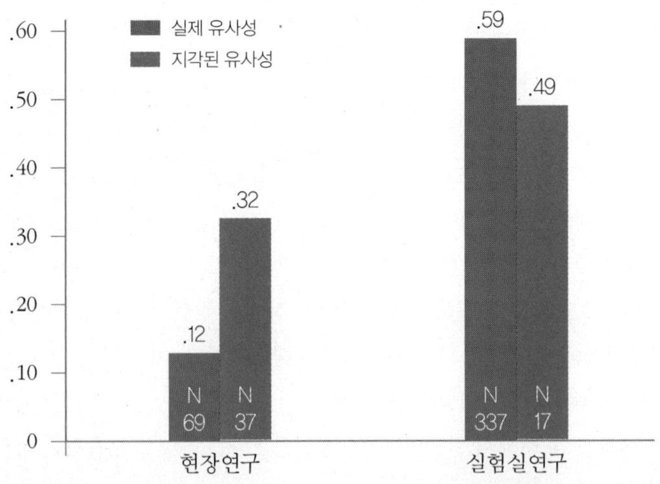


**[그림 6-7] 현장연구와 실험실연구에서 상대에게 느끼는 끌림에 미치는 실제 유사성과 지각된 유사성의 효과 크기**

출처: Montoya et al.(2008) 표를 바탕으로 그림.

한 정도에 대한 관심보다는 상대와 자신의 취향이나 관점, 주관적 경험이 유사한 것에 더 관심과 공감을 느끼기 쉽다. 즉, 객관적인 자기의 모습(Me)보다는 주관적인 자기(I)를 공유한 사람에게 동류의식을 강하게 느끼고, 이것이 상대와 자신이 비슷하다고 느끼게 만든다(Pinel & Long, 2012).

**친숙성 원리** 자주 접하게 되는 얼굴은 낯이 익게 된다. 이렇게 반복되는 노출은 상대방에 대한 호감을 증가시키는 효과가 있다(Zajonc, 1968). 교우관계의 중요한 영향 요인이 거주지의 근접성으로 나타나는데, 이러한 근접성 효과의 상당부분은 친숙성 원리에 기인한다. 가까이 접하고 사는 이웃에게 친숙해지고, 친숙함이 상대방에 대한 담을 허물어 우정과 애정 관계로 발전하는 사례를 많이 볼 수 있다. 이를 보여 준 대표적인 연구(Festinger, Schachter, & Back, 1950)에서 MIT 대학교의 학교 아파트 거주 학생을 대상으로 친구관계 형성에 미치는 공간적 근접성을 조사하였다. 서로 모르는 사람들이 이전에 군대 막사로 쓰이던 건물을 개조한 아파트에 개인의 바람과는 무관하게 배치된 상태에서 지내게 된 것이다. 수개월이 경과하여 이들에게 가장 친하게 지내는 사람을 알아보니까 공간적으로 가까운 이웃집과 계단의 사용으로 실제 가깝게 된 사람들, 즉 자주 보게 되는 사람들과 친하게 지내는 것으로 나타났다. 미국의 벨연구소에서 1990년대 수행된 연구에 의하면, 인접 부서에서 근무한 연구원들이 공동연구를 수행할 가능성은 층이 다른 곳에서 근무하는 연구원들이 수행할 가능성보다 25배나 높은 것으로 나타났다(Kraut et al., 1998).

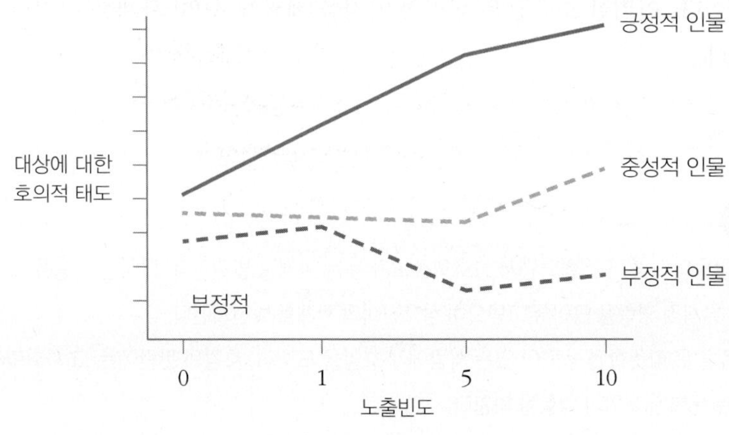


**[그림 6-8] 노출 효과의 실험**

출처: Perlman & Oskamp (1971), p. 509.

반복된 노출로 인한 친숙성 증가가 항상 나타나는 것은 아니다. 한 연구(Perlman & Oskamp, 1971)에서 처음 보는 인물을 과학자, 편의복을 입은 사람, 형사사건의 피의자로 선정해서 열 번을 보여 주는 과정에서 그에 대한 평가를 하게 하였다. 그 결과는 [그림 6-8]에서 보는 바와 같이 부정적인 인물에 대해서는 노출효과가 나타나지 않았다.

사람들의 정서도 중요한 역할을 한다. 자주 접하는 것에 대한 반가움은 사람들이 편안한 정서 상태에 있을 때보다는 불안한 정서 상태(낯선 곳에 있거나, 우울한 상황 등)에 있을 때 크게 나타났다(de Vries et al., 2010). 이 연구에서는 의미가 없는 기하학적 도형을 자극으로 사용하여 반복적으로 제시함으로써 친숙하게 만들고, 행복한 경험을 연상하거나 슬픈 경험을 연상시킨 조건에서 친숙한 도형과 매우 유사하거나 전혀 다른 자극을 제시하여, 얼굴의 웃음 근육의 반응양상(EMG)을 측정하였다. 행복한 정서 조건에서는 두 가지 도형에 대한 반응에서 차이가 나지 않았지만, 불행한 정서 조건에서는 친숙한 도형에 대한 반응이 크게 나타났다. 이는 아무런 사회적 의미가 없는 도형자극일지라도 친숙한 것은 정서를 편안하게 만드는 효과를 지니고 있음을 보여 주고 있다.

사회생활에서 친숙성의 원리가 작용하는 이유는, 우선 불확실한 사회상황에서 면식 있는 사람이 있다는 것은 자신의 견해에 대한 타당성을 점검해 주기 때문이다. 대학에 갓 입학하여 모든 것이 낯설 때, 자주 접하는 학생과 교류하면서 대학생활을 파악하고, 자신의 위치를 알아 가던 때를 상기해 보라. 이는 서로 간에 똑같이 작용하므로 상대를 좋아하게 된다. 둘째, 상대방과 교류하면서 서로 소속감을 느끼는 탓이다. 서로를 수용하고, 인정하고, 따뜻하게 대하는 것은 그 자체가 큰 보상이다. 이러한 소속감은 심리적 안정을 제공해 주며, 관계를 진전시키는 역할을 한다.

요약

1. 사람들의 교류가 진행되면서 상호의존도가 높은 관계로 발전한다. 다양한 활동을 같이 하며, 정서적 영향을 많이 주고받으며 상호신뢰의 관계를 발전시킨다.
2. 사람들은 따뜻함과 능력이 있는 사람에게 호감을 느끼며, 호감의 판단에는 그 사회의 변화하는 문화적 가치가 영향을 미친다.

3. 매력적인 용모를 지닌 사람은 후광효과에 의해 성격이나 능력에 있어서 좋은 평가를 받는다. 매력적인 용모를 지닌 사람이 그러한 특징을 지니고 있다기보다 사람들의 기대가 영향을 미치는 자성예언현상이 작용하기 때문이다.
4. 매력적인 용모를 선호하는 것은 진화심리학적 이유와 방사효과가 작용하기 때문이다.
5. 사람들은 자기에 대한 파악을 도와주는 정보를 제공하는 상대방에 대하여 호감을 느낀다.
6. 사람들의 교류는 유사성과 친숙성 원리가 작용하여 진전된다. 유사성의 원리는 서로의 비교를 통해 자신의 가치, 생각의 타당함을 확인할 수 있으며, 사회적 지원을 제공받기 때문이다.
7. 대인교류에서 작용하는 유사성 원리는 개인들이 교류를 임의로 선택하는 개인주의 사회에서 강하게 나타난다.

## 관계를 발전시키는 요인

사람들은 자주 만나게 되는 사람들과 대화를 나누며 관계를 발전시킨다. 만나면서 경험하는 것에 따라서 서로를 탐색하는 기간이 단축되기도 하지만 진지한 관계가 발전하기 위해서는 서로에 대한 탐색과 이해, 수용이 필요하다. 아무리 매력적으로 끌리는 상대방과 교제를 하더라도 서로를 알아 가는 과정이 없어서는 깊은 관계로 진행될 수 없다. 이제 이러한 교류의 진행에 영향을 주는 요인에 대하여 몇 가지 정리해 보자.

### 자기노출

낯선 두 사람의 관계가 친숙한 관계로 되어 가는 교류과정에서 가장 두드러진 특징은 두 사람이 서로를 상대방에게 드러내는 자기노출이다. 자기노출은 관계의 진전 기능 이외에도 다양한 기능을 지니고 있다. 단순히 자신의 내적 감정과 의견을 표현해 내는 기능, 표현을 통해 애매하고 엉킨 것을 명료하게 정리하는 기능, 상대방의 반응을 통해서 자기 의견에 대한 평가 및 조정을 하는 기능, 스스로가 노출의 정도를 조절함으로써 상대방과의 관계수위를 통제하는 기능 등이다(김교헌, 1992; Collins & Miller, 1994)).

대학생들의 우정관계 발달에 대한 종단적 연구에서, 한덕웅(1985)은 대학 입학 시 새로 알게 된 친구와의 교류가 1년 반 이상 지속된 사람들을 대상으로 상대방과의 교류행위를 3차에 걸쳐서 조사했다. 친교관계에 도움이 되는 행위뿐 아니라 자기노출이 관계가 오래 될수록 증가하는 것으로 나타났다. 흥미롭게도 친교관계에 해를 끼치는 부정적 행위도 같은 양상으로 증가하는 것이 나타났다. 부정적 행동의 증가는 관계 초기에서 보이던 조심스러운 행동들이 관계가 심화되면서 보다 자연스럽게 표출되고, 이러한 행위에 대한 친구들의 대처도 관계를 유지하는 선에서 이루어짐을 보인다. 국내에서 중년 부부를 대상으로 조사한 결과, 자기노출 행위 자체가 부부간의 친밀감에 영향을 미치는 것이 아니라 노출 시 배우자의 반응이 수용적이었는지 여부가 친밀감에 영향을 미치는 것으로 나타났다. 또한 좋았던 일에 대한 노출보다 좋지 않았던 일에 대하여 배우자에게 알리고, 이해를 받는 것이 친밀감을 높이는 것으로 나타났다(윤미혜, 신희천, 2009).

**한덕웅(1943~ )**
성균관대학교에서 사회심리학 박사학위를 취득한 후 동 대학교에서 교수로 재직했다. 한국심리학회 회장을 역임하였다. 한국 사회 가치관의 변화, 대인교류, 집단역학에 연구관심을 보였고, 특히 『퇴계심리학』의 저술을 통해 퇴계의 심학사상과 현대 심리학을 접목하는 업적을 남겼다.

일방적인 자기노출은 오래 계속되지 않는다. 상대방이 호응하는 노출이 있을 경우에만 다음 단계의 더 내밀한 노출이 교환되며 관계가 친숙해진다. 즉, 상응의 규범(Gouldner, 1960)이 적용된다. Altman과 Taylor(1973)는 관계의 진전을 노출의 상응과 관련시켜 둘 사이의 벽이 서로에 의해서 침투되는 과정(사회적 침투)으로 기술하였다. 관계가 진전됨에 따라서 노출의 내용이 다양해지고 노출의 깊이도 깊어진다. 노출은 상대방의 호응을 보아 가면서 그 수위조절이 이루어진다. 사람들은 자기가 상대방에게 노출하는 정도로 상대가 노출하는 것을 가장 편하게 느낀다. 상대가 더 노출하는 경우 준비 없이 친숙한 관계로 끌려가는 기분이 들거나 상대가 무분별한 사람으로 여겨지기 때문에 저항을 보인다. 반면에, 상대가 노출하지 않을 경우는 스스로가 바보 같은 생각이 들고 상대가 냉정하거나 자신에게 관심이 없는 사람으로 여겨지기 때문에 꺼리게 된다(Chaiken & Derlega, 1974).

자기의 취약한 부분, 남이 알기를 꺼리는 부분들을 상대에게 노출시키는 것은 상대에게 신뢰한다는 암시를 주는 탓에 관계를 촉진시키는 역할을 한다. 처음 보는 상대와 짝지은 후에 두 조건을 구분하여 상대와 한 시간 남짓 대화를 나누도록 하였다. 한 조건에서는 초면에 부담 없이 하기 쉬운 일상적인 내용(다녀온 휴가, 기억에 남는 선물, 잠자는 시각 등)에 대하여 대화를 나누도록 하였고, 다른 조건(노출집단)에서는 그런 대화를 나누다가 내밀한 개인적 내용(가장 소중한 추억, 가족관계의 친밀성, 누구의 죽음이 가장 안타까운지 등)을 이야기하도록 하였다. 둘째 집단에서 상대에 대하여 느끼는 친밀감이 훨씬 높았으며, 두 주 후에 이들을 다시 연구실로 오게 했을 때 노출집단의 사람들은 대부분 같이 앉아서 이야기를 나누고 있었다. 이들이 상대방에 대하여 느끼는 친밀감의 점수는 오래 사귄 사람에 대하여 느끼는 친밀감 점수와 비슷하였다(Aron et al., 1997). 사람인 경우에는 물론 심지어 컴퓨터를 상대로 면담을 하는 경우에도 컴퓨터가 자신에 대한 정보(처리속도, 구성요소 등)를 노출했을 경우에, 그러지 않았을 때에 비해서 사람들은 더 많은 자기노출을 하고, 자신을 항상 컴퓨터라고 지칭하고 있는 컴퓨터에 대하여 매력적으로 여기는 현상을 보인다(Moon, 2000).

자기노출이 관계의 진전에 필수적이지만 그 자체가 관계를 진전시키는 것은 아니다. 관계를 진전시키는 것은 노출의 호응작용과 상대방에 대한 돌봄(배려)의 마음이다. 서로의 노출이 상대방에게 이해되고, 공감의 감정을 느끼게 하고, 상대방에 대한 관심과 돌봄으로 이어지는 과정은 상호신뢰를 쌓아 가고 정서적인 유대감을 만들어 간다. 서로에 대한 믿음과 정서적인 유대감은 친밀한 관계의 본질이다(Reis & Shaver, 1988; Won-Doornink, 1985).

## 상응(reciprocity)의 규범

사람들이 사회생활을 하면서 자신의 이익을 추구하고, 손실을 최소화하려 든다고 보면, 사람들 간의 갈등은 필연적이다. 어느 사회건 이러한 갈등을 표면화시키지 않고 관계를 유지하고 진전시키는 규범들이 있다. 규범이 지켜질 때 사람들은 관계에 만족하며 관계를 유지하고자 한다. 이런 규범으로 상응의 규범과 공평성(fairness)의 규범을 들 수 있다. 이 두 규범은 사람들의 행동을 구속하고 적절성을 규정하며 보편적으로 나타난다(Gouldner, 1960).

사람들은 교류관계에서 보상을 최대화하고 손실을 최소화한다는 전제가 성립할 수 있다. 이 전제를 바탕으로 사회적 교환이론(Blau, 1964; Kelley & Thibaut, 1978)이 제시되었다. 사람들은 교류에서 득을 보는 경우에 교류를 지속하려 들고, 손실을 예상하는 경우에 교류를 그만두려 한다. 이러한 접근이 인간관계를 대부분 설명할 수 있다는 것에 거부감을 느낄 수 있지만 이 분석은 보상과 손실을 물질적인 재화에만 국한시키지 않고 심리적인 것까지 포함시켜 다룸으로써 분석의 틀을 확대시켰다. 관계에 대한 평가에 따라서 상대방과의 거리를 조정하는데 이러한 평가는 두 가지 기준에 비교되어 이루어진다(Thibaut & Kelley, 1959).

한 가지 기준은 비교수준으로써 우리가 상대방과의 관계에서 당연히 받아야 한다고 생각하는 보상의 정도다. 사회통념이나 과거의 경험에 비추어서 어느 정도는 되어야 한다는 기대치를 갖게 되고, 이에 비추어서 현재 자신이 얻고 있는 것을 비교한다. 이러한 기대에 부응하거나 그보다 높게 되면 관계에 만족을 느낀다. 부응하지 못한다면 실망을 느낄 것이다. 실망을 느낀다고 관계를 단절하는 것은 아니다. 관계 단절을 고려하는 경우에 대안적인 관계(다른 사람과의 새로운 관계 또는 혼자 지내는 고독감: 대안적 비교수준)에서 기대되는 득실과 현재 관계에서의 득실을 비교한다. 비록 이성친구가 하는 행위가 마음에 썩 들지는 않지만 없는 것보다는 낫다고 생각한다면 그 관계를 계속 유지하려는 행위를 보인다.

**상응의 문화 차이** 어느 문화에서건 자신이 도와준 일, 마음 써 준 것, 베풀어 준 것들이 상대방에 의해서 되돌려지지 않는다면 기분이 상하고 상대방과의 관계가 순조롭지 못할 것이다. 그러나 이러한 상응의 규범에도 문화차는 존재한다.

개인주의 문화권(미국, 프랑스, 호주)과 집단주의 문화권(일본, 중국)을 대상으로 조사 분석한 결과, 개인주의 문화권에서는 자발적인 상응이 강조되고 가치 있는 것으로 여겨지며, 집단주의 문화권에서는 의무적인 상응이 강조됨이 나타났다(Ting-Toomey, 1986). 즉, 서양에서는 의무감 때문에 보답을 한다는 것은 가치 있는 일로 여기지 않는데 이는 행위자의 의도가 결여된 것으로 마지못해 하는 것으로 여겨지기 때문이다. 그러나 동양에서는 빚진 사람이 빚을 갚아야 하는 것은 당연한 사회적 의무이며 도리(道理)라고 여긴다. 도리의 실행 여부 자체를 의도와는 무관하게 중요시한다. 은혜를 되갚지 못한 사람은 그 사람의 도덕성을 의심받게 된다. 이런 탓에 친하지 않은 관계의 상대가 건네 주는 가벼운 선물이라 할지라도 동양권에서는 흔쾌하게 받으려는 양상이 구미권에 비해서 훨씬 낮다. 받으면 돌려주어야 한다는 의무감 때문이다(Shen et al., 2011).

일본에서는 선물을 주고받는 것에 대한 비교적 상세한 관습 규범이 존재하지만 미국에서는 그에 필적할 만한 규범이 없고 단지 행위자의 능력이 허락하는 범위에서 마음이 내켜 하는 자발성이 중요시된다. 아울러, 동양에서는 부채와 은혜를 일생 동안 되갚기도 하고 심지어는 자식 세대로 넘어가기도 한다. 그러나 서양에서는 부채와 선의는 개인적인 당사자의 책임문제이지 대물림될 수 있는 것으로 여기지 않는다.

## 공평성

사회통념상 관계의 만족도를 저울질할 때 또 하나의 중요한 준거가 되는 것은 공평성의 규범이다. 상응의 규범이 두 사람 사이의 교환에 대한 마땅함을 규제하는 규범이라면 공평성의 규범은 교환의 적절한 양을 규제하는 규범이다. 관계가 공평하다고 느낄 때 만족할 것이며 불공평하다면 관계에 불만을 느낀다. 공평감은 무엇에 의해 결정되는가? 많은 서구의 학자들은 형평의 원칙을 들고 있다. 이 원칙은 성원들 각자가 기여한 만큼 얻거나 손실을 분담하는 경우에 지켜진다. 예를 들어, 두 사람의 동료가 공동작업을 해서 얻은 보상을 나누어 가짐에 있어 둘 사이의 불만이 최소가 되는 방법은 각자가 기여한 만큼 갖도록 하는 것이다. 이 점에서 형평의 원칙은 관계 당사자들이 모두 수용해야 하는 최소 정의를 충족시키는 원칙이다. 성원들이 분배에 만족하지 못할 경우 관계가 순조롭게 진행되기 어렵기 때문이다. 불형평적인 상황에 처할 경우에 형평을 회복하기 위한 행동이 나타난다(Adams, 1965; Walster et al., 1973).

형평을 회복하는 방법은 회복적 행위를 취하거나, 심리적 조정을 하는 것 두 가지가 있다. 즉, 자신이 받을 몫을 덜 받았을 경우에 다 받아 내거나 상대방이 더 받은 만큼을 물리게 하는 것이 한 방법이다(1차 통제). 이는 상대방을 납득시킴으로써 가능하다. 상대방이 불형평이 존재함을 납득하지 않으면 쌍방은 갈등상태에 처하며 불형평의 일방적 회복 행위는 미래의 관계를 위험하게 만들 수 있다. 심리적 조정은 불형평의 계산에 있어서 자신과 상대방의 기여 또는 산출량을 조정하여 형평적 결과를 얻어 내는 인지적 과정이다(2차 통제). 이를테면, 상대방의 기여를 드러난 것보다 더 크게 인정함으로써 상대가 더 많은 몫을 챙긴 것을 이해하고 형평적인 것으로 받아들일 수 있다. 어떠한 방안이 취해지는가 하는 것은 각 방안과 관련된 득실 및 용이성에 달려 있다.

형평의 원리는 수많은 연구에서 지지되고 있다. 대부분의 연구들은 실험실에서 낯선 사람들의 교류 상황에서 이 원리의 타당성을 검증하였다. 따라서 친밀한 사람들의 교류에도 적용될 것인지 의문시되었으나, 부부, 연인들 관계의 분석에도 적용된다는 증거가 나타나고 있다. 이를테면, 미국의 신혼부부를 대상으로 결혼만족도와 형평의 지각과의 관계를 분석한 결과, 덜 받는 사람이나 더 받는 사람 모두에게서 결혼만족도가 낮은 것을 보이고 있다(Hatfield et al., 1979). 네덜란드에서 친한 친구와의 관계에서 형평감을 느끼는 사람들은 자기가 혜택을 많이 받거나, 덜 받는다고 여기는 사람들에 비해서 고독감을 덜 느끼는 것으로 나타났다(Buunk & Prins, 1998). 국내에서 부부를 대상으로 행한 연구(조정문, 1995)도 부부간의 공평성 지각이 결혼만족도를 증진시키는 것을 확인해 주고 있다. 특히 이 효과는 만족도에 영향을 미치는 수입, 교육수준, 자녀 유무, 성격 차이 같은 요인들의 효과를 통제하여도 나타나고 있어, 중요한 요인임을 보여 준다. 역시 국내에서 1,164명의 기혼 남녀를 대상으로 한 우편조사에서도 결혼만족도와 관계의 형평성 지각은 상관이 꽤 있는 것으로 나타났다(r=.30~.46). 즉, 관계가 형평적이라고 여기는 경우에 만족도가 높게 나왔는데, 특히 여성의 경우에 이 관계는 더 강하게 나타났다(노익상, 2002).

교류관계를 당사자들의 이해타산적 관점에서 보는 교환이론이 직면하고 있는 문제는 가족, 부부, 연인 등과 같은 친밀한 관계에서 사람들이 관계에 불만을 느끼기 이전에는 관계를 교환적인 관계로 여기는 것 같지 않다는 증거들이다. 신혼부부를 대상으로 초기 2년 동안에 걸친 종단적 연구를 행한 결과, 초기에 연인들이 교환의 규범을 따르기보다는 상대방의 필요에 부응하는 공유적 교류를 하는 경향을 보이며, 이런 연인들에게서 관계만족도가 높은 것으로 나타난다. 연인들 사이에서 교환의 규범을 쓰는 정도가 높아질수록 교류만족도는 낮아졌으며, 불안정 애착 성향자들은 교환의 규범을 적용시키는 양상이 안정 애착 성향자에 비해서 현저히 높은 것으로 나타났다(Clark et al., 2010). 이러한 연구들은 불형평 상태가 연인관계나 관계가 깊이 진전된 상태에서는 별 문제가 되지 않으나, 관계가 삐걱거리게 되면 중요한 이슈로 부각됨을 시사한다(Cate et al., 1988).

## 온라인 교류

2004년 페이스북이 열리고, 2007년 애플의 아이폰이 등장하여 온라인 생활이 보편화되면서, 새로운 생태계가 활짝 열렸다. MZ 세대(1980년대 이후 태어나 디지털 환경에서 성장한 세대로 한국 인구의 1/3에 해당함; 12장 참조)는 디지털 원주민으로, 기성세대는 디지털 이주민으로 구분되기도 하지만, 이제 온라인이 단절된 세상을 상상하기는 어렵게 되었다. 2022년 한국 성인의 97%가 스마트폰을 사용하는 것으로 알려졌다. 더욱이 2019년 발생한 Covid-19 팬데믹이 3년 이상 전 세계를 얼게 하면서 온라인 만남은 새로운 일상으로 대두하였다. 온라인 교류의 비중이 커지면서 사람들의 관계와 생활에 미치는 영향이 큰 관심거리로 등장하여, 많은 연구들이 이루어지고 있다. 과연 온라인 만남과 소통은 교류에 어떤 영향을 미치고 있는가?

**교류의 양상** 디지털 원주민이라고 할 전국의 20대와 30대 남녀 천여 명을 대상으로 조사한 결과는 대인교류에서 온라인 교류가 미친 영향은 크지 않은 것으로 나타났다. 상대방과의 친밀감에 따라 친한(A), 가까운(B), 그냥 아는(C) 세 부류의 사람들과 온라인 및 대면으로 관계를 맺는 인원 수, 관계유지 행동, 친밀감을 물어서 분석한 결과, [그림 6-9]에서 보듯이 세 부류의 상대방 모두에서 대면 만남의 상대 수가 온라인 만남의 경우보다 훨씬 높았다. 친밀하다고 여기는 사람의 평균은 20명, 가깝다고 여기는 사람은 평균 32명이며, 그냥 알고 지내는 사람은 60명으로 나타났다(권정혜 외, 2013). 이들 중에서 온라인 만남으로 시작해서 관계를 유지하고 있는 사람은 각 부류에서 2.2명, 3.2명, 6.9명으로 나타나고 있어, 각 부류의 사람들 중에서 온라인 만남이 차지하는 비율은 10% 정도에 불과하였다. 이는 온라인 소통으로 대인관계 폭이 크게 확장되는 것이 아님을 의미한다. 그러나 관계유지 행동은 친밀도가 멀어질수록 대면 교류에서는 많이 떨어지는 것을 볼 수 있다. 이는 온라인상에서 관계유지 행동이 대면 교류에서와는 달리 그다지 어렵지 않은 탓에 나타나는 현상으로 보인다. 이에서 볼 수 있는 것은 온라인 연결이 친밀도에 따른 영향을 덜 받고, 관계의 형성과 유지를 위해 적극적인 관계유지 행동이 많지 않아도 관계유지가 가능하다는 점이다([그림 6-9]; 곁글 6-5).

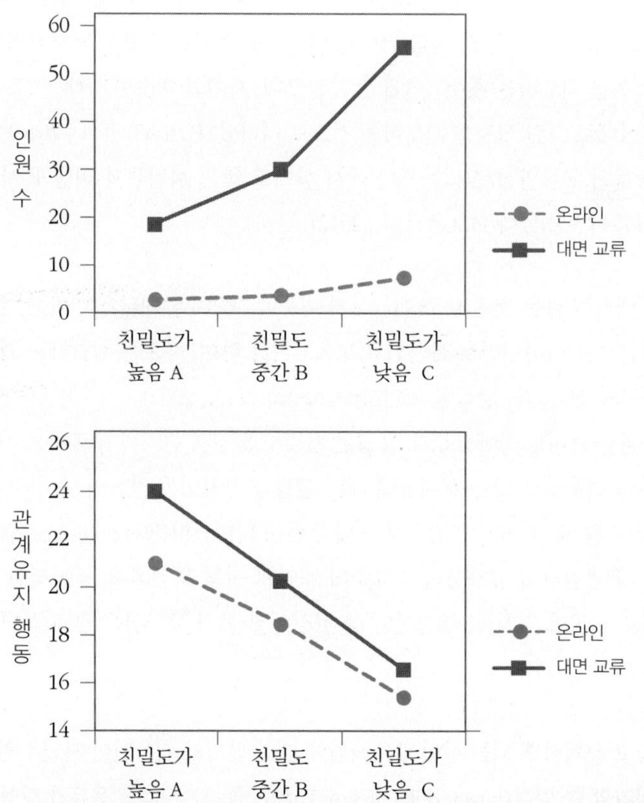


**[그림 6-9] 대면 및 온라인 교류에서의 친밀도에 따라 상대방 및 관계유지 행동 빈도**

출처: 권정혜 외(2013), 그림 2.

## 곁글 6-5 온라인 데이팅의 성공 가능성과 유의할 점

2019년 말 발발하여 3년이 넘도록 세계를 얼어붙게 만든 Covid-19 팬데믹은 온라인 교류를 새로운 일상(뉴노멀)의 삶으로 바꾸었다. 감염의 우려로 현실 공간에서 사람들의 만남이 온라인상의 만남으로 많이 대체되었다. 온라인 데이팅 앱들은 타인에게 부탁할 필요없이 다양한 상대를 선택할 수 있으며, 자신의 모습을 적절히 꾸며서 제시할 수 있다는 점에서 현실에서 교류를 어려워하는 사람들에게 매력적인 만남의 마당을 제공하기 때문에 국내외의 젊은 세대에게 큰 인기를 끌고 있다. 국내의 보도에 따르면 2022년 3월 상위 열 개의 데이팅 앱의 월간 이용자 수는 100만 명을 넘고 있으며, 4 대 1의 남녀 비율을 보이고 있다. 미국의 조사연구는 1992년에 중매인을 통해서 상대를 만나 본 사람이 인구의 1% 정도였으나, 2011년에는 새로운 만남의 20%가 이런 온라인을 통해서 벌어진다고 한다(Finkel et al., 2012에서 인용). 2005년 미국의 인터넷 사용자 조사에서 배우자가 있는 사람들의 2/3가 자신의 상대를 오프라인에서 만났다고 했으며, 독신 남녀의 경우에 37%가 온라인상의 만남을 해 본 것으로 나타났다. 이런 누리집(앱을 포함)에 가입한 회원들은 자신의 프로필을 작성해서 올리는데, 이 프로필은 시장에 자신을 내어 놓는 것이므로 실제와 비슷하거나 좀 더 좋은 모습으로 제시되는 경우가 많다(Heino et al., 2010). 소개 누리집에서 6400명이 넘는 성인 남여를 대상으로 조사한 연구는 남자가 여자보다 상대방의 프로필을 보는 숫자와 첫 접촉을 시도하는 횟수가 3배 정도 많으며, 자기와 비슷한 상대를 고르기보다는 자신이 이상으로 생각하는 사람을 상대로 그런 접촉을 시도하는 것으로 나타났다(Hitsch et al., 2010).

온라인에서 상대방을 찾는 사람들의 교류양상/심리는 현실에서 상대를 찾는 사람들과 어떻게 차이를 보이나? 다양한 차이를 분석한 결과, 다음이 드러났다(Finkel et al., 2012).

- 관계의 속도: 사람들은 상대에 대하여 많은 것을 알고 접근하기 때문에 대면교류에서 상대방에 대한 호감을 더 갖게 되고, 호감이 대면 만남으로 이어지면서 확인되고 보충되기도 하며, 때로는 실망하는 과정을 통해 교류의 친밀도와 헤어짐이 빠르게 진전되는 양상을 보인다(McKenna et al., 2002).
- 선택의 어려움: 자신이 지금 관심을 보이는 상대방보다 더 좋은 사람이 자신의 손가락 누르기를 기다리고 있다는 가능성에서 사람들은 지금 접촉하고 있는 상대방에 대한 결정을 망설이는 양상이 나타난다. 이는 특히 상대방의 숫자가 15명 이상이 될 때 그 이하인 경우보다 더 뚜렷이 나타난다(Fisman et al., 2006).
- 관계 성공에 대한 예측: 성격이나 관심사의 유사성이 중요한데 개인의 성격 특성에서, 긍정적인 성격(우호성, 성실성 등)에서의 유사성은 도움이 되지만, 부정적인 성격(신경질성)의 유사성은 관계를 단절시킬 가능성이 높다.

누리집에서 여러 명의 상대를 놓고 선택하게 되는 상황에서 사람에 대한 평가와 저울질이 자연스럽게 작용한다. 따라서 **퇴짜의 마음틀** 문제가 심각할 수 있다(Pronk & Denissen, 2019). 즉, **시장이라는 은유**가 작동하여 상대를 평가하는 것이 자연스럽게 되고(Heino et al., 2010), 그럴듯한 상대방이 얼마든지 있다는 생각에서 더 좋은 상대를 원하면서 상대를 쉽게 퇴짜 놓게되며 결국 상대를 찾지 못하게 된다. 더욱이 여러 상대를 놓고 저울질하며, 선택하고 만나게 되면서 교환관계의 틀에서 진행될 가능성이 높다. 사람들은 우리성의 친분관계에서 교류 만족도가 높으며, 교환관계에서는 주고받음을 따지는 탓에 신뢰가 깊어지기 어렵다(Clark et al., 2010). 많은 사람이 배우자나 연인을 찾으면서 영혼의 동반자, 운명적인 사람을 만나게 되기를 원한다. 그러나 온라인에서 이런 상대를 만나고자 하는 사람들은 상대와 문제가 생겼을 때 "이 사람이 아니네!" 하며 결별을 결심하는 경우가 많다. 오히려 영혼의 동반관계로 성숙해질 수 있다는 믿음을 지닌 사람들이 상대와 문제점을 해결하려는 노력을 기울이는 경향이 높다(Finkel, Burnette, & Scissors, 2007)

**온라인 교류의 관계유지 행동** 온라인과 대면 교류에서 관계유지 행동이 사람들이 느끼는 사회적 자본(신뢰감과 정보 및 도움을 주고받을 수 있다고 느끼는 정도)에 미치는 영향을 본 결과, 친한 사람과의 관계는 온라인과 대면 교류에서 모두 긍정적인 영향을 미치는 것으로 나타났으나, 친하지 않거나 그냥 아는 사람과의 온라인 관계유지 행동은 관계에 부정적 영향을 주는 것으로 나타났다. 이런 양상이 나타나는 것을 이해하기 위해서는 친밀감 형성 기제를 이해해야 한다(Reis & Shaver, 1988). 친밀감 형성에 필수적인 것은 자기노출과 호응성이다. 자기노출이란 사적인 정보를 타인에게 알려 주는 것을 의미하며, 호응성이란 그런 내용을 들은 상대방이 자신의 생각과 감정 등을 알려 주는지에 대한 인식이다. 상대방이 호응을 잘한다고 여기는 경우에 상대에 대한 친밀감이 깊어진다. 이 현상을 검토하기 위해 서울과 경기 지역에 거주하는 10대 청소년 656명을 대상으로 친밀도가 높은 상대방에 대하여 온라인과 대면 소통에서 자신이 보이는 자기노출성과 상대의 호응성을 알아보고 상대와의 친밀감을 조사하였다(우성범 외, 2014). 대면 만남에서는 자기노출이 상대방의 호응성을 유발하면서 친밀감이 깊어지는 양상이 나타난다. 그러나 온라인에서는 자기노출을 하더라도 상대가 시차를 두고 호응하거나, 호응을 하지 않기도 한다. 이렇게 호응성이 낮게 지각되는 경우에는 자기노출을 하더라도 친밀감으로 연결되지 않는 것으로 나타났다. 온라인상에서의 자기노출이 상대의 호응성으로 화답될 때, 친밀감이 깊어질 수 있지만, 상대의 호응을 접하지 못한다면 친밀감은 오히려 나쁜 영향을 받는다. 따라서 SNS상에서 자기노출의 대상을 선택할 때 불특정 다수보다는 적절한 정서적 지지를 받을 수 있는 대상을 선택하여 교류하는 것이 관계를 유지하고 상처를 받지 않는 방법이다.

**사회생활에서 온라인 교류가 미치는 영향** 온라인 교류를 통해서 사람들은 두 가지 이점을 거두게 되었다. 첫째, 전혀 접할 수 없던 사람들과 새로운 연결망을 구축하는 것이다. 둘째, 매우 경제적이고 편리한 교류 방식을 이용하여 기존의 연결망의 사람들과 보다 빈번한 접촉을 함으로써 연결고리를 강화할 수 있게 된 것이다(Moore, 2000). 과연 이런 효과가 실제로 관찰되고 있는지를 보기 위해 국내에서 여러 지역의 성인 남녀 1,000여 명을 대상으로 2011년 말부터 6개월마다 세 차례에 걸쳐서 온라인 교류와 대면 교류에서의 관계유지 행동을 조사한 결과(조성훈, 권정혜, 2015), 친하지 않은 사람과의 온라인 교류가 오프라인으로 확장되는 양상은 거의 나타나지 않았다. 친숙한 사람과의 관계에서는 대면교류가 활발히 이루어지면서 온라인 교류도 이루어지는 양상이 나타났다. 이런 양상은 한국 사회에서 온라인 교류로 시작하는 교류가 대면 교류로 이어지면서 독자적인 사회적 자본을 형성할 가능성이 적다는 것이다. 오히려, 기존의 친숙한 관계의 사람들과 대면 교류가 활발한 경우에 온라인 교류도 활용되면서 관계를 유지하고 깊어지는 기능을 하는 것으로 보인다. 주된 이유는 온라인 교류가 카톡과 같은 사회관계망 서비스(SNS)를 중심으로 이루어지는 탓이라 본다. 사람들은 SNS를 통해서 정보를 공유하기도 하지만, 그 못지 않게 자기 생각이나 느낌을 확인하고 공감받기를 원한다(Kwon & Wen, 2010). 사람들은 친구의 글에 댓글을 달거나 반응을 올리며, 친하지 않은 경우에는 읽기만 하는 소극적 반응을 보이는데 친하지 않은 상대에게서 자신이 원하는 반응이 오지는 않으리라고 부정적인 기대를 하기 때문이다(Rau et al., 2008). 사람들이 교류에서 기대하는 친밀감이나 지원은 전혀 모르는 사람에게서보다는 이미 알고 있고 친숙한 사람에게서 온다.

SNS는 연고 등으로 연결되기 마련이라서 신뢰가 어느 정도는 작동하는 온라인 망이다(Dwyer et al., 2007). 그렇지만 정서의 교감이 대면 교류에 비해서 떨어질 수밖에 없다. 이런 탓에 관계의 질(이해, 헌신, 상호의존 등)은 대면 교류에서 높게 나타난다(Parks & Roberts, 1998). 사람들은 페이스북처럼 호응성이 높지 않은 매체를 통해 모르던 사람들을 알게 되긴 하지만 이들과는 친밀해지기 어렵다(Hsu, Wang, & Tai, 2011). 온라인을 통한 대인관계가 사회자본을 확대하기보다는, 이미 지니고 있는 사회자본을 유지하는 데 도움이 되는 것이다(Ellison et al., 2007).

요약

1. 자기노출의 교환을 통해서 관계가 진전되며, 관계가 진전되면서 자기노출이 깊어지고 영역도 확대된다. 노출과정에서 부정적인 내용도 다루어지며 서로가 벽을 침투하여 정서적인 유대감을 발전시킨다.
2. 사회적 교환 이론에 따르면 사람들은 교류관계에서 보상을 최대화하고 손실을 최소화한다. 현재 관계에서의 만족은 마땅히 받아야 할 것에 비교수준을 두고, 이에 미흡하면 불만을 느낀다. 그러나 관계의 단절은 대안적 비교수준을 고려해서 이루어진다.
3. 사람들의 교류를 지배하는 사회규범으로 상응의 규범이 보편성을 지니고 작용한다. 그러나 상응의 양상에서는 문화 차이가 나타난다. 관계의 만족도는 형평의 규범에 의해서 큰 영향을 받는다. 사람들은 불형평을 느꼈을 때 형평을 회복하려 든다.
4. 온라인 연결은 친밀도에 따른 영향을 덜 받고, 관계의 형성과 유지를 위해 적극적인 관계유지 행동이 많지 않아도 관계유지가 가능하다.
5. 한국사회에서 온라인 교류는 전혀 새로운 관계로 연결되기보다는 기존의 관계망을 유지하는 기능을 많이 한다.

# 관계맺음의 유형과 서열적 교류의 특징

대인교류에 대한 지금까지의 논의는 대부분 독립적인 개인들이 낯선 관계로 만나서 대등한 교류를 전개하며 다양한 형태의 친소상하 관계로 진입하는 양상을 설명하고 있다. 본서의 1장에서 언급하였듯이 그 이유는 사회심리학의 연구가 서구에서 활발히 이루어지며, 서구인의 사회관과 인간관을 바탕에 두고 있기 때문이다. 그러나 관계맺음의 네 가지 기본 유형이 심리인류학자인 A. Fiske(1990, 1992)에 의해서 정리되어 제시되면서 어느 사회에서건 이들 유형을 적용시켜 분석해 볼 수 있다. 물론 문화마다 관계맺음의 특징이 다르긴 하지만, 기본 유형의 이해가 문화 차이를 비교하고 특성을 파악하는 데 도움이 될 수 있다.

피스케(Alan P. Fiske, 1947~ )

미국 UCLA 인류학과 교수이다. 시카고 대학교에서 인류학 박사를 취득하였으며, 방글라데시, 서아프리카, 남미 등지에서 현장연구를 하며 사람들의 교류양상에 대한 이해를 위한 관계유형론을 제시하였다.

## 관계맺음의 유형

Fiske(1990, 1992)는 서아프리카의 모사이(Moose) 부족에서 참여관찰 연구를 하면서 다음과 같은 네 가지 관계 유형론을 정리했다.

**공동체적 공유 관계** 개인보다는 공동체의 성원의식이 관계맺음의 중요한 요인으로 작용한다. 가족관계가 전형적인 형태다. 친밀한 연인이나 친구관계도 이런 관계이며, 이 관계에서 작업에 대한 기여는 성원의 능력에 따르며, 산출은 필요에 따라 배분된다. 옳고 그름의 도덕적 판단은 효율성보다는 공동체의 선, 성원에 대한 돌봄, 연민, 인(仁), 어울림의 준거에 바탕하여 이루어진다.

**권위적 서열 관계** 집단 내에서 신분과 서열에 의해서 역할이 구분되고 관계가 맺어지는 형태로 군대, 관료조직, 기업조직 같이 조직의 목표를 달성하기 위한 효율성을 추구한다. 이들 조직에서 성원들은 서열 질서를 염두에 두고 상명하복의 규범에 따르며, 옳고 그름의 판단은 상위 서열의 힘 있는 사람들이 한다.

**대등적 상응 관계** 대등한 관계에서 호혜 상응적 교류가 규범으로 작용하는 대부분의 동료 및 친구 관계가 이에 해당한다. 이 관계에서 성원들은 대등하며, 개개인의 독립적인 존재들이다. 개인이 지닌 자원(재능, 재산 등)의 차이에 따른 대우를 받는 것이 아니라 동일한 개인으로서 똑같이 대우를 받는다. 옳고 그름의 판단은 모든 성원이 똑같은 대우를 받거나, 정당하다고 받아들이는 규범을 준거로 이루어진다.

**시장적 가치 관계** 교류의 형평성을 중시하는 대부분의 거래관계다. 목적을 달성하기 위하여 만나는 사람들, 구성된 조직 내 성원 간 혹은 조직 간 관계에서 자신의 기여가 지닌 가치에 대한 협상을 통해 상호 만족스러운 수준에서 관계를 유지한다. 옳고 그름의 판단은 목적을 달성하는 데 효율적인지를 관여자들이 판단·수용 여부에 따라 이루어진다.

교류 상대에 따라 지배적인 관계 유형이 다를 수 있지만, 동일한 상대를 대상으로 한 경우에도 네 가지 유형의 관계맺음이 상황에 따라 전개되기도 한다. 예를 들어, 부부간에도 살림살이는 공동체적 공유 관계 형태로, 중요한 의사결정에서는 남편 중심의 서열적 관계를, 자녀교육에 대한 상의는 대등한 관계로, 개인적 용돈의 크기를 결정하는 경우에는 시장적 가치관계의 틀에서 교류와 상호작용이 진행될 수 있다.

**이수원(1943~1998)**
서울대학교에서 사회심리학 박사학위(정양은 지도)를 취득한 후 한양대학교 교수로 재직 중 사망하였다. 5대 한국사회심리학회 회장을 역임하였으며, 사회갈등을 주 관심사로 다루었고, 특히 중용 사상의 심리학적 탐구에 업적을 남겼다.

**교환관계와 우리성 관계** 사회심리학의 연구는 서구적인 개인주의적 사회관에서 교환관계(대등적 상응 관계와 시장적 가치 관계)를 중심으로 이루어졌으나 친밀한 관계에 대한 관심으로 확대되었다. 친분한 관계에서는 교환의 원리가 크게 문제가 되지 않는데, 이를 교환관계와 구분하여 공동체 관계(Clark & Mills, 1979), 정(情)의 관계(이수원, 1984), 혹은 우리성 관계(최상진, 2000)라고 칭할 수 있다. 교환관계에서 사람들은 자신의 노력이나 호의가 상응되리라고 기대하고 자신이 진 빚은 갚아야 한다는 의무를 지니고 있다. 따라서 상대방과의 주고받음에 관심을 두고 공평한 관계가 유지될 때 만족감을 느낀다. 그러나 우리성 관계에서는 연인, 부부, 친한 친구의 사이에서처럼 상대방에게서 상응되는 행동을 기대하면서 호의를 베푸는 것이 아니라 상대방에 대한 관심, 도움을 주고 싶은 마음, 상대방에게 필요하리라는 생각 때문에 호의를 베풀고 이것이 되갚아지는 것을 크게 문제 삼지 않는다. 이 관계에서 성원들은 상대방의 만족이 자신의 만족으로 여겨지는 소위 '우리성'(we-ness)의 의식을 공유한다(최상진, 2000; 본서 12장 참조). 교환관계와 우리성 관계의 차이를 흥미롭게 보여 준 연구에서, 참가자들은 자신에게 관심 있는 상대와 짝지어졌거나(우리성 관계) 편의상 실험에 참가한 상대와 짝지어져(교환관계), 숫자행렬이 수없이 쓰인 숫자판에서 특정 숫자행렬을 찾아 표시하는 작업을 하였다. 공동작업의 결과에 따라 보상이 주어지는 상황이었다. 옆방에서 작업을 하던 자기 짝이 표시를 한 숫자판을 받아서 자신의 작업을 하도록 하면서 여러 가지 색의 연필을 사용할 수 있게 하였다. 우리성 관계 조건에 있던 참여자들은 짝이 표시한 색깔과 같은 색깔의 연필을 쓰는 양상이 두드러지게 나타났다(Clark et al., 1986). 반면, 교환관계 조건에서의 참여자들은 다른 색깔을 씀으로써 자기의 몫을 구분시키려는 양상을 보였다.

## 서열적 교류의 심리와 갑질

어느 사회에서건 가족, 공동체, 회사 등의 조직이 나타나고, 조직에서 성원들의 역할에 따라 지위와 서열 관계가 형성된다. 이 서열 관계에서 윗사람은 아랫사람에 대한 영향력과 힘을 행사하며, 권위를 인정받게 된다. 상위 서열의 사람들은 영향력을 행사하면서, 조직의 운영에 보다 큰 책임감을 느끼고, 조직과 성원들의 안위에 대한 책임을 느끼고, 포용력과 리더십을 발휘하며, 그런 기대를 받는다. 개인차가 없는 것은 아니지만 대부분의 사람들이 상위 서열을 차지하고자 노력한다.

**힘(권력)의 원천** 사회생활에서 타인에게 행사하는 힘 혹은 영향력의 원천은 다섯 가지로 구분된다(French & Raven, 1959). 첫째, 권위에서 나오는 힘이다. 사회적으로 인정된 호칭을 지닌 사람(어른, 교수, 박사, 장관, 의사, 판사 등)과 중요한 역할(검사, 교도관, 경찰관 등)을 맡은 사람이 다른 사람들에게 이 권위를 바탕으로 영향력을 행사한다. 둘째, 전문성에서 나오는 힘이다. 의사나 교수, 기술자 등 특정 분야의 전문성과 실력을 인정받는 사람들이 행사하는 힘이다. 셋째, 강압적 힘에서 나오는 힘이다. 힘이 센 사람이 약한 사람에게 위압적인 영향을 행사하는 것이다. 넷째, 보상에서 나오는 힘이다. 남의 행동에 대하여 보상과 처벌을 행사함으로써 지니게 되는 영향력이다. 마지막으로, 모범으로서 행사하는 힘이다. 모범적인 인물이나 활동가들이 그를 닮고 싶어 하는 다른 사람에게 미치는 영향력이다.

**서열에 따른 심리** 사람들은 사회생활을 하면서 힘 있는 위치에 오르고자 한다. 상위에 위치한 사람들은 하위의 사람에 대하여 영향력과 통제력을 지니며, 목표추구와 선택의 자유가 많으며, 타인의 규제에서 벗어나 하고픈 일을 할 수 있는 자유를 누린다. 상위의 사람은 아랫사람의 평가나 감정을 무시하며, 방만한 행동을 보일 가능성이 많다. 반면에, 하위의 사람은 타인의 평가를 의식하며, 조신한 행동을 보인다(Keltner et al., 2003). 연구들에 의하면, 상위 서열에 있는 사람들이 하위의 사람보다 전반적으로 바람직한 사회생활, 심리적 · 육체적 건강 상태를 향유하며, 우울과 불안이 낮으며, 오래 사는 것으로 나타나고 있다(Adler et al., 1994; Williams & Collins, 1995).

서열의 위치에 따라 상대방의 행위에 대한 반응유형이 다른 현상은 서구 사회에서도 나타나며, 이 현상을 설명하는 사회지배 이론(Fournier et al., 2002; Pratto et al., 1994)은 서열이 낮은 사람이 취하는 위협적인 행위에 대하여 서열 상위의 사람은 공격적으로 대응하고, 서열이 높은 사람이 취하는 위협적인 행위에 대하여 하위의 사람은 화해적이고 용서를 구하는 방식의 행동을 취하는 양상을 보인다고 설명한다. 이는 자신을 보호하고, 자신이 지닐 수 있는 가능한 자원을 더 확보하여 높은 서열을 추구하려는 동기에서 갖추게 된 진화적 심리라고 본다. 사회지배 이론은 사회적 계층과 그에 따른 신분에 동반하는 심리적 효과를 다루며, 오랜 역사를 통해서 지속되어 온 사회적 경쟁의 결과가 계층이라고 본다. 이 이론은 우울증, 부끄럼, 창피함 같은 정서가 사회적 계층이 낮은 사람들에게서 많이 발생하는 특징을 설명하고 있다.

**권력의 변형 효과** 사람들은 힘과 영향력을 행사할 수 있는 위치, 서열을 차지하려고 많은 노력을 쏟는다. 그런데 사람들이 잘 모르고 있는 것은 권력이 힘을 지닌 자를 자신도 모르게 변하게 만드는 함정이 된다는 점이다(Kipnis, 1972). '절대 권력은 절대 부패한다'는 격언은 이 같은 심리적 변화를 지적하고 있다. 즉, 최상위의 권력을 지닌 사람들은 모든 사람들이 자신의 권력을 탐한다고 여기므로 아랫 사람들을 경계하며, 권력을 유지하고자 노력한다. 이들은 권력을 포기할 것인지, 혹은 비윤리적인 방법으로라도 유지할 것인지의 선택 상황에서 후자를 택하는 경향이 높다. 이들은 권력을 유지하기 위해서 가용한 자원과 인맥을 적극 활용하며, 자신을 특별한 존재로 여기며, 통상적인 사회규범이나 도덕적 규제가 자신에게는 해당되지 않는다고 여긴다. 마지막으로, 이들은 힘없는 사람들을 무시하고, 거리를 두며, 대상화시켜, 이들의 인권을 무시하고, 조종할 수 있다고 여긴다(Totman, 2021, pp. 134-135에서 인용). 심리학자들은 여러 연구를 통해, 이러한 권력의 변형 효과(Metamorphic Effect)를 확인해 주고 있다(Keltner et al., 2003).

힘 있는 사람은 다른 사람의 태도, 관심, 욕구를 제대로 파악하기보다는 단순하게 판단하며, 자신이 속한 집단이 다른 집단을 지배하는 것을 정당하게 여기는(백인이 흑인을, 남자가 여자를... 등) 양상을 보인다. 정교수들이 조교수들의 태도를 오판하는 경향이 조교수들이 정교수의 태도를 오판하는 것보다 높았으며(Keltner & Robinson, 1996), 형들은 동생들보다 상대방의 마음을 잘 읽어 내지 못하는 양상을 보인다(Jenkins & Asington, 1996). 힘이 있는 사람들은 공감력이 떨어지고, 겸손하지 못하고, 거칠고, 충동을 억제하지 않고, 아랫사람을 마구 대하며, 짓궂고, 심지어는 반사회적 행동(기물파손, 욕설 등)을 보이기도 한다. 서열 관계에 있는 이성 간 교류에서 성희롱이 자주 발생하고(Studd, 1996), 위계서열이 강한 사회에서 여성에 대한 성폭행이 높은 빈도로 발생한다(Reeves-Sanday, 1997). 실험실 상황에서 영향력을 행사하는 위치에 있는 참여자들은 다른 사람들을 상대가 속한 사회범주의 고정관념으로 대하고, 개인적 특성을 무시하는 양상을 보였으며(Fiske 1993; Goodwin et al., 2000; Vescio et al., 2003), 자신의 상대가 느끼는 감정을 잘못 파악하며, 문제가 없는 것으로 여기며(실제는 문제가 있는데), 이성의 짝에게 유혹적인 농과 몸짓을 노골적으로 보였다(Gonzaga et al., 2003).

2017년 충남도지사 시절 여비서에게 성폭행과 위계에 의한 추행을 저지른 혐의로 실형을 선고받은 안희정

권력을 지닌 사람들은 도덕적 판단 상황에서 자의적 판단을 하며, 이를 당연시하는 양상을 보인다. 국내의 대학생을 대상으로 상사와 부하의 역할을 배정하고 타인의 비윤리적 행위를 판단하게 했을 때, 상사의 역할을 맡은 경우에는 부하의 역할을 맡은 경우보다 엄격한 잣대를 들이대지만, 스스로는 비윤리적 행위를 더

저지르는 위선적인 양상이 나타났다(정은경, 2018, 연구 1; 외국 연구의 경우 Lammers et al., 2010). 이런 연구들은 국내에서 2018년 뜨겁게 달아올랐던 미투운동의 가해자들의 심리를 여실히 보여 준다. 현직 검사이던 서지현이 큰 용기를 내어 검사장 안태근의 성폭력 행위를 공개적으로 밝히자 말 못하고 지내던 많은 피해자가 "나도" 하며 실상을 폭로하는 미투운동이 벌어졌다. 당시 잘 나가던 안희정 충남지사, 박원순 서울시장, 고은 시인 등 시민운동권에서 존경받던 사람들이 수하의 여성들을 상대로 성추행과 폭행을 저지르던 실태가 부분적으로나마 드러났다(곁글 6-6).

**곁글 6-6** 권력의 행사와 문화

권력이 행사되는 양상에 있어서 문화에 따라 차이가 있다. 미국이나 서유럽 국가처럼 수직적 개인주의가 강한 문화에서 권력은 지닌 자의 성취와 업적을 달성하기 위해 쓰이는 도구로서 인정받는다. 그러나 북구권의 국가처럼 수평적 개인주의가 강한 문화에서는 권력을 개인의 성취를 위한 도구로서 보다는 자립과 자율을 위한 도구로서 여기며, 자신을 과시하는 도구로서 여기는 것을 꺼려 한다(Nelson & Shavitt, 2002). 반면에, 중남미 국가처럼 수평적 집단주의가 강한 문화에서는 권력은 개인보다는 사회나 약자를 배려하는 도구로서 쓰는 것을 바람직한 것으로 여긴다(Triandis, 1995). 한국, 일본, 중국 같은 수직적 집단주의 경향의 국가들에서는 권력이 힘을 지닌 자의 성취와 만족을 위한 도구로써 사용되는 것이 용인되지만, 남을 돕거나 사회적 이익을 배려하는 것이 권장된다. 중국인과 미국인을 대상으로 토지보상액을 협상하는 상황을 제시하고, 개발자라는 힘 있는 역할을 제시하고, 보상을 받아야 하는 힘없는 상대방에게 최종적으로 제시할 보상 금액을 쓰도록 했을 때, 미국인보다 중국인들은 힘없는 상대방의 입장을 더 많이 수용하는 금액을 제시하는 것으로 나타났다(Torelli & Shavitt, 2010, 연구 5).

이 같은 양상은 집단주의 문화권에서 힘 있는 위치의 사람들은 약자를 배려하는 시혜적 규범을 느낀다는 것을 시사한다. 이런 시혜에 대한 보상으로 약자가 순종하는 것을 당연하게 여기는 심리를 지닐 수 있고, 지나치면 갑질 행동으로 나타날 수 있다.

**갑질 문화** 2014년 말 뉴욕발 대한항공 여객기에서 승무원이 땅콩을 접시가 아닌 봉지째 가져왔다는 서비스에 불만을 품은 회사 부사장이 폭언을 하며 활주로로 진입하던 비행기를 회항시킨 '땅콩회항' 사건이 터졌다. 이후로 당시 인기 드라마 미생에서 드러난 상사의 부하에 대한 갑질, 백화점 종업원에 대한 고객의 갑질 등등으로 갑질 문화가 초미의 사회적 관심사가 되었다. 한 조사에 따르면 직장인의 78%가 부당한 괴롭힘을 당한 경험이 있다고 한다(한겨레21, 2015. 1. 19.). 사회생활하며 누구나 인격적인 대우를 받을 권리를 갖고 있다. 이 기본적 인권을 신분이나 계약, 역할관계에서의 우월한 입장에 있는 사람이 의도적으로 무시하며 열등한 입장에 있는 상대방에게 부당한 것을 요구하거나, 모욕감을 주는 행위가 갑질이다. 한국 사회에서 갑질은 어제 오늘의 문제는 아니다. 군이나 학교에서 상사나 선생이 부하나 학생을 대상으로 폭언과 폭행을 저지르는 것은 용납되었을 뿐이다. 과거에는 인권의 문제가 사회적 관심거리가 되지 못하였기에 당하더라도 하소연할 곳이 없었다.

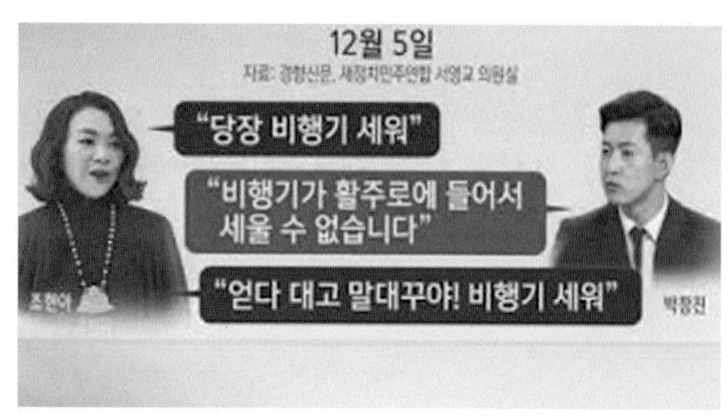

2014년 말 뉴욕발 대한항공 기내에서 벌어진 땅콩회항 사건에서 조현아 부사장이 승무원과 주고받은 대화 내용

갑질현상은 상위 사람들이 자신의 권위가 무시되거나 스스로의 영향력을 느끼지 못할 때 상대방을 강압적으로 누르면서 실추된 자신의 영향력을 회복하려는 심리에서 발현한다. 지위가 높아지면 동원할 수 있는 자원을 더 많이 갖추게 되고, 자기 뜻대로 일을 할 수 있다는 유능감도 더불어 상승하게 된다. 그러나 자기의 영향력이 수용되지 못하고, 위협받게 되면 무시당한다는 느낌을 받거나, 좌절감을 느끼게 된다. 이때 자기를 방어하는 심리에서 자기의 영향력을 확인하는 행동으로 상대를 대놓고 무시하거나, 공격적인 행위를 보일 수 있다. 이를 잘 보여 준 미국 연구에서 직장인을 대상으로 회사에서의 영향력을 파악하고, 두 조건을 구분하여 유능감 조건에서는 자신이 회사일을 하면서 유능감을 느꼈던 경험을 회상하여 쓰도록 하고, 무능감 조건의 사람들에게는 회사일을 하면서 실패하거나 무력하게 느꼈던 경험을 쓰도록 하였다. 아울러, 집단을 다시 둘로 나누어 자기가치 확인 조건에 있는 사람들에게는 일, 사회생활, 대인관계에서 가장 중요하게 여기는 가치에 대하여 쓰도록 하고, 자기가치 무확인 조건의 사람에게는 자신이 중요하다고 여기지 않는 가치에 대하여 쓰도록 하였다. 그런 연후에 사람들이 생활에서 보이는 공격성향을 파악하는 척도에 응답하도록 하였다. 자기가치를 확인하는 기회가 없었던 조건에서, 무능감이 촉발되는 경우에 공격성은 회사에서의 영향력이 증가할수록 높게 나타났다([그림 6-10a]). 유능감을

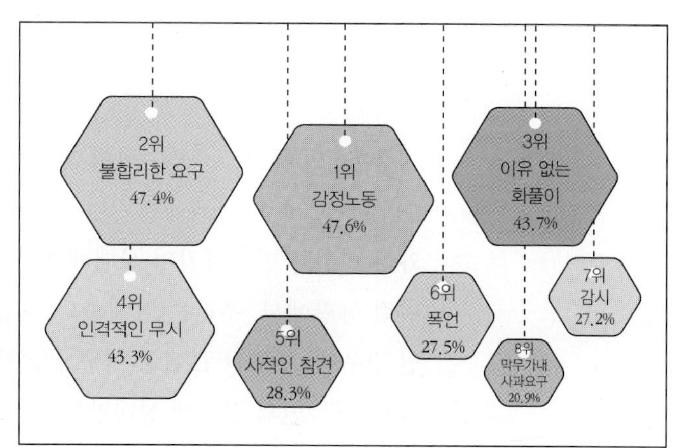

알바생이 경험한 갑질(알바생 1,040명 대상 설문조사 결과; 2015)
출처: 알바몬.

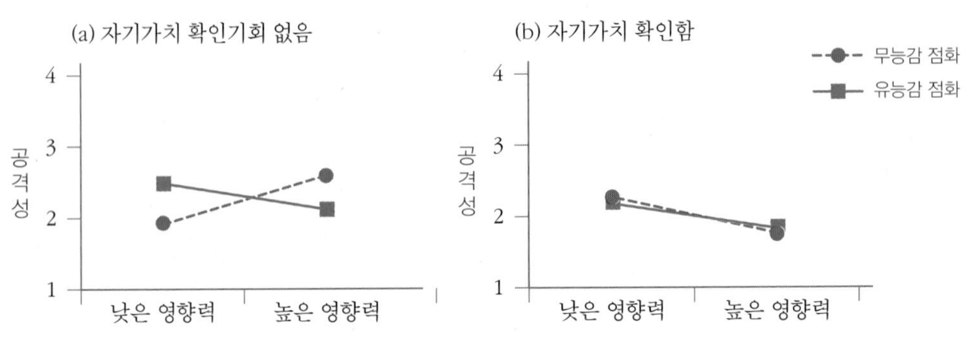


**[그림 6-10] 영향력과 무능감에 따른 공격성(연구 4)**

출처: Fast & Ghen (2009).

느낄 때는 이런 관계성이 나타나지 않았다. 이런 상호작용 양상은 자기가치를 확인받은 조건에서는 나타나지 않았다([그림 6-10b]). 남녀 차이나 연령 차이는 나타나지 않았다(Fast & Chen, 2009).

갑질현상에 대한 다른 연구는 힘은 있으나 지위가 없어서 존경을 받지 못하는 경우에 사람들은 상대방에게 요구할 수 있는 행동 목록 중에서 모욕적인 행동을 선택해서 상대방이 하도록 하는 양상을 보였다(Fast et al., 2012). 국내에서 고등학생들을 대상으로 가상적 갈등 상황을 제시한 연구는 자기의 권위에 위협하는 후배에 대하여 폭력적인 대응행위가 높게 나타남을 보이고 있다(이성식, 2003). 이런 연구들에서 보듯이 갑질의 심리는 어느 사회에서나 나타날 수 있다. 그러나 한국사회는 신분이 낮거나 나이가 적은 상대를 대등하게 보는 것이 아니라 서열을 관계의 본질이라 여기는 탓(12장 참조)에 윗사람으로서의 기대가 무시되는 행동을 접하는 경우에 분노 반응을 보이는 문화적 특성을 보이고 있다. 이 탓에 갑질이 심하게 나타나고 있다.

**공손성의 문화** 공손성의 작용에 나타나는 문화적 차이를 보여 준 한 연구(Holtgraves & Yang, 1992)는 미국과 한국의 참여자들에게 사회적 거리감 및 상대와의 지위를 변화시키며 상대에게 한 가지를 부탁하는 글을 작성하도록 하였다. 이런 상황에서, 우리는 상대방의 지위가 높은 경우와, 상대방이 잘 모르는 사람인 경우에, 부탁의 표현은 매우 공손할 것으로 예측할 수 있다. 이 표현을 분석한 결과, 한국인의 경우에 상대방의 지위 높낮이가 주는 영향이 사회적 거리감의 차이가 주는 영향보다 크게 나타났으나, 미국인의 경우에는 지위가 주는 영향은 거의 없었고, 상대방과의 사회적 거리감에 따른 변화가 나타났을 뿐이다. 서열 교류의 특징은 언어적 표현에 수반되는 몸짓에서도 나타난다. 상대방의 반응에 관심을 보이고, 동의하는 몸짓을 하고, 공손한 자세를 취하는 몸짓에 영향을 주는 것은, 미국인들의 경우에는 말하는 내용이 좋은 소식인지 나쁜 소식인지이지만, 한국인의 경우에는 상대와의 서열이 윗사람이냐 아랫사람이냐라는 것으로 확인된다(Ambady et al., 1996; 곁글 6-7).

**최훈석**(1965~ )
미국 피츠버그 대학교에서 사회심리학 박사학위를 받고, 성균관대학교 교수로 재직 중이다. 아시아사회심리학회 및 한국심리학회 회장을 역임했으며, 집단관계 및 공동체, 다문화 현상에 연구 관심을 두고 있다.

한국에서 공손성은 대화의 내용보다는 서로 간의 상대적 서열관계에 의해 영향받는다. 공손성은 아랫사람의 몫이며, 기존의 관행을 수용하고 동조하는 양태로 나타난다. 서구의 공손성이 소통을 원활하게 하려는 목적을 지닌 전략적 행위인 데 반해서, 한국에서의 공손성은 서열 관계의 규범인 도덕적 차원에서 다루어지고 있다. 이를 단적으로 보여 주는 현상이 '지하철의 막말녀'다. 설혹 잘못의 발단이 노인에게 있다고 하더라도 노인에게 막말을 하며 대드는 젊은이에 대해 쏟아지는 도덕적 비난은 잘잘못의 시비를 뒤엎는다. 아울러 사람들이 보이는 겸손한 행동은 다른 사람들과의 연결성을 강화시키며, 이런 연결성이 자긍심을 유지하는 기능을 하기도 한다(최훈석 외, 2024).

**곁글 6-7** 비언어적 공손성 행위에서 문화 차이

사람들은 사회화 과정을 통해 상대방에 따라, 하고자 하는 말의 내용에 따라 적절한 표현방식이 무엇인지를 배워 나간다. 한국 사회처럼 존비어 체계가 발달된 언어문화권에서 이 어법을 어겼을 경우에 전혀 소통이 진전되지 못한다. 이 같은 소통의 방식이 비언어적 형태로는 어떻게 나타나는지를 알아보기 위해서, 실험참가자들에게 자기의 상사, 부하, 동료에게 직장에서 발생한 좋은 사건과 나쁜 사건을 이야기하는 것을 역할연기 하도록 하여 비디오로 촬영하였다(Ambady et al., 1996). 분석의 대상으로 삼은 것은 대화 내용을 글로 옮겨 보여 준 문자 채널, 음성 없이 비디오만 보여 주는 동작 채널, 일반 비디오(말과 동작)의 세 가지 채널이다.

문화권과 채널의 종류에 관계없이 세 가지 전략이 구별되어 취해지는 것으로 나타났다. 타인지향적 전략(상대의 반응에 관심을 보이고, 공손하고, 동의하고, 공감을 보이는 것), 친화적 전략(상대방의 안면을 세우고, 친하고, 개방적으로 나오는 것), 우회적 전략(간접적이고, 회피적이며, 죄송해하는 것)이 그것이다. 미국인이나 한국인이나 모두 동료를 대상으로는 친화적 전략을, 상사를 대상으로는 우회적 전략을 많이 취하고, 좋은 소식을 전할 때 친화적이고, 덜 우회적이었으며, 우회적 전략은 특히 음성 없는 동작 채널에서 확연히 드러났다. 소통하기 멋쩍은 내용은 비언어적 행위로 나타나는 현상이 확인되었다.

흥미로운 문화 간 차이도 나타났으니, 타인지향적 전략에서 미국인들은 내용 단서(좋은 소식이냐 나쁜 소식이냐; [그림 6-11]의 a와 b)에, 한국인들은 서열 관계 단서(상대가 상사냐 부하냐 등; [그림 6-11]의 c와 d)에 따라서 다르게 반응하는 것으로 나타났다.

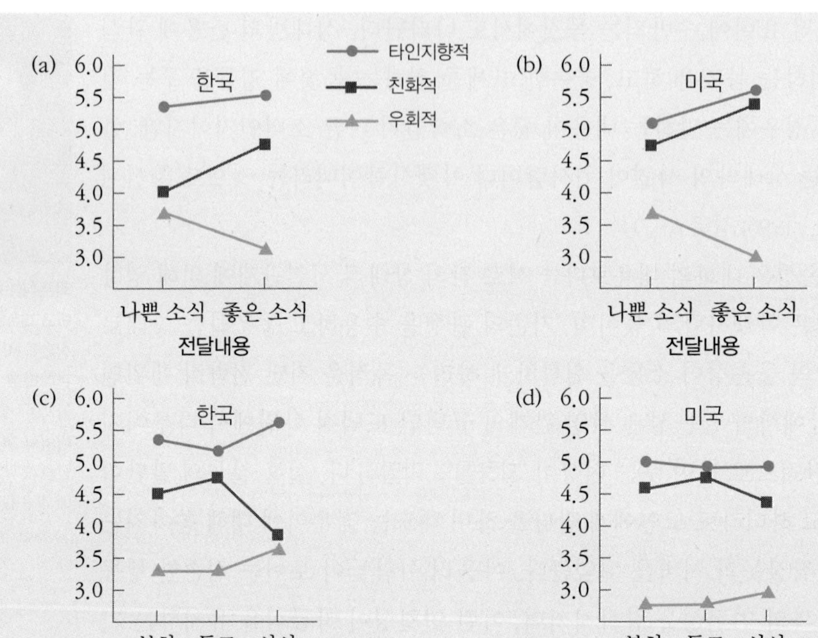


**[그림 6-11] 비언어적 공손성에 미치는 요인의 문화 차이**

출처: Ambady et al. (1996).

**요약**

1. 관계맺음의 네 가지 기본 유형이 모든 사회에서 관찰되고 있다.
2. 공동체적 공유 관계에서 성원들은 공동체의 선, 다른 성원의 필요에 대한 배려, 아껴 줌에 바탕하는 행동을 취한다. 권위적 서열 관계에서는 집단의 목표를 달성하기 위한 효율성을 추구하며, 상명하복의 규범을 받아들인다.
3. 대등적 상응 관계에서 사람들은 개별자적 존재로서 서로 간에 호혜적 상응 교류를 펼친다. 시장적 가치 관계에서는 기여하는 가치만큼 인정받는 거래적 행위가 펼쳐진다.
4. 우리성 관계에서는 상응하는 호의를 기대하면서 호의를 베푸는 것이 아니라 상대방에 대한 관심, 도움을 주고 싶은 마음에서 행동을 취한다. 두 사람의 관계가 매우 밀접해서 분리하기 힘든 일체감을 형성하고 있는 관계다.
5. 권력(힘)은 행사자의 권위, 전문성, 강압적 힘, 보상의 능력, 모범성에 의해서 상대방에게 영향력을 미치게 된다.

6. 권력을 지니게 되면 권력자의 심리에 변형이 나타나게 될 수 있다. 이 변형 효과는 자신을 특별한 존재로 여기며, 통상적인 규범이나 규제가 자신에게 해당되지 않는다고 여긴다. 공감력이 떨어지고, 충동적이며, 아랫사람을 존중하지 않는다.
7. 갑질은 윗사람이 자신의 권위가 무시되거나 스스로의 영향력을 느끼지 못할 때 상대방을 강압적으로 누르면서 실추된 자신의 영향력을 회복하려는 심리에서 발현한다.
8. 서구에서 공손성은 대화의 내용에 의해 영향받으며, 소통을 원활하게 하기 위한 전략적 행위이다. 한국에서 공손성은 상하 서열관계에서 지켜야 하는 규범이라는 도덕적 차원의 현상이다.

## 대인교류의 기능

건강한 생활을 위해서는 사회적 교류가 매우 중요하다는 것이 최근의 여러 연구들에서 드러나고 있다. 사람들도 인간관계가 좋으면 건강에도 도움이 된다고 말은 하지만, 실제 인식은 건강관련 행위(음주, 흡연, 운동 등)만큼 중요하다고 여기지 않는다. 공신력이 높은 학술지들에 발표된 148개 연구결과를 통합하여 건강에 미치는 여러 요인의 영향력의 크기에 대한 순위를 매기고, 사람들에게 이 영향력들이 얼마나 중요하다고 여기는지를 물어서 중요도 인식의 순위를 비교한 결과

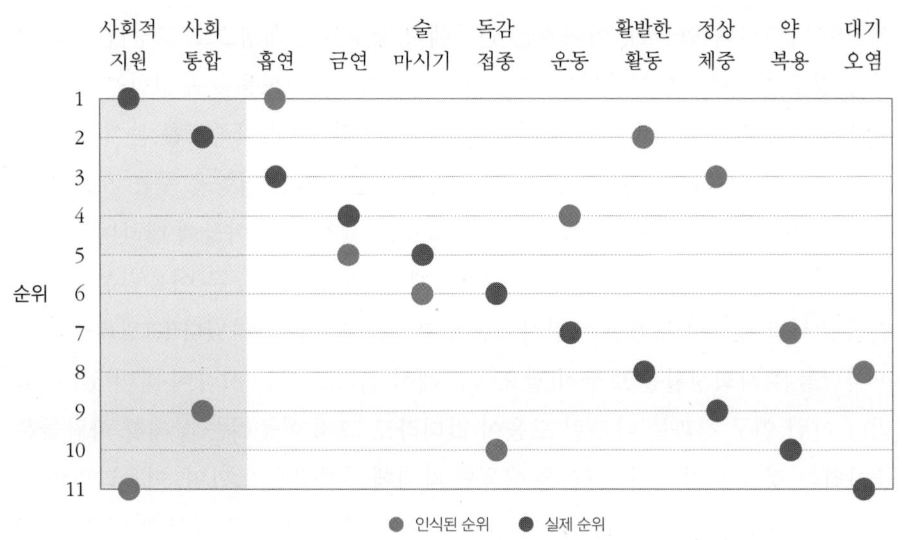


**[그림 6-12] 건강관련 변인들이 지닌 효과의 실제 크기와 인식의 순위**

실제 순위와 인식된 순위는 거의 반대로 나타나고 있다([그림 6-12]; Holt-Lunstad et al., 2010). 누구나 당연한 활동으로 여기지만, 건강에는 중요하게 여기지 않던 대인교류(사회적 지원과 사회활동 참여)가 가장 중요한 것으로 나타났다.

**어울림성과 도구성** 사회적 관계가 지닌 여러 가지 기능의 핵심은 두 가지로 구분될 수 있다. 사회적 지원과 친밀감의 교감이다. 사회적 지원은 타인과 교류를 통해 문제해결에 대한 정보를 얻거나 정서적 · 물질적 도움을 얻는 것을 말한다. 이 경우에 사회적 교류는 지원을 주고 받는 도구적 기능을 수행한다. 그러나 아이들의 교류처럼 아무런 도구적 기능을 기대할 수 없는 상황에서 단지 상대와 있고 싶어 하는 목적에서 교류가 이루어지는 것을 어울림성 교류(companionship)라 할 수 있다. 이 두 기능은 친밀한 대인교류에서 모두 나타나지만, 한 연구는 이를 구분하여 사람들의 안녕감에 미치는 양상을 비교하였다(Rook, 1984).

미국 캘리포니아 주민 천여 명을 대상으로 생활스트레스와 심리적 건강상태를 파악하고, 이들이 일상에서 주위 사람들과 교류하는 양상을 물어서 개인별로 어울림성 교류의 정도(얼마나 만나고 싶은 상대와 만나거나, 식사를 주고받는지)와 도구성 교류의 정도(상대와 만나 자문을 구하거나, 도움을 받는지)를 파악하였다. 어울림성 교류가 많은 경우에 사람들은 생활스트레스가 높아도 심리적 건강에서 문제점을 덜 보였다. 이 교류가 적은 경우에는 스트레스가 높을 때 건강 문제를 많이 보였다. 그러나 도구성 교류가 높은 사람들은 스트레스가 높을 때 정신건강의 문제점을 덜 보였지만, 스트레스가 낮을 경우에는 오히려 건강의 문제점을 더 보이는 양상이 나타났다(연구 1). 이어지는 연구에서 학생들을 대상으로 그냥 친구를 만나는 정도(어울림), 속 이야기를 하는 정도(정서적 지원), 도움을 주고받는 정도(도구적 지원)를 각기 파악하여 학생들이 느끼는 고독감, 친구 만족도를 분석한 결과, 그냥 만나서 어울리는 정도가 정신건강에 가장 긍정적인 영향을 주는 것으로 나타났다. 세 가지 유형의 가상적 인물을(난외 참고) 제시하고, 이들에 대하여 느끼는 호감과 이들이 느끼는 고독감 등을 평가하게 한 결과, 학생들은 어울림성 교류가 결핍된 사람에 대하여 가장 부정적으로 평가하는 것으로 나타났다([그림 6-13]).

사람들은 사회생활을 도구적 필요에 의해서 한다고 보는 시각이 많이 있다. 그러나 이런 연구 결과는 아무런 도움이 없더라도 그저 어울리는 상태를 사람들은 좋아하는 것을 보여 준다. 인간은 어울림 자체에 만족감을 느끼며, 어울리면서 부수적으로 불안한 마음을 해소하거나(Schachter, 1959), 새로운 정보를 얻을 수 있다. 이런 부수적 이익 때문에 어울린다는 것은 본말이 뒤바뀐 인식일 뿐이다.

**다음 세 사람 중 당신은 어느 사람에게 가장 호감을 느끼겠습니까?**

**지수**는 기숙사에 살고 있는 대학 3년생이다. 지수는 자기의 속 이야기를 하고 고민을 상의할 수 있는 친구가 있고, 자기가 필요할 때(차를 태워 달라거나, 소액의 돈을 빌릴 때) 도움을 받을 친구들을 알고 있다. 그런데 그냥 만나서 영화를 보거나, 식사를 같이 하는 등의 좋은 시간을 보낼 수 있는 친구는 없다. (어울림 결핍)

**민지**는 기숙사에 살고 있는 대학 3년생이다. 민지는 자기의 속 이야기를 하고 고민을 상의할 수 있는 친구가 있고, 그냥 만나서 영화를 보거나, 식사를 같이 하는 등의 좋은 시간을 보낼 수 있는 친구도 있다. 그런데 자기가 필요할 때(차를 태워 달라거나, 소액의 돈을 빌릴 때) 도움을 받을 수 있는 친구들이 없다. (도구성 결핍)

**혜교**는 기숙사에 살고 있는 대학 3년생이다. 혜교는 그냥 만나서 영화를 보거나, 식사를 같이 하는 등의 좋은 시간을 보낼 수 있는 친구가 있고, 자기가 필요할 때(차를 태워 달라거나, 소액의 돈을 빌릴 때) 도움을 받을 수 있는 친구들도 있다. 그런데 고민을 상의하고 속 이야기를 나눌 친구는 없다. (정서성 결핍)

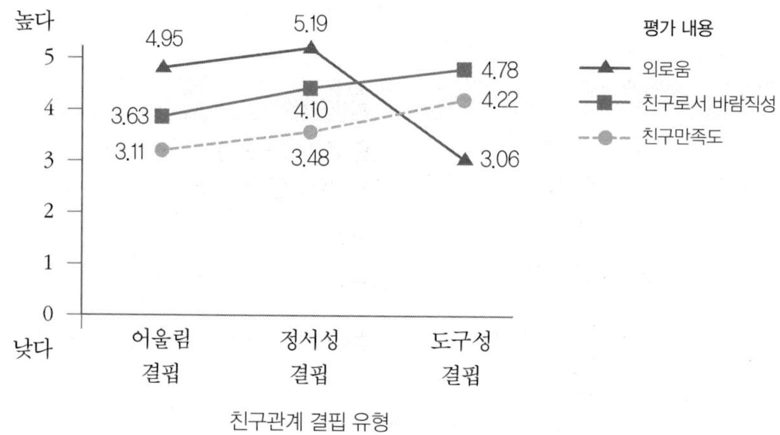


**[그림 6-13] 각기 다른 친구관계 결핍 유형을 지닌 사람에 대한 평가 내용**

출처: Rook (1987), Fig. 3을 근거로 그림.

한편 친구 관계가 지닌 의미에도 문화차이가 있음을 이해할 필요가 있다(곁글 6-8).

**곁글 6-8 친구는 많을수록 좋은가?: 친구의 문화 차이**

고 최상진 교수는 마닐라에서 열린 아시아사회심리학회에 초청되어 한국인의 심리를 설명하는 발표를 하였다. 그는 학회에서 만나는 외국 사람들이 자신을 친구(friend)라고 부르는데 '자신은 그들을 친구라고 생각하지 않는다'고 말하여 사람들을 의아하게 만들었다. 서구식 분위기의 국제학회에서 한두 번 만나면 친구라고 하는 것이 관행이지만 한국인인 자기에게 친구는 믿고 의지할 만한 사람이라는 점을 설명하고자 한 것이었다(본서 8장 참조). 친구관계의 문화 차이에 관심을 지닌 연구자들(Adams & Plaut, 2003)이 아프리카 가나 사람들의 친구관계의 특징을 미국인과 비교한 것이 〈표 6-1〉에 정리되어 있다. 가나인의 인식이 상당부분 한국의 전통적 인식과 유사하다고 본다.

한편, 미워하는 원수가 있느냐에 대한 응답에서도 흥미로운 문화 차이가 나타난다(Adams, 2005). 미국인들은 원수가 없어야 한다고 여기므로 원수가 없는 사람을 좋게 여기지만, 가나인들은 원수가 생기는 것을 불가피한 것으로 받아들여서 원수를 가진 사람에 대한 평가가 그다지 나쁘지 않다. 이러한 차이는 직장에서 만나는 사람을 선택하는 것이 임의롭지 않은 탓에 지속적으로 만나야만 하면서 원수 관계로 발전하는 한국 직장들의 많은 사례를 떠올리게 한다.

**표 6-1** 아프리카 가나와 미국 사회에서 친구의 의미

| | 가나 | 미국 |
|---|---|---|
| 친구란? | 실제적인 도움, 지원, 충고, 비밀을 공유하고 믿음이 가는 사람 | 정서적인 지원을 해 주고, 서로를 잘 알며, 자주 어울리는 믿을 수 있는 사람 |
| 친구 유형의 다양성 | 적음 | 많음 |
| 친구가 많은 것이 좋은가? | 아니다(친구가 많은 것은 바보짓!) | 그렇다 |
| 친구가 없는 사람을 어떻게 보느냐? | 이기적인 사람이다 | 불쌍한 사람이다(마음이 아픈 탓이다) |
| 바람직한 친구의 숫자는? | 적음 | 많음 |
| 친구 만드는 데 주의할 사항이 있나? | 물론! (친구는 가려서 만들어야 한다. 때로는 좋은 친구도 골치 아플 수 있으니까!) | 없다 |

출처: Adams (2005) 연구를 바탕으로 구성함.

**사람들 간의 연결망** 사회생활에서 사람들은 수많은 사람들을 만나고 관계를 맺어 간다. 이 관계망의 실태를 보기 위해서 Milgram(1967)은 미국의 네브래스카 주의 오마하 시민 160명에게 한 통의 편지가 들어 있는 우편물을 보냈다. 그 편지의 수신인란에는 보스턴에서 일하면서 매사추세츠 주의 한 소도시에 사는 주식 중개인의 이름과 도시 이름을 적어 놓았다. Milgram은 사람들에게 자기가 만난 적이 있는 사람 중에서 이 주식 중개인에게 편지를 좀 더 가까이 전해 줄 수 있는 사람에게 편지를 우송하라고 요청하였다. 160통 중에서 42통만이 중개인에게까지 전달되었다. 오마하 시민에게서 중개인에게까지 편지가 전달되면서 거친 사람들의 수는 가장 적은 경우가 3명, 가장 많은 경우에 11명이며, 중간치가 5.5명으로 나타났다. 식자층의 사람들에게 얼마나 많은 사람을 거치겠느냐고 물었을 때 응답은 100명 정도이었는데, 이 추정에 비하면 얼마나 적은 수로 사람들이 서로 연결되는지 놀라울 정도다.

연결망을 분석해 보니, 남자는 남자에게, 여자는 여자에게 연결되는 경향이 확인되었으며, 전달된 편지의 반이 세 사람의 인물을 거쳐서 최종 중개인에게 전달되었다. 5.5단계의 소통이 전부 개별적인 다른 사람들의 연결에 의해서 이루어지는 것이 아니라, 대부분의 사람이 알고 있는 세 사람의 손을 거쳐서 연결된다는 것도 흥미롭다. 즉, 사람들은 이 소수의 사람들을 거쳐서 다른 사람들과 연결된다는 것이다. 각 성원이 다른 성원들과 연결을 유지하는 것이 아니라 대부분의 사람

들이 특정인의 관계망에 속해 있고, 이 망들의 연결에 의해서 다른 사람들과의 연결이 이루어진다는 것이다.

2011년에 7억 명의 회원을 지닌 페이스북의 이용자를 대상으로 유사한 분석을 한 결과, 사람들은 평균 3.7명의 사람들을 사이에 두고 연결되어 있는 것으로 나타났다. 당신의 친구가 알고 있는 친구가 상대방의 친구를 알고 있다는 것이다. 온라인 교류에서 사람들은 실제 세상보다 더 가깝게 연결되어 있다(Backstrom et al., 2012).

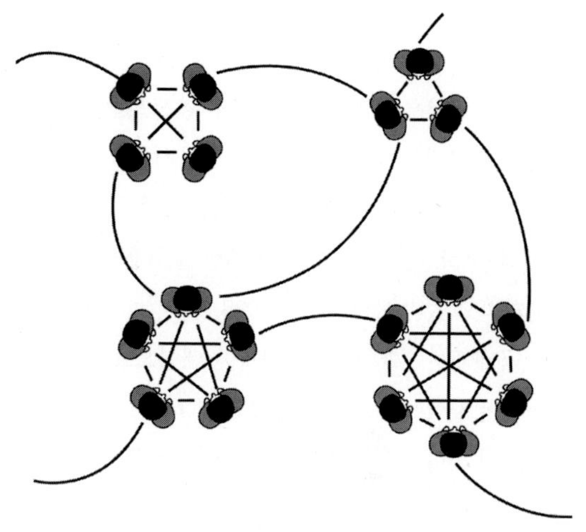

각 연결망에 있는 한두 명의 연결자를 통해 망들이 연결되어 있다.

**[그림 6-14] 사회적 연결망**

이 관계망의 핵심에 있는 사람들을 연결자라고 한다. 이들의 특성은 무엇인가? 우선, 이들은 많은 사람들과 관계를 맺고 있다. 이들은 동종 분야의 사람들을 여럿 만나기보다는 다양한 분야의 사람들과 선이 닿아 있다는 특징을 지니고 있다. 이들은 사람 만나기를 즐겨 하고, 상대방에게 호감을 받는 행동들을 어색하지 않게 잘한다. 몇 번 안 만났지만, 생일을 기억한다든가 하는 것이다. 이들은 이러한 행동을 자연스럽게 하고 잊어버리지만, 상대방은 고마움을 느끼고 호감을 크게 느낀다. 이들은 소수의 사람들과 깊은 관계를 맺기보다는 많은 사람들과 약한 관계를 맺는 편이다(곁글 6-9).

**곁글 6-9** 약한 고리의 강한 힘

한 사회학자(Granovetter, 1974)가 미국에서 사람들의 구직 과정을 연구한 결과, 56%가 개인적인 연고를 통해, 18%는 광고 등의 공적인 통로를 통해, 20%가 취직 시험을 통해 직장을 잡았다는 사실을 알아냈다. 개인적인 연줄로 직장을 구한 사람들 중 17%는 상대방과 친밀한 관계였지만, 56%는 그저 그런 관계였으며, 28%는 어쩌다 만나는 관계였다. 즉, 84%가 약한 유대관계를 통한 것이다. 그 이유는 다양한 사람들과 약한 유대관계를 맺는 사람들이 훨씬 많은 취업정보를 접할 수 있기 때문이다. 이를 그는 '**약한 고리의 강한 힘**'이라고 불렀다.

과연 한국이나 일본에서도 이 같은 현상이 적용될까? 대기업의 경우에 공채를 하기 때문에 정보의 파악이 중요하지만, 중소기업체에 들어가는 사람들의 경우에 응시생이 취업정보를 알고 있다는 사실만으로는 취업에 큰 도움이 안 될 것이다. 실제로 일본에서 행한 조사결과(渡, 1991; Yamagishi, 1998에서 인용)는 약한 유대보다는 강한 유대관계가 만족할 만한 취직자리를 구하는 데 더욱 효과적인 것으로 나타났다. 이는 일본 사회가 일반적인 신뢰보다는 약속한 관계(8장 참조; 자발적인 관계가 아니라 연고 혹은 단골관계와 같이 이미 묶여져 있는 관계를 의미함)의 구속력을 근간으로 교류가 형성되기 때문이다. 강한 유대관계를 통해 사람을 쓰는 경우에 고용주가 구직자를 제3자를 통해서도 간접적으로 통제할 수 있다. 즉, 영향력을 지닌 사람이 구직자를 위한 보증의 역할을 하게 된다. 상대방을 신뢰하기 때문에 관계를 전개하여 가기보다는 상대방을 통제할 수 있어야 관계를 전개하는 것이 일본을 포함한 집단주의 문화권의 특성일 가능성이 있다. 이러한 추론은 사람을 믿을 수 있는지에 대한 판단을 함에 있어서 대상인물에 대한 사회적 평판을 일본인들은 중히 여기지 않는다는 자료에 의해서 지지받고 있다(Yamagishi, 1998, 5장).

국내에서 3,200명의 구직자를 대상으로 2000년에 행한 연구(김성훈, 2005)는 공식통로(입사시험 등 공채)를 이용한 사람보다 연결망을 이용한 사람들이 낮은 임금을 받으며, 자신의 전공이나 관심과는 먼 직장을 얻을 가능성이 많다는 것을 보이고 있다. 한국과 독일의 사회적 연결망을 비교 분석한 연구(김안나, 2003)는 한국의 경우 먼 친척과의 관계가 얕더라도 적극적으로 유지되는 양상을 보인다. 한국 사회의 연결망을 분석한 결과, 가족, 친척, 동창 등의 일차적 관계의 비중이 68%로 높게 나타나며, 연고로 연결되는 특징이 강하게 나타나고 있다. 약한 고리의 연결망(개인적 연결)보다는 강한 고리의 연줄망(집단적 연결)이 사회생활에서 중요한 비중을 차지하고 있는 것이다(이재혁, 박준식, 2000).

## 고독

한국인들의 사망원인 중 최근에 급부상한 것이 자살이다. 1992년에 10위였으나 2022년에는 암, 심장, 뇌, 혈관질환 같은 4대 주요 질환 다음의 첫 순위로 올랐다. 젊은이들의 사망원인 첫 순위를 차지하고 있다. 자살자의 80%가 우울증과 같은 정신질환으로 고통을 받는다고 추정되고 있다(본서 12장 참조). 우울증의 대표적인 증상은 고독감이다. 우울증까지는 안 가더라도 사회생활을 하면서 대부분의 사람들이 외로움을 경험한다. 고독은 사람들과의 관계의 질에 실망하고, 의미를 못 느끼며 타인과의 교류가 단절되어 가면서 경험하는 부정적인 심리 상태이다(Perlman & Peplau, 1984). 이것이 오래가면 수면부족, 약물남용, 중독, 우울증, 불안을 동반하며 정신 · 신체 건강에 나쁜 영향을 미치게 된다. 이런 탓에 고독은 '조용한 살인자'라고 불리운다(Hawkley & Cacioppo, 2003).

산업화로 인하여 경제적인 여유가 생기면서 구속에서 벗어나 개인의 자유와 욕망을 충족시키는 삶을 지향하는 문화가 널리 퍼지고 있다. 이러한 생활환경의 변화라는 사회적인 요인이 현대인의 고독감 증가에 기여하는 것으로 보인다. 사회학자인 Putnam(2000)은 미국 사회에서 1980~1993년 기간에 볼링인구는 10%가 증가하였지만, 볼링동호회의 수가 40% 감소하였음을 지적한다. 그의 분석에 따르면 지난 25년간 가족이 모여 저녁을 같이 하는 횟수는 33%, 동호인 모임에 참가하는 횟수는 58%, 친구를 집에 초대하는 횟수는 45%가 감소하였다. 이를 보여 준 한 연구(McPherson et al., 2006)는 1985년의 전국적인 조사에서 미국인이 고민을 터놓을 수 있는 친밀한 지인의 숫자가 2.94명이었으나, 2005년의 전국 조사에서는 2.08명으로 떨어진 것을 보여 준다. 보다 놀라운 것은 20년 전에는 대부분의 사람들이 가족 외의 사람도 친밀한 관계로 두고 있었으나, 최근 자료는 가족 외에는 친밀한 사람이 없다는 사람들이 대부분이라는 점이다.

**고독한 사람들** 외로움의 감정은 여러 가지 부정적인 감정과 생각을 동반한다. 남들에게 마음속 고민을 털어놓지 못하게 되며, 사랑받지 못한다고 여기며, 주위로부터 소외감을 느낀다(Davis & Franzoi, 1991). 아울러, 이들은 만나는 상대방도 부정적으로 인식하는 양상을 보인다(Wittenberg & Reis, 1986). 따라서 외로운 사람들은 상대를 좋지 않게 여기므로, 좋은 인상을 줄 수 없고, 상대와 관계를 이어 가기가 더욱 어려워서 외로움을 더 느끼는 악순환을 겪는다. 청소년들은 특히 외로움을 자주 경험하는 것으로 보인다(Heinrich & Gullone, 2006). 일주일 동안 다양한 시간대에 느끼는 정서를 파악한 결과, 청소년들은 혼자 있을 때 어른에 비해서 더 외로움을 경험하는 것으로 나타난다(Larsen et al., 1982). 고독한 사람들 중에서 대인민감성이 높은 사람들은 페이스북 같은 SNS 매체에 중독되는 경향이 높은 것으로 나타났다(고은영 외, 2014; 곁글 6-10). 국내에서 대학생을 대상으로 행한 연구는 고독한 사람들이 대인관계를 교환관계로 여기며, 친소의 정도에 따라 상대방을 달리 대하는 정도가 일반인에 비해 덜한 것으로 나타났다(구본용, 1991). 이들은 교류 상대방을 우리의 구성원이라기보다 개인이라 여기는 심리를 보인다.

남녀 차이도 나타나는데 남자가 여자보다 우울증세를 더 경험하는 것으로 나타나지만 자신이 우울하다는 것을 인정하는 정도는 여자들에서 높게 나타난다. 이는 우울이 남성성과 어울리지 않는다는 사회적 인식 때문이다(Borys & Perlman, 1985). 남자는 여러 사람과의 집단 교류에서 소외될 때, 여자는 친한 사람과의 관계가 단절되었을 때 외로움을 크게 느낀다(Berg & McQuinn, 1986).

**곁글 6-10** 페이스북 사용의 문화와 정신건강

정신건강에 미치는 페이스북(페북) 사용의 영향을 분석한 결과, 페북을 많이 사용할수록 안녕감이 떨어지는 것으로 나타났다(Kross et al., 2013). 특히 사회적 불안이 높은 사람들이 페북을 사용하면 더 좋지 않은 결과를 초래하는데, 자신의 행위에 대한 자신감이 없어 늘 남들이 자기를 수용해 주고 지지해 줄 것을 갈망하는 사람들에게서 이런 양상이 강한 것으로 나타났다(Lee-Won et al., 2015). 국내에서 남녀 대학생을 대상으로 수행된 연구(김병년 외, 2013)는 우울경향이 높을수록, 자기통제력이 낮을수록 휴대폰 중독이 심한 양상으로 나타났다. 휴대폰 중독 위험군의 사람들이 지각하는 대인관계 지원이 높을수록 중독적 사용이 심하게 나타나고 있어 흥미롭다. 아마도 스마트폰을 많이 사용하는 것이 친구들로부터 지지를 얻는 데 꼭 필요하다는 착각을 하게 만드는 것일 수도 있다. 또 다른 연구는 대학생들이 외로움을 많이 느낄수록 페북 중독의 경향성이 높지만, 이를 대인민감성(타인의 기분과 행동에 예민하게 반응하며, 상대로부터 인정을 받으려는 강한 욕구를 보이는 양상)이 매개하는 것임을 보이고 있다. 즉, 외로움을 느끼는 사람들이 페북을 사용하게 되면서 이들이 스스로를 보호하려는 욕구에서 타인의 기분과 생각에 예민하게 반응하며 자신과 타인의 상황을 비교하게 되면서 상대와의 관계 단절을 두려워하며 페북에 더욱 몰입해 간다는 것이다(고은영 외, 2014).

미국과 한국의 대학생들이 페북을 사용하는 양태를 비교분석한 연구(Kim et al., 2011)는 친구들과 소통하고, 상대의 지원과 정보를 추구하는 것은 공통적이지만, 미국 학생들이 재미를 추구하는 경향이 더 강한 반면, 한국 학생들은 기존에 관계를 맺고 있는 사람들과 연결하고, 이들로부터 사회적 지지를 얻기 위해 사용하는 경향이 큰 것을 보고하고 있다. 우울이나 외로움이 페북 중독을 직접 초래하는 것이 아니라 대인민감성이 매개한다는 것은 페북 사용 시 삼가야 할 것들을 알려 준다. 즉, 교류하는 상대방이 자신을 어떻게 평가하는지에 지나친 관심을 기울이며, 타인의 인정 여부에 과민하거나, 상대가 마치 나의 일거수 일투족을 항상 지켜보고 있는 것으로 여긴다면, 이는 자신의 페북 사용이 건강하지 못한 상태라는 것을 보여 주는 증후이다. 다른 연구도 외로운 사람들이 자기효능감이 낮아지면 페북에 빠질 경향성이 높아지는 것을 보이고 있다(서원진 외, 2015).

**한국종합사회조사(Korean General Social Survey: KGSS)**
전국의 18세 이상의 남녀를 대상으로 매년 실시하는 조사로 다단계 지역확률표집법에 의거해 조사 대상을 추출해서 일대일 면접으로 조사가 수행된다. 이 자료는 성균관대학교 서베이리서치센터에서 주관하여 2002년부터 수집하고 있으며, 누구나 분석할 수 있게끔 이용 가능하다.

**연결망과 고독** 많은 사람들과 교류를 맺는다는 것이 정신건강에 좋을까? 매년 수집되는 전국 자료(한국종합사회조사)를 갖고 사람들의 연결망의 크기와 우울수준을 분석한 사회학적 연구(이민아, 2013)는 이 질문에 대한 답이 사람들에 대한 신뢰감을 지녔는지에 따라 달라짐을 보이고 있다. 즉, 대부분의 사람들을 대체로 신뢰할 수 있냐는 질문에 대하여 '믿을 수 있다' 혹은 '경우에 따라 다르다'라고 응답한 사람들에게서는 연결망이 커지면 우울감이 줄어드는 양상이 나타났다. 그러나 [그림 6-15]에서 보듯이 사람들을 믿을 수 없다고 여기는 사람들의 경우에 연결망의 크기는 U 자형의 영향을 미치는 것으로 나타났다. 남을 신뢰하지 못한다는 사람들은 친밀한 사람이 없으면 우울증세를 크게 느끼고, 연결망의 크기가 증가하면 우울증세를 덜 보이지만 연결망이 너무 커지면 우울증세가 높아지는 양상

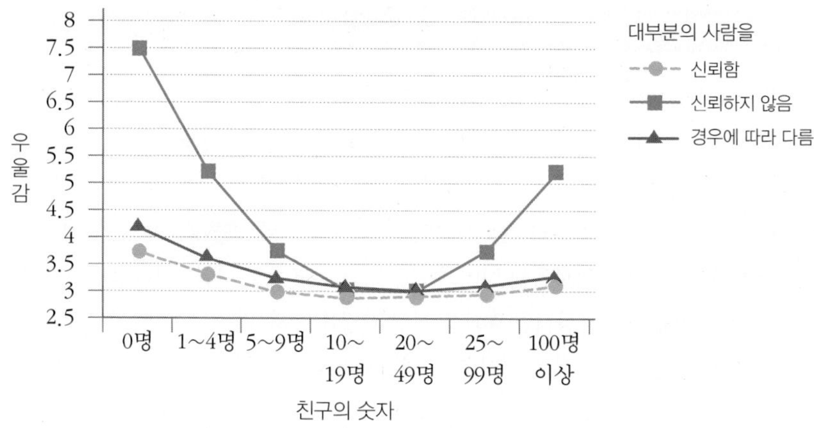


[그림 6-15] 우울에 대한 사회적 연결망의 크기와 대인신뢰의 상호작용 효과

출처: 이민아(2013).

을 보인다. 한국 사회에서 큰 연결망을 유지하는 것은 정신건강에 오히려 나쁠 수 있음이 시사되고 있다.

**고독의 사회 문화적 요인** 심리학자들은 고독한 사람들의 대인관계 양상이 일반인과 다름에 주목한다. 이들은 상대를 신뢰하거나, 안정적이고 편안한 관계로 상대와의 관계를 발전시키지 못하고, 너무 가까워지는 것을 꺼리거나, 지나치게 관계에 집착함으로써 상대방에게 부담을 주는 양태를 보인다. 고독한 사람들은 대인교류 기술이 떨어지는 것으로 나타난다. 아동기에 혼자 지내는 경험이 많아 적절한 교류기술을 배우지 못한 사람들은 또래 아동과의 관계에서 환영을 받지 못하고, 배척당하며, 이러한 경험이 더욱 교류기술을 배울 기회를 앗아 간다(Carver et al., 1994).

최근에 영국 BBC 방송에서 시행한 온라인 조사에 세계 각국에서 자발적으로 참여한 5만여 명의 자료를 분석한 결과 개인주의 성향의 국가일수록, 연령이 젊을수록, 또한 남성에서 고독감이 증가하는 것으로 나타났다(Barreto et al., 2021). 개인주의 국가에서 젊은 남성들이 경험하는 고독은 빈도, 강도, 및 지속 기간에서 높게 나타나고 있어 개인주의화 되고 있는 현대사회의 불안한 모습을 보여 주고 있다.

고독에서도 문화차이가 나타난다(Barreto et al., 2021). 집단주의 문화권에서는 사람들과의 관계를 중요시한다. 사람들이 소속감을 못 느끼고, 친한 사람들과의 관계가 끊어지거나, 가까워야 할 사람들과 가깝게 지내지 못하는 관계상실적 고독

**곁글 6-11 고독한 이유의 문화차: 유럽 국가들의 차이**

유럽에는 문화가 다른 다양한 국가들이 섞여 있다. 이런 문화 차이가 사람들이 경험하는 고독감에 어떤 영향을 주는지를 보기 위해 유럽의 12개국 노인 3천여 명의 면접자료를 분석한 결과, 사람들과의 교류가 빈번하면 외로움을 덜 경험하는 것으로 나왔지만, 흥미로운 것은 문화에 따라 그 양상이 달랐다.

집단주의 나라(포르투갈, 스페인 등)에 비해서 개인주의 성향이 강한 나라(영국, 프랑스, 독일 등)에서는 친지와 가족과의 만남보다 친구와의 잦은 만남이 외로움을 덜어 주는 것으로 나타났다. 이는 개인의 선택과 자율성에 바탕한 친구관계가 개인주의 문화에서 더 긍정적인 효과를 지니고 있음을 시사한다. 개인주의 문화권에서 사회복지 차원의 제도적 지원을 많이 받는 사람들은 그렇지 않은 사람보다 더 고독한 것으로 나타났으나, 집단주의 문화권에서는 이런 양상이 나타나지 않았다. 이는 개인주의 문화에서 제도적 지원을 많이 받는 것이 개인의 부적응 결과로 해석되기 때문일 수 있다. 또 다른 연구는 네덜란드(개인주의 문화)보다 이탈리아(집단주의)의 경우에 아이들과 사는 노인의 고독감이 낮음을 보여 주고 있다(de Jong Gierveld & van Tilburg, 1999). 집단주의 문화에서는 소속감이 중요한 탓에 가족과 친척에게서 이를 못 느끼면 그만큼 타격이 크나, 개인적으로 믿고 털어놓고, 내밀한 문제를 상의할 수 있는 친구를 지니는 것은 개인주의 문화권에서 더 중요함을 시사한다.

의 특징을 지니고 있다. 반면에, 개인주의 문화에서는 자신의 삶에 대한 자율성, 독립성, 선택의 주체성을 느끼지 못함에서 오는 존재의 불만감 혹은 실존적 고독이라는 특징을 지니고 있다(곁글 6-11).

**따돌림의 아픔** 회사나 학교에서 동료들에게 따돌림을 당하는 왕따는 아동들에게 사형선고나 다름없다. 여러 명의 아동이 왕따로 시달리다 자살을 하였으며, 많은 학생들이 학교에서 다양한 형태의 왕따를 경험한다(곽금주, 2008). 사회적 따돌림은 신체적 고통과 똑같은 뇌의 통증회로를 지닌 것으로 나타났다. 따돌림을 경험한 사람들은 차가운 음식보다 따뜻한 음식과 음료를 선호하는 양상을 보인다(Zhong & Leonardelli, 2008).

잠시의 따돌림도 아프다. 이를 잘 보여 준 연구는 참여자들이 온라인으로 연결된 스크린 속에서 두 상대방과 공을 주고받는 게임을 하게 하였다(Zadro et al., 2004). 보이지 않는 상대방이 공을 차지하고 참여자를 배제한 채 자기네끼리만 주고받고 게임을 끝내도록 하였을 때 그들이 다른 사람이건 컴퓨터 프로그램이건 참여자들은 그 교류 상황에서 자신이 무가치하게 느꼈고, 통제력을 상실하였으며, 소속감을 느끼지 못하였다. 심지어 상대방의 행동이 그들의 의지가 아니라 실험의 목적상 그리 된 것이라는 것을 미리 알려 주었어도 따돌림을 경험한 사람들은 부정적인 상태의 심리를 보고하였다. 배척당하는 이유가 황당하더라도 자신이 배척당한다는 인식 자체가 사람을 괴롭히는 것이다. fMRI를 갖고 뇌의 혈류량을 파악한 결과, 배척당하는 뇌에서는 ACC 영역이 활성화되는 것으로 나타났다. 이 부위는 신체적 고통이 가해지고 있을 때 활성화되는 부위라서, 사회적 아픔은 신체적 아픔과 생물학적 기전이 같음을 보이고 있다(Eisenberger et al., 2003).

**요약**

1. 대인교류는 정서적 어울림과 도구적 지원의 두 기능을 수행한다.
2. 친구관계의 의미는 문화에 따라 큰 차이를 보인다. 집단주의 문화에서 친구관계는 부담을 줄 수 있는 관계여서, 개인주의 문화처럼 친구가 많지 않다.
3. 원만한 사회적 관계망을 유지하며, 사람들과 지원을 주고받는 활동은 건강에 매우 중요한 역할을 하지만 사람들은 그 중요성을 잘 인식하지 못한다.
4. 교류의 도구성보다 어울림성이 정신건강에 큰 도움을 준다.
5. 사람들의 관계망은 연결자의 역할을 하는 사람들을 통해서 확대되는 양상을 보인다. 사람들은 5~6명의 연결을 통해 끈이 닿을 수 있다. 연결자들은 약한 고리를 다양한 사람들과 걸고 있는 사람들이다.
6. 개인의 자유와 욕망을 추구하는 사회분위기에서 사람들은 고독을 호소한다.
7. 고독한 사람들은 대인관계를 개인 간의 교환관계로 보는 양상이 강하다.
8. 집단주의 문화권에서 사람들은 소속과 교류의 욕구가 좌절되는 관계상실적 고독을, 개인주의 문화권에서는 자기가치에 대한 소외, 실존적 고독을 많이 경험한다.

## 사랑

사랑은 희열의 원천이고 무수히 많은 비극의 뿌리이기도 하다. 사람들의 삶에서 사랑이 차지하는 비중과는 걸맞지 않게 이 주제가 사회심리학자들의 관심으로 떠오르기 시작한 것은 오래되지 않았으나, 최근에 많은 연구가 이루어지고 있다.

**사랑과 우정의 차이** 우정과 사랑의 차이는 관계의 초기에서부터 나타난다. 우정의 관계를 발전시키려는 사람들은 상대방에게 자신을 꾸며서 제시하지 않는다.

**곁글 6-12** 오래 알게 되면 상대를 정확하게 알게 되나

사람들은 처음 만난 상대방에 대해서는 그의 행동이나 성격을 예측하는 것에 조심스럽다. 그러나 상대와 만남이 지속되면서 언제 조심스러웠냐는 듯이, 그러한 예측을 자신 있게 한다. 종종 이러한 자신감은 지나치게 부풀려진 판단으로 드러나기도 한다. 우리는 4장에서 사람들의 판단에 대한 자신감이 판단의 정확성과는 무관할 수 있음을 살펴보았다. Swann 등(1997)은 상대방과 깊은 관계에 있는 사람들을 대상으로 이러한 현상을 연구하였다. 이들은 학기 초에 기숙사에서 같은 방을 쓰게 된 학생 짝들을 대상으로 자신에 대한 성격 특징을 파악하는 몇 가지 성격검사에 응하게 하고, 자기 짝이 그러한 검사항목에 어떻게 응답할 것인지를 답하도록 하였다. 6주 후에 역시 같은 작업을 반복하여 나타난 결과를 비교하였다(연구 2). 그 기간 동안 상대방에 대한 판단의 정확성은 거의 늘어나지 않았으나, 확신감은 확실히 늘었음을 알 수 있다. 상대방과 방을 같이 쓰면서 얼마나 다양한 활동을 같이 하고 있는지를 물어서 공동활동 지수를 산출하여 보니 이 지수는 확신감과는 상당한 상관을 보였지만($r=.46\sim.57$), 정확도와는 아무 관계가 없었다($r=.04\sim-.25$). 국내에서도 부부들이 서로에 대하여 지닌 생각이 일치하는 정도는 결혼 기간과는 무관한 것으로 나타났다(김향련, 고재홍, 2007).

사람들이 상대방에 대하여 정확하게 알지 못하면서 잘 안다고 확신을 하는 이유를 분석해 본 결과(연구 3), 상대와 오래 알게 될수록, 그리고 다양한 활동에 종사할수록 상대방에 대하여 통합적인 인상을 지니게 되고, 이를 바탕으로 다양한 상황에서의 행동을 예측하며, 상대방에 대한 자신의 판단에 대한 확신감이 높아지는 것으로 나타났다. 일상의 대인교류에서 사람들이 상대방에 대하여 갖게 되는 확신감은 상대방을 대할 때 어떻게 대할 것인지의 통제감을 줄 수 있기에, 그 판단이 정확하지 않음에도 불구하고 적응적 기제로 작용하고 있는 것이다.

자신의 모습과 의견을 별 가식 없이 주고받으며 우정을 발전시켜 간다. 반면에, 애인이 되고자 상대에게 접근하는 경우에 사람들은 상대방에게 자신이 이상적인 상대로서의 특징을 지니고 있음을 드러내고, 심지어는 거짓으로 꾸미기도 한다(Rowatt et al., 1998). 그렇게 함으로써 상대방의 관심을 끌고 만남을 지속시키려 든다. 진행되고 있는 사랑과 우정의 가장 큰 차이는 사랑의 관계에서 사람들은 성적인 욕망을 충족시키려 든다는 점이다. 성적 욕망이 사랑의 충분조건은 아니지만, 필수조건으로 작용한다(Meyers & Berscheid, 1997). 사랑이 없이도 성적 욕망은 나타나지만, 성적 욕망이 없는 사랑은 생각하기 어렵다. 이 욕망의 충족행위가 실제로 나타나는 정도는 문화의 규범에 의해서 큰 영향을 받지만, 애정관계는 성행위를 당연한 행위 목록에 포함하고 있다. 애정관계에 있는 사람들은 상대에 대해서 남들이 느끼는 끌림 이상의 것을 느낀다. 상대방을 이상적인 외모, 성격, 능력, 따스함을 지녔다고 느낀다(Sprecher & Regan, 2002). 애정 관계의 초기에 있는 사람들은 상대방에게서 자신에 대한 옳고 그름의 평가를 받고자 하기보다는 자신에

대한 무조건적인 수용과 긍정적인 평가를 기대한다(Swann et al., 1994). 또한 이들은 자신들의 관계를 다른 사람들의 관계보다 훨씬 바람직한 관계라고 생각하며(Van Lange & Rusbult, 1995), 운명적인 관계라고 여기는 양상을 보인다. 이 운명관을 견지하는 사람들의 관계가 오래 지속되는 경향이 있다(Knee, 1998).

사랑과 우정은 그것이 식는 이유에서도 차이가 난다. 우정이 식는 것은 상대방이 비판적이고 싫어하는 행위를 자주 보이거나, 떨어져 지내며 만날 기회가 없어지면서다. 그러나 사랑이 식는 것은 상대방이 배신하고, 다른 이성을 만나거나(Lamm et al., 1998), 서로에게 자주 상처를 주기 때문이다(Leary et al., 1998). 사랑이란 정서는 호감이나 친밀감과 같은 정서와는 뚜렷이 구별되는 뇌의 활동부위를 지니고 있음이 fMRI를 이용한 연구에서 나타났다(Bartels & Zeki, 2000).

**사랑의 삼각형 이론** 미국의 Sternberg(1986)는 사랑하는 관계에서 작용하는 세 가지 요소인 친밀감, 서약, 열정의 조합을 갖고 이성관계의 여덟 가지 형태를 분석해 내고 있다. 친밀감은 둘 사이의 가깝게 느끼는 정서를 말한다. 서약(commitment)은 상대를 유일한 짝으로 여기는 결심과 관계에 대한 몰입의 의지를 말한다. 열정은 상대에게 몰입하고 연모하는 정서를 말한다. 이들 중 어느 것 하나 없는 밋밋한 관계와 이들 세 가지 요소가 모두 갖추어진 이상적인 사랑을 포함하여 각기 요소의 하나 또는 둘이 지배적인 여덟 가지 형태를 제시한다. 귀하가 이성과 사랑에 빠져 있다면 그것은 어느 유형이라고 볼 수 있는가? 성인 남녀를 대상으로 그들의 사랑을 이 세 가지 요소의 측면으로 나누어 조사한 결과, 세 요소가 독립적으로 관계만족도를 구성하고 있으며, 서약이 강하면 자신의 애정관계가 다른 사람의 그것보다 더 우월한 관계라고 여기는 양상이 나타났다(Rusbult et al., 2000).

사랑의 삼각형 이론은 25개국의 조사에서도 남녀 간의 사랑을 파악하는 데 적용될 수 있는 것으로 나타났으며(Sorokowski et al., 2021), 국내에서도 남녀 사랑을 분석하기 위한 틀로 적용되었다(권순달, 2006; 최혜경, 신수전, 1999 등). 서울과 경기 지역의 대학생 남녀 72명에게 사랑의 세 가지 요소에 대하여 어떻게 생각하는지를 산문으로 쓰게 하여 나타나는 주제를 정리하고, 5명을 초점집단 면접한 결과, 한국인의 서약은 자신이 지닌 물질적 · 비물질적인 것을 기꺼이 상대방에게 내어 주는 인내와 헌신(devotion)의 의미로 나타났다. 이는 서구인의 서약이 상대방에 대한 주체적 개인으로서 느끼는 책임, 약속, 의무에 대한 서약의 의미가 강하다는 점에서 중요한 문화적 차이가 될 수 있다. 사랑의 중요한 요소로 신뢰감,

솔직함과 진실함, 존중과 배려, 함께하기 등을 대고 있다. 이런 내용은 사랑의 삼각형 이론의 요소들과 유사한 점도 있지만 차이도 나타나고 있다. 서구인의 사랑이 개인적 주체(오인 나: 12장 참조)가 상대가 되는 주체를 만나 상대를 자기 주체 안으로 끌어들이면서 자기를 확장하는 과정에서 상응의 규범과 상대를 존중하는 규범이 지켜지는 자기 확장과정(Aron & Aron, 1996)이며, 행위자 개인 중심적이란 점에서 한국인의 헌신은 서구의 사랑에서 중요한 내용으로 나타나지 않는 특징이라 보겠다.

**정열적 사랑** 이는 흔히 영화에서 보는 목숨을 다 바친 듯한 사랑이다. 이러한 사랑은 몇 가지 특징을 지니고 있다. 우선, 당사자들이 서로에 대하여 강한 신체적 흥분을 느낀다. 이 흥분은 성적인 욕망일 수도 있고, 거부감에 대한 공포일 수도 있고, 좌절 및 분노에 의해 야기될 수도 있다. 두 번째 특징은 상대방에 대한 강한 집착이다. 눈을 뜨나 감으나 상대방의 모습이 머리를 떠나지 않고, 상대방 및 그와의 관계에 대하여 환상적인 생각을 하며, 상대방을 완벽한 인간, 연인으로서 인식하는 경험이다. 이러한 사랑은 많은 경우에 상대방에게 첫눈에 반한 듯한 경험을 수반한다. 열정을 느끼는 두 사람은 성행위를 자연스럽게 여긴다. 한국 사회에서도 최근에 들어서 책임지지 않는 즉흥적 성행위가 많이 이루어지고 있고(시사저널, 2011. 12. 06.), 열정이 한 촉발 요인으로 나타나고 있다(김영기, 박미숙, 2016).

그러나 첫눈에 반한 듯한 사랑은 영화에서처럼 모든 사랑에서 나타나는 것은 아니다. 사랑에 빠져 있다고 생각하는 대학생들의 40%만이 그와 유사한 경험을 보고하고 있을 뿐이다(Averill & Boothroyd, 1977). 관계가 지속됨에 따라 서로 간의 이상형이 현실과 보이는 괴리를 느끼면서 열정도 식어 간다. 열정을 깊어지는 친밀감으로 대체하게 되면서 동반자적인 사랑으로 관계는 진행된다(Cimbalo et al., 1976).

## 사랑의 진화심리학

역사상 가장 많은 자식을 둔 사람은 기네스 기록에 따르면 남자의 경우 적어도 1,042명 자식을 둔 모로코의 왕이 있고, 여자의 경우에 18세기 러시아의 농부 아내가 69명을 두었다고 한다(Bokek-Cohen et al., 2007에서 인용). 남녀의 이런 차이는 배우자 선택의 진화심리를 보여 준다.

**배우자 선택의 차이** 동물세계에서 암수의 만남은 암컷의 선택에 달려 있다.

몇몇 동물에서 수컷이 결정하는 것이 관찰되고 있지만 이 경우는 수컷이 후생번식에 더 큰 책임을 지고 있다. 공작, 사자 등의 동물들에서 맵시를 뽐내고 예쁘게 생긴 것은 암컷이 아니라 수컷이며, 선택의 결정은 암컷에 있다. 양육부담설은 이같은 현상이 번식의 생물학적 차이에서 연유한다고 본다. 즉, 인간의 경우 청장년인 남자는 시간당 수백 만 개의 정자를 생산해 낸다. 일생 동안 생산해 내는 정자의 수는 천문학적인 숫자다. 그러나 여자의 경우 일생 동안 400개 정도의 난자만 생산할 뿐이다. 더욱이 여자는 임신을 해야 하고 9개월의 수태기간을 거쳐 산고를 겪어야만 자신의 후생을 지니게 된다. 이것으로 끝나는 것이 아니라 아기가 클 때까지 수유를 책임져야만 자신의 후손을 퍼뜨려 나갈 수 있다. 그러나 남자는 그러한 부담이 없다. 따라서 배우자 선택에서 엄청난 부담을 느끼는 것은 당연히 여성이며, 여성은 이 선택에 실패하거나, 순간적인 희열을 위해서 성행위를 하는 경우 그 부담이 매우 크다. 한두 번의 만남에서 성 접촉을 하는 경우 여자는 4~5년간의 양육에 대한 부담이 있지만 남자의 경우는 그렇지 않다. 따라서 상대의 선택에서 남자는 까다롭지 않으며, 남성이 여성보다 훨씬 개방적이다(Buss, 1999).

남녀의 배우자 선택의 진화 전략에서 공통점으로 기본적인 생식능력을 구비하고 건강한 후생을 가져다줄 수 있는 상대방의 건강을 높이 산다. 그러나 몇 가지 면에서 차이를 보인다. 자기의 후생번식의 목표를 성취하기 위하여 여자는 자식을 키우는 기간 동안 자신과 자식의 안전을 보장해 줄 수 있는 남자를 배우자로 선택하는 전략을 취해 왔다. 따라서 바람직한 배우자의 특성은 경제적인 여유를 지녔는가 하는 점이다. 사회적 신분을 지닌 사람이나 자기보다 나이가 많은 남자가 선호되는 이유이다. 장차 그럴 소지가 있는 사람의 특성, 즉 능력, 머리, 야망, 근면성, 체격 등도 배우자의 선택에서 중요한 요소다. 아울러, 여자 및 자식에 대하여 생계를 안정적으로 보장하는 신뢰감과 안정적 성격을 상대에게 요구한다. 그러나 예외적인 현상이 가임기간에는 나타나기도 한다(곁글 6-13). 한편, 남자의 경우는 자식을 많이 낳아 줄 수 있는 특징을 지닌 여자를 원한다. 그러한 특징으로써 젊음, 아름다움(건강을 상징하는 특징), 정절이 강할 것을 요구한다. 동물세계에서 수컷이 자기의 새끼를 확인할 수 있는 기제가 없는 경우 수컷은 새끼에 대한 양육의 책임을 전적으로 암컷에게 떠맡긴다. 침팬지가 그 좋은 예다. 남성은 여성보다 자신의 배우자가 나이가 어리기를 바라지만, 여성들은 배우자의 나이가 많기를 바란다([그림 6-16a]). 남성들은 배우자의 경제적 역량을 중요하게 여기지 않지만, 여성들은 이를 매우 중요하게 여긴다([그림 6-16b]). 이같이 배우자에게서 선호되는 특징에 대한 진화심리학적 설명은 여러 나라에서 얻어진 자료들에서 일

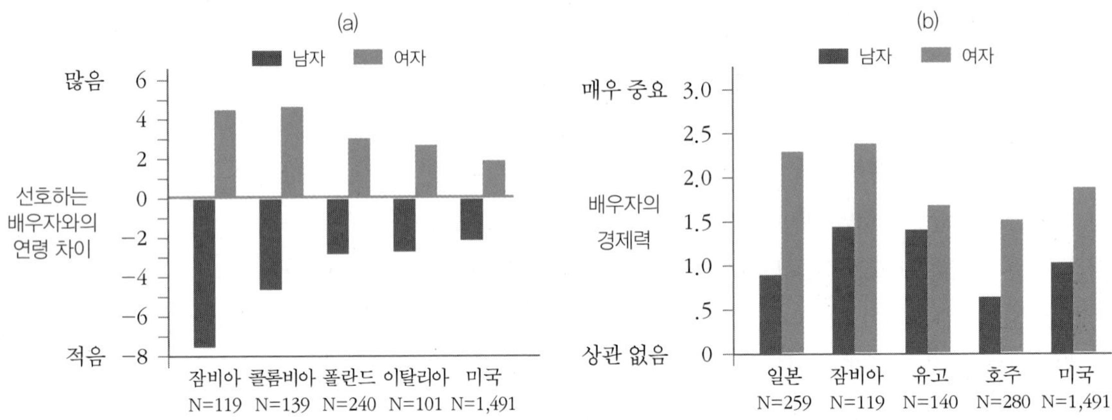


[그림 6-16] **배우자 선호에서 나타나는 남녀 차이: 상대와의 연령차(a)와 경제력(b)**

### 곁글 6-13 나쁜 남자가 좋다고? 배란기를 조심하라!

나쁜 남자가 좋다는 말은 개그인가? 아니면 정신 나간 여자의 헛소리에 불과한가? 성실하고 자기에게 잘 대해 주는 남자를 좋아하는 것이 보편적인 현상으로 여겨지지만, 많은 여성들이 멋있게 생겼지만, 바람둥이 행태를 보이고, 모험적이고, 지배적이며, 자신을 잘 위해 주지도 않는 남성에게 매력을 느껴 사랑에 빠지고 상처를 입는다.

이 현상을 이해하기 위한 여러 연구들은 여성이 배란기에 있을 경우에 강한 남성적인 특징—각진 얼굴, 지배적이고 경쟁적인 행동거지, 굵은 음성 등—을 가진 상대에게 더 큰 매력을 느끼는 것을 발견했다(Durante et al., 2012 에서 인용). 이런 특징을 지닌 남성들은 배우자 선택에서 단기전략(즐기고 빠지기)을 취하는 경향이 높기 때문에 이들에게 여성이 매력을 느낀다는 것은 특별한 설명이 필요하다. 한 연구는 10대 후반의 여성을 두 조건으로 나누어, **나쁜 남자** 조건에서는 매력적인 남자의 얼굴 사진을 보여 주고, 그 남자가 지배적이며, 모험적이고, 카리스마를 지녔다고 알려 주었다. **좋은 남자** 조건에서는 평범한 외모의 얼굴 사진을 보여 주고, 이 남자가 안정적인 성격이며, 믿을 만한 인품의 소유자라고 설명해 주었다. 여성들은 표적인물과의 사이에서 아이를 낳아 기르게 되었을 때 상대방이 얼마나 아이 양육에 도움을 줄 것인지에 대하여 두 번(배란기와 평상시)에 걸쳐 평가하도록 하였다. 양육을 위해 젖 먹이기, 목욕시키기, 장보기 등의 활동 각각에 상대방이 얼마나 도움을 줄 것인지를 예상함에 있어서 배란기의 여성들에게 나쁜 남자는 나쁜 남자로 여겨지지 않는 것으로 나타났다([그림 6-17]). 이는 배란기에는 남성적 매력을 강하게 지닌 사람이 매력적으로 부각되지만, 이 경우에 나쁜 남자의 행동적 특징마저 변모시켜 좋은 남자로 여기는 인지 왜곡이 작용한다는 것이다. 다른 연구는 남자들의 사치스러운 소비 행태가 배란기의 여자들에게 특히 관심을 끌고 기억에 남는 것을 보였다(Lens et al., 2012). 이어지는 연구에서는 상대 남자가 다른 여자와 결혼해서 아기를 키울 경우에 아기 양육에 도움을 줄 정도를 물어보았다. 이에 답하는 경우에는 좋은 남자로 여기는 왜곡현상이 나타나지 않았다. 내 일인 경우에만 왜곡이 작용한다! 남의 일이라면 보이는 것이 내 일이라면 보이지 않는다!

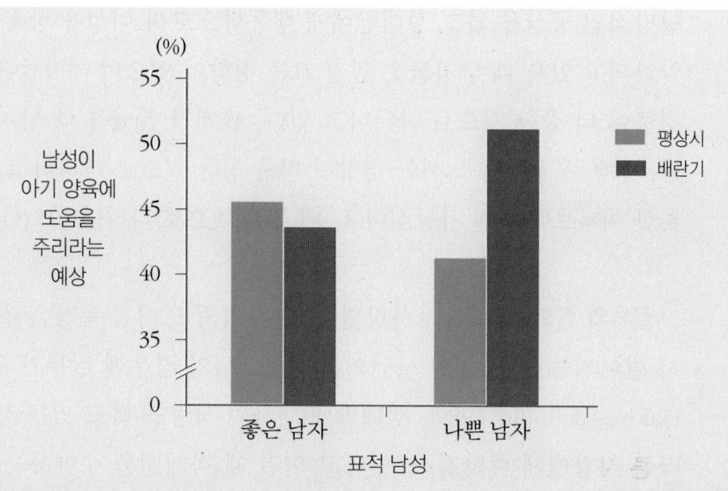


**[그림 6-17] 나쁜 남자에 대한 여성 참여자의 평가는 배란기와 평상시에 큰 차이를 보인다.**
출처: Durante et al.(2012), Fig. 1.

관성 있게 나타나고 있다(국내에서는 김지선, 설경욱, 2018; 주현덕, 장근영, 2006; 외국 문헌은 Buss, 1999).

**낭만적 사랑의 성차** 흔히 남자보다 여자가 낭만적이며 소녀적인 환상에 빠져 사랑하게 된다는 통념이 있다. 그러나 조사에 의하면 이를 뒷받침하는 증거는 없고, 오히려 그 반대다. 양육부담설(Trivers, 1972; 곁글 6-13)에 따르면 자녀양육에 많이 투자하고 부담을 느끼는 사람이 배우자 선택에서 선택권을 행사하며, 보다 더 신중하게 성행위를 한다. 남자보다 여자가 양육부담을 많이 지기 때문에 배우자에 대한 여자의 선택조건이 까다롭고, 낭만에 빠져 사랑행위를 하기에는 위험부담이 너무 크다. 남자들은 여자보다 순수한 사랑, 이상적인 사랑의 가능성을 높이 보고 여자는 보다 현실적인 사랑관을 지니고 있는 것으로 나타난다(Dion & Dion, 1973). 상대방이 갖춘 조건이 괜찮다면 사랑을 하지 않아도 결혼하겠느냐는 질문에 남성보다 여성들이 '하겠다'는 대답을 많이 하며(Simpson, Campbell, & Berscheid, 1986), 첫눈에 사랑에 빠질 가능성도 여자보다 남자가 높은 것으로 나타난다(Hendrick et al., 1984). 남자들은 여자보다 빨리 사랑에 빠지며, 첫 만남에서 매력적인 이성이 유혹할 때 75%의 남자가 성행위를 하려 들지만, 여성은 아무도 그런 답을 하지 않았다(Clark & Hatfield, 1989).

남자는 여성이 자신에게 보이는 호감을 과다하게 지각하는 양상을 보여, 종종 낭만적인 공상을 하고 상대방에게 행동함으로써 여성을 당혹하게 한다. 관계가 악화되고 있을 때 남자들은 질질 끄는 경향이 있으며 여자들은 깨끗이 청산하는 경향이 더 강한 것으로 나타나고 있다. 관계가 끝났을 때 남자는 여자보다 고독감, 불행, 우울감을 느끼는 경향이 더욱 심한 것으로 나타나고, 이혼한 남자는 이혼한 여자보다 자살 가능성이 2.4배 높은 것으로 나타났다(Kposowa, 2003).

**질투의 진화심리학** 사랑의 또 하나의 두드러진 특징은 질투심이다. 미국에서 벌어지는 모든 살인 사건의 적어도 1/4의 경우에 질투가 원인으로 추정된다(Salovey & Rodin, 1989). 상대방에 대하여 사랑을 하고 있는 사람이 그 상대방을 다른 사람에게 빼앗길 수 있다고 여길 때 적개심을 수반하는 강한 질투의 감정을 느낀다. 질투심은 상대방에게 의존하는 정도가 클수록, 그리고 위협의 정도가 심하게 느껴질수록 강하다(Berscheid, 1983). 그래서 부부가 상대방이 떠나고 나서 자신이 취할 수 있는 대안적 생활이 궁색하게 느껴질수록 현재 생활을 파괴하는 상대방에 대하여 느끼는 질투감이 큰 것으로 나타난다(Hansen, 1985). 진화론적으로 배우자가 자신을 배반할 수 있다는 징표를 보이는 경우 이를 막으려고 행동하는 사람이 그렇지 않은 사람보다 자신의 후손을 이어 갈 가능성이 높다(Buss, 1994, pp. 125-131). 흔히 여자가 질투심이 많다고 여겨지지만, 150쌍의 연인을 조사한 결과, 질투의 경험빈도, 감정의 깊이에 있어서 남녀 차이는 없는 것으로 나타났다(White, 1981: Buss, 1994, p. 127에서 재인용).

하지만 질투를 유발하는 원인에 있어서 흥미 있는 남녀 차이가 발견된다. 남자는 배우자가 다른 남성과 성적인 접촉을 하는 것에 대하여 가장 큰 질투심을 보이는 반면에 여성의 경우는 자신의 배우자가 다른 여성에게 시간과 돈, 마음을 헌신적으로 바치는 상황에 대하여 그가 성적인 접촉을 하는 것보다 더 강한 질투심을 보이는 것으로 나타나고 있다(함진선, 이장한, 2010; Buss & perry, 1992). 배우자의 성적인 부정에 대하여 남자가 큰 질투심을 느끼며 이것이 종종 상대 배우자에 대한 폭력으로 나타나는 경우가 많다. 미국, 캐나다, 호주 등지에서 벌어지는 배우자 살해의 경우 5건 중 4건은 남편에 의해 저질러지며, 같이 살 때에 비해서 헤어졌을 때 저질러지는 경우가 2~5배 정도로 많은 것으로 나타난다(Wilson & Daly, 1996).

네팔의 한 부족(Nyinba 족)은 일처다부제를 유지하고 있는데, 한 여자가 남자의 형제 모두와 부부관계를 유지한다. 그 이유는 경제적으로 어려운 생활환경 탓인데, 토지가 매우 척박하여 농작물 생산에 많은 노동력이 요구되기 때문이다. 아울러, 물물교환을 하기 위해 남자들이 여러 날 집을 떠나게 될 때 농사일을 도울 수

**곁글 6-14** 이스라엘의 결혼 시장에서 맞붙은 진화심리학과 경제학

거의 모든 사회에서 결혼은 남녀 1:1의 결합이다. 남녀의 비율이 대체로 반반이지만 전쟁으로 남자가 부족한 사회도 더러 있다. 이런 사회에서 여자의 남자를 보는 기준이 느슨해질 수 있을 것이다. 합리적 선택이론에서는 시장에서의 모든 선택이 수요와 공급의 균형을 맞추며 이루어진다고 본다. 따라서 남성이 적은 상황에서는 여자들도 까다로운 기준을 버릴 것이라고 본다. 그러나 양육부담설에 따르면, 남성이 적어 여성이 불리한 결혼 시장이라도 여성은 배우자 선택에서 까다로울 수밖에 없다고 본다. 이 두 가지 상반된 예측을 검증하기 위하여 이스라엘 결혼 시장을 분석한 연구가 흥미롭다(Bokek-Cohen et al., 2007). 이스라엘은 전쟁으로 인해 결혼 연령대의 남녀 성비가 6.5대 10.0으로 여성이 과도하게 많은 실정이기 때문에 두 이론을 비교하는 적절한 무대가 되었다. 결혼정보회사에 등록된 약 3,000명 정도의 남녀(비슷한 비율)를 대상으로 바람직한 배우자에게 요구하는 사항을 분석한 결과, 여성들은 27개의 특징을, 남성은 8개만 대는 것으로 나타났다. 남성들이 요구하는 특징 중 5개가 여성의 신체에 대한 것이었지만, 여성들이 요구하는 특징에서 남성의 신체에 관한 것은 키 하나만 나왔고 경제적 지위, 대인관계, 성격, 평등의식 등의 내용들이 골고루 나타났다. 즉, 여성은 불리한 시장에서도 여전히 까다로운 기준을 남성에게 요구하는 것이었다. 양육부담설의 손이 올라간다!

있는 인력이 필요하여, 종족 전체로 볼 때 일처다부제로 자식 농사의 수를 근본적으로 줄임으로써 한정된 자원의 1인당 분배 몫을 높게 유지할 수 있도록 하기 위함이다. 이들 부족에서 형제간의 질투는 허용되지 않는다. 이러한 정황은 질투라는 경험과 표출에 사회적 구조와 문화가 많은 영향을 미침을 보여 준다(LeVine, 1982).

## 사랑의 심화 요인과 냉각 요인

한국 사회의 이혼율이 2022년 인구 천 명당 1.8건(조이혼율이라 함)이다. OECD 국가 중에서도 상위권에 든다. 높은 이혼율의 그늘에는 늘어 가는 비혼의 문제가 있다(곁글 6-14). 사랑을 하거나 혹은 전제로 성립된 결혼이지만 많은 쌍들이 파경을 맞고 있다. 사랑의 심화와 냉각 과정에 대해 살펴보자.

**사랑의 심화** 사랑의 감정을 느끼는 모든 사람들이 상대와의 관계에 만족하는 것은 아니다. 좋은 시절이 있는가 하면 나쁜 시절도 있다. 나쁜 시절을 극복하려 애쓰는 쌍들이 있는가 하면 높은 이혼율에서 보듯이 관계를 끝내는 사람도 많다. 상대방과의 관계를 운명적인 관계로 여기는 사람들이 나쁜 시절을 극복하

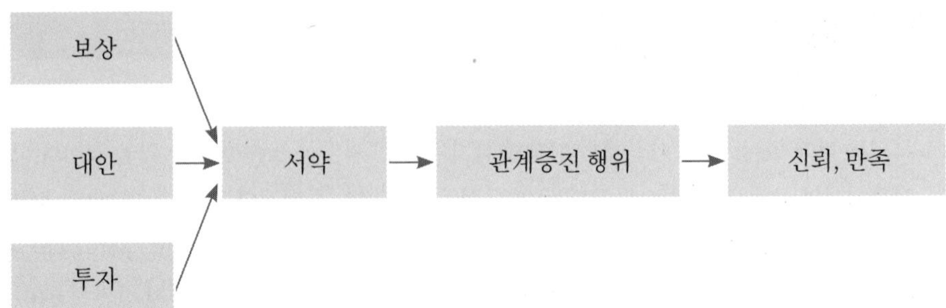


관계에서 얻는 보상, 보상을 얻을 수 있는 대안적 관계의 여부, 관계 유지를 위한 투자의 제반요소가 서약을 결정한다.

**[그림 6-18] Rusbult의 대인관계 투자모형**

출처: Gilovich et al. (2006), p. 162, Fig. 4-7.

려는 노력을 많이 보이는 반면에, 상대와의 관계를 자신의 선택으로 여기고 새로운 선택이 가능하다고 여기는 사람들은 현재 관계에 대한 헌신(서약)이 적다. Rusbult(1980, 1983)가 제안한 대인관계의 투자모형은 사람들이 관계를 유지하거나 끝내는 양상을 이해하는 데 도움을 준다. 이에 따르면, 관계에의 서약을 결정짓는 3요소(보상, 대안, 투자)가 있다. 관계에서 얻어 내는 보상이 크다고 여기면 관계에 대한 서약이 높다. 그러나 보상 그 자체만이 문제되는 것은 아니다. 보상이 적더라도 다른 대안이 있느냐 없느냐가 관계에의 서약에 영향을 크게 미친다. 현재의 보상도 적지 않지만 다른 사람과의 관계에서 더 큰 보상을 얻을 수 있다면 현재 관계에 대한 서약이 흔들리기 때문이다. 마지막 요소인 투자는 해당 관계에 지금까지 기울인 노력과 그 결과물(시간, 물적 투자, 심리적 투자, 좋은 추억, 공유하게 된 소유물, 자식, 정서 등)의 크기다. 상대와의 관계에 헌신적인 사람들은 공동의 정체감을 강하게 느끼며, 이를 표현하고('나/너' 대신에 '우리'), 가족의 일을 위하여 개인적인 취향을 접거나 기꺼이 변경하며, 관계 친화적 행동을 보인다(Agnew et al., 1998). 이러한 활동들이 상호신뢰를 굳히고 관계만족도를 더욱 향상시킨다([그림 6-18]).

가정폭력에 시달려 쉼터를 찾는 많은 여성이 관계를 끊지 못하고 다시 폭력적인 상대방과 관계를 지속시킨다. 쉼터를 찾은 여성들 가운데 관계에 대한 투자가 많이 이루어졌고, 현실적으로 현재의 관계를 떠날 대안이 없거나 취약한 여성들(낮은 교육수준, 직업 및 교통수단 없음)이 관계에 대한 서약을 보이고, 남편들에게 다시 돌아가는 양상을 보인다(Rusbult & Martz, 1995). 이와 대조적으로, 연예계에 종사하는 인기 여성 인사들에게서 이혼과 결별이 높게 나타나는 이유도 이 모형으로 잘 설명될 수 있다.

같이 생활하면서 배우자를 다른 사람들보다 좋게 평가하는 양상이 높을 경우에 부부만족도가 높은 것으로 보인다. 국내에서 250여 쌍의 부부를 대상으로 유능성과 따듯함의 특성에서 자기고양(스스로를 일반인보다 좋게 여기는 것)과 배우자 고양(자기 배우자를 일반 배우자보다 좋게 여기는 것)하는 정도를 파악하고 이들이 부부만족도와 어떤 관계에 있는지를 파악한 결과(김영남, 고재홍, 2011), 사람들은 따뜻함 차원에서 자기고양을 하는 양상을 보였으며, 유능성과 따뜻함 차원 모두에서 배우자 고양을 하는 양상이 나타났다([그림 6-18]). 전반적으로 자기고양보다 배우자 고양을 하는 사람들이 결혼만족도가 높았다. 배우자 고양을 하는 사람들이 결혼만족도가 높은 것은 부부간의 의사소통이 갈등이 불거지지 않도록 원만하게 진행되는 경로를 통해 나타나는 현상이다(박유빈 외, 2018).

**관계의 결별** 사랑의 초기 단계에서는 상대방과의 차이점도 흥미와 호기심, 심지어 동경을 불러오기도 하며, 충분히 극복할 수 있다고 여긴다. 상대방에 대하여 눈에 꺼풀이 씌었다고 할 정도로 상대를 이상화시키는 심리는 자성예언 효과를 가져오는 것이 관찰되었다(Murray, Holmes, & Griffin, 1996). 관계가 시작되면서 1년 동안 세 차례에 걸쳐 조사한 결과, 관계의 초기에 상대를 이상적인 짝으로 여긴 사람들은 만족도가 증가하고 갈등은 감소함을 보였고, 상대방의 이상적 모습을 내면화하는 경향도 나타났다. 즉, 반했다는 것은 눈을 멀게 하는 것이 아니라 예언충족 효과를 가져오는 것이다.

초기에 무시되던 차이점들이 생활하면서 열정이 식게 되면, 생활의 여러 장면에서 갈등의 소지가 된다(Sillars et al., 1994). 깔끔한 아내는 수더분해 보이던 남편에게 매력적으로 느꼈지만 생활하면서 하루에도 여러 차례 방청소를 하게 되면서, 자신을 배려하지 않는 남편에게 불만을 품게 된다(공성숙, 2008). 생활습관의 차이점, 견해의 차이는 종종 갈등과 다툼을 가져오고, 이 경험이 누적되면서, 대화가 줄게 되고, 상대방에 대한 존경심이 없어지며, 무관심해지고, 불화가 쌓이게 된다(권희경 외, 2005).

부부관계를 전문으로 연구하고 상담해 온 미국의 Gottman 박사는 상담소에 온 부부들에게 생활의 관심사를 서로 논의하도록 하여 이를 비디오로 촬영하였다. 비디오를 보면서 부부간 논의가 진행되는 양상을 분석하였는데, 1983년부터 79쌍의 부부를 20여 년간 지속적으로 관찰하여 분석한 결과, 관계의 결별을 가져오는 4개의 강력한 요인을 식별해 냈다(Gottman & Levenson, 1999). 첫째는 비판이다.

배우자의 단점에 대하여 계속 비판하고 험담을 하는 부부는 결별하기 쉽다. 비판을 하려면 가볍게 농담조로 비판하는 것이 바람직하다. 둘째는 방어적 태도다. 상대방의 지적, 불만, 관계의 문제점을 자연스럽게 수용적으로 듣지 못하고 방어적인 자세로 듣는 것이 문제를 초래한다. 이 방어적 자세는 셋째 요인인 모르쇠 태도로 진행된다. 특히 남성이 여성 배우자의 불평과 비판에 대하여 문제를 인정하려 들지 않고, 대화를 나누려 하지 않고, 모르쇠 태도를 취하는 경우에 관계는 심각하게 악화된다. 마지막 요인은 경멸적 감정이다. 자신이 자격지심, 콤플렉스가 강하다고 여기며, 자신을 내려다보는 상대방의 태도를 접할 때 이 감정을 느낀다. 특히 상대방이 스스로 잘났다고 하는 것이 거짓과 허위라고 여기는 경우에 이 감정은 관계를 급속히 악화시킨다. Gottman의 연구에서 이혼을 하게 된 부부의 경우에 15분간의 대화에서 나타난 경멸적 감정의 표현 횟수가 관계를 유지하는 부부의 경우보다 2배 이상 나타나는 것이 관찰되었다. 부부치료를 위해 방문하는 부부의 대화를 15분 동안만 관찰하여도 14년 후에 이혼할 것인지 여부의 정확성을 93%까지 예측할 수 있음을 보여, 이들 네 요인이 결별의 중요한 예측인자임을 보였다(Gilovich et al., 2006, pp. 160-161 인용).

인간관계에서 갈등이 없을 수 없으며, 갈등이 없는 것이 좋은 것만도 아니다. 갈등은 새로운 관점과 통찰을 가져다줄 수 있기에 보다 성숙한 관계로의 변화를 가져오기도 한다. 문제는 갈등의 유무나 정도가 아니라 갈등의 대처 행위다. 갈등의 조정 단계에서 부부간에 앞의 네 가지 부정적인 요인이 수시로 표출되는 것은 갈등을 더욱 악화시킨다. 부드럽게 대화를 시작하고, 악화된 상황에서 회복을 위한 행위가 취해지고, 상대방의 주장을 이해하고 수용하려는 갈등조정 행위가 결혼과 관계의 만족도를 향상시킨다.

## 곁글 6-15 한국 남녀가 비혼을 선택하는 이유

2015년 한국보건사회연구원이 행한 가족보건복지실태조사에서 20~44세 독신 남녀 2,383명을 대상으로 결혼의향을 조사한 결과, 남성의 10%, 여성의 14%가 '현재 혼인할 생각이 없다'고 응답했다. 미혼은 결혼하지 못한 상태를 함축하는 용어이기에, 결혼을 하지 않은 상태를 뜻하는 '비혼'이 새로운 삶의 형태로 부상하였다.

비혼으로 살겠다고 하는 사람들이 늘어 가고 있는 현실에서 30대 전후반의 남녀 9명을 대상으로 심층면접을 한 결과, 비혼을 선택한 이유들은 [그림 6-19]처럼 정리될 수 있다(이정하, 박정윤, 윤나나, 2017). 첫째, 이들이 결혼을 부정적으로 여기고 있다는 것, 둘째, 이들은 성장과정에서 부모의 결혼생활이 행복하다고 여기지 않았다는 것, 셋째, 친밀한 대인관계에 대한 불안의식, 넷째, 결혼실패에 대한 두려움, 다섯째, 개인적인 가치의 삶을 추구하는 것이다. 이들 요인들이 작용하여 비혼을 선택하게 만드는 것이다.

이들은 결혼을 제약으로 여기고, 얽매이는 것이 싫어서 비혼을 소극적으로 선택한 사람들이다. 비혼을 적극적으로 선택하는 사람들의 이유는 추가적인 연구가 필요하겠지만, 상당부분 아래 도표에서 추론할 수 있다. 비혼 및 미혼 상태의 사람들에게서 공통적으로 나타나는 것은 개인적 삶의 추구, 가부장적 가족에서 성장하여 갖게 된 결혼에 대한 부정적 태도, 결혼으로 인한 의무와 속박의 두려움, 대인관계가 깊어지는 것에 대한 실패의 두려움들이다(이삼식, 2006; 장현숙, 2002 등).

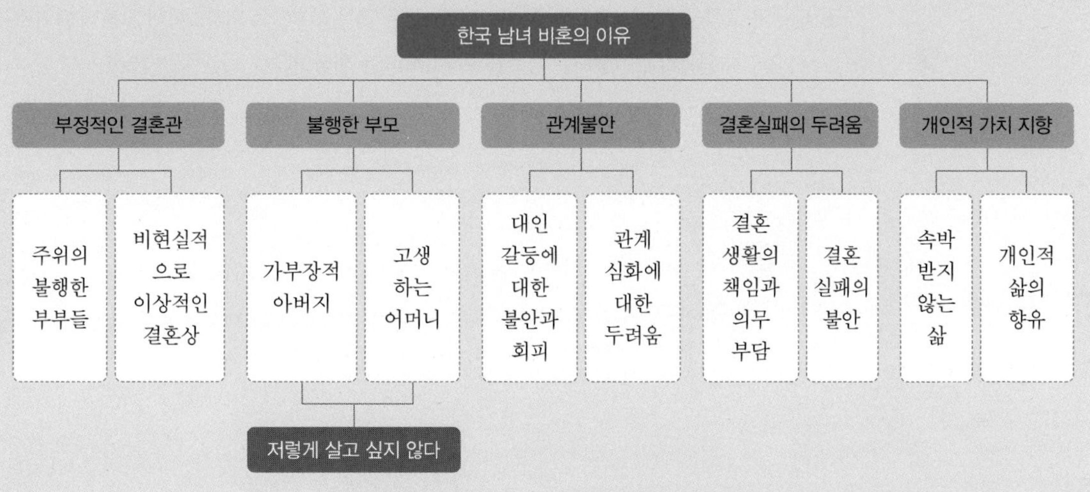


**[그림 6-19] 한국남녀가 비혼을 선택하는 이유**

출처: 이정하, 박정윤, 윤나나(2017) 연구를 근거로 그림.

1. 사랑은 우정과 질적으로 다른 교류양상이다. 사랑하는 사람들은 서로를 꾸미고, 서로를 자신의 이상적인 상대로 여기며, 상대에 대한 성적 갈망을 지닌다.
2. 사랑의 삼각형 이론은 열정, 친밀감, 헌신의 세 요소로 구성된 사랑의 유형을 구분한다. 동반적 사랑은 친밀감을 느끼고, 믿음을 갖고 있고, 상대방의 장단점을 인정하고 수용하며, 상대방의 필요 및 요구에 응하는 사랑이다.
3. 상대방을 이상화시키면서 열정도 타오른다. 정열적 사랑은 관계가 지속됨에 따라 애초의 신선감이 없어지고, 이상적 상이 현실과 보이는 괴리를 인식하게 되고 서로 간의 성격, 기호, 성장 환경의 차이가 갈등을 초래하면서 식게 된다.
4. 배우자 선택 전략에서 남자는 젊음, 미모의 이성을 추구하고, 여자는 안정된 신분의 상대를 추구한다. 남자의 사랑은 여자보다 더 낭만적(비현실적)인 특색을 지니고 있다. 진화심리학이 제시한 양육부담가설은 여성들이 아이 양육에 많은 부담을 갖기 때문에 선택이 까다롭고, 현실적이라고 설명한다.
5. 대인관계 투자모형은 관계에서 얻는 보상, 대안적 관계의 현실성, 관계에의 투자 정도가 현재 관계에의 헌신을 좌우하는 요인이라고 분석한다.
6. 배우자 고양을 하는 사람들이 결혼만족도가 높은 것은 부부간의 의사소통이 갈등이 불거지지 않도록 원만하게 진행되는 경로를 통해 나타나는 현상이다.

제 7 장

# 인간의 공격성과 사회의 폭력

과거 5,000년의 인류역사에서 생활했던 185세대 중에서 오직 10세대만이 전쟁을 경험하지 못했을 뿐이며 수많은 전쟁에서 35억 명이 희생되었다고 추정된다(Beer, 1981: Tedeschi et al., 1985에서 인용). 한국 내에서도 2022년 한 해에만 738건의 살인과 41,433건의 성폭력, 13만 건의 폭행이 발생하였다(대검찰청, 2023). 이런 일들은 인간의 공격성이 본능이라는 가설을 던져준다. 이 장에서는 이 가설의 타당성을 검토하면서 사회의 폭력에 대하여 이해를 도모해 보자.

작가 한강이 스웨덴 한림원에서 한 강연에서 세계는 왜 폭력적이며, 또 아름다운지가 글을 쓰게 만드는 질문이라고 하였다.

**공격행위의 정의** 권투시합, 깡패들의 싸움, 부모나 교사의 체벌, 강아지를 때리기, 경찰이 저항하는 범인을 검거할 때 쓰는 완력, 화가 나서 울리는 경적, 피가 흥건한 의사의 수술 등 모든 장면이 공격행위의 측면을 포함하고 있지만 이들 모두를 공격행위라고 여기지는 않는다. 타인에게 위해를 가하려는 의도가 있는지를 공격행위의 판단에서 중요하게 여기는 탓이다(Tedeschi et al., 1985). 공격행위를 정의함에 있어서 행위의 의도성 이외에도 그 의도가 친사회적이냐 반사회적이냐 하는 점도 중요한 문제가 된다. 우리는 대부분의 폭력을 나쁜 것으로 여기지만, 자식 교육을 위한 체벌과 범인 검거를 위한 폭력 등은 사회적 규범이 허락하는 친사회적인 공격행위라고 할 수 있다.

## 본능으로서의 공격행위

공격행위는 동물세계에서도 광범위하게 관찰되므로 행위의 기저에 생물학적인 요인이 작용하는 것은 맞다. 즉, 유기체는 선천적으로 지니고 있는 생리학적 체계에 의해 결정된 본능이 있는데 공격행위도 그중의 하나다. 동물행동학자들은 본능을 다음 다섯 가지 특성을 지니는 것으로 국한시킨다. ① 일련의 복합적 행위로 구성되어 있고, ② 특정 신호자극이 발생하였을 때는 자동적으로 그 행위가 나타나고, ③ 학습되지 않았으며, ④ 해당 종의 모든 개체가 그 행위를 하며, ⑤ 행위의 강도는 생화학적인 요인에 의해서 결정된다(Tedeschi et al., 1985, p. 123). 이런 특성을 지닌 행위들로서 포유동물의 수유행위, 짝짓기, 철새들의 이주, 거미의 줄치기 등을 들 수 있다. 사회생물학자들은 동물의 종내 공격행위는 본능이며 이것이 종족 보존에 중요한 기능을 한다고 본다. 이 같은 공격행위는 위계설정형과 영토설정형의 두 가지 형태가 있다.

**위계설정형** 개미나 벌 같이 무리를 이루어 사회생활을 하는 동물뿐 아니라 대부분의 동물들—사자, 늑대, 원숭이, 물개, 어류, 조류 등—은 작게는 두세 마리, 크게는 수만 마리가 군집을 이루어 생활을 한다. 이 군집에서는 지배와 복종의 위계가 정해지는데 이의 설정은 누가 힘센가에 의한다. 가장 힘센 놈이 먹이나 교미 상대의 선택에 최우선권을 지닌다. 이 같은 위계구조는 군집 내에서 더 이상의 싸움을 막아 주며 가장 강한 놈의 씨가 퍼져서 생존에 보다 유리한 차세대를 번식시키는 기능을 한다.

**영토설정형** 여러 동물의 수컷들은 자기의 관할지를 설정하고 서로의 영토를 존중하는 특성을 보인다. 이 같은 영토설정 행위는 조류, 어류 및 포유류 등에서 관찰되고 있고 고립되어 성장한 동물에서도 나타나고 있다(Cullen, 1960; Tinbergen, 1955). 누가 좋은 영토를 얼마나 많이 차지하는가는 힘겨루기에 의해서 결정된다. 수컷은 자기의 영토에 들어온 먹이에 대하여 독점적인 권리를 가지며 암컷에 대한 교미권을 갖게 된다.

**인간의 공격행위에 대한 적용** 인간도 군집을 이루어 사회생활을 한다는 점에서 동물의 행동에 대한 관점을 적용해 볼 수 있다. 그러나 동물과는 다른 몇 가지 특징 때문에 인간의 공격행위를 본능으로 설명하는 것에는 반론이 크다. 첫째, 동물세계에서 위계의 설정이 주로 힘, 덩치, 속도 등의 신체적 특성에 의해서 이루어지는 데 반해 인간의 경우 지능, 사교성, 지도성, 동기 등의 사회적·심리적 특성에 의해서 이루어진다. 즉, 신체를 이용한 공격행위가 지닌 중요성이 매우 제한적이다. 둘째, 동물의 위계는 교미, 먹이 등의 생물학적인 기능을 충족시키는 기능을 하지만, 인간의 경우는 높은 지위가 집단에의 기여, 자긍심의 충족, 자기실현의 기회 등 사회적·심리적 기능을 충족시키는 것이다. 따라서 생물학적 가치가 아닌 사회적 가치 추구행위를 생물학적 본능으로 보기가 곤란하다. 셋째, 동물에서는 영토설정 행위가 종 내의 모든 개체에서 나타나지만 인간에게서 그것은 보편적인 현상도 아니다. 사유재산 제도는 인간사에 있어서는 비교적 최근의 사회적 산물이며, 북극권의 이누이트족(에스키모로 한때 불렸으나 이는 캐나다의 크리 인디언어로 '날고기를 먹는 사람들'이라는 의미다. '이누이트'는 사람이란 뜻)은 그러한 개념이나 영토설정 행위를 보이지 않고 있다(Montagu, 1968). 이러한 사실은 사유재산제가 사회적으로 형성·전수된 것이며 영토권 행위처럼 선천적으로 타고난 것이 아니라는 것이다. 마지막으로, 동물에서는 공격행위의 형태와 기능이 매우 단순하지만 인간에서는 형태도 매우 다양하고, 처벌, 위협, 회유, 의사소통 등의 다양한 기능을 지니고 있는 것도 본능론의 적용을 어렵게 한다. 인간의 파괴적 행위를 본능론으로 설명하려는 시도는 위험스러운 주장이기도 하다. 왜냐하면 인간의 공격행위에 영향을 미치는 더욱 중요한 사회적·심리적 원인에 대한 관심을 줄이기 때문이다(곁글 7-1).

인간의 동기를 포괄적으로 설명하려는 시도에서 미국의 McClelland(1985)는 인간의 공격행위 자체를 본능의 한 행태로 보기보다는 영향력을 행사하려는 본능의 다양한 발현 양상의 하나로서 볼 수 있다고 주장한다. 그에 따르면 인간에게는 자연적 유인가(정적 또는 부적 보상성을 지니고 있는 것)가 몇 가지 있는데 그중에는 주위에 영향력을 행사하고 반향을 얻는 것이 포함된다. 아동들이 소리 나는 방울을 흔들려 하고, 어지럽히는 것을 즐기는 것은 이러한 본능의 충족이며 사회화 과정을 통해 그 본능의 적절한 발현행위를 습득하게 되는 것이다. 공격행위가 특히 남자에게서 강하게 나타나는 것은 이러한 이유라는 것이다. 이러한 논리 탓에 인간에게서의 공격행위는 본능이라기보다는 사회적 환경 속에서 획득되고 변형되는 사회적 행위로서 보는 시각이 널리 수용되고 있다.

**곁글 7-1** 세빌 선언: 인간에게 폭력적 본능은 없다

1986년에 10개국에서 초대된 각 분야의 저명한 학자 20명은 스페인의 세빌대학교에서 열린 뇌와 공격에 관한 국제회의에서 심리학, 생물학, 유전학, 인류학, 생화학 분야에서 누적된 연구 결과들을 검토하여 선언문을 채택하였다. 이 선언은 다음 다섯 가지 주장이 과학적 근거가 없음을 명백히 하고 있다(Frazier, 1994에서 인용).

1. 인간이 동물로부터 진화 시 전쟁을 위한 경향을 물려받았다는 주장
2. 전쟁이나 폭력적 행위는 인간의 본성에 유전학적으로 프로그램되어 있다는 주장
3. 인간의 진화단계에서 다른 유형의 행동보다 공격적 행동이 선택되었다는 주장
4. 인간이 폭력적인 뇌를 지니고 있다는 주장
5. 인간사회의 전쟁이 본능이나 단일한 동기에 의해 초래된다는 주장

최근에 인간의 본성을 이해하기 위해 폭력에 대한 방대한 역사적 자료를 분석한 심리학자 Pinker(2011)는 일반인의 인식과는 달리 인간사회에서의 공격성과 폭력이 근대사회로 내려오면서 훨씬 약해지고, 규제되고 있다는 자료를 제시하고 있다([그림 7-1]). 비록 전쟁과 같은 폭력적 사건들에 의해서 살해된 사람들의 숫자는 20세기 들어서 수천만 명에 달하지만, 인구의 비율로 환산했을 때 과거의 전쟁에서 희생된 사망자들의 비율은 오늘날보다 훨씬 높았다는 것이다. 인간은 폭력으로 발현될 수 있는 동기를 지니고 있지만 이런 동기를 규제할 수 있는 사회 문화적 기제(교육, 법규, UN 기구, 제네바 협약 등)를 갖추어 가고 있음을 방대한 자료를 통해서 보이고 있다.

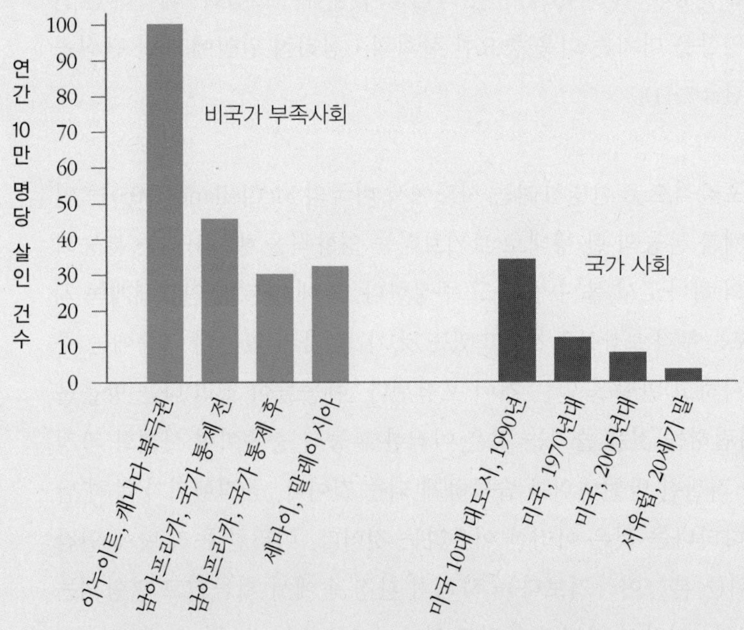


**[그림 7-1] 비국가 사회의 살인율과 국가 사회의 살인율 비교**

출처: Pinker (2011), p. 122, Fig. 2-4.

## 공격행위를 유발하는 요인과 심리

우리의 일상은 학교폭력, 가정폭력, 강도상해, 조직폭력 등의 현상들로 얼룩져 있다. 최근에 누구와 다투었거나, 욕을 하였거나, 들은 경험을 생각해 보자. 왜 그렇게 되었는가? 상대가 비아냥거려서, 매운 맛을 보여 주려고, 그냥 짜증이 나서 등등 다양한 이유가 작용하였을 것이다. 이러한 요인들을 내부적 요인과 외부적 요인으로 구분하여 살펴보자.

### 내부적 요인

동물행동학 연구로 노벨상을 수상한 오스트리아의 Lorenz 교수는 자연 상태에서 동물행동을 연구하면서 인간의 공격행위에 대한 여러 가지 통찰을 주었다. 침팬지, 사자, 독수리 등 다양한 동물들이 자신의 먹잇감을 얻기 위해서 다른 생물을 공격한다. 마찬가지로, 사람들도 자신에게 필요한 자원이나 소유물을 얻거나 지켜 내기 위해 다른 사람을 위협하거나 폭력을 휘두른다.

**콘라드 로렌츠(Konrad Lorenz, 1903~1989)**

오스트리아의 동물학자로서, 동물행동학 분야 연구를 선도했다. 오리의 연구를 통해 각인 현상을 이론화하여 동물의 본능론을 체계화하는 공헌을 함으로써 1973년 노벨 생리학상을 수상하였다.

**대뇌 부위의 역할** 고등동물들은 다른 개체가 자신의 생존을 위협하는 상황에 처해서 분노하며, 이를 몸짓이나 표정으로 나타내며, 상대를 공격하거나, 불리하면 도망치는 행위를 보인다. 이런 위협의 지각, 분노의 경험, 공격–도망 행위의 연계고리에는 뇌의 변연계에 위치한 시상하부와 편도핵이 관여되어 있다. 위협에 처한 동물의 시상하부가 활성화되면서 두려움 정서가 유발된다면 도망 행위가 나오고, 분노 정서가 유발된다면 공격(싸움) 행위가 나타난다. 동물실험에서 편도핵이 손상된 동물들은 과도하게 온순한 행동을 보이며, 편도핵을 자극하는 경우에는 위협적인 공격행위가 나타났다. 또한 인간의 대뇌 피질 부위에 있는 배측전대상피질(dACC)은 예기치 못한 도발이나 당황스러움(갑자기 끼어드는 옆차선의 차량, 상대방의 무시행동 등)을 만날 때 활성화된다. 이 부위가 많이 활성화될수록 보복적 공격행위가 심하게 나타난다(Jansen et al., 1995; Kramer, 2007).

**호르몬의 역할** 남성성 호르몬인 테스토스테론의 수준은 공격성과 관련이 깊은 것으로 알려져 있다. 남녀 모두가 이 호르몬을 갖고 있지만 남성에게서 높으며, 이 호르몬의 수준이 높은 소년들은 신체적 · 언어적 공격성이 높으며, 도발을 당했을 때 매우 공격적인 반응을 보인다(Berman et al., 1993). 남성으로 성전환 수술을 받은 사람은 안드로겐 치료를 받으며, 테스토스테론 수준을 높이는 약을 먹는데, 이 치료기간 첫 3개월 동안 이전보다 훨씬 공격적인 행위를 보이는 것으로 나타나며, 반대로 여성으로 성전환 수술을 받은 사람들에서는 반대의 양상이 나타난다(Van Goozen et al., 1995).

## 좌절의 경험

동물은 자신의 생존이 위협을 받거나, 목표달성이 방해를 받거나 좌절할 때 분노하고, 공격적 행위를 보인다. 좌절이란 목표추구 행위가 방해를 받는 경험이다. 자판기에 동전을 넣었는데 제대로 작동하지 않을 때, 멋진 이성에게 접근했는데 퇴짜를 맞은 경우, 열심히 뛰었는데 놓쳐 버린 버스 등의 경우는 모두 좌절이라고 볼 수 있다. 이러한 좌절은 공격적 행위를 촉발하게 된다는 **좌절-공격** 이론이 심리학자들에 의해서 제기되었다(Dollard et al., 1939).

이 이론에 따르면, 사람들은 본능 때문에 공격적 행위를 보이는 것이 아니라 좌절에 의해 야기된 심적 충동을 해소하도록 동기화되었으며, 공격행위는 그 해소책으로 나타난다는 것이다. 이 이론에 따르면, 공격행위는 항상 좌절의 결과이며 좌절은 항상 어떠한 형태이건 공격행위를 유발시킨다. 많은 경우에 공격의 대상은 좌절을 초래한 상대가 되지만 상대에게 공격행위를 취할 수 없는 상황이라면 다른 대상으로 바뀔 수 있다. 이러한 치환은 공격충동을 발산시키며 **정화효과**를 가져온다고 보았다(Marcus-Newhall et al., 2000).

이 이론은 본능론과 달리, 경험적 검증이 가능하다. 많은 연구들에서 좌절이 공격으로 이어짐을 보였지만 어떤 경우에는 좌절에 뒤따르는 반응이 비탄, 도주, 냉담이기도 하다. 마찬가지로, 좌절이 없이도 목적을 추구하는 공격행위가 나타날 수 있다. 이 같은 비판을 수용하면서 Berkowitz(1990)는 좌절이 공격을 유발하는 여러 자극 중의 하나이며, 좌절은 공격행위 외에도 다양한 행위를 유발할 수 있다는 수정론을 제시하였다. 좌절과 같은 부정적 정서가 촉발하는 반응 중에서 공격행위가 우세한 반응이지만, 좌절이 공격을 야기하는 경우는 좌절의 이유가 부당하고, 사회규범을 어긴 것이라고 여겨질 경우임을 보다 구체화함으로써 수정론은 인지과정을 중시하는 특징을 지니게 되었다.

**도발에 접해서** 누군가가 자신을 부당하게 해치려고 하거나 손해를 입히려고 한다면 사람들은 분노한다. 사람들은 자신에게 지향된 행위에 대하여 상대방의 악의적 의도, 못된 성격 등으로 내귀인하는 경향이 많은데다가(3장), 상응의 사회적 규범(6장)을 심하게 위배하는 상대의 도발에 분노하며, 공격적 행위를 보이기 쉽다. 미국에서 160명의 성인을 대상으로 분노를 느끼는 경우를 조사한 연구에 의하면(Averill, 1983), 59%가 상대의 행위가 고의적이고 부당하다고 여겼을 때, 28%가 모면할 수 있었던 사건을 당했을 때로 나타났다. 불가항력적인 상황에서 분노를 경험하는 경우도 있었지만 2%에 불과했다. 분노를 경험했을 때 약 10%의 경우에 신체적인 폭력이 나타나는 것으로 조사되었다. 이는 사람들의 공격적 행동이 분노했을 때 나타나는 기계적인 반응이 아니라 인지적인 상황해석과 자기조절에 의해서 큰 영향을 받기 때문이다.

화가 난 상황에서 사람들은 도덕적 판단이 약해지며, 자기통제력을 잃고 언어 및 신체 폭력을 행사하여, 분노를 표출한다. 한편, 분노를 억압하는 경우에 분노는 가라앉는 것이 아니라 불안이나 우울증세를 야기할 수 있고, 점점 쌓이게 되면 다른 대상을 찾아서 분노를 표출할 가능성이 높다(이나영 외, 2017; 황엘라, 2017; Baumeister, Smart, & Boden, 1996). 분노 억압과 표출은 시차를 두고 나타나는 경우가 많다(김미림, 홍혜영, 2013). 분노를 억압하는 이유는 분노 표출이 상대방과의 관계가 악화되거나, 나쁜 평가 및 외적 제재를 받을 수 있기 때문이다. 그러나 사이버 공간에서는 익명적인 상태라 언어폭력을 손쉽게 나타난다. 국내의 성인남녀를 대상으로 한 조사연구에서 억압된 분노감이 자기조절을 어렵게 하고, 도덕적인 판단을 흐리게 만들어 사이버 폭력행위를 증가시킬 가능성이 나타났다(이란, 이영호, 2023).

**사이버폭력/사이버불링**
사이버 공간을 이용하여 SNS나 이메일 등으로 상대방에게 욕설, 비방, 단톡방에서 따돌림을 하거나, 남에게 알려지는 것을 꺼리는 사진이나 동영상을 유포하는 등 불안과 공포심을 주는 행동들이다.

특별히 화가 나는 사건을 접하지 않아도, 사람들은 기분이 나쁜 상황에서는 공격적 행위를 통해서 기분을 풀어 버리는 것이 좋다고 여기는 경향이 있다. 그러나 공격행위가 기분을 풀지 못한다고 여기는 경우에는 나타나지 않는다. 한 연구는 참여자들을 화나게 하고서 이들이 먹은 약 때문에 자신이 느끼는 분노가 어떤 행동을 해도 한 시간 정도는 없어지지 않는다고 알려 주었다. 이런 상황에서 참여자들은 공격적 행위를 보이지 않았다. 화난 사람들이 다른 사람이나 물건을 대상으로 공격적 행위를 저지르는 것은 그런 행위가 기분을 풀어주는 **정화효과**를 지니고 있다고 믿기 때문이다(Bushman et al., 2001).

**흥분과 폭력** 사회생활 속에서 겪는 좌절, 도발이나 갈등은 사람들을 흥분하게 만든다. 그러나 약물복용, 운동, 무더운 날씨, 듣기 싫은 소음 등도 사람들을 흥

정서 2요인설
사람들이 경험하는 정서는 느끼게 된 신체적 흥분을 상황적 단서에 의해 해석하는 과정을 거쳐 경험하게 된다는 가설로 Schachter (1964)가 제기하였다.

분하게 만든다. 폭력과 무관한 요인들에 의한 흥분도 공격적 행위에 영향을 주는가? 그렇다! Schachter(1964)의 정서 2요인설(3장 참조)을 바탕으로 제기된 흥분전이 가설에 따르면 사람들에게는 여러 가지 요인에 의한 흥분이 누적적으로 작용하여 공격적 행위를 더욱 부추길 수 있다(Zillmann et al., 1974).

예를 들자면, 차를 몰다가 과속으로 경찰에게 걸려 딱지를 떼어 열을 받았다면, 얼마 후에 맞닥뜨린 난폭 운전자에게 평상시보다 격한 반응을 보이기 쉽다. 자신의 흥분이 이전 상황 탓으로 돌려진다면 흥분이 전이되지 않지만, 그렇지 못할 경우에 전이에 의한 공격적 행위가 심화된다. 이를 보여 준 연구에서, 남자 참가자를 도발시킨 후 운동을 짧게(90초간) 시켰다. 한 집단에게는 운동하기 전에 6분간 휴식을 하게 했고, 다른 집단에게는 운동 후에 휴식을 시켰다. 이런 절차 후에 도발한 상대방에게 전기충격을 주는 기회를 주었을 때 전기충격의 강도는 운동을 하고 나서 휴식을 취한 집단에서 더욱 강하게 나타났다(Zillmann et al., 1974). 즉, 운동을 해서 흥분이 가라앉지 않은 상태(휴식을 운동 전에 취했으므로)에서는 흥분을 상대방의 도발보다는 운동 탓으로 귀인시킴으로써 전기충격이 약하게 나타난 것으로 해석된다. 운동뿐만 아니라 흥분시키는 음악, 게임을 하고 나서도 흥분이 완전히 가라앉지 않았을 경우에 흥분전이 효과가 나타난다. 즉, 흥분전이에 의한 공격은 흥분의 원인이 불분명한 경우에 나타나기 쉽다(Tannenbaum & Zillmann, 1975). 자신이 흥분한 이유가 누구의 도발이나 모욕에 의함이 아니라는 것이 명백하면 공격행위는 나타나지 않는다.

**섹스와 폭력** 일반적인 성적 자극은 사람을 약간 흥분시키고, 기분을 즐겁게 해 주므로, 공격성을 낮추는 효과를 가져온다. 그러나 강한 성적 자극은 강한 흥분을 야기하며, 혐오감과 같은 불쾌한 정서를 야기하여 공격성을 높이는 것이다. 이러한 설명은 질투가 빚어낸 살인, 폭력의 파괴성을 이해하는 데 단서를 줄 수 있다. 강한 성적 자극을 주는 음란물에 과다하게 노출되면, 모방효과와 더불어 성폭력이 증가하는 것으로 널리 알려지고 있다(Malamuth et al., 2000; 곁글 7-2).

**곁글 7-2** 지역사회에 미치는 음란물(포르노) 산업의 영향

많은 오락물이 성과 폭력을 소재로 하고 있다. 2009년 조사에 따르면 모든 누리집의 12%에 해당하는 420만 개가 음란물 관련 누리집이다. 인터넷 성인물의 미국 내 매출액이 2006년에 25억 달러에 달했다(Ferguson & Hatley, 2009에서 인용). 성인물 오락시장이 인터넷 상거래의 3위 시장을 형성하고 있다. 음란물 산업은 반사회적인 사업가들에 의해서만 영위되는 것이 아니라 유명한 기업들도 직간접으로 관여하여, 그 산업의 팽창에서 엄청난 이익을 취하고 있다. 유튜브 등의 매체로 개인이 직접 성인물을 생산하고 유통하는 것이 가능해지면서 성인물 산업은 더욱 번창하고 있다. 이런 성인물 산업이 현실사회에 미치는 영향에 대해서는 논란이 많은 상황이다.

미국에서 음란물의 영향에 대한 정부 차원의 대규모적인 연구가 1986년 이루어졌다. 레이건 대통령 당시에 '검찰총장음란물위원회'의 연구는 음란물이 분명히 나쁜 영향을 미친다고 하였다. 그럼에도 불구하고 1997년 미국 대법원은 '**품위 있는 통신규약**(Communication Decency Act)'에 따라, 인터넷 공간에서 음란물의 유통을 제약하는 것을 위헌이라 결정하여, 음란물 범람을 막지 못했다. 물론 이 결정은 음란물의 악영향을 부인한 것이 아니라, 그러한 금지조치가 국민의 기본권인 표현의 자유를 억압하는 효과를 가져올 것을 우려하여, 음란물의 소비를 성인들의 판단에 맡기자는 것이다. 21세기의 음란물 산업은 사이버 공간의 활용으로 커다란 산업으로 발전하였고, 디지털 매체를 이용한 성착취와 성폭력이라는 새로운 유형의 성범죄를 사회문제로 배태시켰다.

## 외부적 요인

**기온과 공격** 무덥고 짜증스러운 여름에 범죄가 증가한다는 말이 있다. 이를 점검한 일련의 실험은 기온과 공격행위의 강도는 정적인 단순 상관이 아니라 종 모양(∩)의 곡선적 관계임을 보이고 있다(Baron & Bell, 1975).

Anderson 등(1997)은 미국의 50개 도시에서 45년간(1950~1995)의 연평균 기온 자료를 구하고, 폭행을 수반한 범죄(강도, 살인 등), 강간, 절도의 발생 건수와의 관계를 검토하였다. 기온이 올라간 해에 강도 살인은 증가하였으나, 강간, 절도는 변화가 없었다. 더운 여름은 시원한 여름보다 강도 살인의 증가를 보여 주었다. 한 도시에서 2년간의 범죄빈도와 온도를 분석한 결과, 낮기온이 올라가면서 폭행이 증가하지만 정점을 지나치게 되면 폭행 건수가 떨어지는 곡선형의 관계를 보였다(Rotton & Cohn, 2000; [그림 7-2]). 미국 LA 지역에서 범죄율을 분석한 결과, 섭씨 29도가 넘는 날에는 폭력범죄가 5.7% 증가하는 것으로 나타났다. 특히 소득

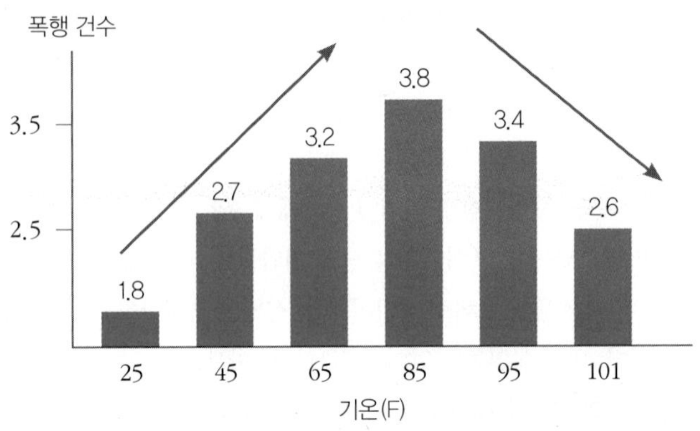


**[그림 7-2] 기온의 변화와 폭행의 발생 관계**

출처: Rotton & Cohn (2000).

이 낮은 지역에서 뚜렷하게 나타났다(Heilmann et al., 2021).

기온의 상대적인 변화가 문제이지, 절대적인 기온이 문제가 되는 것은 아니다. 즉, 더운 지방에서 사는 사람들에게서 폭행사범이 많이 나타난다는 증거는 없다. 한편, 이러한 연구 결과는 지구온난화가 사람들을 더욱 폭력적으로 만들 소지가 있음을 시사하기도 한다. 높은 기온뿐만 아니라 추운 기온도 불편한 정서를 야기하며, 사람들을 폭력적으로 만들 수 있다(Anderson et al., 1997). 그러나 사람들은 자신이 환경의 영향을 받고 있는 것을 인식하고 있으면 그 영향력에서 벗어나는 인지적 통제력을 행사할 수 있다. 즉, 더위 때문에 짜증이 나고 있음을 깨닫는다면, 그 짜증이 일을 그르치지 않도록 주의를 기울인다.

**술과 폭력** 술은 중추신경을 이완시키는 작용을 하기 때문에, 충동을 제어하는 이성적 사고를 마비시켜 규제에서 풀린 행동을 초래할 수 있다. 70%의 자살, 65%의 폭행, 50%의 총기 살상사건이 술을 마신 후나 마시는 중에 저질러졌다(Moyer, 1976). 그러나 공격성에 미치는 음주의 효과는 간단하지 않다. 적은 양을 마셨을 때는 상대방의 반응에 민감해져서 상대가 보이는 고통을 접해서 전기충격의 강도를 낮추는 반면, 많은 양을 마셨을 때는 상대방의 고통에 별로 반응을 보이지 않는다(Schumutte & Taylor, 1980). 술의 종류도 차이를 보이는데 보드카는 위스키보다 더 공격성을 부추기는 것으로 나타났다. 이 같은 차이는 술의 종류에 따라 술 취한 행위에 대한 기대감에 차이가 있기 때문일 것이다. 술을 마신 경우는 자제력이 느슨해지고 난폭해질 수 있다는 사람들의 기대감은 술이 들었다고 생각되는 위약(placebo)을 먹은 사람들이 상대방에게 더 심한 전기충격을 준 실험결과에

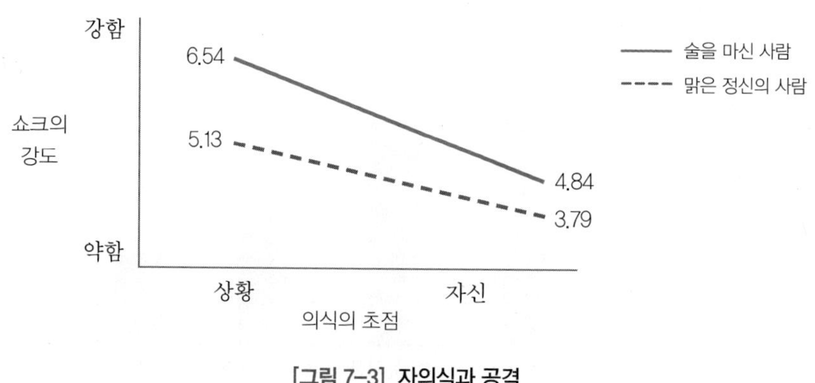


**[그림 7-3] 자의식과 공격**

서도 잘 나타나고 있다(Pihl et al., 1981).

음주효과에 대한 심리학적 설명으로 흥미로운 것은 자의식 이론에 바탕을 둔 것이다(2장 참조). 음주를 하면 사람들의 의식의 초점은 자신의 내부에서 멀어지며 외부상황에 맞추어지게 된다. 따라서 그의 행위에 미치는 내적 규범과 기준의 영향력이 느슨해진다. 한 연구(Bailey et al., 1983)에서 학생들을 두 집단으로 나누어, 한 집단은 음주를 하게 하고 다른 집단은 맑은 정신으로 실험에 참가하게 하였다. 각 집단을 둘로 나누어 한 집단에게는 이름을 묻고, 그들의 과제수행을 영상 촬영한다고 이야기하고 거울 앞에서 과제를 수행하게 하였다. 이러한 절차는 의식의 초점을 자신의 내부에 맞추도록 위함이었다. 나머지 반에게는 이름도 묻지 않고 거울이나 영상카메라도 비치하지 않았다. 상대에게 전기충격을 주게 했을 때 음주를 했건 안 했건 의식이 자신에게 쏠려 있을 때는 그렇지 않을 때보다 낮은 쇼크를 주었다([그림 7-3]). 이 결과는 사람들이 음주를 하더라도 다른 사람들의 행위에 적절히 반응할 수 있으며, 적절한 사회규범이나 내적 기준에 맞추어 행위를 보일 수 있음을 시사한다. 그런데 많은 술자리에서 사람들의 의식은 주위에 쏠려 있거나, 다중 속에서 익명성을 느끼는 경우가 많아 자신의 내부 기준보다는 상황의 분위기에 휩싸여 행동하기 쉽다.

## 매체의 요인

**폭력물 매체의 시청** 영화, TV, 인터넷, 온라인 게임 등은 현대인의 중요한 소일거리이자 사회화를 담당하는 중요한 매체가 되었다. 미국의 아동은 매주 28시간을 TV 시청으로 보내고 있으며, 아동들이 좋아하는 프로에서도 시간당 20건의 폭력행위가 나타나고 있다(Beresin, 2009). 국내의 조사에서도 2006년 1년간 주

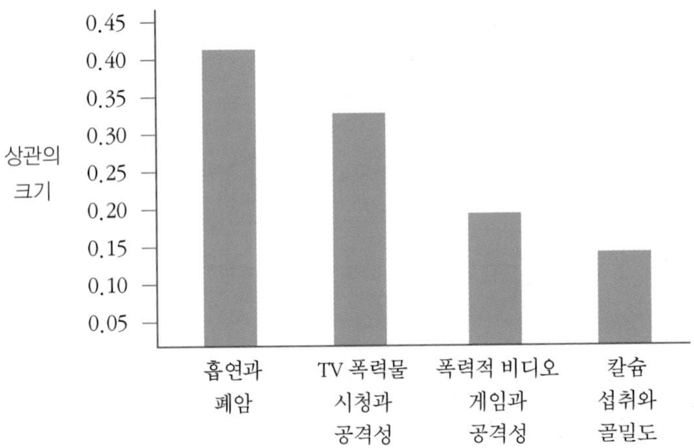


[그림 7-4] TV 폭력물이 공격성에 미치는 효과 크기의 상대적 비교

출처: Bushman & Anderson (2001).

시청 시간에 방영된 방송 4사의 프로그램에서 시간당 3.8건의 물리적 폭력이 방영되는 것으로 나타났다(민영 외, 2008). TV에 나타나는 폭력은 다양하며 매우 자극적이고 너무 빈번하여 현실과는 거리가 멀지만, 많은 폭행 및 살인 사건들의 범행자들이 이 폭력물의 영향을 받은 것으로 보인다. 그럼에도 그 영향력이 과연 얼마나 크겠느냐면서 그 심각성을 무시하는 사람들이 많다. 한 연구(Bushman & Anderson, 2001)는 그 영향력의 크기를 사람들에게 잘 알려진 다른 영향력과 비교하여 제시하였다. [그림 7-4]에서 보듯이 TV 시청 효과는 흡연이 폐암을 유발하는 가능성보다는 작지만, 칼슘제 섭취가 골밀도에 미치는 영향력의 두 배가 넘는다.

매체의 폭력성이 사회의 폭력에 영향을 주는지 여부를 밝히는 것이 매체의 제작 및 영상물 관련 정책의 수립과 조정에 큰 의미를 부여하기 때문에 많은 연구자들의 관심거리가 되었다(곁글 7-3). 최근에 매체의 폭력성 효과가 지나치게 부풀려졌다는 반론도 만만치 않게 제기되고 있지만(Ferguson & Dyck, 2012), 폭력물 내용에 많이 노출되면 개인의 폭력성이 증가한다는 결론이 수용되고 있다(Anderson, 1997; Berkowitz, 1993 외). 많은 실험들이 폭력적인 영화, 장면을 접한 조건에서 사람들이 상대방 혹은 제3자에 대한 적대적 행위를 할 기회가 주어졌을 때(전기충격을 주는 등), 그 행위 강도가 높아지는 현상을 보여 주었다. 이는 특히 사람들이 좌절을 당하였거나 도발되었을 경우에 강하게 나타났다. 실험연구의 소재들이 인위적이고, 자연스러운 상황이 아니며, 적대적 행위도 현실에서의 그것과는 차이가 크다는 점에서 실험연구의 결과를 사회현장에 그대로 적용할 수는 없지만, 연구의 시사점들을 무시해서는 안 될 것이다.

**곁글 7-3** 폭력영화의 경제학

미국 영화의 장르에 대한 변화를 분석한 조사(Lu et al., 2005)에 따르면 1967년 이후 약 40년 동안 폭력물 장르(액션, 모험, 공상과학, 공포)의 영화가 흥행 상위 20위 안에 드는 비율이 현저하게 증가한 반면, 비폭력 장르(애정, 음악, 다큐 등)의 영화는 줄어든 것으로 나타났다. 특히 컴퓨터 그래픽(CG) 등 현대 기술을 활용하는 영화들이 많이 증가하였고, 다른 영화들은 뚜렷이 감소하였다. CG 기술의 발달로 이를 활용한 폭력영화의 제작비가 떨어지고, 관객을 모으면서 전반적으로 폭력영화가 더 많이 만들어지는 양상이 초래되었다. 폭력물은 좋은 대본이 불필요한 '말은 적고 강한 남성 호르몬' 탓에 문화의 장벽을 쉽게 넘을 수 있어 외국 수출도 잘 되며, 편당 제작단가가 더 싸고, 흥행성적의 예측력도 비폭력물에 비해서 좋으므로 투자자들로부터 제작에 필요한 돈을 끌어오기도 쉽다.

아동에게 미치는 폭력영화의 영향력은 아동 가정의 사회경제적 지위와도 관련이 있다. 이 지위가 낮은 가정에서는 그 가정이 위치한 지역사회의 폭력성이 상대적으로 높기 때문에, 아동은 미디어에서 접하는 폭력뿐만 아니라 실제로도 다양한 폭력에 만성적으로 노출되기가 쉽다. 어려운 문제상황에서 폭력적인 문제해결이 필요하다고 여기는 아동의 비율은 지역사회의 폭력성이 높은 지역에서 51%, 폭력성이 낮은 지역 아동의 37%로 나타났다(UNESCO, 1998). 따라서 이들은 폭력영화의 영향에 특히 취약한 집단이라 보겠다.

1999년 초 미국 대법원은 영화 〈내추럴 본 킬러〉의 올리버 스톤 감독과 제작사에 대해 "폭력범죄를 부추겼으므로 책임지고 피해자에게 보상하라."고 판결함으로써(동아일보, 1999. 5. 16.), 폭력물 영화의 제작에 일말의 책임을 묻고 있으나 별로 효과가 있는 것 같지는 않다.

**현장연구** 사회현장에서 이루어진 연구들도 폭력물 시청 효과에 대한 앞의 결론을 뒷받침하고 있다. 1970년대 중반에 500여 명의 초등학교 저학년 아동들의 폭력물 TV 시청 양상과 행동 특징을 파악하고, 15년이 지나 성인 초기에 이들의 행동 양상과 비교한 연구가 결정적인 증거를 보이고 있다(Huesmann et al., 2003). 이 연구에서는 시청과 행동 양상을 파악하기 위하여 자기보고식 응답은 물론, 주위 사람들과의 면담을 통해서 참여자의 행동 양상을 파악하였고, 성인이 될 때까지 전과를 범한 기록도 파악하여, 직간접적 공격행동 양상을 종합적으로 파악하였다. [그림 7-5a]에서 보듯이 어렸을 때 폭력물 시청 정도에 따라 세 부류(상위 20%, 중간 60%, 하위 20%)로 구분하였을 때 시청 정도가 높을수록 성인이 되어서 폭력적 행동을 보이는 양상이 높은 것을 남녀 모두에서 볼 수 있다. 이런 양상은 아동이 폭력물 TV의 주인공을 따라 하는 경향이 높을 경우에 더욱 증폭되어 나타났다([그림 7-5b]). 이 양상은 어렸을 때의 공격적 양상과는 무관하게 나타났기 때문에 인과관계의 방향성이 '시청행위 → 폭력성향 증가'임을 보인다(Huesmann & Eron, 1984). 700여 가족을 대상으로 이루어진 또 다른 종단 연구도 유사한 양상을

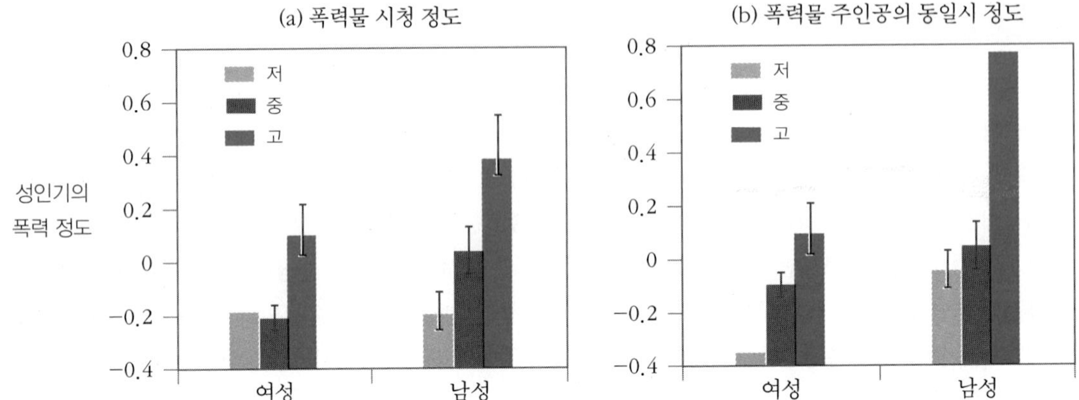


**[그림 7-5] 성인기 폭력에 미치는 아동기의 폭력물 시청 효과: 단순 시청의 양(a)과 폭력물의 주인공을 동일시하는 정도(b)**
출처: Huesmann et al. (2003).

보여 주며, 더욱이 거주지역의 폭력성, 가족의 소득, 정신질환의 여부를 통제한 상태에서도 이런 시청 효과가 나타났다(Johnson et al., 2002).

왜 이 같은 인과적 양상이 나타나는가? 첫째로, 직접적인 모방행위가 나타난다. 아동들이 방금 본 영화에서 주인공이 보인 '멋진' 활약상을 모방하는 것은 전혀 놀라운 일이 아니다. 1999년에 미국 콜로라도의 컬롬바인 고등학교에서 13명을 총기난사로 살해한 두 학생은 폭력물 〈내추럴 본 킬러〉를 스무 번이나 보았다고 하며, 1994년에 국내에서 있었던 지존파 사건의 범인들은 홍콩영화 〈지존무상〉의 주인공을 흠모하였다고 한다. 유네스코의 조사에서 88%의 아동이 영화 〈터미네이터〉의 주인공을 알고 있으며, 26%의 아동은 그를 영웅처럼 닮고 싶어 하는 것으로 나타났다. 영화의 주인공을 흠모하는 경우에 그들이 저지른 행위를 모방하는 행위가 쉽게 나타난다([그림 7-5b]).

둘째로, 폭력물 노출에 의한 정서적 둔감화가 나타난다. 반복적으로 장기간 노출되는 경우에 시청자들이 폭력 장면에 점점 둔감해지므로, 폭력의 수용도가 높아진다. 폭력 영화에 나오는 수많은 살상 장면들이 매우 처참하더라도 자주 접하게 되면 둔감해진다. 폭력적인 비디오 게임을 20분간 한 남녀 대학생이 게임 후에 사실적 폭력물 영상을 보면서, 비폭력적 게임을 한 사람에 비해서 훨씬 안정된 생리적 반응을 보이는 둔감화 현상이 확인되었다(Carnagey et al., 2017). 국내에서 폭력적 공포영화 3개(〈13일의 금요일〉 〈스크림〉 등)를 보여 주면서 영화의 폭력성에 대한 평가를 하였을 때 공격 성향이 높은 사람이나 낮은 사람이나 폭력에 대한 둔감화가 진행되는데, 특히 공격성향이 높은 사람들에게서 그 진행이 빠른 것으로

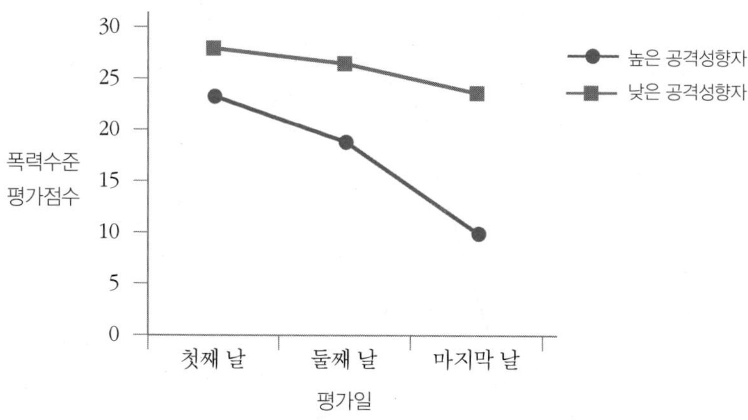


**[그림 7-6] 폭력수준 평가에 있어서 공격 특성과 평가일의 상호작용 효과**

출처: 최광선, 정명선(1999).

나타났으며, 이들은 마지막 날에는 영화 시청이 아무런 불편한 정서를 유발시키지 않는 것으로 나타났다(최광선, 정명선, 1999; [그림 7-6]).

셋째로, 폭력물을 자주 시청하는 것은 공격행위뿐만 아니라 폭력에 대한 태도를 변하게 한다. 많은 오락 영화에서 폭력은 갈등이나 문제점을 해결하는 좋은 수단으로 쓰이고 있다. 폭력이 난무하는 것을 자주 접하는 것은 실제 상황에서 문제가 발생하였을 때 폭력을 손쉬운 해결수단으로 생각하게 만들며, 스스로가 폭력의 희생자가 될 가능성을 높게 여기며, 타인들이 폭력적이라고 여기게 만든다. 따라서 스스로의 폭력적인 조치가 적절하다고 생각하게 된다. 독일에서 3년간에 걸쳐 행해진 연구에서 폭력적인 프로그램을 즐기는 아동들의 경우에 남녀 모두 폭력적인 복수를 보다 긍정적으로 여기는 것으로 나타났다(Hewstone et al., 1988, p. 274에서 인용).

**폭력적 PC/비디오 게임** 국내외의 근친관계에서 발생한 끔찍한 살인사건을 저지른 사람들이 공통적으로 폭력적인 비디오 게임이나 인터넷 게임에 몰두했었다고 보도되고 있다. 과연 이런 게임에 몰입하는 것이 폭력을 부추기는 영향이 있을까?

게임은 TV 시청과 달리 쌍방향적이어서 재미를 찾는 청소년들에게 큰 인기를 끌고 매우 몰입적이지만 TV 폭력물이 묘사하는 현실(CSI 범죄 드라마 등)과의 유사성을 갖지는 않는다. 비디오 게임의 영향에 대하여 관심 있는 연구자들의 주장은 엇갈린다. 한 실험연구는 일곱 살 정도의 남아 60명을 나누어 한 집단에게는

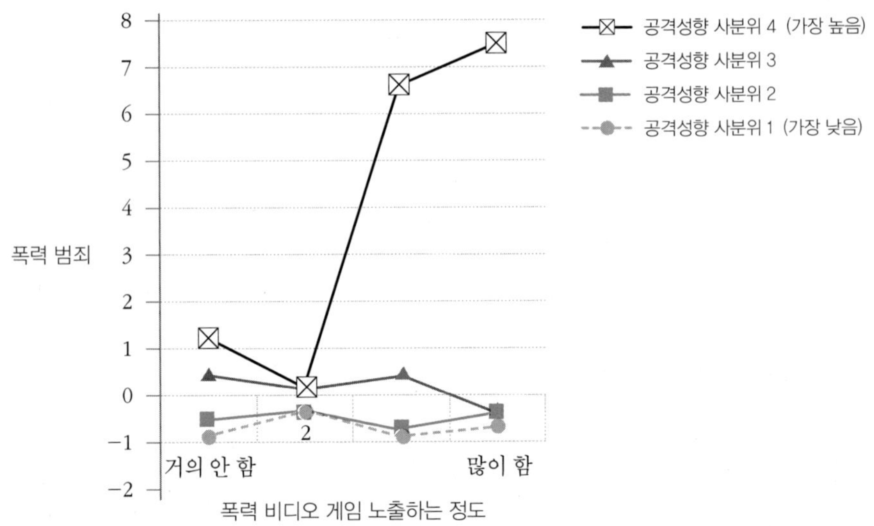


**[그림 7-7] 공격성향과 비디오 게임 노출의 상호작용 관계**

출처: Ferguson et al. (2008).

폭력비디오 게임을, 다른 집단에게는 오토바이 질주 비디오 게임을 하도록 한 후에 놀이방에서 다양한 장난감과 다른 아동을 대하면서 보이는 행동을 관찰하였다(Irwin & Gross, 1995). 폭력적 비디오 게임을 한 아동들이 장난감을 거칠게 다루고 다른 아동에게 거친 언행을 보이는 것으로 나타나, 비디오 게임의 영향을 볼 수 있었다. 그러나 대학생을 대상으로 유사한 절차의 연구를 수행한 결과는 폭력적 게임의 효과가 나타나지 않았다(Ferguson et al., 2008, 연구 1). 또 다른 연구는 미국의 플로리다 대학생 400여 명의 조사를 통해서 폭력적 비디오 게임은 공격성향이 높은 사람들에게서만 지난 1년간의 범죄적 공격행위에 영향을 미치는 것으로 나타났다([그림 7-7]). 아울러, 범죄적 공격행위의 가정폭력의 경험 또는 체벌을 사용한 훈육의 경험이 많을수록 영향이 더 큰 것으로 나타났다(Ferguson et al., 2008, 연구 2). 국내에서도 유사한 연구가 행해졌다. 충남지역의 중학생과 대학생 두 집단을 대상으로 평소에 폭력적 PC 게임을 하는 정도와 이들의 공격행위와의 관계성을 파악한 결과, 공격성향이 낮은 사람들에게는 영향이 없었으나, 공격성향이 높은 중학생들 중에서 폭력 게임을 하는 것은 공격행위를 증가시키는 것으로 나타났다(김지환, 2005). 이런 연구들은 연령대가 낮은 폭력적 성향의 아동에게서 폭력 게임이 공격성을 높일 수 있음을 시사한다.

**인과성이 아닌 매개 과정** 지금까지 보았듯이 폭력물 시청이나 게임이 지닌 인과적 영향력을 확인할 수 있다는 주장들이 여럿 제기되었다(Anderson & Bushman, 2002). 그러나 많은 관련 연구들을 통합분석한 결과, 폭력적 게임과 공격행위의 상관이 높지 않으며(r=.15), 심각한 유형의 공격행위와는 거의 관계가 없는 것으로 나타나고 있다(Anderson et al., 2010; Ferguson & Kilburn, 2009). 사회생활의 폭력과 폭력적 게임의 연결 과정에는 연령, 소득계층, 학력 등등의 다양한 변인들이 작용하기 때문이기도 하다.

더욱이 생활폭력에 미치는 폭력 비디오 게임의 영향을「자극-반응」식의 직접적 인과관계로 보기 어렵다는 점도 주목할 필요가 있다.「자극-반응」으로 파악될 수 있는 동물의 행동과 달리, 고도의 뇌를 지닌 인간은 다양한 상징과 의미체계에 노출되고 의미에 의해서 촉발되고 연결되는 생각들을 하면서 살아간다. 이 점에서 폭력적 게임이 직접적으로 공격성을 강화시킨다기보다는 폭력행위와 생각을 쉽게 촉발시키는 매개과정의 작용 여부가 중요한 영향을 미친다(Hasan et al. 2012; Valsiner, 2001; 곁글 7-4).

이 점에서 국내의 청소년들에게 큰 인기를 끌고 있는 〈리니지〉나 〈스타크래프트〉 게임같이 수많은 사람들이 온라인으로 연결되어 전략을 구사하며 가상현실을 구성하고 있는 온라인 게임의 경우에는 훨씬 더 복잡한 요소를 지니고 있기에 그 게임에의 몰입이 공격성에 직접적인 영향을 가져오는지를 단적으로 말할 수는 없다. 이를테면, 한 조사연구는 온라인 게임을 하는 고등학생들이 도전과 성취동기를 갖고 〈리니지〉 게임을 하는 경우에는 공격성의 증가가 나타나지 않지만, 공격욕구 해소를 위해 게임을 하는 경우에는 공격성도 높아지고, 중독성도 높아지는 현상을 보이고 있다(주지혁, 조영기, 2007).

**곁글 7-4** 비디오 게임과 기호적 매개 과정의 미세생성 분석

적과 대치한 군인의 손에 총이 쥐어졌다고 상대방에게 방아쇠를 당기는가? 제1차 세계대전 당시 독일, 프랑스, 영국 등의 군대가 대치하여 참호전을 벌이던 때 크리스마스를 맞아서 전투를 멈춘 실화를 배경으로 다룬 영화 〈메리 크리스마스〉는 이 질문에 대한 답을 복잡하게 만들면서 인간이 동물과 다른 점을 부각시킨다. 크리스마스 캐럴이라는 평화의 상징(기호)이 전장에 등장하면서 잠시나마 무기라는 살생도구를 무력화시키는 양상이 벌어졌다.

기호의 매개 과정을 실험실에서 분석하고자 한 연구를 보자(Capezza, 2003), 미국과 에스토니아 대학생을 대상으로 장난감 비비건을 주고 표적으로 다양한 형태의 오리(사진)와 사람을 하나씩 제시하면서 쏠까/말까를 결정하게 하였다. 이때 표적을 보고서 사격 결정까지의 떠오르는 생각을 말하도록 하여 이를 분석하였다. 결과

는 양국 모두에서 표적이 어떤 기호적 작용을 했느냐에 따라 사격 여부가 결정됨을 보였다. 게임의 오리를 접하여 게임을 해 보았거나 봤던 적이 있는 사람들은 표적을 쏘았으나, 동상을 보고 예술작품을 연상하게 되거나, 연못의 오리 사진을 보고서 실제 오리를 연상하게 된 사람들은 대부분 방아쇠를 당기지 않았다. 미국 참가자들의 73%가 오리사냥 PC 게임을 했던 경험이 있었지만, 표적에 대한 방아쇠 당김은 자동적인 반응이 아니라 각 표적이 기호로서 매개한 문화체계(게임, 예술, 자연 등)가 허용하는 활동에 의해서 결정되었다. 총기와 살상에 친숙한 이스라엘에서 일반인들이 총기에 의해 사망하는 경우는 드물다. 그 이유는 기호적 매개에 의해 규제되는 사회 문화적 체제가 강력하게 작용하기 때문이다(한규석, 2007; Han, 2008).

영화 〈메리 크리스마스〉 포스터

오리사냥 게임의 오리

연못의 오리

오리 동상

**Capezza의 연구에서 제시된 오리 표적 사진들**

## 성폭력

한국 사회에서 강력범죄의 발생 건수는 대부분 줄어드는 추세이지만 성폭력만은 계속 증가세다. 대검찰청(2010, 2022)의 범죄분석 보고서는 성폭력이 2000년 10,000여 건에서 2012년 23,000여 건, 2021년 33,000건으로 지속적인 증가세를 보인다(https://www.spo.go.kr/site/spo/crimeAnalysis.do#n). 2019년 여성가족부의 집계에 따르면 평생 성폭력 피해를 경험한 여성이 38.6%로 열 명 중 네 명꼴이다.

인구 10만 명당 63.7건의 성범죄가 발생하여 OECD 국가 중에서도 성폭력 발생이 최상위권이다. 최근의 증가는 강간 같은 성폭행보다는 성추행, 사진이나 영상의 불법촬영 및 배포, 통신매체를 이용한 성범죄가 많이 증가한 데 기인한다. 성폭력의 발생 원인과 영향 요인에 대한 폭넓은 연구와 이해가 필요한 시점이다.

웹하드 카르텔을 통해 4년간 400만 건의 음란물 유통을 주도하고 350억 원 이상을 벌어들인 혐의로 기소된 양진호 재판일에 시민들이 시위를 하고 있다. 그는 2023년 1심에서 5년 형을 선고받았으나 수익을 추징 당하지는 않았다.

**음란물 시청** 인터넷은 음란물(포르노)의 바다이기도 하다. 이들은 도색잡지나 영화에서 접하는 성인물과 다르다. 수만 개의 음란물 누리집이 있고 매일 새로운 것들이 나타나며, 무차별적으로 사람들을 유혹한다. 특히 성에 대한 호기심이 왕성한 청소년들에게 얼마든지 음란물을 접할 수 있기에 음란물의 시청이 인성 및 성폭력에 미치는 영향에 대한 관심이 커지고 있다. 자신이 남에게 노출되지 않는 익명 상태에서 손가락만 움직여서 이들을 볼 수 있어서 쉽게 빠져나오기가 어렵다. 전국의 남녀 대학생을 대상으로 6천 명의 대표적인 표본을 조사한 연구는 사이버섹스 중독 증세를 보이는 사람의 비율이 9.3%로 대학생 열 명에 한 사람 꼴임을 보이고 있다(박효정, 강숙정, 2013).

**사이버섹스**
사이버섹스란 사이버공간을 이용해서 성적만족감을 추구하는 행위이다. 중독증세를 보이는 사람들은 사이버섹스에 많은 시간을 보내고, 이에 대하여 수치심을 느끼지 않고, 사이버 섹스로 일상생활에 변화가 있고, 인터넷을 할 때 음란물을 보려는 충동을 느끼며, 이런 것들을 남에게 숨기는 행동을 습관적으로 보인다(Young, 2002).

많은 음란물이 매우 성폭력적인 내용들이므로 이들을 자주 보는 사람들에게 현실에서의 성폭력 행위에 둔감하게 만든다. 성폭력 행위를 수용할 수 있는 것으로 여기므로, 이들은 실제로 성폭력을 보일 가능성이 높은 것으로 나타났다(Malamuth, 2018; Palermo et al., 2019). 음란물을 자주 접하는 청소년들은 아직 사리판단에 미숙하므로 영상에서 나타나는 남성지배적 세상이 마치 현실세계인 것으로 여기고, 그에 따라 행동하려는 양상을 보인다. 폭력적 음란물을 자주 보는 청소년들은 그렇지 않은 청소년보다 사귀는 여성에게 폭력적 성행위를 보일 가능성이 3배가 높은 것으로 조사되었다(Rostad et al., 2019). 음란물 시청이 공격성에 미치는 효과에 대한 많은 연구들을 통합분석한 결과는 그 효과가 크지는 않지만 뚜렷이 나타나고 있음을 보이고 있다(Guggisberg, 2020).

국내의 연구들도 이를 보여 준다. 청소년들이 인터넷 음란물에 접촉할 경우 공격성을 높이며, 성폭력을 범할 가능성이 높아지며(이진석 외, 2018), 특히 폭력적인 인터넷 음란물에 접촉할 경우 성폭력의 가능성이 더욱 증가하고 있는 것으로 나타났다(이성식, 2003). 일반 청소년과 시설수용 청소년들을 대상으로 한 연구는 음란물 접촉이 성매매 및 성추행과 성폭력 가해경험과 연결됨을 보인다. 이런 양상은 남녀 공통이나, 남자 청소년과 시설 청소년에게서 더 뚜렷이 나타났다(홍봉선, 남미애, 2012).

**강간통념** 대부분의 음란물은 여성을 비인간화하고, 성적인 지배 대상으로 제시하며, 그릇된 성지식을 조장하며, 폭력적이기도 한 남성상을 그럴듯한 모습으로 제시한다. 따라서 이를 습관적으로 탐닉하는 사람들에게 왜곡된 성의식과 강간통념을 자연스러운 것으로 여기게 만들고, 왜곡된 남성상을 내재화하게 만든다(이건호, 강혜자, 2005; Allen et al., 1995). 강간통념은 사람들이 지니고 있는 강간 및 성폭력에 대한 편견이나 잘못된 신념으로 성폭력을 부분적으로나마 정당화시키는 논리를 제공한다. 강간통념이 강한 사람들은 강간의 책임이 가해자에게만 있는 것이 아니라 피해자에게도 있다고 여기며, 피해자를 비하하는 양상을 보인다. 국내외의 여러 연구들은 강간통념이 강한 사람들이 성폭행을 저지를 가능성이 높은 양상을 보여 주고 있으며(이석재, 최상진, 2001), 성범죄자의 경우에 강간통념이 일반인에 비해 매우 강한 것으로 나타났다(유재두, 송병호, 2009). 인터넷 음란물을

### 나 알기 1: 강간통념 척도

다음의 각 진술문에 반대 혹은 찬성하는 정도에 따라 1(아주 반대)~9(아주 찬성)의 숫자를 적어 보시오.

1. 여자가 친근감이 있게 남자를 대하는 것은 성적 접촉을 허용한다는 것이다.
2. 여자가 키스나 애무를 허용하는 것은 성관계를 허용한다는 뜻이다.
3. 여자가 처음 보는 남자의 차를 얻어 타고 강간을 당했다면 그녀는 당할 만하다.
4. 여자가 노브라, 짧은 치마, 꼭 끼는 상의를 입는 것은 성피해를 자초하는 것이다.
5. 강간을 당하는 여자는 이전에 학대받은 경험이 있다.
6. 성욕이 왕성한 여자들이 대개 강간을 당한다.
7. 대부분의 강간 피해자는 평소 성관계가 난잡하거나 평판도 좋지 않다.
8. 어떤 여자들은 성폭행 당하는 것을 즐긴다.
9. 강간을 당한 많은 여성은 상대에 대한 분노와 복수심에 거짓말을 한다.
10. 여자는 강간을 당하고 싶은 무의식이 있고, 무의식적으로 그런 상황을 조성한다.

1~5 피해자 탓, 6~8 피해자의 성경험, 9~10 강간의 허위조작 요인. 이들 합산 점수가 50을 넘는다면 성에 대한 신념이 왜곡되어 있을 가능성이 큼.

이들 문항은 이석재와 최상진(2001)의 강간통념 척도에서 일부를 가져온 것임.

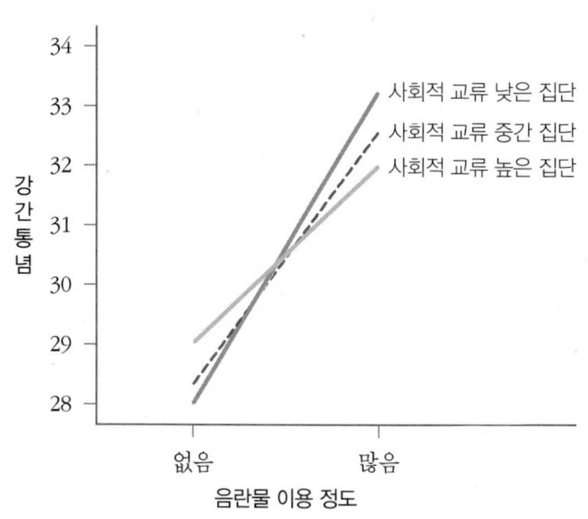


[그림 7-8a] 성인 남성의 음란물 이용과 강간통념의 관계에서 사회적 교류의 조절효과

출처: 김재엽 외(2015).

자기통제력 저 고
1.60
1.50
1.40
1.30
1.20
1.10
1.00
성폭력
적음
많음
인터넷 음란물 이용

[그림 7-8b] 인터넷 음란물 시청 정도와 성폭력 가해행동에서 자기통제력의 조절효과

출처: 이충환, 신준섭(2017).

많이 접하는 청소년의 경우에 강간통념 수용도가 높은 것으로 나타났다(고재홍, 지영단, 2002).

전국의 성인 남성 600여 명을 대상으로 한 조사에서, 평생 살면서 성폭력이나 추행(상대의 몸에 밀착하거나, 성희롱이나, 음란전화나 메일을 발송하는 경험)을 저지른 사람이 8.4%로 나타나고 있으며, 강간통념 점수도 높은 것으로 나타났다(김재엽 외, 2011). 음란물을 시청하는 정도가 높은 경우에 강간통념이 높아지면서 성폭력 가해경험이 높아지기도 하지만, 음란물시청 자체로도 성폭력 가해 가능성을 높이는 효과가 있는 것으로 분석되었다. 음란물의 시청이 강간통념에 미치는 효과는 친구 및 가족, 동료들과의 교류가 적은 사람들에게서 특히 강하게 나타나지만, 이런 교류가 활발한 경우에도 무시할 수 없는 영향을 미치는 것으로 보인다(김재엽 외, 2015; [그림 7-8a]). 아울러, 자기통제력도 중요함을 알 수 있다. 자기통제력이 높은 경우에 음란물 시청의 정도가 미치는 영향은 덜 나타난다(이충환, 신준섭, 2017; [그림 7-8b]).

**성폭력의 이유** 대도시의 남녀 고등학생을 대상으로 조사한 연구는 성폭력의 원인으로 남녀 모두 억제할 수 없게 된 남성의 성충동을 우선 들며, 다음 원인으로 여학생의 15%가 '남성의 의도적 계획'을, 남학생의 23%가 '여성의 심한 노출, 자극적 행동'을 대고 있어 남녀 차이를 보이고 있다(김성미, 박미라, 2014). 이 조사에서

기독교복음선교회(JMS)의 정명석 총재는 수많은 여신도들을 추행하고 성폭행한 혐의로 형을 살았으나 다시 성폭행으로 세간의 비난을 받고 있다.

성폭력에 대하여 남자는 가해자를 경찰에 신고한다는 적극적인 대처 의도를 보이지만, 여학생들은 부모와 상의하는 소극적인 대처를 선호하는 것으로 나타나, 성폭력 피해가 알려지면서 초래되는 2차 피해에 대한 두려움이 여학생에게서 높음을 보이고 있다.

사람들은 성폭행을 남성성이 강한 사람들이 성 충동을 처리하기 위해 강압적으로 저지르는 것이라고 여긴다. 그러나 연구들은 단순한 성욕이 아니라 상대에 대한 지배력을 행사하고자 하는 욕망, 여성에 대한 증오심, 가부장적인 성역할에 대한 믿음이 복합적으로 작용함을 보이고 있다(Chapleau & Oswald, 2010). 한 조사에 의하면 성폭행은 통제력을 잃어서 나타나는 충동으로 저질러지는 것이 아니라, 여성에 대한 통제력을 확인하려고 저질러진다는 것이다(Chiroro et al., 2004). 대부분의 성폭력은 연인 혹은 친구 같이 아는 관계에서 발생하며, 폭력 후에 남성이 여성에게 사과를 하는 경우가 많아 동일 남성하고 추후에 성관계를 갖게 되는 경우도 많다. 피해자 5명 중 3명은 상대와 동의한 성관계를 전에 가진 적이 있고, 두 명은 나중에 성관계를 하게 될 수 있다고 말한다(Baumeister & Bushman, 2014, p. 358에서 인용). 물론 이런 피해자는 성폭행에 의한 후유증을 덜 갖지만, 그렇지 않은 사람들과 특히 낯선 이에게 당한 대부분의 피해자는 불안, 공포, 우울증 같은 외상(trauma)에 시달리며 자책감에 빠지며, 사람들과의 교류를 피하고 심하면 자살까지 한다(Bates, 2016). 성폭행 가해자에 대한 연구들은 이들이 여러 명의 상대와 성관계를 하며, 여성을 혐오하는 것은 아니지만 여성을 존중하지 않으며, 여성에게 배반당하거나 상처를 받은 과거 경험을 갖고 있어, 자신이 가하는 여성의 고통에 대하여 공감을 못 느낀다. 이들은 상대 여성의 동의를 얻기 위해 거짓 약속과 맹세를 하는 경우가 많아서 상대를 강압적으로 대했다고 여기지 않는다. 이들은 자기애적 성격 특성이 강하며(2장 참조), 자신에 대한 자부심도 있고, 자신이 특별한 대접을 받아 마땅한 사람이라고 여긴다. 여성들은 자신을 거부해서는 안 되고, 거부하는 것을 극복하기 위해 약간의 폭력은 사용될 수 있다고 여긴다(Baumeister et al., 2000). 국내의 대학생을 대상으로 한 연구에서도 자기애 성향이 높은 사람들이 분노를 억압하는 경향이 있을 때 데이트 폭력을 저지를 가능성이 큰 것으로 나타났다(남귀숙, 이수진, 2020).

**결글 7-5** 디지털 성범죄(리벤지 포르노)

2019년 8월 청소년 성착취물이 텔레그램 내에서 공유되고 유통되면서 소위 'n번방 사건'이 드러났다. '박사방'의 조사 결과, 2,000건 이상의 거래내역이 파악되었고, 피해 여성 74명 중 16명이 미성년자라는 사실이 알려지며 디지털 성범죄의 위험성이 크게 부각되었다. **디지털 성범죄**는 상대방의 동의 없이 이루어지는 촬영과 유포를 포함해서 디지털 기기를 이용하여 인격권과 성적 자기결정권을 침해하는 모든 행위를 일컫는다(장다혜, 김수아, 2018). 2020년 '디지털 성범죄 피해자 지원 보고서'(한국여성인권진흥원 편)에 따르면, 여성 피해자가 4천여 명이고 남성 피해자는 900여 명으로 여성만이 범죄의 대상이 되는 것은 아님을 보인다. 집계가 시작된 2019년에 비해서 2020년 피해자가 여성은 2배, 남성은 4배 정도로 급증하였다. 가장 많은 유형은 불법촬영(32%), 유포(23%), 유포 협박(29%), 사진합성, 사이버 괴롭힘이며, 가해자와 피해자의 45% 이상이 10대와 20대이다. 15.8만 건의 영상과 사진에 대한 삭제지원이 이루어질 정도로 흔한 범죄인 것이다.

성애물은 서로 사귀는 단계에서 "사랑하는데 이 정도는 찍을 수 있잖아" "우리만 보려고 찍는 거야"라는 식의 암묵적 동의하에 촬영이 이루어진다. 이런 영상자료가 쌍방의 관계가 악화 또는 깨진 후에 상대에 대해 앙심을 갖고 복수하려는 목적으로 이용될 수 있으며, 딥페이크처럼 얼굴과 신체 부위를 합성하여 유통시키는 범죄사례도 많아지고 있다. 물론 상대방 몰래 촬영한 영상도 포함된다.

디지털 성범죄는 익명성과 비대면성이라는 특징을 지니고 있어, 현실공간의 범죄와는 큰 차이가 있다. 우선, 가해자와 피해자가 실제 만남 없이도 범죄가 저질러질 수 있어 가해자는 범죄행위에 대한 죄의식이 희박하고, 책임의식도 약하며, 적발하기도 어렵다. 디지털 성범죄의 가장 흔한 형태인 '도촬' 범죄는 우리 사회에서 '몰카'라는 장난기가 섞인 용어로 쓰이면서 한국 사회의 왜곡된 성의식과 범죄성에 대한 의식을 보여 주고 있다. 육아나 안전의 목적으로 설치된 카메라의 녹화영상이 해킹되어 음란물 누리집에 올려지는 경우도 많아 피해사실 자체를 인지하지 못하는 경우도 많다. 사이버 공간에서 과거의 애인이나 특정인을 대상으로 성범죄를 저지르는 남성들은 그런 행위를 하면서도 익명성을 적극 활용하여 집요하게 상대를 괴롭힌다. 이들이 상대에게 해코지하는 영상물을 올리는 행위를 통해서 자신이 상대의 삶에 대한 통제력을 행사한다는 식의 만족감을 느낀다(Chiroro et al., 2004).

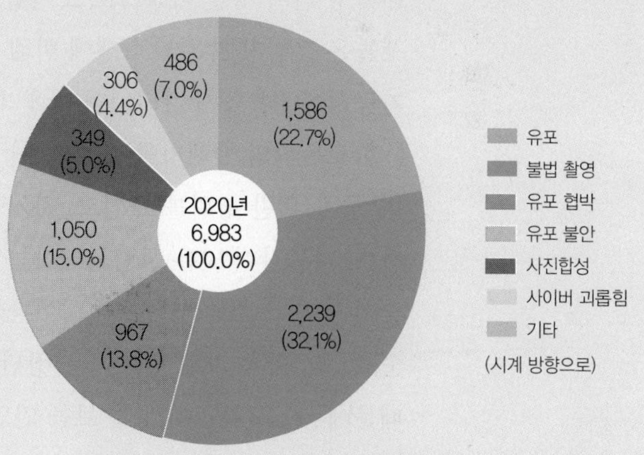


**[그림 7-9] 2020년 국내 디지털 성범죄의 유형**

출처: 한국여성인권진흥원(2021).

## 학교폭력

2023년 넷플릭스에서 방영되어 화제를 모은 드라마. 고등학교 때 학폭 피해를 당한 주인공이 복수를 다짐하며 성인이 되어 가해자들을 대상으로 복수하는 내용이다.

2023년 초대 국가수사본부장 후보로 지명된 사람의 아들이 저지른 학교폭력 사건이 밝혀져 후보가 사퇴한 사건은 당시 인기리에 방영된 넷플릭스 드라마 〈더 글로리〉와 더불어 학교폭력을 세간의 관심사로 재조명되게 만들었다. 교육부에서 발표한 '2022년 학교폭력 실태조사' 결과에 따르면 학교폭력피해를 당한 사람은 5.4만 명이다. 피해양상은 언어폭력(41.8%), 신체폭력(14.6%), 집단 따돌림(13.3%), 사이버폭력(9.6%) 등으로 나타났다. 교육현장에서 모든 형태의 신체폭력이 금지되면서 언어폭력의 비중이 가장 높게 나타났다. 경찰청(2021)의 집계에 따르면 학교폭력으로 입건된 범죄가 폭행과 상해, 금품갈취, 성폭력 등으로 성인 폭력에 버금가고 있다. 이처럼 학교폭력은 심각한 양상을 보이고 있다. 청소년기에 당한 학교폭력은 교우관계 형성에 악영향을 미치며, 성인기에 우울증과 자살 생각 및 결행으로도 이어지는 양상이 국내외의 연구에서 나타나고 있다. 국내에서 전국의 대학생 천여 명을 대상으로 조사한 결과, 아동기에 학교폭력 피해를 경험한 대학생들은 그렇지 않은 대학생에 비해 자살생각을 할 가능성이 두 배, 자살 시도를 할 가능성이 3배 높게 나타났다(박애리, 김유나, 2023).

학교폭력의 가해자를 분석한 연구는 가해자들이 수업에 불성실한 태도를 보이며, 규율 위반 행위를 보이고, 자기애 성향이 강한 반면에, 자기 통제 능력이 부족하며, 자존감이 낮은 사람들이라는 것을 보이고 있다. 자기애 성향이 높으며 자존감이 낮은 청소년들은 공격성이 높은 것으로 나타난다(이세연, 유미숙, 2010; 차타순, 2002). 학폭 가해 학생들은 '장난이나 특별한 이유 없이' '화풀이 또는 스트레스 때문에', 같은 학교에서 늘 보는 만만해 보이는 학생들을 대상으로 여러 유형의 폭력을 행사하는 것이다(김후년, 2022). 학교폭력이 포착되면 가해자와 피해자의 접촉을 막는 조치를 취하여 2차 피해의 발생을 막아야 하며, 학교 전체 구성원들의 적극적인 관심과 지도가 필요하다.

**곁글 7-6** 한국 사회의 가정폭력

2019년 여성가족부에서 전국 9,000명의 성인 남여를 대상으로 가족 구성원 간의(형제폭력은 빠짐) 폭력 혹은 강압적 행위를 파악한 결과를 보면, 아동에 대하여 방임을 포함하여 신체적 및 정서적 폭력을 행사한 경험이 있는 사람은 전체의 27.6%(남성 22.7%, 여성 32.0%)로 나타나 자식을 대하는 부모의 마음이 매우 우려될 만한 수준으로 나타나고 있다. 응답자들의 43%가 자라면서 회초리 등의 체벌을 경험한 것으로 나타났고, 욕설과 폭언,

손발로 맞는 경험을 한 사람들도 27%와 20%로 나타났다. 폭력을 행사한 사람은 아버지인 경우가 대다수였다. 2016년의 조사보다는 낮아졌지만 여성 응답자의 28.9%, 남성 응답자의 26.0%가 성장하면서 다양한 형태의 폭력적 행동을 경험한 것으로 나타났다.

가정폭력이 빈번한 가정에서 부부간의 폭력을 목격하며 자란 청소년들은 성장 후에 자신의 배우자에게 신체적 · 정신적 폭력을 가할 가능성이 높은 것으로 나타난다(김은경, 엄애선, 2010; 김재엽 외, 2007). 폭력을 갈등해결의 한 수단으로서 인식하고, 아버지를 통한 모방학습이 이루어지며, 폭력에 대한 내성도 높아진다. 잦은 부부폭력은 부부간의 갈등은 물론, 아이들에 대한 보살핌이 취약해지게 하며, 아이들은 부모의 감시가 취약한 탓에 여러 일탈적 행동(흡연, 음주, 사이버 음란물, 도박 등)을 접하고 중독에 빠지기 쉽다(남영옥, 2005; 조춘범, 2012). 가정폭력 노출경험은 청소년의 학업과 인터넷 게임중독(김재엽 외, 2011a)에도 직간접적인 영향을 미치는 것으로 나타났다. 아울러, 엄마가 아빠에게 폭행당하는 것을 보면서 아무것도 할 수 없는 무력함과 죄책감이 아동에게 큰 상처로 남아 그 여파가 클 수 있다. 본인이 직접 폭력을 당하지 않았다 해도 배우자나 다른 형제를 대상으로 한 가정폭력을 목격한 아이도 심리 사회적 발달(공격적 감정표현, 참을성, 외로움, 걱정 등)에 지장을 보이는 것으로 나타났다(조은수, 2024).

가정폭력이 많이 발생하는 배경에는 전통적인 가부장적 가치관이 깔려 있다. 최근에 보고되고 있는 여러 가치관 조사에서는 남녀 및 부부 평등의 가치관이 확연한 대세로 나타나고 있다. 그러나 사람들의 인식은 한국 사회가 여전히 가부장적 가치관 속에 돌아가고 있음을 보인다. 가부장적 사회에서 부부간의 권력이 남편지배형이건 부인지배형이건 남편이 부인에게 행하는 언어 및 신체 폭력이 많은 것으로 나타났다. 부인지배형일 때 남편은 자신의 열등한 지위를 보상받기 위하여 혹은 배우자에게 권력을 얻기 위한 수단으로 폭력을 행사하는 경우가 많다. 전남북에 거주하는 대학생의 어머니를 대상으로 설문조사를 한 결과, 남편보다 아내의 학력 수준이 높은 가정에서 남편의 아내 학대 발생이 높게 나타났다(김경신 외, 1999). 남편이 드는 구타 사유의 첫 번째는 말대꾸하거나, 남편을 무시 또는 간섭하는 것이고, 여성이 대는 사유의 첫 번째는 남편의 열등감, 주벽 등으로 나타났다. 가부장적 성역할관 및 가치관이 높은 가정에서 학대 발생도가 높은 것으로 나타난다. 경찰도 가정폭력을 대할 때 가정의 문제에 개입하는 것을 부담스럽게 여기고, 가정 내 해결이 우선이라는 인식이 60% 이상이었다(김재엽 외, 2011b). 명백한 신체폭력에 대해서는 체포와 처벌이 필요하다는 의견이 일반적이었으나 경미한 폭력과 정서폭력에 대해서는 경찰관들의 의견이 상당히 불일치하였다.

분명한 것은, 개인적인 수준에서 대다수의 사람은 남녀평등, 부부평등의 가치관을 수용하고 있다. 그러나 사람들의 인식 수준에서 한국 사회는 여전히 가부장적 사회라고 여기고 있기 때문에 남성의 권위, 지배의식에서 용인되어 왔던 행동들이 벌어지고 정당화된다.

## 공격성의 개인차

공격행위에 대한 사회심리학적 연구는 상황 요인을 중심으로 이루어져 왔다.

그러나 개인차에 대한 연구들은 아동기의 공격성향이 성인이 되어서도 나타나는 것을 보여 주고 있어, 성격론적 접근도 필요함을 알려 준다(Olweus, 1979). 어떠한 사람이 폭력적 행위에 취약한지 살펴보자.

**자기애 성향** 일반적으로 자아 존중감이 높은 사람이 건강하고 건전한 의식과 행동을 보인다고 여겨져 왔다. 그래서 성장하는 아동의 자긍심을 높이려는 노력이 많이 있어 왔다. 자긍심이 높아 보이는 사람들은 실제로 높을 수도 있지만, 내면으로는 취약하고, 자기상을 보호하려는 사람들일 수도 있다(곁글 2-10). 흔히 자긍심이 낮은 사람들이 폭력적인 양상을 보인다고 알려지기도 하였지만, 이들은 자신감이 없고, 사람들과 만나면 수동적이거나, 회피적인 양상을 보이고, 타인의 영향력에 저항하지 않으므로 공격적인 행위를 보이는 경우는 드물다(Baumeister et al., 2000). 오히려 자긍심이 높은 아이들이 공격적인 행위를 보이는 경우가 많은데, 이들은 자기애적이며, 남보다 우월하다고 여기고, 자신들이 남보다 특권을 누릴 자격이 있다고 여긴다. 자신의 이러한 생각을 위협하는 사람들에게 강한 적개심을 갖는다. 이를 잘 보여 준 실험에서는 미국 남녀 대학생을 대상으로 자긍심과 자기애 성향을 측정한 후에 임신중절에 대한 글을 쓰도록 하였다(Bushman & Baumeister, 1998). 이 글을 다른 방의 참여자(실험협조자)에게 주어 평가를 받았는데 한 조건에서는 매우 비판적인 평이 여기저기 쓰인 채로 돌려받았고, 다른 조건에서는 좋은

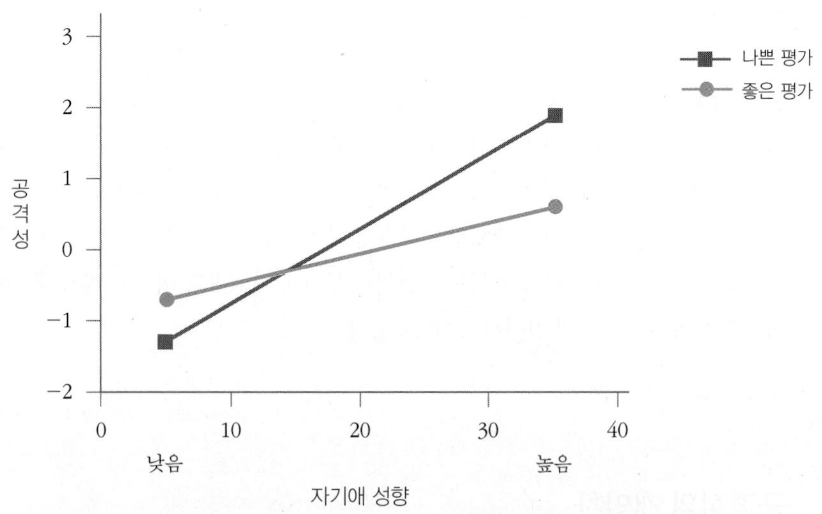


**[그림 7-10] 상대의 평가 유형에 따른 공격적 반응에 있어서 자기애 성향의 역할**

출처: Bushman & Baumeister (1998).

평을 받았다. 상대방을 대상으로 공격적인 게임을 하는 기회가 주어졌을 때, 자기애 성향이 강한 사람들이 나쁜 평을 받았을 때 높은 공격적 행위를 드러냈다([그림 7-10]). 자기애 성향은 공격성과 관련이 나타났으나, 자긍심의 고하는 공격성에 아무 영향을 미치지 못하였다. 국내에서 천여 명의 남녀 고등학생을 대상으로 한 연구 결과, 자긍심 수준이 낮은 경우에는 자기애 성향이 높은 집단이 가장 공격성이 높았으나, 자긍심 수준이 높은 경우에는 자기애 성향이 낮은 집단이 가장 낮은 공격성을 보여(이세연, 유미숙, 2010), 자기애는 자긍심과 구분되며, 공격성과 관련된 심리임을 보이고 있다(서수균, 권석만, 2002). 자기애 성향자들은 어느 정도의 성폭력은 괜찮다는 생각을 하며, 성폭행 피해자가 느끼는 아픔에 대하여 공감력도 떨어지는 것으로 나타났다(Bushman et al., 2003). 국내의 대학생 남자 360여 명을 대상으로 한 조사연구에서는 자기애 성향이 강한 사람들이 자신에 대한 비난에 분노하고 폭력적 행동을 나타낼 가능성이 있는 것으로 나타났다(박갑제, 임성문, 2012).

공격적인 아동에게서 나타나는 특징은 이들이 잘못된 일에 대하여 자기 탓보다는 남 탓을 많이 한다는 것이며, 그들의 자긍심이 높을 수 있지만 안정적이지 못하다는 특징을 지니고 있다는 것이다(Baumeister, 1998). 이들은 다른 사람들로부터 존경을 받는 데 필요한 유능함과 인격을 갖추고 있지 못하여, 자신들의 자긍심을 자신의 권력이나 완력으로 유지하려 들며, 남들이 보이는 복종, 두려움을 자긍심의 근거로 삼는다(Staub, 1999). 이런 모습에서 자기상을 과장되게 느끼며, 부풀려진 자기상을 위협하는 상대나 상황을 만날 때 공격적인 행동을 보인다. 이런 연구들은 자긍심의 높낮이가 문제가 아니라 자긍심의 안정성과 자기통제력이 중요함을 이야기한다. 자긍심을 부양시키려는 교육적 노력은 효과가 없거나, 부풀린 자만감을 지니게 만들어 사람들에게 오히려 좌절을 쉽게 경험하거나, 분노를 자주 느끼게 만들 수 있다. 자긍심은 좋은 일이 생기고 성과를 거두었을 때 수반되는 정서이지, 원인적 요소가 아니다. 따라서 자긍심을 부양시키는 노력은 잘못된 것이다. 자긍심을 높이는 노력이 아니라 자기통제력을 높이는 노력이 필요하다(Gottfredson & Hirschi, 1990: Pratt & Cullen, 2000).

**적대적 인식과 귀인성향** 공격성향이 높은 사람들은 세상을 인식하고 사건을 설명함에 있어서도 일반 사람과는 다른 양상을 보인다. 한 연구(Buss & Perry, 1992)는 공격성향이 높은 사람들의 사물인식 특징을 보기 위하여 폭력과 관련 있는 단어(칼, 피, 싸움, 총, 상해, 죽이다 등)와 애매한 단어(동물, 병, 약, 영화, 경찰, 돌, 막대기)

를 짝지은 세 유형의 단어 쌍(폭력-폭력, 폭력-애매, 애매-애매)을 제시하여 두 단어가 얼마나 관련성이 있는지를 판단하게 하였다. 공격성향이 높은 사람과 낮은 사람의 차이는 폭력-애매 쌍의 판단에서 가장 두드러지게 나타났다. 공격성향이 높은 사람들은 그런 단어 짝을 보고서 관련성이 훨씬 높은 것으로 판단하였는데, 이는 이들이 공격행위와 관련된 생각을 쉽게 한다는 것이다(Bushman, 1996).

차를 운전하다가 뒷차가 상향등을 깜박거리면 열 받는 사람들이 있다. 상대가 운전을 공격적으로 한다고 여겨지는 경우다. 그러나 그 상향등이 자기 차의 한쪽 문이 완전히 닫히지 않아서 그런 것임을 알게 되면 오히려 상대에게 고마움을 느낄 것이다. 상대방의 애매한 행동을 접해서 어떻게 반응하느냐는 귀인의 결과다(3장 참조). 공격성향이 강한 사람들은 상대방의 애매한 행동을 적개심을 지니고 행동했다는 식으로 귀인하는 적대적 귀인양상이 강하다(Lochman & Dodge, 1994). 적대적 귀인양상이 공격행위로 이어지는 양상은 41개의 연구들을 통합분석한 결과에서 뚜렷이 나타났다(De Castro et al., 2002),

강력범죄를 저질러 교도소에 수용된 청년들을 대상으로 이들의 귀인양상과 범법 양상을 분석한 결과, 적대적 귀인성향자들에게서 무분별한 폭력행사의 가능성과 폭행을 저지른 빈도가 높게 나타났다. 이 귀인양상의 차이는 범법자들의 인종이나 지능, 사회경제적 지위 등을 통제하여도 나타났다(Dodge et al., 1990). 공격성이 높은 사람은 상황의 분석보다는 자신이 지니고 있는 선입견, 도식을 적용하여 상황판단을 하는 경향이 강하며(Dodge & Tomlin, 1987), 대인갈등의 상황에서 해결에 도움이 되는 비폭력적인 행동보다 다양한 공격적 반응을 보인다(Deluty, 1985). 이들은 공격행위가 자신이 원하는 것을 얻는 데 효과적이라 여긴다(Boldizar et al., 1989).

### 나 알기 2: 나의 공격성향

다음의 문항에 대하여 자신을 얼마나 잘(혹은 잘못) 묘사하고 있는지 평가해 보시오.

(전혀 그렇지 않다 1 2 3 4 5 매우 그렇다)

1. 가끔씩 다른 사람을 치고 싶은 충동을 억제할 수 없다.
2. 사람들이 나를 성가시게 하면 나는 불쾌감을 바로 말한다.
3. 내 기분을 통제하는 것이 어렵다.
4. 일이 잘못되어 가는 것에 왜 그리 불쾌함을 느끼는지 종종 의아스럽다.

5. 누군가 나를 친다면 나는 맞받아친다.
6. 다른 사람들과 의견이 맞지 않을 때 어쩔 수 없이 논쟁으로 말려들어 가곤 한다.
7. 별다른 이유 없이 통제력을 잃고 마는 경우가 많다.
8. 사람들이 유난히 친절하다고 여겨질 때 나는 그들이 진짜 원하는 것이 무엇일까 궁금해진다.

출처: Buss & Perry (1992).

### 곁글 7-7 누가 조폭이 될까

2000년대 초에 흥행에 성공한 한국영화는 거의 예외 없이 조폭을 다루었다. 〈친구〉 〈신라의 달밤〉 〈조폭마누라〉 〈두사부일체〉 등등. 시사주간지 『타임』(2002. 1. 14.)은 조폭 영화들이 충성심 · 희생 · 위계질서를 중시하던 옛 시절에 대한 한국인들의 향수를 자극하고 있기 때문이라고 분석했다. 영화에서 등장하는 폭력조직원들에는 주먹이 센 부류와 머리가 잘 도는 부류가 나온다. 실제 조폭은 어떨까? Huesmann(1988)이 제시한 **이중과정 이론**에 따르면, 머리가 나쁜 사람들이 어려서 좌절 경험이 많고 이때 폭력 행위를 보였을 가능성이 높다고 본다. 아동의 공격이 당시 상황에서 나름의 성과를 가져오면, 아동은 폭력을 도구로써 학습하게 되고 이를 다양한 상황에 적용한다. 그러나 아동의 공격행위는 성장하는 아동에게 필요한 대인관계 기술의 습득을 저해하며, 주위의 사람들에게 부적합한 행위로 취급받는다. 이들은 애초에 머리가 나빠서 공격적이 되었지만, 이 공격성이 다른 사람과의 원만한 관계를 저해하고, 아동의 학업에도 장애를 초래하며, 이러한 좌절에 폭력적인 반응을 보인다. Huesmann 등(1987)이 400명의 아동에 대하여 22년의 간격을 두고 얻어 낸 자료를 분석한 결과, 8세 때 공격성이 높았던 아이들은 30세 때 학업적성검사에서 나쁜 성적을 보였으며, 배우자 혹은 자식을 폭행하거나, 범죄를 저질러 기소될 가능성이 높게 나타났다. 그러나 8세 때 지능은 어린 시절의 공격행위와 관련 있더라도, 30세 때 공격행위와는 무관한 것으로 나타났다. 이는 공격행위의 경우에 나이가 들면서 상당히 변화될 수 있지만, 지적 능력의 경우에 그런 변화가 크지 않은 탓이기 때문이다.

영화 〈두사부일체〉 포스터

**요약**

1. 동물이 보이는 공격행위는 생태계에서 생존을 위한 본능적 기제로 작용한다. 그러나 인간이 보이는 공격행위는 다양한 기능을 지니고 있으며 본능으로 보기 어렵다.
2. 인간은 목표추구 행동이 좌절당했을 때, 남의 도발을 접해서 공격적 행동을 보이기 쉽다. 이 과정은 자동적인 과정이 아니라 상황에 대한 인지적 해석과정을 거친다.
3. 흥분전이 가설은 사람들을 흥분하게 만드는 요인들이 누적적으로 작용하여 폭력적 행위가 나타날 수 있다고 본다.
4. 폭력물의 반복적 시청은 모방행위, 정서의 둔감화, 폭력의 수용적 태도라는 심리적 과정을 거쳐서 시청자를 폭력 행위자로 만들 가능성이 높다.
5. 폭력적 비디오 게임이 미치는 영향은 직접적인 인과성보다는 사회적 상황에서 가용한 인지 표상체계(기호적 매개 과정)를 이해하는 접근이 필요하다.
6. 성폭력은 강간통념의 영향을 받으며, 강간통념의 확산에 음란물이 크게 기여할 수 있다.
7. 공격성에 영향을 미치는 상황 요인으로 불쾌한 기온은 폭력을 야기하는 요인으로 작용할 수 있다. 음주의 기대효과가 특히 남자를 폭력적으로 만들 소지가 있다.
8. 공격적인 성향이 높은 사람들은 자기애 성향이 높으며, 적대적 귀인양상이 높다.


## 공격행위의 획득 및 감소책

사회에 만연된 폭력에 대처하기 위해서는 공격행위가 어떻게 획득되는지에 대한 심리적 기제를 이해해야 할 것이다. 공격행위의 획득과정은 학습 이론으로 이해할 수 있다. 특히 강화와 모방학습의 원리가 적용된다.

### 강화를 통한 획득

가장 기본적인 학습원리 중의 하나는, 행위자에게 보상(강화)을 가져오는 행위는 유사한 상황에서 반복적으로 나타나기 쉽다는 것이다. 이 법칙은 공격행위의 획득에도 적용된다. 놀이터에서 노는 아동을 관찰하면, 자기가 하고픈 것을 관철해 내는 아이들은 남들과 실랑이를 할 때 강압적인 방법을 자주 쓰는 것으로 나타난다. 유치원 아동들에게 남들과 잘 어울리고, 양보하며, 협동적인 행동을 하면 칭찬이나 보상을 주고, 난폭한 행위를 나무라고 타이른다면 그들의 다툼이나 욕질행위도 상당히 줄어든다(Brown & Elliot, 1965).

한편, 공격행위를 처벌하는 것은 그러한 행위를 감소시키는 즉각적인 효과가 있지만(Wilson & Rogers, 1975), 처벌은 적절한 행동이 무엇인가를 가르치는 효과가 적으며, 더욱이 처벌자에 대한 증오감을 싹 틔울 수 있고, 이러한 증오심은 상대방에 대한 보복을 정당화시키는 역할을 한다(Dyck & Rule, 1978). 따라서 처벌은 공격행위의 습득을 막는 적절한 방법이 아니다.

## 사회학습: 모방

사람들은 사회화 과정에서 많은 것을 보면서 배운다. 특히 남이 하는 행동이 보상 혹은 처벌을 받는 것을 보고 그 행위를 스스로가 모방하거나 삼가하기도 한다. 관찰을 통한 공격행위의 습득을 잘 보여 준 것이 Bandura(1973)의 연구다. 그는 한 어른이 사람 크기의 오뚝이 인형을 가지고 노는 장면을 아동으로 하여금 관찰하게 하였다. 그 어른은 고무망치로 인형을 때리기도 하고, 발로 차기도 하고, 고함을 지르기도 하면서 거칠게 대했다. 그런데 한 조건에서는 그 어른이 실험자에게서 보상을 받는 것을 아동이 보았고, 다른 조건에서는 아무런 보상도 주어지지 않음을 아동이 보았다. 아동들에게 그 인형을 갖고 노는 기회를 부여했을 때 보상 조건의 아동들은 어른의 행동을 모방해서 인형을 거칠게 대하는 것으로 나타났다. 이러한 모방효과는 아동이 남이 하는 것을 실제로 보았을 때만 아니라 비디오를 통해 보았을 때도 나타났다. 모방효과는 어린이뿐만 아니라 성인에게서도 나타난다. 어른에게는 특히 공격행위를 보여서는 안 된다는 자제력을 느슨하게 만드는 효과를 지니는 것으로 나타난다(Baron, 1971).

어른이 인형을 난폭하게 갖고 노는 것을 본 아동이 어른을 따라 하고 있다.

사회학습 이론은 공격행위가 관찰로부터 획득될 수 있음을 보일 뿐 심적 과정에 대하여 설명하지는 못하였다. 이 과정에 대한 연구들은 단순한 모방행위가 나타나는 것이 아니라 관찰자의 인지체계에 공격행위의 도식과 각본이 갖추어지게 만들고, 도발을 받는 사회적 상황에서 이들이 쉽게 인출되고, 공격적 사고를 점화시키게 되므로 공격적 행위가 나타나게 된다는 신인지연합 가설을 제시한다

(Berkowitz, 1990). 국내의 한 연구는 공격적 장면으로 편집된 10분 길이의 영화나 패션, 스포츠, 풍경 등으로 편집된 중립적 영화를 제작하여 청소년에게 보여 주었다. 영화 상영 직후 애매한 상황 장면들을 보여 주면서 각 상황을 해석함에서 두 집단 간 차이가 있는지를 비교하였다. 공격 영화를 본 사람들에게는 공격적 사고가 활성화되어 애매한 장면을 공격적인 장면으로 여기는 경향성이 강하게 나타났다(곽금주, 윤진, 1992). 이 경향은 초등학생보다 고등학생에게서 더욱 강한 것으로 나타났다(연구 1). 후속 연구(연구 2)에서는 공격적 성향이 높은 남학생들은 낮은 학생들보다 애매한 상황에 처해서 공격적 반응을 보일 가능성이 높으며, 그러한 행위가 상황대처에 효과적이라고 여기는 경향이 높은 것으로 조사되었다. 폭력적인 유행가를 듣는 경우에도 애매한 단어를 폭력적인 의미를 지닌 것으로 파악하는 양상이 확인된 바 있다(Anderson et al., 2003). 이런 연구 결과는 공격적 자극이 공격적 인지도식을 촉발한다는 신인지연합 가설을 지지한다.

**가정에서의 아동학대** 1998년에 열네 살 먹은 성호는 아버지 친구인 가게주인에게 야단맞고 그 집의 네 살배기 딸아이를 목 졸라 죽였다. 성호는 자라면서 줄곧 친아버지와 의붓아버지에게 매를 맞고 자랐다고 한다. 2021년 아동학대 신고접수 건수는 5.4만 건으로 전년대비 27.6%나 증가하였다. 「아동학대범죄의 처벌 등에 관한 특례법」(약칭: 「아동학대처벌법」)이 제정되어 있고, 아동인구가 감소하고 있음에도 불구하고 아동학대 사례는 매년 증가하며, 매년 40명에 가까운 아동이 학대로 사망하고 있다(곽지현, 2023). 그나마 신고되는 것은 전체 사례의 20~30%에 불과할 것으로 추정되기도 한다(한겨레, 2001. 5. 27.). 어떤 부모가 이렇게 무자비한 짓을 할까 하는 의문이 들지만, 연구들은 이들 대부분이 정상적인 사람들임을 보이고 있다. 아동훈육을 빙자한 체벌의 사용은 종종 학대로 이어질 가능성이 높다(곁글 7-8).

**곁글 7-8** 훈육을 위한 학생 체벌은 어떤 효과를?

'매를 아끼면 애를 버린다'는 속담이 동서양에 모두 있다. 그런데 이 속담이 생활에서 실천되는 양상을 보면 한국에서는 많은 사람이 그렇게 믿고 행동하지만, 미국에서는 일부 사람들에게만 나타나고 있다. 한국의 가정에서는 아동의 훈육을 위해 매가 잘 쓰이는 것으로 나타난다(홍용희, 2004). 학교에서도 체벌이 많이 쓰이는데, 체벌이 공식적으로 금지된 이후도 운동부 학생들의 지도에는 체벌이 많이 쓰이고 있다(김명철, 2007). 교사들이 응답한 체벌의 주된 이유는 수업 분위기 쇄신(45%), 학교질서 유지(30%)와 같은 즉각적인 효과를 노리기 위함이며, 학생의 징계 및 선도(15%) 등 장기적인 효과를 노리는 것도 나타났다. 서울권의 여러 학교에서 남녀 중고생 650명과 교사 300여 명을 대상으로 체벌의 효과를 조사분석한 연구는 체벌의 교육적 효과에 대하여 사람들이 갖고 있는 믿음이 대부분 거짓이거나 반대임을 드러내 보인다(김은경, 2000). 아동은 체벌을 받은 연령이 낮을수록 체벌 빈도가 높고, 폭력을 선호하며, 문제아로 자라는 것으로 나타났다. 비행 자체보다 비행에 의한 체벌 경험이 스스로를 문제아로 인식하게 만드는 효과가 있는 것으로 나타났다. 아이를 반성하게 만드는 것은 아이와 교사와의 유대감이었으며, 체벌은 반성효과를 약화시키는 양상이 나타났다. 체벌은 낙인효과를 가져오며 문제행동 표출을 더 심화시키고, 특히 비행성이 있는 학생들에게 그러했다. 학창시절에 체벌을 많이 경험한 교사가 훈육을 위해 체벌을 사용하는 양상이 크며, 심하게 체벌을 하는 교사의 수가 많을수록 학교폭력을 경험하는 학생들의 숫자도 증가하는 양상이 나타났다. 체벌은 학교폭력에 악영향을 미치는 효과가 크다는 것이다.

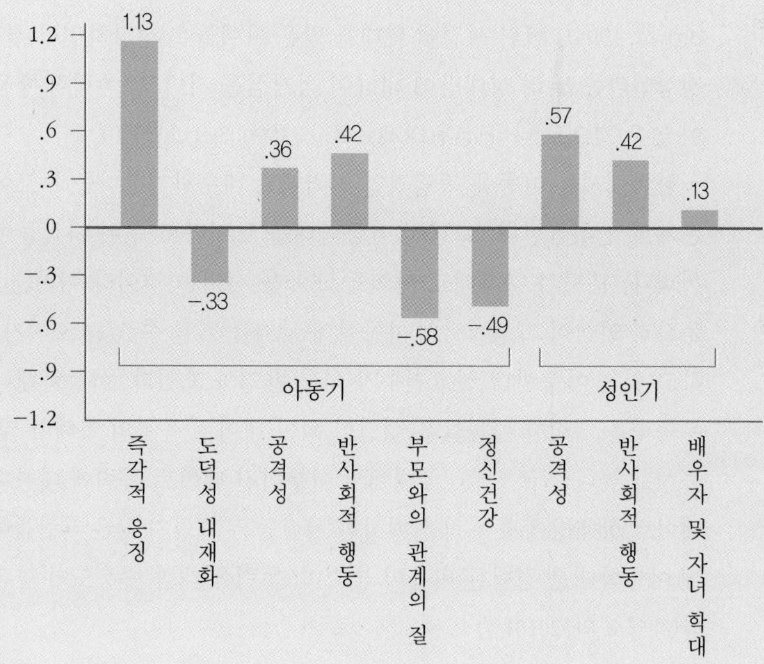


**[그림 7-11] 아동에 대한 체벌이 아동기와 성인기에 미치는 각종 영향력의 방향과 크기의 상대적 비교**

출처: Gershoff (2002), 표 4를 바탕으로 그림.

훈육의 목적으로 불가피하다고 여겨지는 체벌의 효과를 다룬 62년간의 연구논문 88개에 나타난 결과를 취합한 통합분석에서 Gershoff(2002)는 체벌이 즉각 말을 듣게 하는 것과 아동학대라는 두 가지 직접효과를 가져오는 한편, 아동에게 도덕심을 내재화시키는 것에는 역효과를 가져오며, 아동(성인이 된 후에도)의 공격성, 반사회성을 높이며, 부모-자녀관계와 아동의 정신건강에 악영향을 미친다고 결론 내린다. 아울러, 체벌을 받은 아동들은 성인이 되어서 자기 아이들을 체벌로 훈육할 가능성이 높아 악순환이 거듭된다. 즉각적인 효과에 비해 너무 큰 위험부담이 따르는 것이 체벌이다.

아동은 종종 부모가 겪은 좌절과 분노의 화풀이 대상이 된다. 이 경우에 아동학대에 의한 아동의 정신 및 신체 피해가 높다. 국내에서 발생한 1,190건의 아동학대 사건의 50.3%는 양육태도와 훈육의 문제로 벌어지는 것으로 나타났으며, 부모의 양육부담과 스트레스 탓이 9.3%로 나타났다(강은영, 2015). 아동학대는 특히 부모가 자제력을 잃을 때 저질러진다. 자주 술을 마셔 자제력이 약해지는 알코올중독 부모의 아동들은 학대받을 가능성이 높고, 장애아동이나 발달 지체 아동들의 경우도 부모가 느끼는 좌절로 학대를 당할 가능성이 높다. 아동학대는 생활환경이 스트레스를 많이 주는 조건에서 주로 나타나며, 아동의 문제행동(주의산만, 약물사용, 싸움, 반항 등)을 통제하려는 부모의 욕심에서 나타난다(Peterson & Brown, 1994). 어린 시절에 학대를 받은 아이들은 성장하면서 겪는 갈등상황에서 정상인과는 달리 상대방에 대하여 적개심을 지니고, 폭력적 행동을 취하는 경향이 높은 것으로 나타났다(Dodge et al., 1990; Siegel, 2000).

한국에서는 아동을 독립적인 인격체로 대우하기보다는 부모에게 딸린 종속적 존재로서 취급한다. 그래서 아동학대를 보더라도 주위 사람들이 관여하는 것을 꺼린다. 부모가 나름대로 아이들 교육을 시키는 것이라 여기는 탓이다. 이 같은 문화적 인식이 가정에서의 아동학대 문제를 키울 수 있는 소지가 크며, 매년 증가하고 있는 아동학대 신고건수가 이를 반영하고 있다. 아동학대나 가정에서의 부부폭력을 경험한 아동들은 성인이 되어 데이트 폭력의 가해자 및 피해자가 될 가능성도 높다(곁글 7-9). 국내에서 이루어진 데이트 폭력에 대한 전국 조사연구는 데이트 상대방에게 폭력을 행사한 사람들은 그렇지 않은 사람들에 비해서 성장기에 아동학대를 경험한 비율이 높으며, 폭력에 대한 수용도가 높은 것으로 나타난다(홍영오 외, 2015).

**곁글 7-9 국내의 데이트 폭력**

2018년 이후 한국에서는 미투운동이 사회적으로 큰 반향을 일으키면서 데이트 성폭력 또한 중요한 사회문제로 대두되었다. 이와 관련하여 잘 아는 사이에 발생하는 데이트 폭력을 이해할 필요가 있다. 데이트 폭력이란 친분이 있는 사이이지만 상대방이 원치 않고 거절함에도 불구하고 불쾌한 성적 언어나 행동으로 상대방에게 굴욕적인 감정이나 신체적 손상, 정신적 고통을 느끼게 하는 모든 행위를 말한다(남현미, 2003). 형사정책연구원의 보고서에 따르면, 2005~2014년에 국내에서 발생한 살인사건의 10% 정도는 연인 간에 발생한 것으로 집계된다(홍영오 외, 2015). 연인관계를 경험한 남녀 각기 2,000명을 대상으로 한 전국조사에서 데이트 중 신체폭력을 경험한 여성이 19.4%에 달하며, 상해 피해 6.8%, 성추행 35.5%로 나타났다. 남자의 경우에 상대방에게 신체폭력을 행사한 사람은 22.4%, 상해를 입힌 사람은 8.7%, 성추행을 했던 사람이 38%로 나타나고 있다. 한국여성의전화(2017)에서 행한 실태조사는 데이트 성폭력 피해의 52.1%는 사귄 지 3개월 안에 발생하였음을 보인다. 상대방의 폭력을 처음 접했을 때 호감을 지닌 상대가 자신을 해치고자 한 것이 아니라 성격이나 우발적 상황인식 탓이라고 이해하며 지나가려는 경우가 많다. 이런 대처가 더 심각한 폭력을 접하게 된다(한국여성의전화, 2017, p. 32).

데이트 폭력에 대한 성장환경의 영향을 보고자 한 연구(서경현, 안귀여루, 2007; 이지연, 오경자, 2007)는 남녀 대학생을 대상으로 조사한 결과, 이들이 아동기 때 부모 간 폭력을 많이 보았을수록 데이트 폭력에 대한 태도가 허용적이며, 분노의 표출이나 통제를 잘 못하는 성격을 지니게 되며, 결국 데이트 폭력을 보이고, 또 이를 수용하는 양상이 나타남을 보여 주고 있다([그림 7-12]).

강간통념과도 연관이 있다. 남학생의 강간통념이 높을수록 상대방을 통제하려는 경향성이 높고, 이 경향성이 데이트 성폭력으로 진행될 가능성이 있다(이지연, 이은설, 2005). 아울러, 남성들이 데이트 성폭력에 대한 인식도가 낮은(성폭력적 행위를 성폭력으로 여기지 않는 것으로 남성들이 여성보다 낮음)것도 데이트 폭력을 유발하는 요인이 될 수 있다. 한편, 여성의 경우에는 전통적인 성역할을 수용하는 것과, 강간통념을 수용하는 것이 성적인 자기주장성('나는 상대가 애인이라도 내가 원하지 않는 성적 행동을 하면 싫다고 말한다')을 표현하지 못하게 하며, 이런 소극적/회피적 태도가 데이트 성폭력을 초래할 수 있다. 데이트 폭력을 막기 위해서는 상대가 행사하는 폭력에 대하여 단호한 태도를 취하고, 성적 자기주장성을 뚜렷이 하며 상대방에게 납득시키는 노력이 필요하다.

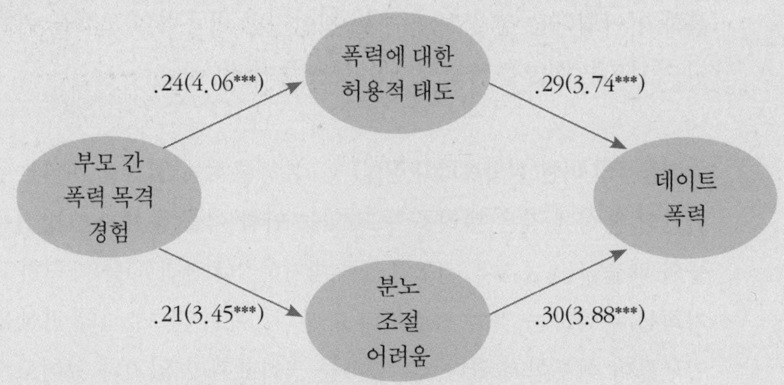


**[그림 7-12] 폭력에 대한 태도 및 분노조절의 완전매개 모형**

출처: 이지연, 오경자(2007).

## 사회 폭력의 감소책

하루에도 수백 건의 폭행범죄가 발생하는 데 공격성에 대한 심리학적 탐구들은 어떠한 해결책을 제시하는가? 공격행동을 설명하는 여러 가지 관점을 제시하였지만, 이들 관점은 어느 하나가 맞고 다른 것이 틀린 것이라기보다는, 각 관점이 다양한 양태의 폭력을 부분적으로 설명한다고 볼 수 있다. 따라서 각 접근마다(혹은 폭력의 양상마다) 제시하는 폭력에 대한 처방책도 다르다.

**비폭력의 교육** 눈을 뜨면 얼마든지 폭력적인 장면을 볼 수 있는 사회환경에서 성장하는 아동들은 자연스럽게 폭력을 학습한다. 이에 대하여 가장 확실한 대처방법은 이 학습고리를 차단하고 비폭력적 수단을 습득시키는 것이다. 어린아이들은 이미 유치원을 들어가기 전부터 폭력을 행사하는 것을 배운다. 일단 배우면 이를 탈학습시키는 것은 오늘의 사회환경에서는 불가능하다. 다만, 심리학적 개입이 가족을 단위로 일찍 이루어지는 경우에 효과는 있다. 현장연구에서 초등학교 저학년들을 대상으로 대인관계 기술을 훈련시키고, 갈등해결의 비폭력적 방안을 모색하도록 가족 전체를 여러 해 동안 지도한 결과, 교외지역에 거주하는 아동들에게서 폭력성이 감소하는 것으로 나타났다(Murray, 2008). 그러나 대도시 중심에 거주하는 아동들에게는 그 효과가 나타나지 않았다. 이는 늘상 접하는 생활환경(도심의 폭력, 마약, 경제적 빈곤, 불량스러운 이웃 등)의 영향을 일시적인 개입이 극복하기 어렵다는 점을 보여 주는 것이지만 비폭력의 모색을 위한 체계적인 개입이 가져오는 성공을 과소평가할 것은 못된다.

**배출구의 마련(정화효과의 진실)** 본능론적인 입장을 취하는 경우 공격행위는 인간의 본성에 깊은 뿌리를 두고 있는 만큼 이를 통제하는 방법은 적절한 공격본능의 배출구(운동경기, 격투기 등에 참가하거나 관전함)를 마련하고 이러한 활동의 기회를 부여하는 것이 적절하다고 본다. 이런 정화효과의 진상을 밝히려고 많은 연구들이 이루어져 왔다. 그 결과는 정화효과가 없거나 있어도 일시적이라는 것으로 요약될 수 있다(Feshbach, 1984). 좌절되었거나, 욕을 먹어 정서적으로 흥분되었을 때 심한 운동을 하면 흥분이 배출되는 효과는 인정된다. 그러나 이 효과는 일시적이며, 상대방이 출현 시에 그에 대한 적개심은 다시 살아난다(Caprara et al., 1994). 더욱이 흥분의 대리배설, 즉 폭력적인 영화를 감상하거나, 인형을 대신 때린다거나, 다른 사람을 욕하는 것은 배설효과를 가져오지 못하며(Bushman et al., 1999), 폭력을 옹호하는 유행가를 듣는 것도 적개심을 증가시키고, 폭력성과 흥분을 증가시키는 현상도 실험실에서 관찰되었다(Anderson et al., 2003). 실험연구는 복수를 안 한 사람보다 복수한 사람의 흥분 수준이 더 높은 것을 보여 주고 있어

(Carlsmith et al., 2008) 정화효과를 의심케 한다.

정화효과는 사람들이 그 작용을 믿는 경우에 나타날 수 있음이 밝혀졌다(Bushman et al., 2001). 조건을 나누어 위약을 먹게 하면서 한 조건에서는 약이 정서를 한 시간 동안 얼게 만든다고 하였고, 다른 조건에서는 정서에 특별한 영향을 주지 않는다고 하였다. 각 조건의 참가자들 일부는 정화효과가 진실이라는 신문보도를 읽게 하였고, 다른 일부는 정화효과가 거짓이라는 신문보도를 읽게 하였다. 그런 후에 낙태에 대한 찬성 혹은 반대의 글을 쓰게 하였다. 이 글을 본 옆방의 짝은 모욕적인 평가를 하여 되돌려 주었으며, 참가자들은 그 짝과 더불어 반응시간을 겨루는 게임을 하면서 이기는 시행에서는 상대에게 심한 소음(강도를 조절할 수 있게 됨: 공격행위의 지표로 여김)을 들려줄 수 있었다. 연구 결과, 공격적인 행동은 정화효과를 믿는 경우에 정서가 얼어붙지 않는 조건에서 높게 나타났다. 정서를 약물로 느낄 수 없다고 여기는 상황에서는 공격행위가 나타나지 않았다. 즉, 사람들이 공격행위를 보이는 것은 정화효과가 나타날 것을 기대하는 경우다. 신문보도에 의해서 정화효과가 없다(즉, 공격하면 더 공격적이 된다)는 것을 알게 된 사람들은 위약이 정서에 영향을 주지 못하는 상황에서 더욱 불편감을 초래할 수 있는 공격적인 행위를 삼간 것이다.

정화효과에 대하여 불리한 현장연구가 보고되었다. 1930~1988년의 기간 동안 미국에서 하키리그의 반칙 추이와 FBI의 살인통계를 분석한 결과, 반칙은 1945년부터 증가하여 1980년대에 급증하였는데, 살인은 1960년대부터 증가하는 경향이 나타났다. 이는 정화효과와는 반대로 스포츠 폭력이 늘어나면 사회폭력도 늘어남을 알려 주는 연구다(Russell, 1991). 아울러 권투 시합에서 패자가 백인이면 백인에 대한 살인이, 패자가 흑인이면 흑인에 대한 살인이 증가하는 경향이 발견되어 정화효과 가설이 전혀 적용되지 못함을 보이고 있다(Geen, 1998). 이러한 연구 결과가 배출구의 마련이 불필요하다는 것을 보여 주는 것은 아니다. 정화효과를 믿는 많은 사람들이 있기 때문이다. 이들을 위해 정화효과를 이용한 창의적 개입의 가능성도 고려해 볼 수 있을 것이다(이혜림, 정의준, 2014).

**좌절경험의 감소** 좌절-공격 이론의 입장을 취하면 가급적 사람들이 느끼는 좌절의 경험을 줄이는 것을 모색해야 할 것이다. 사람들이 생활하면서, 심리적 좌절감을 경험하지 않을 수는 없다. 문제는 이 좌절이 받아들이기 어려운 것일 때 사람들은 분노를 느낀다는 것이다. 사회제도가 미비하거나, 생존이 위협을 받는 상황에서, 나만이 억울한 경우를 당하였을 때 좌절은 분노를 촉발시킨다. 2015년에

2009년 벌어진 용산철거민 참사에 항의하는 시위대

'금수저-흙수저' '헬조선' 등의 용어들이 나타나며 대중들이 생활에서 경험하는 좌절을 알려 주고 있다. 사회에서 사람들이 느끼는 좌절이 분노로 표출되고, 분노가 사회에 대한 혐오로 전환되면서 편견에 바탕하여 특정 집단성원에 대해 무차별적 폭력이 나타나는 증오범죄를 막기 위한 정책이 제도화되어야 할 것이다(곁글 7-10).

사람들은 남과 비교해서 열등한 위치에 놓이는 경우에 좌절을 경험한다. 이 비교가 상대적 박탈감(10장 참조)을 야기하고, 불공평한 현상으로 여겨진다면 분노하게 된다. 사회의 부가 비교적 균등하게 배분되어, 계층 간 차이가 적도록 하는 것이 사회폭력을 감소시키는 사회학적 방안이기도 하다(이와 관련된 자세한 논의는 Wilkinson & Pickett, 2010 참조).

**곁글 7-10** 증오범죄의 증가

어려서 부모를 따라 미국으로 건너가 버지니아 공대에 재학 중이던 조승희는 미국 사회에서 사람들에게 받던 냉대에 불만이 쌓이다가 총기를 품고 학교에 등교하여 수업을 받던 무고한 학생들을 대상으로 총기난사를 하여 30여 명을 죽이고 피살되었다. 이처럼 개인적 원한은 없지만 특정의 국적, 피부색, 종교, 혹은 특정의 성적 지향성을 지닌 집단을 대상으로 편견과 선입견에 근거하여 무차별적인 폭력과 살상행위를 저지르는 것을 **증오범죄**, **혐오범죄**, 혹은 편견범죄라고 한다. 이 새로운 유형의 범죄행위는 대부분의 국가에서 나타나고 있다. 미국에서는 1990년 연방법으로 증오범죄를 유형화하여 관리하며, 증오범죄로 드러나는 경우 가중처벌함으로써 범죄의 확산을 막는 정책을 시행하고 있지만, 국내에서는 증오범죄에 대한 분류기준도 마련되어 있지 않는 형편이다(조철옥, 2009).

2016년 5월 강남의 한 건물 화장실에서 여성에게 무시당하였다는 분풀이를 하는 남성에 의해 한 젊은 여성이 칼에 찔려 살해당했다. 인근 지하철역 입구에 붙여진 숨진 여성을 추모하는 내용의 포스트잇들이다.

미국에서 증오범죄를 저지른 204명의 범죄기록을 분석한 연구는 이들의 56%가 전과기록을 가지고 있으며, 소수인종을 대상으로 증오범죄를 저지른 사람들의 경우 과거 범죄이력이 더욱 많은 것으로 나타났다(Dunbar, 2005). 이런 자료는 증오범죄자들은 자기존중감이 낮고, 어딘가라도 소속되기를 바라는 마음이 강해서, 일단 소속하게 되면 집단이 요구하는 규범을 따르고, 이런 행동이 수용되고 권장되면 종종 과잉행동을 보이며 누구라도 쉽게 알 수 있는 '일꾼'이 된다(Anderson & Bushman, 2002). 보스턴 지역에서 169건의 증오범죄자의 동기를 분류한 연구는 66%가 스릴 추구, 25%가 자기집단에 대한 방어, 8%는 보복성, 매우 적은 숫자이지만 사명감(상대집단을 제거하는 것이 악을 제거하는 것으로 여김)도 나타남을 보이고 있다(McDevitt et al., 2002).

증오범죄를 저지르는 사람들은 개인적 불만으로 표적을 은밀히 고르는 경우도 있지만, 자신과 비슷한 생각을 가진 사람들과 SNS를 통해서 의견을 주고받으며 표적집단에 대한 자신들의 증오심을 공유하고, 정당화시키며, 적개심을 배설한다. 미국의 경우 인종차별을 공공연히 하는 KKK단의 활동이 대표적이지만, 국내의 일베(일간베스트)도 이에 포함될 수 있다. 이들 누리집에는 극우적인 정치 태도를 가진 사람들이 자기 생각을 올리며 동조자를 규합하고, 증오와 적개심을 글로 표현하는 것을 넘어 때로는 표적집단을 대상으로 폭력을 행사하기도 한다. 세월호의 피해자들이 광화문에서 진상규명을 요구하며 단식투쟁할 때 일베 회원들이 모여 이들 앞에서 조롱하며 폭식하는 행동을 보인 것이 한 예이다. 이런 예에서 보듯이 증오범죄는 동조자 집단에서는 범죄가 아니라 자기들의 집단규범에 따르는 모범적 행위이기도 하다(Chakraborti, 2015). 따라서 이들에게는 범죄라는 의식이 없으며, 오히려 자신들이 주류사회를 지키는 수호자라는 의식을 가질 수 있다. 증오범죄의 출현은 피해야 할 사회적 혼란과 대립을 가져올 수 있기에 사회적인 대책 마련이 필요하다.

**폭력행위의 처벌** 학습론적 입장을 취하면 여러 가지 대책이 제시된다. 우선, 폭력적 행위를 '처벌'하고 비폭력적 행위를 '강화'시키는 것이다. 심리학의 학습이론은 처벌이 효과적이기 위해서는 폭력(혹은 범법)행위에 대하여 즉각적으로, 확실하게, 충분히 강하게, 그리고 정당한 이유로 처벌이 이루어져야 함을 알려 준다. 그러나 많은 폭력범죄자들이 체포되지 않고 체포된 피의자들의 반수가 무혐의로 풀려나고 일부만이 실형을 살고 있는 현행 사법 체제는 폭력을 억제하는 효과가 거의 없다고 볼 수 있다.

바로 이 같은 현실 때문에 사형폐지론이 제기되고 있다. 폐지론자들은 사형이 범죄 억제효과가 없으며, 생명권을 침해하고, 인도주의적 견지에서 용납될 수 없음을 주장한다. 한편, 유지론자들은 "범죄예방 효과가 크고, 국민들의 법감정에 비추어 타당하며, 죽음에 대한 공포와 범죄에 대한 응보 욕구가 맞물려 고안된 필요악으로 제 구실을 한다."(헌법재판소, 1997. 11.; 조선일보, 2001. 1. 27.)고 주장한다. 영국에서는 사형제도가 존속한 1858~1921년 기간에 대중매체에서 사형을 다룬 시점을 전후해서 3주간 살인범죄의 발생이 35% 감소했다는 연구가 나왔다(Phillips, 1980). 그러나 [그림 7-13]은 이 효과가 일시적임을 보인다. 한국은 1998년 이후에 한 번도 사형이 집행되지 않고 있어서 사형폐지 국가로 분류되는데, 최근에 사이코패스 유형의 범죄자들이 체포되면서 사형 집행론이 제기되고 있다.

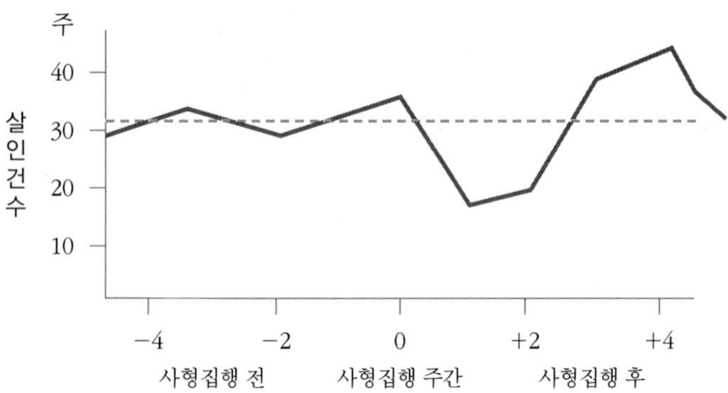


**[그림 7-13] 영국에서의 사형집행 보도와 살인범죄율**

출처: Phillips (1980).

**미디어의 폭력사건 보도의 통제** 모방적 폭행을 줄이기 위해서는 그러한 공격

**곁글 7-11 미국 학교에서의 총기난사범의 프로파일**

1999년 미국 콜로라도의 한 고등학교 수업이 진행되는 교실에 두 학생이 코트 속에 숨겨간 자동소총을 꺼내 난사하여 13명을 살해하고서 자살하여 큰 충격을 주었다. 영화로도 만들어진 이 컬럼바인 사건과 한국인에게 친숙한 2007년 버지니아 공대의 조승희 사건 등등 해마다 벌어지는 미국의 학교 총기난사 사건은 늘 세간의 이목을 끈다. 1995~2001년에 미국 학교에서 벌어진 15건의 총기난사 사례들에 대한 언론보도 내용을 상세히 분석한 연구는 13건에서 사회적 따돌림이 중요한 요인이었음을 보이고 있다(Leary et al., 2003). 범행을 저지른 학생들은 비만하거나, 못생겼거나, 개인적인 문제 탓으로 친구들에게 놀림과 무시, 따돌림을 오랫동안 받거나 사랑하는 상대에게서 버림을 받았다. 총기난사범은 자신을 놀렸던 사람들과 상처를 준 사람들을 표적에 포함시켰다. 이들은 이웃 사람들에게서 문제 있는 사람이라는 평을 받고 있었고, 이들 중 6건의 경우에 범인들은 총기, 폭약에 관심을 갖고 있었으며, 4건의 경우에 죽음과 악마, 어두움에 관련된 음악이나 종교적 행위에 관심을 지니고 있었다. 평소에 다른 사람에게 폭력적인 행동을 잘 보였고, 동물을 학대하는 양상을 보인 사람도 있었다. 다른 연구는 학교 총기난사범의 75% 이상이 범행 전에 자살을 시도했거나 자살생각을 하고 있었음을 보인다(Leary et al., 2003에서 인용). 연구자들은 학교 총기사건의 주된 동기는 주위의 친구, 애인이라 여기는 사람들이 자기를 따돌리고 내친 것에 대한 보복심이라고 본다. 이런 보복 행위를 저지르며 어떤 이들은 자신이 이제는 존경을 받게 되었다는 환상을 갖기도 한다.

1999년 수업 중이던 15명의 학생들이 목숨을 잃은 미국 콜로라도 주의 컬럼바인 고등학교 사건의 피의자와 현장.

적 행위의 모델을 대중매체에 나타나지 않도록 통제하는 것도 한 방편이다. 그러나 시청률을 의식하는 방송사 간의 경쟁 때문에 이 방식은 실행 불가능하다. 문제는 방송사들이 폭력을 사용하지 않는 여러 가지 해결방식이 있는데도 불구하고 폭력적 해결을 일삼는 주인공들을 당연하게 내세우는 관행이다. 이러한 미디어 속의 폭력에 대한 무관심은 성장하는 아동에게 폭력의 사용을 정당화시키고, 많은 갈등상황에서 폭력 사용을 부추기는 효과를 가져온다. 미국에서 폭력물을 좋아하는 아동을 두 집단으로 나누어, 한 집단에게는 약 8주간에 걸쳐서 TV에 나왔던 폭력 장면들에 대하여 주기적으로 만나 논의를 하도록 하였다. 이들은 그 장면이 현실과는 얼마나 동떨어진 것인지, 폭력을 사용하지 않고 어떻게 할 수 있었는지 등 갈등상황에서 비폭력적인 해결을 모색하는 모임을 가졌다. 이 집단은 아무런 조치를 취하지 않은 통제집단의 아동에 비해서 폭력적인 사고와 행동 양상이 현저히 떨어진 것으로 나타났다(Huesmann et al., 1983).

이 같은 시청 사후의 조치에 더해, 갈등의 해결 방법으로 비폭력적인 행위를 모색하는 주인공 모델을 자주 제시하는 것도 바람직하다. 1974년에 자메이카에서 총기류 소지를 엄격히 하고, TV에 총을 쓰는 장면이 나오지 못하도록 검열을 시행하자 강도와 총기발사 사고가 현저하게 감소하였다고 한다(Smith & Mackie, 1995, p. 547).

**방범적 사회환경 조성** 폭력행위의 상황적 결정인자를 생각해 보면, 생활환경의 조성이 폭력을 포함한 일반 범죄의 발생에 큰 방지효과를 가져올 수 있음을 알 수 있다. 두 가지 예를 들 수 있는데, 하나는 거리의 조명이다. 1970년대까지만 해도 번화가의 거리는 영업이 끝나면 컴컴하였다. 그러나 요즘은 영업이 끝난 진열장에 불빛이 훤한 것을 볼 수 있다. 이러한 조명은 거리의 범죄율을 낮춘다. 사람들은 훤한 조명 밑에서는 각광효과의 착각(3장)으로 인해 나쁜 짓을 못 저지른다. 그러나 어두우면 자신의 정체가 드러나지 않는다는 익명성에 의지하여 탈규범적 행위를 보일 가능성이 높아진다. 심지어 선글라스를 착용하는 경우에도 사람들은 이런 익명성 착각을 느끼며 더 이기적으로 행동하는 경향성이 나타났다(Zhong et al., 2010). 많은 범죄자들이 욕구의 자제력이 약하고 충동적인 특징을 지니고 있기도 하지만, 이들의 충동이 발현되게 만드는 환경이 조성되는 것은 막아야 할 것이다. 거리를 밝게 하는 것은 바로 그러한 환경 여건을 조성하는 것이다.

또 하나는 깨끗하고 질서 있는 거리 환경의 조성이다. 사람들은 자신이 처한 환경에서 작용하는 규범에 걸맞은 행동을 보인다. 지저분한 곳에서 어지럽히는 행동을 보이며, 잘 정돈된 환경에서는 어지르는 것을 삼간다. 깨진창문 이론은 범죄의 발생에 이 논리를 적용시킨 상황론적 범죄발생 이론이다(Kelling & Coles, 1996). 즉, 방치된 집에 깨진 창문이 있으면, 사람들은 멀쩡한 창문도 깨고, 벽에 낙서를 하며, 쓰레기를 버리는 등 규범 이탈적 행위를 저지른다. 이 이론을 적용하여, 질서 있는 거리를 조성하는 것은 비행을 막는 효과를 크게 거둘 수 있다(곁글 7-12).

**곁글 7-12** 뉴욕시에 적용된 깨진창문 이론: 범죄에 대한 사회심리학적 접근

1980년대에 뉴욕 시에서는 연평균 2,000건 이상의 살인과 60만 건 이상의 중범죄가 발생하였다. 뉴욕 지하철에서는 매일 총기 사고가 있었고, 한 주가 멀다 하고 열차가 탈선하였으며, 차량의 안팎은 낙서로 지저분하고, 역사 바닥엔 쓰레기가 어지러웠다. 무임승차가 심해서 지하철 당국은 연간 손실 금액을 1.5억 달러로 추산하였으며, 지하철에서만 연간 15,000건이 넘는 강력범죄가 발생하였다. 그러나 1990년대에 들어서 거짓말 같게도 범죄발생률이 현저히 떨어지기 시작하였다. 뉴욕의 지역경제가 회복기에 들어서기 전이었고, 1980년대 이민자의 수는 증가하여 시민들의 평균연령도 오히려 낮아지고 있던 상황에서 범죄가 줄어든 것이다.

그 이유는 범죄를 줄이기 위해 도입한 새로운 지하철도 운영 방식의 효과로 여겨진다. 1980년대 중반에 뉴욕 지하철 사장을 맡게 된 데이비드 건은 '**깨진창문 이론**'의 신봉자로, 지하철의 환경개선 작업을 중시하였다. 그는 1984년부터 1990년까지 낙서와의 전쟁을 벌여 지하철을 깨끗하게 유지하였다. 당시 부임한 지하철 경찰서장 브래턴도 이 이론의 신봉자이었다. 그는 지하철에서 강력범죄를 줄이기 위해 무임승차를 없애는 노력을 하였다. 즉, 무임승차라는 작은 무질서가 심각한 범죄를 불러온다고 본 것이다. 그는 무임승차가 가장 심한 역을 골라 출입구에 사복경찰을 10명이나 배치하여 무임승차범들을 잡아서 수갑을 채워 역통로에 줄줄이 서 있게 만들었다. 체포된 사람들의 신원을 조회한 결과, 7명 중 1명이 과거에 저지른 범죄로 영장이 발부되어 있는 것으로 나타났고, 20명 중 1명이 각종 무기를 소지하고 있는 것으로 나타났다. 이렇게 되자 무임승차 단속이라는 시시해 보이는 일이 경찰관들에게도 호소력을 지니게 되었고, 각종 경범죄에 대한 체포가 1990년에서 1994년 사이에 5배로 뛰어올랐다. 브래턴 서장은 1994년에 뉴욕 시 경찰서장이 되어서도 동일한 전략을 채택하여 길거리 방뇨, 노상음주, 앵벌이 단속에 나섰고, 이때 뉴욕 시의 범죄발생도 현저히 낮아지게 되었다(Gladwell, 2000, 4장).

출처: Keiser et al. (2008).

이 놀라운 뉴욕 지하철의 정책 실험의 효과를 면밀하게 검토하는 연구들이 이루어졌다. 독일의 한 도시 상가에 있는 고객용 자전거 주차장에서 이 이론을 검증하였다. 깨끗한 주차장 조건에서는 벽과 바닥을 깨끗이 정리해 놓았고, 다른 주차장에는

벽에 낙서를 하여 지저분하게 만들었다(사진 참조). 주차된 자전거들의 손잡이에다 "좋은 주말을 보내세요!"라는 쪽지를 붙들어 매 놓았다. 자전거 주인이 자전거를 타려면 이를 뜯어 내야 했고, 이 쪽지를 주머니에 넣고 가는지 바닥에 버리는지를 관찰한 것이다. 깨끗한 주차장에서는 33%가, 지저분한 주차장에서는 69%가 쪽지를 바닥에 버린 것으로 나타났다(Keizer et al., 2008). 이번에는 단순히 규범을 위반하는 차원을 넘어서 범죄에 준한 행동에도 실제 이 이론이 적용되는지를 보기 위하여, 공공장소에 있는 우편함에 지나가는 사람들 누구나 쉽게 볼 수 있도록 현금 5유로가 들어 있는 편지봉투를 투입구에 물려 놓았다. 우편함이 깨끗하고, 주위가 청소가 되어 있는 상황에서는 목격한 사람 71명 중에서 13%가, 우편함에 낙서가 갈겨 있고 지저분했을 때는 27% 사람들이 돈봉투를 가지고 갔다(Keizer et al., 2008).

범죄의 발생에 대한 사회학 · 정치학적 대처는 경제적 불평등의 개선, 실업문제의 해결, 계층 간 갈등 해소, 도덕교육의 강화가 대응책이기 쉽다. 이러한 대책은 엄청난 예산의 투입을 요구한다. 그러나 상황의 영향력에 주목하는 사회심리학적 접근은 거창한 문제해결 방식을 제시하는 대신에, 사소한 일들에 주목하는 것이 효과적일 수 있음을 보여 준다.

## 요약

1. 공격행위가 획득되는 기제에는 강화의 원리가 작용한다. 그러나 공격행위의 처벌은 공격감소 효과가 없다. 처벌은 처벌자에 대한 증오감을 싹 틔우고, 행위 억제를 할 뿐 내재화가 되지 않기 때문이다.
2. 공격행위의 획득기제에는 강화, 모방 등의 사회학습이 크게 작용한다. 폭력영화에 반복적으로 노출되면 공격적 사고가 잘 활성화되고, 폭력을 정당한 상황대처 수단으로 여기게 된다.
3. 가정에서 아동은 종종 부모가 겪은 좌절과 분노의 화풀이 대상으로 취급되어 학대를 받는다. 이렇게 학대받은 아동이 폭력행위를 보일 가능성이 높다.
4. 사회의 폭력을 감소시키기 위해서는 비폭력적 문제해결의 학습이 필요하다.
5. 공격행위에 의한 정화효과는 행위자의 기대감에 의존한다.
6. 생활에서 불합리한 규범과 제도의 정비를 통해 사람들이 경험하는 좌절을 줄이는 것이 폭력의 감소에 도움이 되며, 폭력행위에 대한 처벌이 제대로 이루어진다면 폭력을 감소하는 데 도움이 된다.
7. 폭력물의 해악을 방지하기 위하여 대중매체의 폭력성을 규제하고, 폭력에 대한 대안적 해결을 모색하는 논의를 진행하는 것은 아동의 폭력을 낮추는 효과를 가져온다.
8. 사람들이 처한 물리적 환경을 깨끗하게 유지하는 것은 생활규범을 부각시켜 사회적 비행을 감소시킬 수 있다('깨진창문 이론').

## 사회의 폭력성과 문화

TV 방영물의 폭력성과 사회의 폭력성은 관계가 있는가? 이 관계성은 미국에서 두드러지고 호주, 핀란드, 이스라엘 등지에서는 적게 나타나고 있다(Segall, 1988). 이는 각 사회의 공격행위에 대한 수용적 태도가 다르며, 사회화 과정에서 폭력의 사용이 용인되거나 권장되는 문화가 있는 반면, 엄격히 터부시되는 문화가 있기 때문이다.

### 사회화 과정의 문화 차이

공격행위에 대한 대부분의 연구가 미국과 유럽에서 이루어졌기 때문에 나타난 발견들을 제대로 이해하기 위해서는 그 문화에서 이루어지고 있는 아동의 사회

**곁글 7-13** 청소년 비행의 뿌리는 가정에!

청소년들이 각종 흉악범죄를 저지르는 비율이 점점 높아지고 있다. 폭력범의 가정환경이 가장 중요한 요인으로 나타나고 있다(Henggeler, 1989). 특히 부모의 훈육 방식이 중요하다. 폭력범의 부모는 아동의 행동에 무관심하고, 체벌을 자주 사용하였으며, 체벌의 기준에 일관성이 없고, 아이들을 선도하는 식의 양육 행동을 보이지 않았다(Gorman-Smith et al., 1996).

우범 청소년은 두 부류로 구분할 수 있다. 어려서부터 비행의 싹을 키워 온 사람들과 늦깎이들이다. 일찍 범죄를 시작한 아동들의 경우에 대부분은 학대받았거나, 부모가 강압적으로 아동을 양육한 경우가 많이 나타난다. 어려서 아동이 사소한 잘못을 저질러도 부모가 크게 야단을 치고, 체벌을 가한다. 이 체벌은 아이의 잘못을 가르치려는 의도라기보다는 부모의 의지를 관철하거나, 좌절을 화풀이하거나, 다시는 그런 짓을 저지르지 못하게 하려는 강압적 수단일 뿐이다. 그래서 부모-자녀관계가 적대적인 관계로 발전하기 쉽다. 이 경우에 아동은 부모에 대한 반항으로 집 밖에서 금지된 행동을 자주 저지르며, 심각한 잘못을 저지르는 양태로 발전한다. 이렇게 되면 학교에서도 교사나 일반학생들에게서 배척당하며, 자연스럽게 다른 우범 학생들과 어울리고, 그들 사회에서 통용되는 대인관계 기술과 능력을 배워 가면서 주류사회로부터 소외되어, 결국 범죄자가 되기 쉽다. 국내의 연구에서도 부모-자녀관계가 적대적일수록 자녀의 일탈행동이 많이 발생하는 관계가 확인되었다(박영신, 김의철, 2001).

한편, 어렸을 때 부모-자녀관계에 별 문제없이 자란 아동이 청소년기에 접어들어서 독립적 정체성의 모색과 부모로부터의 심리적 독립을 모색하면서 부모와 갈등을 빚고, 비행을 저지르기도 한다. 그래서 비행청소년과 구분이 안 되거나, 그들과 어울리는 경우가 있다. 그러나 이들은 주류사회에의 적응에 필요한 대인교류 능력과 주위의 지지적 환경이 있으므로 어떤 계기를 접하면 잘못을 깨닫거나 정신을 차려서 정상생활로 복귀한다.

화 과정을 검토하고 이것이 한국과는 어떻게 다른지 생각해야 한다. 가상적 갈등 상황을 제시한 뒤 취하는 행동에 나타나는 폭력성을 분석한 12개국(서방국가와 일본, 한국) 비교연구에서 미국의 순위는 4등으로 나타나고 있다(Archer & McDaniel, 1995). 아동의 사회화 과정에 대한 6개국 비교연구(Whiting, 1963)에서 나타난 자료를 재분석한 Lambert(1971)는 부모가 아동이 보인 공격행위(이웃집 아이와의 다툼)를 다루는 것에 상당한 차이가 있음을 보이고 있다. 멕시코의 부모들이 싸우고 들어온 아동을 심하게 나무라는 데 반해서, 미국의 부모들은 대수롭지 않게 여기는 것으로 나타났다. 이러한 차이의 원인을 멕시코와 미국의 한 엄마의 진술문에서 엿볼 수 있다. 멕시코 엄마는 "이웃집 아이와 싸우고 돌아다니는 것은 있을 수 없어요. 왜냐하면 그 아이는 내 오빠의 아이이고, 이렇게 애들이 서로 싸우기나 하고 화목하지 못한다면, 나하고 내 오빠 사이가 벌어지게 되고, 그러면 더 큰 문제가 생기지요."(Lambert, 1971, p. 51) 그러나 미국 엄마의 경우에는 "우리 아이가 그 아이하고 사이좋게 지낼 수 없다 해도 문제될 건 없어요! 주위에는 친구로 삼을 다른 아이들이 얼마든지 있으니까요." 멕시코 엄마의 진술에서는 집단 내 어울림 관계의 지속성을 중시하는 가치를 볼 수 있으며, 미국 엄마의 진술에서는 개인의 선택권을 중시하는 가치를 볼 수 있다.

중국이나 한국의 경우 아동의 양육과정에서 형제들 간의 다툼은 이유 불문하고 있어서는 안 될 것으로 여겨진다. 형은 동생에게 양보하고 동생은 형의 말을 따름으로써 다툼을 피하고 어울려 지내도록 한다. 마찬가지로, 이웃집 아이와 다투어 울리거나 상처를 낸 경우, 잘잘못을 떠나서 그 아이는 훈육적 처벌을 받기 쉽다. 이러한 사회화의 특성 탓으로 내집단 성원에 대한 뚜렷한 공격적 행위는 억압되는 반면에, 수동적이거나 치환된 공격행위—말을 듣지 않고, 반항적인 눈길을 보이고, 일부러 무시하는 행위를 보이고(양미라, 한규석, 2019), 핑계를 만들고, 뒤에서 욕하고, 앙심을 품는 등—가 취해질 가능성이 많다(Denson et al., 2006).

**유목문화와 공격성** 문화에 따라 공격적 행위의 발생이 달라지는 것은 쉽게 볼 수 있는 현상이지만, 그 차이를 어디까지 문화의 탓으로 볼 것인지는 어려운 문제다. 대부분의 동서양 국가 비교에서 문화뿐만 아니라 경제적 형편, 인구밀도, 자연조건 등 수많은 특징들에 차이가 나기 때문이다. 이 같은 문제를 정리하기 위해서는 대부분의 특징이 같고 문화만 다른 집단의 비교가 필요한데, 잘 계획된 그런 연구가 미국에서 행해졌다(Cohen & Nisbett, 1994). 미국의 남부지역에 정착한 초기 이민자들은 영국의 목초지역(스코틀랜드, 아일랜드)에서 넘어온 유목인들로서 유목

서부 개척 시대의 명예 문화는 복수를 당연시한다.

문화의 특성을 지니고 있으며, 그 주요한 특징 하나는 명예를 존중하는 것이다. 농작물과 달리 가축은 도난당하면 그동안 쌓은 노력이 수포로 돌아가고 아무것도 남지 않는다. 따라서 자신들을 지켜줄 법제도가 완비되지 못한 상황에서 자위 능력을 갖추는 것은 매우 중요하며, 당했을 때는 꼭 보복을 하는 복수의 규범을 강조하게 되었다. 이 같은 문화가 명예를 중시하는 사회적 관습을 배태시켜, 미국의 남부지역에서는 총기 소지를 권장하고, 방어를 위한 살인에 대한 처벌이 약하며, 남의 도전을 받고 응하지 않는 사람을 바보 취급하는 경향이 강하다(Cohen & Nisbett, 1994). 백인 남성들에 의한 살인범죄를 미국의 지역별로 비교해 보면, 일반 살인범죄의 발생에서는 지역 차이가 없지만 말다툼이 빌미가 된 살인은 남부 지역에서 그 발생률이 현저히 높은 것으로 나타났다(Nisbett, Polly, & Lang, 1995).

남부지역의 명예 문화가 오늘날도 작동하는지를 보기 위하여, 남부와 북부 출신 백인 대학생을 대상으로 실험이 이루어졌다. 실험협조자로 하여금 참가자가 지나가는 복도에서 어깨를 부딪치도록 하고 참가자에게 "멍청이(asshole)!"이라고 욕을 내뱉고 걸어가도록 하였다. 숨은 두 명의 관찰자로 하여금 참가자들의 반응을 몰래 평가하게 하였다. 이 상황을 겪고 남부 학생들은 분노하였으며, 공격적인 생각을 많이 하였다(연구 1). 아울러, 남부 학생들은 스트레스를 받을 때 분비되는 코르티솔 호르몬 수준이 현저히 증가하였으며([그림 7-14]), 남성 호르몬인 테스토스테론의 수준도 증가하는 것으로 나타났다. 이들은 모욕을 당하고서 제3자와 악수를 나누는 상황에서 손아귀의 힘이 훨씬 강했으며, 상대를 지배하고자 하는 의도와 자세를 보이는 것으로 나타났다(연구 2). 즉, 실제로 모욕을 당했을 때 공격적인 행동이 취해질 가능성이 매우 높다는 것이다. 이 결과들은 명예 문화가 이제는 생계수단과 무관하게 되었지만 지역 문화로서 여전히 작용하고 있음을 보여주며, 모욕 → 분노 → 공격의 고리에서 문화가 차지하는 역할을 실증적으로 보여주었다(Cohen & Nisbett, 1994). 보다 최근에 고교생을 대상으로 행한 연구는 명예 문화가 작동하는 주의 고교생들은 그렇지 않은 주의 학생들에 비해서 학교에 무기를 갖고 온 사례가 많았으며, 학교에서의 총기사고도 지난 20년간 2배 이상 높았다는 것을 보였다(Brown et al., 2009). 이는 학교 총기사고의 상당부분이 자신의 정체성에 대한 위협에 직면한 보복성 동기에서 이루어짐과 아울러 지역 문화의 영향도 작용함을 말해 준다.

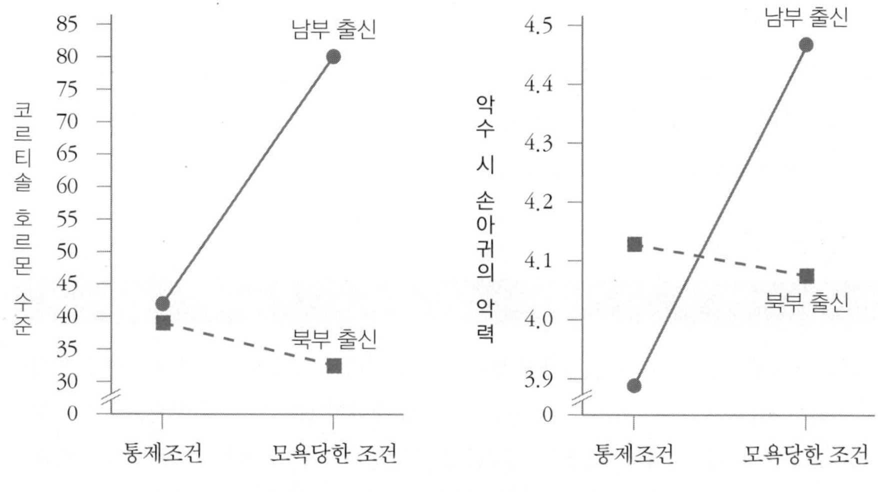


**[그림 7-14] 모욕에 대한 반응의 지역 차이**

출처: Cohen & Nisbett (1994), p. 354.

**남녀 차이와 그 의미** 공격성향의 표출행위에 있어서 어느 문화권에서나 보편적으로 나타나는 현상은 남자가 여자보다 공격적이라는 것이다(Ember, 1981; Segall, 1988). 이런 성차는 생물학적 기제에 근거한다는 설명이 제기될 수 있다. 이를테면, 남성호르몬인 테스토스테론을 원숭이에게 주입하면 더욱 공격적인 행동을 보인다는 증거가 있다(Mazur, 1985). 그러나 문화의 영향을 감안한 생물문화적(bio-cultural) 상호작용 설명이 더욱 적절하다(Mazur, 1985; Segall, 1988). 즉, 남성의 생물학적 공격성이 그를 부추키는 문화환경적 조건과 맞물려서 강화되고 자리 잡는 것이다. 대부분의 문화권에서 여자보다는 남자들이 위험하고, 힘쓰는 일을 맡는다. 이러한 성역할에 부응하여 남자는 용기와 공격적 행동을 보임으로써 남성다움을 과시한다. 이는 특히 아동들의 양육에서 성역할에 부응하여 남아들은 남성적 정체감을 갖도록 키워지므로, 사회의 폭력적 사건은 여성보다 남성에 의해서 대부분 저질러지는 것이 거의 보편적 현상으로 나타난다.

공격행동에 있어서도 남녀 간의 차이가 나타난다. 우선, 남녀 차이는 도발이 없었을 경우에 크게 나타나고, 도발이 있을 경우에는 여자도 남자 못지않게 공격적이다. 둘째, 성차는 사용하는 폭력의 유형에 있어서 많이 나타난다. 즉, 남자는 직접적인 폭력을 상대방에게 행사하는 반면에, 여자는 간접적인 폭력을 사용하여 상대방이 이를 잘 인식하지 못하는 경우도 많다. 이를테면, 상대방에 대하여 험담을 한다든가, 뒤에서 욕을 하거나, 무시 혹은 왕따를 도모하는 등의 행위가 여자들이 잘 사용하는 유형의 폭력이다. 이러한 경향은 8세 때부터 이미 나타나 15세가 될 때까지는 증가하다가 성인기에도 지속된다(Bjoorkqvist et al., 1992; Osterman et al., 1998). 셋째, 미국 자료의 분석은 부부나 이성관계의 폭력에서는 남자보다 여자가 폭력을 더 자주 사용하는 것으로 나타난다. 그러나 폭행으로 인한 상처는 남자가 더 자주 입히는 것으로 나타난다(Archer, 2000).

**곁글 7-14** 왕따현상의 이해와 대책

2000년대 들어서 초·중등학교에서 왕따현상이 심각하게 부각되었다. 왕따로 괴롭힘을 당하다가 학교를 전학하거나, 심지어 자살까지 하는 사례들이 나타나고 있다. **왕따**는 개인에 대하여 집단 내 다른 성원들이 집단적으로 따돌림을 놓아 피해자에게 상당기간 신체적·정신적 피해를 입히는 현상으로, 관계폭력이며, 신체폭력을 동반하는 경우도 많다. 이 현상은 여러 나라(일본의 **이지메**, 미국의 **불링** 등)에서 공통적으로 나타나지만, 한국의 왕따는 몇 가지 특징을 지니고 있다. 발달심리학자인 곽금주(2008)는 왕따의 현상적 특성으로 다수의 아동(한 반의 40% 학생까지)이 직접적으로 가담하는 집단성, 일단 피해자가 되면 지속적으로 피해를 당하는 지속성, 일부 비행학생에 의해서 저질러지는 것이 아니라 모든 학생들이 가해자가 될 수 있다는 일반성을 정리하고 있다. 왕따의 문제가 부각하게 된 배경적 이유는 한국의 독특한 학급환경(학생들이 반 편성이 이루어지면 1년 동안 한 교실에서 수업을 받으므로 학급 전체가 관여됨)과 집단주의 문화가 작용함을 들 수 있다.

왕따 문제를 접근할 때는 흔히 가해자와 피해자의 특성에 초점을 맞춘다. 가해자들이 어린 시절에 부부폭력을 경험하고, 아동학대를 경험한 경우가 많다고 나타나지만, 왕따의 가해학생들은 부적응학생이 아니라 오히려 일반 학생들 이상으로 영향력을 갖고 인기도 있는 것으로 나타난다(이춘재, 곽금주, 2000). 피해자의 경우에는 두 부류가 구분되는데 자신의 처지에 대한 부정적 인식을 지닌 수동적 피해자가 한 부류이고, 이들과는 달리 잘난 척하고, 타인을 무시하여 왕따를 당하는 부류가 있다. 이들은 타인에 대한 배려심이 부족하고 이기적이어서 자신이 왕따라는 것을 부인하고 다른 사람을 왕따시키려는 공격적 행동을 보여 피해자이자 가해자가 될 가능성이 높다(곽금주, 2008).

한국문화가 집단주의적 특징을 지니고 있는 탓에 왕따현상의 집단과정에 주목할 필요가 있다. 한 연구는 중학교 두 곳에서 연구에 참여한 학생 303명 중에서 가해자(및 지지자 포함) 집단이 50명, 방관자 집단이 132명, 방어자 집단이 121명으로 구분될 수 있음을 보였다. 가해자 집단은 도덕적 이탈이 크고, 또래 압력과 동조경향이 크며, 피해자를 지지하는 집단과는 여러 면에서 반대의 양상을 보였다. 가해자는 주위 아이들이 자신의 가해행동에 동조하도록 만드는 능력을 갖춘 것으로 나타나고 있다. 왕따의 가해자가 친구들과의 관계를 조절하고 이용한다는 것은 자신을 보호해 줄 친구가 있는 아동들은 왕따의 피해자가 될 가능성이 적다는 것을 의미한다. 이 연구는 방관자들의 역할도 다양하게 구분될 수 있음을 보인다(곽금주, 2008). 즉, 방관자로 통칭되는 학급의 학생들이 가해 지지자와 순수 방관자로 구분되며, 이들이 왕따현상에서 매개 역할을 하는 역동이 작용한다. 즉, 이들이 그런 역할을 하지 않으면 **왕따현상**이 나타나지 않는다는 것이다. 따라서 왕따를 해결하기 위해서는 가해자와 피해자에게만 초점을 둘 것이 아니라 교실의 다양한 구성원을 대상으로 한 프로그램이 필요하다. 피해 집단에는 대인관계 능력 향상, 자신감의 배양, 가해 집단에게는 자기조절 능력의 배양, 방관 집단에게는 공감훈련과 왕따 현상의 역동에 대한 교육 등이 통합적으로 이루어질 때 문제는 바람직하게 해결될 수 있을 것이다([그림 7-15]).

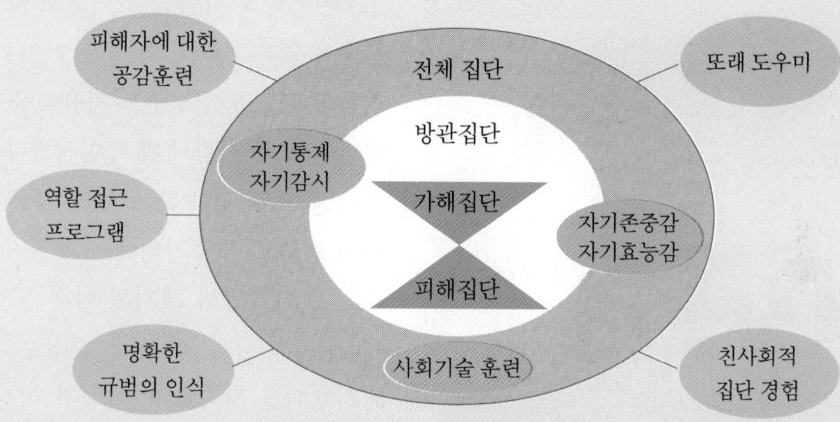


**[그림 7-15] 왕따에 관여된 집단별 왕따치유 프로그램의 유형**

출처: 곽금주(2008).

**요약**

1. 사회마다 달리 나타나는 폭력성은 해당 문화의 특성을 반영하며, 폭력이 본능이기보다는 사회적 산물임을 의미한다. 아동의 사회화 과정에서 폭력의 사용을 정당시하는 문화에서 사회 폭력은 높다.
2. 집단주의 문화권에서 폭력의 발생은 상대적으로 낮은 편이다. 이는 특히 상대가 내집단의 성원일 경우에 해당된다.
3. 유목민의 문화적 특성을 지닌 미국의 남부사회에서는 명예 문화가 존재하고, 도발을 받았을 때에 폭력은 정당한 대응수단이다.
4. 왕따현상은 대인관계를 이용한 폭력으로, 당사자들 못지않게 학급 혹은 학교의 분위기와 급우들의 동조가 조장하는 것이다. 왕따현상을 심각하게 여겨 교사들이 적극적으로 개입을 하고, 학생들이 방관적 자세를 버리는 것으로도 왕따현상은 상당히 예방할 수 있다.
5. 공격행위에 있어서 남녀 차이는 사회화 과정의 결과이며, 아버지가 아동의 양육과정에 깊이 관여하여 남성다움의 신화를 약화시키는 것도 폭력의 감소효과를 가져올 수 있다.

## 테러리즘의 이해

세계무역센터 테러

2001년 9월 11일 뉴욕의 세계무역센터(WTC) 건물이 여객기를 이용한 테러에 의해 무너져 내렸다. 세계를 경악하게 한 이 사건에 대한 응징으로 미국은 아프가니스탄을 침공하여 탈레반정권을 무너뜨렸다.

3천여 명의 사람들이 영문도 모른 채 일시에 목숨을 잃은 2001년의 뉴욕 9·11 사건은 테러리즘의 피해에서 누구도 자유로울 수 없다는 불안감을 모든 사람에게 각인시켰다. 9·11에 대한 보복으로 전개된 이라크 침공 전쟁 이후의 정세 변화로 중동지역에서 패권적 권력을 휘두르던 정치가들이 제거된 이후 등장한 IS(Islam State)는 전 세계 국가들을 대상으로 무차별적인 테러행위를 저지르며, 아동과 여성까지 자살폭탄 요원으로 동원하여 공분의 대상이 되었다. 테러리스트들은 정치군사적인 목적에서 불특정 다수의 상대국 사람의 목숨을 담보로 삼고, 공포와 살상을 야기하는 도구적 폭력을 행사한다. 도대체 테러리스트들은 어떤 사람들이며 이 행위를 어떻게 사회심리학적으로 이해할 수 있을 것인지 살펴보자. 이 분야의 연구는 대부분 무슬림 테러리즘에 관한 것들이어서 이를 중심으로 살펴보겠다.

### 테러리스트

테러리즘은 정체성이 뚜렷한 집단의 성원들이 조직의 목적 달성을 위해 무고한 사람들을 대상으로 한 살상과 납치 행위를 정당하게 할 수 있다는 믿음이다. 테러리스트들을 단순히 미친 광신론자들로 여길 수는 없다. 테러를 수행하는 단체는 집단을 위험에 빠트릴 수 있기에 정신질환이 있거나 정서적으로 불안한 사람들은 성원으로 받아들이지 않는다. 테러행위에 종사한 사람들에 대한 연구는 이들이 정신질환을 앓고 있다는 어떠한 증거도 밝히지 못하고 있다. 이들을 대상으로 범죄심리 프로파일을 구축하는 노력은 실패했다(Grimland et al., 2006). 이들은 자신의 종교에 대한 신앙심이 깊다는 것 외에 특정의 사회적 지위나 심리적 특성을 공유하지는 않는 것으로 나타났다. 이들은 자신의 개인적 문제나 꼬임에 빠진 탓에 폭탄자켓을 입는 것이 아니라 그 행위가 지닌 극적인 효과를 거두려고 목숨을 바쳐 순교한 것이다(Crenshaw, 2000). 따라서 테러리즘에 대한 이해는 행위자 개인에 대한 이해를 넘어서, 어떠한 사회심리적 기제가 작용하여 보통 사람이 폭탄자켓을 입을 수 있게 되는지를 이해해야 한다.

테러리즘이 뚜렷한 정치적 행태로 등장하게 된 배경에는 오랜 시절의 정치적 억압이라는 역사가 있다. 테러리즘 종사자들은 무슬림으로서의 강한 정체성을 지니고 있으며, 살던 고향을 빼겨 쫓겨간 피난지에서 불안정한 삶을 살고 있는 부모세대 밑에서 정상적인 교육을 받지 못하며 성장하였다. 어려운 생활을 하면서 미래의 희망을 가질 수 없는 청년들은 비참하게 사느니 민족과 공동체를 위해 싸우고, 헌신하는 가치를 교육받으면서 자란다. 팔레스타인 아동들은 장남감용 폭탄재킷을 갖고 놀며, 연예인 카드 대신 성전에서 순교한 전사들의 카드를 갖고 놀며, 자폭테러가 성공했다는 보도가 나오면 지역민들과 더불어 춤추며 환호한다. 이들에게 자살폭탄 행위는 "자살이라는 약자의 이기적인 잘못된 행위가 아니라 숭고한 순교" 행위이다(Post et al., 2003). 순교자를 영웅시하고 동경하면서, 테러리스트가 아니라 혁명을 성공시키는 위대한 전사가 되는 것을 꿈꾼다(Post et al., 2009).

**전사의 마음: 헌신적 활동가** 테러 종사자들은 '헌신적 활동가(devoted actor)'이며, 융합적 정체감과 샤리아(신정일치 사상)의 가치에 대한 믿음 두 가지를 지니고 있다(Atran, 2021). 융합적 정체감은 자신을 개인으로서가 아니라 친족과 민족, 신앙을 공유하는 큰 공동체에 융합된 존재로 여기는 것이다. 이런 사회에서 사람들은 의무감, 집단적 불패감을 지니며, 성원들은 공동체를 위해 기꺼이 희생될 수 있다는 믿음을 공유하고 있다(Swann et al., 2014). 이런 융합된 정체감은 아랍계 사람들이 보이는 집단주의 문화에서 활발한 신앙공동체의 활동을 통해서 강화된다.

둘째, 샤리아에 대한 믿음이다. 대부분의 이슬람 교도들에게 샤리아는 무엇과도 바꿀 수 없는 신성불가침한 가치로 여겨진다. IS가 퇴조한 후 점령지역이던 이라크의 모술지역에서 운영되던 막사들에 수용된 수니 이슬람 청년 70명을 대상으로 면접하면서 네 가지 가치(민주주의, 수니 독립국가, 통일된 이라크, 샤리아) 중에서 세속의 물질적인 것과는 바꿀 수 없는 가장 중요한 것을 선택하게 했을 때 50%에 가까운 사람들이 샤리아를 택하였다([그림 7-16a]; Atran et al., 2018). 2010년대 아랍의 봄 직후에 이슬람국가인 모로코의 두 지역에 거주하는 남녀 260명을 대상으로 한 조사에서 공동체와의 융합된 정체감을 느끼며, 샤리아에 대한 믿음이 강한 사람들은 자신

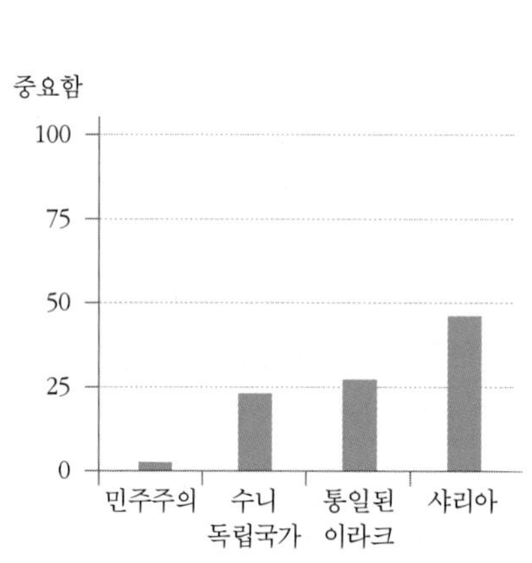


(a) 수니파 이슬람 청년이 중시하는 것

출처: Atran et al. (2018), Fig. 7.

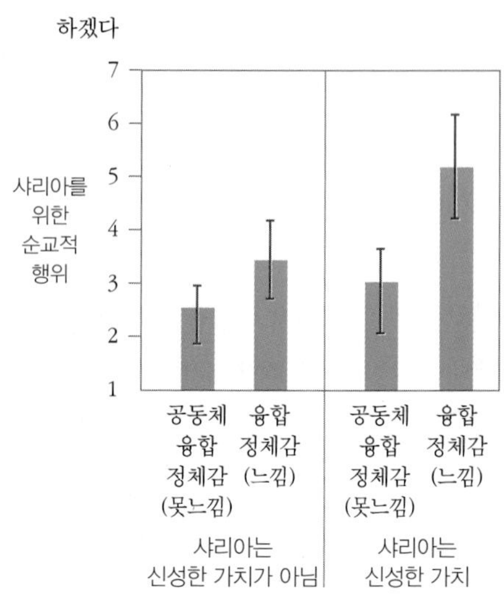


(b) 샤리아에 대한 믿음 여부와 자기희생 의도

[그림 7-16] 이슬람 전사들의 가치(a)와 자기희생 의도(b)

출처: Sheikh et al. (2016), Fig. 3.

을 희생하는 순교적 행위를 취할 용의가 척도의 중간점을 넘어 강하게 나타났다([그림 7-16b]; Sheikh et al., 2016). 실제로 전선에서 싸우는 이슬람 전사들 56명을 대상으로 전투에 나서는 의지에 주는 영향 요인을 파악했을 때, 미국에 비해서 자신들이 군사적으로 열세임을 인정하나 영적인 우월감(spiritual formidability)이 매우 높은 것으로 나타났다([그림 7-17]; Gómez et al., 2017). 이러한 결과는 샤리아에 대한 믿음과 공동체로 융합된 정체감에 더해서 자신들의 영적인 힘이 위대하다는 신념이 미국의 압도적인 군사력에도 불구하고 당당하게 자기희생적 투쟁에 나서게 함을 보여 준다.

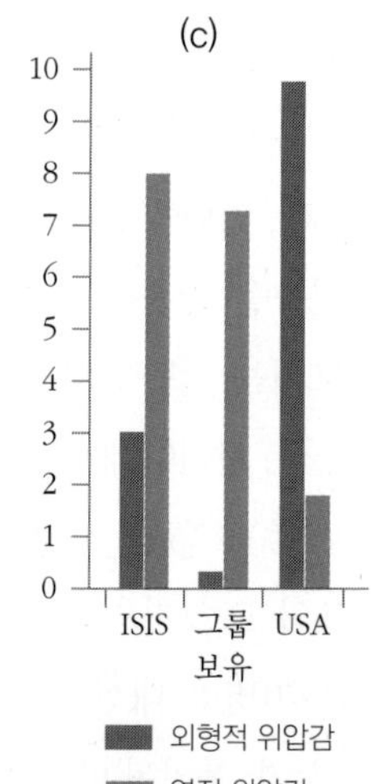


[그림 7-17] 수니 아랍전사(20명)들이 각 집단에 대하여 느끼는 외형적 및 영적으로 위압적인 힘에 대한 믿음

출처: Gomez(2017), Fig. 4의 일부.

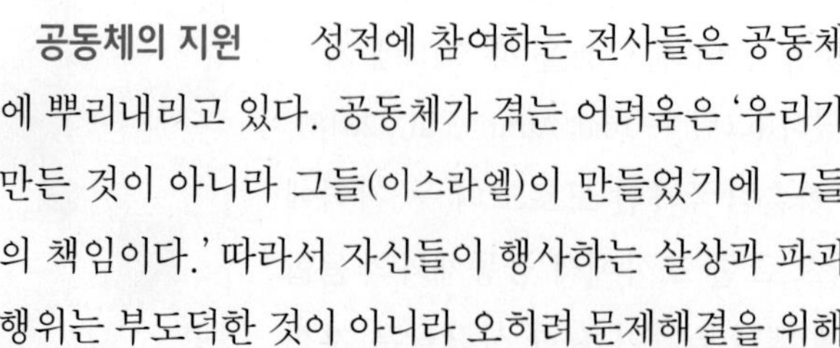

**공동체의 지원** 성전에 참여하는 전사들은 공동체에 뿌리내리고 있다. 공동체가 겪는 어려움은 '우리가 만든 것이 아니라 그들(이스라엘)이 만들었기에 그들의 책임이다.' 따라서 자신들이 행사하는 살상과 파괴 행위는 부도덕한 것이 아니라 오히려 문제해결을 위해

**하마스(Hamath)**
이스라엘과 대치하고 있는 팔레스타인의 수니파 이슬람주의 정당이자 준군사조직으로, 2007년 이후 가자 지구를 실효 지배하고 있으며 2024년 현재 이스라엘과 전쟁을 벌이고 있다.

**곁글 7-15** 테러수행자의 출현: 사다리 모형

이란계 미국 심리학자 Moghaddam(2005)은 중동지역에서 테러리스트가 출현하는 과정을 이해하는 사다리 모형의 은유를 제시하였다. 이 사다리는 다섯 개 계단으로 올라갈수록 좁아진다. 밑바닥에는 해당 집단의 성원들이 느끼는 부당한 사회현실의 인식과 상대적 박탈감이 많은 사람들에게 공유되어 있는 상태다. 특히 개인적인 박탈감보다는 소속 집단이 경험하는 상대적 박탈감이 크게 작용한다. 대부분의 사람들이 자신들의 처지가 잘못되었음을 느끼고 있으며, 그중에 일부는 첫 계단을 올라간다. 첫 계단에 올라선 이들은 사태를 변화시킬 수 있는 가능성을 시험하고, 가능한 방책을 배우고 시도한다. 합법적인 노력이나 조직의 활동으로 사태를 변화시키려는 노력을 보인다. 이 단계에서 상태를 개선시킬 가능성을 보지 못하고, 자신들이 할 수 있는 것이 없다면 일부가 또 두 번째 계단을 올라간다. 두 번째 계단에서 여전히 부당한 상태를 해결할 적법한 방법을 볼 수 없어 분노와 좌절을 느낀다면 집단의 영도자로부터 그러한 분노의 표적을 상대 집단으로 삼도록 교육받으면서, 일부가 또 한 계단을 올라선다. 이 세 번째 계단에 선 사람들은 테러 조직의 가르침과 활동 지침을 내면화하며, 비밀 조직에서 활약하면서, 동시에 일반인으로서 사회생활을 병행하는 이중생활을 한다. 자신들의 활동이 도덕적으로 정당하며 신의 가르침을 따른다는 믿음을 강화시킨다. 이들 중의 일부가 또 한 계단을 올라간다. 네 번째 계단에 선 사람들은 몸을 받치는 맹세를 하며 테러 행위를 적합한 저항 및 대항 수단으로 여기게 된다. 마지막 계단에 올라선 사람들은 충직한 조직의 성원으로 '그들-악, 우리-선'의 이분법적 사고를 하며, 순교적 임무를 수행할 뿐이라는 세뇌를 받으며 극단적 행위를 자행하는 테러리스트가 된다. 이들은 신의 뜻을 집행하며, 약자인 동포를 구하기 위한 마지막 수단으로서 특수임무를 수행한다는 사명감을 지닌다.

도덕적으로 필요한 행위로 여긴다. 부당하게 고향을 빼앗은 적에게 피해를 입히는 모든 행위는 정당하며, 그 피해가 클수록 더 바람직하다고 여긴다(Post, 2015). 다치거나, 죽거나, 포로가 된 전사들은 영웅으로 불리우며, 그들의 가족에 대한 경제적 지원과 새로운 거주처를 제공해 준다. 청소년이 하마스나 파타 같은 단체에 가입하여 활동하면 자신뿐 아니라 가족의 사회적 지위가 올라가고 가입하지 않은 청소년과는 다른 대우를 받는다(Post, 2015; 곁글 7-15).

**파타(Fatah)**
현재 팔레스타인의 집권 여당이다. 요단강 서안의 팔레스타인 지역을 지배하는 세속주의 정당으로 정교일치를 표방하는 하마스와는 정치적 대립 관계에 있다.

**증오** 테러리즘과 집단학살에는 상대집단에 대한 증오심이 중요한 역할을 한다. 상대집단을 자신의 집단이 처한 어려움과 문제의 뿌리로 여겨, 이들을 증오하며, 상대집단의 구성원(테러의 희생자들)을 비인간화시키면서 도덕적 구속에서 벗어나는 심리기제가 작용한다. 중동지역에서 테러 혐의로 수감된 34명의 테러 용의자들을 대상으로 면담한 결과, 이들은 난민으로 어려서부터 유대인에 대한 증오감을 뼈에 새기면서 자랐고, 유대인들을 제거하고 고통을 주는 것이 정의를 회복하는 일이며, 무장투쟁을 함으로써 '주체로써의 힘과 스스로의 존재감을 느낄 수 있다'고 교육받으며 자랐다(Post, 2015).

통신혁명으로 연결이 강화된 오늘날 테러집단은 인터넷과 TV를 적극적으로 활용하여 훈련 프로그램을 운영하고, 폭탄 및 독극물 사용법의 교재를 보급한다. 4800개가 넘는 누리집들이 과격한 이슬람 단체들에 의해서 운영되고 있다(Weimann, 2006). 고립되고 소외된 청년들이 인터넷으로 연결되어 조직과의 일체감을 유지하고 강화시키며 조직의 목표를 위해 폭력적인 행위까지 결행하는 것이다. 백인 우월주의자나 증오성 범죄자들은 스스로가 경제적으로 불이익을 보았거나, 미래에 대하여 비관적인 전망을 갖고 있는 자들이기보다는, 현재의 인종 간 역학관계의 불리한 변화를 두려워하여, 그러한 변화를 초래할 존재라고 여겨지는 상대집단의 사람들을 대상으로 테러 행위를 저지르는 것으로 나타났다(Green et al., 1999).

**종교활동** 팔레스타인 지역에 거주하는 대표적인 성인 남녀 1,100여 명(모두 이슬람 교인들)을 대상으로 자살폭탄 같은 행위를 용납하는지의 질문에 23%가 용납한다는 응답을 하였다. 이를 수용하는 사람들은 기도를 자주하는 신앙심이 깊은 사람이기보다는, 종교활동(집회, 예배 참여)을 충실히 하는 사람들로 나타났다. 집회 참여활동과 기도하는 빈도는 상관이 있으나 높지 않았고($r=.28$), 이슬람에 대한 신앙심의 깊이는 기도를 자주하는 사람에게서 높게 나타났으나, 집회활동의 빈도와는 무관한 것으로 나타났다(Ginges et al., 2009, 연구 1). 이 같은 양상은 샤리아에 대한 믿음의 영향을 통계적으로 제거했을 때도 나타났다.

종교활동의 영향력은 아랍인뿐만 아니라 유대인에게서도 나타났다. 한 실험에서는 팔레스타인 지역에서 갈등의 당사자들인 유대인을 세 가지 조건에 배정하였다. 기도 조건에서는 이들에게 얼마나 기도를 자주 하는지를 묻고, 집회 조건에서는 종교집회에 얼마나 자주 참석하는지를 물었으며, 통제조건에서는 이런 질문을 하지 않았다. 이들 모두에게 팔레스타인 지역의 이슬람교인을 대상으로 유대인이 저지른 1994년 총기난사(29명이 죽음) 사건의 주인공을 얼마나 영웅적인 사람으로 여기는지를 물었다. 집회 조건에서 23%, 기도 조건에서는 6%, 통제조건에서는 15%가 영웅적 행위라고 답하였다(앞 연구 3). 이 연구 결과는 신앙심 자체보다는 첨예한 분쟁 상황에 있는 사람들이 모여서 자신들의 생존을 도모하는 단합력을 키우고 공동체에 헌신을 다지는 종교 활동이 자살폭탄과 같은 극단적인 행위를 정당화시키는 것임을 보여 준다.

## 도덕성 면책

공격행동의 사회학습 기제를 밝힌 미국의 Bandura는 어느 사회에서나 사람들은 남에게 해를 끼쳐서는 안 된다는 도덕적 규범을 내면화하고 있지만, 경우에 따라서 이런 규범을 어기는 행위가 공동체의 이름으로 요구되는 것을 설명하기 위해 선택적 도덕성 면책이론을 제시하였다(Bandura, 1999, 2004). 그는 전 CIA 요원이었으며, 국제적 무기상인 Terpil에 대한 분석(Thomas, 1982)에서 대량살상용 무기와 고문의 도구로 쓰이는 장비들의 거래가 한두 사람의 냉혈한에 의해서 이루어지는 것이라기보다 많은 사람들과 이들의 연결망이 관여함을 보았다. 그는 무기거래뿐만 아니라 일반인들에 의해서 저질러지는 폭력, 집단학살, 테러리즘에는 공통적으로 도덕성 면책 심리가 작용한다고 보았다. 그에 따르면, 자기(혹은 집단)의 이익을 위해서 취한 행위가 파괴적인 결과를 초래할 수 있는 경우에 사람들은 자신의 행위가 가져올 결과에 대한 도덕적 책임을 지지 않고, 정서적으로 초연한 자세를 견지한다. 이 상태를 도덕적 면책 상태라고 한다. 우간다의 폭군이었던 아민 대통령에게 팔아넘긴 고문도구가 많은 사람들을 고문하는 데 쓰일 가능성을 생각해 보았느냐는 질문에, 무기상인 Terpil은 "다우케미칼 사의 직원들이 네이팜탄을 파는 것이 초래할 결과를 생각한다면 그 회사에 있을 수 없을 것이다. 나도 그들과 마찬가지로 내 거래가 미칠 결과를 생각하면서 장사를 하지는 않는다."라고 답한 것이 바로 이 심리를 반영한다.

**선택적 도덕성 면책 이론** 이 이론은 테러리즘뿐만 아니라 사람들이 저지르는

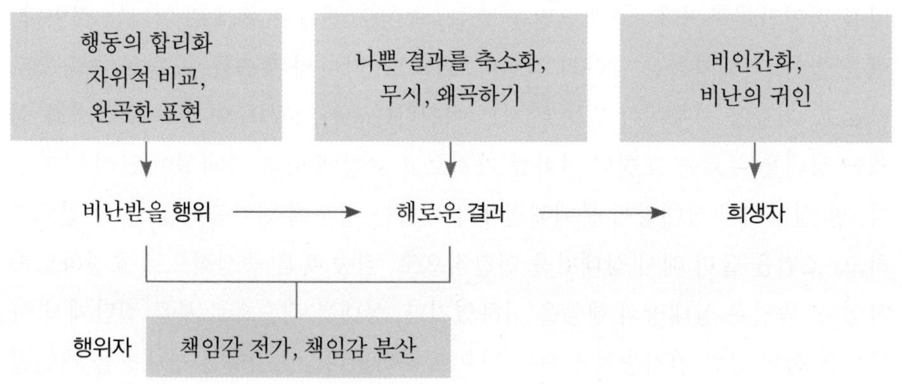


**[그림 7-18] 선택적 도덕성 면책이 이루어지는 과정**

출처: Bandura (2002).

일상의 많은 비윤리적 행위는 물론, 장기적으로 생태계를 파괴하는 결과를 초래하는 기업인들의 의사결정 등에도 적용될 수 있다. 여덟 가지 기제를 통해서 사람들은 자신과 집단의 행위를 수행하면서 도덕성의 책임을 면제하거나 경감시킨다. 이들 기제들은 작동하는 주요 범주별로 구분하여 설명될 수 있다. 우선, 행위 범주에서 주로 작용하는 기제들은 ① 행동의 합리화, ② 완곡한 표현, ③ 자위적 비교이다. 구체적으로 각기의 예를 든다면, ① 알라의 명령이라거나 이교도들의 지배에서 해방되기 위한 목적으로 테러행위를 합리화하고, ② 살상으로 희생되는 인명을 부수적인 피해(collateral damage)라고 하며, 자신들을 성전을 수행하는 자유의 수호전사라는 식으로 부른다. ③ 유대인들이 살상한 팔레스타인인의 숫자에 비하면 자신들의 작전으로 희생당하는 사람 수는 별것 아니라는 식의 비교를 한다. 결과 범주에서 주로 작용하는 기제는 ④ 행동의 결과를 축소한다거나, 무시하거나, 왜곡하는 것이다. 예를 들어 생태계를 교란시키는 축산폐기물을 방류하면서, 그 영향을 무시하거나, 시간이 지나면 자연히 복구가 된다는 식이다. 테러리즘의 경우에는 작전의 파괴력을 키워 자신들의 능력을 과장시키고, 공포를 더 강하게 유발시키기 위해 결과를 축소하는 대신에 희생자 개인(특히 아동, 여성 등의 약자나 희생자의 이름)에게 주의가 쏠리지 않게 하고, 상대의 희생이 불가피하다는 생각을 한다. 행위자 범주에서 주로 작동하는 기제는 ⑤ 책임감을 전가하거나, ⑥ 분산시킨다. 유대인을 학살하면서 알라 혹은 조직의 명령에 복종하는 것뿐이라고 여기는 예를 들 수 있다. [그림 7-18]은 도덕적 면책 심리가 선택적으로 작용하는 과정을 보여 준다.

**비인간화 심리** 도덕성 면책 이론의 희생자 범주에서 작동하는 기제는 ⑦ 피해자를 비인간화하거나, ⑧ 비난받을 만한, 죽어도 괜찮은 존재로 여기는 것이다. 예를 들어, 피해자들을 알라의 적이나, 이교도, 악마의 후손들, 음탕한 족속들로 부르고, 죄값을 치루어야 되는 존재로 여긴다(Frazer, 2023). 이 같은 비인간화 심리는 상대를 부르는 호칭의 변화를 가져오고 호칭에 따라 파괴성이 달리 나타난다. 한 실험에서 상대방이 문제해결에 실패하는 경우에 전기충격을 줄 수 있도록 하고, 조건을 달리 해서 상대방을 인간적으로, 짐승 혹은 중성적으로 호칭하도록 하였다. 똑같은 상대방의 행동을 접하였지만, 상대를 짐승으로 부른 집단에서 사람들은 훨씬 강한 전기충격을 주는 것으로 나타났다. 이 경향은 상대방을 개인별로 대할 때보다 집단으로 대할 때 더욱 심하였다([그림 7-19]).

도덕성 면책의 심리상태에서 사람들은 자신의 행위가 초래할 반사회적/비윤리

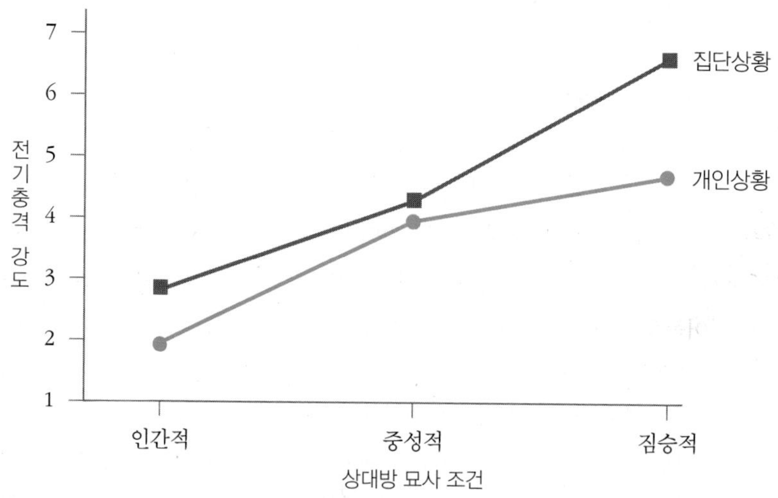


**[그림 7-19] 상대방의 비인간화와 책임감 분산이 미치는 전기의 강도**

출처: Bandura (1999): 원전은 Bandra et al. (1975).

적 결과를 그럴듯한 이유로 정당화시킨다. 무기 거래상이 상대국의 자위권 행사를 도와준다는 식의 설명을 하는 것이다. 행위의 도덕적 면책 심리가 작용하면 사람들은 자신의 행위에 대한 죄책감을 느끼지 않고, 친사회적 행위를 취할 가능성이 약해지며, 자기규제가 해이하게 되고, 상황의 영향을 크게 받는다. 이렇게 되면 자신에게 닥친 불행, 좌절에 대하여 적개심을 품고 일탈적 행위를 보일 가능성이 높아짐이 아동과 청소년을 대상으로 한 조사에서 확인되었다(Bandura, 1999). 월남전에서 캘리 중위 소대가 미라이 마을에서 500여 명의 주민을 학살하였을 때, 헬리콥터 조종사 톰슨은 그 마을에서 아기를 안고 공포에 떠는 여인을 보는 순간 두 살짜리 딸이 생각나 12명을 구해 냈다. 비인간화 심리가 인간을 잔혹한 학살자로 만드는 반면(제주 4.3 양민 학살사건에 대한 분석을 위해 권귀숙, 2002 참조; 결글 7-16), 인간화 심리는 인간을 도덕적 행위자로 변모시킬 수 있다(Bandura, 1999).

**결글 7-16 '빨갱이'의 탄생과 한국 사회**

인류사에서 보게 되면 600만의 유대인이 학살당한 홀로코스트를 비롯해서 무고한 양민에 대한 대량학살이 난징, 코소보, 르완다, 캄보디아, 제주, 우크라이나 등지에서 저질러져 왔다. 이런 학살에는 자의건 타의건 종사한 수많은 가해자들이 있게 마련이다. 이들은 자신들의 행위가 지닌 도덕성의 책임을 면하기 위해 상대를 비인간화시킨다. 비인간화는 상대에 대한 호칭을 동반한다. 상대를 '우리'와는 섞일 수 없는 '그들' '적', 폭도, 병균, 벌레, 마루타(통나무라는 일본말), 빨갱이 등으로 칭하는 것이다.

1947~1948년 해방공간에서 벌어진 여순사건에서 만여 명, 제주 4.3사건에서 2만여 명의 양민들이 학살되었다. 여순의 진압군, 제주의 토벌대는 폭도와 양민을 구별하여, 토벌대에 협조한 양민이 아니면 모두 폭도, 빨갱이로 여기고, 거세, 섬멸의 표적으로 삼았다(강성현, 2013; 권귀숙, 2002). 당시에는 빨갱이로 의심되는 자체로 양민들이 죽임을 당했다. 수많은 사람이 빨갱이라서 죽임을 당한 것이 아니라, 죽은 다음에 빨갱이가 되었다. 여순사건과 제주사건, 그리고 6 · 25전쟁 이후 남북이 대치된 상태에서 반공을 국시로 삼는 반공국가가 탄생하였으며(김득중, 2009), '빨갱이'라는 단어는 안정된 남한의 사회체제를 위협한다고 여겨지는 사람들을 지칭하는 공포스러운 단어가 되었다. 군사정권에서는 정권유지를 위하여 반체제 인사는 물론, 무고한 사람들까지도 간첩으로 둔갑시키고, 빨갱이라는 낙인을 찍어 처형하는 국가폭력을 휘둘렀다.

남북이 갈라져 대립하는 현실에서 보수정권에서 반정부적 활동에 대하여 종북몰이를 하는 것은 여전히 민심에 영향을 미치는 정치행위로 쓰이고 있다(김정인, 2014). 분단적대성의 불안심리 때문이다. 분단적대성은 북한에 대한 두려움과 더불어 어떤 일이라도 북한과 연결시켜 대상화될 수 있는 모호성을 가지고 있어서 불안한 심리이다(박재인, 2020). 과거에는 '빨갱이'란 용어가 공산주의 사상을 믿거나, 사회적인 불만을 갖고, 반정부적 활동을 하는 사람들을 지칭하며, 공포와 불안을 연상시켰다. 6 · 25전쟁을 경험한 세대에게 여전히 북한은 위협적인 존재로 빨갱이는 무조건적인 공포와 불안을 유발하는 혐오 단어다. 2017년 9월(북한의 6차 핵실험)과 2018년 4월(4.27 남북정상회담) 기간에 인터넷 상에서 북한이라는 핵심어로 검색되는 댓글에 나타난 1.4억 개의 어휘를 분석한 결과, 북한 및 분단과 관련되어 가장 우선적으로 나타나는 감정은 '혐오'와 '분노'로 나타났다(박재인, 2020). 그래서 이들은 북한 친화적인 태도나 정책에 대하여 경계심을 지니고, 진보 정당의 친북한 정책에 대하여 북한 편향적이라며 비난한다. 이들의 상당수가 진보정당이 집권하면 나라가 공산화되며, 이를 막기 위하여 거리에 태극기와 성조기를 들고 자발적으로 나서는 태극기 부대다.

그러나 1980년대 이후 태어난 세대들은 남북정상회담을 경험하고, 북한을 대화의 상대로 보는 정권을 경험하게 되었다. 무조건적인 혐오 단어인 빨갱이의 약효가 떨어지면서 '종북좌빨'이란 용어가 대두하였다. 이들은 북한을 더 이상 무서운 존재로 여기는 것이 아니라 공생해야 하는 존재 그러나 변덕스럽고 짜증스러운 존재로 여기고 있다. 여전히 보수세력은 종북몰이를 하지만, 종북좌빨이란 용어는 구태적인 이념공세로 여겨지며 짜증어린 불만을 초래하고 있다(정정훈, 2014).

**요약**

1. 테러리즘은 정체성이 뚜렷한 집단의 성원들이 조직의 목적 달성을 위해 무고한 사람들을 대상으로 한 살상과 납치 행위를 정당하게 할 수 있다는 믿음이다.
2. 테러수행자들은 정신질환자들이 아니며 보통사람이 여러 상황적 여건과 교육의 과정을 통해서 전사로 변하여 집단을 위하여 순교적 영웅행위를 한 것이라 믿는다.

3. 테러수행자들은 전사의 마음을 지닌 헌신적 활동가이다. 자신의 공동체에 융합된 존재로서 샤리아에 대한 믿음이 강하다.
4. 테러수행자들은 공동체의 지원을 받으며, 적대적인 집단에 대한 오랜 증오감정을 갖고 있다. 이들은 이슬람 신앙공동체의 종교활동에 활발하게 참여한다.
5. 테러행위를 포함하여 장기적으로 생태계에 악영향을 끼치거나 무기거래와 같은 행위에 종사하는 사람들은 자신들의 그런 행위에 대하여 선택적 도덕성 면책의 심리를 적용한다.
6. 도덕성 면책의 심리에서 사람들은 자신의 행동을 합리화시키는 여러 가지 기제(상대의 비인간화, 상대의 호칭 변경, 책임감 전가 등)를 작동시킨다.

제 8 장

# 사회의 갈등, 정의, 도덕 및 친사회적 행위

2025년 초 대통령 탄핵을 요구하는 '키세스' 시위대와 반대하는 태극기 부대가 한남동 관저 앞에서 시위 중

『국부론』(1776)을 저술하여 경제학의 아버지로 불리우는 Adam Smith는 경제 활동의 주체로서 개인이 사회의 이익(공익)을 증진시키려고 노력하는 것보다 자기 자신의 이익을 추구함으로써 사회의 이익이 더 잘 충족될 수 있다고 하였다. 그의 이런 주장은 개인적 이익 추구가 '보이지 않는 손'의 작용으로 공동선의 구현에 도움이 된다는 주장으로 받아들여지고 있다. 이 주장은 오늘날 신자유주의 경제학자들에 의해서 자유방임적 상태로 시장을 놓아두어야 한다는 논리의 바탕에 놓여 있다. 그런데 17년 전에 Smith는 『도덕감정론』(1759)이란 저술에서 남을 고려하는 인간의 품성은 천부적이며, 이것이 개인의 이익에 몰두하는 것을 억제할 수 있다고 하였다. 그가 정당한 것으로 제시한 이기심의 추구는 무제한적인 자기이익의 추구가 아니라 타인에 대한 공감과 남에 대한 배려가 작동하는 것을 전제로 하고 있다. 이기적 행동이 타인의 이기적 생활을 침해하지 않아야 하고, 그를 위해서는 사회가 정의로워야 한다. 그는 인간의 이기적 속성에 더불어 공감하는 능력을 천성으로 상정하고, 타인의 고통을 연민의 시선으로 보고, 기쁨을 공유하는 공감의 존재가 인간이라 보았다. 사람들의 이기적 행위는 타인에게 공감을 얻을 수 있어야 정당한 것이고, 공감을 얻지 못한다면 잘못된 것이므로 규제되어야 한다고 보았다(서동은, 2015).

사회생활의 모든 영역에서 갈등이 발생한다. 사회적으로는 계급갈등, 이념갈등, 지역갈등, 남녀갈등, 세대갈등 등등이 어느 사회나 있게 마련이다. 많은 갈등이 가능하다면 피해야 할 부정적인 것으로 여겨지지만 갈등은 대인관계와 사회를 더욱 성숙, 발전시키는 긍정적인 면도 가지고 있다. 갈등이 없다면 혁신적 사고나 관계의 발전도 없을 것이다. 갈등의 발생과 진행 과정, 해결책의 모색은 방대한 영역이며 중요한 주제이다. 여기서는 대인 갈등에 초점을 맞추어 발생과 진행 과정을 이해하고, 해결을 위한 준거로서 도덕과 정의의 문제를 다루고자 한다. 그 후에 협력 및 자기희생과 같은 친사회적 행위를 살펴보자.

# 사회적 갈등

## 갈등의 발생

다양한 이유 때문에 대인관계의 갈등이 발생하지만 대체로 두 가지 경우로 정리될 수 있다. 첫째는 두 사람 간의 이해 충돌로 발생한다(Deutsch, 1973). 이 갈등은 갈등의 내용이 비교적 뚜렷하며, 이해의 조정, 양보, 타협, 강압, 혹은 승부 등에 의하여 해소가 된다. 갈등에 대한 사회심리학적 연구의 대부분이 이 경우에 발생하는 갈등을 다루고 있다.

두 번째는 당사자들이 상호관계를 보는 시각이 일치하지 않거나 적절한 행위가 나오지 않을 경우다(6장 참조). 전자의 경우는 인류학자 Fiske(1990)가 서아프리카 모사이(Moose) 부족의 관찰에서 좋은 예를 제시하고 있다. Fiske는 그 부족과 함께 생활하는 동안 한 작업부에게 그들이 좋아하는 고무장갑을 선물하였다. 그런데 그 작업부는 이 선물을 받고 상응하는 답례를 하지 않았다. Fiske는 선물을 주면서 상대와의 관계를 교환관계라고 여겼지만 선물을 받은 부족민은 윗사람이 아랫사람에게 베푸는 것이므로 답례할 성질이 아닌 것으로 여긴 것이다. 이러한 관계의 규정에서 발생하는 갈등은 특히 집단주의 문화권에서 많다. 왜냐하면 이러한 문화권에서 관계는 수직적인 관계이기 쉽지만 개인 인격의 존중, 수평관계의 가치가 확산됨에 따라서 하나의 관계를 보는 여러 시각이 존재할 수 있으며, 이러한 관계의 시각은 당사자들의 편의를 도모하거나 자긍심을 고양하는 쪽으로 취해지기 쉽기 때문이다(한규석 외, 2004b). 이러한 갈등은 서로의 시각 차이를 이해하고 관계에 합의함으로써 해결될 수 있다(6장 참조).

## 협동과 경쟁의 게임 이론적 접근

이해의 갈등상황을 구별하는 틀은 여러 가지가 있으나 해결의 진행과정을 이해하는 데 중요한 통찰을 제공하는 것은 서로의 이해가 양립할 수 없는 합영상황이냐, 아니면 양립할 수 있는 비합영상황이냐 하는 것이다. 합영상황은 한정된 자원에 대하여 쌍방의 이해가 대립하여 한쪽의 이익은 그만큼 다른 쪽의 손해가 되는 상황이다.

[그림 8-1]의 I에서 각 방안의 숫자의 합은 항상 0이 되어 대표적인 합영상황을 나타내고 있다. 승패가 확실한 프로 스포츠의 경기가 이에 해당된다. 비합영상황은 양방의 갈등이 양방 모두에게 이익을 줄 수 있는 방법으로 해결될 수 있는 상황이다. 얼핏 양방은 한정된 자원을 놓고 많이 가지려고 다투는 것으로 여겨지지만 양쪽 모두가 무언가 얻을 수 있는 해결책이 존재한다. 이 상황은 II에서 보이는 상황인데 흔히 죄수의 곤경 게임(Prisoner's Dilemmer Game: PDG; 곁글 8-1) 상황이라고 불린다. 흔히들 노사갈등은 합영갈등으로 여겨지기 때문에 갈등의 진행과정이 매우 파괴적이며 쌍방 간의 적대적 감정이 협상을 특히 어렵게 만들고 있다. 그러나 모든 노사갈등이 합영적인 것은 아니다. 대부분의 노사갈등은 비합영적인 해결이 있는 상황이지만 이를 합영상황으로 접근할 때 매우 파괴적인 과정을 밟게 된다.

**곁글 8-1** 죄수의 곤경 게임

갈등상황의 분석을 위해 여러 가지 게임이 개발되어 쓰이지만 가장 많이 쓰인 것은 경제학에서 제공한 '죄수의 곤경' 게임이다. 검사가 공범 두 사람을 붙잡아 개별적으로 취조를 하는 상황에서 게임의 이름이 나왔다. 증거가 없기 때문에 검사의 기소는 두 사람의 자백에 달려 있는 상황이다. [그림 8-1]의 II에 나타난 행렬을 이용해 보자. 각 방 안에서 왼쪽 하단에 있는 숫자가 당신의 형량이고 오른쪽 상단의 수는 상대방(공범)의 형량이다. 검사는 자백을 강요하면서 두 사람 모두 자백하는 경우(D: 다른 공범을 배신함)에 수사에 협조한 대가로 1년 형을, 한 사람만이 자백하는 경우에 자백한 사람은 불기소 처분이지만, 안 한 사람은 5년 형을, 둘 다 자백을 하지 않는 경우(C: 공범끼리 배신을 안 함)에 가벼운 혐의로 3년 형을 살아야 하는 상황이다. 이 게임의 가장 단순한 형태는 두 사람 간의 상황이며 이 상황에서 각자는 C 혹은 D 중의 하나를 선택해야 하는 상황이다. 즉, 각 선택에서 각자가 얻는 소득은 두 사람의 공동작품이다. 둘이 각자 최대의 소득을 목표에 두고 있다면 C보다는 D가 합리적인 선택이 된다. 왜냐하면 각 선택이 지닌 기대가치에 있어서 D가 높으며, 아울러 D는 최악의 경우보다는 나은 소득을 줄 수 있기 때문이다. 이 선택은 또한 상대방의 어떠한 선택에 대하여도 더욱 잃을 것이 없으므로, 즉 다른 선택으로 전환할 유인가가 없으므로 양방에게 모두 균형적 상태다. 이를 발견한 사람의 이름을 따서 'Nash

균형'이라 한다. 이 균형상태는 자유주의 경제학자들이 말하는 '보이지 않는 손'의 중재가 작용하지 않는다는 것을 보여 주고 있어 흥미롭다. 즉, 시행이 거듭되는 상황에서 D를 계속 한다면 이는 C를 계속 하는 경우보다 좋은 선택이 될 수 없다. 이 게임이 흥미로운 것은 소위 합리적 판단에 의한 선택(D)이 최선의 결과를 가져다주지 못한다는 점과 사람들의 선택에 영향을 주는 다양한 요인들을 알아볼 수 있는 도구를 제공할 수 있기 때문이다.

**게임 이론** 영화를 보고 있는데 화재경보가 울리면서 화면이 불타기 시작하였다고 하자. 사람들은 저마다 살겠다고 좁은 통로로 뛰쳐 나오며 밟히는 아수라장이 벌어진다. 저마다 뛰는 이 행동을 사람들은 비난하지만, 경쟁적 선택에 해당하며, 이성적 행동이 될 수 있다. 그러나 집이 불타기 시작해서 대피할 때 사람들은 질서를 유지하며 나올 수 있다. 왜냐하면 가족의 다른 사람이 어떻게 할 것인지를 알고 영향을 줄 수 있기 때문이다(Brown, 1965, 14장). 게임 이론은 경제학에서 인간의 선택행위를 예측하기 위한 수학적인 모델을 만들기 위해 개발된 이론이다(Neuman & Morgenstern, 1944). 이 접근법에서는 복잡한 사회상황을 극도로 단순화시켜 두 사람 관계에서 각자에게 두 가지 행동의 선택을 제시하고 각자가 선택하는 행동과 그 선택에 영향을 주는 상황변수의 관계를 수식으로써 표현하려고 한다. 어느 상황에서건 행위자는 자신의 이득을 최대화하고 손실을 최소화하려는 합리적인 행동을 취한다는 가정을 바탕으로 행위를 분석한다. 둘 사이의 관계가 상호의존적이므로 각자에게 가장 유익한 행위는 어느 일방의 선택에 달린 것이 아니라 쌍방 간의 선택에 의해서 결정된다.

게임은 다양한 형태의 상호관계를 수리적으로 표현해 낼 수 있는 장점도 지니고 있다. [그림 8-1]에서 보는 바와 같이 각 칸 안의 숫자를 변경시킴으로써 게임 상황의 특성을 전혀 다르게 만들 수 있다. 이를테면, III의 경우는 쌍방의 이해가 전혀 대립되지 않고 있는 상황으로 합리적인 선택은 C-C로 D를 택할 이유가 어느 쪽에게나 없다. 그러나 IV의 경우는 문제가 다르다. C나 D나 어느 것이 다른 것보다 우월한 선택이 되지 못한다. D를 택하면 최선 또는 최악의 소득(상대방의 선택에 따라)이 초래될 수 있으므로 안정된 선택이 되지 못한다. C-C의 선택이 양방 간에 최선이라 여겨지지만 D로 전환해서 얻는 소득이 크기 때문에 균형상태가 되지 못한다. 기차가 달려오는 철길에 목을 대고 누가 오래 버티는가를 겨루는 두 사람의 경우가 이 상황에 해당한다(치킨게임).

연구목적에 따라서 얼마든지 게임 상황을 변조할 수 있다. 이를테면 쌍방 간의

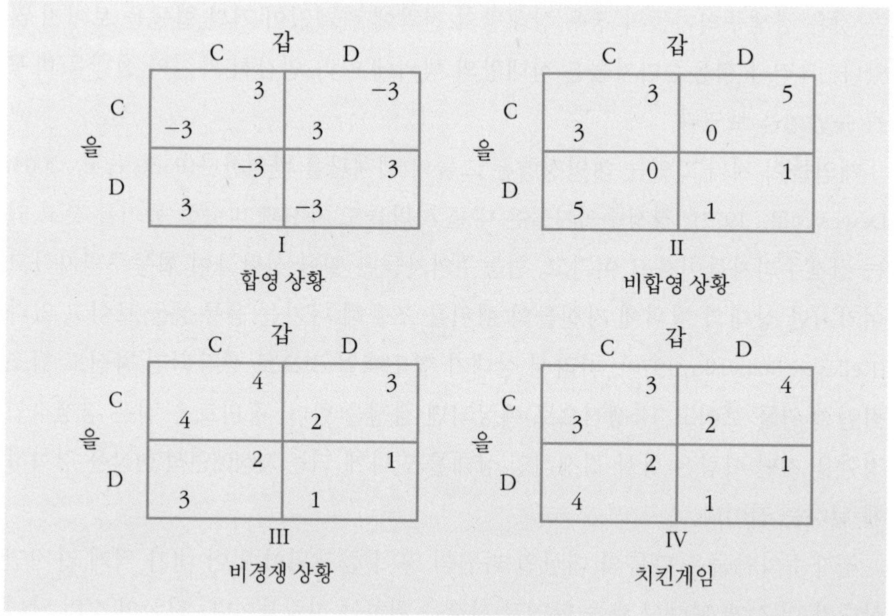


**[그림 8-1] 두 사람의 게임 상황**

치킨게임 상황에서는 C와 D 어느 것도 우월한 선택이 되지 못한다. D는 최선과 최악의 결과를 가져올 수 있다. 기차 철길에 머리를 놓고 누가 먼저 피하느냐(C)를 겨루는 상황에 비견된다.

의사소통 효과를 알아보기 위해서 의사소통의 기회를 제시하거나, 특정의 선택행위가 미치는 영향을 보기 위해서 일방을 프로그램으로 대치하여 제시하거나, 개인 대신 집단으로 게임을 하도록 하는 등이다.

## 당사자의 동기와 상황인식

**대인정향(orientation)** 사람마다 대인정향에 있어서 차이가 있고 이것은 또한 상황에 따라서 변할 수 있다. 크게 세 가지 정향이 두드러진다. 개인주의(자신의 이익을 최대화하려 함), 협동주의(쌍방의 이익을 최대화하려 함), 경쟁주의(상대방보다 많이 얻으려 함)가 그것이다. Kuhlman과 Marshello(1975)는 연구참여자의 대인정향을 이같이 구분한 후, 이들을 정해진 전략을 펼치는 상대방과 PDG를 하게 하였다. 상대방은 세 가지 중의 한 가지 전략을 시종일관 보였다. 그 하나는 되받기 전략이고, 다른 하나는 100% 협동전략, 마지막으로 100% 경쟁전략이었다. [그림 8-2]는 각 상대방을 대상으로 참여자가 보인 협동적 선택의 비율을 보이고 있다. 가장 협동을 많이 선택한 사람들은 협동주의자이고, 개인주의자 순이다. 흥미 있

**되받기 전략(Tit-for-Tat)**
첫 시행에서 협동(c)을 선택하고 다음 시행부터는 앞 시행에서 상대가 한 선택을 따라 하는 전략이다.

는 것은 경쟁주의자들의 경우 상대방의 전략에 관계없이 거의 협동을 보이지 않았다. 그러나 협동주의자들은 상대방의 행위에 따라 민감히 자신의 선택을 바꾸는 유연성을 보였다.

개인들이 지니고 있는 대인정향은 그들의 세계관을 반영한다(Parks et al., 2003; Dawes et al., 1977). 경쟁주의자들은 다른 사람들도 자신과 비슷한 동기를 갖고 있는 경쟁주의자들이라고 여기고, 협동주의자들은 일단 사람들이 협동주의자라고 여기지만 상대의 행위에 자신들의 행위를 조율해 나가는 융통성을 보이고 있다(Kelley & Stahelski, 1970). 따라서 상대가 협조적일 것으로 생각되면 자신도 협조적인 행위를 보이고, 경쟁적으로 예상되면 경쟁을 한다. 흥미로운 점은 경쟁적인 정향을 지닌 사람은 항상 경쟁적인 상대를 만나게 되는 자성예언적 현상을 경험하게 된다는 점이다.

경쟁주의자들은 다툼의 대상인 자원의 양이 한정되어 있어 내가 적게 가지면 상대가 더 갖게 된다고 보는 합영적 시각을 취하는 사람들이다. 전국의 성인 남녀 508명을 대상으로 합영적 신념(누군가의 성공은 다른 누군가의 실패를 말한다 등의 문항으로 측정)의 강도를 측정하여 분석하니, 합영적 신념이 강한 사람들은 개인주의 경향성이 높으며, 우열이나 승패의 위계적 자리매김을 당연하게 여기며, 남들과 비교를 하는 경향이 높은 것으로 나타났다(정주리, 2021). 한국을 포함한 35개국에서 조사한 연구는 합영적 세계관을 지닌 사람들이 삶의 만족도가 낮으며 긍정적인 정서를 덜 경험하는 경향이 있음을 보여 준다(Różycka-Tran et al., 2021).

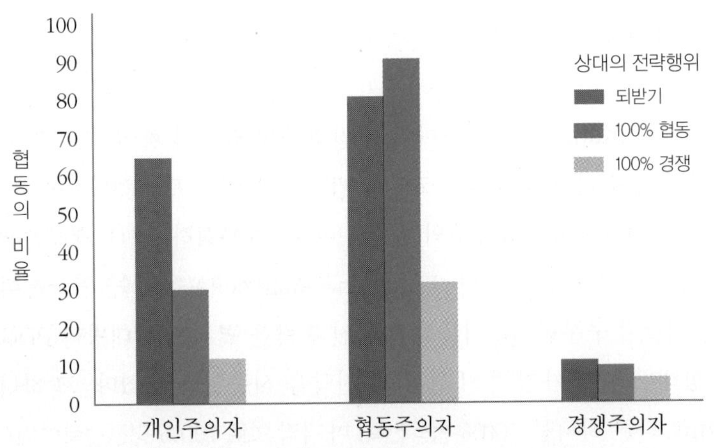


**[그림 8-2] 대인정향과 상대방의 행위에 따른 선택**

자신이 지닌 대인정향에 따라 상대방의 행위에 대한 반응이 큰 차이를 보인다.

출처: Ross et al. (1977).

**상황인식** 국내에서 이주노동자들이 한국인의 일자리를 빼앗아 간다고 여기는 합영적 시각을 지닌 사람들은 이들에 대하여 부정적인 생각과 느낌을 지니고 있다는 것이 전국조사에서 나타났다(양계민, 2010). 2022년 대선에서 드러난 20대의 남녀 표심 갈등은 성별 불평등을 해소하기 위해 도입된 페미니즘 수용적인 법과 제도가 시행되면서 많은 20대 남성들이 남성 역차별 문제가 심각하다고 여기며 페미니즘을 반대하는 국민의힘에 표를 주고, 여성들은 페미니즘을 반대하지 않는 민주당에 표를 주었다(시사In, 2022. 4. 4.). 이를 계기로 성별 갈등이 심화되었다는 우려가 나온다(류연규, 김영미, 2019; 유주연, 안현의, 2020). 세대 간의 갈등도 마찬가지이다. 좋은 일자리는 한정되어 있는데 기득권층이 내놓지 않는다고 청년세대가 여긴다면 노인세대와 청년세대가 경쟁을 당연시하게 될 것이다. 많은 경우에, 관심의 초점이 되는 자원이 한정되어 있는지 더 늘어날 수 있는지를 객관적으로 파악하기는 어렵다. 사람들의 주관적 인식으로 자원이 한정되어 있다고 믿는다면 합영적 관점을 취하기 쉽고, 자원이 늘어날 수 있다고 여기면 비합영적 관점을 취하기가 더 용이하다.

**나 알기: 한국판 제로섬 신념 척도**

당신은 다음의 항목에 대하여 얼마나 동의하십니까?

(매우 동의하지 않는다 1 ~ 매우 동의한다 7)

1. 어떤 사람들의 성공은 대개 다른 누군가의 실패와 같다.
2. 어떤 사람이 더 부유해진다는 것은 다른 누군가는 더 가난해진다는 것을 의미한다.
3. 인생은 어떤 사람들이 이익을 보면, 다른 사람들은 손해를 보게 만들어져 있다.
4. 대부분의 경우에 사람들의 이해관계는 서로 일치하지 않는다.
5. 삶은 테니스 게임처럼 어떤 사람이 이기면 다른 사람들은 지게 되어 있다.
6. 어떤 사람들이 점점 가난해지는 것은 다른 누군가는 점점 부유해진다는 것을 의미한다.
7. 다른 사람들을 위해 많은 것을 베풀면, 그 당사자는 결국 손해 보게 되어 있다.
8. 소수 사람들의 부는 다수의 희생으로 얻어진다.

출처: 정주리(2021).

1. 이해갈등의 이해를 위해서 사회과학자들은 게임 이론적 접근을 많이 취하였다. 이 접근에서는 사람들을 자기이익을 추구하는 합리적인 의사결정자로 여기며, 갈등의 진행과 해소과정을 연구하고 있다.
2. 상호관계의 구조가 합영상황인 경우에 경쟁이 불가피하나, 비합영상황인 경우에 상호협동이 가능하다. 대부분의 사회갈등은 비합영상황이다.
3. 사람들이 갈등에 임하는 동기에 따라 협동주의자, 경쟁주의자, 개인주의자로 구분할 수 있다. 협동주의자는 상대에 따라 대응을 조정하지만, 경쟁주의자는 모든 이를 경쟁하게 만듦으로써 자성예언적 현상을 초래한다.

## 현실적 갈등의 접근, 해결책의 모색

갈등의 당사자들이 상황을 합영상황으로 인식하거나, 상대방보다 최소한 더 이득을 보아야겠다는 경쟁적인 태도를 갖고 있을 때 타협이나 협동적인 선택이 나타나기 어렵다. 이 경우 쌍방 모두 잃게 된다. 갈등을 심화시키는 많은 요인들이 있다. 당사자들은 서로를 적대적으로 보고, 이기적이며, 양보를 모르며, 악의를 지닌 것으로 여기며(Deutsch, 1980; Pruitt & Gahagan, 1974), 스스로의 행위를 방어적인 것으로 여긴다. 그러나 이러한 '방어'는 상대방에게는 욕심, 경쟁적인 것으로 받아들여지고 그에 대한 스스로의 방어적 행위를 취하고 이러한 과정을 통해서 갈등은 악화된다. 이러한 갈등의 진행과정에서 나타나는 심리적 특성에 대하여 몇 가지가 밝혀졌다.

### 갈등에서 작용하는 심리

**갈등의 접근 차원** 사람들이 일상에서 경험하는 각양각색의 갈등들을 대하는 다양한 양상에 나타나는 공통적 특징이 있을까? 이를 파악하기 위해 Pinkley(1990)는 연구에 참여한 사람들로부터 그들이 경험한 다양한 갈등상황을 수집하여 이들 갈등 간의 유사성을 제삼자들에게 평가하게 하였다. 이 평가자료에 나타나는 차원을 분석하니 세 가지 차원이 나타났다. 첫 번째 차원은 관계 대 과업 차원이다. 갈등을 인간관계의 문제로 지각하는 사람들은 갈등이 관계에서 유발되었거나 관계에 영향을 줄 것으로 생각한다. 반면에, 갈등을 과업의 문제로 지각하는 사람들은 갈등이 금전이나 소유권 등과 같은 비인간적인 것에 의해 비롯되었다고 본다. 두 번째 차원은 감정 대 인지 차원이다. 갈등을 감정적인 문제로 보는 사람들은 갈등으로 인해 시기, 증오, 분노, 좌절, 고통, 배반감 등이 증가할 것이라고 생각한다. 반면에, 갈등을 인지적 문제로 보는 사람들은 갈등에 포함된 사고나, 신념, 사실 등에 관심의 초점을 둔다. 마지막 차원은 승패 대 타협 차원이다. 갈등을 승패의 관계로 보는 사람들은 어느 한쪽이 옳고 다른 쪽이 잘못했다는 식으로 접근한다. 반면, 갈등을 타협이 필요한 것으로 보는 사람들은 갈등이 당사자 모두에 의해 야기된 것이며, 갈등의 해결을 위해서는 타협이나 상호합의가 필요하다고 생각한다.

Pinkley(1990)는 협상 전문가들과 일반인들이 갈등을 지각하는 양상이 이 세 가지 차원에서 차이가 나고 있음을 보인다. 즉, 전문적인 중재자는 갈등을 과업상의 문제, 인지적인 문제, 그리고 타협할 수 있는 문제로 지각하는 반면, 일반인들은 갈등을 관계상의 문제, 감정적인 문제, 승패로 해결될 문제로 본다는 것이다. 갈등의 당사자들에게서 사안에 대한 접근에서 차이가 날 수 있지만, 사람들은 자신이 생각하듯이 남도 생각한다고 여기는 경향이 있기 때문에 갈등의 해결은 더 꼬일 수 있으며, 이 차이를 인식하는 것이 해결에 도움이 될 수 있을 것이다.

**갈등을 심화시키는 인지요소** 갈등상황에 처한 당사자들이 갈등의 해소를 위해 노력하면서도 갈등이 악화되어 가는 현상을 자주 볼 수 있다. 이렇게 악화되는 이유로 심리학자들은 당사자들이 갈등을 보는 시각에 문제점이 있음을 발견했다. 몇 가지 두드러진 인지적 오류가 잘 나타나는데 그 하나는 비양립성 오류다(Thompson & Hastie, 1990). 즉, 자신이 중요하다고 생각하는 갈등의 측면은 상대방에게도 똑같이 중요한 것이라고 생각하는 것이다. 자기중심적 사고를 하는 탓이다. 늘 쌍방 간의 이해가 항상 상충한다고 보기 때문에 자신에게는 중요하지 않지만 상대에게 중요한 것을 양보함으로써 상호이익을 얻을 수 있는 가능성을 인식 못한다. 피부 보습에 관심 있는 언니와 허기진 동생이 오렌지를 서로 갖겠다고 다투는 경우에 각자 자기의 관심사를 상대방에게 투영하기 쉽다. 그러나 언니는 껍질을, 동생은 과육을 원하는 것을 안다면 갈등은 사라진다. 합영상황의 인식을 비합영상황으로 바꾸게 된 것이다.

둘째는 투명성 과장 오류다. 이는 자신의 목표와 동기를 상대방이 잘 알고 있으리라는 생각이다. 그래서 자기가 강하게 나가더라도 타협하려는 마음을 지니고 있음을 상대방이 모를 리 없다고 생각한다. 이 경우 잘못된 기대를 하게 되며, 갈등이 악화될 소지가 크다(Vorauer & Claude, 1998).

셋째는 거울적 사고다. 2001년 뉴욕의 9 · 11 테러가 나자 부시 대통령은 악마(evil)의 짓거리라 표현하고, 응징을 다짐하였다. 그런데 빈 라덴 측에서는 이미 미국을 제국주의 악마로 여기고 있었다. 이것이 거울적 사고이다. 이는 스스로를 옳다고 여기고, 옳은 자기에 반대하는 상대는 악할 수밖에 없다고 여기는 흑백론적 사고가 갈등상황에서 나타나기 때문이다. 흥미로운 연구에서 타고니아와 나발리아라는 가상적인 국가의 시민 역을 학생들에게 배정하고, 다양한 갈등 해소 행위의 효과를 평가하게 하였다. [그림 8-3]에서 보이듯이, 자기네가 취할 경우 강압적인 행동이 유화적인 행동보다 더 효과적이라고 여기지만, 상대방이 취하는 경우에는 오히려 유화적인 행동이 더 효과적이라 생각하였다. 실제 상황에서 사람들은 자신들에게 취해지면 용납하지 않겠다는 행동을 상대방에게 취하는 것이다.

넷째는 소박한 현실론(Robinson et al., 1995)이다. 사람들은 자신의 견해는 객관적이고 현실을 직시하고 있지만, 상대방은 그렇지 않다고 여긴다. 이 같은 인식은 자신이 남들보다 공평하고 정의로운 면이 많다고 생각하는 경향과 맞물려, 스스로를 도덕적으로 정당화시킨다. 이는 특히 지배적인 위치에 있는 사람 혹은 집단에서 강하게 나타난다(Keltner & Robinson, 1997). 이를테면, 대학생들에게 5분의 시간을 주고, 공평한 사건을 회상해서 쓰라고 하고서 그 사건의 주어를 '나' 또는 '다른 이들'로 시작하게 하였다. 그 결과, '나'로 시작하는 경우는 공평한 행위가

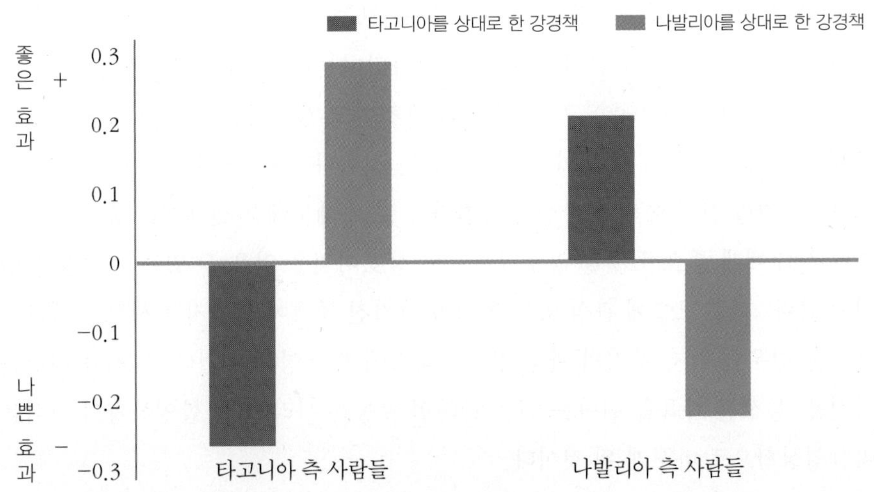


**[그림 8-3] 갈등상황에서의 거울적 사고**

쌍방 모두 상대에게는 강경책이 효과 있으나 자신에게는 효과 없다고 여긴다.

출처: Rothbart & Hallmark (1988).

**표 8-1** '나' 또는 '다른 사람'이 행한 불/공평한 사건의 수(5분 동안의 회상)

| 공평한 사건의 수 | | 불공평한 사건의 수 | |
|---|---|---|---|
| 나 | 다른 사람 | 나 | 다른 사람 |
| 4.2 | 2.9 | 2.7 | 4.3 |

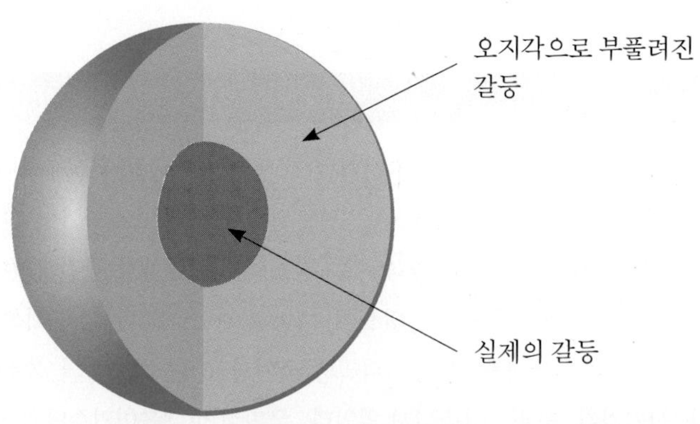


**[그림 8-4] 갈등상황의 인식**

출처: Myers (1993), p. 558.

많이, '다른 이들'로 시작하는 경우는 불공평한 행위가 많이 기록되었다. 사람들은 그러나 똑같은 행위라면 주체가 누구이든 관계없이 공평한 것은 공평한 것으로 불공평한 것은 불공평한 것으로 판단하는 것으로 나타났다. 다만, 행위의 주체가 '나'라면 공평한 행위를 더 많이 하고, '다른 이들'이라면 불공평한 행위를 더 많이 하는 것으로 여기는 것이다(Messick et al., 1985).

이같이 갈등상황의 인지적 오류들은 당사자 모두에게 공통적으로 나타나면서 갈등을 심화시키는 역할을 한다. 이러한 인지적 특성을 이해하지 못할 때 갈등이 심화, 증폭될 수 있다. 실제로 많은 갈등은 쌍방 간의 실제 이해관계의 대립을 둘러싼 오해와 왜곡된 인식 탓으로 실제보다 훨씬 크고 어렵게 부풀려진 상태로 인식된다([그림 8-4]).

**갈등상황에서의 인지 통합성** 중요한 사안이 걸린 갈등을 잘 해결하려면, 상황에 대한 면밀한 분석과 다양한 정보의 통합적 조정이 필요하다. 그러나 사람들은 심한 스트레스를 받는 상황에서는 타성적인 생각이나 관행에 많이 의지하여 판단하기 쉬워 갈등을 더욱 꼬이게 한다. 국가나 회사의 정책결정자가 펴 나가는 정책은 입안자의 능력과 사고의 통합성을 반영한다. 이러한 정책은 가용한 정보의 통합이 잘 이루어진 바탕 위에서 입안될 때 성공가능성이 높다. 통합이란 두 가지 면모를 구비하여야 하는데 그 하나는 변별과정이다. 이는 현안문제의 중요한 특징과 차원을 파악하고 구분해 내는 과정이다. 이러한 변별이 선행됨으로써 예상되는 것에 대한 대책이 준비될 수 있다. 두 번째는 이들 변별된 특징과 차원을 다루는 통합과정이다. 사고의 통합성 수준과 정책의 성공의 관계를 조사한 연구는 한

**곁글 8-2 사고의 통합적 복잡성과 정책의 입안**

국내에서 1998년의 IMF 사태가 발생한 즈음에 진행된 대통령 선거 기간 동안에 신문의 사설과 각 정당의 당보를 통합적 복잡성의 면에서 분석한 연구(구자숙, 김정현, 1999)는 외환위기 의식이 고조되면서 신문 사설의 통합적 복잡성 수준이 급격히 낮아졌으며, 구제금융 신청 직후에는 더욱 낮아지는 추세를 발견하였다. 대통령 선거도 영향을 주어, 선거기간 중에는 통합적 복잡성이 가장 낮았으며, 대통령 취임 이후에 점차 회복되는 것으로 나타났다. 여야의 정권교체를 전후한 당보의 분석을 보면, 한나라당(국민의힘 당의 전신)의 경우에 통합적 복잡성이 선거패배 후에 낮아졌으나, 선거기간 중에는 감소되지 않았다. 국민회의(더불어민주당의 전신)의 경우에 야당시절에는 통합적 복잡성이 높았으나, 선거기간에 급격히 낮아졌다가, 집권 후에 다시 높아졌다.

사고의 통합적 복잡성은 처해 있는 위치에 따라서 비교적 일관된 경향을 볼 수 있는데, 미국에서 보수적인 집단으로 여겨지는 상원의원들과 대법원 판사들의 의견, 성명문, 판결문들을 통합성의 차원에서 분석한 결과, 이들은 진보적인 의원들에 비해서 통합성이 떨어지는 것으로 나타났다(Tetlock et al., 1992). 국내에서도 야당, 중도적 진보집단에서 통합적 복잡성이 가장 높은 것으로 나타나고 있음을 알 수 있다([그림 8-5]).

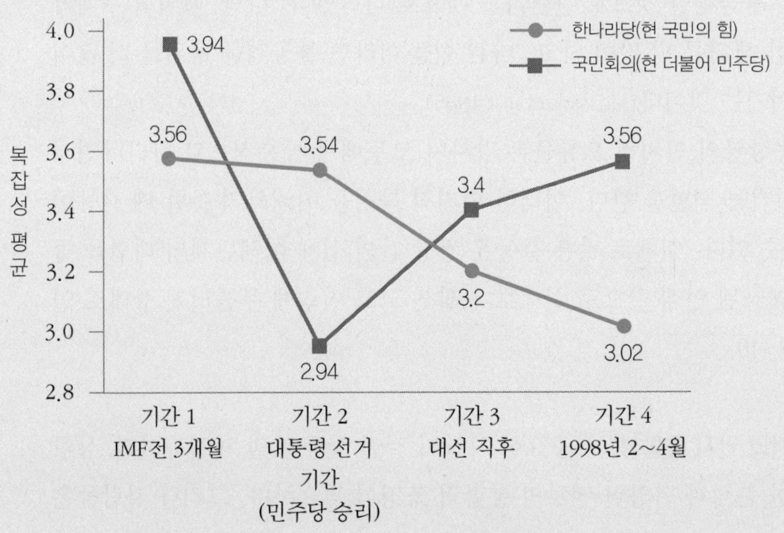


**[그림 8-5] 대선 기간별 당보의 평균 통합적 복잡성**

출처: 구자숙, 김정현(1999).

국전쟁이 발발하기 전에 미·소 간의 수뇌진들이 주고받은 통신은 통합성이 매우 떨어진 반면에, 쿠바 미사일 사건 당시 미·소 양국의 수뇌들은 통합성이 높은 성명을 발표하였음을 보였다(Suedfeld & Tetlock, 1977; 곁글 8-2).

## 갈등상황의 해결 모색

갈등상황을 해결하기 위해서 사람들은 다양한 행위를 취한다. 이러한 행위가 지닌 효과를 두 가지 측면에서 볼 수 있다. 하나는 자신에게 돌아오는 결과에 대한 관심(고, 저)이고, 다른 하나는 상대방에게 돌아가는 결과에 대한 관심(고, 저)이다(쌍방관심 모형; Rubin et al., 1994). 자신에 대한 관심이 크다면 요구를 강하게 하며, 쉽사리 양보를 할 수 없다. 상대방에 대한 관심이 크다면, 상대방의 요구를 긍정적으로 검토하며, 양보 가능한 것이 무엇인지를 검토한다. 두 가지 관심이 모두 높다면 쉽게 양보할 수 없고 양쪽을 만족시키는 해결책을 모색하는 문제해결적 대안모색이 나타나며, 두 가지 관심이 모두 낮다면 갈등을 회피하거나, 관계를 단절하거나, 방관하는 행위가 나타날 것이다([그림 8-6]).

갈등상황에서 해결을 모색하는 많은 행위들이 취해지고 있다. 협상, 중재, 조정, 타협 등등이다. 이들 중에서 악화된 갈등에서 효과적인 몇 가지를 알아보자.

**GRIT** 쌍방의 갈등이 매우 심한 경우에 타협은 어렵다. 타협이란 양보를 전제하는데 이쪽의 양보적 자세는 상대방에게 이용당할 뿐이라는 생각 때문에 국면은 긴장일로로 진행하기 쉽다. 이 상황은 특히 서로를 불신하고 적개심을 지닌 경우

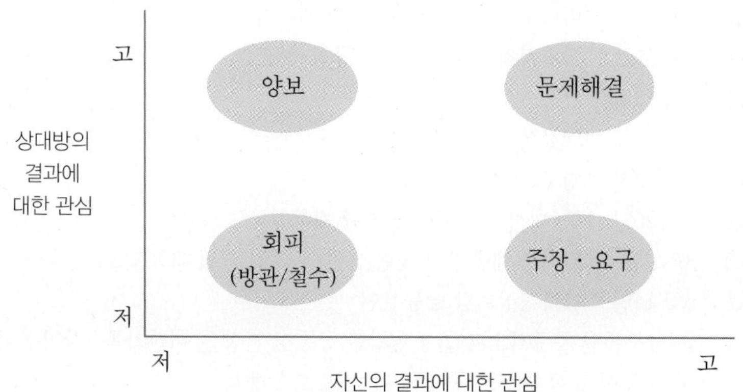


**[그림 8-6] 갈등 대처 행위의 쌍방관심 모형**

출처: Rubin et al. (1994).

GRIT
Graduated Reciprocation in Tension Reduction의 약어이다. 최근에 항간에서 이야기되는 그릿(Grit)은 열정과 끈기라는 의미의 영어 단어로 Duckworth라는 심리학자가 성공을 위한 열쇠로 제시하고 있는 것과는 전혀 다른 내용이다.
최근에 성공하는 사람들의 특징으로 거론되는 그릿(Grit)과는 구별된다. 그릿은 장기적인 목표를 달성하고자 열정을 갖고 어려움을 인내하는 성격적 특징이다.

에 더욱 심하고 국면을 전환시킬 수 있는 묘책이 전혀 없는 것으로 여겨진다. 제2차 세계대전 후 미 · 소 간의 긴장이 고조되어 포성 없는 전쟁을 하면서 쌍방은 전략무기 개발에 많은 국력을 소비하고 있었으며 쿠바 미사일 사건 등 첨예한 대립이 진행되었다. 심리학자 Osgood(1962)은 이러한 상황을 벗어나는 방책으로 긴장의 점진적 감소책(GRIT)을 제시하였다. 이 방책은 여러 가지 일련의 행위로 구성되어 있다. 요체는 일방적일지라도 갈등이 해소되기를 바란다는 것을 명백히 하고 그 과정을 밟아 나가는 것이다. 상대방이 호응한다면 더욱 진일보된 해소 행위를 취하고 호응이 없더라도 이를 빌미로 자신의 해소 행위를 중단해서는 안 된다. 그러나 상대방이 호응을 하지 않고 오히려 선의를 이용하려 든다면 즉각 그에 대응하는 행동을 보일 수 있어야 한다. 이러한 방식이 지닌 여러 요소들(일방적 선언, 해소책의 단계적 실천, 대응적 합의, 응징력의 구비 등)이 합쳐서 긴장해소에 이바지한다는 점은 PDG를 이용한 실험실 연구들에서 잘 나타났다(Lindskold, 1981).

김대중 정부가 북한에 대하여 취했던 '햇볕정책'의 진행과정은 북한의 반응이 미온적이었지만 GRIT과 유사한 점을 많이 지니고 있었다(〈표 8-2〉). 이러한 접근

**표 8-2** 햇볕정책의 진행과정

| 연도 | 날짜 | 내용 |
|---|---|---|
| 1998년 | 2월 25일 | 김대중 대통령 취임사에서 햇볕정책 천명 |
| 1998년 | 4월 11일 | 베이징 남북당국 대표회담 개최 |
| 1998년 | 6월 22일 | 동해 속초 지역에 북한 잠수정 발견 |
| 1998년 | 9월 1일 | 중국매체, 북한 미사일 발사 보도 |
| 1998년 | 10월 27일 | 정주영 씨, 소떼 몰고 2차 방북 |
| 1998년 | 11월 18일 | 금강산 관광선 18일 첫 출항 |
| 1998년 | 12월 18일 | 북한 반잠수정 침투 격침 |
| 1999년 | 3월 11일 | 비료 10만 톤을 북에 무상지원 |
| 1999년 | 5월 6일 | 햇볕정책에 미 · 일 · 북 동참 촉구 |
| 1999년 | 6월 15일 | 남북 서해교전 발생 |
| 1999년 | 6월 22일 | 금강산 관광객 억류사건 |
| 1999년 | 6월 22일 | 정부 '대북사업 재검토' |
| 1999년 | 9월 26일 | 북, 미사일 시험발사 중단 재확인 |
| 2000년 | 3월 9일 | 김대중 대통령 베를린 선언: 北지원 늘려 대화 유도 |
| 2000년 | 6월 14일 | 남북정상회담 공동선언<br>① 남북통일 자주적으로 ② 통일방안 공통성 인정 ③ 이산가족-장기수 해결<br>④ 각 분야 교류 활성화 ⑤ 당국 간 대화 조속개최 |
| 2000년 | 7월 31일 | 1차 남북장관급회담 공동보도문 발표 |
| 2000년 | 8월 15일 | 이산가족 첫 상봉 |

법이 실제로 미 · 소 간의 대립국면에 적용된 적이 있다. 미 · 소 간의 긴장은 쿠바 미사일 사건으로 위험한 지경까지 갔는데 1963년에 케네디 대통령이 아메리칸 대학의 졸업식장에서 '평화를 위한 전략'이라는 선언적 연설을 하면서 반전되는 과정을 밟았다. 케네디는 연설과 함께 대기권에서의 일체 핵실험을 일방적으로 중지시켰다. 이 연설은 '미국의 소리'를 통해 소련 땅에 중개되었고 일간지에도 전문이 개재되었다. 이에 흐루시초프 소련 수상은 전략폭격기 생산을 중지하는 것으로 응답했고 뒤이어 양국 간의 통신망이 제네바에 개설되었고, 우주개발에 상호 협력한다는 제안이 이루어졌다. 이어서 미국의 양곡을 소련에 수출하는 진전이 이루어졌고, 미국의 시카고 등지에 소련 영사관이 설립되었으며 양국 간의 여행객 수가 급증하는 등 긴장완화의 분위기가 무르익게 되었다(Etzioni, 1970).

**중재** 쌍방 간의 갈등이 해결 기미를 보이지 않고 교착 상태에 있을 경우에 제3자의 중재에 의해서 해결책을 모색하는 방식이 많이 채택되고 있다. 이 중재는 상대방에 의해 양보를 강제 당하는 것이 아니라 중재자에 의해서 권고받는 형태를 취함으로써 당사자들의 체면을 유지시키며(Pruitt, 1981) 타협책을 끌어낸다. 상대방이 제시하면 바로 거부될 안도 중재자가 제시하면 거부할 수 없는 경우가 많다. 이는 중재자를 불신하는 것으로 여겨지면 갈등해결 의지가 없는 것으로 여겨지는 탓이다. 중재자들은 당사자로 하여금 갈등의 왜곡된 모습을 제대로 보게 함으로써 '승-패'의 접근 대신에 '승-승' 접근의 가능성을 보도록 해 준다. 그렇게 하기 위해서 중재자들은 상대방의 이해관계를 직시하도록 정보를 제공하고 갈등을 보는 시각을 변화시키는 노력을 한다(Thompson, 1991). 종종 갈등의 당사자로 하여금 자신들의 요구의 우선순위를 매기도록 함으로써 중요한 문제점에서 갈등의 양립성이 없음을 발견할 수 있다. 이 경우에 쌍방 모두가 만족할 만한 통합적 결과를 얻을 수 있다(Schulz & Pruitt, 1978).

**요약**

1. 사람들은 갈등을 심화시키는 인지요소를 지니고 있어 갈등을 실제보다 더 악화시키는 경우가 많다. 서로의 이해가 양립할 수 없다는 비양립성 오류, 자신의 의도를 상대가 잘 알고 있다는 투명성 과장 오류, 흑백론적 사고가 나타남으로 생기는 거울적 사고, 자신이 상대보다 객관적이고, 공평하며, 현실을 직시하고 있다는 소박한 현실론 등이 그러한 인지 오류들이다.

2. 갈등행위의 쌍방관심 모형은 자신과 상대방에게 돌아오는 결과에 대한 관심의 크기에 따라 네 가지 유형의 갈등행위를 분류한다. 갈등에 대한 만족스러운 해결은 두 가지 관심이 모두 높은 경우에 문제해결과정을 통해서 얻어질 가능성이 높다.
3. 심각한 갈등의 해결을 위한 방법으로 공동목표의 수행, 긴장의 점진적 감소책(GRIT), 중재 등이 있다.

## 사회정의

사회생활에서 갈등은 불가피하다. 갈등의 발생을 줄이고, 해결하는 가장 중요한 기제는 공정성과 도덕성 준거다. 이 두 준거에서 사람들은 다른 사람들의 행위와 정부의 정책을 판단하고, 잘못되었을 때 분노하고 절망하며, 바로 잡으려는 열망과 행동을 보인다. 사람들은 정의롭고 도덕적인 사회에서 살기를 바란다. 2010년 국내에 출간된 『정의란 무엇인가』(Sandel, 2010)라는 학술서적이 초장기 베스트셀러로 2백만 부 이상 판매되는 기현상을 보인 것은 한국 사회가 불공정하다는 인식이 지배적인 세태를 보여 주는 것일게다. 한국 사회에서 정의에 대한 열망은 각종 시민운동으로 표출되어 정권의 흥망에 큰 영향을 주어 왔다.

2019년 개봉된 영화 〈기생충〉 (봉준호 감독)은 양극화된 사회계층의 주거현실과 갈등의 보편성을 보이면서, 미국 아카데미 작품상과 감독상을 수상한 최초의 한국영화가 되었다.

더욱이, 사람들의 바람과는 반대로 갈수록 심해지는 빈익빈 부익부 현상으로 계층의 양극화가 모든 나라들에서 진행되면서, 불평등과 불공정의 인식이 큰 사회문제로 대두되고 있다. 어떤 사회가 정의로운 사회인가에 대하여 학자들도 상당한 이견을 갖고 있다. 비록 현대 사회는 다양한 신념과 계층의 사람들이 살고 있지만, 사람들에게 널리 받아들여지는 정의와 불공정의 판단이 어떻게 이루어지고, 그러한 인식과 판단에 영향을 미치는 요인들이 무엇인지를 살펴보자.

### 현대 사회의 정의

도덕을 철학의 영역으로 복권시키며 사회철학의 영역을 연 것으로 평가받는 철학자 Rawls(1971)는 그의 『정의론』에서 사상체계의 제일 덕목이 진리라면, 정의는 사회제도의 제1 덕목이며, 이론이 아무리 정교하고 간명하다고 할지라도 그것이 진리가 아니라면 배척되고 수정되어야 하듯이, 법이나 제도가 아무리 효율적이고 정연할지라도 정당하지 못하면 개혁되거나 폐기되어야 한다고 주장하였다. 그는 정의로운 사회를 기회가 평등하게 주어진 사회로 규정하고 있다. 민주사회에서 개개인은 전체 사회를 위한다는 명목으로 유린될 수 없는 정의의 불가침성(inviolability)의 보호를 받는다. 다수가 누릴 보다 큰 이득을 위해서 소수에게 희생을 강요하는 것을 정의는 용납할 수 없다. 그러므로 정의로운 사회는 평등한 시민적 자유가 이미 보장된 사회이다. 이러한 정의관에서 보면 다수의 행복을 위해 소수의 희생은 불가피하다는 최대 다수의 행복을 추구하는 공리주의적 정의관은 잘못된 것이다. 그는 정의의 원칙에 사회가 합의하는 것이 중요한 문제라며, 정의로운 규칙을 끌어내기 위해 두 가지 전제를 제시한다. 첫째는 사람들이 자신의 이익만을 추구하는 상호무관심적 합리성이고, 둘째는 서로의 불평등한 조건(자질, 능력, 재산, 배경 등)에 대하여 무지한 상태(무지의 장막)를 요구한다. 이런 상태에서 모두가 수용할 수 있는 계약을 맺는다고 하자. 기득권을 지키고자 성평등정책에 반대하는 남자들이라도 무지의 장막에서는 평등을 주장하는 것이 합리적이 된다. 즉, 사람들은 유리한 사람의 이익을 최대화시키기보다는 불리한 사람의 피해가 최소가 되는 원칙을 공정하다고 받아들인다. 이 원칙은 모든 사람이 받아들일 수 있는 최소 조건의 정의이며, 적용 출발의 문제이지 적용 결과의 문제는 아니다. 즉, 절차적 정의관이다. 따라서 정의로운 사회는 기회가 균등하게 적용되는 사회다. 그러나 기회가 균등하다고 해서 출발선상에 있는 사람들이 모두 같은 조건은 아니다. 저마다 신체적 · 경제적 여건이 다르기 때문이다. 따라서 불평등은 출발선상에서 이미 작용한다. 이런 불평등을 조정하기 위하여 최소한의 차등의 원칙이 필요하다. 『장애인고용촉진법』과 같이 특별한 처우가 최소 수혜자에게만 허용되게끔 제한적으로 적용되어야 한다. 사회 돌아가는 것이 정의로운지를 판단할 때 사람들은 결과와 과정의 공정함을 모두 중요하게 여긴다. 결과는 분배적 정의의 문제이고, 과정은 절차적 정의의 문제이다. 불공정하다고 여길 때 사람들은 불만을 느끼고, 정의를 회복하려는 심리와 활동을 보인다.

롤스(John Rawls, 1921~2002)

John Rawls는 분석철학이 풍미하던 20세기 영미 철학계에서 사회철학과 윤리학을 되살렸다는 평가를 받았다. 미국에서 태어나 1950년 프린스턴 대학교에서 철학박사학위를 받은 후 1962년부터 하버드 대학교 철학과 교수를 지냈다. 그는 1958년 '공정으로서의 정의'라는 논문을 발표한 뒤 『정의론』을 1971년에 발간(1991년 수정판)하였다. 이 책은 출간과 동시에 20세기를 대표하는 고전의 반열에 올랐다.

2023년 무리한 수색작업으로 사망한 채 해병의 사망사건을 수사한 박정훈 대령 수사단장이 항명죄로 공수처의 수사를 받게 되자 해병대 전우회가 공정한 수사와 법집행을 주장하며 시위하고 있다.

## 분배의 정의

사람마다 자기의 이익을 추구하는 것이 당연하게 여겨지므로 이를 규제하며, 마찰을 최소화시키는 방향으로 사회는 분배의 규범을 발전시켜 왔다. 예를 들어, 최후통첩 게임을 보자. 당신에게 만 원이 주어지고 이것을 실험에서 처음 만난 상대방과 나누는데 어떻게 나눌지는 전적으로 당신의 결정에 달려 있다. 다만, 상대는 자기에게 배정된 몫을 거부할 수 있고 그리되면 아무도 돈을 못 갖는 상황이다. 당신은 얼마를 상대에게 주겠는가?

여러 연구들에서 대부분의 사람들(71%)은 40~50%를 짝에게 주는 것으로 나타났다(Fehr & Schmidt, 1999). 이 결과는 자기이익을 추구함에 있어서도 공평의 규범이 강하게 작용함을 보여 주는 것이다. 더우기 사람들은 자신이 과다하게 받는 것보다는 덜 받는 부분에 대하여 예민하게 반응하며(Greenberg, 1996) 이를 알고 있기에 자기 욕심만 챙기는 일은 매우 드물다.

**분배의 세 규범** 가장 많이 받아들여지고 있는 분배의 규범은 형평의 규범, 균등의 규범, 필요의 규범이다(Deutsch, 1975). 기여한 만큼 수확하는 형평의 규범이 제1규범으로 여겨졌으나, 여러 연구들에서 형평의 규범은 공적인 영역, 일의 영역에 주로 적용됨이 드러났다. 성과급이나 올림픽 메달처럼 힘과 능력을 가진 사람들이 선호하는 규범이기도 하다(Cook & Hegtvedt, 1986). 균등의 규범은 관여한 사람들이 똑같이 수확하는 규범이다. 친구 및 동료들 간에 기여를 구분하기가 어렵거나, 기대하지 않던 수확, 사례비, 격려금에 대한 분배에 많이 적용된다. 필요의 규범은 기여도와 관계없이 필요한 사람이 필요한 만큼 수확을 하는 규범이다. 가족 내 혹은 자선단체의 활동에 국한되어 적용된다.

일상에서 많이 채택되는 형평과 균등의 규범에 대한 비교연구는 규범의 채택이 자원획득의 불확실성과 깊은 관련이 있음을 보이고 있다. 파라과이 정글에 사는 아체족의 경우에 수확의 확실성이 높은 경작물의 경우에는 각 가족이 획득한 것을 자신들이 갖는 방식의 형평규범을 적용하지만, 불확실성이 높은 사냥물의 경우에는 사냥에 참가한 사람들이 모두 균등하게 고기를 나누어 갖는 양상을 보인다(Kaplan & Hill, 1985).

자원획득의 불확실성과 규범의 관계를 파악하

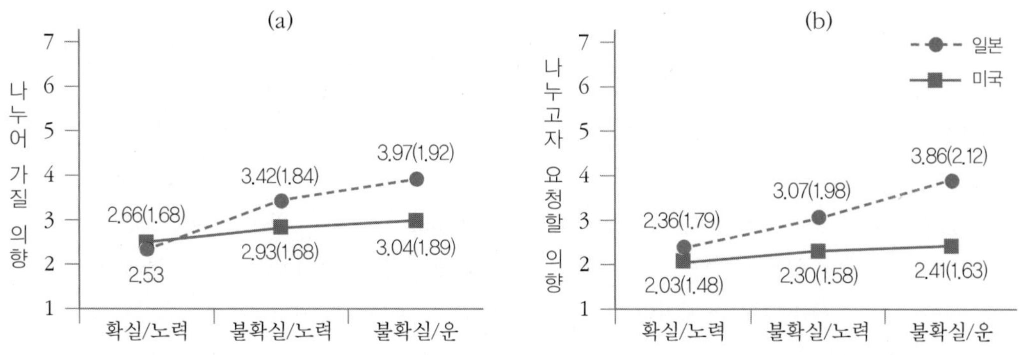


**[그림 8-7] 자원의 불확실성과 노력의 크기에 따른 분배규범: 미국과 일본**

기 위하여 일본과 미국에서 실험연구가 행해졌다. 실험참가자에게 세 개의 각본을 제시하였다. 첫째 각본(노력-확실)은 경품에 응모하는 신청서를 50장 작성하여 수고비로 100달러를 받았고, 둘째 각본(노력-불확실)은 50장의 경품지원서를 작성해서 응모했더니 100달러가 당첨되어 받았고, 셋째 각본(운-불확실)은 한 장의 경품지원서를 넣은 것이 당첨되어 100달러를 받게 되었다는 내용이었다. 참가자를 나누어 각본의 주인공이 자기인 집단과 친구인 집단으로 구분하고, 받은 돈을 친구와 나눌 의향(혹은 친구가 받은 돈을 나누어 갖자고 할 의향)을 7점 척도로 표기하게 한 결과가 [그림 8-7]에 나타났다(Kameda et al., 2003; 곁글 8-3). 그림의 왼쪽은 소득을 얻은 사람이 자기인 경우에 친구와 나눌 의향이고, 오른쪽은 소득자가 친구인 경우에 나누어 갖자고 요구할 의향이다. 결과는 자원이 일에 대한 성과일 경우에는 나누지 않겠다는 양상이 미국과 일본에 공통적으로 나타났다. 기여도가 확실한 자원인 경우에 형평원리에 따르겠다는 것은 보편적이라는 의미다. 그러나 불확실한 상황에서는 두 나라에서 모두 나누겠다는 응답이 높게 나타났고, 문화 차이도 나타났는데, 일본 사람들은 미국 사람보다 더 그런 의향이 높게 나타났고, 특히 얻은 것이 노력이 배제된 행운일 때 더욱 컸다. 복권에 당첨된 사람들이 자신이 당첨된 사실을 알리기를 매우 꺼리는 것을 이해할 수 있다.

**곁글 8-3** 분배규범의 문화 차이-균등분배의 진화심리학적 조명

두 사람이 한 조를 이루어 퀴즈쇼에 참가했는데, 한 사람은 6개, 다른 사람은 3개를 맞추어 상금을 탔다. 이런 상황에서 상금을 어떻게 배분할 것인지를 물어보니, 일본 학생의 73%, 미국 학생의 82%가 균등규범을 선호하는 것으로 나타났다(Kameda, 2004). 이 결과는 분배규범에 대한 문화비교 연구들이 서구권에서 형평을, 동아권에

서 균등을 선호하는 양상을 보인 연구(Leung, 1987)와는 대조적이었다. 일본에서 7개 대학에서 나온 응답결과는 균등규범 선호의 양상이 63~83%로 차이가 있었다. 흥미로운 것은 수능점수가 높은 대학일수록 균등규범을 선호하는 학생들의 비율이 낮게 나온 것이다. 수능점수의 높낮이는 부모의 소득계층과 밀접한 관계를 보이는 것에 주목한 연구자들은 불확실한 환경에서 생존하기 위하여 인류는 개인적 전략(힘과 재력, 능력을 키우는 것)과 집단적 전략(공동대처, 균등분배 등)을 발전시켰으며, 개인적 전략의 효과가 의심스러운 경우에 집단적 전략에 의존하리라는 가설을 세웠다. 이를 검증하기 위하여 불확실한 상황에서 자기집단이 얻은 소득을 분배하는 전략을 네 가지로 정리하였다. 획득한 사람이 자기인 경우와 동료인 경우를 구분하고, 각기에서 소득을 '획득한 사람의 것으로 하는 요구'와 '집단 공동의 것으로 하자는 요구'를 구분하면 〈표 8-3〉와 같은 네 가지 유형의 전략이 나온다. 이들이 모여 살면서 갈등이 빚어지는 경우에 싸움이 나고 싸움은 비용(손실)을 초래한다고 볼 수 있다.

네 가지 전략 간에 6개의 대립양상이 나타나는데 수확이 있을 때마다 대립하면 일정 손실을 감수하게 되고, 수확은 균등분배하거나 취득한 자가 모두 갖는 식으로 상황을 설정하여 컴퓨터 시뮬레이션을 행하였다. 싸움에 의한 손실의 크기를 변화시키고, 집단 내의 성원의 수를 변화시키면서 여러 세대에 걸쳐 행한 시뮬레이션 결과, CS가 압도적으로 유리한 것으로 나타났다. 같은 전략을 펴는 동료가 약간만 있어도 CS는 다른 전략들과 겨루어 생존가능성이 높으며, 같은 전략을 펴는 동료가 여럿 있으면 다른 전략이 침투하지 못하도록 하는 가능성도 높았다. [그림 8-8]은 소득대비 싸움의 비용이 다양한 상황(가로축)에서 사회구성원의 수가 10명과 15명일 때 5,000번째 세대에서 CS 전략을 펴는 자가 나타나는 비율이다. 수확이 불확실한 상황에서는 소득을 거둔 사람이 자기이기보다 동료일 가능성이 높다. 비획득자가 다수이므로 공동분배를 요구하면 소수의 획득자에 비해 싸움에 이길 가능성이 높고 싸움의 비용은 여러 사람이 분담함으로써 손실을 줄이게 된다. 그러나 수확을 획득자가 갖는 전략을 취하는 E와 B는 소수이므로 승산도 적고, 이기는 경우라도 싸움의 비용이 커진다(Kameda et al., 2003).

**표 8-3** 불확실한 자원 취득상황에서의 분배 전략

| | | 동료가 획득한 경우 | |
|---|---|---|---|
| | | 공동소유 주장 | 획득한 사람 소유 주장 |
| 자신이 획득한 경우 | 공동소유 주장 | 공동분배 전략 (CS) | 자기희생 전략 (S) |
| | 자기소유 주장 | 이기적 전략 (E) | 부르주아 전략 (B) |

CS: communal sharer, S: saint, E: egoist, B: bourgeois

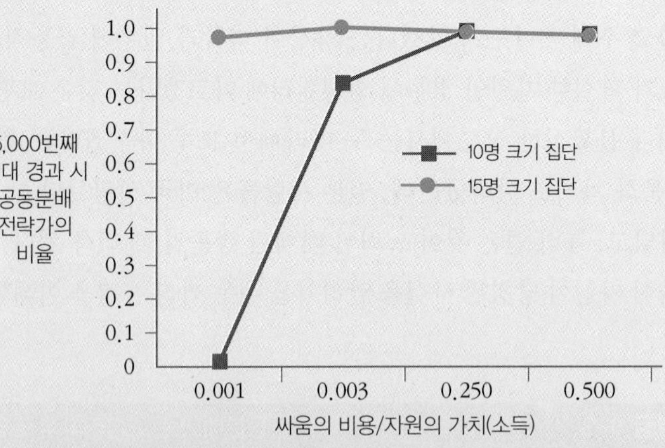


**[그림 8-8] 다양한 생활 조건에서 공동분배 전략의 생존비율**

**분배에 대한 만족** 사람들은 하는 일의 가치와 기여한 만큼 소득이 돌아올 것이라 기대하고, 이에 준한다고 여겨질 때 소득이 공정하다고 여긴다(Adams, 1965). 그렇지 못하다고 여길 때 불만을 느끼고 시정을 요구할 수 있다. 2023년 이재명 야당대표가 관여된 경기도 대장동 개발사업에 불법성이 있었는지가 수사대상이 되면서 사람들의 관심이 크다. 특히 이 사업을 벌린 회사에 6년간 일하다가 퇴사한 평사원(부친이 힘있는 정치인)에게 지급된 퇴직금 50억 원에 대한 1심 법원의 무죄판결은 사람들의 분노를 일으켰다. 분배정의가 심각하게 위배되었다는 인식 때문이다.

소득 평등성은 소득의 분배가 평등하게 이루어졌는가의 문제이다. 자기와 유사한 입장에 있는 사람들과 사회비교(Festinger, 1954)를 통해서 자신이 열등하다고 여겨지면 상대적 박탈감에 의한 불만을 느낀다(Crosby, 1976). 사람들의 만족도는 절대적 재화의 양보다는 상대적 박탈감에 의해 크게 영향을 받는다. 현대 사회에서 사람들은 신분이나 권리에 있어서 차이가 없다는 평등의식이 높다. 그런데 소득의 불평등을 크게 느끼면 불만족은 클 수밖에 없다. 부가 얼마나 일부의 사람들에게 쏠려 있는지를 보여 주는 지니계수가 소득 불평등을 보는 지표로 중요하게 여겨지는 이유가 여기에 있다. 절대 빈곤층 사람들에게는 재화의 제공에 의해서 불만족을 해소할 수 있으나, 교육을 받고 사회적 지위가 나아진 사람들은 훨씬 나은 중산층 및 상류층과 접촉이 많고 비교의 기회가 많아지면서 상대적 박탈감을 느낄 가능성이 높다. 이들이 사회변혁을 위한 운동과 혁명의 주도 세력으로 작용하는 것이 역사의 교훈이다(Gurr, 1970).

**곁글 8-4** **프로 야구단과 월드컵의 성적에 미치는 평등성 가치**

프로운동선수들의 연봉은 격차가 매우 심하다. 매년 유명선수들의 이적료가 대중의 관심을 끈다. 팀 내의 연봉격차는 성적과 어떤 관계가 있을까? 미국의 연구자료가 흥미롭다.

메이저리그 선수들의 연봉은 1976년 유명선수들의 연봉규제가 풀린 이후에 천정부지로 올랐다. 물론, 이들의 연봉에도 양극화가 나타난다. 2000년 연봉 총액 중 절반 이상을 상위 14% 선수가 차지한다. 2000년 LA 다저스는 투수인 케빈 브라운에게 1,570만 달러 계약을 체결했는데, 이는 같은 팀 내 두 번째 고액연봉을 받는 셰필드의 연봉보다 580만 달러가 높은 것이다. 셰필드가 브라운의 팀 기여도가 그만큼 높다고 인정하지 않는다면 상당한 차별감을 느끼리라 볼 수 있다. 연봉의 차이가 팀의 성적과 어떤 관계에 있는지를 보고자, 경영학자인 Bloom(1999)은 1985~1993년 기간의 29개 팀 야구선수 1644명을 대상으로 각자가 받는 연봉을 갖고 각 팀별로 연봉의 차이를 보는 지수를 산출하고, 이를 각 선수의 타점, 수비득점, 방어율 등의 자료와 비교하였다. 아울러, 팀의 승률과 관중 동원수, 팀의 시즌 최종 순위와의 관계도 보았다. 결과는 예상 밖이었다. 팀의 연봉 격차가 클수록 선수 개개인의 성적은 나빴다. 기본 연봉, 과거 성적, 연령 등이 미치는 영향 이상으로 선수 개인의 성적에 나쁘게 작용하였다. 연봉격차가 큰 팀일수록 팀 성적이 나빴으며, 관중동원으로 올린 재정수입이 더 나쁘게 나왔다. 팀 간 연봉의 지니계수가 0.01 증가할 때(연봉격차가 커짐) 팀 승률은 26%, 관중동원력은 41%가 감소하였다. 다른 선수와 협동이 필요한 일들을 수행할 때 연봉의 큰 차이가 불만으로 작용하여 협동심이 낮아지기 때문이라 보인다. 제조업의 경우에도 노사 간의 임금격차가 커지면 제품의 질이 떨어진다는 것이 밝혀졌다(Cowherd & Levine, 1992).

월드컵 축구는 세계인들의 관심거리다. 각국에서 최고의 선수들로 편성된 국가대표팀들이 모여서 승부를 겨룬다. 선수들의 기량, 감독의 전술이 가장 중요하다고 여겨진다. 국가의 평등성 존중 문화가 팀의 성적에 영향을 미치기도 할까? 한 연구는 각 국가에서 자유와 평등성의 가치와 관행이 얼마나 존중되고 있는지, 개인들이 심리적 평등의 가치를 얼마나 강하게 지녔는지를 세계가치관조사에서 파악하고, 국제축구연맹(FIFA)이 주관하는 국제 시합에서 거둔 성적(2006~2011)과의 관련성을 파악하였다. [그림 8-9]는 1994~1997년에 측정한 심리적 평등가치가 높은 국가팀이 10년 후(2009~2010)의 성적이 좋은 양상을 보이고 있다. 이는 10년 전의 팀의 성적을 통계적으로 같게 만든 후에 나타나는 결과로서, 국가의 평등성 존중이 개인들의 평등 존중가치로 연결되고, 이것이 탁월한 기량의 선수들을 배출시키는 힘을 발휘하며 국가대표팀의 좋은 성적을 가져오는 것으로 분석된다(Swaab & Galinsky, 2015).

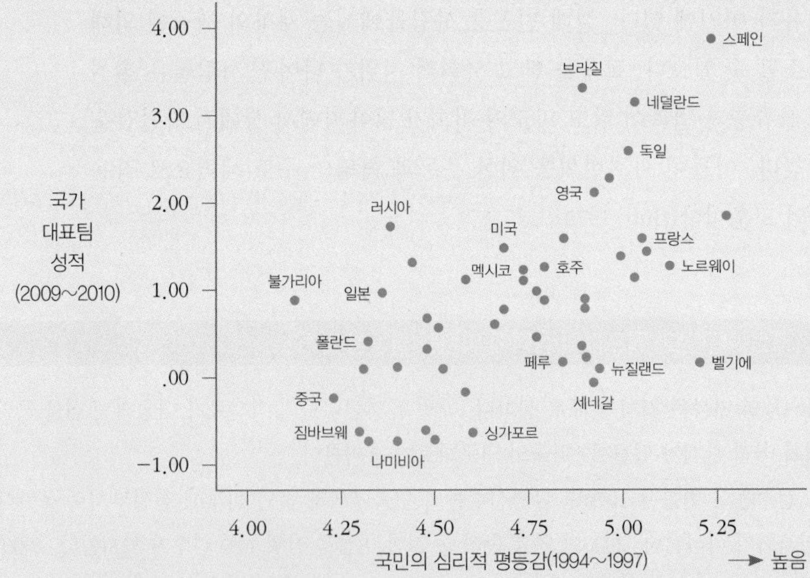


**[그림 8-9] 국민들이 심리적 평등을 지향하는 경향이 높을수록(가로축) 10년 후 축구 국가대표팀의 월드컵 예선전 성적이 높아지는 양상을 보인다.**

출처: Swaab & Galinsky (2015), Fig. 2. (이 그림에서 한국의 자료는 해당년도에 가치 측정값이 없어서 빠져 있으나, 참가국 모두를 포함한 분석에서도 결과는 같았음)

## 절차적 정의

결과가 공정해 보여도 그 도출과정이 석연치 않다면 절차상의 공정성을 문제 삼게 된다. 절차가 공정했다면, 그 결과에 대하여 당사자들이 불만을 품어도 해결책이 강제될 수 있다. 이는 Rawls의 정의론의 핵심이기도 하다. 주어진 몫이 기대에 미치지 못하면 사람들은 절차가 정당했는지 의문을 품는다. 절차적 정의를 판단하는 경우에 사람들은 세 가지 요소를 중요하게 여긴다(Tyler, 1997). 첫째, 절차를 결정하고 집행하는 지도자(심판)의 중립성이다. 상대가 누구인지를 가리지 않고 대등하게 대하는 것인데, 운동 경기에서 판정의 시비가 이는 경우는 대부분이 이 문제다. 둘째, 지도자에 대한 신뢰다. 이는 지도자(심판)가 체제나 집단의 목표를 위해 행동하고 있다는 것에 대한 믿음이다. 셋째, 자신이 집단에 속해 있으며, 가치 있는 기여를 하는 성원으로 인정받는다는 신념이다. 이런 신념이 흔들리면 절차적 정의에 회의를 느낀다. 직장에서 직무수행 중 자신이 겪은 보상과 처벌 및 관련된 상사에 대하여 설문해 보니, 응답자들이 받은 보상과 처벌의 양 자체는 분배적 정의 판단에 영향을 주었으나, 절차적 정의에 대한 판단과는 무관한 것으로 나타났다(Tyler, 1997). 절차적 정의 판단에 영향을 준 것은 상사가 공정한지에 대한 믿음과 자신이 조직(상대방)으로부터 얼마나 인정과 대우를 받는지로 나타났다.

사람들은 자기의 몫은 알지만 많은 경우에 다른 사람의 몫이 얼마인지는 모른다(연봉, 상여금). 통상 절차적 정의가 지켜지고 있다고 여기면서 분배적 정의에 관심을 지니고 있다. 그러나 분배된 몫이 기대에 못 미치면 절차에 관심을 갖게 된다. 대학생을 대상으로 각본을 꾸며서 행한 실험(Brockner et al., 2007)은 기대에 못 미치는 급여인상을 제시받은 경우에 절차의 공정성을 낮게 여긴 사람들은 조직에 대한 충성심도 덜 보이는 것으로 나타났다.

대통령 영부인 김건희씨가 정권 출범 초기에 사저에서 건네 받은 디올백 사건과 불공정한 수사는 윤석열 정권의 공정성을 의심하게 하는 중요한 사건이 되었다.

## 회복적 정의

절차적 정의와 분배적 정의가 지켜질 때에 사람들은 세상이 공정하다는 믿음을 유지하게 된다(Lerner, 1980; 3장 참조). 정의가 지켜지지 않았을 때에 이 믿음이 위협을 받게 되며, 정의를 회복하려는 생각과 행동에 관여하게 된다. 정의를 회복하려는 행동이 집단적으로 취해질 때 사회변혁 운동이 전개된다. 정치 · 경제적으로 안정된 사회에서는 일부 사람들이 변혁 운동에 가담하기도 하지만 대부분은 체제 수용적 사고를 많이 보이면서 공정한 세상의 믿음을 유지한다.

뜻밖의 피해를 당한 피해자에 대해서 피해자의 책임을 묻는다거나(3장 참조), 자기가 한 몫보다 많이 받았을 때 추가적인 일을 한다거나, 일의 부담에 비해서 보상이 적을 경우에 일의 질을 낮춘다거나 하는 등이 모두 정의를 회복하려는 행동이라고 볼 수 있다. 이처럼 개인적인 차원에서 볼 수 있는 기제가 사회체제적인 차원에서도 작용한다. 이를 체제정당화 심리라 하며(Jost & Banaji, 1994), 두 가지 방식으로 나타난다. 첫째는 사람들이 지니고 있는 계층에 대한 고정관념을 강화시키는 것이다. 상층 사람에 대하여 재능이 있다거나, 더 열심히 일을 한다거나, 더 창의적으로 여기고, 하층 사람들에 대하여 게으르다거나, 무능하다고 여기는 것이다. 미국의 중하위급 대학의 학생들과 소수민족 사람들은 자신들 집단보다 상층의 집단 사람들에 대하여 매우 긍정적인 평가를 하는 것으로 나타났다(Conway et al., 1996; Jost et al., 2002). 둘째는 능력주의 원칙을 더욱 신봉하는 것이다. 때는 때대로 간다고 보고 하층에 속한 사람들이 제대로 실력을 못 갖춘 탓에 인정을 못 받고 대우를 못 받는 것이라고 여긴다. 체제정당화의 믿음이 강하면 부를 재분배하거나, 기회를 다시 부여하는 정책이 잘못이라고 여긴다.

일본대사관 앞의 소녀상

1970년 빌리 브란트 독일총리가 유대인 학살에 대하여 희생자 추모비 앞에서 무릎 꿇고 사죄하였지만, 2015년 일본의 아베 총리는 종군 성노예 문제는 박근혜 정부와 타협으로 불가역적으로 해결되었다며 이들을 피해여성이라 지칭하고, 직접 사과를 하지도 않았지만, 10억 엔을 주는 조건으로 일본 대사관 앞의 소녀상이 철거되기를 한국 정부에 종용하고 있다.

**보상, 화해, 용서** 부당한 일이 저질러졌을 때 사회정의를 회복하는 또 하나의 방법은 피해자에게 보상을 해 주는 것이다. 교통사고를 당한 피해자에게 보상함으로써 사회정의는 보호된다. 과거 정권에 의해서 부당하게 저질러진 국가폭력(제주 4.3, 광주 5 · 18, 여순 사건 등등) 희생자에 대한 정부 차원의 보상은 한국 사회가 정의를 구현하기 위해 노력하는 성숙한 사회라는 인식을 줄 수 있다. 또 하나 잘 쓰이는 방법은 화해의 행동이다. 자신의 잘못을 인정하고, 사과하며, 잘못을 보상하는 투의 친밀감 있는 행위를 보이는 것이다. 군집생활을 하는 포유류에서도 싸우고 난 후에 이 같은 화해의 몸짓이 나오는 것이 침팬지에게서 관찰되었다(de Waal & Van Roosmalen, 1979). 진심 어린 사과를 받은 피해자들은 가해자를 용서하며 사회정의감을 유지할 수 있다(Worthington, 1998: Gilovich et al., 2006에서 인용).

또한 용서도 사회정의를 회복시키는 심리적 방법이다. 상대로부터 심히 부당한 일을 당하면 화가 나고, 되갚음을 하려 한다. 그러나 상대에게 보복을 할 수 없는 상황이라면 상대를 저주하고, 사회체제를 비난하고, 심하면 세상을 혐오하며 은둔생활을 할 가능성도 있다. 용서를 하게 되면 내면의 악감정, 응어리가 배출되고, 상대방에 대한 연민을 느끼면서 침해된 정의감을 회복할 수 있게 된다(McCullough, 2000). 용서하는 마음은 상대가 잘못을 인정하는 것이 전제된다. 과거의 잘못을 인정하지 않는다면 갈등은 수면 아래에 머물다가 기회가 되면 늘 표출된다.

**곁글 8-5** 이게 부도덕한 행동이라고? 남들 다하는데!

2022년 5월 출범한 윤석열 정부는 영부인 김건희 여사와 교육부 장관으로 임명된 박순애 교수의 논문 표절 문제 등으로 곤욕을 치렀다. 문재인 정부에서는 조국 법무부 장관(전 서울대학교 교수)의 딸이 부모 찬스를 이용해 의전원에 위조된 서류를 제출하여 합격하여 의사면허를 취득한 것이 알려지자 국민들이 크게 실망한 사건도 있었다. 부동산 취득이나 자녀교육을 위해 교수, 법관 등 사회의 지도층 인사들이 위장전입과 재산은닉을 한 것이 이처럼 고위공직에 나갈 때 드러나면서 비난거리가 된다.

사람들은 많은 사람들이 모이면 부도덕한 사람들이 여러 사람 끼게 마련이라고 생각하면서 부도덕한 행위에 대한 불감증을 느낄 가능성이 높다. 한 연구에서 참여한 사람들을 5명이 들어간 방 혹은 25명이 들어간 방에 배정시키고 흩어진 단어를 재배열하여 문장을 만드는 문제를 10개 주었다(Chui, Kouchaki, & Gino, 2021). 사람들은 문제를 제시된 순서대로 풀어 가야 했고, 하나 풀 때마다 1달러의 보상을 받을 수 있었다. 일곱 번째 문제는 제대로 풀 수 없는 문제였다. 사람들은 자신이 푼 문장을 보여 줄 필요 없이 몇 번째까지 문제를 풀었는지 결과만 보고하면 되었다. 참여한 사람들 중에서 성적이 20% 안에 들면 보너스로 10달러를 받을 수 있다고 알려 주었다. 5명 방에서 작업한 사람들은 일곱 번째 문제를 풀었다고 하는 사람이 27%였으나, 25명 방에서 작업한 경우에는 54%로 나왔다. 실제로 다른 사람을 대면으로 보지 못하고 같이 푸는 사람들이 몇 명이라는 것을 듣기만 한 온라인 실험에서도 비슷한 결과가 나왔다.

왜 이런 현상이 나타나는지 이유를 보기 위하여 온라인으로 300명의 참가자들을 100명 집단이나 10명 집단으로 배정한 후에 동일한 과제를 수행시키면서 여러가지 질문을 던져 분석하였다(Chui et al., 2021, 연구3). 두 집단 사람들 모두 거짓보고를 했을 때 들통날 가능성이나, 거짓보고가 얼마나 수용될 만하다고 여기는지에서는 차이가 없었다. 중요한 차이는 자기집단에서 몇 사람이나 거짓보고를 하리라 여기는지로 나타났다. 100명 집단의 참여자는 37명이 거짓말을 할 것이라 여겼지만 10명 집단의 참여자는 4.6명 정도가 거짓말을 할 것으로 여겼다. 비율로 환산하면 10명 집단의 비율이 더 높았지만, 비율의 영향보다는 머릿수가 중요한 영향을 미치는 것으로 나타났다. 사람들은 비율이라는 추상적 숫자보다는 빈도 혹은 사람 수라는 구체적인 숫자에 더 크게 영향을 받는 것이다. 실제로 부정행위를 저지르는 사람들의 비율은 높지 않더라도, 그런 사람들이 많이 있다고 여기는 사람들의 인식이 부정행위가 수용될 수 있다는 생각을 하게 만들고, 이런 생각이 부정행위를 저지르게 만드는 심리적 요인으로 작용하는 것이다. 따라서 일반 사람들이 저지를 수 있는 부정행위를 막기 위해서는 많은 사람보다는 적은 수의 사람들이 교류 또는 경쟁하는 상황을 조성하는 것이 필요하며, 부정행위를 하더라도 적발되지 않는다는 인식이 퍼지지 않도록 해야 한다. 사람들은 자신이 처한 상황에서 자기이익을 실현시킬 수 있는 방식이 있다면 이를 택하면서 자신의 행위를 정당화시키는 생각을 하기 쉽기 때문이다.

요약

1. 도덕철학자 Rawls는 정의로운 사회를 기회가 평등하게 주어진 사회로 규정하고 있다. 그러한 사회를 위해서 상호무관심적 합리성과 무지의 장막에서 모두가 수용할 수 있는 규칙에 합의하는 것이 정의로운 사회이다.
2. 획득된 자원의 정의로운 분배를 위해 형평, 균등, 필요의 규범이 수용되고 있다. 자원획득에 불확실성이 많이 작용하는 경우에는 균등규범이, 확실한 경우에는 형평규범이 채택되는 양상을 보인다.
3. 분배에 대한 만족감은 다른 사람의 몫과 비교에 의해서 크게 영향받는다. 이 비교에서 상대적 박탈감을 느끼게 되면 불만이 높게 된다.
4. 분배에 대한 불만족은 절차적 정의에 대한 의구심을 가져온다. 절차적 정의의 판단은 절차 수립의 중립성, 지도자에 대한 신뢰, 자신에 대한 집단에서의 인정에 의해서 영향을 받는다.
5. 분배적 정의와 절차적 정의가 위배되는 상황에서 사람들은 회복적 정의에 관심을 보인다.
6. 피해자에 대한 보상, 가해자에 대한 용서, 가해자의 진심 어린 사과는 당사자들의 화해를 가져와 사회정의를 회복시키는 기제로 작용한다.

## 경제적 불평등이 심화되는 세계

전 세계 경제가 신자유주의 사조로 움직이면서, 모든 나라에서 경제적 불평등이 심화되고 있는 상황이다(Picketti, 2014). 2016년 최상위 부유층 1%는 전체 자산의 33%를 보유하고 있으나, 하위 75%는 10%를 보유하는 것으로 나타나며, 1%의 최상위 부유층은 2017년의 전 세계 자산 증가 총액의 82%를 획득하였으나, 하위 50%는 자산 증가가 전혀 없는 것으로 집계된다(World Inequality Lab, 2018, 13). 국민들의 건강이나 다양한 사회적 관심사들의 종합지표(수명, 문해력, 유아사망율, 살인, 수감율, 10대의 임신, 사회적 신뢰, 비만, 약물중독, 계층이동 등)와 국가의 경제

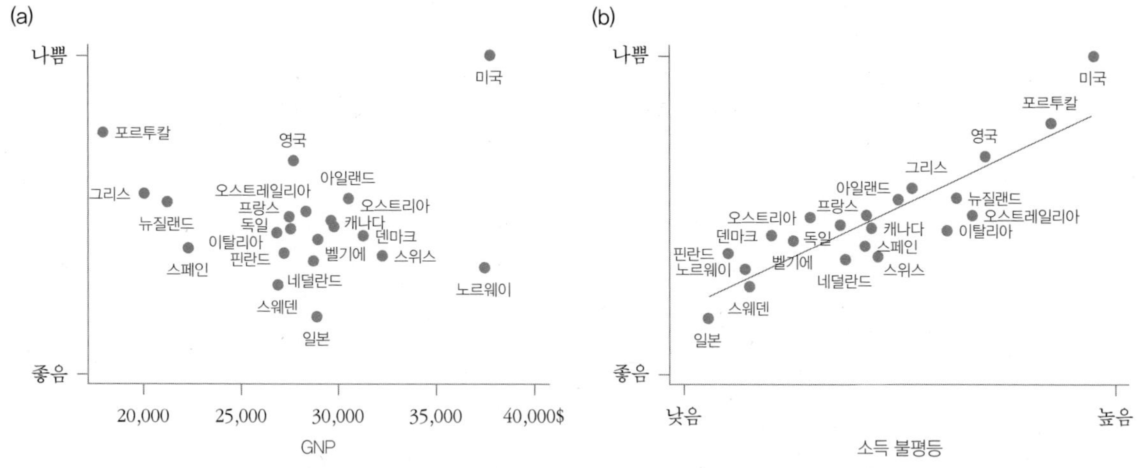


**[그림 8-10] 사회적 관심사의 종합지표와 GNP의 규모(a) 및 소득 불평등(b)의 관계성**

출처: Wilkinson & Pickett (2010). www.equalitytrust.org.uk

성장은 별 관계성이 없으나([그림 8-10a]), 소득 불평등의 지표는 깊은 관계가 있는 것으로 나타났다([그림 8-10b]). 소득 불평등이 높아질수록 종합지표가 전반적으로 악화되는 것이다. 전 세계적으로 빈익빈 부익부의 현상이 두드러지면서, 사람들의 심리에도 많은 변화가 나타나고, 집단 교류의 양상도 달라짐을 보이는데, 대부분 사회적 · 정치적으로도 바람직하지 않은 변화들이다(김영주, 나진경, 2018; Jetten et al., 2022) 이들에 대하여 살펴보자.

**나진경(1978 ~ )**
미국 미시건 대학교에서 Kitayama 교수 지도하에 사회심리학 박사학위를 취득하고 현재 서강대학교 교수로 재직 중이다. 희망연구소를 만들어 희망, 사회계층과 불평등, 인지양상의 문화차이에 대한 연구 관심을 보이고 있다.

## 불평등 심화가 초래하는 현상들

**돈의 잣대화** 경제적 불평등이 높아지면 사람들은 사회생활에서 만나는 사람들을 경제적 수준으로 범주화할 가능성이 높다. 가진 자인가 못 가진 자인가의 판단이 이루어진다는 것이다(Jetten et al., 2022). 영국연방에 속했던 국가들의 여러 매체에 올라온 사설들에서 부와 관련된 단어가 얼마나 나타나는지를 분석한 결과, 불평등이 심한 나라일수록 그런 단어가 많이 나타났다(Peters et al., 2021). 사람들은 불평등이 높은 사회나 시기에 자신보다 잘사는 사람들과의 상향적 비교를 하면서 자신의 위치를 실제보다 더 낮게 지각하는 양상을 보이며, 자기보호적 행위를 취하고, 타인에 대하여 불신감을 보인다(Sánchez-Rodrígues et al., 2019). 잘사는 사람들도 경제적 전망이 불안정한 상황에서는 향후 나락으로 떨어질 수 있다는 불안감에서 자기보호적 행위를 하며, 자신들을 유능하지만 냉정한 사람들로

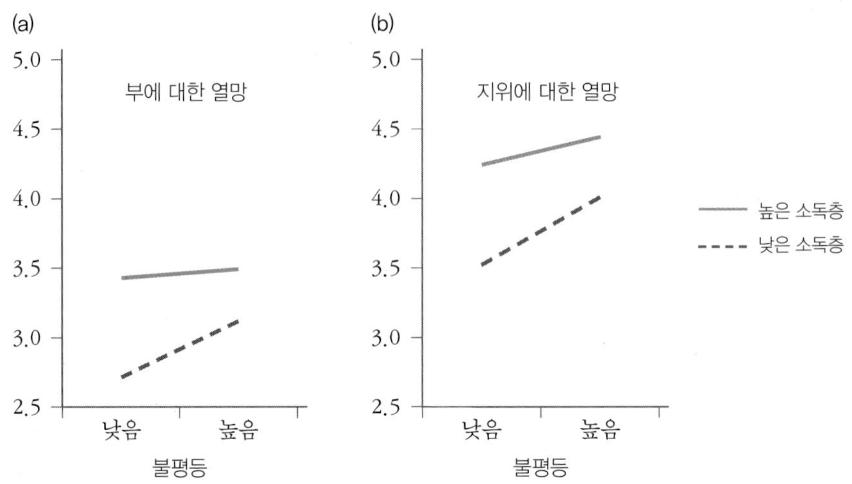


**[그림 8-11] 소득불평등이 높은 사회에서 낮은 소득계층의 사람들은 불평등이 낮은 사회에서보다 부(a)와 지위(b)에 대한 열망이 높다.**

출처: Wang et al. (2022), Fig. 2.

여기며, 외집단에 대한 차별을 정당화시키는 양상을 보인다(Jetten et al., 2015).

불평등이 높은 사회에서 사람들은 사치재(지위재)에 더욱 관심을 갖고 자신의 신분을 노출시키며, 하위계층의 사람들과 구분 짓기를 더 하는 양상을 보인다(Kraus et al. 2017). 73개국에서 14만 명을 대상으로 이루어진 연구는 소득 불평등(지니계수)이 높은 사회에서 재산과 지위를 중요하게 여기는 경향이 더욱 강한 것으로 나타났다(Wang et al., 2022; [그림 8-11]). 불평등이 심한 사회에서 하층계급의 사람들은 좀 더 나아지고자 재산과 지위를 원하고, 상층계급의 사람들은 특권의식에서 다른 사람들과 자신을 차별화시키며((Zitek, Jordan, Monin, & Leach, 2010), 자신의 지위를 유지하기 위해 재산이 꼭 필요하다고 본다. 불평등이 커지면 사람들의 지위불안은 더 심해진다. 지위불안은 사회적 지위에 집착하면서 지위를 상징하는 사치재를 위해 필요한 돈에 집착한다.

**독재자 게임(Dictator game)** 갑과 을이 게임을 하는 상황에서 갑에게 10만 원을 주고 을과 나누어 가질 수도 있고 혼자 다 가질 수도 있으며, 을은 갑이 나누는 대로 받아야 하는 상황이다. 최후통첩 게임과 달리 을은 갑의 배분을 거부할 수 있는 상황이 아니다.

**경쟁 심화** 불평등이 심한 사회에서 사람들은 경쟁적이고 적대적인 태도를 자연스럽게 취하며, 남을 돕는 것에 인색하다. Côté 등(2015)이 미국의 여러 주의 연구 참여자를 대상으로 독재자 게임에서 상대방에게 주는 돈(친사회적 행위의 지표로 여김)의 양을 조사한 결과, 소득 불평등 정도가 높은 주의 참가자들은 친사회적 행위를 덜 보이는 것으로 나타났다. 또한 자신이 거주하는 지역의 소득 불평등이 높은 곳이라고 지각하도록 실험을 통해 조작한 경우에도 소득이 높은 조건의 연구

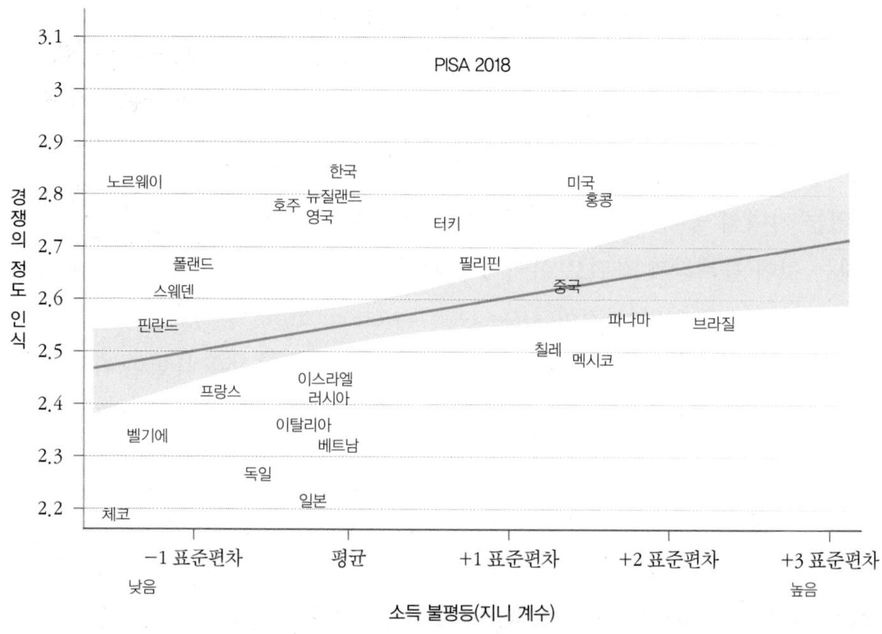


**[그림 8-12] 세계 각국의 소득 불평등과 경쟁의 인식**

출처: Sommet et al. (2022).

참가자들이 타인을 위한 친사회적 행동을 덜 보였다. 그러나 자신이 거주하는 지역이 경제적 불평등이 낮다고 알려 준 조건에서는 오히려 소득이 높을수록 타인에게 관대한 행동을 보이는 것으로 나타났다.

2018년 75개국 15세 학생 50만 명을 대상으로 학력평가(PISA) 검사를 할 때 학생들이 다니는 학교에서 다른 학생들에 대해 느끼는 경쟁심과 협동심의 정도를 평가한 것을 국가의 지니계수와 관련시켜 분석한 결과, 불평등이 높은 국가의 학생들이 경쟁도 심하고, 협동이 약하다고 여기는 것으로 나타났다. 협동적 행위가 나타나는 경우는 도우려는 마음에서 나오기보다는 도구적 보상의 목적에서 나타나는 양상이 컸다(Sommet et al., 2023; [그림 8-12]).

15개의 나라에서 조사한 결과, 각국의 소득 불평등이 높을수록 자기고양성이 높게 나타나는 것을 발견하였다(Loughnan et al., 2011). 소득불평등이 높은 사회에서는 경쟁이 심하다. 이런 경쟁에서 심리적으로 무장하기 위해서 자기고양적으로 스스로를 평가하는 것으로 여겨진다. 소득이 평등한 사회에서 사람들은 남과의 차이보다는 유사성에 더 관심을 갖고 동질의식을 갖는다.

**반사회적 행위와 범죄의 증가** 경제적 불평등은 친사회적 행위를 낮출 뿐 아니라 범죄나 폭력 같은 반사회적 행동을 증가시키는데도 영향을 미친다. 누구나 자신이 열등한 위치에 있음을 경험하는 것은 불쾌하다. 이 불쾌감을 좌절로 느끼게 되면 사소한 도발에도 폭력적으로 반응할 수 있다. 비행기에서 벌어지는 기내난동은 일등석을 통해서 일반석으로 가야 하는 승객들에서 발생하는 비율이 일등석이 없는 기내의 승객에서 발생하는 비율보다 4배나 된다. 잠시라도 불평등을 경험하는 것이 불쾌감과 좌절로 이어지게 되어 어떤 도발을 받게 되면 반사회적 행동으로 나타날 수 있다는 것이다(DeCelles & Norton, 2016). 흥미로운 것은 일등석 승객도 일반석 승객과의 차별화된 대우를 경험하면서 자신은 특별한 대접을 받을 만한 자격이 있다고 여길 수 있다. 특권의식을 느끼는 사람들은 이기적이고 자기중심적인 생각에서 다른 사람에게 무례한 행동을 보일 수 있다(Baumeister & Lobbestael, 2011; Piff et al., 2012).

국내에서도 소득 불평등과 강력범죄(살인, 강도, 강간, 방화 등) 발생이 연관성이 있는 것으로 나타났다(김일중 외, 2014). 광역자치단체를 구분하여 10여 년간의 범죄발생 자료를 분석한 결과, 불평등이 커지면 재산범죄의 발생이 많아지는 것으로 드러났다(최낙범 외, 2015). 계층 간 격차가 크고, 고착화되어 계층의 상향 이동이 거의 무망한 사회에서 하위계층의 사람들은 상대적 박탈감을 크게 느끼며, 상류층에 대한 질시를 느끼고, 희망이 없는 현실의 고통에서 벗어나고자 범죄를 저지를 가능성이 있다(최낙범 외, 2015).

불평등이 심한 사회에서는 필요한 돈을 벌 기회가 없을 때 사람들이 도박이나 복권에 관심을 보인다. 위험성이 높지만 보상이 큰 기회를 놓칠 수 없는 것이다. 소득이 불평등하게 분배되고 있다고 여기는 사람들은, 당첨금은 작지만 당첨확률이 높은 안정적인 도박보다는 당첨될 가능성은 희박하지만 당첨금이 큰 위험한 도박을 더 선호한다(Payne et al., 2017). 미국 내의 여러 주에서 지니계수와 위험감수 행동 간의 관계를 비교분석한 결과, 소득 불평등이 높은 주일수록 '소액 대출' '복권' '돈 따기' 등 재정적 위험이 큰 용어들의 인터넷 검색 빈도가 높았으며, 이는 인구수와 인구 밀도를 통제하고서도 유의했다. 실험적으로 불평등한 대우를 받게 된 피해자들은 수혜자에 비해서 위험한 선택을 많이 하였으며, 불평등이 줄어들면 위험감수 행동이 줄어들었다(Mishra et al. 2015). 2022년 국내에서도 투기적인 위험이 높은 가상화폐에 대한 젊은이들의 영끌 투자가 사회문제로 부각되었던 현상도 좋은 사례라고 보겠다.

**적대적 집단인식** 불평등이 심한 사회에서는 계층 간의 집단 간 비교가 더 활발하게 나타난다. '우리'와 '그들'의 역동이 더욱 적대적으로 일어난다. 계층에 대한 고정관념과 편견이 강화되어 돈 있는 사람들은 자기주장이 강하고, 욕심 많고, 야망이 있는 것으로, 돈없는 사람들은 게으르며, 능력이 없는 것으로 여기며, 상대 쪽의 사람들을 서로 도덕심이 약하고, 사귈 만한 사람도 못 된다고 여기는 경향이 나타난다(Jetten et al., 2022에서 인용). 불평등이 심한 사회에서는 모든 계층의 사람들이 이주민이나 난민들이 자기 사회로 들어오는 것들에 대하여 반감을 지니고 있다는 것이 현실 사회의 연구에서 나타나고 있을 뿐만 아니라(Wilkinson & Pickett, 2009), 가상적인 사회를 실험실에서 만들어 행한 연구에서도 나타났다(Jetten et al. 2015, 연구 3).

불평등이 심해지면 시민들이 정부와 공기관에 대하여 느끼는 신뢰가 떨어진다. 정부의 정책결정이 상위계층에 의해서 주도되므로, 참여가 배제된 중산층과 하위계층 사람들은 정치에 관심이 떨어지고, 정부의 정책에 대한 신뢰도 저하된다(Chi & Kwon, 2016).

**강력한 리더 추종** 불평등이 심화되면 갈등이 심해지고 규범들이 상충하는 혼란 상태가 되면서 대중들은 혼란을 정리해 주는 권위적인 강력한 리더를 원하게 된다. 이러한 갈망은 자유민주주의의 기반을 흔들 수도 있다(Ceka & Magalhaes, 2020). 사람들이 기존의 제도와 체제에 대한 믿음을 잃게 되면서, 사회불안을 없애줄 권위에 끌리는 심리를 보이는 것이다(Haslam & Reicher, 2007). 28개국에서 6천여 명의 참여자들을 대상으로 그들이 얼마나 자기 사회가 경제적으로 불평등하다고 느끼는지, 규범이 잘 지켜지는지와 강력한 리더를 원하는 정도를 파악한 연구는 불평등이 심한 사회에서 사람들은 무규범적 상태라고 답하며, 강력한 리더를 원하는 경향이 있음을 실증적으로 보이고 있다(Sprong et al., 2019).

**음모론의 성행** 음모론은 받아들이기 어려운 사건의 원인을 드러나지 않은 강력한 집단의 의도적인 개입에 의해 초래된 것으로 설명한다. 합리적인 의심과 달리 음모론은 증거에 기반하지 않고, 거짓이라는 것이 밝혀져도 충분히 밝혀지지 않았다며 사라지지 않는다. 음모론은 전개되는 사회현상에 불안을 느끼는 사람들이 현상을 논리적이고 상식적으로 이해하기를 거부하고 드러나지 않은 세력이 조작한 탓에 벌어진 것이라 여긴다(Douglas et al., 2019). 이 집단은 자신들의 집단에 적대적이어서 음모론은 적들에 대항하여 싸울 자기 진영의 사람들을 결집시키는 목적에서 만들어지고 공유되어 힘을 얻게 된다. 불평등이 심한 사회에서는 음모론이 힘을 받을 수 있다. 왜냐하면 사회의 불평등이 심화되는 과정에는 수많은 요인들이 개재된 탓에 사태에 대한 파악을 제대로 하기가 어렵기 때문이다. 음모론은 이에 대해 단순하게 이해할 수 있는 설명을 제시하기 때문에 매력적이다. 불평등이 심해지는 사회에서 생활한다는 것은 스트레스를 많이 준다. 불안하고 불확실한 사회가 붕괴할지 모른다는 대책 없는 불안에 떨기보다 모종의 음모를 획책하는 사람이나 집단이 사태를 벌리고 있다고 여김으로써, 원인을 알 수 있고, 대책도 보이므로 마음도 놓일 수 있다(Douglas et al., 2019). 이런 양상은 59개국 자료에서 확인되고 있다(Casara et al., 2022). 호주 시민 중 불평등이 심하다고 여기는 사람일수록 음모론을 받아들이는 경향이 강한 것으로 나타났으며 이는 연령, 성, 정치적 지향성, 소득, 교육수준을 통제한 경우에도 변하지 않았다. 그러나 음모론은 문제를 야기하고 있는 불평등을 직접 다루는 것이 아니므로, 해결책이 될 수는 없다(곁글 8-6).

**곁글 8-6** 음모론이 부상하는 이유와 영향

윤석열 대통령은 2024년 12월 비상계엄을 선포하면서 부정선거론을 들었다. 4월 총선에 참패한 이유를 자신의 실정이나 잘못 탓이 아니라 북한/중국이 해킹으로 개입하여 좌파 정당에 유리하게 결과가 나왔다는 것이다. **부정선거 음모론**은 2021년 대선에서 패한 트럼프의 지지자들로 하여금 미국 국회의사당을 폭력으로 점거하며 사상자를 냈고, 2025년에는 서울서부지방법원 난동사건을 유발하였다. 이태원 압사사건 음모론, Covid-19 음모론, 천안함 음모론, 9 · 11 음모론 등등 21세기에 들어서 각종 음모론이 횡행하고 있다. 음모론이 부상하고 부침하지만 결코 사라지지 않는 이유는 무엇이고 어떤 영향을 미칠까?

음모론은 상식적인 설명으로는 현실에서 자신의 집단에 불리하게 전개되는 사건들을 수용하는 것이 불안하고 불만스러운 사람들에게 현실이 조작된 것이므로 받아들여서는 안된다는 그럴듯한 논리로 위안과 대책을 제시하여 준다. 음모론은 세상사에 대한 통제감을 회복시켜 주는 기능을 한다. 음모론의 근거를 일반인들이 점검하기는 불가능한 탓에 그 논리가 자신의 세계관과 정파적 정체성과 부합하고 집단에 유리한 내용이라면 **동기화된 인지처리** 과정과 **확증편향**에 의해 강화되고(4장 참조), 집단의 다른 성원들과 쉽게 공유되고, 수용되기 쉽다. 영국인을 대상으로 한 조사연구는 음모론을 믿는 사람들이 안 믿는 사람들에 비해서, 현실 정치에 냉소적이며, 다양한 사건들에 대한 음모론적인 설명에 관심을 보이고, 권력자에 대하여 부정적인 태도를 지니고, 초자연적인 현상을 믿는 편이고, 자긍심이 낮은 편이며, 우호적인 성격은 아닌 것으로 나타났다(Swami et al., 2011).

사람들은 불확실한 정보라도 자주 듣게 되고, 집단의 성원들에게 공유되면 이를 사실이라 믿는다. 특히 그런 음모론을 사실처럼 보도하는 유튜브 방송들에 사람들이 선택적으로 노출되면서 신념으로 자리잡게 된다. 국내의 성인을 대상으로 천안함 음모론(북한 잠수함에 의한 피격은 조작이라는 주장으로 진보진영이 제기함)과 부정선거 음모론(2020년 총선이 전산과 투표 조작이 있었다는 주장으로 보수 진영 후보가 제기함)을 믿는 양상을 조사 분석한 결과, 진보진영의 사람들은 천안함 음모론을, 보수진영의 사람들은 부정선거 음모론을 믿는 양상이 상대 진영의 사람들에 비해서 높게 나타났다. 그러나 이런 차이는 유튜브 방송에 노출 정도를 통제하면 사라지는 것으로 나타나 선호하는 개인 미디어에의 노출 정도가 많을수록 음모론을 믿는 경향이 높음을 알 수 있다(이병재 외, 2024).

상식적으로 설명되는 일들이 음모론자들에 의해 조작된 것이라는 믿음은 사람들로 하여금 사회 일반에 대한 신뢰를 낮추고, 부정직한 행동, 반사회적인 폭력이나 범죄를 저지를 가능성을 높인다. 이런 경향성은 개인의 성격이나 도덕성과는 무관하게 나타날 수 있다는 것이 조사와 실험을 통해서 드러났다(Jolley et al., 2019). 독일에서 Covid-19가 큰 제약회사와 정부가 합작으로 의학정보를 얻기 위해 모의한 것이라는 가짜뉴스를 그럴 수도 있겠다고 믿게 된 실험조건의 사람들은 공적기관에 대한 신뢰감이 낮아지고, 정부의 방역정책에 협조하지 않는 것으로 나타났다(Pummerer et al., 2021). 음모론은 극우 및 극좌 정파에서 모두 자신들의 이데올로기를 정당화하는 논리로 나타나고 있으며, 이들의 과격한 시위를 불가피한 것으로 정당화시킨다(Bartlett & Miller, 2010).

**삶의 만족도 저하** 미국에서 1972~2014년 이루어진 사회조사 자료를 분석한 결과, 사람들이 느끼는 삶의 만족도는 계층 간 소득 불평등의 정도가 낮은 시기에 높은 것으로 나타났다(Oishi et al., 2018). 흥미로운 것은 국가들 간의 비교에서 관찰되는 이스터린 역설(Easterlin's Paradox; Easterlin, 1995), 즉 소득이 어느 수준을 넘어서면 소득 증가가 행복감의 증가를 가져오지 못하는 현상(본서 13장 참조)도 소득 불평등이 낮거나 증가하지 않는 나라들에서는 나타나지 않는다. 그러나 소득 불평등이 높은 나라들에서는 소득 증가와 삶의 만족감과는 아무 관계가 없는 것으로 나타났다(Oishi & Kesebir, 2015). 국내에서 20~30대 청년 3천여 명을 대상으로 조사한 결과, 소득 불평등을 높게 인식하면, 사람들에 대한 신뢰감이 저하되고, 우울감도 높은 것으로 나타났다(김진현, 2021).

## 불공정한 세상에 대한 적응 심리

경제적 불평등 자체는 문제가 아닐 수 있다. 그 불평등이 정당하냐가 문제이다. 경제적 불평등이 심하더라도 사람들이 불평등을 정당하다고 여기거나, 노력하면 계층이동이 가능하다고 여긴다면 사람들은 변혁적인 정책이나 사회개혁을 위한 행동에 나서지 않는다. 대신에 체제정당화(체정) 심리를 보이며, 현 체제를 수용하고, 낮은 계층에서 벗어나려 개인적 노력을 경주한다(Jost & Banaji, 1994).

체정 신념의 바탕에는 능력주의의 신념과 계층이동이 가능하다는 인식이 놓여 있다. 개인의 능력과 노력에 의해서 계층이동이 가능하다면 공정하고, 그런 사회가 바람직하다고 여기는 것이다(김태심, 2020; Goudarzi et al., 2022). 능력에 따른 불평등의 상태는 수용해야 한다고 여기므로, 국가 차원에서 이를 보정하려는 재분배 정책은 환영받지 못한다. 한국 사회는 불평등이 심화되고 있는 추세이지만, 능력주의 믿음이 강하여, 체정 심리를 통해서 불평등을 상당한 정도로 받아들이는 경향이 높다(안혜정 외, 2017; 곁글 8-7). 흥미로운 국내의 연구는 사회계층이 높을수록 체정 신념이 강한 것을 보인다. 그러나 일상에서 불공정한 것을 많이 경험하는 경우에 높은 계층의 사람들에게서는 체정 신념이 약해지지만, 낮은 계층에서는 오히려 높아지면서, 정신건강도 조금 나아지는 것으로 나타났다(김지수 외, 2023). 아마도 낮은 계층의 사람들이 불공정을 많이 경험하게 되면서 일찍 체념하는 탓으로 보인다(안혜정 외, 2017).

**곁글 8-7** **차별당하는 집단의 차별 내면화: 집단이익과 배치되는 체제정당화 동기**

사람들은 자신이 낮은 신분으로 차별을 당하면 이를 시정하기 위한 저항과 투쟁을 벌이는 것이 당연하다고 여긴다. 여권신장 활동가들의 신념이다. 그러나 이들마저도 여성들이 받는 부당한 임금차별을 어느 정도는 당연한 것으로 인정하는 양상을 보인다. 즉, 불만스럽지만 수용한다는 식이다. 이는 특히 벌어진 일에 대하여 그렇다. 미래의 일에 대한 것은 아니다(Blanton et al., 2001). 체제정당화(체정) 동기가 강하면 개인 및 자신이 속한 집단의 고양욕구와 갈등이 빚어질 수 있다. 체정 동기가 강한 여성들은 성차별적 신념과 행동을 보이는 경향이 높다(Glick & Fiske, 2001). 이들은 사회변혁 운동에 참여할 가능성이 낮다(Major et al., 2002). 체정 동기는 우월적 지위에 있는 집단에게는 자존감을, 열등한 지위에 있는 집단에게는 낮은 자존감, 높은 우울감, 신경증적 심리를 부추길 수 있다. 즉, 열등한 집단 성원들에게 체정 동기는 자기 및 집단고양 동기와 충돌하면서 정신건강에 악영향을 미칠 가능성이 있다. 그러나 흥미롭게도 저소득층 사람들이 소득재분배 정책을 반대하고, 여성들이 성평등정책을 반대하며, 차별당하는 집단의 사람들이 차별금지에 반대하거나 소극적인 태도를 취하는 것을 종종 볼 수 있다. 이런 모순적인 현상들은 사회정체감 이론, 내집단중심주의 등 자기 및 집단 이익 추구동기를 내세우는 이론이나 관점들과는 배치되는 것들이다.

여러 연구들이 하층계급의 사람들이 보수적이고 권위적이며, 세상은 공정하다고 믿는 특징을 지니고 있음을 보인다. 이들은 현재의 균형상태가 유지되도록 체제정당화를 하며 이념적 부조화를 경감시키는 것이다. 그래서 체정 동기는 불평등이 적은 사회보다 심한 사회에서 더욱 강하게 작용한다. 19개 사회의 연구에서 성불평등이 심한 사회에서 오히려 성차별주의적 신념이 강한 것으로 나타나고 있다(Glick & Fiske, 2001). 이런 사회들에서 남자와 여자가 지닌 성차별적 신념은 상관이 매우 높게 나타나고 있어(.80), 성차별주의와 성불평등을 남성이나 여성 모두가 수용하고 있음을 보이고 있다.

열등한 집단이 우월한 집단에 비해서 모든 면에서 부정적인 것은 아니고, 더 긍정적인 특징을 지니고 있다고 여기는 믿음은 체정 동기를 유지하는 심리로 작용하기도 한다. 즉, '가난하지만 따듯하다/행복하다'든가, '부자이지만 불행하다/외롭다' 등이 그것이다. 이렇게 사회집단에 대한 보충적이거나 상반적인 인식은 체제를 안정화시키는 기제로 작동한다(Jost et al., 2004). 중요한 것은 체정 동기가 개인이나 집단의 이익을 추구하는 동기보다 때로는 강하게 작용한다는 것이다. 즉, 체정 동기는 이념적 형태로 작용하여 체제와 질서를 유지하고, 정당화시키며, 외집단에 대한 선호와 내집단 열등감을 내재화시킨다. 따라서 신분상승의 노력을 정당화시킨다. 이 체정 동기는 명시적이기보다는 암묵적 수준에서 무의식적 수준에서 작동하는 동기이다. 그래서 현 체제에서 가장 불이익을 당하고 있는 집단에서 심지어 가장 강하게 작동하는 역설적 현상을 보인다. 정치적 보수주의, 우파 권위주의, 공정한 세상 신념, 청교도 윤리, 불평등의 수용 등이 모두 체제정당화 이념을 유지시키는 개인 차원의 믿음들이다. 왜 이런 동기와 이념이 강하게 유지될까? 유전적인 요인에 대한 것은 아직 말하기 어렵지만, 사회구성론적 입장에서 이해할 수 있다. 인간은 바꿀 수 없거나 바꾸기 힘든 사회현상에 대하여 수용하고, 내재화하며, 정당화시키며 살아가려는 적응기제로서 체정 동기를 지니게 된 것이다.

**사회(계층)이동의 기회 지각** 과거 봉건사회에서 신분이나 계층은 타고나는 것이고, 계층간의 이동은 거의 불가능하였다. 그러나 현대의 민주사회는 사회경제적 계층 간의 이동이 개인의 노력이나 능력에 의해서 가능하다고 여겨지는 사회이다. 노력하면 상향적 이동이 가능하다면 능력주의가 정상 작동하고 있다는 증거이다(Shariff et al., 2016). 모든 사회에서 교육은 상향적 사회이동의 가장 큰 통로이다. 그래서 경제적 불평등과 격차를 해소하는 방책으로 교육기회를 공정하게 제공하고, 교육격차를 줄이는 것이 어느 국가에서나 중요한 정책으로 여겨진다. 국내에서도 1990년에는 하층계급의 사람들이 교육기회가 불평등하다는 응답을 많이 했지만 2009년 조사에서는 이런 응답이 현저히 낮아졌다(41.2% → 28.6%; 경제 · 인문사회연구회, 2012).

교육의 영향력은 고등교육을 매개로 작용한다. 국내에서 고등학교 졸업생의 대학 진학율이 2009년에 80%를 넘어선 이후 조금 줄었으나, 소수를 빼고 대부분이 대학을 진학하면서, 교육연령에 따른 계층화에 더해서, 대학 수준에 따른 계층화가 이루어지고 있다([그림 8-13]).

농어업의 1차산업 경제에서 중공업의 산업화 시대를 거쳐 정보화 시대로 급속히 전환된 한국 사회에서 대부분의 사람은 부모 세대에 비해서 상향 이동을 경험하였다. 이렇게 직접 상향 이동을 경험한 사람과 그 후대들이 미래에도 상향 이동이 가능하다고 여기면, 현실의 불평등을 수용할 가능성은 높다(김태심, 2020; Shariff

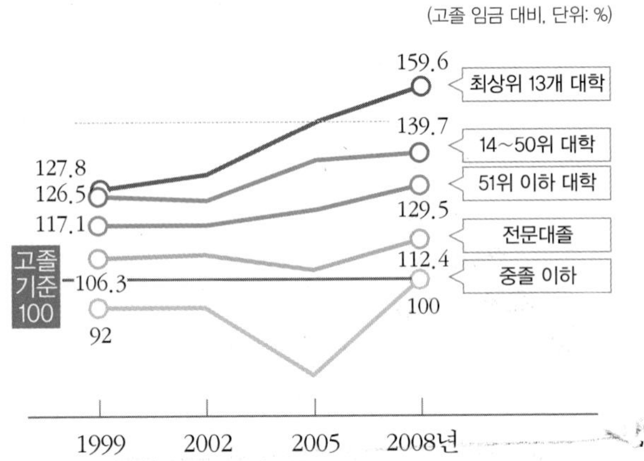


**[그림 8-13] 한국의 학력과 학벌에 따른 임금 격차**

자료: 〈1999~2008년 한국에서 대졸자 간 임금격차의 변화〉(2011년 4월 노동경제논집)
* 대학 순위는 대형 입시학원 배치표 등을 기준으로 구분
출처: 한겨레 https://www.hani.co.kr/arti/society/schooling/485835.html

et al., 2016). 2016년 한국종합사회조사에서 전체 응답자의 47.3%가 부모 세대보다 자신의 계층이 상승했다고 인식한 반면, 23.9%는 하락, 28.8%는 유지되었다고 응답했다. 미래의 사회이동에 대한 기대감도 상승 예상이 43.9%, 하락 예상이 15.6%로 한국인들이 미래에 나아질 것으로 여김을 보여 준다. 세대별로는 산업화 이후 경제성장의 혜택을 많이 받은 산업화(베이비붐) 세대에서 계층이 상승했다고 보는 사람의 비율이 가장 높았다. 상향 이동의 가능성은 젊은 세대들에게 열심히 일하도록 만드는 동력으로 작용한다.

이민자들로 구성된 미국 사회는 '아메리칸 드림'을 좇아 실현시키려는 많은 젊은이가 몰려든다. 이들을 조사한 결과, 상향 이동 가능성이 하향 이동보다 높다고 보며, 상향 이동 가능성을 실제보다 더 크다고 여기며, 하향 이동 가능성은 비현실적으로 작다고 여긴다. 빈곤층 사람들이 부유층 사람들보다 이동 가능성이 높다고 여기며, 보수층의 사람들은 진보층의 사람들보다 사회이동의 가능성을 더 높게 여기고 있다(Davidai & Gilovich, 2015). 미국에서의 심한 빈부격차 현실 속에서 '아메리칸 드림'의 실현가능성이 이전 세대보다 훨씬 낮아졌음에도 불구하고(Chetty et al., 2017), 사람들이 사회변혁에는 소극적인 것은 이런 인식이 깔려 있기 때문이다.

**능력주의** 능력주의는 개인이 지닌 능력/역량/노력에 따라 사회적 보상과 지위가 주어져야 한다는 믿음이다. 능력이 뛰어난 사람이 더 많은 보상을 받고, 더 높은 사회적 지위를 가지는 것이 정당하고 바람직하다고 믿는다. 이 개념을 제시한 사회학자 Young(1958)은 귀족주의의 문제점을 지적하며, 능력주의적 행태가 부상하여 귀족주의를 대체하는 세태를 풍자하는 용어로 제시한 것이다. 절대로 능력주의 사회가 바람직하다는 의미는 아니었으나 오늘날 능력주의는 민주사회에서는 당연히 수용되어야 할 가치로 받아들여지고 있다.

능력주의가 정당하기 위해서는 기회의 평등이 전제되어야 한다. 100미터 경주에서 모든 참가자는 같은 선상에서 출발해야 하는 것과 마찬가지다. 그러나 능력주의는 능력을 무력화시키는 여러 가지 비능력적 요인들—경제적 풍요, 부모의 배경, 특권의 상속, 사회적 차별 등—이 작용하는 것을 간과하고 모두 능력의 탓으로 여기게 만든다. 불평등한 계층과 지위를 '피해자의 무능력 탓'으로, 불평등의 책임을 개인에게 두면서, 불평등을 야기하고 강화시키는 사회의 제도와 구조적인 문제를 보지 못함으로써 고질적인 사회문제를 심화시키고 있다.

헬조선에 주목해 보자. 국민소득이 3만 달러를 넘어섰고 복지정책도 2000년 이전에 비해서 많이 좋아졌지만, 요즘 청년들은 N포 세대라 일컬어진다. 선배 세대에게는 당연한 것으로 여겨진 연애, 결혼, 가정을 꾸려 가는 것을 사치로 여긴다. 이들은 IT 시대에 더욱 적어진 안정된 일자리를 잡기 위해 자기계발에 매진한다. 이들은 성공하는 소수의 사례들을 보면서 자신이 그렇게 될 수 있다는 자기최면을 걸면서 열심히 노력한다. 능력주의는 계층 간 이동이 줄어들고 고착되고 세습되면서도 혁명의 불씨가 피지 못하게 하는 것이다(곁글 8-8). 실력은 능력/노력이 아니라 계층이 되고 있는 현실을 맞고 있다(조귀동, 2020).

**곁글 8-8** **불평등이 심하다지만 버티자!: 촛불시위가 혁명이 되지 못한 이유**

한국 사회는 1998년 IMF 위기에서 구제금융을 받으면서 신자유주의 경제권으로 편입되었다. 소득 불평등 지표인 지니계수의 상승 추이가 뚜렷하다. 불평등의 심화를 보여 주는 또 하나의 지표는 최상위 소득층이 차지하는 부의 비중인데, 한국은 2015년 기준 최상위 소득집단 10%가 차지하는 부의 비중이 전체의 49.2%로 미국 다음으로 상위소득 집중도가 높은 것으로 나타났다(홍민기, 2017). 흙수저–금수저 계층론의 불만이 확산되고 있음에도 불구하고 정치·경제적인 제도개혁을 외치는 사회적 시위나 운동은 나타나지 않고 있다. 2016년의 박근혜 탄핵의 촛불시위는 백만 명이 넘는 군중을 매주 광화문에 불러 모아, 정권을 바꾸었지만 혁명적 제도변화를 요구하지도 않았고, 가져오지도 못했다.

그 심리적 이유를 파악하고자 한 연구(김태심, 2020)는 2016년에 전국의 성인을 대상으로 능력주의에 대한 믿음('성공을 위해 중요한 것은 노력인가 아니면 운이나 타인의 도움인가?'), 현재 자신의 계층이 과거에 비해 변했는지, 또 미래에 변할 가능성을 어떻게 보는지를 파악하였다. 응답자의 70%가 성공을 위해서는 열심히 노력하는 것이 중요하다고 답하였고, 23%만이 운이나 타인의 도움이 더 중요하다는 답을 하였다. 능력주의에 대한 믿음은 산업화세대(60세 이상)에서 88%로, 20~30대에서는 59%로 나타나 세대 차이를 보이고, 보수 성향자에서 진보 성향자보다 약간 더 높지만, 능력주의 믿음은 거의 보편적으로 나타난다. 심지어 저소득층(75%)과 저학력자(77%)에서도 고소득층(66%)이나 고학력자(63%)보다 능력주의 믿음을 지닌 사람들이 더 많은 것으로 나타나, 형편이 어려운 사람들이 불평등에 저항하기보다는 순응하는 양상을 이해할 수 있다(Kim, Jung, & Na, 2022).

수저계급론에도 불구하고, 사회계층의 상향 이동 가능성을 낙관적으로 보는 사람이 많다. 모든 소득계층과 학력계층에서 하락보다는 상승을 기대하는 사람들이 높은 비율로 나타났다(김태심, 2020). 교육수준에서 학력이 상승할수록 계층상승의 비율이 높아지고 있어, 교육이 계층상승의 사다리 역할을 하고 있으며, 교육에 큰 관심과 돈을 들이는 것이다. 우리는 드라마 〈스카이캐슬〉이 보이듯이 최고의 학력을 위해 매진하며 운동장이 기울어진 것에 관심 없이 개인적 성취를 추구한다.

**능력주의는 공정한가?** 완벽한 능력주의는 실제 사회에서 작용할 수 없다. 우선, 모든 사람들에게 기회는 균등하게 주어지지 못한다. 자신이 태어나는 가정의 형편에 따라 개인의 능력이 신장되고 계발되는 것은 큰 차이가 있기 때문이다. 둘째, 능력을 측정하기 어렵다. 능력주의에서 능력은 재능에 노력이 합쳐진 것이다. 재능은 타고난 지능이나 적성뿐만 아니라 자기계발을 통해 습득한 능력을 포함하며, 노력은 근면함, 성실성, 열정만이 아니라 경제적 형편을 포함하는 것이다. 형편이 어려워 알바를 해야 하는 사람은 알바를 하지 않고 공부만 하는 사람에 비해서 불리한 위치에 있다. 능력주의가 전제하는 노력은 개인적인 것으로 스스로 결정할 수 있는 것이다. 그러나 재능은 타고난 적성이나 지능처럼 개인이 통제할 수 없는 요인을 포함하며, 개인이 처하게 된 사회 및 가정의 제도나 환경에 의해 많은 영향을 받게 된다. 예를 들면, 학력이나 학벌은 개인적인 능력은 아니지만 개인의 능력으로 여겨지고, 이에 따른 차등대우는 부당하다고 여기지 않는다. 그러나 학력이나 학벌은 재능이 아니라 재산과 운에 의해서도 많은 영향을 받는다.

자녀의 일류대학 진학을 위해 벌이는 과도한 과외 현상을 다룬 드라마

상위계층으로의 진입을 위해 대학진학이 필수적 관문이 되면서 대학 합격을 결정짓는 수능시험이 큰 관심거리이다. 사람들은 수능점수와 그에 따른 대학의 서열도 능력의 정당한 산물이라 여긴다. 문제는 능력의 측정이다. 능력을

시험점수가 가장 객관적으로 반영한다는 믿음에서 시험의 객관성을 추구하는 노력이 엄청나게 이루어진다. 한국 사회가 보이는 이런 특징을 시험능력주의라고 부를 수 있다(김동춘, 2022). 국가가 관리하는 수능시험에 객관성과 타당성을 인정하고, 높은 점수를 따기 위해 백방으로 노력하여, 일류대학에 진입하면 상위계층으로의 진입을 위한 첫 단추가 잘 꿰어진 것으로 본다. 능력주의는 기회의 불균등을 무시하고 사회구조적 차별과 배경의 영향을 은폐하면서, 기울어진 운동장에서 펼쳐지는 경쟁을 공정한 것으로 치장하고 있다(곁글 8-8).

**곁글 8-9** 한국인의 과잉 능력주의

한국 사회가 보이는 능력주의는 지나쳐 과잉능력주의라 부를 수 있다. 능력자에 대한 우대를 넘어 무능력자, 저능력자를 경멸하고, 차별을 정당화시키는 수준이다(박권일, 2021). 능력이 중요하다는 것은 누구나 인정한다. 따라서 능력에 따른 보상이 정당하다는 능력주의도 수용될 수 있다. 그러나 능력이 무엇이냐에 대한 답은 쉽지 않다. 박근혜 대통령은 권력의 힘으로 지인 딸을 부당한 방법으로 일류 대학에 합격시키는 영향력을 행사했고, 그 딸은 '집안 배경도 능력'이라는 발언으로 대중의 분노를 크게 샀다. 이처럼 겉으로 드러난 분노에도 불구하고, 사람들은 집안 배경을 능력으로 간주한다. 한 취업정보회사가 직장인 1,500여 명을 대상으로 조사한 결과, 84%가 인맥은 능력이라 여기는 것으로 나타났다(강준만, 2016에서 인용). 인맥은 부모의 배경이 크게 작용하는 자산이라 보는 것이다.

한국인은 개천에서 용 나는 사회를 살아왔지만, 2000년대 들어서 부모의 계층을 자식세대가 이어받는 세습자본주의 경향을 보면서 불공정한 사회가 되어 감을 개탄하고 있다. 그러나 능력주의에 대한 믿음이 공고하여, 사회적으로 계층 간의 불평등을 받아들이며, 이런 불평등과 차별을 시정하는 정책을 달갑게 여기지 않는다. 촛불시위에 의해 집권한 문재인 정부는 계층 간의 지나친 차이를 줄이려는 여러 정책을 폈다. 그 대표적인 것이 비정규직 노동자를 정규직으로 전환하는 것이었다. 인천공항 근로자를 대상으로 이 정책을 실행하자 청년들에게서 거센 반발이 나왔다. 비정규직 노동자는 무능력자 혹은 노력을 덜한 사람으로, 이들이 정규직으로 전환되는 것은 노력도 없이 **'날로 먹는' '무임승차'**에 해당하는 부당한 일이라고 볼멘 소리가 쏟아져 나왔다. 이처럼 능력주의를 믿는 사회에서는 사회적 약자에 대한 차별시정이 바른 정책이 아니라 능력주의를 잠식하는 불공정한 정책으로 여겨진다. 그래서 정시 수능으로 들어온 학생이 농어촌특별전형, 지역균형전형으로 들어온 학생을 구별하고 차별하는 행태를 자연스럽게 보인다. 수능점수에 따라 대학서열이 정해지고, 대학서열에 따라 지방대, 전문대를 차별하고, 성적이 낮은 학과생을 차별하는 행위를 하고, 이를 받아들이는 현실이다(오찬호, 2013, 2015).

## 불평등 심화에 대한 대책

어느 사회나 불평등이 심화되면 사회가 불안해진다. 이 탓에 불평등을 완화시키는 여러 가지 행동 혹은 조치들이 취해지게 된다. 이들을 사회구조적인 접근과 개인 수준의 접근으로 구분할 수 있다.

**사회구조적인 접근** 사회생활의 출발점에서 이미 겪고 있는 불형평과 그에 따른 불이익을 보상해 주는 것은 민주복지 국가들의 책임이기도 하다. 이를 위해 무주택자들에게 주거를 제공하거나, 최저임금을 인상하거나, 질 높은 교육을 무상으로 제공하거나, 건강보험의 혜택을 누릴 수 있도록 하고, 노동자들의 권익을 보호하는 제도를 구비하고, 부유층을 대상으로 증세하는 등의 정책들이 취해질 수 있다. 북유럽의 복지국가들이 이런 제도들을 갖추고 유지하기 위해서 노력하며, 국민들은 이에 필요한 높은 세율의 세금을 부담하고 있다.

**개인 수준의 접근** 빈곤계층의 사람들의 생활을 도와주기 위해서 모금활동에 참가하여 기부금을 내거나, 자원봉사를 통해 어려움을 덜어 주는 활동을 할 수 있다. 빈민층을 위한 무료급식소나 무료진료소를 운영하거나, 생활보호대상자로 지정하여 매달 생활비를 지급하거나, 빈민층 학생들에게 장학금을 지급하는 활동 등을 통해서 빈곤계층 사람들의 어려움을 돕는 다양한 활동들이 벌어진다. 국내에서도 많은 사람이 연탄 나르기, 무료급식소 자원봉사 등의 노력봉사와 더불어 사회복지공동모금회 같은 자선단체들이 벌리는 다양한 자선활동에 참여하고 있고, 고액기부자 모임과 기부액수가 상당히 증가하고 있다. 국세청 자료에 따르면 2022년 한 해에 개인과 법인의 기부금이 15.1조 원으로 집계되고 있어, 국민총생산(GDP) 2,162조 원의 0.7% 수준이다. 개인의 기부금이 GDP에서 차지하는 비율로 보면 한국은 세계 상위권으로 집계되고 있다(기부문화연구소, 2024).

개인 차원에서의 자선활동은 소득 불평등을 완화시키는 효과는 있으나 문제의 본질을 건드리지 못한다. 깊은 상처에 대한 반창고 요법일 뿐이다(Parsell & Clarke, 2022). 자선활동이 너무 활발하다면 사람들은 구조적인 문제를 보지 못하고, 정부에서는 구조적인 해결책 모색에 등한할 수도 있다(Popendieck, 1999). 예를 들어, 페이스북의 창업자인 주커버그는 실리콘벨리의 주택난으로 곤경에 처한 사람들을 지원하는 수백만 달러의 지원책을 제시하여 사람들의 칭송을 받는다. 그러나 이 주택난은 페이스북과 IT 기업의 성장으로 지역의 거주 비용이 급상승하여 초래된 문제라는 것에 관심을 갖는 사람들은 거의 없다. 자선활동에 의존하는 것은 위험할 수도 있다. 기부금의 모금은 경제상황에 따라 변동이 크며, 자선단체의 정책도 바뀔 수 있기 때문이다. 사적인 자선활동은 기부자의 관심이나 취향에 따라 영향받기 때문에 실제로 도움이 필요한 곳으로 가지 못할 수도 있다. 미국 인디애나 대학교의 자선활동연구소의 조사에 따르면 기부금의 1/3만이 빈곤계층의 사람들에게 가며, 대부분은 기부자의 관심에 따라 간다고 한다.

**개인차** 생활하면서 벌어지는 일에 대하여 개인의 책임을 강조하는 내통제 성향이 강한 사람들, 개인주의적 경향이 강하며 공정한 세상이라는 믿음이 강한 사람들, 보수적 정치성향을 지닌 사람들은 불평등을 완화시키는 구조적 접근보다 개인적 접근을 선호하는 양상을 보인다. 이들은 신자유주의적 이념을 수용하는 경향이 강하며, 능력에 따라 차등화된 사회와 위계질서를 바람직하다고 여긴다(Beattie et al., 2019).

사회구조적 접근과 개인 수준의 접근은 그 사회의 경제적 상황에 따라서도 선호도가 달리 나타난다. 불평등이 심하거나 경제의 예측이 어려운 불안정한 상황에서 사람들은 구조적 접근보다 개인적 접근을 선호한다. 소득 불평등이 심화되는 사회에서 빈곤층의 사람들이 정부 정책 결정에 참여하는 기회는 줄게 된다. 이들은 자신들이 참여하지 못하는 정부와 공기관을 신뢰하기 어렵게 된다(Chi & Kwon, 2016). 특히 사회의 투명성이 떨어지는 경우에는 더욱 그러하다. 그래서 사회적 불평등이 심화되지 않도록 정책적 노력이 필요하고, 불평등의 문제를 깨우치는 시민의식의 교육이 필요하다.

**요약**

1. 소득 불평등이 심한 사회에서 돈이 사람 평가의 잣대가 되고 대인 및 집단 간 교류에 경쟁의 틀이 자리 잡게 된다.
2. 소득 불평등이 심한 사회에서 반사회적 행위와 범죄가 증가한다.
3. 소득불평등이 심한 사회에서 집단 간의 불신이 늘고, 다양한 규범이 충돌하면서 혼란스러워진다. 이를 정리해 주는 강력한 리더를 추종하며, 음모론도 성행한다.
4. 불공정한 세상이 오래 지속되면 사람들은 체제정당화 심리와 능력주의 신념을 지니게 되면서 차별당하는 것을 수용하게 된다.

5. 한국인은 강한 능력주의 신념을 지니고 있고, 계층이동의 기회가 있다고 보는 탓에 체제를 바꾸려고 하기보다는 개인적인 계층상승의 노력을 하게 된다.

# 도덕성

도덕과 정의는 비슷하지만 다르다. 지금까지 논의한 공정성과 공평성의 문제는 사회정의의 문제로서 공동체가 유지되기 위하여 성원들이 지켜야 할 외적인 규제가 작용하는 영역이다. 강제적 규범성을 갖기에 모든 사람들이 따라야 한다. 다양한 사람들이 모여 사는 현대 사회에서 정의사회 구현이 행정의 중요한 목표가 되는 것이다. 도덕은 외적인 규제가 아니라 내면화된 것으로 바람직한 사회를 유지하기 위해 성원들이 존중하고 실천하고자 하는 규범이고, 윤리의 영역이다. 거짓말을 하는 고위 공직자들이 법을 어긴 것은 아니더라도 도덕적으로는 지탄받는다. 즉, 정의의 위반은 사법적 판단의 대상이 되지만, 도덕의 위반은 양심과 상식에 어긋난 행위로서 사법적 영역을 벗어난 경우가 많다. 따라서 정의는 현대 사회제도가 갖추는 필수요건이지만, 도덕은 바람직한 사회를 지향하는 사람들의 마음 영역에서 작용한다.

그동안 이성의 영역에 속해 왔던 도덕성 판단의 문제는 정서의 문제로 접근되는 변화를 맞고 있다. 거울신경세포와 같은 생리학적 공감 기제를 갖고 태어난 인간은 도덕적 판단이 요구되는 상황에서 정서적 느낌이 오고, 이 애매한 느낌을 이해하고 정당화시키는 이성적 사유에 의해 구체적인 도덕성 판단이 이루어진다는 주장이 힘을 받고 있다(Haidt, 2001). “이성은 감정의 노예”라는 영국의 경험론 철학자 David Hume의 주장이 과학적으로 검증받고 있다.

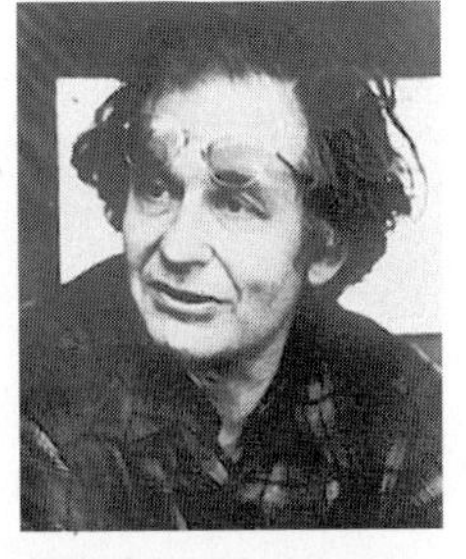

**콜버그(Lawrence Kohlberg, 1927~1987)**
시카고 대학교에서 심리학 박사 학위를 하고 하버드 대학교에서 교수로 재직하였다. Piaget의 인지발달론에 바탕한 도덕성 발달 5단계설을 제시하여 학계의 큰 반향을 얻었고, 고등학교와 지역사회를 중심으로 신뢰에 바탕한 민주주의 정신과 교육을 해 나가는 정의사회 운동을 활발하게 펼쳤다.

## 도덕성 발달론

도덕성에 대한 심리학적 논의의 장을 연 Kohlberg(1969)는 도덕성을 아동이 성장하면서 도덕성의 근본 원리를 깨달아 가는 과정으로 제시하였다. 그는 도덕적 딜레마 상황들을 제시하고서 아동들이 해당 상황에서 어떤 선택을, 왜 하는지를 물어 도덕성 발달의 3수준 6단계 이론을 제시하였다. 그의 이론은 Piaget의 인지발달론에 바탕을 둔다. 높은 수준의 도덕적 사고를 위해서 인지능력의 성숙을 필요로 한다. 국내에서 다양한 연령층의 사람들을 대상으로 Kohlberg의 도덕성 발달 수준을 측정한 연구는 생물학적인 연령의 증가보다는 교육연령의 증가가 더 중요한 영향을 미치는 것을 발견하였다(문용린 외, 2008).

**피아제(Jean Piaget, 1896~1980)**
아동의 인지발달 4단계설을 제시한 스위스의 인식론적 철학자이자 교육심리학자다. 실증주의 인식론에 반대하여 구성주의적 인식론을 이론화하였으며, 사회과학과 심리학의 연구에서 중요한 기여를 한 것으로 평가받았다.

**인습 전 수준** 이 수준에 있는 사람들은 사회적 관행이나 윤리와는 관계없이 자신의 행동이 가져오는 외적인 보상이나 처벌에 근거하여 잘잘못을 판단한다. 1단계의 도덕성 판단은 처벌이 주어지는 행위를 나쁘다고 여기며, 사회적 권위에 복종하는 것이 좋은 것이라고 여긴다. 2단계에서는 자기중심적으로 잘잘못을 판단한다. 자신의 욕구를 충족시키는 것이나 해가 되지 않는 행위는 좋은 것이고, 도덕성 판단 시 행위자의 동기는 고려하지 않고 행위 결과에 초점을 맞춘다. 예를 들어, 접시를 닦으려다 실수로 10장을 깬 행동을 화풀이로 접시 하나를 깨버린 행동보다 나쁜 행동으로 여기는 식이다.

인습 수준 이 수준에서는 사회화 과정을 통해 사회에서 통용되는 잘잘못의 준거를 배우고 받아들인다. 3단계의 도덕성은 행위자의 의도나 특성을 고려하며 행동에 대한 사회적 평가를 중시한다. 타인에게서 좋은 평가를 받는 착한 아이가 되려고 한다. 4단계에서는 자신의 의무와 책임을 배우고 이를 수행하며, 합법적 권위를 존중하고 사회질서를 유지하는 것이 도덕적인 것이라 여긴다.

인습 후 수준 이 수준에서 사람들은 사회적 관행으로 통용되는 준거를 검토하고, 보편적 가치를 준거로 고려하는 도덕성 판단을 한다. 5단계에서는 사회의 법과 규칙이 사람들의 합의와 계약에 의해서 만들어지고 변경될 수 있으며, 정의, 자유, 인권 등의 가치가 법보다 중요한 원리임을 인식한다. 6단계에서는 인권, 평등, 생명권 등의 보편적 원리를 수용하고 이를 바탕으로 잘잘못을 판단한다. 이런 원리와 충돌하는 현실법에 저항하며 고초를 겪기도 한다.

**길리건(Carol Gilligan, 1936~ )**
도덕성의 근거로 돌봄을 제시함으로써 남성 위주의 심리학 이론의 문제점을 지적한 하버드 대학교 출신의 심리학자다. 대표작으로 1982년 발간한 『다른 목소리로』가 있으며, 여권 운동의 들보를 제공한 평을 받는다. 1996년 미국 『타임스』가 선정한 가장 영향력 있는 사람 25인에 뽑히기도 하였다. 2001년에 영화배우이자 여권 운동가인 Jayne Fonda가 Gilligan의 저술에 감동받아 하버드 대학교에 1,250만 달러의 기금을 제공하여 화제가 되었다.

콜버그의 도덕성 발달론은 논리적 사고 능력을 중요하게 여긴다. 대부분의 사람이 3~4단계적 판단을 하며, 소수의 사람들만이 5~6단계적 판단을 한다. 이 이론은 남성 위주의 도덕관을 묘사하는 것이라며 Gilligan(1982)은 여성들의 도덕관을 이해하기 위한 도덕의 원리로서 돌봄(caring)의 원리를 제시하여 큰 반향을 일으켰다. 돌봄은 여성적 가치이지만 여성에게만 국한된 것이 아니라는 인식에서, 도덕성의 두 근거로서 정의와 돌봄이 받아들여지게 되었고, 보편적으로 적용되는 도덕성의 또 다른 근거들을 모색하는 연구들이 진행되고 있다(Haidt, 2007; Shweder et al., 1997).

## 도덕성의 5 기반론

미국의 사회심리학자 Haidt(2007; Haidt & Graham, 2007)는 다양한 문화에서 사람들이 도덕성을 판단할 때 고려하는 준거들을 분석하여 도덕성의 5 기반론을 제시하며 도덕성 판단에 대한 이해의 폭을 넓혔다. 첫 기반은 위해(危害, harm)다. 자신은 물론, 다른 사람 및 동물에게 해를 끼치는 것은 잘못된 것이다. 타인의 고통을 보고 연민의 감정을 일으키고, 고통을 중지시키는 행동은 도덕적이다. 둘째 기반은 공정성이다. 생태계에서 상호 협동의 규범을 촉진시키는 행위는 도덕적이며, 경쟁과 갈등을 야기하고, 분노, 죄책감 등의 정서를 유발하는 것은 부도덕한 것이다. 셋째 기반은 돌봄이다. 가족이나 내집단의 성원에 대하여 특별한 관심을 갖고 그들을 돕거나 돌보는 것은 도덕적이다. 그런 도움이 필요한 상황에서 자기희생적 도움을 주는 것은 매우 도덕적이며, 그러지 못하면 배신이며 도리가 아니라는 비난을 받는다. 넷째 기반은 서열(권위)이다. 모든 사회는 생존과 적응에 도움이 되는 위계서열 구조를 지니고 있다. 아랫사람이 윗사람을 존경하고 복종하는 것을 당연시하며, 윗사람이 아랫사람을 돌보고 지도하는 것을 도덕적이라 본다. 마지막 기반은 순수/성스러움(purity/sacredness)이다. 사람들은 진화의 과정에서 오염된 음식에 대한 혐오감을 발달시켜 왔다. 자연에서 깨끗하지 못한 것은 질병을 초래하고, 생활에서 청정하지 못한 것은 정신의 오염을 초래한다는 거부감이 도덕 판단의 근거로 작용한다. 종교의 경우에 신은 신성한 숭배의 대상이며, 모든 예식은 성스러움을 오염시키지 않으려는 정화 의식을 포함한다. 그래서 육체의 욕구에 매달리는 탐욕적 삶을 천박스럽게 여기며, 신의 뜻을 좇는 삶(성직 종사자 등)을 높이 산다.

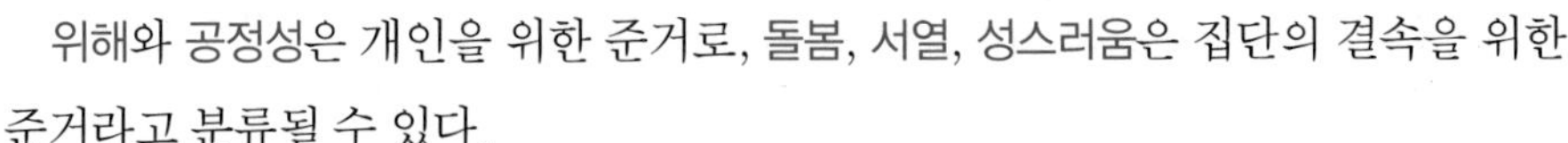
위해와 공정성은 개인을 위한 준거로, 돌봄, 서열, 성스러움은 집단의 결속을 위한 준거라고 분류될 수 있다.

**슈웨더(Richard Shweder)**
1972년에 하버드 대학교에서 인류학 박사를 취득한 후 시카고 대학교 인간발달 및 심리학과 교수로 재직 중이다. 인도에서 현장연구를 수행한 경험을 바탕으로 인간관의 문화 차이를 제시하면서 문화심리학의 영역을 제시한 학자로 인정받고 있다. 도덕성의 판단 근거를 모색하여 3근거이론을 제시하였고, 문화의 갈등 문제에 연구관심을 두고 있다.

**도덕성의 기반 차이** 도덕성 기반론은 정치적 성향(진보/보수 등)이나 문화권마다 차이 나는 도덕성의 판단이 우열의 문제가 아니라 어떤 기반을 중시하느냐에 따라 달라지는 것이라는 설명을 제시한다. 예를 들어, 서구 사회에서의 도덕성 판단 시 고려하는 기반의 수가 적으며, 주로 개인적 준거를 중심으로 이루어진다. 이 양상은 서구에서도 사회경제적인 지위가 높은 사람들에서 더 강하게 나타난다, 동양 사회에서는 개인적 준거들보다는 집단적 준거를 중시한다. 한 연구(Vasquez et al., 2001)는 필리핀과 미국의 대학생에게 그들의 생활에서 '있어서는 안 될 일' 세 가지를 대라며 이를 범주로 나누었다(연구 3). 미국 학생들의 응답은 자율성, 공동체, 신성(Shweder 등이 제시한 기반임)의 세 가지로 분류했을 때 각기 60%, 24%, 16%로 나타나 자율성 기반이 중요한 것으로 나타났다. 필리핀 학생들의 응답은 39%, 25%, 37%로 세 가지가 비슷하게 작용함을 보였다. 중요하다고 여기는 도덕적 원칙을 물어 정리한 결과(연구 1), 미국에서 가장 많이 나오는 두 가지는 '사람들은 자신이 원하는 것을 행할 권리가 있다.' '다른 사람을 깔볼 권리는 누구에게도 없다'였다. 필리핀 학생들이 가장 많이 든 것은 '사람은 자신의 가족 및 공동체에 성실해야 한다' '사람은 행동을 조심스럽게 하며, 남을 해쳐서는 안 된다'였다. 온라인 조사에 답한 미국인 2,811명에게 15가지 사건에 대한 도덕적 판단을 하는 경우에 앞의 5개의 기반 각각을 얼마나 중요하게 고려하는지를 묻고 그들의 정치 성향을 물어 보니, 진보성향이 높을수록 사람들은 위해와 공정성의 두 기반을 주로 고려하는 반면에, 보수성향이 높을수록 다섯 가지 기반을 모두 고려하는 성향이 뚜렷이 나타났다(Graham et al., 2009; Haidt, 2007).

국내에서도 미국 연구와 유사하게, 진보성향의 대학생들은 공정과 위해의 개인적 도덕성을 판단의 기반으로, 보수성향자들은 돌봄, 권위, 신성의 결속적 도덕성에 대한 것도 비중을 두는 양상이 나타난다(이재호, 조긍호, 2014; [그림 8-14]). 한편, 진보 혹은 보수 성향이 뚜렷한 성인과 대학생을 대상으로 용산 재개발 사건과 간통죄에 어떤 생각을 가졌는지를 심층적 면담으로 파악하고, 이들 응답을 다섯 가지 기반에 따라 분류하여 연관성이 높은 응답어들의 연결망을 구성하여 분석한 결과, 보수 성향자는 진보 성향자에 비해서 더 많은 도덕 기반을 바탕으로 간통

**용산 재개발 사건**
2009년 용산역 앞 재개발을 막는 지역민들의 농성장을 경찰이 강제 진압하면서 화재가 발생하고 6명의 사망자가 발생한 사건이다.

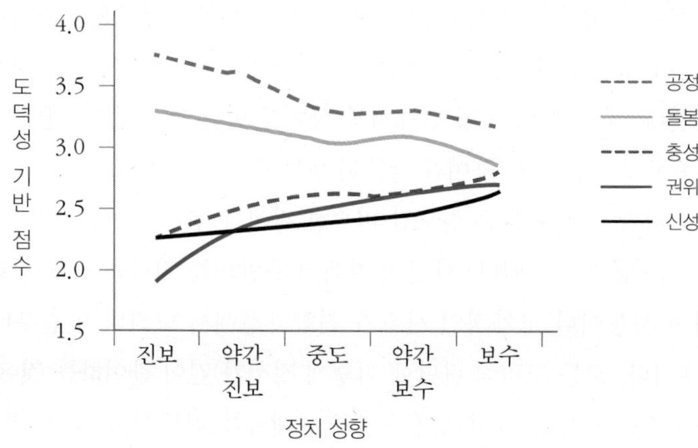


**[그림 8-14] 정치 성향에 따른 도덕 기반의 비중 차이**

출처: 이재호, 조긍호(2014).

죄와 재개발 관련 행위를 판단하는 것으로 나타났다(정은경, 손영우, 2011). 이같은 양상은 진보 혹은 보수 단체에 종사하는 사람들을 대상으로 사건에 대한 견해를 심층 면담으로 파악하고, 이들 견해에 나타난 핵심어들 간의 연결망을 분석한 결과에서도 나타났다(정은경 외, 2011). 보수단체의 경우 권위와 같은 결속적 기반의 핵심어들이 연결망에 많이 포함되어 있으며, 진보단체의 경우 손상, 공평성 같은 개인적 기반의 핵심어들이 연결망에 많이 나타났다.

## 도덕성 판단의 체계와 영향 요인

최근에 활발한 인지신경과학의 연구와 진화심리학적 접근은 도덕적 판단의 문제를 이성의 영역에서 감성의 영역으로 변모시키는 양상을 보인다(3장 참조). 거울뉴런과 같은 선천적 공감 기제에 의해 정서적 느낌이 오고, 이 애매한 느낌을 이해하고 정당화시키는 이성적 사유에 의해 구체적인 도덕성 판단이 이루어진다는 접근이 활발하다(Haidt, 2001).

**도덕성 판단의 두 체계** 다음의 경우를 보고 잘잘못을 판단해 보자. '친오누이간인 민석이와 민정이는 오랫동안 벼르던 유럽 배낭여행을 둘이서 떠났다. 하루는 바닷가의 오두막에서 자게 되었는데, 호기심이 일어 둘이 사랑을 해 보기로 하였다. 피임도구를 철저히 챙겨 행위를 했고, 둘은 정말 더 가까워진 느낌을 받았다. 둘은 이 사건을 죽을 때까지 비밀로 하기로 하였으며, 다시는 하지 않기로 하였다.' 이 경우에 도덕적으로 문제가 없는가? 거의 모든 사람들이 이 내용을 들으면 분명히 잘못된 것이라 여긴다. 혐오감을 표시하기도 한다. 왜 잘못되었는지를 설명해 보라면, 대부분 근친상간의 금기를 대거나, 둘이 분명히 상처를 받을 것이라는 등의 이유를 댄다. 두 사람이 어떤 면에서도 상처를 받은 것이 없고, 좋은 경험으로 여긴다면, 종국에 사람들은 "하여간 잘못된 행동이야!"라고 내뱉는다(Haidt, 2001).

이 사례를 접할 때 사람들은 혐오감 비슷한 정서를 우선 느끼고, 이를 정당화시킬 논리를 찾는 양상을 보인다. 사건에 접해서 유발되는 정서는 오랜 진화의 산물이며, 언어의 사용이나 고차적인 사고가 진화과정에서 나타나기 전부터 작동해 온 생존기제이다. 모든 도덕적 판단에 이렇게 정서가 깊이 관여하는 것은 아니다. 이를 비교해 주는 유명한 사례로 폭주열차 딜레마를 검토해 보자. 도덕철학자들에게 답하기 어려운 딜레마로 여겨지던 두 가지 상황에서 당신은 어떤 결정을 내릴지 생각해 보자.

손잡이 상황

상황 1(손잡이 상황): 지금 멈출 수 없는 폭주기관차가 선로 작업을 벌이고 있는 5명의 인부를 향해 달려오고 있다. 인부들은 이 상황을 모르고 작업하고 있다. 당신의 앞에 놓인 선로변경 손잡이를 틀면 5명의 인부를 살릴 수 있지만, 다른 궤도에서 작업하는 인부 한 사람이 죽게 된다. 이 상황에서 당신이 아무런 행동을 안 하면 5명이 죽고, 손잡이를 틀면 5명은 살지만 다른 한 사람이 죽게 된다. 틀겠는가?

밀기 상황

상황 2(밀기 상황): 폭주기관차가 5명의 인부를 향해 질주하는데 다리 위에서 이를 본 당신의 옆에 체구가 충분히 큰 사람이 아무것도 모른 채 있다. 당신이 이 사람을 밀치면 선로 위로 떨어져 큰 체구로 열차를 막을 수 있지만 그는 죽임을 당할 것이다. 밀어 떨어뜨릴 것인가?

사람들은 대부분 손잡이 상황에서는 5명을 구하는 선택을 하지만, 밀기 상황에서는 그렇지 않는 것으로 나타난다(Greene et al., 2001). 9명의 연구 참여자들에게 앞에 제시된 상황에 더해서 다양한 도덕적 판단 상황 60개와 도덕과는 무관한 판단 상황들을 제시하면서 각본의 사람이 한 행동(예: 길에 떨어진 돈을 갖는 것, 무임승차 하는 것 등등)이 적절한지 여부를 판단하게 하면서, 반응시간과 이들이 답할 때 뇌영상기록장치로 활성화되는 뇌의 영역을 파악하였다. 이들 상황을 개인적(personal: 정서 관여 상황으로 밀기 상황이 해당됨) 상황과 비개인적(impersonal: 정서 비관여 상황으로 손잡이 상황이 해당됨) 상황으로 구분하여 반응시간을 비교하였다. 각본 속의 행위자가 손잡이 상황에서 5명을 구한 행동이 적합하다는 판단을 하는 시간은 매우 짧았지만, 밀기 상황에서 밀치는 행동이 적합하다고 여기는 판단에는 반응시간이 오래 걸렸고, 오히려 부적합하다는 답을 하는 시간이 짧게 나타났다. 비개인적 도덕 판단의 경우에는 도덕과 무관한 판단(버스를 탈 것인지 택시를 탈 것인지 등) 상황과 양상이 비슷했다. 세 가지 판단 상황에서 활성화되는 뇌의 영역도 확실하게 차이가 났다.

얼핏 유사한 두 가지 상황에서 사람들은 왜 정반대의 답을 하나? 도덕심리학자인 Greene(2014)은 정서가 촉발되어 합리화가 이루어지는 의무론적(deontological) 도덕 판단의 기제와 결과의 이익적 가치를 고려하여 어느 것이 공익에 도움이 되는지에 따른 공익론적(utilitarian) 도덕 판단을 하는 기제가 구분되는 까닭이라 본다. 의무론적 관점은 인간의 목숨을 수단으로 삼아서는 안 된다는 Kant의 철학 원리처럼 관련 행위에 정서가 무의식적으로 작용하는 과정의 기제(직감적 기제라고도 함; Haidt, 2001)이고, 공익론적 관점은 공익을 위해 더 유리한 선택이 무엇인지를 논리적으로 따지는 과정이 작동하는 기제다.

1848년 미국의 한 광산에서 폭발사고로 뇌를 다친 Gage란 광부가 사고 이후에 도덕적 판단능력을 상실하여 매우 혐오스러운 행동을 서슴없이 하게 된 사례가 발생했다. 그의 손상부위를 재구성한 연구자는 쇠 지렛대가 관통한 뇌의 영역(전두엽의 안와전두 부분)은 도덕사고에 관여하는 뇌의 영역에 포함된다는 주장을 제기하였다(Damasio et al., 1990). 이 부위에 손상을 입은 사람들은 도덕적으로 부적합한 행동을 보이는 것이 관찰되고 있다(Gilovich et al., 2011, p. 566에서 인용). 이 같은 연구는 인간이 이기적이기만 한 것이 아니라 사회생활을 하면서 필수적인 남을 배려하는 인간의 행위도 혐오, 연민과 같은 도덕적 정서와 함께 뇌의 진화과정에서 획득되었음을 시사한다. 도덕적 판단의 두 체계가 작동한다는 이론은 Hume처럼 정서에 무게를 두는 주장과, 이성에 무게를 두는 두 주장이 모두 수용될 수 있음을 알려 준다.

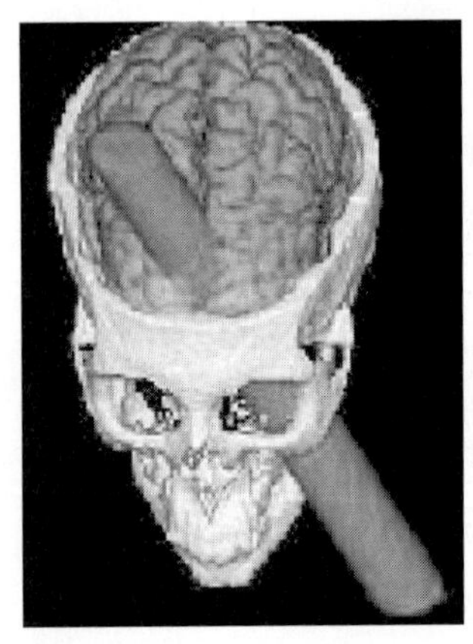
Gage의 두부를 관통한 지렛대

사람들은 어떤 것이 옳고 그른지를 판단하는 데 1/4초의 시간이 걸리며(Van Berkum et al., 2009), 사태를 설명할 수 없더라도 옳고 그름의 도덕적 판단이 거의 자동적으로 보여 준다(Bargh, 1996).

**도덕성 판단-나와 남의 차이** 기록적인 폭우로 당신이 사는 지역의 저지대에 홍수가 나서 많은 이재민이 발생하였다. 당신은 이재민들을 돕기 위해 시청에서 주관하는 일주일의 봉사활동에 참여하여 반나절을 보낼 의향이 있습니까? (예/ 아니요). 당신의 주위 사람들은 그런 봉사활동에 참여할까요? (예/아니요) 이런 질문에 대해서 미국 대학생들은 83%가 참여할 거라고 답했다. 그들은 주위 사람들의 참여율은 56% 정도라고 예측했다. 이들 중에서 실제로 참여한 사람들은 43%로 나타났다(Epley & Dunning, 2000). 왜 이런 차이가 나올까? 자신을 제대로 평가하는데 남을 인색하게 평가할 수도 있고, 아니면 남을 제대로 평가하는데 자신을 과장되게 평가할 수도 있다. 어느 쪽일까?

사람들은 타인을 평가할 때는 정확하게 판단하는 편이지만 자신을 평가할 때는 부풀리는 양상이 있음을 보인다(본서 2장 참조). 자신에 대한 판단을 할 때는 자신의 의지, 주체성이 부각되는 영향을 받기 때문이다. 즉, 타인의 행동이나 미래는 사회적 영향이나 상황적 요소에 의해 영향을 많이 받는다고 여기지만(외발적), 자신의 행동이나 미래는 자기 내면의 의지와 욕망에 의해 주로 결정된다고 여기는 것이다(내발적). 흥미로운 실험에서 학생들에게 두 가지 예측 과제를 주었다. 예측이 맞으면 5달러를 받는 상황이었다. 한 과제는 다가오는 기말시험에서 다른 학생(갑)의 점수를 예측하도록 하는 것이었다. 이때 갑의 중간고사 성적, 기말고사에서 원하는 점수, 얼마나 열심히 공부하려 드는지 등에 대한 정보들 중에서 어떤 정보를 가장 알고 싶은지를 선택하도록 하였다. 참가자들은 이때 갑의 중간시험 점수를 알고 싶다고 선택하는 경향이 컸다. 한편, 다른 학생이 참여자 자신의 기말고사 점수를 예측하고자 할 때 알려 주고 싶은 것은 자신이 원하는 점수로 답하였다(Helzer & Duning, 2012). 사람들이 자신의 의지, 주체성을 과신하여 예측 시 오류를 많이 보이는 양상은 예측 상황을 실제로 경험해 보았거나, 현실 상황을 마주했을 때는 덜 나타나며, 집단주의적 성향이 강한 개인들과, 집단주의 문화권에서 덜 나타나는 것으로 관찰되었다. 여러 연구들에서 우리가 볼 수 있는 것은 사람들은 타인의 도덕적 행동을 예측하는 것을 자신에 대한 예측보다 훨씬 잘한다는 것이다. 사람들은 보편적으로 사람들이 어떠한 행동을 보일 것인지 잘 알지만, 유독 자신에 대한 예측에서는 자신의 의지를 강하게 믿는 탓으로 더 낙관적으로 예측한다. 최후의 만찬이 벌어지는 식탁에서 예수는 제자들에게 자신이 곧 배신당할 것이라는 예언을 하였다. 이를 들은 베드로는 벌떡 일어서 자기는 죽음을 무릅쓰고 예수를 따라 감옥에 갈 것이라고 호언장담한다. 그러나 다음날 닭이 울 때까지 베드로는 세 번이나 예수를 부인한다. 베드로처럼 사람들은 자신이 남들보다 도덕적이며, 윤리적이고, 더 인간적이고, 관대하다고 여기는 경향이 강하다. 우리 모두는 보편적 인간의 모습을 보인다. 이것을 인식하는 것이 자신만 느끼는 의지의 힘에 기대어 스스로를 남과 달리 더 우월한(도덕적으로) 존재로 착각하며 저지르는 어리석음을 덜 보일 수 있을 것이다.

**자기이익의 관여** 도덕적 판단은 자신이 직접 관여되지 않은 상황에서 객관적인 입장에서 이루어지는 것과 자신이 직접 관여된 당사자의 입장에서 이루어지는 것이 큰 차이를 보인다. 모의법정에서 똑같은 사건에 임해서도 자신이 원고인지 피고인지에 따라 공평한 판결을 달리 본다(Loewenstein et al., 1993). 또 자신에게 주어진 과잉보수는 정당하다고 보지만, 남에게 주어진 과잉보수는 지나쳤다고 여긴다(Greenberg, 1986). 사람들이 자기이익이 관여되는 경우에 자기이익을 보호하는 쪽으로 무의식적 편향을 보이는 탓이다.

사람들은 자신에게 이득이 되는 것을 좋아한다. 물질적이건 정서적이건 도움을 주는 사람을 보면 좋아한다. 그런 사람이 행한 비윤리적 행동에 대하여는 훨씬 관대하다. 이는 자동적인 과정이고, 인지는 이 정서를 합리화하기 위해 동원된다(Bocian & Wojciszke, 2014a). 한 연구에서는 학생들에게 자기가 도서관에서

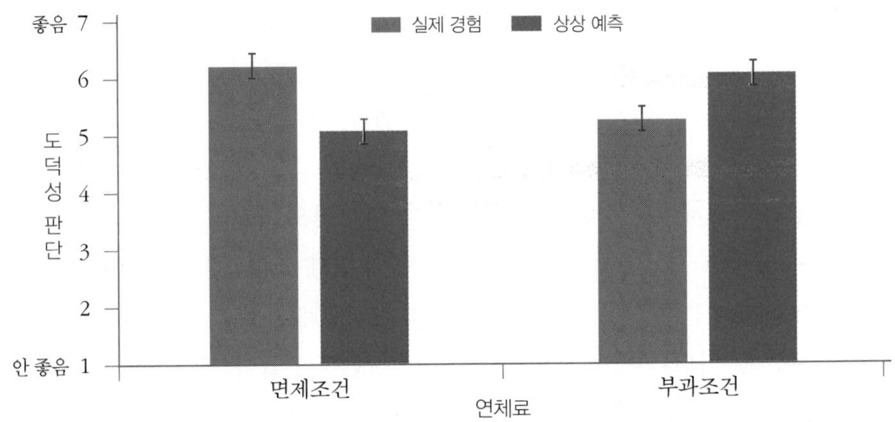


**[그림 8-15] 도서 연체료를 면제해 준 사서와 부과한 사서에 대한 도덕성 판단이 달리 나타난다.**
출처: Bonian & Woiciszke (2014b), 연구 2.

빌린 책을 늦게 반납하여 연체료를 내는 상황을 상상하라고 하였다. 한 조건에서는 사서가 별다른 사유 없이 연체료를 면해 주는 상황이었고, 다른 조건에서는 규정대로 연체료를 납부하게 된 상황이었다. 상상과 실제를 비교하기 위하여 실제로 도서를 연체하게 된 학생을 대상으로, 한 조건에서는 연체료를 면제해 주었고, 다른 조건에서는 연체료를 납부하도록 한 다음, 이들을 따라가서 도서관의 서비스와 사서에 대하여 평가를 받아 비교하였다. 사람들은 상상한 상황에서는 사서의 불공정한 행위(연체료 면제행위)를 좋게 여기지 않았으나, 실제로 자신이 경험하는 상황에서는 좋게 여겼다. 즉, 사서의 부당한 행위라도 자기에게 혜택이 오는 경우에는 부당하지 않은 것으로 여기는 것이다([그림 8-15]; Bocian & Wojciszke, 2014b). 자신에게 이익을 주는 상대방을 좋아하게 되며, 이 호감이 상대방에 대한 도덕성 판단에 영향을 미치는 것이다.

자기이익이 관여되지 않은 상황에서 사람들은 도덕성 준거에 관심을 갖고 사회규범을 좇아 판단하는 경향을 보인다. 그러나 이익이 관여된 실제 상황에서 사람들의 관심은 여러 가지 영향을 받으며, 자신의 본능적 편향을 검토하지 않는다. 그래서 자기이익을 좇는 판단을 하면서 잘못되었다고 여기지 않는다. 또한 속이는 행동을 하는 동료의 행위로 득을 보지 않는 상황에서는 그 동료를 잘못되었다고 판단하지만, 그 행동에 의해서 득을 보는 상황에서는 그 동료가 도덕적인 사람이라고 평가하는 것으로 나타났다. 그러나 이런 평가가 상대방에 대한 신뢰에 영향을 주지는 않았다. 한 차례 수행하는 신뢰게임에서 그 동료가 속이든 말든 똑같은 양의 돈을 보냈다(Bocian et al., 2016), 이런 양상은 사람들이 도덕성 판단에 자

**신뢰게임**
A와 B의 두 낯선 이에게 10달러를 각기 제공하고 A가 하여금 B에게 주고 싶은 만큼 돈을 줄 수 있는 상황이다. B는 A가 준 돈의 3배를 받게 되고, 가진 돈의 범위에서 A에게 돌려줄 수 있다. B는 아무 것도 안줄 수 있다. 상대방에 대한 신뢰의 정도를 알아볼 수 있는 경제학의 게임이다.

기편향이 작용함을 인식하지 못하고 있음을 보여 준다. 자기중심적 편향은 자동적이고 무의식적으로 나타나므로 편향적 판단을 하면서도 객관적이고 공정한 판단을 한다고 여기기 쉽다. 자기 평판이나 이익이 관여되느냐 아니냐의 상황 차이로 내로남불이 나타난다(3장 참조).

**도덕적 자기상의 균형** 사람들은 자신을 도덕적이라 여기지만 성인군자는 아님을 인정하며, 또 그렇게 되려고 하지도 않는다. 도덕성 균형 가설(Nisan, 1991)에 따르면 사람들은 늘 도덕적으로 행동하기보다는 과거에 어떤 도덕적 결정과 행위를 취했는지를 고려해서 현재의 행위를 취한다. 최고의 도덕성을 추구하기보다는 자신이 생각하는 적정한 도덕성 기준에 맞추어 때로는 부도덕한 행위를 벌이기도 한다. 이를 보인 한 연구에서는 사람들이 친환경 제품을 구매하고 나서는 일반 상품을 구매한 경우에 비해서 실험과제를 수행하면서 보상을 더 받으려고 거짓말을 더 하며, 돈을 부당하게 더 취득하는 부도덕한 행위를 보였다(Mazar & Zhong, 2010). 구매행위와 실험과제 수행이 아무런 관련이 없는 행위임에도 도덕적 행위가 이전의 구매행위(친환경제품을 구매했다는 바람직한 행위)에 의해 영향을 받았다는 것은 매우 흥미로운 일이다. 사람들은 도덕적 자기상을 유지하려고 하므로, 최근에 잘못된 행위를 저지르면, 보상적으로 도덕적 행위를 보인다. 이 자기상이 친환경제품 구입 같은 행위로 확인받은 경우에는 자기 행동에 대한 도덕적 검토를 신중히 하지 않는 경향을 보이는 것이다. 즉, 선행을 하면 비윤리적 행위를 저질러도 된다는 허가를 얻은 것으로 여긴다. 그래서 도덕적 판단은 일관되기보다 역동성을 지니게 된다.

## 도덕성 적용 대상의 확대

사람들은 생활하는 생태계의 다양한 것들에 대해서 도덕성을 적용하는 경계선을 긋는다. 오랫동안 이 경계선은 가족과 부족, 민족과 그 외의 종족들을 구별하였다. 백여 년 전까지만 해도 많은 사회에는 노예와 종의 제도가 있었다. 이런 시절에 노예와 종은 생활에 필요한 도구이었을 뿐 매매되고 사적인 체벌도 가능한 존재로 여겨졌다. 그러나 시민혁명으로 인권의 보편성에 대한 인식이 확산되고, 근대에 들어서 성차별과 인종차별이 부당할 뿐 아니라 범죄적 행위로 여겨지면서, 모든 인간은 도덕적인 존재로서 보편성을 인정받게 되었다. 그럼에도 불구하고, 전쟁이 벌어지면 적군은 인간으로 취급하지 않았다.

**공감과 도덕성** 현대인의 도덕성 판단은 상황이 개인의 정서를 크게 촉발하지 않는 한, 공익적인 접근을 취하는 양상이 높게 나타난다. 특히 이런 양상은 교육을 많이 받았거나, 사회계층이 높은 사람들에게서 두드러진다. 사회계층이 낮은 사람들은 가지고 있는 자원이 적기 때문에 비슷한 처지에 있는 사람들과 공감하고, 어떤 위협이 닥쳤을 때 이 공감을 바탕으로 연대하고, 공동의 대처 활동과 미래 대비 행동을 보일 가능성이 높다. 한 연구(Côté et al., 2013)는 다섯 명으로 구성된 조에서 한 사람(갑)의 몫을 빼어 다른 사람에게 주면 다른 사람들에게 돌아가는 몫이 두 배로 증가하는 상황에서 갑의 몫에서 얼마를 빼어 낼 것인지를 참여자들에게 물었다. 빼어 내는 몫의 양은 참여자들의 사회계층이 높은 경우에 많이 나타났다. 즉, 이들은 여러 사람이 혜택을 받는 공익적 접근을 하는 것이었다. 참여자들이 갑의 입장을 생각하고, 갑이 어떻게 느낄지를 써 보게 하여 갑과 공감을 일으킨 조건에서는 빼어 내는 몫의 크기가 크게 줄었다. [그림 8-16]에서 보듯이, 공감 조치를 취하지 않은 통제조건에서 사회계층 간 차이는 크게 나타났지만, 공감유도 조건에서는 계층 차이가 없어졌다. 이 결과는 도덕성 판단은 공감이 중요한 요인으로 영향을 미치는 것을 보여 준다.

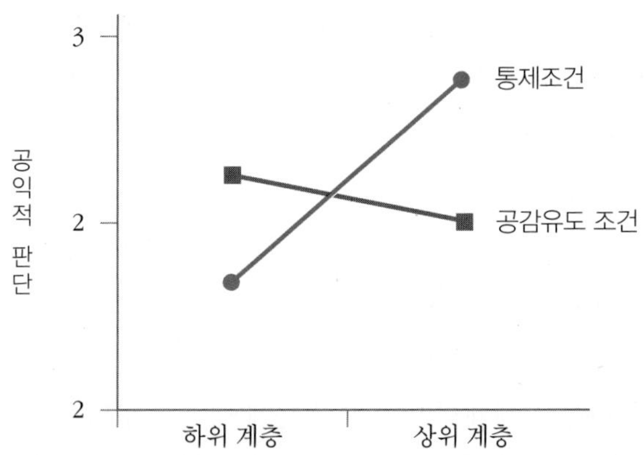


**[그림 8-16] 사회계층과 공감유도가 미치는 공익적 판단**

출처: Cote et al. (2013).

**도덕성 적용의 경계 확대** 유대인 학살이나 월남전의 미라이 마을 학살 사건들에서 피해자들의 처지를 도저히 묵과할 수 없어서 자신의 목숨을 무릅쓴 사람들이 있었다. 유대인을 구한 사람들 300여 명을 면담한 연구(Oliner & Oliner, 1988:

McFarland et al., 2012에서 인용)는 이들에게 일반 사람들과 구별하는 심리적 특징으로 '포용성(extensivity)'을 제시한다. 자신의 공감과 그에서 연유되는 책임감에서 상대방의 인종이나 종교와 무관하게 모든 사람을 포용하는 심리이다. 총부리를 겨누며 자신이 구한 유대인들의 이름을 대라는 독일병사 앞에서 "나는 누가 유대인인지 모릅니다. 그들은 모두 단지 사람일 뿐입니다"고 하였다. 이런 인류로서 하나됨(oneness with humanity)의 인식을 지닌 사람은 특정 집단의 사람에 대해서가 아니라 인류 전체에 대한 동질감을 느끼고, 깊은 연민을 느낀다. 그래서 다른 사람들을 돕고자 하는 마음을 가진다(Maslow, 1954, p. 138).

사람들에게 자기 가족, 같은 국민, 세계인으로 점차 확대되는 범주의 성원에 대하여 느끼는 동질감을 표기하였을 때 가장 큰 범주인 세계인에 대하여 느끼는 동질감은 인권단체나 빈민구제 기구에서 종사하는 사람들에게서 높게 나타났으며, 이 동질감이 높은 사람들은 세계 도처에서 벌어지는 인권 관련 문제에 대하여 높은 관심을 보이고, 다른 종교를 믿는 사람에게도 동질감을 느끼고 이들을 지원하는 활동에 기부금을 보내는 것으로 나타났다(McFarland et al., 2012). 이들은 상대가 테러범일지라도 죽이는 것에 대해 도덕적이지 못하다고 여기며, 이들에 대한 연민과 사랑에 도덕적 가치를 부여한다(Reed & Aquino, 2003). 이들은 소수자들(미국 내 인디언, 흑인)에 대하여 친밀감의 강도가 높았으나, 자기 집단인 백인에 대하여는 친밀감을 크게 느끼지 않는 것으로 나타났다(Jackson, 2001).

사람들이 지닌 다양한 가치 56가지의 유사성을 분석하여 열 가지로 정리한 이스라엘의 Schwartz(1992, p.12)는 보편주의(universalism) 가치를 그 하나로 포함시키고 있다. 이는 남을 돕는 것, 사람들이 평등하다는 것, 사회는 정의로워야 한다는 것, 자연은 보호되어야 한다는 것, 다양성은 존중되어야 한다는 것, 세계평화와 같은 도덕적 가치가 내집단이 아닌 남들에게도 적용되어야 하는 보편적인 것으로 여기는 가치이다. 유대인 중에서 이 가치에 대한 믿음이 강한 사람들은 자신들과 대치하고 있는 팔레스타인 사람들과 대화하고자 하며(Sagiv & Schwartz, 1995), 인권운동단체에 성금을 보낼 가능성이 높았다(Cohrs et al., 2007).

2019년 발발한 Covid-19 전염병은 도덕성의 문제를 인간 사회에만 적용시킬 수 없다는 문제점을 심각하게 제기한다(곁글 8-10, 곁글 8-11). 인간 위주로 자연을 이용하고 훼손하고 다른 생명체를 수단으로써 간주하는 인간중심주의 철학이 결국 인류세(Anthropocene)라는 새로운 연대를 지구의 시대 구분에 넣어야 한다는 자조적인 주장을 현실화시키고 있다(Cruzen, 2002). 고차원의 생각을 할 수 있는 것은 인간에 국한하지만, 이런 사고 능력이 모든 것을 인간 밑에 두고, 인간이 필요한 대로 쓸 수 있다는 면허를 준 것은 아니다. 오히려 이런 사고 능력으로 인간뿐만 아니라 다른 생물체를 보호하고, 생태계를 지속가능할 수 있도록 하는 책임을 느껴야 할 것이다. 이런 점에서 도덕성의 적용 영역은 인간을 포함한 생태계 전체로 확대되어야 할 것이다(곁글 8-10, 8-11; 본서 12장 참조).

**곁글 8-10** 도덕성 판단의 확장-육식의 불편한 진실

사회철학자 Singer(1975) 교수는 계몽시대의 철학자 Hume의 주장을 상기시키며 도덕성 판단의 대상은 상대 개체가 인간과 유사한 정도의 인지능력을 가졌느냐, 사회생활을 하느냐 등으로 판단할 것이 아니라 그 개체가 **고통을 느끼느냐**(suffering)에 의해 판단해야 함을 주장하여 큰 반향을 일으켰다. 그는 이 기준을 적용시켜, 동물을 인간과 차별하는 것을 **종차별주의**(speciesism)라 이름 짓고, 이는 성차별주의, 인종차별주의와 마찬가지로 도덕적으로 수용될 수 없다고 주장한다. 이런 주장으로 Singer는 **동물해방운동**의 이론적 토대를 제공하고, 채식주의를 도덕적 행위로 제시한다. 그는 『The Expanding Circle(1981)』이란 저서에서 자연선택은 인간에게 가까운 친족과 집단을 자기처럼 여기는 감정이입 능력을 부여했는데, 그 대상의 폭을 넓혀서 가족 → 마을 → 부족 → 국가 → 종 → 모든 생명체로 확산시켜야 한다는 진보적 도덕관을 제시한다.

좁은 우리에서 살며 도축되기를 기다리는 가축들

사람들은 오랜 세월 고기를 먹어 왔고, 그 맛에 젖었기 때문에 엄청난 규모의 육식 산업이 발달해 왔다. 많은 사람들에게 양질의 단백질을 저렴한 가격에 공급한다는 목적으로 밀림이 벌채되어 목장과 사료로 쓰일 곡식 생산을 위한 농장으로 변하고, 곡물이 사료로 전환되어 쓰이는 등 기후변화에 악영향을 끼치는 탄소배출에서 육식관련 산업이 차지하는 비중이 모든 교통수단의 배기가스 총량과 비슷한 것으로 잡히고 있다(본서 11장 참조). 대량사육에서 발생하는 종내(수족구 병) 및 종간(메르스, 광우병, Covid-19 등) 전염병의 문제, 열악한 사육환경, 도살장에서의 살육 및 가공 등의 현장 상황은 사람들에게 매우 불편한 현실이다. 그렇기에 육식 산업계에서는 이런 현실을 감추려 하고, 육식의 필요성을 알리는 데 주력한다. 이런 사회에서 태어나 성장하고 생활하며 사람들은 육식에 대해 3N의 신념을 지니고 있음을 사회심리학자 Joy(2009)는 보이고 있다. 즉, **육식은 정상이고(normal), 자연스러우며(natural), 필요하다(necessary)**는 신념이다. 이런 신념은 원시시대의 생태계나, 수렵채취경제에서 적용되는 것이지, 오늘날 육류수급이 산업화된 국가에서는 맞지 않는다. 육식을 위한 대량 사육과 도살이 정상적이지도, 자연스럽지도 않으며, 육식이 꼭 필요한 것도 아니다. 건강을 위해 단백질이 필요하지만, 육류를 대체할 수 있는 식물성 단백질로도 충분하다. 사람들은 육식을 즐기기 위해 동물이 지닌 생명권을 무시하고, 공장식 사육/도살 현장을 보지 않으려 하며, 육식의 필요성만 강조하는 자기 합리화 행태를 보이는 것이다.

## 곁글 8-11 한국말에 바탕한 도덕성 발달-어울림의 발달 4단계론

도덕이란 무엇인가? 길 도(道)와 베풀 덕(德)이 합해진 이 단어를 그대로 풀면 '베푸는 길'이다. 도덕 사회란 베푸는 길이 펼쳐지는 사회가 된다. 우리의 바탕말을 분석하는 최봉영 교수(2013, 2023)의 탐구를 따라 좀 더 바탕으로 내려가 보자. 사람이란 무엇인가? 사람은 살림을 살아가는 존재이다. 사람(ᄉᆞ람), 살림, 살다, 살리다는 '살'이라는 어간을 공유한다. 살은 햇살, 넉살, 빗살, 화살에서 보듯이 밖으로 뻗어 나가는 모양을 뜻한다. 따라서 사람은 안에 웅크리고 있는 것이 아니라 밖으로 기를 뻗어 가며 살아가는 존재이다. 그런데 온갖 동식물이 모두 목숨을 부지하며 살아가는 마당에 굳이 인간만 살아가는 존재로서 사람이라고 지칭하는 이유는 무엇일까? 인간은 살아가는 존재일 뿐 아니라 다른 것들을 살리는 존재이기 때문이다. 동물과 식물도 삶을 살아가지만 의도적으로 남을 살리는 행위를 하는 것은 아니다. 동식물이 남을 살리는 것은 의도가 아니라 절로 그러할 뿐이다. 살아가기 위해서 사람은 사는 힘을 갖고 자기를 살려 주는 힘(공기, 물, 음식, 부모, 친구 등등)들을 만나야 살아갈 수 있다. 이를 깨닫는다면 우리는 자기를 살려 주는 것들에 감사하고, 이들을 살리고자 마음을 먹을 수 있다. 그래서 인간만이 타인은 물론, 다른 동식물을 살리고, 생태계를 살리는 활동을 의도적으로 기획하고 실행할 수 있다. 사람의 가치는 살리는 행위에 있는 것이다!

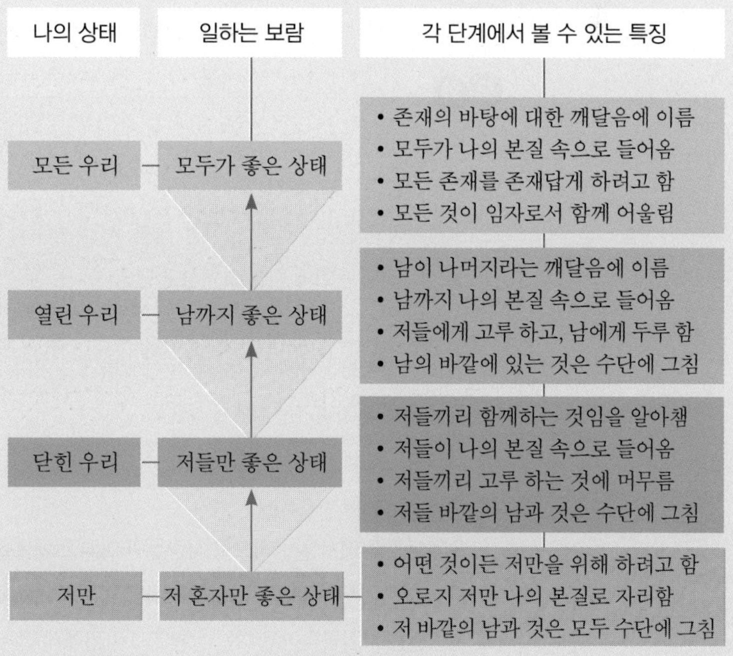


**[그림 8-17] 어울림 도덕성 발달의 4단계**

출처: 최봉영 외(2014).

살리되 나의 필요를 위하여 살리는 것이 아니라 상대의 가치를 인정하고, 알아주고, 이를 존중하며, 상대가 임자로서 삶을 살아갈 수 있도록 하는 것이 진정한 의미의 살리는 것이다. 임자들이 살면서 함께하는 것이 **어울림의 세상**이다. 『논어』에서 군자는 **화이부동**(和而不同: 어울리되 같아지는 것은 아니다)한다는 말은 바로 임자로서의 어울림을 제시한 것으로 해석될 수 있다.

살리고 어울리는 대상은 발달단계를 거치며 자신에서 출발하여, 자신을 둘러싼 더 큰 세상의 것들로 확산되어 간다. 그래서 저만 살리는 첫 단계에서 출발하여, 저와 가까운 사람들(저들만)과 어울리고 살리는 두 번째 **닫힌 우리**로 진행하고, 더 나아가면, 내집단의 밖에 있는 남들까지 살리고 어울리는 **열린 우리** 단계로 가며, 종국에는 자연 생태계의 것들까지 살리고 어울리는 **모든 우리** 단계로 나아갈 수 있다. 많은 사람들은 두 번째 단계를 벗어나지 않는다. 서양의 인본주의 사상은 세 번째 단계까지 포괄하며, 불교 사상은 네 번째 단계를 포괄하는 특징을 지니고 있다([그림 8-17]).

인습 후 도덕성 발달의 마지막 단계는 사회적 계약의 한계를 깨닫고, 자신의 양심과 인류 보편적 가치에 바탕하여 판단하는 단계이다. 마지막 단계에 도달한 사람은 드물다고 보며, 인권과 생명권과 같은 보편적 가치뿐만 아니라 평등성, 존엄성 등의 인간적 가치를 불가침의 가치로 여기는 것도 해당한다. 그러나 어울림 도덕성의 마지막 단계에서는 인간이 모든 것에 우선하는 독점적 지위를 누릴 수 없다. 인간은 함께 어울리면서 구성되는, 모든 우리의 한쪽일 뿐으로 저쪽의 살리는 힘을 받아서 살아가는 존재일 뿐이다(최봉영, 2023; 최봉영, 한규석, 2021; 최봉영 외, 2014; 본서 12장 참조).

**요약**

1. Kohlberg는 인습 전, 인습, 인습 후의 3수준 6단계의 순서로 도덕성이 발달한다는 틀을 제시하였다.
2. 도덕성의 판단에는 위해, 공정성, 돌봄, 서열, 순수의 다섯 가지 기반이 작용한다. 이 기반론을 적용하면 문화에 따른 도덕성 판단의 차이는 우열의 문제가 아니라 적용 기반의 차이로 이해될 수 있다.
3. 진보 성향자들은 위해와 공정성을 중요하게 여기며, 보수 성향자들은 다섯 가지 기반을 모두 중요하다고 여기는 차이를 보인다.
4. 도덕성 판단에서 의무론적 판단은 직감적인 체계가, 공익론적 판단은 논리적 체계가 작동하는 양상이다.
5. 도덕성 판단에서 일반적으로 사람들이 어떠한 행동을 보일 것인지 잘 알지만, 유독 자신에 대한 예측에서는 자신의 의지를 강하게 믿는 탓으로 더 낙관적으로 예측한다.
6. 사람들은 자기이익이 관여된 상황에서 자기에게 이익을 주는 행위에 대하여 무의식적인 호감을 느끼고, 이 호감이 판단에 편향을 초래하기 때문에 나타난다.
7. 인류세의 현실에서 도덕성 판단을 촉구하는 심리인 공감의 적용 대상을 가족, 국가, 인류를 넘어서 생태계의 범주들에까지 확장시키는 변화가 요구된다.

## 친사회적 행위–협동

2001년 1월에 일본에서 유학 중인 한국인 대학생 이수현 씨(27세)가 도쿄(東京) 전철역 구내에서 술에 취한 승객이 플랫폼에서 미끄러져 철로에 떨어지자 구하려고 철로로 뛰어내렸다가 역 구내로 들어오던 전동차를 피하지 못해 변을 당했다. 이날 사고로 처음 철로에 떨어진 사람을 비롯해 이 씨와 함께 취객을 구하려던 일본인 등 모두 3명이 목숨을 잃었다. 이들은 서로 전혀 모르는 관계인 것으로 확인됐다(동아일보, 2001. 1. 28.).

다른 사람의 어려운 처지를 보고 도움을 주는 행위는 우리의 마음을 훈훈하게 해 준다. 일찍이 맹자는 "어린아이가 우물에 빠진 것을 보고 깜짝 놀라고 측은해하는 마음을 갖는 것"이 인간의 본성이라고 보았다. 이러한 성선설은 이기적인 인간상을 바탕으로 한 서구 사조에 의해 벼랑으로 밀려나, 이수현의 희생 사건은 세태를 되돌아보게 만든다. 사람들은 스스로의 안녕과 이익을 도모하며 생활하지만 앞에서 살펴보았듯이 협동과 친사회적 행위의 기제를 또한 발전시켜 왔다.

## 협동의 진화

가장 적응을 잘하는 개체가 생존하며 번식에 성공한다는 적자생존의 원칙을 근간으로 하는 진화론이 설명하기 어려웠던 현상이 동물세계에서 엄연히 관찰되는 자기희생적 행위들이다. 개미의 세계에서 일개미들은 자기의 번식과는 무관하지만 일생 동안 일만 하면서 수개미와 여왕개미의 번식을 돕다가 죽는다. 아프리카의 흰개미 종에서 병정개미는 다른 적을 공격할 때 노란 분비액을 뿜어 자신과 적의 몸을 모두 옭아매어 굳어지면서 죽는다(Wilson, 1978). 동물의 공동체 유지를 위한 역할 배정이 어떻게 이루어질 수 있는가에 대한 설명으로 유력하게 받아들여진 이론은 개체의 생존을 유전자의 생존으로 대체시키고 있다. 즉, 개체의 생존을 위해서 생활하는 것이 아니라 유전자의 생존을 위해 개체들은 삶을 영위한다는 것이다. '이기적 유전자'설에 따르면 무차별적인 이타적인 행위는 설 곳이 없지만 두 가지(친척보호와 상응) 경우는 종의 번식에 큰 기여를 하므로 진화론적으로 유지될 가치를 지닌다(Dawkins, 1976).

일본에서 술 취한 승객을 구하려다 자기를 희생한 故이수현 씨 장례식

**친족 선택** 우리는 가까운 친척들과 많은 양의 유전자를 공유하고 있다. 유전자를 공유하고 다음 세대에 전할 가능성이 높은 사람을 대상으로 자기희생적 행위를 보일 가능성이 높다. 그래서 부모는 자식에게 자식이 부모에게 하는 것보다 더욱 헌신

적인 행위를 보인다. 이수현 씨가 자신의 가족을 구하기 위해서 목숨을 버렸다면 우리는 그다지 감동을 받지 않았을 것이다. 테레사 수녀가 자기와는 아무 관계가 없는 인도 캘커타에서 빈민을 헌신적으로 돌보는 행위가 어려운 것이기에 사람들은 감동을 받는다. 즉, 우리는 유전학적으로 우리와 가장 가까운 사람을 돌보게끔 프로그램이 되어 있기에 이 프로그램에 따라 나타나는 행동은 자연스러운 것으로 보지만, 전혀 관계가 없는 사람을 대상으로 자기희생이 나오면 이에 놀라는 것이다. 지진과 같은 자연재해를 당했을 때 사람들은 가족, 친척, 친구, 이웃, 낯 모르는 사람 순으로 도움의 손길을 주는 것으로 관찰되고 있다. 진화심리학자들은 내집단편애 현상도 이 같은 이기적 유전자의 작용으로 나타난다고 본다(Rushton, 1991).

**진화심리학(evolutionary psychology)** 인간이 보이는 행위와 심리 양상의 진화적 가치를 인정하고, 진화론적으로 설명하고자 하는 분야로, 최근에 활발히 연구가 진행되고 있다. 심리현상을 이해하기 위하여 사회생물학적 접근을 취하는 분야라고 할 수 있다(본서 4장 참조).

**상응** 동굴에 사는 흡혈박쥐의 세계에서는 굶은 박쥐가 충분히 먹은 박쥐에게 구걸해서 먹이를 토하게 해 받아먹는 현상이 관찰된다(Wilkinson, 1990: Myers, 1997, p. 514에서 인용). 얼핏 자선적 행위로 여겨지는 이 현상은 실상 상응의 거래 행위인 것으로 드러났다. 주고받는 이 거래 행위는 개체와 종의 생존에 큰 도움이 되는 가치를 지니고 있다. 이 상응적 행위는 제한된 환경에서 특히 잘 나타난다. 대도시보다는 도서지역에서, 작은 규모의 단체에서, 개체들이 서로를 만날 가능성이 높은 생태계에서, 상응을 기대하는 자기희생적 행위가 보다 잘 나타난다.

**사회생물학(sociobiology)** E. O. Wilson이란 하버드 대학교의 곤충생물학 교수가 1975년에 제시한 학문분야로, 사회행동의 생물학적 소인을 구명하고자 한다. 유전적 소인을 강조하지만 환경의 영향을 배제하는 것은 아니다. 이타행위, 공격성, 양육행위, 구애행위 등 전혀 별개의 영역으로 간주되던 사회행동들을 관철하는 진화 원리에 바탕한 설명을 제시하면서 사회과학과 생물학을 통합하는 학문으로서의 가능성을 제시하였다.

**협동의 진화 조건** 정치학자인 Axelrod(1984)는 사회생물학의 발견을 적용시켜 동물(인간을 포함)의 사회에서 종간(공생관계) 및 종내(협동)에서 협동이 나타나기 위한 조건들을 연구하였다. 그에 따르면, 협동의 진화가 일어나기 위한 몇 가지 전제조건이 있다. 우선, 쌍방 간의 관계가 지속적으로 이루어질 확률이 높아야 한다는 것이다. 일시적인 관계에서는 상대를 최대한 이용하려는 착취행위가 취해지는 것이 놀랍지 않은 현상이다. 둘째, 미래의 만남에서 상대방을 알아볼 수 있어야 한다. 이 전제가 고등동물의 경우 감각기관을 지니고 있고 인지능력이 있으므로 별 문제가 없다. 그러나 하등동물의 경우는 생태학적으로 다른 기제에 의해서 가능할 수 있다. 즉, 집게와 말미잘, 아카시아와 진딧물, 곰팡이와 숙주 등과 같이 관계가 한정되어 있거나 다른 것과의 혼동이 야기될 필요가 없는 생태 환경에서만 공생관계가 나타난다. 상대방을 기억해 내는 능력이 생존에 큰 역할을 한다는 것인데 이는 인간에게 있어서 대뇌의 일부가 전적으로 타인의 얼굴을 식별하는 데 관여하고 있는 것에서도 그 중요성이 확인되고 있다(Zhen et al., 2013). 상

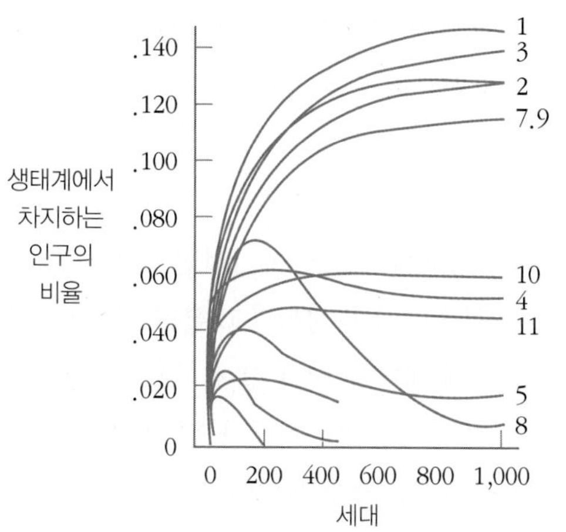


**[그림 8-18] 각기 다른 행동전략을 펴는 생태계의 세대 변화**

다양한 전략을 구사하는 개체가 다양한 상대방들을 만나서 얻게 되는 소득을 후손들의 숫자로 본다면, 세대를 거듭하면서 우량전략을 펴는 개체들이 많이 살게 된다. 반면에, 성적이 나쁜 전략을 펴는 개체의 수는 갈수록 적어질 것이다.

출처: Axelrod (1984).

대의 식별 능력만큼 중요한 것이 관계의 연속 및 단절 가능성에 대한 단서를 포착하는 것이다. 즉, 둘 간의 관계가 더 이상 지속되지 못할 것으로 여겨질 때(병, 노쇠 등) 전략을 바꾸어 착취하는 행위가 나올 수 있다. 일례로, 인간의 내장에 기생하는 박테리아는 정상인에게는 아무 해가 없지만 그 사람이 병약해지거나 노쇠한 경우 패혈증 증세를 야기한다. 암세포가 말기에 급격히 확산되어 목숨을 빼앗는 것도 이에 해당된다. 셋째, 개체가 자신의 행위를 상대방의 행위에 따라 조정할 수 있는 능력이 있어야 한다. 즉, 협동이냐 경쟁이냐를 선택할 수 있어야 한다. 이 선택의 능력은 고등동물은 물론, 공생관계를 보이는 하등동물을 포함한 모든 유기체의 특징이기도 하다. 마지막으로, 되받기의 전략을 펴는 개체들의 비율이 생태계에 소규모일지라도(5% 정도) 있어야 한다. 이들 개체의 수가 너무 적을 경우에 생존 비율은 현저히 떨어진다([그림 8-18]; Axelrod, 1984).

## 신뢰의 발전과 사회

생물체가 진화하면서 협동이란 기제를 발전시켜 왔으나, 인간은 그에 더해서 보다 다양한 상황의 거래관계를 촉진시키는 신뢰라는 기제를 발전시켜 왔다. 사람들은 신뢰를 바탕으로 생활의 대소사를 영위하여 간다. 즉, 어려운 상황에 처한 사람을 돕기 위한 모금액이 유용되지 않으리라는 신뢰가 있으므로 모금활동이 진행될 수 있다. 그러나 신뢰는 사회문화적 현상으로 각 사회의 관습, 도덕, 문화에 따라 달리 나타난다.

**사회적 자본(social capital)**
상응성에 바탕을 둔 신뢰, 규범 또는 네트워크로 구성된 협력적 행위를 촉진시켜 사회적 효율성을 향상시킬 수 있는 조직의 속성을 총칭한다(Putnam, 2000). 사회학자들이 경제성장과 결사체적인 활동과 인적 네트워크의 관계를 부각시키면서 제시된 개념이다.

**자발적 사회성(spontaneous sociability)**
본인이 지니고 태어나는 성, 가족, 고향 등의 연고 같은 관계망과 달리 본인의 선택에 의해 형성하게 된 관계망적 활동

**사회적 자본으로서의 신뢰** 경제학자들은 이기적인 목적을 가진 개인들이 자율적인 계약을 맺은 결과로 사회집단이 형성된다고 본다. 신뢰는 협동에 꼭 필요한 것은 아니다. 협동이 필요할 때 계약을 맺고 그에 따르면 된다. 계약과 이기심이 집단을 형성하고 결속하게 할 수 있지만, 이것만으로는 집단이 효율적으로 기능할 수 없다. 윤리적 가치가 공유되는 공동체이어야 조직의 효율성도 높게 작용한다. 이를 가능하게 하는 것은 성원들 간의 상호신뢰이다. 신뢰란 공동체 내에서 그 공동체의 구성원들이 보편적인 규범에 기초하여 규칙적이고 정직하며 협동적인 행동을 할 것이라는 기대로 정의될 수 있다(Fukuyama, 1995). 신뢰가 있다면, 더 이상의 계약과 구성원의 관계에 대한 법적인 규제가 불필요하기 때문에 조직은 목표를 효율적으로 추구할 수 있다. 이 면에서 신뢰는 개인적 행위로서가 아니라 공동체가 공통으로 받아들임으로써 그 가치가 드러나는 사회적 자본의 기능을 한다. 어느 사회에서나 가족집단에서는 신뢰(사적 신뢰)가 존재한다. 그러나 가족을 떠난 공동체에서 신뢰가 작용하는 정도는 사회마다 다르게 나타난다. 가족과 같이 전통적으로 그 관계가 주어진 것이 아니라 필요에 따라서 형성되는 취미집단, 회사집단의 경우에 신뢰는 자발성의 정도에 따라 크게 좌우된다(Putnam, 2000). 전통적인 연고사회에서 벗어나 산업사회가 전개될 수 있었던 것은 서구 사

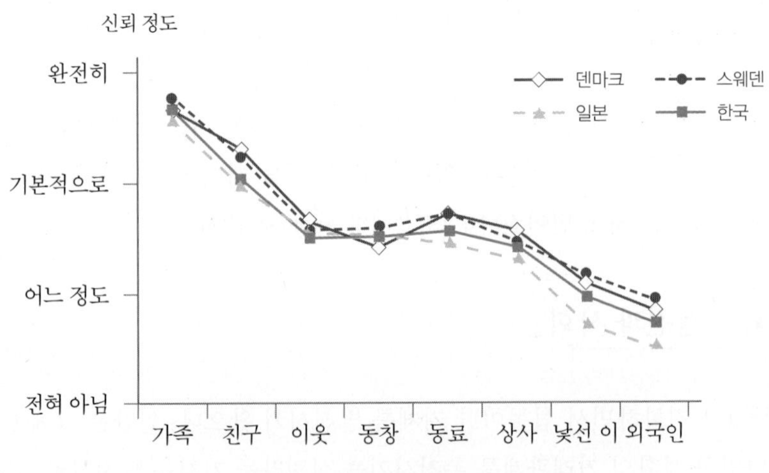


**[그림 8-19] 타인에 대한 신뢰의 국가 차이**

출처: 김의철, 박영신(2005).

회에서의 참여 자발성이 높은 수준이었기 때문으로 분석된다. 사회적 자본으로서의 신뢰가 제대로 갖추어지지 않은 경우에 사람들은 신뢰가 작동하는 가족과 그 측근을 중심으로 조직을 구성한다. 그러나 신뢰가 가족을 떠난 관계에서도 기본적으로 작동한다면, 그러한 각종 규제가 불필요하게 된다. 그래서 가족집단의 틀을 벗어난 보편적(공적) 신뢰의 형성이 중요하다. 신뢰가 구현되는 집단의 크기에 있어서 국가마다 큰 차이가 있음이 지적되고 있다([그림 8-19]).

**신뢰의 기능** 일본의 사회심리학자인 Yamagishi(2011)는 사회생활에서 신뢰가 지닌 기능으로 관계를 강화시키는 기능과, 관계를 확장시키는 기능의 두 가지를 구분하고 있다. 그는 후자의 기능에 초점을 맞추어 일반적인 신뢰가 폐쇄적 관계로부터 사람들을 해방시키고, 새로운 상대와 자발적 관계를 형성하는 데 필수적인 역할을 한다고 본다. 그는 불확실한 상황에서 나타나는 타인에 대한 믿음을 신뢰로 보고, 이를 가족관계, 조직폭력배의 상하관계와 같이 완벽한 통제력을 지닌 확실한 상황에서의 믿음인 안심(assurance)과 구별하고 있다. 상대를 신뢰하지 못하여 상대가 배반할 수 없도록 생사여탈권을 지니거나, 담보물 혹은 인질을 확보하거나 하는 것은 불확실한 상황을 확실하게 만드는, 즉 안심을 얻기 위한 방법이다. 따라서 신뢰는 사회적 불확실성이 존재함에도 불구하고, 상대에 대한 믿음으로 인하여, 상대가 자신에게 선한 행동을 하리라 기대하는 것이다(Yamagishi, 2011, p. 100).

불확실한 사회상황에서 사람들은 약속한(committed) 관계를 발전시킴으로써 제한적 신뢰를 발전시킬 수 있다. 즉, 상대를 정해 놓고 거래함으로써(예: 단골) 다른 상대와의 거래에서 볼 수 있는 손해를 피한다. 그러나 약속한 관계는 관계가 지닌 구속력으로 해서 기회비용(보다 조건이 좋은 거래처를 상대하지 않으므로 발생하는 비용)을 증대시키기도 한다. 기회비용이 커지는 경우에는 약속한 관계를 유지하는 것보다 이탈하는 것이 유리하며, 신뢰를 저버리는 현상이 나온다.

**신뢰의 개인차** 잘 모르는 사람을 만나게 되었을 때 우선 신뢰를 하는 사람이 있는가 하면, 불신의 눈길을 오랫동안 지니는 사람들이 있다. 흔히 세상이 험해져서 남을 잘 믿는 사람들은 순진하고 어리석으며 잘 속는 사람이라고 여긴다. 그러나 심리학의 연구들은 이 같은 생각이 잘못임을 알리고 있다. 어려서 낯선 이를 믿지 말라는 교육을 받고 자란 미국 청소년들은 그렇지 않은 청소년들에 비해서 친밀한 대인관계를 발전시켜 나가는 데 어려움을 겪고 있으며, 생활에서의 고독

**토시오 야마기시(1948~2018)**
미국 워싱턴 대학교에서 사회학으로 박사학위를 취득하고(1981), 일본 홋카이도 대학교 교수를 역임하였다. 『신뢰의 구조』라는 저술을 통해서, 신뢰에 대한 실험사회학적 연구 업적의 가치를 보이고 있으며 사회심리적 현상을 사회의 구조로 설명하는 접근을 취하고 있다.

**약속한(committed) 관계**
특정의 상대하고만 거래를 하는 관계. 이 관계는 다른 상대로부터 유리한 제안이 들어와도 이를 거부하고 정해진 상대와의 관계에 몰두한다. 이러한 관계는 상호 감정적인 유대에 의해 성립하는 연인관계와, 적대적인 외부 사회에 대응하기 위해 내부의 결속을 다지는 야쿠자형의 약속관계로 구분된다(Yamagishi, 2011).

**기회비용**
대안적 거래에서 얻는 이익이 주어진 거래에서 얻는 이익을 초과하는 경우에 발생하는 차이 비용을 말한다. 즉, 관계에 집착함으로써 다른 관계에서 얻을 수 있는 여분의 이익을 얻지 못한다. 기회비용은 거래비용과 비교된다. 거래비용은 거래를 하기 위해 들어가는 비용이다. 불확실한 상황에서는 거래비용(시장조사, 신용도 조사, 부도 가능성 등)이 많이 발생하지만, 약속된 관계에서는 거래비용이 적다.

감을 크게 느끼는 것으로 조사되고 있다(Terrell et al., 2000).

Yamagishi(2011)는 여러 실험을 통해서 일반적인 신뢰(타인을 신뢰하는 경향)가 높은 개인과 낮은 개인을 비교하여 흥미로운 차이를 제시하고 있다. 판단 대상이 되는 인물에 대한 정보가 아무것도 없을 경우에 신뢰가 높은 개인이 낮은 사람보다 대상인물에 대한 신뢰가 높았다. 대상인물에 대하여 긍정적인 정보를 주었을 때 이 정보가 많을 경우에 신뢰가 높은 사람은 상대를 더욱 신뢰 있는 사람으로 평가하였다. 그러나 신뢰가 낮은 사람은 긍정적 정보가 많더라도 상대방에 대한 신뢰감을 더 갖게 되지는 않았다. 한편, 상대방에 대한 부정적인 정보를 제공하였을 때 신뢰가 높은 사람은 그 정보가 많아질수록 민감하게 반응하여 신뢰감을 낮추는데, 신뢰가 낮은 사람들은 이같은 신뢰감 저하가 덜 나타났다. 이 결과는 타인에 대한 신뢰가 높은 사람들은 어리숙하여 남에게 당하기 쉬운 사람들이 아니라 상대방에 대한 정보에 민감하게 반응하며, 낮은 사람들은 상대방이 보이는 신뢰 행동에 별 관심이 없음을 보여 준다.

**신뢰와 현대 한국 사회** 시민사회 전통의 중심에는 보편적 신뢰가 있으며, 이 신뢰는 개방된 사회로 나아가기 위해 필요한 요소라서, 현금에 버금가는 사회적 자본이라는 것에 많은 사람이 동의하고 있다. 정치학자인 Putnam(1993)은 현대

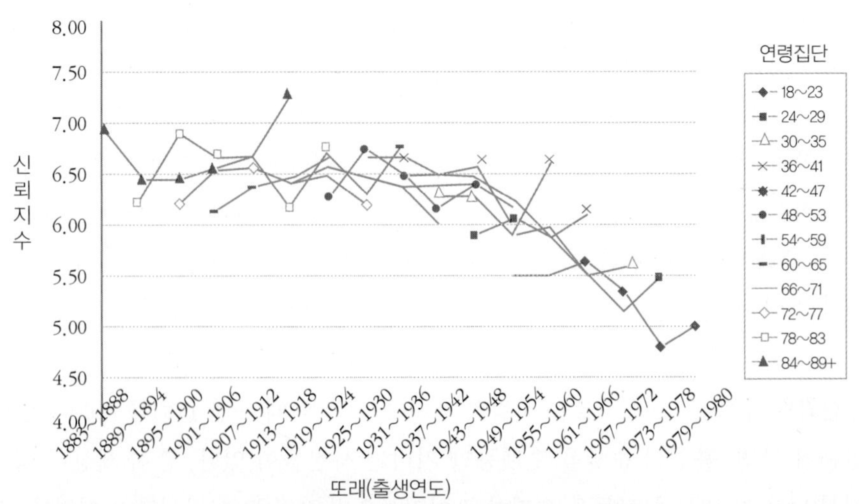


**[그림 8-20] 미국에서 또래 집단 내의 신뢰 변화**

1940년대까지는 동일연령집단(또래)에서 신뢰가 높게 유지되었으나 그 이후 출현하는 또래 집단에서 신뢰가 지속적으로 저하되는 양상을 보이고 있다.

출처: Robinson & Jackson (2001), Fig. 4.

미국 사회에서 신뢰의 붕괴가 진행되고 있음을 지적하며, 신뢰의 저하가 경제적인 성취를 방해할 뿐 아니라 민주적인 정치제도의 위기를 초래할 수도 있다고 경고하였다. 실제로 최근의 미국 사회의 센서스 분석자료는 1980년대에 들어선 이후로 사회의 보편적 신뢰(사람들이 타인을 믿을 수 있는지를 묻는 세 항목에 대한 응답으로 파악함)가 저하되고 있음을 보여 주고 있다(Robinson & Jackson, 2001; [그림 8-20]).

IT 기술의 진보로 가능해진 파생금융상품의 거래로 세계경제는 더 이상 눈으로 볼 수 있는 활동으로는 파악이 되지 않는다. 2008년에 미국발 금융위기는 파생상품과 같은 연결고리로 전 세계 경제에 짙은 어둠을 드리웠다. 누구도 예견하지 못한 이 같은 위기는 현대 사회의 불확실성을 보여 주고 있다. 사회가 불확실해질수록 신뢰가 지닌 가치는 더욱 높아진다. 그러나 일본, 중국 및 한국 사회는 강한 가족주의 문화를 지니고 있어, 보편적 신뢰보다는 사적 신뢰를 바탕으로 한 교류관계를 형성하고 있다. 보편적 신뢰에 바탕한 교류가 이루어지지 못하면, 사람들은 사적 신뢰를 바탕으로 작동하는 수많은 내집단의 형성을 통해 사회의 변화와 개방화에 대처하게 된다.

고교동창회라는 연고집단과 환경운동을 하는 자발적 사회단체의 성원들을 대상으로 신뢰를 분석한 연구(류석춘 등, 2008)에서, 동창회는 신뢰 수준이 높은 반면에 시민단체는 낮은 양상을 보이며, 신뢰가 깨졌을 때 이를 회복하고자 하는 경향이 동창회에서는 강하게 나타났다. 면담으로 파악한 결과, 시민단체의 참여가 자발적이기보다는 사적 연결망을 이용한 권유가 크게 작동함을 보이고 있다. 한국인의 교류에서 신뢰는 친한 관계에 내발적으로 설정된 특성을 지닌다(박영신, 김의철, 2005). 그래서 위험부담을 많이 지게 된다. 보증보험제도가 생기기 이전에는 사람들이 취업을 위해 신원보증이 필요했고, 이를 얻기 위해서 친지와 친구에게 부탁하였다. 50대 이상의 연배 사람들은 보증 잘못 서서 망했다는 주위 사람들 이야기를 많이 한다. 이에서 보듯이 별다른 행동적 증거가 없이도 우리성이라는 관계규범에서 상대방을 신뢰하는 행동과 마음을 가져야 하는 것이었다. 시민단체와 같은 공적 공간에서의 활동도 우리성에 바탕한 사적 신뢰를 통해 매개되는 것은 흥미로운 현상이며, 한국 사회의 공적 공간에서 작동하는 신뢰의 작용기제가 서구 사회의 그것과 다름을 알 수 있다(곁글 8-12).

**곁글 8-12** 믿을 사람이 없다?: 신뢰의 토착심리

국제비교 연구들에서 한국인들이 다른 사람을 믿는 비율은 낮게 나타난다. 흔히 이런 자료를 볼 때 우리는 '나도 그렇게 생각해! 믿을 놈이 어디 있어?'라고 생각하며 이 결과를 받아들인다. 신뢰의 문화문제를 제기한 Fukuyama(1995)도 한국 사회를 극단적으로 신뢰가 낮은 사회라며, 한국, 중국을 모두 신뢰가 낮은 사회로 분류한다. 그런데 이런 국제비교 조사에서 신뢰의 의미는 모르는 사람에 대한 신뢰를 묻는 것이다. 한국 사람들에게 신뢰는 믿고(信) 의지(賴)한다는 의미라는 점에서 영어의 trust와 차이가 있다. 한국에서의 신뢰는 가족이나 친구처럼 가까운 밀착관계에 있는 사람들 사이에 서로 믿고 편하게 의지할 수 있는 마음의 연대와 일체감을 뜻한다. 이와는 대조적으로 서양의 신뢰 개념은 가까운 관계를 포함한 일반적 관계에서 적용되는 것이다(최상진 외, 2003; Han & Choi, 2011).

한국인에게 신뢰란 관계와 분리할 수 없는 관계에 내재하는 정서다. 즉, 부모-자식, 선생-학생, 친구관계에서 신뢰는 상대가 믿을 만한 행위를 해서가 아니라, 그런 관계이므로 믿는다는 것이다. 중 · 고등학교에 재학 중인 남녀 학생 579명과 그들의 학부모를 대상으로 부모(혹은 자식), 친구, 교사를 얼마나 신뢰하는지를 측정하고, 신뢰하는 이유를 한 가지씩 대게 하여 분석한 연구(김의철, 박영신, 2004)는 부모에 대한 신뢰의 이유는 자신을 위한 희생과 부모이므로 무조건 믿는다는 것을 확인해 주고 있다. 친구관계의 경우나 교사에 대한 신뢰에도 '친구이니까' '선생님이니까'의 관계성 자체를 신뢰의 중요한 이유로 대는 것을 볼 수 있다. 보호관찰 청소년의 부모의 경우, 자녀가 범죄를 여러 차례 저질러 속을 많이 썩고 있지만 부모의 59%가 내 자식이기 때문에 믿는다는 반응을 보이는 것이다(박영신 외, 2004). 여러 경험적인 연구 결과를 바탕으로 볼 때, 한국 사회에서 신뢰의 특성은 다음과 같다. 첫째, 상대방이 신뢰할 만한 객관적이고 합리적인 행동을 하니까 신뢰하기보다는 그 사람과의 관계와 역할에 내발적인 도덕 규범적 성격을 지닌다. 교사가 믿을 만한 행동을 하니까 신뢰하는 것이 아니라 교사이니까 믿지 않으면 안 되는 것으로 여긴다. 둘째, 상대와의 정서적인 교류를 통한 유대관계의 성립이 중요하다. 정서적인 교류의 핵심은 상대에 대해 아껴 주고 관심 갖는 행위, 즉 마음의 주고받음이다(최상진, 2000; 본서 12장 참조). 마지막으로, 우리는 상대방의 능력보다는 인격을 신뢰의 근거로 삼는다. 끊임없이 자기수양하는 인격과 맡은 역할에 충실하는 자세를 상대가 보일 때 신뢰감을 갖는다(박영신, 김의철, 2005). 이런 토착적인 신뢰의 심리 탓에 우리 사회에서는 공직의 부정부패와 연고주의가 늘 사회문제로 부각되었었다.

**요약**

1. 적자생존의 원리가 작용하는 생태계에서도 공생과 자기희생의 현상을 볼 수 있다. 친척보호와 상응의 사회원리가 작동함으로써 친사회적 협동행위가 성립된다.
2. 협동은 쌍방 간의 교류가 지속적이며, 서로를 알아볼 수 있는 능력을 지니고 있거나 그런 환경에서 상대방의 행위에 따라 자신의 행동을 조정할 수 있는 개체들에서 진화적으로 성립한다.

3. 순수한 자기희생 행위와 남을 돕는 행위는 인간 사회의 사회화 과정에서 내재화되는 상응의 규범, 사회적 책임의 규범들에 의해서 권장된다.
4. 근친관계에서의 협동이 인간 사회에서는 신뢰라는 기제로 발전하여 보다 광범위한 교류관계에 작용할 수 있다. 신뢰 있는 사회는 경제활동의 효율성을 높일 수 있기 때문에 신뢰는 사회적 자본으로서 논의되며, 국가의 차이가 나타난다.
5. 신뢰는 불확실한 상황에서 타인에 대하여 지니는 믿음이며, 이는 완벽한 통제력을 갖춘 관계(가족 혹은 조직폭력단)에서의 안심과 구별된다. 저신뢰 사회에서 사람들은 약속한 관계를 발전시키지만, 이는 기회비용이 증대할 때 쉽게 깨진다.
6. 일반적 신뢰가 높은 사람들은 낮은 사람들에 비해서 상대방에 대한 정보에 민감하게 반응하며 자신의 행동을 조정하여 간다.
7. 한국의 공적 공간에서 작용하는 신뢰에는 사적 관계망에서 작동하는 신뢰기제가 깊이 관여하고 있다.

## 도움행위의 심리

2004년 동남아 해안도시를 덮친 쓰나미로 수십 만 명의 인명 피해가 난 것이 보도되자, 세계 각지에서 도움의 손길이 뻗쳐 왔다. 과학자들이 도움행위와 이타행위를 보는 시각은 개체의 이익을 넘어서 종(유전자)의 이익을 궁극적으로 도모하는 전략적 행위라는 면이 강하였다. 즉, 모든 이타적 행위는 종국에는 자기이익, 안녕 혹은 편한 정서를 도모하는 행위라는 것이다. 그러나 맹자는 "불쌍히 여기는 마음이 없으면 사람이 아니요…… 불쌍히 여기는 마음이 인(仁)의 바탕"이라고 하며 소위 4단(측은, 수오, 사양, 시비)의 마음을 인간이 타고났으며, 이 특징 때문에 인간은 동물과 구분된다고 여겼다(조긍호, 2000; 한덕웅, 2003 등). 과연 사람은 자기의 이익과 무관하게 이타적 행위를 하는가? 한다면 그 심리적 기제는 무엇인가?

**조긍호(1948~ )**
서울대학교에서 사회심리학 박사를 취득하고 서강대학교 교수로 재직했다. 12대 한국사회심리학회 회장을 역임하였다. 대인지각의 이원모형을 제시하고, 공맹시대의 선진유학사상이 주는 심리학적 교훈을 검토한 『유학심리학』을 저술하였으며, 문화에 따른 인간이해의 이론적 검증에 업적을 보이고 있다.

**거울신경세포** 1990년대 중엽에 이탈리아의 Rizzolati 교수진은 원숭이를 대상으로 뇌피질의 운동영역에 대한 연구를 진행하고 있었다. 이들은 원숭이가 땅콩을 집기 전에 대뇌 전두엽의 F5 영역이 활성화되는 것을 알게 되었는데, 우연한 관찰이었지만 연구원이 땅콩을 집는 것을 보고 있던 원숭이에게도 같은 영역이 활성화되는 것을 알게 되었다. 이 우연한 관찰로 거울신경세포가 뇌에 존재한다는 사실이 알려지게 되었다. 즉, 스스로가 하는 행동이 아니라도 남이 하는 행동을 관찰하는 것이 마치 그 행위를 모사(시뮬레이션) 하는 것과 같이 뇌의 영역에 반영된다는 것이다. 이전에는 상대의 입장을 이해하기 위해서는 인지적으로 성숙한 지적 능력이 필요하다고 여겼는데, 거울신경세포는 사회생활을 하는 사회성이 생물학적으로 갖추어져 있음을 보여 주는 것이다. 이 발견은 많은 연구를 촉발시켰으며 거울신경세포는 뇌섬엽, 상측두피질, 중전두엽 등의 영역이 관여된 공진회로(resonance circuitry)를 형성한다는 것이 밝혀졌다(장대익, 2012). 이 회로는 상대의 의도를 파악하며, 정서적 공명, 즉 마음이 서로 통합이 일어나는 뇌의 부위라고 할 수 있다. 공감 신경계라고도 불리우는 거울신경계는 인간에게 공감은 내재되어 있는 본성이며, 인간의 사회성을 구현시키는 생물학적 기제다(Iacoboni, 2008).

우리는 자는 사람의 맨몸 위로 거미나 뱀이 기어가는 것을 보면 마치 자신의 몸인 것처럼 몸서리를 느낀다. 우리가 가까운 사람에게 상대의 고통을 느낀다고 하면, 이는 듣기 좋으라 하는 말이 아니라 실제로 그런 경험을 하는 것이다. 고통뿐만 아니라 수치심, 죄의식, 거부감 같은 복잡한 사회적 정서도 거울신경세포와 관련되어 있다. 거울신경세포의 존재가 누구나 공감능력을 똑같이 지니고 있음을 말하는 것은 아니다. 자폐증을 심하게 앓는 아동의 경우 타인의 마음을 못 읽고,

**곁글 8–13 공감이야말로 언어의 뿌리**

20세기 중반에 언어학자이자 사회운동가이기도 한 Noam Chomsky는 언어 구사 능력은 타고난 생물학적 기제라고 하여, 학습에 의해서 말하는 능력을 배워 갖추게 된다는 주장을 한 심리학자 Skinner의 주장을 잘못이라 몰았다. 그러나 최근에 전개되는 인지신경학과 동물행동학 연구들에 의해서 언어는 공감이라는 능력을 바탕으로 얻게 된 소통기제라는 관점이 Chomsky의 설을 대체해 가고 있다. 영장류의 행동을 연구하며 인간의 도덕성을 이해하는 통찰을 제공하는 네덜란드의 de Waal 교수(2006)는 "영장류에게 공감은 원형적인 언어 이전의 형태로, 개체와 개체를 이어 주는 연결장치이다. 공감이 언어와 문화의 영향을 받는 것은 부차적인 문제"라고 주장한다. 영장류들 간에 이루어지는 소통은 대부분 정서적인 것을 알리는 목적에서 이루어진다. 원시부족 사회의 형태를 유지하는 오늘날의 수렵채취 사회를 조사해 보

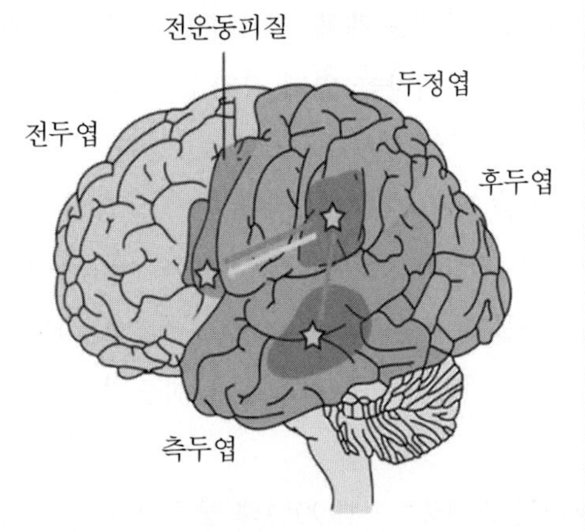


거울신경세포가 분포된 뇌의 부위

종합하면 거울신경세포는 뇌의 세 곳에 분포한다. 전두엽 전운동피질 아래쪽과 두정엽 아래쪽, 그리고 측두엽이다. 거울신경세포는 서로 신호를 주고받으며 정보를 처리해 지각한 행동의 의미를 파악한다.

면 남녀가 하루의 1/4을 서로 어울리는 시간에 할애하고 있다고 한다. 이는 영장류들에서 서로 털 고르기에 들이는 시간과 유사하다. 그러나 인간의 집단이 커지면서 털 고르기를 대체할 수 있는 수단으로서 음성이 쓰이면서 뒷담화(gossip)를 주고받는 소통이 이루어진다. 이 소통의 중요한 기능은 공감의 확장을 통해 친밀관계와 신뢰감을 다져 가는 것이다. 털 고르기의 일차적 목적은 위생이어서 개체와 무리의 건강을 위한 것이겠지만, 그런 기능에 더해서 사회적 결합 기능을 하게 되었다. 많은 개체와 상대하면서 몸짓과 언어가 자리하게 된 것이다(Dunbar, 1997). Arbib(2006)는 아이가 두 살쯤 되어 말을 하게 되는 것은 생득적인 보편적 문법능력을 갖추고 있기 때문이 아니라 공감의 확장과 몸짓의 소통이라는 준비 단계를 통해 말하는 방식을 배워 간다는 주장을 전개한다. 유아의 발달단계에서 몸짓과 소통행위는 거울신경세포를 자극하고, 정교한 공진회로를 만들어 복잡한 형태의 공감적 소통인 언어능력의 구비가 가능하게 만든다는 것이다.

정서적으로 공감하지 못하는 것은 거울신경세포가 활성화되지 않는 탓이라고 보인다(Rifkin, 2009, pp. 105-106). 이 세포가 제대로 활성화되기 위해서는 공감적 사회 자극과 경험이 필요한 것이다(곁글 8-13).

## 측은한 마음

링컨이 마차를 타고 가다가 옆 사람에게 인간의 이기적 욕망이 많은 선행을 낳고 있다는 주장을 펴고 있었다. 그때 돼지 멱따는 소리가 들려 밖을 보니 돼지 새끼들이 연못에 빠져 울고 있음을 보았다. 그는 마차를 세우고 나가서 돼지를 물 밖으로 꺼내 주고 놓고 돌아왔다. 그러자 이야기를 나누던 승객이 “돼지를 구한 것도 이기적인 욕망에서 한 것인가요?”고 물었다. 이에 대해 링컨은 “당연하다. 내가 돼지를 구하지 않고 갔다면, 하루 종일 돼지 딱한 생각에 마음이 매우 언짢았을 것이다. 이제 내 마음이 편안하다.”고 하며, 상대를 무색하게 하였다고 한다(Myers, 1993, p. 508에서 인용).

**불편함 심기(측은감)를 덜려는 도움행위?** 어려움에 처한 사람을 보면 사람들은 측은함을 느끼게 된다. 그로 인해 심기가 불편해질 수 있고, 이 불편함에서 벗어나고자 도움행위가 나오기도 한다. 이 경우의 도움행위는 결국 자신의 불편함을 해소하는 것이란 점에서 이기적 동기라는 지적을 받는다. 그러나 측은함이라는 정서는 자신의 상태에 기인하기보다 딱한 상대방의 상태를 접해서 느끼게 되는 정서다. 그래서 상대를 돕기 위해서 돕는 행위가 나올 수 있다. 이렇게 다른 사람의 곤경에 반응하는 공감능력은 아주 어린 아이에게서도 나타난다. 태어난 지 하루가 지난 아이들에게 자기의 우는 소리를 녹음으로 들려주거나, 한 살 된 다른 아이의 울음소리를 들려주었을 때, 아이는 다른 아이의 울음소리에 가장 많이 따라 울었다(Martin & Clark, 1982). 다른 동료가 어려움에 빠졌을 때 도와주는 행위는 침팬지에게서도 발견된다(de Waal, 2013). 나이가 들면서, 다른 사람의 관점을 취할 수 있게 되면서, 곤경에 처한 사람을 접해서 그의 곤경을 덜어 주는 것에 일차적 관심을 지닌 행동들이 나오게 된다. 이러한 관심이 자신을 희생하면서도 나타나기 때문에 이를 이타적 도움행위라고 할 수 있다.

측은감이 불편한 심기이기 때문에, 사람들은 이에 빠져드는 것을 모면하려는 행위를 보이기도 한다. 한 연구에서 노숙인을 돕는 프로그램에 참여한 학생들을 두 집단으로 나누어, 한 집단에게는 돕는 활동이 1시간 정도 할애하여 기금모금 편지를 쓰는 것이라고 알려 주었고, 다른 집단에게는 노숙인들을 한 시간씩 세 번 만나는 것으로 알려 주었다(Shaw et al., 1994). 학생들에게 노숙인에 대하여 사실적인 정보를 원하는지 아니면 그가 겪는 어려움에 대한 정서적인 정보를 원하는지를 물었을 때, 학생들은 편지 쓰는 조건에서 정서적인 정보를 많이 원하고, 세 번을 만나야 하는 조건에서는 오히려 사실적 정보를 원하는 것으로 나타났다. 이는 사람들이 측은감이 부담을 주기 때문에 상황에 따라 과도하게 그러한 정서에 몰입하는 것을 원치 않음을 보여 주는 것으로 해석될 수 있다. 다른 연구는 곤경에 처한 사람을 보고서 측은감을 느끼게 되더라도 불편한 정서를 회복할 수 있는 다른 활동을 할 수 있는 경우에는 도움행위가 덜 나타나고 있음을 보이고 있다(Schaller & Cialdini, 1988). 즉, 측은감은 도움행위나 자기희생적 행위를 부추기는 필요조건이긴 하나 충분조건은 아니라고 할 수 있다.

**상대방을 위한 도움** 곤경에 처한 사람을 본 탓에 느끼게 된 불편함이 아닌 상대방에 대한 관심으로서 측은감이 존재하는가? 당신이 실험에 참가하여 무선적 절차에 의해 관찰자의 역할을 배정받았다고 하자(Batson et al., 1983). 관찰자는 학습자의 역할을 수행하는 사람(실험협조자)이 기억실험의 과제를 10회 수행하면서 전기충격을 받는 광경을 CCTV를 통해 관찰하면서 평가를 한다. 그 학습자는 두 번의 시행에서 연속 쇼크를 받더니, 자신이 어렸을 때 전선을 잘못 만져 혼난 외상적 경험이 있었기 때문에 아주 두렵다며, 도저히 계속할 수 없다고 실험자에게 하소연하였다. 이 상황에서 실험자가 관찰만 하고 있던 당신에게 학습자의 역할을 수행하여 실험을 지속시킬 의향이 있는지를 묻는다면 당신은 어찌하겠는가?

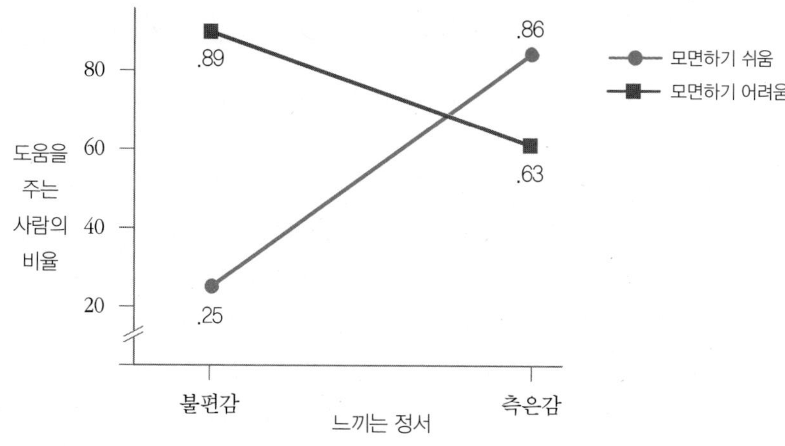


**[그림 8-21] 느끼는 정서와 상황에 따른 도움행위자 모음**

출처: Batson et al. (1983).

당신이 하겠다면 몇 회의 수행을 할 의향이 있는가? 당신은 실험을 중단하고 나갈 수도 있거나(모면하기 쉬운 조건), 끝까지 실험의 진행을 지켜보아야 하는 상황(모면하기 어려운 조건)이었다. 연구자들은 쇼크를 받는 학생의 고통을 본 참여자들이 느끼는 정서를 평가하여 불편함을 주로 느끼는 사람과 측은감을 느끼는 사람을 구분하였다. 결과는 [그림 8-21]에서 보듯이 상황을 모면하기 어려운 조건에서는 느끼는 정서에 따른 차이가 나타나지 않았으나, 상황을 모면하기 쉬운 조건에서는 느끼는 정서의 유형에 따라 돕겠다는 반응에 차이가 크게 나타났다. 불편감(자기관심 정서)을 느끼는 사람들은 측은감(상대관심 정서)을 느끼는 사람보다 도움을 덜 주는 양상이 나타난 것이다(연구 2). 이 연구에서 측은감을 느끼는 사람이 도움을 많이 준 것을 갖고 사람들이 측은감을 느끼게 될 때 도움을 준다고 해석하는 것은 잘못일 수 있다. 측은함을 잘 느끼는 사람은 우리가 모르는 이유로 도움을 줄 수 있기 때문이다. 예를 들어, 이들은 실험자에게 좋은 인상을 주고 싶어서 돕겠다고 했을 수도 있다는 것이다.

남의 곤경을 보면서 불편감을 느낄 때의 생리적 반응은 측은감을 느낄 때의 생리적 반응과 다르다는 것이 한 연구에서 드러났다(Eisenberg et al., 1989). 아동과 대학생을 대상으로 자동차 사고로 온 가족이 다쳐서 병원에 입원해 있는 한 엄마에 대한 비디오를 보여 주었다. 비디오의 여성은 이혼한 상황에서 상처가 아물어 퇴원한 아이들의 공부가 뒤처질 것을 걱정하는 애처로운 모습을 담고 있었다. 연구 참여자들이 비디오를 보는 동안 심장박동을 지속적으로 측정하고, 이들의 얼굴표정에 나타난 정서의 상태를 두 명의 관찰자가 15초 간격으로 평가하였다. 연

**곁글 8-14** 모든 이타행위는 결국 이기적 행위?

도움행위에 대한 학자들의 연구가 두 진영에서 대립적으로 진행되어 흥미롭다. 본문에서 논의했듯이 Batson과 같은 연구자는 측은지심에서 발로한 도움행위는 자기에게 부담을 주는 경우에도 도움행위로 나타나므로 이기적 동기에 발현한 도움행위라고 볼 수 없다는 주장을 한다. 반면에, 『설득의 심리학』의 저자로 유명한 Cialdini 같은 연구자들은 모든 도움행위는 종국에는 행위자에게도 심리적 보상작용을 해 주기 때문에 순수한 이타적 행위는 없다고 주장한다(Cialdini et al., 1981). 이 주장에 따르면, 헌혈을 한 사람들은 아무런 보상을 받지 않는다고 해도 자기의 가치를 확인할 수 있어서 기분이 좋아지며, 남을 돕는 것이 안 돕는 것보다 자신의 기분을 좋게 하므로 돕는다는 식이다. 결국 남을 돕는 이타행위도 행위자의 심적 보상을 노리는 교환적 행위라는 분석이다. 각 견해를 지지하는 많은 경험적 연구들이 치고받고 있어 해결의 실마리가 잘 안 풀린다. 이기론자들의 설명이 지닌 문제점 하나는 순환론적이라는 것이다. 즉, 도움행위를 설명하기 위해서 심적 보상을 들지만, 심적 보상이 존재하는 증거로 도움행위의 발현('자기만족이 없으면 왜 돕겠느냐?')을 대는 것이다. 이타론자들은 도움행위의 발현이 순수히 타인지향적일 수 있으며, 행위 결과로 얻게 되는 심적 보상은 전혀 부수적인 산물일 뿐이기 때문에, 부수적 산물을 기반으로 이기적일 수밖에 없다는 이기론자의 주장을 잘못이라 본다.

이타주의는 집단의 생존가능성과 경쟁력을 강화하며, 인류가 진화하는 동안 집단 수준의 자연선택을 통해 유지되어 왔다(Wilson, 2012, p. 306). 진정한 이타성은 부족의 공익을 추구하는 생물학적 본능에 기인하는 집단선택에서 나온다. 선사시대 당시부터 이타주의적 행동을 보이는 유전자를 지닌 집단이 이기주의적이기만 한 집단보다 생존경쟁에서 이점을 누려 온 탓에 생긴 결과이다. 자기 개체를 희생하는 점에서 이타적 행위는 나타난다. 이 행위가 집단의 생존에 도움을 주는 것은 다른 차원의 문제다.

구 참여자들에게 사고를 당한 집의 아이들을 도와줄 수 있는지를 물어서 분석한 결과, 측은감을 느낀(얼굴표정으로 판단) 사람들이 심장박동이 떨어지는 양상을 보이며, 돕겠다는 응답을 많이 하였고, 표정에 불편감이 역력한 사람들은 심장박동이 올라가며, 돕겠다는 응답을 덜 보인 것으로 나타났다. 이런 결과는 측은감이 불편감과는 구분되는 타인지향적 정서로서 상대의 불편함을 덜어 주는 도움을 촉발할 수 있음을 보이는 좋은 증거라 하겠다(곁글 8-14).

**상황의 해석과 귀인** 피해자 혹은 고통을 겪는 사람을 대하여 느끼는 측은감이 도움행위로 연결되기 위해서는 사건에 대한 책임을 상대방이 어쩔 수 없던 상황 탓으로 귀인하는 것이 필요하다. 책임을 피해자에게 두는 경우에 도움행위는 덜 나타난다. 길을 가다가 쓰러져 있는 사람의 손에 술병이 들려 있다면 돕기보다는 피해 가기가 쉽다. 어쩔 수 없이 벌어진 사건에 대하여 당사자의 책임을 묻는 것은 사람들이 세상을 통제 가능한 것으로 여기고 싶어 하는 경향을 반영하는 것이다(본서 3장 참조). 사람들은 고통을 겪는 사람이 자신이 지닌 가치관을 위협하는 경우에 그가 겪는 고통을 상대방의 책임 탓이라 여기는 경향이 강하다. 신앙심이 매우 두터운 기독교 근본주의자들도 도움행위를 선별적으로 보이는데, 이들은 동성애자나 미혼모를 돕기보다는 오지의 원주민이나 가난한 학생들을 돕는다. 동성애자와 미혼모들이 겪는 고통은 당사자들이 잘못된 생각과 행동 탓으로 여기는 것이다(Jackson & Esses, 1997).

요약

1. 사람들의 정서는 곤경에 처한 사람에게 도움을 주는 행위에 많은 영향을 미친다. 좋은 기분을 유지하거나, 나쁜 기분에서 전환하고자 도움행위가 나타날 수 있다.
2. 이기적인 동기가 아니라 상대방에 대한 측은감을 느껴서 도움행위가 나타나기도 한다. 곤경에 처한 사람의 처지를 공감하는 경우에 측은감이 촉발된다. 그러나 측은감은 도움행위를 부추기는 필요조건이긴 하지만 충분조건은 아니다.
3. 곤경에 처한 사람을 보고서 도움을 주는 행동은 그 곤경이 당사자 탓이 아니라고 보는 경우에 나타난다. 사람들은 자기와 유사한 처지에 있는 사람의 고통에 대하여 상황 탓을 하는 경향이 강하다. 처지가 비슷한 사람이 당한 고통을 그 사람만의 행동, 생각 탓으로 귀인할 수 있는 경우에 통제력을 회복하며, 자신은 그러한 고통을 피할 수 있다고 여긴다.

제9장

# 집단 속의 개인

2007년 12월 유조선과 크레인선의 충돌로 발생한 엄청난 규모의 기름유출로 태안 앞바다는 까맣게 변하였다. 세계가 경악한 것은 그 엄청난 기름유출이 아니라 짧은 시간에 이루어 낸 방제작업이었다. 기름으로 뒤덮인 해안의 바위와 돌들을 일일이 손으로 닦아 내고 까맣게 오염된 모래를 한 삽씩 파서 서너 번씩 양동이의 물에 헹구어 내는 작업을 해낸 끝에 반년 만에 해수욕장 개장을 할 수 있을 정도로 만들었다. 사람들은 주위에 다른 사람이 있을 때, 그들로부터 알게 모르게 영향을 받으며, 혼자 있을 때는 생각도 못하는 행동을 여럿이 하는 상황에서는 거리낌 없이 해내기도 한다. 이같이 개인으로서의 행위가 여러 사람들과 있을 경우에 달라지는 양상은 오래전부터 사회심리학자들의 관심거리였고 사회심리학이라는 학문분야를 성립시키는 주제가 되었다.

유조선 충돌로 오염된 태안 앞바다 방제작업을 하는 자원봉사자들

# 타인의 존재가 야기하는 현상

## 사회촉진 현상

우리는 혼자 무엇을 수행하는 경우보다 다른 사람과 같이 할 때 더욱 힘이 나는 것을 관찰할 수 있다. 사회심리학의 최초 실험연구라고 일컬어지는 연구는 이 현상을 점검한 것이었다. Triplett(1897)은 혼자서 낚시줄을 감게 하는 조건과 여러 사람이 같이하는 조건에서 줄을 감게 하였다. 집단조건에서 더욱 빨리 감는 것으로 나타났다. 이같이 집단 속에서 개인별로 수행하는 작업의 수행력이 개인이 홀로 하는 상황에서보다 높게 나타나는 현상을 사회촉진 현상이라 한다. 사회심리학의 초석을 다진 F. Allport(1920; 본서 1장 참조)는 신문기사에 나타난 단어의 모음을 지우는 작업, 쉬운 곱셈작업, 논리적인 쟁점에 대하여 반론을 펴는 작업 등에서 이 현상이 나타남을 보였으며, 다른 사람이 공동 작업을 하는 경우뿐만 아니라 단순히 관찰자로 있을 경우에도 나타남을 보였다. 이 현상은 단순한 과제에서 특히 잘 관찰되고 있으며(Guerin, 1986), 사람뿐만 아니라 쥐, 바퀴벌레, 개미 등에서도 나타나는 것으로 관찰되었다([그림 9-1]). 그러나 때로는 사회저해 현상이 나타나는 경우도 있다. Allport(1924)는 쟁점에 대한 반론의 수에 있어서는 사회촉진 현상이 나타나지만, 그 반론의 질을 따진다면 혼자 있을 때의 반론의 질이 더욱 좋

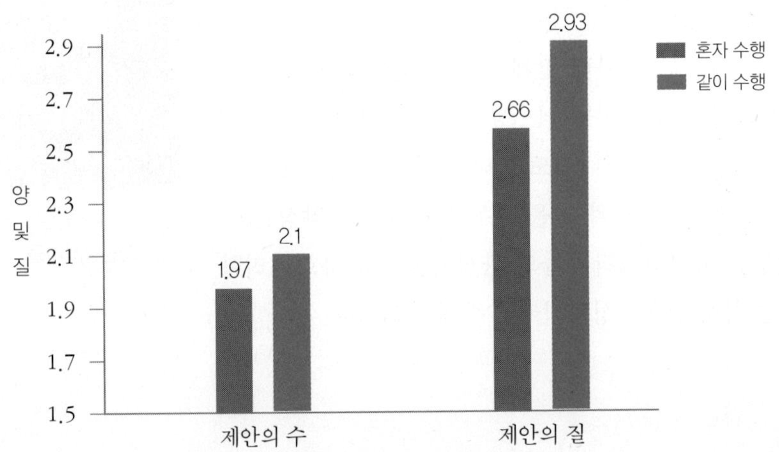


**[그림 9-1] 사회촉진 현상**

혼자 할 때보다 다른 사람이 있는 경우에 작업의 질과 양이 나아진다.

출처: Allport (1920); 그림은 Baron & Byrne (2000), p. 487.

은 것을 관찰했다. 이 저해 현상은 특히 복잡하거나 난해한 과제의 수행 시에 나타난다.

Zajonc(1965)은 이 두 가지 상반되는 현상을 설명하는 틀을 제시하였다. 그에 따르면 타인의 존재는 개인에게서 추동 또는 동기를 추가시키며 이 추동이 익숙한 행위의 출현 가능성을 증가시키므로 수행의 촉진이나 저해는 과제의 성격에 따라 달라진다. 즉, 과제가 잘 학습되었거나 익숙한 반응을 요하는 경우에는 촉진 현상이 나타난다. 따라서 마라톤이나 대부분의 단순한 운동경기 종목에서 시합을 하는 경우에는 혼자서 연습하는 경우보다 월등한 수행력이 나타난다. 그러나 제대로 학습되지 않았거나, 고난도의 수행을 요하는 과제의 경우는 익숙한 행위가 과제를 잘 수행하는 행위가 아니므로 수행이 떨어진다.

당구장에서 포켓볼을 치고 있는 사람들을 은밀히 관찰하여 그들의 실력을 중급 이상과 이하로 구분한 다음, 네 사람이 당구대 근처로 가서 치는 사람을 구경하며 관찰하니 중급 이상 치는 사람의 타구 정확성이 71%에서 80%로 증가했으나 중급 이하 치는 사람의 정확성은 36%에서 25%로 떨어지는 것이 관찰되었다(Michaels et al., 1982). 이는 Zajonc의 설명을 뒷받침하는 결과다.

Zajonc이 추동이라는 애매한 개념을 사용한 것을 두고 여러 논란이 제기되었으며 다른 대안적 설명들이 제기되었다. 그중 간섭-갈등 이론(Baron, 1986)에 따르면 타인의 존재는 과제에의 집중력과 타인에 대한 생각 간의 갈등을 일으키며, 과제가 간단하고 숙련되었을 경우에는 과제에의 집중력이 떨어져도 수행에 문제가 없으며 타인의 인식 때문에 더욱 노력을 해서 수행이 증진될 수 있다. 그러나 비숙련 과제나 어려운 경우에는 타인에게 쏠리는 주의가 과제에 쏠려야 하는 주의를 일부 빼앗기 때문에 수행에 지장을 받는다. 여기서 타인의 존재는 당사자에게 타인에 의한 평가불안을 가져오며, 이 평가불안이 익숙한 과제에 대한 수행을 촉진시키는 동인으로써 작용한다(Green, 1991)([그림 9-2]). 타인이 존재할 뿐 평가를 할 수 없는 상황에서는 과제수행이 아무 영향을 받지 않는다(Cottrell et al., 1968).

2016년 알파고와 대국하는 이세돌 9단: 바둑에서 '큰 승부에 명국 없다'는 말은 평가불안이 어려운 과제에의 집중력을 방해하는 탓이라 볼 수 있다.

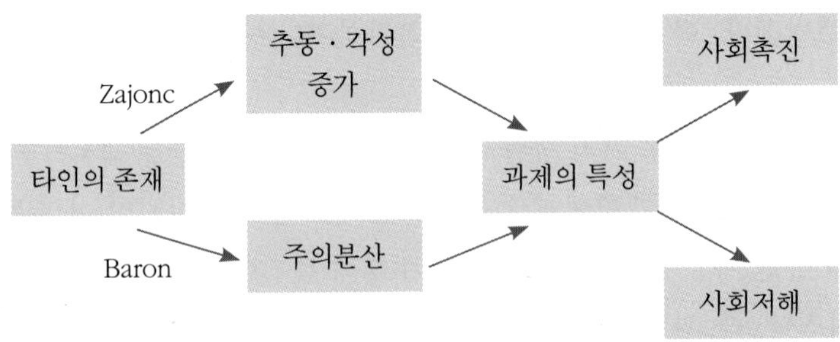


[그림 9-2] 사회촉진 및 저해 현상의 발현

## 사회태만 현상

타인과 같이 일을 하는 경우에 추가적인 동기가 촉발되어 사회촉진 현상이 일어나는 것과는 대조적으로 동기가 위축되어 개인의 수행이 떨어지는 현상도 나타난다. 이를 처음으로 주목한 사람은 프랑스의 공학자인 Max Ringelmann이다. 그는 학생들에게 밧줄을 주고 이를 당기는 힘을 측정하였는데 개별적으로 할 때는 평균 85kg의 힘이 작용하는 것으로 나타났으나 7명이 동시에 당길 때는 1인당 평균 65kg, 14명이 동시에 당길 때는 61kg으로 나타나 집단의 크기가 증가함에 따라 개인이 쏟는 힘이 줄어드는 것을 보았다. 이 현상을 그의 이름을 따라 링겔만 효과(Kravitz & Martin, 1986)라고도 하며 태만스러운 행위라고 해서 사회태만 현상이라고도 한다. 이 현상은 여러 연구에서 나타났는데 특히 잘 나타나는 과제는 밧줄 당기기, 고함 지르기, 박수치기(Latané et al., 1979) 등 단순과제들이나 지적인 과제의 수행에서도 관찰되고 있다(Weldon & Gargano, 1988).

이 태만 현상의 원인으로 두 가지가 작용하는 것으로 분석된다. 하나는 동기의 감소이다. 태만 현상이 나타나는 과제는 집단적으로 하는 과제이며 개인의 기여도가 집단수행에 묻혀 드러나지 않는 과제들이다. 즉, 행위자 자신 및 관찰자가 개인의 기여도를 알지 못하는 상황이다. 이러한 상황에서 통상 개인의 동기는 잠식된다고 본다. 따라서 링겔만 효과를 방지하기 위해서는 개인의 기여도를 알 수 있는 체계를 확립하는 것이 한 방법이 된다. 또 다른 이유는 통합력 상실에 의함이다. 즉, 혼자서 하는 경우보다 여러 사람이 하게 되면 최대의 효과를 얻기 위해서 개인들의 힘을 순간적으로 모아야 하는데 이 모으는 시점이 일치하지 않으므로 힘의 상실이 나타나며 이것이 링겔만 효과를 낳을 수 있다. 이를테면, 줄다리기 시합을 할 때 꼭 필요한 사람이 상쇠다. 그는 깃발을 들고 자기편 모두가 힘을 써

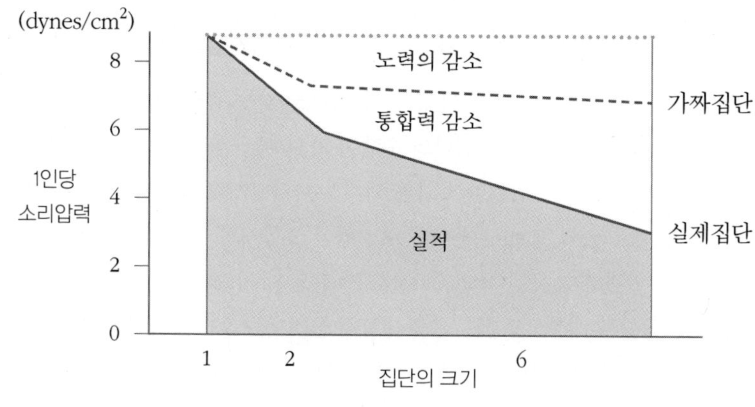


**[그림 9-3] 링겔만 효과의 분석**

출처: Latané et al. (1979).

야 하는 시점을 알려 주는 역할을 한다.

두 가지 요인의 가능성을 비교한 연구에서 참가자들을 혼자, 둘이서 또는 여섯 명이 함께 목청껏 함성을 지르게끔 하고 1인당 함성의 크기를 측정하였다. 집단의 경우는 실제집단과 가짜집단으로 나누어 가짜집단에서는 다른 사람이 자기와 같이 소리치는 것으로 참가자들은 여겼지만 사실은 혼자 지르는 것이었다. [그림 9-3]에서 보듯이 맨 위의 점선은 집단수행이나 개인수행의 차이가 없음을 가정한 경우의 함성 크기다. 자신이 다른 사람과 같이 소리친다는 것을 아는 것 자체가 동기감소를 가져오고 이는 집단의 크기가 증가할수록 크게 나타났다. 동기감소와 함께 통합력이 또한 집단이 커짐에 따라 떨어짐을 볼 수 있다(Latané et al., 1979). 링겔만 효과에 대한 여러 실증적 연구들을 통합분석한 연구(Karau & Williams, 1993)는, ① 작업집단의 단위가 소규모일 경우, ② 작업과제가 매우 중요하거나, 재미있는 경우, ③ 동료가 좋아하는 사람들로 구성된 경우, ④ 작업성과에 자기의 기여분이 독특하거나, 중요한 경우, ⑤ 작업동료의 수행에 기대를 걸기 어려운 경우, ⑥ 집단적인 평가를 중시하는 문화권에서 링겔만 효과가 거의 나타나지 않음을 결론짓고 있다(곁글 9-1).

**곁글 9-1** 링겔만 효과의 문화 차이

실험실 연구에서 나타난 링겔만 효과는 개인이 소속집단에 강한 유대감을 갖는 경우라면 안 나타날 수 있다는 가설을 성립하게 한다. 실제 생활의 자연집단이라면 집단의 수행이 가져오는 성패가 소속 성원의 자긍심과 정체감에 중요한 영향을 주므로 동기감소에 의한 링겔만 효과는 적어도 나타나지 않으리라 보겠다. 이를 지지하는 증거가 비교문화 연구에서 나타나고 있다. Latané 등(1979)이 행한 고함지르기 실험을 일본 학생들을 대상으로 재검한 연구는 링겔만 효과를 발견하지 못했다(Shirakashi, 1984-5: Smith & Bond, 1998에서 인용). Gabrenya 등(1985)은 미국과 대만의 아동들을 대상으로 헤드폰을 끼고서 들려오는 소리를 세는 작업을 혼자 또는 짝지어 시켰다. 링겔만 효과는 미국 아동에게만 나타났고 대만 아동의 경우 짝으로 일할 때 오히려 개인별 수행이 좋아진 것으로 나타났다.

보다 강한 증거는 미국과 중국의 관리자들을 대상으로 작업 시뮬레이션을 혼자서 또는 10명이 한 조가 되어 한 결과의 비교다(Earley, 1989). 작업 시뮬레이션은 관리자 능력개발 훈련과정에서 많이 쓰이는 일종의 게임으로서, 이 연구에서는 상담 약속을 적절히 짜는 일, 주문서 작성 및 전달하는 일, 입사 응모자를 평가하는 일 등의 일상적인 과제를 모사한 일을 하는 것이었다. 이 일을 1시간 동안 개인 혼자서 하는 사람은 20건을 처리하도록 하고, 집단으로 하는 경우는 집단 전체가 200건을 처리하도록 하되 집단 전체의 처리 건수만 따지지 개인별 처리 건수는 따지지 않는다고 이야기했다. 링겔만 효과는 미국 관리자들에게서 나타났으며, 중국 관리자들은 혼자 하는 경우보다 더 개인별 실적이 좋아진 것으로 나타났다. 유사한 결과가 실험이 아닌 현장 상황에서 나타나는 것이 미국, 중국과의 비교에서 보고되고 있다(Earley, 1993). 그러나 이 같은 차이가 모든 비교문화 연구에서 일관되게 나타나고 있는 것만은 아니다. 고함지르기 연구의 결과, 인도, 태국, 대만, 일본에서 링겔만 효과가 나타난다는 보고도 있다(Gabrenya et al., 1985).

## 책임감 분산

1964년 뉴욕에서 발생한 살인사건 하나가 사람들을 놀라게 했다. 제노베재라는 젊은 여성이 식당일을 마치고 새벽에 귀가하다가 자기 아파트 근처까지 와서 수상한 사람이 뒤를 밟는 기척을 눈치 채고 공중전화 박스에 들어가 신고를 하려는 순간 괴한에게 칼로 피격당했다. 그녀가 여러 번 칼에 찔리면서 소리치는 비명에 주위 아파트의 이곳저곳에서 불이 켜졌다. 이를 보고 괴한은 두 번이나 물러섰으나 아무런 기척이 없는 것을 보고 다시 돌아와서 여성을 살해한 것이다. 30분 동안 벌어진 이 사건을 목격한 사람은 수사 결과, 38명이나 되지만 나오기는커녕 누구도 전화로 신고하는 수고조차 하지 않았다는 사실이 세상을 경악하게 했다.

상투적으로 언론에서는 대도시 거주자들에게 만연되어 있는 무관심 및 현대 사회의 사회병리 현상 탓으로 설명을 했다. 그러나 심리학자 Latane은 Darley와 사회심리학적 시각에서 접근하였다. 이들은 현장에서 여러 사람들이 상황을 목격했고 그중에는 돕고자 하는 사람들도 있었지만 도움을 줄 다른 사람이 있다는 생각에 스스로 나서서 돕는 것을 주저하게 만들었을 가능성을 제시했다. 즉, 타인의 존재에 대한 인식은 각 개인이 상황에 대하여 느끼는 책임감을 희석시킬 수 있다. 이러한 책임감의 분산은 사람이 많을수록 강하게 나타나, 목격자가 적은 경우보다 많은 경우에 상황개입이 늦어지게 될 것이다.

이 책임감 분산 가설을 검증하기 위해 행해진 여러 연구 중 Latane와 Darley(1968)는 실험에 참가한 남학생들이 설문에 응답하고 있는 동안 실험실 안으로 환기통을 통해서 연기가 들어오는 사태(화재를 위장함)를 꾸몄다. 참가자들은 혼자 있었거나, 세 사람이 각기 다른 방에 한 명씩 있었거나, 방관적 행위를 보이는 두 사람의 다른 참가자(실은 실험협조자)와 같이 있었다. 혼자 있는 경우 75%의 사람들이 실험실 밖으로 나가 연기에 대한 보고를 했으나, 세 명인 경우는 38%, 두 명의 방관자와 같이 있던 경우에는 10%만이 보고하러 나갔다.

책임감분산 현장상황과 실험 동영상(한국교육방송에서 만든 동영상이 유튜브에 있음)
https://www.youtube.com/watch?v=KdpVwL9wjo4

방관자 개입에서 나타나는 집단과 개인의 차이를 보다 인지적으로 설명할 수도 있다(Ross & Nisbett, 1991, pp. 41-45). 즉, 집단상황 혹은 개인상황에서 처해 개인들이 현실을 보고 구성해 내는 생각(construals)이 다르다는 것이다. 이러한 가설은 참가자의 사후진술에 나타나고 있다. 즉, 방 안으로 들어오는 연기를 보고 집단으로 있던 참가자들은 에어컨 작동의 문제 같은 사소한 것으로 상황을 파악하고, 들리는 신음이나 비명소리를 응급을 요하지 않는 불편함의 호소로 여기며 개입한다는 것이 자칫 웃음거리로 여겨지는 상황으로 보았다는 것이다. 한편, 개인이 혼자 있을 때는 이들 상황을 즉각적인 위급상황으로 보는 사람들이 많았다.

## 몰개성화 현상

개인이 혼자 있을 때와 남과 같이 있어 드러나지 않을 때 자신을 규제하는 도덕적 검열에서 해방되어 몰염치하거나, 격한 행동을 하는 경우가 많이 있다. 예를 들어, 당신이 길을 걷다가 한 건물의 옥상에서 투신하겠다는 사람을 보게 되었다고 하자. 그 사람에게 "그래, 뛰어내려!"라고 소리칠 것인가? 혼자만이 아니라 여러 사람이 그 광경을 보고 있다면 군중 속에서 그런 소리가 나올 가능성은 상당히 높다. 15년간 발생한 21건의 투신자살 사건을 다룬 기사를 분석한 연구(Mann, 1981)는 군중의 숫자가 300명 이상일 때는 미만일 때보다 그런 소리가 나올 확률이 2배, 저녁 6시 이후라 어두운 상황이면 밝은 상황보다 그 확률이 무려 4배 이상

**르봉(Gustav Le Bon, 1841~1931)**
의학을 공부하였으나 사회현상의 분석에 더욱 관심을 가졌고, 최면 현상에 매혹되어, 프랑스 대혁명 이후의 사회혼란기를 분석하며 다중(mass)의 심리현상에 대한 저서를 출판하여 명성을 얻었다. 그는 다중에 의한 정치제도인 민주주의를 불신하였으며, 자신의 서적을 이탈리아의 무솔리니에게 보내기도 하였다(Jahoda, 2007, pp. 105-109).

증가함을 보였다. 이처럼 자신이 드러나지 않을 때 사람들은 규범과 절제에서 풀려, 충동적이고, 비합리적이며, 기분 내키는 대로의 행동을 보일 가능성이 높다. 이런 상태를 몰개성화 현상이라고 한다(Diener, 1980; Zimbardo, 1970).

이 현상은 프랑스의 의사였던 Le Bon(1895)에 의해서 처음 지적되었다. 그는 프랑스 대혁명 기간 동안 군중행동이 폭도를 방불케 했다는 것을 알게 되면서 병리현상의 모델을 적용시켰다. 다중이 모여 있으면 소수 사람들이 보이는 과격한 행동이 병원균처럼 번져서 주위 사람들을 충동적 · 탈규범적으로 행동하게 하며 난폭한 행동을 보이게 만든다고 보았다. 그는 군중의 난폭성을 설명하기 위해 개인과 다른 세 가지 특성을 제시하였다(곁글 9-2). 익명성, 전염성, 암시성이 그것이다. Le Bon이 제시한 몰개성화 이론은 무리 속에 끼어 있거나, 익명의 상황에서는 개인적 책임의식이 희박해지고 자신에 대한 통제감이 약해지며, 규범 질서에 따르는 내적 통제력이 약화되어 탈규범적인 행위가 나타나기 쉽다고 제시한다.

이를 현장실험으로 보여 준 연구는 핼로윈날에 분장을 하고서 집집마다 다니며 사탕을 얻는 전통 놀이를 이용하였다(Diener, Fraser et al., 1976). 미국 시애틀시의 27개 집 현관에 핼로윈 날 현관 앞에 의자를 놓고 그 위에 사탕통을 비치하고서 "하나씩 가져 가세요 ~"라고 써 놓았다. 사탕통 옆에는 동전이 가득 찬 통을 놓아 두었다. 아이들이 캔디나 동전을 두 개 이상 가져가는 행위를 하는지 숨어서 관찰하였다. 연구자들은 두 가지 변인의 효과에 관심을 두었다. 몰개성화/개성화와 집단/개인이다. 분장하고 오는 아이들의 경우에 반을 나누어 일부에게는 아이

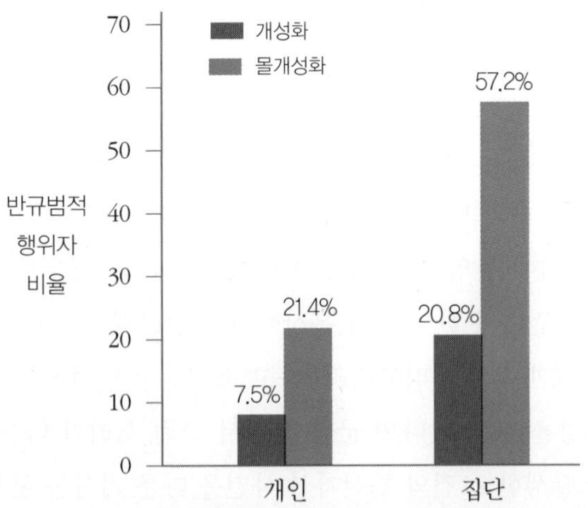


**[그림 9-4] 반규범적 행위에 미치는 개인/집단 및 몰개성화/개성화의 효과**
출처: Gilovich et al. (2011), p. 551.

의 이름을 물어 말하게 하여 개성화를 유도하였고, 다른 반에게는 이름을 묻지 않았다. 결과는 [그림 9-4]에서 보듯이 집단으로 온 아이들 중에서 몰개성화 상태의 아이들에게서 반규범적 행위가 가장 높은 비율로 나타났고, 가장 낮은 비율은 혼자 와서 개성화 처치를 받은 아이들에게서 나타났다.

이런 현상을 정리하며 Zimbardo(1970) 교수는 몰개성화 이론을 [그림 9-5]처럼 제시하였다.

**짐바르도(Phillip Zimbardo, 1933~ )**

뉴욕에서 태어나 1959년에 예일 대학교에서 사회심리학 박사 학위를 취득하고 스탠퍼드 대학교에서 교수로 은퇴하였다. 유명한 감옥실험을 시행하였고 몰개성화 현상 등을 이론화하였으며, 대중에게 심리학을 알리는 작업을 많이 하였다. 미국심리학회 회장을 역임하였다. 그의 홈페이지(http://www. zimbardo.com)에서 그의 업적과 감옥실험에 대한 자료들을 접할 수 있다.

| 전제조건들 | | 내부 상태(몰개성화) | | 행동적 결과 |
|---|---|---|---|---|
| • 익명성<br>• 책임감 분산<br>• 타인의 존재로 흥분<br>• 자극 과잉 | ➡ | • 자의식 낮음<br>• 사회적 평가불안 낮아짐<br>• 자기조절 약화됨<br>(창피감, 죄책감에서 벗어남) | ➡ | • 충동적<br>• 비이성적<br>• 정서적<br>• 반사회적 |

**[그림 9-5] 몰개성화 현상의 과정**

출처: Zimbardo (1970).

**곁글 9-2** 군중심리학

무리를 지은 사람들이 보이는 난폭한 행동을 이해하려는 최초의 연구물은 프랑스 의사 Le Bon(1895)의 『군중심리학』이다. 이 책의 태동은 두 가지의 영향을 받았다. 첫째는 19세기 말 사회의 역사적 환경이다. 1789년에 시작된 프랑스혁명은 근 100년간에 걸쳐서 수차례의 혁명을 겪어야 했다. 산업혁명에 의한 근대화의 진전과 함께 노조운동이 크게 위세를 떨치면서 군중의 힘은 파괴적인 것으로 여겨졌고 사회분위기는 전반적으로 퇴폐적이고 몰락해 가는 것으로(적어도 부르주아 계층에게는) 여겨졌다(Barrows, 1981). 당시 식자층에서는 이러한 몰락을 설명할 수 있는 이론이 추구되었고, 이에 Le Bon의 군중심리학은 적절한 설명으로 여겨졌다.

둘째는 19세기 말에 파스퇴르가 발견한 질병의 박테리아에 의한 전염 현상이다. 병의 전염에 의한 신체적 질병과 마찬가지로 정신의 전염이 가능하여, 개인들이 모인 군중에 섞여 있는 좋지 않은 정신의 소유자들이 이 정신을 주위 사람들에게 전염시킬 수 있다는 것이다('은유'의 효과에 대하여 본서 3장 참조). 군중심리학은 군중의 행동이 무규범적이고 폭력성을 띤다는 질병적 입장에서 보았고 이러한 접근은 학자들의 관심을 오래 붙들어 놓지 못했으나, 군중이라는 무대가 제공하는 익명성, 책임감의 희석 등은 몰개성화 이론(Zimbardo, 1970)의 핵을 구성하는 개념으로 다시 등장한다.

야호다(Gustav Jahoda, 1920~2016)
오스트리아 출신으로 영국에서 사회심리학, 인지심리학을 연구하고 가르쳤으며, 서아프리카에서 현장연구를 수행하면서 비교문화심리학의 영역을 개척한 학자다. 미신의 심리학적 연구, 문화와 인간 마음의 관계에 대한 연구 업적을 보였다.

**규범부상 이론** 몰개성화 이론으로 무리 속의 행동을 이해하는 데는 다음과 같은 문제점들이 지적된다. 첫째, 무리가 제공하는 익명 상태가 성원을 폭력적으로 만든다기보다는 당시 상황에서 부상된 규범에 따라 개인의 행동이 파괴적일 수도 있고, 오히려 개인으로 있을 때보다 더 친사회적으로 나타날 수 있기 때문이다(Diener, 1976; Johnson & Downing, 1979). 일찍 비교문화심리학 영역을 개척한 영국의 Jahoda(1982)는 이슬람 국가들에서 여성들이 자신의 얼굴을 가리기 위해 쓰는 차도르는 개인에게 익명성을 제공하여 자유분방하게 만드는 것이 아니라 여자들의 사회적 의무를 환기시키는 역할을 한다는 것을 관찰하였다. Zimbardo(1970) 또한 익명성 효과에 대한 자신의 발견을 벨기에의 군인들을 대상으로 재검하는 시도를 했을 때, 군인들은 두건을 썼을 때보다 자신들의 제복을 입었을 때 오히려 더 공격적인 것으로 나타났다. 이러한 결과는 '익명성 → 공격성'의 도식이 늘 성립되는 것이 아니라는 증거다. 둘째, 무리 속에서 개인은 늘 자제력을 잃고 내키는 대로 행동하는 것이 아니라 많은 경우에 나름의 규범과 질서를 갖고 있다는 것이다. Reicher(1984)가 영국 브리스틀 시 흑인 거주 지역에서 벌어진 난동사건의 전개상황을 면밀히 검토한 결과, 무차별적인 폭동이 아니라 공격목표가 일정(경찰서)했으며 사람들의 거주지역을 피하고 도심의 일부 지역 내에서만 폭동이 발생했음을 발견하였다.

몰개성화 이론에 대한 대안으로서 제시된 것이 **규범부상 이론**이다. 이 견해에 따르면 개인이 무리 속에서 어떻게 행동하느냐는 당시 상황이 촉발하는 규범에 의해 더 잘 설명된다고 본다(Turner & Killian, 1972). 즉, 경찰과 시위대가 대치하고 있는 상황에서 시위대가 폭력성을 띠기 쉬운 이유는 이들에게서 자위의 필요성이 부각되고 수용되기 때문이라고 볼 수 있다. 즉, 투석행위는 시위하는 개인들이 사회규범에 반해서 보이는 파괴적인 행위가 아니라 상황에서 부각되는 자기방어 같은 새로운 규범을 따르는 동조행위라는 것이다.

SIDE: Social Identity model of Deindividuation

그동안에 이루어진 몰개성화 관련 연구 61개를 대상으로 통합분석을 한 연구(Postmes & Spears, 1998)는 몰개성화 현상을 설명하기 위하여 **사회정체감 이론**(본서 10장 참조)에 바탕한 설명(SIDE 모형)을 제시한다. 이에 따르면, 몰개성화 현상은 개인정체감에 대한 주의가 감소하고, 집단정체감에 의해 촉발되는 상황 규범에 동조하며, 일반적 규범의 제약에서 벗어나는 현상이다(Postmes & Spears, 1998). 이 모형은 몰개성화 상황에서 영향력을 행사하는 규범은 일반적인 사회규범이 아니라 상황에서 부상하는 국지적인(local) 규범이다. 이 규범에 동조하는 행위가 나타나는 이유는 개인이 개인정체감보다 집단정체감을 취하기 때문이다. 무리 속에서

거겐(Kenneth Gergen, 1935~ )
미국 듀크 대학교에서 사회심리학 박사학위(지도교수 E. E.

보이는 반규범적 행위는 그 상황에서 부상한 상황규범을 추종하는 것으로 집단 밖의 사람들 눈에는 탈규범적이고, 무질서해 보이지만, 집단 내에서 나름의 규범과 논리, 통제가 작동하는 것이다(Reicher, 1987).

이 이론은 일반적인 사회규범(예: 폭력은 나쁘다)보다는 상황 국면에 작용하는 국지적인 규범이 사람들의 행위에 큰 영향력을 지니고 있음을 강조하며, 집단의 행위가 항상 반규범적이 아니라는 점을 잘 설명하고 있다. 앞 단락에서 제시한, 벨기에 군인들이 제복을 입었을 때 더 공격적인 현상은 제복이 군인의 규범을 환기시켰기 때문으로 해석할 수 있다. 국상을 당해서 몰리는 수많은 애도의 인파가 잘 통제되고 있는 것도 그 당시의 구체적인 규범(조문객의 행동규범)이 미치는 영향력이라고 볼 수 있다.

Jones)를 취득(1962)하고 스워스모어 칼리지 교수로 재직했다. 초기의 실험사회심리학에 대한 관심을 접고 1973년에 '역사로서의 사회심리학' 논문을 발표하여 학계에 충격을 주면서, 사회과학의 전통인 실증주의적 인식론을 사회구성주의적 인식론으로 대체시키는 작업을 진행시키고 있다. 현재는 노인의 정신건강 문제와 현실의 사회교류 문제를 다루는 것에 깊은 관심을 보이기도 한다.

**곁글 9-3** 익명성과 몰개성화: 악플

사이버 공간에서의 활동은 누가 누구인지를 알 수 없는 익명적 상태에서 벌어지는 것이 많다. 소위 악성댓글(악플) 문제다. 인기 배우였던 최진실 씨가 사채업을 한다는 악성 소문이 온라인에 확산되면서, 마음고생을 하다가 결국 자살한 사건이 발생했다. 이 악플을 올린 사람을 추적해서 잡아 보니 지극히 평범한 회사원이었다. 그녀는 별 생각 없이 올린 글이 이렇게 될 줄을 몰랐다면서 후회했다. 자신이 드러날 상황이라면 하지 않았을 행동이지만, 익명 상황에서, 막말이 마구 쓰이는 댓글들을 보다 보면 몰개성화 상태에서 제재가 풀린 말을 별 생각 없이 뱉어 내는 것이다(Postmes et al., 2001, Suler, 2004). 그러나 익명 상태가 무조건적으로 몰개성화 상태를 초래하여, 탈규범적 행위를 가져오는 것은 아니다. 최근에 사이버 공간에서 익명을 선호하는 사람과 그렇지 않은 사람들 500여 명을 대상으로 소프트웨어 불법재검품 유통을 조사한 연구는 두 집단 간에 아무런 차이를 발견하지 못하였다(Hinduja, 2008). Gergen 등(1973)은 암실에 한 시간 동안 있던 사람들이 탈규범적 행동을 보이는 대신 성적인 유희에 가까운 경험을 하면서 그 익명 상태를 즐기는 것을 보았다. 그는 이러한 관찰에서 익명 상태는 그 자체가 병리적인 문제상황이 아니라 "그 상황에서 뚜렷이 파악되는 상황적 특성이 일상적 구속을 해방시킨 심리"라고 하였다.

## 집단의 수행

사람들은 혼자서 과제를 수행하는 것보다 집단이 협의하여 수행하는 경우에 좋은 결과가 얻어질 것으로 기대한다. 좋은 수행을 위해서 많은 정보가 필요한 경우에 혼자보다는 여러 명이 더 많은 정보를 지닐 수 있으므로 수행이 좋을 것으로 기대할 수 있다. 그러나 정보의 숫자만 늘어나는 것이 아니라 집단 내에서 벌어지는 독특한 역동 때문에 수행이 나빠질 수도 있으며, 기대에 못 미치는 경우도 허다하다. 그런 현상들을 살펴보자.

**브레인스토밍** 사람들은 매일 무수히 많은 상품 광고를 접한다. 이들 광고는 저마다 소비자의 머리에 흔적을 남기기 위해 고안된 것들로 참신하고 기발한 착상을 필요로 한다. 이런 착상을 얻기 위해 1950년대에 광고회사에서 채택된 머리 짜내기 회의의 한 방식이 브레인스토밍이다. 참여자들은 남의 착상을 비판하지 않고, 그러한 착상을 단서로 떠오르는 생각이나 나름의 창의적인 생각을 거침없이 이야기한다. 되도록 많은 창의적인 생각을 쏟아 내고, 그들 중에서 좋은 것을 고른다. 5명의 근무자들이 주어진 과제를 개별적으로 수행하는 것보다 집단으로 수행하는 경우에 사람들은 더 좋은 결과를 얻는다고 생각하는 양상이 나타났다. 그러나 이 기법을 써서 집단토의를 한 수행결과와 동일한 수의 개인들이 개별적으로 수행한 결과를 비교하는 18개의 연구들을 통합하여 분석한 결과는 사람들의 생각과는 달리 집단수행에서 나타나는 창의적 의견의 숫자나 질이 개인수행의 합에서 나오는 것보다 숫자가 적고, 질도 떨어진다고 결론짓고 있다(Mullen et al., 1991).

브레인스토밍으로 의도하는 양질의 효과를 거두는 조건들을 탐색하는 연구들은 토의하는 사람들의 수가 2~3명이 넘는 것을 삼갈 것, 조원들을 다양한 의견을 가진 사람들로 구성할 것, 논의할 주제를 포괄적으로 잡지 말고 세분하여 잡고 각 주제별로 논의할 것, 논의 내용의 선별 시에 창의성에 우선권을 주어 통상적인 안건이 채택되는 것을 막을 것을 제시하고 있다(Stroebe et al., 2010).

**집단극화 현상** 부업으로 모은 돈을 주식에 투자를 할 것인지 말지를 심사숙고하고 있는 상황을 생각해 보자. 대기업의 주식은 안정적이지만 수익률이 낮다. 코인투자의 경우 모험을 해야 하지만 수익률이 높다. 당신이 혼자 결정을 내리는 경우와 비슷한 입장에 있는 다른 친구와 상의를 할 경우 어떠한 결정이 내려질 것인가? 일반적으로 집단적 의사결정은 안전한(즉, 보수적인) 대안을 취하는 것으로 생각된다. 그러나 Stoner(1961)는 혼자 생각하고 결정을 내리는 경우 더욱 보수적인 대안이 선택됨을 보였다. 당시 대학원생이던 그는 참가자들에게 이와 유사한 상황에 처해 있는 사람에게 조언을 해 주는 입장에서 모험적 대안을 취하는 경우 최소한 어느 정도의 가능성을 전제로 하는지를 물어보았다. 참가자들은 결정을 혼자 내리고 나서(결정 1), 다른 사람들과 상의하고서 일치된 결정을 내리도록 하고(결정 2), 다시 개인적인 결정(결정 3)을 내리게 되었다. 결과는 결정 1보다는 결정 2와 3이 보다 모험적인 것으로 나타났다. 이 현상을 모험적 이행(risky shift)이라고 한다.

이 현상은 사람들의 많은 관심을 불러일으켰다. 왜냐하면 중요한 의사결정들의 대부분이 집단적 토의를 거친 후에 내려지기 때문이다. 그렇다면 회사들의 대외투자 전략회의, 국책 수립을 위한 각료회의 등등에서 취해지는 결정이 각 성원들이 개인적으로 지니고 있던 견해보다 더 모험성을 띠게 될 것인가? 여러 연구 결과, 의견 및 태도의 변화는 모험적인 방향으로만 나타나는 것이 아니고 보수적인 방향으로도 나타나는 것이 밝혀졌다. 즉, 원래의 태도보다 극단적으로 변화하는 극화 현상이 어느 쪽으로 나타나는지는 성원들이 갖고 있는 원래의 의견(안정지향인가 아니면 모험적인가)과 집단 내의 의견의 합치성이 중요한 변수로 나타났다.

이러한 극화 현상은 의사결정 시에만 나타나는 것이 아니라 일반적인 태도의 형성과 그 변화에도 나타난다. 프랑스의 고교생을 대상으로 냉전시대 프랑스 대통령이던 드골 대통령(또는 미국인)에 대한 태도 진술문('드골은 복잡한 정치적 문제를 다루기에는 너무 늙었다' '미국의 경제 원조는 정치적 목적으로 이루어지고 있다' 등)을 제시하고 진술문에 대한 그들의 동의 상태를 평가하였다. 그런 다음에 소집단을 형성한 후 집단토의를 거쳐서 각 진술문에 대한 집단의견을 표시하도록 하였

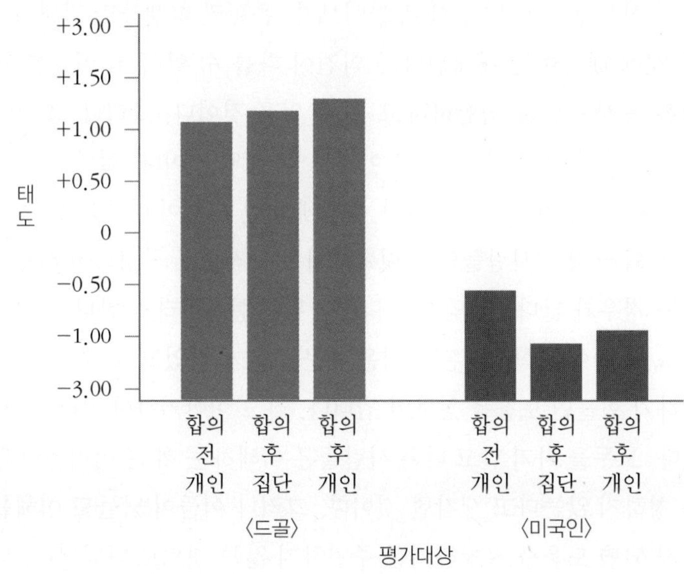


**[그림 9-6] 집단극화 현상**

출처: Moscovici & Zavalloni (1969).

다. 집단토의가 끝난 후 다시 개인적인 의견을 조사하였더니, [그림 9-6]에서 보듯이 긍정적인 태도(드골에 대한 것)는 토의 후에 더 긍정적인 쪽으로, 부정적인 태도(미국인에 대한 것)는 토의 후에 더 부정적인 쪽으로 변화가 나타났다(Moscovici & Zavalloni, 1969).

**집단극화의 이유** 집단극화 현상이 나타나는 이유는 두 가지로 구분 설명될 수 있다. 첫째는 토의를 통해서 얻게 된 새로운 정보의 영향 때문에 나타난다. 집단토의를 통해서 자신들이 원래 지니고 있던 것보다 더 많은 정보들을 얻게 되는데 이러한 정보들은 자신들이 원래 지니고 있던 태도, 의견을 보충해 주는 것들이기 쉽기 때문이다. 따라서 애초의 근거가 불확실했던 태도, 의견이 집단토의를 거치면서 지지적인 증거들을 축적시킨 결과로 태도가 극화될 수 있다(Burnstein & Vinokur, 1977; Hinsz & Davis, 1984).

둘째는 자기가 속한 집단의 규범에 동조하는 탓에 나타난다. 사람들은 자기가 지닌 견해의 타당성을 자기와 유사한 사람들의 의견과 비교하며 검증한다(Festinger, 1954). 다른 사람과의 교류를 통해서 사람들은 자기가 속한 집단의 규범을 파악하게 되고, 이 규범에 동조하는 경향 탓에 태도변화가 나타난다. 이때 파악되는 규범은 집단 성원들이 지닌 의견이나 기준의 평균이 아니다. 그 집단의 전형적인(혹은 순수한) 모습이다. 수년 전에 운동권 인사들이 북한을 방문하여 김일성 초상에 절을 올린 문제를 예로 들어보자. 운동권 학생들도 김일성의 초상에 절을 하는 것에 대하여는 개개인마다 의견이 다를 수 있어서, 이들을 평균하면, 아마도 깊은 목례 정도가 적합하다고 볼 수 있을 것이다. 그러나 그 사안에 대하여 운동권 학생들이 지각하는 규범은 아마도 '큰절'일 것이다. 실제로 이 사안을 놓고 토의를 벌여 보면 학생들은 저마다 예우에 대한 의견이 다름을 알고 놀랄 것이다. 집단에서의 규범은 사람들의 머릿속에서 허구적으로 구성되어 실제의 영향력을 발휘하는 경우가 많다. 이 양상을 다원적 무지 현상이라고 한다. 한 연구(Miller & McFarland, 1987)에서 학생들은 어려운 논문을 읽게 되었고, 교수는 그들에게 "논문을 이해하기 힘들면 도움을 청하면 됩니다."라고 이야기한다. 아무도 도움을 청하지 않았다. 모두들 자기 말고 다른 사람들은 이해하는 데 큰 어려움이 없기 때문에 도움을 청하지 않는다고 생각한 것이다. 그러나 이들이 남들도 이해를 못하고 있음을 알게 되면 도움을 요청하기를 주저하지 않는 것으로 나타났다. 남들의 생각은 통일되어 있고, 내 생각이 독특한 소수라고 여기면 이를 드러내지 않게 된다. 이런 이견이 드러나지 않으므로 사람들은 집단의 견해가 자기와는 다르게 통일되어 있다고 여긴다. 즉, 허구적으로 구성된 사회적 규범이 작용하여 개인의 생각이 표출되는 것을 억누르는 이 현상을 다원적 무지라고 한다(본서 10장 참조).

**생활 속의 집단극화 현상** 확고한 입장을 지니고 있지 않은 사람들은 자기 집단의 다른 사람들의 견해에 노출되는 것만으로도 영향을 받는다(Goethals & Zanna, 1979). 이는 사회비교에 의한 영향이다(Festinger, 1954). 이러한 변화보다 토의를 거쳐서 나타나는 변화는 더 커져서 집단극화 현상으로 불린다. 실제 생활에서 이 현상이 장기적으로 나타나는 것도 볼 수 있다. 사람들은 유유상종하는지라 비슷한 사람끼리 어울리면서, 지니고 있는 견해나 생각이 다른 집단들과 차이가 나는 방향으로 변하게 된다. 이를테면, 대학교 1학년 때 나타난 성적 차이가 같은 무리와 계속 어울리면서 고학년으로 가면 더욱 벌어지는 현상을 어렵지 않게 볼 수 있다. 정치적 경향이 다른 동아리 성원들의 차이도 해가 갈수록 벌어지는 현상도 이에 해당한다. 동네의 불량집단의 출현이나, 테러리스트 집단의 출현도 갑자기 이들이 조직되는 것이기보다는 비슷한 처지에 있는 사람들이 서로 어울리면서, 외부와 스스로를 차단시키는 과정을 거쳐서 점차 극단적인 생각과 행동을 취하게 되는 과정을 거치는 것이다(McCauley & Segal, 1987). 이 과정을 거친 성원들은 혼자서 있었다면 전혀 생각조차 못했을 행동을 보이는 것이다.

**집단지성** 15년간 전문과학자들이 풀지 못했던 단백질의 한 효소의 구조가 시민과학자들이 게임을 통해서 3주 만에 풀어냈다. 인터넷을 통한 협업으로 수백만 명의 사람들이 참여한 백과사전 위키피디아가 십년 만에 만들어져 널리 사용되고 있다(Malone & Bernstein, 2022). 다수의 사람들이 집합적으로 하는 지적 작업이 우수한 개인들의 작업 성과를 뛰어넘는 산물을 내는 것을 집단지성의 힘이라고 한다. 흥미로운 연구에서 미국의 퀴즈게임을 다루었다. 우승상금이 큰 이 게임('*Who wants to be a millionaire?*')에 참가한 사람들은 연속적으로 출제되는 문제에 답해야 하는데 자신이 답을 모르는 경우에 전문가에게 묻거나 청중들 다수에게 물어서 답을 구할 수 있다. 전문가에게 묻는 경우에 정답율은 65%로 나왔다. 그러나 청중들에게 물어서 집계하는 답은 91%의 정답율을 보였다(Surowiecki, 2004: Baumeister & Bushman, 2014, p. 523에서 인용). 다수의 평범한 사람들의 답을 평균하는 것이 전문가의 답보다 더 높은 확률로 정답을 맞출 수 있다는 것은 매우 흥미로운 현상이다. 이 현상의 작용 조건을 탐구한 결과, 이 현상은 통계학적 현상일 뿐 사회심리적 기제가 작동하면 오히려 대중의 답이 우매하게 나올 가능성이 높은 것으로 나타났다(Lorenz et al., 2011). 즉, 다른 사람들의 견해를 알게 되면 사람들은 자신의 견해를 고집하기보다는 그러한 견해의 영향을 받는다. 타인의 견해를 반영하여 수정한 자신의 견해는 정확성과는 무관하게 더 맞다는 자신감을 지니는 경향이 있다. 집단지성이 작용하기 위해서는 우선 다중에 포함된 개개인들이 다양한 경험과 관점을 지닌 사람들이어야 한다. 아울러, 이들은 남의 영향을 받지 않고 독립적으로 생각하고, 의견을 제시할 수 있는 여건이 필요하다. 사람이 많더라도 이런 상황적 여건이 작동하지 않는다면 사람들은 남들의 의견이나, 권위 있는 사람들의 의견을 수용하면서, 우매한 집단의 결정을 보일 가능성이 높다(Woolley et al., 2015).

언어는 민족집단의 장기적인 집단지성이 작용하는 결과다. 하나의 단어나 어법이 정착하기 위해서는 많은 사람들이 '좋다'고 판단하고 사용하면서 검열이 이루어지는 기제를 거치게 된다. 인터넷으로 연결된 전혀 모르는 사람들이 각자 좋은 발상을 내어 프로그램을 짜고, 이를 공개적으로 공유하면서 더 좋은 프로그램으로 발전되고 확산되는 과정을 통해서 많은 컴퓨터 언어와 프로그램들이 쓰이도록 하는 오픈소스 운동은 집단지성이 이용되는 좋은 사례다(Malone & Bernstein, 2022).

## 요약

1. 타인과 같이 일을 하거나 타인이 관찰하는 경우에 혼자서 하는 경우보다 수행이 향상되는 현상을 사회촉진 현상, 오히려 수행이 떨어지는 사회저해 현상이라고 한다. 간섭-갈등 이론에 따르면 과제에의 집중력이 요구되지 않는 경우에 타인의 존재가 촉진효과를, 과제에의 집중이 필요한 경우에 저해효과를 가져온다.
2. 사회태만 현상 혹은 링겔만 효과는 동기의 감소와 통합력 상실에 의해서 나타난다. 작업집단의 단위가 소규모인 경우, 과제가 중요한 경우, 집단의 목표가 중요한 문화권에서는 이 현상이 덜 나타난다.
3. 책임감 분산 이론은 사건에 대한 개인의 책임이 사람의 수가 증가할수록 감소한다고 본다. 이 이론은 현대 사회의 병리적 증후에 대한 사회심리학적 설명의 좋은 예다.
4. 군중이 폭도로 변하는 양상을 설명하는 몰개성화 이론은 익명 상태에서 탈규범적 행위가 나타나고 퍼지는 과정을 설명한다.
5. 규범부상 이론은 군중이 처한 상황에서 개인정체감이 약해지고, 부상하는 국지적인 규범에 동조하면서 집단정체감을 취하는 탓에 폭도로 또는 애도하는 군중으로 변할 수 있음을 설명한다.

6. 브레인스토밍이 성공하기 위해서는 2~3명의 집단을 여럿 구성해서 세부적인 주제에 대하여 다루고, 채택과정에서 창의성에 비중을 두는 것이 필요하다.
7. 집단의 의사결정은 개인의 결정보다 보수적 혹은 모험적으로 변하는 집단극화 현상이 나타난다. 성원들이 원래 가지고 있던 의견과 합치성에 의해 추이가 결정된다.
8. 집단극화가 나타나는 이유는 정보의 획득과 집단규범에의 동조압력이 작용하는 탓이다.
9. 다원적 무지 현상은 자신의 견해나 태도가 집단의 다수와는 다르다는 인식에서 자기 의견을 표출하지 않음으로써 실제와는 다르게 집단의 규범이 작용하는 현상이다.
10. 집단지성은 개인으로서는 성취하기 어려운 지적인 작업들을 여러 사람들이 집합적으로 성취해 내는 현상이다. 집단지성이 발현되기 위해서는 다양한 관점을 가진 개인들이 독립적으로 기여하는 과정이 전제되어야 한다.

## 동조현상

동조행위란 주위의 사람들이 하는 것을 자발적으로 따라서 하는 행위다. 유행을 따르는 행위, 친구 따라 강남 가는 행위 등이 동조행위의 발현이다. 동조행위가 나타나는 이유는 크게 두 가지로 설명되는데 그 하나는 정보의 힘 탓이며 다른 하나는 규범적 압력 탓이다.

### 정보적 영향

사람들은 낯선 경우에 처하면 어떻게 행동을 해야 할지 몰라 난처하다. 이럴 경우에 우리는 남들이 취하는 행동을 보고 적절한 행위가 무엇인지를 알게 된다. 이를테면, 지하철을 처음 타는 경우, 뷔페식당을 처음 갔을 경우, 고색창연한 법당에서 예불을 올리는 경우 등에서 우리는 천연덕스럽게 행동하는 다른 사람들의 행위를 따라 하게 된다.

**무자파 세리프(Muzafar Sherif, 1906~1988)**
터키 출신으로 콜럼비아 대학교에서 심리학 박사학위 취득. 공산주의자로 활동하여 어려움을 겪었지만 예일대 등 미국에서 교수 생활을 하였다. 동조 및 집단의 갈등 문제를 다룬 연구로 사회심리학에 기여하였다.

Sherif(1935, 1937)은 이러한 정보의 영향력을 실험실에서 재현하였다. 그는 대학생들을 대상으로 암실에 앉히고 정면 스크린에 불빛 하나를 보여 주면서 그 불빛이 움직이는 거리를 알아맞히게 하였다. 사실, 그 불빛은 고정된 것이지만 착시 효과에 의해서 움직이는 것처럼 지각되는 것이었다. 이 과제를 혼자서 수행하면 참가자들의 판단은 들쑥날쑥 변화가 많다. 그러나 두 명이나 세 명이 짝을 지어 수행하게 하면 이들 집단의 표준이 나타나서 개인의 판단이 다른 사람들의 판

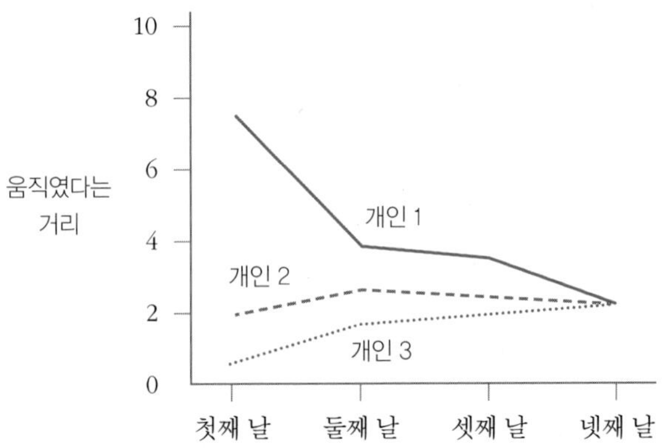


**[그림 9-7] 집단의 표준형성: Sherif의 연구에서 나타난 한 집단의 예**

매우 애매한 상황에서 개인들은 다른 사람의 판단을 바탕으로 스스로의 판단을 조정하여 결과적으로 집단의 표준을 형성해 간다.

출처: Myers (1993), p. 22.

단으로부터 크게 벗어나는 일은 드물고 여러 번 시행을 반복하면 서로 간의 판단이 거의 일치하는 쪽으로 나타난다([그림 9-7]). 즉, 객관적인 판단 기준이 전혀 없는 상태에서 타인의 판단이 사회적 기준의 역할을 하게 됨을 볼 수 있다.

불확실한 상황에서 다수의 일치하는 행위나 개인의 일관성 있는 행위는 정보력을 지녀 동조 반응을 끌어낸다. 한 실험연구(Baron et al., 1996)에서는 범죄피의자를 목격자가 확인하는 라인업 과제를 사진으로 제시하였다. 범인을 순간적으로 보았던(0.5초 동안) 조건에서 답을 맞히는 것이 보상을 받는 (따라서 중요한) 상황에서는 타인의 그릇된 판단에 따라가는 동조가 강하게 나타났다. 그러나 보상이 없는 경우에는 차이가 없었다([그림 9-8]). 이 실험은 판단의 정확성을 알려 주는 아무런 근거가 없는 상황에서는 타인의 일관성 있는 판단이 정보적인 가치를 지니

왼쪽의 그림을 5초 혹은 0.5초간 제시받고 오른쪽의 그림에서 동일인을 식별하는 과제에서 잘하면 20달러를 보상받거나 아무 보상이 없는 조건에서 실험에 같이 참가하고 있는 다른 두 사람이 엉뚱한 사람을 지목한 상황이다.

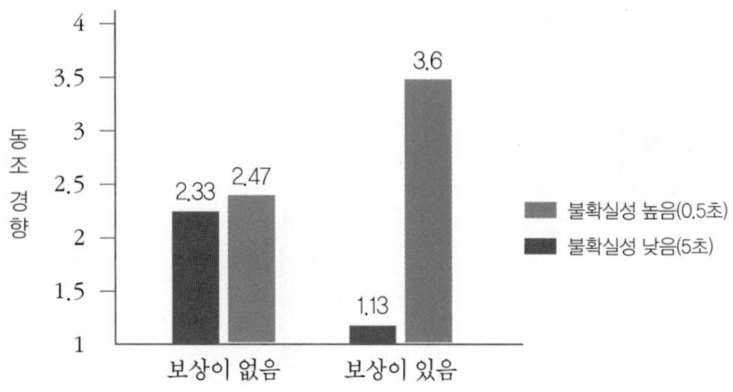


**[그림 9-8] 보상의 유무와 확실성 고저에 따른 동조**

출처: Baron et al. (1996).

고 있으며 아무런 강제력이 없을지라도 사람들의 판단에 상당한 영향을 준다는 것을 잘 보여 준다. 그러나 이같이 판단의 준거가 애매한 상황에서만 동조가 나타나는 것은 아니다. 판단의 준거가 뚜렷한 경우에도 잘못된 판단을 따라가는 동조가 나타날 수 있다.

## 규범적 영향

음악회에 가면 훌륭한 연주에 보답하는 뜻에서 사람들이 박수를 보낸다. 그런데 감동받은 사람들이 기립박수를 보내기 시작하면 자기만 혼자 앉아서 박수를 치기가 어렵다. 그다지 내키지 않아도 남들 따라 기립박수를 보낸다. 주위 사람들이 나와 공유하는 것은 청중이었다는 것뿐이고 내가 박수를 치건 안 치건 순전히 내 기분에 따를 뿐이라고 여기지만 주위의 영향을 받는다.

Asch(1955)는 유명한 선분 맞히기 실험에서 7~9명의 참가자(그중 1명을 제외한 나머지는 모두 실험협조자임)를 책상에 둘러앉히고는 [그림 9-9]에서 보이는 두 개의 카드를 약 3m 떨어진 거리에 위치시키고 왼쪽 카드의 선분 길이와 꼭 같은 선분은 오른쪽 카드에서 어느 선분이냐를 맞히게 하는 과제를 제시하였다. 둘러앉은 순서대로 응답하게 하였는데 의자 배열을 조정하여 항상 진짜 참가자가 대답을 나중에 하도록 하였다. 이 과제는 매우 쉬운 것이기 때문에 잘못 대답을 한다는 것은 생각할 수가 없었다. 몇 번의 시행을 거쳐 모든 사람들이 실수 없이 하는 것을 지켜본 다음, 실험자는 미리 짜 놓은 각본대로 실험협조자 노릇을 하는 참가자들에게 엉뚱한 답을 하게끔 하였다. 즉, 지금까지 틀리지 않았던 사람들이 똑같

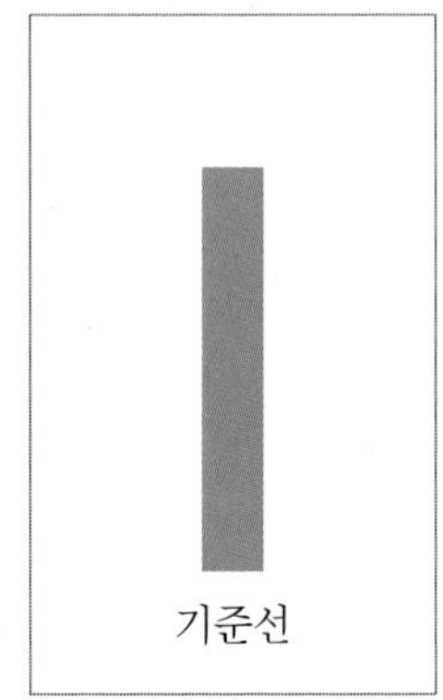


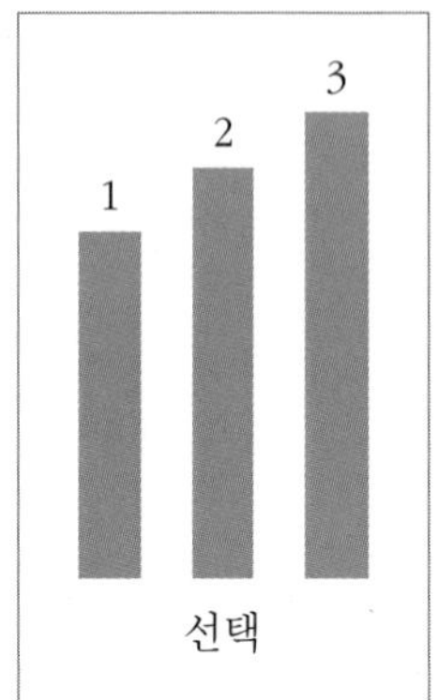


**[그림 9-9] Asch의 선분 맞히기 실험**

집단의 통일된 행동이 미치는 압력은 개인을 압도한다.

**솔로몬 애쉬(Solomon Asch, 1907~1996)**

폴란드 출신으로 소년 시절에 가족을 따라 미국으로 옮겨 갔다. 컬럼비아 대학에서 박사학위를 하고, 게슈탈트 접근으로 사회 속에 처한 개인의 심리를 연구했다. 인상형성, 동조실험 등의 탁월한 업적을 남긴 초기 사회심리학자이다.

선분맞추기 실험의 국내 재현 동영상 https://www.youtube.com/watch?v=YXXr4poY8EM

이 틀린 답을 차례차례 제시하기 시작한 것이다. 이 상황에서 참가자의 23%(123명 중 28명)는 틀린 답에 동의하지 않고 계속 자신의 판단을 제시하였으나 나머지 사람들은 틀린 답에 동조하는 행위를 보였다. 총 열두 번의 시행 중 평균적으로 세 번에 한 번꼴로 다른 사람의 틀린 답을 따라갔다. 이 사람들도 그전까지는 틀린 답을 제시한 적이 한 번도 없다는 것은 이들이 실제로 잘못 지각한 것은 아님을 말해 준다. 즉, 틀린 답을 제시할 때는 그것이 틀린 줄을 뻔히 알면서 그리하였다는 것이다.

기억해야 할 것은 이 상황에서는 집단이라는 것이 그저 우연히 일시적으로 형성된 것이며, 다른 사람들과 틀린 답을 제시한다고 하여 어떤 처벌이나 제재를 받는 상황이 아니었다는 점이다. 그럼에도 불구하고 세 번 중 한 번꼴로 남들의 잘못된 견해에 동조하는 행위가 나타난 것이다. 바꾸어 말하면, 이는 실제 생활에서 집단의 압력이 강하게 작용한다면 자신의 뜻과 맞지 않는다고 하더라도 거의 대부분의 사람들이 집단압력에 굴복하리라는 것을 시사한다. 공산당 전당대회의 열렬한 박수 소리는 이를 잘 대변해 주는 광경으로 볼 수 있다.

집단의 다른 성원들과 같이 행동함으로써 우리는 집단 성원으로서 수용되고 인정을 받으려고 하며 집단에서 소외되거나, 별종으로 취급되는 것을 피한다. 집단의 의견에 따르지 않는 사람에 대한 집단의 반응은 그를 따르게끔 압력을 가하는 것이고 이것이 안 되면 배척하고 따돌리며(Schachter, 1951), 심한 경우에는 직접적인 제재를 가한다. 이 현상은 현장연구에서 잘 나타난 바 있다. 미국 웨스턴 전기회사의 호손(Hawthorne) 공장에 도급제 임금제도를 도입하여 작업량이 많은 근로자들에게 더 많은 수당을 지급하였지만 얼마 안 가서 근로자들은 적당히 수당을 받되 지나친 근로는 회피하는 수준의 하루 작업량을 자신들의 표준으로 설정하였다. 어느 작업자이건 표준을 어기는 경우에는 다른 작업자의 조롱을 받을 뿐 아니라 팔을 얻어맞아도 반항하지 못하도록 하여 종국에는 표준에 따르게 만들었다. 그래도 안 되면 회유하고, 따돌림을 협박하거나, 보상을 약속하는 행위가 나타났다(Homans, 1965; 곁글 9-4 참조).

**곁글 9-4** 살빼기도 동조현상

여성의 미에 대한 기준은 시대 및 문화권에 따라 변한다. 오늘날 한국 사회의 젊은 여성들에게는 마른 듯한 체형미가 선망의 대상이 되고 있어 많은 여성이 다이어트에 큰 관심을 지니고 있다. 여성들은 살찌는 것을 혐오하여 소식(다이어트)을 하거나 운동을 하거나, 심지어는 지방제거 수술을 받는 등 체형미 가꾸기에 많은 지출을 하고 있다. 정도가 심한 사람에게서는 여러 가지 병적 증세가 취식과 관련되어 나타나고 있다. 대표적인 것이 거식증과 폭식증이다. **거식증**은 음식을 거부하거나 매우 적게 먹는 행위 증상이며, **폭식증**은 음식을 마구 탐식한 후에 여러 끼니를 굶거나 일부러 구토를 유발하여 살찌는 것을 막으려는 행위다. 국내의 조사에서 여성 청소년에게서 섭식장애에 취약한 태도를 보인 사람의 비율이 1996년에 3%였으나 2007년에는 23.5%로 나타나고 있다(이은주, 2009에서 인용). 폭식증은 미국 여대생의 4~15%에 해당하는 사람들에게서 심각하게 나타나고 있다.

한 심리학자는 폭식증 역시 여성 사회에 수용된 여성미의 규범에 동조하는 심리에서 나타날 수 있으리라는 생각에 여대생 동아리의 성원들을 대상으로 식습관을 알아보았다(Crandall, 1988). 조사 대상자들 중에서 이 증세를 심하게 보이는 사람은 극소수였지만 많은 사람들이 유사한 증세를 경험한 것으로 나타났다. 한 동아리에서는 이 증세를 많이 보이는 여성일수록 동아리 내에서 인기가 높았으며, 다른 동아리에서는 전혀 그 증세를 안 보이거나 심하게 보이는 사람보다 어느 정도 보이는 사람의 인기가 가장 높았다. 1년에 걸친 연구 결과는 동아리 내 성원 간의 결속력이 강해짐에 따라 성원들의 취식 습관이 서로를 닮아 가는 것을 발견하였다(Sears et al., 1991, p. 242에서 인용).

## 동조현상에 영향을 미치는 요인

동조현상은 상황의 여러 가지 특성에 따라 다르게 나타난다. 상황의 해석, 집단의 크기, 결집력, 개인과 집단과의 거리, 문화 등의 요인이 성원 개인에게 작용하는 동조압력에 영향을 준다.

**상황의 해석** Asch의 실험에서 실제 참가자는 다른 사람들이 똑같이 제시하는 틀린 의견을 접한 상황에서 왜 지금까지 잘해 오던 사람들이 틀린 답을 댈까라는 의문점을 품게 된다. "내가 잘못 보고 있나? 아니야, 답은 분명히 1이야. 이 사람들이 눈이 갑자기 어떻게 되었나? 그럴 리가 없지. 대체 왜 그럴까?"(Gilovich et al., 2011, p. 289) 이렇게 상황에 대한 파악이 안 되는 경우에 일치된 남들의 행동을 따라 할 가능성이 높다. 마치 전혀 낯선 곳에 갔을 때 다른 사람들의 행동을 따라 하는 것과 같다.

또 다른 연구에서는 선분이 아니라 소리를 사용하였다. 1~5초 길이의 소리 두 개를 들려주고 어느 소리가 긴 소리인지를 맞추면 점수를 따는 과제를 주었다. 스물네 번의 시행 중 드문드문 총 일곱 번의 시행(통제조건)에서 선분 맞추기 실험처럼 협조자들은 똑같이 틀린 답을 제시하였고, 이 상황에서 실제 참여자들이 보이는 동조율을 보았다. 참여자들의 답이 맞는 경우에 10점을 받지만, 두 번째 답이 맞는 상황에서는 100점을 받게 되는 경우가 있다고 알려 주었다. Asch 조건의 참여자들은 맞는 답을 제시하면 늘 10점을 받았다(행렬 1). 차이 조건의 참여자들은 대부분의 시행에서 한 번이나 두 번 답을 맞추면 10점이 주어지지만, 몇몇 시행들에서는 두 번째 답이 맞는 경우에 100점이 일부 참여자들에게 주어진다고 알려주었다(행렬 2). 그렇지만 실제 참여자(본인)는 늘 10점을 받게 된다는 것을 알려 주었다. 통제조건에서 참여자들은 답을 말로 하지 않고 글로 적었다. 결과는 [그림 9-10]에 제시되어 있다. 사람들은 실험시행이 아닌 경우에는 틀린 답을 제시한 적이 아무도 없었다. 실험시행에서 Asch 조건의 경우에 틀린 답을 제시하는 동조

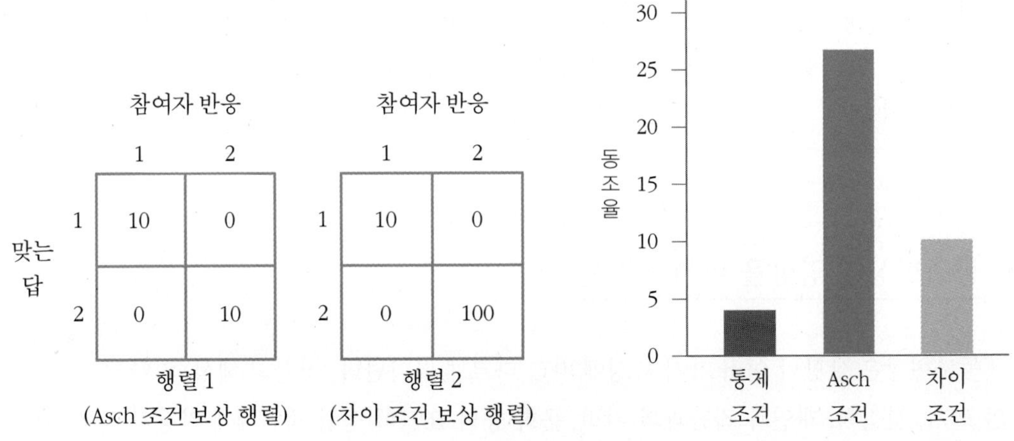


**[그림 9-10] 동조율의 분석을 위한 실험결과**

출처: Gilovich et al. (2011), p. 291. 원 연구는 Ross et al. (1976).

율이 가장 높았다. 차이 조건의 경우에 사람들의 동조율은 현저히 감소하였는데, 이는 일부 사람들의 틀린 답이 100점을 받을 수 있는 상황이라고 여길 수 있는 상황이었기 때문이다.

이 연구가 주는 교훈은 비록 객관적으로는 무엇이 맞는지를 알더라도 다른 사람들이 똑같이 다른 판단을 하고 있고 이에 대한 적절한 설명을 찾지 못하면 자기 소신대로 행동하기가 어렵다는 것이다. 다른 사람의 잘못에 대하여 설명할 수 있으면(차이 조건에서처럼) 타인의 영향을 덜 받고 소신대로 행동할 수 있다.

**집단의 크기** 집단 내에서 한두 사람의 의견이 자기와 다른 경우는 얼마든지 있을 수 있지만 많은 사람과 다른 내 의견을 맞다고 주장하기는 어렵다. Asch(1955)는 선분 맞히기 실험에서 집단의 크기를 2명에서 15명까지로 변화시켜 가며 동조율을 비교하였다. 가장 동조율이 높은 것은 집단의 크기가 서너 명인 경우임을 발견했다.

한편, Wilder(1977)는 사람들의 숫자를 변경시킨 것에 더해서 집단의 수를 변화시켰다. 즉, 한 조건에서는 참가자들로 하여금 4명이 한 집단인 다른 사람들의 의견을 듣게 하고, 다른 조건에서는 두 명씩 두 집단으로 이루어진 4명의 의견을 듣게 하였고, 또 다른 조건에서는 각기 독립적인 4명의 의견을 듣게 하였다. 그 결과, 집단의 크기는 동조율에 별 영향을 못 미치지만 독립적인 집단들의 의견이 일치할수록 증가하는 것을 발견하였다. 즉, 집단이 하나의 단위로서 여겨진다면 그 집단의 성원이 증가되는 것은 영향을 안 주지만 독립적인 단위들의 의견이 일치한다면 동조율이 증가한다.

**집단의견의 일치성** 집단 내 의견이 일치하지 않는다면 성원들이 느끼는 동조압력은 상당히 저하된다. 즉, 이탈자가 나 혼자만이 아니라면 그 이탈자의 신분에 관계없이 동조율은 떨어진다(Asch, 1955; Morris & Miller, 1975). 다른 이탈자의 의견이 나와 같지 않더라도 동조율은 역시 떨어진다. 선분 맞히기 실험에서 정답이 A, 다수가 B, 다른 이탈자가 C라고 한 경우에도 이탈자가 없는 경우보다 동조율은 떨어지는 것으로 나타나 단지 다른 의견을 지닌 사람이 한 사람이라도 있다는 것을 알면 개인에 작용하는 동조압력이 상당히 줄어 든다는 것으로 보인다(Allen & LeVine, 1971). 다른 이탈자가 존재한다는 것은 다수의 의견에 대한 맹목적인 신뢰감을 잠식하며, 자신의 독립적 의견에 대한 강화 또는 지지로 여길 수 있으며, 외로운 이탈자가 받는 배척의 두려움을 경감시키기 때문이다.

이러한 연구 결과는 집단적 의사결정을 하는 경우에 최소한 한 사람이라도 다수의 의견과 다른 견해를 가진 사람이 그러한 의견을 말하도록 하는 것이 활발한 의견 개진을 도모하며, 곧 다루게 될 집단사고(groupthink)를 방지하는 데 도움이 됨을 알려 준다.

**영향력이 작용하는 양상** Asch의 선분 맞히기 실험에서 사람들이 보이는 동조 양상은 동조하는 사람이 많아짐에 따라 증가하다가 정점에 달하면 더 이상 동조하는 사람이 많아져도 증가하지 않는 양상을 보인다. 이러한 현상을 설명하기 위하여 Latané(1981)은 물리역학의 비유를 가져와 사회적 영향력 이론을 제시하였다. [그림 9-11]에서 보듯이 표적이 되는 사람(나 혹은 타인)에게 작용하는 영향원은 다양하다. 이들 영향원이 지니고 있는 지위, 힘, 신뢰감에 따라 영향력의 강도가 결정되고, 영향원과의 심리사회적 거리감, 상황의 긴박성 같은 것이 영향력의 즉각성을 결정지으며, 이러한 영향원들에서 나오는 영향력의 종합적인 힘이 표적에 작용하는 영향력의 크기를 결정짓는다.

이 영향력의 크기를 산출하는 수식에 따르면 영향원의 숫자가 증가하면 전체적인 영향력은 증가하지만 그 증가속도는 초기보다 훨씬 낮아진다. 예측되는 동조율을, 한 현장연구에서 동조자의 숫자를 변화시켜 나온 실제 동조율과 비교한 결과가 [그림 9-12]에 나타나고 있다. 이 현장연구에서는 뉴욕 시의 맨해튼 번화가에서 하늘을 올려다보는 행인을 가장한 실험협조자의 수효를 1, 2, 3, 5, 10, 그리

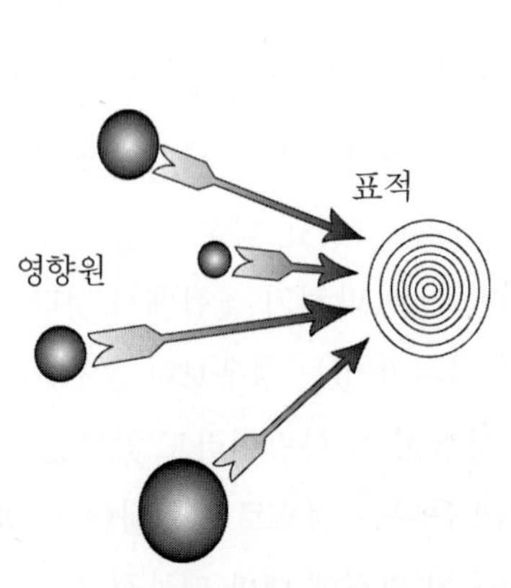


**[그림 9-11] 영향력의 강도**
사회적 영향력 이론은 영향원의 수가 미치는 총체적 영향력을 보인다.

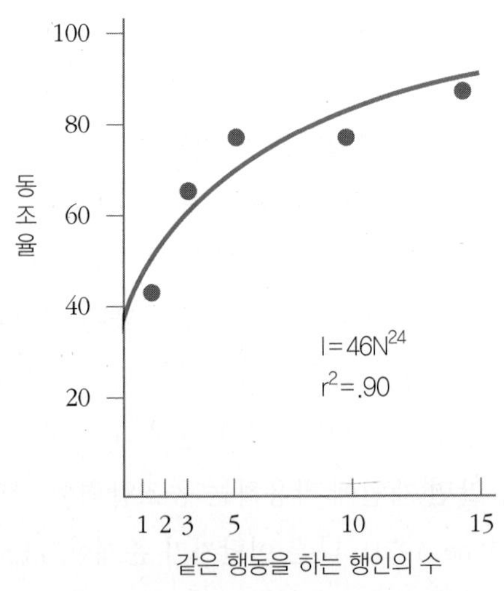


**[그림 9-12] Milgram 등(1969)의 연구 결과에 대한 사회적 영향력 이론의 예상치 비교**

고 15명으로 변화시키며 지나가는 행인들 중에서 역시 하늘을 올려다보는 사람의 비율을 관찰하였다. 그 결과, 하늘을 쳐다보는 사람이 한 명일 경우는 4%, 10명일 경우는 80%, 15명일 경우는 86%의 행인들이 하늘을 올려다보는 행위를 보였다(Milgram et al., 1969). 그림에서 표시된 동그라미는 실제 동조율이고 점선은 수식에 의한 예측선으로 일치도가 높음을 볼 수 있다. 사회적 영향력 이론의 예측은 놀랍지만, 현상을 잘 묘사하고 있는 것이지 영향을 받는 표적의 내부에서 무엇이 어떻게 작용하고 있는지를 알려 주지는 못한다.

**집단의 문화** 성원과 집단 사이의 정서적 유대가 좋으면 동조압력은 강하다. 개인의 집단에 대한 헌신(commitment)은 집단이 성원의 소속감을 진작시키고 정서적인 지원을 함에 따라서도 강화되고 이탈 시 감수해야 하는 손해가 클 경우에도 커진다(Hogg & Turner, 1987).

흔히 북미권과 북유럽권의 문화를 개인주의 문화로, 동아시아권의 문화를 집단주의 문화로 대별한다(Hofstede, 1980; Triandis, 1989). 집단주의 문화권에서는 개인의 가치보다는 집단의 가치가 갖는 중요성이 상대적으로 높다. 따라서 집단이 성원에게 부과하는 동조압력이 더 강하리라고 여길 수 있다. 이 주제는 비교문화 연구에서 많이 다루어졌다(〈표 9-1〉 참조). 17개국에서 행해진 Asch 방식의 실험연구 133개(97개가 미국에서 행해짐) 자료에 대한 통합분석을 한 결과, 두 가지 현상이 파악되었다(Bond & Smith, 1996). 첫째는 1950년대 이후에 이루어진 연구들에서 동조율이 저하되는 현상이 나타난 것이다. 이는 시대의 흐름상 집단규범이 지닌 영향력이 약화되고 있음을 보여 주는 것이다. 둘째는 집단주의 국가들에서 동조율이 높게 나타나는 경향이다. 그러나 집단주의 문화권의 동조율 연구들은 그 결과가 일관되지 않다. 예를 들어, Frager(1970)는 Asch의 방식을 이용하여 일본인과 미국인을 비교하였다. 결과는 의외로 일본인에게서 동조율이 25%로 나타나 미국인의 그것보다 낮게 나타났다. 이 수수께끼는 나중의 연구들(Matsuda, 1985; Williams & Sogon, 1984)에 의해 풀렸는데 집단구성원을 낯선 이, 아는 이로 구분하였더니 낯선 이의 경우는 동조율이 떨어지지만 아는 이일 경우에는 50% 이상으로 높게 나타났다. 즉, 집단주의 문화권에서 사회 성원의 행동을 구속하는 집단은 정서적 유대가 있는 내집단이며, 유대감이 없는 사람에 대하여는 훨씬 배타적인 행위가 나타나는 것이 여러 연구에서 관찰되고 있다. 이러한 연구 결과 및 우리 사회에서 일차적 연고집단(혈연, 학연, 지연 단체)이 개인의 생활과 불가분의 관계에 있다는 사실(Han & Choe, 1994)로 미루어 볼 때 다수의 일차적 집단 성원이

표 9-1 Asch 유형의 동조현상 연구 결과의 국가 간 비교

| | 연구 | 피험자 | 동조율(%) |
|---|---|---|---|
| 개인주의 문화권 | Asch(1951, 1956) | 미국 학생 | 37 |
| | 미국 연구 8개 평균 | 미국 학생 | 25 |
| | 영국 연구 4개 평균 | 영국 학생 | 17 |
| | Migram (1961) | 노르웨이 학생, 일반 | 62 |
| | | 프랑스 학생 | 50 |
| | Vlaander & Van Rooijen (1985) | 네덜란드 학생 | 24 |
| | Perrin & Spencer (1981) | 영국 무직 흑인 | 39 |
| | Hatcher (1982) | 벨기에 학생 | 24 |
| | Doms (1983) | 벨기에 학생 | 14 |
| 집단주의 문화권 | Whitaker & Meade (1967) | 브라질 학생 | 34 |
| | Whitaker & Meade (1967) | 홍콩 학생 | 32 |
| | Whitaker & Meade (1967) | 레바논 학생 | 31 |
| | Whitaker & Meade (1967) | 짐바브웨, 반투 학생 | 51 |
| | Claeys (1967) | 자이르 학생 | 36 |
| | Frager (1970) | 일본 학생 | 25 |
| | Chandra (1973) | 피지 선생 | 36 |
| | William & Sogon (1984) | 일본 같은 클럽 사람들 | 51 |
| | | 일본 낯선 이들 | 27 |

출처: Bond & Smith (1996).

주는 동조압력은 상당히 크다고 보겠다.

동조와 개성에 주는 문화의 가치는 구성원들이 지닌 물건에 대한 선호도에도 나타난다. 한국인과 미국인을 대상으로 다양한 도형의 그림을 제시하고 선호도를 보니 한국인은 독특한 특징을 지니지 않은 그림을, 미국인은 독특한 특징을 지닌 그림을 더 선호하는 것으로 나타났다. 미국에서 행해진 한 연구에서 설문에 답해준 고마움의 표시로 두 가지 색깔의 펜의 구성비를 변화시켜서 펜 다섯 개를 보여주며 갖고 싶은 것을 택하게 하였다. 한 조건에서는 펜의 색깔 구성이 1 : 4였고, 다른 조건에서는 2 : 3이었다. 동양인의 경우에 독특한 색깔의 펜을 선택하는 비율이 31%, 백인의 경우에 77%로 나타났다(Kim & Markus, 1999).

## 집단의 규범 차이

생활 속에서 사람들이 가입하는 다양한 형태의 사회집단은 나름대로의 규범을 지니고 있다. 취미 동호회라면 서로 즐겁고 친목을 도모하는 규범들을 지니며, 임무를 지니고 구성된 특별위원회는 그 임무를 성공하는 데 도움이 되는 규범이 있다. 이러한 규범은 때로는 명시적으로 모임의 규칙에 나타나기도 하지만, 많은 경우에는 암묵적으로 작동하기도 한다. 예를 들어, 독서 모임의 경우에 그 목적은 복합적이라 볼 수 있다. 교양을 넓히는 목적과 함께 인간관계를 확장시키는 목적도 있을 것이다. 집단은 상황마다 주어진 과제에 맞추어 최선의 노력을 한다고 볼 수 있을 텐데, 과연 그럴까?

한 연구는 실험실에서 이 문제를 다루기 위해 사람들을 모아 4명의 소집단으로 편성하고 과제를 주었다(Postmes et al., 2001). 규범을 달리하기 위하여, 합의성 추구 집단의 사람들에게는 포스터를 공동으로 제작하는 작업을 하도록 하였다. 비판성 추구 집단에게는 대학졸업생들에게 장학금 조성에 필요한 세금을 부과하자는 정책제안서를 주고 그 타당성을 논의하도록 하였다. 10분 동안의 작업 결과, 두 집단에서 나타나는 집단응집성은 차이가 없었으나, 성원들이 지각하는 규범은 합의성 추구와 비판적 사고가 구분되어 나타났다. 두 번째 단계에서는 전혀 새로운 과제를 두 집단의 사람들에게 제시하였는데, 과제는 그 대학의 교수 채용에 응모한 세 사람의 이력서를 보고 어느 지원자가 가장 적절한 사람인지를 정하는 것이었다. 이때 사람들은 각자 방에서 심사를 개별적으로 한 후에, 집단토의(온라인)를 하여 결정하도록 하였다. 집단토의를 할 때는 후보자에 대한 몇 가지 정보를 참가자 개인별로 각기 다르게 새롭게 제시하였다. 이들 정보가 참가자들 모두에게 공유되면 후보자 A가 가장 적합한 사람으로 판정받기 쉽고, 모두 공유되지 못하면 후보자 B가 적합한 사람으로 판정받기 쉬운 상황이었다. 결과는 [그림 9-13]에서 나타나듯이, 개인적 판단과 집단토의 후 판단에서 합의성 추구 집단에서는 토의결과의 정확성(모든 정보가 공유되었을 경우에 나오는 결정인 A가 적합하다고 여겨지는 정도)에서 아무 차이가 없이 낮게 나타났다. 비판성 추구 집단에서만 토의 후 결정이 눈에 띄게 향상된 것을 볼 수 있다. 이 결과는 두 번째 단계의 과제가 첫 번째 과제와는 무관한 것이지만, 집단의 이전 활동이 조성한 규범이 작용하여, 합의성 추구 집단에서는 정보의 공유가 충분히 이루어지지 못하는 양상을 보인 점에서, 이미 형성된 규범이 암묵적으로 미치는 영향력을 잘 보여 주고 있다.

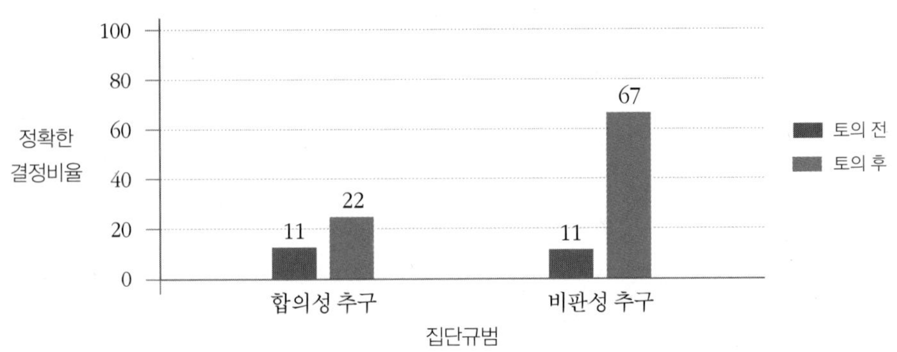


**[그림 9-13] 의사결정의 정확성에 미치는 암묵적 집단규범의 영향**

## 준거집단의 영향력

실험실에서 모르는 사람들이 집단을 이루었을 경우에 아무런 강요가 없이도 집단의 압력이 개인에게 작용하는 과정을 살펴보았다. 실제 생활 집단에서 개인이 받는 영향력은 어떠한가? 1930년대 말에 미국의 여자 귀족학교라고 볼 수 있는 베닝턴 대학교에서 행해진 현장연구(Newcomb, 1943)가 이를 잘 보여 준다. 이 대학에 오는 여대생들은 보수적인(대체로 공화당 지지) 성향이 강한 중상류층의 집안배경을 지니고 있어 대학에 올 때만 해도 보수적이다. 1936년에 당시 민주당 출신 대통령 루스벨트는 뉴딜정책, 공황과 관련된 정치상황으로 재선 가능성이 불분명하던 때였다. 당시 베닝턴에 온 신입생들은 60%가 공화당 후보인 랜던을 지지하고 30% 미만이 재임 중인 루스벨트를 지지하는 것으로 나타났다. 그러나 고학년으로 갈수록 진보 성향을 지닌 민주당의 루스벨트 지지율이 높아져 갔다. 그 이유는 베닝턴 대학교의 분위기에 의해 설명된다. 이 학교는 기숙사제 학교로 지역사회에서 고립되어 있고, 교수진들은 비교적 젊고, 진보적이며, 의식화되어 학생들을 의식화시키는 것에 관심을 지니고 있는 편이다. 학생들 중에서는 진보적이고 활동적인 사람들이 인기를 얻고 있으며 이들이 학생회 활동을 주도하고 있어 신입생들에게 선망받는 준거집단을 형성하고 있는 분위기였다.

신입생들은 이러한 분위기 속에서 학교생활을 계속하면서 준거집단의 규범을 자기 것으로 받아들이며, 주위 사람들에게 인정을 받게 되는 것이다. 새로운 규범의 내재화는 부모의 반대에도 불구하고 진행되었으며, 20년이 지나 1960년에 진보적인 케네디 후보가 나섰을 때 베닝턴 인근지역에서는 30% 미만이 그를 지지했지만 베닝턴대 출신(1930년대 말 입학생들)들은 60%가 케네디에게 표를 던진 것으로 나타났다. 이들은 스스로를 진보적이라고 자처하며 오직 16%만이 보수적 정치 성향을 지니고 있다고 했다(Newcomb et al., 1967).

국내 대학에서 신입생들의 가치관이 대학생활을 하면서 변하는 추이를 본 연구가 있다(김진국, 김병욱, 1987). 지방의 한 대학 입학자를 대상으로 입학 전 2개월부터 시작하여 입학 후 7개월이 경과하는 동안 다섯 번에 걸쳐서 조사를 하면서 신입생들의 가치관 변화의 양상을 조사하였다. 학생들이 보인 정치적 · 경제적 · 사회적 태도의 변화 양상을 보면 입학 전에 약간 체제 부정적이었던 것이 예비대학, 수련회, 오리엔테이션을 집중적으로 경험하는 3, 4월을 거치면서 현저하게 반체제 방향으로 변화가 나타나고 이러한 변화는 그 후에도 진행되었다. 학생 시위에 대한 태도는 입학 전부터 긍정적인 것으로 나타났으며 정치현실에 대한 불만이 클수록, 학생시위에 대한 수용도가 높을수록, 시위에 적극 참여하는 경향이 나타났다. 외국 연구들에서 가정의 사회경제적 배경이 중요하게 나타났으나 국내 연구에서는 그러한 물리적 · 경제적 수준, 부모의 학력은 학생들이 갖는 현실에 대한 부정적 태도와 무관하며 개인이 지닌 가치관, 부모와의 관계 지각이 더욱 중요한 것으로 나타났다.

1980년대에 비해 오늘날 대학가에서 시국관련 시위는 거의 사라졌다. 군부정권이 물러나고 민주화가 진행되며, 소련이 붕괴하자 많은 이들이 공감하고 참여하던 민주화 투쟁 같은 큰 이슈가 더 이상 학생 다수의 관심을 끌기 어렵게 되었다. 2000년대 들어서 학생운동은 소수 활동가를 중심으로 전개되면서 1990년대의 전국단위 학생연합체 운동이 약화되었다(정다혜, 2021). 등록금 투쟁, 비정규직 노동문제 같은 관심의 다변화가 진행되고, 취업과 같이 매우 현실적인 문제가 학생들의 관심사로 다루어지면서 준거집단으로 학생운동을 이끌던 세력의 영향력은 크게 줄어들었다.

1986년 전두환 군부 정권 시절 벌어진 6월 항쟁의 한 장면

## 소수의 영향력

다수의 의견은 동조압력으로 작용함을 보았다. 그러나 소수의 영향력을 무시할 수는 없다. 결국 유행의 시작, 새로운 사조와 물결은 소수에 의해 주도되고 대중들에게 수용되면서 새로운 멋, 유행으로 정착된다. 그렇다면 소수의 영향력은 어

**모스코비치(Serge Moscovici, 1925~ )**
루마니아에서 태어나 공산당원으로 활동했으나 제2차 세계대전 때 유대인수용소에 수용되었고, 전후에 프랑스로 밀입국하여 소르본 대학교에서 심리학을 공부하였고, 강의를 하였다. 정신분석 이론이 프랑스 사회에서 어떻게 수용되었는지를 연구하여 사회적 표상이라는 사회현상의 접근 틀을 제시하였으며, 프랑스의 사회심리학 연구풍토에 큰 영향을 미쳤다. 그의 이론은 최상진(1990)의 글에 잘 소개되고 있다.

떻게 나타나는가? 프랑스의 Moscovici와 Zavalloni(1969)는 Asch 유형의 과제에 변형을 가하여 소수의 영향력을 연구하였다. 여섯 명의 참가자들에게 슬라이드를 보여 주면서 그 색깔을 알아맞히게 하였다. 실제 보여 준 슬라이드는 모두 푸른색인데 단지 명도가 다를 뿐이었다. 여섯 명이 모두 실제 참가자인 경우에는 사람들은 누구도 다른 색깔을 대는 사람이 없었다. 여섯 명 중에 두 명을 실험협조자로 대치시켜 이들로 하여금 슬라이드 색깔이 녹색이라고 시종일관 답하게 한 조건에서는 모든 참가자 중 1/3은 한 번 이상 녹색이라고 응답하였고, 보여진 슬라이드의 8%는 녹색이라고 여겼다.

소수의 견해가 다수에게 영향을 주는 조건을 연구한 결과, Moscovici(1985)는 소수의 주장이 일관성을 지니고 있고, 논리정연하며, 자신 있는 행동으로 나타나야 한다는 결론을 내렸다. 그래야만 비로소 다중들이 자신 있는 소수를 접하면서, 자신들이 지니고 있는 견해가 잘못일지도 모른다는 의구심을 갖게 된다는 것이다(Maass & Clark, 1984; Bassili & Provencal, 1988). 무시할 수 없는 소수의 일관된 입장을 접하였을 때 사람들은 그들의 입장을 이해하려는 생각을 갖게 된다. 즉, 체계적인 정보처리(Petty & Cacioppo, 1984)를 하게 된다. 이 과정에서 그들의 입장을 이해하게 되면, 태도변화가 나타나고 이렇게 나타난 태도변화는 지속성을 지니게 된다. 한 연구에서, 학생들에게 졸업을 위해서 종합시험제도를 도입하는 문제를 토의하는 집단에 참여하게 하였다. 학생들은 대부분 이 제도에 반대하는 입장이었지만, 실험자는 6명으로 구성된 집단토의에서 다른 사람들 중 4명(다수이냐 소수이냐

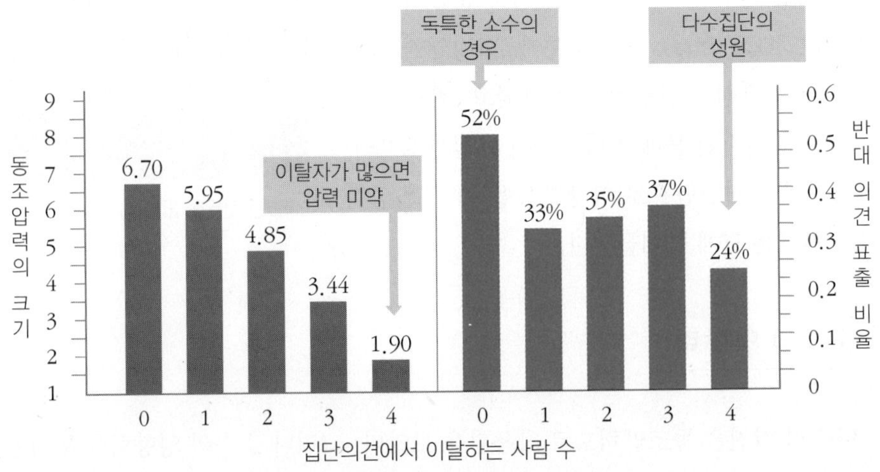


**[그림 9-14] 동조압력의 크기에 따른 사고의 깊이**
출처: Zdaniuk & Levine (1996); Baron et al. (2006), p. 371의 그림.

유행을 선도하는 소수: 힙합복장과 레게머리

의 조건에 따라, 3명, 2명, 혹은 1명, 0명)이 학생과 동의하는 입장을 지니고 있음을 알려 주었다(Zdaniuk & LeVine, 1996). 이런 사항을 알려 준 후에 각자가 얼마나 토의에 대한 압력을 느끼는지, 종합시험에 대한 개인적 의견을 피력하도록 하였다. 결과를 보면 학생들이 스스로가 소수라고 여길 때 강한 압력을 받는 것으로 나타났다([그림 9-14]). 강한 압력을 받을 때 스스로 주제에 대한 생각을 깊이 하게 되는 것으로 나타났다. 스스로가 다수라고 생각할 때는 압력도 적었고, 생각도 깊게 하지 않는 것이었다. 다수의 영향이 규범에 따르는 행동을 야기하는 반면에, 소수의 영향은 드러난 행위뿐만 아니라 내면적인 태도변화까지를 수반하는 경우가 많다는 점에서, 다수와 소수의 영향력은 질적으로 다르다는 것을 알 수 있다(Maass et al., 1982; Nemeth, 1986).

그동안 이루어진 소수의 영향력에 대한 연구들 97개를 통합분석한 연구에 의하면 다수의 영향력이 영향을 주려는 행위가 드러나고 직접적으로 작용하는 것과는 달리, 소수의 영향력은 은밀하며 사적이고 간접적으로 작용한다. 사람들은 소수의 영향원과 자신을 드러내 놓고 같이 묶는 것을 꺼려 하지만, 소수의 영향력을 행사하는 사람에 대해서 자신과 같은 부류로 동일시하는 과정을 통해서 그들의 영향력을 수용하는 것이다(Wood et al., 1994). 이런 소수의 입장이 임계점까지는 느린 속도로 퍼져 가지만, 10% 정도의 임계점을 지나면 급속히 퍼지는 양상으로 나타난다(Xie et al., 2011). 윤석열 대통령에 대한 탄핵을 두고 계엄해제 직후에 탄핵을 반대하는 사람들은 소수였지만, 체포영장이 집행될 즈음에는 태극기 집회 참여자도 크게 늘어났다. 사람들이 폄하하는 것과는 달리 이 집회의 열성 참여자들은 뚜렷한 국가관을 지닌 것으로 분석되어진다(곁글 9-5). 소수의 영향력 확산 과정으로 이해할 수 있을 것이다.

**곁글 9-5** 무엇이 태극기 부대를 움직이는가

윤석열 대통령의 탄핵을 놓고 찬성과 반대의 진영대립이 매우 심하다. 2024년 말 계엄포고 직후부터 시작된 응원봉 시위대에 맞서 태극기 부대가 등장하여 탄핵반대 시위를 주도하고 있다. 응원봉 시위대와 달리 태극기 부대는 노인들이 많고, 이들이 돈을 받고 참여한다는 폭로성 기사가 있었지만 수천 명 이상이 지속적으로 시위를 벌이는 것을 설명하기도 어렵고, 태극기 집회를 선동하는 극우 유튜버들에게 답지하는 수천 만 원의 후원금을 설명할 수 없다(한겨레 21, 2025. 2. 10.).

태극기 부대는 2016년 박근혜 대통령 탄핵 때도 등장하였다. 이 집회 참가자들에 대한 현장조사는 이들의 80%가 50세 이상의 장노년층이며, 56%가 대학교 이상을 졸업하였으며, 54.8%가 월 소득 4백만 원 이상으로 나타났다(장우영, 2018). 이들의 집합행동을 이해하기 위하여 당시에 박사모(박근혜를사랑하는모임)와 일베(일간베스트)의 누리집에 올려진 게시글 17만 건을 분석한 결과 태극기 부대의 핵심 가치는 '애국'으로 나타났다. 결핍, 빈곤, 소외 같은 부정적 감정이 아니라 애국이라는 가치를 지향한다는 자부심을 바탕으로 시위 활동을 벌이는 것이다. 애국을 떠받치는 세 핵심어는 '대한민국' '태극기' '국민'으로 나타났다. 대한민국은 애국의 대상이고, 국민이라는 소속감, 태극기라는 상징을 들고 집단행동에 나서는 것이다(천관율, 2017). 이들이 지켜내고자 하는 대한민국의 지향 가치는 '자유민주주의'로 나타난다. 그러나 이 핵심어를 받쳐주는 부가적인 핵심어가 거의 없다. 자유민주주의는 논의의 대상이 아니라 신앙의 대상인 것이다. 이 체제와 반대편에 나타나는 것은 언론과 북한이다. (좌파)언론은 탄핵을 유발하여 체제를 위태롭게 한 주범이고, 북한은 분단 현실에서 호시탐탐 적화 야욕을 지닌 주적이다. 자유민주주의가 내재적인 가치가 아니라 외부의 적을 버팀목으로 유지되므로, 좌파 언론과 진보적 활동가들은 종북세력으로 투쟁과 섬멸의 대상일 뿐이다. 여기서 나타나는 국민은 모든 국민을 뜻하는 것이 아니라 체제수호를 위해 태극기 집회에 동조하는 국민을 말한다. 이들은 한미동맹을 중시하고(성조기), 보수 정당을 지지하며, 이승만, 박정희의 권위주의 정권에 대한 향수를 지니고, 국가보안법 폐지를 반대하며, 페미니즘과 이슬람에 반대하는 극우 성향의 정치적 행태를 보인다(황인정, 2020).

## 집단사고

당신은 혹시 동조현상이 우매한 대중이 보이는 특징일 뿐, 탁월하고 지성적이며, 개성이 뚜렷한 사람들에게는 나타나지 않으리라 생각하는가? 그러나 개개인의 면모로 보아서는 탁월한 사람이라고 인정할 수밖에 없는 미국 행정부의 최고위 관료들에게서도 동조압력에 의한 미숙한 의사결정이 나타났음이 지적되고 있다(곁글 9-5). 예일 대학 심리학과의 Janis(1982)는 집단의 의사결정 과정에서 동조압력 때문에 충분한 논의가 이루어지지 못한 채 합의에 도달하는 현상을 집단사고라고 이름 짓고 그 과정을 분석하여 제시하였다. 〈표 9-2〉에 제시된 바와 같이 집단사고의 가능성이 높은 집단은 몇 가지 특징을 지니고 있다. 집단의 응집력이 강하고, 지시적인 지도자가 있으며, 대안을 검토하는 절차가 확보되어 있지 않는 등의 특징을 지니고 있다. 의사결정 과정에서 성원들은 지도자와 다른 의견을 내놓기를 꺼리는데 이는 지도자의 눈 밖에 나고 싶지 않기 때문이다. 따라서 스스로의 의견을 표출하기 전에 검열을 하며, 이같이 다른 의견이 표출되지 않는 상황에서 집단의 의견이 일치되었다는 생각을 하게 된다. 대안들이 충분히 검토되지 못하고 결정에 도달하므로 많은 경우에 집단사고는 미숙하거나 잘못된 의사결정을 가져온다.

제2차 세계대전 때 진주만을 피습당하였을 때 미국 해군 지휘본부가 일본의 공습 가능성에 대한 오판, 1960년대 케네디 정부의 쿠바 피그만 침공사건과 존슨 내각의 월남전 참전 결정의 오류, 21세기 들어서 부시 행정부의 이라크 침공 등에 모두 집단사고가 작용한 것으로 분석된다. 국내에서도 1980년 전두환 군부가 저지른 5 · 18 시위에 대한 수습책의 결정에 집단사고가 작용했을 가능성이 크다(곁글 9-6).

**표 9-2** 집단사고의 과정분석

상황 조건

1. 강한 응집력의 욕구
2. 외부 세력의 영향권 밖에 위치함
3. 권위적인 리더
4. 대안검색에 필요한 절차가 마련 안 됨
5. 외부 위협의 존재-긴박한 상황

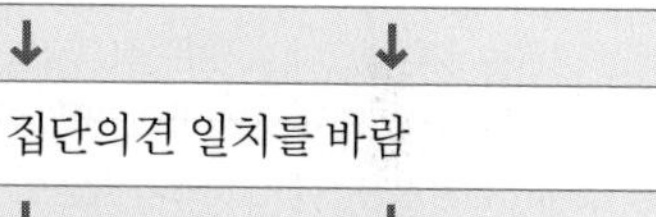


집단사고의 징후

1. 잘못될 리 없다는 생각-환상
2. 집단적 합리화
3. 외부 집단에 대한 편견, 고정관념
4. 이견의 표출을 스스로 자제
5. 만장일치의 착각
6. 이탈자에 대한 압력

열악한 의사결정

1. 대안적 방책의 검토 실패
2. 집단의 목표에 대한 검토 불완전
3. 결정안의 리스크 검토 부족
4. 관련정보 수집의 엉성함
5. 비상대책 강구의 실패

출처: Janis (1982), p. 244.

집단사고 가설은 역사적으로 발생했던 그릇된 의사결정을 설명하기 위해 제시된 것이지만, 현실집단의 의사결정에 대한 종합적인 모형이라는 점에서 이를 검증하는 연구들이 이루어졌다(Longley & Pruitt, 1980; Tetlock et al., 1992). 국내의 대기업체들에서 형성되어 있는 작업팀(30개)의 구성원들을 대상으로 최근에 있었던 중요한 위기에서의 의사결정 사안을 회상하면서 의사결정 과정에 대한 설문에 응답하게 하여 분석한 연구(Choi & Kim, 1999)는 28개의 위기 사안에서 나타난 자료를 갖고 집단사고에 대한 두 요인을 구분해 보이고 있다. 첫째 요인은 합의추구 요인으로, 자기검열의 과정을 포함하여 이탈자에 대한 압력을 주는 작용이며, 둘째 요인은 집단정체감(10장 참조) 요인으로, 집단의 도덕성, 의견일치도, 집단에 대한 믿음이다. 첫째 요인은 결함적인 의사결정과 정상관이 있으나(r = .44), 둘째 요인은 오히려 결함적인 의사결정과는 역상관으로 나타났다(r = −.41). 팀의 작업수행과 관련된 분석은 팀 외의 회사 사람들(중역, 관련부서)과의 의사소통이 활발하거나, 집단정체감 요인이 지나치지 않으면 작업수행이 성공적으로 이루어지는 것으로 나타났다. 이러한 결과는 집단의 수행과 집단정체감이 종 모양의 관계가 있음을 시사

9 · 11 테러에 대한 보복으로 미국은 2003년 이라크를 침공하여 독재자 후세인 정권을 뒤엎었으나, 수많은 희생자를 낸 10년 후에 철수하며, 중동의 힘의 균형을 깨고, 시리아의 난민, IS의 부상 등을 가져왔다. 부시 내각의 침공결정은 집단사고가 작용한 탓으로 분석된다.

출처: Gilovich et al. (2011), p. 557.

한다. 즉, 집단정체감이 낮은 상태에서 증가하면 수행도 좋아지지만, 집단정체감이 지나치게 강하게 되면 수행도 악영향을 받을 가능성이 크다. 이러한 추측은 집단사고 현상이 집단정체감이 지나친 상황에서 강한 리더 등의 조건들이 결부될 때 나타날 가능성이 높음을 시사한다.

왜 우리는 집단토의를 하는가? 각기 다른 성원들이 자신들의 정보, 지식, 견해를 공유하고 검증을 받음으로써 독자적인 결정보다 양질의 결정을 가져올 것이라고 믿기 때문이다. 그러나 과연 성원들 각자가 지닌 정보, 의견이 집단토의에

**곁글 9–6** 피그만 침공사건과 이라크 침공–집단사고의 참상

1960년 쿠바에서 공산주의 혁명에 성공한 피델 카스트로는 이전까지 친미적인 정권과는 정반대의 반미정책을 펴 나가기 시작했다. 이전 부패했던 정권에서 단맛을 보던 사람들은 대부분 미국으로 망명해서 정권 재탈환을 꿈꾸고 있었다. 미국에서는 40대의 케네디가 대통령에 취임하여 정책을 펴 나가고 있었다. 당시는 미국과 소련(지금 해체됨) 간 냉전이 한창 고조되고 있던 시대이었기에 카스트로는 눈에 박힌 가시 격이었다. 미국 CIA는 이런 상황에서 카스트로 정권을 전복시키기 위해 주로 쿠바 망명인들로 편성된 침공군을 쿠바의 피그만으로 상륙시키는 계획을 입안하였고, 이 계획은 각료회의 의결을 받아 약 3,000명의 병력으로 1961년에 실행에 옮겨졌다. 이들은 쿠바 내의 반카스트로 게릴라들의 호응이 있을 것으로 예상했으나 침공은 완전히 실패하여 침공군 대부분이 현장에서 사살되거나 체포되어 버렸다. 이 작전계획은 아주 엉터리였음이 드러났는데, 이를테면 침공지점과 재집결지인 에스캄브리 산악 사이에는 300리에 달하는 늪지가 펼쳐져 통과하기가 불가능했지만 지도상에서 이마저 확인이 되지 않았던 것이다.

Janis(1982)는 당시의 국무회의 의사록을 분석하여 계획을 심의하던 국무회의가 집단사고의 병폐를 드러냈다고 주장한다. 당시 대통령 안보보좌관이던 슐레진저는 여러 가지 문제점이 눈에 띄었지만 회의석상에서 거론하지 않은 이유는 다른 사람들이 아무도 반대 의견을 이야기하지 않았기 때문에 괜한 미움을 사기 싫었던 것이라고 하면서 "누군가 계획에 반대만 했다면 대통령이 계획을 파기했을 것"이라고 술회하고

윤석열 정부의 각료회의

강한 의지를 지닌 리더, 자신의 의견에 동조하는 사람들로 구성된 회의는 집단사고의 특징을 보일 가능성이 높다. 윤석열 대통령은 "59분 대통령"이란 별명을 얻었다. 한시간 회의하면 59분간 혼자 이야기를 한다고 한다(조선일보, 2023. 10. 19.).

있다(Janis, 1972, p. 39).

9 · 11 이후 테러 위협에 노출된 미국이 2003년에 대량살상무기를 지니고 있다며 이라크를 미국의 안보에 큰 위협이 되는 세력으로 단정 짓고 침공해 들어갔다. 그러나 이라크를 샅샅이 뒤졌으나 그런 무기는 발견되지 않았다. 미국 상원의 정보위원회의 보고서는 이라크에서의 개전결정은 집단사고가 작용한 잘못된 결정이었음을 지적하고 있다(Gilovich et al., 2011, p. 557에서 인용). 그 보고서에 따르면 이라크가 대량살상무기를 가지고 있다는 것은 틀림없는 일로 간주되었기에, 이 가능성을 따져 보는 검증 절차는 완전히 빠졌었다는 것이다. 정책결정자들이 이렇게 지니고 있는 선입견을 검증 없이 사실로 받아들이는 양상은 아주 흔한 일이어서 미국 군부는 이를 일컬어 '**근친상간적 증폭**'이라 한다(Gilovich et al., 2011, p. 557). 이는 다른 대안을 지니지 못한 사람들끼리 나아갈 방향을 거듭 확인하여 동조를 얻지만 잘못된 판단을 수정할 기회는 못 갖고, 이미 지닌 입장과 의견만을 강화시킴으로써 오판을 하는 양상을 말한다.

서 취합되는가? 여러 연구들은 이것이 기대만큼 잘되지 못함을 보여 준다. 집단토의를 할 때 성원들이 토의하는 내용은 대부분의 사람들이 공유하고 있는 것을 토의하지, 한두 사람만이 알고 있는 것을 다루지는 않는 것으로 나타난다(Gigone & Hastie, 1993). 대부분이 공유하고 있는 정보가 최상의 결정에 필요한 요소들이라면 아주 효율적인 것이지만, 최상의 결정에 필요한 정보를 한두 사람만이 지니고 있는 것이라면, 문제가 된다. 왜 집단결정이 대부분의 성원이 지닌 의견을 반영하는 쪽으로 나타나는가? 성원들은 집단결정 이전에 이미 자신의 견해나 선호를 약하게나마 갖고 있다. 성원들의 배경이 비슷한 탓에 토의 내용이 이 견해로부터 극단적으로 벗어난 것을 다룰 가능성이 적다. 실제로 병원 장면에서 환자의 질환에 대한 치료진의 의사결정에서 성원(의사, 인턴, 전문의 등)들 중 소수의 사람들이 지닌 견해와 정보를 끌어내어 토의하는 경우에 전체 결정의 질이 향상되는 것으로 나타났다(Larson et al., 1998).

**근친상간적 증폭(Incestuous amplification)**
전쟁 상황에서 사람들이 이미 지닌 생각과 믿음을 확인해 주고 강화해 주는 정보와 첩보만을 수용함으로써 잘못된 정책 방향으로 깊숙이 빠져들어 가는 정보처리 양상이다.

집단사고에 대한 연구들이 누적되면서 Janis가 제시한 모형이 여러 도전을 받고 있고, 집단사고의 모형을 일반화시킬 수 있는 개선된 모형이 제시되고 있다(Aldag & Fuller, 1993). 집단사고 현상으로 집단의 토의가 종종 잘못된 결과를 가져올 소지가 충분히 있다는 것을 인식하고, 집단토의를 할 때는 이에 대한 방책을 마련해야 할 것이다(결글 9-7).

**결글 9-7** 집단사고를 방지하기 위해 리더가 취할 사항

집단 의사결정의 질을 향상시키는 방법 중 하나는 각 성원들이 지닌 가치 있는 정보를 끌어낼 수 있도록 노력하는 것이다. 집단의 화목이 강조되고, 이견 표출이 환영받지 못하고, 권위적인 리더십이 자주 발휘되고 있는 한국 사회에서 집단사고가 발현될 가능성이 상당히 높으므로 집단토의를 할 때 꼭 유념해 둘 필요가 있다. Janis가 한 몇 가지 제안은 다음과 같다.

1. 집단 성원들에게 집단사고란 무엇인지, 그 원인과 결과에 대하여 알린다.
2. 리더는 자신의 견해를 알리지 말고 중립적 자세를 취한다.
3. 서로의 제안에 대하여 부담 없이 비판적 견해를 내도록 권장한다.
4. 집단 내에 한 명 이상을 주류 의견에 반대하는 악마 역할(devil's advocate)을 하도록 배정한다.
5. 전체 집단을 두세 개의 하위집단으로 나누어, 전체 토론전에 하위집단별 토의를 갖게 함으로써 다양한 견해가 종합 토론에 제시될 수 있도록 한다.
6. 경쟁 집단과의 관계에 대한 문제를 논의하는 경우 상대집단이 취할 수 있는 가능한 행위의 대안을 철저히 점검한다.
7. 예비 결정을 내린 후에, 다시 한 번 성원 각자가 지닌 의혹을 깨끗이 하기 위한 절차를 취한다.
8. 외부 전문가들에게 집단의 의사결정을 제시하고 이를 반박하도록 한다.
9. 성원들에게 집단의 결정과정을 믿을 만한 사람들과 이야기하도록 하고 그들의 반응을 알려 주도록 격려한다.
10. 동일 사안에 대하여 여러 개의 하위집단이 독립적으로 의사결정 하도록 한다.

출처: Myers (1993), p. 333에서 채록.
근거: Janis (1982).

**요약**

1. 동조현상은 주위 사람들을 따라가는 현상으로, 정보가 부족하거나 불확실한 상황에서 잘 나타나며, 확실한 상황에서도 타인의 일치된 견해는 동조를 유발한다.
2. 동조행위에 영향을 주는 요인으로는 집단의견의 일치성, 과제의 중요성 등이 있으며, 그 사회의 문화가 크게 작용한다.
3. 사람들은 자신이 속하였거나, 속하고자 원하는 준거집단의 규범을 받아들여 이에 동조한다. 준거집단의 규범을 내재화하는 것이 사회화 과정이다.
4. 소수의 사람들이라도, 자신들의 견해를 일관성 있고 자신 있게 제시하는 경우에 집단에 영향력을 행사할 수 있다. 소수의 영향력은 체계적인 정보처리를 통해서 수용되기 때문에 다수의 영향력에 비해서 뿌리 깊은 변화를 가져올 수 있다.
5. 집단사고는 성원들의 자기검열 과정에 의해서 집단의 토의가 미숙한 결정에 이르는 과정을 지칭한다.

## 사회의 위계성: 권위, 복종, 문화

사람들이 보이는 동조행동은 그 행위가 합법적 권위에 의해 강하게 요구될 때 본인의 신념, 가치와는 모순된다고 하더라도 어렵지 않게 나타난다. 제2차 세계대전 당시 600만 명이 넘는 유대인과 수십만 명의 집시가 학살되었다. 이 대규모의 학살이 수행되기 위해서는 수십만 명의 사람들이 직간접으로 협조하지 않고서는 불가능한 일이다. 만주지방에서 일본인에 의해 저질러진 인간 생체실험, 캄보디아의 킬링필드, 국내에서 발생한 제주 4 · 3 학살사건 및 거창 양민 학살사건, 1990년대 르완다에서 벌어진 후투와 투시 간의 종족 몰살 사건, 코소보의 인종청소 등 인류역사상 가장 잔혹한 사건들은 모두 보통 사람들의 관여 없이는 불가능했다. 복종에 의한 범죄의 심각성을 인지하지 않는 한, 이런 범죄는 반복될 것이다(Kelman & Hamilton, 1988). 그러한 범죄가 역사의 유물이 아니라 오늘날도 세계 도처에서 벌어지고 있기 때문이다. 역사의 잔혹한 사건에 대해 우리는 그 책임자를 흉악한 범인으로 여겨 그 같은 사람이 없다면 그러한 사건이 발생하지 않을 것으로 여기는 경향이 있다. 그러나 역사가 끝없이 던져 주고 있는 교훈은 그것이 잘못된 생각이라는 것이다. 역사의 교훈을 제대로 파악해야 그러한 사건이 재발할 가능성을 조금이라도 줄일 수 있을 것이다.

구덩이에 있는 사람들을 향해 일제히 사격하고 있는 군인들 – 6 · 25전쟁 시의 양민학살

### 권위에의 복종

아마도 심리학에서 가장 유명해진 이 실험은 인간이 권위에 얼마나 약한가를 잘 보여 주고 있다. 이 연구를 수행한 Milgram은 Asch에게서 배웠으며, Asch의 동조 연구가 유대인학살과 같은 사건을 설명하기는 힘들다고 보아, 좀 더 실제 현상에 근접한 연구를 모색하다가 권위에의 복종 연구를 하게 되었다(Evans, 1980).

**실험절차** Milgram(1963)은 광고를 내어 심리학 실험에 참가자를 두 명씩 오도록 모집했다. 참가자들에게는 이 실험이 처벌의 강도가 학습에 어떠한 영향을

**스탠리 밀그램(Stanley Milgram, 1933~1984)**
뉴욕 출신으로 하버드 대학에서 박사학위를 받았다. 뉴욕시립대학에서 교수생활을 하였으며, 물의를 많이 빚은 권위에의 복종 실험을 비롯하여 세상 사람들은 의외로 가깝게 연결되어 있다는 작은 세상 가설을 제시하는 등 영향력 있는 연구들을 다수 수행하였으나, 심장마비로 타계하였다.

미치는가를 연구하는 것이라고 알려 주었다. 제비를 뽑아 두 사람 중 한 명은 '학생', 다른 사람은 '선생'의 역할을 받았다. 실제 참여자는 늘 선생의 역을 맡게 되었고, 학생의 역은 실험협조자가 수행했다. 선생은 학생들이 외어야 할 단어를 알려주고 이를 제대로 외우지 못하면 전기충격을 주어야 했다. 선생의 책상 위에는 전기충격를 주는 여러 개의 스위치가 부착된 장치가 놓여 있다. 전기충격은 15V에서 조금씩 점증하여 450V까지 각기 다른 강도의 쇼크를 줄 수 있도록 되어 있었고 그 강도에 따라 '약함' '매우 셈' '위험함' 등의 표찰을 붙여 놓았다. 학생은 옆방으로 가서 앉아 책상 위에 묶인 손에 쇼크를 받게끔 되었고 선생과의 교류는 인터폰을 통해 이루어졌다. 학생은 선생과 직접 보거나 다른 방법으로 이야기할 수는 없었다.

실험이 시작되기 전에 학생(실험 협조자)은 자기 심장이 좀 약한 편이라고 이야기했으나 실험자는 쇼크가 그렇게 위험하지는 않으니 염려할 것 없다고 이야기한다. 아울러 선생에게 그가 주게 되는 쇼크가 어떤 것인지를 알려 주기 위함이라며 45V 크기의 쇼크를 주어 상황의 진실성을 맛보게 한 후, 쇼크의 효과는 일시적인 것이라고 말했다. 실험과제를 수행하는 동안 학생은 미리 짜 놓은 각본에 따라 실수를 했고, 그때마다 선생(실제 참가자)은 전기충격을 주게 되었다. 쇼크는 그 강도를 매번 줄 때마다 높이게끔 되어 있었기 때문에 시간이 흐를수록 학생이 받는 쇼크는 강해졌고 그에 따라 신음소리, 고통을 호소하는 소리가 강해지는 것을 선생은 느낄 수 있었다. 이러한 학생의 고통은 각본에 따라 준비한 것을 녹음으로 들려주었다. 이를테면 75V 쇼크가 주어지면 신음을 하고, 강도가 높아지면서 고통의 표현을 더욱 강하게 했다. 150V에는 '실험을 그만두겠다'고, 300V에는 더 이상 대답을 안 하고 비명을 지르게 했다. 선생이 쇼크 주기를 망설이거나 못 주겠다고 이야기하면 선생 옆에 앉아 있던 흰 가운을 입은 실험자는 만일의 경우 선생

권위에의 복종 실험에 사용된 전기충격 발생기와 Stanley Milgram

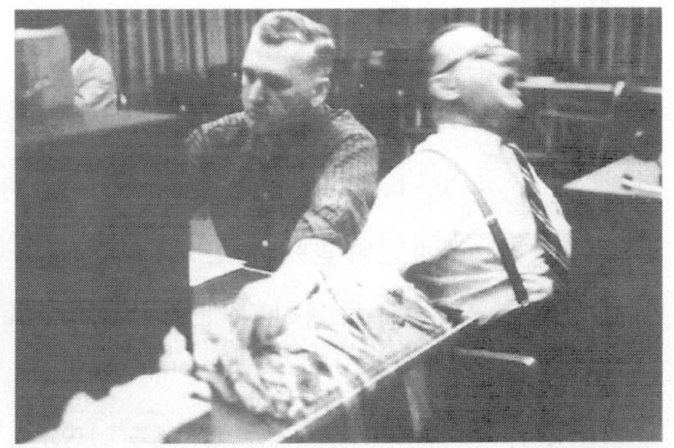
학생의 손을 전기충격 판에 누르는 상황에서 복종률은 현저히 떨어짐

이 책임질 것은 없고 모두 실험자의 책임이라고 곁들이면서 쇼크를 계속 주어야 한다고 강조했다.

**실험결과** 선생 역을 맡은 참가자들 40명 모두가 300V까지 쇼크를 주었고 3명 중 2명꼴로 450V(최고치)까지 주었다. 물론 학생들은 실제 쇼크를 받지 않았고 쇼크에 의한 고통은 꾸며져 녹음된 것을 들려주었기 때문에 모든 선생(실제 참가자)들은 똑같이 고통스러운 반응을 경험했으나 누구도 상황이 꾸며진 것이라는 것을 알지 못했다. 사실, 많은 참가자들이 학생의 고통을 대하면서 갈등을 많이 느꼈고 실험을 계속 해 가는 것을 부당하다고 생각하고 항의를 하였다. 이들은 곤혹스러움을 느꼈고, 땀 흘리며, 긴장한 것이 역력했다. 실험상황이 실제 상황에서처럼 긴박했다는 것이다. 이 실험결과를 미심쩍어 한 사람들이 이 절차를 다른 대학생뿐 아니라 일반인을 대상으로 여러 차례 적용했지만, 그 결과는 비슷하게 나타났다(Blass, 1991).

실험결과는 전혀 예상을 초월하는 것이었다. 실험 절차만을 알려 주고 40명의 정신의학자들에게 실험참가자들의 반응을 예측하게 하였더니, 이들은 대부분의 사람들이 150V 이상을 주지는 않으리라고 여겼고 오직 4% 사람만이 300V 쇼크를 줄 것이며 0.1%의 사람만이 450V 쇼크를 줄지 모른다고 예측했다. 이들 정신의학자들의 예측은 참가자가 처한 상황의 힘을 간과하고 쇼크의 강도가 참가자의 성격 특성에 의해서 결정된다고 볼 때 나타날 수 있다(Milgram, 1992, p. 155). 또 다른 연구는 종합병원의 간호사들을 대상으로 병원에 입원한 특정 환자의 주치의라고 전화를 하면서 특정 약품을 적정량의 2배 정도 주사하라고 지시하였다. 22명 중 한 사람을 빼고 모두 의사의 지시대로 행하려 했다. 간호사들이 그 환자에게 주사를 하기 직전에 실험상황임을 알리고 주사를 못하게 하였지만 대부분의 간호사들이 주치의의 지시란 말만 듣고 확인하지도 않은 채 적정량을 초과하는 주사를 하려고 한 것이다(Hofling et al., 1966).

**폴란드 현장에서 벌어진 일** 실험실에서 벌어진 참여자들의 저항과 복종은 실제 폴란드에서 벌어진 일과 매우 유사했다. 독일군의 101예비경찰대대가 함부르크에 주둔하고 있었다. 이 부대의 병사들은 대부분 전장에 나가기 싫어서 함부르크의 도시 치안을 맡는 일에 자원한 병사들이었다. 독일이 폴란드를 점령하자 1942년 7월 13일 이들은 폴란드의 한 유대인 마을로 투입되어 모든 유대인을 체포하고, 남자는 노동 수용소로 보내고 나머지 사람들을 사살하라는 명령을 받았다. 이 충격적인 명령에 몇몇 사람들은 불복하며 저항하였지만, 자기가 저격수로 걸리지 않기를 바라는 소극적인 저항이었다. 손쉽게 저항할 수 있는 방법을 모색하고 실천에 옮겼지만, 잘못된 명령이라고 항명을 하거나, 적극적으로 불복하는 행동을 보인 사람은 없었다(Gilovich et al., 2011, p. 300에서 인용). Milgram의 실험 연구는 가상적 상황이었지만, 현장의 상황을 보여 준 것이었다(곁글 9-7).

## 복종에 영향을 주는 요인들

Milgram의 연구 결과는 일반인들이 권위의 압력에 복종하기 쉬우며, 그 복종 행위가 개인의 신념과 어긋나거나 잔혹한 일일지라도 벌어질 수 있음을 잘 보여 준다. 물론 상황적 요인 및 성격적 변인이 복종행위에 영향을 미치기도 한다. Milgram(1974)은 어떤 상황적 요인들이 복종에 영향을 주는지 알아보고자 다양한 조건에서 이 실험을 수행하였다(Blass, 1991). 영향을 미치는 중요한 요인들은 두 가지로 정리될 수 있다.

**피해자(학생)에 대한 인식** 가해자(선생)의 행동으로 피해자가 겪는 고통을 느낄 수 있는 정도가 복종에 미치는 영향을 알아보고자 몇 가지 조건을 설정하였다. '원격' 조건에서는 피해자의 모습이나 고통을 보거나 들을 수 없는 상황이었다. '음성' 조건에서는 볼 수는 없으나 신음이나 항의하는 소리를 들을 수 있었다. '같은 방' 조건에서는 학생과 선생이 같은 방에서 바로 옆에 붙어서 실험을 수행하게

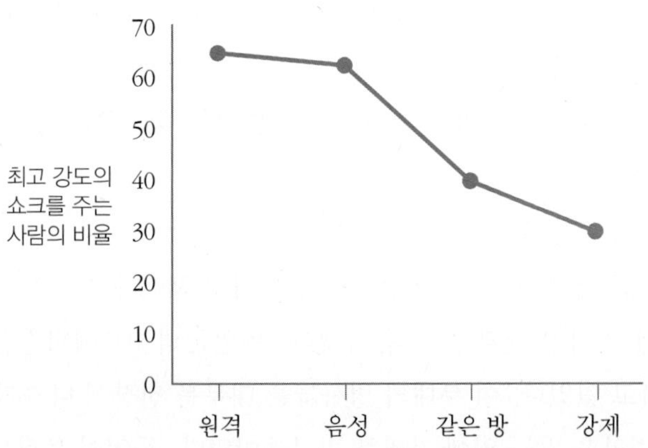


**[그림 9-15] 선생(권위)과 학생과의 거리가 주는 차이**

출처: Milgram (1965).

하였다. '강제' 조건에서는 선생이 학생의 손을 전기충격 판에 갖다가 눌러야 하게끔 하였다. [그림 9-15]에서 보듯이 자신의 행동으로 피해자의 고통이 생생해질수록 복종률은 떨어졌다. 또 다른 조건에서는 참가자가 쇼크를 주라는 명령을 주고, 실험협조자가 쇼크를 시행하는 상황이었는데, 이때는 92%가 끝까지 실험에 참가하였다. 이런 실험실의 실험이 너무 인위적이라고 여겨질 수 있으나, 오늘날 전쟁에서 스위치를 눌러서 발사되는 미사일, 원격조정 되는 드론 병기에 의해서 전혀 보이지 않는 표적을 죽일 수 있다는 점을 상기하면 그 시사점이 적지 않다.

또 다른 연구에서는 선생 역에 세 사람을 배정하여 보았다. 이들 중 두 사람은 실험협조자로서 협조자 A는 실험 과제를 제시하고, 협조자 B는 학생의 응답을 기록하고 실제 참가자는 전기충격을 주는 역할을 하였다. 이들 협조자가 150V 쇼크 시행을 지나면서 실험을 계속하기를 거부했을 때(참가자에게는 거부하라는 말 없이) 실제 참가자들 가운데 10%만이 끝까지 450V까지 쇼크를 주었다.

**권위자(실험자)의 요인** 권위자의 권위성이 부각되는 경우와 그렇지 않은 경우에 사람들이 복종하는 정도는 차이가 난다. 이를 보여 준 연구의 한 조건에서는 명령을 수행하는 다른 참여자를 보게 하였고, 다른 조건에서는 실험자가 참여자 옆에 있지 않고 다른 방에서 전화로 명령을 전달하도록 하였다. 다른 조건에서

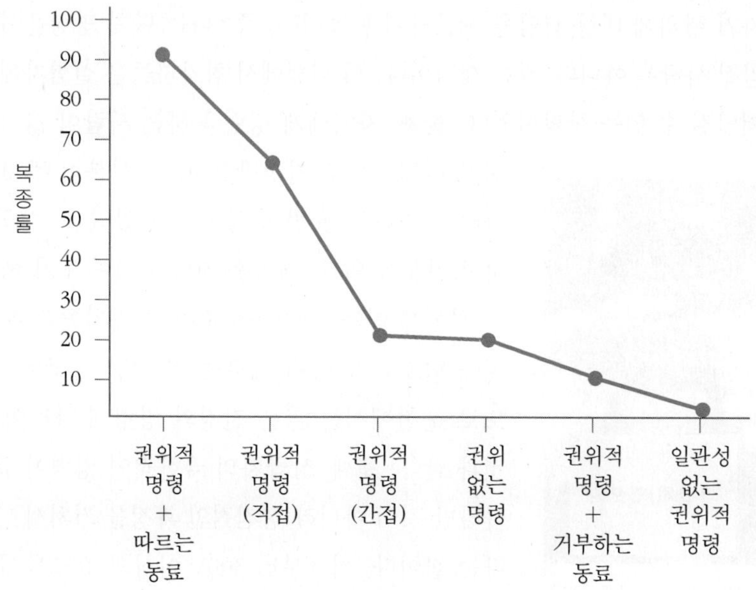


**[그림 9-16] 다양한 상황에서의 복종률**

출처: Bandura (1999); Milgram (1974)의 실험결과를 바탕으로 작성된 것임.

는 명령에 저항하는 다른 참여자가 있음을 알려 주었다. 또 다른 조건에서는 명령을 내리는 실험자가 두 사람이었는데 그중 한 사람이 실험 도중에 이런 실험을 계속할 수 없다며, 다른 실험자와 마찰을 빚는 상황을 보여 주었다. 그 결과가 [그림 9-16]에 나타나고 있다.

이들 결과를 요약한다면, 자신의 행위에 대한 책임을 져야 하는 경우, 피해자의 고통이 피부로 느껴지는 정도가 강할수록, 권위자의 권위, 전문성, 판단 등의 적합성이 의심을 받을 때는 복종을 덜하게 된다. 그러나 상대방의 고통에 대한 인식이 약하거나, 다른 사람들이 그런 행동을 하고 있을 때, 얼마든지 손쉽게 남에게 고통을 주는 명령을 내릴 수 있다. 한편, 성격적 변인에 대한 연구는 권위주의 성격 특징을 지닌 사람들이 복종을 더 하며, 전달하는 전기충격의 강도가 강하다는 것을 보였으며, 남을 잘 신뢰하는 사람들이 복종을 더 한다는 연구들이 보고되고 있다(Blass, 1991에서 인용). 그러나 이들 성격적 변인이 지닌 영향력의 크기는 상황의 영향에 비하면 무시될 수 있는 정도다(Larsen et al., 1972).

**연구 참여자(선생)의 행동 이해하기** 왜 선생 역을 하는 연구 참여자들은 실험자의 명령에 복종하였을까? 물론 이들이 아무 저항 없이 명령을 수행하지는 않았다. 대부분의 사람들이 다양한 형태의 저항 행동을 보였지만 실험을 중단한 사람은 소수에 불과하였다. 이제 사람들이 복종하는 이유를 설명해 보자. 우선, 사람들은 자기 행위에 대한 책임을 상급자에게 돌린다. 즉, '나는 단지 명령을 수행할 뿐 책임질 사람은 아니다.'라는 생각이다. 이 실험에서 참가자들은 실험자에게 책임을 떠넘길 수 있는 상황이었다. 둘째, 자기에게 명령을 하는 사람이 지니는 권위가 사회적으로 인정받으며, 그 신분이 뚜렷하여, 따라야 한다는 규범이 작동하고 있었다. 실험자는 하얀 가운을 입고, 직함을 지니고 있어 누가 책임 있는 위치에 있는지를 알려 주며, 참가자들은 복종 내지는 협조의 규범에 따르는 것이다. 장군일지라도 도로 운전에서는 젊은 전경의 명령에 따라야 하는 것과 같다. 셋째, 상급자의 극한적인 명령이 갑자기 나타난 것이 아니라 점진적인 과정을 거쳐서 나타났다는 점이다. 처음부터 300V 이상의 쇼크를 주라고 하는 것이 아니라 조금 전에 285V의 쇼크를 주었기에, 한두 단계의 쇼크를 증가시키는 것은 어려운 일

세월호 사건. 10회 이상 방송된 '가만히 있으라'는 명령에 300여 명의 고등학생이 목숨을 잃었다.

출처: 한겨레21.

이 아니다. 이러한 이유들이 동시에 작용하는 상황조건에서는 사람들이 높은 수준의 복종을 보이는 것이다.

『사회계약론』으로 유명한 프랑스의 사상가 Rousseau는 그의 책 서문에서 "인간은 자유롭게 태어났으나 어디서나 (인간)사슬을 벗어날 수 없다"고 하였다. 사람들은 다른 사람과 자신이 다르다는 것을 알면서도 이를 외부로 표명하게 되는 것을 꺼리는 양상을 보일 정도로 사회성의 구속을 받는다. 한 연구(Bassili, 2003)는 사람들에게 사회문제를 다루는 진술문(예: "대기업에서 직원채용을 할 때 여성에게 채용할당제를 적용해야 한다고 봅니까?")을 주며 어떻게 생각하는지를 물어보면서 사람들의 반응이 나오는 시간을 측정하였다. 사람들은 자신이 다수의 견해를 지녔을 경우에 소수의 견해를 지닌 경우보다 반응을 빨리 하는 양상을 보였다. 36개 진술문 중에 이 같은 양상이 20개에 대한 응답에서 나타났고, 2개의 응답에서만 반대되는 양상이 나타났다. 여성할당의 문제에 대해서 할당해야 된다는 미국 사회의 소수의견을 지닌 사람의 응답 반응시간은 평균 5.19초이었지만, 할당해서는 안 된다는 다수의견을 지닌 사람에게서는 4.56초로 나타났다. 이 같은 양상은 다수의 견해와 다른 자신의 견해를 드러내는 경우에는 무의식적인 제제가 작용하는 탓이라 볼 수 있다.

**악의 평범성** 한때 백악관의 안보보좌관이었던 Brezinski(1993)는 인류사에서 1억 6천 7백만 명 이상의 사람들이 정치적인 목적으로 저질러진 학살의 피해자였다고 진술하였다. 도저히 믿기 힘든 인종학살이 그만큼 많이 자행되었다는 것이다. 그렇게 많은 사람을 죽인 사람들은 어떠한 사람들인가? 그들은 우리와 어떻게 다른가?(곁글 9-8)

Milgram의 연구가 던져 주는 시사점은 크다. 이 연구를 바탕으로 Kelman과 Hamilton(1989)은 상관의 명령이 부당함을 알고서 이에 복종하는 것은 범죄이며, 이 평범한 범죄가 역사에서 벌어진 수많은 '인가된 학살'을 가능하게 만들었다고 분석한다. 이들은 세 가지 사회적 과정이 인가된 학살을 진행시킨다고 정리한다. 첫째는 권위화다. 상부의 명령을 접하는 상황에서 사람들의 관심은 명령의 부당성에 있는 것이 아니라 어떻게 명령을 잘 수행하며, 상부의 기대에 부응하느냐로 쏠린다. 월남전에서 발생한 미라이 마을의 양민학살 자료를 검토한 결과, 당시의 소대원들은 양민이 죽을지도 모른다는 걱정에 시달린 것이기보다는 상부의 명령을 수행하느냐(자부심) 아니면 못하느냐(부끄러움)를 두고 번민한 것으로 나타난다. 이 상황에서 개인들은 책임 있는(할 것이냐 말 것이냐를 결정짓는) 개인이 아니라 단

**곁글 9-8** 홀로코스트 학살에 종사한 한 경찰부대의 이야기

종래까지 알려져 온 학살 집행자의 이미지는 그야말로 잔인한 살인마의 그것이었다. 이것은 학살을 직접 목격한 유대인 생존자들의 증언에서 확인되었을 뿐만 아니라 당시 상황을 찍은 사진들이 잔인한 살인마들의 전형적인 모습을 그대로 담아 전해 주었다. 동시에 학살의 참혹상을 그린 이후의 증언문학과 전쟁그림 속에 등장하는 민간인을 향해 총을 겨누고 있는, 그야말로 냉혈한 학살 기계의 이미지가 바로 그들이다.

최근에 1942년 여름부터 여러 차례의 유대인 학살에 직접 가담한 101예비경찰대대에 관한 생생한 기록이 실린 책이 출간되었다. 책 제목은 『아주 평범한 사람들』(Browing, 1992)로, 책 제목이 암시하듯, 학살을 집행한 101예비경찰대원들이 신중한 선발이나 지독한 교화 교육, 그리고 강도 높은 훈련 없이 학살자로 변해 간 '아주 평범한 사람들'이었다.

이 대대원들의 63%가 노동자 계급 출신이고, 35%는 중산층 전문직/사무직 출신이며, 친나치 경향을 지니지 않은 아주 평범한 함부르크 지역인들이었다. 폴란드에 도착하기 이전에는 아주 평범했던 101예비경찰대대 대원들이 학살에 가담하는 횟수가 늘어갈수록 한결같이 무감각한 잔인한 학살 집행자로 변해 갔고 급기야 가장 큰 규모의 집단학살을 저지르게 되었다. 왜? 나치즘의 반유대주의에 대한 동조라기보다는 오히려 명령에 복종해야 한다는 강박관념 때문이었다. 한 부대원이 진술했듯이, 부대원들은 동료들로부터 겁쟁이 취급을 당하는 것이 더 무서웠다. 그래서 사살조에서 빼 달라는 소리를 감히 꺼내지 못했다. 따라서 Browing은 "분명한 것은 경찰대원들에게는 동료들 눈에 비칠 자신의 체면에 대한 관심이 희생자와의 어떤 인간적인 교감보다 중요했다"고 역설했다. Browing은 101예비경찰대대의 유대인 학살 사건에 대한 일상사적 연구를 통해서 Milgram의 실험에서 드러난 권위에의 복종과 동조 의식이라는 강박관념이 아주 평범한 사람들조차도 학살에 종사하게 만들 수 있다는 것을 실제로 드러냈다(Browing, 2010).

순히 하수인(해내느냐 못 해내느냐를 고민하는)이었다. 히로시마에 투하된 원자폭탄을 개발하는 맨해튼 프로젝트에 참여한 세계적인 과학자들을 면담한 보고서는 이들이 자신들을 거대한 기계의 부품으로 여겼음을 보인다(Zinn, 1991, p. 47). 둘째는 일상화다. 이는 잔악한 행위를 일상의 기계적인 작업으로 여기는 것이다. 전체 행위가 일련의 작업단계로 구분되고 체계화되면서, 사람들은 작업의 의미를 더 이상 생각하지 않게 되고 작업의 효율성 높이기에 매달린다. 이 과정에서 일을 편하게 하는 언어와 용어들이 쓰이고(예: 공정관리, 부차적인 피해) 일의 관리 및 조직의 관료화가 진행된다. 셋째는 비인간화다. 이는 피해자들에게서 인간성을 보지 않으려는 작업이다. 피해자들을 가해자 자신들과는 전혀 다른 별종, 열등한 종, 쓰레기로 취급하고, 인간적 가치를 지니지 못한 존재(마루타 등)로 비하시킨다.

나치에 의한 인종학살을 기획한 아이히만에 대한 전범 재판을 참관한 역사학자 Arendt는 아이히만이 사악한 의도를 지닌 괴물이 아니라 지극히 평범하고 성실하

게 자신의 일을 효과적으로 수행하려고 노력한 관료였음을 알고 큰 충격을 받았다. 이 관료는 상사의 명령에 대한 도덕성을 따지기보다 어떻게 일을 잘 수행할 것인지를 계획하고 실행한 사람이라는 것이다. Arendt(1963)가 이 놀라운 발견을 '악의 평범성'이라고 이름 지은 것을 Milgram의 연구는 실험적으로 보여 준 것이다.

아이히만은 유대인을 죽이지 않았다고 주장하며, 이에 관한 한 한 점의 후회나 잘못도 없다고 주장하였다(Lang, 1984: Hirsch, 1995, p. 129에서 인용). 그는 자신이 그러한 명령을 받아 수행한 것을 자랑스럽게 여겼으며, 만약에 수행해 내지 않았다면 큰 가책을 느꼈을 것이라고 진술했다(Arendt, 1965, p. 25). 이런 진술은 아이히만이 특이한 인간이어서가 아니라 관료로서 오랜 생활을 한 사람들에게서 판단의 중요한 준거는 '옳고 그름'이 아니라 '해내느냐 못하냐'에 있음을 알려 주는 것이다(3장 참조). 자기에게 주어진 과제를 잘 해낼 수 있으면 좋은 것이고, 잘 못하는 것은 나쁜 것으로 여기는 것이다(Milgram, 1974). 게슈타포 사령관이었던 히믈러의 전기작가도 히믈러가 무슨 대단한 괴물이 아니라 그저 평범한 한 인간이었음을 기록하고 있다(Graber, 1978, p. 211: Hirsch, 1995, p. 129에서 인용).

## 권위에의 복종과 사회 문화

Milgram의 연구는 발표된 지 40년이 지나는 동안 비윤리적이라는 비난도 받았지만, 다양한 찬사를 받으면서, 많은 재검 연구가 여러 나라에서 행해졌다(Blass, 1991). 어느 나라에서건 권위에의 복종은 보편적인 현상으로 나타남을 볼 수 있으며 집단주의 문화권에서는 복종률이 더욱 심하다는 증거도 나타나고 있다. 집단주의 사회에서는 개인의 자유는 서구에서처럼 우선적으로 존중되는 것이 아니라 규제되는 것이 당연한 것으로 여겨진다. 한국 사회에서 개인들은 자신의 자유에 우선해서 사회, 윤리, 규범(忠, 義, 禮, 智, 信)을 지켜야 하며, 이러한 '의무' 조항을 다해야 자신의 권리로서 자유를 이야기할 수 있다. 따라서 Milgram의 연구가 국내에서 재검된다면 이런 서구 연구들의 복종률보다 높은 결과가 기대된다. 그렇다고 해서, 그 결과가 가져올 사회적 파장이 크지는 않을 것이다. 그 이유는 한국 사회에서 개인이 사회에 대하여 지니고 있는 책임과 의무가 개인의 자유보다 우선하는 것이 당연시되고 있기 때문이다.

Milgram과 Asch의 연구들이 구미학계에서 많은 반향을 일으킨 주된 이유는 이러한 연구 결과들이 개인이 지닌 자유의사에 심각한 한계가 있음을 드러냈기 때문이다. 개인주의 문화에서는 사람들이 살면서 벌리는 모든 일은 개인의 선택과

**곁글 9-9** 역할의 힘- 모의감방에서의 교도관과 수형자

1971년 미국 스탠포드 대학교에서 학생들을 대상으로 모의감방 연구를 위한 참여자를 모집하였다. 연구참여는 2주 예정이었고, 보상으로 일당 15불씩 지급한다고 하였다. 여러 지원자들을 대상으로 몇 가지 심리검사를 시행하여 정상적인 사람임이 확실하다고 여겨지는 24명을 수형자나 교도관 역할로 나누어 연구를 시작하였다. 수형자 역할에 할당된 사람들은 이들이 집에 있을 때 지역의 경찰이 피의자로 연행하여 일반 피의자들과 똑같은 절차를 밟아서 대학 내 지하실에 마련된 모의감방에 수감하였다. 이들 수감자들은 교도관 역을 맡은 학생들에 의해서 감시를 받았다. 연구자는 이들에게 어떻게 연기를 하라는 지시나 지도를 하지 않았고 단지 일어나는 사항들을 기록하기만 하였다.

이 연구는 예정된 2주를 다 채우지 못하고 6일 만에 종료되었다. 그 이유는 모의감방의 교도관들이 현실 이상으로 역할에 충실하여 수형자들을 죄수 취급하면서 수형자들이 받는 심적 고통이 극심하였고, 일부 참여자들이 정서 불안정 상태를 보였기 때문이었다. 이 연구에 참여한 사람들은 정상인이었음에도 이들이 보이는 정신불안정 상태는 개인의 심리가 사회적 역할에 의해 압도되는 정도를 잘 보여 준 것이다. 그러나 이 연구도 전통적인 사회심리학적 연구와는 거리가 먼 연구다. 통제된 실험상황이 아니었음에도 불구하고 방법에 대한 비난보다는 결과에 대해 훨씬 많은 관심이 쏟아진 이유는 이 연구가 역시 개인 이데올로기의 한계를 잘 보여 주었기 때문이라 여겨진다(Moghaddam et al., 1993).

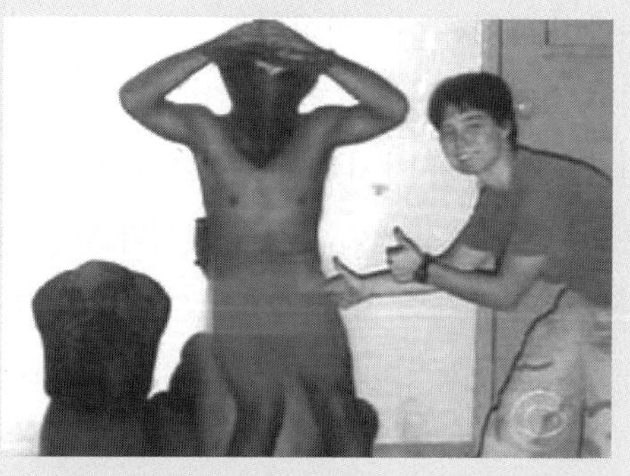

9·11 테러에 대한 보복으로 미국이 벌인 이라크 침략 전쟁에서 포로가 된 이라크군을 상대로 성희롱을 벌이는 한 미국 병사의 사진. Zimbardo 교수는 결과의 진위에 대하여 논란 많은 자신의 모의감방 연구가 현실에서 재현됨을 보여 준 장면이라고 주장하였다.

영국 BBC 방송에서는 이 감방실험을 모사한 실험을 자원자들 15명을 대상으로 간수 6명, 죄수 9명의 역할을 무작위로 배정하여 수일간 진행하며 모든 과정을 녹화하여 방송용으로 편집하여 네 차례에 걸쳐 방영하였다. 참여자들은 모두 촬영에 동의하고, 편집에도 동의하고, 죄수와 간수가 논의하여 의사결정을 하는 등, 스탠퍼드 실험과 차이가 있었다. 그러나 각 역할에 따른 행동이 충실하게 재연되는 것으로 나타났다(Reicher & Haslam, 2006).

2023년 아카데미상을 받은 영화 〈The zone of interest〉는 아우슈비츠 수용소 옆에 살면서 처형을 수행한 수용소장 루돌프 헤스 부부의 삶이 매우 평범했음을 극적으로 잘 보여 주는 영화이다.
https://youtu.be/PxXyGD6-NBM?si=tfozFEAHCF4rEfHE

결정의 결과이므로, 당연히 개인이 책임을 져야 한다고 여긴다. 그런데 이 연구들은 개인의 선택이 아니라 상황의 힘이 개인을 지배한다는 것을 명백히 보여 준 것이다. Milgram의 권위에에 대한 재검 연구는 Zimbardo의 모의감방 연구(곁글 9-9)와 더불어 개인이 상황적 영향에 얼마나 취약한 존재인지를 여실히 보이고 있다. 이 결과는 개인이 과연 사회에서 얼마나 스스로의 행위에 대한 책임을 져야 하는가에 대한 근본적인 의문을 제기한다(Moghaddam et al., 1993, p. 74). 사실, 오늘날 미국의 법정에서 변호사들이 취하는 중요한 전략의 하나는 범죄행위를 저지

**곁글 9-10** 죽음의 공포 때문에 사회가 유지된다!-공포관리 이론

사람들은 죽음을 두려워한다. 누구도 경험한 적이 없고, 경험해 볼 수도 없고, 언제 어디서 어떻게 닥칠지를 알 수 없기 때문이다. 죽음의 공포로 많은 사회현상을 설명할 수 있다고 본 인류학자 E. Becker는 인간이 지닌 자기보존 본능과 고도의 추상적인 사고 능력 탓에 사람들은 죽음에 대한 공포를 효율적으로 대처하는 심리적 기제를 발전시켜 왔다고 본다. 그 하나는 내세 신앙이나, 부활 같은 영생에 대한 믿음으로 현실적인 죽음의 의미를 부인하는 것이다(실질적인 영생관). 또 하나는 자신과 연결된 가족, 민족, 국가 사회는 자신의 죽음 이후에도 지속된다는 믿음으로 이를 유지시키는 가치들을 내면화시키는 상징적인 영생관이다.

이 이론을 바탕으로 몇몇 심리학자들은 두 가지 영생관에 대한 믿음이 개인의 자기존중감 고취, 자기 문화의 세계관 수용과 사회에의 헌신, 친밀한 대인관계의 중요성을 강조하는 행동과 믿음으로 나타난다는 **공포관리 이론**을 제시하였다(Greenberg, Pyszczynski, & Solomon, 1986). 이 이론에 따르면 자존감을 고양시키거나, 자신의 문화가 지닌 세계관을 환기시키거나, 친밀한 사람과의 애착심을 강화시키는 상황은 모두 죽음에 대한 공포/불안을 경감시키는 기능을 한다. 역으로, 죽음을 생각하도록 하여 죽음의 공포가 환기된 상황에서 사람들은 자신들의 문화와 세계관을 지지하는 사람들에게 매우 우호적이며, 비판하는 사람들에게 가혹한 평가를 준다(Rosenblatt, Greenberg, Solomon et al., 1989). 흥미로운 사례로, 불법적인 매춘을 하다 검거된 사람에 대한 보석금을 책정하도록 했을 때 사람들은 죽음을 생각하지 않는 조건에서는 평균 50달러를 책정하였으나 죽음을 생각하는 조건에서는 9배나 높은 450달러의 보석금을 책정하는 것으로 나타났다(연구 1). 즉, 죽음의 공포가 사회규범에 동조하는 행위를 강화시키는 효과가 있음을 보인다. 공포관리 이론을 다룬 수십 건의 실증적 연구들에 대한 통합분석을 한 결과, 죽음의 공포가 일으키는 이런 차이는 보편적으로 나타나지만 미국에서, 대학생들에게서 더욱 크며, 특히 자기 문화의 규범에 반하는 행동을 하는 사람들에 대한 태도에서 큰 것으로 나타났다(Burke, Martens, & Faucher, 2010). **죽음은 개인의 생명을 끝내지만 죽음의 공포는 사회를 유지시킨다!**

른 것은 피의자이지만 그만의 책임은 아니라는 것이다. 즉, 피고의 성장환경에도 상당한 책임이 있으므로 피고는 가해자인 동시에 제도의 피해자라는 논리를 펴는 것이다. 이러한 전략은 상당히 효과가 있어서 형량의 경감을 가져온다.

Arendt가 제시한 악의 평범성의 핵심기제는 Milgram과 Zimbardo의 연구가 보여 준 규범에의 동조와 권위에의 복종이다. 그런데 인간이 그런 상황에 처해서 수동적으로 동조와 복종행위를 보일 뿐인가? 그런 상황에서 인간의 주체성은 사라지는가? 과연 아이히만이 주장했듯이 자신은 명령에 복종한 것뿐인가? 그렇다면 히틀러가 제시한 '최종적인 해결책'의 구체적인 계획의 입안과 실행은 어디서 오는가? Arendt는 아이히만이 사이코패스 같은 괴물이 아니라 성실하고 지략있는 관료였다는 것을 보았다. 관료들은 명령의 도덕성을 따지기보다 어떻게 수행해 낼 것인지에 관심을 보인다. 이 문제에 대한 답을 얻기 위하여 Milgram과

**한나 아렌트(Hannah Arendt, 1906~1975)**
독일태생 유태인으로 하이데거와 야스퍼스에게서 수학하였고, 반유태주의에 반대하는 활동을 하면서 나치의 탄압을 받아 1941년에 미국으로 망명하여 활동한 정치철학자이다. 전범 아이히만의 재판을 방청하면서

악의 평범성에 눈뜨게 되어 이를 알려 유명해졌다. 전체주의의 기원에 관한 저술 등으로 활동하다가 심장마비로 타계하였다. 20세기의 대표적인 사상가의 한 사람으로 여겨진다.

베커(Ernest Becker, 1924~1974)

미국의 인류학자로 시러큐스 대학교 교수로 일했다. 죽음과 그에 대한 불안에 대한 체계적인 학설을 제시하여, 죽음의 공포가 사회의 유지에 기여한다는 주장을 하였다. 1974년 『죽음의 부정(denial of death)』을 저술하여 유명해졌고 대장암으로 사망하기 직전에 『악으로부터의 탈출』을 집필했다.

Zimbardo의 연구와 연구 노트들을 조사한 결과, 사람들은 수동적으로 동조와 복종을 보인 것만은 아니었다(Haslam & Reicher, 2012). Milgram의 실험에 참여한 사람들은 명령을 그대로 따른 것이 아니라 거부하고, 저항하기도 했다. 이들은 연구가 왜 필요한지, 가치를 설명 받았을 때 그렇지 못했을 경우보다 훨씬 복종률이 높았다. 즉, 자신들이 느끼는 갈등이 과학적 연구를 위한 가치를 지니고 있다는 것을 알게 되었을 때 자신의 역할에 따른 행동을 기꺼이 수행하였다는 것이다. 영국에서 스탠퍼드 감옥실험을 재연하는 BBC 감옥실험을 했을 때 참여자들은 상황 전체를 이해하고, 필요성을 인지하면서, 그 상황에서 자신들이 취하게 된 사회 정체성(10장 참조)에 바탕하여 교도관 및 죄수의 역할에 충실한 행동들을 창의적으로 보였다(Reicher & Haslam, 2006). 사악한 행동을 명령하고, 이를 따르는 사람들은 사악한 마음을 갖고, 부하로서 단순히 복종하는 사람들이 아니다. 독재자들은 나름의 목표의식을 갖고 사람들에게 목표의 필요성을 설득하며, 필요한 선을 구현하는 행동을 촉구한 것이고, 추종자들은 이에 설득당하고, 추종자로서의 정체감을 취해 창의적이고 성실하게 역할을 수행한 것이다(Haslam & Reicher, 2012).

동조와 복종이 잘못된 것이라 볼 수는 없다. 인간은 어울려 살게끔 되어 있고, 그 어울림을 쉽게 하는 친사회적 기제가 동조와 복종이기도 한 것이다(곁글 9-10). 다만, 그 기제가 당연하지만 잘못 작용될 수 있다는 것을 확실히 아는 것은 꼭 필요한 일이다. 이런 인식을 갖고 있다고 해서 문제가 재발하는 것을 모두 막는 것은 아니지만, 우리가 좀 더 깨어 있을 필요는 크다. 이런 기제가 2014년 4월 16일 발생한 세월호 참사에도 작용하였다(곁글 9-11).

**곁글 9-11** 세월호 트라우마: 참사냐 사고냐?

2014년 4월16일 오전 9시경 일반여객과 수학여행을 가는 단원고교 2학년생들을 싣고 제주로 가던 여객선 세월호가 진도 앞바다에서 침몰하였다. 실시간 중계되던 세월호의 침몰과정을 많은 국민이 안타깝게 지켜보았다. 304명이 수장되고 9명이 실종되었다. 참사가 일어난 지 한 달 보름쯤 지나 754명의 문학인이 세월호 참사에 대한 정부의 대응에 분노하여 '우리는 이런 권력에게 국가 개조를 맡기지 않았다'는 제목으로 시국선언문을 발표했다. 이어서 같은 해 10월 30일 종교개혁 497주년 기념일을 앞두고 신학자 177명의 이름으로 진상규명을 원하는 유족들의 절규를 외면하지 말고 진실을 세우는 일에 힘써 달라는 호소문이 나왔다(구미정, 2015).

세월호 사건의 처리를 둘러싸고 여야는 대립하였고, 국민들은 갈라지며 큰 정

치이슈가 되었다. 이 사건을 한국 사회의 반인권적 제도와 부패 구조의 관행에서 발생한 참사로 보는 계열과, 안타깝게 발생한 대형 사고의 하나로 보는 계열로 갈라져 대립하였다(김영욱, 함승경, 2015). 분명한 것은 세월호 참사가 한국 사회가 지니고 있던 고질적인 병폐를 모두 지니고 있고, 그 탓에 발생하고, 참사로 진행되었다는 것이다([그림 9-17]). 2018년 문재인 정부 때 조직된 사회적참사특별조사위원회가 3년 반 동안 조사를 하고 보고서를 발간하였지만, 침몰원인을 밝히지 못했다. 아울러, 구조활동을 제대로 하지 못한 혐의와 진상조사활동을 방해한 혐의를 받던 고위 관리들이 석연치 않은 이유로 대부분 무죄판결을 받으면서 세월호 사건은 한국 사회가 해결해야 할 숙제로 남아 있다. 당일 아침 8시 52분에 단원고생이 자신의 휴대전화로 119 전남소방본부에 신고 전화를 했고, 구조활동이 벌어졌지만 실제 상황과는 전혀 다른 무책임하고 선정적인 언론보도와 취재활동은 '기레기'(기자 쓰레기)라는 신조어를 만들어 냈다. 배가 완전히 침몰하기까지의 결정적인 72시간 동안 지휘체계는 제대로 작동하지 못하였고, 공무원들은 책임회피적 대응책을 벌였으며, 출동한 해경은 무슨 이유인지 매우 소극적인 구조활동을 벌였다. 400여 명의 목숨이 달린 결정적인 상황 7시간 동안 대통령이 무엇을 했는지도 여전히 밝혀지지 않는 상황이다. 사고 후에 드러난 청해진해운의 파렴치한 이윤추구와 이를 방조하고 가능하게 한 부패의 고리로 작용한 관피아, 의문에 싸인 청해진해운 사주의 갑작스러운 죽음, 진상규명위원회의 활동에 대한 박근혜 정부의 규제와 제약, 진상규명을 요구하는 피해자 가족들을 배상금이나 챙기려는 파렴치한 집단으로 몰아가는 일베 성향자들의 행태 등은 많은 국민들을 무력하게 만들고, 우울과 실망, 혐오를 느끼게 하였다(김성용, 2022). 세월호는 피해자뿐만 아니라 우리의 마음을 "부서지게 한"(김홍중, 2015a) 큰 트라우마적 참사였고, 그렇게 기억되어야 할 것이다.

| 배경 조건들 | |
|---|---|
| 압축성장, 정경유착,<br>신자유주의, 불투명한 사회 | 비정규직 선원, 불법선박 개조,<br>과잉선적, 안전소홀, 외부충돌(?) |

| 구조작업 · 선박 침몰 | |
|---|---|
| 지휘 통제 체계 부재, 해경의<br>무능한 대처, 책임회피식 활동 | "가만히 있으라" 10회 방송, 선원<br>먼저 도피, 소극적 구조활동 |

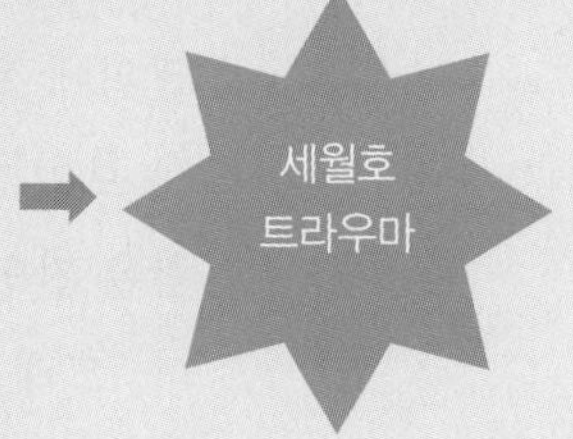

| 수습 대책 애도 | |
|---|---|
| 진상규명위원회 활동제한,<br>미온적 처벌, 책임기관 부재 | 정부 무능 · 불신 재확인,<br>집단 트라우마, 우울과 분노 |

**[그림 9-17] 세월호 참사의 진행과정**

**사회적 압력에 저항하기** 모든 사람들이 늘 사회적 압력에 순순히 따르는 것은 아니다. 우리는 상사의 회유와 압력에도 불구하고 소신대로 공익이나 올바른 행동을 취하는 영웅적인 이야기에도 익숙하다. 흔한 것은 아니지만 무엇이 이들에게 작용하는가 이해해 보자.

사람들은 자신의 판단과 신념, 바람과 반대되는 상황적 압력을 만날 때 일단 거부감을 느낀다. 자신의 자율성이 위협받고, 자유가 제한되는 것을 반길 사람은 없다. Brehm(1956)이 제시한 반발심 이론은 이런 상황에 처했을 때 사람들은 위협받는 자유와 자율성을 더 귀하게 생각하고 그를 보호하기 위한 행동을 취할 가능성이 높다고 설명한다. 그러나 반발과 저항의식이 생겼다고 그대로 행동으로 옮기는 것은 아니다. 일상에서 권위를 그대로 따르기보다는 의문을 제기하고, 사람들을 돕는 것에 익숙한 사람들이 반발과 저항을 행동으로 옮길 가능성이 많다. 유대인을 구한 사람들은 유대인을 좋아해서가 아니라 일상에서 남을 돕는 일, 사업에 친숙한 사람들이었던 것으로 나타난다(Gilovich et al., 2011, p. 313에서 인용). 주위의 부당한 압력이 작용할 때 처음부터 저항해야 한다. '이번만' 혹은 '괜찮겠지' 하고 한두 번 따라 하게 되면 벗어나기 더욱 어렵게 된다. Milgram의 실험에서 사람들은 점진적인 쇼크의 강도 증가 때문에 점점 강한 쇼크를 쉽게 줄 수 있었다. 아울러, Asch의 연구에서처럼 자기 말고 다른 사람이 전체 의견에 따라가지 않는다면 훨씬 동조의 압력에 저항하기 쉬웠듯이 저항하는 동료를 발견하고, 같이 동무하는 것이 저항행동을 실행하는 데 도움이 된다.

**시사점** 권위에의 복종실험이 보여 준 결론은 '누구나 그러한 상황에 처하면 권위에 복종하는 행동을 보일 것'이라는 점이다. 그럼에도 사람들은 그러한 행위를 보이는 사람들을 판단할 때 부정적으로 생각한다. 즉, 잔인한 행동을 하는 사람은 잔인한 특성을 지닌 사람들이라고 보는 근본귀인오류(3장 참조) 현상을 보인다. 그래서 사람들은 처형을 기획한 아이히만이나 수행한 수용소의 소장들이 평범한 사람들과는 다르리라고 생각한다. Milgram의 연구가 주는 가장 중요한 교훈은 유대인 학살이 독일 사람들이 지닌 독특한 잔인성 때문이 아니라 "보통 사람들이 아무런 동기적 이유 없이 자신들의 일상적 삶을 영위해 나가는 일련의 과정에서 참혹한 일을 벌이는 하수인이 될 수 있다"는 것이다(Milgram, 1974, p. 6).

Milgram의 실험은 독특한 상황이었다. 도저히 계속하지 못하겠다는 저항이 묵살되는 등, 상식적인 행동과 규범이 통하지 않는 상황이었다. 이 점에서 일반적인 사회상황과는 큰 차이가 난다. 그런데 이 점이 또한 그의 연구가 지닌 의미를 되새기게 한다(Gilovich et al., 2011, pp. 236-237). 우리가 접하고 있는 대규모의 인종학살이 벌어지는 상황은 사회가 큰 변화를 겪고 있을 때다. 이런 상황에서 기존의 가치관과 상식을 흔드는 많은 사건들을 접하게 된다. 이런 상황에서 사람들은 권위로 무장한 사람의 말에 더욱 의존하게 될 수 있다.

마지막으로, 부도덕한 상부의 명령에 대한 불복종에 대하여 생각해 보자. [그림 9-15(p.554)]에서 보듯이 피해자의 고통을 가까이 하게 되면, 불편해지고 명령에 저항하려는 욕구가 커진다는 것을 알 수 있다. 이 욕구가 행동으로 옮겨지는 경우에 약 30% 정도로 복종률이 떨어진다. 한편, [그림 9-16(p.555)]은 권위자의 권위를 떠받치거나 잠식하는 경우에 나타나는 복종률의 변화를 보이는데, 잠식당하는 경우에 복종률이 0%대로 떨어짐을 볼 수 있다. 따라서 개인의 욕구(불편함에서 벗어나고자 하는)를 강화시키는 것보다는 복종하지 않아도 될 상황을 조성하는 것이 불복종을 더 쉽게 만든다고 볼 수 있다.

## 권력/힘과 사회생활의 심리

집단의 성원들은 서로 영향을 줄 수 있는 힘 혹은 권력에서 차이가 난다. 권위에의 복종실험은 이러한 영향력의 작용을 잘 보여 주고 있지만, 권력관계의 작용은 확연히 드러나지 않는 지각이나 귀인, 정서 및 동기에서도 나타나고 있다(Keltner et al., 2003). 힘 있는 사람들은 상대적으로 없거나 적은 사람들에 비해서 자신의 바람, 욕망을 이루고자 하는 적극적 고양(promotion) 동기를 보이고, 활동에 대한 보상을 추구하며, 열망, 자긍심 등 긍정적인 정서를 많이 보인다. 반면에, 힘이 없는 사람들은 자신의 행위에 대한 타인의 나쁜 평가에 대한 두려움과 처벌에 대한 불확실성에서 불안감을 느끼며, 조심스러우며, 위축된(inhibition) 동기를 보이며, 경험하는 정서도 놀라움, 당황, 불안, 창피 등의 부정적인 것들이 많다(Higgins, 1998).

**권력에 대한 감시의 필요성** '절대권력은 절대 부패한다'는 경구가 있다. 힘 있는 사람들은 그 힘을 약자를 위해 쓰는 것이 아니라 자기를 위해 쓰고, 그 정도가 심해진다. 힘이 있는 경우에 사람들은 자신의 취향에서 나오는 일관성 있는 행동을 보이며, 상황의 제약이나 상대방에 따라가는 행동을 덜 보인다. 실험실 상황에서 이를 보여 준 연구는 연구참여자들을 무선적으로 면담자와 지원자의 역할에 배정하였다. 지원자는 실험조교가 되고자 지원한 상황에서 당락의 평가를 하는 면담자와 실제로 면담을 하는 역할을 받았다. 면담과정에서 면담자 역을 맡은 사람들의 경우(힘 있는 조건)를 보면, 이들이 경험하는 긍정적인 정서와 얼굴의 미소가 높은 상관을 보였지만, 피면담자의 경우(힘 없는 조건)에는 이런 상관이 나타나지 않았다(Hecht & LaFrance, 1998). 힘이 있는 사람은 자연스럽게 행동하고, 힘이 없는 사람은 눈치를 살피는 것이 자연스럽게 나타남을 보인 연구이다.

힘 있는 사람은 비윤리적 행위마저도 자연스럽게 저지를 가능성이 국내외 연구들에서 나타나고 있다. 국내에서 실험에 참여한 대학생을 리더와 부하 역할에 무선적으로 배정하고, 거짓말을 하여 자기의 이익을 높일 수 있는 기회를 제공하였다. 리더 역할을 배정받아 높은 권력의 위치에 있는 사람들은 부하 역을 받은 사람이나 통제조건(권력에 대한 언급이 없었음)의 사람들에 비해서 거짓말로 이익을 도모하는 양상이 크게 나타났다(정은경, 2018). 스위스에서 이루어진 실험연구는 힘이 많은 조건의 사람들은 힘이 적은 조건의 사람들에 비해서 집단의 이익보다 자기이익을 추구하는 선택을 더 많이 하는 양상이 나타났다(Bendahan et al., 2015). 이런 연구들은 권력을 지닌 사람들이 권력을 사유화할 가능성이 높기 때문에 이를 감시하고 견제하는 제도적 장치가 꼭 필요함을 보여 준다.

**서열/힘에 따라 변하는 사람 평가의 준거** 사람들은 조직에서의 자신의 신분이 높아지면서 힘을 느끼며, 이를 향유하지만, 자신이 집단의 다수에 속해 있다는 인식에 의해서도 힘을 받고, 힘 있는 자의 사회심리를 보인다. 힘 있는 사람들은 힘 없는 사람들의 행동을 상대가 속한 집단에 대한 고정관념을 적용시켜 해석하고,

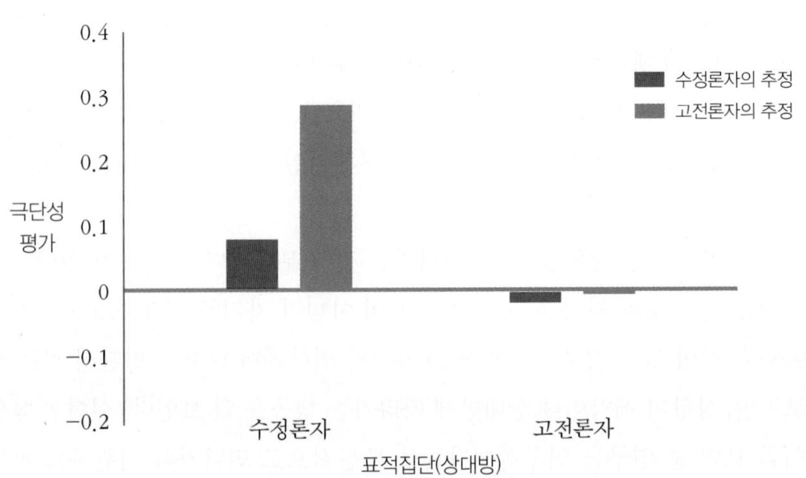


**[그림 9-18] 고전론자와 수정론자의 자신과 상대방의 극단성에 대한 태도**

출처: Keltner et al. (2003), Fig. 2.

상대방의 모습을 파악함에 있어서 정확성이 떨어지는 양상을 보인다. 이를 짚어낸 흥미로운 연구(Keltner & Robinson, 1997)에서 영문학 교수들을 고전론자(고전 작품을 교재로 쓰며, 다수임)와 수정론자(현대 작품을 섞어서 교재로 쓰며, 소수임)로 구분하여 자신과 상대 진영의 사람들에 대한 태도를 조사하여 비교한 결과, 다수를 점하는 고전론자들은 수정론자들을 매우 극단적으로 평가하는 양상을 보이지만, 소수인 수정론자들은 그런 편향을 보이지 않았다([그림 9-18]).

권력 혹은 서열상의 위치는 사람을 판단하는 준거에도 큰 영향을 준다. 당신이 학교에서 동기들과 어울려 농구시합을 벌이고 있는데 선배들이 늦게 와서는 자기네가 예약한 코트이니 내놓으라고 하여, 말다툼이 벌어졌고, 급기야 몸싸움으로 번진 상황을 생각해 보라. 이 상황을 가상적으로 제시하며 선후배를 평가하게 했을 때 상대방에 대한 판단의 준거가 선배와 후배 간에 크게 다르다는 연구 결과가 나타났다. 즉, 선배는 후배들의 행동을 학교 사회에서의 기강유지라는 차원에서 접근하고, 후배는 선배의 행동을 인격존중이라는 차원에서 접근하는 양상이 나타난다(이수원, 김태준, 1990). 사람들은 서열 준거가 부각될 수 있는 상황에서 상위의 사람은 서열을 준거로, 하위의 사람은 인격과 인권을 준거로 삼고 상대의 잘잘못을 판단하는 양상을 보인다(한규석 외, 2004a; 곁글 6-7 참조).

폴란드에서 남녀 대학생들에게 팀의 책임자 혹은 일꾼의 역할을 취하도록 하고서, 새로 들어올 구성원에 대하여 어떤 특징을 알고 싶은지 28개의 특성을 제시하여 평가하도록 하였다(Cislak, 2013). 이들 특성은 임자성 특징(활동성, 의지력 등)과 어울림성 특징(충성도, 이타성, 친화성 등)으로 일부는 긍정적이고, 일부는 부정적인

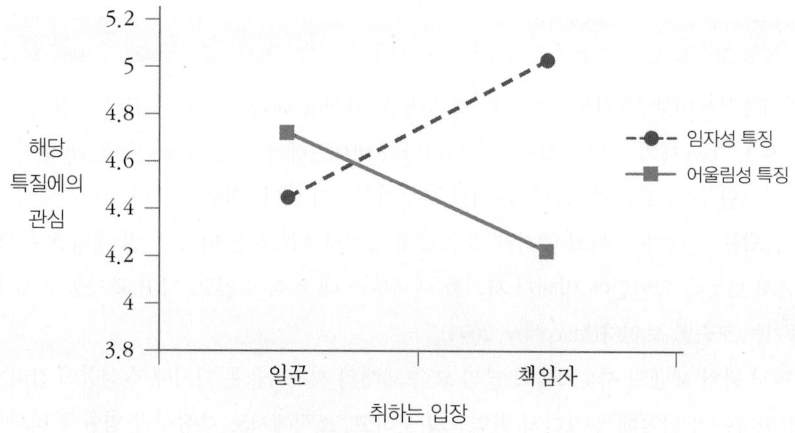


**[그림 9-19] 권력의 위치에 따라 변하는 상대방에 대한 관심사의 차이**

출처: Cislak (2013), Fig. 1.

내용들이었다(3장 참조). 일꾼의 입장을 취할 때는 신입으로 들어오는 사람에 대하여 임자성과 어울림성 모두에 대하여 두루 알고 싶어 했지만, 책임자의 입장을 취할 때는 어울림성에 대한 것보다는 임자성에 대한 것에 특히 관심이 많은 것으로 나타났다([그림 9-19]). 연구 2에서는 사람들에게 영향력을 발휘했던 상황을 회상하도록 하거나, 남의 명령을 받아 일하던 상황을 회상하도록 하고서, 임자성과 어울림성의 정보가 뒤섞인 행동을 12가지 제시하고, 각 행동의 주인공에 대한 인상을 간략히 쓰게 해서 그 인상의 차원을 분석하였다. 예를 들어, 제시된 행동 기술문 하나는 "이웃이 도와달라고 해서 나가 차를 고쳐주었다"이다. 이 문장은 임자성(차를 고치는 능력)과 어울림성(이웃을 기꺼이 도와줌)의 정보를 모두 갖고 있다. 남의 영향을 받았던 경험을 회상하는 조건에서 참여자들은 주인공의 행동을 판단하는 데 뚜렷한 선호를 보이지 않았으나, 남에게 영향을 준 경험의 회상조건에서는 임자성에 대한 판단이 많이 나타났다. 그 이유는 책임자의 관점을 취할 때 사람들은 과제중심적 접근을 하여, 상대방의 역량 판단을 중요하게 여기는 탓이다.

사람들은 권력을 추구한다. 그 이유는 부하나 다른 이들에게 행사하는 명시적인 영향력이나 사용할 수 있는 자원이 커지기 때문으로 여겨져 왔다. 이와 더불어 사회심리학의 연구는 힘 있는 위치에서 자신도 모르게 드러내는 이 같은 사회심리적 역동이 작용하며, 이를 힘있는 자들이 즐길 수 있음을 보여 준다. 이런 역동에 대한 이해가 계층 간의 갈등, 다수와 소수 집단의 갈등, 집단 내에서 상하의 갈등에 대한 불필요한 오해를 줄이고, 앞일에 대한 대책을 마련하는 데 도움이 될 수 있을 것이다(곁글 9-12).

**곁글 9-12 트럼프의 부상: 자기애 성향과 리더십**

트럼프 미국 대통령은 자기중심적이고, 공격적이며, 지나칠 정도로 자신에 대한 자부심이 강한 사람이라고 여겨진다(중앙일보, 2017. 2. 4.). 그는 재임시 재선 성공을 장담하다가 바이든에게 패한 것을 인정할 수 없어 자신의 지지자들이 벌린 미국 의사당 난입 같은 폭력적인 시위를 부추기기까지 했다. 이전 세대의 경영자들이 매스컴을 피하고, 사생활이 노출되는 것을 매우 꺼려 했지만, 오늘날의 경영자들은 일론 머스크, 빌 게이츠, 잭 웰치, 주커버그, 베이조스 등에서 보듯이 일반인에 비해서 자기를 내세우는 데 거침이 없고, 자기 과시를 통해 주위의 부러움을 사는 것을 즐기는 모습을 보인다(Maccoby, 2004).

개인주의 풍조가 심화되면서 과거 세대의 지도자들과 달리 요즘 세대의 지도자들은 자기애적 성향이 강하게 나타나고 있다. 자기애적 성향자들이 남들에게 그다지 환영받지 못하고, 조직에서도 부정적인 영향을 미치는 경우가 많음에도 불구하고, 이들이 조직에서 리더로 부상하게 되는 기제는 무엇일까? 과연 자기애 성향자의 부상은 시대의 변화를 말하는가? 자기애 성향자들은 남보다 우월한 느낌을 갖고 싶어 하여, 기회가 되는 대로 남들 앞에 나서기를 즐기며, 좋은 평가를 받기 원하기 때문에 그런 평가에 필요한 능력을 갖추려 노력한다. 다른 사람들에 대하여 정서적인 친밀감이 없어도 좋은 평가를 위해서는 대인관계가 중요하다는 것을 알기 때문에 사교성을 갖추려고 노력한다. 사교성이 높아서 처음 만나는 사람들과 교류를 잘 끌어가며, 인기도 있다. 권력욕구가 강한 편이어서 리더가 되기 위해 필요한 능력을 쌓고, 자기주장성이 강해서 자신의 능력을 드러내 보이는 노력을 하므로 종종 유능하고 인기 있는 인물로 여겨진다.

대학의 실험실에서 조성된 조별 모임에서 자기애 성향이 높은 대학생들은 리더로 간주되는 경향이 나타났다. 아울러, 대학의 최고경영자과정에 다니고 있는 기업의 관리자들과 의사들(153명)에 대한 연구에서도 4명씩 조를 이루어 예산 편성에 대한 논의를 하도록 하고서 제3의 관찰자들이 이들에게서 나타나는 리더십을 평가하도록 했을 때, 자기애 성향자들이 리더로서 부상될 가능성이 높은 것으로 평가받았다(Brunell et al., 2008, 연구 3). 자기애 성향자들은 남에게 영향을 미치려고 하며, 환영받고자 한다. 그러기 위해서 남들에게 자신을 드러내는 기회를 갖고자 하고, 자신의 창의성, 남다름을 알릴 수 있는 발언 기회를 적극 활용하여 자기를 알린다. 국내에서 군 장교 양성기관에서 2년간 공동 생활하는 훈련생을 대상으로 조사한 연구는 자기애 성향을 지닌 사람들이 다양한 기회에서 나서서 발언하기를 좋아하여 다른 사람들에게 리더로서 여겨지는 현상을 확인하고 있다(하순복 외, 2018). 자기애 성향이 지닌 이런 효과는 리더십과 관련 있는 성격 특성(외향성, 포용성, 성실성, 개방성)들의 영향을 배제한 후에도 나타나고 있다.

2024년 11월 트럼프의 당선이 확정되자 그를 지지한 일론 머스크가 환호하고 있다.

그러나 미국에서 해안경비대원을 대상으로 행해진 연구는 자기애 성향이 강한 사람들이 자신의 업무, 리더십, 일탈행위에 대한 스스로의 평가가 상사의 평가보다 긍정적인 양상을 보이고 있다(Judge et al., 2006). 자기애 성향자는 그들이 지닌 자신감과 과시하는 경향으로 인해 리더가 없는 상황에서 리더로서 부상하는 가능성을 높이지만, 리더로서의 업적수행과는 무관하다는 것이 여러 연구들의 통합분석에서 나타났다(Grijava et al., 2015). 즉, 자기애 성향이 리더로서의 자질에 기여하는 것은 아니라는 것이다. 자기애 성향이 적절한 수준으로 있는 것은 리더로서 일을 하는 데 도움이 될 수 있지만, 적정수준을 넘게 되면 부정적인 영향을 미치는 것으로 나타난다(Grijava et al., 2015). 능력 있는 자기애 성향자가 자신의 과시욕과 인정욕을 달성하기 위해 조직생활을 하면서 필요한 지식을 습득하고, 남들에게 자신의 능력을 부각시키는 발언을 자주 하고, 자신감을 보일 때 호감을 얻을 수 있지만, 과시욕과 우월감을 스스로 조절할 수 없는 정도가 되면 사람들에게 좋은 평가를 받지 못하고, 업무수행에도 차질을 빚는 등의 반대급부를 치루는 것이다(Morf & Rhodewalt, 2001).

1. 권위에의 복종실험은 매우 극단적인 행동이 일반 사람들에 의해서 행해질 수 있음을 보이면서, 사람들이 상황의 압력에 매우 취약함을 잘 보여 주었다.
2. 복종 현상은 인류사의 대규모 학살현장에서 보통 사람들의 협조와 적극적 관여에 의해서 이루어졌다. 악의 평범성을 이해해야 한다.
3. 동조와 복종은 사회생활을 부드럽게 만드는 친사회적 기제이지만 그 부작용의 가능성에 깨어 있을 필요가 있다.
4. 공포관리가설은 개인을 초월하는 가치와 세계관을 수용하는 기제로서 동조현상이 작용하며, 죽음의 공포를 극복하는 기능을 한다고 본다.
5. 권력관계의 작용은 확연히 드러나지 않는 지각이나 귀인, 정서 및 동기에서도 나타나고 있다. 힘 있는 사람들이 고양적 사고와 정서를 보이며, 힘 없는 사람들은 위축된 동기를 보이며, 불안, 당황 등의 관련정서를 많이 보인다.
6. 힘 있는 위치에서 사람들은 사회의 기강유지와 위계에 관심을 보이며, 자기이익 추구 행동을 자연스럽게 보이나, 힘 없는 위치에서는 인격존중, 평등에 관심을 보인다.

# 집단 간 교류: 고정관념, 편견과 차별

사람들은 사회생활을 하면서 개인으로서의 특징을 보이기도 하지만, 자신이 속한 집단의 성원으로서 집단의 성격에 의해서 영향을 받는다. 그래서 만나는 상대가 어떤 집단과 부류에 속하는지에 관심을 지니고 있다. 한국 사회에서도 이제 어디에 살건 외모가 다른 외국 출신의 사람들을 만나기가 어렵지 않게 되었다. 법무부 통계에 따르면 2023년 현재 250만 명이 넘는 외국 국적의 사람들이 근로자, 결혼정착자, 유학생, 회사 주재원 등으로 국내에서 장기체류하고 있다. 이 숫자는

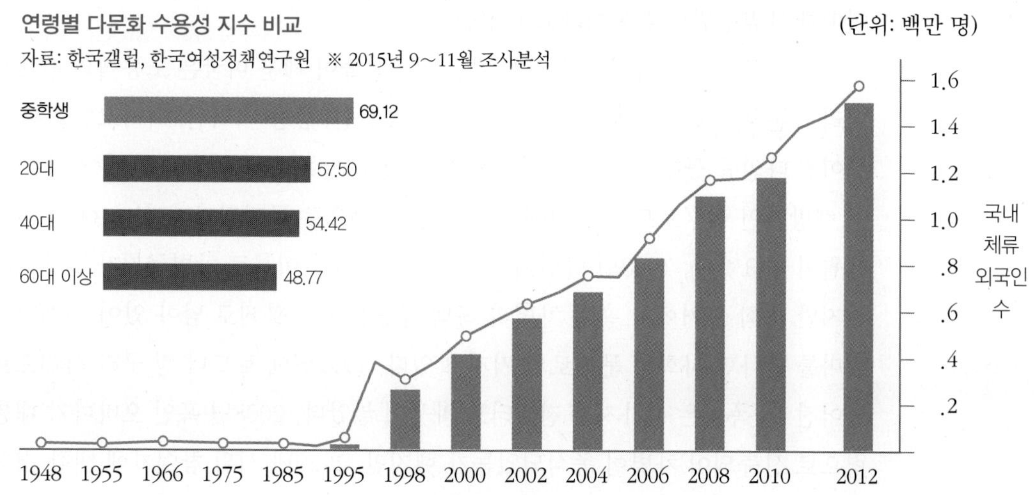


**[그림 10-1] 다문화 수용성 지수의 연령대별 비교와 국내 체류 외국인 수의 증가 추이**
출처: 연령대별 다문화 수용성 지수 비교는 한겨레신문(2016. 3. 14.)에 바탕하여 그림.

급격히 증가하여 2030년경에는 전 인구의 10%를 차지할 것으로 추산되고 있다. 전체 이주민의 10% 정도는 대한민국 국적을 취득하였다. 돌이킬 수 없는 세계화의 추세 속에서 과거의 민족과 국가 중심의 사회에서 한국도 벗어나고 있다. 그러나 단일문화 사회에서 다문화 사회로의 변모는 준비 없이 진행되어서는 안 된다. 미국과 프랑스 같은 다문화가 생활화된 나라들에서 불과 10여 년 전에 인종폭동이 발생하였다. 그 배경에는 인종/민족 집단 간 차별이 발단되었다고 알려져 있다. 한국 사회에서 그 같은 일이 재현되지 않으리란 보장이 없다. 현대에서 민족을 포함한 소수집단(여성집단, 장애자, 동성애자 등)에 대한 편견과 차별은 이전과는 다른 형태로 나타난다. 이 장에서는 사회집단 간 교류에서 작용하는 고정관념과 편견이 형성, 발현되는 양상과 기저심리를 살펴보고 편견과 차별을 줄일 수 있는 방법에 대하여도 알아 보자.

## 고정관념/편견의 발생과 동학

1948년에 UN이 채택한 인권헌장은, 모든 인간은 태어날 때부터 자유로우며 그 존엄과 권리에 있어 동등함을 선언하고, 누구도 인종, 피부색, 성, 언어, 종교, 정치적 · 민족적 · 사회적 출신, 재산, 출생 또는 기타의 신분과 같은 범주에 의해서 차별받아서는 안 된다고 강조한다. 현대 사회에서 사람들은 이 같은 인권헌장의 정신을 교육받고 이를 귀중한 가치로 받아들인다. 그래서 인간을 대상으로 하는 어떠한 차별행위도 잘못이라고 규정한다.

토착 원주민을 몰아내고 유럽계 백인 이주민들이 세운 미국은 노동력의 필요로 데리고 온 아프리카 흑인, 중국인, 일본인, 조선인, 중동 지역인, 멕시코인들로 이루어진 다인종 근대 국가로서 역사를 갖고 있지만, 1863년 링컨 대통령에 의한 흑인 해방선언 이후로도 유색인에 대한 차별이 법으로 금지되기까지는 100여 년의 세월이 필요했다. 1968년 마틴 루서 킹 목사의 암살 이후로 차별금지가 법제화되었지만 사회 도처에서 흑인 차별과 흑백 갈등문제는 불씨로 남아 있어 언제라도 빌미를 만나면 사회적 문제로 불거지고 있다. 1991년에 로드니 킹 구타 사건으로 벌어진 LA 폭동은 시가지를 전쟁터로 바꾸어 놓았다. 2008년 흑인 오바마가 대통령으로 선출되어 차별이 종식되었는가 했지만, 2020년 시위 참여자에 대한 경찰의 과잉진압으로 흑인 시민이 살해된 사건이 발생하였다.

이런 사건들은 흑인에 대한 고정관념과 편견이 없어진 것이 아니라 숨겨져 있

2020년 미국에서 경찰의 과잉진압 행위에 의해 살해된 조지 프로이드의 죽음에 항의하는 시위대. 미국 전역에서 2천만 명 이상이 시위에 참여했다(Wikipedia).

었을 뿐임을 시사한다. 이전의 인종차별주의는 이제 설 땅이 없지만 변형된 형태로 여전히 현재의 미국 사회에서 발현되고 있음을 여러 연구들이 보여 주고 있다. 그 대표적인 연구 하나(Dovidio & Gaertner, 2000)에서는 백인 학생들을 대상으로 또래상담자 프로그램에 응모한 사람의 이력(자격요건)을 주고 평가하도록 하였다. 응모자의 이력을 변화시켜 좋게, 중간, 나쁘게 세 가지로 꾸몄다. 아울러, 그 응모자의 인종을 참여자의 반에게는 백인으로, 나머지 반에게는 흑인으로 제시하였다. 1989년과 1999년 당시 재학 중이던 백인 남녀 300여 명을 대상으로 응모자를 평가하도록 한 결과가 [그림 10-2]에 나와 있다. 그림에서 보듯이 자격요건이 좋거나 나쁜 경우에는 지원자가 흑인이건 백인이건 차이가 없었다. 자격요건이 중간인 경우에 확연히 흑백차별이 나타났다. 이 경우에 백인 지원자에 대해서 응답자들의 77%가, 흑인 지원자에 대해서는 40%가 추천하는 것으로 나타났다. 이 차이는 1989년보다 1999년에 오히려 증가한 것으로 나타나 인종차별주의가 숨겨진 형태로 작용함을 시사한다. 이같이 적대성이 드러나 있지는 않으나 차별이 정당화될 수 있는 상황에서 차별적 평가가 행해지는 형태의 인종주의를 온정적 인종주의 혹은 상징적 인종주의(Kinder & Sears, 1981)라고 부른다. 이 같은 차별적 현상이 여성을 대상으

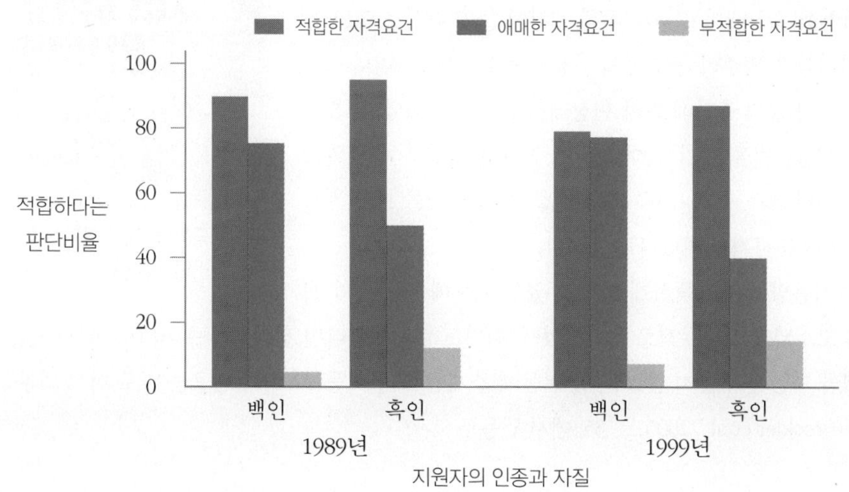


**[그림 10-2] 흑 · 백 지원자를 또래상담자로서 적합하다고 판단하는 비율의 변화(1989년과 1999년)**
출처: Dovidio & Gaertner (2000).

로 행해지는 것을 온정적 성차별주의라고 부른다.

**고정관념과 편견** 만난 상대방이 지닌 사회적 범주(성, 인종, 직업, 소속 등)가 두드러지게 인식되는 경우에 그 범주에 대하여 사회적으로 통용되고 있는 고정관념이나 편견이 자동적 처리기제에 의해 활성화되어 상대와의 교류에 영향을 미치게 된다(곁글 10-1). 대상 집단에 대하여 그 집단 성원들의 공통된 특징이라고 사회에서 널리 수용되고 있는 인식이 고정관념이다. 사람들은 사회적 집단(여성, 노인, 청년, 호남인, 한민족 등)뿐만 아니라 과제수행 집단(CEO, 배심원, 기아 타이거스, 윤리위원회 등)에 대하여도 고정관념을 지니고 있다. 이런 고정관념은 상대집단을 실체성(응집성이 높으며, 성원들의 역할이 분화되어 있고, 실제 활동을 벌이는 정도)이 높다고 여겨지는 경우에 특히 강하게 인식된다(Spencer-Rodgers, Hamilton, & Sherman, 2007). 편견은 '상대방이 특정 집단의 성원이라는 이유만으로 상대방을 평가하여 지니고 있는 태도'이며 대체로 부정적인 특성을 지닌다. 고정관념은 인지의 내용을, 편견은 호오의 정서를 갖고 평가하는 것으로 구별될 수 있다.

**곁글 10-1 아마두 디알로의 죽음: 고정관념/편견이 저지른 살인**

22세의 흑인 청년 디알로는 참 억울한 죽음을 당하였다. 그는 서부 아프리카 출신으로 이곳저곳 떠돌다 1996년에 뉴욕에 정착하여 학비를 벌기 위해 열심히 거리 행상을 하던 청년이었다. 그는 브롱크스 지역에 방을 얻어 자취를 하던 중 일을 마치고 자정이 되어서 귀가했다가 배가 고파서 동네 식당에 들려 간식을 먹고 돌아와 집 건물 계단을 올라서다가 '멈추라'는 경찰의 외침을 듣고, 바지 주머니에 손을 넣다가 경찰 4명이 쏜 수십 발의 총탄에 맞아 현장에서 숨이 끊어졌다. 경찰은 뉴욕 경찰서 소속으로 연쇄강간범을 잡기 위해 현장에 잠복 중이었으며, 디알로가 그 강간범과 용모가 흡사하였고, 그가 주머니에 손을 가져가는 것을 보고 총을 꺼내는 것으로 오인하여 무차별 사격을 가했다는 것이다.

억울한 죽음을 당한 아마두 디알로(1999년 2월 4일)

이 사건은 인종편견의 작용양상을 섬뜩하게 보여 주었기 때문에 대규모의 시위로 이어졌고, 경찰들은 고소되었으나 무죄로 석방되었다. 아마도 백인이었다면 경찰들은 주머니로 가는 손을 보고서 다른 생각을 하였을 가능성이 높지 않았을까? 본문에 소개된 Correll 등(2002)의 연구는 바로 이런 의문점에 답을 제시하고 있다(Breckler et al., 2006, p. 353에서 인용).

## 인지적 측면

세상사를 효율적으로 지각하고 판단하기 위해 사람들의 인지체계는 다양한 편향을 지니고 있다(상세한 논의는 본서 2장과 3장 참조). 이러한 인지적 편향이 다른 사람이나 집단을 지각할 때 적용되기 때문에 아무런 갈등이나 악의가 없이도 편견이 나타날 수 있다. 예를 들어, 우리가 낯선 사람을 만났다고 하자. 우리는 곧 그 사람에 대한 인상을 갖게 되는데 이러한 인상의 중요한 부분이 그가 속한 범주에 의해 영향을 받는다. 즉, 그가 남자인지 여자인지, 나이가 많은지 적은지, 어디 출신인지, 나아가서 잘 사는지 못 사는지, 직업은 어떤 것인지에 대하여 알게 되며, 영향을 받는다. 상대방이 교사라는 것을 알게 되면, 상대방에게서 직접 보지 못한 특성에 대한 정보를 유추할 수 있게 되어, 훨씬 많은 정보를 지니게 해 준다. 이 같은 범주화 처리는 상대방이 어떤 사람인지를 손쉽게 파악하게 해 준다. 아울러, 보이지 않는 많은 자료(범주가 제공하는)를 제공해 주어 상대에 대하여 풍부한 지식을 갖게 해 준다는 면에서 매우 효율적이다. 따라서 사람들의 인지적 부하를 덜어주어 다양한 과제를 처리할 수 있도록 해 줄 수 있다. 바로 이런 효율성 탓에 다음과 같은 부작용도 수반된다.

**정보수용 및 해석의 편향** 특정 집단에 대한 고정관념을 지니고 있는 사람은 해당 집단의 성원을 대할 때 고정관념에 바탕한 처리와 행동이 쉽게 보인다. 이를 잘 보여 준 연구를 하나 더 보겠다. 백인 대학생 참여자들이 호신용 총기 사용의 비디오 게임을 하는데 화면에 나타난 표적인물이 총을 들었으면(무장) 쏘는 단추를, 총이 아닌 다른 물체를 들었으면(비무장) 쏘지 않는 단추를 누르는 게임이었다(Correll et al., 2002). 표적인물은 흑인과 백인이 무선적인 순서로 제시되었고, 점수를 올리기 위해서는 표적이 뜨면 1초 이내로 반응을 해야 했다. 실험결과는 예상대로지만 충격적이기도 하였다. [그림 10-3]에서 보듯이, 표적이 백인이라면 두 가지 오반응(무장 표적을 안 쏘거나, 비무장 표적을 쏘는 반응)이 비슷한 정도로 나타났다. 그러나 표적이 흑인이라면 비무장 표적을 쏘는 오반응이 무장 표적을 쏘지 않는 오반응보다 두 배 이상으로 나타났다. 반응시간에 있어

비디오 게임에 나타나는 몇 가지 표적 상황

서도 무장한 흑인 표적에 대한 반응이 가장 신속히 나타났으며, 비무장 흑인 표적에 대한 반응시간이 가장 느렸다. 이런 결과는 흑인의 무장을 당연한 것으로 여기는 고정관념이 작용한 탓이며, 실제 미국에서 발생한 아마두 디알로 사건(곁글 10-1)을 그대로 보여 주는 점에서 충격적이다. 네 번째 실험에서는 참여자로 흑인을 포함시켰는데, 이들에게서도 똑같은 반응 양상이 나타났다. 이는 사회에 널리 퍼진 고정관념이 문제이지 개인이 지닌 편견적 태도(흑인이 흑인에 대하여 나쁜 태도를 지니지 않음)가 문제가 아니라는 것을 의미한다.

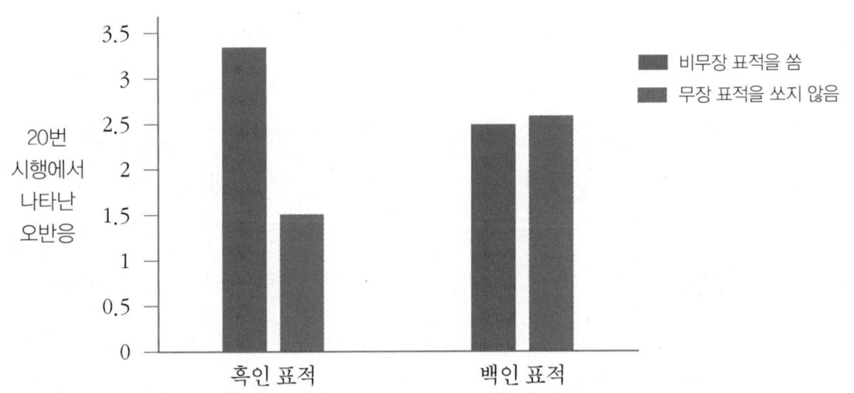


**[그림 10-3] 표적의 인종과 무장 여부에 따른 오반응 양상**

**자성예언적 효과** 편견을 지닌 사람들은 상대집단과 그 성원에 대하여 접하는 정보를 그런 편견이 없는 사람과는 달리 처리한다. 마치 인지도식이 있을 경우에 관련된 정보처리가 신속히 이루어지듯이(3장) 편견과 부합하는 정보는 자동적인 처리가 신속히 이루어지고, 편견과 부합하지 않는 정보는 소홀히 여기므로, 편견을 지닌 것 자체로 타당성을 지니게 되는 경향을 보인다. 그렇다면 상대집단에 대한 고정관념을 지닌 것이 해당 집단 성원들과의 교류에서 어떤 영향을 미칠 것인가? Word 등(1974)이 한 실험에서 백인 참가자들에게 일에 응모한 응모자들을 면담하는 역을 맡기면서 사용할 질문지를 주고 면담을 하게 하였다. 응모자들은 실은 실험협조자로 면담자의 질문에 일률적으로 행동하게끔 훈련을 받은 사람들이며, 흑인과 백인으로 편성했다. 면담과정을 녹화하여 분석하였더니 면담자들은 백인 응모자를 상대하는 경우에는 흑인의 경우보다 면담시간도 길었고, 보다 우호적인 행동을 취한 것으로 나타났다. 두 번째 연구에서는 연구참여자의 역을 바꾸어 실험협조자가 면담자의 역을, 연구참여자는 응모자의 역을하게 하고, 면담을 진행한 후에 응모자의 행동을 분석하였다. 우호적인 면담을 접한 사람들은 덜

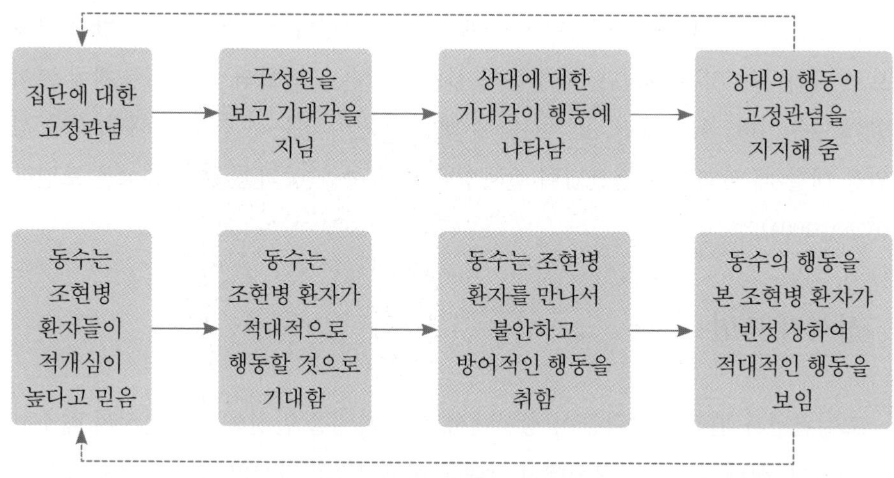


**[그림 10-4] 자성예언의 작용과정**

우호적인 면담을 겪은 사람에 비해서 훨씬 좋은 평가를 받는 것으로 나타나, 고정관념은 상대에 대한 기대감을 촉발시키고, 기대감은 상대방에 대한 행동으로 반영되며, 상대방은 이 기대감에 영향받는 행동을 보이는 연쇄적 사건이 나타나는 자성예언적 원리가 작용함을 볼 수 있다([그림 10-4]).

**암묵적 집단 편향** 사회에 잘 알려진 특정 집단에 대한 고정관념에 대하여 개인적으로 동의를 하지 않는 경우에 고정관념은 아무런 영향을 주지 못할까? Devine(1989)은 역하점화자극을 참여자들에게 제시하였다. 한 조건에서는 흑인 고정관념의 단어(검둥이, 블루스, 까만 등)를, 다른 조건에서는 중립적인 단어를 아주 순간적으로 제시하였다. 무엇이 보였는지조차 알 수 없을 정도로 짧게 제시하였다. 그러고 나서 참여자들에게 인종이 밝혀지지 않은 표적인물이 보이는 활동에 대한 기술문을 제시하고서 그가 얼마나 자기주장적인지, 적개심을 가졌는지를 평가하게 하였다. 흑인고정관념 점화조건에서 참여자들은 표적인물을 더 적개심 있는 것으로 여기는 양상이 나타났다. 흥미로운 것은 참여자들 중에서 흑인에 대한 고정관념이 약한 사람들에게서도 이 같은 양상은 똑같이 나타났다. 즉, 미국사회에서 흑인에 대한 고정관념에는 적개심이 강하다는 것이 포함되어 있는데, 흑인 고정관념이 점화되면 자신도 모르게 사회에 수용되는 고정관념에 맞춘 인식이 나타난다는 것이다. 이같이 고정관념은 사람이 의식하지 못하는 수준에서 판단에 영향을 주는데 이를 암묵적 집단 편향이라 한다(Blair, 2001). Devine의 연구는 고정관념을 수용하지 않는 사람들도 이 편향을 보인다는 것이다. 고정관념의 작동은 무의식적 자동적 사고과정이기 때문이다. 그렇다고 이것이 늘 차별적 행동으로 나타나는 것은 아니다. 대부분의 실제 행동은 사람들의 의식적 통제에 놓여 있기 때문이다. 이를테면, 표적집단에 대한 편견이 없는 사람들은 해당 집단 성원을 대할 때 사회의 고정관념이 잘못임을 보여 주는 증거를 찾는 양상을 보인다(Wyer, 2004).

## 정서적 측면

고정관념과 편견은 사람들이 생활에서 겪는 좌절을 안전하게 배출시켜 해소하려 하거나, 상대집단과의 경쟁에서 상대를 비하시키고 자신의 집단을 우위에 두거나, 소수집단을 비하함으로써 우월감을 맛보기 위한 정서적 이유에서도 나타난다.

아도르노(Theodor Adorno, 1903~1969)
독일의 철학자 및 사회사상가로 프랑크푸르드 학파의 성원이며 비판이론적 접근으로 나치즘을 포함하여 서구문명을 비판하였다. 좌파 사상가들에게 큰 영향을 주었으며, 『권위주의 성격』(1950)으로 나치즘의 발흥에 대해 다양한 자료를 가지고 분석하였다.

**권위주의 성격 이론** 편견에 대한 접근은 오랫동안 그것을 개인의 성격으로 보아 왔다. 정신분석학적 관점을 취한 Adorno 등(1950)은 반유대인 태도를 지닌 사람들이 다른 소수민족에게도 편견을 지니고 있음을 발견하였다. 이들은 사람들이 지닌 사회정치적인 태도는 일관된 모습을 지니는데 이는 마음 깊숙이 놓인 성격의 구조를 반영하기 때문이라고 본다. 사람들의 성격은 그 발달과정에서 겪는 여러 가지 사회적 제약 때문에 본능적 욕구가 억압되고 뒤틀려서 표현될 수밖에 없다. 정상적인 경우에는 제약과 충족 간에 적절한 균형이 잡히지만 부모가 지나치게 엄격한 규율을 강요하고 기존의 권위에 아동이 무조건 동조하기를 강요하는 경우에 아동들이 좌절을 많이 겪는다. 이러한 좌절에 의해 촉발되는 공격성향(좌절-공격 이론)은 기성 권위 대신에 안전한 표적을 찾게 되고 그러한 대상으로 약자나 열등한 사람을 삼게 된다. 이 희생양으로 되기 쉬운 것이 그 사회에서 힘 없는 소수집단의 성원이다. 이들 집단에 대한 자신들의 적개심과 공격적 행위를 정당화시켜 주는 부정적인 편견을 갖고 이를 퍼뜨리며 기성권위에 대하여는 무조건적인 순종을 하는 권위주의 성격을 갖추게 된다.

이러한 권위주의 성격 이론은 전후에 많은 연구를 촉발하였다. 특히 이 특성을 지닌 사람을 구별하는 성격 척도(Rokeach, 1948)가 개발되어 쓰인다(나 알기 1). 이들은 일반 사람들에 비해서 아동기의 발달 환경이 다르며, 교조적이고 보수적인 성격을 지닌 것으로 나타났다.

민경환(1989)은 편견이 형성된 뒤에 교정하는 것보다 편견으로부터 자유로운 성격을 지닌 사람들을 길러 내는 것이 보다 근본적인 처방이라는 생각에서 권위

### 나 알기 1: 나의 권위주의 경향성

다음 문항들에 대하여 당신이 찬성하는 정도를 보여 주는 숫자를 하나 골라 표기하시오.

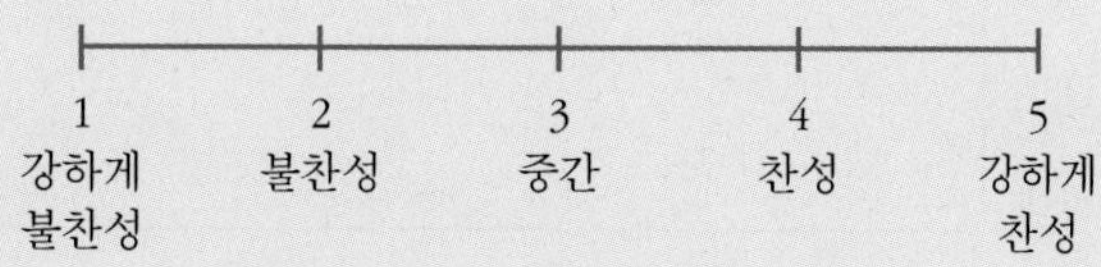


1. 파렴치한, 불량배, 걸인들을 무슨 수를 써서 없앨 수만 있다면 우리 사회가 안고 있는 대부분의 문제들은 해결될 것이다. ( )
2. 성공한 사람은 대부분 그가 노력했기 때문이기보다는 배경이 좋았기 때문이다. ( )
3. 사람들은 모두 천성적으로 남을 지배하고 싶어 한다. ( )
4. 사람들은 팔자에 따라 살게 마련이다. ( )
5. 일의 효율성을 위해서는 엄격한 통제와 질서가 필요하다. ( )
6. 여자가 술 마시고 담배 피우는 것은 꼴사납다. ( )
7. 사람의 가치는 얼마만한 성취를 이루었느냐에 달려 있다. ( )
8. 가정이나 학교나 권위를 세우는 것이 가장 중요하다. ( )
9. 사람은 선인과 악인으로 갈라진다. ( )
10. 경쟁에서는 이기고 볼 일이다. ( )

출처: 민경환(1989)이 제작한 척도 35문항 중 일부임.

주의 성격 이론을 편견의 분석에 적용시켰다. 그는 한국판 권위주의 척도를 제작하여, 대학생 중에서 권위주의 성향이 높은 사람과 낮은 사람을 구분해 내고, 이들이 우리 사회에서 편견의 대상으로 잘 등장하는 호남인, 하층인, 여성에 대하여 지니고 있는 태도를 분석하였다. 기존의 지역감정을 분석한 연구들에서 호남인에 대한 고정관념을 통해 그들의 능력은 인정하는 반면(강하다, 영리하다, 외향적이다 등), 믿을 수 없고, 약다고 여기는 것으로 나타났다. 그런데 호남인의 대인관계를 불신의 눈으로 보는 이 같은 편견은 권위주의 성향이 높은 집단에서만 나타났다. 이들은 비단 호남인뿐 아니라 빈곤계층 및 여성에 대해서 관심과 호감이 적으며, 매우 부정적인 평가를 하고, 상대적으로 우월감을 느끼는 것으로 나타났다. 태도뿐 아니라 그러한 집단의 성원과 사귈 의향에 있어서도 차이가 많이 나타나고 있다(단, 여성에 대한 것은 차이 없음; [그림 10-5]). 권위주의 성향이 높은 사람들은 "인간을 고유한 개인이나 보편적 사람으로 보기보다는 사회 통념적 집단 구분에 의

**민경환(1949~ )**
미국 워싱턴 대학교에서 심리학 박사를 취득후 서울대학교 심리학과에서 근무하였다. 성격과 정서가 사회적 행위에 미치는 영향에 관심을 갖고 연구하며, 권위주의 성격 척도 등을 제작하였다. 한국심리학회장을 역임하였다.

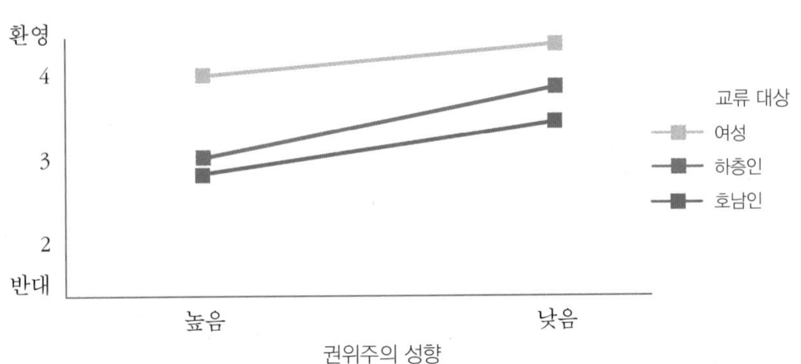


**[그림 10-5] 권위주의 성향에 따른 대집단 교류 의사**

출처: 민경환(1989).

한 집단구성원으로서 파악하는 경향이 강하다."(민경환, 1989, p. 164) 이런 탓에 이들은 소수집단에 대하여 부정적인 태도를 지니는 것이다.

전국의 남녀 2,000명을 대상으로 조사분석한 연구(김혜숙, 2007)는 권위주의적 가치가 높을수록 소수집단(북한이탈주민, 호남인, 이주노동자, 장애인 등)에 대한 부정적 평가를 하며, 보편주의적 가치가 높은 사람들이 소수자 집단에 대한 긍정적인 평가를 하며, 소수자 집단을 위한 정책에 찬성하는 양상을 보였다. 아울러, 북한이탈주민들을 많이 접하는 다양한 직업군(담당형사, 공무원, 교회인, 대안학교 교사 등)의 사람들을 대상으로 소수자들에 대한 태도를 조사한 연구(양계민, 정진경, 2005)는 대안학교 교사들이 담당형사들과 확연히 다르게 호의적인 정서를 지니고 있음을 발견하였다. 이들 교사들은 형사들에 비해서 권위주의 성격 특성이 현저히 낮은 것으로 나타나 권위주의 성격이 소수자 집단에 대하여 편향적인 지각과 교류를 하도록 만들 가능성을 확인시켰다.

집단에 대한 편견을 개인의 성격 차원에서만 논할 수는 없다(Brown, 1988). 우선, 개인의 성격 탓으로 여기므로 편견의 형성 및 유포에 영향을 주는 사회 문화적인 요소가 무시된다는 점이다. Pettigrew(1958)가 흑인에 대한 편견을 조사한 연구는 남아프리카와 미국의 남부지역에서 흑인에 대한 편견이 매우 강하게 나타나고 있음을 보였다. 그러나 이들에게서 권위주의 성격 특성이 유달리 높게 나타나지는 않고 있어 인종차별의 본질은 성격에 있기보다는 사회 문화적인 것임을 알리고 있다. 두 번째, 성격론적 접근은 편견의 개인차를 설명할 수 있으나 특정 집단에 대하여 사람들의 편견이 비슷한 강도로 나타나고 있는 면을 설명하지 못한다. 한 예로, 나치독일 당시에 유대인에 대한 편견은 수천만의 독일 사람들에게서 공통적으로 나타났지만 이들 수천만의 사람들이 모두 권위주의 성격이 높다고 볼 수 없다. 세 번째, 특정 사회에서 한 집단에 대한 편견의 내용이 시대에 따라서 상당한 변화를 보이는 점도 성격론적인 접근이 다루기 힘든 문제다. 이를테면, 미국에서 제2차 세계대전 종전 이후에 일본인에 대한 편견이 크게 달라지는데, 두 집단 간의 관계가 적에서 친구로 변하였기 때문이다(Aronson, 1988).

## 사회교류적 측면

**현실적 집단갈등 이론** 두 집단이 한정된 자원을 놓고 경쟁할 때 서로 간에 적개심이 생기고 이는 상대집단에 대한 부정적인 평가를 동반한다. 이 부정적인 평가가 집단 내에서 공유되고 부풀려질 때 자연히 편견으로 자리 잡는다. 가장 악질적인 편견은 인종에 대한 편견인데 미국에서 20세기 초에 철도건설 현장에 투입하기 위해 아시아계 이민을 받았을 때 이들과 백인 간에는 엄격한 선이 그어져 있어 경쟁이 배제되어 있었다. 즉, 두 집단 간에 현실적 갈등은 존재하지 않았고 아시아계 사람들에 대한 평가는 '부지런하고, 온순하고, 법을 잘 지키는' 것이었다. 그러나 철도공사가 끝나고 전쟁에 나갔던 백인 병사들이 귀향하여 구직난의 시대가 닥치면서, 동양인과 미국인 사이에 갈등이 현실화되자 이들에 대한 평가는 '뻔뻔스럽고, 교활하며, 우둔한' 것으로 바뀌었다(Aronson, 1988, pp. 357-359). 마찬가지로, 여러 민족이 모여 사는 남아프리카, 벨기에, 독일 등과 같은 나라들에서 인종 간의 격리정책이 무너지고 생활에서 서로 경쟁하는 기회가 많이 생김으로써 편견이 크게 확산되는 것으로 나타나고 있다(Olzak & Nagel, 1986).

**로버스 케이브 현장 실험** 상대집단에 대한 태도가 집단의 활동에 따라 변하는 양상은 1954년에 미국에서 행해진 한 현장실험에서 잘 나타났다(Sherif et al., 1961). 연구자들은 초등학교 남학생 22명을 로버스 케이브(Robbers Cave)라는 주립공원에서 보름간 진행된 캠프에 초대하였다. 이들은 모두 일반 중산층의 평범한 아이들이었으며 서로 모르는 사이였다. 캠프에 도착한 아동들을 첫 단계에서는 두 집단으로 나누어 뚝 떨어진 곳에서 교류 없이 각 팀별로 다양한 활동(야구, 캠핑, 수영 등)을 하면서 성원들끼리 서로 친해지도록 하였다. 이들은 각자의 팀을 독수리 혹은 방울뱀으로 이름 지었다. 며칠이 지나 두 번째 단계에서 두 팀을 만나게 하고, 5일간 여러 가지 시합(야구, 축구, 줄다리기, 보물찾기 등)을 팀 대항으로 진행시켰다. 최종 우승하는 팀의 모든 아이들은 다용도 맥가이버 칼을 상품으로 받을 수 있었다. 경쟁이 시작된 첫날부터 상대방 팀에 대하여 욕하고, 부를 때도 욕지거리를 사용하며, 자기 팀의 성원들끼리는 승리할 때 자화자찬의 말을 주고받았다. 식당에서 음식을 갖고 싸우고, 몸싸움이 나타나기 시작하였고, 상대방 팀의 천막을 습격하고, 깃발을 빼앗아 오는 집단 경쟁 행동도 나타났다. 이렇게 경쟁상황이 되자, 처음에 각 팀에서 부상했던 리더는 보다 호전적이고 체격이 좋은, 활동적인 아동으로 바뀌었다. 아동들은 자기집단의 것을 무조건 상대집단보다 좋게 보고, 편향적으로 평가하는 양상을 보였다. 마지막 단계에서는 고조된 적개심이 반전될 수 있는지를 보기 위한 활동을 제시하였다. 이를 위해 이틀에 걸쳐서 두 팀에게 경쟁이 배제된 활동을 일곱 가지 하도록 하였다. 이 단계에서는 서로가 상대방을 비아냥대고, 놀리는 행태가 별로 줄어들지 않았다. 마지막 단계에서 두 팀이 공동으로 힘을 합쳐야만 해낼 수 있는 과업을 주었다. 예를 들면, 캠프장까지 물을 끌어오는 수도관에 문제가 생겨서 물공급이 안 되는 상황에서 수 킬로미터에 걸쳐 수도관을 점검하는 과제를 제시하거나, 보급품을 운반하는 트럭이 시동이 안 걸리는 상황에서 밧줄로 끌기 위해 모든 아이들의 힘을 모아야만 하는 상황들이었다. 이렇게 협동해야만 달성될 수 있는 과제를 수행하도록 하자 분위기는 뒤바뀌었다. 캠프가 끝나 집으로 갈 때 아이들은 각자 타고 온 버스로 가는 대신에 대형버스 한 대를 이용해서 시까지 돌아가자는 선택을 하였다. 심지어 경쟁에서 이긴 상품으로 받은 돈으로 집으로 돌아가는 길에 들린 휴게소에서 간식을 사서는 진 팀 성원들과도 나누어 먹는 일이 벌어졌다.

로버스 동굴 연구에서 두 팀이 협동으로 물 문제를 해결하는 장면

이 현장실험 연구는 몇 가지 중요한 것을 알려 준다. 우선, 집단 간 적대감이나 호감이 나타나는 것은 개인의 성격 특징이나 외모의 차이, 역사적 은원관계가 필요한 것이 아니라 두 집단이 직면하고 있는 사회적 상황이 협동을 요구하느냐 아니면 경쟁을 요구하느냐에 의해 결정된다는 것이다. 아울러, 집단 간 경쟁은 집단 내 협동을 야기한다는 점이다. 종종 집단 내의 갈등과 분열을 단합으로 전환시키는 것을 빌미로 외집단과의 경쟁관계를 도발시키는 일들이 정치판에서 자주 벌어지는 것을 이해할 수 있다. 마지막으로, 개인이나 집단 간의 갈등이나 적대감을 바꾸기 위해서는 함께 일하여 성취할 수 있는 과제에 종사하도록 하는 것이 유용하다는 것이다. 그냥 만나게 하고, 섞이게 하는 것으로는 충분하지 못하다.

**상대적 박탈과 도전** 경쟁상황에서 사람들은 때때로 상대적 박탈감을 느끼는데 이는 비교대상이 되는 사람이나 집단보다 스스로가 제대로 대우받지 못한다고 여기고 이것을 부당하다고 생각할 때 느끼는 감정이다(Crosby, 1976). 이 감정은 개인적 박탈과 집단적 박탈(Runciman, 1966)로 구별될 수 있다. 상대집단에 대한 적개심은 개인적인 수준보다 집단적인 수준에서 느끼는 박탈감의 크기에 의해 큰 영향을 받는 것으로 나타났다(Walker & Mann, 1987). 소수자보호정책에 의해서 영향을 받는 사람과 그렇지 않은 백인들에 있어서 소수자에 대한 태도는 차이가 없는 것으로 나타나고 있다(Jessor, 1988; Kluegel & Smith, 1983). 이는 경쟁이나 갈등이 편견에 별 영향을 주지 못한다는 것이 아니라 개인에 대한 직접적인 위협보다는 자기집단이라는 현실적 및 상징적 실체에 미치는 위협의 정도가 편견에 주된 영향을 주기 때문이다(상징적 인종주의). 최근의 연구는 대립적인 집단의 성원이 느끼는 정서가 자신의 정서에 영향을 미치는 현상이 무의식적 수준에서 나타남을 보인다(곁글 10-2).

**곁글 10-2 상대집단의 기쁨은 내게 위협이다!: 역하지각의 수준**

사회의 구성원으로 함께 생활하면서 경쟁도 하고 때로는 협동을 하는 집단의 사람들이 서로에 대해 지닌 태도와 감정을 드러난 것으로만 판단한다면 얼마나 우호적인지 혹은 적대적인지를 파악하기 어렵다. 드러난 태도가 무의식적 수준에서 어떻게 나타나는지를 파악하기 위해, 한 연구(Weisbuch & Ambady, 2008)는 흑인과 백인 참여자들에게 흑인과 백인의 얼굴표정(행복한 표정과 두려움의 표정) 사진을 점화자극으로 알아볼 수 없을 정도로 빨리(12ms 동안: 1초는 1,000ms) 제시하고 각 사진을 보여 줄 때마다 그 표정과 상대의 인종을 식별하도록 하였다. 이 연구에서 정서의 강도는 역하로 제시된 표정 사진(점화자극) 이후에 제시된 긍정적인 사진(꽃, 새끼 고양이, 토끼, 돌고래, 아이 등)에 대한 반응시간과 부정적인 사진(뱀, 바퀴벌레, 교통사고, 상처 등)에 대한 반응시간의 차이를 구하여, 양수가 나오면 긍정적인 정서, 음수가 나오면 부정적인 정서로 간주한 것이다. 그 이유는 긍정적인 점화를 받게 되면 긍정적인 자극에 대한 반응시간이 빠르고, 부정적인 점화를 받으면 부정적인 자극에 대한 반응시간이 빠르다는 것이 여러 연구에서 입증된 탓이다. 이 연구에서 사람들은 역하로 제시된 얼굴표정을 인식하지는 못하는 것으로 나타났다. 그럼에도 불구하고, 백인 참여자는 백인이 두려워하는 얼굴표정을 점화자극으로 받았을 때는 뒤따르는 부정적인 사진에 대한 반응이 빠르고, 흑인이 두려워하는 얼굴을 점화자극으로 받았을 때는 뒤따르는 긍정적인 사진에 대한 반응이 빠른 양상을 보였다([그림 10-6]). 다시 말해, 행복한 얼굴표정에 대한 반응을 보면, 자기집단 성원의 행복한 얼굴에는 긍정적이지만, 상대집단의 행복한 얼굴에 대하여는 부정적인 반응을 보이는 것으로 나타났다.

편견의 대상이 되는 집단에 대한 부정적인 반응이 집단 소속을 의식적으로 식별할 수 없는 상황에서도 나타날까의 문제는 중요한 문제다. 의식적인 영역에서만 편견이 작용하는 것이라면 그렇지 않은 경우보다 문제를 다루기가 수월할 것이기 때문이다. 이 연구는 편견의 문제가 매우 뿌리 깊은 것을 보여 준다.

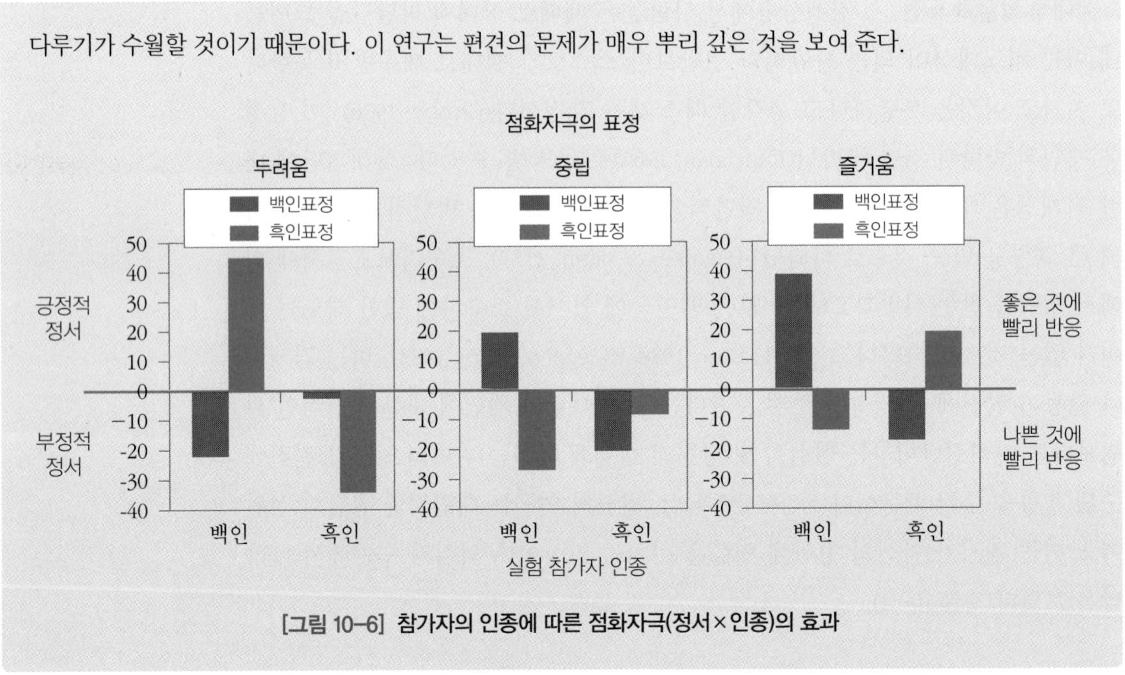


[그림 10-6] 참가자의 인종에 따른 점화자극(정서×인종)의 효과

상대집단에 대한 편견은 상대집단 성원들과 일상적인 교류를 하는 경우에는 의식적 통제 탓에 잘 드러나지 않는다. 그러나 이해가 걸린 상황이나 상대방에게 보이는 차별적 행위가 편견 이외의 탓으로도 여겨질 수 있는 상황에서는 그런 차별이 나타난다. 한 연구(Rogers & Prentice-Dunn, 1981)는 백인 참여자들에게 표적인물(흑인 또는 백인)이 학습을 잘하면 보상을 주고, 못하면 벌을 주는 방식으로 과제학습을 시키고 처벌의 도구로서 전기충격을 사용하게 하였다. 상대방이 자신들의 말에 순종적으로 잘 따르고 있는 상황에서는 처벌로 주는 전기충격의 강도가 흑인 표적에 대하여 오히려 백인 표적보다 약한 경향이 있었다. 그러나 상대방이 자

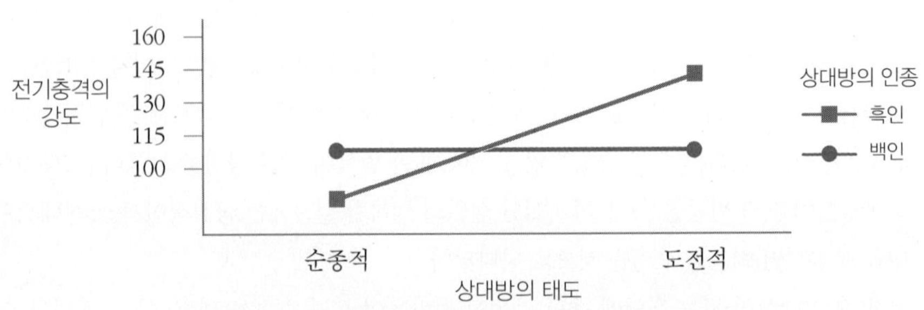


[그림 10-7] 편견의 발현양상: 상대방의 인종과 태도의 영향

출처: Rogers & Prentice-Dunn(1981)을 바탕으로 그림.

신에게 모욕적이며 도전적인 행위를 보일 때 흑인에 대한 전기충격의 강도가 현저하게 증가하는 것으로 나타났다([그림 10-7]).

**학습 및 사회화 과정에서의 획득** 유아는 성장하는 과정에서 사회의 편견과 고정관념을 얻게 된다. 흑백 아동들에 대한 1년 동안의 관찰 연구는 3, 4세의 아동들에게 이미 인종에 대한 편견이 자리를 잡기 시작하는 것으로 나타난다(Goodman, 1964). 즉, 흑인처럼 되고 싶다는 백인 아동은 없지만 흑인 아동들은 자기의 피부색을 싫어하거나 검다는 것을 부정하고 싶어 하는 마음을 보이는 것이다. 흥미 있는 것은 아동들이 비록 미숙한 수준이기는 하나 인종차별적 가치관을 갖고 있음에도 불구하고 그 부모들은 이를 거의 모르고 있다는 것이다. 이 현상은 편견적 태도가 말로 표현되기 이전에 이미 행동으로 표현되며 아이들이 이러한 단서를 습득해서 3세의 어린 나이에도 불구하고 그 같은 태도를 갖추게 됨을 보여 준다.

부모들은 아동에게 특정 가치관을 갖도록 강요할 수도 있지만 굳이 그러지 않아도 아동들은 부모와의 동일시 과정에서 부모가 지닌 가치관을 자기 것으로 만들어 버린다. 국내의 한 연구는 대구와 광주의 대학생들을 대상으로 한 조사에서 응답자들의 70%가 지역감정적 언사를 가정 내에서 들은 적이 있음을 보이고 있으며(조경근, 1987), 영호남의 초등 및 중고등 학생들을 대상으로 한 조사에서 지역간 고정관념이 초중등 아동들에게서 분명하게 나타나고, 고교생에서는 약화되는 것으로 나타났다(공인숙, 민하영, 2007). 이는 지역에 대한 편견이 가정에서 어렸을 때 이미 학습되고 있음을 시사한다.

아동의 사회화 과정에서 부모형제가 차지하는 역할 못지않게 중요한 역을 맡게 된 것이 TV 등의 방송매체다. 방송매체에 투영되는 흑인들의 모습을 내용분석한 연구(Greenberg, 1988)들의 검토에서 "1960년대 후반까지만 해도 대중매체에서 흑인이나 소수인종들은 거의 등장하지 않았다. 이들이 나타나는 경우가 없진 않았지만 그 경우 이들은 좋지 않은 문제와 관련되어 나타났으며, 그 모습은 종종 부정적인 사회적 통념과 합치한다"고 결론 내렸다. 이러한 보도양상은 실상 인종차별을 내포할 뿐만 아니라 이 같은 나쁜 소재들이 뉴스거리로 잘 팔리는 것으로 여겨지기 때문이라는 지적도 나오고 있다(Husband, 1975).

편견의 획득이 학습의 기제라는 증거 못지않게 생득적인 자기집단 보호기제와 사회적 권력관계에 대한 인식의 조합으로 매우 일찍 나타난다는 증거들이 있다. 암묵적 측정방식으로 자기집단에 대한 호의적 태도를 측정한 결과, 지배집단에 속하는 아동과 성인 모두에게서 소수집단에 대한 편견이 비슷한 정도로 나타나

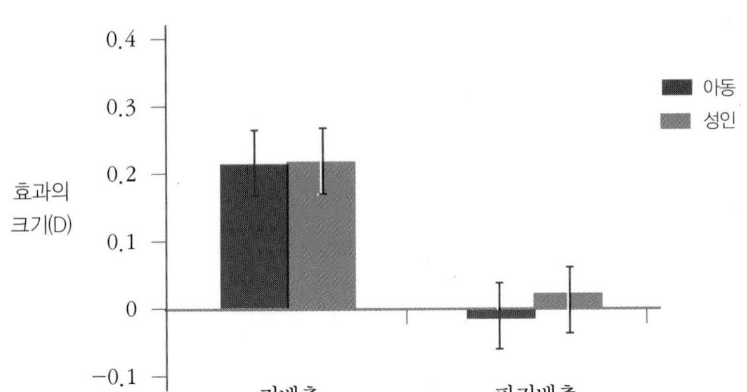


**[그림 10-8] 지배집단과 피지배집단 성원(아동 및 성인)이 보이는 내집단 편애적 태도(암묵적 측정)**
편견이 학습에 의한다면 아동에게서 편애현상이 약하게 나타나리라 보이지만 아동은 어른과 같은 수준을 보인다.
출처: Dunham et al. (2008), Fig. 2.

지만, 피지배집단의 경우에는 아동과 성인 모두 내집단 편애 양상이 나타나지 않았다(Dunham et al., 2008; [그림 10-8]). 다수 흑인에 대한 소수 백인의 지배가 끝난 남아프리카공화국에서 세 살 먹은 흑인 아동이 자기의 성(sex)에 대한 선호적 태도를 보이지만, 자기 인종에 대한 선호는 보이지 않고, 백인에 대한 선호를 보이는 것으로 나타났다(Shutts et al., 2011). 자신이 살아갈 사회의 권력지배 구조에 민감한 것은 유기체의 생존에 중요한 이점을 줄 수 있다는 점에서, 편견의 작용이 진화적 기제로 나타나며, 사회화 과정을 통해서 구체적으로 조율된다고 볼 수 있다.

**곁글 10-3** 상관의 착각-인지요소와 동기요소

상관의 착각은 사람들이 집단 간 행동을 볼 때 특출한 자극 두 가지('소수집단'과 '좋지 못한 행위')가 동시에 발생하는 가능성을 실제보다 높게 지각함으로써 없는 상관을 높게 지각하는 인지상의 오류현상이다(본서 4장 참조). 한 연구(송관재, 이훈구, 1993)는 이 현상이 인지적 편향뿐만 아니라 지각자의 집단이 관여된 경우에 자기집단을 좋게 보려는 동기적 편향에 의해서도 나타남을 보였다.

영호남 출신의 대학생들에게 자기집단과 외집단 성원이 취한 바람직한 행동과 좋지 않은 행동의 기술문 36개를 하나씩 슬라이드를 통해 제시하였다. 슬라이드의 숫자는 자기집단의 것이 많거나(24개: 다수집단) 또는 적었다(12개: 소수집단). 어느 조건에서나 행동기술문 중 2/3는 바람직한 행동(친구를 도움 등)이었고 1/3은 바람직하지 못한 행동(친구와 다툼 등)이었다. 종속반응은 제시된 슬라이드를 보여 주면서 각 행동이 어느 집단에 의해서 행해진 것인지를 판단하는 것이었다. 다수집단 조건(영남인 또는 호남인에게 자기집단 성원의 슬라이드가 많이 제시된 조건)의 참가자들은 바람직한 행동을 내외집단에 구별함에 있어서는 실제 제시된 빈도와 차이가 없었으나 바람직하지 못한 행동을 분류함에 있어서 실제 빈도(33%)보다 더 높게 외집단에 의해 행해진 것으로 분류하였다(49%). 한편, 소수집단에 속한(영남 또는 호남인들에게 자기집단 성원의 슬라이드가 적게 제시된 조건) 참가자들이 판단한 내집단의 바람직하지 못한 행동의 수는 실제 제시된 행동의 수와 차이가 없었으나, 내집단의 바람직한 행동의 수는 실제 제시된 행동의 수(8개)보다 2개 더 많은 것으로 여기는 판단오류를 보였다.

한편, 영호남인이 아닌 통제집단의 참가자들은 이전의 연구(Hamilton & Gifford, 1976)에서 나타난 착각적 상관현상을 보였다. 따라서 이 연구 결과는 인지적 편향으로서의 상관의 착각현상이 지각자의 동기적 편향(자기집단을 상대집단보다 잘 보려 함)에 의해서도 나타날 수 있음을 잘 보였다(Shaller & Maass, 1989).

## 고정관념/편견의 유지 및 증폭 기제

**이훈구(1940~ )**
하와이 주립대학에서 사회심리학 박사학위를 취득 후 연세대학교에서 사회심리학 교실을 이끌다 퇴직하였다. 한국심리학회장(1998~1999)을 역임했으며 편견, 집단관계, 사회문제와 문화 분야에 연구업적을 보였다.

고정관념과 편견은 어느 사회에서나 있게 마련이다. 그 내용이 단순하기 때문에 잘 맞지 않는다는 것을 아는 것은 어렵지 않다. 그럼에도 불구하고, 없어지지 않고 대대로 전승된다. 왜 그런지에 대하여 살펴보자.

**확증편향** 사람들이 가설을 검증할 때 철저한 과학자의 자세를 취해 가설과 부합하는 정보와 부합하지 않는 정보를 종합해서 가설의 타당성을 점검한다면 잘못된 가설의 경우 그 진위가 밝혀져 별 문제가 없을 것이다. 그러나 우리들의 가설검증은 확증편향의 양상을 취하고 있어 일단 가설이 형성되면 좀처럼 부정되는 일이 드물다(본서 3장 참조). 이 과정을 세 가지로 설명할 수 있다.

첫째, 자료의 수집에서 나타나는 편향성이 있다. 즉, 우리는 가설을 검증할 때 가설을 부정해 주는 자료보다는 가설을 지지하는 자료를 찾는 경향이 강하다. 이 같은 가설검증은 결코 한 가설이 맞다는 것을 알려 줄 수 없으며 가설은 부정적인 증거에 의해서 잘못된 것임을 보여 줄 수 있을 뿐이라는 Popper(1959)의 견해(그리고 널리 수용되고 있는 과학철학의 입장이기도 하다)와 배치되며 이 같은 확증편향은 아주 의심스러운 가설마저도 경험적으로 지지되는 정보를 얻게 만들어 그럴듯하게 치장해 준다.

둘째, 자료의 해석상에서 나타나는 편향성이 있다. 즉, 애매모호한 정보를 접했을 때 이를 기대에 걸맞은 것으로 해석하는 것이다. '이주민은 믿을 수 없다'라는 가설을 지녔을 때 이주민 갑이 나에게 보인 친절은 나를 이용하기 위한 친절로 여겨질 수 있다. 또한 기대에 부응하지 않는 행동은 상황특수적인 것으로 여긴다(Deaux & Emsweiller, 1974). 따라서 부합하지 않는 행동이 다른 기존의 가설 맥락

**포퍼(Karl Popper, 1902~1994)**
영국의 철학교수로 경험과학에서 귀납적 방법에 반대하고 반증가능성 기준을 통해 연역적 검증절차를 택해야 한다고 주장하였다. 이 방법에 따르면 과학자들은 자신의 이론에 대해 반증사례를 발견하려고 노력해야 한다. 대표적 저술로 『열린 사회와 그 적들』 등이 있다.

**과학철학(philosophy of science)**
과학적 탐구의 과정에 포함된 관찰과정, 논증형식, 그 형이상학적 전제들의 타당성을 검토하는 철학

에서 설명된다면, 그 행동은 이제 더 이상 모순성을 띠지 못하게 된다.

셋째, 기억의 용이성에서 나타나는 편향성이다. 즉, 기대와 부응하는 사건의 발생 빈도를 과다하게 평가할 뿐 아니라 그러한 사례가 보다 쉽게 떠오르는 것이다(Crocker, 1981). 심지어 사람들은 자신들의 기억을 고정관념에 맞추어 재구성하기도 한다. Allport(1954)가 실험참가자들에게 신사복을 입은 흑인과 면도칼을 든 백인의 사진을 보여 주고 나서 후에 그 사진을 회상하도록 했을 때 많은 사람들이 백인이 신사복을 입었고 흑인이 면도칼을 들고 있던 것으로 여기는 것이었다. 사회적 행위의 해석과 회상은 이같이 사전 기대감에 의해 왜곡되는 경우가 많다.

이 같은 편향성들에 의해 얻어진 지역민에 대한 편견을 지지해 주는 실례들은 그 편견의 타당성에 대하여 과신하게 만든다. 예로서 '△△지역민은 믿을 수 없다'는 가설을 갖게 된 사람들은 그 지역민들이 신뢰할 수 있게 행동하는 증거를 찾아서 가설이 잘못되었다고 부정하는 대신에 '신뢰할 수 없는 지역민'들의 사례를 찾고(틀림없이 성공할 것임!) 그러한 사례들의 발견으로 자기 가설을 맞다고 여기게 된다.

확증편향은 가설지지적인 자료를 구하기 쉬울 뿐만 아니라, 더 나아가서 편견의 대상인물과 교류 시 그로 하여금 편견에 부응하는 행동을 보이게끔 만들기도 한다. 즉, 스스로 이루어지는 자성예언현상을 초래한다(Darley & Fazio, 1980; Word et al., 1974).

**집단규범에의 동조** 편견은 특정 집단에 대해 과도하게 단순화된 부정적 인식이 한 집단 내에 공유되고 있는 것이다. 그러나 편견을 갖는 것은 집단 내에서 용인될 뿐 아니라 조장되는 면도 크다. 즉, 공유된 태도에 동조하는 행동은 주위 사람들에게서 강화를 받게 되고 그에 어긋나는 행동은 집단에서 따돌림 따위의 처벌을 받기가 쉽다(본서 9장 참조). Pettigrew(1975)는 흑백의 차별이 여전히 강하게 남아 있는 버지니아의 한 석탄 광산의 모습을 그리고 있다. 막장에 들어가서는 흑인, 백인 구분 없이 협동작업을 하지만 일단 일터를 벗어나서는 두 인종 집단은 단절된 생활을 영위하는데, 이것은 일터에서의 규범과 일상생활에서의 규범이 별도로 존재하고 사람들은 각각의 상황규범에 맞춘 동조행동을 보이기 때문이다. 마찬가지로, 유대인에 대한 편견이 없던 사람들이 뉴욕 시로 이사 와서는 반유대주의자들과 교류를 하면서 유대인 혐오 감정을 품게 된 점이나, 군에 입대한 남부 출신들이 인종 간 단합이 요구되는 군대의 규범을 좇아 흑인에 대한 편견이 줄어든 것은 사회적 규범에 대한 동조성향에 의해서 편견의 습득이 영향받음을 보여 주는 것이다(Watson, 1950).

**자기상의 추락 경험** 소수집단에 대한 편견을 갖고 있다고 해서 늘 이런 편견을 갖고 상대를 대하는 것은 아니다. 사람들은 모욕을 받거나, 창피를 당하는 상황처럼 자기의 긍정적인 모습이 훼손되는 경우에 소수집단에 대한 편견을 드러낸다. 이를 보여 준 실험에서 대학생 참여자들에게 지능검사를 치루게 하고 실망스러운 점수를 거두었다고 알려 주었다. 통제조건에 배정된 참여자들에게는 이 검사가 믿을 수 없는 검사라고 알려 주었고, 실험조건의 참여자들에게는 검사가 믿을 수 있는 검사라고 알려 주었다(Fein & Spencer, 1997). 모든 참여자들에게 한 유대인 표적인물에 대한 자서전적 설명문을 보여 주면서 이 인물이 동성애자 혹은 이성애자라고 알려 주었다. 참여자들이 표적인물에 대한 평가를 했을 때 지능검사 결과에 실망한 사람들은 동성애자인 표적인물에 대하여 편견적 평가를 하는 것으로 나타났다([그림 10-9]). 지능검사가 의미 없는 검사라는 것을 아는 조건에서는 이런 평가가 나타나지 않았다. 이같이 편견과 고정관념은 긍정적인 자기상이 위협받는 상황에서 밖으로 표출되는 것이다. 이를 이해한다면 편견을 없애려는 노력보다는 편견이 발현되지 않도록 하는 상황을 유지하는 것이 더욱 현실적인 조치가 될 것이다.

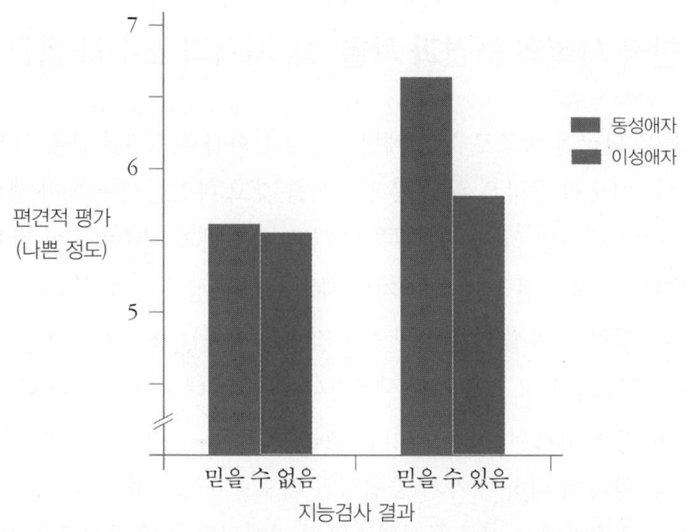


**[그림 10-9] 지능검사의 실망스러운 결과에 따라 달리 나타나는 동성애자에 대한 편견**

출처: Fein & Spencer (1997), Fig. 2.

1. 사회에 수용되고 있는 특정 집단에 대한 고정관념과 편견은 자동처리기제에 의해 활성화되면서 상대에 대한 정보처리 및 교류에 큰 영향을 미친다.
2. 고정관념은 정보처리의 측면에서 상대방의 개별적 특성을 파악하는 대신에 그의 집단정보에 의지함으로써 상대에 대하여 훨씬 많은 것을 파악하게 해 주는 정보처리의 효율성을 가져온다.
3. 고정관념은 힘 있는 집단의 사람들이 생활에서 겪는 좌절을 배출하고, 힘 없는 집단에 비하하여 우월감을 맛보기 위한 정서적 이유에서도 나타난다. 이 양상은 권위주의 성격이 강한 사람들에게서 특히 잘 나타난다.
4. 현실적 집단갈등 이론은 한정된 자원을 놓고 갈등관계에 놓인 집단들이 편견과 적대감을 지니게 된다고 본다. 상징적 인종주의 이론에 따르면, 현실적인 위협이 없어도 집단관계가 불리하게 전개될 것이 두려워 상대집단을 폄하하고, 적대적인 행위를 보일 수 있다.
5. 근거가 없는 편견일지라도 확증 방략과 집단규범에의 동조 양상 및 긍정적인 자기상을 지키기 위해서 끈질기게 유지되는 양상을 보인다.

## 한국 사회의 편견과 차별: 성, 지역과 소수자 집단

한국인들은 단군을 국조로 삼는 배달민족의 신화를 갖고 5천 년을 이 땅에서 살아오고 있다. 이웃인 중국은 워낙 큰 땅덩이를 갖고 다양한 종족들이 생활하고 있으며, 일본이나 대만만 하더라도 혈통이 다른 원주민과 이주민들이 갈등하며 공존하고 있다는 점에서 한국 사회가 지닌 사회적 동질성은 동아시아에서도 이례적이라 하겠다. 강한 동질성 의식을 당연한 것으로 여기는 탓에 이질적인 것을 접하면 '우리'와 '그들'의 비교 틀을 작동시키면서, 그들에 대하여 '다르다'와 '틀리다'를 섞어 쓰면서 별 문제의식을 못 느낀다. 신문이나 TV, 온라인 공간의 대중매체에서도 소수자, 약자에 대하여 가치 중립적인 태도보다는 주류 사회의 가치를 준거로 판단하고, 소수자의 소리를 묵살함으로써 지배적인 주류 가치관을 재확인하고 전파하는 양상을 보인다(백선기, 2006). 한국 사회에서 집단범주와 관련된 편견이 가장 심한 성, 지역 및 소수자 집단에 대하여 살펴보자.

## 성차별

여성은 남성과 더불어 사회를 구성하고 생활에서 늘 함께 지내 왔지만, 대등한 지위를 획득하게 된 것은 최근의 일이다. 여성들은 성차별적 고정관념과 편견의 대상이었고, 오늘날에도 이 점은 상당부분 지속되고 있다. 여성집단에 대한 이런 편견은 다른 소수집단에 대한 것과는 근본적으로 다른 속성들을 지니고 있다. 소수집단의 경우에 다수의 사람들이 실제로 만나지 못하고 관념적으로 그러한 편견을 갖게 될 수 있고, 이를 검증할 적절한 기회가 주어지지 않을 수 있으나, 여성의 경우에는 그렇지 않다. 늘 보아 왔고, 친숙한 대상이기 때문이다. 대부분의 사회에서 소수집단에 대한 편견이 적대적이거나 비하적인 특징을 지니는 반면에, 여성에 대한 편견은 단순히 적대적이거나 비하적인 것은 아니다. 부정적인 것 일색이 아니라 긍정적인 측면들을 많이 가지고 있어 양가적인 특색을 지닌다(Glick & Fiske, 1996). 이는 특히 현대 사회에서 여성적 가치와 양성적 가치에 대한 인식이 남성중심 사회에 변화를 가져오면서 나타난 현상이다. 여성적 가치가 열등하며 잘못되었다는 식의 평가는 더 이상 설 자리가 없어졌지만, 여성적 가치가 남성적 가치와 대등하게 인식되고 있는 것은 아니다. 여성운동의 성과에도 불구하고 사회, 특히 직업세계에서 여성은 유리천장을 깨기 어렵고 여전히 보이지 않는 소수로 남아 있는 경우가 허다하다(김양희, 정경아, 2000).

**성차별의 변화-양가적 성차별주의 이론** 오늘날 여성에 대한 차별은 많이 없어진 듯 보인다. 과거의 노골적이던 성차별주의와 달리 오늘날은 성차별이 은밀한 형태로 작동하며, 두 가지 형태로 구분된다(Glick & Fiske, 1996). 적대적 성차별주의(HS)는 남성 위주의 전통적 권력구조에 도전하는 현대적 여성에 대한 반발과 처벌적인 태도로 나타나며, 온정적 성차별주의(BS)는 여성을 동등하게 대우하는 듯 보이지만 전통적 역할을 유지하는 여성에 대해 보상하고 격려하며 그런 여성을 좋아하고, 돕고자 하는 형태로 작용한다. 후자는 여성을 착취하는 것은 아니지만 남성이 여성을 돌보는 책무를 지니고 있다는 지배 논리를 바탕에 깔고 있다는 점에서 여성을 종속적이고 열등하게 여기는 관점을 내포한다. 이러한 두 가지 형태의 성차별주의 태도를 측정하는 척도(나 알기 2)를 이용하여, 한국을 포함하여 19개국에서 얻어진 응답자료에서 나타난 적대적 성차별주의의 양상이 [그림 10-10]에 나타나 있다(Glick et al., 2000). 각국을 대표한다고 볼 수 있는 표집은 아니지만, 한국의 자료(대학생 200여 명)는 성차별주의가 비교적 높다는 것을 볼 수 있다(온정적 차별주

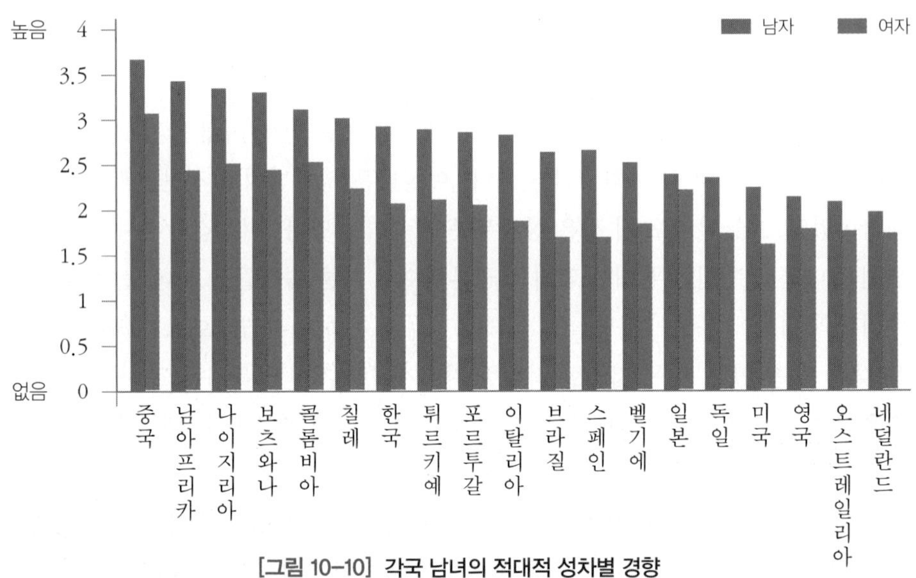


**[그림 10-10] 각국 남녀의 적대적 성차별 경향**

출처: Glick et al. (2000).

의에서도 마찬가지로 나타남). 이 자료를 UN이 발행한 성평등 지표와 더불어 분석해 보니 성평등 지표가 낮은 나라일수록 두 가지 성차별주의 점수가 높은 양상을 보이고 있다. 더 흥미로운 것은 적대적 성차별주의가 높은 나라들에서 두 유형의 차별주의의 상관이 낮게 나타난다는 점이다. 이는 그런 나라들에서 적대적 성차별과 온정적 성차별이 마치 무관한 것처럼 별개로 작용할 수 있음을 의미한다.

혹 '온정적 성차별주의도 성차별주의인가?'라는 생각이 들 수 있다. 국내의 조사에서 온정적 성차별주의(BS)는 적대적 성차별주의(HS)와 의미 있는 상관이 나타나고 있다(김혜숙 외, 2005). BS가 높은 사람들은 다양한 여성들(페미니스트, 가정주부, 여성 기업인 등)에 대해 긍정적으로 평가하였지만, 미혼모나 이혼녀처럼 전통적 여성상에서 벗어난 여성에 대하여는 부정적인 평가를 하는 것으로 나타났다. 이는 BS도 성차별주의의 한 형태임을 보이는 것이다. 더욱이, 여성이 차별받는 것에 대해 연민의 감정을 느끼는 정도가 높을수록 HS는 낮게 나타나지만, BS는 높은 것으로 나타나 두 형태의 차별이 별개이면서도 관련성이 높다는 것을 알 수 있다(안상수 외, 2005). HS가 높은 남성의 경우에 여성에 대한 부정적 고정관념을 강하게 가지면서도, 여성에 대한 차별을 부인하는 양상을 보인다. 그러나 BS가 높은 남성들은 여성에 대한 긍정적인 생각을 갖지만, 여성에 대한 차별을 자연스러운 것으로 받아들이는 양상을 보인다. 수도권의 고교생을 대상으로 한 조사는 남녀 학생들이 적대적 성차별주의를 잘못이라고 여기지만, 온정적 성차별주의는 괜찮다고 여기고

**김혜숙(1953~2021)**

미국 아이오와 대학교에서 사회심리학 박사를 하고 현재 아주대학교에 재직 중이다. 한국사회 및 성격심리학회 17대 회장을 역임하였으며, 편견과 고정관념 등의 분야에 연구업적을 보이고 있다.

있음을 보인다(이미나, 2016).

몇몇 정치인들이 보이는 성차별적 언행은 종종 언론에서 화제가 된다. 적대적 성차별주의자들은 성차별적 언행을 보이는 정치인들을 지지하는 양상을 보인다. 온정적 성차별주의자들은 이런 정치인을 드러내 놓고 지지하지는 않지만, 이들은 여성을 열등한 존재로 여기는 심리를 지니고 있어서 중립적이거나 페미니스트적인 후보보다는 성차별적 정치인을 우호적으로 여긴다(김기동 외, 2020).

### 나 알기 2: 나의 양가적 성차별주의

다음의 진술문에 대한 동의 정도를 1(전혀 그렇지 않다)~6(매우 그렇다)의 숫자를 택하여 응답하시오.

1. 여권운동가들은 남성들에게 터무니없이 무리한 요구를 한다.
2. 공정한 경쟁이지만 여성들은 지면 성차별이라고 불평한다.
3. 집의 소유주(명의)는 남자로 하는 것이 당연하다.
4. 남자의 권위가 여자보다 큰 가정이 안정적이다.
5. 여자는 성공을 위해서 자신의 미모를 이용한다.
6. 여성은 성적으로 순진한 척 해서 남성이 매달리게 만든다.
7. 늦은 밤에는 남자가 여자를 집까지 바래다주어야 한다.
8. 가벼운 짐일지라도 여성에게 들리기보다는 남성이 들어 주어야 한다.
9. 남성은 여성과의 사랑이 없다면 결코 행복해질 수 없다.
10. 여성의 사랑을 얻은 남자가 진정한 남자라고 할 수 있다.
11. 여성은 가정을 돌보는 섬세함을 지니고 있다.
12. 여성의 선천적인 부드러움은 남성이 따라갈 수 없다.

1~6번 문항은 적대적 성차별주의를, 나머지 문항은 온정적 성차별주의를 재는 문항임(안상수 외, 2005에서 발췌함. 원척도는 총 38개 문항으로 구성됨).

**암묵적 성차별: 언어 사용의 양태** 두 남녀가 껴안는 장면을 보는 경우 'A가 B를 껴안는다' 'A가 B를 유혹한다' 'A가 B를 좋아한다' 혹은 'A는 따뜻한 사람이다' 등으로 다양하게 묘사할 수 있다. 이들 묘사문은 장면을 구체적인 행위(맥락적) 차원에서 보느냐와 추상적 차원(탈맥락적)에서 보느냐의 차이를 드러내고 있다. 언어범주 모형(Semin & Fiedler, 1988)은 말하는 사람이 쓰는 단어의 유형을 범주화시켜 흥미로운 현상을 보여 준다. 이 모형에 의하면 서술적 행위동사('껴안는다')는 가장

구체적인 수준의 사태 파악이며, 해석적 행위동사('유혹한다')는 행동의 범주(유혹)를 파악하며, 상태동사('좋아한다')는 안정적인 심리상태를 파악하며, 형용사('따뜻하다')는 가장 추상적인 방식으로 사태를 파악하는 것이다. 이 모형을 적용한 연구들은 똑같은 행위를 기술함에 있어서 자기집단이 행한 것이라면, 좋은 행위는 추상적인 수준에서, 나쁜 행위는 구체적인 수준에서 기술하며, 다른 집단이 행한 것이라면 좋은 행위는 구체적인 수준에서, 나쁜 행위는 추상적인 수준에서 기술하는 양상을 보였다(Maass, 1999). 이런 언어구사 양상은 궁극적 귀인오류(Pettigrew, 1979)에 취약하게 만든다. 이는 내집단에 대한 평가를 비교집단에 비해서 좋게 여기는 귀인양상인데, 내집단의 좋은 행동은 집단의 특성 탓으로, 나쁜 행동은 상황적 특성 탓으로 여기며, 외집단의 좋은 행동은 상황적 특성 탓으로, 나쁜 행동은 집단 특성 탓으로 여기는 것이다.

유럽연합이 발행한 보고서에 따르면 이탈리아의 대학에서 여성 정교수의 비율은 22%로 나타난다. 여성들이 남성과 비슷한 비율로 대학에 들어가지만, 학계에서 자리 잡기가 어려운데는 겉으로 드러나지 않는 성차별이 여전히 작용하기 때문일 수 있다. 이 가능성을 점검하기 위해서, 이탈리아의 명문대 볼로냐 대학교의 교수채용 절차를 점검하였다. 이 대학에서는 교수채용을 할 때 분야별로 선발위원회가 구성되고, 이들이 응모한 사람들의 이력을 평가하여 소견서를 작성하고, 이를 바탕으로 채용이 결정되며, 이 소견서들은 해당 대학의 누리집에 공시된다. 연구자(Rubini & Menegatti, 2014)들은 한 해 동안 벌어진 부교수 공채에 응시한 응모자들 194명(남자 118명, 여자 76명)에 대한 소견서 814개를 구하여, 응모자를 기

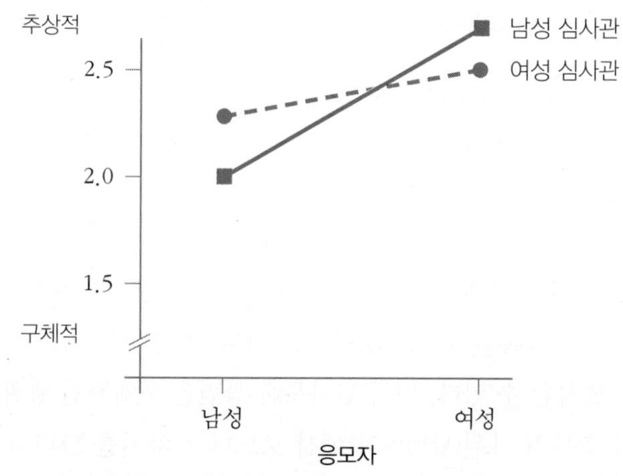


**[그림 10-11] 응모자 평가 시 쓰인 부정적 표현의 추상성에서의 성차**

출처: Rubini & Menegatti (2014).

술하는 문장들에 쓰인 단어들의 추상성-구체성을 분석하였다. 선발위원으로는 남자 93명, 여자 46명이 참여한 것으로 나타났다. 분석 결과, 응모자에 대해 호평을 한 기술문에서 나타나는 문장의 추상성에서는 아무런 남녀 차이가 없었으나, 악평을 한 기술문의 경우에 남성 선발위원은 여성 응모자에 대하여 추상성이 높은 동사를 사용하는 것으로 나타났다([그림 10-11]).

한국 사회에서 성평등지수는 많이 개선되었지만, 여전히 전문직종과 고위직종에 종사하는 여성의 비율은 매우 낮다. 가시적인 차별은 많이 없어졌지만, 언어사용에 있어서의 차별이 어떻게 나타나는지를 파악해 볼 필요가 있다.

**성차별의 문화적 소인** 나라마다 성차별의 정도에 차이가 있다. OECD 40개국에서 행해지는 성차별의 수준과 15세 학생들의 수학성적을 비교한 결과, 여성의 사회적 지위가 낮은 나라일수록 남학생에 비해서 여학생의 수학성적이 낮은 것으로 나타났다(Guiso et al., 2008). 여성들이 수학성적이 낮아서 좋은 직업을 못 갖고 사회적 지위가 낮아질 가능성도 있다. 그러나 9개의 나라에 이민 온 35개국의 2세대 학생들을 대상으로 분석해 보니 이민 오기 전 모국의 성차별 수준이 높을수록 이들의 수학성적이 낮게 나타나는 것으로 나와, 성차에 대한 문화적 통념이 자녀들의 수학성적에 영향을 미치는 것을 알 수 있다(Nollenberger et al., 2016).

성차별적 통념이 강한 문화에서 여성들은 과학이나 공학 분야의 일에서 자신의 역량을 깎아내리는 편향을 보인다. 스스로의 능력을 저평가하므로 이런 분야의 직업을 갖는 것을 꺼리는 양상을 보인다(Correll, 2001). 어찌 보면 직업의 선택은 자발적인 것이니까 차별이 아니라고 여길 수도 있다. 그러나 성차별의 통념이 너무나도 당연하게 여겨져서 성차별이라고 여기지 않는 통념이 성차별을 재생산해 내는 것이다. 즉, 운동장이 기울어져 있는 것 자체를 보지 못하는 것이다.

**국내의 성차별** 국내에서 여성에 대한 성차별이 고용율뿐만 아니라 제반 사회활동 영역(CEO, 국회의원, 교수 등등)에서 뚜렷이 나타나고 있는 것은 누누이 지적되고 있다. 이를테면, 국회의 경우 17대(2004~2008) 들어서 여성비례대표 할당제가 도입되어 처음으로 여성의원의 비율이 13%(39명/299명)로 한 자릿수를 넘겼고, 21대(2020~2024) 국회에서 19%로 늘어났다. 그러나 국회의원이 둘 수 있는 2명의 4급 보좌관에서 여성이 차지하는 비율은 75명(13%)에 불과하며, 가장 낮은 직급인 9급 비서에는 여성이 62%를 차지하고 있는 것으로 조사되었다(한겨레, 2022. 8. 15.). 19대 국회에서 파악한 것을 보면 두 명씩 둘 수 있는 4급과 5급 비서

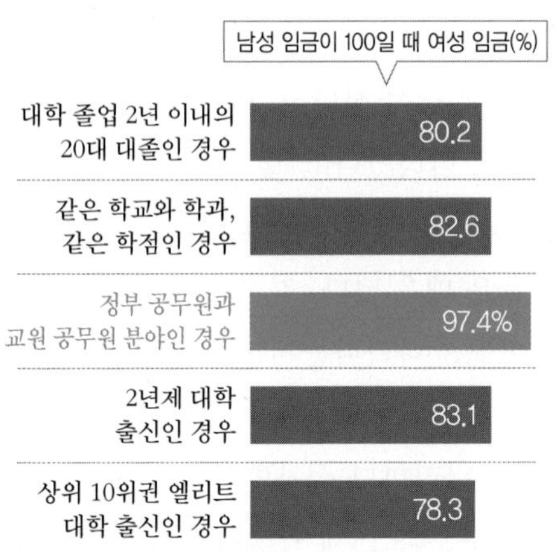


**[그림 10-12] 남녀의 임금 차이**

출처: 김창환, 오병돈(2019)에 근거.

관에 여성을 한 사람도 두지 않은 여성의원이 15명(34.7%)으로 나타나 고용에서의 성차별은 남성만이 아니라 여성들도 하고 있음을 보여 준다.

성차별은 임금의 수준에서도 나타난다. 국내의 성차별은 종사하는 직종이나 전공이 성별로 다른 데서(남성은 공학/의학, 여성은 예술/인문 등) 나타나는 것이 아니라 같은 분야에 종사하는 경우에도 나타났다. 20대의 대학 졸업자들 7만여 명을 대상으로 졸업 후 2년이 지난 미혼 취업자의 월평균 소득을 보니 남성의 소득은 216만 원으로 여성의 173만 원보다 20%가 많았다. 동일학교, 전공, 심지어 학점이 같은 경우에도 여성의 소득은 남성에 못 미치는 것으로 나타났다([그림 10-12]; 김창환, 오병돈, 2019).

**성평등에 대한 사회 현실** 여성가족부의 2021년 양성평등 실태조사에 따르면 여성의 65%는 사회가 여성에게 불평등하다고 응답하였고, 28%가 남녀평등하다고 답한 반면, 남성의 41%가 여성에게 불평등하다고, 42%는 남녀평등하다고 답하였다. 5년 전에 비해서 남녀 모두 한국 사회가 남녀평등한 사회로 변하는 것으로 인식하는 것이다. 그러나 세계경제포럼(WEF)에서 내는 세계 146개국의 정치 · 경제 · 교육 · 건강 분야의 성별 격차를 종합한 '글로벌 성 격차 보고서 2022'를 보면, 한국의 성 격차 지수는 0.689(1.0에 가까울수록 평등)로 146개국 중 99위다. 지표별 순위를 살펴보면 경제 참여 기회에서 115위, 교육에서 97위, 정치적 기회에서

72위로 나타난다. 유사한 업무를 수행하는 남녀의 임금 평등 지수는 0.6으로 세계 98위였다. 교육 부문에서 여성의 문해율은 남성과 동등해 전 세계 1위로, 초등학교와 중학교 진학률은 남성과 동등했지만, 고등교육기관 진학률은 남성보다 19.7%가 낮아 세계 113위에 그쳤다. 정치 부문에서 여성의 의회 진출 비율은 18.6%에 그쳐 세계 104위를 차지했고, 여성 장관의 비율은 27.8%로 세계 58위였다.

**곁글 10-4** 한국 사회의 여성혐오

한국 사회가 보이는 낮은 출산율, 높은 비혼율, 치열한 경쟁, 과도한 노동시간, 헬조선 등을 싸잡아서 설명하는 생활 용어는 **각자도생**이다. 생존에 대한 불안이 만성적으로 작용하는 현재 한국 사회에서 사람들은 저마다 살아남기 위해 정규직을 가지려 하고, 번듯한 직장을 갖지 못한 사람들은 두세 가지의 직종에 종사하며 몸이 혹사당한다. 부모세대가 당연시했던 '취업 → 결혼 → 출산'이란 삶의 여정이 더 이상 당연하지 못하다. 취업전선에서 강력한 상대로 부상한 여성들에 대하여 '**역차별**'의 가능성을 떠올리며, 여성의 군복무, 군필남성의 우대 등을 주장하며 여성에 대한 상대적 박탈감을 보이기도 한다. 더 이상 젊은 남성들은 여성을 사회적 약자로 인정하지 않으며, 남성을 위협하는 경쟁자로 여기는 것이다. 젊은 남성들이 느끼는 압박감은 삶의 두 가지 핵심적인 영역이라고 할 수 있는 일과 돌봄의 영역에서 모두 나타난다. 여성은 이미 일의 영역에서는 남성의 경쟁자가 되었다. 남성은 일뿐만 아니라 돌봄의 영역에서도 여성이 맡아 왔던 역할을 분담 수행해야 한다는 사회적 압력을 받고 있다(배은경, 2015).

그럼에도 불구하고, 남존여비와 가부장적 심리 속에서 남성으로서의 역할을 하지 못하는 좌절과 무의식적인 자괴감이 여성을 적으로 여기는 양상으로 나타나며 여성혐오적 사회현상을 노출시키고 있다. 많은 범죄의 희생자가 여성이며, 잘못된 행위를 할 가능성은 남녀 모두 있지만 유독 여성의 경우에 '김치녀' '개똥녀' '된장녀' 등으로 폄하하는 글들이 온라인을 달구어, 마치 여성들만이 그런 행위를 저지르는 것 같은 착각을 불러온다. 이들은 온라인이란 새로운 매체를 통해서 급격히 퍼지며, 피해자를 사회적으로 거의 매장시킨다. 2016년 5월에 지하철 강남역에서 30대의 남성이 아무런 면식이 없는 20대의 여성을 살해한 사건은 **묻지마 범죄사건**으로 보기도 하지만, 여성을 겨냥한 **혐오범죄**의 한 양태라고 볼 수 있다.

2016년 5월 22일, 서울 서초구 강남역 10번 출구에서 살해된 여성의 죽음을 애도하는 쪽지들.

[연합뉴스 자료사진] http://www.newsingm.co.kr/mobile/article.html?no=12918 참고바람.

여성혐오의 문제는 전국적인 조사에서도 확인되고 있다. 젊은 연령대의 여성들은 여성혐오가 심각하다고 인식하며, 남성의 경우는 젊은 연령대보다 높은 연령대에서 여성혐오 현상을 심각하다고 여기는 양상이 나타난다(박건우, 이정읍, 2019). 서울에 거주하는 대학교 남학생을 대상으로 한 조사는 삶의 만족도가 낮을수록 여성혐오 양상을 강하게 보이고 있다(조선아, 유계숙, 2018). 고등학생들의 경우에도 여성의 사회진출에 대한 태도가 부정적일수록 여성혐오 경향이 높은 것으로 나타나고 있다(백승대, 안도헌, 2017).

**성평등하다는 착각: 구색 갖추기(Tokenism)** 여성 대통령까지 선출했던 역사적 현실을 보면 한국사회에서 성평등은 상당히 구현된 것처럼 보인다. 그러나 고위 관료, 국회의원, 기업의 임원, 대학의 교수 등의 직업군에서 여성의 수는 5~20% 수준이다. 남성이 대부분인 고위 직종에 여성이 소수라도 있게 되면 그 실재감이 부풀려져 실제 숫자보다 훨씬 큰 대표성을 지닌 것으로 인식될 수 있다.

소수자 집단의 성원을 조직에 포함시켜 조직의 포용성과 성원의 다양성을 높여, 창의적이며 차별 없는 정의로운 일터를 만드는 것이 중요하다는 인식과 이를 위한 노력은 21세기에 나타나고 있는 사회운동의 특징이기도 하다. 사회운동의 이런 지향가치에도 불구하고 많은 조직에서 실제적인 포용정책을 펴는 노력보다 명목상으로 혹은 상징적으로 그런 인상을 주는 노력들에 그치는 경우가 많다. 즉, 소수집단의 성원들을 충분히 고용하는 것이 아니라 명목상으로 그럴듯하게 보이게끔 하는 구색 갖추기에 그치는 경우가 많다. 1970년대에 이런 현상을 연구한 결과, 남성이 절대 다수인 일터에서는 여성들이 차별과 성희롱을 경험하는 것은 물론, 남자 못지않은 성과를 올려야 한다는 압력을 받으며, 끊임없이 관찰과 감시의 눈길을 받으며, 남성 동료들과 어울림에서 따돌림을 당하며, 여성에 대한 고정관념에 부합하는 행동을 보이게 된다는 것이 나타났다(Kanter, 1977).

인종 혹은 성차별의 부당함을 인정하면서 조직/단체에서 시정책을 취하지만 많은 경우에 명목상의 시정, 즉 구색 갖추기로 그치는 경우가 많다. 그러나 구색 갖추기는 차별받는 소수자 집단의 성원들을 소수만 받아들이면서도, 사람들에게 마치 기회가 누구에게나 열려 있고, 노력과 능력을 갖추면 된다는 기대감을 주기 때문에 현 상황이 평등한 상황은 아니지만 평등한 사회로 가고 있다는 착시를 주는 것이다. 흥미로운 실험에서 연구참여자들에게 회사의 여성 직원의 비율이 현재 2%라고 알려 주고, 조건을 나누어 향후 여성의 비율을 50%로 높이거나, 구색으로만 유지하는 10%로 하거나, 여성에게 폐쇄적인 현상태를 유지하려는 채용정책을 지니고 있다고 알려 주었다. 참여자들에게 이런 조직의 채용정책에 대하여 공평성을 평가하도록 했더니 50% 정책에 대하여 여성들은 남성보다 더 공평한 정책이라 여기고, 2%의 폐쇄적인 현상태 유지 정책에 대하여는 남성들이 여성보다 더 공평한 정책이라 여겼다. 10% 구색으로만 여성을 유지하자는 정책에 대해서는 남녀 차이 없이 모두 공평한 정책이라고 여기는 것으로 나타났다(Danaher & Branscombe, 2010). 이런 결과는 사람들이 수치상의 평등성보다는 평등의 가능성을 중요하게 여기는 것을 보여 준다.

직장에서 성차별을 없애기 위해 소수집단 성원의 숫자를 증가시키는 것이 해법이 되는 것은 아니다. 소수자의 숫자가 증가하면 다수집단의 지위가 위협받는 탓에 이를 막기 위해 성차별적 언행이 더욱 심해지고, 성희롱도 늘고, 임금을 차별화하고, 승진에 불이익을 주는 등의 행동이 늘어나기도 한다. 중요한 것은 조직의 문화이다. 비록 남성의 숫자가 압도적이라도 조직이 성평등을 권장하고, 암묵적으로 작동하는 남성 위주의 직무수행 행태를 변화시키는 노력이 있으면 여성들도 수가 증가하면서 실질적으로 남성 못지않게 일을 수행하는 것으로 나타난다(Elstad & Ladegard, 2012).

## 지역 및 소수집단에 대한 고정관념/편견

어느 나라에서나 출신지역에 대한 고정관념은 있어 왔다. 미국에서 남부와 북부, 영국에서 북부와 남부, 이탈리아에서 남북, 독일에서 동서, 일본에서는 동서 등등 각 지역에 대한 상대지역의 고정관념은 지역 간의 대립 갈등의 양상에 따라 부침한다. 국내에서는 전두환 정권 말기인 1987년에 있었던 대통령 선거에서 영호남의 지역감정이 크게 문제가 된 이후, 한국정치는 영남과 호남의 대립구도가 판세에 결정적인 영향을 미치는 것으로 분석된다(김진하, 2010; 김태완, 2012).

**지역민에 대한 인식과 차별** 영호남 지역민에 대하여 외지인들의 생각을 파악하여 분석한 연구들은 영남지역민에 대하여 고집이 세고, 성급하며, 생활력과 단결력이 강하다는 고정관념이, 호남지역민에 대하여는 반항적이며, 악착같고, 뒤끝이 나쁘다는 고정관념이 있음을 보이고 있다(김진국, 1987; 김혜숙, 1989; 홍영오, 이훈구, 2001). 타지역 출신과의 결혼 및 동업에 대한 의향을 분석한 연구(김용학, 김진혁, 1992)는 호남인들에 대한 거부감이 타지역민에 비해서 높게 나타나고 있음을 보이고 있다. 이 거부감은 '믿을 수 없다'라는 인식을 깔고 있다. 상대와의 교류를 결정짓는 가장 중요한 특성은 신뢰-불신이라는 점에서 호남인에 대한 고정관념이 매우 악성이라 보겠다.

전국적인 표본을 대상으로 이루어진 연구는 각 지역민들이 출신지역으로 인해 피해를 본 사실(인간적 모욕, 경제적 손실, 취업 시 불이익, 집단에서 소위)이 있는지를 알아보았다. 그 결과, 전혀 피해를 보지 않았다는 응답자의 비율이 호남인에게서 다른 지역보다 훨씬 적은 것으로 나타났다(김만흠, 1987). 김대중 정부를 거치는 등 15년이 경과한 2003년에 다시 이루어진 전국조사에서 호남인이 겪은 피해경험이 이전에 비해서 줄었음을 볼 수 있지만 전체 평균에 비해서는 높은 수준을 보

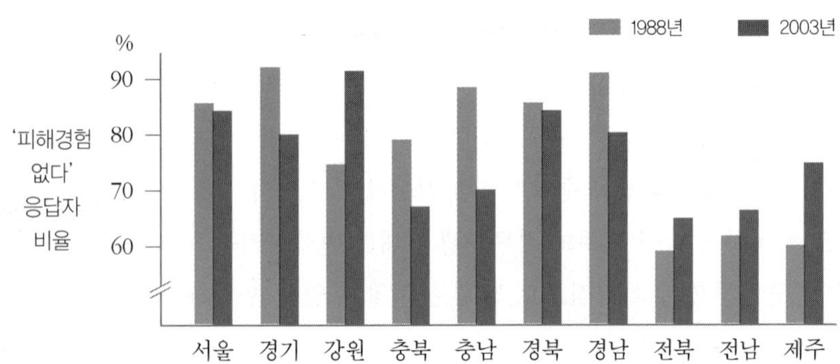


[그림 10-13] 출신지역 탓에 피해 본 적 없다는 응답률의 지역별 분포

출처: 정기선(2005), 표 11을 바탕으로 그림.

이고 있다(정기선, 2005; [그림 10-13]).

영호남의 지역감정(상대 지역에 대한 악감정)을 분석한 연구들은 각 지역의 감정이 다른 심리에 터하고 있음을 보인다. 즉, 호남 사람이 지닌 지역감정은 그들이 받아 온 정치사회적 차별에 근거하고 있고, 영남 사람의 지역감정은 호남 사람의 성격 및 행동양식에 대한 불신에 터하고 있다. 다시 말해서, 호남인은 현실적 갈등에 의한 적대감을, 영남인은 상징적 인종주의 성격의 적대감을 느끼는 것이다(김만흠, 1987; 김진국, 1987). 이 경우에 지역 간의 격차와 갈등을 줄이는 것은 호남인의 대영남 감정을 완화시키는 효과를 가져올 수 있지만, 영남인의 대호남 감정에는 별다른 영향을 주지 못하리라 볼 수 있다.

**다원적 무지 현상** 지역감정과 타지역에 대한 편견은 지역민들에게 널리 수용되는 것으로 인식되면서 실제보다도 더 부풀려지는 현실을 만들 수 있다. 즉, 편견일지라도 자신이 속한 집단의 다수가 포용하는 것이라 여기면 규범으로 작용하여 이에 동조하는 행동이 나타난다.

한 언론학자(박정순, 1989)는 대구와 광주의 일반인들을 대상으로 한 조사에서 상대 지역민에 대한 응답자의 개인적 호감을 묻고 '같은 지역민들은 상대 지역민을 어떻게 생각한다고 보는지'를 물었고, 아울러 '상대 지역민들은 자기 지역민을 어떻게 생각한다고 보는지'를 물었다. [그림 10-14]에서 보듯이 두 지역주민들은 자기 지역주민들이 갖고 있는 상대 지역민에 대한 배타적 감정이 실상보다 더 강하고 일반적인 것으로 여기고 있다. 대구의 경우 호남인들에 대해 부정적인 태도를 갖고 있는 사람들은 실제로는 44%임에 비해 84%의 자기 지역민들이 호남인들을 싫어한다고 여기고 있으며, 이 같은 현상은 그 격차가 약간 적지만 광주인들에

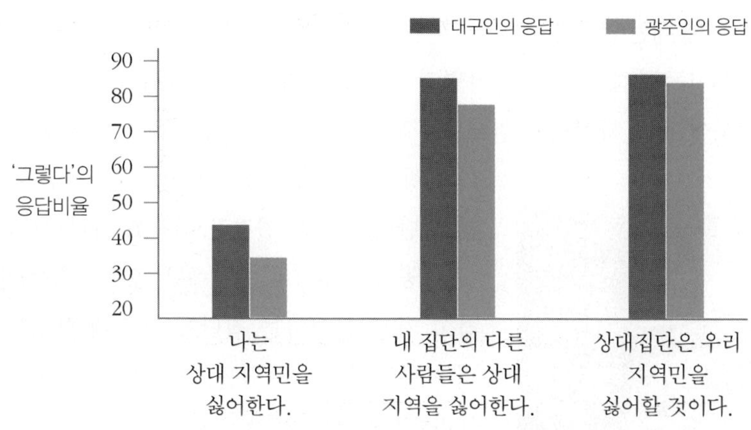


**[그림 10-14] 지역감정의 다원적 무지 측면**

출처: 박정순(1989).

게서도 나타나고 있다(실상은 35%, 인식은 73%). 이 같은 과잉지각은 상대지역민들이 내 지역민들을 어떻게 생각하느냐의 문제에서도 나타나고 있다. 실제로는 광주인들 중 35%가 대구 지역민을 부정적으로 보고 있지만, 대구인들은 광주인들의 86%가 대구인들을 나쁘게 생각한다고 믿고 있다. 아울러, 대구인의 44%가 광주인들을 부정적으로 보고 있지만 광주인들은 대구인들의 84%가 광주인을 나쁘게 본다고 생각하는 것이다. 즉, 실상보다 훨씬 부풀려진 형태로 영호남인들은 서로를 배척한다고 여기고 있다는 것이다. 다원적 무지라는 현상이다. 다원적 무지가 영호남 간의 교류를 저해하는 심리로 작용하는 것이다.

미국에서 흑백인 간의 접촉이 별로 이루어지지 않는 이유에도 다원적 무지가 작용하는 것으로 나타났다. 흑인이나 백인이나 모두 상대 인종의 성원들에게 나쁘지 않은 태도를 지니고 있는 사람들이 대부분이지만, 자신 같은 사람은 예외이고, 대부분의 자기집단 사람들은 상대 집단에 대하여 좋지 않은 태도를 지니고 있고, 상대 집단도 자기집단을 좋게 보지 않는다고 여긴다. 이런 인식 탓에 상대 집단 성원에게 다가서는 시도를 하지 않는다. 아울러, 상대가 자신에게 접근을 하지 않는 것은 자신들과 관계를 맺는 것에 관심이 없는 탓이라고 여기는 탓이므로, 자기도 먼저 다가서지 않는 것이다 (Shelton & Richeson, 2005).

이자스민 19대와 21대 국회의원

한국인으로 귀화한 지 20년이 넘는 이 씨는 여전히 '너희 나라로 돌아가라'는 악플에 시달린다고 한다.

**소수집단에 대한 인식과 차별** 편견은 인식의 차원에서 머물지 않고 그에 근거하여 대상인들에 대한 부당한 차별적 행위로 나타날 수 있어서 심각하다. 상대 집단을 더불어 사는 사회의 성원으로서 인정하는 관용의 수준을 보기 위해, 한 연구(임재형, 김재신, 2014)는 전국의 성인 표본에게 여러 집단(민주노총, 전경련, 전교조, 뉴라이트, 참여연대, 반공세력, 탈북자, 동성애자, 종북세력 등)을 제시하고 가장 싫어하는 집단을 고르게 하였다. 45%의 사람들이 종북세력을, 21%가 동성애자, 10%가 뉴라이트를 꼽는 것으로 나타났다. 세대별 차이를 보면 외국인에 대한 혐오가 가장 높게 나온 연령집단은 20대로, 이들은 직업 생활에서 이들과 경쟁하는 위치에 있는 탓으로 여겨진다. 종북세력에 대한 혐오는 연령대가 높을수록, 뉴라이트에 대한 혐오는 젊을수록 높게 나타나고 있어, 이념의 지형이 연령대와 물려 있음을 보여주고 있다([그림 10-15]). 동성애자에 대한 혐오도 나이 든 층에서 강하게 나타나고 있다.

2023년 7월 1일 제24회 퀴어문화축제가 서울 삼일대로에서 열렸고, 같은 날 세종대로에서는 퀴어축제 반대대회가 열렸다.

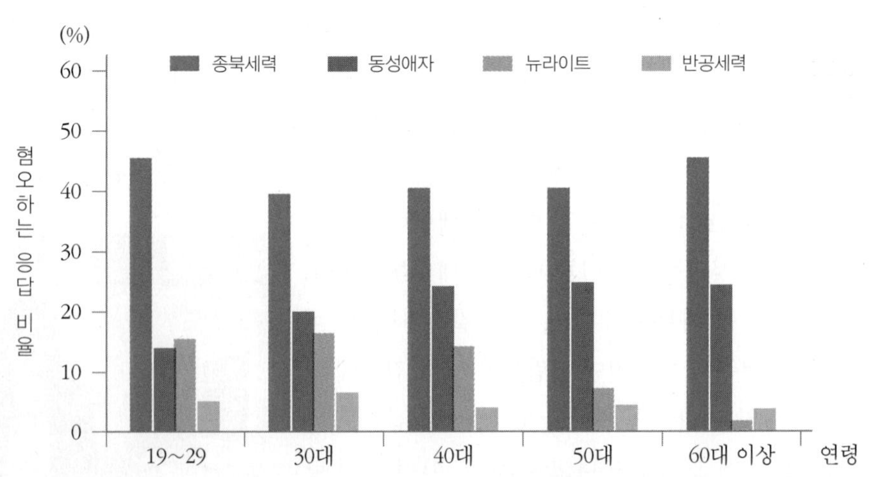


**[그림 10-15] 사회경제적 배경에 따른 혐오집단**

출처: 임재형, 김재신(2014), 표 3의 일부 변형.

**외국인 집단에 대한 인식** 다문화사회로 진입하는 사회추세에서 영호남인을 포함, 새터민(북한이탈주민), 북한 사람, 이주노동자에 대한 신뢰감에 대해 전국

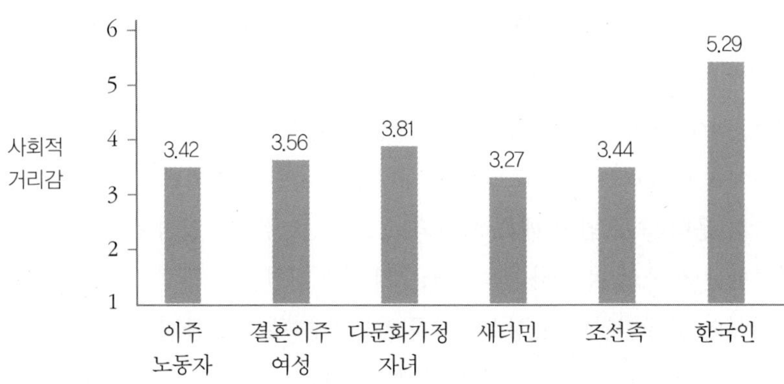


**[그림 10-16] 국내 이주 집단에 대한 사회적 거리감**

출처: 김혜숙 외(2011).

2,000명의 성인을 대상으로 조사가 이루어졌다(김혜숙 외, 2011). 이 조사에서 사람들은 내국인 집단(영남, 호남, 장애인)에 대하여는 신뢰할 수 있다는 쪽의 응답을 보였으나, 북한 사람, 새터민, 이주노동자에 대하여는 신뢰할 수 없다는 쪽의 응답을 보여, 내외집단의 차별 양상을 보여 주고 있다. 이들 집단 중에서는 다문화가정 자녀에 대하여 가장 우호적이며, 새터민에 대하여 가장 거리감을 느꼈다([그림 10-16]). 이들 집단에 대하여 느끼는 거리감은 한국인으로서 정체감을 강하게 지닐수록 높게 나타났다.

외국인에 대한 한국인의 태도는 이중적임을 보인다. 암묵적 연합검사를 이용한 연구에서 대학생들에게 백인과 동남아인의 얼굴들을 자극으로 제시한 결과, 백인에 대하여는 긍정적인 단어와의 연상이 쉽지만, 동남아인에 대하여는 부정적인 단어와의 연상이 빨리 되는 차별적 현상이 나타났다(한민 외, 2008). 최근에 이루어진 한 연구는 2018년 평창 올림픽 시작 전에 비해서, 경기 기간 중에 한국인들이 동남아시아인과 중국인에 대하여 지닌 태도가 악화되었으며, 동남아에서 온 이주노동자를 위한 기금 모금에 참여하겠다는 사람들의 숫자도 줄어드는 것을 보였다(Kim & Na, 2022). 이런 변화는 상대가 캐나다인일 경우에는 나타나지 않았다. 이는 상대국과의 경기와는 무관하게 나타나, 경쟁상황에서 심화되는 차별이 편견이 안 좋은 취약 집단을 대상으로 선별적으로 나타남을 시사한다.

2000년에 어린이를 대상으로 하는 TV 프로를 진행하던 홍석천 씨가 동성애자임을 밝히자 방송 일을 수년간 중단할 수밖에 없었다.

**동성애에 대한 혐오** 인종, 피부색 성, 성정체성이나 성적지향, 장애 등을 이유로 차별하는 것을 금하는 보편적인 차별금지법을 제정하기 위한 시민단체 활동이 있고, 십여 년이 넘도록 법 제정을 위한 국회의원들의 발의가 있어 왔다. 그러나 동성애를 반대하는 기독교 진영과 대다수의 국민들이 지닌 불편감으로 인해 법안은 국회 문턱을 못 넘고 매해 폐기되고 있다. 한국보다 일찍 동성애가 사회문제로 부각했던 서구의 여러 나라는 성소수자들에 대한 포용정책과 동성결혼을 수용하여 회사와 공공기관에서 성소수자를 차별하는 행동을 불법으로 규정하고 있지만 은밀하게 때로는 공공연하게 차별행위는 나타나고 있다. 영국의 길거리에서 지나가는 행인을 대상으로 "동성애는 떳떳하다(Gay Pride)!"라고 크게 쓰인 티셔츠를 입은 사람이 주차를 위해 동전을 바꿔 달라고 요청했을 때 도움을 받을 확률은 민무늬 티셔츠를 입은 사람이 요청한 경우에 비해서 1/3 정도로 낮게 나타났다(Hendren & Blank, 2009).

인종에 대한 편견을 갖고 있지 않다는 사람들도 동성애는 잘못이며, 혐오감을 보이는 경향이 있다. 군부대에서 동성애자임이 밝혀져 주위 사람들의 냉대와 차별을 괴로워하던 사병이 자살한 사건들은 한국 사회에 만연한 동성애 혐오증을 보여 주고 있다. 한국군에서 동성애자는 존재 자체가 문제이므로 보이지 않아야 되고, 보이는 경우에는 관리의 대상이며 주목받고, 동료 병사나 상사 및 기관에 의한 차별을 감수해야 하는 존재들이다(정성조, 이나영, 2018). 최근에 한국 사회에서 환영받지 못하고 있는 집단(동성애자, 이슬람교도 등)에 대한 태도를 조사한 결과는 개신교에서 비교적 진보적인 입장의 교회인들도 일반인에 비해서 동성애 반대 태도가 강해서, 동성애에 대한 혐오가 개신교 교단 전반에 깊이 뿌리내리고 있음을 보인다(윤신일, 오세일, 2021). 동성애자들에 대한 인식이 이전에 비해서 조금은 수용적으로 변하고 있어, 동성애자들도 일부 드러내기(커밍아웃)를 시도하고, 나름의 삶을 살고자 노력한다. 그러나 성소수자에 대한 편견 탓에 이들은 사회에 적응하기 어렵고, 미래에 대한 불안감에 시달린다(김현지 외, 2019).

동성애에 대한 반감은 자연의 질서에 반하며, 확산되는 경우에 인류 멸망을 초래하고, 동성애가 유전적이기보다 사회 문화적으로 영향을 받아 잘못 길들여진 성적 취향이라는 믿음에서 연유한다(곁글 10-5).

동성애자의 비율은 여성보다 남성에서 높지만, 동성애 혐오도 여성보다 남성에서 더 높다. 흥미로운 것은 남성이나 여성 모두 같은 성별의 동성애자에 대한 반감이 더 높은 양상을 보인다(Herek & Capitano, 1999). 아마도 일반 사람들은 자신이 동성애자가 되거나, 동성애자의 성애 대상이 된다는 것에 대하여 반감을 지니

## 곁글 10-5 동성애 확산의 불안: 동성애는 유전인가 문화적 환경인가

차별금지법이 통과되는 경우에 동성애가 확산될 것을 사람들은 가장 두려워하는 것으로 보인다. 동성애가 타고난 것인지 성장과정에서 개인의 취향에 따라서 선택된 것인지가 찬반의 핵심적인 쟁점이다.

최근에 각국에서 500~1000명의 성인 남녀를 인구 구성비에 따라 표집하여, 동성애자의 비율을 27개국에서 조사한 결과가 나타나 동성애가 유전인지 선택인지를 판단하는 데 유용하다. 자신을 동성애자로 답한 사람은 국가마다 큰 차이를 보인다. 브라질, 스페인, 네덜란드 같은 나라에서는 5%로 나왔고, 한국, 일본, 중국, 이태리, 페루, 폴란드에서는 1% 정도며, 러시아에서는 1% 이하로 나타났다. 아울러 자신을 남성/여성이 아닌 다른 성(전환성, 양성, 무성 등)으로 여기는 사람의 비율도 세대별 큰 차이를 보였다. 산업화 세대(1946~1964)에서는 1% 미만이나, X세대(1965~1980)에서는 1%, 밀레니얼세대(1981~1996)에서는 2%, 1997년 이후의 출생세대에서는 4%가 넘는 것으로 나타났다(Ipsos, 2021). 이처럼 동성애자의 비율이 국가별, 세대별로 4배까지 차이가 난다는 것은 사회 문화적 요인이 상당한 영향을 미친다는 것을 의미한다.

동성애가 생물학적인 요인에 의해 결정되기보다는 사회문화적 요인에 의해 큰 영향을 받는다는 생각은 미국의 인류학자 Margaret Mead(1935)의 사모아섬 부족 연구가 발표되고 **사회구성주의**(Berger & Luckman, 1966) 접근이 사회과학에서 널리 수용되면서 정설로 여겨졌다. 아울러 1960년대 후반부터 전개된 반전, 평화, 소수자 운동의 일환으로 동성애도 관심을 받게 되었다. 특히 1969년에 뉴욕 시의 스톤월이란 술집에서 경찰과 동성애자들 간의 충돌이 벌어진 사건으로 동성애자들의 문제가 인권 문제로 부각되었다.

한편, 동성애를 고치려고 하는 노력들이 실패하는 많은 사례들로 동성애는 타고난 것이라는 주장도 유지되었는데, 동성애를 결정짓는 유전자가 있다는 주장(Hammer et al., 1993)이 저명한 과학 학술지에 발표되어 큰 관심을 끌었다. 그러나 영국과 미국에서 47만 7천 명의 유전자를 분석한 결과, 동성애를 결정짓는 특정의 유전자는 없다는 연구가 제시되면서, 동성애의 선천성 주장에 타격이 가해졌다. 이 연구는 많은 수의 사람을 대상으로 하였고, 특정 유전자만 본 것이 아니라 드러난 형질에 관여할 수 있는 여러 유전체의 양상을 동시에 파악하는 최신의 연구기법(GWAS)을 사용하였다는 점에서 기존의 연구들과 차별점을 보인다. 이 연구는 동성애적 경향성이 발현하는 데는 다섯 개 이상의 유전자가 복합적으로 작용하며, 그런 소인들이 작용해도 동성애라는 행동의 8~25% 정도만 설명할 수 있다고 하였다(Ganna et al., 2019). 즉, 동성애의 75% 이상은 유전 이외의 요인이 작용한다는 것이다. 또한 스웨덴에서 7천 명이 넘는 쌍둥이를 대상으로 조사한 결과, 일란성 쌍둥이들에서 동성애 일치 비율은 남성 9.9% 여성 12.1%로 나타나(Långström et al., 2010) 동성애가 유전외적 요인들로 더 큰 영향을 받음을 보인다. 개인의 유전자만으로 그의 동성애 경향성을 알 수는 없다. 유인원들에게서도 동성애가 흔히 나타나며(de Waal, 2022), 최근의 연구들은 대부분의 남성이 배타적 이성애자라기보다 이성애 경향성이 강한 것으로 보아야 한다는 증거들을 제시하고 있다(Jabbour et al., 2020; Savin-Williams & Vrangalova, 2013).

국내에서 전국 중고생 남녀 2천여 명을 대상으로 동성애 경험을 알아본 조사는 8%의 학생들이 경험이 있음을 보인다. 동성애 경험은 여성이 남성보다, 중학생들이 고등학생보다 높게 나타났다(이영선 외, 2012). 이들은 동성애 경험이 없는 학생들에 비해서 성에 대하여 개방적이며, 우울한 정도가 높았다. 이들은 성장기에 개방적인 성의식을 지녔지만 한국사회의 동성애 혐오 탓에 심적 압박을 느끼며, 성정체성에 대한 고민이 깊으며, 정신건강이 좋지 않은 것으로 나타난다. 한국 사회에서 성소수자에 대한 허용도도 과거에 비해서 많이 높아지는 경향을 보인다(Pew Research Center, 2014: 원숙연, 2017에서 재인용). 이는 인권으로서 성의 권리를 인정해야 한다는 사회적 흐름이 받아들여지기 때문이다. 이런 추세라면 동성애도 좀 더 확산될 것으로 보인다.

**사회구성주의 사상**
사회현실은 사람들의 상호작용과 합의에 의해서 구성된다는 사상으로 인간의 본성에 의해서 결정된다는 전통적 관점에 타격을 주면서 포스트모더니즘, 문화상대주의, 페미니즘 관점의 바탕에 깔려 있다. 미국의 사회학자 Berger와 Luckman(1966)이 제기하였다.

고 있는 탓으로 보인다. 동성애를 아주 혐오하는 사람들은 드러내는 태도와는 반대로, 동성애적 영상을 볼 때 무의식적인 신체적 반응이 끌리는 것으로 나타나고 있다(Adams et al., 1996). 이는 동성애에 대한 끌림이 자신을 망칠 수 있다는 불안감이 무의식적 수준에서 동성애 혐오감을 더 부추김을 시사한다.

**장애인에 대한 차별** 국내에는 2021년 현재 인구의 5.1%인 260여만 명의 장애인이 등록되어 있다. 이들 중 장애가 심한 사람 37%를 제외한 63%의 사람들은 정도가 심하지 않으므로 일상생활을 할 수 있다. 장애인의 38%가 생계를 위해서 경제활동에 참가하면서 일반인들과 다양한 상황에서 만나며, 40% 정도의 장애인들이 이런저런 차별을 경험하는 것으로 나타난다(한국장애인고용공단, 2021). 2007년도에 「장애인차별금지 및 권리구제 등에 관한 법률」이 제정되어 시행 중이고, 이들의 취업을 지원하기 위해서 근로자의 3% 이상을 장애인으로 고용하도록 고용의무제도가 시행 중이지만, 사기업은 물론 공기업에서도 이 의무비율을 채우지 않고, 대신 벌금을 납부하는 것으로 버티고 있다.

2024년 전국장애인연합회 회원들이 이동권 보장을 요구하며 지하철 시위를 벌이고 있다. 장애인이 탈 수 있는 저상버스의 운행 비율이 낮기 때문에 이용하기 어려운 탓에 기다림 없이 탈 수 있는 지하철 탑승이 절실히 요구된다.

장애인에 대한 편견 탓에 장애인과의 교류를 꺼리지만, 단순히 교류가 많다고 하는 것이 장애인에 대한 태도를 좋게 만드는 것은 아니었다(최국환, 2006). 장애인들과 접촉이 없거나 드문 사람들에게서는 장애인들과 우호적인 만남을 통해서 장애인에 대한 태도가 긍정적으로 나타나고 있다. 정신장애인과의 접촉이 편견을 줄이는 효과는 여러 연구에서 나타나고 있다(류승아, 2009; 이민화 외, 2016; Couture & Penn, 2006). 직접적인 접촉뿐만 아니라 대중매체를 통한 간접적인 접촉도 장애인들이 사회에 부담이 되거나 위협이 된다는 생각을 줄이면서 편견을 줄이는 것으로 나타났다([그림 10-17]; 류승아, 2017). 그러나 장애인의 형제처럼 장애인과 빈번한 접촉에서 갈등

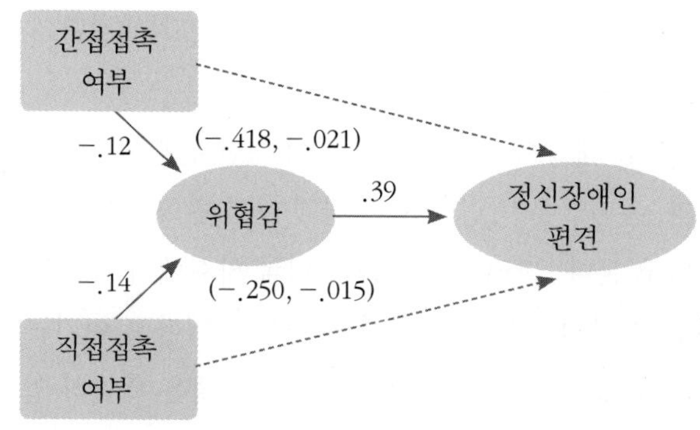


**[그림 10-17] 정신장애인과의 접촉이 위협감을 낮추고 편견을 줄이는 효과**

남녀 대학생 376명의 조사결과이다. 접촉이 편견을 줄이는 효과는 위협감을 느끼지 않는 매개 작용으로 나타난다.
출처: 류승아(2017).

을 많이 겪는 경우에는 장애인에 대한 태도가 나쁜 영향을 받을 수도 있다(박수경 외, 2021).

초중고 학생들 9천여 명을 대상으로 파악해 보니 장애인에 대한 차별 행위를 하는 사람들은 차별 행위를 하지 않는 학생들에 비해 자아존중감이 낮고, 학업성적이 낮으며, 우울감이 높고, 학교 폭력의 피해를 경험하는 양상이 높았다(조재환 외, 2023). 이런 결과는 장애인 차별이 현실 생활에서 경험하는 좌절과 불만을 발산시키는 행태로 나타날 가능성이 있음을 시사한다.

## 소수자 우대 정책과 역차별

사람들은 자신이 익숙한 사회의 불공평과 부당성을 잘 인식하지 못한다. 기존에 익숙하고 당연시했던 상태가 자신에게 불리하게 작용할 때 이 부당성을 인식하게 된다. 그러나 자신이 남들에 비해서 특권을 누리고 있어서 편했다는 것을 알게 되었을 때 특권이 침해당하는 것을 평등으로 가는 진보라고 여기기보다는 잘못이라고 여기기도 한다. 우리 사회에서 장애인 이동권에 대한 논란을 들 수 있다. 장애인들이 이동권을 얻기 위한 투쟁에 나섰을 때 사람들은 이동권이 필요하다는 것을 인정한다(김윤진, 2022). 그러나 이동이 불편한 장애인들에게 개인적으로 도움을 주는 것은 기꺼이 하지만, 장애인들이 이동권을 권리로서 확보하겠다는 주장을 해 오면, 이를 수용하는 것을 꺼린다. 일반인들은 장애인의 이동권 문제를 줄다리기처럼 한쪽이 이기면 다른 쪽이 지는 제로섬 게임으로 여기는 양상을 보인다. 미국 사회에서 인종차별 문제에 대한 여러 연구가 지배집단과 소수집단에서 나타나는 이런 인식의 차이를 보여 주고 있다. 지배집단의 이런 인식은 역차별의 논란으로 이어진다.

미국에서 흑백인을 대상으로 흑인과 백인에 대한 편견이 어느 정도라고 여기는지를 조사한 결과, 흑인들은 백인에 대한 편견이 별 변화가 없지만 흑인에 대한 편견은 많이 줄었다고 본다. 그러나 백인들은 미국 사회에서 흑인에 대한 편견이 많이 줄었다고 보는 만큼이나 백인에 대한 편견은 늘었다고 여기는 양상이 나타났다([그림 10-18]; Norton & Sommers, 2011). 즉, 백인들은 흑인의 입지가 좋아진 만큼 백인의 입지가 나빠졌다고 여기는 양상이다. 이는 가진 자들의 경우에 불이익을 받던 사람들의 형편이 좋아지는 것을 자신들의 이익이 침해당한 것으로 여김을 보여 준다. 사람들은 이익을 얻는 것보다 갖고 있던 것을 잃어버리는 것에 더욱 민감하다(Kahneman & Tversky, 1972; 본서 4장 참조). 자신들이 누리고 있던 특권을 당연한 것으로 여기게 되면 더 이상 그것을 특권이라 여기지 않고 당연한 권리라고 여긴다. 그런 권리를 갖지 못한 사람들을 만나게 되서야 자신의 특권을 깨닫게 된다.

사람들의 선택이 아니라 어쩔 수 없이 타고난 범주 때문에 받게 되는 차별은 공정하지 못하다. 성차별이나 인종차별이 대표적이다. 이런 차별의 관행에 따라서 차별당하는 사람들은 못된 편견과 박해를 받으며 억울한 한을 품고 속절없이 살아왔다. 얼핏 평평하게 보이는 세상이 실상은 기울어진 운동장이라는 것을 수많은 인권 운동가들이 드러냈고, 이를 수정하려는 법적 장치가 소수자 우대 법률(Affirmative action)로 미국에서 1964년 입법화되어 시행되어 왔다. 이 정책은 미국의 우수한 사립대학에 입학하기 어려웠던 흑인 및 소수 인종 집단의 학생들에게 입학의 길을 터주는 효과를 가져왔다(이종일, 2019). 그러나 상당 기간이 흐르면서, 이 정책 때문에 백인 혹은 남성이 차별받는다는 목소리들이 나오기 시작했다. 여성 우대 정책 때문에 보다 실력 있는 남성이 실력이 떨어지는 여성에게 취업기회를 빼앗기는 것은 남성에 대한 역차별이며 잘못이라는 주장이다. 성차별은 통상 여성이 부당한 이유로 처벌받는 것을 말한다. 여성이 약하다거나, 어리석거나, 순종적이고 지도자로서 부적합하다는 편견으로 여성에게 취업기회를 주지 않았던 것이 관행이었다.

국내에서도 소수자 우대 정책의 입법화로 2000년 16대 총선에서 여성 비례대표의원 할당제가 제도화되고 확대되어 20대 총선에서는 여성이 비례대표 의원 중 53%를 차지하게 되었고, 지역구에서의 여성의원 수도 늘어나는 효과를 가져왔다. 공공기관에 지역인재 채용 할당제가 시행되고 있다. 이 밖에도 저소득층 청년

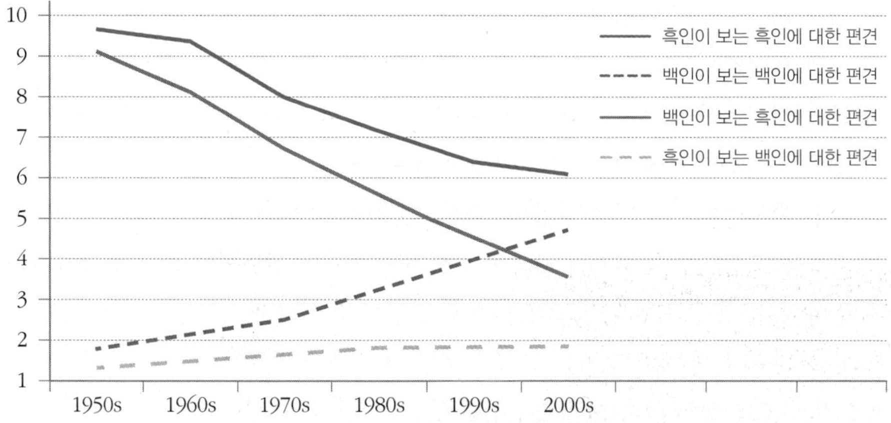


**[그림 10-18] 미국의 흑백인이 느끼는 흑인과 백인에 대한 편견의 정도의 시대별 변화추이**

출처: Norton & Sommers (2011).

인재양성 지원 사업이나, 대학입학 전형에서 기회균등 할당제를 도입하여, 저소득층이나 농어촌 지역, 장애인 등에게 정원 외의 특별전형으로 선발될 수 있게 하는 제도 등이 시행되고 있다.

**역차별 논란** 2022년 대선에서 국민의힘 당은 페미니즘에 의해 젊은 남성들이 차별을 경험하고 있다는 의견을 당론으로 내세워 역차별 논란을 일으켰다. 역차별을 판단하려면 소수자 우대 정책이 지배계층에 대한 편견에 바탕하거나 편견을 조장하는지를 따져 봐야 한다. 성차별 관행과 소수자 우대 정책은 동기가 다르고, 그 결과도 전혀 다르다. 피상적으로 보이는 차별/우대로 인해서 이 둘이 모두 도덕적으로 부당한 것이라 볼 수 없다(Hettinger, 1987). 직원이나 공무원을 채용할 때 소수자 우대 정책으로 객관적인 시험성적이 더 좋은 남성이 점수가 낮은 여성에 밀려 탈락하는 경우가 발생할 수 있다. 이 경우에 탈락한 남성은 역차별로 희생되었다고 문제를 제기하기도 한다. 그러나 고용주(국가나 회사 등)는 고용의 목적을 달성하기 위하여 꼭 최상의 점수를 취득한 사람을 채용해야 하는 것은 아니다. 고용주가 기대하는 목적을 위해서 차상위 득점자를 채용할 수 있다. 업무를 수행하는 면에서 입사 시험 점수의 사소한 차이가 그에 필적하는 업무수행력을 가져온다고 보기도 어렵고, 고용주의 목표 또한 중요하기 때문이다. 건축주가 건물 미장일을 맡길 때 최고의 기술자에게 주지 않고, 미장일을 할 수 있는 동생에게 일을 맡긴다고 해서 부당하다고 할 수 없는 것과 같다.

소수자 우대 정책은 차별을 한 경험이 없는데도 다수집단 성원이라는 사실만으로 희생당하는 것이 당연하다는 논리는 아니다. 평등한/정의로운 사회를 구현하기 위해 우연히도 정책이 실행되던 그때 그곳에 있던 다수집단 성원이 부담을 져야 하는 것이 부득이할 수 있다. 지역사회에 필요한 도로를 낼 때 수용당하는 땅의 주인이 시장가치에 못 미치는 보상을 받고 땅을 내주게 되는 것에 비견된다. 소수자 우대 정책은 모든 사람들이 역량을 발휘할 수 있는 동등한 기회를 제공하는 환경을 조성하는 목적에서 채택된 것이지 주류집단 성원의 기회를 박탈하자는 것이 아니다. 소수자 우대 정책에 의해서 달성하고자 하는 사회정의가 중요하다. 다만, 전체 사회에 혜택이 가는 만큼 그 정책에 의해서 불이익을 당하는 사람들이 소수가 되도록 해야 한다(Hettinger, 1987).

## 요약

1. 과거의 적대적 성차별주의와 달리 현대는 온정적 성차별주의 양상이 나타난다. 그러나 이도 전통적인 성역할 의식이 바탕에 깔려 있으므로 성평등주의로 여겨져서는 안 된다.
2. 현대의 성차별은 드러나지 않은 암묵적 형태로 작용하는 양상을 보인다. 언어 구사의 형태에서 나타나는 궁극적 귀인오류를 들 수 있다.
3. 지역감정을 분석한 결과, 영호남의 지역감정의 심리적 기제가 다르다. 영남에서는 상징적 인종주의에서, 호남에서는 현실적 갈등에서 연유한다.
4. 편견과 고정관념은 아동의 사회화 과정에서 전승된다. 편견이 유지되는 기제로는 집단규범에의 동조, 집단규범에 대한 오류적 인식 현상인 다원적 무지, 자기의 자존감을 보호하기 위한 심리적 욕구, 확증 방략의 인지책략 등이 작용한다.
5. 동성애에 대한 혐오는 한국 사회에서 광범위하게 퍼져 있다. 동성애자의 발생 비율은 사회마다 상당한 차이를 보인다는 점에서 유전적인 요인보다 사회 문화적 요인이 크게 작용한다.
6. 장애인과의 직간접적인 접촉이 이들을 친숙하게 느끼게 만들어 이들에 대한 편견을 줄일 수 있다. 장애인차별은 일반인이 생활에서 겪는 좌절과 불만의 배출로 나타날 수 있다.
7. 고용과 승진의 성차별을 줄이고자 취하는 구색 갖추기(tokenism)는 차별의 해소 가능성에 대한 착시를 불러온다.
8. 소수자 우대 정책은 사회구조적으로 차별받아 온 집단을 인정하고, 공정한 사회를 구현하기 위한 방책으로 소수의 사람들이 불이익을 받을 수 있지만, 구조적인 역차별을 가져오는 것은 아니다.

# 피해자 측면에서 본 편견

사회심리학자들이 편견이란 문제를 접근할 때는 편견을 지닌 사람들을 이해하는 데 주로 관심을 두어 왔으나, 편견의 피해자에 대한 연구도 최근 20년 동안 누적되고 있다. 물론, 편견의 피해자들인 여성, 장애인, 저학력자, 이주여성, 조선족 등이 겪는 가장 큰 문제는 생활의 불편이나 경제적인 불이익 같은 것들이다. 그러나 이런 경제적인 문제 외에도 심리적인 문제가 적지 않으며, 이런 심리적 문제가 다른 문제를 더욱 악화시키는 양상으로 작용한다. 많은 편견의 피해자들이 스트레스를 호소하며, 이를 해소하기 위한 방편으로 종종 술이나 약물에 의존하는 양상을 보인다. 이렇게 눈에 드러나는 것 외에도 두 가지 심리를 주목할 필요가 있다 (Brekler et al., 2006, pp. 371-372).

## 개인-집단 차별경험의 괴리

"과거에 당신이 속한 집단 때문에 차별을 당한 경험을 생각해 보라. 그런 경험이 당신 집단의 다른 사람들보다 더 많았나 아니면 적었나?" 흥미로운 것은 대부분의 사람들이 자신이 받은 차별 경험이 자기 집단의 다른 사람에 비해서 적다고 여긴다는 점이다. 이는 모든 사람이 보이는 자기고양적 편향(본서 2장 참조)처럼 객관적으로는 있을 수 없지만, 취약한 집단의 성원들의 응답에서 잘 나타나고 있다(Olson & Hafer, 1996).

왜 이런 현상이 나타날까? 몇 가지 동기적인 설명이 가능하다. 우선, 개인적으로는 별로 차별을 경험하지 않는다는 인식을 할 때 사람들은 자기 삶의 많은 부분을 스스로가 통제할 수 있다는 통제감을 느낄 가능성이 높다(Crosby, 1984). 자신을 둘러싼 사람들의 편견으로 차별을 많이 경험한다는 것은 스스로가 무능한 사람이라는 생각을 하게 만들 것이다. 그래서 사람들은 자신이 편견과 차별을 당하며 산다는 생각을 피하고자 한다(Quinn & Olson, 2003). 또 다른 설명은 소수집단의 성원들이 차별 경험을 매번 드러내는 것은 다수집단의 성원들에게 자신을 불평분자라는 인식을 줄 가능성이 크기 때문에 축소시킬 가능성도 있다(Sechrist et al., 2004). 이는 특히 집단 간 힘의 우열관계가 안정적일 때 나타난다. 개인의 차별 경험은 적게 느끼지만, 집단의 차별 경험을 많은 것으로 과장시킴으로써 사회문제로서의 집단 차별을 더 부각시키고 자기집단에 대한 정책적 배려와 사회 변화를 촉구할 가능성이 높다.

## 고정관념의 덫: 고정관념위협 이론

자신이 속한 집단에 대한 편견이 널리 수용되고 있을 때 집단 소속의식이 활성화되면 어떤 결과가 나타날 것인가? **고정관념위협** 이론은 이 경우에 자기의 수행이 자기집단에 대한 부정적인 고정관념을 확인시켜 줄 수 있다는 불안이 스트레스로 작용하여 어려운 과제를 수행하는 것에 덫으로 작용할 수 있다. 이를 잘 보여 준 연구(Steele & Aronson, 1995)에서 미국의 스탠퍼드 대학교에 진학한 흑인 학생들과 백인 학생들을 대상으로 GRE(미국의 대학원 입학 적성 시험)에 나오는 언어영역의 어려운 문제들로 구성된 시험을 치르게 하였다. 흑인과 백인을 반씩 나누어 위협 조건의 참여자들에게는 이 연구가 언어과제 수행과 관련된 다양한 개인적 특성에 대한 연구라고 알려 주었다. 과제수행으로 수행자의 여러 능력에 대한 정보를 파악할 수 있다며, 수행이 끝나면 그들의 수행점수를 알려 주겠다고 하였다. 비위협 조건의 참여자들에게는 연구의 목적이 언어과제 수행과 관련된 심리를 파악하기 위함이라며 개인의 수행점수를 채점하지 않는다고 알려 주었다. [그림 10-19]는 조건별 참여자의 수행이 인종에 따라 확연히 차이남을 보이고 있다. 비위협 조건에서는 흑인 학생이나 백인 학생이나 차이가 없었다. 그러나 위협 조건에서 흑인 학생들의 수행이 훨씬 나쁘게 나왔다. 즉, 미국 사회에서 널리 수용되고 있는 '흑인들은 공부를 못한다'라는 고정관념이 흑인들에게 작용하여 수행이 떨어진 것이다. 이 효과는 참여자들이 지닌 언어능력과는 무관하게 나타났다. 위협-비위협 조건을 조작하는 대신에 자신의 인종을 쓰거나(위협) 혹은 쓰지 않게

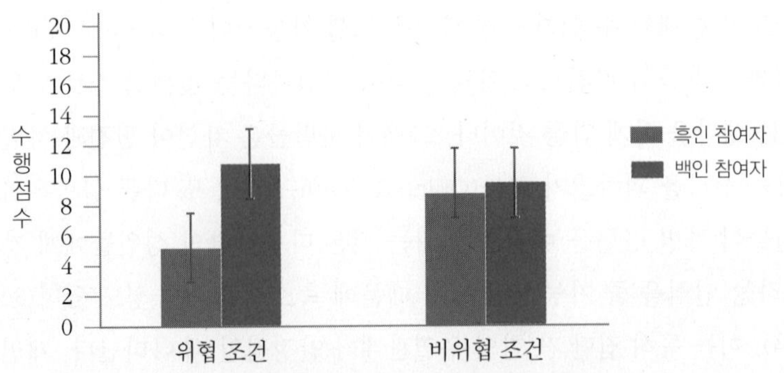


**[그림 10-19] 조건과 참여자의 인종에 따른 수행점수**

출처: Steele & Aronson (1995).

하여(비위협) 비교했을 때도 같은 양상이 나타났다. 즉, 인종을 표기함으로써 고정관념이 촉발된 상황의 흑인들에서만 수행점수가 나쁘게 나타났다.

**남녀 성차의 고정관념위협 효과** 많은 사회에서 여성들은 수학 능력이 남자에 비해 열등하다는 고정관념이 통용되고 있다. 미시간 대학교에서 수학실력이 우수할 뿐 아니라 수학능력이 자신에게 중요한 자질이라고 여기는 남녀 학생을 대상으로 두 가지 유형(쉬운 문제로 이루어졌거나, 어려운 문제로 이루어짐)의 수학시험을 치르게 하였다(Spencer et al., 1999, 연구 1). 쉬운 시험문제에서는 남녀 차이가 나타나지 않았으나, 어려운 문제의 시험을 치른 경우에 여자들의 수행은 남자보다 떨어졌다. 또 어려운 문제들로 이루어진 수학 시험문제를 반으로 나누어 별개의 과제로 제시하면서, 한 조건에서는 그 유형의 시험에서 남녀 차이가 있는 것으로 알려 주었고, 다른 조건에서는 남녀 차이가 없다고 알려 주었다. 남녀 차이가 없다고 알려 준 경우에는 남녀 차이가 나타나지 않았으나, 차이가 있다고 알려 준 경우에는 남여 차이가 확연히 나타났다(연구 2). 이 결과는 똑같은 문제이지만 성차의 고정관념이 위협으로 작용하는 상황과 그렇지 않은 상황에서 고정관념의 영향이 달리 나타남을 보여 준 것이다.

고정관념의 덫은 학업에서뿐만 아니라 의사결정에서도 나타난다. 남여 참여자들을 대상으로 수학적 사고, 논리 등의 능력이 필요한 과제들을 풀게 될 것이라며, 고정관념위협 조건에서는 과제를 시작하기 전에 자신의 성별을 표기하도록 하고, 일반 조건에서는 과제를 풀고서 성별을 표기하도록 하였다. 첫 과제에서는 수학

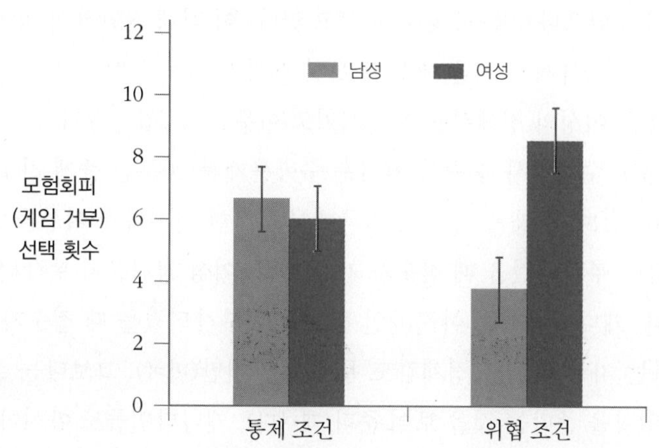


**[그림 10-20] 남성 고정관념위협의 작용 여부에 따른 게임포기 양상**

출처: Carr & Steele (2010).

등식을 2분 동안 풀도록 하였고, 다음 과제에서는 6달러를 따거나 1~5달러를 잃게 되는 게임을 여섯 번 할 기회를 주고 게임을 거부하는 횟수를 보았다. 여성들은 고정관념위협 조건에서 게임을 거부하는 양상을 확연히 보였다([그림 10-20]; Carr & Steele, 2010).

**상황적 고정관념위협 효과** 고정관념위협 효과가 나타나기 위해서 사회에서 통용되는 고정관념이 꼭 있어야 하는가? 그렇지 않다는 것이 밝혀졌다. 즉, 수학을 잘하는 백인 남학생들을 대상으로 수학을 잘하는 아시아 학생과 비교된다는 인식을 줌으로써 이들의 수행이 저하되는 것을 관찰할 수 있었다(Aronson et al., 1999). 이 연구에서는 아시아계와 백인계의 학교성적이 점점 벌어지고 있는 현상을 분석하기 위한 연구에 참여한 것이라고 설명받은 조건에서 백인 학생들은 주어진 18개의 문제 중에서 6.6개를 맞혔지만, 그런 설명을 받지 못한 조건의 백인 학생들은 평균 9.6개를 맞힘으로써 위협이 상황적으로 작동하는 경우에도 고정관념위협 효과가 나타남을 볼 수 있다.

사람들이 중요하다고 여기는 과제를 수행할 때 능력이 뛰어난 사람들에게서도 이 효과가 나타난다는 것은 충격적이다. 성관련 효과의 발현에 영향을 주는 요인에 대한 연구들은 성정체감이 강한 여성들에게서 특히 강하게 나타남을 발견하였다(Schmader, 2002). 고정관념위협 효과가 정체감의 탓으로 나타나는지 아니면 고정관념의 탓으로 나타나는지를 분석한 흥미로운 연구가 수행되었다(Shih et al., 1999). 미국에서는 ① 여성은 수학을 못한다는 고정관념과 ② 아시아계는 수학을 잘한다는 고정관념이 널리 수용되어 있는데, 이와는 대조적으로 캐나다에서는 ①은 수용되고 있으나 ②는 수용되지 않고 있다. 이 점에 착안하여 미국과 캐나다에 거주하는 아시아계 여성을 대상으로 몇 가지의 질문을 함으로써 이들이 지닌 아시아인 혹은 여성의 정체감을 부각시키고(아무런 정체감을 부각시키지 않는 통제조건이 추가됨), 수능검사 수준의 어려운 수학문제를 20분간 풀게 하고 채점하였다. [그림 10-21]에서 볼 수 있듯이 미국에서 참여한 아시아계 여성들에게서 아시아인 정체감이 부각되었을 때 점수가 가장 높고, 여성 정체감이 부각되었을 때 가장 낮았으나, 캐나다에서는 아시아인 정체감이 부각되었을 때 점수가 높지 않았다. 이 결과는 자신이 지닌 정체감도 문제가 되지만(미국), 그보다는 고정관념의 내용이 더 영향을 준다는 것을 보여 준다(캐나다). 캐나다인들도 아시아계 혹은 여성이라는 정체감을 지니고 있지만, 수행에 악영향을 주는 것은 수행에 부정적인 여성 고정관념이 부각된 경우에만 나타난 것이다.

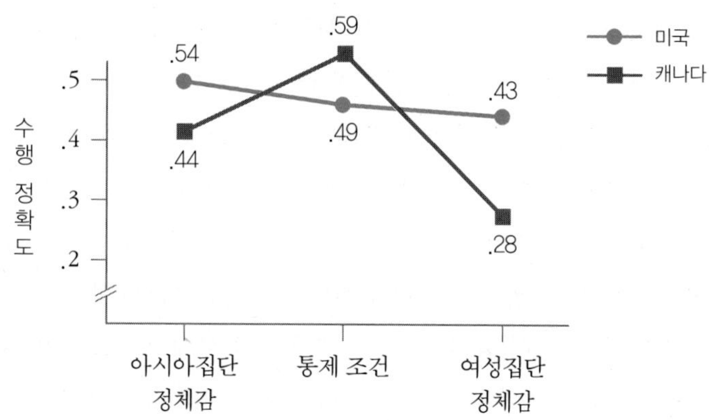


**[그림 10-21] 아시아계 여성이 보여 준 미국(연구 1)과 캐나다(연구 2)에서의 고정관념위협 시 수행 정확도**

출처: Shih et al. (1999).

**고정관념위협 효과의 작용기제** 자신이 속한 집단과 관련된 부정적인 고정관념이 사회에 수용되고 있는데, 그 집단성이 환기된다면 사람들은 교감신경계가 활성화되며, 정서적으로 긴장하고, 불안증상을 보인다(O'Brien & Crandall, 2003). 이렇게 고정관념이 위협으로 작용하는 상황에서 사람들의 활동기억은 용량이 감소되는 양상을 보인다(Schmader & Johns, 2003). 이러한 탓에 과제수행이 지장받는 것으로 여겨진다. 뇌영상장치를 동원한 연구는 여성들이 고정관념위협 조건에서 수학을 푸는 경우에 통제 조건과 달리, 사회적 정서에 깊이 관여하는 뇌의 전복측 대상피질(ventral anterior cingulate cortex)이 활성화되며, 수학문제를 푸는 영역이 활성화되는 정도가 낮은 것으로 나타났다(Krendl et al., 2008).

**고정관념위협 효과에 대한 대처** 잘해야 할 과제를 고정관념의 덫 때문에 망칠 수 있다는 것은 유념해야 할 일이다. 이러한 덫으로부터 벗어나는 방법은 무엇인가? Ford 등(2004)은 유머나 해학을 이용할 수 있음을 보이고 있다. 해학은 상기된 불안을 낮춤으로써 수행장애를 떨쳐 낼 수 있다. 또한 고정관념에 반대되는 좋은 사례들을 생각하게 하는 것도 도움이 될 수 있다. 한 연구에서는 발명, 의학, 법률, 건축 분야에서 성공한 여성들의 사례를 알게 해 주면 여성들의 수학 수행이 영향받지 않음을 보고하고 있다(Marx & Roman, 2002; McIntyre et al., 2003).

미국 중등학교 현장에서 이루어진 실험은 간단한 처치로도 고정관념의 덫을 벗어날 수 있음을 보여 준다(Cohen et al., 2006). 중하층 소득 지역의 중학생들에게 새 학년을 시작하는 시점에 수업시간에 두 가지 봉투 중의 하나를 무선적으로 나

**아론슨(Elliot Aronson, 1932~ )**

인본주의 심리학자인 Maslow에게서 배우고 Festinger 밑에서 실험사회심리학을 연구하였다. 현재는 캘리포니아 대학교에서 교수로 재직 중이며, 사회심리학의 실생활에의 적용에 깊은 관심을 갖고 연구하고 있다. 사회심리학을 일반인들에게 재미있게 설명한 『Social animal』을 저술하였다(이 책은 국내에서 윤진과 최상진에 의해 『사회심리학』이란 제목으로 번역 간행됨).

누어 주었다. 봉투 속에는 사람들이 중요하다고 여기는 가치의 종류와 응답지가 들어 있었다. 실험 조건인 가치확인 조건의 학생들은 자신이 중요하게 생각하는 가치가 왜 중요한지를 쓰도록 하였고, 통제 조건의 학생들은 다른 사람은 중요하게 여겨도 자기는 전혀 중요하게 생각하지 않는 가치에 대하여 써 보도록 하였다. 선생은 어느 학생이 어떤 조건인지를 전혀 알 수 없도록 하였다. 이 학교에는 흑인과 백인 학생이 대략 반반 정도로 섞여 있었다. 실험 조건에서 학생들은 자신의 가치를 확인한 것뿐이지만, 이 효과는 컸다. 학생들의 실제 학업성적을 상 · 중 · 하의 등급으로 구분하여 학기가 끝날 때 성적에 미치는 처치효과의 양상을 인종별로 분석한 결과, 흑인 학생들의 경우에 모든 등급에서 가치확인 실험 조건의 학생들의 성적이 향상된 것으로 나타났다. 통제 조건에서 흑인과 백인의 성적 차이는 평균 0.75 등급으로 흑인이 나빴지만, 실험 조건의 경우에 이 차이는 0.30으로 줄어들어, 40% 감소효과가 나타난 것이다. 한 학기 동안 열 번에 걸쳐서 학업수행 검사를 치루게 하며 나타난 변화를 보면([그림 10-22]), 통제 조건의 흑인 학생들의 수행점수가 지속적인 하향추세를 보이는 것에 반해서, 가치확인 실험 조건의 경우에 하향추세는 나타나지 않았다.

간단한 처치효과가 믿기 어려울 정도로 나타난 이유는 무엇일까? 일반적인 학교 상황에서는 고정관념의 덫이 학업수행에 덫으로 작용하는 양상이 나타나지만, 가치확인 조건에서는 이 덫이 작용하지 않았다. 가치확인 개입조치가 의도한 것

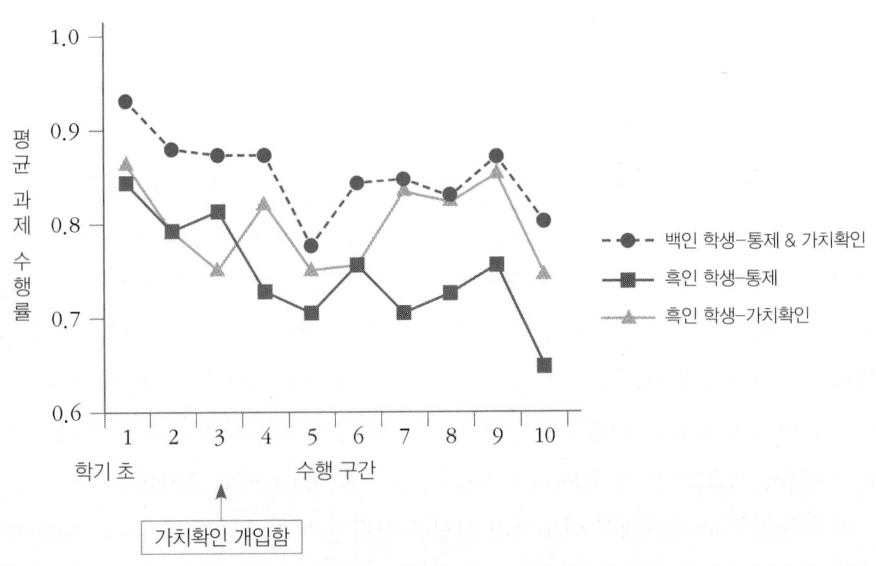


**[그림 10-22] 실험 조건과 인종별 수행점수의 변화양상**

출처: Cohen et al. (2006).

은 개인의 통합적 가치를 일깨운 것이다. 자신이 지향하는 삶의 가치를 일깨우며 그를 실현하는 행동으로서 공부를 유도한 것이다. 이는 [그림 10-22]의 흑인 자료에서 나타난다. 개입이 있기 전에 흑인 학생들의 학기 초 성적은 하향세이었으나, 개입 여부가 추세를 변화시켰다. 덫의 작용 정지가 성적 향상으로 나타나면서 선순환적 작용이 나타난 것이다. 학교의 자원이나 정책이 인종차별과 격차를 개선하는 방향으로 잡혀 있는 환경에서는 사람들이 갖고 있는 고정관념이 관념일 뿐이라는 것을 깨우치면서, 수행평가를 자주 하는 상황이 고정관념의 덫에서 벗어나는 효과를 거둘 수 있었던 것이다.

**요약**

1. 편견의 피해자들은 자신의 피해경험이 자신이 속한 집단의 다른 성원들이 겪는 피해경험에 비해 적다고 생각한다. 그 이유는 자신에 대한 유능감의 지각, 무기력 상태 회피의 동기가 작용하기 때문이다.
2. 고정관념위협 이론은 자신의 수행이 자신이 속한 집단에 대한 부정적인 고정관념을 확인시킬 수 있다는 불안을 느끼게 되어 과제수행이 나쁜 영향을 받게 되는 현상을 설명한다.
3. 고정관념위협 효과는 성, 인종과 관련해서 과제수행을 하는 상황에서 나타났다. 그러나 집단정체성 때문에 나타나는 효과라기보다는 고정관념의 내용에 의해서 나타나는 경향이 강하다.
4. 고정관념위협이라는 덫에 희생되지 않기 위해서는 고정관념이 환기될 때 불안을 낮추는 유머, 해학, 성공 사례를 생각하는 것이 바람직하다. 아울러, 자신의 중요한 가치를 확고히 하는 것도 도움이 된다.

## 편견과 차별의 감소

여성, 호남인, 장애인, 이주 여성, 동성애 등에 대하여 한국 사회에 널리 퍼져 있는 각종 편견을 없앨 수 있는 방법은 무엇인가? 편견을 없애는 것은 의향만 갖고 되는 일이 아니다. 그러나 불가능한 것도 아니다. 편견은 복합적인 이유로 생기고 유지되는 만큼 어느 하나의 방법을 고집할 것이 아니라 다양한 방법을 모색하고 실천하는 것이 가장 바람직하다.

## 편견에 반하는 사례의 보편화

편견의 대상이 되는 집단에 대하여 새롭게 알게 된 정보가 이미 지니고 있는 편견이나 고정관념과 반대되는 경우에 편견이 변화하는가? 불행하게도 그 답은 부정적이다. 사람들은 자기의 기대감과 어긋나는 정보를 접할 때 그 개별적 정보를 설명해 내려는 경향을 지니고 있어, 이를 설명해 버리게 되면 원래의 생각을 그대로 지니게 된다. 즉, 어긋나는 정보를 특수한 경우, 혹은 예외적인 경우로 여겨 버리는 것이다. 성과중심의 조직사회에서 성공한 여성에 대하여 사람들은 능력보다는 운이 좋아서, 상황이 좋아서 혹은 수퍼맘처럼 특수한 사례로 취급함으로써 성 고정관념을 변화시키지 않는다(Heilman, 1995).

국내 최초 우주인 이소연 씨

일치하지 않는 정보를 무시하거나, 예외적인 경우로 취급할 수 없을 정도로 많은 경우에 고정관념이 변하는가? 이 답도 긍정적이지 못하다. 사회에서 성공한 여성들이 많이 나타날 때, 사람들은 여성의 하위집단을 구성하여, 독특한 집단으로 취급함으로써 성 고정관념을 변화시키지 않는다. 이들 여성을 아주 적극적이고, 똑똑하며, 교육수준이 높은 '무늬만 여성'으로 묶어 버리는 것이다. 대상집단을 하위범주로 세분화할 수 있다면 전체 집단에 대한 고정관념의 변화가 불필요하게 된다(Maurer et al., 1995).

이처럼 고정관념에 어긋나는 정보들에 저항하는 인지적 방략이 존재하므로, 편견은 끈질기게 버틴다. 이를 없애기 위해서는 고정관념과 상치하는 정보가 반복적인 현상으로(고정관념을 갖고는 설명하기 곤란하게), 그리고 대상집단 성원들에게서 널리 두루(하위범주로 묶어 처리하기 곤란하게) 나타나야 한다(Johnston & Hewstone, 1992). 전형적인 여성의 특성을 지닌 사람들이 직업세계에서 성취를 보이는 사례를 많이 접할 때 우리 사회에서 여성에 대한 편견이 줄어들 것이다.

## 부조화를 이용한 편견의 감소

인지부조화 이론(Festinger, 1957; 본서 5장 참조)은 편견을 지닌 사람이라도 편견과 반대되는 행동을 취하게 되면 부조화를 경험하면서 편견이 바뀔 가능성을 제시한다. 캐나다에서 아시아인에 대하여 드러내지는 않지만 암묵적인 편견을 지닌 백인 학생과 편견이 없는 학생을 대상으로 '학교에서 인종차별주의에 더욱 관

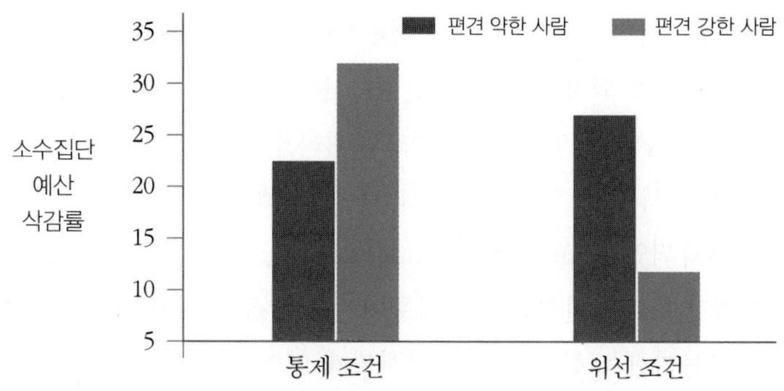


**[그림 10-23] 편견 소지 여부와 실험 조건별로 달리 나타난 삭감률**

출처: Son Hing et al. (2002).

심을 갖고, 모든 사람이 평등한 대우를 하는 정책'에 관심을 지녀야 하는 까닭에 대한 글을 쓰도록 한 후에, 위선 조건의 참여자들에게는 자신이 과거에 아시아계 사람들에게 부당한 행동을 한 사례를 써 보도록 하였다. 실험이 모두 끝난 후에 학교본부에서 학생 동아리 지원비를 조정하기 위한 조사라면서 예산삭감 20%가 불가피한 상황에서 10개의 학생 동아리에 대한 삭감비율을 어떻게 하는 것이 좋겠는지를 묻고 아시아계 동아리에 대한 삭감률이 어떻게 나오는지를 분석하였다. 통제 조건(글만 쓰고 과거 행동을 회상하지 않음)의 학생들이 약 27% 정도를 삭감하자고 한 것에 비해서 위선 조건(글을 쓰고 과거 행동을 회상함)의 학생들은 평균 6.5% 정도만 삭감하자는 응답을 보였다([그림 10-23]). 아시아계에 대한 편견이 없는 사람들에게서는 실험조작 효과가 나타나지 않았다(Son Hing et al., 2002).

왜 이런 결과가 나왔을까? 사람들은 위선적인 사람으로 보이는 것을 매우 꺼린다. 사회적으로 바람직한 운동(환경보호, $CO_2$ 줄이기 등)에 참여하는 것을 공언하도록 하고, 과거에 저질렀던 이와는 반대되는 행동을 상기시키면 사람들은 스스로가 철저하지 못했음을 느끼고, 위선적인 것을 기피하기 위하여 자신이 공언한 것을 더욱 실천하는 행동을 보이거나 걸맞는 태도를 갖게 된다(Aronson et al., 1991; Stone et al., 1994).

## 집단 간 접촉의 증가(접촉 가설)

미국에서 1954년에 대법원의 판결로 인종분리 학교 정책이 위헌으로 결정되면서 미국 남부에서는 학교통합을 둘러싼 갈등이 심했다. 그러나 북부에서는 생활거주지역이 자연히 분리되어 있던 탓에 학교들이 분리정책을 쓴 것은 아니지만 분리되어 있었다. 이렇게 인종 간에 분리된 생활을 함으로써 그릇된 편견이 더욱 심해졌고 사회문제가 되자 1957년에 편견을 불식시키기 위해서 인종통합정책을 입법화하였다. 이를 위해 '버싱'(집과 학교의 거리가 멀더라도 통합을 위해 학교 버스로 통학을 시키는 정책)을 강행하였다. 그러나 이 정책은 편견해소 효과를 가져오지 못한 것으로 파악되었다(Aronson & Gonzalez, 1988). 이는 단순하게 서로의 접촉을 증가시키는 것만으로는 편견해소가 이루어지지 않음을 시사하고 있어 어떠한 접촉이 되어야 하는가에 대한 연구를 촉발시키게 되었다.

편견을 약화시키는 효과적인 접근은 두 집단 성원들 간의 직접적인 접촉을 강화시키는 것이라는 접촉 가설(Brewer & Miller, 1984; Cook, 1978)에 대한 많은 연구가 국내외에서 이루어졌다. 다양한 집단(인종, 성, 국가, 성소수자 등)을 대상으로 이루어진 연구들 515개의 결과를 통합분석한 연구는 접촉의 증가가 편견을 줄이는 효과가 있음을 보이고 있다([그림 10-24]; Pettigrew & Tropp, 2006). 그러나 [그림 10-24]에서 보듯이 해소 효과가 없거나 반대로 편견이 더 강화되는 경우도 나타난다. 따라서 단순히 서로의 접촉을 증가시키는 것만으로는 편견해소가 이루어지리라고 기대하기는 어렵다.

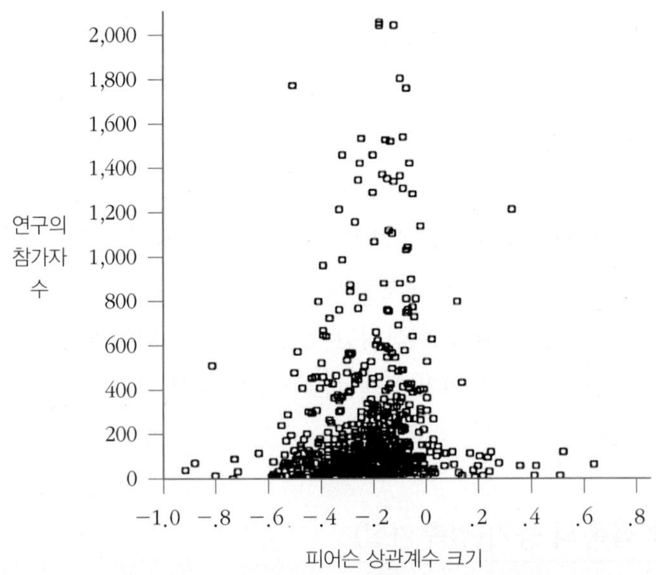


**[그림 10-24] 다양한 연구에서 나타난 접촉의 증가와 편견 감소의 상관계수들과 연구의 사례 수(각 점은 하나의 독립된 연구임)**

출처: Pettigrew & Tropp (2006).

**효과적인 접촉** 접촉이 편견해소 효과를 가져오려면 몇 가지 조건이 구비되어야 한다(Cook, 1978). 첫 번째 조건은 접촉이 동등한 지위에서 장기적으로 긴밀하게 이루어져야 한다. 즉, 기존의 우열 관계에 바탕을 둔 접촉은 편견을 없애는 데 도움이 별로 되지 못한다. 두 집단의 사람들이 만날 기회는 있지만 긴밀하지 못할 경우 접촉은 기존의 편견을 재확인시켜 주는 경우가 많다. 사람들이 지니고 있는 도식이나 고정관념을 바꾸기 위해서는 그것과 반대되는 많은 증거를 접해야 하는데 피상적인 접촉은 이러한 증거를 제공하지 못한다. 아우슈비츠에서 일한 나치 의사들은 수용된 유대인 의사들의 조력을 받을 수밖에 없었다. 나치 의사들은 도움을 받으면서 유대인들이 지닌 인간적인 면모를 많이 접하게 되었고 나중에는 이들의 처우개선을 위해 노력했다고 한다. 독일 사업가인 쉰들러도 유대인 노동자들의 값싼 노동력을 이용하기 위해 유대인들을 고용하였지만 이들과 장시간 밀접한 생활을 하면서 인간적인 연민을 느끼게 되어 처형될 뻔한 1,161명의 유대인을 구출하게 되었다(Lifton, 1994).

둘째 조건은 두 집단 성원 사이의 상호 협조적인 의존관계 형성이다. 즉, 공동목표를 지니고 이를 달성하기 위해서 협조하는 경우에 적개심과 편견이 감소된다(Sherif et al., 1961). Aronson은 교실에서 학우들 간의 경쟁심과 적개심, 편견을 해소하기 위한 조각 맞추기 교육 프로그램을 개발하여 좋은 효과를 보이고 있다(곁글 10-6). 아울러 협동적 과제의 수행결과가 성공적으로 나타났을 때 실패한 경우보다 집단 간 편견이 적게 나타난다(최광선, 안상수, 1991).

셋째 조건은 편견이 잘못된 것이며 집단 성원들은 모두 평등하다는 사회적 규범이 수용되고 분쟁의 조정과 감독 역할을 하는 사람들 간에 이를 받아들이는 합의가 존재해야 한다. 이런 여러 가지 조건을 갖춘 상태에서 벌어지는 집단 성원 간의 접촉은 편견해소 및 친밀감을 증대시키는 효과가 크다(Clore et al., 1978). 아울러, 집단 간 교류가 편견을 줄이는 이유는 낯선 집단에 대한 불안감을 감소시키기 때문이기도 하다(Paolini et al., 2004; Plant & Devine, 2003). 특히 우호적인 접촉경험은 상대방에 대해 지닌 나쁜 편견에 대한 의구심을 불러오며, 두 집단 간의 차이보다는 태도와 가치의 공통점을 발견하게 만들어 이질성과 낯선 감정을 줄이는 효과도 가져온다.

접촉이 편견을 줄이는 과정에서 중요한 요인은 상대집단에 대하여 알게 된 지식의 증가가 아니라 접촉의 질이 좋아서 상대집단에 대한 불안감이 없어지며, 상대방과 함께 공감할 수 있게 되는 것이다([그림 10-25]; Pettigrew & Tropp, 2006). 국내에서 480명의 대학생을 대상으로 정신장애인과의 접촉경험이 그들로부터 느끼

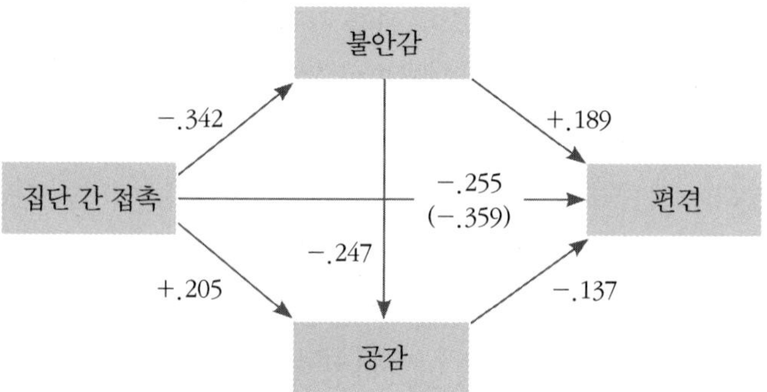


**[그림 10-25] 집단 간 접촉이 상대집단에 대한 불안감을 줄이며, 공감을 증가시켜 편견을 줄이는 효과가 있음을 보여 주고 있다.**

출처: Pettigrew & Tropp (2008).

는 위협감에 미치는 영향을 분석한 연구도 이를 보여 준다. 단순한 접촉경험은 별 영향이 없지만 접촉의 질(장애인과의 만남에서 좋은 것을 느낀 정도)이 좋아야 위협감이 줄어드는 것으로 나타났다(류승아, 김영미, 2019).

**곁글 10-6** 조각 맞추기 교육

전형적인 교실에서의 수업은 교사가 강의 또는 토의식으로 가르치고 배운 것에 대하여 개인적 평가를 하여 학생들의 성취를 다른 학생들과 상대적으로 비교하여 등급을 매기는 식이다. 이는 학습내용의 개인적 학습과 더불어 학우들 간의 경쟁심을 조장시키는 효과를 지니고 있다. 학우들 간의 경쟁은 교실 분위기를 긴장으로 몰아가는 효과가 있으며 평가에서 뒤떨어지는 학생들의 경우 자존감 상실 및 학습의욕이 낮아지면서 학교 교육이 상위의 몇몇 학생들을 위한 것이 된다. 이러한 문제점에 대한 개선책으로 사회심리학자 Aronson은 **조각 맞추기(jigsaw puzzle) 교육방법**을 제시하였다. 이 방식은 학생들을 소집단으로 구분하여 각 분단별로 학습 내용을 부여하고 각 분단 내에서는 또 개인별로 학습 내용을 분담하도록 한다. 각 개인은 자기가 맡은 내용을 공부하여 분단 내의 다른 학생들에게 알려 주는 책임을 지닌다. 따라서 분단에게 할당된 전체 주제를 다루기 위해서는 분단 내 전 성원이 모두 자신이 맡은 부분을 끝내야 하며, 아무리 우월한 사람이라도 다른 사람의 도움을 받아야만 전체 내용을 알 수 있게 된다. 이를테면, '이순신 장군의 생애'를 공부하는 경우, 그의 성장기, 임진왜란 기간, 이순신의 사상 등으로 공부할 내용을 구분하여 각기 맡은 부분을 공부하고 학급에서 다른 사람들에게 알려 주며, 자기가 맡지 않은 부분은 다른 학생에게서 배우는 식이다.

이 방법을 쓴 결과, 학급 내의 피부색이 다른 아동들과도 서로 호감이 생기고, 소수민족 아동들의 자존감이 향상되는 것으로 나타났다(Aronson & Gonzalez, 1988). 이 방법과 전통적인 방법을 비교한 연구에 의하면 63%의 조각 맞추기 교실에서 학업성취가 좋아짐을 보이는 반면에 단지 4%의 전통적인 교실에서만 학업이 좋아진 것으로 나타났다(Slavin, 1983).

**집단 성원 간 우정의 형성** 편견 대상집단의 성원과 우정이 성립된다면 이는 집단의 벽을 허무는 데 큰 효과가 있다. 이는 복합적인 효과를 지닌 것으로 나타난다. 우선, 우정을 지닌 당사자에게 있어서, 상대집단뿐만 아니라 다른 집단에 대한 편견도 감소시키는 효과가 있다. 4천 명가량의 유럽 주민들을 대상으로 조사한 연구(Pettigrew, 1997)는 문화와 인종이 다른 친구를 갖고 있는 사람들이 자신과 직접 관계가 없는 문화에 대한 편견도 낮은 것을 보이고 있다. 즉, 편견해소 효과가 일반화되어 나타난다는 점에서 편견해소를 위해서 수많은 집단에 대한 편견을 일일이 대상으로 삼지 않아도 된다는 것이다.

또 다른 효과는 자기집단 내의 다른 성원들에게도 그 효과가 미친다는 점이다. Sherif가 행한 여름캠프 현장실험(8장 참조)과 유사한 상황에서 참가자들을 두 팀으로 만들고, 서로 경쟁하도록 한 후, 각 집단에서 한 사람씩을 만나게 하여 친하게 지내도록 권했다. 다른 사람들은 집단 간 접촉이 없이 다른 과제를 하도록 하였다. 이 우정의 대화를 나눈 사람들이 자기집단으로 돌아가서 자기의 경험을 이야기하도록 하였다. 이 전체 과정은 하루 종일 지속되었는데 각 단계마다 상대집단에 대하여 지니는 편견과 적대적 행위의 정도를 여러 가지 방법으로 측정하여 비교하였다. 그중의 하나는 500달러의 상금을 타서 두 집단이 나누어 가지게 된 상황에서 자신들이 얼마나 더 가지겠는가를 묻는 것이었다(Wright et al., 1997). [그림 10-26]에서 보듯이, 자신의 집단 성원이 상대집단 성원과 친구가 되었다는 것을 들었을 때, 자기 몫으로 취하는 액수가 현저히 떨어지는 것을 볼 수 있다. 친구의 친구는 친구가 되는 현상이 편견을 불식시키는 효과도 지님을 보여 주는 것이다.

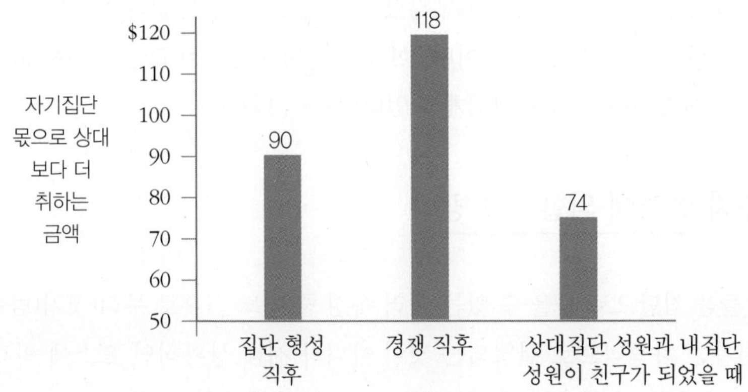


**[그림 10-26] 교류의 양상이 변함에 따르는 내외집단 차별화의 양상**

출처: Wright et al. (1997), Fig. 1을 재구성함.

**차별의 체험** 백인 아동의 초등교실에서 이루어진 한 현장실험은 차별을 경험하는 것이 가져오는 효과를 극적으로 보이고 있다. 초등교사 제인 엘리엇은 28명의 백인 아동 교실에서 아이들에게 흑인이 되는 것이 어떤 느낌일지 경험해 보면 어떻겠냐고 제안하고, 아이들이 동의하자, 피부 색깔을 결정하는 멜라닌 색소의 역할에 대하여 설명하였다. 이 색소가 많은 사람이 더 똑똑하고, 현명한 사람이 된다면서, 아이들의 눈동자(갈색과 푸른색)에서 갈색 눈동자가 멜라닌 색소가 많아, 더 똑똑하고 우월한 사람이라고 알려 주며, 파란 눈을 가진 아이들의 목에 작은 목걸이를 달아 주었다. 우월한 갈색 눈을 가진 아이들은 특권을 누릴 수 있었다. 운동장의 정글짐 놀이장을 독점적으로 사용하고, 쉬는 시간도 5분 더 가졌으며, 갈색 눈의 아동은 교실의 앞자리에, 파란 눈은 뒷자리로 밀려났고, 서로 놀지 말도록 하였다. 며칠이 지나자 아이들의 행동에도 변화가 나타났다. 갈색 눈의 아이들은 파란 눈의 아이들의 별스럽지 않은 일에 "너희는 못났으니까 사과해야 돼"라며 파란 눈의 아이들을 몰아세우고 무시하였다. 일주일이 못 가서 파란 눈의 아이들은 수업시간에 말하는 행동이 줄어들고, 소극적이 되었고, 전에는 어려워하지 않던 산수 문제를 틀리기 시작하였다. 일주일이 경과할 때 교사는 아이들에게 자신이 잘못 알았다면서 우월한 사람은 갈색 눈이 아니라 파란 눈이라고 알려 주고, 이들에게 갈색 눈이 누리던 특권을 부여하며 입장을 바꾸었다. 두 집단의 지위가 순식간에 역전된 것이다. 그러나 파란 눈의 아이들은 갈색 눈의 아이를 핍박하지 않았다. 차별을 받아 아팠던 경험이 이들로 하여금 너그러울 수 있게 만든 것이다. 이 현장실험은 갈라진 교실(A class divided)라는 다큐로 제작되어 널리 알려지게 되었다(Peters, 1988).

다양한 피부색의 아이들이 보육실에 모여 놀고 있다.
출처: 한겨레 21(2015. 12. 7.)

**「갈라진 교실」에 대한 동영상**
https://www.youtube.com/watch?v=Rx_Lb-5G2Lg(10분).

## 범주화 방식에 의한 감소방법

사람들을 집단으로 묶을 수 있는 여러 속성 중 어느 것으로 무리 짓기(범주화)를 할 것인가는 자연적으로 결정되는 것이 아니라 시대 상황적인 요소에 의해서 결정된다. 자신을 무리 지을 수 있는 특징들을 생각해 보라. 한국인, 여자, 대학생, 22세, 대전 출신, 촛불집회자, 비만, 곱슬머리, 게임중독, 김 씨, 특정 고교 졸업 등 등 수많은 특성들에 의해 자신을 무리 지을 수 있다. 이 많은 특성 중에서 어느 것에 의해서 범주화가 이루어지는가 하는 것은 필요와 선택이 작용하는 것이지, 늘 자연스럽게 이루어지는 것은 아니다(Berreby, 2005; 곁글 10-10). 사람들은 자신이 지닌 특정 범주를 환기시킬 때 그 범주가 지닌 특징에 의해 영향받는다. 자기범주화 이론(Turner, 1985; 뒷부분에서 상술함)은 사람들이 상대방을 그가 속한 범주에 의해 평가하는 양상에 주목하며, 상대방을 자신과 같은 범주로 파악하는 경우에 상대와의 유사성, 유대감을 느끼고, 다른 범주로 파악하면 상대와 자신의 차이점에 주목한다. 따라서 상대와의 관계에서 공통된 범주를 환기시키는 재범주화 혹은 교차범주화 등을 이용하여 편견을 줄이고, 협동적 관계를 도모할 수 있다.

**탈범주화 방식** 상대방을 대립하고 있는 범주의 성원으로서 보지 않고 개인으로서 대하며 교류하는 방식을 탈범주화라고 할 수 있다(이해경, 이수원, 1994). 누구나 개성을 지닌 인간으로서 동등한 개인일 뿐이라는 관점, 피부 색깔에 대하여는 색맹적 접근이라 할 수 있는 이 접근은 범주화가 차별을 불가피하게 만든다는 사회정체감 이론 및 잦은 접촉이 집단갈등 해소에 도움이 된다는 기존의 사회심리학적 설명과 맥을 같이하고 있다(Richeson & Nussbaum, 2004). 그러나 사람들이 대인지각에서 범주화를 하는 것은 자동적으로 벌어지는 현상이라는 점에서 한계를 지닌다(Brewer & Brown, 1998). 탈범주화를 방침으로 채택한 통합학교의 현장을 분석한 연구들은 교사와 행정가들이 이런 방침을 받아들인 경우에 인종 구분이 학교 행정에서 배제되어 교내에서 소수집단 성원에 의한 활동(결석률, 비행률 등)이 전혀 파악이 안 되며, 백인 소녀들이 마틴 루터 킹 목사가 흑인이라는 것을 모르며, 백인 아동들이 현재의 인종차별 관행을 정당화시키는 논리를 지니고 있음을 보고하고 있다(Bonilla-Silva, 2003; Schofield, 2001).

**재범주화 방식** 대립관계에 있는 두 집단의 성원들에게 이들이 공유하고 있는 상위범주를 환기시키며, 이에 바탕한 행동을 하도록 촉구하는 것은 재범주화 방식이다. 그러나 단순 재범주화가 자연히 편견감소를 가져오는 것이 아니다. 오히려, 상대집단에 대한 태도는 자신들이 지각하는 상위범주에 대하여 어느 집단이 더 전형적인 특징을 지니고 있는지에 따라 오히려 악영향을 받을 수 있다(Waldzus & Mummendey, 2004). 이 가능성을 국내에서 대학생을 대상으로 검토한 연구는 대학생 72명과 북한이탈주민 17명을 대상으로 한민족에 대하여 공통적으로 느끼는 특징을 파악하고, 이들 특징(권위적, 성공지향적, 관계지향적, 보수적, 진취적, 충동적 등 17가지)에 대하여 북한인과 남한인의 특징을 파악하도록 하였다(노혜경, 2015).

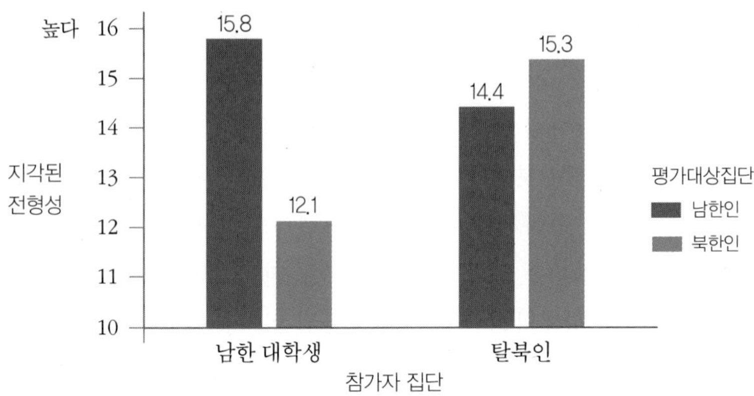


**[그림 10-27] 상위범주(한민족) 특성의 전형성에 대한 남한인과 탈북인의 관점 차이**

출처: 노혜경(2015), 그림 1.

남한 대학생이나 탈북민들 모두 자기집단이 상대집단보다 한민족의 전형적인 특징을 더 지니고 있다고 여기는 것으로 나타났다. 그러나 상대집단과 자기집단을 전형성 평가에서 차별화시키는 양상은 남한인에게서 훨씬 높게 나타났다([그림 10-27]). 상대집단 성원에 대하여 느끼는 공감의 정도, 교류의지를 파악하여 보니, 자신의 집단이 한민족이라는 상위범주에 더 전형적이라고 여길수록, 상대집단에 대한 공감 정도나 교류의지가 낮게 나타났다. 이 결과에 비추면 우리는 모두가 전형적이라 여길 수 있는 인간이라는 큰 범주 의식에서 이주민이나 탈북자들과 어울리는 태도를 갖는 것이 바람직하다고 하겠다.

**곁글 10-7 인간의 무리 짓기 기준은 머릿속에서 만들어진다!**

사람의 경우에 인종이 자연스러운 분류라고 여기는 사람이 많다. 그러나 다음의 사례를 검토해 보자(Berreby, 2005, pp. 101-102). 아랍계 미국인인 아자르는 2003년 이라크 전쟁에서 부상당한 이라크 포로들의 통역을 담당했는데, 미 해군제복을 입고 있었지만 포로들은 그가 아랍어 하는 것을 듣자마자 태도가 변하고 긴장을 풀었다고 한다. 아자르는 "그 즉시 문화적인 유대감이 느껴진 것이다. 그들에게 나는 형제와 같았고 나는 그들의 대변인이었다."라고 말했다. 그러나 적군과 아군이라는 중요한 부류 짓기에 민족은 밀려날 수밖에 없다. 또 다른 예로서, 미국에서 행해진 실험을 보자. 실험참가자에게 흑인 의사와 건강문제에 관한 면담을 갖도록 했다. 의사는 절반의 참가자에게는 건강하며 바른 생활 습관을 가졌다고 말했고, 나머지 절반에게는 바꿔야 할 나쁜 습관을 갖고 있다고 말해 주었다. 좋은 얘기를 들은 참가자들의 경우에 의사를 말할 때 의사라고 호칭하는 사람들이 많았지만, 마음에 안 드는 얘기를 들은 참가자들은 그를 의사라고 호칭하기보다는 깜둥이라고 말하는 사람이 더 많았다(Sinclair & Kunda, 1999).

미국 버지니아주에서는 19세기까지 흑인의 피가 1/4 이하로 섞인 사람은 누구나 '백인'이었으나 1924년에는 흑인의 피가 한 방울이라도 섞인 사람과 백인의 결혼을 주 의회가 금지하였다. 인간은 필요에 따라, 각기 다른 무리 짓기의 근거를 끌어내어 무리를 짓는다. 무리 짓기의 근거는 상대방에게 내재하는 것이 아니라 무리 짓기를 하는 사람의 머릿속에서, 시대적 필요에 따라 만들어지는 것임을 알 수 있다(Berreby, 2005, 4장).

**다문화주의** 국적과 인종이 다른 다수의 사람들이 섞여 사는 사회에서 다른 부류의 사람들을 대함에 있어서 편견없이 서로를 인정하고 존중하는 태도를 갖고 생활하는 것을 다문화주의라고 한다. 다문화주의 관점에서는 각 집단의 인권과 정체성을 인정하고 보호하며, 상호존중의 가치를 포용한다. 지구화가 진행되고 있는 현대 사회는 대부분 다문화주의를 지향하고 있다. 그러나 오랫동안 한민족 공동체로 하나의 언어를 사용해 온 한국 사회는 외국인의 자국 문화를 존중하고 유지하기를 권장하기보다는 한국문화와 가치체계로 동화될 것을 요구하고 있어 갈등의 소지가 크며, 적합한 변화가 필요하다(Kim, 2022; 곁글 10-8).

**곁글 10-8** 한국 사회의 다문화주의

한국 사회에서 국제결혼이 차지하는 비중이 전체 결혼 건수에서 10%를 넘고 있으며, 농어촌의 경우에 40~50%대를 차지하고 있다. 2018년 다문화 가구원의 수가 125만 명으로 집계된다. 이들 가정의 자녀 수도 20만 명에 달하며, 10만여 명의 학령기 아동들이 각급 학교에서 수학하고 있으며, 갈수록 수가 늘고 있다. 한국말이 서투른 이주여성들에게 정부는 정착을 지원하기 위해서 **다문화가족지원센터**를 전국에 설립하고, 한국말 교육, 아동 양육지원 등의 다양한 형태의 사업을 벌이고 있다(길강묵, 2011). 그러나 이런 지원사업은 그들의 문화를 존중하고 공존하고자 하는 진정한 의미의 통합철학과는 거리가 먼, 한국 사회로의 일방적 동화를 바람직하다고 여기는 철학을 근간으로 벌어지고 있어 걱정스러운 부분이 적지 않다(김지윤, 강충구, 이의철, 2014; 윤인진, 2008). 즉, 많은 다문화가정의 여성들이 자기의 모국어를 자녀들에게 가르치지 못하고, 늦게 배운 한국말에 서투른 까닭에 자녀와의 소통에 문제점을 지니고, 차별적 대우를 경험하고 있으며, 자기 문화에 대한 자부심과 정체감을 상실함으로써 정신건강에 심각한 문제점을 지니게 된다(김한성, 이유신, 2013). 도시와 농촌에서 이들 여성 결혼이민자와 자주 접하는 지역주민들을 대상으로 심층면담을 진행시킨 연구(최훈석, 양애경, 이선주, 2008) 결과, 지역주민들은 이들이 한국의 가부장적 가족관계에 일방적으로 순응하기를 요구하며, 이들을 '어쩔 수 없어 받아들이는' 소극적 차원에서 수용하며, 이들이 자신들의 모국 문화를 유지하는 것을 좋지 않게 여기는 태도를 지니고 있음을 보인다.

이러한 지역주민의 태도가 한국 사회의 전반적인 태도이기도 하다. 이주민들에게 한국 사회로의 신속한 동화를 요구하는 태도는 결혼이주여성과 그 자녀들에게 큰 부담으로 작용한다. 실제로 많은 다문화가정 아동들이 학교에서 왕따를 당하고, 놀림을 받는 등 피해를 호소하고 있고, 이들의 학교 이탈율도 매우 높게 나타난다. 비록 여러 조사들은 한국 사람들이 다문화가정이나 외국인에 대해 거부감이 높지 않다고 하지만, 낮은 거부감이 상호존중의 다문화주의를 의미하는 것은 아니다. 다문화 성원의 수용이 한국 사회의 불안 요소라고 여기는 양상이 나타나고, 특히 젊은 층에서 이런 경향이 크다는 것은 한국 사회가 펴고 있는 다문화주의와 그 정책이 한국 사회의 다문화 수용성을 높이지 못하고 있음을 보인다(김지윤 외, 2014). 2015년 여성가족부가 성인 4천 명과 중고생 3,600여 명을 대상으로 문화개방성, 고정관념, 상호교류 의지 등의 8개 항목을 조사하여 다문화수용성 지수를 파악한 결과, 연령대가 낮을수록, 교육연령이 높을수록 이 지수가 높게 나오고 있지만, 외국인 노동자가 많이 일하는 분야에서 생활하는 사람들에게서는 낮게 나타나고 있다(여성가족부, 2016). 특히 외국인 노동자나 이민자를 이웃으로 하지 않으려는 성인의 비율이 31.8%로 나타나고 있어 미국의 13.7%, 호주 10.6%, 스웨덴 3.5%에 비해서 매우 높은 수준이다. 이 같은 개발도상국가 출신의 외국인에 대한 거부감이 한국 사회에서 곧 집단 간 갈등으로 표출될 수 있음을 시사한다. 다문화가정의 주부와 자녀를 포함한 외국인 노동자들을 한국 사회가 져야 하는 부담이라는 소극적 시각에서 벗어나, 이들과 더불어 미래지향적인 다문화사회를 가꾸어 가도록 하는 포용적 관점으로의 변화가 필요하다.

**여러 방식의 범주화들의 비교** 국내에서 이루어진 성고정관념에 미치는 범주화 유형을 검토한 실험에서 남녀 동수로 6~8명 정도의 소규모 집단을 만들어 성 구분이 뚜렷하게 남자와 여자를 마주 앉아서 토의하도록 하거나(범주화 조건), 원탁에 둘러앉거나(재범주화 조건), 개인책상을 끌어다가 뒤섞여 앉도록(탈범주화 조건) 하여 토의하도록 했다([그림 10-28]). 토의가 끝난 후에, 범주화 조건에서 다른 조건에 비해서 상대집단에 대한 공감적 사고가 떨어지며, 성고정관념도 높게 나타났다(이해경, 이수원, 1996). 고정관념이나 편견을 줄이기 위해서는 집단이 확연히

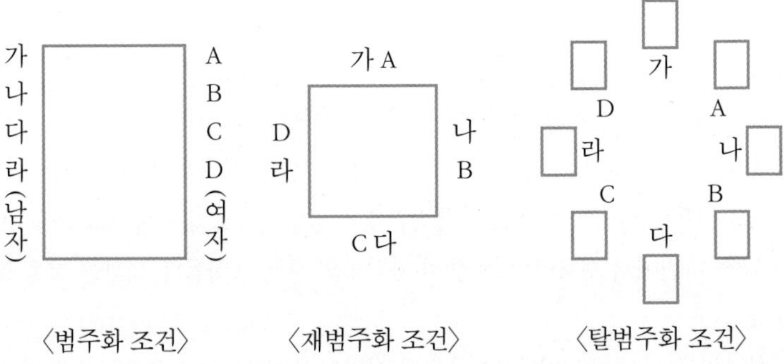


**[그림 10-28] 다양한 범주화 집단의 토의장 배치**

구분되는 형태의 교류기회를 줄이는 것이 도움이 된다고 보겠다.

이 분야의 실험 연구들은 다문화주의적 접근이 상대집단에 대한 편견을 줄이고, 집단관계를 대등한 관계로 개선함에 있어서 더욱 바람직한 접근임을 시사한다(Gurin et al., 2002).

## 편견의 감소와 관계의 평등성

집단 성원들 간의 악성 편견을 줄이는 우호적인 관계를 발전시키더라도 관계의 불평등을 개선시키지 못한다는 문제점도 있다. 우호적인 접촉이 두 집단에서 모두 상대집단을 수용하는 태도를 갖게 하지만, 약자 집단 성원들로 하여금 자신들이 느끼는 불평등의 심각성을 덜 느끼게 만들면서, 불평등을 지속시키는 문제가 있다. 남아프리카에서 흑인과 백인의 교류((Dixon et al., 2010), 인도에서 힌두교도와 무슬림 사이의 교류에서 이런 현상이 나타났다(Tausch et al., 2009). 이렇게 차별의 역사가 오랜 사회에서는 편견 감소책이 불평등의 해결로 직결되는 것은 아니다.

오랫동안 불평등한 집단관계를 유지해 왔던 집단 간의 갈등을 줄이며 대등한 관계로 변화시키기 위한 두 가지 경로를 정리해 볼 수 있다(Dixon et al., 2010; 〈표 10-1〉). 편견을 감소시키는 경로가 하나다. 이 경로는 우월한 집단 성원들이 주체가 되어 열등한 집단에 대하여 지닌 적개심과 편견을 없애는 목적으로 서로 간의 우호적이고 협조적인 접촉기회를 조장하여, 집단 간의 경계나 벽을 느끼지 않고, 차별적인 언행을 줄이는 경로다. 다른 경로는 열등한 집단이 주체적으로 취하는 집합적인 행동 경로다. 이 집단 성원들이 그동안의 불평등한 관계의 부당함을 일깨우고, 자기역량을 키우며, 집단으로서의 정체성과 성원들 간의 강한 연대감을 갖고, 우월한 지배집단이 행해 왔던 불평등한 행동에 집단적으로 저항하고, 요구하며, 지배집단과 자신들과의 경계를 뚜렷이 인식하는 것이다. 이 경로는 사회적 정체감 이론의 맥락에서 깊이 있게 살펴 보자.

**표 10-1** 불평등한 관계의 역사를 지닌 두 집단의 관계를 대등한 관계로 변화시키는 방략

| 변화의 경로 | 변화의 주체 | 개입 방책 | 행동적 결과 |
|---|---|---|---|
| 편견 감소 경로 | 지배집단 (주류) | 집단 간 접촉 장려, 상호 협조적 행동, 관계의 재교육, 공감능력 | 차별행위 감소, 집단 간 갈등 감소 |
| 집합적 행동 경로 | 피지배집단 (소수) | 자기역량강화, 불평등을 직시함, 집단내 강한 연대감 | 불평등을 지적하는 집합적 행동 |

출처: Dixon et al. (2010), 표 2.

1. 편견과 차별을 감소시키는 다양한 방법이 있다. 편견을 부인해 주는 사례들을 많이 접하게 하거나, 편견과 반대되는 행동을 취하도록 하여 부조화를 유도하는 인지적 방법이 있다.
2. 접촉 가설이 편견을 해소하는 효과를 거두려면, 접촉이 동등한 지위에서 장기적으로 이루어져야 하며, 상호협조적인 의존관계를 형성하게 되고, 편견을 타기하는 규범이 있어야 한다.
3. 이런 집단 간 교류는 낯선 집단에 대한 불안을 감소시키며, 공통된 부분을 발견하게 만들어 상대집단이 주는 상징적 위협을 감소시키므로 효과적이다.
4. 사람들이 무리를 짓고, 범주화를 하는 것은 자연적인 특성 때문에 이루어지는 것이 아니라 필요에 의해서 채택되는 준거가 적용되기 때문이다. 따라서 탈범주화 및 다문화주의에 의한 편견/차별의 감소가 가능하다.
5. 탈범주화는 집단 범주를 인정하지 않고 개인으로서 존재를 인정하고 교류를 하도록 하는 접근이다. 다문화주의는 집단 범주를 인정하되 서로를 인정하고 존중하는 태도를 지향하는 것이다.
6. 재범주화의 원리를 적용할 때는 내집단과 상위범주 집단의 전형성이 높은지 여부를 고려해야 한다.

## 집단 간 행위의 설명: 사회정체감 이론

사람들이 타인을 특정 집단의 성원으로 범주화를 하게 되면, 그를 판단할 때 그 집단에 대한 고정관념과 도식, 정서를 적용시키는 것처럼, 자신을 집단의 성원으로 범주화하게 되면 해당 집단의 특성에 부응하는 자기 모습을 보인다. 타인과의 교류가 개인적 정체감을 바탕으로 진행되는 경우와 집단정체감을 바탕으로 전개되는 경우는 양상이 다르다. 집단 간 교류는 노사, 여야와 같이 경쟁을 하는 집단들의 경우는 물론, 서로 협력해야 하는 경우(교수–직원, 의사–간호사)에도 쌍방 간에 경쟁적 기류가 흐르는 경우가 많다.

### 사회정체감 이론

어떤 식으로든 사람들은 편이 갈리면 우리 편에게는 우호적이고, 상대편에게는 차별적 양상을 보인다. 집단 간 차별 현상에 관심을 보인 영국의 사회심리학자

Tajfel(1978)은 이를 이해하는 중요한 이론을 제시하였다. 그는 사회적 행위를 대인행위와 대집단행위로 구분할 수 있다고 보았다. 대인행위는 개인이 자신의 개인적 속성인 성격, 태도, 지능, 의도 등을 바탕으로 다른 개인과 교류를 할 때 보이는 행위다. 반면에, 대집단행위는 개인이 속한 사회집단의 특성인 인종, 성, 대학, 출신지, 직업 등을 바탕으로 상대방과 교류하는 행위다. 전자의 경우는 자신이 속한 집단이 별 의미를 지니지 못하지만 후자의 경우는 그것이 중요한 의미를 차지한다.

타지펠(Henry Tajfel, 1920~1982)

폴란드 출신으로 영국 옥스퍼드 대학교에서 수학하고 브리스틀 대학교에서 사회심리학 교수로 봉직하였다. 유럽적 특성으로서 다양한 인종들이 섞여서 생활하는 현실을 조명하는 데 관심을 지니고 사회정체감 이론을 개발하였다. 이 이론은 사회심리학의 발전에 유럽인이 기여한 중요한 업적으로 인정받고 있다.

모든 사회적 행위는 결국 이 대인-대집단 행위의 연속선상에 놓여 있다. 어느 쪽으로 기우는가 하는 것은 몇 가지 변인에 의해서 결정되는데, 우선 집단이라는 범주가 얼마나 명확하게 부각되는가이다(Brown, 1988). 노사대표가 교섭하는 상황이라면 개인의 취향, 매력은 당사자들의 행위를 결정짓는 중요한 요소가 될 수 없다. 그러나 친분관계에 있는 학생들이 술자리를 같이한다면 그 자리에서 나타나는 행위는 개인적 취향에 따라 다르게 된다. 둘째는 집단 내에서 성원들의 태도, 행위, 의견 등이 얼마나 통일되어 있으며 집단 간에는 얼마나 뚜렷한 차이가 있는가 하는 점이다. 집단 내 동질성이 강하고 집단 간 차이가 크다면 대집단행위가 나타나기 쉽다. 대통령 선거에서 영호남의 대립은 항상 중요한 이슈로 부각된다. 이 경우 영호남의 집단이 현저하게 작용하지만 이에 더해서 중요한 것은 각 집단 내에서 사람들의 견해가 얼마나 통일되어 있는가 하는 것이다. 지역 내 의견이 분분하다면 투표행위는 개인적인 선호가 크게 작용하는 대인적 행위이며, 지역 내 의견이 통일되어 있다면 대집단행위로 나타날 것이다. 물론, 대부분의 행위는 이 연속선의 어느 한 극단에 있기보다는 양면을 모두 지니고 있다. 집단의 정체감을 취하는 경향은 집단의 크기도 영향을 준다. 내집단 편애 경향은 내외집단 성원의 구성비가 작은 집단에서 강하게 나타난다(Mullen et al., 1992). 〈표 10-2〉는 대인-대집단 행위의 발현에 영향을 미치는 요인을 정리해 보이고 있다(Brown & Turner, 1981).

**표 10-2 대인-대집단 행위의 영향 요인**

| 변인 | 발현행위 | |
|---|---|---|
| | 대인 ⇔ | 대집단 |
| 두 개 이상의 집단이 현저하게 부각되는가? | 아님 | 그러함 |
| 집단 내 성원 간에 행동, 의견이 보이는 일치성은? | 낮음 | 높음 |
| 외집단 성원에 대하여 지닌 고정관념의 강도는? | 낮음 | 높음 |

출처: Brown & Turner (1981).

**최소집단 상황** 내외집단의 구분은 내집단에 대한 차별적 편애 현상을 가져온다. 이 양상은 Tajfel이 행한 최소집단 상황 실험에서 잘 나타났다. 이제는 고전이 된 실험에서 참가자들의 집단을 구분하기 위하여 과제를 주었다. 과제는 자막에 찍힌 점들의 숫자를 세는 것이었다. 점의 숫자를 많이 추정한 사람과 적게 추정한 사람으로 구분하여 알려 주었지만 사실은 임의로 배정해 주었다. 같은 집단에 속한 사람들은 만난 적이 없고, 만날 일도 없었다. 소위 최소집단 상황이라고 불린 이 상황에서 참가자들은 자기집단의 성원 한 명(49번)과 상대집단 성원 한 명(72번)의 두 사람에게 점수(돈으로 환산됨)를 나누어 주게 되었다. 〈표 10-3〉에 나타난 것 같은 행렬을 제시하고(윗줄의 숫자는 자기집단 성원의 몫, 아랫줄의 숫자는 상대집단 성원의 몫) 14개의 선택지 중에 하나를 택하도록 하였더니, 실험에 참가한 청소년의 84%는 자기집단 성원에게 상대집단 성원보다 많은 점수를 주는 행을 택하는 것으로 나타났다. 원래 연구자는 이런 식의 임의적인 집단 구분에 더해서, 백지에 찍힌 점의 숫자 추정을 잘하는 집단과 못하는 집단이라는 '잘-잘못'의 가치를 부과한 집단 구분도 하였지만, 어떤 구분이건 무관하게 내집단 선호 양상이 나타난 것이다(Tajfel et al., 1971). 더욱 흥미로운 것은 여러 개의 유형이 다른 행렬을 제시하였을 때 자신의 집단 성원에게 절대적으로 많은 점수를 줄 수 있는 선택을 할 수 있지만 이런 선택보다는 절대적 점수는 적더라도 상대집단보다 많이 줄 수 있는 선택을 취하는 점이다. 이 현상은 여러 나라에서 공통적으로 나타났다(Mullen et al., 1992; Tajfel, 1982).

왜 이 같은 현상이 일어나는가? 현실공간에서 내집단 성원과는 미래의 교류가능성이 높고 따라서 우호적인 행위가 장차 관계의 증진에 도움이 될 것이기 때문에 내집단 선호경향은 당연한 것이라고 볼 수 있다. 그러나 이 설명은 최소집단 상황과 같은 경우에는 적용하기 곤란하다. 이를 설명하기 위해서 Tajfel은 사회정체감 이론을 제시하였고 이 이론은 집단 간 행위를 설명하는 가장 중요한 심리학 이론으로 자리 잡았다.

**표 10-3** Tajfel 등(1971)의 연구에 사용된 분배행렬의 한 예

| 행렬 3 | | | | | | | | | | | | | | |
|---|---|---|---|---|---|---|---|---|---|---|---|---|---|---|
| | 1 | 2 | 3 | 4 | 5 | 6 | 7 | 8 | 9 | 10 | 11 | 12 | 13 | 14 |
| | 14 | 13 | 12 | 11 | 10 | 9 | 8 | 7 | 6 | 5 | 4 | 3 | 2 | 1 |

**사회정체감 이론** 사람들이 개인적인 자기의 모습에 자긍심을 갖고 싶어 하듯이, 자신의 사회적 모습에서도 자긍심을 얻고자 하는데, 이는 자신이 속한 집단을

다른 집단보다 우월하다고 여기는 데서 얻어질 수 있다. 이 심리가 내집단편애 현상을 낳고, 최소집단 상황에서의 불공평한 분배를 가져온다. 이 이론은 두 가지를 전제로 한다. 첫째는 인간은 누구나 긍정적인 자기 정체감을 지니고자 하는 욕구가 있다는 것이다. 둘째로 정체감의 중요한 부분은 자신이 속한 사회적 집단이 제공하며 내집단이 다른 집단에 비해서 상대적으로 우월한 위치를 점한다는 인식에서 집단 정체감에 대한 자긍심을 느낀다는 것이다. 따라서 정체감을 확보하는 과정에서 외집단과 상대적인 비교를 하고 가능한 우위를 점하고자 하는 과정에서 내집단편애 경향이 나타나게 된다(곁글 10-9). 사회정체감에 따른 차별 행위가 늘 나타나는 것은 아니다. 개인이 집단 속에 있지만 개인으로서 정체감을 취하는 상황에서는 나타나지 않고 사회정체감을 취하는 경우에만 나타난다. 사회적 정체를 취할 때 그 집단의 규범에 따르는 행위가 나타나기 때문이다.

박세리의 1998 US 오픈 골프 우승은 IMF로 실추된 한국인의 집단 자존감을 달래 준 사건이었다.

몇몇 연구(Lemyre & Smith, 1985; Oakes & Turner, 1980)는 똑같은 최소집단 상황에서 집단 간 차별 행위를 했던 사람들이 그러한 차별 기회를 갖지 못한 사람에 비해서 상

**곁글 10-9 근로자의 노임 협상의 목표-가능한 한 많이?**

산업 현장에서 해마다 근로자의 임금협상을 둘러싸고 갈등과 협상이 벌어지고 있다. 근로자들은 가능한 최대의 임금인상을 요구하고 있고 경영진은 되도록이면 인상폭을 줄이려고 실랑이를 한다. 물론 근로자의 인상요구는 한계가 있기 마련이다. 임금수준을 관리자의 수준으로 달라는 것이 아니고 비교집단(같은 산업체의 다른 사업장에서 일하는 근로자)에 비해서 더 높은 임금을 요구하는 경우가 많다. 1970년대 영국에서 비행기 제조회사에서 근무하는 두 업장의 근로자들을 대상으로 〈표 10-4〉와 같은 임금대비표를 제시하였을 때 사람들은 상대 업장의 근로자들보다 상대적으로 많은 임금을 받기 위해서 시간당 순소득 2파운드를 버릴 정도이었다. 작업실 사람들은 거의 모두가 표에서 맨 우측에 있는 임금을 가장 선호하는 것으로 나타났다(Brown, 1978: Brown, 1988에서 인용).

**표 10-4 주당 급여 배정표** (단위: 파운드)

| | | | | | |
|---|---|---|---|---|---|
| 작업실 종사원 | 69.30 | 68.80 | 68.30 | 67.80 | 67.30 |
| 연구개발실 종사원 | 70.30 | 69.30 | 68.30 | 67.30 | 66.30 |

출처: Brown (1978).

대적으로 자존감이 높아진 것을 보이고 있다. 이러한 실험결과들은 내집단 편애적 차별 행위가 실제로 성원의 자존감을 높이는 효과가 있음을 보이고 있어 사회정체감 이론을 지지하고 있다(이종숙, 1991).

집단의 정체감을 취하는 경향은 집단의 크기와 실체성이 영향을 준다. 지나치게 큰 집단이나 범위가 모호한 집단(중산계층 따위)의 경우 개인의 행위에 대한 영향력이 없고 개인적 정체감에 따른 행위를 보이게 된다. 그러나 집단의 크기가 적고, 실체성이 부각된다면 그 정체가 환기될 때마다 집단 성원으로서의 사회정체감 행위를 보인다(Brewer & Schneider, 1990).

## 사회정체감이 위협받는 상황에서의 대처

모든 집단이 그 성원들에게 늘 긍정적 정체감을 주지는 못한다. 사회계층은 어느 사회에서나 존재하고, 위계상에서 하위에 있는 집단은 상위집단 성원들과 다른 차별을 받기도 한다. 여자보다 남자가, 간호사보다는 의사가, 근로자보다는 경영자가 우월한 신분을 지니고 있다고 여겨진다. 자신이 속한 집단에 대한 소속 의식이 불만스럽거나, 우월한 집단의 성원을 만나서 위축될 때 사람들은 다양한 방략을 통해서 긍정적인 사회정체감을 영위하거나 사회변혁을 위한 활동에 가담한다.

**집단으로부터의 이탈** 자신의 사회정체감에 만족하지 못할 경우 개인적으로 자신이 속한 집단을 떠나는 방법이 있다. 이 방법은 자신의 집단이 스스로의 선택에 의해서 변경될 수 있는 직업, 거주지, 취미, 학교 등의 선택에서 취해질 수 있다. 그러나 집단 소속이 자신의 피부, 인종, 출신으로 결정된 경우에는 이탈이 불가능하다. 자신의 검은 피부를 희게 만들 수는 없다. 이러할 경우 자기집단과 교류를 끊거나, 최소화시키며, 심리적 거리를 최대화시키고, 우월한 집단과 가까이 하는 행동이 나타난다. 여러 민족이 섞여 사는 나라에서 소수민족 성원은 지배 민족에 동일시하려는 경향을 보인다. 실제적인 이탈이 불가능한 경우에 심리적 이탈이 취해질 수 있다. 많은 사회에서 여성에 대한 편견이 있지만 많은 여성들이 자신은 그 편견의 피해자가 아니라고 여긴다(Crosby et al., 1989). 이들은 자신이 여성이긴 하지만 예외적인 존재라고 여김으로써 정체감 이탈 심리를 보이는 것이다(국내의 지역과 관련해서 곁글 10-10 참조 바람).

**곁글 10-10 집단 자존감과 사투리**

한국인들은 외모를 보고서 그 사람이 어느 지역 사람인지를 알 수는 없다. 그러나 대화를 해 보면 상대방이 쓰는 사투리를 듣고서 출신지역을 알 수 있다. 우리가 사용하는 언어는 우리의 사회적 정체를 알려 준다. 사투리에 의해서 출신지역을 알 수 있고, 어휘나 예절에 의해서 교육수준 내지는 계층에 대한 정보를 알 수 있다. 언어는 집단관계에서 상대적 지위를 대변해 주기도 한다. 사투리를 얼마나 쓰느냐에 따라서 외집단 사람들과의 관계가 영향받을 수 있다. 이런 점에서 언어는 대집단관계에서 관계의 위계를 매개하는 역할을 한다(Brown, 1988).

국내에서도 사투리 사용은 지역 간의 격차를 여실히 반영했었다. 김대중 정부(1998~2003)가 집권하기 전까지 전라도 사투리는 중앙방송은 물론, 지역방송에서도 드라마를 제외한 프로에서는 거의 들리지 않았지만 경상도 사투리는 뉴스의 해설자나 대담프로의 진행자가 거침없이 쓰는 경우가 많았다(이두엽, 1991). 지역감정 연구에서도 서울지역에서 생활하고 있는 호남인들은 사투리를 거의 안 쓴다고 하지만, 경상도인들은 개의치 않고 쓰는 것으로 나타나고 있다. 흔히 경상도인들은 된 발음(예: 쌀)을 하지 못하기 때문이라는 이유를 대지만 혀의 운동이 굳기 전 어린 시절에 교정을 시도한다면 충분히 고칠 수 있다는 것은 잘 알려진 사실이다. 입양 간 한국 아이들이 자라서 구사하는 영어발음은 원어민과 다르지 않은 것을 볼수 있다. 이 면에서 사투리의 구사는 생체적 구조의 문제가 아니라 사회적 지위의 상대적 위치에 따른 현상이라고 보아야 할 것이다. 김대중 정부가 들어선 이후 호남 사투리를 언론에서 자주 접하게 되었던 것도 바로 이 현상을 반영하는 것이다.

입말에 담겨진 지역정서가 잊혀져 가는 것에 대한 안타까움을 반영하며 2007년부터 제주를 시작으로 각 지역에서 지역말 보존과 육성 조례가 생겨 퍼지고 있고, 사투리 경연대회도 열리고 있다(한겨레 21, 2024. 2. 12/19). 사투리로 지역 정체성을 드러내면서 각 지역민들이 대등하게 교류하고 관계를 맺어 가자는 바람도 실현될 수 있을 것이다.

**열등한 비교의 회피** 개인적 이탈이 불가능하거나 매우 위험하다면 몇 가지 다른 방법이 추구될 수 있다. 우선, 비교대상을 상위의 집단으로 잡지 않고 유사한 집단이나 하위의 집단으로 잡아 상대적 평가에서 우월감을 맛볼 수 있다. 근로자들이 경영진과 자신을 비교하지 않고 비슷한 처지에 있는 다른 업장의 근로자들을 비교대상으로 삼는 것이 그 예다(Brown, 1978). 한 연구는 백인을 비교대상으로 잡는 흑인들보다 다른 흑인을 비교대상으로 삼는 흑인들의 자존감이 더욱 높은 것을 보이고 있다(Rosenberg & Simmons, 1972).

**귀인에 의한 모멸감 회피** 사람들은 다른 사람들이 자신에게 보이는 행동의 탓을 자신이 지니고 있는 유별난 특징(낙인, 지방대, 외국인 등) 탓으로 여기는 경향이 크다. 기발하게 수행된 한 실험에서 참가자들의 얼굴에 큰 흉터를 그려 놓고 거울을 보여 준 후, 흉터를 더 그럴듯하게 보이게 하기 위함이라며 로션을 발라 준 후 다른 사람과 대화를 하도록 하였다. 대화가 끝난 후 상대방의 행동에 대하여 평가를 하게 했을 때 대부분의 참가자들은 자신의 얼굴에 있던 흉터 때문에 상대방이 불편해하고, 대화가 어색하였다고 보고했다. 그러나 사실, 로션을 바른 것이 그 흉터를 지운 조처였다는 것을 참가자들은 몰랐던 것이다(Kleck & Strenta, 1980). 열등한 사회집단에 속한 사람들은 다른 사람들이 자신에게 서운한 행동을 했을 때 이를 자기 집단에 대한 사회의 편견 탓으로 돌림으로써 자신의 자존감을 보호할 수 있다.

**우월한 준거나 가치의 확인** 사회적으로 인정받는 집단에 속해 있다고 해도 경우에 따라서는 자신보다 우월한 사람을 만나게 되는 경우도 있으며, 남들에게 그 집단성원임을 의심받는 경우도 있고, 집단의 가치가 위협받는 상황을 맞을 수도 있다. 그 정체감이 자신에게 중요하다고 여긴다면 정체감을 인정받고 싶어하는 욕구가 작동하고, 이는 자기 정체감의 우월적 가치를 확인하거나, 물건의 구매나 선택에 영향을 미친다. 우월적 가치를 중시하는 사례로서, 네덜란드에서 정규 간호사와 간호사보의 관계에서 간호사들은 자신들이 전문적으로 우월하다고 여기고 있고 간호사보들은 자신들이 환자를 인격적으로 더 잘 대한다고 여기는 것을 보여 주었다(Van Knippenberg & Van Oers, 1984). 독일에서 각 정당의 회원들을 대상으로 조사해 보니, 자기 정당이 중시하는 정책이 중요한 가치를 지니며, 이를 구현하는 훌륭한 정책을 지니고 있다고 평가하는 것도 그런 사례다(Mummendey & Schreiber, 1984).

사람들은 다양한 집단에 속해 있으므로, 상황에 따라 촉발되는 집단정체성이

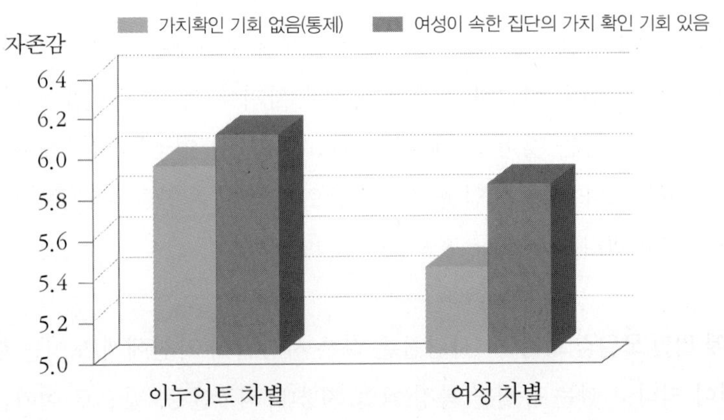


**[그림 10-29] 여성정체감이 강한 여성들이 지닌 자기가치 확인 기회가 자존감에 미치는 영향**
출처: Spencer-Rodgers et al. (2016), Fig. 1.

다르다. 하나의 정체성이 위협을 받는 상황에 처하더라도 다른 정체성 혹은 위협받는 정체성의 가치를 스스로가 확인하고 다짐하는 방식으로 그러한 위협에 대처할 수도 있다. 한 실험연구에서 여성의 정체성이 중요하다고 여기는 여대생들에게 여성(통제집단에서는 이누이트족)에 대한 여러 가지 차별(임금 수준, 취업 등)이 벌어지는 실태를 알려 주고서 이들에게 자신이 중요하게 여기는 집단을 생각하며 그 집단이 중요하게 여기는 가치들을 세 가지 이상 설명해 볼 기회를 주었다. 대부분의 학생들은 친한 가족, 친구, 동아리, 교회 등을 생각하며 이들의 가치를 설명하였다. 이런 기회를 가졌던 학생들은 그런 기회가 없던 학생들에 비해서 자존감이 실추되는 것을 막을 수 있었다(Spencer-Rodgers et al., 2016; [그림 10-29]).

자신이 중요하게 여기는 정체감이 위협받는 경우에 사람들은 이를 정체감을 확인시키기 위해 좋아하지 않는 음식을 선택하며, 정체감을 회피하기 위하여 좋아하지 않는 선택을 일부러 하기도 한다(결글 10-11).

**결글 10-11 집단정체감이 개인의 선택에 미치는 상황적 역동**

**정체감의 확인** 미국의 아시아계 학생들이 평소에는 자신들의 모국 음식을 선호하며 이 때문에 놀림을 받기도 한다. 그러나 이들에게 백인 학생이 다가와서 "당신, 영어 할 줄 아세요?"라고 물으며 설문조사에 협조해 달라고 요청하고, 참여해 준 사례로 다양한 음식 중에서 선택의 기회를 주었을 때, 75%의 사람들이 미국의 대표적인 정크 음식인 핫도그, 햄버거 등을 택하는 것으로 나타났다. "영어 할 줄 아느냐?"는 질문을 받지 않고 설문에 응한 사람들 중에서 그런 음식을 택한 사람은 25%로 나타나, 미국인으로서의 정체감을 인정받고자 하는 욕구가 평소 즐기지 않고, 몸에 안 좋은 음식을 택하게 만드는 것을 볼 수 있다([그림 10-30]; Guendelman et al., 2011).

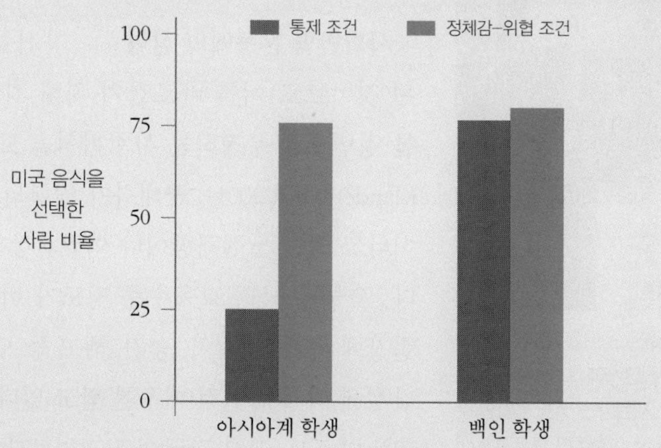


**[그림 10-30] 미국인 정체감이 위협받을 때 보이는 미국 음식에 대한 선호도**

출처: Guendelman et al. (2011).

**정체감의 회피** 자신이 지닌 집단정체감이 만족스럽지 않을 경우, 정체감이 환기되지 않는 상황을 좋아하고, 정체감이 환기되는 경우에 정체감을 회피하려는 행동을 보이려고 한다. 이를 잘 보여 준 실험에서 사람들은 자신의 성정체감에 대한 자부심이 낮은 경우(low CSE)에, 그 정체감이 환기되지 않은 상황(위협 없음)에서는 실험에 참가한 대가로 잡지를 선택할 수 있을 때 일반 종합 잡지보다는 재미있는 여성/남성 전용 잡지를 가져가겠다고 선택했으나 성정체감이 불리하게 환기되는 상황(남자 혹은 여자는 머리 쓰는 과제에 매우 서툴러!)에서는 재미있는 성전용잡지 대신 일반 잡지를 읽겠다고 했다([그림 10-31]). 그러나 자신의 성에 대한 자부심이 높은 사람들은 자신의 성정체감이 위협을 받거나 말거나 관계없이 성전용 잡지를 선택하는 양상을 보였다(White & Argo, 2009).

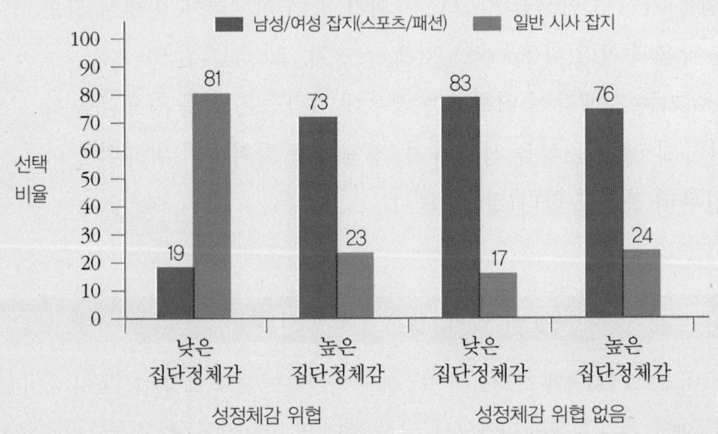


**[그림 10-31] 성정체감이 위협받는 조건과 위협이 없는 조건에서 보겠다는 잡지 유형의 선택이 성정체감이 낮은 사람과 높은 사람들에서 달리 나타나는 양상**

출처: White & Argo (2009), 연구 1.

동성애자 짐 오버거펠(Obergefell)은 20년을 동거해 온 애인이 죽었으나 이 애인의 사망진단서에 오하이오 주 법에 따라 혼인관계가 미혼으로 기재된다는 것을 용납할 수 없어서 주정부를 상대로 소송을 제기하였고, 결국 2015년 6월 26일 미국 연방대법원에서 동성애 결혼이 헌법에 의해서 보장되어야 하는 권리라는 결정을 끌어내었다.

출처: 뉴스위크(2015. 7. 13.).

**사회변혁 운동에의 참여** 자신들이 받는 차별이 잘못된 것이므로 이를 바로잡기 위해 지배집단의 우월적 위치를 정면으로 부정하는 사회변혁을 도모할 수 있다(Simon & Klandermans, 2001). 근대화가 진행되고 있는 나라들에서 일어나고 있는 노예해방이나 여권신장 운동이 그 대표적 사례다. 오늘날 남녀 교육수준 정도가 비슷한 상황이지만 일의 현장에서 채용, 배치, 승진, 해고 등 모든 분야에서 여성들은 남성에 비해 차별적 대우를 받고 있다. 영국 경제주간지『이코노미스트』에서 각국의 유리천장지수를 발표한 것에 따르면 한국의 남녀 임금격차는 36.7%, 여성임원 비율은 2.1%로 OECD 국가 중에서 최하위다(아시아투데이, 2016. 3. 4.). 국내

의 기혼 여성근로자 592명을 대상으로 성차별에 대한 인식을 조사한 결과, 학력이 낮은 여성들과 남성적인 문화가 강한 조직에서 일하는 여성들이 상대적 박탈감과 성차별을 많이 느끼는 것으로 나타났다(김혜숙, 박수미, 2006; 오현규 외, 2016; 안미영 외, 2004). 상대적 박탈감이 부당하다고 여기고, 바꿀 수 있다는 전망이 보일 때 사람들이 변혁 운동에 참여할 가능성이 높다.

## 사회정체감 이론의 확장

자신이 속한 집단의 정체감이 삶에 미치는 영향은 문화마다 차이가 있을 수 있다. 한 연구는 미국에서 흑인과 백인 대학생을 대상으로 개인의 자긍심, 자기집단에 대한 자긍심, 우울증세를 측정하여 분석하였다(Luhtanen & Crocker, 1992). 백인 학생들에게서 개인의 자긍심이 저하된 경우에 우울증세가 강하게 나타났으나, 흑인 학생들에게서는 이러한 경향이 나타나는 대신에, 자기집단에 대해 느끼는 집단자긍심이 우울증세와 관련이 깊은 것으로 나타났다. 개인적인 자긍심의 수준이 백인과 비슷한 경우에도, 흑인 학생들에게서 집단정체감이 차지하는 비중이 그만큼 크다는 것을 시사한다. 왜 이럴까? 이런 현상은 내국인들이 해외 프로 스포츠에 진출한 한국 선수들의 활약에 일희일비하는 현상과도 무관하지 않다(곁글 10-12).

영국 프리미어 리그에서 뛰고 있는 축구선수 손흥민의 활약은 온 국민의 관심거리다. 그가 국가대표가 아닌 개인 자격으로 시합하는 경우가 훨씬 많지만, 그의 활약이 한국인의 사회정체감을 건드리기 때문이다.

**곁글 10-12** 집단주의 문화권에서 집단 자긍심

사람들의 자긍심은 자신이 지닌 실력, 남들로부터 받는 인정은 물론 자신이 속한 집단이 받는 평가에 의해서도 영향을 받는다. 동양권에서 사람들이 겸양편향을 보이는 경향이 있지만 자신의 집단에 대하여는 고양적 편향을 보일 것이라는 가설이 여러 연구에 의해서 검증을 받았다. 이들 결과는 일관되게 나오지 않고 있다. 집단자긍심 척도(김혜숙, 1994; Luhtanen & Crocker, 1992)로 조사한 연구 결과는 북미인들이 일본인보다 자신들의 집단(가족과 대학 Heine & Lehman, 1997a; 국가 Lipset, 1996; Liu et al., 1997)을 보다 긍정적으로 평가하고 있는 것으로 나타나고 있어, 개인 차원의 자기고양적 편향의 문화 차이가 집단을 대상으로도 나타났다. 집단에 대한 애착이나 자긍심은 북미인들에게서도 일본인들 못지않게 자신들의 자긍심을 높이는 데 기여하는 것만은 확실하다(영국의 각 지역 축구팬들을 생각해 볼 것).

김혜숙(1995; 연구 2 & 3)은 국내의 실험실에서 자신이 속한 집단의 수행이 성공적인 경우에 내귀인을 하

고 실패한 경우에 운 탓의 외귀인하는 것을 보여 자기고양적 귀인이 나타남을 보였다. 이 같은 양상은 체육관에서 자신이 응원하는 팀의 승리와 패배에 대한 귀인에서도 나타남을 보여 자기집단 고양적 귀인이 한국에서는 일반적인 현상임을 시사한다. 유사한 양상의 자기대학 고양적 귀인이 홍콩 대학생을 대상으로도 관찰되었다(Hewstone et al., 1983). 그러나 일본인에게서는 자기집단 고양적 귀인이 나타나지 않는다는 증거도 있다(Heine & Lehman, 1997a). 자신이 중요하게 여기는 소속 집단이 관여된 좋고 나쁜 일에 대하여 개인들이 희비를 느끼는 것은 보편적인 현상으로 보인다. 국가대표가 아닌 개인으로서 활약하지만, 손흥민, 오타니가 외국에서 보이는 프로 스포츠의 성적에 온 국민이 열광하고 실망하는 일상의 일이 좋은 증거이다.

**자기범주화 이론** 자기의 모습에서 개인적 정체와 사회적 정체를 구분한 사회정체감 이론(Tajfel, 1978)은 자기범주화 이론으로 확장, 발전하였다(Turner et al., 1987). 자기범주화 이론에서 사회적 정체는 회사, 출신지역, 성과 같이 가시적인 집단일 수도, 개념적으로 구성된 집단(사회계층, 학자, 지도층)일 수도 있다. 사람들은 자신이 취하는 범주 의식에 따라 그 범주가 지닌 특징들을 자신의 정체감으로 받아들이고, 이를 드러내 보인다. 이런 탓에 사람들은 타인을 만나고 파악할 때 자동적으로 상대가 지닌 범주에 따라 상대방의 특징을 파악하는 양상을 보인다. 사람들의 관심이 개인적 정체에서 사회적 정체로 옮겨지는 경우에, 집단 고정관념적 행위 및 사고를 보이며, 집단 내 결속, 집단 간 경쟁, 집단규범 형성, 동조성향의 증가, 태도극화 현상을 보이게 된다(Hogg, 1992: Oakes & Turner, 1980).

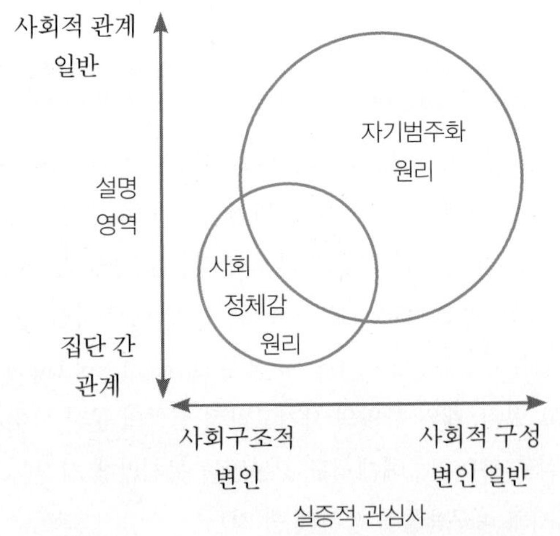


[그림 10-32] **사회정체감 이론과 자기범주화 이론의 적용 영역 비교**

출처: Haslam (2001).

뿌리가 같은 두 이론은 적용 영역에서 차이가 있는데, 사회정체감 이론은 집단 간 비교나 상대적인 차이가 부각되는 상황에 적용되며, 안정적이며 구조적 성격이 뚜렷한 정체감에 적용된다. 반면에, 자기범주화 이론은 다양한 범주 인식이 부침하는 일상적인 사회생활에서 나타나는 특징을 부각시키고 있다는 점에서 적용 영역이 더 넓다고 보겠다([그림 10-32]). 예를 들어, 사회계층은 개념적으로 존재하는 것이어서 사람들은 계층이라는 것을 늘 의식하는 것은 아니다. 그러나 부자감세 정책이 논의되는 상황에서는 자신의 계층범주에 따라 정책에 대한 입장을 취하게 되는 것을 볼 수 있다.

**곁글 10-13** 자기범주의 확대 가능성-내집단과 인류를 넘어서 '것들'까지!

**질문 1**: 당신은 다음 네 가지 범주의 사람이나 자연물을 가족 혹은 우리라고 여깁니까?

내 지역사회의 사람들 (그렇다/아니다)

한국 사람들 (그렇다/아니다)

지구상의 모든 사람들 (그렇다/아니다)

생태계의 모든 자연물들(생물, 산, 강, 나무 등) (그렇다/아니다)

**질문 2**: 당신은 아프리카의 난민을 돕는 것에 쓸 돈이 있으면 한국 사회의 빈민층에 써야 한다는 주장에 동의합니까?

(그렇다/아니다)

**자기범주화 이론**은 세 가지 형태로 자신을 범주화시키는 양상을 설명한다(Turner et al., 1987). 첫 수준에서 개인은 자신을 주위 사람과 구분되는 개인적 존재로 인식한다. 중간 수준에서 범주화는 자기가 속한 집단과 동일시하는 것이다. 더 높은 수준에서 사람들은 자신을 인류의 성원으로서 인식한다. 사회심리학의 연구들은 대부분 첫 수준과 중간 수준 범주화를 비교하며 다루어 왔다.

최근에 인류로서의 범주화를 다루는 연구가 보고되어 흥미롭다. 앞에 제시된 질문 1과 비슷한 질문을 통해서 자신을 인류로서 범주화하는 경향이 큰 사람들의 특징을 파악한 결과(McFarland et al., 2012), 이들은 자민족중심주의, 권위주의 경향이 낮으며, 경험에 대한 개방성이 높으며, 타국에서 벌어지는 전쟁, 분규, 기아, 학살 등등의 문제에 관심을 갖고 있는 것으로 나타났다(연구 1~5; McFarland, 2015). 이런 양상은 자신을 사회적으로 바람직하게 보이려는 동기를 제거한 상태에서 나타나고 있어, 인류의 범주가 생활 장면에서 작동할 수 있음을 보이고 있다. 실제 인권단체나 빈민구제 기구에서 종사하는 사람들은 이런 경향성을 많이 보이고, 자민족중심주의는 적게 나타났다(연구 7). 이 경향성이 높은 사람들은 매체에 나타나는 다양한 기사들에서 인권관련 기사를 선호해서 보며, 타국에서 벌어지고 있는 인권관련 사건에 대해서도 관심을 보인다(연구 9). 온라인 참여자 3천 명에게 많은 유산을 받게 되어 기부를 한다면 어떤 단체에 기부할 것인지를 물어보았을 때(연구 10), 세 가지 범주화(지역사회, 국가, 인류) 점수가 기부의사와 상관이 있는 것으로 나왔지만, 인류 범주화가 전체적인 기부점수와 가장 높은 상관(r =.45)을 보였다(지역사회는 .26, 국가 .23). 인류 범주화는 아프리카의 기아퇴치를 위한 기부와는 높은 상관을 보였지만, 지역사회 및 국가 범주화는 이 유형의 기부의사와는 무관하게 나왔다. 자국의 역사 전통을 보존하는 활동에의 기부의사와 인류 범주화는 무관하게 나왔으나(r =−.06), 지역사회, 국가 범주화 점수의 크기는 이 보존활동에의 기부와 상관이 있는 것으로 나타났다(.15 & .27).

인류를 초월한 생물계, 더 나가 생태계 전체와의 범주화가 가능할까? 일반인들에게 흔하지는 않지만 여러 영적 지도자들은 자신을 자연의 한 부분(쪽)으로 여기며, 매우 소박하고 겸허한 삶의 자세를 보여 주고 있다. 불교에서는 모든 생명체를 귀하게 여기라며 살생을 금지하고, 힌두교나 무교의 전통에서는 생태계의 모든 존재에 신격을 인정하며, 이들을 모시며 살 것을 가르친다(11장 참고). 조선 말기에 국내에서 자생적으로 생긴 동학(東學) 사상도 한울님(천주)이 모든 것에 깃들어 있으므로 이를 모시는 시천주(侍天主) 정신을 가르치고 있다(김용휘, 2012).

1. 사회정체감 이론에 따르면 사람들이 보이는 사회적 행위는 대인–대집단 행위의 연속선상에서 구분되며, 대인행위는 개인정체감을 바탕으로, 대집단 행위는 집단정체감을 바탕으로 취해진다.
2. 최소집단 상황에서 두 집단으로 구분된 사람들이라도 내집단 편애 현상을 보인다. 이는 자신의 자존감을 높이며 긍정적 가치의 확립을 도모하기 때문이다.
3. 집단정체감이 위협받는 상황에서 사람들은 집단이탈, 혹은 심리적 이탈을 취하며, 비교의 대상을 바꾸거나, 비교준거를 우월한 것으로 바꾸거나, 자신의 불리한 특성에 귀인시킴으로써 자존감을 보호할 수 있다. 아울러, 사회변혁을 지향할 수 있다. 어떠한 방식이 취해지는가는 현재의 집단관계의 안정성과 정당성에 달려 있다.
4. 집단정체감과 개인정체감이 개인의 삶에 미치는 비중은 문화마다 차이가 난다. 흑인에게서는 개인정체감보다 집단정체감이 더 중요한 것으로 나타난다.
5. 사회운동은 절대적 박탈감보다 상대적 박탈감에 의해서 영향을 받으며, 개인적 박탈보다는 집단적 박탈의 인식이 크게 작용한다.
6. 자기범주화 이론은 사람들이 취하는 다양한 범주 의식에 따라 행동이 영향받음을 설명한다.

# 기후변화의 사회심리학

21세기 들어서 세계 곳곳에서 예측하지 못했던 극심한 기후변화 현상이 나타나고 있고, 그 빈도가 더욱 잦아지고 있다. 2023년 미국 하와이의 산불로 천국이라 여겼던 마우이 섬에서 100명 이상이 죽고, 많은 이재민이 발생하였으며, 2019년 호주의 산불은 반년간 지속되며 5억 마리의 동물이 죽고 수많은 이재민을 냈다. 2022년 파키스탄은 국토의 1/3이 물에 잠기는 엄청난 홍수를 겪으며, 1,300명 이상이 사망하였다. 2023년 여름엔 지구에서 가장 건조한 지역인 미국의 데스벨리에 난데없이 물폭탄 격으로 1년 강수량에 해당하는 비가 한번에 내려 강을 만들었다. 많은 나라가 예측할 수 없는 폭염과 홍수, 가뭄, 산불로 시달리며, 초국가적인 대책이 마련되고 있다.

이러한 기후 이변들은 지구가 급속하게 더워지는 지구온난화 탓에 나타나는 현상으로 여겨진다. 통상 1만 년간 4도 정도의 변화는 예상되지만, 최근의 온난화는 산업화 이후 엄청나게 배출된 온실가스가 태양의 복사열을 가두는 온실효과 탓으로 지난 100년간 1도가 넘게 대기 온도를 상승시켜 왔다. [그림 11-1]은 지난 1만 년 동안 온난화를 초래하는 대기 중의 이산화탄소 측정치의 변화를 보이고 있다. 이런 속도로 온난화가 진행된다면 감당하기 어려운, 더 심한 이상기후 현상을 겪을 것으로 예

기후위기로 불타고 있는 지구
출처: 그린피스(한국 누리집)

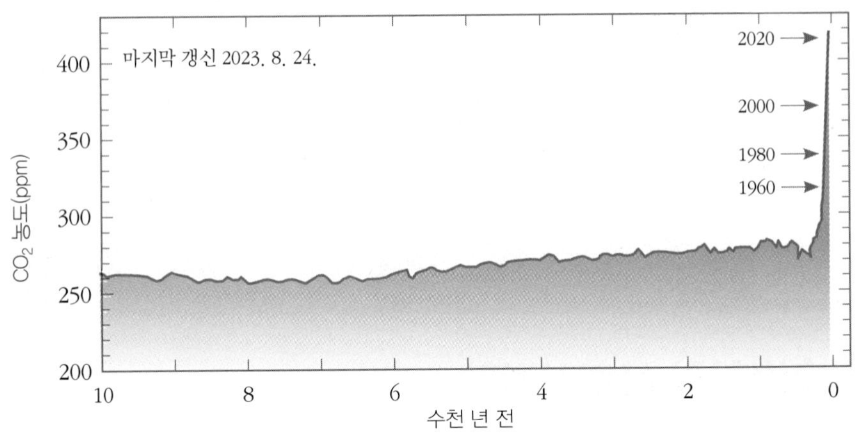


**[그림 11-1] 지난 1만 년간 지구 대기 중의 이산화탄소 농도**

1958년부터는 매달 측정되고 있음. 이 곡선은 보고자의 이름을 따서 Keeling 곡선이라고도 함. 이 곡선의 최신 형태는 https://keelingcurve.ucsd.edu/에서 볼 수 있다.

상된다. 그래서 UN에서는 1988년에 기후변화에 관한 정부 간 협의체(IPCC)를 만들어 기후변화의 양상을 관찰해 왔으며 1997년에 교토의정서를, 2015년에는 파리협정을 체결하였다. 파리협정은 지구평균 기온 상승을 산업혁명 이전에 비하여 1.5도 이하로 제한하는 노력을 하자는 협정이다. 1.5도의 임계점을 넘어서면 빙상, 해양, 열대우림 등 기후변화에 영향을 주는 것들이 예측하기 어려운 상태로 변하게 되고, 이 변화의 정도가 종 다양성과 인류의 생존에 심각한 위협을 초래하는 것이

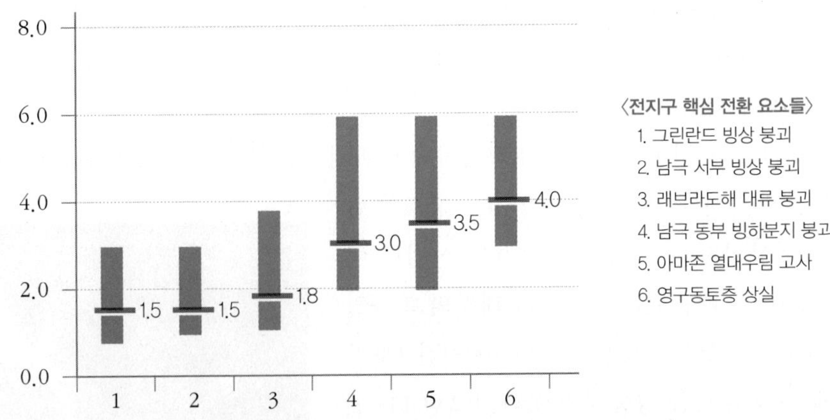


**[그림 11-2] 기후변화의 핵심 전환 영역들에서 예상되는 임계온도의 범위와 평균**

막대는 여러 연구에서 나타난 임계온도의 최소치와 최대치 구간. 검정선은 평균 임계온도로 그 밑의 구간은 임계적 변화가 가능한 구간이며, 그 위의 구간은 임계적 변화가능성이 높고, 최대치를 넘어서면 임계적 변화가 확실시된다.

출처: 한겨레(2022. 9. 13.) 그림의 일부. 원전은 McKay et al. (2022).

다. 그래서 1.5도를 넘지 않도록 하고, 가능한 더 낮추는 노력이 필요하다는 것을 비준국들에게 요구하고 있다. 그럼에도 불구하고, 파리협정 체결 이후에도 탄소 배출은 계속 증가하고 있다. 2008년 이후 발표된 수많은 논문을 통합분석한 연구는 인류의 온실가스 배출로 인한 기온상승이 이미 임계점 비상구역에 진입하였음을 보인다([그림 11-2]; McKay et al., 2022). 임계점을 초과하면 온난화가 중단되어도 심한 기상이변 발생을 멈출 수 없게 된다. 임계점을 넘지 않도록 모든 노력을 보여야 하는 것이다.

**기후변화의 현실** 2020년 한국 환경부에서 발간한 기후변화 평가보고서에 따르면 1912년부터 2017년까지 한반도의 평균 온도는 1.8도 상승했다. 1880년부터 2012년까지 전 지구 평균 온도가 0.85도 상승한 점을 감안하면 한반도는 훨씬 심하게 지구온난화의 영향을 받고 있는 셈이다. 온실가스 배출의 저감 노력 없이 현재 추세대로 배출한다면 21세기 말(2071~2100년)에는 한반도 평균 기온은 4.7도 상승할 것으로 예측된다. 온실가스 저감 조치가 상당히 실행된 경우에도 2.9도 증가할 것으로 분석된다(http://www.me.go.kr/home/web/policy_data/read.do? menuId=10262&seq=7563).

IPCC가 2018년에 내놓은 '**지구온난화 1.5도 특별보고서**는 지구 평균 기온 상승폭이 2도일 때와 1.5도일 때의 결과를 비교분석하며 그 차이를 다음처럼 기술한다. "이 두 온도 사이에서 북극권의 얼음이 완전히 녹는 해의 출현 빈도가 10년에 한 번일지 100년에 한 번일지가 결정된다. 해양 생태계를 지탱하는 중요한 기둥 중 하나인 산호초가 완전히 멸종될지, 30퍼센트 정도는 살아남을지가 결정된다. 그리고 극단적인 이상 고온에 노출되는 인구가 전 세계의 3분의 1일지, 10분의 1일지가 결정된다."(UNESCO 한국).

기후온난화의 변곡점을 넘지 않기 위하여는 2050년까지 **탄소중립**(넷제로: 이산화탄소의 대기권 순수 배출량이 없는 상태)을 달성해야 하며, 이를 위해 대부분의 국가가 자체 계획을 세워 정책적으로 추진하고 있다. OECD 국가들이 대부분 지난 십여 년간 온실가스 배출을 적극적으로 통제하고 줄이는 데 반하여, 한국은 계속하여 온실가스 배출이 늘어나고 있는 추세를 보이고 있다(〈표 11-1〉). 온실가스 절감 노력이 효과를 보이기 위해서는 산업체, 정부, 과학기술계의 노력뿐만 아니라 시민들 개개인의 의식과 노력이 필요하다. 2021년 **국가인권위원회**에 제출된 조사 보고서는 국민들의 94%가 기후위기가 심각하다고 여기는 것으로 나타났다. 그러나 '개선 노력은 개개인보다 기업과 정부가 기울여야 한다'는 생각을 다른 나

**표 11-1** 세계 주요국의 온실가스 배출 추이 1990~2019

| | |
|---|---|
| 프랑스 | |
| 이탈리아 | |
| 스웨덴 | |
| 영국 | |
| 미국 | |
| 인도 | |
| 일본 | |
| 말레이시아 | |
| 중국 | |
| 한국 | |

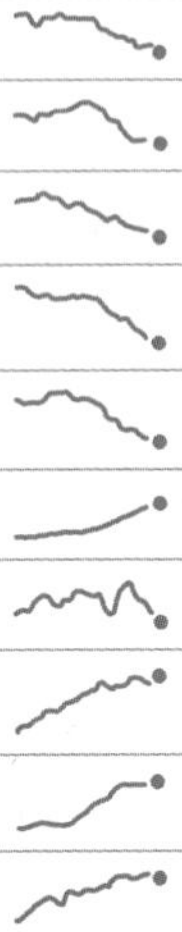

출처: https://data.worldbank.org/indicator/EN.ATM.CO2E.PC

라 사람보다 많이 하는 것으로 나타났다(2021년 갤럽 조사에서 한국인의 83%가 이에 동의하는 것으로 나타나 세계평균 70%, 미국인 60% 동의율보다 높음).

기후변화가 심각하다고 여김에도 불구하고 대처행동이 미약한 이유는 다양하다. 개인 수준에서 할 수 있는 것이 아니라는 인식, 대처행동이 요구하는 비용은 즉각적인 데 비해서 그에 상응하는 혜택은 후세대가 거둔다는 점에서 긴박한 필요성을 못 느낀다는 것, 그리고 기후위기 현상에 대하여 오해하거나 잘못된 인식을 하는 것 등을 들 수 있다. 기후변화는 과학의 영역이지만, 그에 대한 태도와 대처행동은 사회정치적 영역에서 작용하는 현상이다. 기후변화는 생태계의 위기이며, 사람들에게 지금까지의 생활방식과 세계관에 대한 반성적 성찰을 요구하고 있다. 이 장에서는 기후변화에 대한 태도와 대처행동을 이해하고, 기후위기의 정의로운 해결을 위해 고려할 내용을 검토하며, 인간과 자연이 관계 맺는 방식에서 우리에게 익숙했던 인간중심주의적 세계관의 점검과 대안적 세계관에 대하여 생각해 보도록 하자.

## 기후변화가 미치는 심리적 영향

기후온난화에 의해서 북극권의 빙하가 녹아서 북극 생태계가 위협받고, 해수면이 높아지고, 산불이 증가하면서 기후난민이 도처에서 발생하고 있다. 높아지는 기온의 영향을 받는 곳에 거주하는 사람들의 짜증과 좌절이 높아지면서 폭력이 많이 발생하는 등 기후변화는 사람들의 불안과 우울을 증가시키며 정신건강에도 악영향을 미치고 있다. 기후변화는 홍수, 가뭄, 산불, 열풍과 같은 재난적인 상황으로 사람들에게 큰 외상적 충격을 주어, 사람들의 신체 및 정신 건강에 직접적인 피해를 줄 수 있다. 이런 즉각적 영향은 아니지만 빙하의 사라짐과 해수면의 상승처럼 눈에 뜨이지 않게 서서히 진행되는 완만한 과정을 통해서 생태계를 교란시키며, 인수전염병의 발생, 먹거리의 변화, 종다양성에 대한 위협 등으로 생태계와 분리될 수 없는 사람들의 공동체에 변화를 초래함으로써 생활에 직간접적인 영향을 미친다([그림 11-3]).

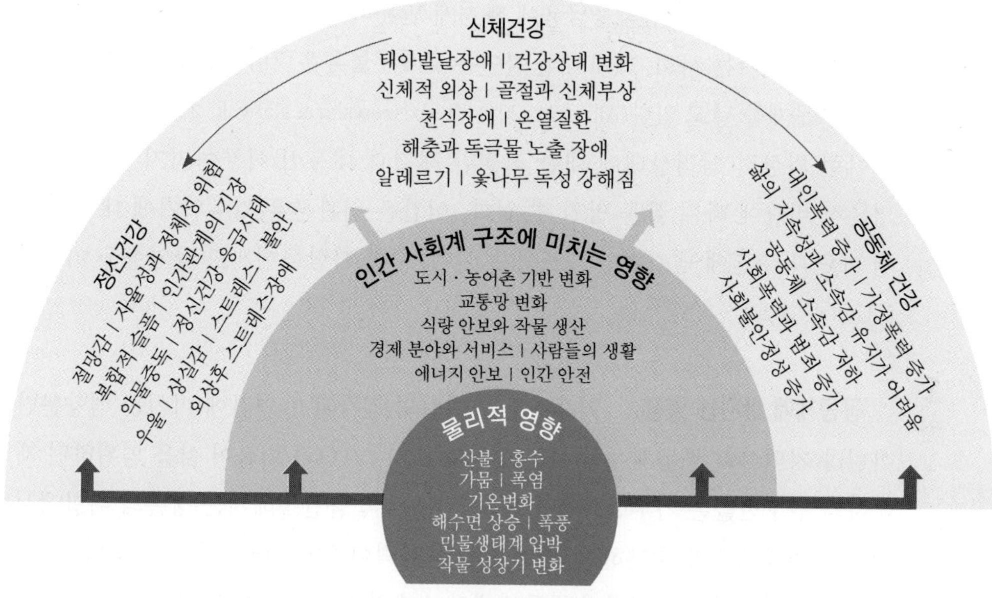


**[그림 11-3] 기후변화가 미치는 심리적 영향**

출처: Clayton et al. (2014).

**만성적 기후변화가 미치는 영향** 캐나다의 원주민 부족에서 기후변화가 진행되면서 약물남용이 증가하는 것으로 나타났으며, 공포, 분노, 무력감과 소진감을 호소하는 사람들이 많아졌다(Clayton, 2020). 기온이 증가하면서 호주와 이스라엘, 미국의 일부 지역에서 정신건강이 심각하게 나빠진 사람들이 증가하였는데, 취약한 계층의 사람들에게 더 그러했다. 특히 기후변화로 오랜 거주지를 떠나야 하는 사람들은 낯선 환경에 적응하지 못하는 고충을 겪으며, 자신과 아이들, 후세들의 미래에 대한 불안과 걱정으로 스트레스를 받는다.

기후변화가 초래하는 가장 심각한 문제는 실존에 대한 위협이다. 과학자들이 경고하고, 정치가들이 각국에서 나름의 노력을 보이며, 많은 시민이 참여하는 환경보호 활동이 수십 년간 진행되었음에도 불구하고 상황은 악화되고 있는 게 현실이다. 기후문제에 노력했던 사람들은 UN이 설정한 1.5도 임계점을 막을 수 없다는 인식에서 허탈감, 절망감, 무력감을 느낀다. 사람들이 느끼는 삶터가 지속될 수 없다는 불안감은 자기통제의 줄을 놓

빙하가 녹으면서 서식지를 잃어 가는 북극곰

출처: http://www.wwfkorea.or.kr

게 만들면서, 무망감과 약물남용에 빠지게 만든다. 사람들에게 사회규범이 규제력을 상실해 가는 사회, 그에 대한 불안은 **기후우울** 혹은 **기후불안**이라는 새로운 정신건강 문제를 낳고 있다(Albrecht, 2011; Budziszewska & Kalwak, 2022).

이런 외상적 심리상태에 대한 적절한 해결과 대응이 이루어지지 못할 때 운명론적 비관에 빠져 삶을 망칠 수 있다. 이같은 비관론은 기후위기에 대한 대응책 마련과 추진에 냉소적인 태도를 보이며, 주위 사람들에게도 악영향을 미친다(Clayton, 2020).

**공동체에 미치는 영향** 기후변화는 개인의 건강과 안녕감에 미치는 영향뿐만 아니라 지역사회 공동체에 미치는 영향도 크다. 자연과 더불어 삶을 영위하던 캐나다의 원주민들은 기후변화로 인해, 식량조달이 불안정해지는 생존의 위협에서 불안과 스트레스가 증가하고, 공동체의 응집력이 약화되었음을 호소한다. 이들 사회에서 전통적으로 강했던 공동체에의 소속감과 일체감이 떨어지며, 식량자원이 줄어들면서 성원들 간의 갈등과 분규가 증가하고, 외집단과의 경쟁도 심화되면서 성원들 간의 폭력 사용이 늘어 간다. 여러 연구를 통합분석한 결과, 기후변화가 전쟁이나 정치적 갈등과 같은 집단 간 폭력행위를 증가시키는 양상을 초래함이 확인되고 있다(Hsing, Burke, & Miguel, 2013). 기후변화로 인해 나쁜 영향을 받는 생태계(줄어든 녹지와 오염된 하천)에서 사람들이 느끼는 경제적인 압박과 불평등이 커지면서 가정 내 폭력이 잦고, 사회폭력이 증가하는 것이 **카트리나 태풍**으로 위기를 겪은 멕시코만 지역에서 확인되었다(Yun et al., 2010). 오랜 가뭄으로 중동의 동부 시리아 지역 부족민들 간의 갈등이 늘고 살기 어렵게 된 사람들이 유럽지역으로 옮겨 가는 **둥지난민**(자신이 살아온 생태계를 떠나는 난민)들이 많이 생기고 있다(Gleick, 2014).

**요약**

1. IPCC는 금세기 말까지 지구 온도의 상한을 산업혁명 이전 시기에서 1.5도 상승 이하로 낮추는 감축목표를 제시하였다. 이 임계점을 넘는 경우에 심각한 기상이변에 의한 폐해가 크다.
2. 기후재난의 급성적 효과로 고향을 잃게 된 사람과 집단의 삶이 어려워지며, 둥지난민의 발생으로 국가 간의 갈등이 심해진다.
3. 기후위기의 만성적 영향으로 삶에 대한 허탈감, 절망감, 무력감을 느끼며, 사회의 규범이 규제력을 잃어 가고, 기후우울 혹은 기후불안이라는 새로운 정신건강 문제가 제기된다.

4. 기후변화로 인해, 식량조달이 불안정해지는 생존의 위협에서 불안과 스트레스가 증가하고, 공동체의 응집력이 약화된다. 식량자원이 줄어들면서 성원들 간의 갈등과 분규가 증가하고, 외집단과의 경쟁도 심화되면서 성원들 간의 폭력 사용이 늘어 간다.

## 기후변화에 대한 태도와 영향 요인들

절대 다수의 과학자들이 인류가 당면한 지구온난화의 심각성을 알리며 대책 마련에 힘쓰도록 촉구한다. UN에서도 전지구적인 현실로 모든 나라가 참여하여 2050년 탄소중립을 달성하려고 노력을 기울이고 있다. 그러나 다른 한편에서는 기후온난화가 거짓이며, 진행된다고 하더라도 빙하기를 벗어나 간빙기로 들어서면서 기온이 올라가는 자연스러운 현상일 뿐이라고 주장하는 사람들이 있다. 미국에만 이런 주장을 하는 과학자가 3만 명이 넘는다고 한다(http://petitionproject.org/). 이 숫자를 접하는 사람들은 엄청난 숫자에 놀라며 기후온난화를 관점의 차이 때문으로 여길 수 있다. 그러나 이 숫자는 미국에서 과학분야의 석박사학위를 지닌 사람들의 0.3%에 불과한 극소수의 사람들이다. 사람들은 이들 과학자가 모두 기후분야의 전문가라고 추정하지만, 거의 대부분은 기후분야에서는 비전문가들이다. 바로 이런 점, 그리고 이 숫자를 활용하는 교묘한 방식에 의해서 왜곡된 정보와 가짜뉴스가 만들어지고, 진영 간의 대립이 심해진다. 더욱이, 사회연결망을 통한 소통(SNS)이 활발하므로, 의도했든 안 했든 사람들이 자신의 입장을 지지해 주고, 확인시켜 주는 뉴스나 정보를 만나면 진위를 검토하지 않고 퍼 날러 잘못된 정보가 확산되는 속도가 매우 빠르다. 이런 왜곡된 정보는 확증편향기제에 의해서 그런 입장을 취하는 사람들에게 의심 없이 수용되면서 진영 논리로 무장된다. 이렇게 진영 논리로 무장되면 사람들은 양 진영이 모두 과학적 근거가 있는 입장의 차이일 뿐이라고 여기며, 자신이 동조해 온 편의 입장을 취하기 쉽다. 이렇게 되면 정확한 정보가 있더라도 듣거나 보려고 하지 않고, 반대 진영의 주장을 폄하하며, 자기검열 기제를 작동시킨다. 이래서 기후위기는 불충분한 증거에 기반한 사이비 과학의 논쟁으로 여겨지면서 많은 사람을 침묵하게 만든다. 이 탓에 2016년 미국의 퓨리서치센터의 조사에 따르면 기후변화가 인간의 활동 때문이라는 과학자들의 결론에 미국 성인의 27%만이 동의한다.

## 기후변화의 태도 유형

세계인구의 5%밖에 안 되지만 온실가스 배출의 25%를 차지하고 있는 미국은 현재 중국과 더불어 가장 큰 온실가스 산출국이다(한국은 7위). 이런 문제의식에서 미국 시민을 대상으로 기후변화에 대한 태도를 알아보는 조사와 면접을 통해 분석한 결과, 기후변화와 관련해서 여섯 가지 유형의 시민들이 구분되는 것으로 나타났다(Maibach, et al., 2009). 비록 이 조사는 미국의 것이지만, 이들의 특징을 살펴보자.

**확신 집단(Alarmed)** 미국 사람들의 18%가 기후위기를 사실로 확신하고, 경각심을 지니고 있다. 이들은 기후위기의 가장 큰 책임이 인간의 활동에 있으며, 기후위기가 현세대와 미래 세대의 생존을 위협하는 것으로 여기며, 기후위기에 적극적으로 대처하는 행위와 정책을 펴야 한다는 입장을 취한다.

**우려 집단(Concerned)** 단일 유형으로는 제일 많다(33%). 이들은 기후위기가 심각하다는 문제의식을 갖고 있고, 인간의 책임이 크다고 여기지만, 직접적으로 생존을 위협한다고 여기지 않아서 적극적인 대응 행동을 보이지는 않는다.

**조심 집단(Cautious)** 19%의 사람들이 이 유형으로 나타났다. 이들은 지구온난화가 진행되고 있는 것은 믿지만 심각하게 여기지 않으며, 온난화에 대하여 듣지만 상당수(1/3)의 사람들은 이 문제에 대하여 과학자들도 의견이 갈라져 있다고 여긴다. 이들의 반은 기후변화가 인간의 책임이라는 것을 인정하지만 자신들에게 당장의 위협은 아니라고 여긴다.

**무관심 집단(Disengaged)** 12%의 사람들이 이 유형으로 나타났다. 이들은 지구온난화가 진행되는 것에 반신반의하며, 별로 이 문제를 생각해 보지 않았고, 개인적으로나 미래 세대에게 중요한 영향을 준다고 보지 않는다. 이들의 1/3 정도는 지구온난화에 인간의 책임이 크다고 보지만, 대다수는 온난화에 대하여 과학자들의 의견이 어떤지조차 모른다. 이들은 사회운동에 거의 참여하지 않는다.

**의심 집단(Doubtful)** 11% 정도의 사람들이 이 집단으로 나타났다. 이들은 온난화가 진행되고 있다는 것을 모르며, 별 관심이 없고, 걱정도 하지 않는 편이다.

대다수는 온난화에 대하여 과학자들의 의견이 갈라져 있다고 여기며, 인간보다 자연적 현상이 원인이라고 여긴다. 온난화가 주는 폐해는 크지 않다고 여기며, 먼 훗날의 일이라고 여긴다.

**불신 집단(Dismissive)** 7% 정도의 사람들이 이 집단으로 나타났다. 이들은 온난화에 대하여 많이 들었고, 생각해 보았지만, 온난화는 사실이 아니라고 믿는다. 온난화가 설혹 진행되더라도 그 원인은 자연적인 현상이지 인간이 초래한 것은 아니라고 믿으며 걱정하지도 않는다. 이들도 이 문제에 대하여 과학자들의 진영이 갈라져 있다고 여기며, 이들의 20%는 온난화가 사실이 아니라는 것에 과학자들의 의견이 일치한다고 여긴다. 이들은 자신의 믿음이 변할 수 있다고 생각하지 않는다.

**여섯 집단의 비교** 이들 여섯 유형의 사람들 중에서 불신 집단과 확신 집단은 온난화에 대하여 다른 집단에 비해서 많이 알고 있다고 여기며([그림 11-4]), 자신들의 태도도 확고한 편이며, 태도가 변할 가능성이 희박하다고 여긴다([그림 11-5]). 중요한 것은 지구온난화의 대응책이 가져오는 효과가 이들 두 집단에서 상반된다는 점이다. 즉, 확신 집단은 긍정적인 효과가 올 것이라 확신하며, 우려 집단도 그런 기대를 한다(강도는 약하지만). 그러나 불신 집단과 의심 집단은 긍정적인 효과가 없으리라 여기며, 자유시장 질서의 교란, 실업율의 증가, 유가상승과 같은 부정적인 영향들을 가져온다고 여긴다([그림 11-6]). 환경과 경제 중에서 어느 것이 중요한가를 선택하게 했을 때 확신 집단(88%)과 우려 집단(66%)은 환경을, 다른 집단들은 경제를 선택하는 양상이 나타나며, 특히 의심 집단(75%)과 불신 집단(90%)은 경제를 선택하는 비율이 매우 높았다.

사람들에게 기후위기와 대응책을 설명하는 글을 보여 주었을 때 의심 집단과 불신 집단은 기후위기가 건강을 위협한다는 부분을 보면서 문장이 혼란스럽고 불분명하다고 여기는 양상이 높지만, 기후위기 대응이 가져올 수 있는 건강의 혜택을 알려 주는 설명문에 대하여는 명확하고 도움이 된다고 여기는 양상이 나타났다([그림 11-7]). 이런 연구 결과는 의심 집단과 불신 집단에 대하여 기후위기 대응에 동참하도록 하는 것은 위협이나 불안을 야기하는 방식이기보다는 대처방식이 가져오는 혜택을 강조하는 방향의 설명과 호소가 효과적임을 시사한다(Maibach et al., 2010).

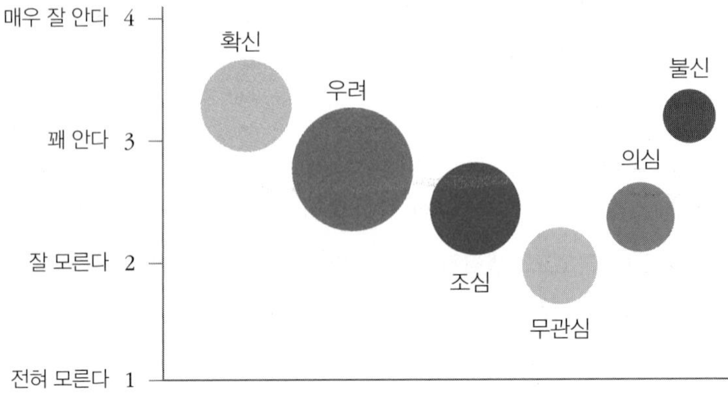


**[그림 11-4] 지구온난화에 대한 지식(자기 평가)**

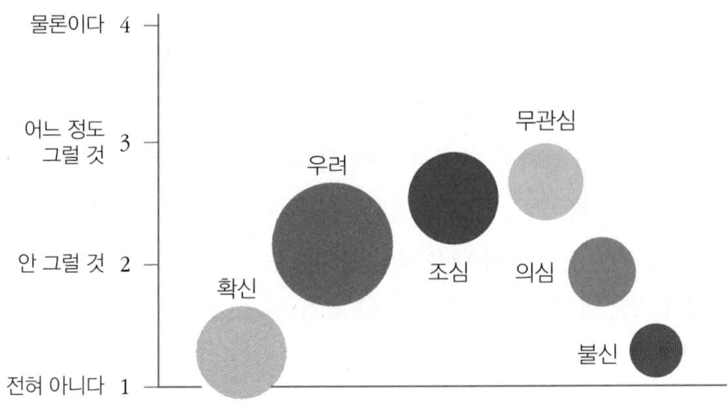


**[그림 11-5] 지구온난화에 대한 내 생각을 바꿀 수 있다.**

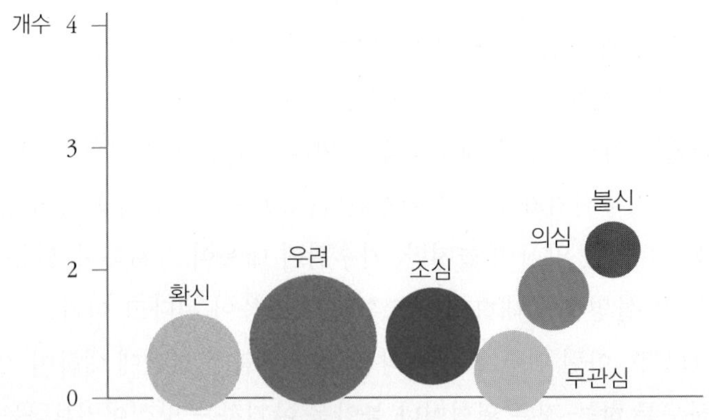


• 일자리 감소와 경제에 악영향 • 강한 정부의 간섭과 규제 • 미국의 주권 장식
• 에너지 가격 상승 • 자유시장 질서 교란 • 빈곤층을 더 어렵게 함

**[그림 11-6] 온난화를 막으려는 국가 차원의 대책 추진 시 우려되는 내용들의 개수**

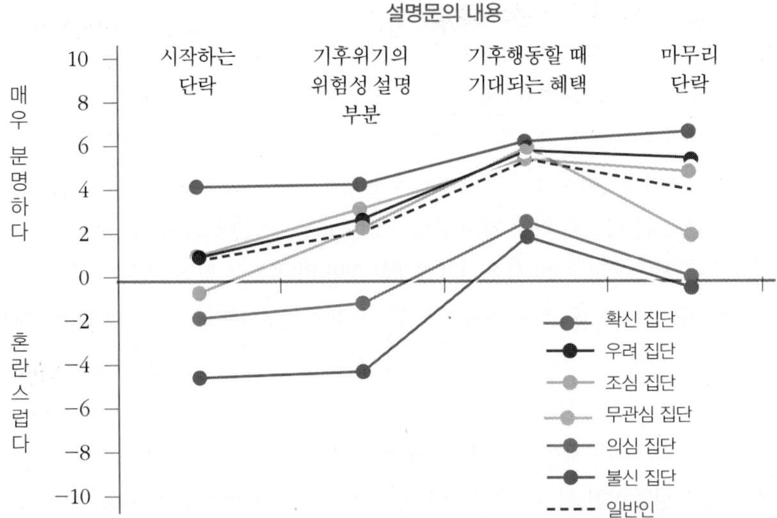


**[그림 11-7] 기후변화를 보는 여섯 가지 유형의 사람들이 기후행동에 대한 설명문의 내용 부분들에 대하여 내린 평가**

출처: Maibach et al. (2010), Fig. 6.

**여섯 가지 유형의 집단에 대한 사람들의 평가** 이들 집단에 대하여 사람들이 어떻게 인식하고 있는지를 알아본 결과, 확신 집단에 대하여 사람들은 존경심을 지니지만 좋아하는 것은 아니며, 조심 집단과 우려 집단에 대하여 호감을 지니지만 존경하는 것은 아닌 것으로 나타났다(Swim & Geiger, 2018). 사람들은 사회변혁을 위해 뛰는 적극적인 활동가들에 대하여 양가적인 감정을 지니고 있는 경우가 많다. 그 이유는 활동가들이 도덕적 이상론을 사회적 의무로 구현하려고 노력하는 사람들이라고 여기며, 이들의 활동이 개인적 취향에 도덕적 잣대를 적용하는 것이라고 여기기 때문이다. 예를 들어, 동물권을 주장하는 사람들의 주장을 받아들이면 현실에서 즐기는 육식의 권리가 제약받게 될 우려가 있다(Lindblom & Jacobsson, 2014). 즉, 활동가들이 도덕적으로는 정당하고 이상적이라고 여겨도, 그들의 주장이 현실과 괴리가 큰 경우에 사람들은 부정적으로 여기는 것이다. 그래서 활동가들은 우호적인 평가와 더불어 부정적인 인상을 같이 심어 주어 경원시되는 것이다(Bashir et al., 2013).

**곁글 11-1** 기후변화를 불신하는 주장의 내용들

대부분의 과학자가 우리가 경험하고 있는 기후변화가 산업혁명 이후 배출된 온실가스에 기인한 것에 합의하고 있지만 일부 과학자들은 이를 받아들이지 않는다. 기후위기를 부인하는 주장들의 내용을 파악하기 위하여, 인터넷으로 접근 가능한 보수적인 정책연구기관들과 개인 블로그에 올려진 2000~2020년간의 50여 만 건의 빅데이터에 대한 분석을 해 보니 이들 주장은 다음의 다섯 가지 유형으로 구분될 수 있다([그림 11-8]) ① **기후변화는 사실이 아니다, ② 온난화가 있더라도 자연스러운 것이지 인간이 초래한 것이 아니다, ③ 탄소가 많아지면 식물의 성장에 도움이 되므로 기후변화가 나쁜 것은 아니다, ④ 기후변화를 막는다는 대책들이 부적절하다. ⑤ 기후과학은 불확실하여 신뢰할 수 없다**(Coan et al., 2021). 한마디로 기후위기를 주장하는 학자들의 진실성(integrity)을 잠식하려는 내용들이 가장 많은 것으로 나타났다. 기후온난화의 과학적 증거가 불확실하다거나, 기후과학이 엄밀성을 지닐 수 없는 유사과학이라거나, 유엔의 IPCC가 과학자들의 합치된 의견이라는 느낌을 주려고 보고서를 변조했다거나, 환경론자들의 숨겨진 이익을 위해 만들어진 위기이고 신화일 뿐이라는 것이다(박희제, 김명심, 2014; Coan et al., 2021; McCright & Dunlap, 2000).

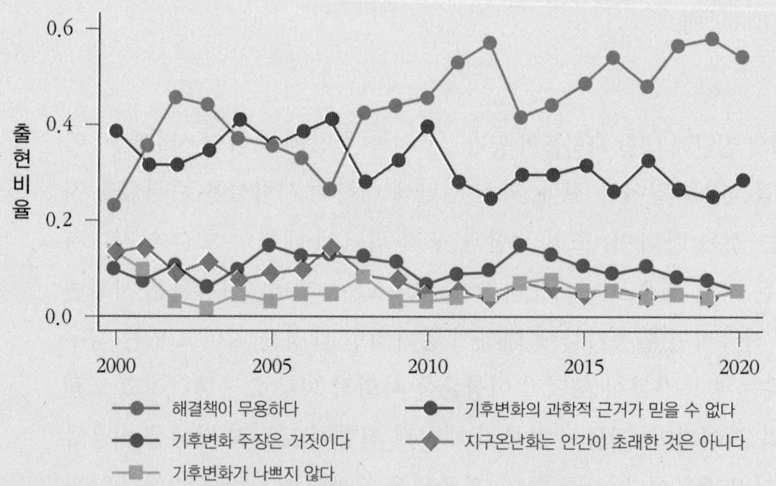


**[그림 11-8] 20년간 출현한 51만 건의 기후위기를 부인하는 주장들의 다섯 가지 유형**

출처: Coan et al. (2021), Fig. 2-b.

## 기후변화에 대한 믿음에 영향 주는 선행적 변인

1970~1980년대 기후변화가 언론에 보도될 때는 과학자들의 연구가 언급되며 변화의 심각성에 대한 경각심을 촉구하였다. 그러나 1990년대에는 논의의 중심에 경제학과 정치학 분야의 전문가들이 들어서면서 언론보도의 초점도 지구온난

화에 대한 과학적 발견의 내용보다는 온난화를 방지하는 조치를 취할 것인지 말 것인지에 대한 정책적 논의로 옮겨 갔다(Lichter & Linda, 1992; Trumbo, 1995). 이러면서 탄소배출을 규제하는 정책이 미치는 경제적 영향을 걱정하는 목소리가 커지며 지구온난화의 과학적 증거에 회의적인 학자들의 주장들이 언론에 자주 비치게 되었다(Wilkins, 1993). 일반 대중들은 이런 보도의 영향을 받게 마련이고, 기후변화가 과학이 아니라 정치의 영역에서 다루어지는 현상으로 변하였다.

기후변화(지구온난화)에 대한 경고가 오래되었고, 그 경고가 잦은 산불, 홍수, 폭염, 가뭄, 빙하의 해빙 같은 재앙들로 현실이 되면서 많은 사람은 온난화가 진행되고 있음을 받아들이고 있다. 그러나 적지 않은 사람들은 기후변화를 부인한다. 사람들이 세상사를 보고 이해하는 세계관은 알게 모르게 현상에 대한 이해에 큰 영향을 미친다. 정치적 이데올로기, 사회를 보는 관점 및 개인적 성향이 기후변화에 대한 믿음의 수용과 대응행동에 상당한 영향을 미치는 것으로 나타난다. 어떠한 요인들이 기후변화의 수용과 부인에 영향을 미치는지 알아보자.

**세계관과 정치적 이데올로기** 세상일을 접하면서 옳고 그름을 판단하는 잣대를 갖는다는 것은 매우 중요하다. 다양한 방식과 접근으로 세상사를 이해할 수 있기 때문에, 잣대가 없다면 혼란스럽기 때문이다. 진보적 입장을 취하는 사람들은 돌봄의 가치를 핵심으로 삼고, 보수적 입장을 취하는 사람들은 생존의 가치를 핵심으로 삼는다. 비유하자면 전자는 가족 구성원 모두의 안전을 돌보는 자애로운 어머니의 마음가짐이고, 후자는 가정의 생계를 책임지고 강한 힘으로 경쟁에서 이겨야 하는 엄격한 아버지의 마음가짐에 해당한다(Lakoff, 2014). 진보적 세계관에서는 변화하는 현실에 맞추어 구성원들이 다 잘 살아가는 것이 중요하다. 따라서 기후변화라는 현실을 수용하고 이 변화에 취약한 사람들이 희생되지 않도록 사회적 대책 마련이 중요하다고 여긴다. 마치 어머니가 장애가 있는 아이에게 더 관심을 보이며, 모든 아이가 잘 자라날 수 있도록 돌보는 것이 자신의 일이라고 여기는 것과 같다. 보수적 세계관에서는 친숙한 현실에 안주하고자 하여, 체제를 뒤흔들 수 있는 기후변화를 쉽게 수용하기 어렵다. 마치 아버지가 가장으로서 권위를 갖고, 복잡한 일들의 가닥을 치고, 중요한 일에 자원을 집중시켜 가족을 지키고 잘될 수 있도록 체계가 잡혀서 돌아가는 가정이 바람직하다고 여기는 것과 같다.

생태주의를 옹호하는 사람들은 돌봄의 윤리를 지니고 있으며, 이 돌봄의 윤리가 나와 다른 소수자 집단, 동물, 생태계로 확산, 적용되어야 한다고 믿는다. 이런 의식은 진보적 정치성향으로 나타나서, 차별을 조장하고 심화시키는 자본주의 ·

시장주의 · 자유주의 체제를 개혁시키고자 하는 염원으로 나타난다(Feinberg & Willer, 2013). 진보주의자들은 거시적 관점에서 체제 전체에 미치는 영향에 주목하며 보수주의자들은 체제를 수호하면서 개선하려는 미시적 관점에서 개인에 미치는 영향을 중요하게 본다(Brickman et al., 1981). 기후위기에 대한 대책이 공정하다고 여겨진다면 대책 수용에서 진보주의자-보수주의자의 성향 차이는 더 이상 나타나지 않는다(Clayton, 2018).

정당과 정책(이데올로기) 중 어느 것이 더 중요한지를 보기 위해, 한 실험에서는 두 정당 지지자들에게 기후대책으로 탄소거래제(탄소배출의 상한을 정하고, 이를 초

**곁글 11-2 정책보다 정당이 문제야!: 이데올로기 대 소속 정당의 영향력 비교**

기후변화가 심각한 문제라는 점은 미국에서 대부분의 정치인이 인정하고 있다. 차이가 있다면 민주당원들은 공화당원보다 더 심각하게 받아들일 뿐이다. 그러나 흥미롭게도 기후대책으로 제시되는 정책에 대한 지지도를 보면 양당 간에 차이가 크다. 즉, 공화당은 반대를, 민주당은 찬성하는 양상을 보인다. 이는 정책의 내용보다 누가 제안한 것이냐는 정당 정체감이 정책에 대한 찬반에 영향을 미친다는 것을 의미한다. 사람들은 부류의식을 좇아서 자기 부류의 결정을 합리화시키는 사고를 하는 탓이다(10장 참조).

2016년 미국인 일반을 대상으로 수행한 연구에서 양당 지지자들에게 자신과 자기가 지지하는 당 및 상대 정당원의 기후변화에 대한 믿음의 강도를 알아보았다. 민주당 지지자들은 민주당원들이 지닌 믿음의 강도를 정확하게 예측하였으나, 공화당원이 지닌 믿음의 강도를 터무니없이 낮게 예측하였다. 한편, 공화당 지지자들은 민주당원이 지닌 믿음을 낮게 예측하였으며, 자신들이 지닌 기후위기 믿음보다 자기당인 공화당원의 믿음을 더 낮게 평가하였다([그림 11-9]).

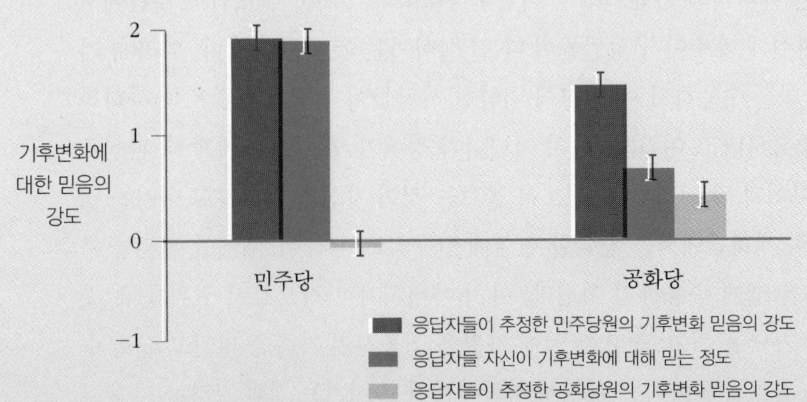


**[그림 11-9] 2016년 두 정당의 사람들에게 자기 정당과 상대 정당원들이 지닌 기후위기에 대한 믿음의 강도를 예측하게 했을 때 두 부류 모두 공화당원의 믿음이 민주당원의 믿음보다 약하다고 여겼다.**

출처: Van Boven et al.(2018) Fig. 2에서 부분적으로 가져옴.

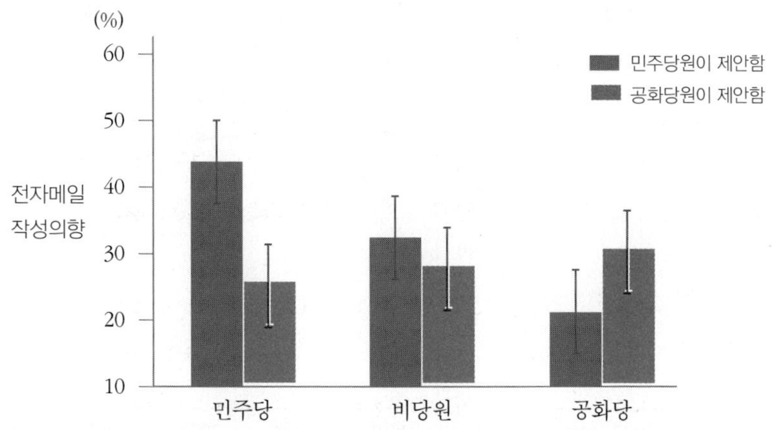


**[그림 11-10] 탄소거래제 도입을 민주당과 공화당 어느 정당이 제안하였는지에 따라 각 정당 지지자들의 제도에 대한 찬성율(지지하는 전자메일을 보내겠다는 의향)이 달라졌다.**
출처: Van Boven et al. (2018), Fig 4에서 부분적으로 가져옴.

과하게 되면 배출권을 탄소시장에서 구매하고, 덜 사용한 배출권을 팔 수 있는 시장을 운영하는 제도로 진보 진영에서 제안한 것)의 도입을 촉구하는 정책을 민주당 혹은 공화당이 제안했다고 알려 주고 이 제안을 하지 않은 상대 정당은 반대하고 있다고 알려 주었다. 사람들에게 이 제안을 지지하는지를 물어본 결과, [그림 11-10]에서처럼 똑같은 내용의 정책이지만 어느 당이 제안했느냐에 따라 지지도는 크게 영향을 받는 것으로 나타났다. 즉, 정책의 내용보다는 정당이 더 큰 영향력을 행사함을 잘 보여 준다.

**이데올로기에 따른 간극 심화** 진보진영과 보수진영의 사람들은 미디어를 통해서 받아들이는 정보가 다르다. 설혹 같은 정보를 받더라도 진영별로 달리 해석하여 받아들이거나 거부하는 양상을 보인다. 갤럽조사는 미국의 양대 정당 지지자들이 미디어를 통해 전달되는 지구온난화의 심각성에 대한 정보가 과장되었다고 여기는 사람들의 비율이 10여 년간 더 벌어지는 양상을 보인다([그림 11-11]; Dunlap & McCright, 2008). 이 조사가 이루어진 기간동안 지구온난화에 대한 정보는 더욱 많아졌고, 그런 정보의 대부분이 인간의 책임을 강조하고 있지만, 두 그림에서 보여지는 양상은 공화당 지지자들에게서 이런 미디어의 추이가 전혀 반영되지 않고 오히려 반대로 나타남을 볼 수 있다(Hart & Nisbet, 2012; Hindman, 2009). 이런 양당 간의 차이는 계층이나 성, 교육 정도를 통제한 상태에서도 변함없이 나타나고 있다.

(a) "지구온난화의 심각성이 언론에 의해 과장되었다."

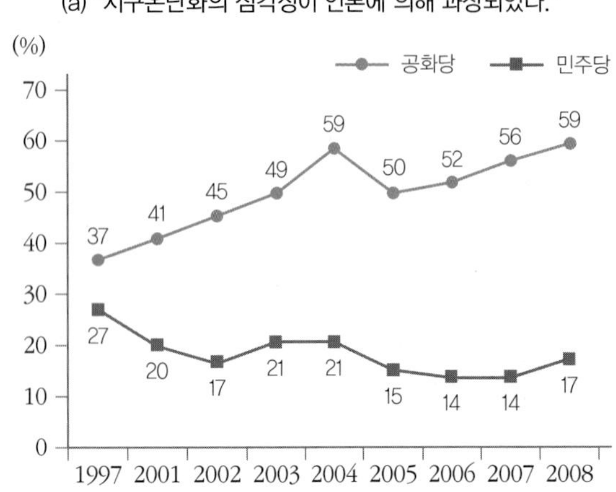


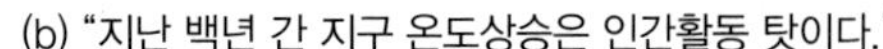


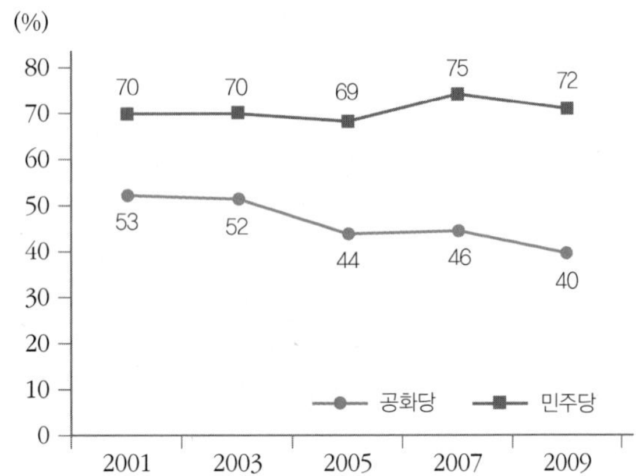


**[그림 11-11] 공화당과 민주당원의 기후변화에 대한 두 가지 응답의 극화 양상**

출처: Dunlap & McCright (2008), Fig. 2 & 4.

기후변화의 심각성을 반신반의하는 사람들의 비율은 적지만 머릿수는 여전히 많다. 이들이 믿지 않는 이유는 기후변화가 이들에게 별 영향을 미치지 못하였기 때문에 가공스러운 기후위기에 현실감각이 낮아서 주위에서 어울리는 부류 사람들의 분위기에 많은 영향을 받는 탓이다. 아울러 기후변화를 수용하지 않는 이유의 기저에서 작용하는 중요한 심리기제가 있는데, 이는 기후변화가 던져 주는 불공정성을 수용하게 되면 공정한 세상이란 세계관이 흔들리는 탓이다(4장 참조). 기후위기를 인정할 때 닥치는 일들(대책 행동에 의해 초래되는 불편 등)과 불편한 마음을 없애기 위해 기후변화의 현상을 그럴듯하게 이해하거나 부인하는 것이다.

**체제정당화 심리** 사람들은 세상사가 질서 있게 돌아가며, 무질서는 우리가 알지 못하는 이유로 그렇게 보일 뿐이라고 여기는 양상이 높다. 아인슈타인도 신이 세상을 갖고 주사위 놀음을 한다고 생각할 수 없었다. 그래서 사람들은 현존하는 사회 · 경제 · 정치적 현상이 존재할 수밖에 없는 설명을 하며, 이를 받아들인다. 이를 체제정당화 심리라고 한다(Jost et al., 2004). 이 심리는 기후변화에 의해 생태계가 처한 위기를 부인하고, 생태친화적인 행동을 하겠다는 마음을 약하게 만든다. 왜냐하면 기후변화를 인정하는 것은 자연을 오랫동안 이용해 온 책임이 인간에게 있다는 것을 받아들여야 하고, 근본적인 사상과 제도의 변화를 요구하기 때문이다.

**위계적 가치관** 인류사회는 오랫동안 위계적 체제를 유지하여 왔고, 사람들을 위계와 서열에 따라 차별해 왔다. 미국 사회에서 흑인과 여성에게 투표권이 인정된 것은 20세기에 들어와서다. 오랫동안 유지되어 온 사회의 위계성 탓에, 보수 성향의 사람들은 위계적인 사회현상을 정당화시키고 수용하려는 태도를 보이며, 자연에 대한 인간의 우월적 지배를 당연한 것으로 여기며, 인간활동이 기후변화를 초래했다는 것을 부인하는 경향이 높다(Jylhä & Arkami, 2015; Milfont et al., 2013). 기후변화에 대한 대책은 이들이 지닌 세계관이나 가치와 충돌한다. 즉, 사람들은 자신의 가치나 철학, 정치적 신념을 지지하는 논리에 끌리고, 그에 반하는 논리에 대하여 부인하려는 동기가 있는데, 기후변화를 보여 주는 과학적 증거에 보수층은 더 회의적이다. 이들은 기후변화에 대한 대책이 경제에 악영향을 크게 미친다고 여긴다(Campbell & Kay, 2014).

**사회적 지배 지향성(social dominance orientation)** 위계적 가치관을 내면화한 사회적 지배 지향성이 높은 사람들은 사람들 간의 대등한 관계보다는 위계적 질서를 선호하고, 이런 사회를 유지하려고 한다(Sidanius & Pratto, 1999). 사회적 지배 동기가 높은 사람들은 계층 간의 불평등이 당연하고, 필요하다고 여기고, 남을 지배하고, 우위에 서고자 하는 동기가 강하다. 이들은 자연을 보호하는 것에 대

**나 알기 1: 나는 사람과 다른 생물체, 자연물과의 관계를 어떻게 보고 있나?**

인간은 동물 및 자연 환경과 서로 관계를 맺고 살아간다. 이런 관계 방식에 대한 생각은 다양하게 나타날 수 있다. 다음의 두 그림은 이런 관계의 양태를 보여 주고 있다.

당신은 어떤 식의 관계라고 여기는지 1~7 숫자 중에 하나를 골라 보라. 오른쪽으로 갈수록 당신은 인간이 정점에 위치한 위계적 구조라고 생각하는 것이고, 왼쪽으로 갈수록 모두가 대등한 존재로 위계적 구조가 없다고 생각하는 것이다.

출처: Uenal et al. (2022), Fig 1. 생태계 지배 지향성 척도

한 관심보다는 유용하게 활용하는 것에 더 큰 관심을 보인다(Milfont et al., 2013). 특히 천연자원의 개발과 활용이 계층 간의 차이를 줄이는 경우보다 계층 간의 차이를 확대시키는 경우를 더욱 수용하는 양상을 보인다(Milfont & Sibley, 2014). 인간이 만물의 영장으로 자연을 지배하는 것을 당연한 것으로 여기는 사람들은 기후변화에서 오는 위기감을 덜 느끼며, 기후대응 정책을 탐탁하게 여기지 않는다(Uenal et al., 2022).

유럽에서 이루어진 한 연구에 의하면 사람들이 육식을 포기하지 않으려는 이유는 육식의 권리를 공격하는 채식주의자들의 도덕적 위협에 대한 방어심리와 동물에 대한 인간의 우월적 존재성을 믿기 때문이다(Dhont & Hodson, 2014). 이런 심리는 개인이 얼마나 육식을 좋아하는지와는 무관하게 나타나는 현상이다.

**기후변화 태도와 인구학적 변인과의 관계** 연령, 교육, 소득, 인종, 성 같은 인구학적 변인도 기후변화의 믿음과 연관성이 있는 것으로 나타났지만 크지는 않았다([그림 11-12]). 기후변화를 수용하는 경향은 고학력층, 젊은 연령대, 고소득층에서 많이 나타났다. 그러나 국내의 조사자료는 연령대가 낮을수록 기후변화를 부인하는 양상이 높게 나타났다(시사인, 2022). 특히 남성에게서 그러했다.

기후변화에 대한 과학적 지식이 많은 사람이 기후변화를 수용하지만, 이 관계성은 진보정당 지지자들에서만 나타났고, 보수정당 지지자들에서는 나타나지 않았다(Guy et al., 2014). 이는 자신이 지닌 이데올로기를 정당화시키기 위하여 사람

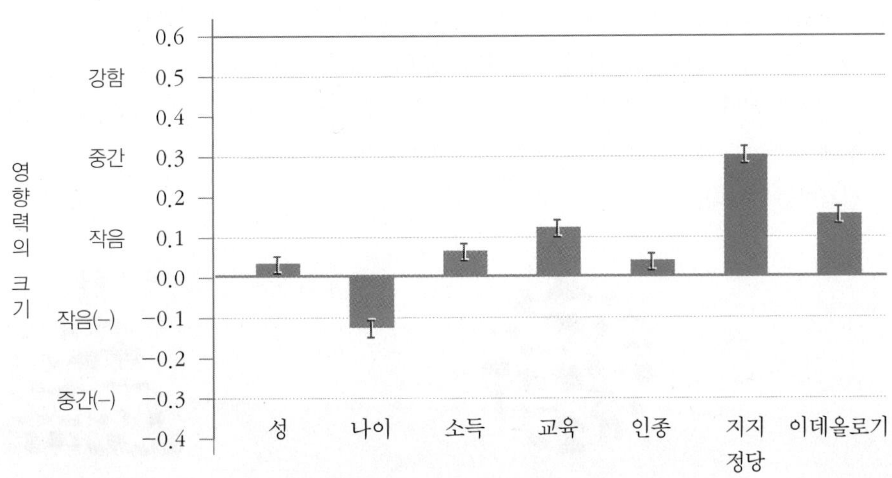


**[그림 11-12] 기후변화 신념과 관련된 인구학적 변인들**

남자 0, 여자 1, 백인 1, 비백인 2, 정당과 이데올로기는 점수가 높을수록 진보좌파

출처: Hornsey et al. (2016), Fig. 1.

들이 관련된 정보와 지식을 추구하는 양상을 보이기 때문이다. 복잡한 문제에 대한 입장을 취할 때 전문성이 없는 사람들은 자신과 이데올로기적 취향이 유사한 전문가들의 견해가 무엇인지(전문가 휴리스틱; 본서 3장 참조), 그리고 자기편의 다수가 수용하는 주장을 수용하기 쉽다.

## 기후변화 믿음과 대응행동

기후변화의 심각성을 알더라도, 이미 변곡점을 넘었을 수 있다는 경고를 접하면서 사람들은 과연 노력해서 이 재앙을 모면할 수 있는지에 대한 회의감을 지니고 있다. 기후변화에 대응하는 것이 효과가 있으려면 산업체와 정부 기관을 포함해서 수많은 사람이 협력해야 하는데 개인이 할 수 있는 것이 있느냐에 대한 회의감, 기후변화가 허구라는 주장이 그치지 않고 계속 나타나는 상황에서 여러 나라가 합의된 대책을 마련하고 실천하는 것이 불가능하다는 회의론들이 당연히 제기된다(Gifford, 2008).

그래서 기후변화에 대한 태도와 대처행동(이하 기후행동) 사이에는 괴리가 있다. 본서 5장에서 다루었듯이 태도는 의도를 통해서 행동에 영향을 준다. 여러 연구에서 다루어진 기후변화와 관련된 공적인 행동(기후행동 서명 참여, 환경단체 가입 등)과 사적인 행동(재활용 참여, 대중교통 이용 등)을 구분하여 분석한 결과, 기후변화에 대한 믿음과 행동의 간극은 공적인 영역에서보다는 사적인 행동에서 더 크게 나타났다(Hornsey et al., 2016; ([그림 11-13]). 그 이유는 공적인 영역에서의 행동보다 사적인 영역의 행동이 상황에 따라 많은 영향(버스가 다니는 지역 등)을 받는 탓이라고 본다. 신념이 강할수록 경제활동보다 환경을 옹호하며, 환경을 보호하는 정책에 찬성하는 정도가 높지만, 그 정책이 탄소세처럼 개인에게 부담을 주는 경우에 정도는 약해지는 것으로 나타났다. 연구가 수행된 국가들 간의 차이를 분석한 결과, 환경보호정책이 강한 국가들에서 사람들의 기후변화 신념의 강도가 높으면 객관적인 과학적 지식의 양도 높은 것으로 나타나, 국가의 환경정책이 국민들의 환경의식을 고조시키는 데 좋은 영향을 미치는 것으로 나타난다.

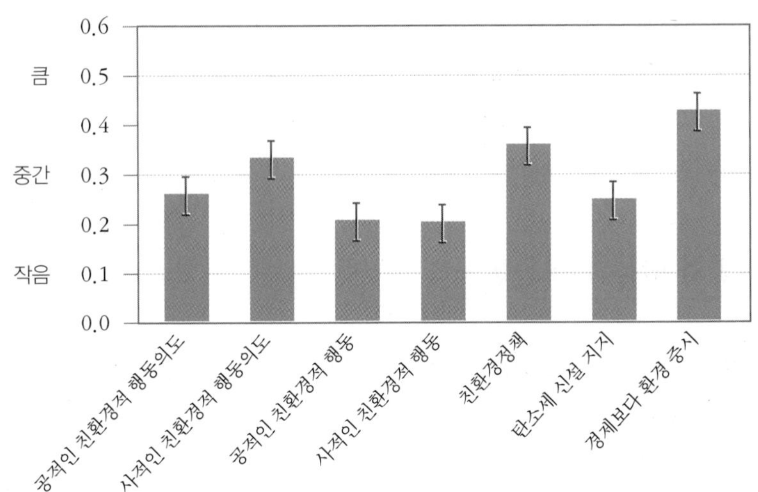


**[그림 11-13] 기후변화 믿음이 초래하는 결과적 변인들과의 관계**

출처: Hornsey et al. (2016), Fig. 3.

**기후행동을 동기화시키는 요인들** 많은 사람이 기후변화의 심각성을 인식하고 대책이 필요하다고 보지만 이들이 모두 기후행동을 취하는 것은 아니다. 2020년에 수행된 34개국 조사에서 대다수(86%)가 개인 행동이 환경을 개선할 수 있다고 믿지만 동시에 지속가능한 삶을 위해 필요한 행동변화가 충분하지 않다(66%)고 느끼고 있다. 사람들은 지속가능성과 환경 개선을 위한 실질적인 노력 주체는, 개인보다는 기업과 정부라고 보는 인식(67%)이 훨씬 우세했다. 특히 이 응답은 한국인들에서 86%로 나타나 일본(57%), 중국(58%), 미국(58%)에 비해 훨씬 높았다(https://www.hani.co.kr/arti/science/science_general/999286.html). 한국 사람들이 보이는 이런 인식은 자신을 기후변화 대응의 책임 있는 행동 주체로 여기는 사람이 적다는 것이다.

실제로 무엇이 사람들로 하여금 기후행동으로 이끄는 동기로 작용하는지를 알아보기 위하여 23개국에서 수행된 106개의 연구 결과들을 통합분석한 연구에 의하면 가장 큰 동기적 영향을 주는 요인들은 타인들이 기후행동을 많이 하여 기후행동이 규범으로 인식되는 정도, 기후변화로 개인들이 느끼는 부정적인 정서 경험의 강도, 그리고 기후행동의 효능감(효과적인 기후행동을 할 수 있다는 믿음)으로 나타났다. 공동체의 많은 사람이 기후행동을 보인다는 것은 규범적 압력으로 작용한다. 이 압력은 큰 영향력을 발휘한다. 다만, 사람들이 이 작용을 인지하지 못할 뿐이다. 부정적 정서를 심하게 느끼면 이를 줄이기 위해 기후행동을 보이게 된다. 그다음 영향 요인은 대처행동이 실제로 효과가 있다고 여기는 정도와 스스로가 대처행동을 수행할 수 있다고 여기는 자기효능감으로 나타났다. 이들 요인보다 행동에 미치는 영향력은 덜하지만 대처행동이 다른 사람들에 의해 받아들여질 것인지, 기후변화에 대한 자신의 책임감, 기후변화의 현실에 대한 믿음, 기후변화 위기 지각도 동기적 요인으로 작용한다. 중요한 요인일 것으로 여겨지던 기후변화에 대한 지식, 거주지역에 나타난 변화(거주지, 산, 강 등), 재해의 경험, 행정부에 대한 신뢰, 소방 방재 제도에 대한 신뢰는 영향력이 있지만 크지 않은 것으로 나타났다([그림 11-14] : Van Valkengoed & Steg, 2019).

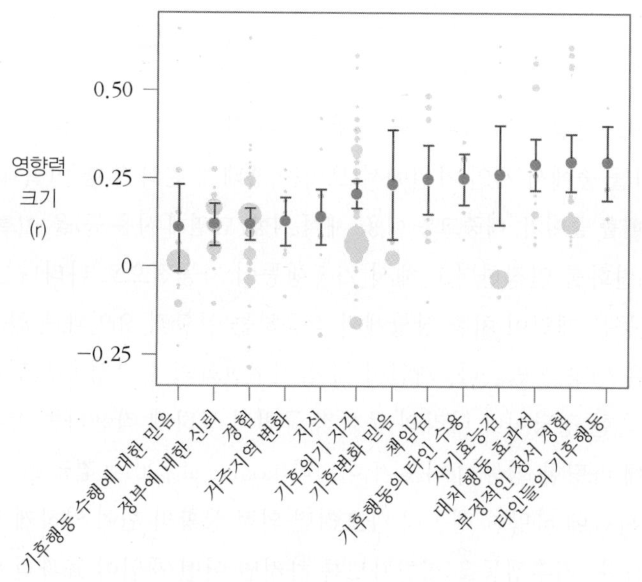


**[그림 11-14] 기후행동을 이끄는 동기적 요인들의 영향력에 대한 통합분석**

영향력 크기의 평균치(상관) 오차구간은 95% 신뢰구간을 보임. 원의 크기는 각 연구 표본의 크기이며, 연한 초록색 원은 개별 연구에서 나타난 영향력의 크기다(각 요인의 의미는 본문 설명 참조).

출처: Van Valkengoed & Steg (2019).

**요약**

1. 기후변화에 대하여 사람들이 지닌 태도의 유형은 여섯 가지로 구분되는데, 확신, 우려, 조심, 무관심, 의심, 불신이다.
2. 사람들은 기후활동가들에 대하여 양가적인 감정을 지니고 있다. 그 이유는 활동가들이 도덕적 이상론을 사회적 의무로 부과하여 불편함을 느끼는 탓이다.

3. 기후변화에 대한 믿음/불신에 선행하는 변인들로 세계관, 정치적 이데올로기, 위계적 사회관, 사회적 지배 지향성, 체제정당화 심리가 작용한다.
4. 기후변화에 대한 믿음과 행동의 간극은 공적인 영역보다는 사적인 영역에서 더 크게 나타난났다. 사적인 영역의 행동이 상황에 따라 많은 영향(버스가 다니는 지역 혹은 시간인지 등)을 받는 탓이다.
5. 기후행동을 동기화시키는 요인들은 행동이 규범적으로 인식되는지, 기후변화로 느끼는 부정적인 정서 경험, 기후행동의 자기효능감, 책임지각, 위험성 지각 등이다.

## 기후변화 대응행동과 개입

기후변화를 인정하고, 기후변화에 대응하여 펼치는 각종 정책과 노력이 전개되고 있다. 이들 중에서 개인 차원에서 보이는 생태계 친화적 행동(일회용품 사용 자제, 쓰레기 배출 줄이기, 대중교통 이용, 채식 지향, 단열재 사용 등)을 기후행동이라고 하자. 기후변화를 인정한다고 해서 기후행동이 자동적으로 나타나는 것은 아니다. 기후행동은 개인이 처한 상황에서 작용하는 상황적 요인과 문화적 요인들에 의해서 많은 영향을 받는다. 개인이 비록 기후변화의 심각성을 느낀다고 하더라도 자신이 속한 정당이나 나라의 문화적 규범이 강하게 작용하는 상황에서는 개인적 믿음에 바탕한 행동이 나오기 어렵다(Eom et al., 2019; 곁글 11-3). 즉, 개인의 생각과 판단에 바탕한 행동이 나오려면 외적 상황의 힘이 약하게 작용하는 상황이어야 한다. 기후행동을 실천하도록 하려면 어떤 개입이 효과적 인지를 그동안 이루어진 많은 연구들을 검토하며 정리해 보자(van Valkengoed. Abrahamse, & Steg, 2022).

**곁글 11-3** 기후변화가 문제인 걸 알지만 앞서 나서지는 못하겠어!

극심한 기후 이변이 자주 벌어지면서, 여러 조사는 대부분의 사람이 기후변화의 심각성을 알고 있다고 보여준다. 그러나 실제 생활의 교류 장면에서 사람들이 기후변화와 관련된 관심이나 토의를 하게 되는 경우를 보기는 어렵다. 왜 그럴까? 사람들은 자신의 견해가 소수의 견해에 속한다고 여길 때 남들과 그 견해에 대하여 이야기하는 것을 꺼리는 심리가 있다. 이렇게 꺼리는 심리가 작용하여 사람들은 결국 자신처럼 생각하는 사람은 소수에 불과하다는 생각을 굳히게 된다. 이를 **다원적 무지** 혹은 **침묵의 나선 현상**이라고 한다. 미국 대학생을 대상으로 수행된 실험연구는 이 현상을 잘 보여 주고 있다. 흥미로운 것은 그 이유가 자신이 소수자라고 여겨지면서 사람들의 호감을 잃게 되는 것을 걱정해서가 아니라 자신이 기후변화의 실상에 대하여 잘 알지 못해서 타인에게 내실 없는 사람으로 여겨질 수 있다는 두려움 탓으로 나타났다(Geiger & Swim, 2016, 연구 1).

환경보호가 필요하다고 여기면서도 행동으로 옮기지 않는 또다른 이유는 환경운동가들에 대한 사람들의 인식이 그다지 호의적이지 않은 점과도 관련이 있다. 환경운동가들은 평범한 사람들이 아니며, 선동적이고, 과격하며, 자기주장이 강하고, 외골수이며, 자기정당화를 잘한다고 여겨 그다지 호감이 가지 않는다. 그래서 환경운동가들의 주장을 일상에서 실천하는 것을 꺼려 한다(Bashir et al., 2013), 더욱이, 그런 행동이 생활에 불편을 야기하니까 더욱 그렇다. 이런 연구들은 요란스러운 환경 운동보다 일상에서 사람들에게 밀착하는 환경 운동이 사람들로 하여금 거부감을 느끼지 않게 하면서 생태계 유지 활동을 수행하는 데 도움이 될 수 있음을 시사한다.

## 기후변화에 대한 상징적 대응

기후변화는 개인적인 사건이 아니라 생태계의 모든 것들에게 위협이 되는 사건이라서, 대처행위가 가시적으로 나오기도 하지만 대처행위가 없이 심리적으로 대응이 이루어지기도 한다. 영국에서 기후변화 관련 신문기사에 달리는 댓글을 분석하니 기후변화를 인정하지 않음으로 해서 도덕적으로 무관심한 내용의 글들이 많이 관찰되는 것을 볼 수 있었다. 이런 양상은 보수적인 신문의 경우에 진보 성향의 신문보다 훨씬 심하게 나타났다(Woods et al., 2018).

**상징적 방어 행위** 기후변화는 실존적 위협으로 간주될 수 있다. 이런 불안을 느낄 때 효과적인 대응책이 의심되는 경우에 사람들은 기후행동에 나서기보다는 상징적인 방어 행위를 취할 수 있다(Uhl et al., 2018). 이런 방어 행위는 기후변화와는 전혀 무관한 영역에서 자신이 속한 집단을 가치 있게 생각하는 상징적 양태로 나타날 수 있다. 즉, 외집단을 비하하고, 내집단 선호의 편향적 판단을 보이는 양태로 나타난다. 이런 편향은 기후대응행동의 가능성을 낮추거나, 내집단 중심 편향이 강해지는 양태로 작용한다. 마치 상징적 대응행동으로 실질적 대응행동을 대체하는 듯한 양상이 나타난다(Kay et al., 2008; Uhl et al., 2018). 사람들은 실존적 위협을 느낄 때 자기집단에 위해가 되는 테러리스트, 약물중독자들에 대하여 더 나쁜 평가를 하며, 집단의 순기능을 위해 일하는 법조인들, 경찰 같은 직업인을 더 좋게 평가하는 양상을 보이는 것과 비슷하다(Fritsche et al., 2012).

구체적인 예로서 집단 규범에 동조하는 경향성이 강해지는 것을 들 수 있다.

Barth 등(2018)은 기후 위기가 매우 심각하다고 알려준 상황에서 사람들은 평상시라면 수락하지 않을 과격한 집단행동(인종차별주의적 발언을 한 교수를 차별주의자라고 비난하고 나가라는 시위에 참여하는 것)에 대다수가 동의한다고 알려주면 기꺼이 참여하겠다고 하며, 단체에서 금하는 행위(기물파괴, 낙서)를 평소보다 더욱 나쁘게 여기는 것을 실험연구로 보였다. 이런 양상은 위협에 처했을 때 사람들이 집단의 규범에 더욱 동조하는 방어적인 대처 심리를 반영하는 것이다(본서 9장 '공포관리이론' 참조).

## 기후행동 실천과 개입

72%
이 수치는 세계 14지역의 73개국에서 2001년의 탄소배출량을 8개의 범주(건설, 주거, 먹거리, 의복, 교통, 공산품, 서비스, 교역)로 구분하여 파악한 결과, 개인과 가구의 소비에서 배출되는 탄소량이다. 그 밖에 10%는 정부에서, 18%는 각종 투자에서 발생하는 것으로 집계되었다. 먹거리 영역은 20%, 거주 영역은 19%, 교통은 17%로 집계되며, 먹거리와 서비스 분야가 개발도상국에서는 큰 비중을 차지하고, 선진국에서는 교통과 공산품이 큰 비중을 차지한다. 당시 한국의 일 인당 탄소배출량은 9.2톤이었고, 중국 3.1톤, 일본 13.8톤, 영국 15.4톤, 미국 28.6톤이었다.

환경부는 2021년 국내의 온실가스 총배출량을 6.2억 톤으로 집계하였다. 인구수로 나누면 일 인당 12톤에 해당한다. 국제적인 추세는 각종 산업 및 활동 분야별 탄소배출량을 고려하면 도로 공공 설비 영역을 제외한 개인 및 가구별로 차지하는 영역의 비중이 72%로 본다(Akenji et al., 2021; Hertwich & Peters, 2009). 이를 한국의 일인당 배출량 12톤에 적용시키면 8.6톤이다. 한국은 2050년 넷제로의 목표를 달성하기 위한 중간 기점으로 2030년까지는 2018년 대비 40%의 온실가스 절감 목표를 내세웠다. 과연 이 목표가 달성가능한가? 최근에 한겨레21은 기후 1.5도 상승을 막기 위해서는 1인당 배출량이 5.9톤을 넘지 않아야 하며, 이를 위

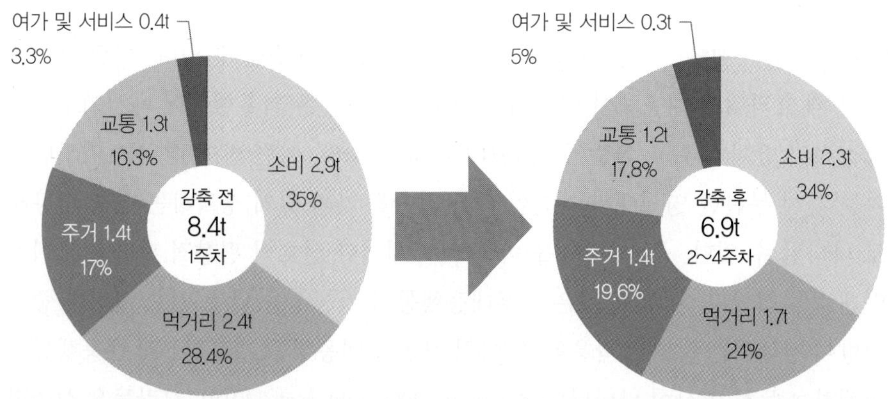


**[그림 11-15] 온실가스 배출목표(5.9톤) 실천 실험에 참여한 사람들의 시작 전후의 연평균 배출량**

주: 실험참여자는 50여명으로 시작했지만 한 달을 마친 사람은 23명이다. 이들은 환경친화적인 활동에 상당히 적극적으로 임해 왔던 사람들이라서 이들의 감축 전 탄소배출량이 일반 국민의 평균(9.2t)보다 낮다.

출처: 한겨레21(2024. 8. 18.).

한 생활이 어떠한지를 보기 위해 일반시민 자원참여자 23명을 대상으로 한 달 동안 생활해 보도록 하는 실험을 진행하였다. 모두 한 달간의 참여 활동을 열심히 하였지만 40% 절감에는 실패하였다(한겨레21, 2024. 8. 18., [그림 11-15]). 이 실험은 현 체제하에서 탄소배출 절감 노력이 어렵다는 것을 보이며, 절감을 가능하도록 하는 구조 및 체계를 갖출 필요를 지적하며, 아울러 개인적인 차원에서의 노력도 절실함을 보여 준다. 그러면 기후행동을 권장하기 위한 개입을 어떻게 할 수 있는지 알아보자.

**정보의 제공을 통한 개입** 사람들은 기후변화를 느끼면서도 기후변화의 원인이 무엇인지, 기후변화가 지속되면 어떤 결과를 맞게 될 것인지, 대처행동을 하는 경우에 예상되는 혜택과 어려움은 무엇인지, 얼마나 많은 사람이 그런 활동에 참여하는지 등등에 대하여 잘 모른다. 특히 기후행동이 생활의 불편을 감수해야 하거나, 경비가 소요되거나, 노력이 필요한 경우에는 더욱 그렇다. 그래서 많은 정보를 손쉽게 이해할 수 있도록 정리하여 제공하는 노력들이 이루어지고 있다. 전지구적으로 배출되는 온실가스를 탄소발자국으로 비유하여 산업별로 파악하기 쉽게 하는 노력을 들 수 있다([그림 11-16]). 이런 정보는 관심을 가지는 사람들에게 어떤 대처가 필요하며, 개인 차원에서 탄소배출 을 줄일 수 있는 구체적인 행동과 그 효과를 가늠하게 해 준다.

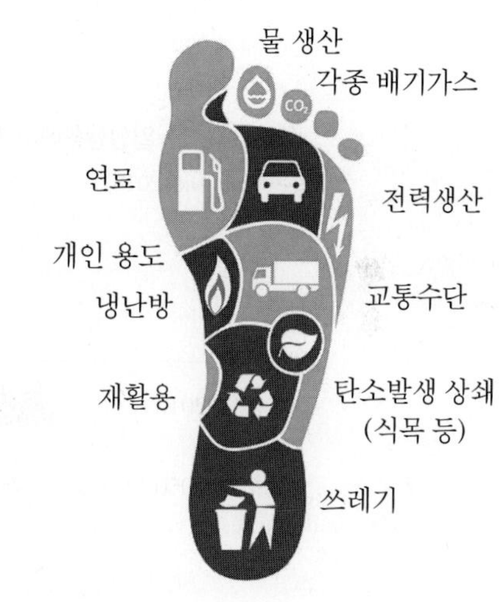


**[그림 11-16] 각 영역에서 배출되는 탄소량의 상대적 비중**
출처: 미국 위스콘신 주의 재활용센터(https://calumetcounty.org/900/Carbon-Footprint)

일상에서 우리는 노력하면 탄소배출을 줄일 수 있으며, 그 효과는 사람들이 생각하는 것보다 훨씬 클 수 있다. 게다가 이 방식은 안전하고, 가장 충격이 적으며, 누구나 실천할 수 있다. 개인들이 탄소배출을 줄이기 위해 취할 수 있는 효과가 큰 행동이 무엇인지를 보기 위해서 여러 연구를 통합분석한 결과, 일상생활에서 육식을 안 하거나 줄이는 것이 초래하는 절감효과는 1.7메가톤(식품영역에서 배출하는 탄소양의 23%)까지 될 수 있고, 연비 좋은 자동차로 바꾸는 것은 1.6메가톤(운송영역의 9%), 친생태적 운전은 1.3메가톤(운송영역의 8%), 실온설정의 조절은 1메가톤(주거영역의 7%), 햇빛 건조는 0.1메가톤(주거영역의 1%), 온라인 근무는 0.9메가톤(운송영역의 6.4%)의 온실가스 감소효과를 가져오는 것으로 파악된다([그림 11-17]; Lacroix, 2018).

나의 연간 탄소발자국을 다음 QR로 알아볼 수 있다.(출처: 한겨레21. 2024. 8. 18.).

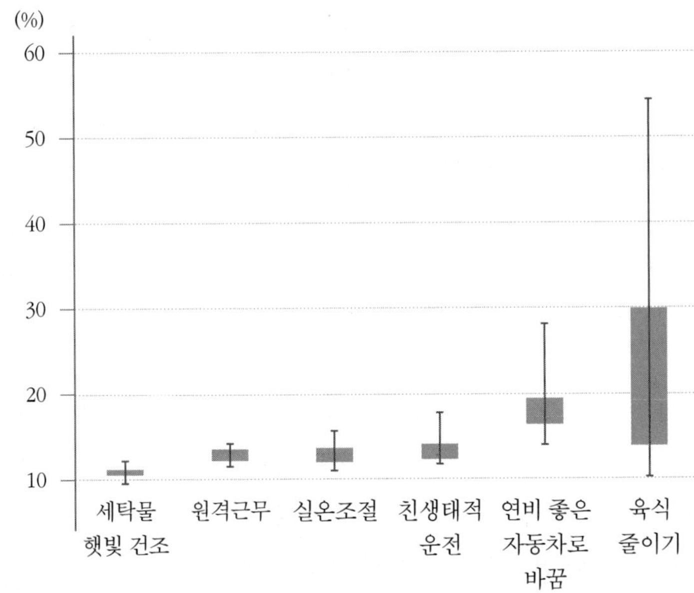


**[그림 11-17] 일상생활에서 개인이 취하는 온실가스 절감행동(생태친화적 행동)이 가져오는 절감효과**
출처: Lacroix (2018).

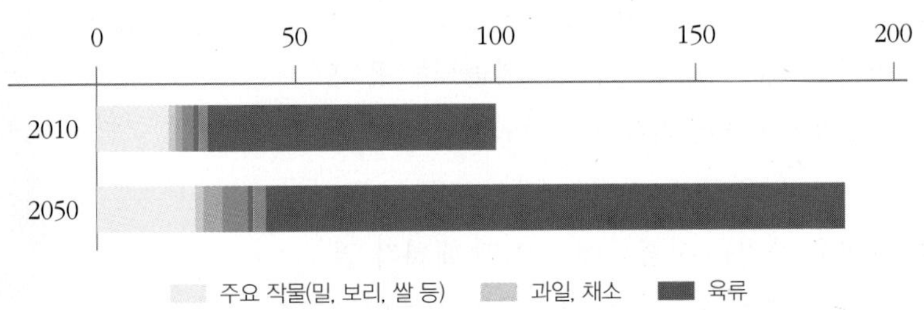


**[그림 11-18] 2010년 식자재 생산에서 배출되는 온실가스의 비중과 이를 바탕으로 추정된 2050년의 식자재 배출 온실가스 비중**
출처: Springmann et al. (2018), Fig. 1의 일부.

식량 생산과정에서 엄청난 양의 온실가스가 배출된다. 씨를 키우고, 파종하고, 수확하여 가공하고, 포장하는 과정, 가축을 기르는 데 들어가는 사료를 얻기 위해 대지를 농지로 바꾸는 과정, 축산과정의 분뇨처리, 도축과 가공 및 포장의 전 과정에서 에너지가 투여되고, 온실가스가 부산물로 배출된다. 최근의 연구에 따르면 전체 온실가스 중에서 식품 분야가 차지하는 비중이 26%로 집계된다(Poore & Nemecek, 2018). 이 중에서 육류(소, 돼지, 양, 닭 등에 어류 포함)가 차지하는 비율이 83%로 집계된다(Springmann et al., 2018). 육류의 생산과 소비에서 엄청난 양의 온실가스가 방출되기 때문에 생태계에 미치는 부담이 매우 크다. 2010년에 각종 식품이 배출한 온실가스 양은 52억 톤이며, 이것이 환경에 주는 부담을 100이라 했을 때 현 상태의 육류 소비가 인구 증가와 소득 증대 등으로 계속 늘어나면 2050년 식품이 차지하는 온실가스 부담은 2010년의 두 배 가까이 증가하게 되며, 그 대부분이 육류 소비에 기인한다([그림 11-18]).

**사회적 영향력을 통한 개입** 사람들이 잘 인식하지 못하지만 큰 영향을 받는 것은 남들의 행동이 주는 사회적 영향력이다. 즉, 주위에서 친환경 자동차나 태양광 판을 설치하는 사람들이 늘어나거나, 존경하거나 좋아하는 사람이 친환경적 행동을 보이거나, 친환경적 행동이 사회적 규범으로 여겨지면 따라 하게 된다. 환경과 관련된 대화를 자주 하게 되면 이런 규범의식이 강화되면서 기후변화와 친환경적 소비 행동이 늘어 간다.

사람들이 에너지를 절약하려는 이유로 많이 드는 것은 '환경보호' '사회에 도움' '돈 절약' '다른 사람들이 절약하니까' 순이었다(Nolan et al., 2008). 그러나 어떤 이유가 에너지 절약행위와 관련이 가장 깊은지를 분석한 결과, '남들이 절약하니까'로 응답하는 사람일수록 스스로도 절약행위를 많이 하는 것으로 나타났다(r = .45). 그러나 '환경을 보호하기 위해서'라는 응답과 절약행위와는 상관이 나타나지 않았다(r = .06). 이웃 사람들이 에너지를 절약한다고 자신의 절약행위가 영향을 받는다고 여기지 않았지만, 이웃이 절약한다고 여기는 것이 영향을 많이 주는 것으로 나타났다. 이런 연구결과는 사람들에게 에너지 절약을 해야 하는 이유를 알려 주는 설득보다 주위 사람들이 대부분 에너지 절약행위를 보인다는 것을 알려주는 것이 실은 더 효과적임을 알려 준다. 대다수의 사람들이 보이는 행동은 규범적 영향력을 행사하는데 사람들이 이 영향력을 과소평가하기 때문이다. 대중들에게 규범적 행위가 미치는 영향력을 에너지 전문가들도 과소평가하는 경향이 있다(Nolan et al., 2008). 이웃 사람들이 보이는 규범적 행위가 집단적 효능감(같이 하면 효과를 거둘 수 있다는 생각)과 결합할 때 공동체에서 벌어지는 기후행동에 참여하는 경향이 높아지는 것으로 나타난다(Rees & Bamberg, 2014).

**정체성** 생태계에 대한 관심을 지속적으로 보이는 사람들은 자신을 녹색시민, 기후시민, 혹은 환경주의자/생태주의자로 여기는 정체감을 지닐 수 있다. 사람들은 뚜렷한 자신의 정체감을 지니게 되면 걸맞는 행동을 취한다. 이들은 쓰레기 줄이기, 물과 에너지의 절약, 친환경적인 구매와 취식행동 등 다양한 상황에서 생태친화적인 행동을 보인다(Whitmarsh & O'Neill, 2010). 이런 정체감은 생태친화적인 활동에 참여하고, 그 필요성을 주위 사람들에게 알리는 방식으로 더욱 강화될 수 있다. 이미 생태친화적인 행동을 보이는 사람들에게는 과거의 그런 행동을 환기시키거나, 주위 사람들과의 비교를 통해 생태친화적인 정체감을 강화시킬 수 있다.

**보상/부담의 도입** 생태친화적 행동, 지속가능한 활동에 참여하는 것에 대하여 물질적 보상을 제공하거나, 반대되는 행동을 하는 것에 대하여 벌금이나, 사용비를 누증제로 적용하는 방식으로 에너지 가격정책을 취하는 것 등도 생태친화적 행동을 야기할 수 있다. 화석연료나, 항공기 사용에 탄소세를 부과하거나, 도심으로 진입하는 승용차에 통행세를 부과하여 대중교통의 이용 가능성을 확대시키는 것도 그 방편이다. 단, 이 경우는 그런 외적 보상이나 처벌이 중단되는 경우에 친환경적 행동도 중단될 가능성이 높다. 보상을 제공하는 것은 행동을 유도하지만 행동을 내면화시키지 못하는 효과 때문에 오래가지 못하는 약점이 있다(Lepper et al., 1973). 그러나 높은 비용 부담을 하더라도 바람직한 시민성이라는 정체감으로 연결되는 경우에 효과가 지속될 수 있다.

**선택상황 구조(넛지)의 설계** 행동경제학의 영역이 개척되면서 일상생활에서 '넛지'라는 용어가 종종 쓰이고 있다. 행동경제학에서는 사람들이 저지르는 실수와 비이성적 판단이 나타나는 양상에 주목한다. 사람은 체계 1 사고, 즉 직감과 감각에 의존하여 빠르며 손쉬운 어림법 판단을 하는 경향이 강하며, 특별한 상황에서 숙고하며 여러 가지를 고려한 이성적인 판단(체계 2 사고)을 한다(Kahneman, 2012; Li & Chapman, 2013; 본서 4장 참조). 사람들이 어림법을 이용하는 판단을 하는 점에 주목해서, 바람직한 판단과 행동이 보다 직감적으로 부각되게 구조가 설계된다면 넛지를 활용하는 것이다(Thaler & Sunstein, 2008).

OECD 국가처럼 산업화가 된 나라들에서는 가정에서의 에너지 수요가 많아서 온실가스의 20%가 가정에서 배출된다(Abrahamse et al., 2007). 건물에서의 냉난방과 조명을 위해서 모든 전기의 반이 쓰이고 있다(Berardi, 2016). 이탈리아에서 수행된 한 연구에서는 전기요금 고지서에 부가적인 내용을 달리하여 네 가지 유형의 고지서를 꾸몄다. 한 조건에서는 전기 사용시간을 변경하여 줄일 수 있는 요금을 알려 주었다(자신을 위한 정보). 둘째 조건에서는 전기 사용시간을 변경하여 줄일 수 있는 탄소배출량을 알려 주었다(즉, 자신보다 사회를 위한 정보). 셋째 조건에서는 요금 절약 정보와 탄소배출량을 같이 알려 주었다. 넷째 조건에서는 일반적

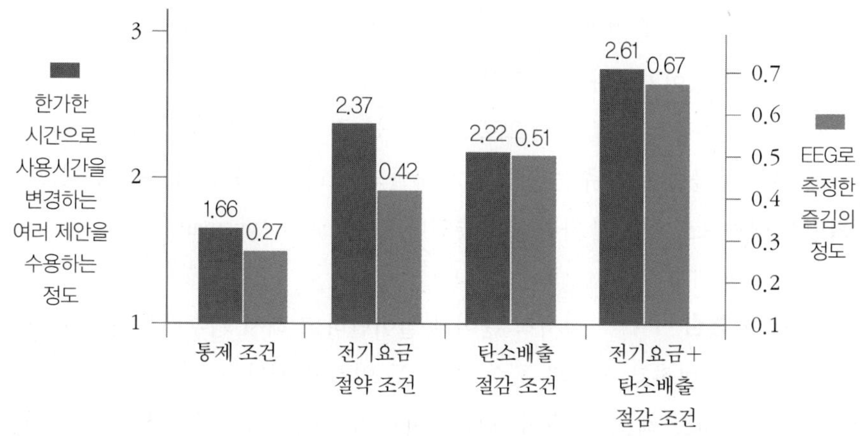


**[그림 11-19] 실험 조건별 사용시간 변경의도의 EEG로 측정한 즐김의 정도**

출처: Cappa(2020) 표 2의 일부를 그림으로 재구성함.

인 고지서에, 최대 사용시간을 피해서 사용하는 것이 좋다고만 알려 주었다. 연구 참여자들을 무작위로 네 조건에 배정하고, 실험에 참가해서 전기 사용이 많은 대낮에 연구를 위해 만든 누리집에 뇌파 측정용 모자를 쓰고 접속해서 자신들이 지닌 각종 전기 기구(세탁기, TV, 세척기 등등)의 전기 사용 양태를 입력하면 실험 조건에 따라 해당 정보를 얻을 수 있도록 하였다. 모든 참여자에게 30회 정도의 접속을 하도록 해서 기기 사용을 한가한 시간으로 변경하겠는지를 물었고, 이의 수용 정도를 파악하였다. 개인적인 절약 금액과 탄소배출량에 대하여 알려 준 조건에서 수용도가 가장 높게 나왔고, 그런 결정을 할 때 뇌파도 즐거움 관련 파형을 많이 보였다([그림 11-19]; Cappa et al., 2020). 이 연구는 정보화 시대에 다양한 정보를 눈에 뜨이게 제공하는 것 자체가 사람들의 결정에 영향을 미친다는 것을 보여 주고 있어, 정보의 제공이 넛지로 작용하여 친환경적 결정에 자연스럽게 기여할 수 있음을 보인다.

**정서적인 관여** 기후변화의 심각성을 인지한다고 해도 기후행동이 나타나지 않는 이유 중의 하나는 생태계의 문제가 종종 사람들의 정서를 촉발하지 못하는 점이다. 정보를 제공받거나, 사회적 영향력을 느끼는 경우에 대부분의 사람들은 인지적인 호소와 규범적 압력을 받는다. 많은 생태계 악화 현상은 자연에서 벌어지고, 사람들은 이런 자연의 변화로부터 직접적인 타격을 덜 받는 도심 생활을 한다. 그래서 사람들은 기후변화 문제를 즉각적인 문제로 여기지 않기 때문에 정서적으로 무덤덤한 남의 일로 여길 수 있다. 기후변화를 알리는 과학적 연구들은 객관성과 정밀성 때문에 결과를 수치로 제시한다. 그러나 사람들의 관심을 끌게 만드는 것은 정확성이기보다는 심각성이 유발하는 정서다(Slovic et al., 1982; 4장 참조). 지구의 오존층 파괴를 그림으로 보여 주는 경우나, 온난화의 영향으로 멸종위기에 처한 동물을 보여 주는 것들은 사람들의 머리에 각인되어 논의가 되고, 공유되면서 행동으로 이어질 가능성을 높인다(Kollmuss & Agyeman, 2002).

**책임감과 효능감 지각** 정서적 관여가 일어난다고 해서 기후행동이 나오는 것은 아니다. 기후변화로 산불과 홍수, 태풍 등 엄청난 재난을 목격하고, 슬픔이나 죄책감을 느낀다고 해도, 자신의 책임이 아니며, 자신이 무엇을 해 볼 수 있다는 효능감을 지니지 못한다면 행동이 나타나지 않는다. 국내의 언론기관에서 행한 조사에 따르면, 절대 다수의 사람들이 기후변화의 심각성을 인식하고 있으면서도 자신의 책임이 아니고, 개인적으로 대응할 일이기보다는 국가 차원의 문제라고 여기는 비율이 높은 것으로 나타났다(시사인, 2022. 1. 10.; [그림 11-20]). 이런 의식은 자발적인 기후행동을 저해한다. 또한 책임의식을 느낀다고 하더라도 스스로가 할 수 있는 것이 아무것도 없다고 여기거나, 무기력함을 느낀다면 대응행동이 나타나지 않는다. 오히려 파괴되는 생태계를 보면서 느끼는 불안과 불편함을 해소하기 위하여 사람들은 여러 가지 방어기제를 사용한다. 인간의 책임을 부인하거나, 남의 나라에서 벌어지는 일이라고 무시하거나, 냉담해하거나, 준비가 되지 않아 피해가 많다는 식으로 현상을 합리화시키며, 자신을 불편하게 만드는 기후관련 지식을 피하고 거부하려 든다.

기후변화가 노력에 의해서 완화될 수 있다는 희망이 없다면 사람들은 기후행동을 취할 가능성이 낮다(Cohen-Chen & Van Zomeren, 2018). 즉, 개인적인 행동

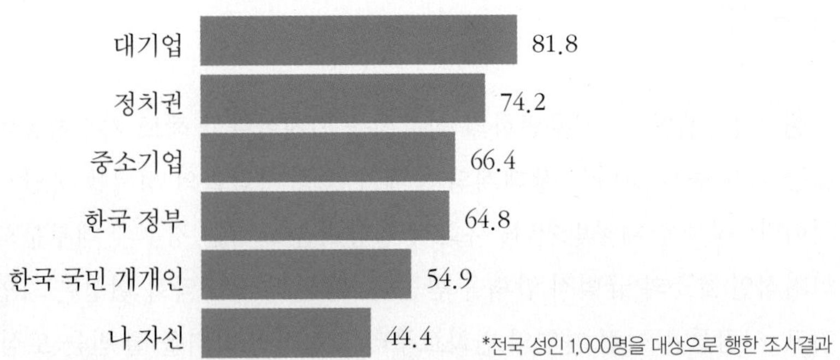


**[그림 11-20] 각 주체별 우리나라 기후변화 악화에 대한 책임이 있다는 응답률**

출처: 시사인(https://www.sisain.co.kr/news/articleView.html?idxno=46506) (2022. 1. 10.)

이 상황을 바꿀 수 없다는 무망감이다. 시사지 『원』이 2020년 34개국 성인 약 3만 명을 대상으로 조사한 결과, 한국인의 기후변화 인식은 매우 높은 편이지만, '기후변화를 막기에는 너무 늦었다'는 비관적 인식을 하고 있는 사람이 54%로 나타나 세계 평균 40%보다 상당히 높았다(경향신문, 2021. 6. 14. https://m.khan.co.kr/national/national-general/article/202106142111001#c2b).

**곁글 11-4** 지역 농산물을 먹어라!?: 식단과 수송 어느 것이 더?

브라질이나 케냐에서 생산된 커피를 한국 사람들이 마시기 위해서는 먼 거리를 수송해야 한다. 이 수송에서 온실가스가 다량 방출된다. 한국에서 비슷한 커피종이 생산된다면 지역산물을 먹음으로써 수송에서 배출되는 온실가스를 줄일 수 있다. 그러나 수송에서 배출되는 온실가스가 음식의 생산과 소비 전 과정에서 차지하는 비중은 크지 않을 수 있다. 이를 파악하기 위하여 119개 나라의 3.8만 개의 농장에서 생산되는 식품에서 배출되는 온실가스를 분석한 결과, 식재료마다 상당한 차이가 나타났다(Poore & Nemecek, 2018). 1kg의 소고기는 60kg의 온실가스를 배출하나, 콩은 1/60인 1kg을 방출한다. 대부분의 식재료 생산에서 온실가스는 생산을 위한 토지사용(목장, 경작지로 전용하는 과정)과 생산과정(비료나 사료 등의 공급)에서 80%가 배출된다. 수송에서 배출되는 비중은 10% 미만이고, 식육의 경우에는 0.5% 정도로 미미하다. 따라서 지역 축산물을 먹느냐 수입 축산물을 먹느냐는 온실가스 감소 측면에서는 큰 차이가 없다. 중요한 것은 무엇을 먹느냐로 보인다.

요즘은 겨울에도 온실재배된 수박을 먹을 수 있다. 그러나 온실재배는 많은 온실가스를 배출하기도 한다. 이런 작물의 경우에 온실재배를 하지 않아도 되는 국가들에서 수입한다면 온실가스를 줄일 수도 있다. 예를 들어, 스웨덴의 온실에서 재배되는 토마토는 노천에서 재배되는 남부유럽의 토마토를 수입해 먹는 것에 비해서 10배의 온실가스를 더 배출하기도 한다(Hospido et al., 2009).

수송수단이 모두 비슷한 온실가스를 배출하는 것은 아니다. 대부분의 국가 간 수송에서 배를 이용한 선적이 일반적이다. 그러나 쉽게 상하는 식품들, 아보카도, 완두콩, 딸기류, 아스파라가스 따위는 항공운송을 하게 되므로 자기 땅에서 나지 않는 신선식품의 소비를 억제해야 할 것이다.

그러나 온실가스 배출 말고도 지역농산물이냐 수입농산물이냐를 선택함에 있어서 고려해야 할 중요한 점이 있다. 지역 경제 공동체에 기여하는 측면에서 신토불이 농산물을 수입 농산물이 따라올 수는 없다.

## 기후행동을 촉구하는 설명의 틀

기후변화를 부인하는 사람들의 생각을 바꾸기는 어렵다. 다행히 그런 사람이 많지는 않다. 훨씬 많은 사람이 반신반의하거나, 확신을 갖지 못하고 있다([그림 11-5] 참조). 설득의 내용이 듣는 사람의 세계관, 동기와 부합하는 내용일 때 사람들은 설득에 귀를 기울이는 경향이 강하다(Bayes et al., 2020).

**수용자가 지닌 가치와 부합하는 틀** 기후변화에 대한 설명과 그 대응책이 효과를 보기 위해서는 기후변화 현상을 어떻게 받아들이고 있는지의 관점에 맞추어 설명의 틀을 구성하는 것이 바람직하다. 자신이 현상을 보는 관점에서 받아들일 수 있는 설득에는 귀를 기울이지만, 현상을 보는 관점과 다른 설득에 대해서는 무시하거나 반감을 가질 수 있기 때문이다. 한 연구는 기후변화의 대응을 위한 설득문의 틀이 어떤지가 진보주의자들에게는 기후행동 의도에 별 차이를 가져오지 않지만, 보수주의자들에게는 틀의 차이가 큰 것을 보였다(Wolsko et al., 2016). 설득의 내용이 보수적인 가치에 맞추어질 때 호소력을 지닌다. 즉, 보수주의자들이 중요하게 여기는 국가에의 충성, 권위를 존중하는 시민정신의 발현, 자연을 보호하는 것이 신앙의 본질이라는 보수적 가치를 들면서, 자연환경을 보호하는 종교적 · 정치적 명망가들에 존경심을 표하는 경우에 보수주의자들에게서 자연보호 의도를 높이는 효과가 나타났다([그림 11-21]). 그러나 보수주의자들에게 개인의 자연보호 행동이 인류와 세계의 지속가능성을 위해 도움이 된다는 진보적 가치의 설명을 제시하는 것은 아무런 설명 없이 자연보호에 대한 태도를 묻는 것(통제조건)처럼 효과가 없는 것으로 나타났다. 이런 양상은 보수주의자들의 가치를 위협하는 방식의 기후변화 설득은 효과가 없고, 대신 그들의 가치를 지키고 확인하

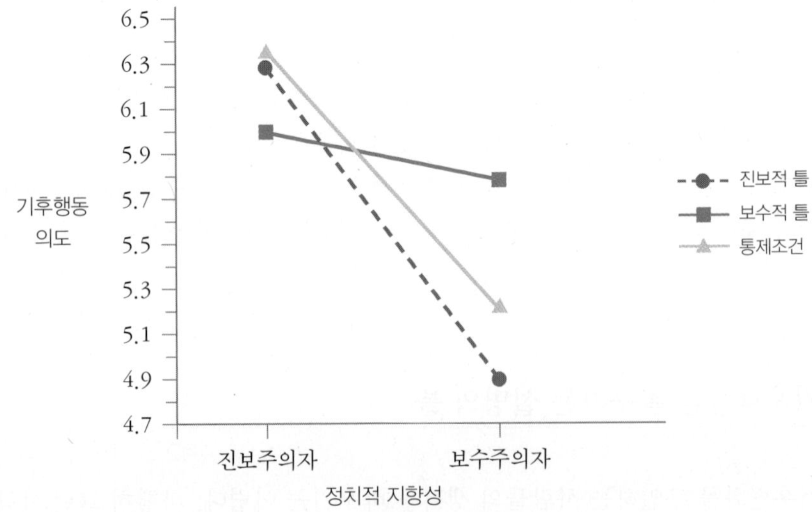


**[그림 11-21] 기후행동 촉구의 틀이 진보주의자와 보수주의자의 기후행동 의도에 미치는 효과**

출처: Wolsko et al. (2016), Fig. 1.

는 방식의 설득이 효과가 있음을 시사한다(Wolsko, 2017; Wolsko et al., 2016). 기후위기와 그에 대한 대처는 진보주의자건 보수주의자건 모두 직면하고 있는 현실이다. 이 두 진영의 사람들이 공유하고 있는 중요한 가치(개인적 행위에 대한 책임성)나 공유하고 있는 정체성(인류, 국민, 민주시민 등)에 호소하는 대응행위가 모두에게 거부감 없이 수용될 수 있을 것이다.

**곁글 11-5** 나는 다른 사람들보다 더 환경보호 활동을 하는 편이야!

대부분의 사람은 양식이 있어서, 환경을 훼손하는 것이 잘못된 것이라 생각한다. 늘 그런 것은 아니지만 스스로 환경친화적 활동(분리수거, 교체보다는 수리해서 쓰기, 환경운동 참가, 에너지 절약 등등)을 하며, 규범을 준수하려고 든다. 그런데 이런 활동을 보이는 자신을 지각함에도 편향이 작용하여, 스스로는 남들보다 더 환경친화적인 태도와 행동을 한다고 여기는 양상이 높다. 호주를 대표하는 표집 5천 명이 넘는 응답자에게 다양한 환경친화적 행동을 하는 정도를 묻고 평균적인 호주인들이 같은 행동을 보이는 정도를 물어서 비교했더니, 52%는 자신이 남들과 비슷한 정도라고 답했다. 남들보다 못하다고 답한 사람은 6.3%로 소수였으나, 33.6%는 다른 사람들보다 자신이 훨씬 환경친화적인 행동을 많이 한다고 여기는 것으로 나타났다. 스스로가 남들보다 환경친화적이라고 여기는 사람들은 기후변화가 미칠 수 있는 위험이 자신에게는 덜 위협적이며, 기후변화의 진행에 책임감을 덜 느끼며, 기후행동에 참여해야 한다는 도덕적 책임성을 덜 느끼는 것으로 나타났다. 이런 양상은 사람들이 기후변화를 인간이 초래한 것이라고 믿는 것과는 무관하게 나타났다(Leviston & Uren, 2020).

### 나 알기 2: 환경시민척도

다음 항목을 보면서 자신에 해당되는 하나의 숫자를 골라 보시오.
1 (결코 한 적이 없다), 2 (안 하는 편이다), 3 (때때로), 4 (많이 하는 편이다), 5 (늘 그리 한다)

1. 나는 가능한 한 부패가 잘 되는 물질을 사용한다. ( )
2. 나는 가능한 한 재활용을 하려고 한다. ( )
3. 나는 주위 사람들이 환경친화적인 관심을 가질 수 있도록 돕는다. ( )
4. 나는 물건들을 되도록 아끼고 적게 쓰려고 한다. ( )
5. 나는 사용하지 않는 장비들이 불필요하게 켜 있을 때 사람들에게 끄라고 권한다. ( )
6. 나는 주위 사람들이 환경친화적인 행동을 하도록 권한다. ( )
7. 나는 가정에서 환경친화적인 제품을 구입하도록 권한다. ( )
8. 나는 일할 때 에너지 소비를 줄이려고 노력한다. ( )

9. 나는 다른 학생들에게 낭비적 소비를 줄이도록 권한다. ( )
10. 나는 환경단체를 지원하는 활동을 한다. ( )

이 척도는 Robertson과 Barling(2017)의 12문항 척도에서 10개를 골라, 조직이란 단어를 학교 혹은 가정으로 바꾸어 준 것이다.

**희망의 틀** 호주에서 이루어진 한 연구(Bain et al., 2012)는 기후위기를 부인하는 사람들에게 기후변화를 줄이기 위한 전국적인 참여 활동이 전개된다면 2050년 호주 사회에 어떤 변화가 올 것인지를 물었다. 즉, 사람들의 인성(남에 대한 배려심, 개인들의 성취감, 도덕성)과 사회의 빈곤율과 범죄율 등이 어떻게 변할 것인지, 경제 및 과학의 발전은 어떻게 될 것인지 등을 물었다. 아울러, 사람들에게 기후행동을 촉구하는 운동에 서명이나 성금을 할 것인지, 기후정책을 지지할 것인지 등을 물어서 관련성을 분석했다. 과학의 발전에 대한 기대나, 사회가 더 나빠질 것이라고 여기는 것, 사람들의 도덕성 및 성취감의 변화에 대한 기대는 기후행동 의도와 아무 관련성이 없었다. 그러나 온실가스를 줄이려는 노력이 광범위하게 이루어진다면 사람들의 관계도 좋아지며, 사회의 발전에 도움이 된다고 여기는 것은 기후행동 의도와 관련성이 있는 것으로 나타났다(연구 1). 실험절차를 써서 기후변화 부인론자와 수용론자들을 대상으로 광범위한 기후 대응행동이 미래 사회

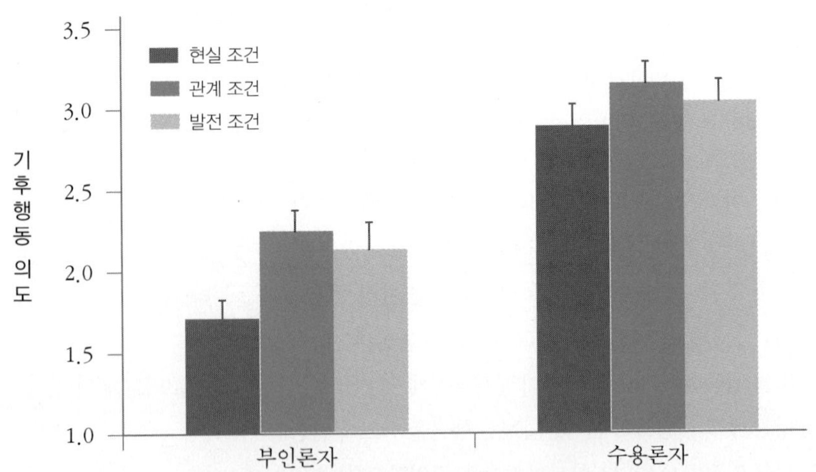


**[그림 11-22] 실험 조건별 기후행동 의도의 평균과 표준편차**

출처: Bain et al. (2012), Fig. 1.

에 초래할 수 있는 상황을 세 가지로 구분하여 알려 주었다. 현실 조건(기후 대응행동이 초래할 수 있는 생태계와 건강상의 변화를 알려 줌), 관계 조건(기후 대응행동이 사람들의 관계를 더욱 돈독하게 해 줄 수 있음), 발전 조건(기후 대응행동이 과학을 발전시키고, 사회를 더 나은 사회로 만들 수 있음) 등이다. 각 조건에서 사람들이 기후행동을 취할 가능성을 파악한 결과, [그림 11-22]에서처럼 기후변화 수용론자들에게서는 조건 간 차이가 없었으나, 기후변화 부인론자들에게 관계 조건과 발전 조건에서는 현실 조건에서보다 기후행동 의도가 높게 나타났다. 즉, 부인론자들에게는 공포나 불안을 바탕으로 호소하기보다는 나은 세상이 올 수 있다는 희망을 바탕으로 삼는 것이 도움이 된다는 것이다.

## 기후행동에 미치는 문화적 영향

많은 나라에서 기후변화는 현실로 받아들여지고 있지만, 기후행동 정책이 취해지는 정도는 나라별 차이가 많이 나타난다. 여러 가지 요인이 작용하는데 사회문화적 특징도 영향을 미친다. 한국을 포함한 32개국에서 사람들의 기후행동과 관심을 파악하고, 그 관계성에 문화적 특징이 미치는 영향을 파악한 연구는 사람들의 신뢰가 낮은 사회, 나타나는 현상에 대한 운명론적 믿음이 강한 사회(즉, 사람들의 노력이 미치는 영향은 적다고 봄), 미래보다 현재 지향성이 강한 사회에서 기후변화에 대한 관심이 행동으로 연결될 가능성은 낮은 것으로 나타났다(Tam & Chan, 2017).

47개국에서 나온 자료를 보면, 개인주의 문화권에서는 개인이 지닌 환경에 대한 관심이나 걱정이 클수록 환경친화적인 정책을 지지할 가능성이 높다는 것을 보인다(Eom et al., 2016; Tam & Chan, 2017). 반면에, 집단주의 문화권에서는 개인의 기후변화에 대한 믿음보다 행위의 규범성(많은 사람이 보이는 정도)이 큰 영향을 미치는 것으로 나타났다([그림 11-23]).

사람들이 환경에 대한 관심이 높을수록, 그리고 기후위기의 심각성을 인식할수록 환경세 신설에 대하여 찬성하는 경향을 보인다. 미국과 한국에서 환경세 신설에 대한 친환경적 태도의 역할을 비교한 연구는 미국인에게서는 환경보호에 대한 태도가 환경세의 신설에 직접 영향을 미치지만, 한국인들에서는 환경에 대한 개인적 책임의식이 매개 역할을 하는 것으로 나타난다. 즉, 개인적으로 책임을 느끼는 경우에만 환경세를 수용한다는 것이다. 아울러, 미국인에게서는 진보/보수의 이데올로기가 환경세 신설에 영향을 미치지만, 한국에서는 그런 이데올로기의 영

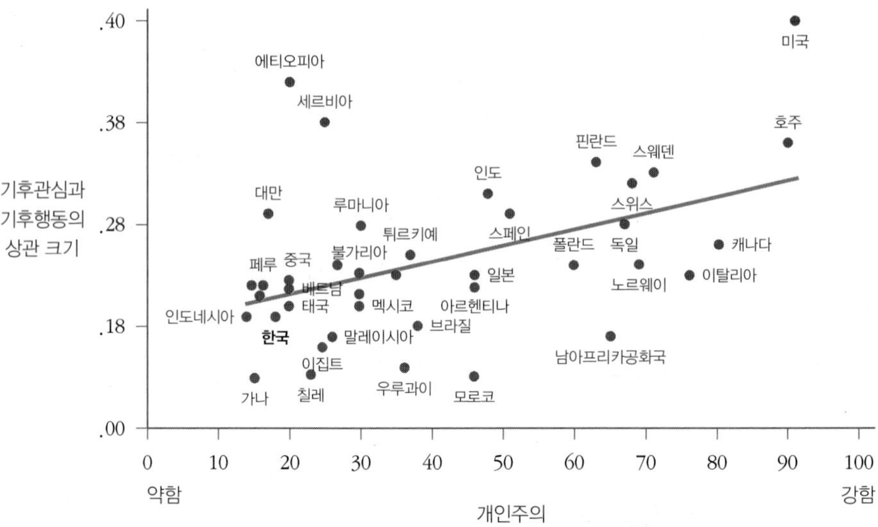


**[그림 11-23] 기후변화에 대한 관심이 기후행동으로 연결될 가능성(세로 축)은 개인주의적 문화권(가로 축)에서 강하게 나타남.**

출처: Eom et al. (2019), Fig. 1.

향은 나타나지 않았다(Kim & Shin, 2015). 이는 한국인들에게 생태계 보존에 대한 개인의 태도나 가치보다는 공동체 성원으로서 책임을 환기시키는 것이 생태계 보호 활동에 중요한 영향을 미친다는 것을 의미한다. 유사한 양상이 중국인과 일본인에게서도 보고되고 있다(Lau-Gesk, 2003; Lepkowska-White et al., 2003).

**요약**

1. 기후변화에 효과적인 대응책이 어려운 경우에 사람들은 상징적 방어 행동을 취한다. 내집단중심 경향이 강해지거나, 집단규범에 동조하는 상징적 방어가 나올 수 있다.
2. 기후행동을 촉진하는 개입의 방법으로 정보의 제공, 사회적 영향력을 통한 것, 보상과 부담을 적용시키는 것, 넛지를 활용하는 것, 정서적으로 관여되도록 하는 것, 책임감과 효능감을 느낄 수 있도록 하는 것 등이 있다.
3. 기후행동을 촉구하는 설명은 듣는 사람이 지닌 가치와 부합하는 틀, 희망의 틀에서 짜이는 것이 효과적이다.
4. 개인주의 문화권에서 기후행동은 개인의 환경친화적인 관심에 의해서, 집단주의 문화권에서는 집단 내 많은 사람들이 보이는 규범성에 의해 큰 영향을 받는다.

# 한국 사회의 환경 문제: 개발이냐 보존이냐

기후변화와 대응, 더 나아가 생태계에 대한 한국인들의 인식과 행동은 어떠한가? 몇몇 여론조사는 기후변화의 심각성에 대한 인식 수준이 매우 높다고 보고하고 있다. 갤럽이 한국인 1500명을 대상으로 조사했을 때 한국인의 94%가 지구온난화가 심각한 위협이라고 응답하였다(한겨레, 2021. 12. 28.). 그러나 기후변화 문제에 대한 정책적 대응은 국제 추세에 마지못해 따라가거나 선진국 수준에 훨씬 못 미치며, 개인적 차원에서 대응행동도 걱정스러운 수준이다. 오히려 기후대책과는 반대 방향의 정책과 행동들이 별 문제의식 없이 취해지는 양상이 일반적이다. 예를 들면, 신공항 건설 등으로 항공기 운행을 권장하는 정책, 매년 늘어 가는 자가용 소지자, 신차의 구입에서 경차의 비율은 10% 이하로 줄어들고, 자전거 도로 확장은 출퇴근과는 무관하게 여가를 위한 방향으로 추진되며, 매년 새롭게 건설되는 골프장, 도로와 고속도로, 엄청난 양의 폐기물을 발생시키는 재개발 사업 추진 등등을 들 수 있다. 20~30년에 걸친 환경운동의 성과가 적다고 할 수 없지만 소수의 사람들이 주도하며, 많은 경우에 개발 담론에 밀린다. 4대강 사업 같은 엄청난 규모의 사업이 졸속으로 추진되었고, 당시 건조된 댐을 허물고 강을 복원하는 사업도 만만치 않은 반대세력을 맞아 복원세력과 존치세력의 정치싸움으로 변질된 양상을 보이고, 일반 사람들에게는 관심의 영역에서 멀어져 보인다. 인간생활의 편익을 도모하기 위해 자연을 자원으로 대하는 개발담론과 생태계의 보존 속에서 인간생활을 영위하자는 보존담론의 줄다리기를 이해해 보자.

## 한국 사회의 환경운동

한국은 1950년대 전쟁을 겪은 절대빈곤의 상태에서 1960대 후반부터 경제개발의 압축적 성공을 경험하면서 원조수혜국에서 원조제공국가로 전환한 유일한 국가로 자리매김하였다. 새마을운동으로 전통적 생활 방식을 벗어났고, 산업화에 매진하여 농업국가에서 첨단산업 국가로 전환하였다.

한국에서의 환경운동은 산업화를 추진하는 개발지향적 가치를 반대하는 것이 아니라 개발주의에서 파생되는 사고와 인명피해를 막고 줄이자는 목적에서 시작하였다. 1980년대에는 개발정책을 밀어붙이는 군부독재에 대한 반대하는 정치운동에 편승하였다. 환경에 대한 관심은 오직 산업화 과정에서 심각한 사건들이 터져서 인명과 생태계가 위협받는 상황에서만 부각되었다. 대표적인 사건이 80년대 중반에 경북 온산 중화학공업단지 주민들에게 발병한 온산병 사건이다. 온산 주민들은 공해 배출 업체를 대상으로 소송을 제기하고, 대법원에서 공해병으로 인정을 받게 되었다. 이 당시 환경운동단체가 설립되고, 대학생과 청년들이 주축이 되어 활동을 하면서, 반독재 의식화 운동을 같이 진행시켜 갔다. 80년대 환경운동은 경제개발에 따른 매연과 오폐수 등의 공해를 추방하는 것이 핵심이었다(홍덕화, 구도완, 2014).

1991년에 낙동강에 페놀유출 사건이 발생하여 환경문제의 심각성이 대중들에게 부각되었다. 구미 공업단지의 전자회사에서 두 차례에 걸쳐 페놀 수십 톤을 낙동강으로 유출시켰고, 이것이 대구시민의 상수원으로 사용되는 취수장으로 유입되어 수돗물에서 악취가 나게 되었다. 대구시민 모두에게 환경문제가 인간의 생존문제라는 것을 일깨운 사건이 되었다. 정치적으로도 90년대에 들어서 군부독재의 시대가 끝나고, 서구 공산주의가 몰락하면서, 국내의 환경운동도 정치적인 색깔은 빠지고, 체제 내의 시민운동의 하나로 변모하게 된다. 1992년 리우에서 열린 기후회담에 한국이 가입하는 시점을 계기로 환경운동단체가 급증하였고(1987년 7개에서 1992년 22개, 2001년에는 175개로 증가함; Ku, 2010), 두 개의 주요 일간지에서 환경운동이나 공해추방 관련 기사의 수가 1990년 63개에서 2008년 1,221개로 급증하였다(Kern, 2010). 환경운동연합, 녹색연합 등 시민단체들이 비정부기구(NGO)의 성격으로 정부와 산업체의 의사결정과정에 영향을 미치며 시민들의 환경의식을 고취시키며, 일상에서의 환경운동—분리수거, 재활용 등—이 확산되었다.

**곁글 11-6** 국내의 언론과 정치에서 보이는 기후변화 관심

국내에서 기후변화의 원인에 대한 주요 신문들의 보도양상(1997~2012년)을 분석한 결과, 기후변화의 원인을 인간의 산업활동 탓이라는 보도(쟁점을 알리기보다는 일방적 강조형)가 64%이고, 즉각적이고 구속력 있는 조치를 강조한 내용이 59%로 점진적 대응을 강조한 내용 40%에 비해 높게 나타났다(임인재 외, 2013). 이 같은 양상은 미국에서의 보도가 균형적 제시형과 상대적 강조형으로 기후변화에 대한 수용론과 회의론 모두를 검토하는 내용이 많다는 점에서 큰 차이를 보인다([그림 11-24]). 한편, 기후변화 대응에 대한 보도에서도 한국의 보도들은 즉각적 대응을 강조하는 내용이 59%로 거의 일방적으로 높았으나, 미국의 보도들은 즉각적 대응을 강조하는 것은 10.6%에 불과하고, 다양한 대응을 균형적으로 제시하는 내용이 78%로 큰 차이를 보였다. 양국의 보도들이 보이는 이런 특징은 기후변화에 대한 의견이 상당히 갈린 미국과 그렇지 않은 한국의 차이를 만드는 데도 영향을 준 것으로 보인다(임인재 외, 2013).

국내에서도 2008년 이후에 기후변화에 대한 일간지들의 보도가 급증하였다. 그러나 이런 보도의 대부분이 사실이나 설명보다는 대응행동과 관련된 내용이 많았다. 흥미롭게도 보수 일간지에서는 기후변화를 경제 면에서 주로 다루었고, 진보 일간지에서는 사회 면에서 다루었다는 차이도 드러났다(김현철 외, 2011). 최근 20년간 각종 미디어에서 기후변화를 보도하는 양상이 급증하였으나, 종합일간지나 언론사보다는 경제분야와 지역신문에서 기사가 늘고 있고, 기후변화의 연구에 대한 내용이나 해결할 과제보다는 주요 행사나 사건들에 대한 보도가 많은 것을 보이고 있다(조헌국, 이봉우, 2021). 이런 양상은 기후변화가 아직 한국 사회에서 주된 의제로 다루어지지 못하고 있음을 시사한다.

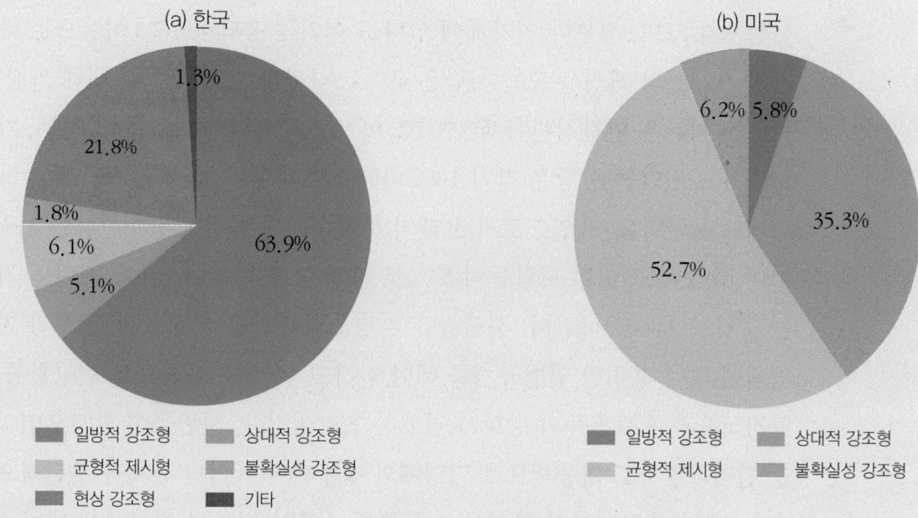


**[그림 11-24] 국내 신문의 기후변화 원인 보도 비율**

출처: 임인재 외(2013).

진보와 보수 성향으로 신문의 이데올로기를 구분하여 분석한 결과, 이데올로기적 성향은 기후변화 보도에 영향을 미치는 것으로 나타났다. 2009년부터 11월부터 2010년 12월까지 기사를 보면, 보수 성향의 『조선일보』는 기후변화가 자연적 원인에서 비롯된다는 기후변화 회의론을 강조했으며 IPCC 보고서의 신뢰성에 의문을 제기했다. 진보 성향의 『한겨레』는 기후변화 수용론 보도에 더 많은 비중을 두었으며 IPCC 보고서의 과학적 타당성을 강조했다. 『동아일보』는 『조선일보』와 『한겨레』가 취한 입장을 모두 보인다.

정치적 보수성은 기후변화 회의론과 밀접한 관련이 있다(Carvalho, 2007). 국내에서 민주당을 비롯한 정의당, 기본소득당, 녹색당 등의 진보정당은 기후변화 수용론이 강하고, 보수당인 국민의힘은 수용론이 약한 것으로 보인다. 이 같은 양상은 그린피스에서 2022년도 국회의원들의 의원발의 건수를 중심으로 기후변화에 대한 각당의 분위기를 파악한 결과에서도 확인되고 있다(https://www.greenpeace.org/korea/update/25637/blog-ce-gndc-third-monitoring/).

## 한국인의 환경의식

페놀사건은 사회학적인 분석의 대상이 되면서 시민들의 환경의식과 행동에 영향을 주는 요인들이 무엇인지를 실증적으로 보여 준 점에서 특기할 만하다(김두식, 1995; Kim, 1999). 대구지역 성인을 대표할 수 있는 표본 861명을 대상으로 1994년에 조사한 결과, 응답자들의 36%는 페놀사건으로 피해를 보았고, 95%는 지역사회의 환경오염 수준이 심각하다고 여겼다. 여러 가지 사회문제 중에서 환경오염을 1순위로 꼽는 사람들이 가장 많았다. 환경오염의 책임은 우선 기업과 산업체가 크며, 정부와 지자체에 있다고 여기는 응답이 70% 이상으로 나왔으며, 가정과 개인의 책임을 드는 사람은 49%로 나왔다. 오염방지를 위해 가장 많이 노력하는 기관은 민간시민단체(55%)로 여기고 있으며, 개인/가정, 정부, 기업 등이 노력하고 있다는 응답은 각기 10% 미만으로 나왔다. 환경문제가 심각하다는 인식에도 불구하고, 개인으로서 쓰레기 분리수거에 철저히 참여한다는 사람은 18%이며, 대충하고 있는 사람들이 57%로 가장 높게 나왔다. 거의/전혀 하지 않는다는 응답도 24%로 나왔다. 사람들은 환경문제에 대응하여 우선, 정부가 기업과 산업체에 대해 강력한 입법규제를 해야 한다고 여기며, 다음으로 연구활동의 지원, 환경교육과 홍보활동의 강화가 필요하다고 여긴다. 사람들이 환경오염의 심각성을 인식하면서도 대응책으로 기업체와 정부의 적극적인 규제를 우선적으로 내세우며, 개인 차원에서의 환경보호 활동에 소홀한 것은 환경문제에 대한 체계적인 교육이나 홍보가 불충분하고, 사람들의 환경문제에 대한 의식이나 지식이 사건위주의 언론 보도에서 얻어지는 탓이라고 볼 수 있다.

**개발이냐 보존이냐?** 앞의 대구시민에 대한 연구에서 인간의 자연 지배적인 가치지향이 강할수록 개발지향적인 경향을 보이며, 소득이 높고 교육수준이 낮을수록, 개발지향적 가치관을 지닌 것으로 나타났다. 흥미로운 것은 직업의 사회적 지위가 가장 낮은 사람들과 가장 높은 사람들이 모두 개발지향적 가치관을 지닌 것으로 나왔으며, 나이가 적을수록, 그리고 대도시 출신이거나 주택지역 거주자들일수록 개발지향적 가치를 지닌 것이었다.

이런 결과에서 개발지향적 가치관이 보존지향적 가치관보다 일상에서 지배적으로 작용한다는 것을 유추할 수 있다. 공적인 영역에서 환경에 대한 관심이 크게 증가하였으나 사적인 영역에서도 환경에 대한 관심이 증대하고, 성장에 대한 열망을 포기한 것은 아니다. 즉, 경제성장으로부터 오는 편익을 즐기는 시민들이 개발정책을 호응해 왔고, 환경운동은 생존 차원과 난개발을 막는 차원에서 작용하고 있는 수준이었다. 페놀사고를 겪은 대구지역의 조사에서 사람들이 보존을 지향하는 환경주의에 동의하는 비율이 50%를 넘고, 개발주의에 동의하는 비율은 15%대로 낮게 나왔지만, 환경보호를 위해 경제성장을 멈추어야 한다는 항목에는 19%만이 동의하는 것으로 나타났다(Kim, 1999). 이는 미국인의 1990년 조사에서 이 항목에 64%가 동의하는 것과 대조되는 현상이다(Dunlap & Scarce, 1991). 즉, 대구지역의 환경주의는 개발주의의 대항마로서가 아니라 페놀사건이란 특수성으로 부각된 것이며, 개발주의가 포기된 것이 아님을 보인다. 그러나 페놀사건은 지역의 공해 문제를 떠나 보편성을 지닌 생태계 오염 문제(먹거리 오염, 오염수, 산업폐기물, 토양오염 등)로 관심을 확대시키는 계기가 되기도 하였다.

일상생활에서 한국인은 여전히 개발지향적 마음을 갖고 있다. 대표적인 사례가 '예타면제'다. 지역사회에서 대규모 토목공사가 진행되는 경우에 환경에 미치는 예비타당성 조사를 거쳐야 하는데, 시간도 오래 걸리고, 사업이 좌초될 가능성도 있다. 지역 정치인들은 지역의 주요 토목관련 사업에 대하여 모두 예타면제를 추진하고, 지역민들은 대부분 이를 좋다고 받아들인다. 2024년 부산에 가덕도 신공항을 건설하는 대규모 토목 사업이 예타면제를 받고, 추진되고 있다. 환경단체만이 반대하고 있을 뿐이다.

**기후변화에 대한 인식** 단일문항에 의존한 여러 조사들에서 한국인의 기후변화에 대한 관심과 우려 정도가 매우 높은 수준이라고 보고한다. 보다 신뢰할 수 있는 척도를 이용해 기후변화에 대한 인식을 조사했을 때, 응답자의 약 25%만이 기후변화의 수용론자였고, 약 13%는 회의론자였으며, 절대 다수는 중도적인 입장으로 나왔다(박희제, 허주영, 2012). 전체적으로 한국인의 대다수는 기후변화에 대한 내용 자체를 부정하지는 않지만 기후변화 문제해결에 낙관적이고 따라서 지나친 산업규제는 불필요하다고 생각하는 경향이 강하다.

유럽 같은 사회에서는 소득수준이 높아지면서 탈물질주의적 경향성이 강하게 나타나고(Inglehart, 1997), 생태계 보존에 대한 관심이 높아지며, 기후변화에 적극적 대응책을 취하고 있다. 그러나 한국인의 조사에서 여전히 탈물질주의는 약하며 물질주의가 높게 나타난다(박재홍, 강수택, 2012). 그렇지만 생태계의 보존에 대한 관심도는 높게 나타난다([그림 11-25]). 아울러 개발지향성이 높으면 환경위협을 심각하게 여기지 않는 것으로 나타났다. 즉, 사람들은 개발이 환경문제를 초래하는 것은 동전의 양면 같은 관계임을 인정하고, 환경문제에 부수적인 정도로 관심을 두고 있다. 그래서 환경 때문에 개발을 포기하는 것에 대해서는 매우 유보적인 입장이다. 최근에 이루어지는 환경관련 의식조사들에서 사람들은 자신이 남들보다는 더 환경보호를 실천한다고 여기며(49%), 불편해도 환경친화적 행동을 취하겠다는 응답(67%)을 보이며, 환경문제 해결의 책임 주체는 일반 국민이 정부나 기업보다 우선된다고 답하지만, 각 주체의 해결 노력에 대한 평가는 중간점 이하로 나타나고 있다(김현노 외, 2020; [그림 11-26]). 2012년부터 매년 전 국민 천 명을 대상으로 5년간 환경의식과 행동을 조사한 연구는 국민들이 비교적 높은 환경의식을 지니고 있지만, 일상에서의 실천행동은 낮은 것으로 나타났다(안소은 외, 2021).

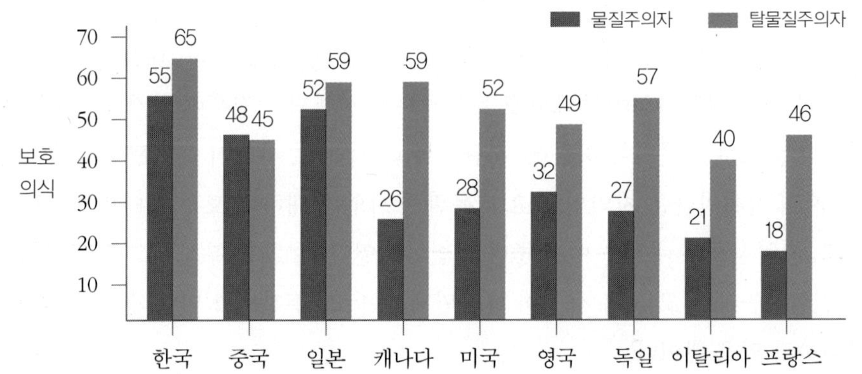


**[그림 11-25] Inglehart의 가치관조사에서 나타난 각국의 물질주의자와 탈물질주의자의 환경보호의식**
출처: Kern (2010), 표 2를 그림으로 옮김.

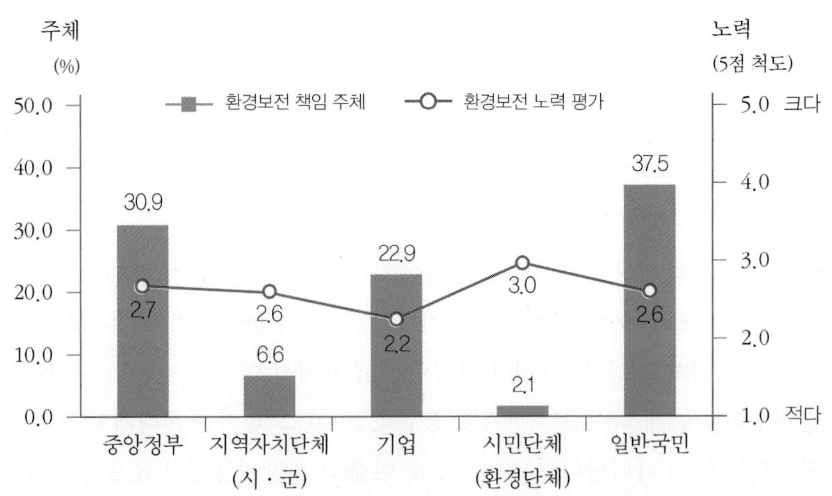


**[그림 11-26] 환경문제 해결을 위한 책임 주체와 노력**
출처: 김현노, 전호철, 이홍림(2020).

**아직은 개발** 한국 사회에서는 군사정권의 권위주의 시대에 개발주의가 도입되어 산업사회로 전환하는 데 성공하였지만, 공해 문제를 초래하면서, 한동안 개발주의에 대한 문제의식이 대두되었다. 그러나 1997년 IMF 사태 이후 신자유주의가 퍼지면서 성장지향 개발주의와 결합하여 신개발주의적 양태가 전개되고 있다(김철규, 신호균, 김홍주, 2015). 사람들은 사회구조적인 차원보다는 개인 차원에서 환경문제에 대응하지만, 환경운동에 직접 참여하거나 후원하는 경향은 낮으며, 4대강 사업을 비판하지만, 개발 이데올로기에 대한 근본적인 성찰은 약하다. 실질소득이 일본을 추월하면서, 사람들은 이제 '우리도 선진국'이라는 것을 확인하지만, 마음은 여전히 중진국 수준에서 머물며, 선진국 반열에 오른 것을 못 믿어 하는 세태를 보인다.

이렇게 가난한 마음을 이해하기 위해서는 중산층의 심리를 이해해야 할 것이다. 한국인들의 마음에는 소득보다는 자산이 중산층이라는 계급의식이 깊게 자리한 것으로 보인다. 소득과 자산이 높은 상관을 보이고 있지만, 이를 분리해서 본다면 상위계층에서는 자산관련 소득이 큰 비중을 차지하고, 늘어나고 있으며, 중간계층 이하에서는 이 소득이 매우 적거나 악화되면서 소득 불평등이 심화되는 양상이 나타나고 있다(이성균 외, 2020). 또한 한국 사회는 자산불평등과 소득 불평등이 서로를 상쇄하기보다는 병존하는 양태로 나타나(신진욱, 2013) 사람들의 계층의식에는 하락의 불안감이 높은 것으로 보인다. 소득은 지난 20년간 꾸준히 증가했다. 그러나 IMF 위기 이후에 복지시스템이 마비된 상태에서 구조조정이 진행되면서, 실업과 고용불안이 상존함으로써, 중산층은 불안하고, 물질주의 가치관을 지니고 있으며, 부유층이 저소득층에 비해 더 물질주의적인 것으로 나타났다(양해만, 조영호, 2018). 이런 양상은 복지와 사회안전망이 제대로 갖추어지지 못하고, 자녀의 교육에 많은 경비가 필요한 현실에서 탈물질주의적 가치관을 지니기 어렵게 만들고, 성장을 저해할 수 있는 환경보존 주의가 사람들에게 큰 영향을 미치지 못함을 보여 준다.

**요약** 

1. 한국 사회에서 환경운동은 정치적 색깔을 갖고, 군사정권이 추진하는 산업화와 개발주의가 파생시키는 사고와 인명피해를 막고자 시작하였다. 1990년 이후에 체제 내의 시민운동으로 자리 잡게 되었다.
2. 한국인의 환경의식은 높아 보이지만 문제해결 행동의 효능성은 높지 않다.

3. 한국 사회에서는 개발지향적 가치관이 보존지향적 가치관보다 큰 힘으로 작용한다. 부의 배분에서 격차가 큰 탓에 아직도 복지 혜택이 못 미치는 계층과 지역이 많은 탓에 나타나는 것으로 보인다.
4. 소득수준에서 사람들은 선진국이라는 것을 확인하지만, 마음은 여전히 중진국 수준에서 머물러, 물질주의적 가치관이 팽배하다.

## 기후정의

2011년 밀양 주민들은 신고리 원전에서 생산된 전기를 창녕에 있는 변전소로 수송하기 위해 필요한 송전탑이 밀양지역에 건설되는 것을 반대하며 3년이 넘도록 강한 투쟁을 하였다. 이 과정에서 주민들이 자살하고, 농성하며, 큰 화제가 되었다. 결국 주민들이 보상을 받고 송전탑이 건설되어 운영되고 있지만, 언론들은 이 사건을 님비(not in my backyard: 공공을 위해 필요한 시설이라도 내집 뒷마당에 설치하는 것은 허용할 수 없다는 것)현상으로 조명하였지 기후정의의 관점에서 조명하는 사례는 매우 적었다.

2021년에 제정된 국내「기후위기 대응을 위한 탄소중립 · 녹색성장 기본법」은 '기후정의'와 '정의로운 전환'을 기후 대응의 준거점으로 삼도록 했다. 기후정의란 기후변화를 야기하는 온실가스 배출에 책임 있는 사회 혹은 주체가 기후변화로 인한 피해를 해소하는 데 부담을 가장 많이 짐으로써 혜택과 피해가 불공평하게 적용되는 부정의를 막는 방식으로 대처하자는 취지의 개념이다. 정의로운 전환이란 "탄소중립 사회로 이행하는 과정에서 직간접적 피해를 볼 수 있는 지역이나 산업의 노동자, 농민, 중소상공인 등을 보호하여 이행 과정에서 발생하는 부담을 사회적으로 분담하고 취약계층의 피해를 최소화하는 정책 방향"을 말한다.

밀양지역민들이 쓰지 않는 고압 전력 송전탑을 밀양지역에 건설하면서 피해자와 수혜자(창원지역)의 갈등에서 수혜자는 빠지는 기후정의의 독특한 문제가 생겼다.

기후정의가 특별한 점은 기후위기의 원인적 행위가 현시대의 가진 자와 선진국들에 의해서 저질러졌지만, 피해는 못 가진 자, 개발도상국가, 미래 시대의 사람들, 그리고 생태계의 동식물을 포함한 온갖 자연물이 심하게 겪는다는 점이다. 기후 불공정은 기후변화의 책임이 같지 않다는 것, 그 악영향이 모든 이에게 균등하게 작용하지 않는다는 것, 위기의 취약성이 정치경제학적인 요인에 의해서 결정된다는 점, 기후 대응책이 현재와 미래의 불평등을 무시하거나 조장하는 영향력을 발휘할 수 있다는 점에서, 관여된 당사자들 간의 갈등에 초점을 맞춘 기존의 사회정의와는 다른 독특성을 지니고 있다. 기후위기에 대응하기 위하여 모든 나라가 참여해야 하지만 자신의 책임이 아닌 것에 투자하고 노력해야 하는 불공정을 줄이는 노력이 필요하다. 정의로운 전환을 위해 고려해야 할 기후 불평등 문제의 중요한 차원들을 살펴보자.

## 탄소 불평등의 차원

**사회계층별 불평등** 세계 각지에서 매년 심화되는 불평등 현상을 정리하여 알리는 세계불평등연구소의 2023년 보고서에 따르면 온실가스 배출 상위 1%의 집단이 전체 온실가스의 16.9%를, 하위 50%의 집단은 전체의 11.5%를 배출한다([그림 11-27]). 배출량으로 비교하면, 상위 1%에 속하는 사람 1인당 매년 101톤의 탄소를 배출하는 데 비해서 하위 50%에 속하는 사람은 1인당 1.4 톤을 배출한다. 그러나 기후변화로 초래되는 경제적 손실을 보면, 배출 상위 10%의 집단은 손실의 3%를, 하위 50%의 집단은 손실의 75%를 입는 것으로 추산된다. 배출 상위 10%의 집단이 기후변화 대응책으로 소요되는 경비의 76%를 배출 하위 50%의 집단은 그 경비의 2%만을 감당할 수 있다([그림 11-27]).

2022년 8월 9일 물폭탄이라 여겨질 정도의 집중호우로 서울 신림동 일대의 저지대가 물에 잠겨 반지하 거처에서 미처 빠져 나오지 못한 장애인 가족 3명이 숨진 현장을 윤석열 대통령이 방문했다.

탄소배출의 양은 소득수준이 올라가면서 높아진다. 소득이 늘면서, 생활의 편의를 제공하는 에어컨, 냉장고, 자동차 등이 대형화되고 쓰는 시간이 늘어나기 때문이다. 그래서 OECD 선진국에서의 탄소배출은 정체 상태를 보이거나 낮아지고 있지만(한국 예외; 〈표 11-1〉 참조), 중국, 인도 등 소득증가가 큰 개발도상국가의 탄소배출이 높아지고 있다(Caron & Fally, 2022; Gertler et al., 2016).

World Inequality Lab
https://inequalitylab.world/en/

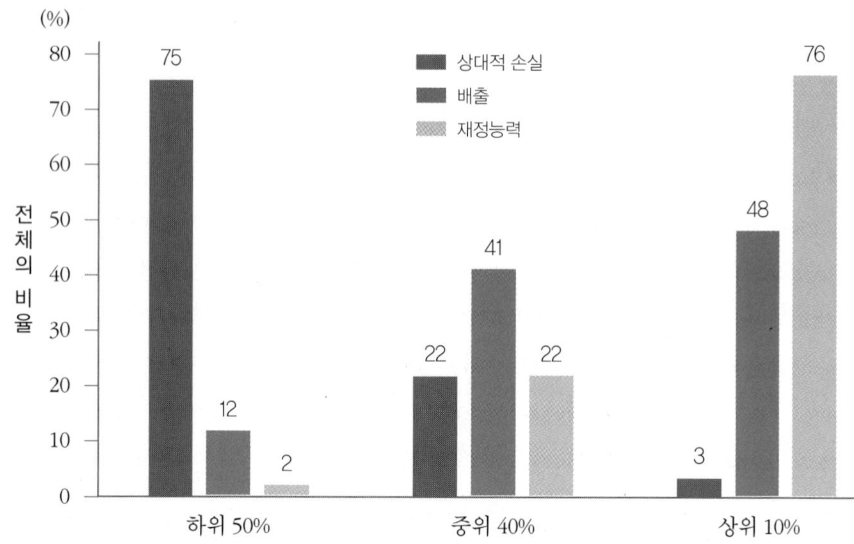


**[그림 11-27] 전 지구적 탄소배출 소득 층위별 탄소 불평등: 피해, 배출, 대응경비**

출처: Climate Inequality Report 2023.

## 곁글 11-7 교통수단 이용에서 발생하는 탄소: 항공기와 자가용 여행을 줄이자!

스웨덴의 환경운동가 그레타 툰베리가 UN의 초청을 받고 기후행동 정상회의에서 연설하기 위해 여행할 때 손쉽고 빠른 비행기를 타지 않고 2주일이나 걸리는 태양광 발전 요트를 타고 뉴욕에 도착하였다. 가장 큰 이유는 항공기 사용이 배출하는 탄소가 매우 많은 것을 알리기 위함이다. 최근의 연구(Klower et al., 2021)에 따르면 항공 분야가 배출하는 탄소가 전 지구에서 배출되는 탄소의 4%에 달하고, 국가와 비교한다면 가장 많이 배출하는 국가들인 중국, 미국, 인도, 러시아, 일본 다음 순위인 여섯 번째에 해당한다고 한다. 서울에서 LA까지 항공으로 왕복하는 경우에 승객 1인당 탄소 발생량이 1.6톤으로 추산되며, 서울-도쿄 왕복항공은 0.26톤을 배출한다. 이 정도의 탄소량은 저개발국가 23개국에서 시민 한 명의 1년간 배출량에 해당된다고 한다(https://noflyclimatesci.org/resources).

**표 11-2 교통수단별 1km 이동 시 탄소배출량**

| 이동수단 | 1km 이동 시 탄소배출량 |
|---|---|
| 국내 단거리 비행 | 255g |
| 중형 휘발류차 | 192g |
| 중형 디젤차 | 171g |
| 장거리 비행(뉴욕-LA 정도) | 150g |
| 버스 | 105g |
| 2인용 승용차 | 96g |
| 중형 전기차 | 53g |
| 철도 | 41g |
| 여객선 | 19g |

장거리 비행은 3,700km 이상. 단거리 비행은 국내 도시 간 비행을 뜻함. 이런 차이는 항공기의 이착륙 시에 탄소가 가장 많이 발생하는 탓임. 전기차의 경우 주행은 물론 생산과정에서 배출되는 탄소가 포함됨(한국은 석탄발전 비율이 높아서 전기차의 생산에서 탄소배출이 이 표보다 훨씬 높은 편임).

출처: UK Department for Business, Energy & Industrial Strategy, Our World in data 2022.

유럽환경청에 따르면 1km 이동 시 승객 1인당 탄

소배출량은 항공기 285g, 기차 14g이다. 툰베리의 호소 이후에 독일과 스페인에서는 항공여행의 부끄럼을 뜻하는 **플루크샴**이라는 용어가 젊은 층에서 퍼지고 있다(시사인, 2019. 10. 3.). 그래서 기후행동의 일환으로 독일에서는 비행시간이 한 시간 이내인 내륙지역의 항공노선을 금지하거나 항공세를 대폭 올리는 방안을 논의하고 있다. 그러나 국내에서는 항공여행을 권장하는 신공항의 건설이 제주, 부산, 대구, 흑산도, 울릉도 등에 추진되고 있어, 매우 대조적이다.

서울시에서 시민들의 교통수단에서 배출되는 1인당 탄소량을 조사한 결과, 2006년(2206g/일) 대비 2016년(1427g/일)의 탄소배출은 35%가 줄어들었다. 그러나 소득 상위 20%에서는 탄소배출량이 74%를 차지하며 10년간 7% 증가한 것으로 나타났다(서울연구원, 2018). 이 기간에 승용차 등록대수가 14.7% 늘었지만, 인구의 고령화, 친환경자동차, 대중교통의 분담율 증가(3.7% 증가)을 위한 정책 등으로 승용차의 일일 평균 주행거리는 30% 감소한 것들이 탄소배출 절감에 직접적인 영향을 미친 것으로 보인다.

**국가/지역별 탄소 불평등** 기후변화를 가속시키는 온실가스의 60%는 최대 배출국 10개에서 나오며, 최소 배출국 100개가 배출하는 총량은 3%에 불과하다. 이를 잘 보여 주는 그림이 공룡곡선이다([그림 11-28]). 1990~2015년 기간에 부유한 상위 10%의 나라들이 탄소 증가분의 46%를 배출하였으며, 중위 40%에 속하는 나라들이 49%를 배출하였다. 하위 50%에 속하는 나라들은 모두 합해서 6%의 배출 증가분을 보였다. 비영리단체인 옥스팸에 따르면 2050년 탄소중립을 달성하기

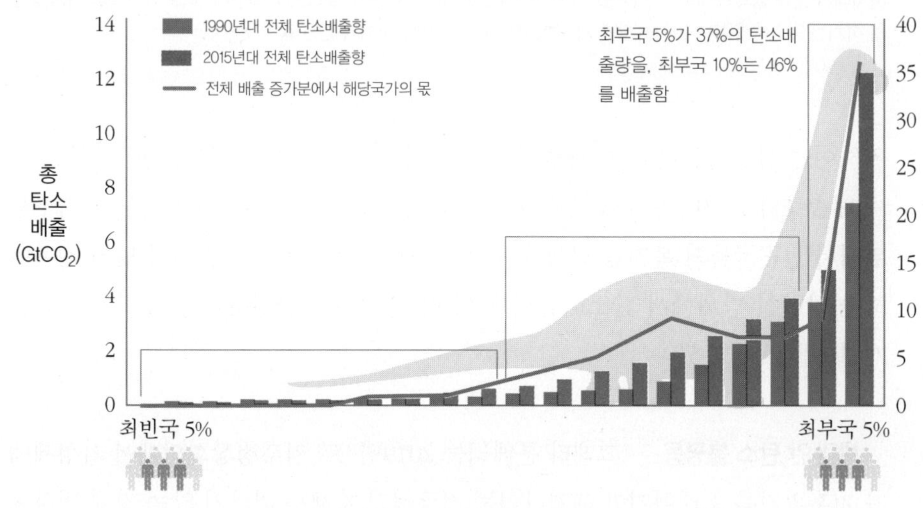


**[그림 11-28] 탄소배출의 공룡곡선**

출처: https://oxfamilibrary.openrepository.com/bitstream/handle/10546/621052/mb-confronting-carbon-inequality-210920-en.pdf

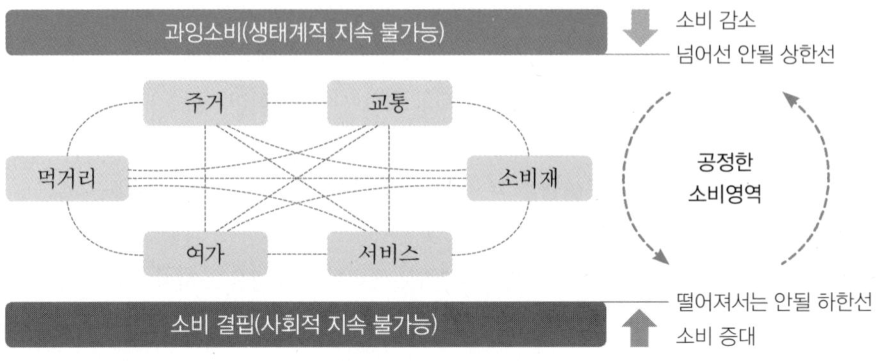


**[그림 11-29] 지속가능한 생활방식을 위해 필요한 공정한 소비의 한계 영역**

방글라데시 난민 2,200만 명, 한국인도 책임

저지대가 많은 방글라데시는 2050년 기후난민이 2,200만 명에 달할 것으로 예측된다. 이들이 온난화에 악영향을 미치는 탄소배출량은 미미하지만 기후변화의 폐해를 가장 심하게 받는다.

위하여는 선진국들은 현재 배출하는 탄소의 90%를 줄여야 하고, 빈곤국들은 현재 배출량의 2~3배까지 늘릴 수 있다고 한다. [그림 11-29]는 지속가능한 지구를 위해서 빈곤국들의 복지를 희생하지 않는 하한선과 부국들의 소비가 넘지 않아야 하는 상한선 범위에서 탄소배출의 양이 각 영역에서 공정하게 규제되어야 하는 개념도를 보이고 있다.

**세대 간 탄소 불평등** 그레타 툰베리는 2019년 UN 기후정상회의에서 기성세대가 기후위기를 초래했지만 해결하려는 적극적인 자세를 취하지 않는 것에 대하여 "어찌 감히 이럴 수가 있느냐?!"고 분개하며 기후위기에 대한 즉각적인 행동을 촉구했다. 탄소 불평등의 또 하나의 차원은 세대 간 불평등이다. 20세기를 살아온 기

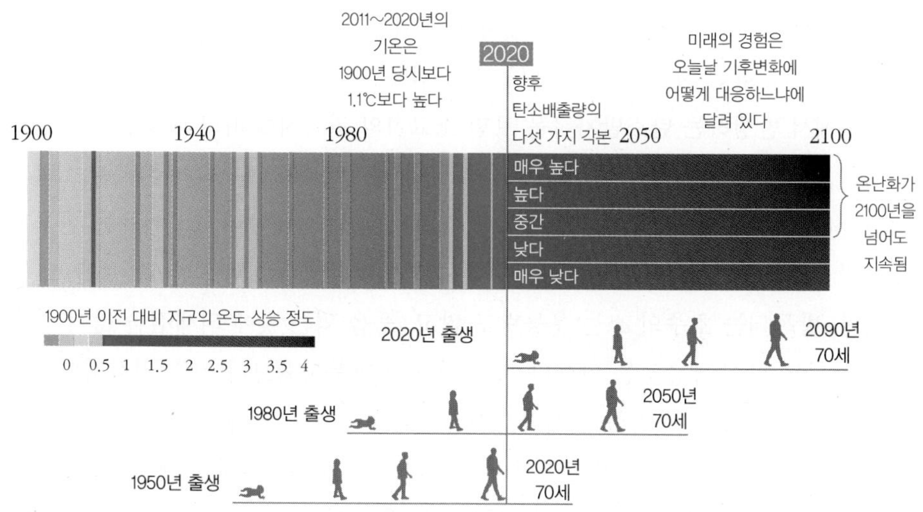


**[그림 11-30] 현재와 미래 세대가 경험하는 이상기후의 정도는 현재 사람들이 하는 탄소절감의 성공여부에 크게 좌우된다.**

출처: IPCC (2023). AR6 보고서.(https://www.gnnetzero.re.kr/list/?bmode=view&idx=81335462)

성세대는 개발의 시대를 살면서 인간 사회의 편익과 풍요를 위해서 생태계를 무차별적으로 개발하고, 유린하면서 기후온난화를 직접적으로 초래하고, 종 다양성을 심각하게 훼손하였다. 산업혁명 이후 개발과 성장의 시대는 오늘날의 기후변화를 초래하였지만, 기후온난화에 아무런 책임이 없는 신세대는 평생 동안 기후위기 현상에 시달리며 살아야 하게 된 것이다. [그림 11-29]는 오늘을 사는 현세대가 기후위기 해결을 위해 보이는 노력이 성공하는 정도에 따라 2050년 이후에 지구의 온도가 결정되며, 지구의 온도가 높아질수록 재앙적 기후 이변이 빈번해질 것을 보여 준다.

국내에서 2020년 3월 13일에 청소년기후행동의 청소년원고 19명은 기후변화를 방치하는 정부와 국회를 상대로 현행의 기후변화 대응이 청소년의 생존권, 평등권, 인간답게 살 권리 등의 기본권을 침해하기 때문에 온실가스 감축목표를 강화해야 한다는 헌법소원을 헌법재판소에 제기하였고, 2024년 8월 29일 헌법재판소는 이를 받아들여, 2030년 이후의 온실가스 감축목표가 충분하지 못하여 기본인권인 환경권을 침해하므로 강화되어야 할 것을 정부에 주문하는 판결을 하였다(https://youth4climateaction.org/climate-litigation).

## 탄소환원주의의 맹점

기후변화에 대처하기 위하여 탄소 배출량을 줄이고 규제하는 정책과 행동들이 전세계적으로 나타나고 있다. 기후 대응의 노력이 탄소절감량이라는 숫자로 환원되는 탄소환원주의는 편리성과 계산의 용이성 때문에 탄소중립 목표를 관리할 수 있다는 이점 때문에 널리 쓰이고 있지만, 복잡한 문제들이 뒤엉킨 기후 문제를 지나치게 단순화된 지표로 관리한다는 문제점을 지니고 있다. 각종 식품 생산의 전 과정에서 발생하는 탄소발자국을 보면 소고기의 원산지에 따라 탄소발자국이 크게는 14배까지 차이가 나는 것으로 나타났다(한겨레, 2023. 1. 30.). 한국산 소고기(한우)는 호주산에 비해 탄소발자국이 절반밖에 되지 않는다. 그 이유는 한우가 밀집 사육되며, 곡식 사료를 먹는 탓에 메탄가스 발생량(트림과 방귀로 배출)이 적지만, 방목되는 호주의 소는 운동량도 많고, 풀을 먹는 탓에 되새김을 많이 하면서 메탄도 많이 배출하는 탓이다. 밀집사육이 방목사육보다 기후 친화적이라고 탄소환원론자들은 주장할 것이다. 그러나 이런 주장을 받아들이기는 불편하다. 동물복지가 무시되고, 단지 고기의 무게로 환산된 가치를 말하기 때문이다.

탄소시장에서 거래되는 탄소는 돈처럼 배출권의 형태로 거래가 된다. 그러나 배출량의 크기는 똑같아도 그 영향은 지역마다 큰 차이가 있다. 예를 들어, 열대우림에 저장된 탄소가 목초지 사업으로 노출되는 것은 북극의 툰드라에 빙하가 녹으면서 방출되는 탄소와 똑같은 양으로 계산될 수 있지만, 생태계에 미치는 영향은 크게 다르다. 빙하가 녹으면서 햇빛을 대기권 밖으로 반사해 내는 복사량이 줄어들므로 빙하가 녹는 것이 미치는 지구온난화 효과는 더욱 크다(Moolna, 2012). 즉, 탄소가 발생되는 위치와 무관하게 탈맥락화시키는 탄소환원주의는 위험요소를 지니고 있다. 탄소배출이 대기권에 미치는 온난화 효과를 줄이기 위한 기술적 대응으로 탄소포집 기술이 개발되고 있다. 대기 중의 탄소를 포집해서 바다의 밑바닥에 저장한다는 발상이 논의되고 있다. 설혹 이 기술이 개발되어 바다의 바닥을 탄소로 깔 수 있다고 했을 때 그 상태가 생태계에 미치는 장기적인 영향은 누구도 알 수 없다(곁글 11-8).

과학기술의 발전이 기후위기를 해결할 수 있다고 믿는 사람들도 많다. 많은 보수 성향자들이 그런 믿음을 지니고 있다. 기술개발로 탄소배출량을 줄이는 노력은 관리가 가능하다는 희망을 줄 수는 있다. 그러나 생태계는 열린 체계다. 사람들이 산업혁명에 의해서 인류의 복지가 좋아질 것을 기대하며 달려온 것이 전혀 예측하지 못한 인류세와 기후위기를 초래한 것이다. 기술개발은 국부적인 문제를 해결할 수 있어도, 생태계 전체의 문제를 다룰 수 없다. 근본적인 해결책이 될 수 없다(곁글 11-9).

**곁글 11-8** 그린워싱과 보이지 않는 탄소발자국의 문제

탄소발생을 줄이기 위해 교통수단, 식자재, 생활용품의 생산-소비의 전 주기에서 탄소가 얼마나 발생하는지를 파악하는 것은 필요하다. 그에 맞추어 생산방식의 변화, 소비형태의 변화가 필요할 것이다. 그런데 탄소발자국 표를 접하는 사람들은 탄소발자국을 줄이는 책임이 개인에게 있는 것으로 여기게 된다. 즉, 원료의 생산과정을 보거나 알지 못하는 경우가 대부분이라서 현재 자신이 취할 수 있는 선택을 고민하지만, 막상 큰 비중으로 탄소발생의 원인적 책임이 있는 생산기업의 책임을 보기는 어렵다. 무엇을 구매하고, 소비하고, 어떤 취미생활을 해야 할 것인지, 어디에 투자할 것인지 등의 개인적 선택을 하는 것도 중요하지만, 정책결정자, 기업 운영자들이 생산과 투자 과정에서 탄소배출을 줄이는 방식으로 제품을 디자인하고, 생산 및 유통하는 방식을 추진해야 할 것이다.

IPCC가 창립된 1988년 이후에 배출된 산업분야의 탄소량의 절반은 25개의 기업들에서 나온 것이다. 우리들에게도 친숙한 엑손, 셸, 영국석유(BP), 세브론 같은 석유회사들은 탄소를 가장 많이 배출하는 기업들이다.

국내 기업인 포스코는 한국에서 배출하는 온실가스 전체의 11.6%를 배출하는 기업이다(2021년 7,849만 톤). 현대제철(2,849만 톤), 삼성전자(1,449만 톤), 쌍용시멘트(1,061만 톤) 등이 그 뒤를 잇는다. 상위 20개 기업의 배출량은 국가 전체 배출량의 33.8%로, 이들 기업의 배출량 비중은 매년 높아지고 있다(권승문, 2022). 이들 기업 대부분이 정부의 탄소중립 목표에 맞추어 자체 계획을 수립하고 추진하고 있다. 하지만 정부에서는 산업분야에서 온실가스 감축 이행 수단이 부족하다는 현실적 여건을 고려해서 산업부문 감축률을 하향 조정하기도 했다. 포스코도 석탄 대신 수소를 이용한 철강생산을 하여 탄소배출이 없는 그린철강을 구현하겠다고 선언하였다. 그러나 온실가스 최대 배출 회사인 포스코는 강원도 삼척에 새롭게 석탄화력발전소를 건설하고 있다. 아울러, 철강생산 목표(6천만 톤)를 달성하기 위해 국내에 생산시설(조강능력 4,600만 톤)을 더 지을 수 없는 한계 때문에 인도네시아에 제철소를 증설하고 있다. 기후위기는 전 지구적 문제이지 한국만의 문제는 아니다. 포스코가 그린철강을 내세우면서 실제로 취하는 행동은 대표적인 **그린워싱**의 사례인 것이다. 일반 사람들은 철강 생산을 실제로 접하는 일이 없이, 철을 이용한 수많은 소비제품을 대할 뿐이다. 대표적인 철강 소비재로 자동차를 들 수 있다. 전기차, 하이브리드, 휘발유 등 여러 유형의 자동차에서 탄소배출을 적게 하는 선택을 통해 탄소배출을 줄이는 것보다 훨씬 큰 비중의 탄소배출이 제조공정에서 발생한다는 점을 알기 어렵다. 그래서 탄소발자국의 배출자료를 공개하여 누구라도 이를 이용하여 구매할 수 있도록 해야 할 것이다.

**곁글 11-9** 밤하늘에 별보기가 어려워진다: 탄소환원주의의 병폐

2011년부터 2022년까지 지구의 밤하늘은 해마다 평균 9.6%씩 밝아졌다고 한다. 전 세계 곳곳에서 아마추어 천문가들이 자기 지역의 맑은 밤하늘의 밝기를 측정하여 주기적으로 보고하는 앱을 통해서 수집된 자료를 분석한 결과이다(Kyba et al., 2023). 이는 8년마다 밤하늘의 밝기가 두 배씩 밝아진 셈이며, 이대로 가면 2040년엔 우리가 지금 볼 수 있는 별의 60%를 보지 못하게 될 것으로 추정된다. 그 이유는 **빛 공해** 때문이다. 온열등보다 빛

효율이 높은 LED 등의 사용 점유율이 2019년 47%가 되는 정도로 증가함에 따라 밤하늘이 밝아진 것이다. 빛공해는 동물의 멜라토닌 합성을 방해해 건강에 악영향을 미친다. 여성의 유방암과 남성의 전립선암 발생률도 높이는 것으로 알려져 있다. 2007년에 세계보건기구는 빛공해를 발암물질로 규정하였고, 한국도 2013년부터 법으로 규제 중이다. 밤의 인공조명이 실제로는 발암물질이라는 것인데, 한국 도시의 밤하늘은 여전히 밝고 찬란하다. LED 등의 사용은 에너지 효율성 때문에 크게 증가하였고, 탄소발자국도 적어서 백열등이나 다른 등에 비해 권장되고 있다. 탄소발자국 감소가 발암물질 증가로 나타나고 있어, **탄소환원주의**의 한계를 드러내 주기도 한다.

**요약**

1. 기후변화 유발의 책임이 있는 국가와 사람들이 기후위기의 폐해를 심하게 겪는 국가와 사람들과 다르다는 점에서 기후정의의 문제는 독특하고 정의로운 해결의 모색이 중요하다.
2. 지구온난화의 유발에 책임 있는 국가들을 공룡곡선이 잘 보여 준다.
3. 미래 세대가 경험하는 기후 이변의 정도는 현재 세대의 사람들이 보이는 기후행동 관여도에 따라 큰 영향을 받을 것이다.
4. 탄소중립의 목표를 관리하기 위하여 활용되는 **탄소환원주의**는 복잡한 문제들이 뒤엉켜 돌아가는 열린 체계인 생태계의 문제에 대한 근본적인 해결책을 제공할 수 없다.

## 자연과 인간의 관계: 다종 간 정의와 관계 맺는 방식

기후정의는 인간 사회에 국한되지 않는다. 생태계를 떠나 살 수 없는 인간이기에 생태계에 가해지는 부담은 인간 사회에도 직간접으로 영향을 미치는 탓에 사회정의의 적용 영역이 확대되어야 한다는 주장들이 나타나고 있다. 인류 문명의 발전과 기후위기로 동물생태계가 파괴되면서 인간과의 접촉이 많아진 동물들에게서 인수공통 감염병의 발병이 늘어나고 있고, 그 폐해를 줄이기 위해 동물에 대한 살처분으로 수백만 마리의 닭, 돼지, 오리 등의 동물들이 매년 희생되고 있다. 이 같은 행위를 언제까지 계속할 것인가? 육식을 위해 공장식으로 축산이 진행되는 현실은 사람들에게 불편한 진실이다. 소의 평균 수명은 스무 살이지만 육우로 키워지는 소는 두세 살이 되면 도축된다. 관련업계는 이런 사실을 사람들에게 보이지 않으려고 엄청난 노력을 하며, 마치 소가 푸른 초장에서 방목되고 있는 착각을 갖도록 노력하고 있다(Joy, 2009; 다큐멘터리 〈카우스피라시〉 참고 바람).

## 다종 간 정의: 인간 너머, 동물과 자연물까지

생태계의 위기 현상이 눈에 띄게 증가하고, 종다양성의 위기를 보면서 사람들의 삶의 방식에 대한 반성적 사고와 대안의 모색도 활발하게 나타나고 있다. 그런 모색의 큰 가닥에서 정의의 대상을 비인간으로 확장하고 법과 제도를 통해 이를 구현하자는 주장이 주목을 받고 있다. 이른바 인간과 동물 종을 가로지르는 '다종 간 정의(inter-species justice)'다. 다종 간 정의는 생명체를 지닌 종들을 넘어 자연물에게도 확대 적용되어야 한다는 주장도 제기되고 있다. 대표적인 것이 인간 너머 '자연의 권리'를 인정하여, 동식물의 생명체뿐만 아니라 강이나 바다, 산 같은 자연물에게도 '법인격(legal person)'을 인정하자는 주장이다. 이곳 저곳에서 이런 주장들이 전개되고 있다(김왕배, 2022; Celermajer et al., 2020).

2015년 에콰도르 헌법재판소는 사람의 재산권보다 맹그로브숲이 더 중요하다는 판결을 내렸다. 한 지역은 새우양식업이 매우 잘되어, 양식업으로 연안 바다가 오염되고, 맹그로브숲이 파괴되고 있었다. 이 지역을 보호하기 위하여 환경부는 양식업을 금지시키는 행정명령을 발동하고, 이에 반발한 양식업자가 소송을 제기한 것이다. 하급심에서 패소한 환경부는 상고하였고, 대법원은 2008년에 제정된 에콰도르의 신헌법에 나오는 자연의 권리와 좋은 삶의 원칙이 개인의 재산권보다 중요하다며 환경부의 손을 들어 주었다(조효제, 2022, pp. 163-165에서 인용). 에콰도르는 헌법에서 자연물에 권리를 인정한 세계 최초의 국가이며, 헌법 전문에 "생명이 재창조되고 존재하는 곳인 자연 또는 파차마마(안데스 원주민에게 신앙의 대상인 영적 존재로 '어머니 대지'를 의미함)는 존재와 생명의 순환과 구조, 기능 및 진화과정에 대해 존중받을 불가결한 권리를 지닌다. 모든 개인과 공동체, 인민과 민족은 당국에 청원을 통해 자연의 권리를 집행할 수 있다"고 선언하였다(박태현, 2019에서 인용).

산이나 강과 같은 자연물에 대한 법인격을 인정하라는 요구는 1971년 월트디즈니사에서 캘리포니아의 한 지역에 대규모 스키장을 건설하려는 것에 반대하는 환경운동단체 시에라클럽이 소송을 제기하면서 소송법률가 스톤이 주장한 것이다. 그러나 미국에서는 이 권리가 인정받지 못하였다. 다만, 상고심에서 한 대법관이 소수의견으로 자연물에 대한 법적 인격권의 설정 필요성을 인정해야 한다는 의견을 제시하였을 뿐이다(진희종, 2021에서 인용). 자연에 권리를 부여하고 이들을 대변할 후견인을 두자는 스톤의 주장은 인간중심적인 관점에서 자연물을 무제한으로 사용해 왔던 기존의 관행에 균열을 일으키며, 인간의 쓸모와는 무관하게 자연의 본

원적인 가치가 있다는 관점을 제시한 것이다. 이 관점은 전 지구적으로 확산되고 국제 조약 및 100여 개국의 국가들에서 국내법에 반영시키고 있다(곁글 11-10).

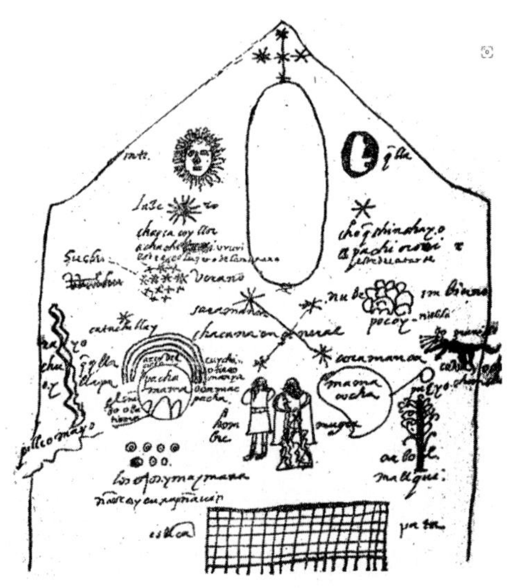

파차마마: 안데스 지역 원주민들이 숭배하는 대지의 어머니신. 1613년 그려짐. (Wikipedia)

**곁글 11-10 도롱뇽 소송: 자연물에 법적 인격을!**

2006년 경남 양산의 천성산에 경부고속철도 건설을 위해 터널을 뚫겠다는 계획이 발표되자 천성산의 자연생태계를 보호하고, 멸종위기의 도롱뇽을 보호하고자, 공사를 막기 위한 소송이 제기되었다. 이 소송의 원고는 '도롱뇽의친구들'이란 단체이었다. 법원은 도롱뇽 같은 자연물은 당사자 능력을 가질 수 없다고 보고, '도롱뇽의 친구들'도 통상적인 생활이익 구제의 범위를 벗어나 동물을 대리하여 신청할 권리가 없다며 기각 결정을 내렸다.

2017년 뉴질랜드 의회는 북섬 중부지역에서 바다로 흐르는 황가누이 강에 법적 인격권을 인정하는 법률을 통과시켰다. 이 강의 인격권을 대변하기 위해 원주민 마오리 공동체와 뉴질랜드 정부가 각기 임명하는 대리인 두 사람이 강이 지닌 권리와 의무를 인간처럼 대변하도록 하였다. 마치 식물인간의 상황에 처한 법적 무능력자에 대하여 법적 후견인을 지정하여 후견인이 환자의 권익과 의무를 이행하는 결정을 내리는 것과 같다. 이로써 황가누이 강을 신성시하며 살아온 마오리 족의 전통과 관습이 존중되며, 강의 보존을 인간의 관점이 아닌 생태계의 관점에서 논의하는 법적 제도가 세계 최초로 마련되었다. 이 법률선포 공고문에 따르면 "황가누이 강과 주민은 서로 불가분의 관계로 살아가는 큰 하나이며, 강은 원주민의 영적인 원천인 정신적 · 육체적 실체로서 원주민의 삶을 지지하고 지탱한다"고 명시하고 있다(진희종, 2021에서 인용).

국내에서도 천성산 도롱뇽 사건 이후 십여 년이 지나면서 변화가 보인다. 2020년 멸종위기에 처한 제주의 남방큰돌고래를 '생태법인'으로 지정하여, 동물의 권익 차원에서 이들 고래를 보호하는 적극적인 대책이 필요하다는 제안이 나왔고, 제주도가 이를 검토하겠다고 나선 상황이다(진희종, 2021). 이런 대책은 기존의 자연보호제도가 인간의 편익을 기본 목적으로 자연을 관리의 대상으로 여겨 온 것과는 차이가 크다. 자연물을 인간의 소용 가치에 따라 대하는 것이 아니라 그 자체로서 본유적 가치를 지닌 스스로의 목적적 존재로 알아준다는 근본적인 인식에서 차이가 난다.

## 생태학살(Ecocide)

특정 생태계의 모든 거주자에게 무차별적인 학살이 저질러지는 행위를 생태학살이라 한다. 여기서의 거주자들은 인간과 비인간 생물종을 모두 포괄하는 개념이다(조효제, 2022, p. 117). 생태학살의 범주에는 현재 처벌받지 않는 많은 유형의 행위들이 포함된다. 여기에는 저인망 어업으로 바다 생태계를 초토화시키는 과잉 어로 행위, 강물이나 바다에 지속적으로 오염물질을 투하시키는 일, 유조선이나 해저 유전의 사고로 엄청난 양의 석유가 바다를 오염시키는 일, 각종 가스 배출로 인한 대기오염, 삼림의 남벌 등이 포함된다. 국제법 분야의 법률가들은 생태학살을 다섯 번째 국제적인 범죄로 규정해야 한다는 목소리를 높이고 있다(Higgins et al., 2013).

생태학살로 가장 참혹하고 잘 알려진 사건은 베트남의 고엽제 사건일 것이다. 베트남전이 한창이던 1967~1969년에 미국은 월맹군의 보급로를 차단하고, 은신처를 노출시키기 위해 밀림을 제거하는 방편으로 고엽제 2천만 갤론을 해당 지역 상공에 분사하였다. 이에 노출된 나무는 물론, 그 맹독성으로 수많은 생명체가 죽었다. 고엽제에 노출된 민간인과 병사들 40만 명이 사망했고, 300만 명이 만성장애에 시달리며, 15만 명의 기형아가 태어났다고 한다. 국내에도 당시 파병되었던 군인들이 고엽제피해자 모임을 운영하고 있다. 직접적인 살상 피해에 못지않게 사회적 피해도 컸다. 고엽제로 땅이 오염되어 더 이상 농사를 지을 수 없게 된 농민들이 고향을 떠나 도시로 이주하여 도시 빈민층을 형성하였다(조효제, 2022, pp. 96-100). 고엽제의 피해당사국인 베트남은 1990년에 생태학살을 반인도적 범죄로 규정하였고, 러시아는 1996년에 생태적 재난을 초래할 수 있는 행위에 대해 12~20년의 금고형을 처할 수 있도록 법안을 통과시켰다.

1998년 유엔에서 국제형사재판소에 관한 로마규정이 채택되었고, 이 규정은 종족학살죄(genocide), 반인도적 범죄, 전쟁범죄, 침략범죄를 핵심적인 4대 국제범죄로 지정하였다(곁글 11-11). 이 규정에 생태학살은 포함되지 않았으나 전쟁범죄의 조항에 "자연환경에 대하여 광범위한 장기간의 중대한 피해를 입힐 가능

**곁글 11-11** 생태학살은 인종학살에 버금가는 범죄

**생태학살**은 의도적으로 생태계에 광범한 파괴를 일으킨다는 좁은 의미로 출발하였으나, 그 적용범위가 확대되고 있다. 역사적으로 자행된 생태학살의 예로, 미국으로 이주한 유럽인들이 토착민들을 멸살시키기 위해 원주민들의 생태계에서 매우 중요한 역할을 하던 들소들을 멸살시킨 짓을 들 수 있다. 들소는 원주민들에게 식량, 의복, 천막(집), 장신구, 도구의 중요한 재료가 되는 필수적인 동물들이었다. 들소사냥으로 취득한 고기는 공동자산으로 과부와 고아에게 먼저 나누어 주는 관행으로 들소사냥은 원주민 공동체를 결속시키고, 복지를 구현하는 행사이기도 했다. 야생 들소는 19세기 초만 해도 약 3천만~6천만 마리가 있었지만, 백인들의 들소사냥으로 19세기 말에는 수백 마리만 남아 멸종위기에 처하게 되었다. 들소에 생계를 의존하던 원주민들도 숫자가 현저히 줄어들고, 결국 오늘날 보듯이 보호구역에서 생활하며 많은 경제적 · 심리적 어려움을 겪고 있는 처지가 되었다.

오늘날 기술이 고도로 발전하면서, 자원개발의 명목으로 생태계가 파괴되는 현상이 자주 나타나고 있는데, 이런 행위도 **생태학살**로 볼 수 있다. 좋은 사례가 극한 에너지 개발 사례다. 흔히 사용하는 석탄과 석유 같은 에너지원들이 고갈되어 가면서 전에는 채굴비가 비싸 거들떠 보지 않았던 오일샌드, 세일유, 심해유전 같은 극한 에너지들이 경제성을 띠게 되어 개발되면서 생태계가 파괴되는 현상을 들 수 있다. 수압파쇄법 같은 세일유 추출기술은 엄청난 양의 물을 사용하고, 생태계를 오염시키는 결과를 초래한다. 선진화된 유전자 조작기술을 이용하여 옥수수나 콩, 팜나무 등 특정 작물을 효율적으로 대량 생산하기 위하여 생태계를 초토화시키고, 자원을 고갈시키는 일도 자주 벌어진다. 이런 것들은 얼핏 자연스럽게 벌어지는 경제활동을 통해 인간과 생태계가 조정되고 통제되는 것처럼 보인다. 그러나 실상은 "동식물 그리고 인간의 사회적 · 문화적 다양성의 제거를 마치 정상인 것처럼 간주하는 산업형 개발체제에 의한 파괴이며, 그 과정에서 생태학살 행위가 저질러지고 있다." (조효제, 2022, p. 112에서 인용).

성을 인지하고서도 의도적으로 행한 공격"을 포함하였다. 이로써 생태학살을 다룰 수 있는 여지를 제공하였다(조효제, 2022, pp. 105-106).

## 자연관의 변화: 대상으로서 환경에서 함께 하는 자연으로

사람이 자연을 대하는 관점도 문명이 진보하면서 상당한 변화를 보이고 있다. 이 변화를 정리한 서구 학자(Frank, 1997)는 인간과 자연의 관계에 대한 관점이 분리, 연결, 통합의 단계로 변했다고 제시한다([표 11-3]). 고대 사회에서 사람들은 자연을 야만의 상태로 두려워했고, 아울러 인간의 힘을 압도하며 예측할 수 없는 영향력을 행사하는 영적인 존재로서 여겼다. 자연을 인간 사회와 분리된 존재로 대하며, 두려워하고, 숭배의 대상으로 여겨 왔다. 인간이 문명을 일구면서 이성의 힘으로 도구를 만들고 거친 환경을 순화시켜 갔다. 자연을 인간의 생활을 윤택하

**표 11-3** 자연을 대하는 관점의 변천

| 분리: 인간 사회 대 자연 | 연결: 인간 사회에 결속된 자연 | 통합: 자연과 사회가 통합됨 |
|---|---|---|
| 두려움의 대상: 야만 | 인간의 삶을 위한 자원 | 자연물 나름의 보존가치를 지녔으며 인간이 속한 생태계 |

출처: Frank(1997), Fig. 2 변형.

게 하는 쓸모 있는 자원으로 여기며 인간 사회에 종속된 것으로 여기는 연결된 시대가 전개된 것이다. 그러나 자연과학이 더욱 발전하고, 인간의 삶에 자연이 미치는 영향에 대한 인식이 확산되면서 인간과 자연을 통합된 하나의 총체적인 덩어리로 여기는 관점이 부상하게 되었다. 자연은 더 이상 자원으로서만 가치가 있는 것이 아니라 나름의 존재 목적과 가치를 지닌 존재로 바뀐 것이다. 산을 예로 들자면, 분리의 시대에 산은 산짐승이나 독풀 등 인간이 통제할 수 없는 것들로 두려움의 대상이지만, 연결의 시대에 산은 철광석, 목재를 제공하여 인간 생활을 윤택하게 해 주는 쓸모가 많은 자원이었다. 통합의 시대에 황폐한 산은 홍수나 가뭄 때 인간을 보호하지 못하고 과도한 개발로 산의 기능을 빼앗겨, 결국 인간 사회에 악영향을 준다는 물리적 기제를 깨닫게 만들었다.

현대의 환경주의자들이 보이는 통합적 자연관은 과학적 자연생태관이라고 할 수 있다(Frank, 1997). 이 관점에 따르면 "자연의 각 구성요소가 에너지와 물질을 서로 교환하는 보다 큰 생태계에 속한 것이다. 인간도 생태계의 한 존재일 뿐이다. 인간이 속한 동물계는 보다 큰 생태계의 한 부분이다. 생태계는 인간 사회를 포함하며, 자연은 통합된 물리적 세계다."(Frank, 1997, p. 418) 이런 과학적 자연생태관은 서구인의 전통적인 인간 지배적 자연관에서 벗어난 것이며, 누적된 과학적 지식을 바탕으로 생태계를 이해하기 위해 도출하게 된 논리적 자연관이다. 인간은 생태계의 다른 모든 생명체와 마찬가지로, 하나의 개체적 존재로서 다른 것들과 상호영향을 주고받을 뿐이라는 것이다. 자연은 여전히 잘 관리해야 할 대상이다.

**생태주의와 동학** 과학적 자연생태관은 과학적이라고 할 수 있으나 윤리적이지는 않다. 오늘날 생태주의자들에 의해서 포용되고 있는 생태중심주의는 모든 것이 다른 모든 것과 연결되어 있으며, 땅, 강, 생물의 모든 종이 나름의 존재 목적을 지니고, 대지를 여행하는 동반자라고 본다. 인간은 인간만이 지닌 고도의 인식능력 때문에 모든 것이 포함된 대지에 대하여 그 통합성과 안정성이 유지되도록 하는 도덕적 책임을 갖고 있을 뿐 우월한 존재는 아니라는 관점이다(Land Ethics;

Leopold, 1948).

이런 생태중심주의는 한국의 고유한 동학사상과 접점을 지니고 있다. 동학은 조선 말에 나타난 우리 고유의 종교사상이자 생태철학이다. 동학사상의 요체는 모든 것에 한울님이 들어 있으므로 나를 소중하게 모시듯이 모든 것을 모시라는 시천주(侍天主) 사상이다(김용휘, 2012). 동학의 한울님은 기독교의 하나님 같은 인간 너머의 절대자로서 모든 것을 주관하는 인격신이 아니다. 한울님은 우주적 영으로서, 인간을 비롯한 모든 만물을 낳고 또 그 안에 내재해 있는 존재다. 동시에 안팎에서 기운으로 작용하며 전체 생명과 유기적인 연결망을 형성하고 있다. 몸을 지닌 형상으로 드러나기 이전의 차원에서는 '하나의 영'이지만, 현상의 차원에서 만물로 드러나게 되면 모든 존재 안에 '내재한 영'이 된다. 그러므로 모든 것들은 내 몸 같은 모심의 대상이 된다(김용휘, 2012, pp. 56-57). 동학사상의 뿌리는 한민족에 터하고 있지만(東學) 그 내용은 모든 이에게 적용될 수 있는 보편성을 지닌다(天道).

장일순(1928~1994)

강원도 원주 출생으로 교육자, 서예가이며 생태주의 사상가로 활동하며, 인간과 자연이 함께 사는 공생의 생명운동을 전개하였다. 1989년 도시 가구들과 농가구를 직접 잇는 한살림 운동과 조합을 만들기도 하였다. 김지하를 비롯한 많은 사회운동가들이 그의 영향을 받았으나 알려지기를 피하였던 탓에 널리 알려지지 않았을 뿐이다. 무위당이란 호로 많이 불리운다.

이런 동학사상은 서구의 현대 사상에 압도되었지만, 그 흐름은 면면히 계승되어 왔다. 1970년대 들어 생태사상가인 장일순은 인간중심주의적 서구 사상이 불러온 생태계의 위기를 해결하기 위해 동학사상에 주목한다. 장일순은 동학의 2대 교주인 해월 최시형의 삼경(경천, 경인, 경물) 사상을 현대의 위기를 해결하는 길이라 여기고 이를 알리는 데 힘을 쏟았다. 생태계의 위기에 대처하기 위해 국내에서 1992년에 새로이 결성된 환경운동연합은 동학사상을 받아들여, 자연과 인간의 공존을 추구하는 성숙한 생태주의를 내세우고 있다(Kern, 2010). 환경운동연합의 발족 선언문에는 인간과 자연이 공생하는 생태계의 모습이 확연하다. "우리는 서구문명의 소산인 인간 이기주의의 틀을 깨고 인간과 환경이 조화를 이루는 순환의 질서를 되찾고, 자연과 더불어 모든 인류가 자유롭고 평등하게 살아가는 공동체적 삶을 이루기 위해 노력할 것이다."

동학의 창시자 수운 최제우(1824~1864)

## 생태계적 존재인 인간: 자연과의 유대감

진화생물학을 제시한 Wilson(1984)은 생태친화성 가설(biophilia hypothesis)로 사람들이 자연에 매료되고 자연에서 편안함을 느끼고, 자연을 가꾸고, 보호하려는 이유를 설명한다. 그에 따르면 인간은 태생적으로 자연환경에서 생존에 도움이 되는 것들에 대하여 긍정적인 정서를 느끼게 진화되어 왔다. 마치 뱀이나 맹수 같은 생존에 위험이 되는 것들에 대하여 타고난 공포와 불안을 느끼는 것과 같다. 자신의 생존에 도움이 되는 환경에서 사는 것에 친화감과 안도감을 느끼는 것이다. 여러 연구들은 사람들이 인공물보다는 자연물에 대하여 친화적 감정을 느끼고, 인공구조물에 살면서도 자연물(나무, 화초, 동물 등)을 같이함을 좋아하는 것을 보인다(Herzog et al., 1997). 사람들은 가장 좋아하는 장소를 꼽으라면 자연 속의 장소를 드는 양상이 일반적인 이유도 같은 이유다(Korpela et al., 2001).

**'나는 자연인이다'** 야생의 생활을 즐기는 여성들을 이해하기 위해 이들의 생활을 관찰하고, 면담하면서 연구자들은 야생의 생활을 의미 있고 즐기게 만드는 것은 "자신 밖의 남이 될 필요성이 없다는 느낌"이라는 것을 드러냈다(Fredrickson & Anderson, 1999. p. 30). 사람들은 자연 속의 생활에서 스스로 살아가는 생존기술을 터득하면서 자신을 알아 가고, 단련시키며, 자신에 대한 유능감과 자신감을 맛볼 수 있다. 이런 본유적 동기가 충족되는 경우에 자연 속에서의 생활을 더욱 편하게 여기고 선호하게 된다(Kaplan & Kaplan, 1989).

아울러, 자연에서의 경험은 자연과의 연대감을 느끼며, 자신이 위축됨과 동시에 자연으로 확장된 존재감을 느끼게 만든다. 많은 사람에게 이 느낌은 몸 속에 갇힌 자기를 벗어나 자신을 품어 안는 '어머니 자연'을 영적으로 느끼는 경험으로

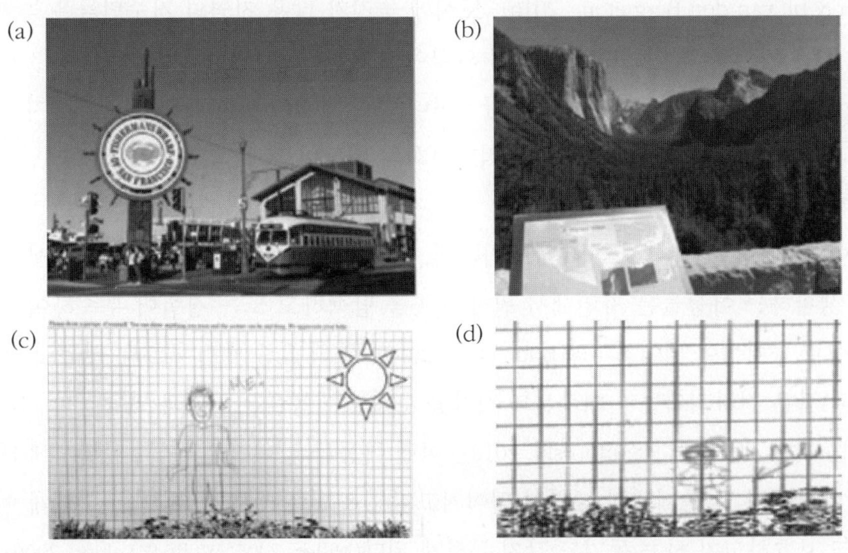


**[그림 11-31] 샌프란시스코 부두 관광지와 요세미티 국립공원에 온 관광객들에게서 얻은 자기상 그림**
장엄한 풍광에서 경외감을 느끼는 사람들은 자신의 크기를 상대적으로 작게 그린다(오른쪽 그림)
출처: Bai et al. (2017).

다가온다. 사람들은 자연의 장엄하거나 신비스러운 풍광을 접할 때 경외감(awe)을 느끼며, 자신이 위축되는 경험을 한다([그림 11-31]). 그러나 이 위축감은 자존감이 낮아져 자신을 비참하게 여기는 것이 아니다. 부끄럼움을 느꼈을 때 주의가 자신의 불안, 모습, 고민 등 내면으로 쏠리는 것과는 달리, 경외감을 느낄 때 사람들은 자신의 공동체에 대한 소속감을 느끼며, 도덕적 행위, 친사회적 행위에 더 관심을 갖게 된다(Bai et al., 2017; Keltner et al., 2014).

**자연과의 유대감** 도시생활을 하는 사람들은 인공적인 환경에 친숙하지만, 자연이 가까이 있는 것을 좋아하는 탓에 집 근처에 나무, 공원, 녹지가 있기를 원한다. 특히 지쳐서 쉬고 싶을 때나, 재미를 추구하는 경우에 자연 속에 머물며 하는 활동을 매우 선호한다(Lin et al., 2014; Lindemann-Matthies et al., 2010). 사람들은 자연 속에서 긍정적인 감정을 더 경험하며(Kuo, 2015; White et al., 2013; Zelenski & Nisbett, 2014), 편안함을 느끼고, 소속감을 느낀다(Moreton et al., 2019). 자연물들과 접촉하고, 정서적인 유대감을 느끼며, 의미나 아름다움을 느끼게 되면 사람들은 더욱 자연친화적 행동을 보이며, 안녕감도 안정적인 상태를 보인다. 심지어 사람들은 이타적 행동을 더 많이 보이기도 한다(Weinstein et al., 2009; Zelenski et al., 2015). 네덜란드의 도시에서 작은 정원을 가꾸는 사람들은 정원이 없는 이웃 사람들보다 신체적 건강도 좋고, 삶의 만족도도 높은 것으로 조사되었다([그림 11-32a & b]; van den Berg et al., 2016). 도시에 녹지가 많은 지역의 거주민들은 녹지가 적은 지역의 거주민보다 공동체 의식이 높은 것으로 나타났다([그림 11-32c]; Sugiyama et al., 2008). 생활공간에 공원이나 숲이 가까이 있는 사람들은 그렇지 않은 사람들에 비해서 신체적 · 심리적 · 사회적 건강이 모두 좋은 것으로 나타난다([그림 11-32]).

아이들도 자연친화성을 일찍 보이는데, 자연에서 떨어져 도시의 건물들에서 주로 생활하는 아동들은 자연에서 원하는 곳을 탐색하고 노는 경험이 부족하여 자율성과 독립성이 떨어진다(O'Brien et al., 2000). 특히 요즘에 스마트폰, 태블릿 PC 등과 같은 전자기기들과 대부분의 시간을 보내는 아동들은 건강과 안녕감이 저하되는 것을 보여 준다(Samborski, 2010). 이런 아동들은 비만은 물론, 위험성에 대한 예감능력 및 문제해결 능력이 떨어지고(Kuo & Taylor, 2004), 자연을 고맙게 여기고 보호하고자 하는 동기도 갖지 못하게 된다(Miller, 2005; Wells & Lekies, 2006). 자연친화성을 기르기 위해서 자연을 자주 접촉하는 것이 도움이 된다. 이런 경험이 결핍된 아동은 성인이 되어서도 자연과의 유대감이 낮고, 자연을 접하기보다

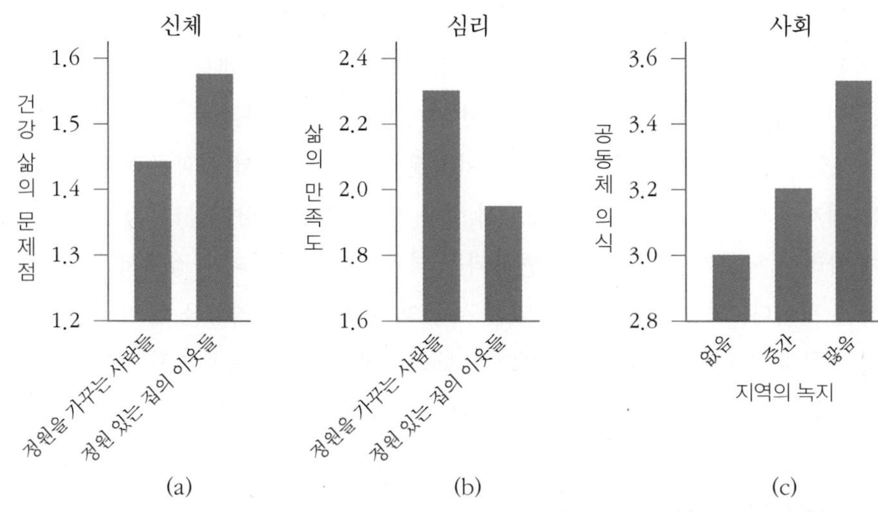


**[그림 11-32] 정원을 가꾸는 사람과 그 이웃사람의 신체(a) 및 심리건강(b), 지역의 녹지 정도와 공동체의식(c)**

출처: Soga & Gaston (2016), Fig. 4.

는 집안의 가꾸어진 자연(화초, 나무, 애완동물 등)을 선호하면서 자연에 대한 두려움과 불안감을 떨치기 어렵다(Hinds & Sparks, 2008). 자연친화성은 성장하면서 겪는 자연과의 접촉경험을 통해 얻게 되며, 야생의 생태계를 접해서 경외감과 존중감을 지니게 되며, 생태계의 한 쪽으로서의 자신의 존재를 깨닫게 만들 수 있다(Barbiero et al., 2021).

**인간 대 자연?** Covid-19에 의해 자택 봉쇄를 경험한 수많은 서구의 국가들에서 인간과 자연의 관계에 대한 논의가 확산되고 있다. 사람들은 인간중심주의(anthropocentrism)의 병폐가 기후위기를 비롯한 종다양성의 위기, 각종 먹이사슬의 단절 등 생태계 위기를 초래한 것을 인정하고, 그 대안으로 생태중심주의(ecocentrism)에 주목하고 있다(Leopold, 1949; Naess, 1984). 그러나 인간 대 자연(생태계)이라는 대립 구도에서 과연 자연의 손을 들 수 있겠는가는 어려운 문제다(Bassham, 2020). 사실, 인간은 생태계를 떠나 존재할 수 없으므로 '인간이냐 자연이냐?'는 '개냐 동물이냐?'의 문제와 마찬가지로 잘못 설정된 이항 대립의 문제다(Angus, 2021). 문제 자체를 재검토하면, 문제는 사람이냐 생태계냐의 선택이 아니라 둘 사이의 관계 설정 방식에 있다. 즉, 사람과 자연의 각 개체들이 개별적인 존재들로 서로 연결고리를 형성하고 있다고 보는 서양의 전통적인 관계 방식('오인 나'의 방식)과 각 개체들이 함께하는 상황에서 형성되는 전체와 각자가 쪽으로 관계를 맺는 방식('쪽인 나'의 방식)이 있다. 생태계에 인간이 쪽으로서 관여하므로, 존재의 구실(이유)을 지니고 있고 이를 수행하는 것이 생태계를 지속가능하게 만들 수 있다. 이에 대한 논의는 12장에서 깊이 있게 다루겠다.

자연은 데카르트가 본 생명 없는 차가운 거대 기계로서 인과론적 작용을 하는 세계가 아니라 유기체적 전체로서 살아 있는 것이다. 양자물리학의 역학법칙에 따라서 서로가 만나 끝없이 변화되는 역동성과 관계성의 과정에서 함께 존재하는 것이다. 최근에 전개되고 있는 서구의 생태철학에 영향을 많이 준 노르웨이 철학자 Naess(1973)는 '깊은 생태학(deep ecology)'을 거론하면서, 자기(Self)를 온 인류를 넘어 모든 자연적 존재로까지 확대하며, 이 모든 존재를 나를 존중하듯이 대하는 것이 자기실현이라고 보았다. 네스에게 자기는 산스크리트어 아트만에 해당하며, 나 자신뿐 아니라 타인과 모든 생명체가 포함되어 있는 보편적인 자기(universal self)이며, 주체와 대상이 분리되어 있지 않고, 좁은 자기를 벗어난 궁극적인 자기이며, 지구상의 모든 생명 형태를 망라한 큰 자기다.

## 요약

1. 인간중심주의적 세계관이 기후위기와 종다양성의 훼손을 초래하였다는 문제의식에서, 생태주의적 관점이 부상하고, 정의의 문제를 인간 넘어 동물과 자연물에게도 적용시켜야 한다는 다종 간 정의가 논의되고 있다.
2. 생태계의 모든 것의 생명을 위협하고, 생태계를 광범위하게 파괴하는 생태학살은 심각한 반인륜적 범죄이다.
3. 과학의 발달로 과학적 생태주의가 수용되고 있으나 이 관점은 윤리성을 지니지는 않는다. 진정 필요한 생태주의 사상은 자연 생태계의 모든 것을 그들 나름의 본유적 가치를 지닌 것으로 대하고 그 가치를 알아주는 것이다.
4. 한국의 동학사상은 탁월한 생태주의 사상이다. 핵심 이념인 시천주 사상은 모든 것에 한울님이 내재해 있으므로 나를 대하듯이 다른 이와 자연물을 대하며 존중해야 한다는 것이다.
5. 인간은 생태친화적 존재다. 자연에서 한 부분(쪽)으로서 유대감을 느끼고, 경외감을 경험하며, 이런 경외감은 인간의 친사회적 행동과 연결된다.
6. 인간중심과 생태계 중심의 대립은 잘못된 이항대립이다. 인간은 생태계를 떠나서 존재할 수 없으므로, 인간 대 생태계의 대립구조가 아니라 둘 사이의 관계 방식 문제다. 오인 나의 접근으로 자연을 대하느냐 아니면 쪽인 나의 접근으로 자연과 함께 존재함을 깨달아야 한다(12장 참조).

# 한국인의 사회심리

한국은 참 흥미로운 나라다. 짧지 않은 역사와 좁은 국토에서 변변한 자원도 없이 1960년대 세계 최빈국 수준에서 2000년대에 선진국 대열에 진입하였다. 농업경제에서 불과 40여 년만에 중공업과 첨단산업 경제체제로 전환하였고, 80%대의 대학 진학률을 보이며, 음악, 드라마, 영화 산업을 일구어 내 한류를 세계로 전파하는 문화강국이라는 평을 받고 있다. 1998년 국가부도 사태를 맞아 IMF 자금을 받자, 금 모으기 운동이라는 세계에 유례가 없는 행위를 보여 불과 3~4년 만에 위기를 벗어났다. 2019년 세계적인 Covid-19 전염병 사태에 접하여 자발적인 마스크 착용으로 봉쇄 정책 없이 K-방역을 보여, 봉쇄 정책을 펴야 했던 선진국으로부터 부러움을 받았고, 2016년과 2024년 엄청난 군중이 모여 평화적인 시위를 질서 있게 전개하여 집권 대통령의 탄핵을 성공시키기도 하여 민주주의의 모범을 보였다. 그런가 하면, 2014년 봄 수학여행을 가던 고등학생과 일반 승객을 태우고 가던 세월호가 진도 앞바다에서 침몰하는 동안 우왕좌왕하며, 결국 300명이 넘는

1998년 IMF 경제위기 때 벌어진 금 모으기 운동

2007년 12월 태안 기름유출 사고 방제작업

2024년 12월 국회의사당 앞에 모인 윤석열 탄핵 시위대

인명이 숨졌지만 책임자 규명도 제대로 안 되었다. 후진적 정치라는 자조적인 평을 들을 정도로 창피한 난장판 국회, 1년도 안 되어 바뀌는 장관들, 각종 비리, 세계적으로 가장 높은 청소년과 노인들의 자살률, 최저 출생률 등 양극단의 모순을 모두 갖춘 나라다.

지금까지 이 책에서 논의한 현상과 이론의 대부분은 구미의 심리학자들이 발전시켜 온 사회심리학의 내용들이다. 비록 서구에서 발전된 이론들이지만, 한국 사회의 현상과 대인교류의 양상을 이해하는 데 적용 가능하고 많은 시사점을 제시하지만 충분할 정도는 아니다. 한국인의 사회생활을 이해하는 사회 문화심리는 어떻게 파악되고 이해될 수 있는가? 저자는 이 질문에 대한 답을 오랫동안 모색해 왔고, 최근에 한국인이 지니고 생활해 왔던 세계관에 대한 통찰을 얻게 되었다(최봉영, 한규석, 2021 참조). 이 세계관을 바탕으로 한 심리학적 연구는 거의 없다. 그러나 그동안 개인주의-집단주의 이론을 기반으로 이루어져 왔던 수많은 연구가 이 세계관의 면모들을 다양하게 보여 주고 있기도 하다. 이 장에서는 이 세계관을 설명하고, 한국인의 집단주의가 지닌 특징을 재조명하며, 한국인의 고유한 교류 양상을 이해하고자 한다. 아울러 한국인의 가치관과 세대차에 대한 연구와 논의들을 살펴보고자 한다.

## 한국인의 집단주의에 대한 새 조명: 쪽의 세계관

개인주의-집단주의 이론은 문화를 비교하는 심리학의 연구를 이끈 중요한 이론 틀이다. 이 이론은 서구의 문화를 중심으로 파악하기 위하여 대비되는 아시아 문화를 들여다본 것이다. 서구문화의 특징을 개인주의라 특징짓고, 대조적인 아시아 문화를 집단주의라 특징지었다. 개인주의는 그 특징이 명확하지만, 집단주의는 의미가 애매하고 포괄적이다. 즉, 개인주의에 대한 대조적인 특징으로 묶인 것이라서 다양한 특징들이 버무려져 있다. 이 이론을 선구적으로 제시한 미국의 Triandis(1989, 1995)는 집단주의의 특징은 자기를 집단의 일부로서 파악하고, 집단의 목표를 개인의 목표에 선행시키며, 집단의 원활한 결속에 깊은 관심을 갖고, 집단에 강한 정서적 애착을 지니는 것으로 본다. 문화비교 심리학자들은 대부분 한국을 포함한 동아시아 사회를 강한 집단주의 사회라고 규정한다. 그러나 동아시아 사회뿐만 아니라 남아시아, 아프리카, 남미, 남부유럽 국가들이 모두 미국이나 서유럽 국가들에 비해서 강한 집단주의적 특징을 지니고 있는 것으로 나타나고 있다. 그만큼 집단주의라는 용어는 매우 포괄적이다(Oyserman et al., 2002; Singelis et al., 1995).

**집단주의의 다양성** 문화비교 심리학자들은 개인주의-집단주의 혹은 독립적 자기-상호의존적 자기(본서 2장 참조)를 혼용하며, 유럽/미국과 동아시아 및 남미 국가를 비교하여 왔으나, 이들이 혼용되어서는 안 된다는 증거들이 나오고 있다. 즉, 집단주의 문화로 분류되는 남미 라틴문화권 사람들이 강한 독립적 자기성 특징을 지니고 있다는 것이 발견되었다(Vignoles et al., 2016).

이런 양상을 이해하기 위하여 여러 국가를 대상으로 이루어진 연구들에서 공통적인 문화 심리적 특징을 파악한 39개 국가의 자료를 재분석한 결과가 [그림 12-1]에 나와 있다. 가로 축에는 개인주의-집단주의 척도상의 점수를, 세로 축에는 독립적 자기성 점수로 형성된 방안에 나타나는 각국의 위치다. 이들 다양한 문화는 크게 남미 라틴, 유교문화, 구미문화권으로 구분할 수 있다. 그림에는 나와 있지 않은 상호의존적 자기성에서 남미와 유교문화권인 동아시아 사람들은 비슷하게 나왔다. 그러나 그림에서 보듯이, 남미인들은 동아시아인에 비해서 독립적 자기성의 특징을 강하게 나타났다. 구체적으로는 라틴계 국가에서 사람들과의 관계의

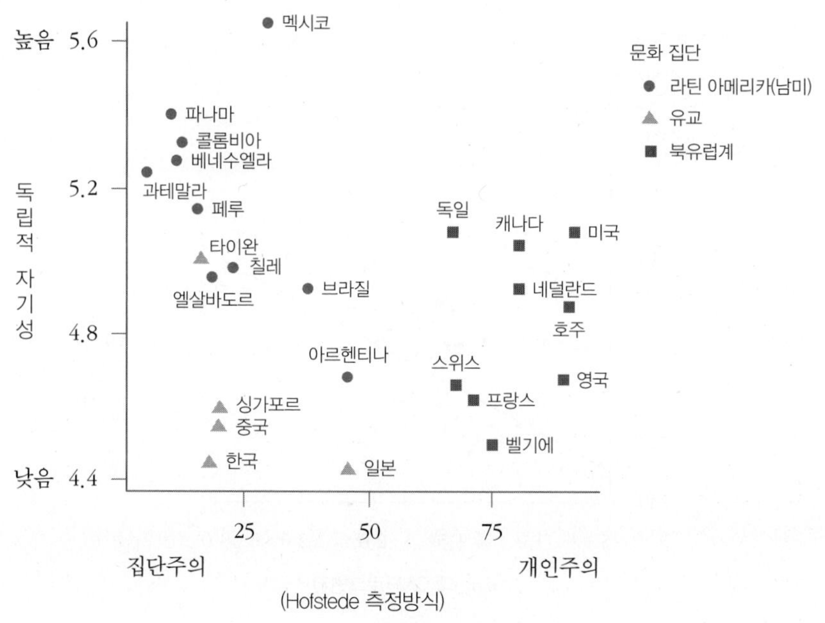


**[그림 12-1] 세계 각국의 문화적 특성**

출처: Krys et al. (2023b), Fig. 2.

유동성이 높으며, 자기의 감정을 억누르기보다는 스스럼없이 표현하고, 사회규범이 느슨하며, 주위 환경에 대하여 강한 통제력을 원하는 것으로 나타난다. 이 같은 차이는 이들 국가의 자연환경과 식량의 조달방식 및 식민 지배의 역사 등에서 연유한 탓으로 보인다([그림 12-1]; Krys et al., 2023b).

## 한국인의 세계관: 쪽의 세계관

나라마다 쓰는 말이 다르다. 말은 해당 사회의 집단지성적 산물이다. 사람들의 생각은 언어를 빌려서 다듬어지고, 정교화되고, 확장되고 소통된다. 각 언어마다 쓰는 어휘가 다르고 말을 차려 가는 구성 문법이 차이가 난다. 이런 언어는 사용자 집단이 세상을 보는 세계관을 반영한다는 주장은 20세기 초에 언어상대성 가설로 제시되었다(Sapir, 1921; Whorf, 1956). 여러 연구가 이 가설을 검증하며 흥미로운 발견들을 제시하였고, 언어의 사용 양태가 심리현상에 미치는 영향에 관심 있는 학회까지 구성되어 활동을 벌이고 있다(1997년 국제언어및사회심리학회 창립).

**언어로 매개되는 심리** 표현하고자 하는 생각은 그에 해당하는 어휘와 문법에 맞추어 다듬어진다. 필요한 어휘가 만들어지고 사람들이 많이 쓰게 되면 자리 잡

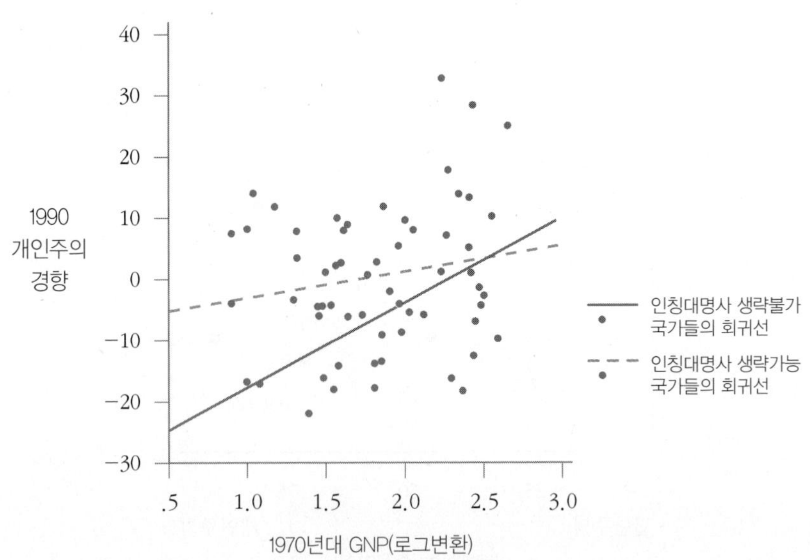


**[그림 12-2] 경제발전과 개인주의화 경향성-언어의 조절효과**

출처: Kashima & Kashima (2003).

게 된다. 어휘뿐만 아니라 언어마다 행위자인 자기를 드러내는 방식도 차이가 있다. 한 연구는 경제발전이 되면서 개인주의 경향이 강해지는 양상이 세계적인 현상으로 여겨지지만, 언어의 특징에 따라 영향 받음을 보여 주었다. 즉, 이런 양상은 자국의 언어에서 행위의 주체를 지칭하는 대명사(나, 우리)가 빠져도 되는 국가에서는 거의 나타나지 않는다는 것이다(Kashima & Kashima, 2003). 영어처럼 행위의 주체가 늘 확실하게 드러나야 하는 경우에 그 행위자는 자신의 책임성을 늘 의식하고, 남과 구별되고, 일관성을 보이는 것에 의식적 · 무의식적 관심을 보이게 될 가능성이 높다. 그러나 그러한 주체가 쉽게 생략되거나, 혹은 다른 대명사(나 대신 우리)로 대체되는 것이 허용되는 언어에서는 행위자의 주체성보다는 상황적 맥락이 쉽게 부각될 가능성이 높을 것이다. 1970년의 60개국 국민소득 자료와 1990년대의 개인주의 점수의 관계성을 파악한 결과, 행위의 주어를 생략할 수 있는 언어를 사용하는 국가들(한국, 일본, 중국 등)에서 경제가 발전해도 개인주의가 강해지는 양상은 미미하였다([그림 12-2]).

**요시히사 카시마(Yoshihisa Kashima)**

호주 멜버튼 대학의 심리학 교수. 동경대학에서 법학을 전공하고 일리노이 주립대학 Triandis 교수 문하에서 사회심리학을 수학하였다. 세계비교문화심리학회 회장을 역임하고, 문화에 따른 자기성의 형성에 언어가 미치는 영향에 관심을 갖고 연구하고 있다.

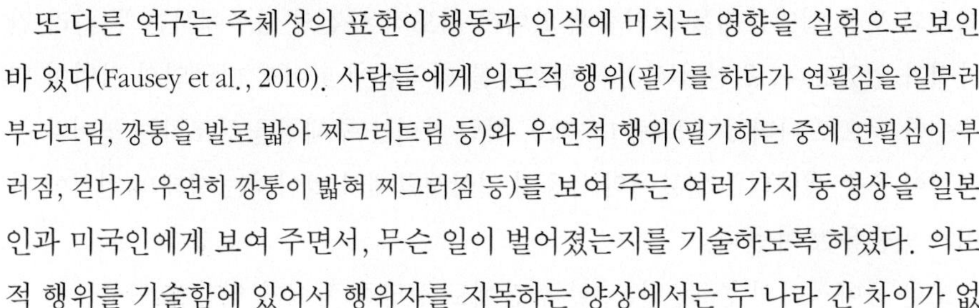

또 다른 연구는 주체성의 표현이 행동과 인식에 미치는 영향을 실험으로 보인 바 있다(Fausey et al., 2010). 사람들에게 의도적 행위(필기를 하다가 연필심을 일부러 부러뜨림, 깡통을 발로 밟아 찌그러트림 등)와 우연적 행위(필기하는 중에 연필심이 부러짐, 걷다가 우연히 깡통이 밟혀 찌그러짐 등)를 보여 주는 여러 가지 동영상을 일본인과 미국인에게 보여 주면서, 무슨 일이 벌어졌는지를 기술하도록 하였다. 의도적 행위를 기술함에 있어서 행위자를 지목하는 양상에서는 두 나라 간 차이가 없

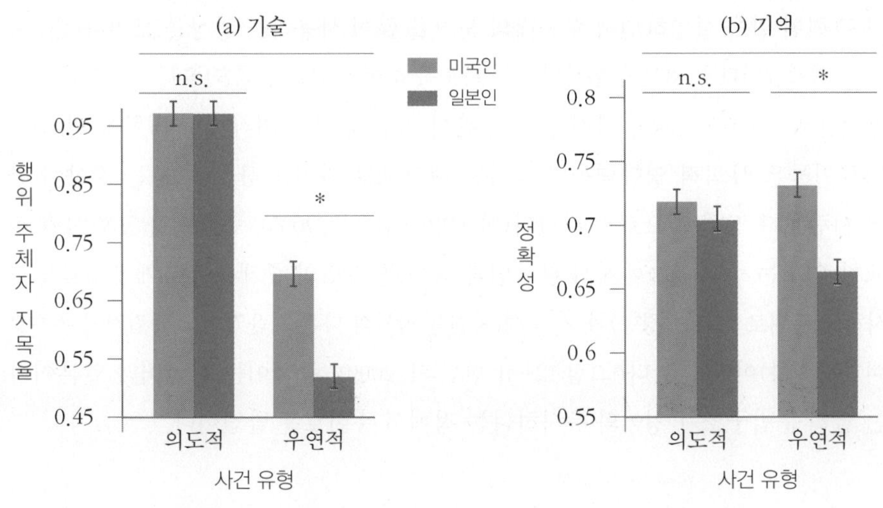


**[그림 12-3] 사건 유형에 따른 기술의 양상과 기억에서의 문화 차이**

출처: Fausey et al. (2010), Fig. 2.

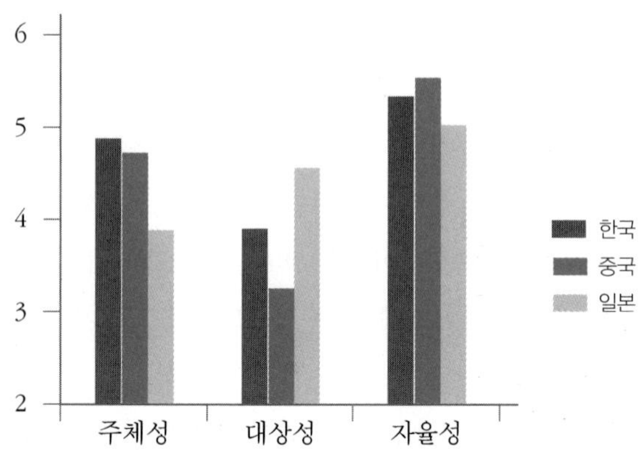


[그림 12-4] 주체성-대상성-자율성 자기의 국가 간 차이

출처: 한민 외(2009).

었으나, 우연적 행위를 기술함에 있어서 미국인들은 일본 사람보다 행위자를 지목하여 기술하는 양상이 훨씬 높게 나타났다([그림 12-3a]). 아울러 행위자가 어떤 색깔의 옷을 입었는지를 기억함에 있어서 의도적 사건의 경우에서는 두 나라 간 차이가 없었으나, 우연적 사건의 행위자를 기억함에 있어서 미국인의 기억이 더 우수한 것으로 나타났다([그림 12-3b]). 이런 차이는 주체성을 강조하는 영어와 주체성이 종종 생략되는 일본어의 사용이 일상생활에서 벌어지는 사태의 인식에 차이가 있음을 보여 준다.

또한 동아시아의 중국, 일본, 한국 간에도 상당한 차이가 있음을 연구들은 보이고 있다. 한국어와 일본어의 문법구조가 상당히 유사하지만, 일본인들은 자기와 관련된 일을 설명하면서 수동태의 문장을 많이 사용하는 양상을 보인다(한국말 '내가 하겠습니다'는 표현을 일본인들은 '하도록 하여 주심을 받겠습니다' 식으로 표현함; 한성열 외, 2015, p. 396). 이런 말의 습관이 자신에 대한 지각에도 영향을 미치며, 일본인들은 사회적 영향력을 수용하는 대상으로 자기(대상성)를 보는 경향이 한국 사람보다 강한 것으로 나타났다(이누미야, 김윤주, 2006). 중국인을 포함시켜 비교한 연구는 중국인들에게서 한국인과 유사한 정도의 주체성(남에게 영향력을 행사하는 존재로 여기는 경향)과 자율성(자신을 남들과 다른 자율적이고 독립적인 존재로 여기는 경향)이 나타났다([그림 12-4]; 한민 외, 2009). 중국어는 한국어나 일본어와는 달리 문법구조가 영어와 유사하다는 점에서 흥미로운 발견이다.

**한국인의 세계관/존재론** 한국말은 현대심리학의 모태언어라고 해도 될 영어와는 여러모로 대조적이다. 이 차이는 단순히 표현 방식의 차이를 넘어선다. 지금까지 언어는 세상을 보는 관점이라 여겨졌고, 렌즈라는 은유로 많이 표현되었다. 즉, 세상은 언어를 초월하여 객체로서 존재하며, 언어라는 렌즈로 형태와 색깔이 조금씩 달리 인식될 뿐이라는 것이다. 그런데 챗GPT의 등장으로 인간의 전유물이던 고등의 언어가 인공지능(AI) 나름의 알고리즘의 하나인 대규모언어모형(Large Language model)에 의해서도 전개될 수 있음이 드러났다. AI는 알고리즘이 허락하는 방식으로 데이터를 해석하고 모형을 끌어내면서 나름의 편향(서구편향, 남성편향, 헛짓 등)을 보이고 있다(wikipedia). 마찬가지로 사람들의 언어도 스스로가 돌아가는 방식에 따라 세상을 보게 하고, 삶의 자료를 통합하고 생성해 낸다. 언어는 세계관(세상을 보는 관점)을 넘어, 세상사(존재)가 펼쳐지는 방식을 규정하는 알고리듬에 비견되는 것이다.

한국말의 차림법과 말의 바탕에 놓인 사상을 연구해 온 최봉영(2023; 최봉영, 한규석, 2021)은 사람이 다른 사람이나 사물과 관계를 맺는 두 가지 본질적 방식에 대한 통찰을 제시하였다. 첫째는 '오인 나'의 방식으로 개체인 나가 남 및 다른 것들을 개체로서 대하는 관계 맺음의 방식이다. 우리말에서 '오직, 오로지, 오다'에서 '오'는 저뿐의, 저만의, 저중심을 뜻하는 접두사이다. '오인 나'의 나는 독특하고, 남과 다르며, 자율적이며, 안정적인 특성을 지닌 독립된 존재다. '오인 나'는 저(저마다의 나를 뜻함)의 본질이 안에 있다. 따라서 저의 안으로 닫혀 있다. 필요할 때만 저의 밖에 있는 다른 것들과 교류한다. 욕망이 나의 안에서 비롯하고, 나 밖의 모든 것들은 나의 욕망 충족을 위한 수단일 뿐이다. 영어로 대표되는 언어문화권에서 수용되고 있는 "나는 생각한다. 고로 존재한다"는 데카르트의 선언은 나의 존재를 모든 것의 존재 바탕에 두고 있다. 사물인식과 세계에 대하여 본질적으로 주관적인 인식으로 세상사를 대한다. 현대심리학의 탐구대상인 개인 그리고 그 개인의 삶을 위해서 맺어 가는 타인, 사회와의 교류 현상이 모두 '오인 나'의 관점에서 다루어지고 있다. 개인주의적, 개체주의적 관점이다. 서구인들은 자신을 남들과 독립적인 '오인 나'의 관점에서 세상의 모든 것들도 다른 것들과 구분되는 뚜렷한 형태를 가진 '오인 것'들이 모여 있는 것이고, 이를 이해하기 위해서 각기를 분리하여 분석적으로 이해하는 접근을 취해 왔다(남경희, 2005). 원자론적 접근, 본질론적, 분석적 사고가 서구 사회에서 일찍부터 강조되어 왔고, 20세기 과학문명으로 꽃을 피웠다. 사람들은 '오인 나'가 가진 자기중심성에 빠져들어 일을 그르치거나, 심한 갈등을 겪는 것을 막기 위해서 외적인 준거로서 진리와 종교의 가르침을 믿도록 교육받는다. 기독교에서 가장 중요한 가르침으로 사랑을 내세우는 것은 오인 나들에게 연결과 연대가 필수적이기 때문이다.

**최봉영(1952~ )**

한국정신문화연구원 한국학 박사로 항공대학교에 재직했다. 학술모임 '우리말로 학문하기'의 3대 회장이며, 『한국인의 사회적 성격』 『주체와 욕망』 『한국 사회의 차별과 억압』 등의 많은 저술 작업을 보이고 있다. 그는 한국인이 유례가 없이 치밀한 우리말을 갖고 있으면서도 그 독특성을 학문적 이론화 과정에서는 전혀 살려 내지 못하는 현실을 말하며, 왜 우리말을 연구해야 하는지에 대하여 통찰력 있는 분석을 통한 실천적 전범을 보이고 있다. 그에 의하면 퇴계가 주자를 넘어설 수 있었던 것은 우리말에 정통하였기 때문이다(최봉영, 2013). 아름다움, 맛, 멋, 어울림, 가르침, 배움 등의 바탕말을 분석하고 이를 근거로 한국인의 덕, 교육, 정치에 대한 깨우침을 제시하는 책 『말과 바탕공부』(2013)는 출판사 누리집(www.gomanuri.com)에서 무료로 내려받아 볼 수 있다. 지금은 우리의 바탕말에 놓인 원리와 세계관을 탐구하고 알리는 묻따풀학당을 운영하며, 페북으로 사람들과 널리 소통하고 있다. 최근에 한국말의 문법을 새롭게 이론화한 『한국말 말차림법』(2023), 『한국사람인에게 OO은 무엇인가』(2024)를 펴냈다(https://www.facebook.com/profile.php?id=100043175420677).

테슬라, 비트코인, 우주여행사 창립 등등 일론 머스크는 오인 나의 세계관으로 세상을 사는 대표적인 사람으로 보인다.

둘째는 '쪽인 나'의 방식이다. '오인 나' 방식의 관계맺음으로 살아가는 사람들은 많은 일들이 독립적인 것들의 관계로 벌어지는 것이 아니라 이쪽과 저쪽의 것들이 함께 어울려서 일어나고 벌어지는 것들을 경험하게 된다. 이런 경험들에서 모든 것을 이쪽이나 저쪽으로 함께하는 〈쪽인 것〉으로 바라보며, 자신도 한 쪽이라는 '쪽인 나'임을 깨우칠 수 있다. 현실의 모든 것들은 함께 어울려서 존재하고, 돌아가면서 일이 벌어진다. 어느 것도 자기 혼자서 존재할 수 없다. 〈쪽인 것〉은 무엇과 함께하느냐에 따라서 그 특징이 달리 드러나게 된다. 물을 예로 들면, 물은 수소 분자 두 개($H_2$)와 산소 분자 하나(O)로 구성되어 있다. 이는 이론일 뿐이다. 현실에서 물은 대기의 어떤 조건과 함께 하느냐에 따라서 모습이 달라진다. $H_2O$가 만나는 대기라는 쪽의 온도에 따라서 물, 증기, 얼음 등으로 나타난다. 〈쪽인 것〉은 저의 안에 있는 쪽과 저의 밖에 있는 쪽이 언제나 늘 마주하고 서로 기대고 있는 까닭으로 저의 안에 있는 쪽만 따로 해서 저의 본질이라고 할 수 없다. 이처럼 〈쪽인 것〉들은 저의 안에 있는 쪽이, 저의 밖에 있는 쪽으로 열려 상호작용하면서 그 특징이 나타난다. 마찬가지로 〈쪽인 나〉는 저의 안에 있는 쪽(나)이 저의 밖에 있는 쪽과 만나서 영향을 주고 받는 것이 당연하다고 보는 탓에 한국인의 자기는 유동적인 특징을 보인다(Suh, 2002: 본서 2장 참조),

**한국말에 반영된 쪽 세계관** 한국말의 어법 자체가 이런 쪽들의 만남이 주체로서 작용하며 벌어지고 있는 일을 기술하는 형태로 차려져 있다(최봉영, 2023). 두 가지 특징이 대표적으로 이를 보여 준다. 첫째는 〈주어+목적어+동사〉의 짜임새로 말의 차림새를 갖추는 문법적 특징이다. "나는 너를 만나 영화를 같이 보았다." "나는 어제 벼락을 맞았다." "나는 산이 보여 즐거웠다" 이들 표현에서 주체는 '나'이지만 '너' '벼락' '산'은 객체로만 보기엔 부적절하다. 주체에 버금가는 성격을 지니고 동사로 벌어지는 일(영화 보기, 벼락 맞기, 산 보기)에 함께 참여하는 것이다. '산이 보여'는 산이 주체로 내 눈에 들어왔다는 의미라서 영어식의 '산을 보다'와는 사뭇 다르다. 나라는 주체가 산이라는 대상을 맞이하여 '산이 보이고, 산을 보는 일'이 벌어진 것이다. 이런 표현을 영어로 옮겨 보자. 'I saw a movie with you.' 'A thunder stroke me yesterday.' 'I enjoyed the mountain view.' 영어에서는 〈주어+동사+목적어〉의 짜임새로, 행동의 주체인 임자가 항상 먼저 오고 그 임자의 행동이나 상태를 서술하며 그 이후의 것들은 주체나 대상을 꾸며 주거나 풀이하는 형태로 문장이 전개된다. 쪽인 나의 관계 방식으로 세상 일이 벌어진다고 보므로, 전체가 변화하는 모습을 이해하려는 접근이 주역, 오행론과 같은 사상으로 포착되고, 부분보다는 전체를 보는 총체적인 접근 및 사고 양상이 동아시아인들의 특징으로 나타난다(Nisbett, 2004).

두 번째 특징은 동사의 어휘에서 나타난다. 우리말 동사들은 쪽과 쪽의 작용/반작용 양상을 표현하는 짝들이 많이 쓰인다는 것이다. 예를 들면, 놓다/놓이다, 보다/보이다, 듣다/들리다, 속다/속이다, 누르다/눌리다, 먹다/먹히다, 돌다/돌리다, 누르다/눌리다, 놓다/놓이다, 살다/살리다, 죽다/죽이다 따위에서 볼 수 있다. 쪽과 쪽이 서로 영향력을 주고받으며 일이 벌어지고 있음을 표현한다.

한국말에는 '다움'이란 형용사가 자주 쓰인다. 사람다움, 어른다움, 남자다움, 선생다움, 아름다움 등등이 있다. 주위의 것들과 구분된 것으로서 대상의 특징을 파악하는 것이라면 '~다움'이란 말이 필요없다. 모습을 지닌 것으로 족하다. 그러나 주위의 것들과 늘 어울리면서 다양한 모습을 보일 수 있고, 그런 모습들이 지향하는 모습을 '다움'이라 일컫는 것이다. 따라서 한국인의 존재론은 모든 개체가 독립적 실체가 아니라 쪽으로서 함께하는 것이고, 함께하는 것들에 따라 변하는 윤리적 색깔을 지닌다. 사람다움이란 사람의 가치를 구현하라는 윤리적 뜻을 갖고 있다(곁글 12-1).

**곁글 12-1** 사람다움의 문화

사람다움, 인성(humanness)이란 어떤 특징을 말하는 것일까? 호주 멜버른 대학교의 N. Haslam 교수는 인성이 무엇이라고 생각하는지를 사람들에게 물어서 분석하였다. 그는 두 가지 차원이 섞여 있음을 발견하였다. 하나는 인간의 **본성**이고 다른 하나는 인간의 **독특성** 차원이다. 인간 본성이란 인간이 되려면 꼭 갖추어야 할 특성으로 따듯함, 열린 마음, 희로애락의 정서처럼 선천적이고 자연적인 특성이다. 이런 특성이 없는 사람을 욕할 때 사람들은 기계나 목석, 냉혈동물에 비유한다. 한편, 독특성이란 인간을 다른 동물과 구분시키는 특징들로 도덕성, 분석력, 자제력, 세련미 같이 후천적으로 갖추게 된 특성들이다. 이런 특징이 부족한 사람을 욕할 때 흔히 동물이나 해충(벌레만도 못한 ~)에 비유한다. 연구 결과에 따르면 이런 두 차원의 특징은 호주뿐만 아니라 한국과 일본인들에게서도 구분되는 것으로 나타나, 이런 인간성의 특징들은 모든 사람에게서 아주 어렸을 때부터 나타나며 변할 수 없는 인간의 본질적 특성으로 여겨지는 것을 볼 수 있었다. 그런 특징 중에서도 모든 나라에서 공통적으로 인간의 관계성(주위 사람들과 좋은 대인관계를 유지하는 것)이 가장 중요한 인성의 특성으로 나타났다(Park, Haslam, & Kashima, 2012). 즉, 사람의 본성은 타인에 대한 배려와 관심을 보이는 것에 있다는 것이다(Loughnan et al., 2010). 자기 욕망을 실현하기 위하여 머리를 쓰며 살아가는 개인적인 모습에 더해서 사회생활에 필요한 배려와 관심을 지닌 모습을 인성이라 여기는 것이다.

그렇다면 다움의 가치가 구현되려면 어떻게 해야 하는가? 내쪽과 저쪽이 함께 어울리는 우리가 제대로 돌아가려면 각 쪽이 맡은 저마다의 구실을 해야 한다. 아들은 아들 구실을, 어머니는 어머니 구실 등을 해야 가족이라는 우리가 돌아가는 것이다. 우리가 돌아가도록 제 구실을 다하는 것을 사람답다고 하는 것이다(곁글 12-1). 우리에서 자기 쪽의 역할을 못하거나, 포기하는 것이 남들에게까지 드러날 때 '쪽 팔린다'라는 표현을 쓰는 것이다. 사람들이 쪽을 마치 얼굴처럼 좁게 여기는 것은 쪽의 세계관을 이해하지 못한 탓이다(유민호, 2019; 최봉영, 2009).

**어울림의 확장** 한국인은 독특하다고 할 정도로 '우리'라는 표현을 많이 쓴다. '내 가족'이 아니라 '우리 가족' '내 학교'가 아니라 '우리 학교', 심지어는 '내 딸' '내 마누라'가 아니라 '우리 딸' '우리 마누라'가 자연스러운 표현이다. 어떤 이들은 이 같은 관행이 잘못이라며 영어식으로 '내 학교' '내 마누라'로 고쳐 써야 한다고 주장한다. 그러나 이런 주장은 한국인의 '쪽' 세계관을 이해하지 못했기에 나온 것이다. '우리'는 영어(we)처럼 '나'의 무리를 일컫는 복수적 표현이기도 하지만, 우리말에서는 '나' '너' '그들'이 별개인 것처럼 나와 관련된 공동체를 지칭하는 독립적인 대명사도 쓰인다(정대현, 2009). 한국인은 모든 것이 서로 연결되어 있는 쪽으로서 함께하며, 이 함께하는 단위를 우리라 부른다. 그래서 좁게는 우리 가족, 우리 마을을, 넓게는 우리 나라, 우리 인류, 우리 우주로 확대된 범주를 자연스럽게 일컫는다(유민호, 2019; 최봉영, 한규석, 2021). 따라서 '우리 마누라'는 내가 한 쪽이고 마누라가 한 쪽인 부부 혹은 가족의 성원으로서 상대 쪽을 지칭하는 것이지 '내 마누라' 처럼 나의 소유를 지칭하는 것이 아니다. 이런 이유로 우리 세상, 우리 우주라고 말하는 것이지 너와 나의 세상, 너와 나의 우주를 말하는 것이 아니다.

사람은 저마다 '따로 하는 개체로서의 자기성'과 '함께하는 쪽으로서의 우리성'을 모두 지니고 생활한다. 사람들이 자신을 개별적 존재로 파악하고 의식하는 경우에 사람들은 남의 것과 구분되는 자신의 삶을 영위해 가는 주체로서 자신의 고유한 몸, 독자적인 생각과 느낌으로 살고, 개체의 삶의 쾌락을 최대화시키는 목표를 지향하게 된다. 반면에, 다른 사람 및 자연물들과 함께 어울려 살아가는 쪽의 임자로서 자신을 파악하고 생활하는 경우에 사람들은 자신의 존재의 구실(이유)을 어울리는 우리 집단의 유지에 두고, 다른 쪽들과의 유대감 및 결합을 추구하고 해치지 않는 방식의 삶을 살게 된다. '쪽인 나'의 삶의 양태를 누구나 자연스럽게 깨닫는 것은 아니다. 사람들은 남과 구분되는 몸을 지녔기 때문에 어려서는 저마다 따로 하는 의식에서 살지만 성숙하면서 어울림성을 깨닫게 된다. 이 어울림성의 크기는 '저들만'의 범주를 넘어 '남까지' 포함하는 어울림으로 확장되고, '것들까지' 포함하는 생태계 속의 어울림으로 더 커질 수 있다(11장 참조).

'우리가 남이가!'라는 표현은 우리 편을 다른 편과 갈라서 다른 편에 대한 차별을 조장하고 정당화시키는 표현으로 선거판에서 종종 쓰인다. 이렇게 우리라는 표현이 다른 집단과의 차별을 전제로 하는 표현으로 여겨지는 것은 '우리'가 지닌 바탕뜻이 왜곡된 탓이다. '우리' 범주에는 여러 갈래가 있다. 저만 따로 하는 나 우리, 저들만 함께하는 닫힌 우리, 남까지 함께하는 열린 우리, 것까지 함께하는 모든 우리이다(최봉영, 한규석, 2021; 곁글 8-9 참조). 나 우리 수준에서는 저 밖의 모든 것이 수단으로서만 존재하는 세계이다. 닫힌 우리는 저와 가까운 성원들을 저와 대등한 존재로 여기며 함께 어울리지만, 사회생활을 하면서 내집단과 외집단을 구별하는 폐쇄적 우리성이다. 열린 우리는 내집단 밖의 남들까지 포용하며, 대등하게 대하는 우리성으로 모든 인류에게로 두루 열려 있다. 모든 우리는 생물체를 포함한 자연의 온갖 것들까지 널리 포용하는 우리성으로, 기후위기 시대를 극복하는 마음가짐이라 보겠다([그림 12-5]). 각 범주의 성원들에 대하여 나와 같은 존재로 여기며, 이 과정은 도덕성의 성숙 발달과정으로 볼 수 있다.

모든 것이 쪽과 쪽의 관계로 함께 어울려 벌어진다는 식으로 말을 하고 있으면서도, '쪽'에 대한 의미와 그 사상을 학자들이 개념화시키지 못하였고, 서구식으로

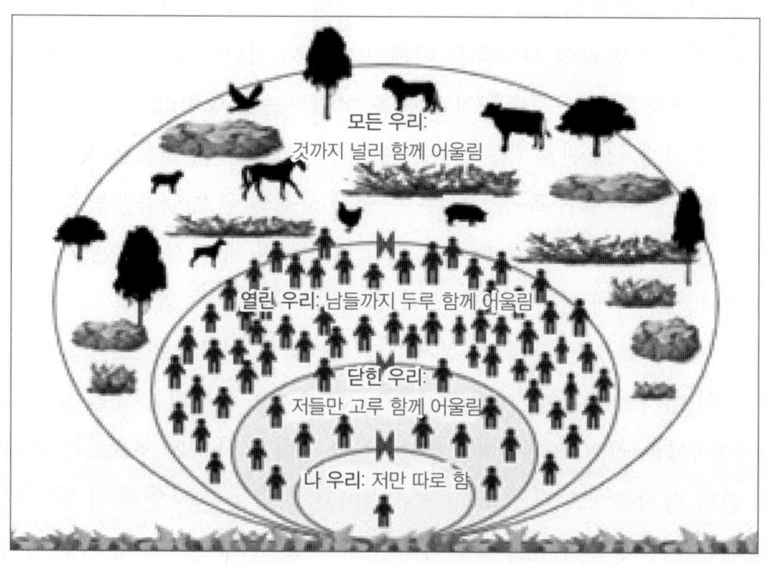


**[그림 12-5] 우리성 어울림의 4범주**

출처: 최봉영, 한규석(2021).

쪽을 부분 혹은 조각으로서만 보아 왔다. 그래서 '쪽-우리'의 틀에서 당연한 행동들이 '개인-집단'의 틀로 해석되고, 차이점만 강조되어 왔다. 한 예로, 2019년 말 Covid-19가 급속히 퍼질 때 한국인들은 마스크를 착용하고, 백신을 자발적으로 맞으며, 공동체에 피해를 주지 않으려는 행동을 보여 많은 나라들의 부러움을 샀다. 자발적인 방역을 국가의 강요에 의한 개인의 선택을 침해하는 것으로 여긴 구미국가들은 국가 방역에 실패하면서도 한국식의 방역이 개인의 자유를 구속하는 것이라며 민주주의 사회에서 있을 수 없는 것이라고 조롱하기도 했다. 이러한 차이를 통상적인 집단주의-개인주의 문화의 차이로 설명해 왔으나, 이는 쪽의 세계관에 대한 인식이 없기 때문이었다. Covid-19 당시 한국인들이 취한 방역활동은 강제된 것이 아니라 쪽으로서 할 역할을 자발적으로 한 것뿐이었다. 집단주의 문화의 특징으로 여겨지는 한국인의 심리와 언행은 대부분 서로 유기적인 연결성을 지닌 쪽 세계관이 오랫동안 체화되고 관습이 된 탓에 연유하는 것으로 보아야 할 것이다.

**쪽-오 세계관과 개인주의-집단주의의 차이** 개인주의-집단주의 이론은 서구인들에게 지배적인 개인(오인 나)의 관점에서 인간 사회의 작동 모습을 포착한 이론이다. '오인 나'들이 만나 사회생활을 하면서 개인의 삶과 행복을 추구하면서 부닥치는 갈등과 다툼을 미연에 막기 위해서 각종 규범과 윤리를 지키고, 갈등을 원만히 해결하기 위해 상대를 배려하고, 필요한 행동을 취하며, 이도 저도 어려우면 다툼으로 상대를 굴복시키고자 한다. 개인주의 관점에서 이해하기 힘든 아시아, 남미, 아프리카 문화권의 사람들을 이해하기 위해 집단주의라고 개념화했다. 이 이론은 사회생활을 하는 사람들의 모습을 이해하는 모형이라서 인간과 자연, 인간과 다른 생명체와의 관계에는 적용될 수 없다. 그런 관계 맺음은 각기가 별개의 독립적인 현상일 뿐이다. 쪽-오 세계관은 인간 사회의 관계 맺음뿐만 아니라 생태계의 모든 것과의 관계 맺음을 다루고 있다. 우리성의 네 가지 범주에서 경계를 넘는 경험이나 깨우침에 의해서 범주가 확대되거나 축소될 수 있다.

유아의 도덕성 실험 동영상
https://www.youtube.com/watch?v=HBW5vdhr_PA

최근에 전개되고 있는 생물학, 경제학과 심리학의 연구들은 '오인 나'가 상정하듯이 인간이 이기적이며 자기중심적이기만 한 존재는 아니라는 것을 보이고 있다(Rifkin, 2009; Wilson, 2012: 본서 8장 참조). 인간 영아는 학습된 것으로는 보기 힘든 도덕적 선택 행위를 보인다(Hamlin et al., 2013). 사람들은 자연에 나가는 것을 즐기며 숨쉬는 기쁨과 안도감을 느낀다(Richarson & McEwan, 2018). 자연이 제공하는 장엄한 경관이나 곤충, 애벌레 같은 미세한 생물체의 움직임에 경탄하며 경외감을 느낀다(Keltner & Haidt, 2003). 이때 스스로가 위축되면서 자기보다 큰 존재에 대한 존재감을 경험한다. 자기가 위축되는 이 느낌은 자기초월적 정서이며, 겸허한 마음과 불편하지 않은 편안감을 주며, 남을 포용하는 친사회적 행동과 윤리적 행위를 유발한다(Piff et al., 2015; 11장 참조). 이런 발견들은 인류가 진화하면서 사회생활을 위한 협동의 기제뿐만 아니라 생태계의 자연물들과 쪽으로서 어울리는 기제를 본성으로서 갖추게 되었음을 보인다(Wilson, 1978). '오인 나'의 관점에서 자연친화성은 설명되어야 할 신기한 성정이나, '쪽인 나'의 관점에서는 진화의 과정을 통해 생득적으로 갖추게 된 성정이다.

인간은 생태계의 존재이고 끊임없이 몸 밖의 것들과 소통하지 않으면 생명을 유지할 수 없는 존재다. 따라서 수십만 년의 진화기간을 거치면서 인간은 다른 사람은 물론, 주위 생물체와 자연물에 대하여 두려움, 반가움 등의 교류 정서와 그에 걸맞는 행동태세를 갖추어 왔을 것이다. '오인 나'의 세계관은 인간의 실존 현실과는 전혀 맞지 않는 주관적인 인식일 뿐이다. 오인 나의 세계관에서는 자신을

**표 12-1 오인 나와 쪽인 나의 세계관 비교**

| | 오인 나(개인주의) | 쪽인 나 |
|---|---|---|
| 삶의 개념화 | 개인으로서 실체 | 쪽으로서 기능 |
| 자기의 특징 | 추상적 | 구체적 |
| | 안정적 | 유동적 |
| | 내적 기준 | 외적 기준(평가불안) |
| | 고양 초점 | 조절 초점 |
| | 나 중심 | 우리 중심 |
| 존재론 | 개체, 참나실체적 | 어울림, 나다움, 함께함 |
| 행복 | 오인 나의 욕망 충족, 자존감 | 우리를 위한 구실 다함, 보람 |
| 자연과의 경험 | 즐거움, 불안, 공포 | 편안함, 경외감, 겸허함 |
| | 즐기기, 도전, 정복, 최대만족 | 어울림, 충족성 |
| 윤리성 | 계약적(필요), 사회정의 | 본유적, 양심 |
| 동기 | 나의 욕망 충족 | 우리의 욕망 실현 |
| 옳고 그름의 판단 | 진리(절대적) | 경우에 맞음(상대적) |
| 삶의 목표 | 욕망 충족, 자기실현 | 성숙(다움성), 구실 충족(보람) |
| 세계관 | 독립된 개체들이 연결된 세계 | 쪽들이 함께하는 세계 |
| 삶의 난관 | 회피, 안도 | 시련, 극복, 보람 |
| 일의 전개 | 인과성 | 인연성 |

둘러싸고 있는 외부 환경의 모든 것이 자신의 생활을 위해 있는 도구적 존재들이다. 자신처럼 저마다 따로 존재하는 다른 인간들과의 교류는 경쟁을 바탕으로 필요한 경우에 협동하고, 협동을 규범화시켜서 정의, 공평성을 윤리의 바탕에 둔다. 경쟁이 바탕이기에 협동과 친사회적 행동이 나타나는 조건을 설명해야 한다. 인간이 보이는 다양한 심리현상을 서로 무관한 독립적인 것으로 여길 수밖에 없어서 왜 그런 심리현상이 나타나는지를 설명해야 한다. 예를 들어, 협동과 같은 친사회적 행위(본서 8장), 자기희생적 행위(본서 7장), 도덕성의 판단(본서 8장), 인격의 성숙, 자기초월, 생태적 자기성(본서 13장) 등등의 현상들은 각기 별개의 현상으로 취급되고 있다. 각각을 설명하게 되어도 이들 간의 연관성을 꿰어 내기는 어렵다. 〈표 12-1〉은 오인 나의 세계와 쪽인 나의 세계관의 차이를 정리해 보이고 있다. '오인 나'와 '쪽인 나'는 세계관이자 상황적으로 촉발되는 마음가짐이기도 하다. 마치 개인 정체성과 집단정체성처럼 주어진 상황에 따라서 '오인 나' 혹은 '쪽인 나'의 모습과 관점이 강하게 작용할 수 있다. 향후 '쪽인 나'의 세계관의 작용에 대한 여러 분야의 연구를 통해서 인간, 사회, 생태계의 유기적 관계를 더 잘 이해할 수 있게 될 것이다. 쪽사상의 세계관은 진화심리학의 틀처럼 분리된 여러 현상들을 꿸 수 있는 큰 틀로서 작용할 수 있다.

## 우리성의 사회심리

한국인에게서 '우리'라는 어휘가 지니고 있는 사회심리적 특성을 분석한 연구(Choi & Choi, 1990)는 대학생을 대상으로 '우리'와 연관된 다양한 생각 및 경험을 물어서 정리하였다. '우리'와 연상되는 응답반응 중 가장 많이 나타나는 것은 '정' '친밀감' '푸근함' '상호수용' 같은 감정적 연대감(55%)의 반응이었다. 둘째로 높은 응답범주는 하나됨, 유대성 의식(16%)으로 나타났다. 그 밖에 관계성(13%), 협동(5%), 개인들의 집합(5%)으로 나타났다. 이러한 결과는 한국인의 '우리'는 가족에서 나타나는 심리적 연대감을 강하게 반영하는 확대된 가족의식의 심리를 띠고 있음을 시사한다.

한편, 개인주의 문화권인 캐나다 대학생의 '우리'에 대한 반응을 보면 가장 많이 나타나는 것이 개인들의 집합(60%)이며, 그다음으로 빈번한 반응이 취미집단(15%), 세 번째 반응이 밀착성, 친근감, 동류의식(15%)으로 나타나고 있어 한국과 대조를 보이고 있다. 즉, 한국의 우리는 개인들의 집합체라기보다는 우리가 형성되면서 개인으로서의 비중이 축소되고, 전체의 부분인 쪽의 비중이 커지는 동질적 구성체란 점에서, 개인의 단순 집합체 성격의 캐나다와 비견된다. 이런 탓에 한국인에게서 '우리'는 성원에게 우리로서의 어울림을 위한 노력, 다수의 의견에 따를 것, 개인의 자율성과 개성의 표현을 자발적으로 억제할 것을 요구한다.

**우리성의 부담(쪽의 구실)** 우리성이 느껴질 때 사람들은 친근감을 느낀다. 아울러, 쪽으로서의 부담을 느낄 수도 있다. 암묵적 측정방법을 이용하여 서로 모르는 대학생을 두 명씩 참가하게 한 실험에서는 우리성을 점화시키니(3분간 누군가와 함께했던 즐거운 기억을 떠올리게 함) 사람들은 상대방에 대한 친밀반응이 빨라지는 것으로 나타났고, 개별성을 점화시킨 경우(3분간 혼자서 즐겁게 활동했던 경험을 떠올림)에는 친밀반응이 느려지는 양상이 나타났다(배재창, 한규석, 2015; [그림 12-6a]). 우리성 점화 시에 상대방을 부정적인 것과 연상하는 반응시간이 지체되는 것으로 나타났다. 두 사람이 공동으로 퀴즈를 풀게 한 후에 기여를 많이 한 사람(실험협조자)에게 참가 보너스를 분배하도록 기회를 주었다. 이때 한 조건의 실험참여자는 기여에 따르는 차등적 분배를 받게 되었다(즉, 분배자보다 덜 받게 됨). 이 경우에, 상대방에 대한 거리감과 자기에 대한 부정적 반응이 우리성 점화 조건에서는 현저히 높아지는 것으로 나타났다(배재창, 한규석, 2016; [그림 12-6b]). 이런 결과는 한국인이 자주 쓰는 '우리' 표현이 우리성이라는 심리를 촉발시키며, 상대

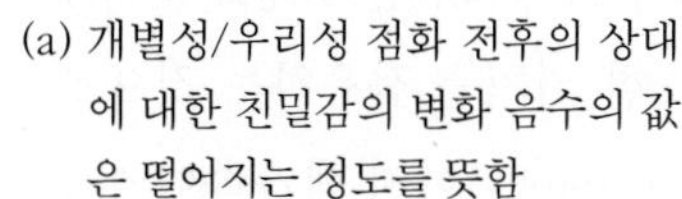
(a) 개별성/우리성 점화 전후의 상대에 대한 친밀감의 변화 음수의 값은 떨어지는 정도를 뜻함

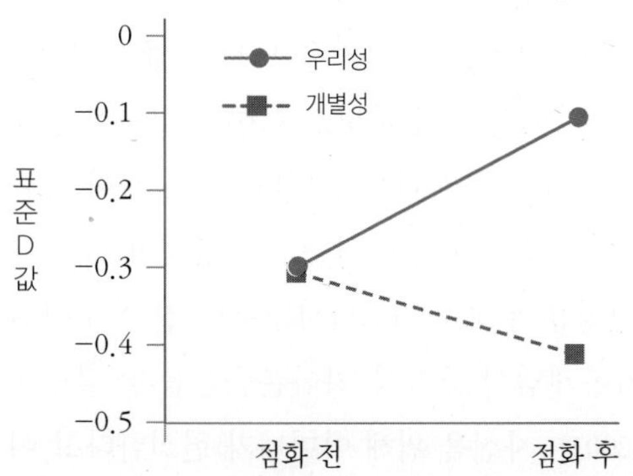


(b) 형평분배의 처치 전후에 각 점화 조건에서 나타나는 자존감의 변화 2차 검사 → 분배처치 전, 3차 검사 → 분배처치 후

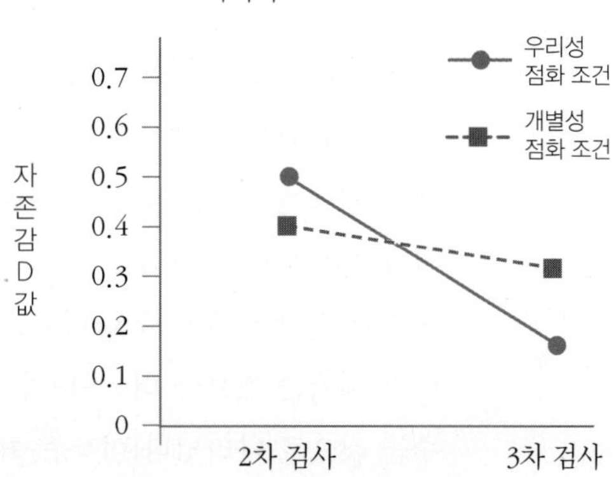


**[그림 12-6] 개별성/우리성 점화 시 상대에 대한 거리감(a)과 분배처치 전후의 자존감(b) 변화**

출처: (a) 배재창, 한규석(2015), 그림 4.
(b) 배재창, 한규석(2016), 그림 8-1과 8-2의 일부를 합침.

방에게 배려받을 것을 기대하는 마음을 초래할 수 있음을 말해 준다.

모르는 사람들을 믿는 대인신뢰가 한국인은 낮은 것으로 나타난다(8장 참조). 그러나 공동체의 쪽의식이 무의식 수준에서 작동할 때 한국인은 개인적 불편을 당연히 감수하고(Covid-19 마스크 착용 사례), 놀랄 만한 자기희생적 행위를 보인다. 2024년 12월 3일 한밤중에 느닷없이 비상계엄이 선포되자 민주국가 공동체의 위기감을 느낀 시민들이 자발적으로 국회의사당 앞에 모이기 시작하고, 무장한 군인들의 진입을 맨몸으로 막아내는 행동을 보였다. 이런 자기희생적 행위는 며칠 후 대통령 권한대행이 국회를 통과한 농업관련법안을 거부한 것에 항의하는 농민들의 트랙터 시위대가 남태령에서 경찰의 차벽에 막혀 20시간 이상을 추운 날씨에 떨고 있을 때, 무안에서 제주항공 여객기의 사고로 179명이 한순간에 목숨을 잃었을 때도 나타났다. 선결제라는 새로운 참여 행위로 농민과 유가족의 고통을 위로하며, 함께 하는 일들이 자연스럽게 벌어졌다. 이처럼 한국인이 느끼는 우리성은 닫힌 우리 수준에서 배타적으로 작용할 수 있지만, 남까지 아우르는 열린 우리 수준에서 당연한 마음으로 공동체 성원으로서 구실을 하려는 행위로 나타날 수 있다.

**부모의 영향력 수용심리** 한국인에게 가족의 핵심은 무엇일까? 고등학생과 대학생들에게 부모, 형제, 친구, 배우자, 자식, 이웃, 국가에 대하여 그 중요성을 서열 짓게 하고서 분석해 보니, 가장 중요한 것이 서양에서처럼 배우자, 자식이 아니라 부모인 것으로 나타난다(박광배, 김미숙, 1992). 한국 청소년에게 있어서 배우자, 자식은 중요성에 있어서 형제와 비슷한 위치를 점유하는 것으로 나타나고 있어 이들에게 가족은 확장된 가족(extended family)이지 핵가족이 아님을 시사하고 있다.

한국의 부모-자녀는 서로 간에 미안함, 고마움, 측은감을 느끼는 감정공동체라 할 수 있다. 이같이 부모와 자식 간의 자애와 효를 바탕으로 한 감정의식 동일체적 친애관계를 최상진(1994)은 부자유친성정이라 이름 지었다. 이 성정이 강한 사람들은 부모의 신뢰를 받는다고 느끼며, 자신에 대한 믿음도 긍정적이고, 자아존중감도 강한 것으로 나타났다. 이 성정은 부모-자녀 의사소통이 잘 이루어진다고 여기는 것보다 더, 자녀가 지닌 자아개념의 긍정성, 자아존중감을 잘 설명해 주는 것으로 나타났다(이장주, 최상진, 2003). 자신을 위해 어머니가 헌신한다고 여기는 청소년들에게 문제행동을 저지르고 싶은 유혹을 막는 요인으로도 작용한다.

국내에서 중·고·대학생을 대상으로 부모에 대한 마음을 파악한 결과, 일반적인 관계에서 나타나는 친화감(사랑, 존경, 신뢰감), 불신감(원망, 이기적) 외에도, 측

## 나 알기 1: 부자유친성정 척도

1. 어머니는 늘 나를 자랑스럽게 생각하신다.
2. 어머니는 나를 존중해 준다.
3. 어머니는 나를 믿어 주신다.
4. 힘들 때에 어머니는 나로 인해 힘을 얻으신다.
5. 어머니와 함께 있으면 마음이 편안해진다.
6. 어머니는 좋은 것이 생기면 나에게 먼저 주시려 한다.
7. 어머니는 내가 잘되는 것이라면 어떤 고생도 참아 내실 것이다.
8. 어머니는 내가 속을 썩히더라도 여전히 나를 사랑하실 것이다.
9. 어머니를 생각하면 미안하고 죄송한 생각이 든다.
10. 어머니는 나를 위해서라면 당신이 하고 싶은 것도 포기할 것이다.

1~5번은 신뢰성, 6~10번은 헌신성을 잰다. 원래 척도는 20개 문항으로 구성되어 있으며, 부모에 대한 유친성의 차이가 있을 수 있기에 어머니와 아버지를 구분하여 별개로 구성되었다.

출처: 이장주, 최상진(2003).

은감(부모를 생각하면 마음이 아프다), 부담감(부모를 생각하면 마음이 무겁다)의 요인이 잘 나타나고 있다(박영신 외, 2003; 최상진 외, 1994). 자녀들이 진로, 전공, 결혼, 교우관계 등에서 부모와 의견이 맞지 않을 경우 부모의 견해를 따르게 하는 것은 부모에 대해 느끼는 친화감이 아니라 부모에 대하여 측은하게 느끼고, 부담스럽게 느낄수록 부모의 견해를 존중하려는 경향이 강한 것으로 나타났다(최상진 외, 1994). 이 같은 측은함, 부담감은 부모가 자신들에게 헌신적 · 무조건적 희생을 하였다고 느끼면서 나타난다. 많은 사람이 어머니에 대하여 떠올리는 느낌은 고생함, 불쌍함인 것으로 나타난다. 대학생들은 자기 주변에서 한이 맺힌 사람의 사례를 들어 보라고 했을 때 대부분이 자기 어머니를 드는 것으로 나타나는데, '어머니'가 회상시키는 이러한 정서는 그 바탕에 자신을 키우면서 온갖 고생을 무릅쓴 희생을 목격하고 체감했기 때문이다(최상진 외, 1994; 가수 나훈아가 2004년 발표한 노래 〈홍시〉의 가사 참고).

어머니에 대한 배려심이 아동들에게 강한 동기를 촉발시키며, 아동들의 즉각적인 욕구충족 행위를 지연시키고 바람직한 행위를 수행하도록 하는 중요한 동기로써 작용할 수 있다는 것이 흥미로운 실험(정영숙, 1996)을 통해서도 나타났다. 이 실험에 참가한 초등학생들은 힘든 과제로서 왼손으로 또박또박 글자를 옮겨 쓰는 일을 했다. 그 일에 대한 보상을 받는 사람이 한 조건에서는 어머니이며 다른 조건에서는 자기가 된다고 알려 주었고, 통제 조건으로 아무런 보상이 없는 조건을 설정하였다. 아동은 언제라도 과제를 끝낼 수 있었다. 과제 지속시간을 비교해 보니, 고생하는 어머니를 생각한 조건에서 가장 길게 나타났으며, 과제수행도 더욱 열심히 하는 것으로 나타났다. 다른 연구에서는 어머니가 하신 고생을 생각하게 하는 경우에 아동 스스로가 이기적 욕구(노는 것)를 지연시키고 어머니의 바람(숙제를 먼저 하는 것)을 따르는 행동이 나타났다(정영숙, 손자경, 1995). 자기를 위해 희생한 어머니에 대한 배려동기가 아동의 이기적인 행위를 지연시키고, 어머니에 대한 이타적 행위를 증진시키는 이러한 연구 결과들은 한국인의 가족 내 인간관계가, 사회생활에서의 교환의 원리가 아닌 비교환적 희생정신에 바탕을 두고 있음을 보여 준다.

## 공과 사의 갈등

한국 사람들은 공사를 구분할 줄 모른다는 비판을 자주 받는다. 공적인 일을 하는 데 사적인 인연을 이용한다거나 공적인 일인지 개인적인 일인지를 구분하지 않고 처리하는 등등의 일이 비일비재하다. 이런 일은 종종 뇌물, 비리, 부패 같은 것으로 사회문제가 되어 알려지게 된다. 박근혜 대통령의 최순실 국정농단, 김건희 여사의 비화폰 사용 사건이 최근에 잘 알려진 사건들이다.

**인정과 공정의 갈등** 한국 사람들은 낯 모르는 사람, 공적인 관계로 만나게 된 사람이라도 인연이 닿으면 정을 느끼는 관계로 진전시키는 것을 아무 부담 없이 여기고, 자연스럽다고 여기는 정지향성(情指向性) 심리를 보이기도 한다. 이런 심리는 같이 하는 활동에서 서로의 몫을 구분하는 것을 꺼리고, 함께하는 것을 자연스럽게 여기는 행동들에서 나타난다. 식사를 같이 했을 때 따로 계산하기보다 한 사람이 모두 계산하고, 다음번에 상대방이 계산한다든가 하는 식이다. 이런 우리성 활동을 반복하면서 자연스럽게 정을 느끼며 쌓아 간다. 우리성을 느끼는 상대방에 대하여 도움을 주고받는 것은 사회적 규범이지만, 종종 공익을 위한 공정의 규범과 갈등하게 되기도 한다(한규석, 2000).

이렇게 공정과 인정이 갈등하는 상황에서 공정을 선호하는 사람들은 인정을 선호하는 사람들보다 인간관계에서 타인이 자기에게 베푼 인간적인 도움에 대한 대가로 물질적인 보상을 하려는 경향이 있으며, 자신들이 타인에게 인간적인 도움을 주었을 때 이에 대한 대가로 상대방으로부터 응분의 물질적 보상을 받기를 원하는 것으로 나타났다(장성수 외, 1990). 즉, 공정을 선호하는 사람일수록 인간적 가치를 물질적 내지는 경제적 가치로 대체시키는 경향이 큰 것이다. 이는 공정의 덕목이 인간관계를 경제적 교환관계로 변질시킬 가능성을 보여 준다. 이는 개인주의 문화권(공정을 선호함)에서 인간관계의 질병인 소외와 고독을 호소하는 이들이 많은 것과 관련되는 것으로 보인다.

인도인들은 공정의 규범을 어기더라도 사적인 인정의 규범을 지키는 일이 바람직하다고 여긴다는 것이 미국과의 비교문화 연구에서 드러나 도덕성의 문제를 재고하도록 촉구했다(Miller & Bersoff, 1992). 대인관계를 중시하는 집단주의적 특성이 강한 사회에서 사적 관계의 인정 규범은 공적인 영역의 규범과는 상치되는 경우가 많다. 널리 수용된 도덕성의 발달 이론을 제시한 Kohlberg(1969)는 인정의 규범이 획득된 후에 공정의 규범이 나타난다며, 인정의 규범을 미성숙한 도덕율로 제시하였다. 그러나 이런 주장이 남성중심적이며 서구중심적인 문화적 특성을 반영하는 것이라는 비판 증거가 나오면서, 이제는 공정과 인정의 두 가지를 모두 대등한 도덕률로 여길 수 있으며 어느 하나가 우월한 것이라고 볼 수 없다는 주장이 힘을 받고 있다(본서 8장 참조; Gilligan, 1982; Haidt, 2001; Shweder et al., 1997). 이 두 덕목은 "순기능과 동시에 역기능을 갖고 있으며…… 바람직한 사회의 존속을 위해서는 두 덕목이 모두 필요하다……. 두 덕목은 상호배타적인 관계라기보다는 상호보완적인 관계에 있다. 따라서 인정과 공정의 두 덕목이 조화를 이룰 때, 어느 하나의 덕목으로 획일화되는 경우보다 사회가 보다 바람직한 방향으로 존속할 것이다."(이수원, 이헌남, 1993, p. 76; 곁글 12-2)

**곁글 12-2** 전통유학에서의 공과 사

동아시아 유교문화권의 국가들이 공통적으로 부패지수가 높다. 이 높은 부패지수는 공과 사의 혼란과 밀접한 관계가 있다. 오늘날 공사의 문제에 대하여 유학경전의 내용을 그대로 취하는 것은 적절하지 못하다. 이를테면, 『논어』에는 어떤 이가 공자에게 자기 아비가 남의 양을 훔친 것을 관아에 고발한 사람을 보고 곧은 사람이라고 할 수 있는지 묻는데, 공자는 "아비는 자식을 위해 숨기고, 자식은 아비를 위해 숨기는 것이 곧은 것이다."라고 답한다(子路 편). 또한 어떤 이가 맹자에게 순임금의 아버지가 살인을 하였을 경우에 순임금은 어찌했을지를 물은 것에 대하여 맹자는 "제위를 버리고 아버지와 함께 바닷가에 가서 숨어 살았으리라."고 함으로써(孟子, 盡心 上), 육친의 자연스러운 혈친관계와 그를 지배하는 자연스러운 성정을 저버리는 행위를 부도덕한 것으로 여겼다.

이런 사례들은 유학의 성립 배경과 그 철학을 바탕으로 이해되어야 한다. 유학은 기본적으로 가족주의를 확대시켜 대동(大同)사회를 구현하려는 사상이므로, 가족에서 통용되는 관계의 규범이 많은 사람들이 모이는 일반 사회의 관계에서도 당연히 적용되어야 한다고 보았다. 이 같은 유학사상은 수신제가치국평천하(修身齊家治國平天下)라는 『대학』의 핵심구절에서 볼 수 있으며, 이는 유학의 성립 당시 주나라의 봉건사회에서는 정치집단이 곧 혈연집단이었다는 특징에서 이해될 수 있다(이승환, 1998). 즉, 자신, 가정, 국가는 연속선상에서 같은 원리에 의해 다스려지는 것으로 여겼다.

서양에서 私(privacy)는 "다른 사람의 관찰이나 활동으로 방해받지 않는 개인의 자유로운 상태"(Webster's Dictionary, 1989)로서, 긍정적인 면이 강하다. 그러나 유교에서는 사(국어사전에 私란 "사사로운 일, 자기 한 몸이나 집안에 관한 일. 개인적인 욕심과 이익만을 꾀하는 일. 숨기어 비밀로 하는 일"로 정의됨; 이희승, 1961)를 개인과 가정사의 영역으로 두기보다는 개인의 이해와 욕망을 충족시키려는 마음으로 보았고, 공(公)은 도(道)로서 사적인 욕망을 유보하고 절제하며 공공의 선과 보편적 가치를 구현해 가려는 마음(한형조, 2000)으로 상정하였다. 이처럼, 유학사상은 공과 사를 엄격히 구분하였으며, 사사로운 욕구보다는 항상 공을 먼저 생각하도록 하는 정신(公先私後), 몸가짐을 늘 단정히 하고 나태하지 않도록 하는 신독(愼獨) 사상, 타인을 어질게 대하는 인(仁) 사상을 가르친다.

**의리와 정직** 의리(義理)란 단어는 원래 의로움이 작용하는 이치라는 의미이지만 한국에서는 철저히 사적인 관계에서 상호신뢰의 의미로 쓰인다. 친구 사이에 의리 있는 행위는 힘들 때 도와주고 아껴 주는 것이다. 친구라고 여긴 상대가 믿음을 배신하거나 도움 요청을 거절한다면 의리가 없다고 여긴다. 한 연구에서는 두 친구가 공동으로 벤처기업을 운영하다가 한 친구가 어머니의 수술비로 급한 돈이 필요해 공금을 잠시 쓰자는 요구를 했을 때 다른 친구가 이를 수용한 경우에는 이를 거절한 경우에 비해서 훨씬 의리가 있으며, 바람직한 친구로 평가되었다(김기범 외, 2002). 이렇게 우리에게는 의리가 사적 관계의 규범으로 공적 책무를 훼손하면서도 작용함을 보이고 있다.

정직은 자신이 알고 있는 사실을 꾸밈없이 사실대로 드러내는 것이다. 시민사회에서 모든 사람이 지켜야 할 중요한 덕목이라고 여겨진다. 그런데 종종 다른 덕목들과 갈등을 빚는다. 이렇게 갈등을 빚는 일상적 상황들을 각본으로 만들어 다양한 연령층의 사람들에게 제시하고, 당사자의 입장에서 어떤 선택을 할 것이지를 묻고, 이유로서 제시된 여섯 가지 항목 중에서 그럴듯한 이유를 선택하게 하였다. 각본 중의 한 예는 전학을 간 학교에서 시비를 걸어 온 급우와 싸워서 얼굴에 멍이 들었는데, 부모님께 사실대로 말할지 거짓을 말할지 고민하는 상황이다(장희선, 문용린, 2012). 응답자들의 연령이 높아질수록 정직한 행위의 선택이 줄고, 부정

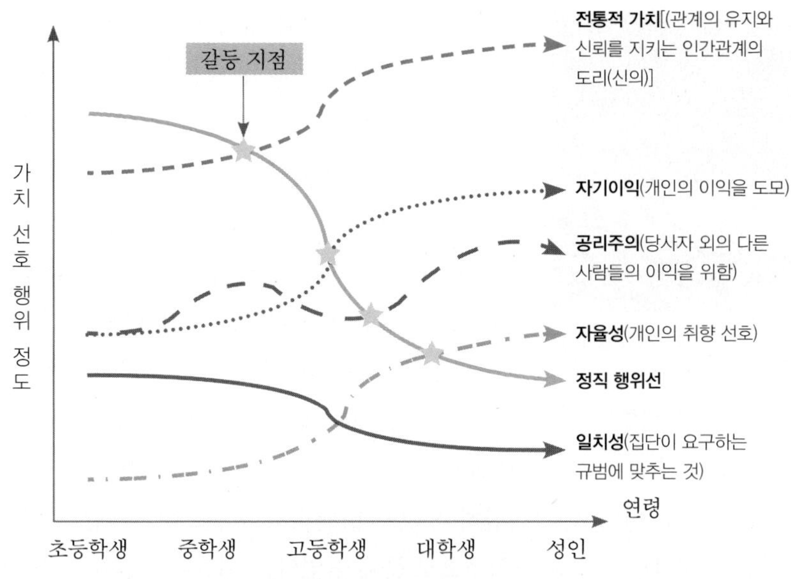


**[그림 12-7] 한국인의 정직과 각종 가치의 갈등해소방식 유형화 모형**

출처: 장희선, 문용린(2012), 그림 8.

직한 행동이 늘어나는 것을 보여 준다. 이는 가족 및 친구관계에서 강하게 나타나고 있어, 아이들이 성장 과정에서 사회적 거짓말을 배운다는 것이다(김경희, 2000). 더욱이, 부정직한 행동을 하면서 여러 가지 이유로 정당화하는데, 이때 사람들은 전통적 가치(의리와 인정)를 가장 많이 들며, 이 경향성은 나이가 들수록 심하게 나타난다([그림 12-7]). 아울러, 자기이익(이익 추구 및 손해 회피)이나 공리주의(다른 사람의 이익을 보호하려고)를 대는 경향도 높게 나타났다. 그러나 집단의 규범(일치성/동조성)에 따르기 위해서(시민사회의 규범에 따름) 라는 이유는 낮게 나타나고 있다. 전통가치의 하나라고 볼 수 있는 일치성 규범의 작용이 약해졌다는 것은 사회생활에서 개인의 책임이 빠진 권리 중심의 공적 윤리가 선호되고 있음을 시사한다. 한국인은 가족과 혈연을 보호해야 하는 것을 당연하게 여기고, 내집단의 이익을 보호하는 것을 전통적 가치로 여겨 왔다. 부정직한 행위도 이를 위해 정당화되지만, 시민사회의 질서를 위한다는 이유로 부정직한 행위를 하는 양상은 작다. 즉, 시민사회라는 공적 영역에서 개인의 권리가 보호된다면 공적 규범을 따르지만, 개인의 이익과 배치되는 경우에는 따르지 않는다.

한국 사람들이 의리에 대하여 유난스러운가? 그렇지 않다는 것이 최근 서구의 연구에 의해서 드러났다. 예를 들어, 자신이 속한 집단에 대해 충직한 사람이 집단을 위해 거짓말하는 것과 집단의 이익에 반하여 진실을 말하는 것, 두 가지 중

2024년 12월 7일 윤석열 대통령에 대한 탄핵 표결에서 여당 의원들이 표결에 불참하고 빠져나간 국회의 모습. 12월 14일 표결에서 여당 의원 대다수는 정의보다는 당을 위한 의리를 선택하여 탄핵 반대표를 던졌다.

어느 것이 잘못인가를 생각해 보자. 행위자가 당신이 모르는 사람일 경우와 당신일 경우에 답이 달리 나오는 양상을 보인다. 즉, 모르는 사람이라면 자기집단을 위해 거짓말 하는 것을 잘못이라고 여긴다. 그러나 행위자가 자신이라면, 사람들은 자기집단의 이익을 보호하기 위하여 거짓말하는 것을 윤리적으로 아무 문제가 없다고 판단했다. 자신의 의리 있는 거짓행위를 의리 없는(자기집단 이익에 반하여) 정직한 행동보다 더 윤리적으로 정당하다고 보았다(Hildreth & Anderson, 2018). 일반적으로 사람들은 정직을 덕목으로 여기고, 거짓말하는 것을 비윤리적이라고 여기지만, 자신의 집단을 위해 거짓말하는 것은 윤리적으로 문제가 없다고 여긴다. 오히려, 의리가 없이 정직한 사람의 행위보다 더 윤리적이라고 여긴다. 따라서 사람들은 정직이라는 공적 영역의 덕성보다는 의리라는 사적 영역의 덕성을 더 중요하게 여김을 볼 수 있다. 사람들은 누구나 자신이 속한 집단을 보호하려는 부족주의(tribalism) 특성을 진화적으로 갖추게 된 것이다(Clark et al., 2019).

**내부자 고발/공익제보** 회사나 공적인 조직에서 일하는 사람이 내부에서 벌어지고 있는 비리나 불법적 행위를 외부에 알리는 내부자 고발/공익제보는 쉽지 않은 일이다. 조직에 손해를 끼칠 수 있으므로 입을 다무는 경우가 많지만, 더 나은 사회를 위해서, 즉 공익을 위해서는 호각을 불어야 할 필요성 때문이다. 내부자 고발을 고민하는 사람들은 회사를 위하여 충성한다는 규범과 공익을 위한다는 규범의 두 가치를 놓고 고민한다. 이 두 가지 규범은 모두 중요한 도덕률이므로 사람들은 처한 상황에서 어느 것이 현저하게 작용하는지에 영향을 받는다(Waytz, 2013). 특히 영향받는 상대와의 관계가 밀접할수록 충성/의리의 규범이 크게 작용하면서 내부 고발이 조직을 배신하는 것이라고 여겨지고 있어 더욱 어렵다.

**정태연(1964~ )**

미국 코네티컷 대학교에서 사회심리학 박사학위를 취득하고, 중앙대학교 심리학과 교수로 재직 중이다. 한국사회및성격심리학회 회장을 역임하였고, 성인발달, 사회문제(공익제보 등)에 관심을 갖고 연구하고 있다.

많은 경우에 내부자 고발로 고발자가 피해를 입게 되는 상황이 발생한다. 이 경우에 어려움은 더해진다. 국내에서 공익제보자 14명을 대상으로 면접한 결과에 따르면, 이들은 공익제보 행위로 개인적 피해, 사회적 관계 파괴, 조직적 차별 대우와 같은 경험을 겪은 경우가 상당히 있는 것으로 나타났다(허성호 외, 2017). 대표적인 국내 시민운동단체인 참여연대가 시행하는 공익제보 의인상을 수상한 25건의 사례를 분석한 바에 따르면 이들이, 해고 7건(28%), 사직 · 실직 · 퇴직 5건(20%),

보복성 조치 6건(24%)을 당한 것으로 나타나고 있어 72%의 경우에 심각한 피해를 입었다(이정기, 2016; 허성호, 이근영, 정태연, 2017). 비록 공무원들은 10여 년 전에 비해서 내부 고발자를 조직의 배신자라기보다는 조직의 미래를 위해 도움이 되는 사람으로 인식하는 양상이 증가하였지만, 공익제보를 꺼리는 양상도 높아지고 있다. 조직이나 상사의 보복 행위의 가능성을 높게 보기 때문이다(장용진 외, 2012).

2023년 수해 실종자를 수색하다 숨진 채상병 사건을 수사한 해병대 수사단장 박정훈 대령은 부당한 수사 외압을 폭로하여 항명죄로 보직을 해임당했다.

공익제보는 어느 사회에서나 흔한 것은 아니다. 어느 사회나 잘못된 관행이나 비리를 저지르는 조직원들이 있지만, 의리라는 규범과의 충돌, 보복의 두려움들이 작용하기 때문이다. 그렇지만 조직에 대한 의리와 외부 고발은 늘 갈등상태에 있는 것은 아니다. 외부 고발을 함으로써 조직의 비리, 조직원 간의 소통 문제들이 드러날 수 있고, 이들을 바로잡아 가는 노력이나 정책이 취해져서 조직을 건강하게 만들 수 있기 때문이다. 최악의 경우에 회사나 정부가 경영난이 닥쳐도, 보다 나은 사회 공동체를 위한 시민행동으로 정당화될 수 있다(윤혜진, 2013).

## 요약

1. 남미 라틴계열 국가는 집단주의 문화이지만 독립적 자기성이 강한 문화이기도 하다. 이런 차이는 자연환경과 식량의 조달방식 및 식민 지배의 역사 등에서 연유한 탓으로 보인다.
2. 언어는 사람들의 심리를 반영하며, 매개하는 역할을 한다. 말차림의 양상이 사람들의 행위와 사태 인식에 주는 영향들이 최근 연구로 확인되고 있다.
3. 한국인이 세상을 파악하는 특징은 늘 쪽과 쪽이 어울려서 일이 벌어진다고 보는 쪽 세계관으로 요약될 수 있다. 이런 세계관은 서구의 개체적(오인 나) 세계관과 매우 대조적이다.
4. 오인 나는 나 중심으로, 나의 욕구와 욕망을 충족시키기 위한 수단으로 남들과 관계를 맺어 가는 방식이다. 쪽인 나는 나쪽이 상대쪽을 만나 어울려서 세상일들이 벌어지는 것으로 세상을 본다. 나는 전체의 한 쪽으로 전체가 돌아가기 위한 구실을 지닌다.
5. 사람다움이란 표현은 주위의 것들과 늘 어울리면서 다양한 모습을 보일 수 있고, 그런 모습들의 대표적 모습을 '다움'이라 일컫는다. 따라서 한국인의 존재론은 개체의 독립적 실체가 아니라 쪽으로서 어울리는 모습이다.
6. 한국인은 모든 것이 서로 연결되어 있는 쪽으로서 함께하며, 이 함께 어울리는 단위를 우리라 여긴다. 우리는 **나만의 우리** → 저들만의 **닫힌 우리** → 남까지 **열린 우리** → 모든 것이 **모든 우리**로 진행할 수 있다.

7. 개인주의-집단주의 이론은 서구인들에게 지배적인 오인 나의 관점에서 인간 사회의 작동 모습을 포착한 이론이다. 그 적용 영역이 인간 사회에 국한된다. 쪽-오의 세계관은 인간 사이는 물론, 다른 생명체 및 자연물과의 관계맺음과 그에서 연유되는 심리현상을 포용할 수 있는 큰 틀이다.
8. 한국인의 우리성 심리는 남들과 구분된 우리의 결속을 강화하며, 쪽들의 심리적 연대감을 반영하는 확대된 가족의식의 심리다. 우리성은 네 가지 발달단계로 그 범주가 확대될 수 있다.
9. 사람들은 의리규범(사적 영역)과 공정규범(공적 영역)이 충돌하는 상황에서 의리규범을 중시하는 부족주의적 속성을 보인다.
10. 공익제보는 의리를 배신한다는 비난과 부당한 대우라는 희생적 비용을 치르기에 매우 어렵지만, 정의로운 사회를 위해 보호되어야 한다.

## 한국인의 고유적 교류현상

한국인들이 다른 사람들과의 관계에서 보이는 독특한 현상들이 있다. 이들이 지닌 독특성으로 인해 외국인들은 그것을 오해하거나 때로는 곡해하는 경우도 많다. 대표적인 것들이 정, 체면, 눈치, 의례적 대화, 한 등이다. 이러한 개념들은 흔히 사회현상을 설명하는 목적으로 많이 거론되던 것이나, 이들의 특성이나 대한 사회심리학적 연구들이 진행되고 있다. 이들 현상은 오인 나들의 세계에서 이해하기 어려운 현상들이지만 쪽인 나의 세계관을 지닌 한국인들에게 자연스럽게 나타나는 현상들이다.

### 한국인의 교류 정서-정

한국 사람들의 대인관계를 기술함에 있어서 가장 많이 사용되는 단어가 있다면 그것은 '정(情)'이라고 볼 수 있다. '가는 정, 오는 정, 낳은 정, 기른 정, 정다운, 비정한, 무정한, 정든 사람, 정이 없는 사람, 미운 정 고운 정 다든 사람 등' 다양한 표현을 들 수 있다. 한국에 오래 체류한 외국인들이 한국인에게서 가장 부러워 하는 것으로 한국인의 끈끈한 정을 많이 든다. 외국 기업들 중에는 한국적 정 문화를 사내에 도입하기 위하여 전 직원이 아침식사를 같이 하고, 가족들을 참여시키는 각종 행사를 수시로 개최하는 기업도 늘었다고 한다(조선일보, 2001. 7. 23.). 외국인들이 부러워하면서도 의아해하는 정에 대하여 이해해 보자.

**관계적 정서로서 정** 국내에서 1990년대에 인기 있던 〈사랑이 뭐길래〉라는 연속극을 미국 대학생들에게 보여 주었더니 학생들이 도저히 이해하지 못하겠다는 표정으로 하는 질문 중에는 "왜 저 부부는 이혼을 하지 않고 살면서 계속 싸우느냐?" "저렇게 싸우면서 어떻게 한 방에서 같이 자느냐?"는 것들이 나왔다고 한다(임태섭, 1995). 주인공 남편 역을 맡은 이순재의 심술궂은 표정과 매섭고 야비한 태도, 부인 역 김혜자의 무표정한 행동 등이 이들에게 부부라고 보기 힘들었던 것이다. 흔히 우리는 부부가 정 때문에 살지 사랑으로 사는 것이 아니라고 말한다. 오랜 사이에는 미운 정, 고운 정이 다 들었는데 어떻게 헤어지느냐 하는 말을 한다(최상진, 김지영, 김기범, 2000).

드라마 〈사랑이 뭐길래〉

정이 어떠한 것인지 사람들의 생각을 분석하여 정리하면 네 가지 특징이 나타난다(최상진, 2000). 우선, 역사성이다. 정은 상대방과 함께하는 삶과 활동의 시간적 경과가 필요하다는 것이다. 둘째, 동거성이다. 이는 공간적으로 가까운 거리에서 서로 접촉하고 친숙한 관계를 맺어 간다는 것이다. 가장 대표적인 공간은 집 울타리이며 가족은 물론, 강아지, 가구와 같은 인간이 아닌 대상에도 정이 들 수 있다. 셋째, 다정성이다. 상대방에 대하여 친근함을 느끼고, 포근하고 편안한 감정을 느끼는 것이다. 넷째, 허물없음이다. 정드는 깊이는 상대방과 얼마나 한 가족 같은 행동을 하느냐에 달려 있다. 한 이불을 덮고 자고, 찌개 그릇에 수저를 같이 담그고, 할 일 없이 같이 빈둥거리는 시간을 많이 보내고, 목욕을 같이하고, 흉허물 없이 터놓고 지내는 사람과 정이 든다.

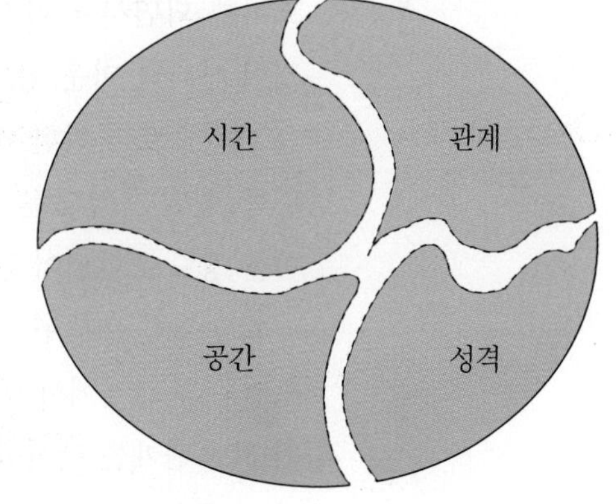

**[그림 12-8] 정의 조건과 특징**
출처: 최상진(2000).

이러한 정의 특징은 정의 형성조건이기도 하다. [그림 12-8]은 정의 특징과 형성에 관여하는 네 가지 요소가 서로 상호의존적이며 중복적인 측면을 지니며 보충해 가는 관계임을 보여 주고 있다. 정은 어느 한 요소만으로 필연적이거나 충분히 형성되지는 못한다. 정의 깊이를 측정한다고 했을 때, 어느 한 요소의 측정이 다른 요소의 측정에 대한 근사치로 작용할 수 있으나 두 요소가 같은 것은 아니다.

정은 작위적으로 만들어지는 것이 아니라 장기간 함께하는 경험을 통해서 이슬비에 옷이 젖듯 저절로 들게 된다. 따라서 당사자들은 정의 깊이를 직접 파악하기 어렵고, 상대가 보여 준 또는 상대에게서 오는 느낌이나 행동 단서로부터 유추해 낸다. 즉, 일상생활의 구체적 사건들에서 고마움, 따뜻함, 가까움 등과 같은 느낌을 통해서 파악되는 것이다. 따라서 정을 바탕으로 한 행위는 의도성이 약하다는 면에서 친절한 행위와 구별되며, 보편성 및 가치지향성이 없고 규범에 의한 책임, 의무성을 지니지 않은 점에서 자비심과도 구별되는 특징을 지닌다.

대학생들에게 정을 느끼는 사람을 회상하면서 왜 그러한 감정을 느끼는지를 물어서 분석한 결과(최상진, 이장주, 1999), 정의 심리는 서로를 아껴 주는 마음(도와주고, 배려하고, 걱정해 줌), 우리성-일체감의 마음을 드러냄(잘 알고, 자주 연락하며, 없으면 허전함), 그리고 허물없음으로 나타났다. 사람들은 어려울 때, 외로울 때, 오랫동안 보지 못했을 때, 기쁜 일이 있을 때 정든 사람을 보고 싶어 한다. 정든 이와의 만남에서 의지할 수 있음을 확인하고, 도움을 받으며, 마음이 편안함을 느낌으로써 사회생활에 필요한 사회정서적 안정을 유지하는 것으로 나타난다. 가족의 기능을 분석한 연구(Strong & DeVault, 1992)는 가장 중요한 기능이 친밀한 관계에서 얻을 수 있는 정서적 안정과 지원이며, 그다음 기능으로 경제적 도움임을 보이고 있다. 정관계는 가족관계의 가장 중요한 기능을 사회에서 만난 상대방에게서 느끼게 되면서 깊어지는 관계라고 볼 수 있다. 깊은 관계에서는 고운 정만 있는 것이 아니라 미운 정도 있게 된다. 김기범(2009)은 남녀 대학생과 성인 300여 명을 대상으로 다양한 정관련 척도를 구성하여 분석한 연구에서 정의 감정에는 '따뜻함, 친밀감'의 고운 정뿐만 아니라 '부담스럽다, 밉다, 싫어도 어쩔 수 없다' 등의 미운 정도 포함되어 있음을 보였다.

왜 친밀한 부부 관계를 미운 정과 고운 정 다든 사이라고 할까? 상대방과의 관계를 오인 나의 관점에서 맺어 간다면 상대가 밉쌀스러운 행동을 자주 하면 미운 정이 들기 전에 관계는 단절될 것이다. 이쪽(내쪽)과 저쪽(상대쪽)의 쪽으로 함께 우리가 되어 다양한 상황에 처하는 탓에 밉기도 곱기도 한 경험들을 해 가는 탓이라 본다.

**성격 특징으로서의 정** 정은 대인관계적 정서다. 그러나 우리 사회의 대인교류가 정을 지향하는 특징을 지니고 있기 때문에(최상진, 한규석, 1998), 이 특징이 내면화되어 성격적인 측면에서 나타나기도 한다. 이를테면, 다정한 사람, 무정한 인간, 인정 많은 사람, 다정도 병인 양 등의 표현에서 정의 성격적 측면을 볼 수 있다. 사람들은 정 많은 사람이란 남을 사랑하고 도와주며, 남의 어려움에 공감과 관심을 잘 보이는 사람이라고 생각한다.

한편, 무정한 사람의 특징을 알아본 결과, 타인의 고통에 무감각하고, 이기적이며, 감정이 없는 사람, 이지적인 사람들로 나타난다. 다른 분석은 정이 안 드는 사람의 조건으로 자기과시적인 행동, 이기적 행동, 냉정한 행동, 완벽한 행동을 드러내고 있다(최상진, 2000, pp. 62-63). 이기적이고 남에게 무관심한 것은 사회적으로 환영받지 못하는 특징들이고, 이런 행동을 보이는 사람에게 정이 안 가는 것은 당연한 것이다. 그러나 이지적이거나 완벽한 행동은 긍정적인 평가를 받는 행동인데, 이러한 행동을 자주 보이는 것도 정의 형성에는 부정적인 영향을 미친다는 것은 흥미로운 현상이다. 이는 한국인들에게 정이 가는 사람은 따듯한 마음을 갖고, 어수룩한 행동도 하는 사람이라는 것이다. 그렇지 않고, 차갑고 이지적인 사람은 인정머리 없는 인간으로 경원시된다. 이러한 결과는 한국인의 정이 개인주의와 능률주의 및 법과 정의와는 거리가 먼 심리적 속성을 지니고 있음을 시사한다(이수원, 이헌남, 1993).

한 연구는 나이가 많은 사람일수록 인간관계에서 '정을 주는 사이'와 '정을 주지 않는 사이'를 구별하는 경향이 강함을 보이고 있다(이수원, 1984). 정을 주는 사이

### 나 알기 2: 나의 정 성향

※ 다음은 여러분들이 일상생활을 하면서 느낄 수 있는 일들이다. 각 항목이 당신을 잘 묘사하는 정도를 1(전혀 아님)-4(보통)-7(매우 그럼)의 7개 숫자에서 하나를 택하여 응답하시오.

( ) 1. 나는 다른 사람의 부탁을 직접적으로 거절하지 못한다.
( ) 2. 나는 내가 싫어하는 일이지만, 다른 사람의 입장을 생각해서 하는 경우가 많다.
( ) 3. 나는 상대방의 입장 때문에 합리적인 의사결정을 하지 못하는 경우가 종종 있다.
( ) 4. 나는 다른 사람이 어려운 일을 당하면 잘 도와주는 편이다.
( ) 5. 나는 다른 사람의 말을 진지하고 성실하게 들어 준다.
( ) 6. 나는 상대의 입장을 잘 이해해 주는 편이다.
( ) 7. 나는 슬픈 이야기를 듣거나 영화를 보면 콧등이 시큰해진다.
( ) 8. 나는 눈물이 많은 편이다.
( ) 9. 나는 한동안 같이 지내던 사람이 떠나가면 허전함을 많이 느낀다.

1~3번 문항은 인간적 연약성, 4~6번 문항은 타인배려성, 7~9번은 다정다감성을 보는 항목들이며, 원척도는 30문항으로 구성되어 있다(임영식, 1994).

에서는 서로 주고받는 정표가 다양하며 빈도도 잦고, 동기도 순수하게 여기고, 부담도 덜 갖는다. 또한 도움을 받을 때 고마움을 크게 느끼며 못 받을 때 섭섭함도 크다(배재창, 한규석, 2016). 아울러 도움을 베풀 때 보람도 크고, 못 베풀 때 미안함을 느낀다. 나이가 적을수록 이러한 현상이 적게 나타났다. 이로 미루어 정이 우리성 관계의 성원들을 결합시키는 아교 역할을 한다고 볼 수 있다.

**정의 기능** 상대방이 지닌 일반적 특징(매력, 식견, 성품, 인격 등)이 그에 대한 호감을 결정하는 중요한 준거로 작용하는 것은 서구문화에서 두드러진 특징이다. 따라서 상대방이 지니고 있던 흉허물을 알게 되고, 상대방의 애정표현 변화를 주시하여, 상대방에 대한 호감의 정도가 변하여 교류가 단절될 수 있다. 그러나 한국에서는 상대방과의 관계마다 당사자들 간에만 성립하는 주관적 관계의 틀이 있으므로 연륜이 쌓인 관계라면 이 틀 속에서 상대방의 흉허물이 수용된다. 따라서 '미운 정, 고운 정'의 모순이 공존하고 '정 각각, 흉 각각'을 당연시한다(최상진 외, 2000). 상대가 나의 기대를 저버리지 않는 한, 상대에 대한 제3자의 객관적 평가는 나의 주관적 평가와 관계의 지속에 큰 영향을 미치지 못한다. 그래서 남에게 많은 욕을 먹는 상대방일지라도 정든 관계에서는 포용한다. 이 같은 관계의 동학을 이해하지 못하는 미국인들에게 〈사랑이 뭐길래〉 연속극은 이해할 수 없는 부부관계를 보여 준 것이다.

정은 한국 사회에서 어떠한 순기능을 하는가? 사람들은 정든 관계에서 우선 편안한 느낌을 얻는다. 상대방에 의지하고, 상대를 신뢰할 수 있으며, 진정한 의미의 심리적 유대감과 소속감을 느낀다(최상진 외, 2000). 물론 이러한 긍정적인 면만 있는 것은 아니다. 정들었기 때문에, 상대를 위한 희생이 요구되며, 상대의 요구를 거부하기 힘들며, 공정성과 합리성을 유지하기 힘들다고 사람들은 말한다(최상진, 2000, pp. 68-71).

순기능 못지 않게 정의 역기능도 볼 수 있다. 정은 상대방이 자신에게 주는 마음의 깊이를 탐색하고 확인하는 교류양상으로 인해서 대인관계에서 많은 불편감을 야기하기도 한다. 즉, 사람들은 상대방과 친밀한 관계를 발전시키는 과정에서 정 행위를 많이 보이는데, 예를 들면 물건을 빌려 쓰고, 내 것 네 것 구분 없이 하는 등 친한 사람들과 통용되는 행위를 시도하면서 관계를 발전시킨다. 이 과정에서 상대방의 행위에서 자신에 대한 마음씀의 크기를 유추하는 탓에 오해와 갈등이 빈번하게 발생한다(한규석, 최상진, 2008). 대학생과 일반인을 대상으로 스트레스를 받는 상황을 조사한 결과, 대인관계에서 경험하는 무시, 갈등, 오해 등으로 인한 스트레스가 가장 많이 보고되었다(김의철, 박영신, 1997; 양미라, 한규석, 2019). 남녀 대학생과 고등학생을 대상으로 이들이 생활 속에서 경험하는 스트레스를 조사하고 정 성향을 파악하여 분석한 결과, 인간적 연약성으로서 정 성향이 강한 사람일수록 스트레스에 대한 대응방식으로 비효율적이라고 여겨지는 회피방식을 사용하여, 스트레스를 더 배가시키며, 생활만족도도 낮은 것으로 나타났다(최인재, 최상진, 2002). 이 연구에서 개인들의 우리성 성향(친구들을 가족처럼 여기고, 돕고, 자주 만나는 정도)을 측정해 보니, 이 성향이 높은 사람들은 지인들에게 사회적 지원을 추구하며, 스트레스를 덜 경험하고, 생활만족도도 높은 것으로 나타났다. 우리성 관계에서 남의 부탁을 거절하지 못하고, 상대의 눈치를 많이 살피는 행위는 문제해결에 그림자를 드리우지만, 지인과 강한 유대감을 느끼는 경향은 문제해결을 위한 사회적 자원으로 기능함을 볼 수 있다(Cohen, 2004).

## 한국인의 한(恨)

우리 민족을 '한(恨)의 민족이라고도 할 만큼 한은 한국인의 고유 정서로 여겨진다(김열규, 1991; 김용운, 1986; 가세히데아키, 1989). 한은 남자보다 여성에게 많이 발생하며, 한을 품고 있는 주위의 사람으로서 자신의 어머니, 할머니를 대는 경향이 매우 높게 나타났다. 이들에게 한이 쌓이게 된 배경에는 가난, 사별, 못배움 등 어쩔 수 없는 어려움이 놓여 있다. 한은 정과 깊은 관계가 있다고 사람들은 여긴다. 즉, 다정다감하지만 자기표현을 억제하는 사람들이 한을 품기 쉬우며, 정이 많은 사람이 결국 한도 품는 것으로 여긴다. 한이란 심리를 명확하게 정의 내리기는 어렵다. 최상진(1991)은 이를 "자신의 불행에 대한 자책의 정념과 자신의 불행에 대한 부당함의 심리가 결합된 복합감정 상태"(p. 17)라고 설명한다. 그는 한에 대한 문헌을 조사하고, 대학생들을 대상으로 한에 대해 지닌 생각을 조사한 결과 한이 생겨나기 위한 조건을 세 가지로 정리하고 있다. 첫째, 부당한 차별대우를 받았을 때(빽에 밀려서 등), 둘째, 타인에 비해 현저히 결핍되어 고통을 당할 때(가난해서 등), 셋째, 돌이킬 수 없는 큰 실수를 범했을 때 발생한다.

이런 경험이 한이라는 고유한 정서 특성으로 응결되기 위해서는 몇 가지 과정을 거친다(최상진, 1991). 우선, 욕구좌절을 겪으면서 분노, 복수심, 회한의 강한 감정(원[怨]의 감정)을 느낀다. 이러한 감정의 표출이나 직접적인 해소(복수의 결행)가 곤란한 경우에 다음 단계의 심적 과정이 나타난다. 이 단계에서는 억제된 분노와 적개심을 스스로 약화시키고 수용하는 쪽으로 벌어진 사건을 재해석하게 된다. 즉, 사건의 책임을 스스로에게 전가시키면서 자기를 비하하거나 재수 또는 팔자 탓을 하면서 상대방에게 탓을 하던 책임을 자기나 초월적인 운명 탓으로 돌린다. 시간이 경과하면서 이렇게 재해석했던 사건을 되돌아보는 과정에서 여전히 스스로가 억울했음을 느끼게 될 때('왜 하필이면 나만 팔자가 사나운가?'), 3단계가 되는 감정의 기복이 생기고 흔히 말하는 한을 품게 된다. 이러한 한은 사회적 통로를 통해 발산되거나, 예술이나 문학과 같은 승화된 형태로 전환, 표현되기도 한다. 마지막 단계에서 한은 당사자의 감정으로부터 분리되어 객관화되며, 이제 자신의 한을 남의 한에 대해 이야기하는 것처럼 평온하게 초연하게 이야기할 수 있게 된다(곁글 12-3).

심리학자나 인문학자들이 한을 복합적인 감정으로 승화를 통해서 긍정적인 정서로 변모하고 기능할 수 있음을 강조하는 반면에, 정신의학자들은 한을 부정적인 감정으로 여기는 경향이 높다. 한 연구는 화병 환자의 80%가 한을 화병의 원인으로 여기고 있다고 보고한다(민성길, 1991). 한과 화병의 인과관계에서 두 분야의

**곁글 12-3** 서편제에 나타난 한

이청준의 소설 『서편제』는 임권택 감독에 의해서 1993년 영화화되어 한국 영화사상 관람객 수에 있어서 당시의 최고 기록을 수립하였다. 작품의 성공에 대한 이유가 여러 가지 거론되지만 〈서편제〉의 작품에 그려진 한국인의 고유정서인 한이 영화라는 시각매체를 통해 절실히 와닿음으로써 관객들의 심금을 울렸기 때문이라는 데 여러 평론가들이 견해를 같이하고 있으며, 이는 영화를 본 학생들의 반응에서도 확인되고 있다(이재호, 최상진, 2003).

영화 〈서편제〉의 한 장면

최상진(1991)은 〈서편제〉에 나타난 두 가지 장면을 한의 전형으로 분석하고 있다. 유봉이 딸인 송화에게 "니가 나를 원수로 알았다면, 니 소리에 원한이 사무쳤을텐디, 니 소리 어디에도 그런 흔적은 없더구나." "동편제는 무겁고 맺음세가 분명하다면, 서편제는 애절하고 정한이 많다고들 하지. 허지만 한을 넘어서게 되면 동편제도 서편제도 없고 득음의 경지만 있을 뿐이다." 이 구절들에서 한이 원한과 구분되고, 원한을 극복하며 경험되는 정서임을 시사한다. 마지막 장면에서 눈먼 송화가 남동생인 동화와 밤을 새우며 소리를 한 후 서로 남매지간임을 밝히지 않고 헤어졌다. 이를 의아하게 여긴 천 씨가 왜 모른 척했는지를 묻고, 이에 대해 송화는 "한을 다치고 싶지 않아서였지요."라고 답한다. 이때 천 씨가 "무슨 한이 그렇게도 깊이 맺혔간디 풀지도 못하고 허망하게 헤어졌단 말이여?" 송화는 "간밤에 한을 풀어냈어요."라고 답한다. 여기에서 송화는 서로를 밝힐 때 이미 각자의 감정상태에서 승화된 한이 구체적 사건들의 회상으로(서로를 밝힘으로써) 다시 마음속에서 처리되어야 할 소재가 될 것을 두려워했기 때문으로 해석될 수 있다.

해석이 상반된다. 심리학자들은 화병이 한으로 변모되는 과정에서 치유될 수 있다고 본다.

이러한 한은 그 억울한 마음을 남들이 몰라줄 때 커진다. 한 맺힌 사연을 이야기할 때 항상 당사자들은 '이 한을 아무도 몰라준다.'고 되뇐다. 한을 푸는 가장 좋은 방법은 억울한 심정을 유발시킨 당사자가 그것을 인정하고, 그에 대한 보상적 행위를 하는 것이다. 이것이 안 되면 주변 사람이라도 그 억울함을 인정하고 달래줌으로써 한의 억울함은 경감될 수 있다(최상진, 1994). 최근에 작가 한강이 쓴 『소년이 온다』의 주인공 동호의 실제 인물인 문재학의 어머니는 어린 아들의 죽음이 너무도 안타까웠지만 노벨상 수상으로 많은 사람이 아들이 한 일과 5 · 18을 알게 되어 대견하다는 생각이 든다며, 40여 년간 맺혀 있던 한을 풀어냈다. 진도에서는 제명을 다하지 못하고 죽은 억울한 영혼이 한을 품게 된다는 생각에 한을 '씻어 주는' 씻김굿이 오늘날도 행해지고 있다.

보다 최근에 남녀 대학생들 대상으로 한의 경험에 대하여 수행된 연구는 한을 경험한 사람이 25%로 나타났으며, 이들 중에서 자신이 경험하는 정서에 주의를 기울이며, 명료하게 정서를 분별하는 사람들은 한이나 부정적인 사건을 경험하더라도 정상으로 복귀가 빠르나, 정서분별이 명료하지 못한 사람들은 우울, 불면증 같은 부정적인 정서를 자주 경험하는 것으로 나타났다(김진영, 고영건, 2007), 이 연구는 화병을 유발하는 심적 고통을 이해하고 다른 것들과 변별하는 노력이 한으로 승화되는 가능성을 높여줄 수 있음을 시사한다.

2022년 10월의 이태원 참사의 희생자를 위한 진도 씻김굿에서 무당들이 희생자들의 영령을 전송하고 있다.

**결글 12-4** 한국인의 마음과 서구인의 마음(mind)

심리학은 마음을 연구하는 학문이라고 정의된다. 그런데 우리말 마음과 영어 mind는 매우 다른 의미로 일상에서 사용된다. 이를 잘 보여 주는 것은 사전에서의 해당 용어의 정의다. 가장 권위 있는 영어사전인 『옥스퍼드 영어사전』에서 mind를 찾아보면 첫 번째로 나오는 용법 설명어가 기억(memory)이고, 다음 나오는 것이 생각(thought), 의향(intentions) 등으로 21개의 용법이 제시되어 있다. 이 중에서 16개가 기억, 인지, 사고와 관련된 내용들이다. 그러나 국립국어원에서 편찬한 『표준국어대사전』(온라인 판)에 나오는 마음에 대한 설명의 첫 번째 내용은 "사람이 본래부터 지닌 성격이나 품성"이며, 둘째 내용은 "사람이 다른 사람이나 사물에 대하여 감정이나 의지, 생각 따위를 일으키는 작용이나 태도"라고 나와 있다. 7개의 용법이 나와 있고, 그중에서 심성, 감정, 의향 관련 내용이 6개를 차지하고, 생각과 관련된 것은 하나뿐이다. 비유하자면 영어의 마음은 생각의 자리인 머리에 해당하고, 한국인의 마음은 감정, 관심의 자리라고 여겨 온 심장에 해당한다. 이러한 차이를 인식하는 학자들은 한자 문화권에서의 마음(心)을 영어로 번역할 때 heart-mind란 표현을 써서 서구인들의 일상적 mind와 차별화시키기도 한다.

유교문화권에서 마음은 지 · 정 · 의(생각, 감정, 의지)의 정신현상이 일어나는 부위이며, 이를 관장하기도 하는 중추로 여겨 왔다. 마음은 저절로 생기고 들기도 하는 **본연성**(순수한 마음)을 지니고 있지만, 아울러 사람은 누구나 자기 마음의 주인으로서 마음을 필요에 따라 만들어 내고 쓰는 **작위성**을 아울러 지니고 있다. 이 두 가지 마음의 속성 탓에 마음은 그 사람의 실제 주인이라 여긴다(유권종, 최상진, 2003; 한규석, 최상진, 2008).

한 연구에서는 대학생들에게 자식(A)－부모 관계의 상황을 실험적으로 변화시킨 여러 개의 각본을 제시하고, 자식을 평가하도록 하였다(김서홍, 2019). 연구 결과, 자식이 부모를 좋아하는 내적(본연적) 마음이 없더라도 부모를 좋아하려는 마음을 갖고, 마음 써 주는 행동(작위성: 생일을 챙기는 등)을 하는 경우에 본연성 마음은 있지만 마음 써 주는 행동을 보이지 않는 사람에 비하여 좋은 성품의 사람으로 평가받는 것으로 나타났다. 부모를 챙기는 행동을 보이지 않지만, 부모를 좋아하는 마음이 없어서 마음 내키는 대로 지내는 경우(솔직함)보다, 챙기는 행동을 보이지 않지만 부모를 좋아하려는 작위적 마음을 지닌 경우에 좋은 평가를 받는다. 비슷한 절차를 이용한 미국의 연구에서는 자식이 마음에 없는 부모챙김 행위를 보이는 것을 위선적인 것으로 여기는 양상이 개신교를 믿는 사람들에게서 확연히 나타났다(유대교도들은 한국인처럼 마음에 없더라도 부모챙김 행위를 보이는 사람을 보이지 않는 사람보다 좋게 여김; Cohen & Rozin, 2001).

이런 결과는 한국 사람들에게 마음은 순수한 **본연성**을 지니고 있지만, 더불어 자신이 마음의 주인으로서 다스리고 써 주는 **작위성**도 중요함을 보여 준다. 자기의 마음을 욕구대로 하는 것이 아니라 다스리면서 쪽으로서의 역할을 다해 가는 것을 중요하게 여기는 마음관을 지닌 것이다.

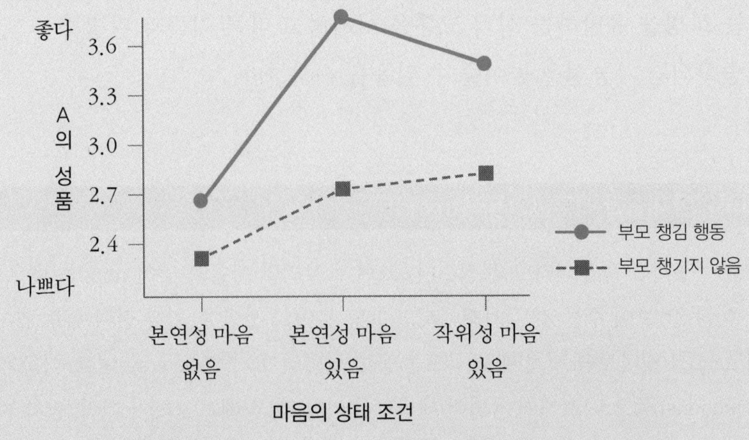


**[그림 12-9] 마음의 본연성과 작위성에 따라 다른 행위자의 성품평가**

출처: 김서홍(2019), 그림 12 일부.

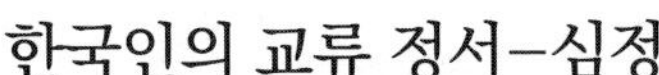

## 한국인의 교류 정서-심정

우리 문화권에서 사람들의 행동은 자신이 내켜서라기보다는 처한 상황에서 요구되는 규범, 자신의 역할, 상대방의 요구 등에 의해서 수시로 변한다. 다양한 관계 속에서 관계를 원만히 유지하고 쪽으로서 자신의 역할을 수행하기 위해서 사회 문화적으로 규정된 여러 규범들을 따른다. 이 행위는 규범에 의해서 마지못해 나타날 수도 있고, 반대로 진심에서 나타날 수도 있다. 따라서 행위자에 대한 평가를 할 때는 그가 보인 객관적 행동의 특성보다는 상대가 자신(평가자)과 상호교류에서 어떤 경험을 하는가 그리고 상대방의 진심(마음)은 무엇인가를 파악하는 것이 매우 중요하다(최상진, 김기범, 1999; 한규석, 최상진, 2008; Choi, Han, & Kim, 2007; Yang, 2000). 이 점에서 한국인에게서 "대인교류의 화폐는 드러난 행동이 아니라 보이지 않는 마음"이라고 할 수 있다(최상진, 2000). 여기서 마음이란 아껴 주는 마음쓰기란 의미를 지닌다(곁글 12-4).

심정이란 상대에 대한 지향적 마음이 일어난 상태 혹은 마음이 움직인 정황이다. 따라서 심정은 단순히 좋고 나쁜 정서를 지칭하는 것이 아니다. 심정을 말하기 위해서는 이 발동된 마음에 대한 자의식이 전제되어 있어야 한다. 즉, 느껴진 마음을 스스로가 인식하는 것이다. 또한 심정을 느낄 때는 이 느껴진 마음(감정)의 이유나 배경에 대한 심리적 설명이 이미 구성되어 있음을 의미한다. 즉, 섭섭한 심정을 느낄 때는 상대방과 나와의 관계 속에서 상대의 행동이 나에게 섭섭함을 줄 수밖에 없었던 나름의 이야기가 구성되어 있다는 것이다. 즉, 심정이 발동하기 위해서는 관여된 두 사람 간의 관계에서 '이 정도의 마음 써 주기'는 있어야 한다는 기대가 형성되어 있어야 한다. 그렇기에 심정이 발동되는 상황은 그 기대가 깨어진 경우가 대부분이다. 대학생을 대상으로 심정이 상했던 사례를 자유응답하도록 하여 분류해 본 결과가 〈표 12-2〉에 정리되어 있다(손영미, 최상진, 1999).

**표 12-2** 심정을 상하게 하는 요인

| 반응 유목 빈도 | 빈도 |
|---|---|
| 1. 믿었던 친구였는데 내 믿음이 깨져서 | 34 |
| 2. 내 마음을 몰라준다, 무심하다 | 18 |
| 3. 나를 배려해 주지 않는다 | 17 |
| 4. 나를 무시한다, 독선적 태도 | 33 |
| 5. 내 자신이 비참해서 | 10 |

| | |
|---|---|
| 6. 내가 해 준 것은 생각하지 않고 나에게 심하게 대한다, 제대로 인정받지 못했다고 생각되어서 | 24 |
| 7. 양면적인 행동 | 5 |
| 8. 기타 | 9 |
| 총 | 150 |

출처: 손영미, 최상진(1999).

마음쓰기에 대한 기대가 무너질 때 심정이 발동하지만, 이때 심정은 울컥한 것 같은 정서의 불편한 상태다. 이 불편한 심정을 이해하기 위하여 당사자는 상대가 자신의 기대를 저버릴 만한 이유가 있는지를 나름대로 모색하면서 상대와 그동안 있었던 사건들을 반추하며 납득할 만한 이유를 찾는다. 이유가 찾아지면 심정은 가라앉지만, 찾아지지 않으면 자신의 주관적 심정의 정당성을 파악하기 위하여 주위 사람에게 하소연하거나, 상대방과 직접적인 대화를 통해서 자신에게 발동된 심정의 사회적 정당화 과정에 들어간다. 심정이 상대에게 받아들여지면 심정은 해소되며, 관계가 지속되지만, 심정이 상대에게 무시당하거나 수용되지 않는다면 상대방과의 관계가 소원해지는 조정과정에 들어가게 된다(Choi, Han, & Kim, 2007). [그림 12-10]은 이 과정을 도식화한 것이다.

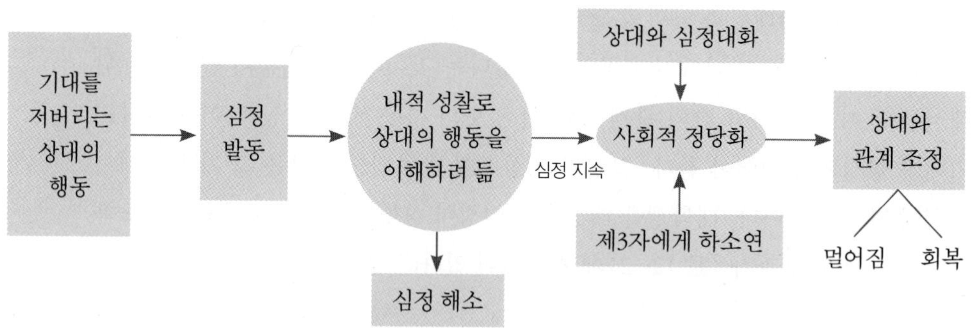


**[그림 12-10] 심정대화의 과정: 심정의 발동과 관계조정**

출처: Choi et al.(2007)을 바탕으로 그림.

**심정은 순수한 것** 한국인들은 마음과 심정이 자연적으로 생긴다는 자연발생관을 지니고 있다. 자기 뜻대로 할 수 없다고 여기기 때문에 '마음-심정 순수관'(최상진, 2000)이라고 할 수 있다. 그래서 상대가 자기에 대하여 지니고 있는 심정(마음)이 자신의 기대와 반한다고 하더라도, 그러한 심정을 지닌 당사자의 책임이나 잘못 탓으로 여기지 않는다(섭섭하게는 여겨도). 자기가 보이는 행위가 상황에 따라 변하기 때문에, 이에 따른 상대방의 오해를 막고자 우리는 자신의 속마음(심정)을 상대에게 알려 주고자 노력한다. 우리는 마주 앉아 오해를 풀고자 할 때 흔히 '내 심정을 알아 달라'며, 속마음을 털어놓는 소통을 한다. 기업체에서 상하가 어울리는 술자리가 한국처럼 자주 벌어지는 곳도 드물다. 그 이유는 역할과 업무상황 때문에 본의 아니게 보인 행위들의 뒤에 가려진 서로의 마음과 심정을 이해시키고자 하는 의도가 작용하기 때문이다(최상진, 한규석, 1998).

한국인들은 심정을 순수한 마음으로 여기므로, 심정의 토로는 진실된 마음의 표현인 동시에 간절한 마음의 경험으로 여긴다. 드러나지 않게 깊숙이 작용하고 있는 심정은 한국의 예술과 문학의 영역에서 중요한 한국적 소재로 다루어져 왔다(박정진, 1990). 한국인이 지향하는 우리성–정의 관계에서 심정소통이 이루어지는 것은 긴밀한 관계성을 함축하며, 동시에 이를 확인해 주는 의식이기도 하다. 그래서 일상에서 심정소통이 빈번하게 나타나며, 이를 일반적인 소통과 잘 구분해 낸다(김경자, 한규석, 2000).

**심정소통과 사리소통** 우리성 관계집단에서 성원들 간의 오해 혹은 갈등 등의 문제가 생겼을 때 속마음을 드러내는 비언어적 및 언어적 소통을 심정소통이라 할 수 있다(김경자, 한규석, 2000; 손영미, 최상진, 1999). 심정이 통하는 사이에서 정이 깊어지고, 정이 깊은 사이에서 심정교류가 잘 이루어진다. 달리 말해서, 심정은 통하는 상대가 있으며, 심정에 기초한 소통이 자연스러운 상대가 있다. 이런 상대는 우리성의 관계에 있는 사람들이며, 이들 간에는 누구에게나 적용되는 관계보편적 사리논리보다는 관계특수적으로 적용되는 심정논리가 작용한다. 보이지 않는 마음 쓰기의 교류라 할 수 있다(최상진, 김기범, 1999).

반면에, 사리소통은 일반적인 사회관계에서 상호 간의 역할을 바탕으로, 논리

**표 12-3** 심정소통과 사리소통

| 심정소통 | 사리소통 |
|---|---|
| 우리성 논리 | 개별자 상호작용 논리 |
| 사적 논리 | 공적 논리 |
| 마음의 교류 | 이해관계의 교환 |
| 간주관성 | 객관성 |
| 정의 논리 | 이성의 논리 |

출처: 최상진(2000), p. 107.

적 근거에 의해 상대와 소통하는 것이다. 따라서 사리소통은 관계 일반적이며, 객관성을 바탕으로 한 소통이며, 일반적인 관계에서 작용하는 이해의 교환논리라는 특징을 지닌다.

## 체면

한국 사람은 체면을 중시한다. 여러 관찰자들이 한국인이 지닌 사회적 특성의 하나로 체면을 들고 있다(윤태림, 1986; 최재석, 1994). 체면은 '남을 대하기에 떳떳한 도리나 얼굴'이다(우리말 큰사전, 1994). 이 정의에서 알 수 있듯이 체면에는 두 가지 요소가 작용한다. 남을 대한다는 외적 요소와 떳떳함이라는 내적 요소다. 떳떳하기 위해서는 도덕성 혹은 능력을 갖추고 있어야 한다. 이를 갖추지 못한 사람은 부끄러움을 느낀다. 이 부끄러움은 기준에 못 미쳐 스스로 느끼는 '자괴성 부끄러움'과 남이 알게 되어 느끼는 '창피성 부끄러움'으로 구분될 수 있으며(최상진, 2000, 2부 2장), 체면의 외적 요소와 결부된 창피성 부끄러움(즉, '남부끄러움')이 사회생활에서의 체면 행위로 나타난다.

체면은 교수-학생, 상사-부하, 부모-자식, 목사-신도, 사돈지간 등 윗사람이 아랫사람을 대상으로 하는 서열 관계나 공적 관계에서 나타나며, 아주 친숙한 부부관계나 전혀 모르는 무관한 사람을 대상으로 나타나는 것은 아니다(최상진, 유승엽, 1992). 체면이 떨어지게 되면 권위와 함께 영향력을 상실하며, 인격도 의심받게 된다. 체면유지에 실패할 때 인격마저 의심을 받는 것은 한국 사회에서 인격은 지위와 상응하는 역할(품위)을 수행해 내는 복합적 구성체이며, 성격(personality)과는 구분될 수 있는 독특한 사회심리적 개념이기 때문이다(곁글 12-5). 체면손상을 면하기 위해 핑계를 잘 대며(최상진 외, 1991), 의례적 거짓말("식사 안 하고도 하였다" 등)을 잘한다(곁글 12-5). 특히 인사치레에서의 거짓말하는 것이 당연시되기 때문에 종종 한국인은 겉과 속이 다르다는 말을 듣기도 한다(동아일보, 1991).

체면의 문화적 특성을 일본과 비교하여 보면 흥미롭다. 일본인들도 체면 행위를 많이 보인다(김용운, 1986). 일본인들에게서 혼네(本音: 본심)와 다테마에(建前: 남에게 보이는 자기)는 철저히 구분되는데, 한 연구(Iwao, 1988: Markus & Kitayama, 1991에서 인용)에서 딸이 부모가 반대하는 외국인을 연인이라고 집으로 데리고 왔을 때 많은 일본인들이 남자의 면전에서 상대방에게 안된다는 말을 못하고 수용적인 행위를 보이는 것을 당연하게 여기는 것으로 나타났다. 다테마에는 자신이 아니라 상대의 명예, 체면을 지켜주기 위한 허구적 친절의 특성이 강하고, 체면은 자기과시성, 권위주의적 심리에서 나타나는 상황 대처행동의 특성을 지니고 있다는 점에서 중요한 차이점을 지니고 있다(최상진, 유승엽, 1992).

**체면 행위** 체면은 행위적인 면에서 지키는 체면과 내세우는 체면이 있다(이석재, 최상진, 2001). 지키는 체면은 체면관계(상하관계)에서 체면이 실추되는 상황에서 이를 막거나 회복하는 행위다. 내세우는 체면은 한국 사람들의 호칭 인플레, 자기과시, 명분 찾기, 허세 등에서 보듯이 자신의 존재감을 알리려는 체면 행위다. 지키는 체면이 어느 사회에서건 보편적으로 나타나는 체면현상이라면, 내세우는 체면은 한국 사회에서 유난히 강하게 나타나는 특색을 지닌다. 한국인이 가장 많이 쓰는 자아방어기제 중의 하나가 허세라고 분석된다. 우리 속담 가운데 방어기제와 관련된 것 587개를 뽑아서 방어기제별로 구분한 결과, 가장 많은 유형이 반동형성으로 나타났다(박영숙, 1993). 이들을 재분류한 결과, 55.2%가 허세와 관련된 것이다(〈표 12-4〉). 속담이 대부분 하층 서민층에 의해서 만들어진 세상사의 조각들이라는 점에서 보았을 때 체면이 차지했던 생활의 측면이 적지 않았음을 보여 준다(정종화, 1995).

**자아방어기제**
심적 욕구가 서로 갈등을 일으키거나 외적 환경의 요구와 갈등을 일으켜 불안한 경우에 자아가 불안을 완화시키기 위해 사용하는 보호책략.

체면은 지위관계에서 윗사람의 주 관심사이지만 이를 유지하는 것은 본인 이상으로 주위 사람이나 아랫사람의 행위에 의해 영향받는다. 즉, 주위 사람들은 당사자 앞에서 공손하고, 예의를 지키며, 완곡하게 반대하며, 그의 지위나 신분을 은근히 남들에게 알리고, 큰 영향력을 지닌 사람임을 알리는 것이다. 체면은 지나치게 차릴 경우 거리감을 주고, 위선적으로 여겨지지만, 안 차리면 인격이 의심받고, 믿음을 잃게 되므로, 상황에 따라서 적절히 차려야 하는 한국인 및 유교문화

**표 12-4** 한국 속담의 방어기제별 분류

| 방어기제 | 빈도 | 백분율 | 예 |
|---|---|---|---|
| 반동형성 | 183 | 34.6 | • 빈 수레가 더 요란하다.<br>• 빛 좋은 개살구 |
| 동일시 | 67 | 12.6 | • 친구따라 강남 간다.<br>• 윗물이 맑아야 아랫물이 맑다. |
| 수동적 공격 | 63 | 11.8 | • 길로 가라니까 메로 간다.<br>• 날 잡아 잡수한다. |
| 투사 | 41 | 7.7 | • 선무당이 장구 탓한다.<br>• 숯이 검정 나무란다. |

출처: 박영숙(1993).

권의 독특한 사회심리다. 한국 사회에서 병폐적 현상으로 지목되고 있는 호화혼수도, 남들만큼 하지 않으면 집안의 체면에 손상이 온다고 생각하는 의식이 깔려 있는 탓에 나타나며(나은영, 1995), 사람들이 골프를 하며, 재즈 바를 들락거리는 것에도 자신의 신분과 처지를 과시하기 위한 심리가 놓여 있는 것으로 나타났다(최항섭, 2001). 심지어 수도권의 남녀 중고생들도 자신을 과시하려는 동기에서 명품을 선호하며(길수영, 이승희, 2011), 국산 골프용품이 외국산에 비해 품질이나 기능 면에서 차이가 없지만 명품을 쓴다는 과시효과를 노리는 한국인들에게 외면받는 양상이 확인되었다(이병관, 2012).

**곁글 12-5** 한국인의 인격투쟁

조선시대는 양반-상놈의 구별에 따라 복식, 먹을거리, 제사상의 상차림, 존비어 사용은 물론, 거리를 함께 걸을 때 예절 등에 있어서 형식적 규범이 엄격히 적용되며 개인의 인격이 차별적 대우를 받는 신분제 사회였다. 신분 해방을 위한 사회적 개혁 여건이 성숙하지 않았던 조선조 후기에 돈 있는 사람은 모두 양반이 되어 지배 계층에 자리하거나, 그 인격을 인정받고자 하면서 사회적 모순이 심화되었다(이효재, 2003). 해방 이후 자본주의 체제가 들어서고, 교육이 보편화되면서 양반-상놈과 같은 드러난 차별의 준거는 없어졌지만, 보다 많은 재화를 갖거나, 높은 사회적 지위를 획득한 사람이 그렇지 못한 사람들에게 인격적 우월함을 인정받고 과시하려는 인격투쟁의 시대가 열렸다(이홍균, 2007; 최봉영, 2005).

이를 조사한 연구에서 한국, 일본, 독일의 성인 남녀를 대상으로 자국인에게 과시성향이 강한 것을 인정하는지를 물어본 결과, 독일인은 34.5%, 일본인은 40.8%, 한국인은 85%가 '그렇다'(약간 그렇다+매우 그렇다)는 대답이 나왔다. 타인을 의식한 겉치레 경향이 강한지를 물었을 때 한국인은 85.2%가, 일본인은 63.3%, 독일인은 40.2%가 '그렇다'는 답을 하였다(이홍균, 2007). 어떤 조건이 충족되면 과시를 하겠는지를 살펴본 결과, '돈만 많이 생긴다면'이란 응답에서 한국인 38.2%, 일본인 20.2%, 독일인 5.2%가 '그렇다'고 하였고, '과시하고 싶은 욕구가 없다'는 응답에서 한국인은 28.2%, 일본인은 46.6%, 독일인은 69.2%가 '그렇다'고 응답하였다. 한국 못지않게 집단주의 경향이 강한 일본에서는 과시 현상이 한국보다 낮은 것으로 나타나는데 인류학자들은 일본 사회에서 문화문법으로 작용하는 집단 내의 화(和) 정신을 든다. 일본 사람에게는 조직 속에서의 위치, 집단에의 화합이 중요하기 때문에 조직의 다른 성원보다 자신의 우월함을 보이는 과시는 집단에 도움이 되지 않는다는 것이다(Nakane, 1985: 이홍균, 2007에서 인용).

**체면 행위의 보편성과 문화차** 한국인들이 자기의 체면에 대하여 관심을 보이는 것과 달리, 구미인들은 상대방의 체면(face) 유지에 관심을 보인다. Brown과 Levinson(1987)이 제시한 공손성 이론은 상대의 체면을 위협하는 행위(FTA: Face

Threatening Act)는 부담스러운 것이며, 이 부담이 심할수록 공손한 행위가 취해진다고 본다. 이 부담은 상대방이 자신보다 높은 위치에 있거나, 자신과 친하지 않거나, 상대에게 강제하는 정도가 클수록 증가한다(Holtgraves & Yang, 1992). 그래서 낯선 어른에게 건네는 말 한마디가 친숙한 어른에게 건네는 말보다 훨씬 공손하게 나오며, 상대를 비판할 경우에는 더욱 조심스러운 언행을 사용하게 된다. 이는 한국과 같은 고맥락적 소통사회에서는 표현된 말이 상호관계의 맥락에서 해석되어야 하고, 미국 같은 저맥락적 소통사회에서는 사람들의 관계가 평등함을 전제로 진행되어, 표현된 말이 그대로 받아들여지는 경향이 크다는 것을 확인해 주고 있다(Hall, 1976).

**고/저맥락적 소통사회**
인류학자 Hall이 각 문화권에서 의사소통 내용의 해석과 관련하여 제시한 개념. 고맥락적 소통사회에서는 소통내용을 해석하기 위해서는 소통이 진행되고 있는 상황과 상호관계의 맥락을 고려해야 하며, 저맥락적 소통사회에서는 내용의 해석에 맥락이 차지하는 비중이 상대적으로 낮다.

## 한국인의 교류 기제–눈치

한국 사람은 낯선 상황에 처하면 어떻게 행동하는 것이 적절한지를 파악하기 위하여 사람들의 눈치를 살피고, 상대방에게 적절한 행동을 알려 주기 위해서 눈치를 주기도 한다. 눈치기제는 상호 간의 교류에서 피차 체면을 잃지 않고, 불미스러운 일을 막기 위해 은연중에 파악하고 전달하는 간접적인 의사소통 기술이다(최연희, 최상진, 1990; 허재홍, 2014; Ambady et al., 1996; Choi & Choi, 1992).

**눈치의 기능** 한국 사회에서 눈치는 크게 세 가지 면에서 접근, 이해될 수 있다(최상진, 유승엽, 1992; Choi & Choi, 1992). 첫째, 눈치를 생활의 지혜란 시각에서 이해할 수 있다. 즉, 한국인의 눈치는 단순한 의사소통의 기제 이상의 것이다. '절에 가서도 눈치만 좋으면 새우젓을 얻어먹는다.'는 속담은 눈치가 생활 속의 기지, 재치와 동일시됨을 보인다.

둘째, 의사소통의 기제로서 보는 시각이다. 의사소통 행위로서 눈치는 주는 사람과 채는 사람의 관계에서 전달내용 그 자체가 아니라 내용을 전달하고 싶다든가 혹은 '내 말을 그대로 믿지는 말아 달라'는 의도의 은밀한 표현과 그 접수행위다. 눈치 행위가 이 같은 신호 이외에 어떤 구체적 내용을 담고 있는 경우 소통의 오해가 빈번하게 나타난다.

셋째, 눈치를 상하 서열적인 관계에서 기존의 관계를 존중하고 유지시키기 위해 아랫사람이 주로 보이는 겸손한 행위의 한국적 표현양상으로 이해할 수 있다. 눈치는 상하 서열적 관계에서 특히 잘 나타나는데, 아랫사람이 윗사람의 눈치를 살피고 알아채는 과정이다. 윗사람이 눈치를 주는 경우도 있지만 눈치가 제대로 작동하지 않았을 경우 그 주된 피해자는 아랫사람이기 쉽기 때문에 아랫사람의 역할이 크다. '눈치꾼' '눈치 밥 먹고 산다'는 표현들은 눈치를 보아야 하는 아랫사람의 처지를 풍자한다. 즉, 눈치는 한국적 공손성의 표현기제이며, 어울림을 영위해 가는 목적에서 나타난다(Choi & Choi, 1992). 눈치를 잘 살피는 사람들은 대학생활에서의 적응도가 높은 것으로 나타나고 있고(이민희, 전민경, 2023), 대인관계의 만족도도 높으며, 안녕감도 높은 것으로 나타났다(허재홍, 박원주, 2013). 부정적인 면으로 많이 인식되는 눈치가 실은 삶의 안녕감에 필요한 기제라는 것을 볼 수 있다. 눈치기제가 활발하게 작동하는 것은 한국인이 쪽인 나로서 사회생활을 하면서 상대쪽과의 어울림을 중시하기 때문이다. 개인주의 성향이 강한 오인 나의 사회생활에서 눈치를 살피는 것은 큰 의미를 갖지 못하는 것으로 나타났다(허재홍, 2014).

## 교류의 서열성

한국인의 교류는 서열성을 바탕에 깔고 이루어진다. 자신을 소개하는 경우에 나이에 대한 정보를 밝히며, 처음 만나게 된 사람의 나이와 하는 일이 무엇인지를 알고자 한다. 이 같은 내용은 상호 간의 서열관계를 위치 지우며, 그에 적합한 존비어 사용 양태를 규정한다. 이 같은 교류양상은 자신을 변하지 않는 오인 나가 아닌 교류상황에 따라 변하는 쪽인 나로서 교류하기 때문이다. 그래서 영어에서처럼 상대방을 보편적으로 호칭하는 YOU 같은 표현이 없고, 관계맥락에 따라 선생, 청년, 아저씨 등의 호칭을 적절히 써야 한다(박성진, 2023).

서열 관계에 대한 문화 차이에서 중요한 점은 구미 사회에서 사람들의 교류가 대등함을 전제하는 탓에 서열 관계가 교류 맥락과 역할에 따라 바뀔 수 있는 융통성을 지니고 있다는 점이다. 이와 달리 한국 사회에서 대인교류는 서열성을 전제하고, 서열 관계를 존비어로 확인하면서 교류를 해 간다. 마치 봉건적인 신분관계의 성격을 지니고 있다(최봉영, 2005). 서열 관계는 일단 성립되면 맥락과 무관하게 영속적으로 작용하여, 이의 위배는 심각한 도덕성의 위반으로 간주된다(문찬기, 한규석, 2013). 이런 탓에 사람들은 서열관계 스트레스를 경험한다. 최근에 이런 교류 양태가 21세기에 맞지 않다며 대안적 소통방식이 시도되고 있다.

**서열관계 스트레스** 서열적 교류는 두 사람이 우리성을 구성하는 상황에서 각자가 쪽으로서의 자리매김을 하면서 역할에 따라 존경과 돌봄의 규범이 작동하는 탓에 나타난다. 따라서 이런 심리를 드러내는 표현으로 존비어 사용과 행위의 공

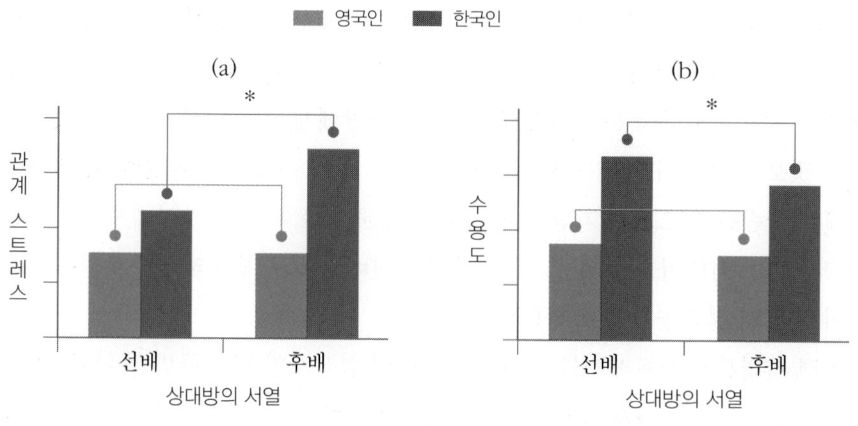


**[그림 12-11] 서열관계 스트레스의 문화 차이(a)와 상대의 규범 위반적 행위에 대한 수용도의 문화 차이(b)**

출처: Moon (2015).

손성이 규범으로 자리 잡게 되었다. 상황에 따라서 역할이 변하지만 농경사회처럼 관계의 변화가 거의 없는 사회에서 존비어를 매개로 하여 서열성이 고착화된 것이다. 근대화와 더불어 개인주의적 사고와 대등성, 인권의 가치가 확산되었지만(나은영, 차재호, 1999; 이종한, 2000; 한규석, 신수진, 1999), 존비어로 매개된 서열성 규범은 공고히 유지되고 있다. 속마음이 어떻든 드러난 표현에서는 서열에 따른 존대어를 써야 하는 언어생활을 하면서, 사람들은 아랫 사람으로 부터 존경을 강제하는 형식적 권위주의 의식을 지니고, 아랫사람을 억압하고 심지어 차별하게 되었다(최봉영, 2005). 이런 심리는 아랫사람을 대할 때 상대와의 관계를 서열의 준거상에서 판단하는 양상으로 드러난다. 아랫사람과 대화할 때 상대가 존대어를 자주 생략하거나, 공손함이 적절해 보이지 않는 경우에 사람들은 대화의 내용에 관심을 갖기보다는 상대와의 관계의 자리매김에 문제가 있음을 직감하고 이에 촉각을 세운다(문찬기, 한규석, 2013; Han et al., 2011). 이 점에서 한국인들은 서열관계 스트레스를 경험한다.

한국인들이 경험하는 서열관계 스트레스는 서열에 따라 두 가지로 구분된다. 윗사람은 아랫사람으로부터 적절한 서열상의 대우를 받고 있는지에 관심을 지니고, 자신의 기대에 부응하지 못하는 상대의 언행을 접하면 스트레스를 받는다. 아랫사람은 윗사람을 대할 때 자신의 언행이 윗사람의 기대에 어긋나지 않는지에 관심을 지니고, 적절한 언행을 해야 한다는 스트레스를 받는다. 윗사람이 받는 서열관계 스트레스는 상대의 행동에 대한 민감성이고, 아랫사람이 받는 스트레스는 자기의 행동에 대한 민감성이다. 이를 보여 준 연구는 대학생들에게 취업 지원서를 위한 추천서를 부탁하는 글을 윗사람, 또래, 혹은 아랫사람에게 작성하도록 하여 이를 분석하였다(문찬기, 한규석, 2013). 윗사람에게 쓰는 글은 다른 사람들에게 쓰는 것보다 글자 수가 70%가 많았으며, 쓰는 것이 어렵게 느껴졌으며, 제3자에 의해서 공손한 것으로 평가받았다. 상대방(선배 혹은 후배)이 자신에게 부탁한 일을 거절하는 이메일을 쓰게 한 경우, 상대가 선배일 경우 후배의 경우보다 작성 시간이 60% 더 걸리는 것으로 나타났다.

한편 서열관계 스트레스를 측정하기 위하여 일상적인 교류 규범을 위배('인사를 했는데 안 받음' '거만하게 행동함' '내게 불손하게 이야기함' 등)한 상대방과의 서열과 친소관계를 변화시켜 스트레스를 느끼는 정도를 비교하였다. 스트레스는 상대가 후배일 때 크게 느꼈으며, 상대방과의 친소관계는 별 영향을 주지 못하는 것으로 나타났다. 이런 양상은 우리 사회에서 서열관계 스트레스가 윗사람의 위치에 있을 경우에도 늘 작용하며, 심지어 친한 관계에서도 문제가 되고 있음을 보이는 것이다. 유사한 연구를 영국에서 행했을 때 규범에 위반하는 행위를 선배 혹은 후배누가 했는지는 관계 스트레스나 행위의 수용도에 아무런 영향을 미치지 못하는 것으로 나타났다(Moon, 2015; 그림 12-11).

서열관계 스트레스는 사회적 지배지향성 이론(11장 참조)이 다루는 계층의 문제라기보다는 교류상에서 상호 간의 연령이나 신분의 차이를 다룬다는 점에서 차이가 있다. 즉, 진화적으로 구비된 사회적 지배지향성 심리가 존비어를 매개로 고착된 한국적 교류 특징인 것이다.

**한국인의 암묵적 교류관** 서열에 따라 달리 나타나는 서열관계 스트레스는 한국인들이 윗사람과 아랫사람을 대할 때 교류를 보는 관점이 암묵적 수준에서 다름을 시사한다. 민주시민의 교육이 보편화되었기에 대부분의 사회적 관계는 평등

**표 12-5** 서열관계에서의 갈등의 유형

| 상대 | 현안 | 관계(정) | 관계(서열) |
|---|---|---|---|
| 윗사람 | 36/72% | 6/12% | 8/16% |
| 또래 | 26/56.5% | 18/39.1% | 2/4.3% |
| 아랫사람 | 12/29.3% | 7/17.1% | 22/53.7% |

주: 각 범주로 분류되는 갈등의 숫자와 그 비율.
출처: 한규석 외(2004a).

한 관계로 접근해야 한다는 의식이 깔려 있다. 그러나 존비어 체계로 늘 확인되는 서열관계는 무의식 수준에서 작용한다. 사회적 행위는 관점에 따라 다양한 준거에서 판단이 가능함을 본서의 3장에서 다루었다. 즉, 관점에 따라 상대와의 관계를 대등한 관계로 보거나 서열관계로 보는 것이 가능하다. 사람들이 자기에게 이로운 관점을 택하는 것이 자연스럽다면, 아랫사람과의 관계는 서열관계로 보며, 윗사람과의 관계는 대등한 관계로 접근하는 양상을 보인다고 상정할 수 있다. 이 가능성을 보기 위하여 대학생 50명을 대상으로 생활 장면에서 윗사람과 아랫사람 그리고 동기와 겪은 갈등 상황을 회상케 하여 그 내용을 분석한 결과, 윗사람과의 갈등은 현안 문제(아르바이트를 했는데 월급을 3개월간 받지 못해 학원 원장과 겪는 갈등 따위) 때문에 겪지만, 아랫사람과의 갈등은 서열문제(후배가 선배를 무시한다 등) 때문에 겪는 양상이 나타남을 보였다(한규석 외, 2004a). 이 결과는 암묵적 교류심리가 서열 관계에서 판이하게 달리 작동함을 시사해 주며, 나이 차가 나는 낯선 사람 간의 다툼이 대부분 서열문제 때문에 뒤틀리며, 서열관계를 확인하는 절차("너 몇 살이냐?")를 거쳐 진행되는 현상을 이해하는 데 도움이 된다.

**존비어의 사용** 한국말은 엄격한 존비어 사용을 요구한다. 교류하는 상대방의 나이, 신분 등에 맞추어 적절하게 존비어를 사용해야 한다. 적절하지 못한 존비어 사용은 서열관계 스트레스를 유발하며 교류의 진행에 큰 걸림돌이 된다. 현대에 들어서 사람들의 평등의식이 높아진 상황에서도 여전한 존비어 사용은 상하의 구별을 넘어 차별과 억압으로까지 나아갈 수 있으며, 형식적 권위주의를 조장할 수 있다(최봉영, 2005). 형식적 권위주의는 조직에서 집단사고를 조장하며, 조직의 수행력을 저하시킬 뿐만 아니라, 성원들의 진솔한 교류를 저해하고, 사람들의 친분관계가 깊어지는 것에 걸림돌이 되기도 한다. 이런 문제들을 타개하고자 반말을 공용화 하자는 주장이 나오고(김광식, 2014), 몇몇 조직에서 존비어 대신에 평어(반말체)를 사용하는 대안적 소통행위가 시도되고 있다(곁글 12-6). 오랫동안 존비어 사용을 당연시해 온 우리 사회에서 이런 시도가 확산되기 위하여는 다양한 사회심리학적 연구가 수행되어야 할 것이다.

## 곁글 12-6 평어체 사용의 현장 실험: 예의 있는 반말의 경험

2002년 월드컵에서 한국은 4강까지 진출하였다. 이때 감독을 맡았던 네덜란드의 히딩크는 축구장에서는 모두 동등하다며, 서로 이름을 부르고 반말로 이야기하도록 하였다고 한다. 한국 선수들의 서열문화를 타파하기 위해 가장 나이 어린 이천수 선수에게 팀의 주장이자 열두 살이 많은 홍명보 선수에게 반말을 쓰도록 했다고 한다.

한국 사회의 서열문화는 흔히 유교문화 탓으로 여겨지고, 정보화 시대에 걸맞지 않는 여러 병폐를 초래하는 탓에 『공자가 죽어야 나라가 산다』와 같은 저술이 한때 큰 인기를 끌기도 하였다. 공자 죽이기와 살리기의 논쟁은 가치관의 대립이므로 부침할 수밖에 없다. 그러나 서열이란 것이 한국 사회에서는 존비어 사용이라는 엄격한 언어습관으로 확인되고 유지되고 있다는 것에 주목해야 한다. 엄격한 존비어 사용문화는 사람들 간의 관계가 항상 위아래가 있다는 것을 은연중에 세뇌시키는 과정이다(김미경, 2020). 영어, 독일어 등의 유럽계 언어와 중국어에서는 존비어 체제가 없거나 매우 느슨하다. 일본말과 한국말은 존비어 체계가 매우 발달된 언어다. 이 점에서 흔히 집단주의 문화권으로 같이 분류되는 중국과 한국/일본의 대인교류의 양상과 관계에 대한 면밀한 검토가 필요하다.

존비어의 사용이 불편하고 어려울 뿐만 아니라 자유로운 의견의 교환과 창의적 대화를 막는다는 인식에서 한국 사회에서도 몇몇 조직에서는 상하 간의 호칭에서 존칭을 생략하고, 별명으로 부르도록 하고, 대화를 평어체(반말)의 형태로 하는 것을 시도하는 실험을 하였으나, 오래가지 못했다. 그러나 2016년 대학원 수준의 디자인 전문가 교육을 1년 과정으로 편성하여 운영하는 '디학'이란 학교의 한 강좌에서는 교실에서 이루어지는 모든 소통에서 존비어를 쓰지 않고 평어(반말체)를 사용하는 규칙을 적용하는 시도를 하였다. 수강생들은 대학 졸업 후 다양한 사회활동을 하다가 온 사람들이 대부분이라서 십여 살 정도의 나이 차이가 있지만, 이 시도는 사람들 간의 교류를 수평적으로 바꾸며, 토론을 활성화시키는 기여를 하면서 수년간 지속되고, 조금씩 주위의 다른 강좌들에도 확산되는 것이 보고된 바 있다(이성민, 2021). 이 강좌에서는 상대방을 부를 때 이름만 부르고, 대화는 존대어를 쓰지 않고 평어(반말체)를 사용한다. 존댓말 대신 반말을 하는 이유는 반말체가 혼자 생각할 때 쓰는 자연스러운 말투이기 때문이다. 평어체는 자칫 하대체로 인식될 수 있으므로, 하대체가 되지 않도록 반말을 하는 긴장이 요구된다. 학생이 교수에게 "한 교수님, 학생들이 반말 쓰는 것을 어떻게 생각하세요?" 대신에 "규석, 학생들이 반말 쓰는 것을 어떻게 생각해?"라고 말하는 것을 듣거나 하는 것은 매우 어색한 기간을 거치게 된다. 1년간 이 실험에 참여한 학생들 중 많은 이가 이 새로운 소통 방식으로 '서로에 대해 누구보다 잘 아는 사이가 되었고, 그 어떤 사이보다 친밀한 관계를 형성하게 되었다'는 것에 동의한다(이한별, 2021). 평어 사용은 반말인 듯하면서 상대를 배려하는 말투이며, 예의를 내장하고 있는 반말체이다. 모든 사람이 그 취지에 찬동하고, 반말과 막말이 되지 않도록 표현 방식을 고민하고 수용하면서 실행될 때 수평적 교류의 목적을 달성할 수 있을 것이다. 영어로 상대방과 대화하는 것은 늘 평어체를 쓰는 식이다. 말에 의한 서열 스트레스가 작용하지 않는다.

영어의 어법은 개인적 주체(I)가 또 다른 주체(You)를 만나서 대등하게 교류한다는 오인 나의 세계관을 반영하고 있다. 쪽인 나의 세계관을 반영하는 한국말에서는 영어의 You처럼 상대방을 호칭하는 일반 호칭이 없으며, 늘 상대와의 상대적 관계에 따라 적절히 호칭을 써야 하며, 그에 맞추어 존비어를 사용하게끔 되어 있다. 그래서 상대를 어떻게 부르는 것이 적절한지가 애매한 경우가 많다(최봉영, 2023).

**요약**

1. 한국인의 대표적인 관계 정서인 정은 역사성, 동거성, 다정성, 허물없음의 특징을 지니고 있다. 이 특징은 정의 형성조건이기도 하다.
2. 정은 사람들을 편안하게 하며, 상대방에 대한 배려의 마음을 주고받으면서 깊어진다. 정은 우리성 관계의 사람들을 밀착시키는 질료다.
3. 한은 자신의 불행에 대한 자책과 부당함의 복합정서다. 한은 좌절의 경험과 수용, 억울한 정서의 경험과정을 통해서 결정화된다.
4. 심정은 상대방에 대하여 발동한 마음의 상태이며, 자연발생적으로 생긴다는 심정순수관을 한국인들이 지니고 있다. 대인교류는 심정을 주고받는 과정으로 여겨진다.
5. 한국인의 마음은 상대에게 써 주는 마음으로, 본연적으로 발생하지만 작위적으로 만들어 갈 수 있다. 사람은 마음의 주인이고, 마음을 써 가며 사회생활을 영위해 간다.
6. 사람들 간의 소통은 사리소통과 심정소통으로 구분할 수 있다. 사리소통은 개인들 간의 상호작용이며, 이해관계의 교환이며, 이성의 논리가 작용하는 반면에, 심정소통은 우리 안의 소통이며, 마음의 교류이며, 정의 논리가 작용한다.
7. 사람들은 체면손상을 피하기 위하여 겉과 속이 다른 행동을 한다. 한국인은 내세우는 체면행위를 많이 보이며, 이는 허세와 과시행위로 나타난다.
8. 눈치는 교류를 원만히 진행하기 위해 상대의 의중을 파악하고, 내 의중을 전달하는 간접적인 의사소통 기제다.
9. 서열교류는 존비어를 매개로 진행되면서 한국적 특징을 배태한다. 서구의 서열이 상황에 따라 변하지만, 한국 사회의 서열은 일단 정해지면 잘 변하지 않는 특징을 지닌다.
10. 한국인들의 서열교류는 서열관계 스트레스를 부과한다. 윗사람은 상대의 행위에, 아랫사람은 자신의 행위의 적합성에 민감하다.
11. 서열교류 관계에서 윗사람은 상대방과 자신의 관계를 서열에 바탕한 것으로, 아랫사람은 평등성에 바탕한 것으로 보는 암묵적 교류관이 작용한다.

## 한국인이 보이는 가치관

개인이 어떠한 가치관을 지녔는가 하는 것은 그가 무엇을 중시하고, 어떠한 철학을 지니고 생활하는지를 알려 주며, 다양한 상황에서 변화되는 행동에 놓여 있는 일관성을 이해하는 데 도움이 된다. 태도와 마찬가지로, 가치관은 그 소유자의 행동에 대한 예견력을 지니지만 태도가 보다 구체적인 대상에 대한 마음가짐

나은영(1962~ )
예일대학교에서 사회심리학 박사학위를 받고 서강대학교 언론학부의 교수로 재직 중이다. 가치관의 변화와 가족의 소통현상에 관심을 가지고 연구해 왔으며, 급변하는 미디어 기술에 따라 미디어 심리학 분야를 개척한 업적을 보인다. 『감정과 미디어』 『미디어 심리학』을 저술하였다.

이고, 가치관은 폭넓은 삶의 자세와 지향하는 바를 알려 주는 마음가짐이라 하겠다. 그동안 많은 연구들이 가치관을 다양한 방법으로 조사하였다. 그러나 대부분의 연구들이 한 번의 조사에서 나타난 현상을 보고 가치관이라고 보거나, 나타난 세대 간의 차이를 보고 가치관의 변화양상으로 취급한다. 그러나 이는 가치관의 변화양상을 보이는 것이 아니라 동일시대를 사는 세대들이 지닌 가치관의 차이 양상을 보여 주는 것이다. 예를 들어, 20대에 비해 40대가 충효사상을 더욱 옹호하는 것으로 나타난다면 이는 세대 간 차이를 보이는 것이지, 20년 동안 충효사상이 약해지는 변화가 나타난 것으로 볼 수는 없는 것이다. 이 점에서 나은영 등(나은영, 차유리, 2010; 나은영, 차재호, 1999; 차재호, 1986)은 1979년, 1998년, 2010년에 성인 남녀를 대상으로 전국적인 표본조사를 하면서, 30년 간의 변화 추이를 파악할 수 있도록 같은 문항을 사용하였다(같은 표본을 추적한 종단연구는 아님). 따라서 여기서는 이들의 연구 결과를 중심으로 다른 분석들을 종합하여 한국 사회의 가치관과 그 변화를 정리해 보자.

## 가치의 변화 양상

**개인주의의 확산과 가치 혼재 양상** 한국 사회는 1970년대까지만 해도 집단주의적 특징이 강한 농경문화의 특징을 지녀 왔으나, 해방 이후 서구적 교육제도가 도입, 정착되고 급속한 산업화에 의한 경제성장을 이룩하면서 개인주의적 가치관이 크게 확산되며, 전통적 가치를 대체하거나 공존하는 양상을 보이고 있다.

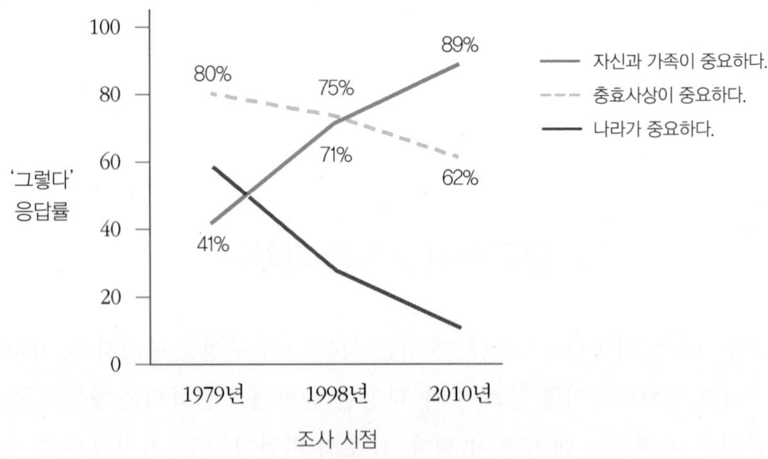


**[그림 12-12] 개인주의적 가치관의 확산 추이**
출처: 나은영, 차유리(2010)의 그림 1과 그림 2를 합쳐 제시함.

사람이 가장 떠받들어야 할 것으로 '나라 대 자신 및 가족' 중 택일하게 하였을 때, 자신과 가족을 택하는 응답이 시대별로 뚜렷이 증가하는 양상이 나타났다([그림 12-12]). 더불어 충효사상이 중요하다는 응답률은 떨어지고 있다. 이 같은 경향성은 개인주의/집단주의를 재는 각본척도(Triandis, 1995)를 이용하여 행해진 직장인 표본조사에서도 확인되고 있다. 개인주의 성향자로 구분되는 사람들이 응답자의 51%에 달하는 것으로 나타나고 있으며, 특히 고학력자들에게서 그 분

**곁글 12-7** 전지구적인 개인주의의 확산 추세와 기후의 영향

개인주의 가치로의 추세는 전세계적인 것인가? 개인주의적 행태는 다양하게 나타날 수 있다. 그중의 하나는 자기표현이다. 자기의 감정이나 의사를 남의 눈치 보지 않고 드러내는 자기표현의 양상은 65개국에서 증가하고 있는 것으로 보인다(Inglehart & Baker, 2000). 언어사용에서도 '나(I)' '나의(my)'의 표현이 8개의 언어문화권에서 증가하는 것으로 나타났다(Yu et al., 2016). 다양한 소득수준을 보이는 78개국에서 51년간의 변화를 살펴본 연구는 개인주의화 경향에 가장 큰 영향을 미치는 것은 경제발전으로 나타나고 있다. 경제가 발전한 나라들에서 10년 후의 개인주의 행태가 증가하는 것으로 나타나는데 이는 기후와 흥미로운 상호작용 효과를 보인다. 기후가 온난한 지역에서는 경제가 발전한 국가들과 발전하지 않은 국가들 간에 개인화 경향성이 큰 차이가 없었지만, 기후가 혹독한 지역에서는 경제발전의 영향이 크게 나타났다([그림 12-13]). 혹독한 지역의 경우에 경제가 발전하지 않은 국가들은 개인주의적 행태가 가장 적게 나타남을 볼 수 있다(Santos et al., 2017). 소득이 낮은 상황에서는 많은 것들을 공유하므로 개인적 욕구를 통제하지만, 소득이 늘면서 개인적 소유물이 늘고 사적인 욕망을 충족시킬 가능성이 높아지면서 나타나는 현상이다.

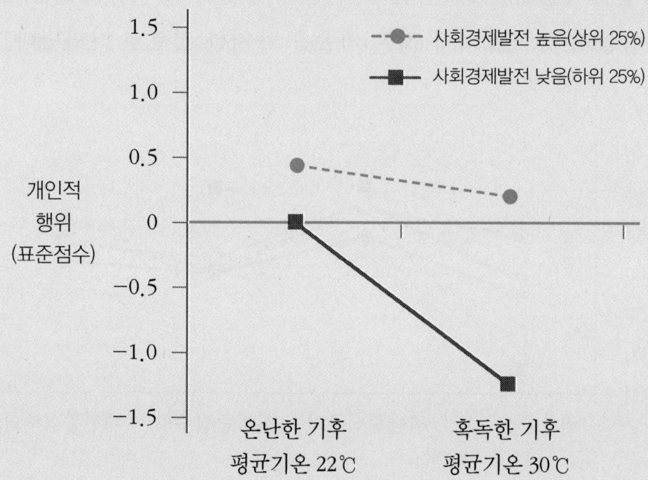


**[그림 12-13] 경제발전이 개인적 행위에 미치는 영향이 기후의 영향을 받는 정도**

출처: Santos et al. (2017), 그림 3.

포가 다수를 점하는 것으로 나타났다(한규석, 신수진, 1999; Han & Shin, 2000). 이 밖에도 여러 연구들이 개인주의가 널리 수용되고 확산되는 양상을 보이고 있다(이종한, 2000; 정태연, 송관재, 2006). 개인주의가 확산되고 있는 것은 국내뿐만 아니라 전세계적으로 나타나는 현상이다(Santos et al., 2017; 곁글 12-7).

그렇다고 국내에서 집단주의가 퇴조한 것으로 단정 짓기는 어렵다. 국내에서 이루어진 41개의 가치 연구들을 통합분석한 결과, 개인주의 성향보다 집단주의 성향이 좀 더 강하며, 연령대가 높을수록 이런 양상이 두드러지게 나타난다(박혜경, 김상아, 2018). 즉, 한국 사회에서는 이중적인 가치체계가 혼재하고 있는 양상이다(신수진, 최준식, 2002). 이런 양상은 특히 산업화 세대에서 뚜렷이 나타난다. 2006년 연구가 수행되던 당시 40대와 50대의 서울 거주 남녀 400여 명을 대상으로 조사한 결과가 이를 잘 보여 준다. 이들 세대는 초중등 시절에 급속히 전개된 산업화와 도시화를 겪고, 1980년대에는 민주화운동을 겪었다. 대중교육의 혜택을 받아 대부분 고교를 졸업하고, 상당수는 대학교육도 이수하였다. 이 과정에서 자연스럽게 개인주의적 가치관을 받아들였지만, 부모세대의 강한 집단주의적 가치관도 보이는 이중적 가치를 지닌 것이다(최인영, 최혜경, 2009). [그림 12-14]에서 보듯이 이들에게서 전통적 가치관인 집단중심주의가 가장 높게 나왔지만, 역할중심주의('현모양처 양성이 여성교육의 목적이다' 등)는 낮으며, 현대적 가치관인 개인중심주의('부부관계가 부모-자녀 관계보다 우선이다' 등)와 실리중심주의('죽은 후의 명예보다 현재가 더 중요하다' 등)가 높게 나왔다. 이들 네 가지 가치 유형을 갖고 분류하는 분석을 한 결과, 전통과 현대 두 가치관이 모두 낮은 아노미형 집단의 사람들이 32%로 가장 많은 비율을 차지한 것으로 나타났다. 전통적인 가치관이

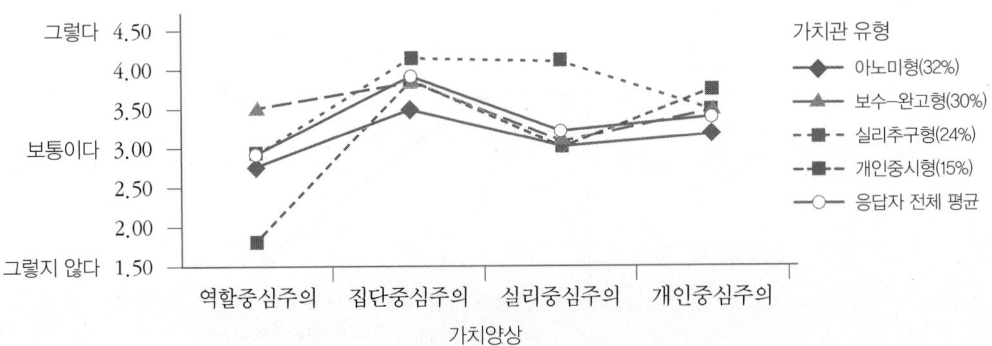


**[그림 12-14] 가치관의 유형별 하부 가치의 양상**

출처: 최인영, 최혜경(2009)의 표 5와 그림 1을 합침.

높은 보수주의자 집단(30%)도 현대적 가치관이 낮은 것이 아니라 중간 정도의 강도를 보이고 있다. 또 다른 집단인 실리추구형(24%)도 현대적 가치인 실리중심주의 점수가 가장 높았지만, 집단중심주의 가치도 높은 것으로 나타났다. 마지막 집단인 개인중시형(15%)의 사람들도 개인중심주의가 가장 높았지만, 집단중심주의도 중간 정도로 나타나고 있다. 이 연구의 참가자들이 무선적으로 표집된 것은 아니므로 각 유형이 나타난 비율을 전국으로 일반화할 수는 없지만, 네 가지 유형이 모두 전통과 현대의 어느 하나가 두드러진 유형이 없다는 것은 한국 사회에서 집단-개인의 대조되는 가치들이 혼재함을 보여 주는 것이다.

**위계적 가치 ⇒ 수평적 가치의 지향** 집단주의 문화의 또 다른 특징은 대인관계에서 위계적 상하질서를 중시하는 것이다. 개인주의의 확산과 더불어 탈권위주의 경향도 높아지면서 대인관계에서 수직적 위계성을 중시하는 사람들의 비율보다 수평적 평등성을 중시하는 사람들의 비율이 거의 모든 연령층과 교육층에서 다수로 나타나는 것에서도 확인되고 있다(한규석, 신수진, 1999). 이는 한국 사회에서 위계질서의 봉건적 형태는 이미 무너졌고, 대등한 대인관계가 사회적 규범으로 작용하고 있음을 보이는 것이다. 특히 남녀관계의 평등성 의식은 시대차를 많이 보이고 있다. [그림 12-15]에서 보듯이 지난 30년간 20대에서 남녀평등의 가치는

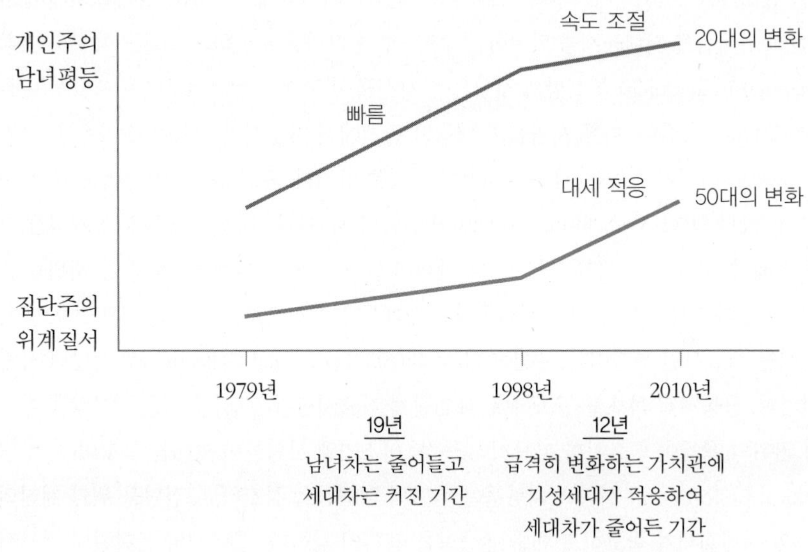


**[그림 12-15] 30년간의 두 세대의 개인/평등주의 지향적 가치관 변화 양상**

출처: 나은영, 차유리(2010)의 그림 10에 바탕함.

상황각본의 한 예: 당신의 마을에 큰 사고가 발생했다. 그래서 다음과 같은 사람들이 밤 동안 당신과 함께할 것을 부탁한다. 당신은 그중 한 사람의 부탁밖에는 들어 줄 수 없다. 누구의 부탁을 들어 주겠는가? ① 친척, ② 당신이 속한 직업집단의 윗사람, ③ 같이 시간을 보낼 때 가장 재미있는 사람, ④ 정치권에서 가장 영향력 있는 사람. ①의 선택은 수평-집단주의자, ②의 선택은 수직-집단주의자, ③의 선택은 수평-개인주의자, ④의 선택은 수직-개인주의자 유형으로 분류될 수 있다(Triandis, 1995).

빠르게 자리 잡았지만, 50대에서는 시간이 걸렸지만, 이제 남녀평등의 가치관에서 세대차는 많이 줄어들었음을 알 수 있다.

한편, 간단한 상황 각본들을 제시하고 네 가지 선택지에 대한 응답자들의 선호도를 차례대로 표기하게 한 결과를 분석한 직장인 대상의 연구(한규석, 신수진, 1999)는 수평-개인주의적 가치(곁글 12-8)가 선호도(첫 선택지로 높은 순위)와 아울러 기피도(마지막 선택지로 높은 순위) 모두에서 높게 나타나고 있어, 이에 대한 양가감정적인 태도를 볼 수 있었다. 이 분석에서 가장 기피도가 낮은 것은 수평-집단주의적 가치로 나타나고 있어, '나는 나, 너는 너'식의 분리된 생활방식보다는 우리의 관계에서 대등하게 상대를 배려하는 마음을 보이는 생활방식을 사람들이 바람직하게 여기는 것을 알 수 있다. 이는 앞의 분석에서 한국사회에서의 개인주의가 이기적인 것으로 여겨지는 현상에 대하여 사람들이 우려를 하고 있다는 것을 의미하기도 한다.

위계적 가치의 중요성이 낮아지면서 경로사상도 큰 변화를 보인다. 특히 유학의 바탕에 놓인 효사상이 뿌리 깊은 동아시아 삼국에서 전통적으로 노인은 지혜롭고 성숙한 인격체로 예우를 받아 왔다. 그러나 근대화와 더불어 노인에 대한 경

**곁글 12-8** 문화와 대인교류의 두 차원: 수평-수직 차원과 개인주의-집단주의 차원

비교문화심리학을 개척한 Triandis(1995)는 개인주의-집단주의 차원이 너무 포괄적이라는 문제의식에서 사람들이 관계맺음에서 대등한지 위계성을 지니는지를 반영하는 수평-수직 차원을 도입하는 이론을 제시하였다.

**수평적 개인주의**(HI: Horizontal Individualism) 성향의 사람들은 자신을 집단의 성원으로보다는 자율적(self-reliant)인 개인으로 생각하는 경향이 강하며, 다른 사람들과 대등한 관계에서 자율적인 활동을 좋아한다. 그렇지만 자신을 남보다 탁월한 존재로 여기거나 높은 지위를 지향하는 것은 아니다. 북구 문화권의 사람들이 보이는 대표적인 특징이다. **수직적 개인주의**(VI: Vertical Individualism) 성향의 사람들은 자신의 독특성과 개성을 강조하는 동시에 다른 사람에 비해 수월하다는 인정을 받는 것에 관심이 크다. 이들은 사회적으로 높은 지위를 얻고 그러한 인정을 받기를 원한다. 따라서 이들은 다른 사람들과의 관계를 본질적으로 경쟁적인 것으로 여긴다. 미국 문화권의 사람들이 보이는 대표적인 특징이다. **수평적 집단주의**(HC: Horizontal Collectivism) 성향의 사람들은 서로를 비슷하다고 여기며, 공동체적 목표를 강조하며, 대인관계를 중시한다. 그러나 이들은 사람들 간의 지위격차나 위계성, 사회적 권위의 획득이 중요하다고 보지 않는다. 이스라엘 사람들이 보이는 특징이다. 반면에, **수직적 집단주의**(VC: Vertical Collectivism) 성향의 사람들은 집단의 일체감을 강조하고, 집단을 위한 개인의 희생을 당연시하며, 서로 간의 위계질서가 확고하고 이를 존중하는 경향이 강하다. 동아시아 문화권의 대표적인 특징이다(Triandis & Gelfand, 1998).

로사상은 퇴조하였다는 증거들이 나타나고 있다(곁글 12-9). 국내에서는 아버지에 대한 호칭도 큰 변화를 보이고 있다. 10~30대의 남녀를 대상으로 한 1978년 조사에서는 '아버님' 10.7%, '아버지' 81.1%, '아빠' 8.2%였으나, 2015년 조사에서는 '아버님' 0%, '아버지' 21.4%, '아빠' 78.6%로 나타났다(홍인표, 2021, pp. 294-295). 거리있는 수직적 관계에서 보다 가깝고 수평적인 관계로의 변화를 보인다.

**곁글 12-9** 사라진 동아시아의 경로사상

1984년 이후 23개 국가에서 수행된 노인에 대한 태도 연구들 37개를 통합분석한 연구는 세간에 떠도는 아시아인의 경로사상이 현실적으로 더 이상 나타나지 않을 뿐 아니라 오히려 서구의 개인주의 국가들에 비해서 더 낮게 나오고 있음을 보여 준다(North & Fiske, 2015). 일반적인 통념과는 반대되는 결과다. 이 현상을 이해하기 위하여 여러 가지 가능성을 점검해 보니, 국가 간의 차이를 설명하는 두 가지 변인이 나타났다. 하나는 65세 이상 노령층의 증가 속도다. 일하는 노동 인구에 비해 노인층 인구가 차지하는 비율이 급격하게 증가하는 나라들에서 노인에 대한 태도는 매우 부정적으로 나타나고 있다. 이 비율이 가장 높은 7개의 나라 중 6개(한국, 태국, 일본, 홍콩, 싱가폴, 중국)가 동아시아권 국가들이다. 둘째는 집단주의 경향의 문화 특성이다. 놀랍게도 집단주의 특징이 강한 나라들에서 경로 태도가 나쁘게 나타났다. [그림 12-16]에서 가로축은 널리 알려진 비교문화 연구(Hofstede et al., 2010)에서 나타난 각 국가별 개인주의 경향성을 보여 준다. 세로축은 서구의 국가와 동양의 국가들의 경로 태도의 차이점수로, 음수는 해당국의 경로 태도가 서구에 비해서 낮은 것을, 양수는 경로 태도가 높은 정도를 보인다. 그림에서 보듯이 개인주의 경향이 약할수록(가로축의 왼쪽으로 갈수록) 경로사상도 낮아지는 것(세로축에서 음수의 값이 커지는 것)을 볼 수 있다. 이런 발견은 집단주의 문화에서 노인을 공경하는 경로사상이 높으리라는 예상과는 반대다.

아마도 근대화가 진행되면서 노령층의 비율이 급격히 증가하여, 복지의 부담이 커지고, 사회공헌도가 떨어지고, 정보화 추세에 뒤떨어지면서, 소통이 어려워지는 것이 노인들에 대한 반감을 키울 수 있다. 이런 설명은 특히 동구권에서 나타나는 노인에 대한 나쁜 태도에 적합할 수 있다. 이 지역은 서유럽국가보다 집단주의 경향이 높지만, 경로사상은 더 낮은 것으로 나타났다.

마찬가지로, 집단주의 경향이 강하던 한국, 일본, 싱가포르, 타이완에서 개인주의 문화가 이입되면서 전통적인 경로사상의 강조가 역풍을 맞는 것일 수도 있다. 이들 국가들에서 노인들의 자살율이 매우 높게 나타나는 현실도 이런 노인들이 지닌 경로에 대한 기대감(집단주의적 특징)과 근대화로 확산되는 개인주의 경향이 부딪히면서 노인에 대한 무관심이 증가하고, 이에 대한 노인들의 실망이 커진 탓일 수도 있다. 한국의 경우에 2000년 이후에 노령층의 자살률이 4배로 뛰어올랐다. 국내의 노인을 대상으로 한 연구는 노인에 대한 이미지가 좋지 않음을 보이며, 노화에 대해 부정적인 생각을 하는 노인들이 자살도 많이 생각하는 것으로 나타났다(이희정, 남석인, 2021).

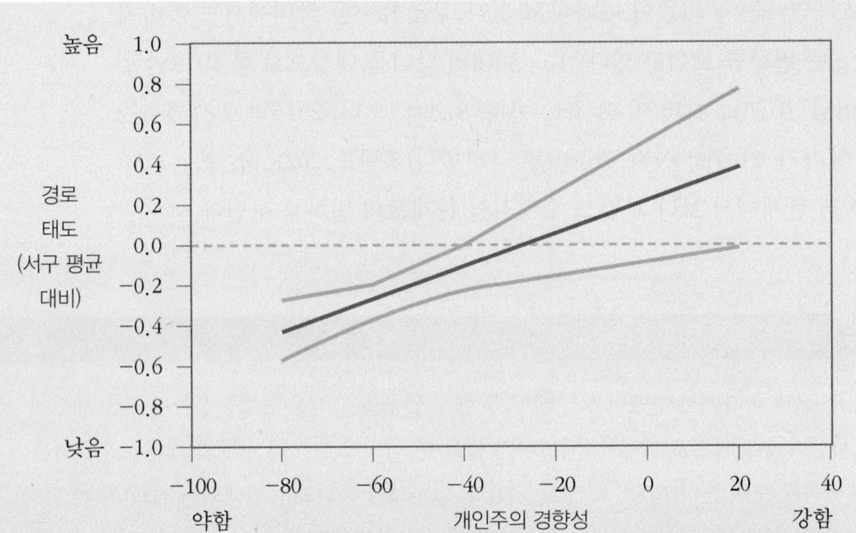


**[그림 12-16] 37개 연구들에서 나타나는 국가의 개인주의 경향성과 경로 태도**

중앙을 가로지르는 굵은 선은 경로 태도에서 동서 차이가 없을 때 예상되는 선분이며, 위아래의 초록선은 해당 국가의 관찰치들이 흩어져 있는 범위를 보여 준다.

출처: North & Fiske (2015), Fig. 5

**물질주의의 확산과 탈물질주의의 부상** 한국 사회는 1960년대까지의 농업경제의 전통사회에서 벗어나 1970~1980년대의 산업화 추구 시대를 거치면서 자본주의 원리에 입각한 경제체제의 생활에 익숙해졌다. 아울러, 물질적 가치의 중요성을 중시하는 방향으로 가치관의 변화가 빠르게 진행되었다. 경제개발 정책의 추진과 더불어 성장과 성공이라는 목표가 당연한 것으로 여겨지며, 출세 지상주의적 가치가 확산되어 70년대에는 '출세가 효도'라는 응답이 47%였으나, IMF 구제금융 사태 이후 2010년 조사에서는 64%의 응답자가 동의하는 것으로 나왔다(나은영, 차유리, 2010).

물질주의적 가치는 자본주의 경제체제의 발전과 더불어 어느 사회에서나 확산되는 가치다(13장 참조). 근대화 과정의 동력으로 성취와 성장이 주된 가치로 작용하지만, 후기 산업사회에서는 이들이 지니는 절대적 중요성이 상대적으로 감소하며, 삶의 질을 강조하고 표현의 자유, 정치 참여 확대를 요구하는 탈물질주의적 가치들이 부상한다. 이 양상은 90년대 중반 이후에 서구에서 뚜렷이 부각하였지만(Inglehart, 1997), 전국적인 표본을 대상으로 한 국내 연구는 탈물질주의자가 1990년 이후로 10% 미만대로 나오며, IMF 이후에 더 줄어든 양상을 보인다([그림

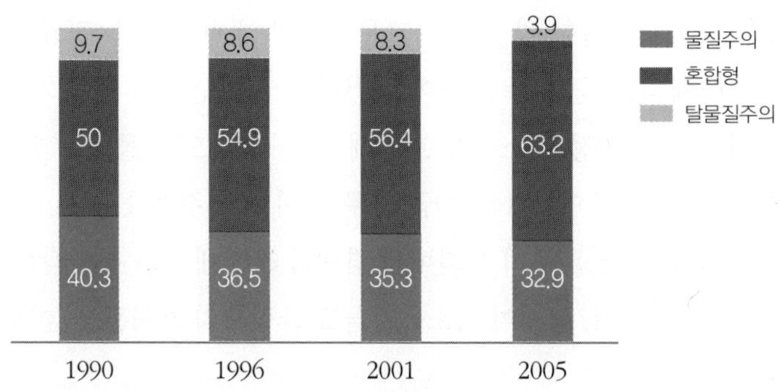


**[그림 12-17] 물질주의자-혼합형-탈물질주의자 구성비 변화(12항목 지수)**

출처: 박재홍, 강수택(2012), 그림 3.

12-17]; 박재홍, 강수택, 2012). 세계가치관조사(WVS)를 사용한 분석에서 탈물질주의자들은 사회·정치제도에 대한 신뢰가 낮고, 정치적 시위에 참여도가 높으며, 다양한 가치와 타인에 대한 관용이 높으며, 자기 자신에 대한 성찰도 높은 것으로 나타났다(어수영, 2004). 소득이 안정되면 물질주의적 가치관에서 벗어나 탈물질주의적 가치에 관심을 보이는 것이 자연스러운 현상이지만, 국내에서 탈물질주의자는 5% 미만으로 한국의 경제수준에 비해서 매우 적은 수준이다([그림 12-18]; 김두식, 2005; 박재홍, 강수택, 2012; 곁글 12-10). 같은 소득 수준이라도 미국에 비해 북구의 나라들에서 탈물질주의자의 비율이 훨씬 높은데, 이는 높은 복지 수준과 낮은 불안감에 기인하는 것이다(조성경, 2014; Cho & Yoon, 2015). 국내에도 사회보장제도가 도입되어 생계를 지원하지만, 신자유주의 사조에서 온갖 규제를 친기업

**세계가치관조사(World Value Survey: WVS)**
1981년 미국의 미시건 대학교의 정치학자 Inglehart 교수가 시작한 프로젝트로, 전 세계 6대륙의 100개 이상의 나라에서 각국의 대표적 표본을 대상으로 가치관을 주기적으로 조사하여 사회 변화와 문화 간 차이를 분석하고 있다. 2012년에 여섯 번째 조사가 이루어졌으며, 2017~2021년에 7차 조사가 47개국에서 수행되었다. 이 자료는 공공 데이터로 공개되어 누구라도 나름의 관심을 갖고 분석하는 것을 허용하고 있어, 수많은 논문과 저술이 출판되고 있다. 조사 본부는 네덜란드에 위치해 있다(http://www.worldvaluessurvey.org/wvs.jsp).

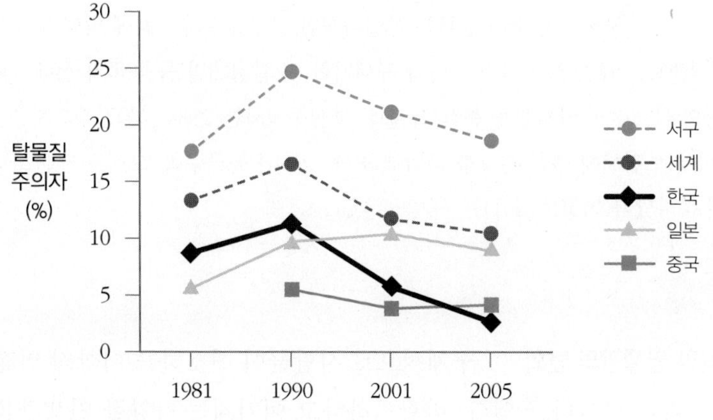


**[그림 12-18] 탈물질주의자 비율의 국제 비교(4항목 지수)**

출처: 박재홍, 강수택(2012).

적으로 풀고, 해고가 용이한 방향으로 고용정책이 재편되면서, 정규직 일자리는 비정규직으로 대체되고, 플랫폼 노동이 증가하면서 청년들의 꿈은 자기실현이나 진취적인 기회보다는 안정된 소득을 보장해 주는 직업으로 몰리고 있다. 공무원의 인기가 한창 좋았을 때인 2014년 9급 공무원 시험의 경쟁률은 74.8 대 1이었다(한국경제신문, 2014. 12. 5.). 우리 사회에서 경제적 안정에 대한 불안감이 높은 탓에 탈물질주의자들이 적으며, 심지어 고소득자들도 물질주의 가치관을 높게 보인다.

**곁글 12-10** 한국 사회의 탈물질주의자

정치학자 Inglehart(1997)는 각 세대가 성장하면서 겪는 경험의 특징에 따라 획득하는 가치관의 유형이 다르며, 가치관이 다른 세대가 사회의 주축을 이루게 되면 정치지형에 큰 변화가 나타나고, 이 영향은 가히 혁명적이지만 다른 정치혁명과 달리 피를 수반하는 것이 아니란 점에서 **'조용한 혁명'**이라고 불렀다. 산업사회를 지나 후기 산업사회에서 성장하는 사람들은 물질적 풍요를 당연한 것으로 여기고, 개인의 다양한 욕망과 바람을 추구하면서, 이전의 성장과 안정 지향적인 가치에서 벗어나 환경주의, 정치적 평등, 언론의 자유, 의사결정에의 참여, 인간적인 삶 등을 중요시하는 탈물질주의적 가치관을 수용하게 된다. 국내에서도 1960년대 이후에 태어난 세대들에서 이런 가치관을 지닌 사람들은 적지만 뚜렷이 나타나고 있다.

2008년에 태안반도에 유조선 사고로 엄청난 양의 기름이 유출되어 해안을 오염시키는 사고가 발생하였을 때 137만 명의 자원봉사자들이 전국에서 모여 기름에 묻은 돌들을 닦아 내는 전무후무한 방재 작업을 펼쳐 세계를 놀라게 하였다. 이 참여자들을 대상으로 조사한 결과, 200명의 응답자 중에서 40%의 사람들이 탈물질주의적 가치관을 지니고 있는 것으로 나타났다(박재묵, 이정림, 2010). 이 조사에 참여한 사람들이 환경운동단체나 인터넷 카페가 주관한 봉사활동에 참여한 사람들이란 점에서 대부분의 자원봉사자를 대표한다고 보기는 어렵지만 뚜렷한 집단이며, 고무적이기도 하다. 그 이유는 이 참여자들이 단순히 동정과 연민이라는 공동체적 정서에서 움직인 것이 아니라 상당수가 자신의 탈물질주의적 가치관에 부응하는 행동을 했기 때문이다. 한편, IMF 금융위기 이후 세계적인 신자유주의 이념에 굴복한 한국의 정부는 산업사회와 신자유주의 가치에 바탕한 성장과 건설을 내세우며 자유무역협정체결(FTA), 각종 산업의 민영화와 규제완화 및 환경개발 등을 국가 정책으로 추진하였다. 영호남의 대학생 545명의 물질주의 가치관을 분석한 결과, 물질주의자는 25%, 탈물질주의자는 51%로 나타났는데, 이들에게 이명박 정부의 정책에 대한 선호를 파악했을 때 소득이 높을수록, 그리고 탈물질주의 경향이 강할수록 반대하는 양상이 나타났다(이성로, 2011).

**이상적인 인생관의 변화** 구체적으로 사람들이 선호하는 이상적 인간형에 있어서도 변화가 나타나고 있다. 바람직하다고 여겨지는 다양한 인생관을 제시하고 각 선호도를 평가하게 하는 조사를 1970, 1980, 1993, 2002년의 30년간에 걸쳐서 전국의 대학생을 대상으로 행한 연구(한덕웅, 이경성, 1994, 2003)에 따르면, 1970~1980년대까지 자신의 욕구를 다스리며 이상을 추구하는 인간상이 가장 추구되었으나, 2000년대에 들어서는 그 선호도가 현저히 떨어졌고, 오히려 현실을 타개하는 적극적인 인생관이 가장 선호되고 있음을 보이고 있다. 아울러, 인정 있고 우애 있는 대인관계를 추구하는 인생관도 더욱 높은 선호를 보이는 것으로 나타났다. 한편, 같은 기간 동안 가장 선호되지 않은 인간상은 자의적 만족과 관능적 쾌락을 추구하는 사람으로 나타났다. 이는 전통적 유학사상의 영향으로 한국인들이 자기수양과 성숙을 추구하는 경향을 짚어 주는 것으로 해석된다(한덕웅, 1994, p. 273). 그러나 1960년대 이후부터 본격적으로 진행된 자본주의의 심화와 더불어 욕구절제의 가치가 향유의 가치로 대체되어 가는 양상도 뚜렷이 나타나고 있다(주은우, 2014). 이런 양상은 앞에 제시된 가치관 변화연구(나은영, 차유리, 2010)에서 인생을 옳게 사는 것보다 풍요롭게 사는 것이 잘사는 것이라는 응답이 IMF 이후로 크게 증가한 것에서도 확인된다. 따라서 돈은 꼭 있어야 한다는 가치관도 2000년대에는 20대에서 68%, 30대 이상에서는 80%를 상회하게 나타남을 이해할 수 있다.

## 가치의 혼재 양상의 이해

사회의 가치관은 변하기도 하지만 복잡한 양상으로 혼재하고 있으며, 연구 결과에 따라서는 상호 모순적인 경우도 허다하다. 가치로의 변화가 확연히 나타나지만, 다른 연구들에서는 여전히 전통적인 집단주의적 가치가 강하게 나타나기도 한다. 이 같이 모순되는 현상은 어떻게 설명될 것인가?

**가치 측정의 방식** 비슷한 응답자를 대상으로 한 연구들일지라도 어떻게 가치를 측정하였느냐에 따라서 결과는 다르게 나타날 수 있는 이유가 여러 가지 있다.

우선, 리커트 유형의 정형화된 설문과 개방형 질문에 대한 응답을 비교할 수 있다. 리커트 방식의 설문조사(1장 참조)는 한결같이 한국 사회가 개인주의로 변화하고 있음을 보이고 있으나, 개방형 질문을 사용하여 나타난 응답을 분석한 연구들은 집단주의 경향도 강함을 보이고 있다. 리커트 방식의 조사에서는 상황맥락과는 무관하게 특성 형용사(혹은 진술문)가 제시되기 때문에 조사 당시의 사회적 이슈로 부각된 것들이 영향을 미치기 쉽고, 문항이 다양하게 해석될 수 있기 때문이다. 따라서 문화의 특성을 파악하기 위한 설문조사에서는 애매하여 해석의 여지가 많은 리커트 방식의 설문을 제시하기보다는 구체적인 상황 각본을 제시하는 것이 더 적합하다(Peng et al., 1997).

아울러, 폐쇄적으로 정해진 응답 방식을 제시하는 것에 비해서 "나는 누구인가?" 식의 질문을 하고 떠오르는 대로 개방적 응답을 하게 했을 때 한국 사람들의 전통적인 가치관, 자기에 대한 문화적 특성이 보다 선명하게 나타나는 양상을 보인다(Rhee et al., 1995). 이러한 결과들이 시사하는 것은 외부로 나타나는 행위와 모습에 있어서 개인주의적 변화가 강하게 나타나고 있기는 하지만 한국 사람들이 지니고 있는 내면의 사고방식, 관행, 정서, 편안함을 느끼는 상황은 여전히 집단주의 문화의 특성을 지니고 있다는 것이다. 즉, 리커트 유형의 명시적 측정과 달리, 간접적인 측정에서 잘 드러나는 암묵적인 특징에서는 문화에 내재적인 '쪽인나'의 특성이 나타난다. 이 점에서 어느 민족의 문화적 특성을 파악하는 일은 단선적으로 이루어질 수 없다는 교훈을 얻게 된다.

**가치 측정의 차원** 반대되는 가치들이 혼재하는 것을 모순된 것이라고 보기 어려운 또 다른 이유는 두 가지 상반되는 가치가 단일 차원으로 제시될 때는 양극의 반대 위치에 놓이겠지만, 생활 영역에서는 각기 다른 영역의 가치이기 때문에 모순 없이 공존할 수 있기 때문이다(Kerlinger, 1984). 집단주의와 개인주의가 대립적인 관계가 아니라 두 개의 독립적인 차원의 마음가짐이라는 것이다. 상황에 따라 촉발되는 마음가짐에 따라 독립적이거나 관계적인 자기성이 행동과 태도에 영향을 준다. 즉, 이러한 두 가지 마음자세는 누구에게나 보편적으로 갖추어져 있으며, 상황맥락적으로 어느 것이 촉발되냐에 따라 사람들의 행동이 달라진다(Oyserman, 2011; Vignoles et al., 2016).

**문화는 중력장** 한국과 미국이 개인주의적 가치에 대한 수용 정도에서 차이는 분명히 나타나지만, 문화 간의 차이보다 동일 문화권 내에서 성원들이 보이는 차이는 더 크다. 그래서 표집이 대표적이지 못한 경우에 문화 간의 차이가 묻히거나 오히려 거꾸로 나타나는 경우도 종종 있다. 그렇기 때문에 문화 간 차이와 문화 내 개인 차이에 대하여 명확히 알아 둘 필요가 있다. 최근에 이 둘 사이의 차이를 설명하기 위해 제시된 중력장 이론이 도움이 된다. 사람들은 자신이 속한 여러 집단들에 의해서 다양한 크기의 영향을 받는다. 예를 들자면, 개인은 자기가 속한 학교, 지역, 국가, 종교, 세대, 성 등의 범주에 의해 영향받으며, 이들 각 범주는 개인을 끌어들이는 중력으로 작용한다고 볼 수 있다(Akaliyski et al., 2021). 마치 지구

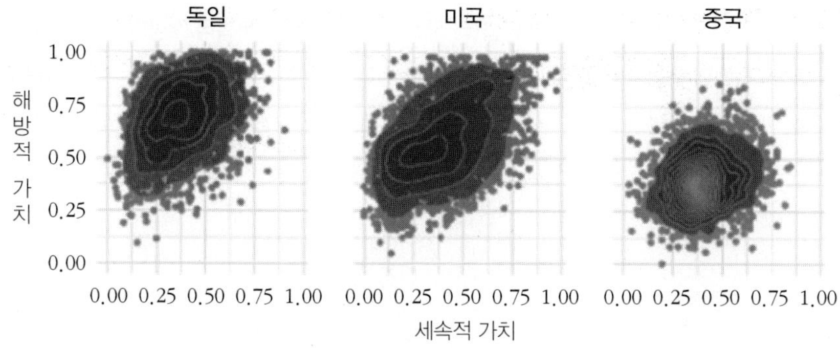


**[그림 12-19] 세속적 가치와 해방적 가치의 중력장에 나타나는 3개국 문화와 성원들의 산포도**

각 가치의 중심(평균)에 문화의 중력이 가장 강하게 작용하여 개인들의 분포 밀도가 높으며, 원 테두리로 갈수록 중력이 적게 작용하여 분포 밀도가 옅어지는 양상을 보여 준다.

출처: Akaliyski et al. (2021), 그림. 2 일부.

에 작용하는 중력장은 해가 가장 강력하지만 달의 중력장도 작용하고, 은하계의 중력장도 작용하는 것과 같다. [그림 12-19]에는 해방적 가치(성평등, 언론의 자유, 개인의 자율성, 자기표현을 중시하는 가치)와 세속적 가치(종교적 권위를 부정하고, 이성적 논리와 과학적 사고를 중시하는 가치) 차원에서 독일, 미국, 중국의 세계가치조사 결과를 볼 수 있다. 독일과 미국은 중국에 비해서 해방적 가치가 높다. 그러나 세속적 가치에 있어서는 삼국 간의 차이가 미미하다. 그러나 중국의 경우에는 세속적 가치의 다양성이 독일이나 미국에 비해서 적은 것을 볼 수 있다. 각 가치 차원에서 국가 내의 개인차가 크지만 문화 차이도 뚜렷이 있는 것을 볼 수 있다. 문화를 중력장에 비유해서 중심에는 핵심 중력이 크게 작용하지만 밖으로 갈수록 중력이 작아지며, 평균적인 성원 이외의 많은 성원들이 있음을 보여 주는 중력장 이론은 문화간 차이를 안정적인 실체적 본질로 보거나, 문화 간 차이를 차별적 시각으로 보는 전통적인 시각보다 역동적이며, 현실적이다.

## 요약

1. 한국 사회의 가치는 경제성장과 더불어 집단주의→개인주의, 위계적 가치→수평적 가치로의 전환이 급속히 진행되었으나, 쪽인 나의 세계관에 바탕한 집단주의적 특징도 뚜렷하다.
2. 자본주의 체제가 심화되면서 물질주의 가치가 크게 확산되었다.
3. 후기 산업사회에서 확산되는 탈물질주의적 가치가 한국 사회에서는 미미하다. 이는 취약한 복지와 경제적 불안심리가 큰 탓이다.

4. 가치의 혼재 현상은 가치 측정의 방법(리커트식 혹은 개방형), 복합적 개념의 단일 차원 측정과 독립적인 측정의 차이에 의해서 나타날 수 있다.
5. 개인이 속한 집단범주 각각은 독립된 중력장으로 개인에게 작용한다. 상황에 따라서 현저하게 작용하는 중력장은 다를 수 있다. 중력장 이론은 문화의 복합적 역동성을 잘 보여 준다.

## 한국 사회의 구성 세대

산업화 세대, 386세대, N세대, MZ세대 등의 세대를 지칭하는 용어들이 종종 사회현상을 설명하는 개념들로 등장한다. 통상 조부모, 부모, 자식을 구분하는 30년을 한 세대로 잡지만, 사회과학적으로는 태어나서 20대로, 성장하는 기간에 발생한 당대의 특징적인 사건을 같이 경험한 탓에 특정 가치관, 사고 및 행동양식을 공유할 것이라는 사람들을 같은 세대라고 본다. 이런 세대의 특징에 대하여 실증적 자료를 바탕으로 파악하는 연구가 사회학 분야에서 활발하게 이루어지고 있다. 이들 연구를 중심으로 세 가지 세대에 대하여 알아보자(자세한 논의는 김홍중, 2015b; 박재홍, 2009, 2010; 전상진, 2006; 조성남, 박숙미, 2002).

**산업화 세대** 1945년 해방 전후에 출생하여 한국전쟁을 경험하거나, 청장년기에 산업화의 일꾼으로 종사한 세대로 1960년대 도입된 산아제한 정책 전까지 태어난 세대를 일컫는다. 한국전쟁 직후부터 출산이 크게 늘었던 베이비붐 세대를 포함한다. 1957년 한 해에만 91만여 명이 태어났는데 이는 1941년 신생아 수의 두 배에 달하는 숫자이다(함인희, 2002). 이들은 1950~1960년대의 아동・청소년기에 굶주림을 경험하였고, 1961년 집권한 박정희 군사정권이 추진한 반공, 경제개발, 월남 참전, 중동건설, 새

영화 〈국제시장〉

산업화 세대 가장의 일대기를 통해 한국의 근대화 과정의 명암을 잘 담아낸 영화로 1,400만 관객을 동원했다. 2014년 개봉.

마을운동을 경험하며 산업화에 공헌하며 '하면 된다'는 정신이 몸에 밴 세대다. 이들은 군부독재에 대한 반감과 경제성장을 추진하였고, 민주화에 대한 열망을 갖고 있어 1980년대 중반의 민주항쟁에서 '넥타이 부대'를 구성하였다. 이들이 일터에서 중견 간부로 일하며 가장으로서 가정의 경제를 책임지고 있을 때 터진 1997년의 IMF 사태는 많은 이들을 일터에서 내몰며, 종신고용의 시대가 끝나는 충격을 받았다. 이들의 초기 세대가 한국전쟁과 반공교육으로 북한은 적이고 악이란 빨갱이 콤플렉스를 지니고 있고, 이들의 뒷세대는 탈냉전의 분위기에서 민주화를 지향하며 북한에 대해서도 진보적인 수용적 입장을 지니고 있다는 점에서 이들은 낀 세대의 특징을 보인다.

이들이 경험한 급격한 사회변화는 이들을 불확실성에 길들여진 세대로 만들었다. 산업화 이전 세대의 권위주의와 보수주의 성향도 아니고 뒷세대의 민주적·진보적 성향도 아닌 특징을 보인다(안청시, 최일섭, 1987). 이들은 출세를 성공으로 아는 세속적 열망을 지니고 있으며, 경쟁과 도태를 당연한 사회법칙으로 받아들이는 탓에 사회체제를 변화시키기보다는 체제 정당화 심리가 강하다. 이런 심리가 이들이 사회의 지도적 위치를 차지하게 된 1990년대 중반 이후에 경쟁을 심화시키는 신자유주의를 큰 거부감 없이 수용하게 만든 것으로 보인다.

**386세대** 한국의 정치 지형에서 뚜렷한 위치를 차지하는 세대다. 이들은 1960~1970년대에 출생하여 1980~1990년대에 대학생활을 경험한 사람들과 이들에게 깊이 동질감을 느끼는 사람들이다(조대엽, 2002). 1980년대 보급된 컴퓨터와 정보화의 물결을 타고 급변하는 현실에 가장 먼저 주도적으로 참여할 수밖에 없던 세대이기에 당시에 보급되던 컴퓨터 중앙처리장치(CPU)의 기종 386이 세대를 호칭하는 이름이 되었다. 이들은 정보산업의 성장과 더불어 많은 벤처기업에 뛰어들어 벤처의 신화를 만들어 낸 장본인들이 되기도 하였다. 안철수가 그 대표적인 인물이다.

이들은 사회 제도의 모순에 비판적 눈을 갖게 된 세대다. 군사정권 체제에서 민주화의 열망을 키웠으며, 미국의 제국주의적 특성에 눈을 뜨며, 반미 운동을 시작한 세대다. 이들은 고도성장을 추진한 박정희 대통령의 정책의 수혜자이자, 박정희의 억압에 대한 저항 정신을 키우고 1980년대의 민주화 운동을 주도하여 민주화 세대라고도 한다. 민주화 운동은 대학생들에 의해 주도되었기 때문에, 다른 세대와 달리 386세대에는 대학생이 주인공으로 부각된다.

1981년 시행된 대학졸업정원제로 대학입학 정원이 대폭 늘었다. 1975년 대학생 수 증가율이 35%였는데 1985년에는 159%로 급증하였고, 대학진학률도 동기간에 7.7%에서 33%로 뛰었다. 양적으로 크게 증가한 대학생들은 군사독재에 반대하며 민주화 시위에 참여했다. 이들은 1980년 5 · 18 민주항쟁의 진압을 경험하고, "광주의 기억을 끊임없이 환기했으며 살아남은 자로서의 수치심을 집권자에 대한 증오감으로 전화시켰다."(김동춘, 1997, p. 99) 이들에게 "광주항쟁과 6월항쟁은 7년간에 걸쳐 진행된 하나의 연속된 사건이었다"(윤상철, 2000, p. 55). 서울대 출신 650명의 386세대는 자신의 생애에서 가장 깊은 영향을 준 사건 1순위로 6월항쟁, 2순위로 광주항쟁을 꼽았다. 군사정권의 배후에 있는 미국에 대하여 반미감정을 지녔고 미국 문화원 방화사건을 벌였다. 이들에게 북한과 미국이 축구시합을 하는 경우에 북한을 응원하겠다는 사람이 90%로, 일본과 미국의 시합에서는 미국 18%, 일본 16%로 나왔다. 전국 조사에서 미국 응원이 43%로 나온 것에 비추어 이 세대의 높은 반미감정을 볼 수 있다(은기수, 2000).

이 386세대는 민중지향적 좌편향적 이념에 동조하는 양상이 높았으나 1980년대 후반에 동구권이 몰락하자, 그 관심을 사회적 약자에게 보이며, 1990년대 활발하게 시작된 시민운동에 주도적으로 관여한다. 경실련, 참여연대, 녹색연합, 환경운동연합 등의 활동들이다. 이들은 소외된 이웃이나 집단을 이웃으로 삼겠다는 의향을 다른 어느 집단보다 높게 보이고 있다(윤상철, 2000). 이들은 정치판의 뿌리깊은 영호남 대립과 분열을 극복하려는 세력으로 성장하여 노무현 대통령을 당선시키고, 친서민적 정책을 수행하는 전위에 서기도 한다. 그럼에도 불구하고, 이 세대의 가치관에는 전근대적인 전통 가치가 상당한 정도로 있다. 효사상과 가부장적 권위주의가 강하고, 특히 남성들에게서는 성차별을 문제의식 없이 관행적으로 받아들이고 있다. 이를 반영하듯이 안희정 충남지사, 박원순 서울시장 등 여러 정계의 인사들이 2010년대 후반에 터진 미투 사건들에 연루된 것이 드러났다.

**곁글 12-11** 386세대 논쟁

2024년 4월 국회의원 선거에 대비하여 여당인 국민의힘은 386세대를 정치권에서 털어 내자는 캠페인을 벌이며, 야당인 더불어민주당의 당대표와 유력한 정치인들 상당수가 386세대임을 암시하며 세대전쟁을 벌인 바 있다. 386세대는 다른 세대와 달리, 그 특징이 1980년대 대학생활, 그것도 소위 일류대학을 진학한 사람들이 중심이라는 특징을 지닌다. 386세대가 기득권층으로 자리 잡으며 다른 세대와 대조되는 실체적인 세력이냐에 대한 논의를 이해해 보자.

사회학자 이철승(2019)은 한국 사회의 불평등 책임이 386세대에게 있다며 386세대의 권력독점 현상을 심도 있게 분석 · 제시한다. 80년대 반정부 투쟁에서 6월항쟁의 성과를 경험한 이들은 민주화의 주도세력으로 인정받으며, 90년대에 산업현장으로 진입하였다. 사회에서 허리를 형성하는 때가 되었을 때 닥친 금융위기를 겪으면서 밀어닥친 세계화와 신자유주의 사조에 의해 성과급 제도, 고용의 유연화를 받아들일 수밖에 없었지만, 전통적 위계구조에 젖어, 세대 내에서의 위계적 관계뿐 아니라 젊은 세대와도 위계적 관계를 당연한 것으로 여겼다. 금융위기를 겪으며 자연스럽게 산업화 세대가 물러나자 386세대는 사회의 상부 주도세력이 되면서, 후속 청년 세대가 겪는 일자리 부족과 과도한 상층 진입 경쟁을 당연시했다. 이들은 노동시장의 유연성을 위하여 정규직과 비정규직을 구분하고, 능력주의로 포장된 차별을 당연시하였고, 사회불평등이 심화되는 양상을 방관하였다. 2020년 21대 국회의원 선거 당선자 중에서 당시 50대(1961~1970년생)가 59%(300명 중 177명)였다. 80%가 남성이다. 2008년 총선에서는 당시 40대이던 386세대가 95명의 당선자를 냈지만, 2020년 총선에서 50세 미만 당선자는 51명뿐이다([그림 12-20]). 노동시장에서도 2004년에는 상층 노동시장은 40대 초중반이던 386세대가 가장 많고 그 위와 아래 연령대는 줄어드는 항아리 모양이지만, 2015년에 이르면 386세대가 50대가 되면서 상층이 두터워진 양상을 보인다(이철승, 2019, p. 235). 이처럼 정치와 노동계에서 드러나는 386세대의 권력 과점 형태를 부인하기 어려워 보인다.

한편, 사회학자 신진욱(2022)은 이 세대론의 허구성을 주장한다. 60년대 출생하여 80년대에 일류대학에 진학해서 운동권 생활을 하거나 그에 동조하는 반정부 활동을 보인 사람들은 해당 세대원들의 5%도 안 된다는 것이다. 그에 따르면 386세대나 요즘의 청년세대 모두 각 세대 내 동질성은 약하며, 소득계층에 따른 이질성이 크다. 소득 불평등 문제는 모든 세대에서 작용하는데, 세대론은 이 구조를 가린다는 것이다. 한 예로, 2007년과 2012년 대선에서 저소득층이 보수정당을 지지하는 계급배반 투표행위가 나타나 관심을 끌었다. 그러나 이 계급배반투표는 많은 노인이 저소득층인 탓에 나타난 현상으로 분석된다(강원택, 2013). 노인세대는 소득이 적어서 저소득층으로 많이 포함되지만 반공 이데올로기에 익숙해서 안보불안을 연상시키는 진보정당을 반대하는 양상이 높다. 촛불집회 세력에 반대하는 시위를 펴는 태극기 부대의 구성원이 대부분 노인이고, 이들은 친미 반공을 내세우고 있다. 이 노인들을 제외하면 계급배반투표 현상은 나타나지 않는다. 386세대론은 자신들의 정치적 이익을 도모하기 위하여 세대론과 세대갈등을 활용하는 집단들이 있고, 이런 세대론을 믿으면, 사회의 불평등을 야기하고 심화시키는 구조에 대한 관심이 약해진다는 것이다. 실제로 부동산이나 양질의 일자리가 386 기성세대에 의해서 독점되고 있는 것은 아니며, 세대 내 개인차가 매우 크다(신진욱, 2022).

여기서 386세대의 권력 과점을 받쳐 주는 사회적 환경도 고려할 필요가 있다. 이들은 1959년부터 1971년까지 매년 출생한 100만 명 이상의 신생아들이었으며, 경제성장으로 인한 영양 개선과 의료발전으로 수명 연장의 혜택을 받아, 이전 세대보다 생존율이 매우 높으며, 교육도 많이 받은 세대로, 경제성장으로 늘어나는 고급 일자리의 수요를 채워 갔다(은석, 2023). 문제는 상층부를 차지한 386세대가 고용 유연성을 높여야 한다는 신자유주의에 편승하여 일자리를 비정규직, 일용직으로 대체하면서 일자리가 줄어들었다는 것이다. 하지만 대학졸업자들은 계속 늘어났기에 줄어든 안정된 일자리를 놓고 벌이는 경쟁이 더욱 심화되어 스펙경쟁, N포 세대가 벌어지고 있다.

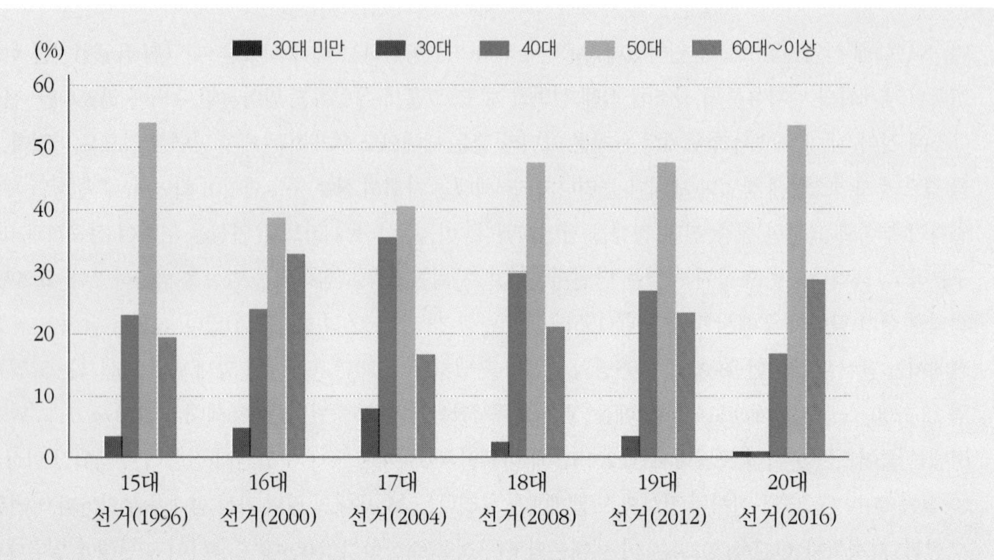


**[그림 12-20] 1996(15대)~2016년(20대) 총선에서 국회의원 당선인들의 연령대별 비율**

18대, 19대, 20대 총선에서 50대(386세대)의 비중이 다른 세대보다 월등히 높음을 볼 수 있다.

출처: 이철승(2019), 그림. 3.

**MZ세대** 산업화 세대의 자녀 세대로 1980년대 이후에 태어난 사람들이다. 청년기에 2000년대를 맞이한 밀레니얼(M) 세대와 그 이후 태어난 Z세대를 아울러 MZ세대로 묶는다. 이들은 온라인 사회관계망(SNS)과 인터넷으로 늘 연결된 세대라고 해서 N(Network)세대 혹은 정보화 세대라고도 한다. 이들은 정보화에 가장 익숙한 세대로, 성장기부터 디지털 생태계에서 살면서 다양한 기기를 이용하여 수많은 사람과 정보에 접근할 수 있는 네트워크 속에서 삶을 살아가는 세대다. 이들이 겪은 대표적 사건들은 1990년대 진행된 정보화 혁명, 특히 2007년 이후 본격적으로 전개된 온라인 생태계, 2014년 세월호 사건, 2016년 촛불혁명, Covid-19 등이다. 이들은 광우병이나 세월호 등 사회적 문제가 부각될 때 SNS를 이용한 자발적 참여로 촛불을 들고 광장에 모인다고 해서 광장 세대 혹은 촛불 세대라고도 불리운다(박재홍, 2009).

지속적인 경제성장으로 1990년대 들어서 사람들의 소비 양상도 필수적 생활품의 소비가 차지하는 비중은 줄고, 외식, 오락 등 문화적 소비의 증가가 뚜렷하게 나타난다(최홍철, 최현자, 2020). MZ세대는 문화적 소비를 경험하며 자란 첫 세대라고 할 수 있다(박길성, 2002). 개성적이고, 주체성과 즐거움을 추구할 수 있게 된 이들은 사이버 공간을 이용한 모임에 적극적이고, 낯선 사람에 대한 반감이 적다. 연고주의 또는 성역할이나 남아선호 등의 성차별 같은 전근대적 사고방식에 거부감을 보인다. 이들은 세상에서 가장 가치 있는 것에 대한 답으로 49%가 '자신을 위한 삶'이란 답을 주어 부모세대의 답 21%와 큰 차이를 보이고 있다(이정우 외, 2000). 이들은 정치에는 별 관심이 없지만, 2024년 말 탄핵시위에서 주도적으로 참여한 세대였다.

이들 중에서 21세기 들어서 태어난 뒷세대들은 경제적 풍요, 민주화된 정치, 다원화가 진행되고 있는 사회에서 성장하고 있지만, 전 지구적으로 불어닥친 신자유주의와 정보혁명의 환경 속에서 안정된 직업의 상당수가 사라지고, 노동유연성(해고, 비정규직화) 등이 확산되면서 실업과 반실업이 반복되며 많은 이들이 일용직으로서 플랫폼 노동에 종사하고 있다. 경쟁은 일상화되고 더욱 심화되면서, 기득권층과는 먹고살기의 자리싸움을 벌이고(우석훈, 박권일, 2007), 산업화 세대의 부모와는 가치관의 차이로 갈등하는 세대이기도 하다(정병은, 이기홍, 2010). 승자독식의 사회 환경에서 차별을 당하는 것에 분개하지만, 자기보다 못한 사람에 대한 차별을 당연한 것으로 여기며(오찬호, 2013), 제대로 갖추어지지 못한 한국 사회의 사회안전망에서 보호받지 못하며, 만성적 취업 불안과 생활스트레스를 경험하는 세대다. 이전 세대의 삶에서 당연한 과정으로 여겨졌던 학업–취업–결혼–출산의 정상적인 삶의 경로가 애써서 쟁취해야 하는 과제로 변하고, 미래의 삶을 전망하는 것이 사치가 되어 우선 생존에 매달려야 하는 세대이기도 하다. 이들에게서 생존이란 죽지 않고 살아 있다는 의미가 아니라 "경쟁적 삶에서 배제되지 않는 상태"로 일회성이 아니라 불투명한 앞날로 연속적으로 이어지는 상황들이다(김홍중, 2015, p. 192). 개인들의 스펙 경쟁은 물론, TV에서 예체능 및 짝짓기 등의 다양한 분야에서 생존형 프로그램이 큰 인기를 끄는 것은 이 세대의 이런 세태를 보여 준다. 이들은 능력 있는 사람이 성공한다는 능력주의 신화를 잡고 노력하면서, 공정성의 위배에 민감한 반응을 보인다(곁글 12–12).

**세대론의 주의점** 성장기에 경험한 사회의 주요 사건이 미친 영향에 따라 세대를 구분하고, 세대별 특징을 설명하였다. 이 같은 세대론이 사회현상을 이해하는 데 도움을 줄 수 있지만, 유념해야 할 것들이 있다(김선기, 2014). 우선, 세대 명칭을 구분 짓는 것이 세대 차이를 과장하고, 세대 간 갈등을 조장할 수 있다는 것이다. 세대론은 세대에 대한 고정관념을 강화하고 이를 갖고 현상들을 해석함으로써 세대론을 사회의 전 영역으로 확대시킬 우려가 있다(신진욱, 2022). MZ세대가 SNS 등의 사용에서 다른 세대와 차이는 있다. 그러나 외현적 차이가 이 세대의 가치관을 다른 세대와 차이 나게 만든다는 것은 젊은 층을 자신들과 달리 보려는 기성세대의 관점이지 실제는 아닐 수 있다. 이를테면, 세대담론이 가정하고 있는 개인주의적이고 탈권위주의적인 젊은 세대와 공동체주의적이고 권위주의적인 기성세대의 이분법을 들 수 있다. 실제 조사에 따르면 이 세대차는 정도의 문제이지 질적인 차이가 아님을 보여 준다(박경숙 외, 2013). 둘째, 세대차 담론은 세대의 문제로 해석되어서는 부적절한 사회현상들을 세대라는 틀로 덧씌우며 오해를 가져올 수 있다. 이를테면, 여권신장으로 인한 회사의 분위기 변화를 '요즘 여자들'로 보는 것은 시대의 변화에 따른 여권신장을 사회가치관의 변화가 아니라 '요즘' 세대의 문제로 보는 오류를 낳을 수 있다. 셋째, 동일한 연령대의 사람들이 시대적 사건을 같이 경험하였더라도, 개인마다 다른 주관적 경험을 대체시킬 수 없다. 같은 세대라도 생활경험의 개인차는 크기 때문에 개인차는 세대차보다 더욱 크다.

**요약**

1. 산업화 세대는 해방 전후 출생자들로부터 전후 급증한 출산율로 산아제한 정책이 시작된 1960년대 중반까지 출생자를 일컫는다. 이들은 청장년기에 산업화의 일꾼으로 종사한 세대로 굶주림을 겪었고, '하면 된다'는 새마을 정신과 반공의식이 강한 세대다.
2. 386세대는 1960대 중엽 이후에 출생하여 1980년대를 학창시절로 보내며, 민주화와 정보화의 혁명을 겪은 세대다. 탈물질주의적 가치관에 눈을 뜨고, 사회의 모순에 비판적이며, 민주화에 앞장서며, 친북 · 반미 · 친서민적 정서를 보인다.
3. MZ세대는 디지털 원주민에 해당하는 세대다. 산업화의 혜택으로 굶주림을 겪지 않았으나, 세계화와 신자유주의에 의해 늘어난 비정규직, 플랫폼 노동에 종사하며, 안정된 취업을 위한 생존경쟁에서 각자도생을 받아들인다. 이전 세대에 비해서 개인주의적이며, 개성적인 삶을 추구한다. 정치에는 무관심하나, 이슈에 따라 촛불시위에 참여하며, 공정성에 민감하다.
4. 세대론은 세대에 대한 고정관념을 강화하고, 세대 구성원을 동일시하는 과잉 일반화를 보이며, 세대차를 부각시키는 부작용을 지닐 수 있음에 유의해야 한다. 아울러, 부적절한 현상의 이해를 위해서 적용되는 경우가 많으므로 비판적인 자세를 취할 필요가 있다.

## 한국 사회의 높은 자살률: 무한경쟁의 대가

1980년부터 1995년까지 한국 경제는 연평균 10%에 달하는 고도성장을 지속해 왔다. 1996년에 국민소득 1만 달러, 2018년에는 3만 달러를 넘어섰다. 2009년부터는 개발도상국들에 원조를 해 주는 원조공여국이 되면서 외형으로는 명실상부한 경제 선진국이 되었다. 4만 달러 소득을 눈앞에 두고 있지만 사람들의 정신건강은 걱정스러운 상황이다. [그림 12-21]에서 보듯이 1980년대 초까지 한국 사회에서 자살은 OECD 평균(인구 10만 명당 11.3명)을 훨씬 밑돌았으나 1990년대 후반 이후로 급증하였다. 통계청에 따르면 2022년 현재 10만 명당 25명 수준으로 OECD 평균의 두 배를 넘는 자살률을 보이고 있다. 하루 평균 37명이 목숨을 끊는다. 10~30대의 사망 원인 1순위이며, 40~50대에서는 2순위다. 60대 이상의 자살은 세계 최고 수준이다. 남성의 자살률은 35.3명으로 여성 15.1명의 두 배가 넘는다.

자살은 다양한 이유에서 발생하는 개인적 사건으로 여겨져 왔으나, 1990년대 이후로 급증하였고 다른 나라들의 두 배가 넘는 현상은 그 원인에 우리만의 독특한 요인이 작용하고 있음을 시사한다. 주된 원인은 1980대까지는 없었으나 현재 벌어지고 있는 것들에 있을 것이다. 그 문제점을 살펴보자.

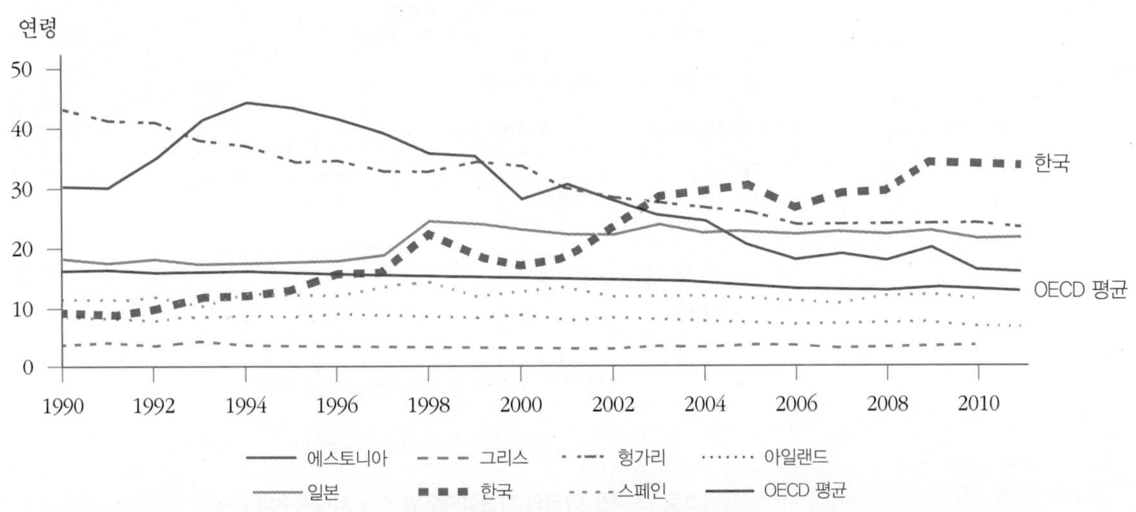


[그림 12-21] OECD 국가들의 자살률 추이

출처: OECD (2015).

## 소득의 불평등 심화와 그 영향

8장에서 소득 불평등이 심화되는 사회에서 나타나는 사회심리적 현상에 대하여 다루었다. 여기서는 이 문제를 한국적 상황에 맞추어서 논의하고자 한다.

**한국의 소득 불평등 현장** 경제가 발전하면 모든 국민이 그 혜택을 나누어 가질 수 있다고 여긴다. 성장 위주의 경제정책론자들이 펴는 낙수효과의 논리다. 그러나 자본주의 경제체제를 취하는 모든 나라에서 성장의 열매는 고르게 분배되지 않고 있고, 빈익빈 부익부의 현상이 매년 심화되고 있다. 1976~2010년 국내의 개인 소득세 자료를 분석한 연구(김낙년, 2012)는 상위와 하위 소득 계층의 소득격차가 더욱 벌어지는 양상을 보인다. 이 양상을 쉽게 요약하면 경제성장으로 한국의 총국민소득이 만 원 상승했다면, 소득 상위 20%가 7천 원을 가져가고, 나머지 80%가 3천 원을 나누어 갖는 식이다. 우리 국민이 모두 열 명이라면 두 명은 3500원씩, 여덟 명은 375원씩을 가져간다는 것이다(서상철, 2012, p. 308). 소득의 편중화가

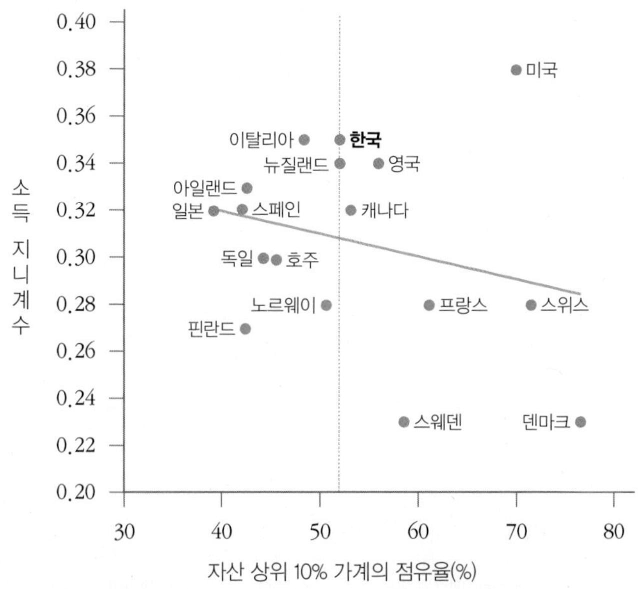


**[그림 12-22] 각국의 자산집중도와 소득 지니계수의 산포도**

가로축은 자산을 가장 많이 가진 상위 10% 사람들이 지닌 총자산의 비율로 미국, 스위스, 덴마크는 자산불평등이 매우 심함을 보여 준다. 세로축은 소득 불평등의 정도로 미국, 한국, 이탈리아 등이 심함을 보여 준다. 미국의 사례를 제외하면 자산집중도가 높은 나라일수록 소득 불평등이 낮아 불평등이 완화되는 양상을 볼 수 있다(미국을 빼면 점선의 기울기가 더 가파를 것임). 2000년도 자료를 바탕으로 한다.

출처: 신진욱(2013), 그림 2.

전 세계적 현상이기는 하지만, 한국은 소득의 불평등에 더해서 자산의 불평등 정도가 매우 심하다([그림 12-22]). 해마다 두 가지 불평등 상태가 심화되고 있다(김승연과 박민진, 2021; 신진욱, 2013; 이데일리, 2024. 2. 1.). 더욱 문제인 것은 세금의 납부가 불평등을 개선하는 효과가 거의 없는 것으로 나타났다. 프랑스의 경우에 세금 전 빈곤율(중위소득의 절반도 못 버는 빈곤층 인구가 총인구에서 차지하는 비율)이 0.347%로 한국의 0.173%보다 높지만 세금 후 빈곤율은 0.079%로 떨어져 세금이 불평등 완화에 많이 쓰인다. 그러나 한국의 경우 세후 빈곤율은 0.149%로 별 변화가 없다(한겨레, 2014. 8. 7.). 세금이 소득 재분배 기능을 거의 하지 못하므로 빈곤층에 속하면 벗어나기 어렵다. 노인 빈곤율이 높아 66세 이상 노령층의 40%가 빈곤하며, 고연령대에서 더욱 심하다(한겨레, 2023. 12. 19.). 소득 불평등이 심한 사회의 사람들은 사회가 공정하지 못하다고 여기고, 상대적 박탈감을 느끼며, 이에서 벗어나려는 방책으로 도박이나 투기성 투자에 관심을 보인다(Callan et al., 2008; Payne et al., 2017). 문재인 정부 말기 부동산 가격이 폭등하면서 내집 마련의 꿈이 멀어지자, 영끌투자, 비트코인 투자에 많은 사람들이 몰린 것은 이런 증후들이다.

**학력 차별과 경쟁** 한국 사회에서는 학력에 따른 차별이 널리 수용되고 있다. 2011년 한국직업능력개발원에서 행한 조사에서 이 차별이 '많이 존재한다'고 답한 사람이 58.6%, '약간 존재한다'는 응답이 38.3%로 나타났다. 한국노동패널 7차 조사는 학력에 따른 차별이 취업, 승진 및 사회생활에서 다반사로 이루어지는 것을

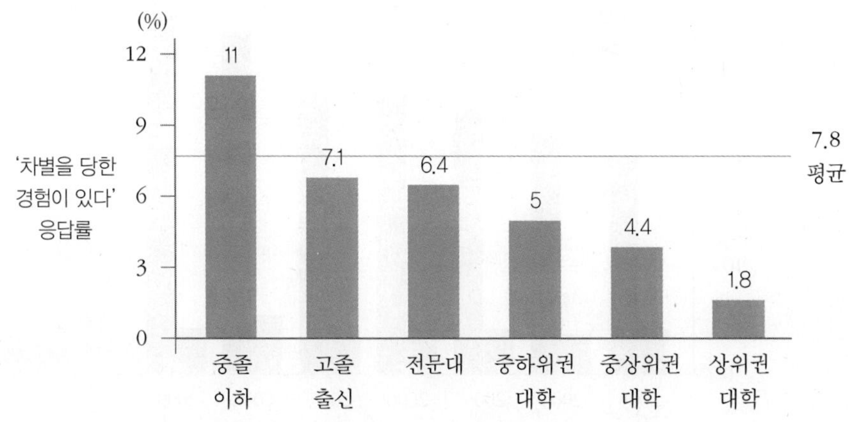


[그림 12-23] **학력에 따른 사회생활에서의 차별경험**

출처: 김영철(2016).

보여 주고 있다. 학력이 낮을수록 그런 차별을 경험하는 비율이 높게 나타난다([그림 12-23]). 차별경험에 영향을 미칠 수 있는 요인들로 소득, 외모, 신장, 지역(서울 > 지방)의 영향이 나타나고 있으며, 이들의 영향을 배제한 상태에서도 학력은 차별에 여전히 영향을 미치는 것으로 나타났다(김영철, 2016).

한국노동패널조사 자료를 갖고서 학력 및 출신대학의 서열에 의한 삶의 만족도를 분석한 연구(김영철, 2016)는 **'행복은 성적순이 아니다'**는 말을 더 이상 하기 어려운 현실을 보여 주고 있다. 소득이 같다고 조정한 후에도 여전히 4년제 대학 졸업생 > 전문대 졸업생 > 고등학교 졸업생의 순으로 생활만족도가 낮아졌다. 더욱이, 상위권 대학 졸업자들의 만족도는 다른 대학 졸업자에 비해서 훨씬 높게 나오고 있다. 이 연구에서는 소득 차이를 제거했을 때도 여전히 학력이 미치는 효과가 나타났다. 전문대 졸업자에 비해서 일반대학 졸업자의 만족도는 10% 높고, 특히 명문대 졸업자는 20%가 높은 것으로 나타나고 있다. 학력은 결혼생활, 친구관계, 거주환경, 자기실현 등 다양한 비경제적 요소들에 있어서도 영향력을 발휘하고 있음이 확인된 것이다.

일류대학 진학은 계층 유지 및 상승을 위한 교두보 역할을 한다. 자식에게 보다 나은 여건을 만들어 주기 위한 부모의 대표적인 노력이 사교육비 지출이다. 사교육비 지출은 해마다 늘어나지만 상위 소득 계층과 하위 소득 계층 간의 격차는 갈수록 벌어진다([그림 12-24]). 부모의 재력이 자식의 교육 격차를 만들어 대표적인 사립학교인 외국어고등학교(외고)에 아버지가 대학원 졸업인 비율은 14.5%로, 일

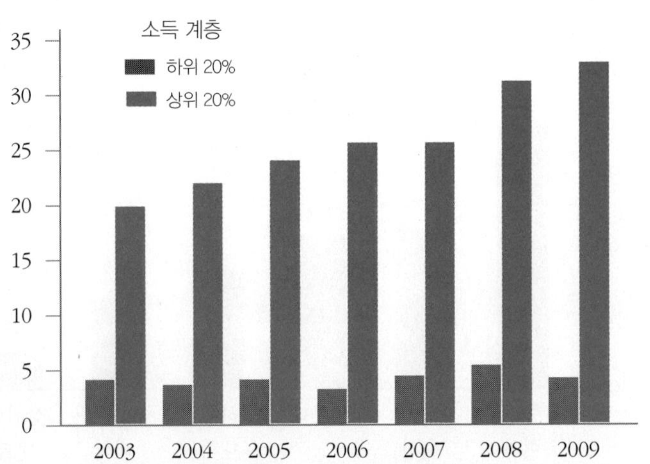


**[그림 12-24] 소득별 사교육비 지출의 연도별 변화**

출처: 서상철(2012).

반고 2.6%의 5배가 넘는다(오마이뉴스, 2009. 12. 10.: 서상철, 2011에서 인용). 소득의 양극화는 교육의 양극화로 연결되어 새로운 신분 사회가 나타나고 있다.

전국 성인 남여 4천 명을 대상으로 산업화 세대, 민주화 세대, 정보화 세대의 3세대로 나누어 부모의 학력과 계층이 본인의 임금과 직업에 미친 영향을 분석한 결과, 학력의 세습(부모가 고/저학력일 때 본인이 고/저학력일 가능성), 직종 및 계층세습의 양상이 정보화 세대에서 다른 세대보다 훨씬 높은 것으로 나타나고 있어 세간에 떠도는 '흙수저, 금수저'론이 거짓이 아님을 알 수 있다([그림 12-25]). 정보화 세대에서는 부모의 경제적 지위가 본인의 임금과 직업에 직접적인 영향을 줄 뿐만 아니라 본인의 학업성취에 영향을 주는 것으로 나타났다(한국보건사회연구원, 2015).

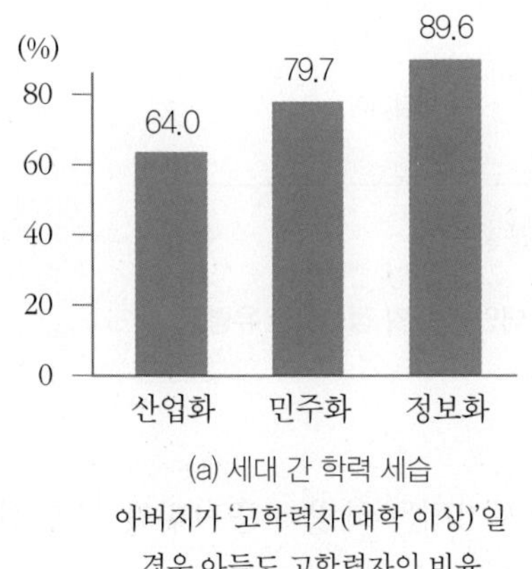


(a) 세대 간 학력 세습
아버지가 '고학력자(대학 이상)'일 경우 아들도 고학력자인 비율

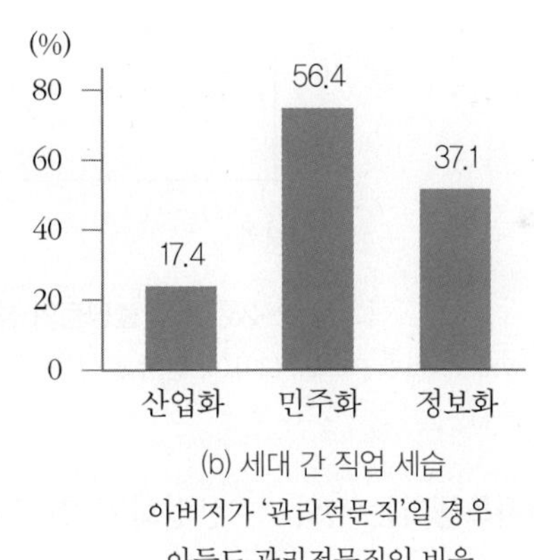


(b) 세대 간 직업 세습
아버지가 '관리적문직'일 경우 아들도 관리전문직인 비율

**[그림 12-25] 세대별 직업지위 · 계층 고착화 비교**

현재 직장이 있는 25~64세 남자 1,342명을 대상으로 조사함(산업화 세대[1940~1959년생, 181명] / 민주화 세대[1960~1974년생, 593명] / 정보화 세대[1975~1995년생, 568명])

자료: 한국보건사회연구원.

수저론은 사회경제적 지위가 세습되는 것을 풍자한 용어이지만, 한국 사회에서의 불평등은 교육과 고용이 소득 불평등을 낳고, 주거 양태가 자산 불평등으로 이어지며 고착화되는 다차원적 불평등이다. 저소득층에게는 상층으로의 계층이동이 불가능한 장벽사회의 모습을 보이고 있다(김승연, 박민진, 2021).

**대안학교형의 교육과정을 운영하는 거창고의 전성은 교장** 문제가 많은 사회에 들어가 맞추며 살아야 할 아이를 교육할 것이 아니라 그 사회를 바꿀 아이를 교육해야 한다는 그의 교육철학에 사람들이 호응하기 시작했다.

**정신건강의 악화** 소득 불평등이 높은 국가일수록 정신질환의 발병율이 높다([그림 12-26]). 아울러, 기대수명도 낮으며, 영아사망률, 비만율도 높은 것으로 나타난다(Wilkinson & Pickett, 2010, pp. 111-112, 122-124). 국내에서 보건복지부가 전국 성인 남여를 대상으로 2001년 이후 5년마다 시행하는 정신질환실태 역학조사(2011)는 정신질환 평생유병율이 27.6%, 지난 1년 유병율이 16%임을 보인다. 1년 유병율은 5년 전에 비해서 20% 증가하였다. 불안장애는 5년 전에 비해서 36%, 우울증은 20% 증가하였다. 살아오면서 자살을 심각하게 생각해 본 사람이 15.6%로 나타나며, 2022년 자살사망자 수는 12,906명으로 자살을 시도한 사람은 훨씬 많을 것으로 추정된다.

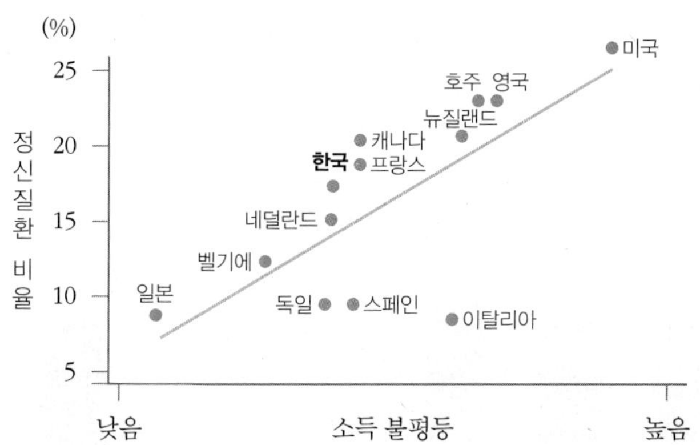


**[그림 12-26] 소득 불평등의 정도와 대인신뢰 및 정신질환 유병률**

출처: Wilkinson & Pickett (2010). 한국 표시는 저자가 함.

**각자도생하는 사회** 산업화가 진행되던 시기에는 학벌이 중시되었다. 열심히 공부해서 상위권 대학에 진학하면 학벌이라는 집단공동체의 보호막으로 밀어 주고 끌어 주며 보다 나은 사회생활을 기대할 수 있었다. 그러나 개인주의가 확산되고 신자유주의 경제체제에서 미래에 대한 예측이 어렵고, 인공지능의 발전으로 전통적인 직업이 많이 사라지게 되면서 학벌이란 공동체 성격의 보호막이 능력이라는 개인적 수준의 보호막으로 대체되고 있다. 같은 대학교 안에서도 수능 성적에 따라 학과를 차별하고, 분교를 차별하고, 자신의 능력이 객관적인 지표로 낮은 평가를 받게 되는 것을 싫어하며 열심히 노력한다. 시험성적을 능력과 동일시하며, 좋은 성적이 높은 능력이라고 여기는 시험능력주의를 믿는다(김동춘, 2022). 시험점수로 객관화되어 드러난 능력을 그대로 받아들인다. 이 점수에 따르는 차별은 공정한 것이라 여긴다. 그래서 기회가 공평하게 제공되고, 능력을 발휘할 수 있게 하고, 나타난 성적/능력에 따라서 차별적 보상이 주어지는 것은 공정하다고 여긴다. 결과로 드러난 능력이 애초에 개인마다 달리 타고나는 재능, 집안의 경제적 여유 등 개인이 어찌할 수 없는 여건들에 의해 많이 결정된다는 것을 망각한다. 능력에 의한 차별은 공정하다는 착각에 젖어 있다(Sandel, 2019; 본서 8장 참조). 능력주의에 대한 믿음은 상층에 속한 사람들을 자신의 능력이 출중한 탓으로 여기게 만들며, 노동자들을 능력이 부족하여 원하는 직업을 못 가진 사람들로 여기며 차별적 대우를 정당화시킨다. 노동자들은 자신이 하는 일의 가치를 인정받지 못하여 자괴감과 굴욕감을 견뎌야 한다. 가난은 무능한 탓이고, 성공은 유능한 탓이므로, 부의 재분배 정책은 공정성을 해치는 정책이므로 능력주의자들은 반대한다(박수경, 조재환, 2022). 능력주의 믿음은 과도한 교육열을 정당화시킨다.

능력주의 믿음은 철저한 자기관리를 실천하도록 개인을 몰아간다. 자기관리를 잘해야 좋은 대학, 선망하는 직업을 갖게 된다고 여긴다. 현재의 위치가 불만이라면 철저하게 자기관리를 잘해서 더 좋은 위치에 올라가야 하며, 그렇지 못하면 불이익을 감수해야 한다고 여기는 것이다. 그런 자기관리에 일찍 실패하거나 그 대열에 끼지 않은 고졸 취업자, 비정규직 노동자들이 정규직으로 전환되는 정책을 부당하다고 여긴다(곁글 12-12). 결과에 대한 책임을 자신이 감당할 수밖에 없는 과도한 능력주의의 사회에서 사람들은 실패의 불안으로 자신을 채찍질하는 각자도생의 사회를 살아가고 있다.

**곁글 12-12** 한국청년들을 열받게 하는 것: 공정성의 배신

2018년에 전국 성인 표본을 대상으로 조사한 '한국사회 공정성 인식 조사'에서는 70% 이상의 응답자들이 한국 사회가 공정하지 못하다고 응답하였다. 이들에 의하면 한국 사회에서 성공은 배경과 연줄이 작용하는 불공정 관행이 많지만, 분배에서는 능력(노력 포함)에 따른 보수의 차이가 커야 한다. 능력에 따른 차이가 적을수록 좋다는 평등주의자는 27%에 불과하였고, 능력주의자는 66%로 나왔다. 차등분배론은 연령, 계층, 학력, 이념과 상관없이 옹호되고 있었다. '경쟁의 부작용이 심각하다'는 여론이 62%나 되었지만, '우리 사회에서 경쟁은 생산성 향상에 도움이 된다'라는 주장에 79%가 동의하였다. 취약계층 우대정책에 대해서는 대체로 우호적인 태도를 보이나, 취약계층과 경쟁하는 입장에 있는 사람들은 이 정책을 거부하는 경향이 높다(한국리서치, 2018. 2).

성장과 발전을 위해서 경쟁을 불가피한 것으로 여기고, 강자의 시혜적 논리로 약자를 배려하는 것이 바람직하다고 여긴다. 2015년의 조사에서 사람들에게 '누가 높은 지위와 경제적 부를 가져야 하는가'를 묻고 응답범주에 따라 **능력주의자**(실적이 많거나, 타고난 능력이 높은 사람), **약한 능력주의자**(노력을 많이 한 사람), **비능력주의자**(자신의 필요에 따라 혹은 모든 사람이 똑같이)로 구분하였을 때, **강한 능력주의자**(30%)와 **약한 능력주의자**(59%)가 89%로, **비능력주의자**는 8.5%로 나타났다(우명숙, 남은영, 2021). 즉, 노력에 따른 보상을 해야 한다는 원칙이 지배적이며, 필요와 평등이라는 비능력주의에 의한 보상을 선호하는 사람은 적었다(일본의 경우 노력보상 35%로 한국보다 적고, 비능력주의는 20%로 높음). 흥미로운 것은 능력주의 신념의 유형은 기회의 불공정 판

임기 중에 비정규직 문제를 해결하겠다고 약속한 문대통령

촛불탄핵으로 2017년 취임한 문재인 대통령은 공공부문의 비정규직 노동자를 정규직으로 전환하겠다며 첫 대상으로 인천공항공사를 잡았다. 공사에는 만여 명의 노동자가 근무하였으나, 정규직은 12%에 불과하였다. 그러나 이 전환조치는 취업준비생들의 큰 반발을 샀다. 이들은 정당한 노력 없이 정규직으로 전환되는 것이 부당하며 자신들의 일자리를 빼앗는 것이라고 반대하였다.

단에 별 영향을 미치지 못한 것이다. 사람들은 한국 사회에서 경쟁의 기회가 공정하게 주어지지 않는다는 의견이 공정하다는 의견보다 약간 많았으며, 경쟁의 결과로 보는 소득격차가 너무 크다고 보는 의견에는 많은 사람들이 동의하는 것으로 나타났다. 사람들은 노력을 능력 이상으로 중요한 보상 기준으로 여기지만 이 노력에 대한 보상이 충분히 이루어지고 있지 않다고 여긴다. 성과나 기회가 공정하게 제공된다면 능력/노력에 의한 보상으로 소득격차가 더 벌어지는 것은 수용해야 한다고 여긴다.

문재인 정부 시절 벌어진 인천국제공항공사(인국공) 사태와 조국 사태(부모 찬스에 의한 이력 부풀리기)는 공정의 원칙이 위배된 것에 대한 국민적 반감이 폭발한 대표적인 사건이다. 2017년 8월 문화체육관광부가 실시한 조사를 보면, 비정규직의 정규직 전환 정책이 좋은 정책이라는 응답자의 비율은 전체 평균 56.0%였고, 19~29세의 찬성 비율은 61.1%로 전 연령대에서 가장 높았다. 그럼에도 정규직 전환이 '인국공 사태'로 번진 이유는 청년세대가 판단하기에 정규직 전환 과정과 대상이 잘못 적용되었기 때문이다. 대학생들이 많이 사용하는 온라인 게시판 '에브리타임'에 익명으로 게재된 글들 대부분은 '공정성'과 '역차별'이라는 단어를 언급하고 있으며, 글쓴이들이 스스로 입학과 취업을 위해 준비해 왔던 과정을 설명하였다. "비정규직 줄이고 정규직 늘리는 게 공약이었잖아. 근데 그 과정에서 공개경쟁 없이 기존 비정규직을 그대로 정규직으로 전환해 버린 게 문제가 되는 거 아니야? 솔직히 기간제 교사 몇 년 한다고 정규직 시켜 주면 누가 임용 준비하겠음? 정규직 늘리라 해. 대신 기존 비정규직들도 경쟁 채용 뚫고 다시 입사하라 하고."(이종임 외, 2021) 이들은 비정규직의 정규직 전환을 '무임승차' '날로 먹으려 한다' 등으로 폄하한다. 이런 글들에서 사람들은 자신의 주변에 있는 경쟁자들과 경쟁에서 뒤처진 자들에 대하여 노골적으로 차별하며 배제하는 언어로 자신들의 분노를 표출하고 있다. 이러한 분노의 언어들은 무한경쟁의 피로와 능력주의 신앙에서 경험하는 좌절과 분노를 패배자에 대한 '정당한 차별'과 '정당한 혐오'로 배출해 버리면서, 그런 인식을 공고하게 만들며 사회를 공정과 더욱 멀어지게 만들 뿐이다. 최근의 한 연구는 불공정한 상황에 처했을 때 한국 사람들이 미국인보다 더 강한 분노의 감정을 느끼고 이를 표출하고, 상황에 개입하려는 것을 보였다(정재욱, 2019).

**희망의 상실과 이타적 자살** 사람들은 힘들다고 죽지는 않는다. 미래에 나아질 희망이 보이지 않는 것이 문제다. 한 언론사에서 2015년 19~34세의 청년 1,500명을 대상으로 온라인조사를 하여 주관적으로 느끼는 소득 계층을 세 집단으로 구분하여 포기 현상에 대하여 조사한 결과([그림 12-28])는 충격적이다. 미래에 희망이 없다는 사람이 빈곤층에서 절반이 넘는 응답이 나왔다(한겨레신문, 2015. 8. 19.). 이들은 경제적 부담 때문에 연애와 결혼을 꺼리며, 출산과 내집 마련의 꿈을 접는다. 세계 각국의 비교 조사에서 유독 한국만이 미래에 대한 전망에 있어서 청년층이 장년층보다 비관적인 것으로 나타나고 있다(Pew Research Center, 2015). 청년들의 좌절은 단지 현재 형편이 좋지 않은 탓에 오는 것이 아니다. 능력주의 사회가 개인에게 떠맡기는 부담을 견디기 어려운 것이다. 성인의 86.5%가 소득격차가 너무 크다고 여기지만, 정부의 책임이 있다고 하는 사람은 60%이며, 실업자에 대한 지원에 동의하는 사람은 57.5%에 불과한 상황이다(김미곤 외, 2014). 이런 응답은 많은 사람들이 현 사회체제가 부당하다는 인식을 크게 하지 않는다는 것이며, 빈곤층 및 실업자에 대한 책임을 당사자에게 묻는 시각이 상당히 존재한다는 것을 말한다. 끝없는 자기계발과 노력을 요구하는데 자신이 가진 자원이 없는 현실은 어렵고, 믿을 사람은 없고, 희망마저 상실했으니 많은 사람이 자살을 심각하게 고려한다.

자살률은 연령대가 높아지면서 증가하는데, 2022년 통계청 집계에 따르면 60대 연령층에서 10만 명당 27명, 70대 층에서 37.8명, 80대 층에서는 60.6명으로 크게 증가한다. 특히 남성 노인의 경우 여성 노인보다 3배가량 높다(통계청, 2022). 복지의 안전망에서 보호를 받지 못하는 노인은 한국 사회의 변화된 가치관에 느끼는 소외감, 가족해체와 불화로 느끼는 외로움, 전통적 가치의 쇠락과 자신의 위치에 대한 불안, 자식 세대와의 갈등과 기대에서 오는 실망 및 그런 자식 세대에게 부양의 짐

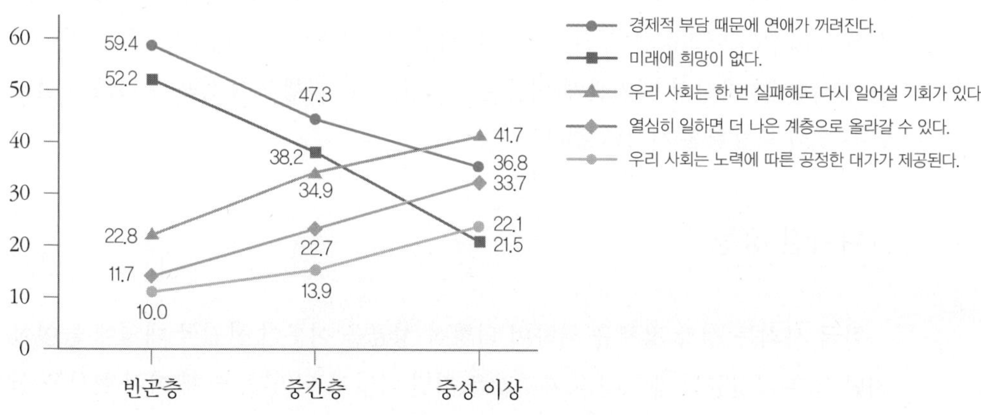


**[그림 12-27] 청년의 주관적 소득 계층에 따른 미래전망**

출처: 한겨레신문(2015. 8. 19.)을 바탕으로 그림.

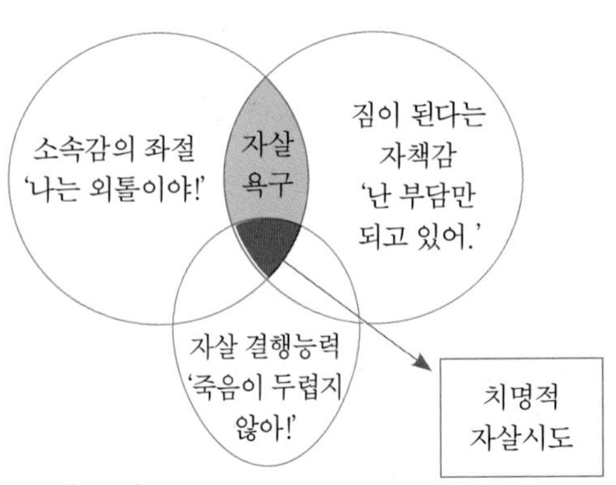


**[그림 12-28] 자살의 대인관계 이론**

출처: Orden et al. (2010).

을 주지 말자는 생각에서 이타적 자살을 고려하는 경향이 확인되고 있다(홍주안, 권호인, 2018).

자살은 개인적 행위이지만 대인관계가 큰 영향을 미친다. 이 점을 반영한 자살의 대인관계이론(Joiner, 2005; Van Orden et al., 2010)은 외톨이가 되었다는 소속감의 좌절과 주위 사람들에게 짐만 되고 있다는 자책감이 결합하여 자살 욕구를 느끼게 만들며, 이 욕구가 자살을 해낼 수 있다는 여건 마련 및 죽음에 대한 두려움을 극복하였을 때 치명적인 자살 행위로 옮겨질 수 있다는 이론적 모형을 제시하였다([그림 12-28]). 여성들의 삶에서 대인관계가 차지하는 비중이 남성의 경우보다 크다고 여겨진다. 따라서 여성들은 관계에서 입는 상처도 잦고 크게 느끼므로 자살생각과 자살시도를 남성보다 많이 한다. 그러나 실제 치사율은 남성이 훨씬 높게 나타나는 것은 보편적인 현상이다(Van Orden et al., 2010). 이러한 성차는 여성들이 자신의 어려움을 알리는 소통의 극단적인 수단으로 자살시도를 할 가능성을 시사한다. 자살의 대인관계 이론은 자살 욕구와 결행 가능성을 분리하여 접근하는 것이 필요함을 시사해 준다.

## 나아갈 방향

한국 사회는 성장 정책을 취하며 외형적 성공을 이루어 선진국 대열에 들어섰지만 높은 자살률과 헬조선의 자괴감을 지닌 나라가 되었다. 이제 이런 현상을 심화시킨 사회문화적 요인을 검토하고 대책이 필요한 때이다.

**경쟁을 심화시키는 사회 문화적 요인** 우리 사회에는 100년 전까지 양반-상민-천민의 신분제도가 있었지만 19세기 말에 근대화를 추진하는 갑오개혁(1894)에 의해서 공식적으로는 철폐되었다. 일제 강점기 동안 남아 있던 신분의 잔재는 전국을 잿더미로 만든 3년간의 한국전쟁이 가져온 "제 조건의 평등" 상태에서(송호근, 2006, p. 107) 시작된 국가 재건과업을 수행하면서 깨끗이 사라지게 되었다(박명림, 2002).

앞에서 살펴보았듯이 한국 사회는 짧은 기간에 산업화를 이루면서 매우 경쟁적인 사회로 변모하였다. 이런 변화에는 한국 사회가 지닌 사회문화적 특징도 크게 작용하였다. 첫째, 능력이나 재능, 인성은 가변적이어서 노력하면 바꿀 수 있다는 인성관이다. 본서 2장에서 성장론적 인성관과 고정적인 인성관의 차이를 다루었다(Dweck, 2000). 한국인은 성장론적 인성관을 지니고 있어서 열심히 노력하면 인성, 재능, 적성이 바뀔 수 있다고 본다. 그래서 무슨 일을 하든지 열심히 노력하는 것을 중요하게 여기고, 노력은 보상받는다는 생각을 한다. 이런 믿음 탓에 없는 실력을 키울 수 있다고 보고, 아이를 방과 후 학원에 보내고, 공부가 끝날 자정 무렵까지 부모가 학원 밖에서 기다리는 풍경을 보게 된다는 것이다. 사람은 누구나 마음의 주인으로서 '열심히' 하는 마음을 갖고 이를 보이는 것이 자식의 도리가 된다(김서홍, 2019). 둘째, 우리 민족은 오랫동안 단군의 자손이라는 단일민족으로의 정체성을 갖고 생활해 왔기에 준거가치가 다양하지 않다는 점이다. 삼국통일 이후 중앙집권적인 국가 체제의 국체를 유지해 왔으며, 민족과 문화의 다양성에서 한국은 세계에서 가장 동질적인 사회로 간주될 수 있다(Fearon, 2003). 그래서 다양한 가치의 준거가 없고, 사람들이 수용하는 한두 개의 준거에서 모두가 자신을 다른 사람들과 비교하는 사회비교를 끊임없이 하고, 우열을 가리는 경쟁을 당연한 삶의 양태로 여긴다. 학교 체육이나, 동네에서 아이들이 노는 양태도 청군-백군, 우리-남을 나누어 경쟁하는 놀이를 많이 한다. 학생들에게는 성적과 수능점수라는 잣대를 적용하여, 대학은 물론, 전공마저 서열화시킨다('점수가 아까워서 법대를 왔다!'). 일반인들은 재산, 사회적 성공이라는 잣대로 서열을 매긴다. '사람 위에 사람 없고, 사람 아래 사람 없다'는 동학사상의 주장이 평등주의 심성(송호근, 2006)으로 수용되고 있으나, 모두가 같은 사람이라는 의미로서보다는 남에게 뒤처져서는 안 된다는 경쟁심리로 작용하고 있다. 사람들은 우월적 위치를 느끼려고 근거가 있으면 남을 차별하고 무시하면서, 남에게 차별받고 무시당하는 것에 분노한다(양미라, 한규석, 2019). 남에게 인정받고, 남에게 열등한 위치로 평가받는 것을 혐오한다. 셋째, 산업화와 더불어 서구적인 교육, 정치, 행정을 받아들이고 모방하면서 서구적인 생각을 하는 것이 앞서가는 것이라 여겨 개인주의가 만연되고 심화되는 것을 당연하게 여겼다. 심지어 쪽인 나로서의 삶을 무가치한 것으로 여기고, 자기주장적이고 도도한 마음을 갖는 것이 바람직한 생활 태도로 여겨졌다. 한강의 소설『채식주의자』에서 주인공 자매가 보이는 삶에 대한 회한과 염원은 이런 모습을 잘 보이고 있다(곁글 12-13).

**곁글 12-13** 『채식주의자』 주인공과 작가 한강의 역설

『채식주의자』의 주인공인 영혜의 삶은 그녀의 남편('채식주의자'), 그녀의 형부('몽고반점'), 그리고 그녀의 친언니인 인혜('나무불꽃')에 의해서 그려지고 있다. 작가 자신이 삶을 대하는 모습과 고민이 영혜와 인혜의 삶을 통해서 나타나고 있다. 부업을 하는 평범한 여성 주부로서 영혜는 한국 여성의 표본 격이다. 흔히 집단주의 문화로 일컬어지는 사회에서 개인성을 억누르고 집단 혹은 상황에 순응하며 살아가는 것에 대한 깊은 회의와 이에서 벗어나려는 욕망이 결국 파국까지 감수하는 용기로 드러난다. 순응적 삶을 살아가는 두 주인공의 모습은 곳곳에서 나타난다. 인혜는 "자신이 오래전부터 죽어 있었다는 것을, 그녀의 고단한 삶은 연극이나 유령같은 것에 지나지 않았다"고 느낀다. 인혜의 말을 통해서 작가는 물론 한국인 누구라도 느꼈을 쪽인 나의 삶에 대한 고뇌를 드러내고 있다. 인혜의 이런 고백은 개인의 주체성과 개성을 좇아 살아야 한다는 서구적 삶의 방식이 만연된 현실의 거울에 자신을 비추어 나오는 회한이다. 서구적 전통의 개인주의적 삶의 방식은 한국 사회에도 이식되어 바람직한 것으로 추구되고 있다. 이 세계관에서는 개인이 늘 주체로서 자신 밖의 모든 것들은 대상(objects)일 뿐이며, 대상이 방해가 된다면 반대한다(object). 그러나 '오인 나'의 삶은 한국인이 지녀왔던 삶의 방식과는 거리가 멀다.

노벨상 선정위원회는 2024년 한강을 문학상 수상작가로 선택한 이유로 그녀가 작품활동에서 트라우마를 직면하며, '삶이 쉽게 깨질 수 있음(fragility)'을 강렬한 시적 산문으로 드러냈다고 하였다. 오인 나의 모습은 어려움과 주위의 반대를 극복해 가는 강인한 모습이다. 비록 이런 모습이 모두가 원하는 삶이라 할지라도, 현실에서 오인 나는 많은 좌절과 갈등을 겪으며 부서지기 쉽다. 서구인들에게 한강의 작품은 환상이 아닌 삶의 진솔한 모습을 일깨워 주는 가치를 지닌 듯하다.

소설에서 주인공들이 드러내는 쪽인 나의 삶에 대한 회한과 오인 나의 삶에 대한 동경과는 달리, 작가는 매우 쪽인 나의 삶을 살아가고 있는 것으로 보인다. 노벨상 수상이 알려졌지만 마을잔치를 열자는 제의나 수상을 자축하는 행사나, 언론과의 대담마저 사양하였다. 작금에 벌어지고 있는 전쟁에서 "주검이 실려 나가는데 무슨 잔치냐"며, 내가 좋다고 호들갑 떨 때가 아니라는 것이다. 자신의 이름이 들어가는 영광스러운 문학관도 바라지 않는다고 밝혔다. 그녀가 보이는 이러한 행동과 마음가짐은 쪽인 나로서 살아가고 있는 삶의 모습이다. 민족과 국가의 범주를 넘어서 일면식이 없는 사람들을 타자가 아닌 쪽으로 포함하고 공감하는 확장된 우리성의 삶이다. 2019년 한 국제도서전에서 그는 한국전쟁과 광주 민주화운동 등을 거론하며 "우리가 수도 한복판에서 이런 애도를 해 보았나, 그걸 했어야 하는 게 아닐까?"라고 말한 바 있다. 작가는 맨부커상 수상 후 가진 대담 영상에서

자신은 “사회/권력의 폭력성 앞에 연약하고, 어쩔 수 없이 당하는 인간의 나약함을 생각해 보고자 했다. 답을 제시하는 것이 아니었다”고 말한다. 작가는 오인 나가 인간의 진정한 모습이라면 절대로 이해될 수 없는 타자에 대한 공감으로 4 · 3과 5 · 18을 다루면서 그 아픔을 독자들에게 공유하는 기회를 주고 있다. 자신의 삶과 주제의 선정에서 인류애, 생명애를 다룰 수밖에 없는 늘 확대된 우리의 공동체 안에서 쪽으로 살아가는 삶의 모습을 보이고 있다. 소설의 주인공들이 보이는 쪽인 나로서의 삶에 대한 회의적 질문은 모든 사람이 지닌 것이지만, 그 답은 작가의 삶으로 보여 주고 있다.

### 곁글 12-14 비폭력시위가 더 효과적이다

2016년 박근혜-최순실 국정농단 사건으로 결집된 국민행동은 그 규모와 시위행동의 성숙 면에서 세계사에서 유례를 찾아볼 수 없는 사건이며, 길이 회자될 사건이다. 2024년 12월 3일 한밤중에 대통령에 의해 발표된 비상계엄을 막기 위해 모인 시민들과 이어지는 탄핵 집회에서 나타난 응원봉 시위 또한 수만 명의 군중들이 참여했지만 질서 있고, 평화로운 형태로 진행되어 세계를 놀라게 했다.

유례없는 대규모의 시위가 평화적으로 진행되면서 상당수의 사람들은 외치기만 하는 이런 시위가 효과가 있을까 하는 의구심을 품기도 한다. 1945년부터 2006년의 기간 동안 세계 도처에서 벌어졌던 323개의 정치적 시위를 분석한 정치학 연구는 비폭력시위가 폭력시위보다 성공 가능성이 훨씬 높았음을 보이며, 그 성공의 이유에 대하여 설명한다(Stephan & Chenowath, 2008, 2011; [그림 12-29]). 이들이 분석한 자료에 따르면, 우선 비폭력시위는 폭력시위보다 참가자가 평균 4배 이상 많은 것으로 나타났다. 이는 폭력시위의 경우 위험성 때문에 사람들이 참가하기를 꺼리는 탓이라 볼 수 있다. 다양한 집단의 사람들이 많은 숫자로 참여하는 경우에 시위의 성공 가능성이 높아진다. 2016년 말에 전개된 촛불 집회는 1600여 개의 시민사회단체가 SNS 등의 온라인 매체를 이용하여 시민들의 의견을 수렴하고 결정하는 방식으로 이루어진 의사결정 과정을 통해 진행되었다. 자발적 비폭력 문화적 결사체의 양상을 띤 전혀 새로운 형태의 시위였다. 둘째, 비폭력시위는 집권세력의 대응방식에 분열을 가져온다. 비폭력시위에 대한 무력진압은 진압 세력이 도덕적인 대응을 못한다는 비난을 불러온다. 셋째, 시위대가 폭력을 사용하면 진압세력의 무장이 정당화되며, 군의 개입이 초래될 가능성이 높아지면서 실패할 가능성을 높인다. 마지막으로, 이들의 분석에 따르면 국민들의 3.5% 이상이 참여하는 비폭력시위는 성공했음을 보이고 있다. 2016년 촛불시위에는 전국에서 232만 명의 국민이 참여한 것으로 보도되었다. 이는 전 국민 5,100만의 4.5%에 해당한다.

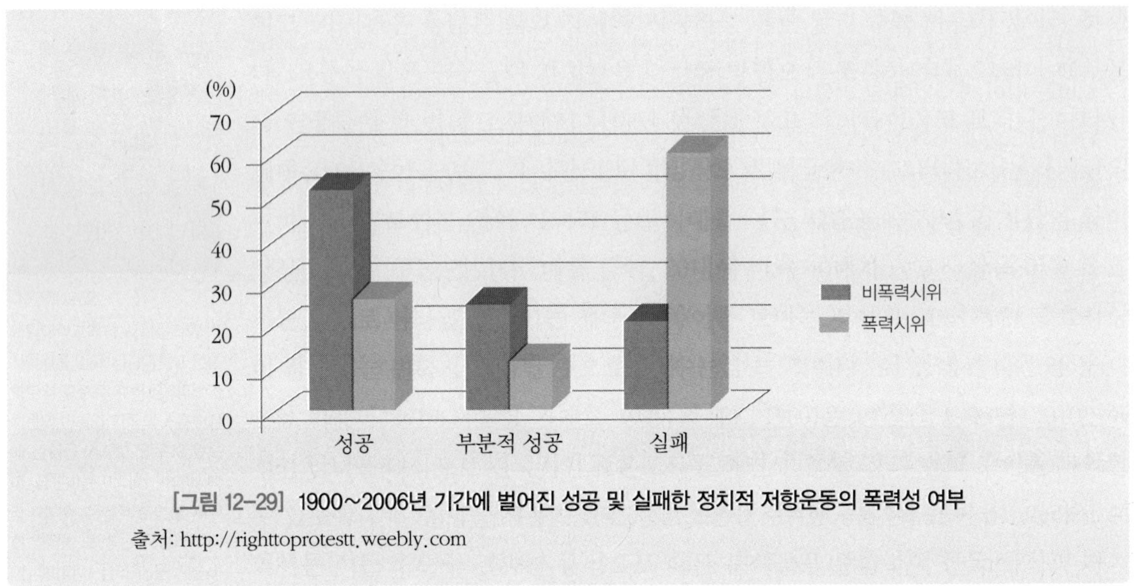


**[그림 12-29] 1900~2006년 기간에 벌어진 성공 및 실패한 정치적 저항운동의 폭력성 여부**

출처: http://righttoprotestt.weebly.com

**새로운 사회의 도래** 현대 사회는 정보화 사회다. 정보의 독점이 불가능하다. SNS를 이용한 정보의 공유는 개인의 신상털기라는 부정적인 면도 있지만 다양한 사업과 기회의 가능성을 보여 주고 있다. 연결된 사회에서 협업과 협동의 용이성은 과거 산업사회에서 불가능했던 것들을 손쉽게 해결한다. 대표적인 것이 유튜브 같은 플랫폼을 이용하여 활발해진 1인 미디어의 활동을 들 수 있다. 거의 모든 사람이 사용하는 스마트폰을 이용하여 자유롭고 신속하게 내용을 올리고 공유할 수 있게 되어 가짜뉴스, 사생활 침해 등의 문제를 지니고 있지만 비상계엄에 대처하는 발빠른 시민들의 행동은 이런 미디어가 없다면 불가능하였을 것이다(곁글 12-14).

경제학자들은 경쟁이 산업혁명에 의해 촉구된 사회추진 동력으로 작용해 왔으나 그 시효가 만료되었으며, 이제 정보화 시대에는 협동이 새로운 동력으로 작용하는 시대임을 제안한다(Lieberman & Fry, 2015; 곁글 12-15). SNS로 연결된 세계에서 소통 비용이 거의 없이 원하는 내용의 정보를 직접 퍼뜨리고, 공유할 수 있게 됨으로써 사회는 더욱 투명해지며, 재화의 생산과 판매 단가는 낮아진다. 경쟁에서 승리한 정도에 따라 정보와 재화의 독점적 소유가 이루어지던 경쟁체제에서 벗어나 조금은 불편해질 수 있지만 공유하고 협동하며, 상생을 도모하는 시대를 만들어 가는 노력들이 벌어지고 있다. 공정무역을 비롯하여 다양한 재화들(주택, 자동차, 경작지 등등)의 공유경제 체제가 시도되고 있다. 오인 나의 세계관에 바탕

**곁글 12-15** 사교육의 딜레마를 통해 본 경쟁의 문제점: 경쟁은 강화해야 하는가

평범한 능력을 지닌 자녀를 둔 학부모가 대부분이다. 좋은 대학을 보내는 것이 중요한 한국 사회에서 사교육을 시켜서 자녀의 학력을 높이고자 하는 유혹은 크다. 내 자녀는 사교육을 받고(경쟁) 다른 자녀는 사교육을 받지 않는다면(비경쟁) 내 자녀에게 사교육을 시킬 것이다. 문제는 이런 유혹이 모든 학부모에 작용한다는 것이다. 따라서 모두 사교육을 시킨다면 상대적 이점은 사라진다. **죄수의 곤경** 상황이 벌어지는 것이다(본서 8장 참조). 자본주의 시장 원리는 이기적 행위를 하는 사람들의 시장에서 '보이지 않는 손'의 작용을 이야기한다. 그러나 사교육의 딜레마에서 보듯이 개인의 이기적 행위(이성적 행위이기도 함)는 전체 사회의 불이익을 초래하는 공유 목초지의 딜레마 상황을 제시한다. 목초지에서 자신의 가축 수를 늘리는 것은 개인의 이익을 증대시키지만, 모든 사람이 가축 수를 늘리면 뜯을 풀이 없어져 모두 망하는 것이다. 목초지의 딜레마에서 확연한 것은 초지의 황폐화라는 비용의 부분이다. 모든 사회적 행위에는 이익과 비용이 같이 발생한다. 사교육의 딜레마 상황에서도 사교육을 시키지 않으면 그 비용을 생활의 다른 용처에 사용할 수 있기에 발생하는 손실은 숨어 있다. [그림 12-30]에서 보듯이 경쟁이 없는 상황에서 경쟁이 강화(글로벌 경쟁력, 입시 경쟁, 스펙 경쟁, 구직 경쟁 등)되면 그에 따른 이익이 크게 늘어난다. A점에서 이익의 극대화가 나타나지만 경쟁강화의 이점은 떨어지면서 B점을 통과하면 경쟁의 비용(사교육비 낭비, 스트레스, 우울증, 출산 거부 등)이 급하게 커지게 된다(서상철, 2013, p. 305). 시장주의자들은 이익곡선만을 보며, 성장동력이 떨어진 것을 걱정하며, 이를 올릴 방책에 관심을 보인다. 분배주의자들은 비용곡선을 보면서 비용을 줄이는 것에 관심을 보인다. 정부의 경제정책이나 언론의 보도는 비용곡선을 숨기고 이익곡선에만 관심을 쏟게 만든다. 사회범죄의 증가, 자살률의 증가는 경제활동 지표와는 무관한 영역으로 인식되고 있으나, 이들이 경쟁강화라는 사회현상과 물려 있는 비용인 것이다.

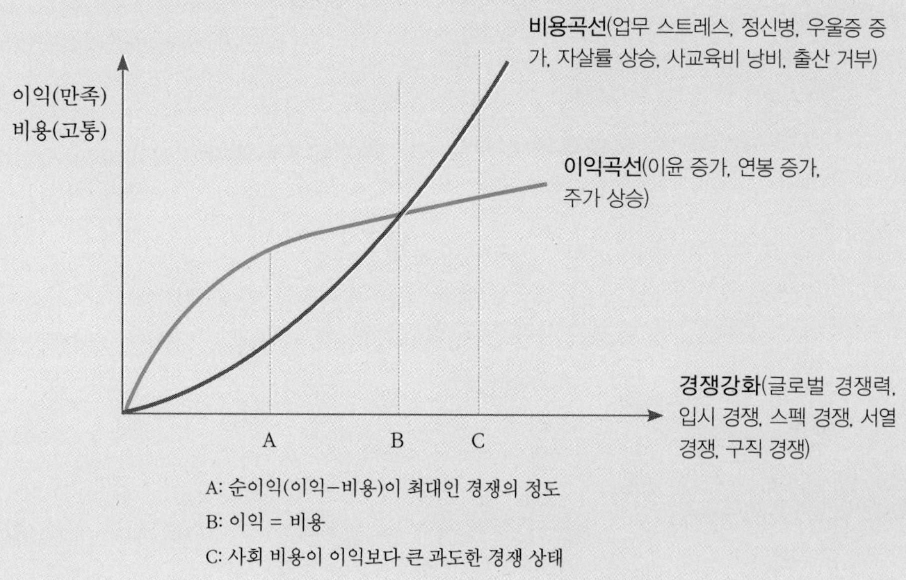


**[그림 12-30] 경쟁의 이익곡선과 비용곡선**

출처: 서상철(2011), p. 305.

한 서구적 가치들이 우리의 삶을 겉으로는 풍족하게 만들었지만 속으로는 피폐하게 만들어 왔다는 것을 인정해야 할 것이다. 우리가 지녀 왔던 쪽인 나의 세계관의 가치를 깨닫고, 새롭게 정립하여야 한다(최봉영, 2023). 이에 바탕하여 교육제도와 철학, 윤리를 갖추어 알리고, 새로운 세대를 교육하고 실천하는 활동이 한국인에게 보람 있는 삶을 돌려 주고, 인류가 맞닥뜨린 기후위기를 극복하는 길을 열어 줄 것이다.

**요약**

1. 한국 사회는 1990년대 후반 이후로 자살률이 급증하여 OECD 평균의 두 배를 넘고 있다.
2. 한국 사회가 보이는 높은 자살률은 소득의 불평등 심화로 야기되는 대인 불신의 확산과 공동체 붕괴, 사회적 차별과 세습사회의 출현에 대한 불안, 성장론적 인성관에 바탕한 능력계발을 위한 노력, 무한경쟁의 압박에 놓인 정신건강의 악화 탓으로 요약될 수 있다
3. 한국 사회는 경쟁의 강화가 초래하는 이익보다 비용이 큰 사회가 되었다.
4. 자살의 대인관계 이론에 따르면 소속감의 결여, 남에게 주는 부담으로 자살생각을 하게 되고, 자살을 결행하는 능력이 결합하여 자살이 시도된다.

제13장

# 사회심리학의 응용, 전망, 교훈

사회심리학은 인간의 사회성을 다루기 때문에 다양한 학문분야에 그 원리와 탐구 방법이 응용되고 있다. 예를 들면, 대인관계의 문제와 병리현상을 다루는 상담 및 임상심리학, 사회규범의 위반과 수사 및 법정에서의 판단과 행동을 다루는 법 및 범죄학, 조직과 기업의 경영, 인사, 마케팅을 다루는 경영학, 경제활동을 다루는 행동경제학, 건강과 행복의 문제를 다루는 긍정심리학 등등에서 사회심리학의 중요한 발견들이 응용되고 있다. 이 장에서는 최근에 사람들이 큰 관심을 보이고 있는 행복에 대한 사회심리학적 이해를 도모하고, 사회심리학의 변화와 전망, 그리고 사회심리학이 던지는 교훈을 정리하는 것으로 책을 마무리 짓고자 한다.

서울 서대문구 홍은동 마을 주민들이 생활 속의 진정한 행복을 실천하고 있다.
출처: 한겨레 21(2024. 8. 26.).

## 행복의 심리학

사람들은 누구나 행복하게 살고 싶어 한다. 행복이란 무엇이며, 어떻게 사는 것이 행복한 것인가? 이 문제에 대한 답을 얻기 위해서 인류는 오랫동안 노력해 왔고, 다양한 답을 내놓아 혼란스러운 상황이다. 산업화의 진행으로 많은 나라들에서 사람들의 생활은 많이 윤택해졌지만, 자신을 행복하다고 여기는 사람들의 수는 오히려 줄거나 정체되어 있는 역설적인 양상을 보이고 있다. 경제학자

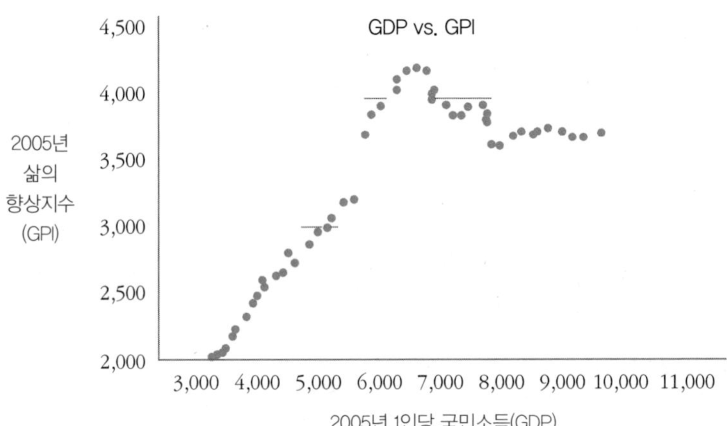


**[그림 13-1] 2005년 1인당 국민소득과 삶의향상지수의 관계(단위: 미국 달러)**

GPI는 GDP의 핵심인 개인구매력을 바탕으로 삼고, 생활만족도, 수명, 교육정도, 소득 불평등, 생태발자국, 환경오염도, 범죄율, 자원봉사, 가사노동 등 경제 · 환경 · 사회 영역의 26개 요인을 고려해서 재산정한 지수다. 즉, 생활복지를 증진시키는 요인과 감소시키는 요인들을 합산하여 지속가능한 경제복지를 구현하려는 지수로 생태경제학에서 쓰인다. 이 그림에는 연 소득 천 달러 미만인 최빈국들이 빠져 있다.

출처: Kubiszewski et al. (2013), Fig. 6.

Easterlin이 1974년에 발견했다고 해서 Easterlin 역설이라고 하는 현상이다. [그림 13-1]은 이와 유사하지만 기후위기가 심각하게 부각된 요즘 생태계의 문제(탄소발자국 등)를 고려하여 조정된 '삶의 향상지수(GPI)'와 국민소득(GDP) 간의 관계를 보이고 있다. 국민소득이 7000달러 수준까지는 높은 정적 상관($R^2$=.98)을 보이나 그 수준을 넘어가면 둘 사이의 관계는 부적 상관($R^2$=.61)을 보인다(Kubiszewski et al., 2013).

**셀리그먼(Martin Seligman, 1942~ )**

펜실베이니아 대학교 심리학과 교수로 재직하고 있으며, 1975년 우울증에 대한 학습된 무기력 모형을 발견하였다. 미국심리학회 회장으로 취임하면서 긍정심리학 연구의 기치를 내걸었고, 많은 동조자를 얻어 긍정심리학의 아버지로 불리고 있다. 1990년에 『학습된 낙관주의』를 저술하는 등 심리학의 대중화를 위한 작업도 많이 하고 있다.

**긍정심리학의 부상** 심리학자들이 행복의 문제에 답하기 위하여 과학적으로 연구하기 시작한 것은 불과 30년 남짓 되었다. 학습된 무기력 이론으로 잘 알려진 펜실베이니아 대학교의 Seligman 교수가 1998년에 미국심리학회 회장으로 취임하면서 긍정심리학을 제안한 이후다. 미국인의 소득이 수십 년간 꾸준히 증가해 왔지만 '나는 매우 행복하다'고 말하는 사람들의 비율은 증가하지 않은 현상을 보며, 심리학자들이 답을 제시해야 한다고 보았다. 그는 20세기의 심리학이 의학의 질병 모형을 취했기에 문제를 치료하고, 예방하는 것에 관심을 가져왔지만, 행복을 어떻게 구현할 것인가에 대하여는 침묵했음을 지적하였다. 우울증 같은 마음의 병이 없다고 해서 행복해지는 것은 아니므로 행복에 대한 심리학적 연구가 삶의 질을 높이기 위하여 필요하다는 주장에 많은 사람들이 동조하면서 불과 10년

만에 긍정심리학은 21세기 심리학의 중요한 영역으로 부상하였다.

## 행복이 중요한가

**행복의 기능** 우울, 공포, 불안, 슬픔과 같은 부정적 정서는 좋지 않은 상황에서 촉발되는 정서이며, 사람들에게 경각심을 주거나, 위협적인 상황에서 벗어나는 행동을 촉발하는 강력한 정서들이다. 이런 탓에 생존을 위해 필수적이다. 그러나 웃음, 즐거움, 편안함, 만족감 같은 긍정적 정서는 어떠한 가치를 지니고 있는가? 긍정적 정서는 사람이 잘 지내고 있다는 징표 이상의 가치를 지니지 못하는가? 이 질문을 파고든 Fredrickson(1998, 2001)은 기쁨, 만족, 흥미, 자부심, 사랑 같은 긍정적 정서가 상황에서 요구되는 사고와 행위의 유형을 확장시키면서 지속적으로 개인에게 도움이 되는 신체적 · 지적 · 사회적 · 심리적 자원을 구축하는 역할을 한다는 긍정적 정서의 확장–구축 이론을 제시하였다.

목숨이 달린 긴박한 상황에서는 긴급한 행동이 요구되고 이 경우에 취해야 하는 행동은 몇 가지 안 된다. 그러나 긍정적 정서가 나타나는 상황은 여유 있는 상황이고, 습관적인 행동과 사고의 유형에서 벗어나 창발적인 행동과 생각을 모색하게 된다. 즐거운 상황에서 사람들은 규범을 벗어나 새롭고 다양한 재미를 시도하는 것을 예로 들 수 있다. 이런 모색이 주위 사람들을 끌어들이고, 흥미를 북돋우며, 즐거움을 공유하는 경험을 통해서 대인관계를 발전시키고, 사회적 자원을 구축하는 기능을 하게 된다. 이렇게 확장된 자원은 어려움에 처했을 때 유용하게 사용되며 삶을 다채롭게 하며, 나아가서 생존의 가능성을 높이는 번영의 기능을 한다. 여러 연구에서 긍정적 정서가 유도되었을 때 연구 참여자들은 부정적 정서가 유도된 상황에 비해서, 보다 다양한 행동과 생각을 보였다. 긍정적 정서는 부정적 정서 경험에서 벗어날 수 있도록 하는 기능뿐만 아니라, 외부의 규범적 판단에서 자유롭게 하며(민지혜 외, 2010: 곁글 13–1), 주위 사람들에게 인기 있는 사람으로

**곁글 13–1** 행복한 정서는 판단을 자유롭게!

정서를 느낄 때 사람들은 각 정서와 연결된 표정근육이 자동적으로 움직인다. 각 정서에 해당하는 근육의 움직임을 모방하여 표정을 짓게 해도 해당 정서의 심리가 나타나게 될까? 사람들은 긍정적 정서 상태에서 작품에 대한 평가를 할 때는(부정적 상태에서 할 때보다) 덜 비판적이며, 더 호의적으로 평가하는 양상을 보인다. 국내

에서 남녀 대학생들에게 아마추어 화가가 그린 추상화를 136장 보여 주면서 그린 사람이 해외 유명화가라고 알려 주거나, 미대 재학생이라고 알려 주면서, 그림을 평가하도록 하였다. 평가자는 두 집단으로 나뉘어 한 집단의 사람들은 연필 끝을 입술을 모아 물게 해서 뾰료통한 표정을 짓게 하였고, 다른 집단의 사람들은 연필을 발음 연습할 때처럼 이빨로 물어 웃는 표정을 짓게 하였다. 이빨로 물었을 경우에 누가 그린 것에 관계없이 선호도 평가가 높게 나왔다. 그러나 입술로 물었을 경우에는 외국 유명화가가 그린 그림에 대한 평가가 높았으며, 미대생이 그린 그림에 대한 평가가 낮게 나왔다([그림 13-2]; 민지혜 외, 2010). 이런 결과는 긍정적 정서가 공신력이라는 외부 평가의 잣대로부터 해방시키는 효과를 가져오지만, 부정적 정서에서는 공신력이 큰 영향을 미침을 보인다. 부정적 정서는 상황의 권위적 맥락에 더 순응하게 만들지만, 긍정적 정서는 이런 권위로부터 해방되는 심리를 유발하는 것이다.

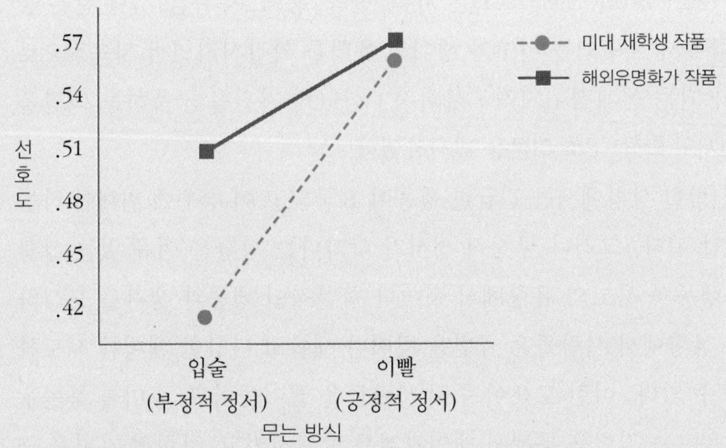


**[그림 13-2] 미술작품 작가의 유형과 유도된 정서에 따른 선호도**

출처: 민지혜 외(2010).

여겨지고(구재선 외, 2009), 나아가서 소통을 도우며, 자아탄력성이라는 적응적 심리를 유도하기도 한다(김주환 외, 2009; Fredrickson, 2001).

긍정적 정서는 이처럼 사람들의 생활을 윤택하고 신나게 만들 수 있다. 여러 연구가 긍정적 정서의 경험 비율이 부정적 정서의 경험과 비교해서 2.9배 이상이라면 생활이 선순환하면서 만족스러운 번영의 궤도를 굴러가며, 그 이하라면 불만족스럽고 가라앉는 양상을 보인다. 이 숫자를 발견자의 이름을 따서 로사다 경계(Losada Line)라 한다(Fredrickson & Losada, 2005; 곁글 13-2). 대학 신입생을 대상으로 정서의 긍정성 비율이 2.9배 이상인 사람과 그 이하인 사람들을 구분하여 첫 학기에 만난 기숙사 동료와 친구를 맺어 가는 양상을 비교한 연구(Waugh &

Fredrickson, 2006)는 높은 사람들이 친구와 친밀감을 더해 가며, 상대방에 대하여 다양한 면모를 이해하게 되지만, 낮은 사람들은 그렇지 못한 것을 보이고 있다.

로사다 경계의 한국 적용성을 다룬 연구(김진주 외, 2007)는 한 대학에서 6주간에 걸쳐서 2주 간격으로 긍정적 정서와 부정적 정서를 경험하는 정도와 정신적 번영 상태를 심리적 안녕감(자기수용, 타인과 좋은 관계, 개인적 성장, 삶의 목적의식, 환경에 대한 통제력, 자율성 등; Ryff, 1989)과 사회적 안녕감(타인에 대한 신뢰, 사회적 발전에 대한 믿음, 사회공동체에 대한 기여, 공동체에서의 역할에 대한 인식 등; Keyes, 1998)으로 측정하였다. 아울러, 연구 시작과 말미에 신체적 · 지적 · 사회적 · 심리적 영역들에서 자신이 지닌 삶의 자원이 늘어나고 있는지 혹은 줄어들고 있는지를 물어보았다. 심리적 · 사회적 안녕감 척도의 상위에 속한 사람들을 번영 집단으로 보니 참여자의 약 1/3 정도로 나왔고, 이들을 그렇지 않은 사람들과 비교한 결과, 번영 집단이 대부분의 자원 영역에서 우월한 것으로 나타났고, 연구기간 동안 몸 아픈 날을 경험하는 것도 적은 것으로 나타났다. 번영 집단의 긍정적 정서 비율(로사다 경계)이 2.45로 미국보다는 낮게 나왔는데, 이는 우리 문화에서 긍정적 정서를 경험하는 빈도가 미국보다 상대적으로 낮음을 반영한다. 흥미로운 점은 상호의존적 자기성이 높은 사람들(본서 2장 참조)에게서는 긍정적 정서와 부정적 정서의 변화가 모두 번영에 영향을 주었으나 두 가지 중에서 부정적 정서의 변화가 더 큰 영향을 주었다. 즉, 긍정적 정서를 많이 경험하는 것보다 부정적 정서를 덜 경험하는 것이 중요하다는 것이다([그림 13-3]). 그러나 독립적 자기성이 우세한 사람들에게는 긍정적 정서만이 번영에 영향을 주는 것으로 나타났다.

한국과 미국의 남녀 대학생을 대상으로 일상에서 달성하려고 하는 목표 여섯 가지를 쓰게 해서 무언가를 성취하려는 접근 목표와 무언가를 하지 않으려는 회

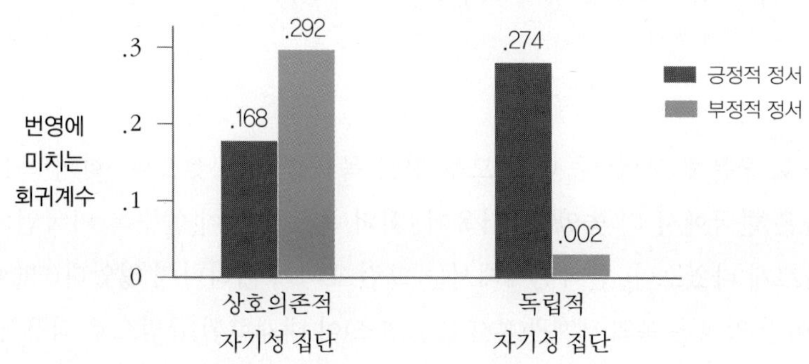


**[그림 13-3] 자기의 특성에 따라 심리적 번영에 미치는 두 가지 정서의 상대적 크기**

출처: 김진주 외(2007), 표 4를 바탕으로 그림.

**곁글 13-2** 로사다 경계-비선형 역동 모형의 적용결과

복잡한 자연현상과 심리현상을 과학적 모형으로 단순화시켜 파악하는데 선형모형(linear model)이 주로 쓰여 왔다. 이 선형모형은 변인 간의 인과론적 방향성을 상정하고 그 영향관계를 일차함수인 선형관계로 파악한다. 그러나 최근에 컴퓨터의 발달에 힘입어 자연현상의 파악에 복잡한 비선형모형의 원리가 적용되고 있고 나비효과는 아마도 가장 잘 알려진 결과물이라 볼 수 있다. 심리학에서도 비선형관계식으로 변인 간의 상호작용 관계를 파악하는 모형들이 등장하고 있다(예: Nowak & Vallacher, 1998). 이 모형에서는 영향력이 쌍방향적이며 역동적이라서 선형모형에 비해서 복잡계의 현상이 보다 잘 반영된다. 로사다 경계지수도 이런 수학모형을 적용하여 얻은 계수다. Losada는 산업체의 실제 경영팀 60개를 대상으로 전략수립회의를 하는 일련의 활동과정을 거울 뒤에서 관찰하여 회의에서 팀의 성원들이 주고받은 발언 한마디 한마디를 부호화하였다. 특히 의견의 교환이 동의하고 칭찬하는 형태의 긍정적인 것인지, 비난하고 비판하는 형태의 부정적인 것인지를 부호화하여 그 비율을 계산하였다. 경영성과가 우수한 15개 팀은 그 비율(긍정/부정)이 5.6으로 나타났고, [그림 13-4]에서 보듯이 잘나가는 팀은 발언의 양상도 다양하며, 경험하는 정서도 폭이 큰 것으로 나타나면서, 똑같은 궤적이 반복되는 양상이 나타나지 않았다. 반면에, 열악한 팀은 발언의 내용도 자기 의견과 입장을 설명하는 내용에 치중되어 있으며, 정서의 경험양상도 폭이 좁고, 교류의 궤적이 반복적인 양상을 보인다.

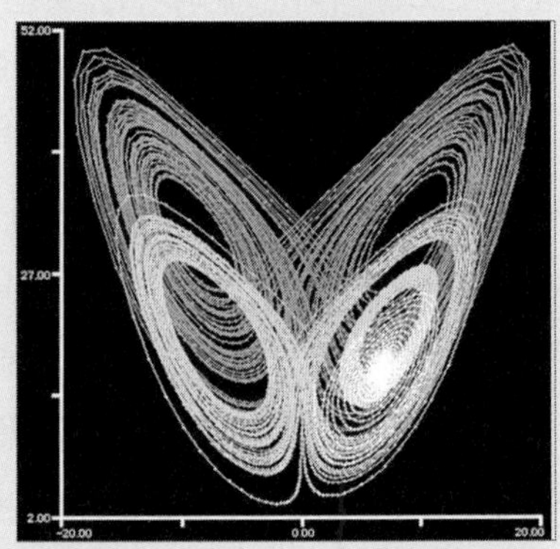


**[그림 13-4] Losada 연구에서 나타난 세 유형의 경영팀이 보이는 활동의 궤적**

윗부분의 어두운 회색 나비의 궤적은 잘나가는 팀, 아랫부분의 밝은 나비 궤적은 그저 그런 팀, 아래 오른쪽의 하얀 궤적은 열악한 팀을 보여 주고 있다. X축의 왼쪽은 팀의 다른 사람에게 질문을 던지는 정도를, 오른쪽은 자기 이야기를 하는 정도를 나타내고 있으며, Y축은 경험하는 정서의 다양성을 보여 준다.

결혼문제 상담전문가인 Gottman(1994)도 결혼만족도가 높은 부부들에서 이 지수가 4~5점대를 보이지만, 갈등이 심한 불만족스러운 부부의 경우에 1점 이하로 나타남을 보고하고 있다. 한편, Schwartz 등(2002)은 우울증으로 치료를 받고 있는 사람들 66명을 대상으로 이들의 정서경험 비율을 구해 보았다. 치료 시작 전에 비율은 0.5로 매우 낮았는데 치료 경과가 좋은 15명의 경우에 4.3, 경과가 그런대로 괜찮은 23명의 경우에 2.3, 호전 기미가 없는 사람의 경우에 0.7로 나타났다(Fredrickson & Losada, 2005에서 인용).

피 목표로 구분해 보니, 두 나라 모두 접근 목표를 많이 썼으나, 회피 목표를 쓰는 비율은 한국에서 더 높았다. 더욱이, 회피 목표를 많이 쓸수록 미국인의 안녕감은 나쁘게 나왔으나, 한국인에게서는 그런 효과가 나타나지 않았다(Elliot et al., 2001). 이런 양상은 쪽의 세계관(본서 12장 참조)이 내재화된 규범으로 작용하여, 한국인들에게서 그 쪽의 구실과 역할을 범하지 않으려는 것이 보다 자연스럽게 여겨지는 까닭이라 보인다.

**행복에 대한 가치관** 당신은 행복해야 한다고 생각하시나요? 행복에 많은 가치를 두나요? 개인적 출세와 가족과의 어울리는 삶에서 택하라면 어느 것이 당신에게 행복을 느끼게 한다고 봅니까?

행복이 매우 중요하다고 여기는 사람들은 중요하지 않다고 여기는 사람들보다 실제로 불행하다는 연구 결과가 나와 흥미롭다(Mauss et al., 2011). 사람들이 스트레스를 많이 받을 경우에는 두 유형의 사람들이 느끼는 행복감에 있어서 차이가 없지만, 스트레스가 높지 않은 상황이라면 행복을 중요하다고 여기는 사람들의 행복감이 오히려 낮다([그림 13-5]). 보다 최근에 이 연구를 4개국에서 수행한 연구(Ford et al., 2015)는 타인을 돕거나, 친구들과 같이 시간을 보내는 활동(사회관여적 활동)을 통해서 행복을 얻을 수 있다고 여기는 문화권(러시아, 일본, 대만)의 사람들에게서는 행복의 가치관이 강하여도 행복감이 긍정적 영향을 받는다는 것을 보이고 있다. 반면에, 개인적 성취가 행복을 가져다준다는 개인주의 문화권(미국)의 경우에는 악영향이 확인되고 있다([그림 13-6]). 미국이나 동아시아인들이나 사회관여적 활동이 행복에 직접적인 영향을 주지만, 미국인들은 이에 대한 인식이 약하여 행복을 가져다주는 활동에 소홀할 수 있음을 보여 주는 결과라고 보겠다.

살기 위해서는 먹어야 한다. 영양가 있는 것을 좋아하도록 사람은 단맛을 찾게 되고, 저마다 좋아하는 맛길이 드는 것은 보편적인 자연현상이다. 그래서 맛있는 것을 먹을 때 우리는 행복하다고 느낀다. 맛은 결국 생존을 위하여 필수적인 기능을 하는 것이다. 자녀를 통해 종족이 보존되기 때문에 성행위는 강한 쾌락을 수반하도록 된 것이다. 자식을 키워야 하기 때문에 힘든 일에도 불구하고 자식이 커

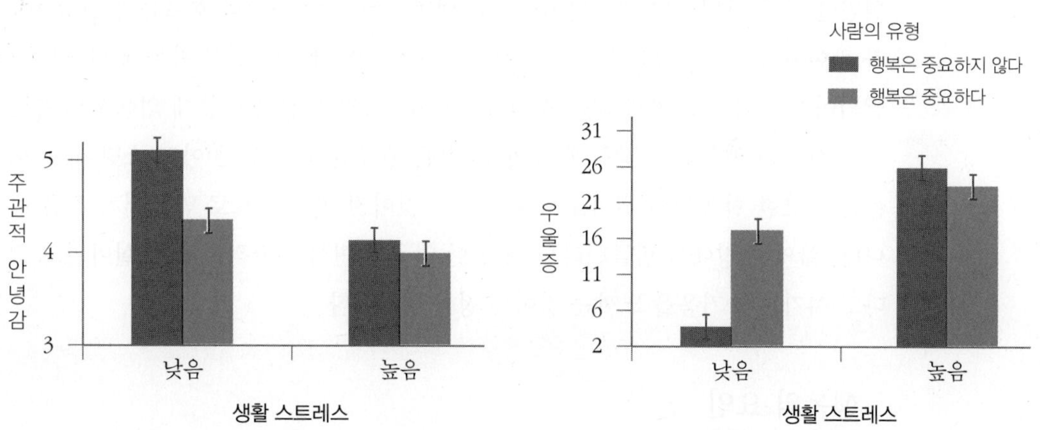


**[그림 13-5] 행복가치가 높은 사람과 낮은 사람의 안녕감과 우울증 및 스트레스의 관계**

출처: Mauss et al. (2011).

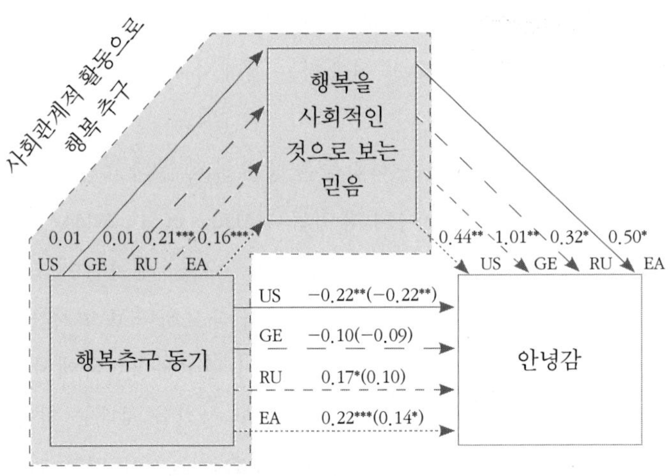


[그림 13-6] **행복추구 동기와 행복의 관계는 행복의 사회성에 대한 믿음이 매개함을 보이는 국가비교 결과**

* $p<.05$, ** $p<.01$, *** $p<.001$

출처: Ford et al. (2015).

가는 것에 큰 기쁨과 보람을 느낀다. 마찬가지로, 사회생활에서 타인과 어울려야 하기에 어울려 노는 것에서 즐거움을 느끼도록 진화해 왔다. 생물체의 존재 목적은 생존하는 것이 자연의 법칙이다(서은국, 2014). 행복은 생존을 위해 도움이 되는 기능을 하는 것이지 생존보다 더 궁극적인 목적이 될 수는 없다. 단맛만 찾아서 먹는다면 영양 결핍과 비만으로 건강을 해치듯이, 행복감을 느끼게 해 주는 행위만을 찾아 다닌다면 생존할 수 없다. 행복감은 결국 두뇌의 호르몬과 신경체계가 관여해서 느끼게 된다(Alexander et al., 2021). 이 체계는 일상 활동에 의해서 촉발되어 행복감을 느끼게 되는 것이다. 그러나 마약과 같은 약물에 의해서도 촉발되어 환각적 행복감을 강하게 느끼게 된다. 행복한 삶은 모든 이의 소망이다. 이 삶은 필요한 활동들의 결과로서 유지되는 것이지, 행복감으로 만들어진 것은 아니다. 삶의 여정에서 힘들더라도 해야 할 일을 하면서 전반적으로 잘 살아가고 있다고 여기는 즐거움을 느끼는 것이 진정한 행복이다.

## 행복의 요인

**행복의 측정** '나는 행복한가?' 이 간단한 질문의 답이 쉽지 않다. 행복의 의미가 문화마다 또 개인마다 큰 차이가 있기 때문이다. 아무리 객관적인 조건이 좋아 보여도 전혀 행복하지 못한 사람이 있는가 하면 행복의 조건과는 너무나 거리가 먼 사람들이 행복하다고 말하고 있기 때문에 행복을 외적인 조건과 결부시켜 말하기 어렵다. 심리학자들은 행복이란 용어를 주관적 안녕감이라는 용어로 대체하면서 이를 측정하기 위해 두 가지 차원을 제시한다(Diener, 1984). 하나는 인지적인 차원으로 자신의 삶에 대한 만족도 평가다. 이에 가장 많이 쓰이는 척도가 '나 알기 1'에 제시되어 있다. 이 척도가 행복에 대한 완벽한 척도가 될 수는 없지만 행복의 개인차를 알고, 행복에 영향을 주는 요인들이 무엇인지를 밝히기에는 쓸만한 도구로 여겨지고 있다. 두 번째는 정서적인 차원이다. 즉, 삶의 만족도가 높다고 해도 일상생활에서 긍정적인 정서를 별로 경험하지 못하거나, 부정적인 정서를 많이 경험한다고 하면 이 또한 행복한 삶이라고 하기에는 문제가 있다는 점을 고려한 것이다. 그래서 얼마나 긍정적인 정서를 많이 경험하고, 부정적인 정서

에드 디너(Ed Diener, 1946~2021)

워싱턴 대학교에서 심리학 박사 취득(1974년) 후에 일리노이 대학교(어바나-샴페인) 교수로 재직하고 있다. '주관적 안녕감'이란 용어를 만들어 많은 연구를 수행하였고, '행복학'의 연구를 전파시켰기에 Dr. Happy라는 별명을 지니고 있다(http:// www.psych.uiuc.edu/~ediener/).

### 나 알기 1: 주관적 안녕감 척도

〈삶의 만족도 측정〉

다음의 항목에 대하여 1(전혀 동의할 수 없음)~7(전적으로 동의함)의 점수 중 하나로 응답하시오.

______ 거의 완벽할 정도로 내 삶은 나의 꿈과 일치한다.
______ 내 생활의 제반 조건은 아주 좋았다.
______ 나는 내 삶에 만족한다.
______ 지금까지 나는 내가 삶에서 희구하던 중요한 것을 이루어 냈다.
______ 다시 삶을 사는 기회가 주어진다고 해도 나는 별로 바꿀 것이 없다.

※ 합산한 점수가 31 이상이면 매우 만족, 26~30이면 만족, 21~25면 약간 만족, 20 중간, 15~19이면 약간 불만족, 10~14이면 불만족, 9 이하이면 매우 불만족스러운 편임(Diener, 1984).

〈정서적 안녕감 측정〉

당신은 지난 한 달 동안 다음 각기 정서를 얼마나 자주 경험하였나요?
(1: 전혀 느끼지 않았다~7: 항상 느꼈다)

기쁨 ( ) 사랑 ( ) 행복 ( ) 자랑스러움 ( ) 만족감 ( )
화 ( ) 슬픔 ( ) 수치심 ( ) 불안감 ( ) 죄책감 ( ) 두려움 ( ) 불행함 ( )

※ 정서적 안녕감은 첫 다섯 가지 긍정적 정서경험의 평균에서 뒤 일곱 가지 부정적 정서경험의 평균을 뺀 값임.

를 덜 경험하는지를 아울러 측정하는 정서의 안녕감 척도가 행복을 측정하는 도구로 널리 사용되고 있다(Andrew & Withey, 1976; Watson, Clark, & Tellegen, 1988).

**개인차보다 기제가 중요** 안녕감을 재는 척도가 있으면, 높낮이가 나타나고, 자연스럽게 누가 더 행복하냐에 관심을 보인다. 그래서 국가, 남녀, 연령대, 성격 유형을 갖고 관심 가는 집단들간에 비교를 한다. 그러나 이런 식의 계량적 비교는 위험하다. 각 집단에서 행복의 의미가 다를 수 있으며, 행복을 느끼게 해 주는 기제 및 영향 요인이 다를 수 있기 때문이다. 예를 들면, 개인주의자들이 집단주의자들보다 행복감이 높다고 이야기하지만, 이들이 더 행복한 사람이라고 보는 것은 잘못일 수 있다. 중요하게 여기는 행복의 면면이 다를 수 있고, 반응편향 같은 것이 작용해서 개인주의 성향의 사람들이 행복을 더 거리낌 없이 표시하는 반면에, 집단주의 성향의 사람들은 겸손하게 응답할 수 있기 때문이다. 이 점에서 더 관심을 가져야 할 부분은 각 유형의 사람들에게 작용하는 영향 요인이 다른가 하는 점이다. 이를 잘 보여 주는 한 연구(Suh et al., 2008)는 미국에서 백인 남녀를 대상으로 집단주의 성향이 높은 사람과 개인주의 성향이 높은 사람들을 구분하여 이들이 느끼는 삶의 만족도의 결정요인을 비교하였다. 개인주의 성향자들은 자신들이 최근 한 달 동안에 경험하는 긍정적 정서의 빈도에 의해서 만족도가 크게 좌우되었지만, 집단주의 성향자들의 경우에는 부모에게서 자신이 얼마나 긍정적인 평가를 받는지도 큰 영향을 미치는 것으로 나타났다([그림 13-7]).

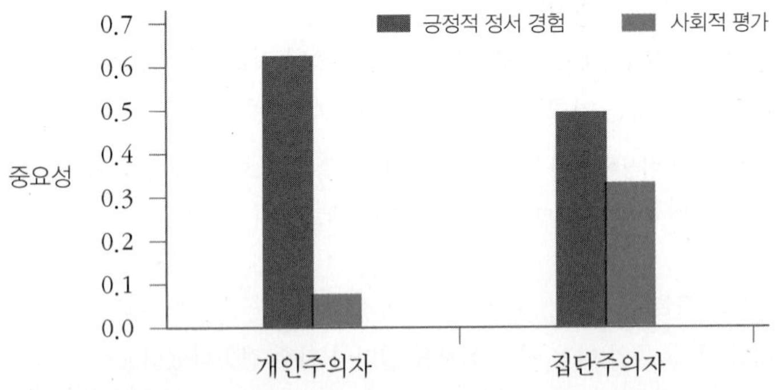


**[그림 13-7] 미국 사회에서 개인주의자와 집단주의자의 행복감에 미치는 영향 요인의 상대적 비중 비교**
출처: Suh et al. (2008).

**좋은 삶** 어떤 삶이 좋은 삶일까? 그 답에 따라서 다양한 철학의 학파가 생겨났고 그를 추종하는 사람들이 있어 왔다. 이들 중에서 많은 사람들이 인정하는 세 가지 좋은 삶의 모습이 있다.

첫째는 안락한 삶이다. 즐거우며 힘들지 않고 안전하며 안정적인 삶의 모습이다. 이는 쾌락주의에 바탕한다. 고대 그리스의 에피쿠로스(342~270 BC)는 행복한 삶이란 우리가 즐겁다고 여기는 경험들을 많이 하고, 괴롭거나 피하고자 하는 경험을 최소화하는 삶이라고 보았다. 안락한 삶의 반대는 곤궁한 삶이다. 삶을 위해 기본적으로 필요한 의식주와 안전이 위협받는 경우에 이를 확보하는 것이 우선 목표가 된다. 그러나 이들이 해결되었다고 해서 행복한 것은 아니다. 안락한 삶이 행복이라는 입장은 영국 경험주의 철학자들인 David Hume(1711~1776)과 Jeremy Bentham(1748~1832)으로 이어지면서 공리주의 철학의 기초가 되기도 하였다. 7천 명이 넘는 네덜란드 국민을 대상으로 13년간(2008~2020) 다섯 번에 걸쳐서 행한 조사 결과가 흥미롭다. 개인들이 쾌락적 가치(즐거움, 신나는 생활, 안락한 생활)를 중요하게 여기는 것은 3년 후의 삶의 만족도에 아무 영향을 미치지 못하는 것으로 나타나, 사람들이 중요하게 여기는 쾌락적 활동이 장기적으로 행복에 미치는 영향은 미미하다는 것이다(Joshanloo, 2021). 중국의 청소년에게서도 비슷한 결과가 나왔다(Jia et al., 2022).

둘째는 의미 있는 삶이다. 이는 진정한 행복이란 개인의 덕성을 확인하고, 개발 및 실현하고(Deci & Ryan, 2000), 자신을 초월하는 공동체 혹은 영성의 구현에 기여하며 사는 것이라는 입장이다(Dierendonck, 2005). 아리스토텔레스(384~322 BC)가 이야기한 유다모니즘(우리말 '행복'으로 번역됨)에 해당한다. 영국의 John Stuart Mill(1806~1873), Bertrand Russell(1872~1970)이나 심리학자인 Rogers, Maslow 같은 사람들의 주장이 이런 입장이다. 삶의 의미는 매우 주관적인 판단이지만, 삶에 대한 통찰, 목표의식과 자기의 삶이 주위에 미치는 영향력/가치의 세 가지가 중요한 것으로 나타난다(Costin et al., 2020). 삶에 대한 통찰(coherence)은 복잡하게 전개되는 세상사에서 겪게 되는 다양한 경험들을 어떤 흐름으로 통찰력 있게 파악하는 정도를 말한다. 이것이 없으면 세상은 혼란스럽고 어떤 의미를 지니고 있는지 모르고 대충대충 살게 된다. 목표의식은 자신의 삶이 지향할 목표를 지니고 이를 구현하기 위하여 어떠한 노력을 해야 하는지를 알고 있는 것이다. 종교인들이 내세신앙을 지니고 내세를 위해 현세를 착하게 살아야 한다고 믿는다면 목표의식이 있는 것이다. 목표의식이 없는 삶은 줏대 없이 떠돌며, 벌어지는 상황에 맞추어 눈앞의 이익를 꾀하는 삶을 산다. 영향력/가치는 자신이 하는 일이 사회와 생태계를 좋은 방향으로 변화시키는 영향을 느끼는 것이다. 광대한 우주 속에서 사람은 매우 미미한 존재이지만 그가 의도적으로 벌이는 일이 주위에 영향을 줄 수 있

### 나 알기 2: 나는 의미 있는 삶을 살고 있는가?

각 항목에 대하여 자신의 생각을 다음의 숫자 중에서 하나로 답하시오.

전혀 아니다 1 2 3 4 5 6 7 매우 그렇다

1. 나는 내 삶이 어떤 것인지를 이해한다.
2. 나는 살면서 겪은 일들에 대하여 그 의미를 알 수 있다.
3. 내 삶의 의미를 알 수 있다.
4. 내 삶의 목표가 내 삶을 이끌어 가고 있다.
5. 나는 삶의 중요한 목표를 분명히 지니고 있다.
6. 나는 내 삶의 목표를 위해 애쓰는 것이 가치 있다고 본다.
7. 광활한 우주 속의 작은 존재이지만 내 삶은 영향을 미친다.
8. 내가 존재했다는 것이 세상에 영향을 미친다.
9. 천년이 지난 후에도 내가 살았다는 것은 의미가 있을 것이다.

* 이들 항목은 다차원적 실존의 삶 척도(MEMS)의 일부이며, 원척도는 15개 항목으로 구성되어 있다(George & Park, 2017). 1~3은 삶에 대한 통찰, 4~6은 삶의 지향/목표, 7~9는 영향성을 재는 항목들이다.

다는 가치를 느낄 수 있다. 이를 못 느끼면 삶이 허무하다고 여긴다. 삶의 의미를 못 느낀다면 정신건강이 취약한 상태다. 〈표 13-1〉은 삶의 의미의 세 영역을 정리하고 있다.

셋째는 심리적으로 다채로운(psycholgically rich) 삶이다(Oishi & Westgate, 2020). 이는 단조로운 생활에서 벗어나 다채로운 경험을 찾으며, 자신의 몰랐던 모습을 발견하고, 자신의 가능성을 확장시키며, 긍정적인 변화를 도모하는 삶이다. 빈민 지역 봉사활동, 낯선 곳으로의 배낭 여행, 외국 유학, 워킹홀리데이 등 접하지 못했던 환경에서 낯선 사람들과의 만남이나 모험을 시도하는 것들이 모두 심리적으로 자신의 한계를 뛰어넘어 다채로운 삶을 지향하는 활동들이다. 이 삶의 경험에서는 힘들고 피하고 싶은 일들을 겪을 수 있다. 즐겁기만 한 것이 아니다. 그럼에도 불구하고, 이 삶이 주는 가치 탓에 기꺼이 비용을 들이며, 힘든 것을 무릅쓰기도 한다. 7개국(미국, 일본, 한국, 인도, 독일 등)의 사람들에게 자신들이 꿈꾸는 이상적인 삶을 안락한 삶, 의미 있는 삶, 다채로운 삶 중에서 하나만 선택하게 했을 때 [그림 13-8]의 결과가 나왔다(5개국 결과만 보여 줌). 전체적으로는 안락한 삶이 가장 선호되는 삶으로 나타났고, 그다음으로 의미 있는 삶이 나타났다. 15% 정도

**표 13-1** 의미있는 삶의 세 요인

| | 삶에 대한 통찰 | 목표의식 | 영향력/가치 |
|---|---|---|---|
| 정의 | 세상사의 경험에 대한 흐름을 파악함 | 삶이 지향하는 목표가 있음 | 삶이 선한 영향을 주고 살 가치가 있다고 여김 |
| 결핍 상태 | 삶의 불확실함 뒤죽박죽인 삶 | 줏대 없는 삶, 떠돌아다니는 삶 | 허무한 삶 |
| 규범성 | 가치중립적인 삶의 이해 | 가치지향성을 지님 | 가치지향성을 지님 |
| 영역 | 인지적 이해 | 동기 | 정서적 평가 |

출처: Martela & Steger(2016) 표 1을 바탕으로 작성.

의 사람들은 다채로운 삶을 선택하였다. 한국과 미국의 성인들에게 자신의 삶에서 가장 후회스러운 일이 무엇이며, 그 일이 없었다면 삶이 어떻게 나아질 것인지를 세 가지(더 안락해짐, 더 의미 있어짐, 더 다채로워짐) 중에서 선택하게 하였을 때 28%의 미국인, 35%의 한국인들은 삶이 더 다채로와졌을 것이라고 답함으로써 다채로운 삶에 대한 욕망은 많은 사람들에게서 나타남을 알 수 있다(연구 2).

사람들이 살고 싶어 하는 좋은 삶은 단순히 안락하거나, 의미 있기만 한 삶은 아니다. 다채로운 경험이 삶에 대한 통찰을 얻게 하고, 이를 통해 사람들은 성숙해지는 느낌을 받게 된다. 이를 좋은 삶이라고 여기는 것이다.

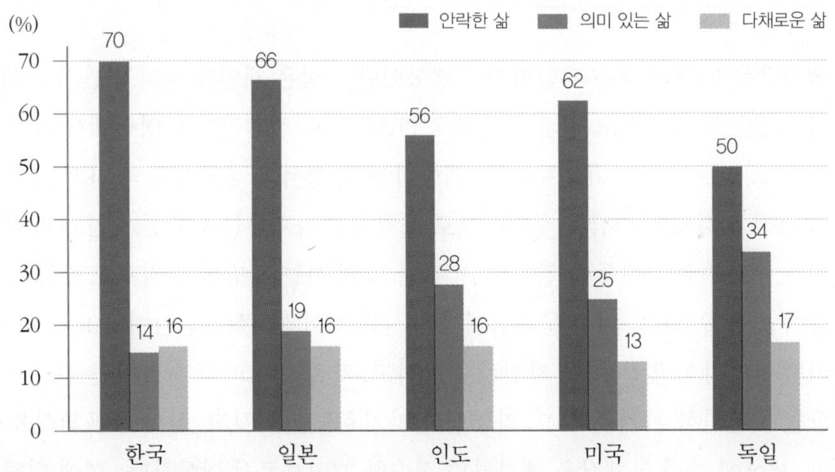


**[그림 13-8] 각국의 성인들이 이상적인 삶이라고 선택한 삶의 세 유형**(수치는 소수점 이하 반올림)

출처: Oishi & Westgate(2022) 그림 2에서 선별한 5개국의 자료임.

**나 알기 3: 나는 다채로운 삶을 살고 있는가?**

전혀 아니다 1 2 3 4 5 6 7 매우 그렇다

1. 내 삶은 심리적으로 다채로웠다.
2. 내 삶은 경험적으로 다채로웠다.
3. 내 삶은 정서적으로 다채로웠다.
4. 나는 살면서 여러 흥미로운 경험을 해봤다.
5. 나는 여러 새로운 경험들을 해봤다.
6. 내 삶은 독특하고 흔치 않은 경험들로 가득하다.
7. 내 삶은 다채롭고 강렬한 순간들로 이루어져 있다.
8. 나는 드라마틱한 삶을 살아 왔다.
9. 나는 여행이나 콘서트 같은 직접적 경험을 통해 온갖 종류의 감정을 경험한다.
10. 나는 다른 사람들에게 들려줄 만한 개인적 일화가 많다.
11. 내가 죽을 때, '흥미로운 삶을 살았다'고 말할 것 같다.
12. 내가 죽을 때, '많은 것을 보고 배웠다'고 말할 것 같다.

* 원 문항은 Oishi 등(2019)에 나옴. 본 척도의 번역은 신지은(2024)이 제공함.

## 행복의 차원: 가치 있는 삶 혹은 행복한 삶

행복감을 느끼는 것은 개인이지만 행복이란 경험은 개인과 사회적 관계 속에서 벌이는 활동의 과정이고 결과다. 주관적 안녕감이 긍정심리학의 영역에서 가장 많이 쓰이고 있는 도구적 개념이지만, 맥락이 빠진 정서의 경험 빈도와 자기 삶에 대한 주관적 평가로 안녕감을 측정하므로 도덕적인 가치와는 무관한 오인 나의 행복감이다. 즉, 주위 사람들을 깔보며 저 잘난 맛에 사는 오만한 인격자도 주관적 안녕감이 높을 수 있다. 이런 문제점에서 제시된 것이 심리적 안녕감이다(Ryff, 1989). 심리적 안녕감이 높은 이는 자신을 수용하고, 자율적이고, 독립적이면서도, 주위 사람들과 원만한 관계를 맺고, 자긍심과 자기효능감을 갖고, 삶의 목표의식을 지니고, 세상에 대한 통제감을 행사하며 성숙한 개인으로서 살아간다. 이에 더해서 사회의 일원으로서 소속감을 느끼고, 사회의 존속과 발전에 기여하며, 사회생활에서 만나게 되는 도전과 어려움을 피하지 않고 해결하려 들며, 이런 활동에 보람을 느끼는 정도를 사회적 안녕감이라 한다(Keyes, 1998). 이 안녕감은 개인이 사람들과의 관계에서 느끼는 관계적 안녕감과는 다르며, 사회의 제도 및 체제에 대하여 이해하고, 사회의 발전 가능성을 믿고 노력하는 쪽인 나의 관점에 가깝다. 모든 사람이 바라는 삶은 이 세 가지 안녕감을 어느 정도씩은 모두 포함하는 것이라고 보겠다. 이런 삶은 보편적으로 행복한 삶이라고 여겨질 수 있다(Joshanloo, 2019; Keyes, 1998).

**안녕감들의 관계** 이 세 가지 안녕감은 서로 어떤 관계에 있을까? 상당한 관련성이 있기에 어느 하나를 추구하면 다른 안녕감도 수반될 수 있을까? 흥미로운 것은 많은 사람들이 가장 선호하는 주관적 안녕감은 다른 안녕감을 높히지 못한다는 것이다. 즉, 혼자 만족스러운 삶을 살면서 성숙하지 않거나 사회에 별 기여함이 없이 살아갈 수도 있다. 미국의 성인 2,700여 명을 대상으로 10년 간격을 두고 세 번에 걸쳐서(1995~2014년) 얻어진 자료를 분석한 결과, 시점 1의 주관적 안녕감이 10년 후(시점 2)와 20년 후(시점 3)의 심리적 안녕감을 높이는 양상은 나타나지 않지만, 시점 1의 심리적 안녕감은 시점 2와 시점 3의 주관적 안녕감을 증가시키는 것으로 나타났다(Joshanloo, 2018). 주관적 안녕감을 증진시키는 활동의 효과는 오래가지 못하지만, 심리적 안녕감을 향상시키는 활동은 지속적으로 유지되어야 하기에 그 효과도 오래가는 탓이다(Huta & Ryan, 2010). 그래서 주관적 안녕감은 세월에 따른 등락이 심하지만 심리적 안녕감은 일관성이 높게 나타난다.

**모센 조산루(Moshen Joshanloo, 1982~ )**
이란 출신으로 2013년 뉴질랜드의 웰링턴 빅토리아 대학교에서 사회심리학 박사학위를 취득하였으며, 현재 계명대학교 심리학과 교수로 재직 중이다. 한국인으로 귀화하였으며 행복과 노인복지에 대한 관심을 가지고 여러 나라에서 수행된 조사자료를 활용한 통계분석으로 흥미로운 발견들을 제시하고 있다.

**안녕감의 핵심** 그렇다면 이 안녕감들의 바탕에 놓여 있는 핵심은 무엇일까? 이를 알아보기 위해서 세 가지 안녕감의 14가지 구성 요인들을 측정하는 문항들로 구성된 척도를 한국, 이란, 캐나다, 미국의 성인들(320~2610명으로 나라마다 상이함)에게 배포하여 분석한 결과, 자기수용이라는 심리적 안녕감의 요인이 모든 나라에서 가장 중심적인 내용으로 나타났다(Joshanloo, 2021a). 자기 자신을 수용하는 것이 안녕감의 가장 핵심이라는 것이다. 그다음으로 공통적인 중요성을 지닌 것은 영향력을 행사할 수 있다는 통제감 및 삶의 목표의식이었다. 자신이 사회의 한 구성원이라는 인식이 미국에서는 약하지만 다른 나라들에서는 중요하게 나타났다. 각 나라에서 중요하게 나타나는 요인들의 중요성 순위를 〈표 13-2〉에서 볼 수 있다. 한국인에게서는 사회적 안녕감의 요인들, 특히 자신을 사회의 구성원으로 여기고(통합), 기여하는 정도가 안녕감의 핵심으로 나타나고 있어, 미국인과는 상당한 차이를 보이고 있다.

표 13-2 각 나라별로 안녕감 요인들이 지닌 중요성의 순위

| 안녕감의 유형 | 안녕감 구성 요인 | 한국 | 캐나다 | 이란 | 미국 |
|---|---|---|---|---|---|
| 주관적 안녕감 | 생활만족감 | 8 | 8 | 12 | 7.5 |
| | 나쁜 정서경험 | 13 | 10 | 8 | 7.5 |
| | 좋은 정서경험 | 7 | 4 | 9 | 6 |
| 심리적 안녕감 | 자율성 | 14 | 14 | 14 | 12 |
| | 통제감 | 5 | 2 | 1 | 2 |
| | 성장감 | 9 | 9 | 6 | 4 |
| | 관계성 | 6 | 6 | 7 | 5 |
| | 삶의 목표 | 3 | 7 | 4 | 3 |
| | 자기수용 | 1 | 1 | 2 | 1 |
| 사회적 안녕감 | 세상사 통찰 | 11.5 | 13 | 11 | 11 |
| | 세상과 자기의 통합 | 4 | 3 | 3 | 10 |
| | 타인에 대한 신뢰 | 10 | 12 | 10 | 13 |
| | 세상에 기여감 | 2 | 5 | 5 | 9 |
| | 사회발전에 대한 신념 | 11.5 | 11 | 13 | 14 |

출처: Joshanloo(2021a) 표 3을 바탕으로 재구성함.
* 각 나라별로 응답치의 요인분석한 결과, 해당 요인이 차지하는 공통근의 크기 순위임.

**행복이냐 가치 있는 삶이냐?** 사람들은 대부분 자신의 삶이 가치 있다고 여기고 싶어 한다. 아리스토텔레스가 말하는 행복(유다모니아)은 가치 있는 좋은 삶이지만 오늘날 사람들은 가치 있는 삶을 추구하기보다는 즐거운 삶을 추구하고 있다([그림 13-8]). 과연 사람들은 어떤 삶을 가치 있다고 여길까? 한 연구에서, 캐나다, 중국, 인도, 일본의 참여자들에게 자신이 85세가 되어 죽음을 코앞에 둔 상황에 처해 있다고 여기고서 자신이 살아온 삶이 가치 있었다고 판단하거나 잘못 살았었다고 여긴다면 그렇게 판단하는 준거는 무엇이라고 여기는지를 생각하며 여섯 가지 정도를 써 보도록 했다. 아울러, 자기가 아닌 다른 사람들은 똑같은 질문에 어떤 응답을 할지 여섯 가지를 써 보도록 했다(Tafarodi et al., 2012). 〈표 13-3〉은 전체 응답에서 가장 많이 나온 준거 10개와 그들 준거에 대한 나라별 응답을 보이고 있다. 상위 10개 중에서 3개는 사람들과의 친분, 사랑, 가족으로 친밀한 대인관계가 가치 있는 삶의 중요한 준거로 여겨짐을 알 수 있다. 이 모든 준거 각기는 잘하려는 과정에서 아픔과 번민, 노력의 경험을 요구하는 것들이다. 친밀한 관계의 중요성을 준거로 대는 경향이 일본과 중국에서는 좀 더 높은 것으로 나타났다.

표 13-3 가치 있는 삶이었다는 판단(상위 빈도 10개)

| 범주 | 캐나다 (n=109) | 중국 (n=108) | 인도 (n=108) | 일본 (n=106) |
|---|---|---|---|---|
| 1. 믿을 만한 절친 | 31(38)[a] | 49(52)[b] | 25(38)[a] | 55(62)[b] |
| 2. 행복하고 건강한 가족 | 30(49)[a] | 70(71)[b] | 19(35)[a] | 35(45)[a] |
| 3. 더 나은 세상을 만드는 데 기여 | 46(20)[a] | 13(6)[b] | 48(22)[a] | 29(19)[ab] |
| 4. 잘 살았음 | 26(32) | 39(44) | 40(34) | 28(29) |
| 5. 사랑하는 반려자 | 36(42) | 40(42) | 30(39) | 24(25) |
| 6. 충분한 재산 축적 | 32(64)[a] | 17(38)[b] | 29(58)[a] | 48(68)[a] |
| 7. 성공적인 경력 | 23(47)[a] | 49(57)[b] | 35(51)[a] | 7(17)[b] |
| 8. 큰 업적 이룸 | 28(27) | 34(31) | 39(31) | 29(35) |
| 9. 도덕적인 삶 | 31(15) | 24(11) | 33(22) | 23(24) |
| 10. 재미있고 즐거운 삶 | 34(39)[ab] | 12(12)[c] | 17(25)[b] | 43(43)[a] |

* 괄호 안의 수치는 남들의 판단준거라고 여기는 사람 숫자. 각 열에서 사람들의 수치에 붙은 첨자가 다르면 나라 간 응답률 차이가 있음을 보임.
출처: Tafarodi et al.(2012) 표 3의 일부.

**사회적 관계의 중요성** 사람들이 스스로 행복한지를 판단함에 있어서 가장 크게 영향을 미치는 것은 주변의 친한 사람들과 얼마나 만족스러운 관계를 맺느냐 하는 점이다. 행복한 삶에 대해 널리 알려진 하버드 대학교 프로젝트는 1938년부터 75년간 700여 명의 남성을 추적 연구하면서 그런 결론을 제시하고 있다(Waldinger & Schultz, 2023: 헬스조선, 2016. 9. 21. 요약 제공). 그러나 관계의 중요성은 관계에 문제가 발생했을 때 드러나지만 문제가 없는 상황에서는 통상 간과된다. 한국과 미국의 대학생들에게 '행복'이란 단어를 주고 가장 먼저 떠오르는 단어를 세 개 쓰도록 하여 비교하여 보니, 가장 많이 나오는 단어가 미국에서는 '웃음/미소' 같은 단어였고, 한국에서는 '가족'이었다. 사회적 관계에서 가장 많이 나오는 것은 미국인에게서는 '친구'였으나 한국인에게서는 '가족'이었다. 흥미로운 것은 두 나라 모두 사람들이 제시한 세 단어 중에서 사회성과 관련된 단어(가족, 사랑 등)가 많을수록 개인이 느끼는 행복감이 높은 것으로 나타났다(Shin et al., 2018). 사회성에 대한 단어를 많이 드는 사람은 지인들과 만날 때 상대와 정서적 지원을 주고받으며, 이런 활동이 본인의 행복감을 높이는 것으로 나타났다. 국내의 대학생들에게서는 특히 내향적인 성격을 지닌 사람에게서 이런 효과가 나타났다(신지은 외, 2017). 외향성이 강한 사람들은 관계적인 활동 이외에도 여러 활동을 통해서 행복감을 고양시키지만, 내향적인 사람에게는 관계성에 대한 관심이 그만큼 중요함을 시사한다. 아울러, 이런 효과는 스스로의 소득이 낮다고 여기는 사람들에게서 뚜렷하다는 것이 한국과 미국에서 공통적으로 나타났다(Shin, 2019).

**나쁜 정서, 그러나 필요한 정서** 인간이 느끼는 정서는 다양하다. 느끼고 싶어 하는 즐거운 것들이 있는가 하면 느끼고 싶지 않은 분노, 슬픔, 부끄러움 같은 감정들도 있다. 즐거운 감정들만 느끼는 것이 행복한 삶일까? 아니면, 불편하더라도 느껴야 할 감정들이 있을까? 예를 들어, 상대방과 협동을 하는 상황에서는 좋은 정서가, 상대방과 다투는 경우에는 화/분노 같은 정서가 적합할 것이다. 좋은 정서를 느끼는 것보다 우리가 원하는 정서(비록 분노 같은 부정적 정서일지라도)를 느끼는 것이 심리적 안녕감에 더 도움이 된다(Tamir et al., 2017). 좋은 정서건 나쁜 정서건 자신이 느끼기를 원하는 정도와 실제로 경험하는 정도의 괴리가 클수록 사람들이 느끼는 생활만족도는 떨어지고 우울감은 증가한다는 것이 동서양의 8개국에서 공통으로 나타났다(중국, 미국, 브라질, 가나 등; Tamir et al., 2017).

기아로 피골이 상접한 아프리카의 아동을 보면서 측은해하며 매우 불편해한다면 자연스러운 반응일 것이다. 즉, 사람들은 상황맥락에 따라서는 불편하더라도 느껴야 할 감정들이 있고, 이를 느끼는 것이 도덕적으로 필요하다고 여긴다. 이런 도덕적 정서경험은 가치 있는 삶을 살기 위해 필수적이다. 사람들에게 1990년대 르완다에서 벌어진 종족학살의 참혹한 기사를 읽게 하고서(비교조건에서는 공상소설에서 가져온 종족학살 장면을 다룬 대목을 읽게 함), 두 가지 활동(30초간 침묵하며 감정을 반추하기와 30초간 웃기는 동영상 보면서 기분 전환하기) 중 하나를 선택하도록 하였다. 전쟁의 참상을 다루는 다큐를 본 조건에서 사람들은 기분 전환하기 활동(웃기는 동영상)보다 감정 반추하기를 더 많이 선택하는 것으로 나타났고, 웃기는 동영상을 보는 것이 기분을 전환시키지 못할 것이며, 도덕적으로 적합하지 않다고 여기는 것으로 나타났다(Lin et al., 2022).

이처럼 쾌락주의적 관점으로는 피하고 싶더라도, 불편하지만 느껴야 할 도덕적 정서를 사람들은 필요하다고 여긴다. 수많은 상품들이 가격과 품질을 내세우며 소비자의 선택을 유혹하여 갈등을 느끼는 상황에서 공정무역 품목을 선택하는 윤리적 소비는 바른 선택을 했다는 흐뭇한 느낌을 주는 것으로 나타난다(Kennedy et al., 2019).

이렇게 바른 정서가 행복감으로 연결된다는 것은 오인 나의 관점에서는 신기한 현상이다. 오인 나는 자신의 쾌감을 최대한 향유하는 것이 삶의 목표이기 때문이다. 따라서 느껴야 할 바른 정서가 있다는 것은 함께 어울리는 세상에서 상대방을 돕는 쪽인 나의 구실을 촉구하는 기능을 한다고 보겠다.

## 행복의 판단에 작용하는 심리

많은 사람들이 복권을 사고, 행운이 자기에게 떨어지기를 바란다. 복권이 맞으면 행복해질까? 그런 요행을 바라지 않고 봉사활동에 열심인 사람들도 있다. 노력에 의해서 행복할 수 있을까? 또 어떤 이들은 자신이 유전적으로 불행한 사람으로 태어난 사람이라고 믿고 불행이 운명인 것처럼 살아간다. 행복이란 어떤 요인들에 의해서 영향을 받는가를 이해하고, 자신의 행복감을 판단하는 경우에 작용하는 심리기제를 이해해 보자. 이 기제를 이해하지 못하면 행복하길 바라면서도 엉뚱한 선택을 하며 불행한 길을 걷게 될 가능성이 크기 때문이다.

**행복의 어림셈** 많은 요인들이 행복감에 영향을 미치지만 제반 여건을 갖춘 사람이라도 행복하지 못한 사람들이 있는가 하면 여건상으로는 행복할 수 없으리라는 사람에게서 늘 웃음과 만족의 표정을 발견할 수도 있다. 이러한 문제에 의문을 품고 행복의 제반 영향 요인들을 종합적으로 정리하면서 Lyubomirsky 등(2005)은 사람들이 느끼는 행복감의 산출공식으로 다음과 같은 세 영역으로 구성된 어림셈 공식을 제시하였다.

**행복 = 유전적 설정 + 생활사건 + 의도적 활동**

유전적 설정은 개인마다 선천적으로 타고나는 기질을 결정하며 이 기질은 거의 변하지 않는다. 기질적으로 행복한 사람들이 있고 그렇지 못한 사람들이 있다는 것이다. 미국에서의 쌍둥이 2,310명의 자료를 분석해 보니 이 요인이 행복의 50%를 결정하는 것으로 나타난다(Lykken & Tellegen, 1996).

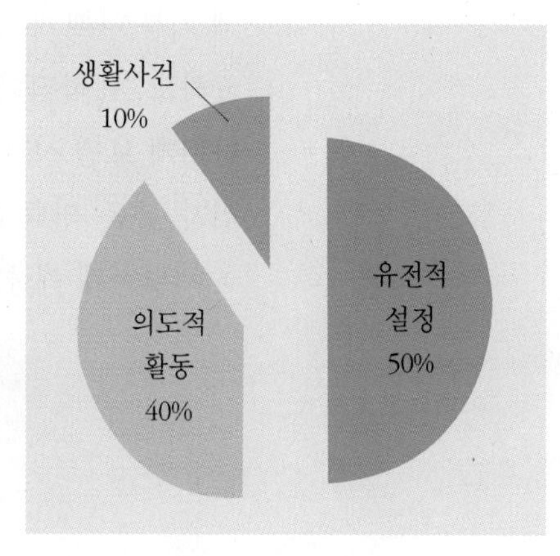


**[그림 13-9] 행복의 결정요인**

생활사건은 생활 장면에서 겪는 복권 당첨, 실연, 합격, 자동차 사고 등은 물론, 대부분의 사회경제적 요소들(연령, 성, 인종, 혼인, 소득, 직업, 종교 등)을 포함한다. 이 영역이 다양한 요소들을 포함하지만 행복감에 대한 결정력은 10% 이하로 추산된다. 자신의 의지와는 무관하게 발생할 수 있는 생활사건의 대부분은 그 영향력이 작으며, 크더라도 오래가지 못한다.

의도적 활동이 행복감의 40%를 결정한다. 이는 사람들이 자발적으로 선택해서 노력을 기울이는 목표지향적 행동을 의미한다. 자기실현 지향적 활동과 목표추구적 활동은 물론, 문제해결을 위한 노력, 여행, 다이어트, 운동, 취미생활 등의 활동들이 모두 이 영역에 들어간다. 중요한 것은 의지를 갖고 무엇인가를 지속적으로 하느냐라는 것이다.

**돈에 맞추어진 초점편향** 운동 선수의 재능은 물론, 예술 작품, 골동품 등 모든 것이 돈으로 환산되고 있는 세상이다. 이런 세상에 사는 탓에 사람들은 돈이 많을수록 좋고, 많을수록 행복할 것이라고 생각한다. 국내에서 이 생각을 검증한 연구(김명소 외, 2003)에서는 경제력, 성취, 사회적 지위, 자립성, 사회봉사, 건강, 대인관계 등등 16개의 생활 및 심리영역을 구분하여 행복도를 측정하였다. 소득수준이 월평균 250만 원이 넘는 사람들과 그 이하의 사람들 간의 만족도가 뚜렷이 차이 났고 월평균 450만 원 미만일 경우에는 소득 증가가 만족도를 높이는 영향이 나타났으나, 450만 원 이상일 경우에는 나타나지 않아 이스터린 역설을 보이고 있다(경실련 자료: 2004년 서울근로자 가구 평균소득은 319만 원). 아울러, 소득의 증가는 삶의 만족도를 향상시키는 효과가 있지만, 정서적 안녕감을 향상시키지는 않는 것으로 나타났다(Diener, Ng, et al., 2010; Kahneman & Deaton, 2010).

소득이 미치는 영향이 단선적이지 않고, 크지 않음에도 불구하고, 사람들은 소득의 영향을 직선적으로 보고, 부풀려 평가한다. 그 이유는 소득에 초점이 맞추어져 돈이 더 있다면 할 수 있는 것들이 부각되는 초점편향 탓이다(Kahneman et al., 2006). [그림 13-10]에는 한 무리(80여명)의 사람들에게 표적집단의 사람들이 '어제 기분 나쁘게 보낸 시간이 얼마나 되었겠는지?'를 물어본(예측) 응답 반응을 평균하고, 표적집단에 해당하는 사람들을 60명에서 200여 명 표집하여 전날 기분 나쁘게 보낸 시간을 물어서 (실제) 비교한 것이다. 표적집단을 지칭하는 '소득' '반려자' 혹은 '의료보험'에 초점이 맞추어지면 그 요인이 정서경험에 미치는 영향력을 과다하게 예측하는 오류가 나타남을 볼 수 있다.

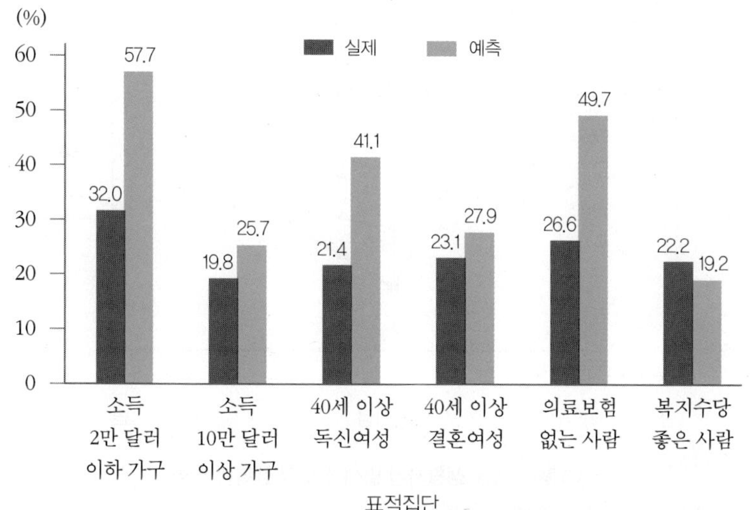


[그림 13-10] **표적집단 사람들이 하루 중 좋지 않은 정서상태로 보내는 시간의 실제와 예측 비율**
출처: Kahneman et al.(2006) 표 1을 바탕으로 그림.

**쾌락적응** 행복의 어림셈 모형은 많은 사람들이 생각하는 생활사건의 변화가 행복을 좌우하는 정도는 미미함을 보여 준다. 사람들의 기대와 달리 왜 생활사건이 주는 영향이 작을까? 그 주된 이유는 사람들이 변화된 환경에 조만간에 적응하기 때문이다. 이를 쾌락적응 가설이라 한다(Brickman & Campbell, 1971). 월 100만 원을 버는 사람들은 월소득이 배로 늘면 행복하리라 여기지만, 소득이 200만 원인 사람은 500만 원을 벌어야 행복할 것이라 여긴다. 그러나 그들이 원하는 소득을 벌게 되면 행복해질까? 그 행복감은 그리 오래가지 못한다. 새로운 소득에 맞추어 씀씀이가 늘면서 적응이 되기 때문이다. 한 연구는 기쁜 일이건 슬픈 일이건 지난 2개월 이내에 발생하였을 때 행복감에 영향을 주며, 그보다 일찍 발생한 사건은 별 영향을 주지 못함을 발견했다(Suh, Diener, & Fujita, 1996). 물론 배우자의 사별과 같은 사건들은 상당히 그 후유증이 오래가지만 결국 행복감은 사건이 발생하기 전 수준으로 돌아간다는 것이 독일의 연구에서 나타나고 있다(Lucas et al., 2003). [그림 13-11]은 삶에서 중요한 네 가지 사건(배우자 사별, 이혼, 실직, 결혼)이 미치는 영향을 종단적으로 보이고 있다. 긍정적인 사건에 대한 쾌락적응은 빠르며, 부정적인 사건에 대한 적응은 더디지만 나타난다(Diener, Lucas, & Scollon, 2006). 고통과 불편에 대한 적응도 나타난다는 점에서 고락적응이라고도 할 수 있다.

생활사건에 대한 쾌락적응에 비해서 의도적 활동에 대한 쾌락적응은 훨씬 더디게 나타난다. 이를 보여 준 한 연구(Lyubomirsky et al., 2005 인용)에서는 연구 참여

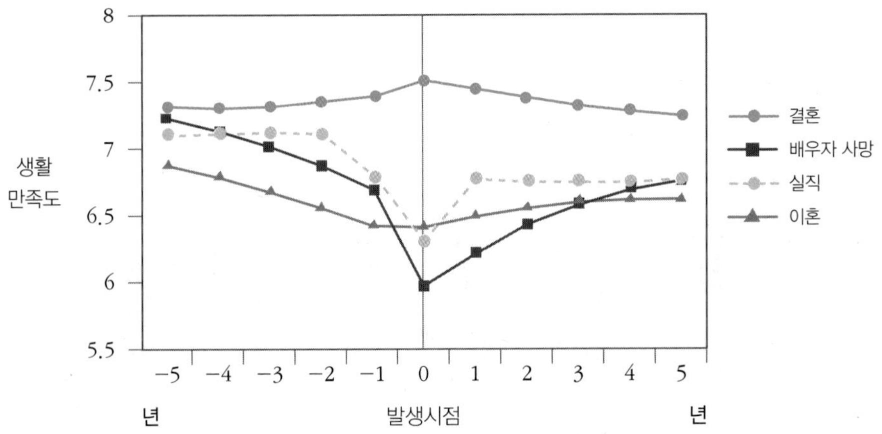


[그림 13-11] **생활사건 발생 전후의 행복감 변화**

출처: Diener, Lucas, & Scollon (2006), p. 310. 그림 2.

자들의 주관적 안녕감을 시점 1에서 측정하고, 시점 2에서 긍정적인 생활사건과 의도적 활동에 의한 변화를 측정하였다. 시점 3과 4에서 주관적 안녕감을 두 번 더 측정하여 시점 2의 변화가 주는 영향력을 비교한 결과가 [그림 13-12]에 나와 있다. 긍정적 생활 사건의 경험효과는 시점 3(6주 후)의 안녕감에 영향을 미치지만 시점 4(12주 후)에서는 나타나지 않았다. 그러나 안녕감을 증진시키는 활동에 종사하는 것은 시점 3과 4에서의 안녕감에 모두 긍정적인 영향을 주는 것을 볼 수 있다.

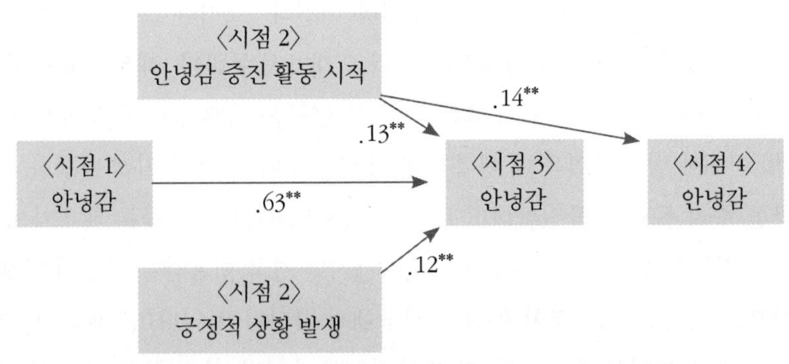


[그림 13-12] **상황적 사건과 의도적 활동이 안녕감에 미치는 영향**

출처: Lyubomirsky et al. (2005), Fig. 2.

**친사회적 소비의 역설** "전혀 예상치 못했던 공돈이 100만 원 생겼다고 하자. 어떻게 쓸 것인지 다음 용처에 배분해 보시오."

생활비로 (           )원, 가족/친구/기부 (           )원, 기타 용도 (           )원

사람들은 다양한 용처로 돈을 쓰는데, 남을 위해 돈을 쓰기보다는 자신의 필요에 쓰는 것이 좋으리라 여긴다. 그러나 여러 가지 연구 결과는 남을 위해 돈을 쓰는 사람이 더 행복한 사람임을 보여 준다. 6백여 명의 미국 성인남녀들에게 월평균 소득을 묻고, 생활비의 용처를 물어서 두 가지로 분류했다(Dunn et al., 2008). 개인적 용처(생활비-전기세, 숙식비 등등, 좋아하는 것을 위한 씀씀이)는 평균 1,714달러로 나타났고, 친사회적 용처(주위 사람들에게 선물이나 밥을 사는 것, 자선단체에 내는 기부금 등)로는 평균 146달러를 쓰는 것으로 나타났다. 개인적 용처의 10% 정도를 친사회적 용처로 사용하는 것이었다. 흥미로운 것은 이런 씀씀이의 크기와 개인이 느끼는 행복감의 관계를 파악해 보니 개인적 소비의 많고 적음은 행복과 무관하였으나, 친사회적 소비가 많을수록 사람들은 더 행복한 것으로 나타났다. 이는 소득의 크기와는 무관하게 나타났다(〈표 13-4〉).

**표 13-4** 소득, 소비처 및 행복

| | 행복감 | 친사회적 소비 | 개인적 소비 |
|---|---|---|---|
| 행복감 | 1.0 | 0.11** | 0.03 |
| 친사회적 소비 | 0.11** | 1.0 | 0.44** |
| 개인적 소비 | 0.03 | 0.44** | 1.0 |
| 소득 | 0.12** | 0.21** | 0.15** |

** $p < .01$

출처: Dunn, Arkin, & Norton (2008).

친사회적 소비가 행복감을 초래하는지의 인과성을 보기 위하여 실험에 참여한 남녀 46명을 대상으로 5달러(혹은 20달러)를 주면서 당일 오후 5시까지 사용하되, 집단을 나누어 한 집단은 개인용처에 사용하도록 하고, 다른 집단은 남을 위한 용처에 사용하도록 하였다. 실험하는 날 아침에 행복감을 측정한 후 저녁 때 다시 측정해 보니, 돈의 액수와 무관하게 친사회적 용처에 사용한 사람들이 더 행복해진 것으로 나타났다. 그러나 사람들은 개인적 용처에 사용하는 것이 자신을 행복하게 만든다고 여기고, 5달러보다는 20달러를 사용하는 것이 더 행복해진다고 여긴다. 그렇지 않았다. 사람들은 무엇이 자신을 행복하게 하는지에 대하여 잘 안다고 여기지만, 실상은 착각도 많이 하는 것이다(Lyubomirsky, 2013). 친사회적 소비가 행복감을 가져오는 것은 개인의 소득수준과 무관하며, 동서의 여러 나라들에서 공통적으로 나타났다(Aknin et al., 2013; 본서 8장 참조; 곁글 13-3).

**곁글 13-3 한국인의 소득수준, 친사회적 활동과 행복감**

2006년 통계청이 시행한 1.8만 명의 조사자료를 갖고 월소득에 따라 9개 계층으로 나누어 계층별 생활만족도를 파악한 결과, 행복은 사회봉사, 기부금과 깊은 상관이 있는 것으로 나타났다([그림 13-13]). 월소득 600만 원이 넘어가면서 기부금과 자원봉사가 줄어들고 행복도 비례하여 줄어드는 현상이 나타났다(한겨레, 2009. 5. 14.). 대한민국의 1% 부자는 어쩌면 경쟁사회의 성공자이자 희생자인 듯도 싶다. 경쟁에 이겼지만 많은 대가를 치루고 있는 것이다. 지역별 분석에서도 행복지수가 높은 지역은 적십자회비 납부율이 높은 것으로 나타났다. 서울은 가구소득에서 3위이지만 적십자회비 납부율 15위로 행복지수 14위로 나타났다. 인간은 우리가 생각해 왔던 것보다 훨씬 이타적인 존재다. 남을 돕는 것에서 즐거움을 느끼도록 진화되어 왔는데 개인주의에 의한 오인 나의 삶을 당연한 것으로 여기면서 행복도 희생당하고 있다.

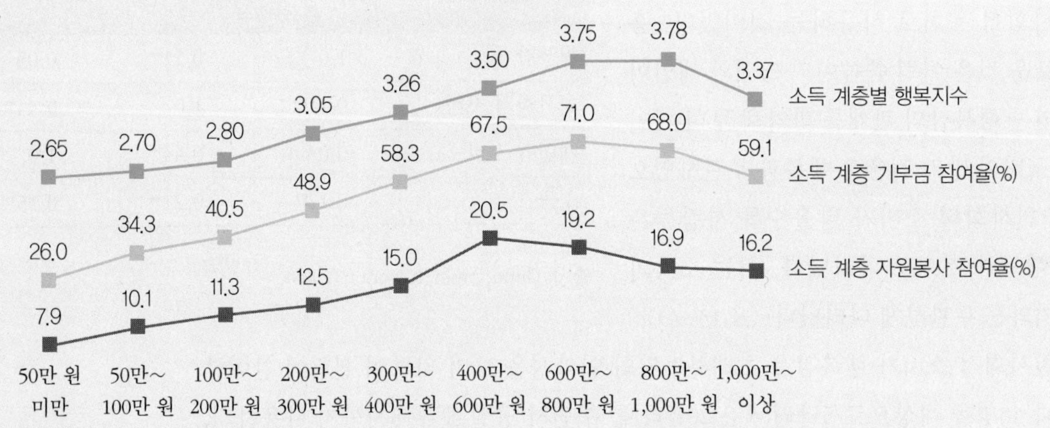


[그림 13-13] **소득 계층별 행복지수, 기부금 참여율, 자원봉사 참여율**

출처: 한겨레신문(2009. 5. 14.).

## 행복의 문화 차이

행복에 대한 연구들이 세계 도처에서 이루어지고 있다. 그러면서 행복한 상태와 행복해지기 위한 심리기제가 모든 문화들에서 같지 않다는 것도 나타나고 있다. 이런 문화 차이를 이해하지 못한다면 행복연구를 주도하고 있는 서구인의 행복이 준거가 되어 다른 문화권의 행복을 이해하게 된다. 예를 들어, 1998년에 유엔이 영국의 런던정경대학에 의뢰하여 54개국에서 사람들이 느끼는 행복을 조사한 결과, 한국은 23위였으며, 놀랍게도 최빈국인 방글라데시가 가장 행복한 것으로 나타난 것을 들 수 있다(조선일보, 2003. 1. 9.). 이런 국가 간의 차이가 나타나는 이유는 행복에 대한 의미와 가치는 물론, 반응편향 등이 나라마다 다르기 때문이다. 이런 차이가 수치 속에 매몰되어 국가 간의 서열이 마치 키나 몸무게처럼 객관적으로 잴 수 있는 잣대를 갖고 잰 서열인 것처럼 오해를 받는다. 그래서 이런 식의 서열비교는 위험하다. 의미 있는 국가 간의 비교는 수치의 높낮이를 보이는 것이 아니라 행복의 의미에 어떤 차이가 있으며, 행복을 느끼는 기제들에서는 어떤 차이가 있는지를 파악하는 것이다. 어느 나라 사람들이건 행복하길 바란다는 주장은 그럴듯하지만 똑같은 형태의 행복을 바라는 것은 아니다(곁글 13-4).

**곁글 13-4** 국민총행복지수: 부탄의 정책과 시사점

인도 북부 희말라야 고산 지역에 위치한 부탄은 스위스 크기에 인구는 백만도 안 되며 전국민이 불교도인 왕정국가이다. 1972년 4대 국왕이 **국민총행복**(Gross National Happiness: GNH)이란 개념을 도입하여 물질적 풍요가 아닌 영적인 성숙을 지향하는 방향으로 국가를 이끌겠다는 획기적인 발표를 하였다. 인간만이 아니라 모든 생명체의 안녕과 생태계의 보존을 도모하는 불교철학에 바탕하였다. 구체적인 실천 방안으로 공정한 경제개발, 환경보호, 전통문화 보존, 올바른 행정의 네 축을 취합하여 국가의 발전과 국민들의 행복감을 도모하겠다는 것이다. 이 정책이 외부세계로 알려진 것은 1986년 왕이 서구의 유력한 경제지와 인터뷰를 하고 난 후다. 이 정책을 구체적으로 추진하고 성과를 측정하고, 정책 수립에 관여하는 기관이 설립되었고, GNH를 보는 9개 영역([그림 13-14]) 72개의 측정지표를 구성하여 2005년에 350명을 대상으로 처음 조사를 하였다. 원래는 정신적 안녕감의 추구가 중요하다는 점에서 출발하였지만 외부세계와 접촉이 증가하고, 지표를 구성하면서 물질적인 복지도 많은 비중을 차지하게 되었다. 이 지표를 부탄 이외의 지역에 그대로 적용하는 것은 불가능하지만, 서방 세계에서도 경제성장을 대체하는 지표들을 모색하는 촉매제가 되어, 프랑스, 캐나다, 그리고 UN과 OECD 같은 국제기구에서 국가들에 적용할 지표들을 개발하고 있다. GNH 위원회의 사무총장인 카르마 치틤은 "GNH는 과학과 산업의 발전이 인간사회에 기여한 것을 인정하지만, 동시에 사람을 사람답게 만드는 것이 무엇인지를 잊어서는 안 된다. 우리가 외적인 물질적 복지와 더불어 내적인 영혼의 풍요를 느끼는 것이 GNH가 추구하는 사회다."라고 한다(Braun, 2009에서 인용).

2013년에 부탄 국민 천 명을 대상으로 조사하여 세계 162개 국가의 갤럽 세계조사 결과와 비교한 연구는 심리적 복지(자신의 삶에 대한 만족도), 사회적 복지(아동에 대한 존중, 자유로움, 신뢰할 수 있는 사람의 유무), 환경복지(공기오염, 음용수의 질, 환경보호), 물질적 복지(TV 소유, 배고픔의 경험, 소득)을 파악하였다. 부탄은 인근의 다른 나라들(인도, 네팔, 중국 등), 소득이 비슷한 나라들(베트남, 과테말라 등), 부자 나라들(미국, 네덜란드 등)에 비해서, 물질적 복지에서는 떨어졌지만, 환경복지에서 우수했고, 사회적 복지는 중간 정도였으며, 심리적 복지는 낮은 편으로 나왔다(Biswas-Diener et al., 2015).

이 연구에서 채택한 측정치들은 부탄이 지향하는 영적인 행복감, 정서의 균형, 생태계의 복지 내용을 충실히 담고 있지 못하기 때문에 여기서 나온 결과를 부탄인의 모습이라고 받아들여서는 안 된다. 그들이 추구하는 행

복의 의미와 세계관이 매우 다르다(Ricard, 2011). 다만, 사람의 행복이 생태계의 행복과 별개의 것이 아니며, 영적인 복지의 추구가 중요하다는 GNH 철학은 기후위기를 초래한 인류가 추구해 왔던 행복의 민낯에 대한 반성과 대책을 촉구하고 있다.

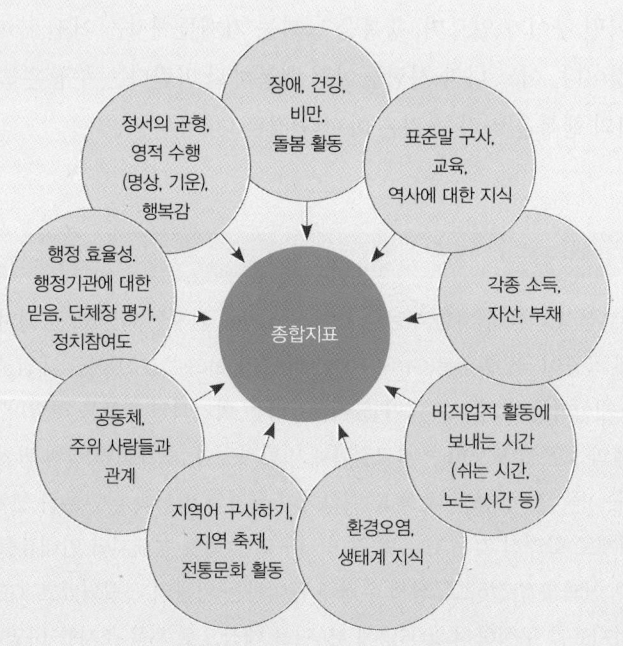


**[그림 13-14] 부탄의 국민총행복지표(GNH)**

출처: Braun (2009).

**한국인의 행복지수** 2003년에 영국의 BBC 방송은 심리학자들의 연구에 인 Rothwell과 Cohen의 연구에 근거하여 행복의 공식을 발표하여 세간에 큰 화제가 된 적이 있었다(BBC NEWS, 2003). 이에 따르면 행복 = P + (5×E) + (3×H)로, P는 개인의 활기 및 긍정적인 인생관, E는 삶의 기본적 요소가 충족되는 정도, H는 개인의 인적 네트워크와 목표의식 같은 고차적인 욕구에 해당한다. 이를 묻는 네 가지 문항에 대한 자기평가치를 갖고 식에 대입하면 개인의 행복이 수치로 나온다는 것이다.

행복에 대한 결정요소가 문화마다 다르므로 이 공식을 이용하여 한국인의 행복을 파악하는 것이 잘못이라는 문제의식에서 국내 연구자(김명소, 한영석, 2006)는 7개 도시 거주 성인 남녀 1,500여 명을 대상으로 조사를 시행하여 16개의 행복요소를 끌어내었다. 이를 생존(Existence), 관계(Relationship), 성장(Growth) 욕구로 분류하였다. 생존은 경제적 능력, 생활환경, 외모, 건강에 대한 자신의 평가이며, 관계는 자녀관계, 부모관계, 이성관계, 타인과 친밀관계, 사회적으로 인정받는 정도에 대한 자신의 평가이며, 성장은 자신의 삶에 대한 성취감, 성장의지, 자립성, 여가활동, 긍정적 인생관, 사회봉사참여 정도, 종교생활에의 만족도에 대한 평가이다. 이 세 요소를 갖고 도출해 낸 한국인의 행복 공식은 다음처럼 나타났다.

$$\text{한국인의 행복} = (2.5 \times E) + (2.5 \times R) + (5 \times G)$$

홍미롭게도 관계 요소보다 성장 요소가 더 큰 비중을 차지하는 것으로 나타났다. 이 공식에 따른 한국인의 행복점수는 평균 57.71로 나타났고, 남성이 여성보다 더 행복하며, 연령대에 따른 차이는 나타나지 않았다. 각 요소별로 보면 생존관련 행복지수가 세 요소 중에서 가장 열악한 편이며, 관계와 관련된 행복지수가 가장 나은 편이다. 행복점수에 따라서 상위 1/3과 하위 1/3 집단의 차이를 분석한 결과, 생존과 관계에서의 차이는 적었고, 성장 요소에서는 큰 차이가 나타났다. 즉, 기본적인 생활이 가능하고, 사람들과의 관계가 원만하면 스스로 성장에 높은 관심을 지니고 자기관리를 잘해 가는 사람들이 행복하다고 느낀다는 것이다.

**곁글 13-5** 한국인의 일상에서 경험하는 행/불행 사건들과 정서: 강도와 빈도에 따른 분류

행복에 대한 많은 연구가 행복감을 측정하는 척도를 갖고 이에 영향을 미치는 요인들을 파악하는 방식으로 이루어졌다. 이런 연구들은 행복한 경험이 무엇인지를 막연히 추정하게 할 뿐인데, 한 연구는 일상생활에서 행복/불행 경험의 내용을 개방형으로 물어 이러한 궁금증을 해소해 준다(구재선, 김의철, 2006). 대학생과 중년 남녀 480여 명을 대상(48세 평균)으로 자신이 살아오면서 가장 행복했던 경험과 자주 행복감을 느끼는 경험을 묻고, 아울러 가장 불행했던 경험과 자주 불행감을 느끼는 경험을 물어서 정리하였다. 〈표 13-5〉는 강한 행복경험을 주는 것은 가족의 탄생과 사망같은 관계적 내용과 성공/실패의 개인적 내용이 주된 것임을 보이고 있다. 빈번한 경험으로는 사회적 관계 경험이 주로 나타났다. 관계 경험의 주요 대상으로 대학생에게는 친구가, 중년들에게는 가족이 나타났다. 강한 경험은 자주 발생하는 일이 아니며, 어느 나라에서나 비슷할 것이다. 이 연구는 빈번하게 경험하는 행/불행의 사건은 편안함 혹은 불안의 정서를 수반함을 보인다. 이런 정서는 강한 정서가 아니며 마음의 안정을 유지하는 평상심 혹은 그것이 깨진 불안한 정서이다. 한국인들은 큰 기쁨을 자주 느끼기보다는 각성이 크지 않은 편안한 마음을 자주 느끼는 것을 행복한 상태로 여긴다. 아울러, 개인적 정서보다는 외로움, 섭섭함, 배신감 등의 관계적 정서를 자주 경험하고, 이런 정서들이 세분화되어 있는 것을 볼 수 있다. [그림 13-15]는 응답을 범주로 구분하고 범주별 응답률을 제시하고 있다. 대학생들의 행복은 개인적 경험과 관계

적 경험이 차지하는 비중이 비슷하지만, 중년들에게서는 관계적 경험이 훨씬 큰 비중을 차지하는 것을 볼 수 있다. 한국인에게서 행복의 주된 원천은 어울림의 관계에서 온다고 보겠다(유나영 외, 2015; 한준 외, 2014).

**표 13-5** 일상에서의 한국인의 행복/불행의 경험 내용과 경험 정서

| | 행복 | | 불행 | |
|---|---|---|---|---|
| | 남자 | 여자 | 남자 | 여자 |
| 강한 경험과 정서 | 자녀출산/성장<br>개인적 성취<br>결혼<br>가정화목 | 자녀출산/성장<br>개인적 성취<br>가정의 화목 | 개인적 실패<br>가족사망<br>가족 간 불화<br>가족 고통(건강/실패 등) | 가족의 고통<br>가족불화/갈등<br>개인적 실패 |
| | 기쁨, 즐거움, 성취감 | | 절망감, 슬픔, 불안/외로움, 섭섭함, 배신감, 미안함 | |
| 빈번한 경험과 정서 | 가정의 화목<br>휴식/여가<br>친구관계 | | 개인적 실패<br>가족불화<br>관계부재/갈등 | |
| | 편안함, 유쾌함/설렘, 고마움, 유대감, 든든함 | | 불안(답답함, 초조)/외로움, 섭섭함, 불쌍함, 배신감, 우울, 짜증 | |

각 방안에서 응답의 빈도가 많은 순서로 제시함.
빗금( / ) 앞부분은 개인적 정서이며, 사선 뒷부분은 관계적 정서로 분류할 수 있음.
출처: 구재선, 김의철(2006).

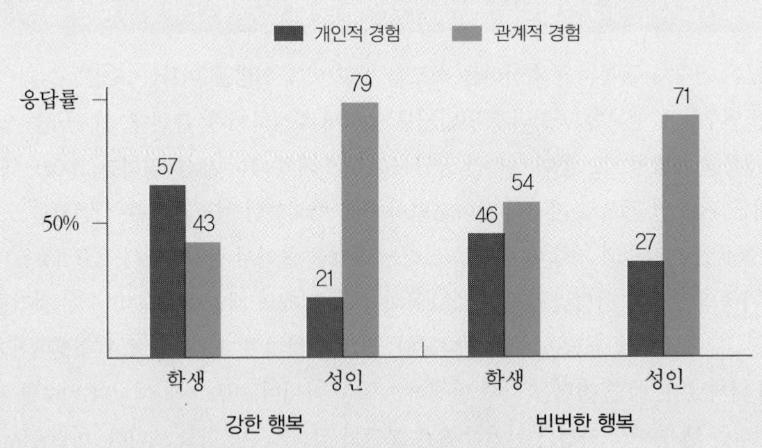


[그림 13-15] 행복을 유발하는 경험에서의 세대 차

출처: 구재선, 김의철(2006).

**이상적 행복의 문화** 동화책이나 잡지들에 나타나는 행복한 얼굴들의 표정에서 문화 차이가 있음을 볼 수 있는데, 과연 문화권에 따라 이상적인 상태로 여기는 정서가 차이가 있을 것인가? 이를 보기 위해 미국에서 아시아계와 유럽계 대학생을 대상으로 좋은 정서에 해당하는 목록을 주고 각 정서를 이상적으로 얼마나 자주 경험하기를 원하는지와 실제로 경험하는지를 조사하였다(Tsai et al., 2006). 그 결과, 흥분, 신나는, 상기된 등의 각성이 강한 정서의 경험을 유럽계는 이상적이라 보는 반면에, 아시아계는 편안한, 흐뭇한, 안정된 등의 각성이 낮은 정서 경험을 이상적인 상태로 여기는 것으로 나타났다. 행복한 사람에 대한 인식에 있어서도, 미국 대학생들은 자신이 매우 행복하다고 이를 드러내는 사람을 도덕적이고, 존경할 만하며, 따뜻하다고 평가하는 반면, 일본 대학생들은 이런 사람을 미숙하고 이기적이며 천박하다고 여기는 양상을 보인다(김진주 외, 2007에서 인용). 비서구권 14개국의 조사에서 사람들은 행복이 불행을 수반할 수 있다며 지나친 행복을 두려워하는 마음을 지니고 있는 것으로 드러났다(Joshanloo et al., 2014). 아시아의 국가들, 특히 튀르키예, 인도, 파키스탄, 대만, 싱가포르, 말레이시아에서 이런 믿음이 강하다.

**행복한 정서 경험** 행복한 정서(기쁨, 만족, 자부심, 애정)와 불행한 정서(슬픔, 분노, 죄책감, 불안)의 관계는 어떤가? 두 유형의 정서가 상반되므로 한 쪽을 많이 경험할수록 다른 쪽은 적게 경험할 것인가? 이를 검토하기 위한 문화비교 연구에서는 38개국의 대학생들 약 6천 명에게서 지난달에 각 정서를 경험한 빈도를 파악하여 분석하였다. 영미권과 라틴계열 문화에서는 두 유형의 정서가 지닌 역상관의 관계가 높았으나, 아시아계 문화에서는 그 역상관 관계가 낮거나(Schimmack et al., 2002), 없는 것으로 나타났다(한국 대학생: Bagozzi et al., 1999). 이런 양상은 동아시아 문화권에 널리 수용되고 있는 음양론적 철학, 즉 음과 양을 상반되는 것으로 보기보다는 음속에 양이, 양속에 음이 공존하는 것으로 여기는 믿음 탓이라고 보인다(본서 2장 참조).

동아시아 문화권은 상호의존적 자기성의 특징을 지니고 있는 탓(본서 2장 참조)에 행복이나 만족감도 대인관계에서의 만족이 높은 비중을 차지하고 있으며, 사회적 정서인 친밀감이나 존경, 연민, 죄책감, 빚진 느낌, 수치와 같은 정서가 중요한 비중을 차지한다. 반면에, 구미 문화권에서는 독립적 자기성의 특징을 지닌 탓에 자부심, 우월감, 좌절, 분노와 같은 개인적 정서가 행복감을 판단하는 데 중요한 역할을 한다. 이를 검증한 연구(Kitayama et al., 2006)는 일본인과 미국인을 대

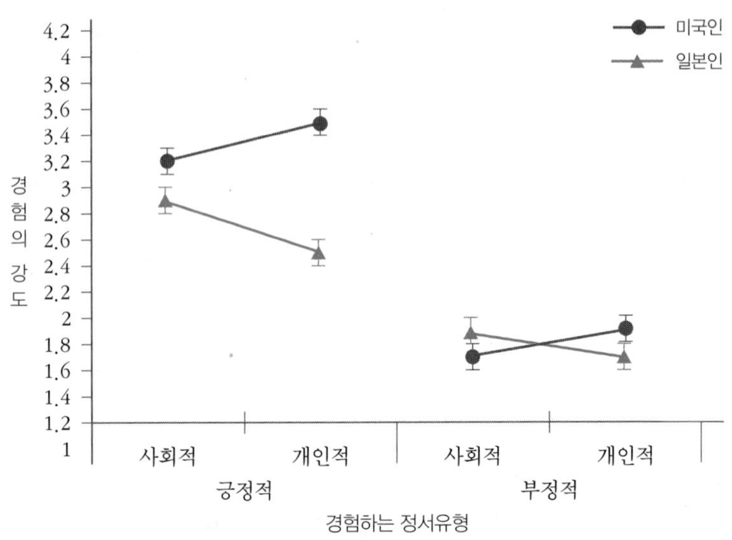


**[그림 13-16] 미국과 일본에서 긍정적 사건을 경험할 때 사람들이 경험하는 정서의 유형**
출처: Kitayama et al.(2006) 그림 1의 일부.

상으로 2주 동안 매일 밤 그날 경험했던 가장 정서적인 사건을 회상하여 쓰도록 하고, 다양한 정서목록상에서 각 정서를 어느 정도나 느꼈는지를 평가하도록 하였다. 긍정적인 사건을 경험하였을 때 일본인들은 긍정적인 사회적 정서를, 미국인들은 긍정적인 개인적 정서를 강하게 경험하는 것으로 나타났다([그림 13-16]; 곁글 13-6). 이런 결과는 행복감을 느낌에 있어서 일본인은 사회적 정서가 큰 역할을 차지하고, 미국인들은 개인적 정서가 높은 역할을 차지함을 의미한다. 이 같은 양상은 국내의 대학생을 대상으로 다양한 정서의 경험 빈도와 주관적 안녕감의 관계를 분석한 연구에서도 나타났다. 즉, 개인적 정서보다는 사회적 정서를 자주 경험하는 것이 안녕감에 큰 영향을 주었다(허재홍, 2011). 정서의 경험과 회상을 분석한 다른 연구는 미국인들의 경우 회상 시 행복편향적 평가를 보인다(Oishi, 2002). 미국인들은 마치 '나는 행복해야 한다'는 신념을 갖고 사는 것처럼 보인다(곁글 13-6).

**곁글 13-6** 행복한 순간들의 경험과 회상의 문화 차이

사람들이 일상에서 겪는 좋은 경험들과 이 경험을 기억하는 양상에 차이가 있을까? 한 연구(Oishi, 2002, 연구 2)는 미국에서 거주하는 백인과 아시아계 대학생에게 휴대용 단말기를 나누어 주고 하루 다섯 번 무작위로 연락을 받는 대로 당시 느끼던 정서를 다양한 정서목록상에 표시하는 일을 일주일 동안 하도록 하였다. 매일 느끼

는 정서에서 긍정적인 정서의 비율을 평가하고 마지막 날 지난 일주일 동안 각각의 정서를 얼마나 경험했는지를 평가하도록 했다. 매일의 경험에서는 아시아계가 긍정적인 정서를 많이 느끼는 것으로 나타났으나 일주일의 회고 시에는 유럽계가 긍정적인 정서를 더 많이 경험한 것으로 보고하는 현상이 나타났다([그림 13-17a]). 그러나 부정적 정서의 경험에서는 문화 차이가 나타나지 않았다. 다음 연구에서는 미국에 거주하는 백인 학생과 일본 학생을 대상으로 지난 2주간 경험한 사건들을 기록하게 하고서 그 기간 동안의 삶의 만족도를 측정하였다(시점 1). 이들을 2주가 지난 후에 다시 불러서(시점 2), 시점 1 때 회상했던 2주간의 사건을 최대로 기억하여 내도록 하고 그 당시 느꼈던 삶의 만족도를 다시 평가하도록 하였다. 시점 1에서 만족도는 일본계가 약간 높은 양상을 보였지만, 시점 2에서 회고된 만족도는 백인계가 월등히 높은 것으로 나타났다([그림 13-17b]).

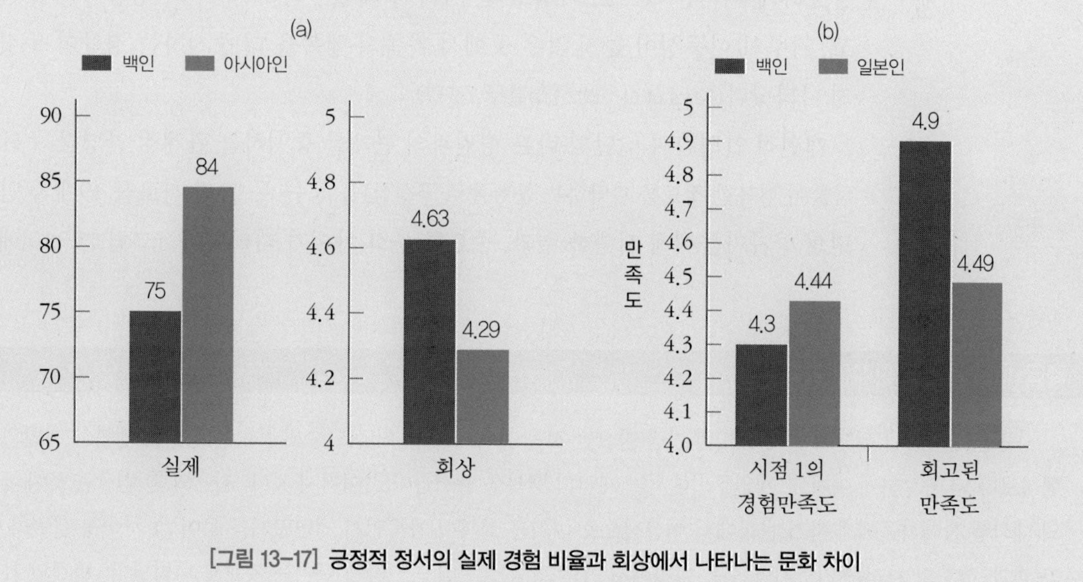


[그림 13-17] 긍정적 정서의 실제 경험 비율과 회상에서 나타나는 문화 차이

**개인주의와 행복** 행복의 세계조사에 상위를 차지하는 나라들은 대부분 개인주의적 문화로 분류되는 곳들이다. 개인주의가 사람들을 행복하게 만드는 것일까? 일본과 미국의 대학생을 대상으로 이들의 개인주의 경향성, 주관적 안녕감을 측정하고 분석한 결과, 일본에서는 개인주의 경향성이 강할수록 친밀한 친구가 적고 주관적 안녕감도 낮은 것으로 나타났다. 하지만 미국에서는 집단주의 경향성이 강할수록 친구가 적고 안녕감도 낮은 것으로 나타났다(Ogihara & Uchida, 2014, 연구 1). 이런 결과는 자기 문화에 적합하지 않은 개인적 문화 경향성이 안녕감을 감소시키는 영향을 보이는 것이다.

많은 연구에서 사용되는 주관적 행복감은 '나' 개인이 느끼고 판단하는 것이어서 그 자체가 개인주의적(오인 나) 행복이라고 볼 수 있다. 집단주의 문화권에서 사람들은 가족의 행복을 중시한다고 여기므로 한 연구에서는 주관적 행복감을 묻는 문항에서 '나'를 '내 가족'으로 바꾸어서 집단주의적 행복감을 아울러 측정하여 문화적 성향과 행복감의 유형별 관계를 분석하였다. 한국을 포함한 50개국 만여 명을 대상으로 조사한 결과, 개인적 행복감은 개인주의 경향이 높은 나라들에서 높게 나타났다. 그러나 가족의 행복감 수준은 개인주의 경향성과는 무관한 것으로 나타났다(Krys et al., 2020).

다른 연구는 거의 모든 국가에서 사람들이 '나의 행복'보다 '가족의 행복'을 더 중요하게 여기는 것으로 나타났다. 국가의 개인주의-집단주의 성향과는 무관하고, 거주의 이동성이 높지 않은 곳에서 가족의 행복을 더 중시하는 경향이 뚜렷하게 나타났다(Krys et al., 2023a; 곁글 13-7).

개인적 안녕감과 집단의 다른 성원과의 관계를 중시하는 관계적 안녕감(주위 사람들이 행복한 정도를 파악하는 문항들로 구성함)을 묻는 두 가지 척도를 49개국 만여 명의 참가자들에게 시행한 결과, 중요한 문화 차이가 나타났다. [그림 13-19]에서

**곁글 13-7** 보편적인 가족주의

사람들은 다양한 집단에 속해 있지만 가장 중요한 것은 가족이다. 흔히 집단주의 문화는 집단의 행복을 개인의 행복보다 더 중요하게 여기고, 개인주의에서는 개인의 행복을 중시한다고 여겨져 왔다. 최근의 한 연구는 49개국의 대학생 참여자들에게 자기 문화에서 이상적으로 여기는 행복이 가족인지 개인인지를 물어 그 차이를 살폈다. 그 결과, 정도의 차이는 있었지만 모든 나라에서 가족의 행복을 더 중요하게 여기는 것으로 나타났다. 관계의 유동성이 높아서 사람들이 수어진 연고나 가족관계를 넘어서 새로운 교류를 쉽게 만드는 남미 국가들에서는 그 정도가 적었지만, 관계의 유동성이 낮은 문화에서는 가족의 중요성이 크게 나타났다. 그러나 예측과는 달리 개인주의-집단주의 문화의 특징과는 별 관계가 없는 것으로 나타났다(Krys et al., 2023a).

[그림 13-18]에서 보듯이 한국, 중국, 일본은 유교문화권으로 가족을 개인보다 중요시하는 정도가 중간 이상으로 나타나고 있다. 유교문화에서는 가족 내의 화합을 만사의 근본으로 여기고 중요시했다(家和萬事成). 맹자는 가족 내의 화합은 자식의 부모 공경을 바탕으로 한다고 보았으며, 인간이 행해야 할 도(道)인 인의(仁義)의 체득이 바로 어버이를 친애하고 어른을 공경하는 것에서 출발한다고 보았다. 인간행위의 당위적 규범인 인의예지의 핵심을 가족관계에서의 윗사람에 대한 공경심에 바탕한다고 본다(조긍호, 1991). 이러한 바탕을 넓혀서 천하의 관계로 확장시키는 것이 인의의 실행이라고 본다. 유교문화권에서 지향하는 바람직한 사람의 모습은 행복한 사람이기보다는 인의를 실천하는 성인(聖人)의 모습이다. 이를 위해 가족을 사회생활의 바탕으로 여기고, 사회생활은 가족관계가 확대되어 이루어진다고 여기는 것이다.

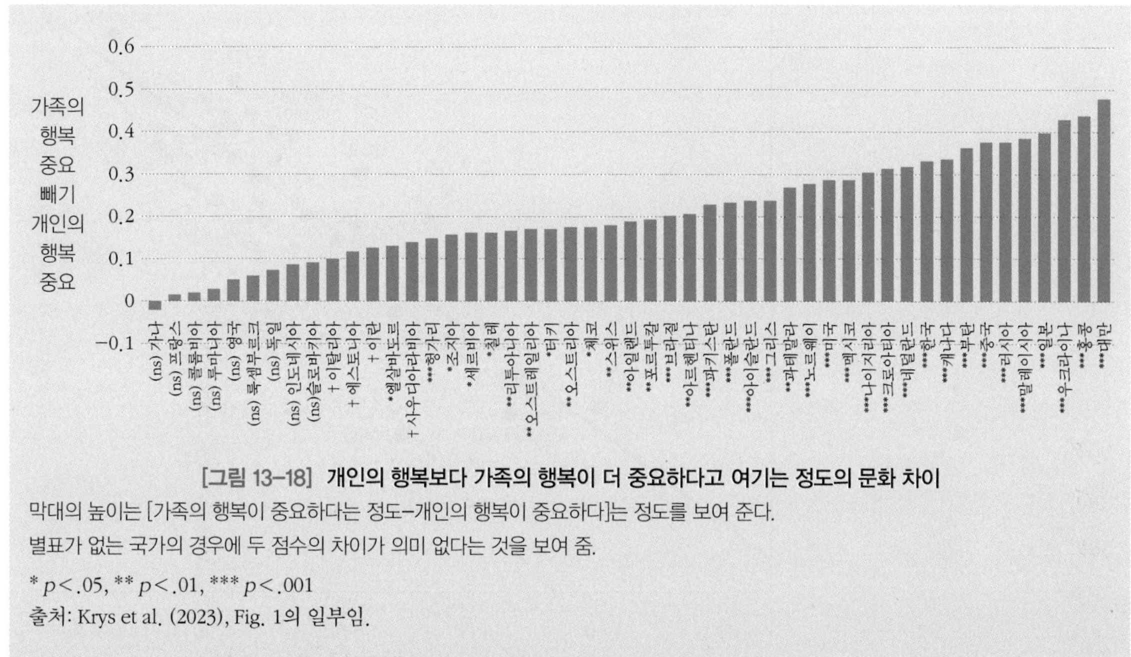


**[그림 13-18] 개인의 행복보다 가족의 행복이 더 중요하다고 여기는 정도의 문화 차이**

막대의 높이는 [가족의 행복이 중요하다는 정도−개인의 행복이 중요하다]는 정도를 보여 준다.
별표가 없는 국가의 경우에 두 점수의 차이가 의미 없다는 것을 보여 줌.
* $p<.05$, ** $p<.01$, *** $p<.001$
출처: Krys et al. (2023), Fig. 1의 일부임.

보듯이 두 척도가 안녕감을 재는 똑같은 척도라고 할 때 두 척도의 관계성을 보여 주는 것이 점선이다. 대부분의 나라들이 점선의 위쪽에 나타나고 있다. 이는 개인적 안녕감으로는 사람들이 느끼는 관계적 안녕감을 제대로 보지 못하며, 낮게 추정하게 됨을 의미한다(Krys et al., 2023b). 개인적 안녕감은 개인주의 경향이 강한 나라들에서 높은 경향이 있지만 관계적 안녕감은 개인주의 경향성과는 무관한 것으로 나타났다.

**행복감의 영향 요인에서 문화 차이** 사람들이 느끼는 행복감에 미치는 영향 요인에서도 문화 차이가 나타난다. 한국과 캐나다 대학생들에게 자신들을 행복하게 만드는 요인이 무엇인지를 개방형으로 묻고, 이를 분석한 결과는 한국 대학생에게서 대인관계, 타인으로부터의 인정 등이 캐나다 대학생에 비해서 빈번히 언급되는 것을 보였다(김명소 외, 2003에서 인용). 미국과 한국의 대학생들을 비교한 연구에서, 한국 학생의 삶의 만족도에는 주위 사람들로부터 받는 인정의 정도가 자기일관성보다 4배나 큰 영향력을 미치는 것을 보였다. 이와는 대조적으로, 미국 학생의 삶의 만족도는 주위의 인정보다는 자기일관성이 훨씬 큰 영향력을 지니는 것으로 나타났다(Suh, 2002; 본서 2장 참조). 이혼한 사람들의 자살률이 집단주의 문화권에서 특히 높게 나타나는 것도 이런 관계의 중요성을 보여 주는 것이라 볼

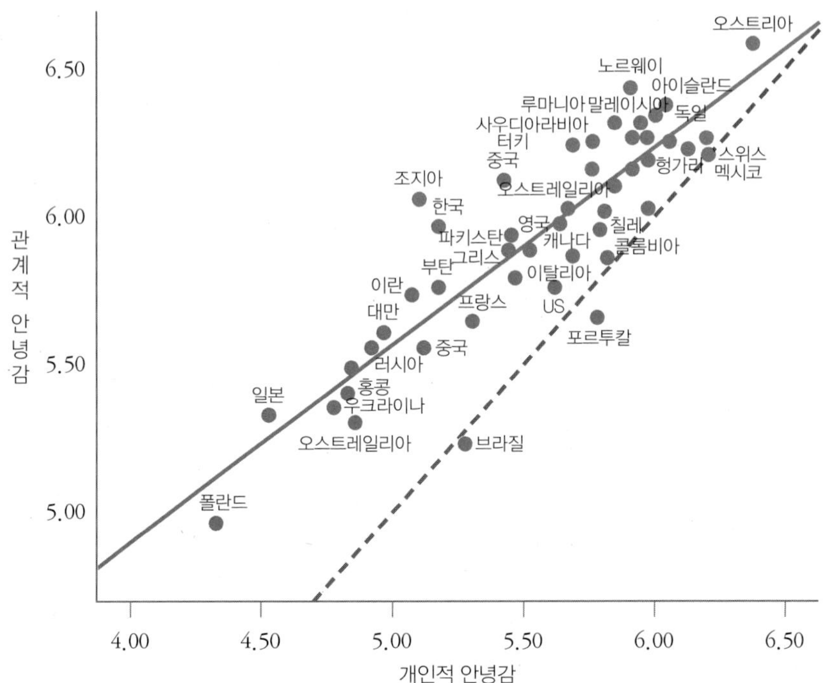


**[그림 13-19] 49개국 사람들이 실제 느끼는 개인적 안녕감과 관계적 안녕감의 관계**

점선은 두 가지 안녕감이 같다고 가정할 때 나타나야 할 관계다. 점선에서 위쪽으로 멀리 떨어질수록 관계적 안녕감이 크고, 아래쪽으로 가는 경우에는 개인적 안녕감이 큰 나라들이다.

출처: Krys et al. (2022b), Fig. 2.

수 있다(Yip et al., 2015).

삶의 만족도와 개인의 자긍심은 미국과 홍콩에서 모두 깊은 관계가 있었으나, 홍콩에서는 관계만족도가 더 중요한 요인으로 나타났다(Kwan et al., 1997). 이런 연구들에서, 한국과 같은 집단주의 문화권에서는 개인주의 문화권에 비해서 대인관계 차원이 행복에 미치는 영향이 더욱 중요한 요소로 작용함을 알 수 있다. 주위 사람들과의 관계를 만족스럽게 유지함에 있어서 미국인은 정서를 얼마나 잘 표현하느냐의 요소가 중요한 데 반해, 한국인과 중국인에게서는 상대가 보이는 다양한 정서의 미묘한 차이를 얼마나 잘 인식하느냐가 중요한 것으로 나타났다(Kang et al., 2003). 상대방의 정서를 식별하는 능력은 집단주의 문화권에서 사람들과의 어울림을 위해 중요한 기능을 담당하는 탓이다.

## 한국인의 행복 수준이 낮게 나타나는 이유

UN은 2012년부터 세계행복보고서를 발간하고 있다. 이 보고서는 경제개발과 소비 위주의 국가 경영이 생태계를 위협하고 있음을 상기하며, 2011년 유엔총회에서 지속가능한 발전과 인류의 행복을 추구하자는 결의를 채택한 이후 발간되고 있다. 매해 약간의 변동이 있지만 최상위에는 북구의 스칸디나비아 국가들이 자리하고 있다. 한국은 경제적 여건이나 사회 기반시설은 선진국 수준이지만, 행복하다는 사람의 비율은 빈곤국 수준의 나라들과 비슷한 정도의 순위를 보이고 있어 관심을 끈다. [그림 13-20]은 한국의 사례가 Easterlin 역설과 부합함을 보여 주고 있다. 11장에서 이와 관련된 현상으로 한국 사회의 높은 자살률을 설명하면서, 소득 불평등, 경쟁심화, 능력주의, 낮은 신뢰 현상을 살펴보았다. 소득 수준이 비슷하거나 낮은 외국에 비해서 한국 사람들의 행복 수준이 낮은 것을 부정적으로만 볼 필요는 없다. 행복감의 측정이 서구적(오인 나) 행복관에 바탕하였고, 삶을 살아가는 목적에서 차이가 있기 때문이다(12장 참조). 그럼에도 불구하고 개인의 행복을 중시하는 쪽으로 사회가 변해가고 있기에 낮은 행복감의 이유를 분석할 필요는 있다.

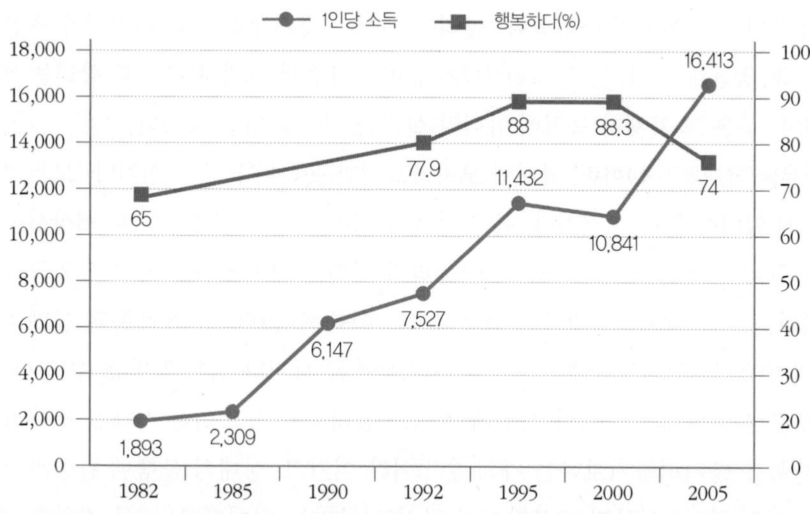


**[그림 13-20] 한국의 국민소득 증가와 '행복하다'는 사람의 비율(1982~2005): Easterlin 역설의 사례**
소득은 한국은행의 자료이고, 행복하다는 사람의 비율은 갤럽코리아의 조사자료이다.
출처: Kim & Ohtake (2014), Fig. 6.

**행복의 의미** 한국인에게 행복이란 용어는 그다지 친근한 용어가 아니었다(한민, 한성열, 2009). 새해 인사말은 '행복하게 사세요!' 가 아니라 '복 많이 받으세요!' 였다. 행복의 '행(幸)'은 우연을 뜻하는 의미로 복이 우연히 떨어지는 것으로 여겼다. 이 점에서는 영어의 Happiness의 접두어('hap')도 우연이라는 의미를 갖고 있는 것과 같다. 영어에서 행복이란 중세 시대에 처음 쓰이기 시작하였고, 신의 축복(blessed)이라는 의미였다(McMahon, 2008). 계몽주의 시대 이전까지 행복은 신이 내려 주는 것이므로 노력해서 추구할 성질의 것이 아니었다. 국내에서 대학생과 중년 남녀에게 물어본 결과, 행복은 적극적 추구의 의미를, 복은 소극적 수용의 의미로 달리 인식되고 있는 것으로 나타났다(이지선 외, 2004). 그러나 시대가 변하여 서양이나 한국이나 사람들은 개인이 주체성을 갖고 행복을 적극적으로 추구하는 것이 바람직하다고 여긴다.

'복'이란 무엇인가? 한자어인 복(福)은 '가득하여 보임'을 의미하는 글자다. 먹고 살기에 부족함이 없이 가득해 보인다는 뜻이라 하겠다. 이는, 즉 '살리는 힘'이라고 풀 수 있다(최봉영, 2023). 생명체가 살아가기 위해서는 여러 가지 자원/힘이 필요하다. 그런 힘으로 쓰일 수 있는 것을 통칭해서 복이라 하는 것이다. 사람은 주위로부터 자기를 살리는 힘을 받아서 살아가는 힘을 내어 살림살이를 꾸려 가는 존재다. 살아가는 힘은 내부에서 연원하는 것이 아니라 외부에서 들어와 내부의 의지를 만나서 어울려 나타난다. 살리는 대상은 자기뿐만 아니라 자기가 속한 우리(가족, 공동체, 나라, 인류, 자연생태계 등)다. 이렇게 자기와 우리를 살리는 힘이 복이다. 복은 그 자체가 목적이 아니라 살리는 기능을 하는 것이다.

과유불급(過猶不及)이란 '넘치면 모자라느니만 못하다'는 고사성어다. 모든 것이 알맞게 있어야 좋다는 것이다. 복도 마찬가지다. 쏙인 나의 모습으로 세상사를 대하는 한국 사람들은 상대쪽과 잘 어울리기 위해서 자기조절을 하고, 알맞음을 추구했다. 우리의 행복은 내쪽만 행복해서는 이룰 수 없다. 늘 상대쪽과 함께 이루는 것이다. 내쪽만 행복해서는 상대쪽의 오해를 사거나 질시를 받을 수 있다. 나는 행복한데 상대가 불행한 경우에 우리는 상대를 버리고 다른 상대를 찾아 마음껏 행복을 즐기려하기보다는 나의 운명이라 여기고, 상대의 불행에 관심과 공감을 보이려 한다. 어차피 행복감이란 잠시 지나가는 것이므로, 너무 집착할 것이 못된다고 여긴다. 행복이 어떤 것이냐고 물었을 때, 일본이나 대만의 대학생들이 보이는 행복관이 그러했다. 이런 식의 응답은 미국인의 응답과 대조적이다. 미국인들에게 행복은 개인이 할 요량에 따라 성취하고, 즐길 수 있고, 마음껏 즐겨야 할 상태인 것이다(Lu & Gilmore, 2006; Uchida & Kitayama, 2009). 15개국을 대상으로 한 연구에서 사람들은 행복이 깨지기 쉬운 상태의 정서이며, 집착할 것이 못된다는 생각을 하고 있으며, 이는 종교성이 강한 이슬람 국가와 싱가포르, 일본에서 더 강하게 나타났다(Joshanloo et al., 2015). 한국 사람들은 지금 너무 행복하면 미래에 행복할 가능성이 적어진다는 생각을 하며(구자영, 서은국, 2007), 새옹지마(塞翁之馬)의 고사를 들어 지나친 행복을 꺼려 하기도 한다. 세계가치관조사에서 동아시아 국가들이 소득수준에 비해 주관적 안녕감이 낮게 나타나는 현상은 동아시아 사람들이 행복에 대하여 지니고 있는 이런 문화를 이해하면서 받아들여야 할 것이다. 이런 특징을 감안하더라도 한국인이 보이는 몇 가지 특징도 낮은 안녕감을 이해하는 데 도움을 주고 있다. 이들을 살펴보자.

**물질주의** 친한 친구 생일날 저녁 초대를 받았는데 뜻밖의 좋은 알바 자리가 생겼다. 2~3시간 일하면 십만 원을 벌 수 있다. 당신은 알바를 택하겠는가?

2010년에 한국을 방문한 긍정심리학의 선도자인 Diener 교수는 한국인의 낮은 행복감의 원인으로 물질주의와 낮은 대인 신뢰를 꼬집었다. 미국, 독일, 덴마크, 일본, 짐바브웨와 한국을 비교하는 여러 지표에서 한국인의 물질주의가 가장 높았으며, 대인 신뢰가 가장 낮았다(Diener et al., 2010). 앞의 질문에서 당신이 알바를 택했다면 물질주의적 선택을 한 것이다. 물질주의 신념이 강한 사람들은 돈벌이에 집착하지만, 이들에게도 돈은 행복을 가져다주지 못한다. 돈은 행복의 샘인 인간관계를 대체할 수 있다는 착각으로 작용할 뿐이다. 국내의 한 연구는 대학생들에게 노년기가 되었을 때 1억 원 혹은 친한 친구 중 하나를 선택하는 가상적 상황을 제시하였다. 외로운 사람들은 외롭지 않은 사람보다 1억 원을 선택하는 양상이 높음을 보여 주었다(김가영 외, 2016). 외로운 사람들은 길 가다가 돈을 줍는 것이 친구를 만나는 것보다 더 즐거울 것으로 예상하지만, 실제로 그런 경험을 회상하게 했을 때 두 가지 경험에서 즐거움의 차이는 없던 것으로 나타났다(김가영 외, 2016, 연구 3). 사람들은 돈이 대인관계의 문제나 결핍을 보상해 줄 수 있다고 여긴다. 돈을 생각하는 것만으로도 낯선 사람과의 만남에서 상대방과 거리를 더 두고 앉고(안서원 외, 2013), 수행하는 과제가 어려워도 옆사람에게 도움을 요청하지 않으려는 경향이 많은 것으로 나타났다(Voh et al., 2008). 돈이면 다 된다는 착각은 인간관계에의 관심을 소홀히 만드는 덫으로 작용하는 것이다.

물질주의 신념이 강하면 실제로 행복감을 가져오는 활동(친구와 어울리는 것 등)보다는 재화 획득 활동에 우선적인 가치를 두므로 행복과는 멀어지는 것이다([그림 13-21]). 돈처럼 외재적인 가치에 이끌리는 사람들은 내발적 욕구를 충족시키

### 나 알기 4: 물질주의 가치관

다음의 각 항목에 대하여 자신이 중요하게 여기는 정도를 숫자로 표기하시오.

전혀 중요하지 않다 1 2 3 4 5 절대적으로 중요하다.

1. 높은 급여를 받을 수 있는 직업을 갖는 것 ( )
2. 값비싼 귀중품을 많이 소지하는 것 ( )
3. 자신이 바라는 외모를 갖추는 것 ( )
4. 많은 사람들이 부러워하는 배우자를 얻는 것 ( )
5. 경제적으로 여유 있는 생활을 하는 것 ( )

는 활동들을 억누르거나 소홀히 한다. 다른 사람의 강요나 요청 때문에 혹은 칭찬이나 보상을 얻으려는 목적에서 진정한 관심이 없는 일을 할 때, 사람들은 행복할 수 없다. 자기임자성 이론(Deci & Ryan, 2000)은 내발적 동기로서 세 가지를 제시한다. 스스로가 자발적으로 하고 싶어 하는 자율성, 스스로의 역량과 능력을 증진시키는 유능성, 타인과 믿음을 주고받는 교류를 하는 어울림성이다. 이런 내발적 동기에서 나오는 행동을 할 때 사람들은 몰입되며, 신나며, 힘들어도 기꺼이 하며, 수행의 보람을 느낀다. 몰입이 주는 행복감이다(Csikszentmihalyi, 1990). 휴일 날 쉬고 싶은 마음에 TV나 영화를 보는 것은 이것들이 지닌 흥미 유발적 유혹 때문에 시청을 하게 되므로 오랜 시간 시청하면 종종 후회하게 된다. 실제로 이런 오락프로를 많이 시청하는 사람들은 물질주의 성향이 높은 것으로 나타난다(양혜승, 2006). 물질주의적 신념이 강하면, 당장의 자기이익을 위한 비윤리적 행위(시험부정 행위 등)를 저지를 가능성이 높아, 내적으로 충실한 삶과는 멀어지게 된다(Cui et al., 2021). 미국의 중산층과 저소득층에서는 물질주의적 가치가 강한 사람들의 안녕감이 현저히 낮은 것으로 나타났다(Nickerson et al., 2003). 국내의 전국 규모

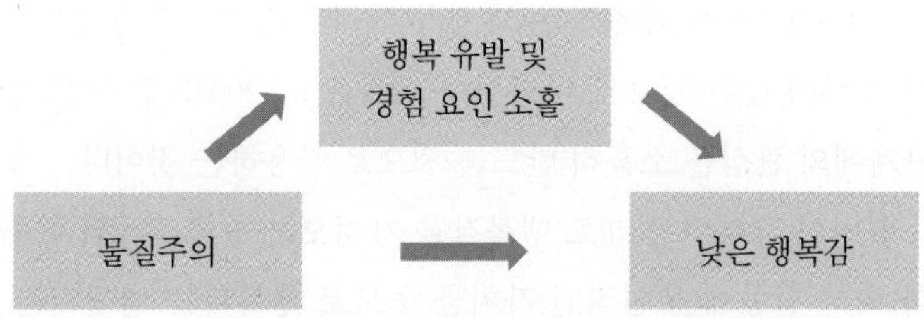


**[그림 13-21] 물질주의와 행복감의 관계**

의 조사는 모든 소득 계층에서 물질주의적 가치관이 높을수록 안녕감이 낮다는 것을 보여 준다(이민아, 송리라, 2014).

**비교 평가에 민감** 물질주의의 확산은 세계적인 현상이지만, 한국은 유독 심하다. 그 배경에는 사회적으로 인정받는 것을 중시하는 문화적 특징이 놓여 있다(본서 2장, 12장 참조). 사람들과 어울리는 상황에서 한국인들은 쪽인 나로서의 생각과 행동을 무의식적으로 보이기 쉽다(본서 12장 참조). 그러나 오인 나로서 살아가는 시대풍조에서 어울리는 상대가 비교되고 경쟁하는 상대의 모습으로 인식되기 쉽다. 오인 나가 맥락에 반응하는 강한 맥락성을 보이는 것이다(Suh, 2007). 이 같이 처한 사회맥락에서 외적 준거를 중요하게 여기면, 그 준거에 미치지 못함을 두려워하고, 불안하여, 맞추려 노력한다. 따라서 즐거움을 지향하는 것이 아니라 부끄러움과 비판을 피하려는 동기가 작용하므로 즐거움을 느끼기는 어렵다(Higgins, 2005). 외적 준거에 부응하기 위하여 남들과 비교를 많이 하게 되고, 이런 비교는 내재적 가치(대인관계, 도덕성, 건강 등)에 대한 것이기보다는 외재적 가치(체면, 소속단체, 재산, 외모 등)를 대상으로 이루어진다. 사람들로부터 인정받기 위해 지위재에 대한 관심을 많이 보인다(곁글 13-8). 한국과 미국의 대학 신입생 비교 연구

서은국(1966~ )
연세대학교 심리학과 교수이다. 미국 일리노이주립대학에서 행복심리학 개척자인 E. Diener 교수 문하에서 박사학위를 취득하였다. 『행복의 기원』(2014)을 저술하였고, 행복과 정서 경험의 연구를 통해 한국인의 특성을 파악하는 연구관심을 보이고 있다.

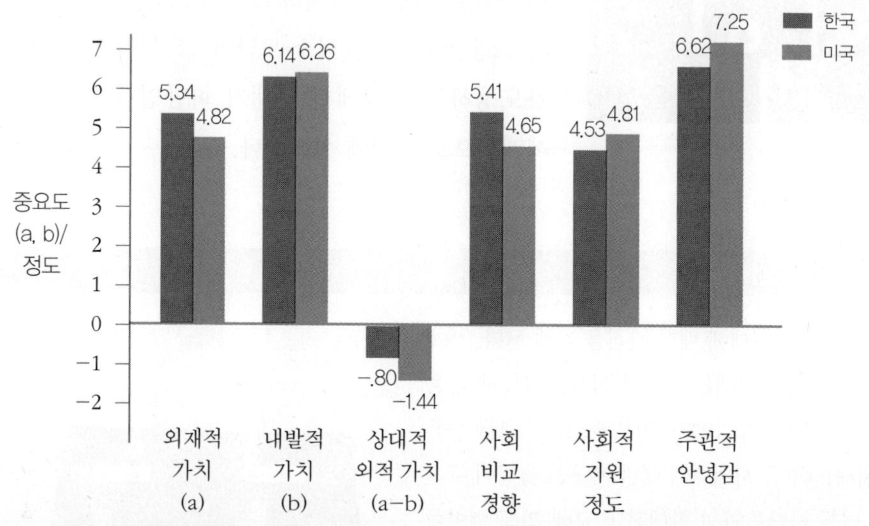


**[그림 13-22] 한국과 미국 대학생의 행복감, 사회비교, 사회적 지원의 정도와 관련 가치의 중요도 평가**
내발적 가치에 대한 비교를 제외한 다른 변인에서의 국가비교는 주관적인 경제 형편을 통제한 상태에서 모두 유의미한 차이를 보인다.
출처: 구재선, 서은국(2015), 표 2를 바탕으로 그림.

에서 내재적 및 외재적 가치의 중요성, 사회비교와 사회적 지원의 정도, 그리고 주관적 안녕감을 비교한 결과, 이들 변인 간의 관계양상은 양국에서 비슷하였으나, 한국 학생들은 외재적 가치를 미국인보다 중요하게 여기며, 사회비교를 많이 하지만, 사회적 지원을 주위 사람과 주고받는 수준은 낮아 주관적 안녕감도 낮은 것으로 나타났다(구재선, 서은국, 2015; [그림 13-22]). 이 연구에 참여한 한국 대학의 신입생들을 1년 후에 다시 조사하여 파악한 결과, 초년생 때 외재적 가치를 중요하게 여기는 양상이 높을수록 사회비교를 많이 하지만, 사회적 지원 활동을 덜 하며, 결과적으로 신입생 때는 물론 2학년의 행복감이 떨어지는 것으로 나타났다.

사회비교를 많이 하는 한국인들은 오늘날 SNS의 보편화로 상향적 사회비교를 하는 가능성이 더욱 빈번하게 되었다(곁글 13-9). 따라서 사람들은 부러움과 상대적 박탈감을 자주 경험하게 된다. 고도성장시대에는 이 같은 상향적 사회비교가 능력주의를 신봉하는 사회분위기에서 자기향상 노력으로 이어지는 순기능을 하기도 했다. 하지만 현재처럼 경제성장이 둔화된 2000년 이후에 AI의 발달로 원하는 일자리는 줄어드는 현실에서 끝없는 경쟁 상황에 내몰린 대다수의 사람들에게 좌절은 불가피하게 되었다. 계층의 양극화와 세습이 진행되면서 대다수의 사람들이 미래에 대한 희망을 상실하고 각자도생을 모색하고 있다(12장 참고). 넷플릭스 드라마 〈오징어 게임〉은 각자도생하는 세상에서 연대가 희망임을 보여 주며 세계적으로 흥행에 성공했다.

**곁글 13-8** 지위재에 대한 관심의 증가

사람들은 먹고 살만해지면, 지위재에 대한 관심을 갖게 된다. 생계를 위해 필요한 생활재와 달리, 지위재는 사회적 위치, 신분, 재력 등을 인정받기 위한 재화들이다(Frank, 1999). 명품백, 보석, 고급 승용차, 고급 주택 등이 지위재들이다. 지위재에 대한 욕구는 물건이 주는 절대적 가치가 아니라 다른 사람들과의 상대적 비교에 의해 영향을 받는다. 연소득 3천만 원을 받는 사람의 만족도는 주위 사람들이 5천만 원을 받는 경우와 2천만 원을 받는 경우에 확연히 달라진다. 지위재는 그 재화가 놓인 맥락과 평가에 따라 가치가 결정된다.

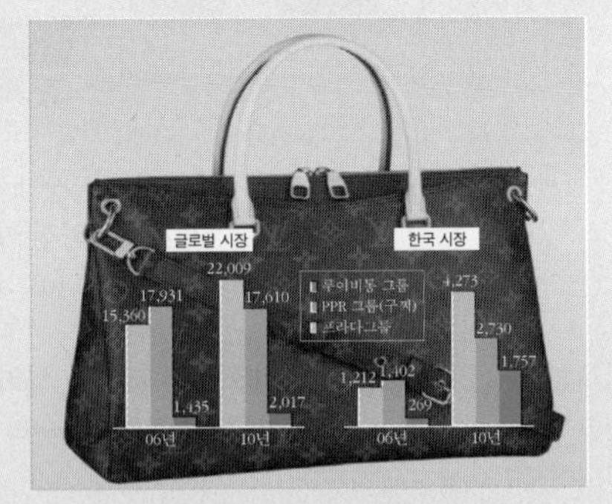

자료: 도이치뱅크 본사, 금융감독원 등.

트위터에서 오가는 수백만 건의 글내용을 분석한 결과, 소득격차가 심한 군과 대도시 지역에서는 롤렉스, 루이비통 같은 지위재에 대한 언급이 많았으며, 격차가 적은 지역에서는 월마트, 케이마트 같은 중산층 소비처가 많이 언급되는 것으로 나타났다(Walasek et al., 2018).

문화마다 어떤 것이 지위재의 역할을 하는가는 달라질 수 있지만(Solnick, Hong, & Hemenway, 2007), 이 지위재에 대한 욕구는 모든 사회에서 나타난다(Frank, 2005). 사람들은 지위재를 구매하기 위하여 기꺼이 빚돈까지 쓴다. 저축률은 감소하고 가계부채는 증가한다. 지위재를 갖기 위해서 사람들은 잠자는 시간을 줄이면서 더 많은 시간을 일한다(Frank, 1999, pp. 97-103). 제2차 세계대전 후 생산성이 두 배로 증가하였지만 미국인들의 여가시간은 1973년 대비 1991년에 37%가 감소했다. 사람들은 남만큼, 또 남보다 더 높은 지위를 과시하고 인정받으려는 경쟁의 덫에 갇힌다. 한 연구는 대표적인 지위재인 고급 스포츠카를 시내에서 몰고 온 직후에 남성의 성호르몬이 상승하는 것을 보여(Saad & Vongas, 2009), 지위재가 강한 심적 보상 효과를 가져옴을 보여 준다. 고가의 지위재로 사람들의 부러움을 사는 경우에 사람들은 행복감을 느끼지만, 이 효과는 더 고가의 지위재를 지닌 사람이 나타나는 순간 사라진다. 따라서 지위재가 주는 행복 효과는 깨지기 쉽고 불안정하다.

주위 사람들의 평가와 인정에 민감한 한국인도 지위재에 대한 욕구가 높다. 대학생들도 웬만하면 경차를 타지 않는 이유다. 소득이 불평등할수록 남들에게 무시받지 않기 위해 지위재에 대한 욕구가 늘어나는 것을 지위재 광고의 증가가 보여 준다. 국내총생산에서 광고비가 차지하는 비중은 소득이 불평등한 나라일수록 높게 나타나고 있다(Walasek et al., 2018). 과시하려고 명품을 구입하고, 무시당하지 않으려고 짝퉁까지 구입하는 양상을 우리 사회는 보여 주고 있다.

### 곁글 13-9 사회비교를 많이 하는 사람들: 부자이지만 불행해!

한국개발원(KDI)에서 한국 사회가 보이는 Easterlin 역설 현상을 이해하기 위해 2013년에 한국인을 대표할 수 있도록 3,000명의 성인을 표집하여 사회비교 현상을 분석한 결과가 충격적이다(Kim & Ohtake, 2014). '자신의 생활수준을 주위 사람들과 비교하는 것이 얼마나 중요한가?'의 문항(5점 척도)에 응답자의 36%가 중요하다고 답하였다. 이들은 고소득층이다. 이 관심이 1점 높아질 때 사람의 연소득은 29% 증가하는 것으로 나타났다. 그러나 이들의 주관적 안녕감은 낮아졌다. 사회비교 관심이 1점 올라가면서 떨어지는 행복감을 소득으로 상쇄하려면 연소득 2천만 원을 더 벌어야 하는 것으로 나타났다. 남들과 비교에 관심이 높은 사람은 돈을 더 벌지만 행복감은 떨어지는 것이다([그림 13-23]).

보고서가 보여 준 사회비교를 많이 하는 사람들의 특징이 흥미롭다. 이들은 다른 가치를 추구하는 것보다 우선적으로 돈 버는 활동에 많은 시간을 보내며, 지난해에 병원에 입원했었을 가능성이 높고, 심리사회적 건강(불안, 스트레스, 고독, 우울, 불면증, 식욕감퇴 등)이 나쁘고, 음주, 흡연, 도박을 하는 경향이 있으며, 건강관리를 위한 운동을 덜 하는 것으로 나타났다. 이들은 마치 돈과 물건이 행복을 가져다줄 수 있는 것처럼 과잉소비를 하며 쇼핑 시간도 많았다. 사회비교 관심 척도에 응답이 1점 높아지면 쇼핑 시간이 9.2% 증가하고, 고가의 지위재

(자동차, 가전제품 등) 구매에 42%나 많은 지출을 하며, 사회에서 성공하려면 열심히 일하는 것보다 운과 연줄이 더 중요하다고 여기고, 긴 줄을 서서 기다리기보다 기회가 있는 대로 새치기를 하려 들며, 다른 사람들을 별로 개의치 않는 행동을 보이고, 타인의 표정만 보고도 상대를 잘 이해할 수 있는 것으로 여기며, 남에게서 도움을 받았을 때보다는 남에게서 해를 입었을 때 되갚기를 꼭 하려 들고, 남을 돕는 것을 즐겨 하지 않아서 사회단체에 기부금도 덜 내며, 남모르는 기부보다 과시적인 기부행위를 선호하는 것으로 나타났다.

이들은 삶에서 가장 중요한 것으로 남으로부터 존경/찬사를 받는 것, 충분한 재산, 좋은 집을 갖는 것을 들며, 사회에 기여하거나 목표를 달성하는 것이 중요하다고 여기지는 않았다. 직업을 택함에서도 중요한 것은 급여 수준과 남들의 선망, 성공(진급) 가능성 들이다. 직장에서 얼마나 사회에 기여할 수 있는지, 동료들과의 좋은 관계를 가질 수 있는지는 중요한 요소가 아니었다. 배우자 선택에서 중요한 요인으로 적절한 소득, 좋은 집, 비슷한 배경을 대며, 공동의 관심사나 상호존중과 이해는 중요하지 않다고 여긴다. 아이들 양육에서 중요한 것은 부모를 따르고 열심히 공부하여 출세하도록 하는 것이며, 아이가 상상력을 키우거나 타인을 인정하고 존중하는 것은 중요하지 않다고 여긴다. 아이들이 입신출세하기를 바라며, 공부를 열심히 해야지 아이가 좋아하는 것에 몰입하여 시간 보내는 것을 잘못된 것이라 여긴다.

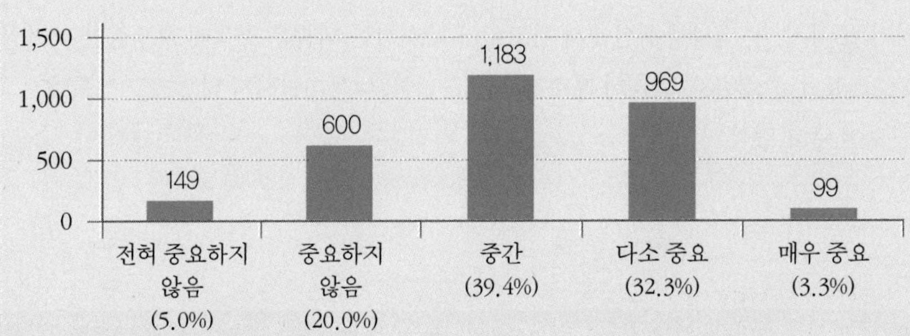


[그림 13-23] 응답자들의 사회비교 관심도 분포

요약

1. 긍정심리학은 행복과 그에 영향을 주는 요인에 대한 탐구를 한다.
2. 부정적인 정서가 생존에 필수적인 기능을 하는 반면에, 긍정적인 정서는 삶을 다채롭고, 충만하게 하면서 생존을 돕는 기능을 한다.
3. 삶의 행복도를 측정하기 위하여 심리학자들은 주관적 안녕감이란 개념을 제시하고, 자기 삶에 대한 주관적 만족도와 긍정적 및 부정적 정서의 경험 정도(정서적 안녕감)를 파악한다.
4 사람들은 안락한 삶, 의미 있는 삶, 심리적으로 다채로운 삶을 좋은 삶의 모습으로 삼고 추구한다. 이상적인 삶은 이 세 가지 모습들이 모두 구현되는 삶이다.

5. 행복감의 50%는 유전적으로 설정되며, 10%는 생활사건의 영향을 받으며, 40%는 의도적 활동에 의해서 좌우된다.
6. 쾌락적응을 하는 탓에 생활사건의 변화가 행복에 미치는 영향은 오래가지 못한다.
7. 문화에 따라 행복에 대한 의미가 다르고, 지향하는 바와 경험하는 방식도 차이가 난다. 행복감 수치의 문화비교는 개인적 행복에 초점이 맞추어져 있어 관계적 행복을 중시하는 문화권의 행복이 낮게 나타난다.
8. 한국인이 행복지수가 낮은 것을 이해하기 위해서는 행복에 대한 의미의 문화 차이, 강한 물질주의, 과도한 비교평가의 심리를 이해해야 한다.
9. 물질주의는 행복을 가져다주는 내발적 동기에 바탕한 활동을 소홀하게 함으로써 행복과 멀어지게 한다.
10. 돈이면 다 된다는 착각은 사람들을 대인관계에 소홀하게 만드는 덫으로 작용한다.

## 사회심리학의 변화와 전망

인간과 사회를 보는 관점의 변화, 연구방법론의 발달과 발맞추어 사회심리학의 탐구대상과 접근의 시각 등에 끊임없이 변화가 나타났다. 지난 40여 년간에 나타난 가장 두드러진 변화로는 문화에 대한 관심의 정착, 정서 및 동기에 대한 관심의 확대, 생물학적 관점과의 융합 등 세 가지를 들 수 있다.

### 문화심리학의 정착

지구촌 시대가 전개되면서 가치와 신념, 행동방식이 서로 다른 문화권의 사람들을 이해하기 위한 틀로서 개인주의-집단주의 이론이 제시된(Hofstede, 1980; Triandis, 1995; 이 이론의 개요는 한규석, 1991 참조) 이후로, 거의 폭발적인 관심이 문화 차이를 이해하는 데 쏠렸다. 실증적 연구가 누적되면서 심리현상의 문화 차이가 드러나게 되었고, 이러한 차이를 이해하는 문화심리학적 분야가 정착되었다. 특히 동아시아권과 구미권을 비교하는 연구들이 많이 나타났으며, 대표적인 연구 성과를 든다면, 문화에 따른 집단적 자기구성론(Markus & Kitayama, 1991), 문화권에 따른 생각 및 지각 방식의 차이(Nisbett, 2003; Nisbett et al., 2001), 동기의 차이(Heine et al., 1999; Iyenger & Lepper, 1999), 정서의 차이(Diener & Suh, 2000; Kitayama & Markus, 1994)를 들 수 있다. 이런 비교문화 연구와 더불어 각 문화의

**호프스테드(Geert Hofstede, 1928~2020)**
네덜란드의 경영심리학자로 1980년 『문화의 결과』라는 저서를 출판하여 세계 여러 나라의 문화권을 구분하는 다섯 가지 축을 제시하였다. 이 책은 심리학, 경영학 분야에 문화 차이에 대한 관심을 기울이게 하는 촉매 노릇을 하였다. 그의 누리집(https://www.hofstede-insights.com/country-comparison-tool)에서 다양한 국가들의 문화적 특성을 여러 축상의 수치로 비교, 파악할 수 있다.

고유한 심리현상에 대한 분석도 진행되면서, 수치 비교에 가려져 있는 심리현상의 토착적 의미를 펼쳐 보이고 있다(최상진, 2011; Kim, Yang, Hwang, 2006; Kim & Berry, 1994; pe-pua, 2018). 국내에서도 최근의 문화심리학의 연구 결과를 이해할 수 있는 대학교재가 『문화심리학』이란 제호로 고려대 문화심리학 교실 주도로 출판되었다(한성열 외, 2015).

**문화비교의 틀** 심리학자들이 문화에 대하여 보이는 관심을 촉발시킨 연구는 1980년에 발표된 네덜란드 교수 Hofstede의 저작 『문화의 결과(Culture's Consequence)』다. 그는 다국적 거대 기업인 IBM의 세계 40개 지사에서 일하는 종업원들을 대상으로 1967년과 1973년에 행한 조사자료를 재분석한 결과, 여러 국가들을 네 가지 차원에서 구별할 수 있음을 발견했다. 이들은 권위성, 불확실성의 회피, 개인주의-집단주의, 남성성-여성성이다. 〈표 13-6〉은 이들 차원의 의미를 잘 담아내고 있다고 여겨지는 설문지의 문항을 보여 주고 있고 각 차원에서 높은 점수를 얻는 응답 형태를 보여 주고 있다. 지속적인 조사연구를 통해서 Hofstede 교수와 그 동료들은 조사 대상국을 확대하며, 비교의 차원도 늘려 가고 있다. 그는 누리집(http://www.geert-hofstede.com)을 통해 세계 각국의 문화심리학적 프로파일을 제공하고 있다. [그림 13-24]는 그곳에서 최근에 얻은 한국과 미국의 비교 프로파일이다.

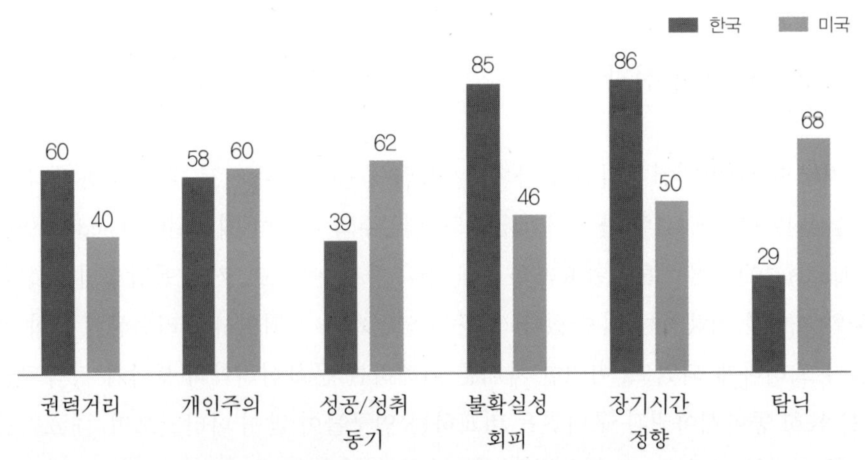


**[그림 13-24] 한국과 미국의 문화심리 특성의 비교 프로파일**

출처: https://www.hofstede-insights.com/country-comparison-tool?countries=south+korea%2Cunited+states(2024. 4. 9.)

표 13-6 Hofstede의 문화차원 측정 문항

| 차원 | 문항 | 응답 |
|---|---|---|
| 권위성 | 부하가 상사의 견해에 반대할 때 이를 표현하는 것이 어렵다는 것을 자주 경험합니까? | 매우 자주 |
| 남성성 | 높은 보수를 받는 직업을 갖는 것이 얼마나 중요합니까? | 매우 그렇다 |
| 개인주의 | 자신의 개인적 자유시간을 충분히 즐길 수 있는 직업을 갖는 것이 중요하다고 봅니까? | 매우 중요 |
| 불확실성의 회피 | 사원이 생각하기에 회사의 규칙을 위배하는 것이 회사를 위해 필요한 경우라도 규칙은 위배되어서는 안 된다. | 매우 그렇다 |

출처: Hofstede (1980).

이들 차원 중에서 가장 관심이 쏠린 것은 개인주의-집단주의 차원이다. 개인주의 문화의 특징은 집단보다 개인이 우선권을 지니며, 개인의 목표, 성취, 행복, 기호, 판단이 의사결정의 기준이 된다. 따라서 개인들이 모여 상호 간에 타협이나 합의에 의해서 자신들의 행위를 규제하는 규범을 만들기도 하지만 이러한 규범은 얼마든지 수정 가능하고 개인이 집단을 떠나거나 역할이 바뀌면 규제력을 상실한다. 결혼, 직업, 취미생활 등의 선택은 가족 공동체의 판단보다 개인 당사자의 책임이다. 유럽에서도 개신교의 세력이 센 북부 유럽과 북미(캐나다, 미국)권이 이 문화권의 대표적인 사회다.

집단주의 문화의 특징은 개인보다 1차집단(가족, 친척, 공동체 등)이 우선적인 중요성을 지니고, 집단이 개인의 욕구 충족과 보상의 원천이며, 적절한 행위, 규범 등이 무엇인지를 제공한다. 국가로 본다면 동양권의 전통적인 농경사회 및 산업화가 진행되고 있거나 그 직전에 있는 사회, 유럽에서는 가톨릭 국가인 남부유럽 사회 및 남미 사회들이 이러한 문화적 특성을 지닌 것으로 나타난다(12장 참조).

Hofstede의 개인주의-집단주의 분류차원은 동일한 명칭의 이론으로 발전되었고(Triandis, 1989, 1995), 또 독립적 자기/상호의존적 자기라는 집단적 자기구성론으로 각색되어(Markus & Kitayama, 1991; 본서 2장 참조) 1990년대 이후 문화권이 다른 사람들이 보이는 심리현상의 차이를 이해하는 데 가장 중요한 심리학 이론으로 자리매김하였다(자세한 논의는 조긍호, 2006; 한규석, 1991, 1997 참조). 이 이론은 문화를 이분법적인 구도로 단순화시켰고, 문화를 특정 민족 집단과 결부시킴으로써 동일 문화권 내에서 다양한 가치관과 유형의 사람들이 공존하고 있는 양상을 설명하기 어려우며, 문화가 시대적으로 변화해 가는 양상을 설명하기에는 부적합하다는 비판을 강하게 받고 있다(Hermans & Kempen, 1993). 이러한 취약점에도 불구하고 심리학에서 문화의 중요성을 인식시키는 결정적인 역할을 하였으며, 문화심리학의 발전에 주춧돌을 놓았다. 그동안의 연구 결과들로 학자들은 개인주의-집단주의 차원이 서로 반대되는 의미의 단일차원상의 특징이 아니라 별개의 독립적인 특성으로 파악한다. 즉, 미국이나 한국이 비록 개인주의와 집단주의적 문화로 구분되고 있으나, 두 문화권의 사람들은 모두 두 가지 특징을 갖고 있으며, 상황맥락에서 환기되는 특징에 따라 집단주의적 혹은 개인주의적 사고와 행동 특징을 보이게 된다는 것이다(Oyserman, Coon, & Kemmelmeyer, 2002).

**문화심리학의 기여** 40여 년간에 이루어진 문화심리학의 연구들이 가져온 가장 큰 수확은 사회심리학 원리의 문화적 제한성과 보편성에 대한 관심을 진작시킨 것이다(본서 1장 참조). 문화 차이를 깨닫기 전까지 사회심리학은 인간 사회에 적용되는 보편적 원리를 탐구한다는 전제를 깔고 있었다. 이 같은 시각을 저명한 사회심리학자인 미시간 대학교의 Nisbett 교수가 고백한 바 있다. 그가 사람들이 세상의 정보를 처리하는 방략에 대한 연구를 정리하여『인간의 추론』(Nisbett & Ross, 1980)이란 제목의 저서를 출판했을 때, 이를 본 저명한 인류학자가 "훌륭한 민속지적 연구!"라는 반응을 보였고, 그는 충격을 받고 실망하였다. 20년이 지나 많은 비교문화 연구들이 문화마다 뚜렷한 차이를 보이는 사고양상의 증거들을 누적시키자 비로소 Nisbett 교수도 "비교문화심리학에 관심을 보이지 않는 심리학자들은 민속지적 연구자"임을 인정하였다(Nisbett et al., 2001, p. 307). 인류학자들에게 친숙한 민속지적 접근에 대하여 생소한 심리학도가 모두 비교문화 연구에 관심을 가져야 할 필요는 없다. 다만, 특정 문화권에서 이루어진 연구의 결과를 이해하기 위해 문화적 특성을 늘 고려하여 문화적 특수성과 그 적용의 보편성에 대하여 의구심을 품는 것이 바람직하다.

**민속지적 접근(ethnography)** 인류학자들이 관심 있는 부족, 집단의 행태를 연구하기 위하여 그들의 생활현장에 장기간 같이 머물며, 관찰하고, 기록하고, 분석하는 연구방법이다. 외부자의 관찰이 자신들의 관점에서 현상을 왜곡할 수 있는 가능성을 막고자 내부자의 시선에서 현상을 보고 이해하려는 목적을 지니고 있다.

문화 차이를 탐구하는 연구들이 활발하게 이루어진 1980년대 중반 이후에 세계의 심리학 연구를 주도하고 있는 미국심리학회에서 발간하는 주요 학술지들에 출간된 4천여 개의 연구물을 분석한 결과, 세계 인구의 5%에 해당하는 구미인들(유럽과 북미 국가들)을 대상으로 이들 국가의 연구자들이 주도하는 연구논문이 97%를 차지하는 것으로 나왔다. 오직 1%만이 아시아권 연구자들에 의해 주도된 것으로 나왔다. 세계 인구의 95%는 심리학 연구에서 거의 다루어지지 않는다는 것이었다(Arnett 2008).

이렇게 사회심리학 연구의 문화적 쏠림에 대한 경고를 환기시키는 자료와 주장들이 누적되고 있지만 십여 년 후 다시 조사한 결과, 아시아권 연구자들의 비중은

3%로 증가하였을 뿐, 큰 변화를 보이지는 않고 있다(Thalmayer et al., 2020). 요즘은 많은 연구자가 온라인 연결망을 이용해 수십 개의 국가에서 자료를 수집하는 국제적 공동연구가 매우 활발하게 진행되고 있다. 이런 식으로 많은 나라 사람이 연구에 참여하면 이론의 문화적 편향이 해결될 수 있을까? 아니다! 연구가 다루는 개념과 이론이 서구인의 세계관에 바탕하고 있다는 것이 문제인 것이다. 개념과 이론은 현상을 보는 관점으로 여겨져 왔으나, 이 관점은 현상을 구성해 내는 알고리즘의 기능을 지니고 있다(본서 12장 참조). 서구문화를 형성해 온 문화의 알고리즘 탓에 세상은 점점 서구화되어 가고 있다. 최근에 들어서 개념과 이론이 바탕하는 서구인의 세계관의 특성과 한계에 주목하고, 다른 세계관에 대한 모색이 활발하게 이루어지고 있다(Koltko-Rivera, 2004; Slife et al., 2017); Sundararajan et al., 2020). 12장에 소개된 쪽인 나의 세계관은 서구적인 오인 나의 세계관을 바탕으로 전개되어 온 심리학의 한계를 넘어 생태계 속의 인간을 이해하는 유용한 틀로 작용할 수 있을 것이다(최봉영, 2024; 최봉영, 한규석, 2021). 앞으로 많은 연구가 이루어지면서 정교화되어야 할 것이다.

## 정서 및 동기에 대한 관심의 확대

사회심리학도 1950년대부터 시작된 심리학의 인지혁명에 의해 큰 영향을 받았다. 오직 보이는 행동만이 심리학의 탐구대상이어야 한다는 행동주의적 입장에서 벗어나, 보이지 않지만 행동을 이해하기에 필수적인 정신 현상, 특히 인지 및 사고 현상에 대한 탐구가 본격화되면서 인지주의가 1990년대 초까지 사회심리학에서도 폭넓게 수용되어 왔다(Bruner, 1990). 이 당시 인지주의를 잘 반영하는 인간상으로서 '인지적 구두쇠'라는 모습이 널리 수용되었다(4장 참조). 이 인간상은 인간이 합리적으로 사고하고 판단하며 사회적 행위를 하는 이성적인 존재로 정보처리의 효율성을 지향한다는 것이다. 그러나 논리적으로 설명하기 힘든 사고양상들에 대한 증거가 누적되면서 일상의 사고와 판단에서 정서의 영향을 받는 통제하기 힘든 자동적 사고양상이 많이 나타나는 것을 알게 되면서 체계 I 사고(직감적)와 체계 II 사고(논리적)의 유형이 정리되며, 보다 더 균형을 이룬 접근이 취해지고 있다(본서 4장 참조).

정서에 대한 사회심리학의 관심을 촉구한 것은 미시간 대학교의 Zajonc(1980) 교수다. 그전까지 정서에 대한 관심은 정서의 판단, 유형, 표현에 대한 것에 머물고 있었다. 정서는 야만적인 것이고, 논리적으로 설명되어야 할 대상으로 여겨져 왔지만(김정운, 2001), 그는 정서가 인지에 선행하고, 무의식적 수준에서 작용하여 행동 및 태도에 광범위한 영향을 미친다는 주장을 하면서, 정서를 심리학의 주된 관심사로 끌어 왔다.

**뜨거운 인지** 생활에서 접하는 정보를 처리하고 판단하는 인지과정은 논리적이며 차가운 과정이라고 간주되어 왔다. 그러나 사람들이 지니고 있는 욕구와 동기 및 느끼는 정서에 의해서 인지과정이 영향을 받는다는 다양한 증거들이 누적되면서 뜨거운 인지라는 용어가 부각되었다(Kunda, 1999, 6장). 이 분야의 관심을 간략히 살펴보자.

사람들에게는 보편적으로 작용하는 동기들이 있다. 예를 들어, 자기를 좋은 사람이라고 인식하고 싶은 것은 보편적이라 할 수 있다. 자기가치확인 이론(Steele, 1988)은 긍정적 자기상을 견지하고자 하는 동기가 충족되면 인지의 변화가 나타나지 않지만, 그 동기가 충족되지 못하면 인지의 변화가 나타나는 것을 보여 준 뜨거운 인지의 대표적인 연구라 볼 수 있다(본서 3장 참조).

또 한 가지 예로, Kruglanski(1988; Kruglanski et al., 2002)가 제시한 종료동기를 들 수 있다. 이 이론에 따르면 사람들은 사건들을 접할 때 이해하고자 하는 동기가 있다. 시간이 촉박하다면 이 동기가 작용하여 잘잘못을 떠나서 이해를 하는 것이 관심거리가 된다. 이 경우에 사람들은 정보를 빨리 처리하여, 거칠더라도 이해를 하게 되면 정보처리를 종료하게 된다. 그러나 상황판단의 정확성이 강하게 요구되는 상황이라면 종료동기를 통제하고 종료를 미루게 된다. Webster(1993)는 사람들이 타인의 행동을 보고서 그에 상응하는 내적 특성을 유추하는 대응추리 경

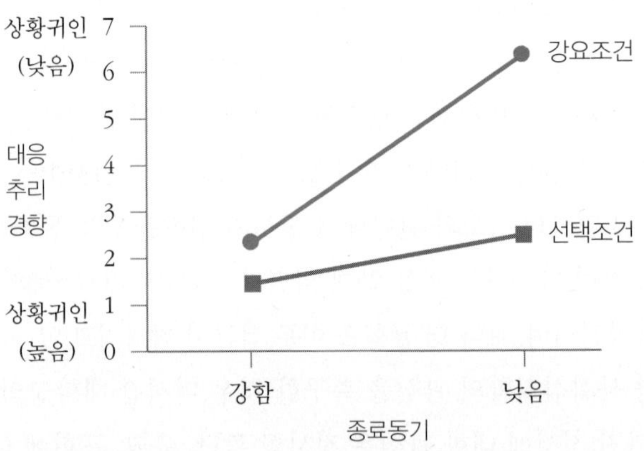


**[그림 13-25] 교환학생 프로그램 반대 주장을 보고서 상대의 태도를 유추하는 귀인양상**
출처: Webster(1993) 표 2의 일부.

향(본서 3장 참조)이 종료동기가 강한 상황에서는 상대방을 신속히 파악하게 만들므로 더욱 잘 나타남을 보였다. 연구참여자들에게 표적인물이 교환학생 프로그램을 반대하는 주장을 하는 모습을 보여 주었다. 강요조건에서는 그 주장이 강요당한 것이라 알려 주고, 선택조건에서는 선택한 것이라 알려 주었다. 다음 하게 될 실험과제가 흥미로울 것으로 예상한 사람(현 상황의 종료동기가 큼)들은 다음 과제가 재미없는 수학강좌의 수강이라고 알고 있는 사람(종료동기가 작음)에 비해서 대응추리 경향이 강하게 나타났다. 그런데 이 경향은 선택조건에서는 나타나지 않고 강요조건에서만 나타났다([그림 13-25]). 이는 선택조건에서는 대응추리가 자연스러운 현상이지만, 강요조건에서는 대응추리가 적절한 양상이 아님에도 불구하고, 종료욕구가 작용한 탓이다. 이 같은 양상은 인간이 정보처리에 있어서 인지적 구두쇠이자 아울러 동기화된 전략가임을 보여 주고 있어, 이 방향으로의 연구가 향후 계속될 것을 예상할 수 있다(곁글 13-10).

**곁글 13-10** 선택에 미치는 무의식적 목표의 작용

2002 월드컵은 한국인에게 붉은 악마라는 신화를 남겨 주었다. Red Devil이라는 흰 글씨가 선명한 빨간 티셔츠는 한국을 상징하며, 월드컵 4강 진출의 희열을 느끼게 해 주는 기호가 되었다. 이 티셔츠를 입으면서 희열과 자랑스러움이라는 두 가지 정서적 목표를 같이 즐길 수 있다. 일석이조의 효과를 거두는 것이다.

붉은 악마의 응원

미국의 한 대학교에서 학생들을 두 집단으로 나누어 한 집단(진출조건)에게는 그 학교의 농구팀이 전국대학농구대회의 4강에 진출한 경우를 회상하게 하였고, 다른 집단(탈락조건)에게는 준결승전에서 라이벌 대학에 아쉽게 져 탈락하면서 흥분한 학생들이 술 마시고 교정 안의 기물들을 파괴하였던 사건을 회상하도록 하였다. 두 조건에서 모교에 대하여 느끼는 자긍심을 측정하였더니 진출조건에서는 자부심을, 탈락조건에서는 수치감을 느끼는 것으로 나타났다. 이들에게 두 가지 색깔의 천조각을 주면서 어느 천이 더 질긴 천인지를 식별해 내도록 하였다. 하나는 붉은색이었고, 다른 하나는 보라색이었지만 둘 다 같은 천으로 만들어진 것이었다. 진출조건의 경우에 붉은색을 택한 사람의 비율이 87%로, 탈락조건의 43%의 두 배에 해당하는 것으로 나타났다. 왜 이런 차이가 나타났는가? 붉은색이 바로 그 대학의 상징색이었던 것이다(전우영, 2009, 연구 1). 진출조건의 사람들은 붉은색을 택함으로써 질긴 천을 판단하는 의식적인 목표와 더불어, 학교에 대한 자긍심을 느끼고자 하는 무의식적 목표를 동시에 달성하고자 한 것으로 해석될 수 있다.

**자동처리 기제** 사람들은 대상이나 사안을 접했을 때 어떤 '느낌'을 종종 갖게 된다. 말로는 설명할 수 없는 이 느낌과 그것이 생활에 미치는 영향에 대한 연구가 최근에 연구기법의 발달과 더불어 활발하게 진행되고 있다. 이 방향의 연구들은 정서의 작동뿐만 아니라 인지의 작동도 상당부분 자동적이고 의식의 바깥에서 이루어지고 있음을 보이며, 이 자동처리 기제를 의식적으로 이루어지는 통제처리 기제와 대비시키고 있다(Uleman & Bargh, 1989; Wegner & Bargh, 1998).

사람들은 자신이 갖게 된 느낌을 스스로 설명하기 위하여 내관(스스로의 생각이나 감정을 들여다봄)을 하지만 이 내관은 느낌을 정당화시키기 위한 설명이지 실제 느낌의 과정을 보는 것은 아니다(Nisbett & Wilson, 1977). 대형 매장에서 똑같은 품질인 네 켤레의 양말을 진열하고 사람들에게 고르게 하니 진열대에서 가장 오른쪽에 놓인 양말을 선택하는 경향이 높았다. 사람들에게 왜 그 양말을 선택하였느냐고 물었을 때 누구도 양말의 위치를 언급한 사람은 없었다. 식역이하 강도의 점화자극을 이용한 연구들도 사람들이 점화절차에 의해서 영향받지만 사람들은 이를 인지하지 못함을 보인다. 즉, 사람들의 행동과 판단이 이루어지는 과정이 많은 경우에 자동적이고 무의식적이어서 사람들은 '왜?'를 설명하기 어렵다. 그렇지만 이 관계를 납득하기 위한 이유를 대는 것에는 익숙하다. 사람들은 자신 혹은 타인의 결정을 이해하기 위하여 내관을 하여 얻은 답 혹은 상대에게 물어서 들은 대답을 대체로 수용하는 것이다. 사회심리학의 연구들은 이 답이 종종 틀리다는 것을 보여 주고 있다. 사람들이 생활 속에서 보이는 무의식적이며 자동적인 사고과정 및 정서적 반응에 대한 기제는 물론, 자동적 사고와 통제된 사고가 경합을 벌이는 상황('코끼리'를 생각하지 말라는데 코끼리가 뇌리에서 떠나지 않는 것 따위)에 대한 이해 등의 흥미로운 연구가 더욱 많이 나타날 것으로 기대할 수 있다(본서 4장 참조).

## 생물학적 관점과의 융합

사회심리학 분야에서 최근에 벌어지고 있는 또 하나의 뚜렷한 현상은 사회심리적 현상의 분석에 생물학적 시각을 적용하는 연구들이 증가하고 있는 점이다. 이런 접근은 사회심리 현상에 대한 우리의 이해를 상당히 진전시키고 있다. 생물학적 접근은 두 가지 별개의 관심사에서 나타나고 진행되고 있다.

**진화심리학적 관점의 확산** 진화심리학은 1970년대 중반에 하버드 대학교의 개미 전공자인 Wilson 교수가 제시한 사회생물학의 관점을 심리학에 적용하면서 활발히 진척되고 있는 분야다(Buss, 1999). 뿌리를 유전자에 두고서 심리현상을 진화론적 기제의 작용으로 설명하고 있어, 본성을 강조하는 분야로 여겨질 수 있지만, 행위와 적응에 미치는 환경의 영향을 받아들이고 있어 심리학자들의 관점과 크게 다르지 않다. 오히려 대조적인 부분은 인간의 마음을 심리학자들은 '빈 서판' (Pinker, 2003), 즉 백지로 보고 학습에 의해서 범용의 적응적 심리기제(일반 지능 등)를 갖추어 간다고 보는 입장을 전통적으로 취했지만, 진화심리학자들은 자연선택기제에 의해 다양한 본성들을 갖추고 태어난다고 보며, 이들이 생활영역별로 구체적인 특성으로 기제화되어 나타난다고 보는 것이다. 진화심리학의 관점을 반영하는 좋은 예는 언어습득기제다(Pinker, 1994). 스키너와 같은 학습론자들은 언어도 범용 학습기제에 의해서 습득되는 것으로 여겼지만, 진화심리학자들은 언어 습득을 위한 기제가 일반 학습기제와 달리 별도로 갖추어져 있다고 본다. 마찬가지로, 언어를 학습하는 기제와 별개로 뱀에 대한 공포증을 학습하는 기제가 있다고 본다. 학습은 이런 점에서 영역마다 구분되는 단위기제(모듈)로 나타난다는 것이다. 진화심리학은 다음과 같은 다섯 가지 입장으로 정리될 수 있다(Cosmides & Tooby, 1997).

「빈 서판(The Blank Slate)」
영국의 경험론적 철학에서는 인간의 마음이 텅 비어 있는 '빈 서판' 상태에서 출발하여 온갖 경험과 학습에 의해서 생각하는 마음을 갖게 된다고 한다. 행동주의가 심리학의 연구를 주도하던 시기에 암묵적으로 받아들여졌었으나, 많은 경험적 연구가 누적되면서 영아들의 마음이 빈 서판이 아니라 본성에 해당하는 많은 능력과 경향성을 갖추고 있다는 것이 드러났다. 이러한 결과를 들어, Pinker(2003)가 마음을 '빈 서판'으로 보는 것이 잘못되었음을 설명하는 저서다.

1. 뇌는 컴퓨터처럼 기능하는 신체기관이다. 뇌의 회로는 인간의 생활환경에 적합한 행동을 생성해 내도록 구성되어 있다.
2. 신경회로는 종의 진화기간 동안 그 선조들이 매일 당면했던 문제들을 해결하도록 자연선택 과정을 통해 갖추어진 것이다.
3. 사람의 의식은 빙산의 일각일 뿐이다. 사람의 마음과 행동을 움직이는 것은 의식하 수준에서 작동한다.
4. 각기 다른 적응상의 문제를 해결하도록 신경회로는 모듈로서 특화되어 있다.
5. 현대 인류가 지닌 머리는 석기시대 인류의 마음을 담고 있다. 백만 년이란 종의 역사에서 99%의 기간 동안 현재의 생활환경과는 전혀 다른 수렵 채취 생활을 하였기에 우리의 마음이 작용하는 방식은 현대 사회의 문제에 적합하지 않을 수 있다.

사회심리학의 여러 이론이 작은 규모의 이론들로 연구자가 관심을 지닌 사회적 행동 및 그와 관련된 사회현상을 설명할 뿐 그 적용 영역이 제한되어 있는 데 반해서 진화심리학은 전혀 관련이 없다고 여겨지는 영역의 현상들을 구슬 꿰듯이 아우르는 기능을 함으로써 많은 관심거리가 되고 있다. 이를테면, 친사회적 행위, 협동행위, 배우자 선택의 전략, 이성의 신체 매력, 질투의 남녀 차이, 사고과정의 어림셈, 친족살인, 자동적 사고 등의 영역에 적용되는 틀을 제공한다는 점에서 큰 매력을 지니고 있다(최재천, 2003). 더욱이, 큰 이론이지만 과학적으로 규명이 가능한 가설들을 제시하고 있어 향후 더욱 많은 연구들이 사회심리학의 영역에서 이 접근을 취하여 이루어질 것으로 기대된다(이 분야의 내용을 우리 생활과 관련하여 쉽게 풀이한 진중환, 2016 참조).

**사회신경과학의 대두** 특정 시자극을 접해서 눈동자의 움직임이 어떻게 이루어지는지를 보는 안구측정기, 거짓말을 할 때 땀샘에서의 땀의 분비를 측정하는 EMG, 특정 생각 및 정서와 관련되어 두뇌에서 신경회로들이 어떻게 작동하는지를 볼 수 있는 뇌영상촬영기(fMRI), 유전자의 기능을 파악하는 게놈 프로젝트 등의 발달이 사회심리학의 연구와 융합되고 있다. 즉, 사회심리 현상의 생물학적 기제를 파악하기 위하여 유전학과 뇌신경과학분야와의 공동 연구가 활발히 진행되고 있다(Cacioppo, 2002; Ochsner & Lieberman, 2001).

사회심리생리학 분야의 연구들이 사회심리학에 기여하는 의미를 제대로 파악할 필요가 있다. 왜냐하면 흔히 사회심리학은 생물학적인 연구와는 입장이 다른 설명을 추구하고 있다고 여겨지면서, 생물학적인 설명을 추구하는 것은 환원론적이며 사회과학적인 설명을 대체시키는 시도라고 여겨지기 때문이다. 그러나 인간의 행동은 생물학적인 몸을 지닌 탓에 유전자의 영향을 받는다는 것이지 생물학적으로 결정되는 것은 아니다. 예를 들어, 진보-보수의 이념 대립을 유전자의 기능과 관련시켜 본 연구(Settle et al., 2010)는 미국 청소년 건강 추적조사(National Longitudinal Study of Adolescent Health)에 등록된 2,500여 명의 유전자 정보와 정치 성향을 살핀 뒤, 특정 유전자(DRD4-7R)가 진보 성향과 연관이 높다는 것을 보인다. 이 유전자는 뇌에서 도파민 계열의 신경전달물질을 만드는 기능을 하는데, 이에 포함된 7R이라는 긴 형태의 대립 형질(allele)이 새로운 것을 추구하는 기질과 연관되어 있다. 이 기질이 두드러지는 사람은 단조로운 것을 오래 견디지 못하고, 늘 새롭고 특이한 것을 추구하는 성향이 있으며, 극단적인 경우에는 충동적이고 변덕스럽기도 하다. 정치적으로 연관시키면, 이런 유전자를 지니고 있는 사람들은 현재 상황을 지속하고 싶어하는 보수 성향보다는 변화를 추구하는 진보 성향을 띠는 것으로 추론할 수 있다. 그러나 이 유전자를 지녔다고 진보 성향을 띠게 되는 것은 아니다. 이들 중에서 청소년기에 활발한 사회생활을 하면서 친구가 많아진 사람들에게서만 진보 성향이 나타나기 때문이다. [그림 13-26b]에서 보듯이

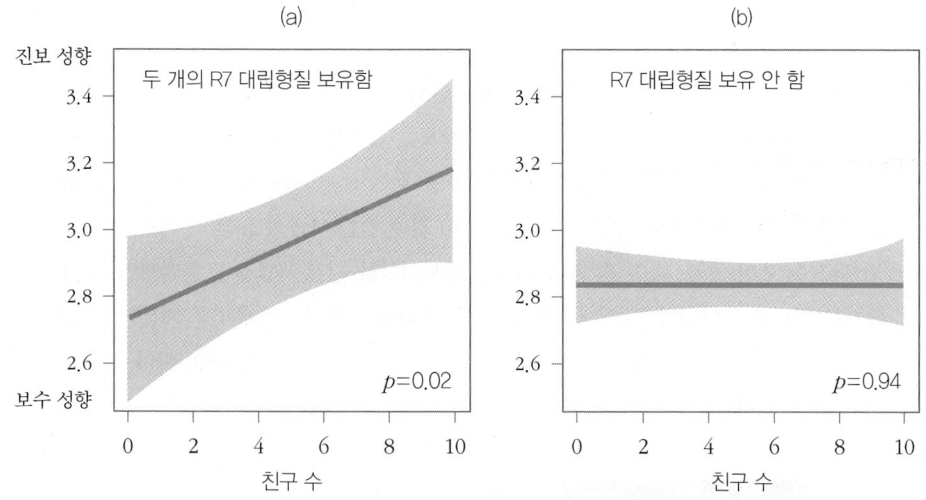


* DRD4-7R 유전자를 지닌 사람이 친구가 많을수록 더 진보 성향을 보임.

**[그림 13-26] 진보 성향에 영향을 주는 유전자와 환경의 상호작용**

출처: Settle et al. (2010).

해당 유전자가 없다면 친구의 수는 진보 성향과 무관하다. 그러나 해당 유전자가 있다고 해도([그림 13-26a]), 친구의 수가 적다면 진보 성향은 나타나지 않는다. 이 연구는 진보-보수 정치성향이 유전자와 무관한 것은 아니지만 유전자가 결정하는 것은 아니며, 사회생활의 양상과 상호작용함을 잘 보여 주고 있다(곁글 13-11).

### 곁글 13-11 진보주의자와 보수주의자의 생물학적 차이

2011년 아카데미 남우주연상을 받은 영국 배우 콜린 퍼스는 소수민족의 권리를 위해 노력하고, 공정무역 운동을 지지하며, 정치적으로 진보적인 활동을 활발히 벌여 온 사람이다. 그가 공동저자로 참여한 뇌영상연구는 대학생들의 정치성향을 물어서 자신의 진보-보수의 경향성을 확실하게 답한 남여 90명을 대상으로 이들의 뇌영상을 비교하였다. 참가자가 자신을 진보적이라고 여길수록 전측 대상피질(anterior cingulated cortex)의 회색질 부피가 큰 것으로 나타났다. 반면, 보수주의 경향성은 우측 편도체(amygdale)의 회색질 부피가 큰 것으로 나타났다([그림 13-27a]; Kanai et al., 2011). 전측대상피질의 기능 중 하나는 불확실하거나 갈등이 있는 상황일 때 예의 주시하는 것이다. 즉, 이 부위가 큰 사람들은 불확실한 상황에서 입장을 바로 정리하기보다는 기다리면서 상황변화를 주시한다. 반면에, 편도체의 기능 중 하나는 공포 처리인데, 이 편도체가 클수록 공포에 민감한 것으로 알려져 있다. 따라서 보수주의자는 편도체가, 진보주의자는 대상피질의 부위가

콜린 퍼스(Collin Firth, 1960~ )
영국 배우로 〈브리짓 존스의 일기〉에 출연하였고, 영국과 미국의 아카데미 주연상을 수상하였다.

크다는 것은 보수주의자는 변화가 초래할 수 있는 부정적인 것에 두려움을 크게 느끼고, 진보주의자는 불확실한 상황에서 새로운 것이 가져올 수 있는 변화에 관심을 주는 사회적 행위의 생물학을 보여 주는 것이다.

뇌영상뿐만 아니라 자율신경계의 활성화를 보는 피부전도 반응(공포를 느끼면 분비되는 땀의 정도를 측정)을 측정하였을 때도 보수주의자의 공포자극에 대한 민감성은 드러났다(Oxley et al., 2008). 참가자 46명의 정치적 성향을 파악한 뒤, 이들에게 위협적인 사진(예: 얼굴에 거미가 붙어 겁에 질린 사람의 표정, 구더기가 들끓고 있는 벌어진 상처)과 일반 사진을 보여 줬다. 측정 결과, 보수적인 정치성향을 지닌 사람들이 위협적인 사진을 볼 때 피부전도 반응이 증가한 것으로 나타났다. 그러나 일반 사진을 볼 때에는 정치성향에 따른 차이가 관찰되지 않았다([그림 13-27b]). 이는 보수주의자들이 공포에 대해 생리적으로 민감하게 반응함을 의미한다.

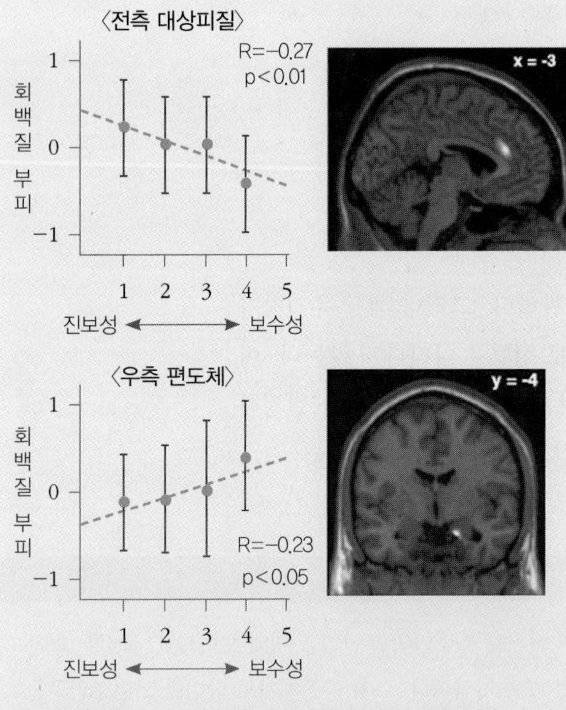


**[그림 13-27a] 진보-보수 성향과 뇌의 활동부위**

진보적일수록 전측 대상피질의 회백질 부피가, 보수적일수록 우측 편도체의 회백질 부피가 증가하고 있다.

출처: Kanai et al. (2011).

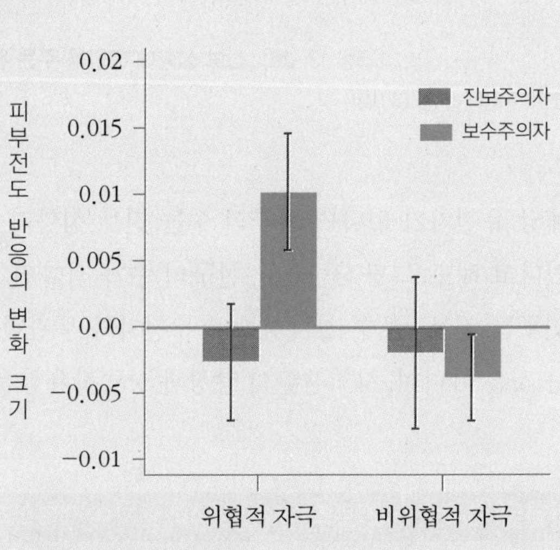


**[그림 13-27b] 진보주의자와 보수주의자의 자극에 대한 생리반응**

군비 증강, 사형, 애국심, 이라크 전쟁 등을 찬성하는 보수 성향의 참가자들에게 위협적 자극에 대한 생리적 민감도가 증가한다.

출처: Oyley et al. (2008).

생물학적 연구는 행동에 대한 추론을 생리적 수준에서 확인함으로써 이론적 토대를 더 강건하게 만들기도 한다. 예를 들어, 문화에 따라 사고유형이 다르다는 주장(Nisbett, 2003)은 사고유형에 따라 사물을 지각하는 양상이 다르다는 주장을 함축하고 있다. 이 경우에 실제로 사물을 지각하는 양상에서의 차이가 있는지를 생물학적 증거로 보이는 것은 이론의 타당성에 중요한 근거를 제시할 수 있다. 몇몇 연구는 동공의 초점이 어디에 맺히는지를 연속적으로 추적하는 안구추적장치를 사용하여, 동양인의 경우 눈의 초점이 대상에 맞추어지기 전에 배경 장면에 산발적으로 많이 머무르는 양상을 확인할 수 있었다(Chua et al., 2005; Masuda et al., 2008). 이런 발견은 동양인의 지각 양상이 서구인보다 총체적이라는 주장을 뒷받침한다.

생물학적인 접근이 사회심리의 이해에 기여하는 만큼, 사회심리학적인 발견이 신경과학 연구와 뇌의 기능 연구에 분석되어야 할 과제를 던져 주고 있다. 두 유형의 접근은 이 점에서 상호배타적인 것이 아니라 인간의 사회적 행위에 대한 상보적인 이해를 제공하는 것이다.

## 요약

1. 사회심리학에서는 인간의 사회생활에 대한 이해를 위해 문화 및 정서와 동기가 작용하는 양상에 대한 탐구를 진행하고, 진화심리학과 생물학적 기제에 대한 관심도 증가하고 있다.
2. 문화심리학은 사회심리학의 암묵적 전제였던 사회적 행위의 보편성에 대한 문제를 제기하고, 사회적 행동이 어떠한 사회화 과정을 통해서 형성되고 매개되는지에 대한 탐구를 활발히 하고 있다.
3. 문화심리학은 사회심리학이 지닌 서구적 세계관의 편향을 드러내며 토착심리학과 제3세계의 세계관에 대한 관심을 촉구한다.
4. 정서의 처리과정에 대한 관심이 증가하면서, 정서 및 동기가 사회인지에 미치는 영향을 다루는 '뜨거운 인지' 분야가 활발히 연구되고 있다. 이러한 관심은 인간에게 '인지적 구두쇠'로 보는 관점에 더하여 '동기화된 전략가'라는 명칭을 얹어 주고 있다.
5. 논리적인 체계 II 사고와 행위에 대한 기존의 관심사가 자동적이며 직감적인 체계 I 사고와 행위로 확대되면서, 사고의 양상에 대한 접근이 균형을 이루어 가고 있다.
6. 진화심리학은 자연선택기제에 의해 다양한 본성들이 갖추어져 태어나며, 이들 본성의 발현은 사회생활의 양상과 상호작용하여 나타남을 보이고 있다. 이 접근은 사회심리학의 여러 영역에서 별개로 제시된 현상들을 통합적으로 이해하는 큰 이론으로서 관심을 받는다.
7. 뇌신경과학의 발달과 더불어 사회심리생리학적 연구도 활발하다. 이 접근은 사회과학적 설명을 대체시키는 것이 아니라 생물학적 근거를 제시함으로써 행동의 다층위적 결정성, 환경과 유전의 상호작용성을 확연히 보여 주고 있다.

# 사회심리학의 교훈과 제언

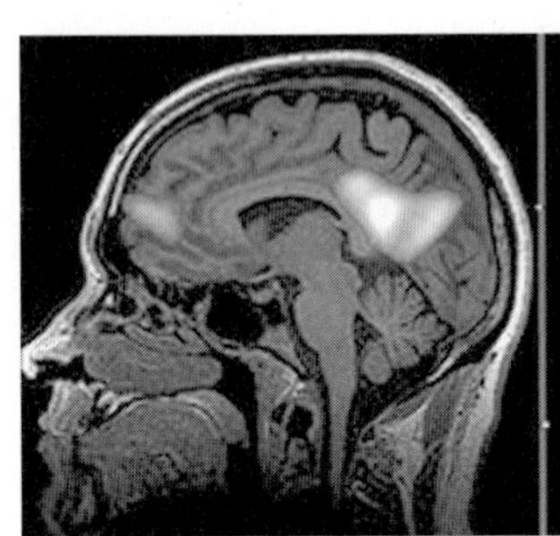
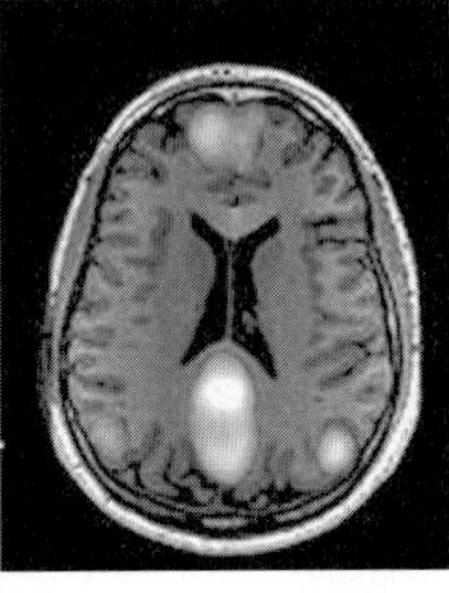

[그림 13-28] 멍한 상태의 인간의 뇌는 사회적인 뇌와 유사함

사람의 본질은 사회성에 있다. 아무런 일을 하지 않고 쉬는 상태(default state)의 인간의 뇌는 모든 영역이 쉬는 것이 아니라 특정 영역들이 활성화되어 있는 상태를 보인다([그림 13-29]). 이들 영역은 흥미롭게도 사회생활을 하는 자기나 타인을 생각하거나, 상대의 마음을 읽으려는 상태에서 활성화되는 뇌의 영역과 많은 부분이 중복된다는 것이 발견되었다(Mars et al., 2012; Raichle et al., 2001). 우리의 뇌는 사회생활을 위해 늘 준비된 상태임을 시사한다. 개개인의 사람들이 필요에 의해서 사람을 만나고 사회를 만드는 것이 아니라 사회성은 인간의 본질이다. 사회생활이 사람을 만들어 가는 것이다.

## 사회심리학이 주는 교훈들

길로비치(Thomas Gilovich, 1954~ )

스탠퍼드 대학교에서 트버스키 교수의 지도로 박사과정 수료 후 코넬 대학교에서 근무하였다. 인간의 인지편향과 의사결정 분야에서 많은 연구 업적을 보이고 있다.

사회심리학의 수많은 연구는 사람들이 사회적 상황을 접해서, 생각하고, 대응해 가는 실제 모습을 과학적 탐구를 통해 보이고 있다. 흥미롭게도 스스로가 공정하고, 객관적이고, 논리적으로 행동한다고 하는 일반인들의 생각이 전혀 그렇지 않을 수 있다는 것을 많은 연구가 보여 주고 있다. 사람들이 스스로가 여기는 것보다 진실에 가까운 자기 모습을 알게 된다면 독선에 빠지지 않고, 타인을 이해함에 있어서 더욱 수용적인 마음을 갖게 될 수 있을 것이다. 따라서 사회심리학의 지식은 우리들을 보다 지혜로운 사람으로 만드는 데 기여할 수 있다(Gilovich & Ross, 2016). 사회심리학의 이런 기여점들을 교훈 삼아 몇 가지 정리해 보자.

**사회적 상황의 힘** 현대 사회심리학의 연구에 큰 영향을 미친 Kurt Lewin(본서 1장 참조)은 인간의 행동을 개인과 상황의 함수라는 공식으로 간략히 제시하였다.

행동(Behavior) = *f*(인간 X 상황)

이 공식에서 인간은 성격, 동기, 취향, 의도 등의 개인적인 요인들이고, 상황은 개인의 생활 장면(life space)에 작용하고 있는 모든 외적인 요인들이다. 사회심리학에서 가장 잘 알려진 연구들인 권위에의 복종 연구, 모의감방 연구, 선분 맞추기 실험 연구들은 인간이 자신의 개성이나 취향, 가치관과는 무관하게, 처한 상황의 힘에 얼마나 취약한지 보여 준다. 그러나 사람들은 어떤 상황에 처하더라도 개인적인 가치, 성향, 태도, 의지에서 비롯한 행동을 보일 것이라는 믿음을 지닌 성향론자들이다. 이 사회적 상황의 힘을 제대로 인식하지 못하는 것이다. 특히 개인주의 문화권의 사람들에게서 성향론이 매우 강하게 나타난다는 것을 많은 연구들이 밝히고 있다(본서 3장 참조). 그러나 상황의 힘에 취약함을 보이는 사회심리학의 발견들은 서구인뿐만 아니라 아시아인들에게도 놀라운 것이다. 개인의 성격과 행위의 상관계수의 크기는 .30 정도로 관계가 높은 것은 아니다. 이는 개인의 특성에 바탕한 사회적 행위의 일관성에 상황의 힘들이 크게 작용하기 때문이다. 하지만 성향론에 익숙한 사람들은 사회적 행위가 행위자의 내면에서 기인한다고 여기는 탓에 행위자에 대하여 오해를 하는 경우가 많다. 처한 상황에서 작용하는 사회적 권위와 그를 따르는 대다수 사람들의 행위는 큰 압력으로 작용해서 목숨까지도 희생하게 만든다. 2014년 4월16일 진도 앞바다에서 침몰하고 있는 세월호에서 '선실에서 나가지 말고 기다리라'는 십여 차의 안내 방송을 따르다가 3백여 명의 승객이 목숨을 잃었다. 누구도 멍청해서 기다린 것은 아니었다. 상황의 힘이 그만큼 크게 작용하였던 것이다.

물론, 사람들이 자신의 의지를 억압하는 상황에 처할 때 아무 저항 없이 상황의 요구에 따르는 무기력한 상황론자들은 아니다. 어떤 상황인지 파악하려 들고, 상황에 따라 자신이 지닌 통제력을 확인하고, 회복하려 들고, 주체적으로 행사하려는 행위를 보인다. 모의감방 연구나 권위에의 복종 연구 등등의 고전적인 연구들에서도 그러한 주체성을 보이는 행위들이 나타났다(Swann & Jetten, 2017). 성향론과 상황론의 상반된 입장 중 어느 하나를 취할 수는 없다. 수식이 보여 주듯이 [인간×상황]의 상호작용론을 수용해야 할 것이다. 자신을 무능력자로 규정짓는 것이 아니라 '꼼꼼한 일처리는 잘 못해' 혹은 자신을 '통제력이 약한 사람'으로 규정하기보다는 '나는 무시당하는 것은 못 참어!' 식으로 한다면 성향론으로 파악하는 것보다 훨씬 융통성 있고 적응적인 대응이 가능하다(Mendoza-Denton et al., 2001). 사람들은 생활에서 경험하는 실패를 통해 자신을 파악하고, 자신을 바꾸려는 장기적인 목표를 달성하기 위해 노력한다. 자신을 성향론적으로 파악하기보다 상호작용론이 요구하는 맥락적으로 자기를 파악할 때 구체적으로 개선해야 할 것과 추구 또는 회피할 상황/맥락들이 파악되고, 자기에 대한 지나친 낭패감, 분노, 실망에서 벗어날 수 있다. 인간의 지혜는 실패했을 때 상황에 굴복하거나, 나쁜 것을 보지 않거나 무시하는 것이 아니라 맥락적으로 들여다 보는 것이다.

**현실 인식의 주관성** 사회적 상황은 본질적으로 애매하여 다양하게 인식되고 해석될 수 있다. 마치 이렇게도 볼 수 있고 저렇게도 볼 수 있는 가역성 도형과 같다([그림 4-1]). 이 애매한 사회적 상황은 관여 당사자들의 입장, 성격, 손익 문제에 따라 전혀 달리 구성되는 주관성을 지닌다(Nisbett & Ross, 1991). 이 주관성이 많은 사람들에게서 공유되는 경우에 관점, 틀, 도식, 표상 등으로 정리되어 인식되고 있다(본서 3장, 4장 참조). 그러나 사람들은 자신의 상황인식이 사태에 대한 객관적이고 꾸밈없는 인식이며, 현실을 그대로 반영한다는 소박한 실재론을 믿고 있다. 따라서 자신의 인식에 바탕하여 타인의 행위를 예측하고 자신과 다른 관점이나 판단을 하는 사람들을 보면, 자신과 다르니 그럴 수 있겠다고 여기는 것이 아니다. 그들이 현실을 잘못 보고 있다거나, 욕심으로 편향되었다고 여긴다. 하나의 정치적 사안을 봄에 있어서 진보주의자들과 보수주의자들은 상당한 견해 차이를 보인다. 누구나 사람들은 자신의 견해와 거리가 멀수록 자신의 견해가 타당한 근거를 지녔으나, 상대방의 견해가 합리적이지 못하고, 편향되어 있다고 여기는 것이다(Pronin, Gilovich, & Ross, 2004: [그림 3-17] 참조).

사람들은 시각차이가 있더라도 한두 마디 나누면 객관적 현실(자기가 보는 것)을 상대도 알게 되리라 여긴다(본서 3장과 8장 참조). 그러나 자신과 상대방의 사태에 대한 주관적 구성이 다르다는 생각을 하지 않는 까닭에, 사람들은 자신의 기대와는 다른 행동을 보인 상대방에 대하여 상황론적 이유를 탐색하기보다는 성향론적 수정을 손쉽게 할 뿐이다. 미국의 링컨 대통령은 자신의 정적 한 사람에 대하여 "나는 그 사람을 좋아하지 않는다. 그러나 그 사람에 대하여 좀 더 많이 알아야겠다"고 했단다(Gilovich & Ross, 2016, p. 66). 자신과 견해가 다른 사람을 멍청이, 사악한 의도를 숨기고 있는 사람으로 매도하기보다 왜 다른 견해를 가지고 있는지를 이해하게 되면 그 사람에 대한 적대감은 상당히 줄어들 수 있을 것이다.

사람들은 사태를 접하면서 구성하는 현실 인식이 다르고, 다르게 인식된 현실을 각자가 실제로 여기고 판단한다. 이런 면에서 사실 사람들은 동일한 사태에 대하여 다른 판단을 하기보다는 다른 사태로 여겨진 현실에 대하여 판단하는 것으로 이해되어야 할 것이다(Asch, 1948; Gilovich & Ross, 2016).

**편향의 작용과 착각** 사람들은 사태를 파악하고 판단함에 있어서 다양한 인지적 편향을 보인다. 그러나 이런 편향이 작용하고 있다는 것을 거의 인식하지 못한다. 그래서 본인들은 치우치지 않고 현실을 객관적으로 파악한다고 여긴다(본서 3장). 이런 편향들은 사람들이 지닌 두 가지 동기에서 연유한다(Gehlbach & Vriesema, 2019). 하나는 많은 정보를 효율적으로 처리하려는 동기다. 상황에 접해서 만나는 수많은 정보를 세밀히 하나하나 검토하면서 처리하는 것이 아니라 순간적으로 빨리 처리하는 효율성을 지향한다. 도식, 고정관념이나 휴리스틱 같은 어림법에 의한 정보처리를 하면 여유 있는 인지적 자원을 다른 상황 과제에 쓸 수 있기 때문이다. 이 면에서 사람은 인지적 구두쇠라는 특징을 지니고 있음을 유념해야 한다(Nisbett & Ross, 1980). 둘째는 자신을 보호하고 고양시키려는 동기다. 사람들은 자신에 대하여 사실적으로 파악하기보다는 고양적으로 파악하므로, 자기중심적 편향, 비현실적 낙관성, 확증편향, 높은 자존감, 평균이상 효과 등을 보이지만, 이러한 편향은 남에게 작용할지 몰라도 자신에게는 작용하지 않거나 덜 작용한다고 여긴다([그림 3-17], Pronin, Lin, & Ross, 2002). 이런 고양 욕구 탓에 사람들은 자기를 긍정적으로 평가하게 만드는 정보를 탐색하고 받아들이고, 나쁘게 평가하게 되는 정보를 소홀하게 취급하지만, 이런 편향을 모르는 탓에 스스로 객관적인 정보

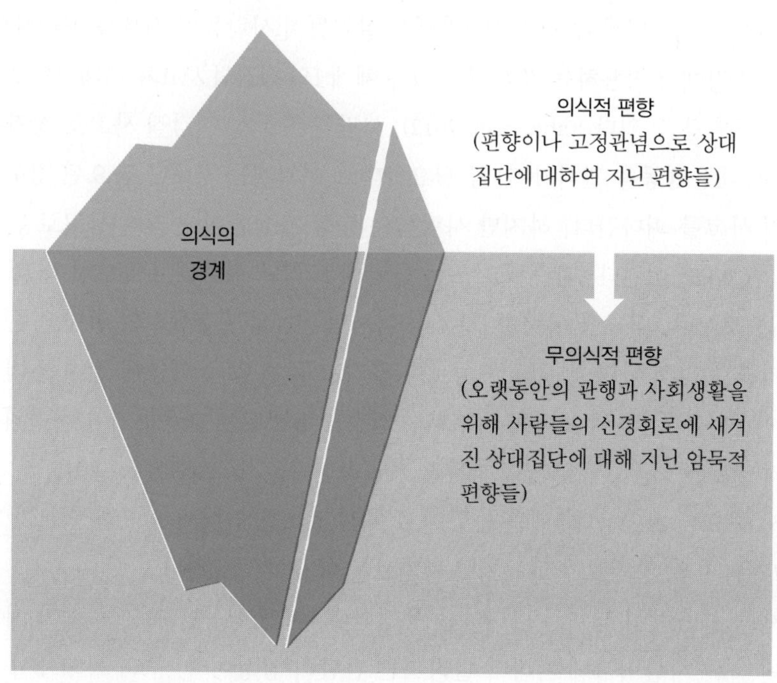


**[그림 13-29] 사람들의 인지체계에 작동하는 의식적 편향과 무의식적 편향**

출처: https://open.maricopa.edu/ socialpsycholgy/chapter/chapter-3-acknowledge-your biases/

처리를 한다고 여긴다. 이런 면에서 사람들은 타고난 동기화된 전략가이기도 하다(Kunda, 1999).

사람들이 보이는 다양한 편향은 의식되는 것이 있고, 무의식적으로 작용하는 것들이 있다. 의식되는 것들은 자신이 대상에 대하여 지닌 태도, 편견, 고정관념 같은 것들이다. 이런 편향에 바탕한 행동은 차별적 행위로 간주되며, 지탄받는 것들이라 사람들은 의식적 편향에서 벗어나려는 노력을 한다. 무의식적 편향은 본인도 모르는 편향들이다. 이에는 오랫동안 편견과 무지 탓에 차별받아 왔던 흑인, 장애인, 여성 및 소수자 집단에 대하여 사회에 퍼진 부정적인 암묵적 편향들이 있다(10장 참조). 아울러, 사회생활에서 자신의 정체성과 일관성을 유지하기 위해서 자연적으로 갖추게 된 편향도 있다. 자기중심편향, 확증편향, 비현실적 낙관성 등이다(4장 참조). 이런 여러 가지 편향을 지니고 있음에도 불구하고, 사람들은 자신이 보는 세상은 객관적 현실이고, 자신이 지닌 견해는 편향되지 않은 타당성을 지닌 것이라고 여기는 진짜 근본적인 귀인오류를 지니고 있다(Ross, 2018).

**일상적 판단의 특징** 사회생활을 하면서 사람들이 보이는 판단과정에서 나타나는 두드러진 두 가지 특징을 염두에 둘 필요가 있다. 첫째는 판단과정 자체에서 나타나는 사고의 양상이다. 본서 4장에서 살폈듯이 사람들이 정보를 처리하며 판단하는 과정에서 작용하는 생각의 방식은 체계 I의 직감적 사고와 체계 II의 논리적 사고가 구분될 수 있다(Kahneman, 2012). 사람들은 통상 직감적 사고로 상황판단을 하고, 대응행동을 펼쳐가며, 꼭 필요하다고 여겨지는 경우나 강요된 경우에만 논리적 사고를 펴나간다. 하지만 사람들은 통상 자신들이 논리적 사고로 판단하고 대처한다고 여긴다. 직감적 사고는 눈앞에 드러난 정보들이 유도한 대로 판단을 하는 것이다. 대표성 어림법, 가용성 어림법들처럼 일상에서의 판단을 손쉽게 만들지만 논리적 판단에 필요한 정보를 알려고 들지 않기 때문에 실수를 저지르게도 만든다. 사람들이 보이는 대부분의 실수는 올바르게 대응하기가 어려워서가 아니라 잘못된 대응이 너무 쉽기 때문에 저질러진다(Gilovich & Ross, 2015. p. 202). 따라서 중요한 판단을 할 때는 눈앞에 주어진 정보를 넘어서 필요한 정보가 없는지, 고려하지 않은 정보가 없는지를 챙겨보는 마음이 필요하다.

둘째는 판단의 대상에서 나타나는 특징이다. 어떤 행동을 보인 주체가 자기냐 아니면 다른 사람이냐에 따라서 달라지는 판단의 양상이다. 우리 사회에서 흔히 내로남불이라고 풍자되는 현상이다(3장 참조). 사람들은 자신에 대한 판단은 자신이 보인 행동보다는 스스로가 잘 알고 있다고 여기는 내면의 마음 상태(의도, 의지

등)를 중요하게 여긴다. 내성착각 현상이다(Pronin et al., 2004). 그러나 다른 사람이 보인 행동을 보고서 상대방에 대한 판단을 할 때는 상대방의 마음을 알 수 없는 탓에 드러난 행동을 판단 근거로 삼는다. 이러한 양상의 판단이 나를 포함하여 모든 사람에게서 나타나는 것을 이해하면 상대방에 대한 평가나 판단이 덜 극단적으로 이루어질 수 있을 것이다.

**역동적 긴장체계** 사회는 열린 긴장체계이다(Nisbett & Ross, 1991). Lewin(1951)은 사회심리를 이해하기 위해서는 장(場)이론적 접근을 해야 한다고 보았다. 장에서 작용하는 요인들은 다른 요인들과 영향을 주고받으며 나타난다는 것이다. 사회는 기계론적인 인과관계가 작용하는 닫힌 체계가 아니라, 열린 체계에서 밀고 당기는 힘들이 역동적으로 작동하는 긴장체계다. 이들 긴장체계는 두 가지 점에서 이해될 수 있다. 첫째, 제도의 변화를 도모하는 경우에 기존의 저항적인 요소의 존재는 새로이 도입된 제도의 정착과 그 효과에 큰 영향을 준다. 대표적인 사례가 기존의 연공서열식 급여제도에 도입되는 성과급 제도다. 제도가 도입된 지는 십여 년이 지났지만, 기존의 제도에 변화를 덜 주는 방식으로 변형되는 저항을 받았으며, 의도하지 않았던 인간관계의 변화가 나타나는 것들을 예로 들 수 있다. 둘째, 위태로운 긴장의 균형을 이루고 있는 상황에서는 조그마한 변화가 균형을 허물 수 있다. 2010년 말에 튀니지에서 노점상 청년이 분신자살한 사건이 페이스북과 트위터 등을 통해 알려지면서 수십 년 동안 팽팽한 대립 상태에 있던 중동지역의 권력 구도를 뒤바꾸는 자스민 혁명으로 발전한 예를 들 수 있다(하병주, 2014). 장에서 작용하고 있는 힘들의 관계를 무시하는 경우에 새로운 변화의 도입이 엄청난 노력에도 불구하고 효과를 거두지 못할 수 있지만, 자그마한 사건이 기폭제로 작용하여 큰 변화를 가져올 수 있는 것이다(이에 대한 흥미로운 사례들은 Gladwell, 2000 참조).

사회라는 장에서만 긴장체계가 작동하는 것은 아니다. 개개인의 심리도 긴장체계에 있다. 태도라는 장을 구성하는 정서, 인지, 행동이 서로 긴장관계에 있어서 균형이 깨지는 변화가 나타날 때 역동적인 상호과정을 거쳐 균형을 회복하거나 변화되는 것을 볼 수 있다(5장 참조).

## 마무리 제언: 새로운 사회심리학의 필요와 가능성

사람은 사회생활 속에서 다른 사람들과 소통하며, 교류하는 과정에서 자신의 특성을 갖추어 가고 자신의 욕망을 실현해 가는 주체다. 우리가 이 책에서 다룬 모든 내용이 그러한 욕망을 실현해 가는 개인에게 영향을 주는 타인, 사회, 공동체의 영향 과정을 다루고 있다. 이런 삶의 모습은 인간 사회 모두에서 공통으로 나타나고 있는 현상이다. 그렇다고 해서 이 공통점이 보편적인 심리를 반영하는 것은 아니다.

사회심리학에서 다루고 있는 거의 모든 개념과 이론은 '오인 나'의 세계관을 지닌 구미학자들에 의해서 만들어지고 연구된 것이다. '오인 나'의 세계관은 개인주의와 자유주의라는 사상을 배태시켰고 또 그에 의해 강화받으며, 과학기술 혁명이란 수단을 이용해 개인들의 욕망을 한껏 부풀리고 이를 충족시키며 인간 사회의 외형적 성장을 가져왔다(12장 참조). 동시에 극복하기 어려운 위기도 초래하였다. 인간중심주의적 생활방식이 많은 종들의 멸종을 가져왔고, 종다양성을 심각하게 위협하고 있으며, 인간의 생존을 위협하는 기후위기라는 생태계의 절박한 위기를 가져온 것이다(본서 11장 참조). 인류세(anthropocene)라는 매우 짧지만 생태계에 미치는 악영향으로 다른 지질학적 연대와는 뚜렷이 구분될 수 있는 시기의 한복판에 인류를 위치시켰다(김지성 외, 2016; Crutzen, 2002).

인간이라는 존재에 대한 인식을 '쪽인 나'로 전환할 필요가 절실한 현실상황이다. 사람은 늘 쪽으로서 상대쪽을 만나 어울리면서 존재해 왔을 뿐이다. 이 존재론은 생존 양상을 그대로 반영하고 있다. 인간은 저마다 따로 존재할 수 없다. 늘 다른 모든 것들과 함께 쪽으로서 존재하고 있다. 인간이 사회를 만드는 것이 아니라 사회가 인간을 만들고, 그의 삶을 가능하게 한다. "나는 생각한다. 고로 존재한다"는 데카르트의 선언은 생각이 언어로 이루어지고 언어는 사회성을 위해서 갖추게 되는 것이라는 점에서 언어의 사회성에 무지한 '오인 나'의 착각일 뿐이다(Collins, 1998). 즉, 사회는 나를 있도록 선행하는 조건으로, 나는 수많은 관계 속에 있는 것이다.

사람은 '따로 하는 개체로서의 자기성'과 '함께하는 쪽으로서의 우리성'의 두 가지 의식을 모두 지니고 생활한다. 개체로서의 자기성 의식은 남과 구분되는 자신의 삶을 영위해 가는 주체로서 자신의 고유한 몸으로 삶의 쾌락과 성취를 최대화시키는 목표를 지향하게 된다. 반면에, 다른 사람 및 자연물들과 함께하는 쪽으로서 우리성 의식은 자신의 존재의 구실(이유)을 어울리는 우리 집단의 유지에 두고, 다른 쪽들과의 유대감 및 공존을 추구하고 해치지 않는 방식의 삶을 모색한다. '쪽인 나'의 삶의 양태를 누구나 자연스럽게 깨닫는 것은 아니다. 사람들은 남과 구분되는 몸을 지녔기 때문에 어려서는 저마다 따로 하는 의식에서 살지만 성숙하면서 쪽의 어울림성을 깨닫게 될 수 있다. 이 어울림성의 크기는 '저들만'의 범주를 넘어 '남까지' 포함하는 어울림으로 확장되고, '것들까지' 포함하는 생태계 속의 어울림으로 더 커질 수 있다(11장, 12장 참조). 서구의 '오인 나'의 존재론에 바탕하여, 개체들의 행복과 생활편의를 추구하는 열망이 과학기술 혁명과 물질문명의 혜택을 가져왔지만 생태계의 위기도 초래하였다. 이제 성장주의적 경제가 아니라 지속가능한 경제, 탈성장의 경제로 전환이 절실한 시대다. 이런 탈성장의 새로운 체제가 안착하고 그에 걸맞는 생활이 지속되기 위하여 '오인 나'에서 '쪽인 나'로의 존재론적 인식의 전환이 필요하다(곁글 13-12).

**곁글 13-12** **탈성장과 충족성(알맞음): 다다익선의 착각에서 벗어나야 할 시대**

인류 역사는 자연에 대한 지배력을 확장시켜 온 성장의 역사이었다. 이런 확장이 경제를 성장시키고, 생활의 편익을 향상시키며, 더 나은 삶을 가져오리라 믿었다. 그러나 기후위기와 생태계의 파괴는 이런 성장의 한계를 보여 주며, 생태계의 지속가능성을 목표로 삶의 철학과 정책이 변환될 것을 요구하고 있다. 하지만 지금도 모든 나라들이 경제 성장률이 마이너스로 되는 것은 잘못이며, 플러스 성장을 도모하는 경제 정책을 펴고 있다. 성장주의에서 벗어나 **탈성장**(degrowth)으로 전환이 요구되는 현실이다.

산업 성장은 높은 에너지 소비를 수반하게 마련이다. 경제발전의 초기에는 에너지 사용의 증가가 경제발전에 기여하며, 생활의 편익을 높이는데 크게 기여했다. 그러나 경제발전이 상당히 이루어진 상항에서는 에너지 사용이 높아지더라도 상응하는 편익이나 생활만족감은 높아지지 않을 가능성도 함께 높아진다. 생활의 필요성보다는 지위재의 소비가 관심을 끌며, 이를 위해 사용되는 서비스 분야의 에너지 소비가 늘어나지만, 이런 수요 증가는 생활만족감과는 무관하며, 과잉 소비로 초래되는 오염, 쓰레기를 처리하기 위하여 더 많은 에너지가 쓰이는 모순을 유발한다. UN 사무총장의 에너지 및 기후변화 자문 그룹은 현대인들의 생활에서 필요한 에너지는 대략 연간 1인당 37GJ(기가줄: 1인당 에너지 소비량의 단위로 278킬로와트에 해당함)로 충족될 수 있다고 제시했다. OECD에 가입하지 않은 국가들은 1인당 평균 56GJ 미만이고 OECD 국가들은 일인당 대략 172GJ 수준이다. 2018년 에너지 사용량이 가장 높은 곳은 캐나다로 338 GJ, 미국은 284GJ이었다. 그러나 연간 1인당 32~38GJ의 에너지 사용률을 넘어설 경우에 물리적 삶의 질 증가는 미미하다고 보고한다(Burke, 2020).

즉, 사람들은 자신들의 복지를 향상시킬 것이라며 많은 에너지를 사용하지만, 이 과도한 사용이 오히려 복지를 깎아 먹는 상황이 된 것이다. 이제 풍족한 에너지가 아니라 편익에 알맞은 에너지라는 **충족성** 개념을 도입할 필요성이 제기된다. **충족성**이란 복지를 향상시키는 데 알맞은 수준이 있고, 그 이상의 에너지 사용은 낭비이며, 생태계에 악영향을 미치는 경계가 있음을 뜻한다. [그림 13-30]은 이를 보여 준다(Burke, 2020). 에너지 사용의 증가를 당연한 것으로 여길 것이 아니라 충족성 기준을 적용시켜 수요의 측면에서 이를 규제하는 정책이 탈성장의 경제를 위해서는 필요할 것이다(Zell-Ziegler et al., 2021).

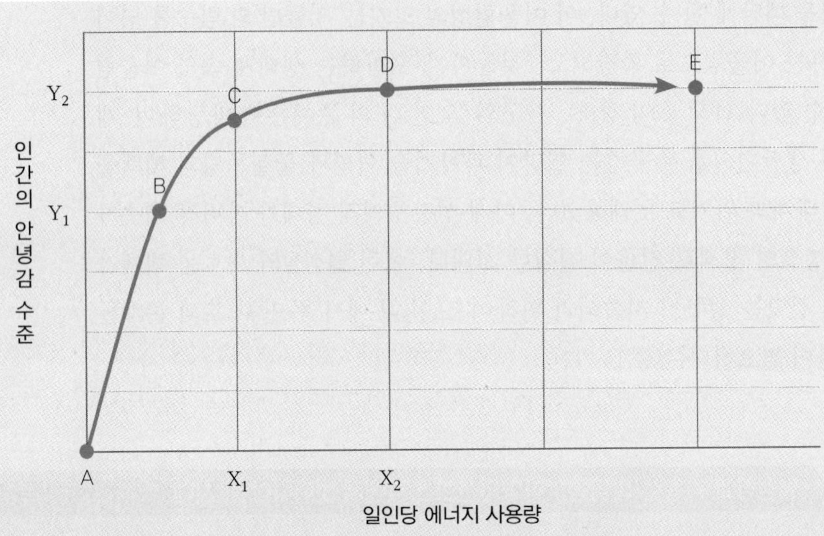


**[그림 13-30] 에너지 충족성(알맞음) 포화 곡선**

선분 AB는 에너지 부족 상태, BC의 최소 범위와 CD의 최대 구간이 에너지 충족 상태이다. $Y_1$은 허용되는 인간의 안녕감 수준이고, $Y_2$는 달성 가능한 최고 수준의 안녕감 수준이다.

출처: Burke (2020).

세계관이 확연히 다른 동아시아 사회를 연구하고 설명하기 위해 개인주의-집단주의 이론이 적용되었지만, 집단주의로 설명되기 어려운 현상들을 파악하기 위하여 관계주의(relationalism; Brewer & Gardner, 1996; Ho, 1993), 맥락주의(contextualism; Hamaguchi, 1985), 선형적-변증법적 사고(Spencer-Rodgers, J., et al., 2009). 분석적-총체적 사고(Nisbett et al., 2001) 등의 틀들이 제시되어 왔다. 이런 틀들이 개인주의-집단주의의 맹점들을 다루는 성과를 보이고 있지만, 모두 인간 사회에 초점이 맞추어져 있을 뿐, 인간과 자연과의 관계 맺음에 대하여는 침묵하고 있다. 기후위기를 초래한 구미 사회의 인간중심주의적 세계관과 인간관, 심지어 존재론이 지닌 특성이 현대 사회심리학의 형성에 미친 영향은 지대하지만 최근에 비로소 관심을 받고 있을 뿐이다(Slife et al., 2017).

한국인이 지녀왔던 쪽의 세계관은 서구인의 개체적 세계관에 대한 훌륭한 대안이 될 수 있다. 12장에서 살폈듯이 쪽의 세계관과 존재론은 우리말 속에 잘 녹아 있다. 말은 단순히 소통의 도구가 아니라 사태를 파악하는 렌즈이자, 사태를 생성하는 알고리즘이기도 하다. 우리말의 어휘들 '우리, ~쪽, 몫, 고루, 두루, 함께, 같이, 허물, 어울림, 어른, 임자, ~덕분에, ~바람에, ~탓에, 경우(境遇), ~정(情), 한

(恨), 심정(心情), 홧병, 눈치, 핑계, ~다움' 등은 얼핏 별 관련이 없어 보이지만 우리의 '쪽' 세계관과 존재론을 반영하고 있다. 이 세계관을 요약하면 "삶이란 개별적 임자인 동시에 쪽으로서 함께 어울려 우리를 이룬 바탕에서 모든 것들이 서로 연계되어 영향을 끼치고 받으면서(바람, 덕분, 탓, 되다) 일이 전개되는 세상"이다. 이 세상에서 쪽으로서 자기 구실을 다하며 살아가는 소박한 삶이 사람다운 삶이다. 쪽으로서 함께 하는 상대방의 범주는 가까운 가족에서부터 우주로 까지 확대될 수 있다. 우리말이 담고 있는 '쪽'의 세계관과 존재론에 대한 이해를 바탕으로 한국인을 새롭게 이해하는 사회심리학의 연구가 우리에게만 필요한 것은 아니다. 생태계의 위기를 맞고 있는 세계인들을 위해서도 필요한 시점이 된 것이다(한규석, 최봉영, 2015; 최봉영, 한규석, 2021).

## 요약

1. 사람들은 성향에 따라 행동한다는 성향론자들이지만 상황의 힘에 취약하다. 그렇다고 무기력한 상황론자도 아니다. 사람의 특성을 맥락적으로 파악하는 지혜가 필요하다.
2. 사람들은 현실을 객관적으로 파악하는 것이 아니라 주관적으로 구성하여 파악한다. 하지만 자신이 보는 현실이 실재라는 소박한 실재론을 갖고 있다. 따라서 같은 현실을 보고 있는 것이 아니라 다른 현실을 대하고 있어서 갈등을 보인다.
3. 사람들은 의식적 · 무의식적 인지편향을 지니고 있다. 사람들은 이런 편향이 타인에게는 작용하지만 자신에게는 없거나 덜 작용한다고 믿는다.
4. 사람들의 일상 판단은 직감적 사고(체계 I)에 의존하므로 각종 어림법에 의존한 판단을 하며, 필요한 경우에만 논리적 판단을 하려고 한다.
5. 현실은 열려 있는 역동적 긴장체계의 세계다. 하지만 사람들은 현실을 닫힌 체계, 일방적으로 작동하는 체계로 여기며 대응행동을 보이고, 실패하거나 예상 밖의 결과에 놀란다.
6. '오인 나'의 세계관에 바탕한 성장주의/신자유주의 경제제도가 초래한 기후위기를 극복하기 위하여 탈성장의 경제가 논의되고 있다. 탈성장의 정착을 위해 '쪽인 나'의 세계관으로의 전환이 필요하며, 쪽의 세계관에 바탕한 사회심리학의 연구가 앞으로 전개되어야 할 것이다.

# 참고문헌

※ 많이 나오는 학술논문집의 이름은 다음과 같이 약어로 표시하였다.

사심: 사회심리학연구　　한사: 한국사회학
한심: 한국심리학회지　　한심연차: 한국심리학회 연차학술대회 발표논문집

*AESP: Advances in Experimental Social Psychology*
*AJSP: Asian J. of Social Psychology*
*AP: American Psychologist*
*ARP: Annual Review of Psychology*
*BJSP: British J. of Social Psychology*
*EJSP: European J. of Social Psychology*
*GPIR: Group Processes and Intergroup Relations*
*JAP: J. of Applied Psychology*
*JASP: J. of Abnormal and Social Psychology*
*JCCG: J. of Cross-Cultural Gerontology*
*JCCP: J. of Cross-Cultural Psychology*
*JEP: J. of Experimental Psychology*
*JESP: J. of Experimental Social Psychology*
*JHS: J. of Happiness Studies*
*JPP: J. of Positive Psychology*
*JPSP: J. of Personality and Social Psychology*
*JSI: J. of Social Issue*
*JSP: J. of Social Psychology*
*JSPR: J. of Social and Personal Relationship*
*OBHDP: Organizational Behavior and Human Decision Processes*
*PB: Psychological Bulletin*
*PNAS: Proceedings of the National Academy of Sciences*
*POPS: Perspectives on Psychological Science*
*PR: Psychological Review*
*PS: Psychological Science*
*PSPB: Personality and Social Psychology Bulletin*
*PSPI: Psychological Science in the Public Interest*
*PSPR: Personality and Social Psychology Review*
*SPPS: Social Psychological and Personality Science*
*SPQ: Social Psychology Quarterly*
*SSQ: Social Science Quarterly*

가세 히데아키(1989). 한의 한국인, 황공해하는 일본인. 서울: 한국브리태니커회사.

강성현(2013). '아카(アカ)'와 '빨갱이'의 탄생-'적(赤-敵) 만들기'와 '비국민'의 계보학. 사회와 역사(100), 235-277.

강원택(2013). 한국 선거에서의 '계급 배반 투표'와 사회 계층. 한국정당학회보, 12(3), 5-28.

강은영(2015). 아동학대의 실태와 학대피해아동 보호법제에 관한 연구. 서울: KIC.

강준만(2016). 왜 부모를 잘 둔 것도 능력이 되었나? '능력주의 커뮤니케이션'의 심리적 기제. 사회과학연구, 55(2), 319.

강진경(1999). Sternberg의 사랑의 삼각이론의 한국 부부에의 적용. 한국가정관리학회지, 17(4).

고려대학교 부설 행동과학연구소(1998). 심리척도 핸드북. 서울: 학지사.

고은영, 최윤영, 최민영, 박성화, 서영석(2014). 외로움, 대인 민감 및 페이스북 중독 간의 관계. 한심: 상담 및 심리치료, 26(3), 713-738.

고재홍(1994). 가해자의 외모와 형량판단 간의 매개과정. 한심: 사회, 8(1), 68-84.

고재홍, 전명진(2003). 부부의 유사성과 결혼만족도 간의 관계: 프로파일 유사성 분석. 한심: 사회 및 성격, 17(3), 1-16.

고재홍, 지영단(2002). 청소년의 음란물 접촉과 잘못된 강간통념 수용 간의 매개변인과 조정변인의 역할. 청소년상담연구, 10(1), 87-106.

고현석, 김민희, 민경환(2012). 자존감, 자존감 안정성, 자기개념 명료성과 심리적 적응과의 관계 탐색. 한심: 일반, 31(3), 825-846.

공성숙(2008). 부부클리닉 방문부부의 심리적 요인이 결혼만족도 및 이혼가능성에 미치는 영향. 대한간호학회지, 38(4), 550-560.

공윤엽, 김동하, 최현성, 황재호(2022). 소셜 빅데이터 기반의 20대 대선후보 키워드 분석을 통한 선거전략 수립. 인문사회 21, 13(1), 3191-3206.

공인숙, 민하영(2007). 영 · 호남 지역 아동 및 청소년의 지역감정 평가. 가정과 삶의질 연구, 25(1), 159-167.

곽금주(2008). 한국의 왕따와 예방 프로그램. 한심: 사회문제, 14(1), 255-272.

곽금주, 윤진(1992). 공격성의 사회인지적 매개과정에 관한 두 가지 기초연구: 공격영화장면의 효과와 개인의 공격성 수준에 따른 차이. 한심: 사회, 6(2), 1-10.

곽지현(2023). 아동학대범죄의 처벌 등에 관한 특례법상 아동학대범죄의 문제점과 개선방안. 법학논집, 28(2), 333-357.

구미정(2015). 세월호와 함께 침몰한 한국사회의 인권: 문학과 신학의 한 대화: 문학과 신학의 한 대화. 현상과인식, 39(1, 2), 17-41.

구본용(1991). 고독한 사람들의 대인관계 특성. 한양대학교 일반대학원 박사학위 청구논문.

구자숙(1999). "언어와 사회심리". 고재홍 외(공저). 현대사회심리학연구, pp. 221-258. 서울: 시그마프레스.

구자숙, 김정현(1999). 경제적 위기와 정치적 전환이 통합적 복합성에 미치는 효과: 신문사설 및 당보를 중심으로. 한심: 사회 및 성격, 13(1), 35-52.

구자영, 서은국(2007). 행복의 양이 한정되어 있다는 믿음과 주관적 안녕감. 한심: 사회 및 성격, 21(4), 1-19.

구재선, 김의철(2006). 한국인의 행복 경험에 대한 토착문화심리학적 접근. 한심: 사회문제, 12, 77-100.

구재선, 서은국(2011). 한국인 누가 언제 행복한가. 한심: 사회 및 성격, 25(2), 143-166.

구재선, 서은국(2015). 왜 한국 대학생이 미국 대학생보다 불행한가: 상대적 외적 가치, 사회적 지원, 사회 비교의 영향. 한심: 사회 및 성격, 29(4), 63-83.

구재선, 이아롱, 서은국(2009). 행복의 사회적 기능-행복한 사람이 인기가 있나? 한심: 문화 및 사회문제, 15(1), 29-47.

권귀숙(2002). 대량학살의 사회심리: 제주4 · 3 사건의 학살 과정. 한사, 36(5), 171-202.

권순달(2006). 사랑의 요인 구조 분석과 평가. 교육평가연구, 19(2), 261-280.

권승문(2022). 온실가스 배출권거래제 효과에 잇따라 제기되는 의문들. 그린포스트코리아.

권정혜, 육설아, 우성범, 조현(2013). 오프라인과 온라인 대인관계가 사회자본형성과 주관적 안녕감에 미치는 영향: SNS 사용자를 중심으로. 사이버커뮤니케이션학보, 30(2), 5-32.

권희경, 장재홍, 권영민(2005). 애정관계 행동척도의 개발과 타당도 연구. 한심: 여성, 10(4), 497-524.

길강묵(2011). 이민자 사회통합 정책의 현황과 과제: 법무부의 이민정책 현황과 과제를 중심으로. 다문화사회연구, 4(2), 139-168.

길수영, 이승희(2011). 청소년의 명품 복제품 구매태도에 미치는 영향 요인. 한국디자인문화학회지, 17(3), 82-93.

김가영, 임낭연, 서은국(2016). 외로움과 돈에 대한 왜곡된 믿음. 한심: 사회 및 성격, 30(1), 1-21.

김경동, 이온죽(1989). 사회조사연구방법. 서울: 박영사.

김경선(2001). 여대생의 흡연 행위에 관한 연구. 한국보건간호학회지, 15(1), 1-12.

김경신, 박옥임, 정혜정(1999). 가부장적 관점에서의 가정폭력: 아내학대를 중심으로. 한국가족관계학회, 4(2), 213-239.

김경자, 한규석(2000). 심정대화의 특성: 심정표상과 심정대화의 경험적 분석. 한심: 사회 및 성격, 14(1), 1-22.

김경희(2000). 아동과 청소년의 사회적 거짓말. 한심: 발달, 13-3, 43-60.

김광식(2014). 한국사회에 반말공용화를 묻는다: 인지문화철학자의 반말 선언. 사회와 철학, 제28집, 25-40.

김교헌(1992). 자기노출의 기능. 한심, 11(1), 81-107.

김기동, 이재묵, 정다빈(2020). 성차별주의의 정치적 및 감정적 효과:

한국 유권자들에 대한 실험연구. 한사, 54(4), 41-82.

김기범(2009). 정마음 모형 검증. 한심: 사회 및 성격, 23(1), 147-163.

김기범, 김미희, 최상진(2002). 한국인의 대인관계에서의 기본도덕으로서의 의리분석: 한국인에게 진정한 친구는 의리 있는 친구인가. 한심: 사회문제, 8(1), 79-101.

김낙년(2012). 한국의 소득집중도 추이와 국제비교, 1976-2010: 소득세 자료에 의한 접근. 경제분석, 18(3), 75-114.

김동직, 한성열(1998). 개별성 관계성 척도의 제작과 타당화 연구. 한심: 사회 및 성격, 12(1), 71-93.

김동춘(1997). 1980년대 민주변혁운동의 성장과 그 성격. 학술단체협의회 편. 6월 민주항쟁과 한국사회 10년. 서울: 당대.

김동춘(2022). 시험능력주의: 한국형 능력주의는 어떻게 불평등을 강화하는가. 서울: 창비.

김두섭, 은기수(2002). 『한국사회학』 게재물의 구성과 변화: 1964~2002. 한사, 36(6), 215-236.

김두식(1995). 환경문제와 환경보호에 대한 시민들의 태도 조사연구: 대구시를 중심으로. 한사, 29, 33-67.

김두식(2005). 환경주의와 탈물질주의적 가치에 대한 태도 연구. ECO, 9, 135-180.

김득중(2009). 한국전쟁 전후 정치범 관련 법제의 성립과 운용. 사림, 33, 155-195.

김만흠(1987). 한국사회 지역갈등 연구-영호남 문제를 중심으로. 현대사회연구소.

김명소, 김혜원, 한영석, 임지영(2003). 한국인의 행복한 삶에 대한 인구통계학적 특성별 분석. 한심: 일반, 22(2), 1-33.

김명소, 한영석(2006). 한국인의 행복지수 공식 개발. 조사연구, 7(2), 1-38.

김명철(2007). 중고 체조선수들의 체벌실태 및 코칭행동과 체벌인식에 관한 연구. 한국스포츠리서치, 18(5), 873-886.

김미경(2020). 영어학자의 눈에 비친 두 얼굴의 한국어 존대법. 서울: 소명출판.

김미경, 고재홍(2008). 프로파일 일치도로 본 부부간 유사성과 배우자 이해가 주관적 안녕감에 미치는 영향. 한심: 여성, 13(2), 103-123.

김미곤, 여유진, 김태완, 정해식, 우선희, 김성아(2014). 사회통합 실태진단 및 대응방안 연구-사회통합과 국민행복을 중심으로. 한국보건사회연구원, 연구보고서 2014-26-1.

김미림, 홍혜영(2013). 중학생의 수치심 경향성과 역기능적 분노표현양식이 학교적응에 미치는 영향. 한심: 상담 및 심리치료, 25(1), 135-156.

김병년, 고은정, 최홍일(2013). 대학생의 스마트폰 중독에 영향을 미치는 요인에 관한 연구. 한국청소년연구, 24(3), 67-98.

김서홍(2019). 한국인의 마음구조에 대한 경험적 연구: 주인성 마음을 중심으로. 전남대학교 대학원 박사학위 청구논문.

김선기(2014). 세대연구를 다시 생각한다: 세대주의적 경향에 대한 비판적 검토. 문화와 사회, 17, 207-248.

김성미, 박미라(2014). 남녀고등학생의 성폭력 인식에 관한 연구. 한국산학기술학회논문지, 15(2), 970-978.

김성용(2022). 세월호 참사 전후 한국 성인 인구의 우울 궤적 변화. 한국위기관리논집, 18(6), 87.

김성훈(2005). 사회연결망과 공식 경로를 통한 첫 취업의 개인적 결과와 사회적 결과. 한사, 39(1), 53-85.

김승연, 박민진(2021). 장벽사회, 청년 불평등의 특성과 과제. 정책리포트, 1-21.

김안나(2003). 가족과 사회연결망: 독일과 한국의 개인관계에 대한 비교연구. 한사, 37(4), 67-100.

김양희, 정경아(2000). 한국형 남녀평등의식 검사. 한심: 사회 및 성격, 14(1), 23-44.

김연신, 최한나(2009). Schwartz의 보편적 가치 이론의 적용 타당성 연구: 한국대학생을 대상으로. 한심: 사회 및 성격, 23(1), 1-16.

김열규(1991). 맺히면 풀어라. 서울: 서당.

김영기, 박미숙(2016). 융합시대의 대학생 성문화 연구: 사랑의 유형이 대학생의 캐주얼 섹스에 미치는 영향을 중심으로. 디지털융복합연구, 14(4), 295.

김영남, 고재홍(2011). 자기고양과 배우자 고양이 행복감과 부부관계의 질에 미치는 효과. 한심: 사회 및 성격, 25(2), 167-182.

김영식(2001). 과학혁명: 전통적 관점과 새로운 관점. 서울: 아르케.

김영주, 나진경(2018). 불평등의 심리적 영향에 관한 경험 연구 개관: 경제적 불평등을 중심으로. 한국심리학회지: 일반 37(3), 313-347.

김영욱, 함승경(2015). 세월호 침몰은 참사인가? 사고인가?-비판적 담론분석(CDA)을 적용한 세월호 담론 경쟁. PR 연구, 19(4), 83-115.

김영철(2016). 행복은 성적순이 아니잖아요?: '학력(학벌)'의 비경제 효과 추정. 경제학연구, 64(1), 107-150.

김완석(2007). 효율적인 인지욕구 측정. 한심: 소비자 · 광고, 8(1), 127-133.

김완일(2008). 자기복잡성과 인지적 유연성이 심리적 적응에 미치는 영향. 한심: 상담 및 심리치료, 20, 715-734.

김왕배(2022). '인간너머' 자연의 권리와 지구법학: 탐색과 전망. 사회사상과 문화, 25(1), 1-41.

김용운(1986). 일본인과 한국인의 의식구조. 서울: 한길사.

김용학, 김진혁(1992). 지역감정의 관계적 분석: 결혼 연결망을 중심으로. 한사, 24(1), 65-84.

김용휘(2012). 최재우의 철학: 시천주와 다시개벽. 서울: 이화여자대학교 출판부.

김윤진(2022. 2. 17). 장애인 시외이동권 부정한 대법원 판결-대법원 2022. 2. 17. 선고 2019 다 217421 판결.

김은경(2000). 체벌의 신화와 실제. 한사, 34(1), 85-108.

김은경, 엄애선(2010). 가정폭력 목격이 자녀의 데이트 성폭력에 영향을 미치는 과정에서 성역할태도의 매개효과. 한심: 여성 15(4), 759-777.

김의철, 박영신(1997). 스트레스 경험, 대처와 적응결과: 토착심리학적 접근. 한심: 건강, 2(1), 96-126.

김의철, 박영신(2004). 청소년과 부모의 인간관계를 통해 본 신뢰의식: 토착심리학적 접근. 한심: 문화 및 사회문제, 10(2), 103-137.

김의철, 박영신(2005). 북유럽과 동아시아에서의 신뢰, 관계와 시민사회: 심리, 사회, 문화적 분석. 한심: 문화 및 사회문제, 11(1s), 133-161.

김일중, 변재욱, 안희욱(2014). 한국의 강력흉악범죄: 억지력, 소득불평등 및 피해자특성을 중심으로: 억지력, 소득불평등 및 피해자특성을 중심으로. 법경제학연구, 11(3), 389-417.

김재엽, 이지현, 윤여원(2011a). 청소년의 가정폭력노출경험이 인터넷 게임중독에 미치는 영향: 부모애착의 매개효과. 한국사회복지학, 63(4), 59-82.

김재엽, 이효정, 송아영(2007). 가정폭력 경험이 남자 청소년의 성폭력 가해행위에 미치는 영향: 폭력허용도의 매개효과를 중심으로. 한국사회복지조사연구, 17, 27-52.

김재엽, 최지현, 남보영(2011b). 한국 경찰의 가정폭력 사건 인식에 관한 연구. 교정복지연구, 23, 1-24.

김재엽, 최지현, 이현, 김수빈(2015). 음란물 이용과 사회적 교류가 성인 남성의 강간통념에 미치는 영향. 한국사회복지조사연구, 46, 55-80.

김재우(2019). 한국인의 주관적 사회계층, 기회공정성 인식, 그리고 삶의 만족도: 성별 · 연령집단별 매개과정과 조절작용. 행정논총 57(4), 97.

김재현, 이준희(2000). 청소년의 레저 스포츠 용품 광고에 대한 인식의 비교연구. 한국체육학회지, 39(4), 867-876.

김재휘, 김태훈, 박인희(2010). 예방행동의 결과를 얻는 시점에 따른 효과적인 설득 메시지 유형: 해석수준이론을 중심으로. 한심: 소비자 · 광고, 11(3), 451- 474.

김재휘, 박유진(2000). 공해방지 광고의 프레이밍 효과. 광고연구, 49, 55-75.

김정운(2001). 관계적 정서와 문화적 정서: 정서의 문화심리학적 접근. 한심: 일반, 20(2), 389-407.

김정운, 한성열(1998). 문화심리학 어떻게 할 것인가. 한심: 일반, 17(1), 97-114.

김정인(2014). 종북프레임과 민주주의의 위기. 역사와현실, 93, 209-233.

김주환, 신우열, 함정현(2009). 행복은 우리를 통(通)하게 한다: 긍정심리학 관점에서 커뮤니케이션 이론 다시 보기. 커뮤니케이션 이론, 5(1), 86-122.

김지경(2008). 자기구실 만들기 : 지능에 대한 신념 및 목표성향, 노력/결과중심의 부모 양육태도의 영향. 한심: 사회 및 성격, 22-1, 99-114.

김지선, 설경옥(2018). 대학생의 물질주의와 이상적 배우자상의 관계. 한심: 사회 및 성격, 32(4): 1-23.

김지성, 남욱현, 임현수(2016). 인류세(Anthropocene)의 시점과 의미. 지질학회지, 52, (2), 163-171.

김지수, 김영주, & 나진경(2023). 불공정 경험과 체제정당화 신념의 관계에서 사회계층의 조절효과. 한심: 사회및성격, 37(3), 469-488.

김지윤, 강충구, 이의철(2014). 닫힌 대한민국: 한국인의 다문화 인식과 정책. 아산정책연구원.

김지환(2005). 폭력적 PC게임의 경험과 공격적 성격 특성이 공격행동과 공격의도에 미치는 영향. 한심: 문화 및 사회문제, 11(4), 45-66.

김진국(1986). 수행정보 및 귀인정보가 관찰자의 귀인자 평가에 미치는 영향. 사심, 3(1), 217-245.

김진국(1987). 영호남 대학생의 상호 간 차이지각 연구. 사심, 3(2), 113-148.

김진국, 김병욱(1987). 대학 신입생의 정치 사회적 태도변화에 관한 연구. 학생생활연구, 18집 별책, 1-44.

김진영, 고영건(2007). 한(恨)과 주관적 정서 간 관계에서의 특성메타-기분의 중재효과. 한심: 일반, 26(2), 245-259.

김진주, 구자영, 서은국(2006). 신체적 매력과 행복의 관계. 한심연차.

김진주, 구자영, 허성용, 서은국(2007). 정서경험의 긍정성 비율과 번영. 한심: 사회 및 성격, 21(3), 89-100.

김진하(2010). 한국 지역주의의 변화. 현대정치연구, 3(2), 89-114.

김진현(2021). 청년이 인식하는 소득불평등이 우울에 미치는 영향: 사회자본의 매개효과. 보건사회연구, 41(2), 83-100.

김창환, 오병돈(2019). 경력단절 이전 여성은 차별받지 않는가?: 대졸 20대 청년층의 졸업 직후 성별 소득격차 분석. 한사, 53(1), 167-204.

김철민(1999). 가치관 연구에 관한 비판적 고찰: 개념 정의, 가치요소의 측정방법을 중심으로. 학생생활연구, 6, 53-78.

김태심(2020). 공정한 불평등?: 체제 정당화와 재분배 선호. 평화연구, 28(1), 129-167.

김태완(2012). 한국 선거에서의 영호남 지역주의 투표성향에 대한 분석. 로컬리티 인문학, 57-104.

김하나(2023). 20대 대선에서의 유권자 의사결정 요인분석: 유권자의 긍정 부정 감정을 중심으로. 한국콘텐츠학회논문지, 23(1), 12-23.

김한경, 박수진, 정찬섭(2004). 아름다운 얼굴의 감성적 특징. 감성과학, 7(1), 23-28.

김한성, 이유신(2013). 결혼이주여성의 삶의 만족도: 지역사회 특성과 차별경험을 중심으로. 한사, 47(2), 177-209.

김향련, 고재홍(2007). 부부간 상호지각의 일치도와 결혼 만족 간의 관계. 한심: 사회 및 성격, 21(2), 89-105.

김현노, 전호철, 이홍림(2020). 환경 · 경제 통합분석을 위한 환경가치 종합연구 2020 국민환경의식조사. 사업보고서, 2020, 1-153.

김현지, 장미영, 김정호, 송지현, 김란, 홍현주, 신성희(2019). 한국 사회에서 동성애자의 삶. 동서간호학연구지, 25(1).

김현철, 김학수, 조성겸(2011). 한국 일간신문의 기후변화 관련 뉴스 프레임의 변화. 사회과학연구 19(2), 76-107.

김혜숙(1989). 지역 간 고정관념과 편견의 실상. 한국심리학회 편. 심리학에서 본 지역감정. 서울: 성원사.

김혜숙(1993). 지역고정관념이 귀인판단과 인상형성에 미치는 영향. 한심: 사회, 7(1), 53-70.

김혜숙(1994). 한국 집단자아존중 척도. 한심: 사회, 8(1), 103-116.

김혜숙(1995). 귀인상황의 공개성과(집단) 자아존중이 자기고양 귀인과 집단고양 귀인에 미치는 영향. 한심: 사회, 9(1), 45-63.

김혜숙(2007). 우리나라 사람들이 가지는 가치가 소수집단에 대한 편견적 태도에 미치는 영향. 한심: 사회 및 성격, 21(4), 91-104.

김혜숙, 김도영, 신희천, 이주연(2011). 다문화시대 한국인의 심리적 적응: 집단정체성, 문화적응 이데올로기와 접촉이 이주민에 대한 편견에 미치는 영향. 한심: 사회 및 성격, 25(2), 51-89.

김혜숙, 박수미(2006). 집단지위 정당성, 지위안정성 및 집단정체성이 차별지각에 미치는 영향: 성차별과 학벌차별을 중심으로. 한심: 사회 및 성격, 20(4), 71-95.

김혜숙, 안상수, 안미영, 고재홍, 이선이, 최인철(2005). 적대적 성차별주의와 온정적 성차별주의가 여성 하위집단에 대한 태도에 미치는 영향. 한심: 사회 및 성격, 19(3), 117-133.

김혜숙, 유주란(1995). 자기고양 귀인과 집단고양 귀인이 귀인자에 대한 인상에 미치는 영향. 한심: 사회, 9(2), 51-67.

김홍중(2015a). 마음의 부서짐: 세월호 참사와 주권적 우울. 사회와이론, 143-186.

김홍중(2015b). 서바이벌, 생존주의, 그리고 청년 세대: 마음의 사회학의 관점에서. 한사, 49(1), 179-212.

김후년(2022). 학교폭력의 실태와 그 대응방안. 인문사회 21, 13(5), 165-175.

나은영(1995). 의식개혁에 장애가 되는 문화적 요인들: 체면과 동조. 한심: 사회문제, 2(1), 33-51.

나은영(2006). 광고 커뮤니케이션 수용자로서의 어린이와 청소년. 한심: 소비자 · 광고, 17(1), 131-163.

나은영, 차유리(2010). 한국인의 가치관 변화 추이. 한심: 사회 및 성격, 24(4), 63-92.

나은영, 차재호(1999). 1970년대와 1990년대 간의 한국인의 가치관 변화와 세대차 증감. 한심: 사회 및 성격, 13(2), 37-60.

나진경, 허진(2016). 얼굴에서 유추할 수 있는 유능함과 사회적 관계가 한국 선거 결과에 미치는 영향. 한심: 사회 및 성격, 30(4), 37-49.

남경희(2005). 서양철학의 사유틀과 희랍어. 서양고전학연구, 24, 93-124.

남궁재은, 허태균(2009). 한국 대학생들은 무엇을 후회하는가: 후회와 지각된 기회 간의 관계를 중심으로. 한심: 사회 및 성격, 23(1), 181-194.

남귀숙, 이수진(2020). 대학생의 내현적 자기애와 데이트 폭력 가해와의 관계: 분노표현의 매개효과. 한심: 학교, 17(1), 87-107.

남영옥(2005). 중학생의 인터넷 중독, 게임중독, 음란물중독의 심리사회적 특성 비교. 청소년학연구, 12(3), 363-388.

남현미(2003). 대학생 데이트성폭력 실태와 가해 예측 요인에 관한 연구. 이화여자대학교 대학원 석사학위논문.

노익상(2002). 한국 도시 기혼남녀의 배우자 만족도 연구: 개인적, 환경적, 상호작용 요인. 고려대학교 대학원 박사학위 청구논문.

노혜경(2015). 반사된 영광누리기 효과를 통한 집단 간 협조의 증대. 다문화사회연구, 8(2), 5-38.

동아시아연구원(2022). 2022 제10회 한일 국민 상호 의식조사 file:///C:/Users/ghan/Downloads/__0_%EB%9A%B0%EB%B8%B3_%EC%87%B1%EA%B8%BD_%EB%AA%84%EC%94%A4_%EC%95%B9%E2%80%9C_%D1%8A%EF%BC%9C_%EB%B6%BE%EB%9C%B2_%EB%8C%84%EA%BD%A3%E9%81%BA_905.pdf

류승아(2009). 정신장애인의 경쟁고용에 대한 대학생들의 태도: 한국과 미국의 비교 연구. 한심: 사회 및 성격, 23(4), 1-25.

류승아(2017). 소수집단에 대한 접촉경험, 위협감, 편견의 관계. 한심: 사회 및 성격, 31(4), 225-245.

류승아, 김경미(2019). 정신장애인에 대한 실질적 위협감 및 상징적 위협감: 접촉경험 및 공동체의식과의 관계. 한심: 문화 및 사회문제, 25(2), 119-135.

류연규, 김영미(2019). 한국사회 젠더갈등인식에 관한 탐색적 연구: 성별 조절효과를 중심으로. 한국사회정책, 26(4), 131-160.

문용린, 이지혜, 김민강(2008). 한국인의 거짓말 유형과 정당화 양식 연구. 인간발달연구, 15(3), 191-205.

문진욱, 조민호 (2022). COVID-19 위험지각과 개인 · 집단주의 가치, 해외여행 태도, 주관적 규범, 행동 의도 간의 영향 관계 연구-확장된 합리적 행동이론 적용. 관광연구논총, 34(2), 137-167.

문찬기, 한규석(2013). 서열적 교류의 사회심리: 공손성과 서열관계 스트레스. 한심: 사회 및 성격, 27(4), 1-27.

민경환(1989). 권위주의 성격과 사회적 편견-대학생집단을 중심으로-. 한심: 사회, 4(2), 146-168.

민성길(1991). 홧병(火病)과 한(恨). 대한의학협회지, 34(11), 1189-1198.

민지혜, 신우열, 김주환(2010). 정서는 우리의 판단을 자유롭게 한다: 유발된 정서가 맥락효과에 미치는 영향에 관한 연구. 한국언론학보, 54(1), 293-315.

박갑제, 임성문(2012). 자기애와 성폭력의 관계. 한심: 문화 및 사회문제, 19(1), 45-68.

박건우, 이정읍(2019). 한국의 여성혐오에 관한 실증적 연구. 사회과학연구, 27(1), 70-99.

박경(2008). 과잉 남성성과 성적 공격성간의 관계: 공감 및 강간통념의 중재 및 매개효과. 한심: 상담 및 심리치료, 20(2), 519-536.
박경숙, 서이종, 김수종, 류연미, 이상직, 이주영(2013). 세대 갈등의 소용돌이: 가족 · 경제 · 문화 · 정치적 메커니즘. 서울: 다산출판사.
박권일(2021). 한국의 능력주의 인식과 특징. 시민과 세계, 38, 1-39.
박길성(2002). N세대의 문화와 세대경험. 임희섭 외. 한국의 문화변동과 가치관, pp. 281-306. 서울: 나남출판.
박길성, 이명진, 김철규, 윤인진, 정일준, 김준호, ... 김선업(2010). 한국인의 갈등의식조사, 2007.
박다원, 이인혜(2015). 자기애와 성폭력 가해 행동의 관계. 한심: 문화 및 사회문제, 21(3), 377-394.
박명림(2002). 국민형성과 내적 평정; '거창사건'의 사례 연구: 탈냉전 이후의 새 자료, 정신, 해석: 탈냉정 이후의 새 자료, 정신, 해석. 한국정치학회보, 36(2), 69-91.
박성진(2023). 한국어 호칭 사용을 통해서 본 위계성과 억압의 문제. 철학 · 사상 · 문화, 41, 217-240.
박수경, 서경주, 남혜령, 임정우(2021). 발달장애인의 도전행동과 성인 비장애 형제의 동반낙인감의 관계: 성인 비장애 형제의 장애인에 대한 태도의 매개효과. 한국장애인복지학, 53(53), 187-212.
박수경, 조재환(2022). 한국사회의 능력주의에 대한 믿음, 사회공정성 인식, 재분배정책 선호의 유형화와 관련 요인 탐색. 사회복지정책, 49(4), 139-163.
박숙정(2017). 일본의 혐한현상에 대한 연구: 일본 4대 일간지를 중심으로. 경상대학교 일본학과 대학원 석사학위논문.
박애리, 김유나(2023). 아동기 학교폭력 피해경험이 초기 성인기 심리정서적 어려움 및 자살에 미치는 영향: 대학생을 중심으로. 청소년학연구, 30(1), 231-254.
박영숙(1993). 한국인의 자아방어기제-속담과 이화 방어기제 검사를 중심으로. 한국심리학회 추계 심포지엄 "한국인의 특성: 심리학적 탐색", 103-116.
박영신, 김의철(2001). 학교폭력과 인간관계 및 청소년의 심리 행동 특성: 폭력가해, 폭력피해, 폭력무경험 집단의 비교를 중심으로. 한심: 사회문제, 7(1), 63-89.
박영신, 김의철(2005). 한국인의 신뢰의식에 나타난 토착심리 탐구. 한심: 문화 및 사회문제, 11(1s), 21-55.
박영신, 김의철(2013). 한국인의 성취의식: 토착심리 탐구. 경기: 교육과학사.
박영신, 김의철, 탁수연(2004). 한국 일탈 청소년의 토착심리 탐구: 보호관찰 청소년과 일반 청소년의 부모자녀 관계에 대한 비교를 중심으로. 한심: 문화 및 사회문제, 10(1), 107-145.
박영신, 김의철, 한기혜(2003). 아동과 청소년의 부모에 대한 지각: 토착심리학적 접근. 한심: 사회문제, 9(2), 127-164.
박영신, 박영균, 김의철, 한기혜(2011). 도시와 농촌 청소년의 학업성취와 삶의 질. 한국청소년연구, 22(3), 5-41.
박유빈, 한그림, 정연우, 박선웅(2018). 배우자 이상화와 결혼만족도. 한심: 사회 및 성격, 32(1), 65-81.
박은아, 김현정, 서현숙(2009). 문화적 자기개념(self-construals)에 따른 외모중시가치관과 외모관리행동. 한심: 소비자 · 광고, 10(2), 251-274.
박은아, 서현숙(2009). 얼굴의 아름다움 지각 요인에 관한 연구. 한심: 여성, 14(4), 617-648.
박재묵, 이정림(2010). 자원봉사자의 환경주의와 탈물질주의. ECO, 14(2), 53-84.
박재인(2020). 빅데이터 분석기법을 통해 본 분단적대성의 언어적 재현과 의미. 통일인문학 제81집, 47-77.
박재홍(2009). 세대 계승과 갈등: 사회문화적 변동의 맥락에서. 한국사회학회 편. 대한민국 60년의 사회변동, pp. 359-394. 서울: 인간사랑.
박재홍, 강수택(2012). 한국의 세대변화와 탈물질주의. 한사, 46(4), 69-95.
박정순(1989). 지역감정 문제의 본질: 실상과 허상. 경북대 사회과학연구, 5, 341-348.
박정진(1990). 한국문화 심정문화. 서울: 미래문화사.
박진영, 최혜원, 서은국(2012). 물질주의와 인간관계 경시의 심리적 원인: 낮은 일반적 신뢰. 한심: 사회 및 성격, 26(1), 23-36.
박태현(2019). 에콰도르 헌법상 자연의 권리, 그 이상과 현실. 환경법연구, 41(2), 107-141.
박혜경(2011a). 허위 독특성 편향의 문화차. 한심: 사회 및 성격, 25(2), 127-142.
박혜경, 김상아(2018). 한국인의 문화성향에 관한 메타분석: 집단주의와 개인주의를 중심으로. 지역과 세계(구 사회과학연구), 42(3), 5-37.
박효정, 강숙정(2013). 대학생의 사이버섹스 중독: 그 현황과 성지식, 성태도와의 상관관계. *J. of Korean Public Health Nursing, 27*(3), 608-618.
박희제, 김명심(2014). 기후변화 과학은 정치적인가? 환경사회학연구 ECO, 18(2), 169-202.
박희제, 허주영(2012). 누가 기후변화회의론자인가?: 정보획득노력, 과학신뢰도, 정치성향이 기후변화인식에 미치는 영향. ECO, 16(1), 71-100.
배은경(2015). '청년 세대'담론의 젠더화를 위한 시론: 남성성 개념을 중심으로. 젠더와 문화, 8(1), 7-41.
배재창, 한규석(2015). 우리성과 개별성 점화가 대인평가에 미치는 영향의 암묵적 측정. 한심: 사회 및 성격, 29(4), 39-62.
배재창, 한규석(2016). 우리성 관계에서는 상처받기도 쉽다! 한심: 사회 및 성격, 30(4), 51-80.
백선기(2006). 한국 언론의 '소수자 · 약자' 보도 경향과 사회문화적 함축 의미. 한국방송학회 학술대회논문집, 95-132.
백수경, 고재홍(2007). 자기고양편향이 행복감과 인기도에 미치는 효과. 한심: 사회 및 성격, 21(1): 89-104.

백승대, 안도헌(2017). 여성의 사회진출에 대한 태도가 여성혐오 의식에 미치는 영향: 남자 고등학생을 중심으로. 사회과학연구, 56(1), 205-235.

서경현(2014). 여성 독거노인의 후회, 자기노출, 원한 및 용서와 웰빙 간의 관계. 한심: 건강, 19(2), 565-583.

서경현, 안귀여루(2007). 데이트 폭력의 공격적 피해여성들의 특성과 연인관계에 대한 개입. 한심: 사회문제, 13(2), 77-96.

서동은(2015). 곡해된 애덤 스미스의 자유경제: 세월호, 메르스, 공감의 경제학. 서울: 길밖의길.

서상철(2011). 무한경쟁이 대한민국을 잠식한다. 서울: 지호.

서수균, 권석만(2002). 자존감 및 자기애 성향과 공격성의 관계. 한심: 임상, 21(4), 809-826.

서원진, 김미리혜, 김정호, Chad, E., 조인성(2015). 외로움과 SNS 중독 경향성의 관계. 한심: 여성, 20(4), 497-512.

서은국(2007). 문화, 인간관과 행복. 한국심리학회 연차학술대회 기조강연. 경남: 경주.

서은국(2014). 행복의 기원. 서울: 21세기북스.

성민선, 서은국, 전우영(2007). 타인의 행복 예측에서 나타나는 오류: 서울과 춘천의 삶의 만족도 비교. 한심: 사회 및 성격, 21(2), 35-45.

손영미, 최상진(1999). 한국인의 심정적 대화상황분석을 통한 심정심리분석. 한심연차, 13-16.

손영화(2020). 페이스북 이용자의 타인과의 상향비교 및 사회적 지지가 삶의 만족도에 미치는 영향: 자존감을 매개변인으로. 한심: 소비자·광고, 21, 191-213.

손장권, 이성식, 전신현 편(1994). 미드의 사회심리학. 서울: 일신사.

송관재, 이훈구(1993). 지각적 특출성과 내외집단 간 편파가 개인의 착각상관에 미치는 영향. 한심: 사회, 7(2), 90-107.

신수진, 최준식(2002). 현대 한국사회의 이중가치체계. 아산재단 연구총서. 서울: 집문당.

신지은, 서은국, 손미나(2014). 3초의 목소리를 통한 외향성 판단. 한심: 사회 및 성격, 28(2), 41-58.

신진욱(2013). 한국에서 자산 및 소득의 이중적 불평등 국제 비교 관점에서 본 한국의 불평등 구조의 특성. 민주사회와 정책연구, 23, 41-70.

신진욱(2022). 세대 · 젠더 갈등 프레임과 한국사회 불평등 현실. 민주주의 이슈와 전망, 72, 1-9.

안미영, 김혜숙, 안상수(2004). 집단의 지위, 정당성 및 안정성의 구조적 측면에 대한 지각이 차별 경험에 미치는 영향: 성별집단과 지역집단의 경우. 한심: 사회 및 성격, 18(2), 107-135.

안미영, 김혜숙, 안상수(2005). 적대적/온정적 성차별주의와 전제/민주 방식의 여성지도자에 대한 평가. 한심: 사회 및 성격, 19(2), 17-38.

안상수, 김혜숙, 안미영(2005). 한국형 양가적 성차별주의 척도(K-ASI) 개발 및 타당화 연구. 한심: 사회 및 성격, 19(2), 39-66.

안서원, 박수애, 김범준(2013). 돈과 권력이 대인간 거리에 미치는 영향. 한심: 사회 및 성격, 27(3), 47-58.

안신호, 박미영(2005). 자존감 결정요인: 영역별 능력과 자기수용의 영향. 한심: 일반 24(1), 109-140.

안청시, 최일섭(1987). 전후세대의 가치관과 이념. 서울: 집문당.

안혜정, 안정민, 서예지, 정태연(2017). 한국 청년세대의 체제정당화: 의미 불일치 경험과 그 심리적 결과를 중심으로. 한심: 사회 및 성격, 31(4), 247-275.

양계민(2010). 현실갈등인식과 지각된 경제수준이 이주노동자에 대한 태도에 미치는 영향: 주관적안녕감의 상호작용효과를 중심으로. 한심: 사회 및 성격, 24(1), 111-128.

양계민, 정진경(1993). 자신의 신체적 매력에 대한 인식이 자아존중감에 미치는 영향: 청소년기를 중심으로. 한심연차, 67-74.

양계민, 정진경(2005). 북한이탈 주민과의 접촉이 남한 사람들의 신뢰와 수용에 미치는 영향. 한심: 사회문제, 11(특집호), 97-115.

양미라(2011). 무시행위의 의사소통적 기능 분석. 전남대학교 일반대학원 석사학위 청구논문.

양미라, 한규석(2019). 무시경험의 심리 탐색: 무시하기와 무시당하기. 현대사회과학연구, 23, 1-27.

양병화(2005). 모바일 광고의 태도효과 모델연구. 광고연구, 69, 139-163.

양윤(1996). 인지욕구, 자기감시 및 사용상호아이 소비자 정보획득 과정에 미치는 영향. 한심: 산업 및 조직, 9(2), 61-80.

양윤, 김혜영(2001). 단순노출이 소비자의 태도변화 과정에 미치는 영향. 한심: 소비자 광고, 2(1), 43-68.

양정애(2010). 피설득자의 기분이 설득에 미치는 간접적 영향. 한국언론학보, 54(1), 387-410.

양준성, 김수지, 한규석(2007). 사회사건에 대한 지각양상의 문화차이: 버지니아텍 총기난사 사건에 대한 지각의 한미 차이. 한심연차, 116-117.

양해만, 조영호(2018). 한국의 사회경제적 변화와 탈물질주의. 한국정치학회보, 52(1), 75-100.

양혜승(2006). 텔레비전 오락 프로그램 시청이 개인들의 물질주의적 가치관 및 삶과 사회에 대한 만족도에 미치는 영향. 한국방송학보, 20(4), 121-155.

어수영(2004). 가치변화와 민주주의 공고화. 한국정치학회보, 38(1), 193-214.

여성가족부(2016. 3. 15.). 다문화인식, 4년 전보다 개선되고…. 여성가족부 정책뉴스. http://www.mogef.go.kr/korea/view/news/news08_01_01_view.jsp

오세철, 윤덕현(1982). 휘시베인의 행동예측모형에 관한 연구. 오세철 편. 한국인의 사회심리, pp. 91-105. 서울: 박영사.

오찬호(2013). 우리는 차별에 찬성합니다. 서울: 개마고원.

오찬호(2015). 이런 사회에서 대학생들이 어찌 차별을 하지 않을 수 있겠는가? 교육비평, 36, 182-209.

오현규, 김화연, 박성민(2016). 한국 여성 근로자의 성차별 인식에 관한 연구. 한국행정논집, 28(2), 307-328.

우명숙, 남은영(2021). 공정성 원칙으로서 능력주의와 불평등 인식: 한국과 일본의 비교. 아세아연구, 64(1), 201-244.

우석훈, 박권일(2007). 88만원 세대. 서울: 레디앙.

우성범, 권정혜, 양은주(2014). 청소년의 온라인, 오프라인 공간의 친밀감 형성: 자기개방과 반응성 친밀감을 중심으로. 한심: 사회 및 성격 28(3), 111-125.

원숙연(2017). 이주외국인과 성소수자에 대한 '사회적 관용'의 구조와 정책적 함의. 한국행정학보, 51(3), 225-256.

유권종, 최상진(2003). 한국인의 내면에 形象化된 '마음'-한국인의 마음 모델 구성을 위한 기초 연구. 동양철학연구, 34, 125-151.

유나영, 정여진, 김비아, 정영숙, 신현정(2015). 한국인의 행복 개념 탐색연구-한국 대학생을 대상으로. 민족문화연구, 55, 197-230.

유민호(2019). 한국 사람들의 인식의 세계 쪽과 짝을 중심으로. 인격교육, 13(3), 109-125.

유재두, 송병호(2009). 성범죄자와 일반인의 강간통념 비교 연구. 한국공안행정학회보, 18(3), 133-165.

유주연, 안현의(2020). 성인초기 남녀의 성차별 메타-인식에 대한 잠재프로파일 분석과 유형별 성역할갈등, 이성과의 거리감, 성차별 논쟁에 대한 지지도 차이. 한심: 문화 및 사회문제, 26(4), 351-378.

육근영, 방희정, 옥정(2006). 자아일관성과 주관적 안녕감. 한심: 발달, 19(3), 47-65.

윤미혜, 신희천(2009). 일상사건의 공유를 통한 부부의 친밀감 발달 과정 : 지각된 배우자 반응의 매개효과. 한심: 사회 및 성격, 23-1, 17-32.

윤상연, 허태균, 서신화, 김현정(2013). 인지 부조화의 발생에서 문화 차이의 의미: 태도 중요도의 역할. 한심: 문화 및 사회문제, 19(1), 69-86.

윤상철(2000). 높은 개혁 열망, 분절화된 신뢰구조. 한국정신문화연구원 공개토론회 자료집, 386세대의 가치관과 21세기 한국.

윤신일, 오세일(2021). 한국 근본주의 개신교인의 '4대 혐오'에 관한 연구. 한사, 55(1), 39-88.

윤인진(2008). 한국적 다문화주의의 전개와 특성. 한사, 42(2), 72-103.

윤태림(1986). 한국인의 성격. 서울: 동방도서.

윤혜진(2013). 내부 고발: 과연 배신인가? 철학연구 128, 189-209.

은기수(2000). 사회적 약자의 이해와 시민적 연대. 한국정신문화연구원 공개토론회 자료집 '386세대의 가치관과 21세기 한국'.

은석(2023). 영터리 세대론에 대한 엄중한 경고장: 신진욱, [그런 세대는 없다: 불평등 시대의 세대와 정치 이야기](개마고원, 2022). 한국사회복지학, 75(1), 250-253.

이건호, 강혜자(2005). 강간통념 수용도, 성역할 태도 및 음란물 접촉 간의 관계. 한심: 사회문제, 11(3), 23-40.

이나영, 허수홍, 장문선(2017). 아동기 정서적 외상 경험과 성인기 우울 간의 관계에서 분노억제와 전위공격성의 매개효과. 상담학연구, 18(2), 203-222.

이누미야 요시유키(2009). 주체성-대상성 자기와 긍정적 환상의 관계에 관한 한일 비교연구. 한심: 일반, 28(1), 115-146.

이누미야 요시유키, 최일호, 윤덕환, 서동효, 한성열(1999). 비현실적 낙관성 경향에 있어서의 비교 문화 연구: 상호독립적-상호협조적 자기관과의 관계를 중심으로. 한심: 사회 및 성격, 13(1), 183-201.

이누미야, 김윤주(2006). 긍정적 환상의 한일비교: 주체성자기와 대상성자기에 의한 설명. 한심사회 및 성격, 20(4), 19-34.

이두엽(1991). 사투리의 정치학-TV 매체와 지역감정. 김종철, 최장집 편. 지역감정연구, pp. 242-257. 서울: 학민사.

이두희, 박미석, 윤희숙(2001). 환경보전 캠페인의 공포 소구 효과에 관한 연구. 소비자학연구, 12(2), 23-36.

이란, 이영호(2023). 분노 억압이 사이버 폭력에 미치는 영향: 도덕적 이탈의 매개효과. 인지행동치료, 23(1), 99-121.

이미나(2016). 수도권 고교생들의 양가적 성차별주의 실태조사. 시민교육연구, 48(4), 109-143.

이민아(2013). 사회적 연결망의 크기와 우울. 한사, 47(4), 171-200.

이민아, 송리라(2014). 소득, 물질주의와 행복의 관계. 한국인구학, 37(4), 89-114.

이민화, 서미경, 최경숙(2016). 정신장애인에 대한 친숙함이 차별에 미치는 영향: 두려움과 도움의향을 매개로: 두려움과 도움의향을 매개로. 한국사회복지학, 68(4), 75-96.

이민희, 전민경(2023). 간호대학생의 눈치, 그릿 (Grit)이 대학생활적응에 미치는 영향. 보건의료산업학회지, 17(3), 81-92.

이병관(2012). 골프소비자의 체면중시에 따른 과시소비성향이 명품 선호도 및 명품구매의도에 미치는 영향. 한국체육과학회지, 21(4), 635-644.

이병재 조화순 김범수(2024). 음모론 신뢰의 결정 요인: 정파성, 미디어 사용, 정부제도 신뢰. 현대정치연구, 17-2, 6-50.

이삼식(2006). 저출산 원인구조와 정책방향. 보건복지포럼, 111, 5-17.

이석재, 최상진(2001). 강간통념 수용도에 따른 성행동, 성폭력 및 성폭행사건 지각. 한심: 사회 및 성격, 15(1), 97-116.

이선경, 팔로마베나비데스, 허용회, 박선웅(2014). 한국 대학생들의 나르시시즘 증가. 한심: 일반, 33(3), 609-628.

이선직(2019). 자기존중감과 탈자아중심성이 관계적 행동에 미치는 영향. 중앙대학교.

이성균, 신희주, 김창환(2020). 한국 사회 가구 소득과 자산의 불평등: 연구 성과와 과제. 경제와사회, 통권 제27호, 60-94.

이성로(2011). 물질주의/후기물질주의 가치와 정책 선호. 동향과 전망,

10, 277-311.

이성민(2021). 모험의 언어. 텍스트프레스와 친구들 (편). 예의 있는 반말. (pp. 15-24) 텍스트프레스와 친구들 총서.

이성식(2003). 청소년 폭력의 원인으로서 대인갈등 상황에서의 권위 보존 동기. 한사, 37(2), 179-201.

이성식(2004). 청소년 인터넷음란물 접촉이 성폭력에 미치는 영향에서의 조건적 효과. 청소년학연구, 11(2), 23-44.

이성용(2003). 여론조사에서 사회조사로. 서울: 책세상.

이성훈(2012). 리우회의 20년 우리가 원하는 미래는? 에코뷰 magazine. 6월 23일.

이세연, 유미숙(2010). 청소년의 자기애 및 자존감과 공격성의 관계. 청소년학연구, 17(7), 101-128.

이수원(1984). 한국인의 인간관계구조와 정. 한양대학교 교육논총, 1, 95-125.

이수원(1993). 사회적 갈등의 인지적 기제: 사회적 자아중심성. 한심: 사회, 7(2), 1-23.

이수원(1997). 중용의 심리학적 탐구. 최상진 외 편. 동양심리학. 서울: 지식산업사.

이수원, 김태준(1990). 사회적 역할이 사회적 사건 지각에 미치는 영향. 한심: 사회 및 성격, 5(1), 10-23.

이수원, 박광엽(1989). 조망의 확대와 평가의 보존. 한심: 사회, 4(2), 33-49.

이수원, 이헌남(1993). 한국인의 인정에 관한 사회심리학적 이해. 한국심리학회 심포지엄 '한국인의 특성: 심리학적 탐색', 61-80.

이숙정, 김혜영, 유지현 (2022). 여대생의 친환경 태도, 친환경 행동, 세계시민성의 관계 분석. 한국산학기술학회 논문지, 23-24, 276-283.

이승환(1998). 유가사상의 사회철학적 재조명. 서울: 고려대학교 출판부.

이영선, 권보민, 이동훈(2012). 청소년의 동성애 경험, 성의식, 동성애 혐오, 우울의 관계. 재활심리연구, 19(1), 129-147.

이영철(2010). 패러다임에서 실재로: 구성주의 과학관에서 실재론적 과학관으로. 정부학연구, 1(16), 155-179.

이영훈(2019). 반일 종족주의. 서울: 미래사.

이은주(2009). 여자청소년의 섭식장애증상과 사회문화적 요인의 관계. 한국청소년연구, 20(2), 307-326.

이인미(2019). 감정과 정치: 백 년만에 타오르는 분노의 반일감정. 현상과 인식, 43(3), 267.

이인영, 박혜경(2020). 문화를 비추는 거울: 대중음악 선호에 반영된 한국인의 문화성향을 중심으로. 한심: 문화 및 사회문제, 26(3), 221-257.

이장주, 최상진(2003). 부자유친성정척도의 제작과 타당화 연구. 한심: 사회 및 성격, 17(3), 87-104.

이재혁(2006). 신뢰와 시민사회. 한사, 40(5), 61-98.

이재혁, 박준식(2000). 한국인의 사회 연결망과 연구주의. 아시아문화, 15, 117-141.

이재호, 조긍호(2014). 정치성향에 따른 도덕판단 기준의 차이. 한심: 사회 및 성격, 28(1), 1-26.

이재호, 최상진(2003). 문화적 개념의 인지표상과 활성화 과정: 한의 담화분석과 온라인 점화효과. 한심: 사회 및 성격, 17(1), 1-16.

이정기(2016). 공익제보 사례에 담긴 공적 표현의 자유 가치에 대한 탐색적 연구: 참여연대 공익제보지원센터의 '의인상' 수상 사례를 중심으로. 미디어 경제와 문화, 14(2), 127-177.

이정우, 김명자, 계선자, 박미석, 정진희(2000). 새 밀레니엄에서의 청소년 문화창조를 위한 생태학적 지원체계(IV) 한국청소년 가치관의 실태분석 및 부모의 가치관과의 비교연구. 대한가정학회지, 38(12), 207-223.

이정하, 박정윤, 윤나나(2017). 비혼 선택에 영향을 미치는 심리적 특성 탐색을 위한 질적 연구. 한심: 문화 및 사회문제, 23(2), 183-214.

이종길 외(2019). 한국과 일본 간 축구경기와 반일 · 반한 감정의 관계. 디지털융복합연구, 17(2), 463-473.

이종길, 이공주, 양재식(2019). 한국과 일본 간 축구경기와 반일 · 반한 감정의 관계. *J. of Digital Convergence, 17*(2).

이종숙(1991). 최소집단 상황에서의 집단구분과 집단 간 차별이 자아존중감에 미치는 효과. 한심: 사회, 6(1), 47-57.

이종일(2019). 한국 소수자우대정책의 특징 고찰. 사회과교육연구, 26(3), 1-20.

이종임, 박진우, 이선민(2021). 청년 세대의 분노와 혐오 표현의 탄생: 온라인 커뮤니티 〈에브리타임〉의 '혐오-언어' 표현 실태분석을 중심으로. 방송과 커뮤니케이션, 22(2), 5-37.

이종한(2000). 한국인의 대인관계의 심리사회적 특성: 집단주의적 성향과 개인주의적 성향으로의 변화. 한심: 문화 및 사회문제, 6(3), 201-219.

이지선, 김민영, 서은국(2004). 한국인의 행복과 복. 한심: 사회 및 성격, 18(3), 115-125.

이지연, 오경자(2007). 아동기 부모 간 폭력목격경험이 대학생의 데이트 폭력에 미치는 영향. 한심: 여성, 12(4), 433-450.

이지연, 이은설(2005). 대학생의 데이트 성폭력 피해와 가해에 대한 설명모형. 한심: 상담 및 심리치료, 17(2), 419-436.

이지은(1996). 과제 수행자의 귀인 양상에 따른 관찰자의 평가: 과제의 성격과 수행 및 귀인내용의 효과. 전남대학교 대학원 석사학위 청구논문.

이진석, 김재엽, 황선익(2018). 청소년의 성폭력 가해행동에 미치는 영향요인 연구: 음란물 접촉, 부모-자녀간 의사소통, 공격성을 중심으로. 청소년복지연구, 20(1): 187-210.

이진환(1989). 부산지역인의 타 지역에 대한 인상 및 태도. 한국심리학회 편. 심리학에서 본 지역감정. 서울: 성원사.

이철승(2019). 불평등의 세대: 누가 한국 사회를 불평등하게 만들었는가. 서

울: 문학과 지성사.

이춘재, 곽금주(2000). 집단따돌림 경험 유형에 따른 자기개념과 사회적 지지. 한심: 발달, 13(1), 65-80.

이충환, 신준섭(2017). 인터넷 음란물 경험과 자기통제력이 청소년의 성폭력 가해행동에 미치는 영향력 분석. 청소년학연구 24(5), 1-29.

이한별(2021). 평어 탐구 생활. 김호진과 정동규(편). 예의 있는 반말. (pp.77-84). 텍스트프레스와 친구들 총서.

이해경, 이수원(1994). 사회적 범주화, 가치 선호 및 내집단 편애. 한심: 사회, 8(2), 108-123.

이해경, 이수원(1996). 성고정관념의 감소: 재, 탈범주화의 효과. 한국심리학회 학술대회자료집, 411-426.

이현주, 최은미(2016). 철도 전기 및 차량 분야 종사자들의 흡연실태 및 담배가격 인상에 따른 흡연행태 변화. 한국학교 · 지역보건교육학회지, 17-2, 31-44.

이혜림, 정의준(2014). 폭력성 게임의 인식과 논쟁에 관한 연구: 카타르시스이론과 인지네오연상 이론을 중심으로. 한국컴퓨터게임학회 논문지, 27(3), 181-191.

이홍균(2007). 한국인의 사회적 과시: 독일인과 일본인의 사회적 과시와 비교. 담론201, 10(4), 167-198.

이효재(2003). 조선조 사회와 가족: 신분상승과 가부장제 문화. 서울: 한울.

이희승(1961). 국어 대사전. 서울: 민중서관.

이희정, 남석인(2021). 노인에 대한 이미지가 자살 생각에 미치는 영향: 나이 듦에 대한 자기인식의 매개효과. 한국사회복지교육, 56, 1-31.

임영식(1994). 핑계 듣는 사람의 특성과 핑계유형이 핑계 대는 사람에 대한 처벌과 호감에 미치는 효과. 중앙대학교 대학원 박사학위 청구논문.

임인재, 박성철, 이덕환(2013). 논쟁적 과학이슈에 대한 신문보도 분석: 기후변화의 원인과 대응 관련 보도를 중심으로. 한국언론학보, 57(6), 469.

임재형, 김재신(2014). 한국사회의 혐오집단과 관용에 관한 경험적 분석. *OUGHTOPIA*, *29*(1), 149-174.

임지영(2011). 청소년의 자기애 및 자기개념명료성과 분노행동양상의 관계. 아시아교육연구, 12(3), 305-325.

임태섭(1995). 정, 체면, 연줄 그리고 한국인의 인간관계. 서울: 한나래.

장다혜, 김수아(2018). 온라인 성폭력 범죄의 변화에 따른 처벌 및 규제 방안. 형사정책연구원 연구총서, 1-457.

장대익(2012). 거울 뉴런에 대한 최근 연구들: 모방과 공감을 중심으로. 정보과학회지, 30(12), 43-51.

장덕진, 김기훈(2011). 한국인 트위터 네트워크의 구조와 동학. 언론정보연구, 48(1), 59-86.

장성수, 이수원, 정지원(1990). 한국인의 인간관계에서 나타난 분배정의에 관한 연구: 공정조망과 인정조망을 중심으로. 한양대학교 교육논총, 3, 217-265.

장용진, 윤수재, 조태준(2012). "지방자치단체 공무원의 내부고발 인식에 관한 연구. 한국공공관리학보, 26(2), 113-136.

장우영(2018). 정치참여와 사회통합: 태극기집회 참가자 조사에 의거해서. [KOCEI] 선거연구, 9집.

장은영(2009). 사회비교와 주관안녕. 한심: 사회 및 성격, 23(2), 157-169.

장현숙(2002). 독신의 심리적 성향에 대한 연구. 한국가정관리학회지, 20(6), 185-195.

장희선, 문용린(2012). 정직과 전통적 가치의 갈등 상황에서 행동 선택과 정당화 방식 분석. 교육심리연구, 26(4), 951-982.

전상진(2006). 통합은 사회 갈등과 문제의 해결책-통합에 대한 사회학적 고찰. 한독사회과학논총, 16(2), 229-256.

전우영(2009). Consumption as a multiple-goal pursuit without awareness. 한국사회 및 성격심리학회 춘계학술대회 발표논문집, 61-64.

전우영(2014). 프라이밍: 나를 움직이는 무의식. 서울: 21세기북스.

전주람, 최경(2020). 한국 청년들이 인식하는 '좋은 부부'에 관한 연구. 인문사회 21, 11(6), 1209-1224.

전희식, 김정임(2023). 똥꽃. 충남: 그물코.

정기선(2005). 지역감정과 지역갈등 인식의 변화: 1988년과 2003년 비교. 한사, 39(2), 69-99.

정다혜(2021). 2000년대 학생운동의 새로운 정체성 모색과 운동의 다각화-연세대학교 학생운동을 중심으로. 학림 48, 205.

정대현(2009). 우리 마누라의 문법. 철학적분석, 20, 69-83.

정병은, 이기홍(2010). 성공적 노화에 대한 세대별 인식 조사연구: 사회관계를 중심으로. 조사연구 11(2), 45-69.

정성조, 이나영(2018). 보이지 않는 군인들: 한국 군대 내 동성애혐오와 성소수자 정체성. 문화와 사회, 26(3), 83-145.

정소라, 현명호(2015). SNS 사용자의 상향비교 경험과 우울의 관계에서 열등감의 매개효과 및 자기개념 명확성의 중재효과. 한심: 건강, 20(4), 703-717.

정영숙(1996). 어머니에 대한 배려가 아동의 과제수행 열심도에 미치는 효과. 한국사회심리학회지: 사회, 10(1), 159-170.

정영숙, 손자경(1995). 보상수혜자에 따른 취학 전 아동의 욕구만족 지연 효과의 차이. 한심: 발달, 8, 136-147.

정욱, 한규석(2005). 자기고양 현상에 대한 조절변인으로서 자존감. 한심: 사회 및 성격, 19(1), 199-216.

정윤경, 김정규(2019). 사이버섹스 행동 수준에 따른 성폭력 통념 및 허용도 간의 관계-성역할 태도의 매개효과. 인문사회 21, 10(2), 441-454.

정은경(2018). 권력이 도덕적 위선에 미치는 영향. 한심: 사회 및 성격, 32(1), 49-64.

정은경, 손영우(2011). 진보와 보수의 도덕적 가치 판단의 차이: 간통죄를 중심으로. 한심: 일반, 30(3), 727-741.

정은경, 정혜승, 손영우(2011). 진보와 보수의 도덕적 가치 판단의 차이. 한심: 사회 및 성격, 25(4), 93-105.

정재욱(2019). 불공정한 상황에 대한 정서와 반응의 문화차이: 한국, 미국을 중심으로. 한심: 일반, 38(3), 461-485.

정정훈(2014). 혐오와 공포 이면의 욕망-종북 담론의 실체. 우리교육, 96-103.

정종화(1995). 한국전통사회의 전통문화 구조양상: 속담을 통해 본 가치관의 비교문화적 접근. 서울: 고려대학교 출판부.

정주리(2021). 한국판 제로섬 신념 척도 타당화 연구. 한심: 문화 및 사회문제, 27(3), 285-303.

정태연, 송관재(2006). 한국인의 가치구조와 행동판단에서의 이중성: 대학생, 성인 및 탈북자를 중심으로. 한심: 문화 및 사회문제, 12(3), 49-68.

정태연, 한광희(2001). 20대가 지각한 청소년과 성인과의 세대차이. 한국노년학, 21(1), 1-14.

조경근(1987). 정치사회의 시각에서 본 영호남 간의 지역감정 실제와 약화 및 해소. 한국정치학회, 7, 107-126.

조귀동(2020). 세습 중산층 사회: 90년대생이 경험하는 불평등은 어떻게 다른가. 서울: 생각의힘.

조긍호(1990). 대인평가차원의 이원모형. 한심: 사회, 8, 87-110.

조긍호(1991). 맹자에 나타난 심리학적 함의(2): 교육론과 도덕실천론을 중심으로. 한심: 사회, 6(1), 73-108.

조긍호(1996). 문화유형과 타인이해 양상의 타인이해 양상의 차이. 한심: 일반, 15(1), 104-139.

조긍호(2000). 문화유형과 동기의 차이: 한국인의 동기 이해를 위한 시론. 한심: 사회 및 성격, 14(2), 83-122.

조긍호(2002). 문화성향과 허구적 독특성 지각 경향. 한심: 사회 및 성격, 16(1), 91-111.

조긍호(2005). 문화성향에 따른 유사성 판단의 비대칭성. 한심: 사회 및 성격, 19(1), 45-63.

조긍호(2006). 이상적 인간형론의 동 · 서 비교. 서울: 지식산업사.

조남국(1994). Schwartz와 Bilsky의 보편적 가치구조 이론에 대한 방법적 비판: SSA의 적용. 한심: 사회 및 성격, 8(2), 55-69.

조대엽(2002). 386 세대의 문화와 세대 경험. 임희섭 외. 한국의 문화변동과 가치관, (pp. 249-280). 서울: 나남출판.

조선아, 유계숙(2018). 서울시 남자대학생의삶의 만족도가 여성혐오에 미치는 영향: 결혼의향의 조절효과를 중심으로. 가족과 문화, 30(1), 86-119.

조성경(2014). 탈물질주의 가치관의 국가 간 차이. 한국사회학회 2014 후기 사회학대회 발표논문집, 12-14.

조성남, 박숙미(2002). 한국의 세대 관련 연구에 나타난 세대개념의 구분과 세대갈등을 이해하는 방법에 관한 일 고찰. 사회과학연구논총, 9, 39-68.

조성환(2024). 한살림의 지구공동체 운동:장일순의 철학을 중심으로. 문학/사학/철학, 77, 221.

조성훈, 권정혜(2015). 온라인, 오프라인 관계유지행동은 교량적,결속적 사회자본 축적에 보탬이 될 것인가?: 자기회귀교차지연모형 분석을 통한 인과관계 탐색. 한심: 사회 및 성격, 29(1), 107-125.

조재환, 이은영, 김나영, 이진혁(2023). 아동 · 청소년의 장애인 차별행동에 영향을 미치는 요인 탐색. 청소년학연구, 30(2), 311-338.

조정문(1995). 결혼생활의 공평성 인지와 결혼만족. 한사, 29, 559-584.

조은수(2024). 가정폭력 목격경험이 청소년의 발달에 미치는 영향 분석. 청소년학연구/*Korean Journal of Youth Studies, 31*(4), 267-288.

조철옥(2009). 증오범죄의 독립범죄유형화 및 사이코패스와의 관계에 관한 연구. 경찰연구논집, 4, 9-44.

조춘범(2012). 청소년의 부모 간 폭력목격경험이 성폭력가해에 미치는 영향: 인터넷 음란물 접촉정도의 매개효과를 중심으로: 인터넷 음란물 접촉정도의 매개효과를 중심으로. 청소년문화포럼 32, 145-172.

조헌국, 이봉우(2021). 텍스트 마이닝을 활용한 기후변화에 대한 20년간의 뉴스 기사 분석. 에너지기후변화교육, 11(2), 153-163.

조현영, 이수현(2022). 높은 외모 자존감은 높은 사회적 지위를 추론하게 하는가? 지각된 사회적 능력의 매개효과 및 자기의식의 조절된 매개효과. 소비자학연구, 33(5), 1-25.

조형오(2000). 금연광고 메세지 유형의 효과분석: 메세지 프레이밍과 메세지 소구방향의 매개역할. 광고학연구, 11(1), 133-157.

조효제(2022). 침묵의 범죄 에코사이드. 서울: 창비.

주은우(2014). 금지의 명령에서 향유의 명령으로. 한사, 48(5), 59-97.

주지혁, 조영기(2007). 온라인게임이 청소년의 공격성에 미치는 영향연구: 리니지 이용자를 중심으로. 사이버커뮤니케이션학보, 24, 79-115.

주현덕, 장근영(2006). 한국 대학생의 연인 평가와 연애 태도 연구. 한심: 사회 및 성격, 20(1), 39-54.

중앙아동보호전문기관(2007). http://korea1391.org

진중환(2016). 본성이 답이다. 서울: 사이언스북스.

진희종(2021). 생태법인(Eco Legal Person) 실용화 방안: 제주남방큰돌고래 적용 모델을 중심으로. 대동철학, 97, 259-282.

차경진, 이은목(2015). 사회비교이론 관점에서 살펴본 SNS 이용중단의도. 한국전자거래학회지, 20(3), 59-77.

차재호(1986). 가치관의 변화. 한국사회과학연구협의회 편. 한국사회의 변화와 문제, pp. 397-429. 서울: 법문사.

차타순(2002). 자기애적 성격성향과 청소년 비행성향간의 관계. 청소년상담연구, 10(1), 71-86.

천관율(2017). 태극기 집회의 비결: '애국의 삼각형'. 시사인, 4월 1일. 20-25.

최광선, 안상수(1991). 협동과제 수행에서 범주화와 성과정보가 내집단 편파감소에 미치는 영향. 한심: 사회, 6(1), 122-131.

최광선, 정명선(1999). 공격특성과 성폭력 영화에의 반복 노출이 시청자의 기분변화, 폭력영화 및 피해자 평가에 미치는 영향. 한심:

사회문제, 5(2), 123-139.

최국환(2006). 대학생들의 장애유형에 따른 태도 연구. 직업재활연구, 16(1), 265-280.

최낙범, 금현섭, 오윤이(2015). 소득불평등과 범죄 간의 관계에 대한 탐색: 광역지방자치단체를 중심으로. 행정논총(Korean J. of Public Administration), 53(2), 123-151.

최봉영(1994). 한국인의 사회적 성격 1. 서울: 느티나무.

최봉영(2005). 한국사회의 차별과 억압: 존비어체계와 형식적 권위주의. 서울: 지식산업사.

최봉영(2012). 한국인에게 나는 누구인가. 서울: 지식산업사.

최봉영(2013). 말과 바탕공부. 서울: 고마누리.

최봉영(2023). 한국말 말차림법. 경기: 묻따풀학당.

최봉영(2024). 사람이 말로 생각을 펼치는 일: 오인 것과 쪽인 것, 그것이 문제로다. 묻따풀 학당 특강. 6월 2일.

최봉영, 한규석(2021). 4차 산업혁명을 맞는 주체성: 과잉과 대안의 성찰. 한심: 일반, 40(4), 415.

최봉영, 한규석, 김택신(2014). 한국인의 세계관에 바탕한 도덕성 발달 이론(A theory of moral development based on Korean Worldview). 한심연차.

최상진(1991). '한'의 사회심리학적 개념화 시도. 한심연차, 339-350.

최상진(1993). 한국인과 일본인의 '우리' 의식 비교. 한심연차, 229-244.

최상진(1994). 한국인의 심정심리학. 아세아 심리학 워크숍 자료집, 39-64.

최상진(2000). 한국인 심리학. 서울: 중앙대학교 출판부.

최상진(2011). 한국인의 심리학. 서울: 학지사.

최상진, 김기범(1999). 한국인의 self의 특성: 서구의 self 개념과 대비를 중심으로. 한심: 사회 및 성격, 13(2), 279-295.

최상진, 김기범(2000). 체면의 심리적 구조. 한심: 사회 및 성격, 14(1), 185-202.

최상진, 김의철, 김기범(2003). 한국사회에서의 대인관계 속의 신뢰와 불신의 기반으로서의 마음에 대한 문화심리학적 접근. 한심: 문화 및 사회문제, 9(2), 1-17.

최상진, 김지영, 김기범(2000). 정(미운 정 고운 정)의 심리적 구조, 행위 및 기능 간의 구조적 관계분석. 한심: 사회 및 성격, 14(1), 203-222.

최상진, 김혜숙, 유승엽(1994). 부자유친 성정과 자녀에 대한 영향력. 한심연차, 65-82.

최상진, 박정열, 이장주(1997). 한국인의 우쭐심리. 한국심리학회 연차 학술발표논문집, 391-400.

최상진, 유승엽(1992). 한국인의 체면에 대한 사회심리학적 한 분석. 한심: 사회, 6(2), 137-157.

최상진, 유승엽(1992). 한국인의 체면에 대한 사회심리학적 한 분석. 한심: 사회, 6(2), 137-157.

최상진, 이요행(1995). 한국인 화병의 심리학적 개념화 시도. 한심연차, 327-338.

최상진, 이장주(1999). 정의 심리적 구조와 사회-문화적 기능분석. 한심: 사회 및 성격, 13(1), 219-234.

최상진, 조윤동, 박정열(2001). 대중가요 가사분석을 통한 한국인의 정서탐색. 한심: 일반, 20(1), 41-66.

최상진, 진승범(1995). 한국인의 눈치의 심리적 표상체계. 한심연차, 511-521.

최상진, 한규석(1998). 심리학에서의 객관성, 보편성 및 사회성의 오류: 문화심리학의 도전. 한심: 일반, 17(1), 73-96.

최성호(2017). 강진호 교수에게 '우리 마누라'란 무엇인가? 철학사상, 64, 183.

최연희, 최상진(1990). 눈치기제가 유발되는 상황과 이유에 대한 연구. 한심연차, 293-302.

최인영, 최혜경(2009). 한국 중년세대의 가치관 특성 및 유형에 관한 연구. 한국가족관계학회지, 14(1), 81-109.

최인재, 최상진(2002). 한국인의 문화심리적 특성이 문제대응방식, 스트레스, 생활만족도에 미치는 영향: 정, 우리성을 중심으로. 한심: 상담 및 심리치료, 14(1), 55-71.

최인철(2000). The conflicted culture or who reads fortune-telling. 한국사회및성격심리학회 월례회 발표자료집.

최인철(2007). 프레임: 나를 바꾸는 심리학의 지혜. 서울: 21세기북스.

최재석(1994). 한국인의 사회적 성격. 서울: 현음사.

최훈석, 양애경, 이선주(2008). 여성결혼이민자에 대한 지역사회 수용성: 안산과 영암의 지역주민을 중심으로. 한심: 사회문제, 14(4), 39-69.

최훈석, 한지민, 김도일(2024). 겸손에 관한 한국인의 상식이론: 겸손편향 관점의 한계 및 장래연구 제언. 한심: 사회및성격 38(1), 45-69.

하순복, 정용석, 정창욱, 최용준(2018). 나르시시즘이 리더출현에 미치는 효과: 발언행동의 매개역. 리더십연구, 9(4), 111-138.

한국보건사회연구원(2015). 사회통합 실태진단 및 대응방안 II. 서울.

한규석(1991). 사회심리학 이론의 문화특수성: 한국인의 사회심리학 연구를 위한 고찰. 한심: 사회, 6(1), 132-155.

한규석(1996). 사회심리학회. 한국심리학회 편. 한국심리학회 50년사, (pp. 157-190). 경기: 교육과학사.

한규석(1997). 사회심리학에서의 문화비교 연구. 한국심리학회학술위원회 편. 심리학에서의 비교문화 연구. 서울: 성원사.

한규석(2000). 한국인의 공과 사의 영역: 공정과 인정의 갈등. 한심: 문화 및 사회문제, 6(2), 39-63.

한규석(2002). 한국적 심리학의 전개현황과 과제. 한심: 일반, 21(2), 67-96.

한규석(2007). 미세생성분석: 문화심리학에서의 필요성, 가치 및 이슈. 한심연차, 144-145.

한규석, 신수진(1999). 한국인의 선호가치 변화—수직적 집단주의에서 수평적 개인주의로—. 한심: 사회 및 성격, 13(2), 293-310.

한규석, 최봉영(2015). 우리성 심리학의 모색과 과제: 온전한 심리학을 지향하며. 한국정치사상학회 심포지엄 자료집 '서구중심주의에 대한 우리 학문의 이론적 대응', 103-121.

한규석, 최상진(2008). 마음의 연구와 심리학: 마음의 문화심리적 분석에 바탕한 심리의 작용 틀. 한심: 일반, 27, 281-307.

한규석, 최송현, 심선화(2004a). 서열적 대인관계의 암묵적 교류관. 한국사회및성격심리학회 동계학술대회 발표논문집, 89-98.

한규석, 최송현, 정욱, 배재창(2004b). 한국사회에서의 사람 판단의 준거: 된 사람과 난 사람의 평가를 중심으로. 한심: 사회 및 성격, 18(1), 23-39.

한덕웅(1985). 우정의 형성과 발전에 관한 종단적 연구. 사심, 2(2), 169-192.

한덕웅(1992). 성격특성 용어의 사용빈도, 호오도 및 사회적 바람직성. 한심: 일반, 11(1), 147-171.

한덕웅(1993). 성격특성의 지각차원. 한심: 사회, 7(1), 198-211.

한덕웅(1994). 퇴계심리학: 성격 및 사회심리학적 접근. 서울: 성균관대학교 출판부.

한덕웅(2003). 한국유학심리학. 서울: 시그마프레스.

한덕웅, 이경성(1994). 인생관으로 측정한 한국대학생의 가치관 변화. 사회과학, 33(2), 171-196. 성균관대학교 사회과학연구소.

한덕웅, 이경성(2003). 한국인의 인생관으로 본 가치관 변화: 30년간 비교. 한심: 사회 및 성격, 17(1), 49-67.

한민, 김용희, 이동하, 최진이(2008). 한국사람들의 인종에 대한 이중적 태도. 한심연차, 172-173.

한민, 서신화, 이수현, 한성열(2013). 한국인의 자존심 개념과 특성에 대한 연구. 한심: 문화 및 사회문제, 19(2), 203-234.

한민, 이누미야 요시유키, 김소혜, 장웨이(2009). 새로운 문화-자기관 이론의 국가 간 비교연구: 한국, 중국, 일본 대학생들의 자기관. 한심: 일반, 28(1), 49-66.

한민, 한성열(2009). 신명의 심리학. 한심: 문화 및 사회문제, 15(1), 81-94.

한성열, 한민, 이누미야, 심경섭(2015). 문화심리학: 동양인, 서양인, 한국인의 마음. 서울: 학지사.

한유화, 정진경(2007). 2요인 자아존중감 척도: 개인주의적 및 집단주의적 요인. 한심: 사회 및 성격, 21(4), 117-131.

한준, 김석호, 하상응, 신인철(2014). 사회적 관계의 양면성과 삶의 만족. 한사, 48(5), 1-24.

한형조(2000). 유교는 미래에 있다. 중앙일보(간), 새천년 Emerge, 5월호, 56-69.

함유근, 채승범(2012). 빅데이터, 경영을 바꾸다. 서울: 삼성경제연구소.

함인희(2002). 베이비붐 세대의 문화와 세대경험. 임희섭 외. 한국의 문화변동과 가치관, pp. 215-248. 서울: 나남출판.

함진선, 이장한(2010). 성별에 따라 성격차원과 사랑유형이 성적 부정의 질투에 미치는 영향. 한심: 사회 및 성격, 24(3), 109-124.

허성호, 이근영, 정태연(2017). 공익제보자들이 경험하는 이상과 현실의 차이: 현상학적 분석. 한심: 문화 및 사회문제, 23(1), 25-52.

허재홍(2014). 눈치가 안녕감과 대인관계에 미치는 영향. 상담학연구, 15(3), 1067-1084.

허재홍, 박원주(2013). 눈치척도 개발 및 타당화: 대학생집단을 대상으로. 상담학연구, 14(6), 3537-3555.

허진자, 고재홍(2008). 부부의 심리적 욕구차이, 배우자 욕구오해 및 부부갈등 간의 관계. 한심: 사회 및 성격, 22(4), 27-41.

허태균, 황재원, 김재신(2005). 바늘 도둑이 소도둑 된다: 준법의식의 약화에서 인지부조화의 역할. 한국심리학지: 사회문제, 11, 25-42.

홍대식(1985). 삼자적 사회관계에서의 인지적-감정적 반응의 역학과 대인관계의 과정. 사심, 2(2), 61-94.

홍덕화, 구도완(2014). 민주화 이후 한국 환경운동의 제도화와 안정화. 환경사회학연구: ECO, 18(1), 151-186.

홍민기(2017). 소득불평등: 현황과 대책: 현황과 대책. 노동리뷰, 11-15.

홍봉선, 남미애(2012). 청소년의 인터넷음란물 접촉정도가 성폭력과 성매매에 미치는 영향. 한국아동복지학, 40, 9-39.

홍성원, 이인혜(2015). 소수집단에 대한 편견과 편집증적 심리특성. 한심: 문화 및 사회문제, 21(3), 339-353.

홍영오, 연성진, 주승희(2015). 여성 대상 폭력에 대한 연구: 친밀한 관계에서의 폭력을 중심으로. 한국형사정책연구원 연구총서 15-AA-13.

홍영오, 이훈구(2001). 암묵적 연합검사에 의한 지역편견의 측정. 한심: 사회 및 성격, 15, 185-204.

홍용희(2004). 비교문화적으로 본 한국과 미국 부모들의 유아도덕 교육. 유아교육연구, 24(1), 259-292.

홍인표(2021). 한일 언어문화의 이해. 서울: 한국문화사.

홍주안, 권호인(2018). 인식된 짐스러움이 노인 자살사고에 미치는 영향: 삶의 의미와 사회참여의 조절된 매개효과. 한심: 문화 및 사회문제, 24(3), 411-428.

황민혜, 고재홍(2010). 부부간 결혼 가치관 차이, 오해 및 부부갈등. 한심: 여성, 15(4), 779-800.

황엘라(2017). 거부민감성과 전위공격성의 관계: 정서표현양가성과 분노억제의 매개효과. 가톨릭대학교 대학원 석사학위논문.

황상민, 김도환(2004). 한국인의 라이프 스타일과 세대의 심리적 정체성. 한심: 사회 및 성격, 18(2), 31-47.

황인정(2024). 누가 한국의 극우인가? 한국 극우의 특징과 정치적 함의. 정치정보연구, 27(2), 127-161.

Abele, A. E., & Bruckmüller, S. (2011). The bigger one of the "Big Two": Preferential processing of communal information. *JESP, 47*, 935-948.

Abele, A. E., & Wojciszke, B. (2007). Agency and communion from the perspective of self versus others. *JPSP, 93*(5), 751-763.

Abele, A. E., & Wojciszke, B. (2013). The Big Two in social judgment and behavior. *Social Psychology, 44*(2), 61-62.

Abelson, R., Aronson, E., McGuire. W., Newcomb, T., Rosenberg, M., & Tannenbaum, P. (1968). *Theories of cognitive consistency: A sourcebook*. Chicago: Rand McNally.

Abrahamse, W., Steg, L., Vlek, C., & Rothengatter, T. (2007). The effect of tailored information, goal setting, and tailored feedback on household energy use, energy-related behaviors, and behavioral antecedents. *JEP, 27*(4), 265-276.

Abramson, L., Seligman, M., & Teasdale, J. (1978). Learned helplessness in humans: Critique and reformation. *J. of Abnormal Psychology, 87*, 49-74.

Adair, G., Dushenko, T. W., & Lindsay, R. C. L. (1985). Ethical regulations and their impact on research practice. *AP, 40*, 59-72.

Adams, G. (2005). The cultural grounding of personal relationship: Enemyship in North American and West African worlds. *JPSP, 88*(6), 948-968.

Adams, G., & Plaut, V. C. (2003). The cultural grounding of personal relationship: Friendship in North American and West African worlds. *Personal Relationships, 10*(3), 333-347.

Adams, H. E., Wright, L. W., & Lohr, B. A. (1996). Is homophobia associated with homosexual arousal? *J. of Abnormal Psychology, 105*, 440-445.

Adams, J. (1965). Inequity in social exchange. In L. Berkowitz (Ed.), *AESP* (Vol. 2). NY: Academic Press.

Adler, N. E., Boyce, T., Chesney, M. A., Cohen, S., Folkman, S., Kahn, R. L., et al. (1994). Socioeconomic status and health: The challenge of the gradient. *AP, 49*, 15-24.

Adorno, T., Frenkel-Brunswik, E., Levinson, D., & Sanford, R. N. (1950). *The authoritarian personality*. New York: Harper.

Agnew, C., Van Lange, P., Rusbult, C., & Langston, C. (1998). Cognitive interdependence: Commitment and the mental representation of close relationships. *JPSP, 74*, 939-954.

Ajzen, I. (1991). The theory of planned behavior. *OBHDP, 50*, 179-211.

Ajzen, I., & Fishbein, M. (1977). Attitude-behavior relations: A theoretical analysis and review of empirical research. *PB, 84*, 888-918.

Akaliyski, P., Welzel, C., Bond, M. H., & Minkov, M. (2021). On 'nationology': The gravitational field of national culture. *JCCP, 52*(8-9), 771-793.

Aknin, L. B., et al. (2013). Prosocial spending and well-being: Cross-cultural evidence for a psychological universal. *JPSP, 104*(4), 635-652.

Albrecht, G. (2011). Chronic environmental change: Emerging 'psychoterratic' syndromes. *Climate change and human well-being: Global challenges and opportunities*, 43-56.

Aldag, R., & Fuller, S. (1993). Beyond fiasco: A reappraisal of the groupthink phenomenon and a new model of group decision processes. *PB, 113*, 533-552.

Alexander, R., et al. (2021). The neuroscience of positive emotions and affect: Implications for cultivating happiness and wellbeing. *Neuroscience & Biobehavioral Reviews, 121*, 220-249.

Al-Kire, R. L., et al. (2022). Quiet ego is associated with positive attitudes toward Muslims. *Frontiers in Psychology*, 13.

Allen, M., D'Alessio, D., & Brezgel, K. (1995). A meta-analysis summarizing the effects of pornography: II. Aggression after exposure. *Human Communication Research, 22*, 258-283.

Allen, M., Gupta, R., & Monnier, A. (2008). The interactive effect of cultural symbols and human values on taste evaluation. *J. of Consumer Research, 35*(2), 294-308.

Allen, V., & LeVine, J. (1971). Social support and conformity: The role of independent assessment of reality. *JESP*, 7, 48-58.

Allison, S. T., Messick, D. M., & Goethals, G. R. (1989). On being better but not smarter than others: The Muhammad Ali effect. *Social Cognition*, 7, 275-296.

Alloy, L., & Abramson, L. (1979). Judgment of contingency in depressed and nondepressed students: Sadder but wiser. *JEP: General, 108*, 441-485.

Allport, F. (1920). The influence of the group upon association and thought. *JEP, 3*, 159-182.

Allport, F. (1924). *Social psychology*. Boston: Houghton Mifflin.

Allport, G. (1954). *The nature of prejudice*. Reading. MA: Addison-wesley.

Allport, G. W. (1968). The historical background of modern social psychology. In G. Lindzey & E. Aronson (Eds.), *Handbook of Social Psychology* (Vol. 1, 2nd ed.). Reading, Mass: Addison-Wesley.

Altman, I., & Taylor, D. (1973). *Social Penetration: The development of interpersonal relationships*. New York: Holt. Rinehart & Winston.

Alvaredo, F., Chancel, L., Piketty, T., Saez, E., & Zucman, G. (Eds.). (2018). *World inequality report 2018*. Harvard University Press.

Ambady, N., Koo, J., Lee, F., & Rosenthal, R. (1996). More Than Words: Linguistic and Nonlinguistic Politeness in Two Cultures. *JPSP, 70*(5), 996-1011.

Anderson, C. A. (1997). Effects of violent movies and trait hostility on hostile feelings and aggressive thoughts. *Aggressive*

*Behavior, 23*, 161-178.

Anderson, C. A., & Bushman, B. J. (2002). Human aggression. *ARP, 53*, 27-51.

Anderson, C. A., Bushman, B. J., & Groom, R. W. (1997). Hot years and serious and deadly assault: Empirical tests of the heat hypothesis. *JPSP, 73*, 1213-1223.

Anderson, C. A., et al. (2003). The influence of media violence on youth. *PS in the Public Interest, 4*(3), 81-110.

Anderson, C. A., et al. (2010). Violent video game effects on aggression, empathy, and prosocial behavior in eastern and western countries: a meta-analytic review. *PB, 136*(2), 151.

Anderson, C., Lepper, M., & Ross, L. (1980). Perseverance of social theories: The role of explanation in the persistence of discredited information. *JPSP, 39*, 1037-1049.

Anderson, N., & Hubert, S. (1963). Effects of concomitant verbal recall on order effects in personality impression formation. *J. of Verbal Learning and Verbal Behavior, 2*, 379-391.

Anderson, S. L., Adams, G., & Plaut, V. C. (2008). The Cultural Grounding of Personal Relationship: The Importance of Attractiveness in Everyday Life. *JPSP, 95*(2), 352-368.

Andrews, F. M., & Withey, S. B. (1976). *Social indicators of well-being*. New York: Plenum Press.

Angus, I. (2021). Knowledge, spirit, reason: An essay in comparative philosophy. *American Review of Canadian Studies, 51*(3), 443-457.

Aquino, Y. S. J., & Steinkamp, N. (2016). Borrowed beauty? Understanding identity in Asian facial cosmetic surgery. *Medicine, Health Care and Philosophy, 19*, 431-441.

Arbib, M. (2006). A sentence is to speech as what is to action? *Cortex, 42*, 507-514.

Archer, D., & Akert, R. (1977). Words and everything else: Verbal and nonverbal cues in social interpretation. *JPSP, 35*(6), 443-449.

Archer, D., & McDaniel, P. (1995). Violence and gender: Difference and similarities across societies. In R. B. Ruback & N. A. Weiner (Eds.), *Interpersonal violent behaviors: Social and cultural aspects* (pp. 63-87). New York: Springer.

Archer, J. (2000). Sex difference in aggression between heterosexual partners. *PB, 126*(5), 651-680.

Arendt, H. (1965). *Eichmann in jerusalem: A report on the banality of evil*. New York: Viking Press.

Argyle, M. (1988). *Bodily communication* (2nd ed.). London: Methuen.

Argyle, M., & Dean, J. (1965). Eye-contact, distance and affiliation. *Sociometry, 28*, 289-304.

Arnett, J. J. (2008). The eglected 95%: Why American Psychology Needs to Become Less American. *AP, 63*(7), 602-614.

Arnett, J., et al. (2013). The dangers of generational Myth-making: Rejoinder to Twenge. *Emerging Adulthood, 1*(1), 17-20.

Aron, A., & Aron, E. N. (1986). *Love and the expansion of self: Understanding attraction and satisfaction*. Hemisphere Publishing Corp/Harper & Row Publishers.

Aron, A., & Aron, E. N. (1997). Self-expansion motivation and including other in the self. In S. Duck (Ed.), *Handbook of personal relationships: Theory, research and interventions* (2nd ed., pp. 251-270). John Wiley & Sons, Inc.

Aron, A., Melinat, E., Aron, E. N., Vallone, R. D., & Bator, R. J. (1997). The experimental generation of interpersonal closeness: A procedure and some preliminary findings. *PSPB, 23*(4), 363-377.

Aron, E. N., & A. Aron (1996). Love and expansion of the self: The state of the model. *Personal relationships, 3*(1), 45-58.

Aronson, E. (1988). *The social animal* (5th ed.). New York: Freeman.

Aronson, E., & Carlsmith, J. (1963). The effect of the severity of threat on the devaluation of forbidden behavior. *JASP, 66*, 584-588.

Aronson, E., & Gonzalez, A. (1988). Desegregation, Jigsaw, and the Mexican-American experience. In P. A. Katz & D. A. Taylor (Eds.), *Eliminating racism: Profiles in controversy* (pp. 301-314). New York: Plenum.

Aronson, E., & Mills, J. (1959). The effect of severity of initiation on liking for a group. *JASP, 159*, 177-181.

Aronson, E., Brewer, M., & Carlsmith, J. (1985). Experimentation in social psychology. In G. Lindzey & Aronson (Eds.), *Handbook of social psychology* (Vol. 1, 3rd ed.). NY: Random House.

Aronson, E., Fried, C. B., & Stone, J. (1991). Overcoming denial and increasing the use of condoms through the induction of hypocrisy. *American J. of Public Health, 81*, 1636-1638.

Aronson, J., Lustina, M. J., Good, C., Keough, K., Steele, C. M., & Brown, J. (1999). When white men can't do math: Necessary and sufficient factors in stereotype threat. *JESP, 35*, 29-46.

Asch, S. E. (1946). Forming impressions of personality. *JASP, 41*, 258-290.

Asch, S. E. (1955). Opinions and social pressure. *Scientific American, 19*, 31-35.

Atran, S. (2017). *The role of the devoted actor in war, revolution, and terrorism*. The Cambridge companion to religion and terrorism.

Atran, S. (2021). Psychology of transnational terrorism and extreme political conflict. *ARP, 72,* 471-501.

Atran, S., Waziri, H., Gómez, Á., Sheikh, H., López-Rodríguez, L., Rogan, C., & Davis, R. (2018). The Islamic State's lingering legacy among young men from the Mosul area. *CTC Sentinel, 11*(4), 15-22.

Averill, J. R. (1983). Studies on anger and aggression: Implications for theories of emotion. *AP, 38*, 1145-1160.

Aviezer, H., et al. (2012). Body cues, not facial expressions, discriminate between intense positive and negative emotions. *Science, 338*(6111), 1225-1229.

Axelrod, R. (1980a). Effective choice in the Prisoner's Dilemma. *JCR, 24*, 3-25.

Axelrod, R. (1980b). More effective choice in the Prisoner's Dilemma. *JCR, 24*, 379-403.

Axelrod, R. (1984). *The evolution of cooperation*. NY: Basic Books.

Babad, E., Bernieri, F., & Rosenthal, R. (1991). Students as judges of teachers' verbal and nonverbal behavior. *American Educational Research J., 28*, 211-234.

Back, M. D., et al. (2010). Facebook Profiles Reflect Actual Personality, Not Self-Idealization. *PS, 21*(3), 372-374.

Backstrom, L., et al. (2012). Four degrees of separation. Proceedings of the 4th Annual ACM Web Science Conference. Evanston, Illinois, Association for Computing Machinery, 33-42.

Bagozzi, R. P., Wong, N., & Yi, Y. (1999). The role of culture and gender in the relationship between positive and negative affect. *Cognition and Emotion, 13*, 641-672.

Bai, Y. M. L. A. C. S. G. A. M. S. J. E. M. G. D. P. K. K. D. (2017). Awe, the Diminished Self, and Collective Engagement: Universals and Cultural Variations in the Small Self. *JPSP, 113*(2), 185.

Bailey, D. S., Leonard, K. E., Cranston, J. W., & Taylor, S. P. (1983). Effects of alcohol and self-awareness on human physical aggression. *PSPB, 9*, 289-295.

Bain, P. G., et al. (2012). Promoting pro-environmental action in climate change deniers. *Nature Climate Change, 2*(8), 600-603.

Bain, P. G., et al. (2019). Public views of the Sustainable Development Goals across countries. *Nature Sustainability, 2*(9), 819-825.

Balcetis, E., & Dunning, D. (2007). Cognitive dissonance and the perception of natural environments. *PS, 18*(10), 917-921.

Banaji, M., & Prentice, D. (1994). The self in social contexts. *ARP, 45*, 297-332.

Bandura, A. (1973). *Aggression: A social learning theory*. Englewood Cliff: NJ. Prentice Hall.

Bandura, A. (1986). *Social foundations of thought and action: A social cognitive theory*. Englewood Cliffs, NJ: Prentice Hall.

Bandura, A. (1997). *Self-efficacy: The exercise of control*. New York: Freeman.

Bandura, A. (1999). Moral disengagement in the perpetration of inhumanities. *PSPR, 3*(3), 193-209.

Bandura, A. (2004). The role of selective moral disengagement in terrorism and counterterrorism. In F. Moghaddam & A. Marsella (Eds.), *Understanding terrorism: Psychosocial roots, consequences, and interventions*. Washington D.C.: APA Press.

Bandura, A. (2008). Reconstrual of "free will" from the agentic perspective of social cognitive theory. In J. Baer, J. C. Kaufman, & R. F. Baumeister (Eds.), *Are we free? Psychology and free will*. New York: Oxford University Press.

Barbiero, G., Berto, R., Venturella, A., & Maculan, N. (2021). Bracing Biophilia: When biophilic design promotes pupil's attentional performance, perceived restorativeness and affiliation with Nature. *Environment, Development and Sustainability*, 1-15.

Barbiero, G., Berto, R., Venturella, A., & Maculan, N. (2021). Bracing Biophilia: When biophilic design promotes pupil's attentional performance, perceived restorativeness and affiliation with Nature. *Environment, Development and Sustainability*, 1-15.

Barelds, D., & Dijkstra, P. (2009). Positive illusions about a partner's physical attractiveness and relationship quality, *Personal Relationship, 16*(2), 263-283.

Bargh, J. A., & Pratto, F. (1986). Individual construct accessibility and perceptual selection. *JESP, 22*, 293-311.

Bargh, J. A., et al. (1996). Automaticity of social behavior: Direct effects of trait construct and stereotype activation on action. *JPSP, 71*(2), 230-244.

Bar-Hillel, M., & Fischhoff, B. (1981). When do base rates affect predictions? *JPSP, 41*, 671-680.

Baron, R. (1971). Exposure to an aggressive model and apparent probability of retaliation as determinants of adult aggressive behavior. *JESP, 7*, 343-355.

Baron, R. A., & Bell, P. A. (1975). Aggression and heat: Mediating effects of prior provocation and exposure to an aggressive model. *JPSP, 31*, 825-832.

Baron, R. S. (1986). Distraction-conflict theory: Progress and problems. In L. Berkowitz (Ed.), *AESP* (Vol. 19, pp. 1-40).

New York: Academic Press.

Baron, R. S., Vandello, U. A., & Brunsman, B. (1996). The forgotten variable in conformity research: Impact of task importance on social influence. *JPSP, 71*, 915-927.

Baron, R., Byrne, D., & Branscombe, N. (2006). *Social psychology* (11th ed.). Boston, MA: Allyn & Bacon.

Barreto, M., et al. (2021). Loneliness around the world: Age, gender, and cultural differences in loneliness. *Personality and Individual Differences, 169,* 110066.

Barrows, S. (1981). Distorting mirrors: Visions of the crowd in late nineteenth century. Yale Univ. Press.

Bartels, A., & Zeki, S. (2000). The neural basis of romantic love. *Neuroreport, 11*, 3829-3834.

Barth, M., Masson, T., Fritsche, I., & Ziemer, C. (2018). Closing ranks: Ingroup norm conformity as a subtle response to threatening climate change. *GPIR, 21*(3), 497-512.

Bartlett, F. C. (1932). *Remembering*. Cambridge, England: Cambridge University Press.

Bashir, N. Y., Lockwood, P. Chasteen, A., Nadolny, D., & Noyes, I. (2013). "The ironic impact of activists: Negative stereotypes reduce social change influence." *EJSP, 43*(7), 614-626.

Bassham, G. (2020). *Environmental ethics: The central issues*. Hackett Publishing.

Bassili, J. N. (2003). The minority slowness effect: Subtle inhibitions in the expression of views not shared by others. *JPSP, 84*, 261-276.

Bassili, J., & Provencal, A. (1988). Perceiving minorities: A factor-analytic approach. *PSPB, 14*, 5-15.

Bates, L. (2016). *Everyday sexism: The project that inspired a worldwide movement*. Macmillan.

Batson, C. D., O'Quin, K., Fultz, J., Vanderplas, M., & Isen, A. M. (1983). Influence of self-reported distress and empathy on egoistic versus altruistic motivation to help. *JPSP, 45*, 706-718.

Baumeister, R. F. (1982). A self-presentation view of social phenomena. *PB, 91*, 3-26.

Baumeister, R. F. (1998). The self. In D. Gilbert, S. Fiske, & G. Lindzey (Eds.), *The handbook of social psychology* (Vol. 1, 4th ed., pp. 680-740). Boston: McGraw-Hill Companies.

Baumeister, R. F., & Lobbestael, J. (2011). Emotions and antisocial behavior. *J. of Forensic Psychiatry & Psychology, 22*(5), 635-649.

Baumeister, R. F., Bushman, B. J., & Campbell, W. K. (2000). Self-esteem, narcissism, and aggression: Does violence result from low self-esteem or from threatened egotism? *Current Directions in PS, 9*(1), 26-29.

Baumeister, R. F., et al. (1996). Relation of threatened egotism to violence and aggression: the dark side of high self-esteem. *PR, 103*(1), 5.

Baumeister, R. F., Smart, L., & Boden, J. M. (1996). Relation of threatened egotism to violence and aggression: The dark side to high self-esteem. *PR, 103*, 5-33.

Baumeister, R., & Bratslavsky, E. (1999). Passion, intimacy, and time: Passionate love as a function of change in intimacy. *PSPR, 3*(1), 49-67.

Baumeister, R., & Bushman, B. (2014). *Social psychology and human nature* (brief version 3rd.). Wadsworth, Belmont, USA.

Baumeister, R., & Leary, M. (1995). The need to belong: Desire for interpersonal attachments as a fundamental human motivation. *PB, 117*, 497-529.

Baumeister, R., Schmeichel, B., & Vohs, K. (2007). *Self-Regulation and the Executive Function: The Self as Controlling Agent*. Chapter prepared for A. W.

Baumgardner, A. (1991). Claiming depressive symptoms as a self-handicap: A protective self-presentation strategy. *Basic and Applied Social Psychology, 11*, 525-535.

Bayes, R. D. J. N. d. n. e. G. A. M. D. C. m. n. e. (2020). When and How Different Motives Can Drive Motivated Political Reasoning. *Political Psychology, 41*(5), 1031-1052.

BBC NEWS (2003). The formula for happiness. http://news.bbc.co.uk/2/hi/health/2630869.stm. (2024. 12. 25. 인출)

Beaman, A. L., Klentz, B., Diener, E., & Svanum, S. (1979). Objective self-awareness and transgression in children: A field study. *JPSP, 37*, 1835-1846.

Beattie, P., et al. (2019). Who is the Neoliberal? Exploring Neoliberal Beliefs across East and West. *JSI, 75*, 1-29.

Beilock, S. L., Bertenthal, B. I., McCoy, A. M., & Carr, T. H. (2004). Haste does not always make waste: Expertise, direction of attention, and speed versus accuracy in performing sensorimotor skills. *Psychonomic Bulletin and Review, 11*, 373-379.

Bem, D. (1967). Self-perception: An alternative interpretation of cognitive dissonance phenomena. *PR, 74*, 183-200.

Bem, D. J., & McConnell, H. K. (1970). Testing the self-perception explanation of dissonance phenomena: On the salience of pre-manipulation attitudes. *JPSP, 14*, 23-31.

Bendahan, S., Zehnder, C., Pralong, F., & Antonakis, J. (2015). Leader corruption depends on power and testosterone. *The Leadership Quarterly, 26*, 101-122.

Bendisch, F. S. (2018). Can the Global North learn from the Global

South?: exploring possibilities for overcoming the psychological barriers to degrowth, Lund university. MA.

Berardi, U. (2016). The outdoor microclimate benefits and energy saving resulting from green roofs retrofits. *Energy and buildings, 121,* 217-229.

Berent, I., & Platt, M. (2021). The true "me"—Mind or body? *JESP, 93,* 104100.

Beresin, E. V. (2009). *The impact of media violence on children and adolescents: Opportunities for clinical interventions.* American Academy of Child Adolescents Psychiatry.

Berg, J., & McQuinn, R. (1986). Attraction and exchange in continuing and nocontinuing dating relationships. *JPSP, 50,* 942-952.

Berger, P., & Luckmann, T. (1966). *The social construction of reality: A treatise in the sociology of knowledge.* New York: Penguin Books.

Berglas, S., & Jones, E. E. (1978). Drug choice as a self handicapping strategy in response to noncontingent success. *JPSP, 36,* 405-417.

Berkowitz, L. (1983). The experience of anger as a parallel process in the display of impulsive, 'angry' aggression. In R. G. Green & E. I. Donnerstein (Eds.), *Aggression: Theoretical and empirical reviews* (Vol. 1). New York: Academic Press.

Berkowitz, L. (1990). On the formation and regulation of anger and aggression: A cognitive-neoassociationistic analysis. *AP, 45,* 494-503.

Berman, M., et al. (1993). The effects of hormones, Type A behavior pattern, and provocation on aggression in men. *Motivation and Emotion, 17,* 125-138.

Berreby, D. (2005). *Us and them: Understanding your tribal mind.* 정준형 역(2007). 우리와 그들, 무리짓기에 대한 착각. 서울: 에코리브르.

Berry, J. (2000). Cross-cultural psychology: A symbiosis of cultural and comparative approaches. *AJSP, 3,* 197-205.

Berscheid, E. (1983). Emotion. In H. Kelley et al. (Eds.), *Close relationships* (pp. 110-168). New York: W. H. Freeman.

Bhaskar, R. (1975). *A realist theory of science* (2nd ed.). Leeds: Leeds Books.

Biswas-Diener, R., et al. (2015). Wellbeing in Bhutan. *International J. of Wellbeing, 5*(2).

Bjoorkqvist, K., Lagerspetz, K. M., & Kaukiainen, A. (1992). Do girls manipulate and boys fight? Developmental trends in regard to direct and indirect aggression. *Aggressive Behavior, 18,* 117-127.

Blair, I. V. (2013). Implicit stereotypes and prejudice. Cognitive Social Psychology, 354-369.

Blanton, H., George, G., & Crocker, J. (2001). Contexts of system justification and system evaluation: Exploring the social comparison strategies of the (not yet) contented female worker. *GPIR, 4*(2), 126-137.

Blass, T. (1991). Understanding behavior in the Milgram obedience experiment: The role of personality, situations, and their interactions. *JPSP, 60*(3), 398-413.

Blau, P. M. (1964). Justice in social exchange. *Sociological inquiry, 34*(2).

Blinco, P. M. A. (1993). Persistence and education: A formula for Japan's economic success. *Comparative Education, 29*(2), 171-183.

Bloom, M. (1999). The performance effects of pay dispersion on individuals and organization. *Academy of Management J., 42*(1), 25-40.

Bocian, K., & Wojciszke, B. (2014a). Self-interest bias in moral judgments of others' actions. *PSPB, 40,* 898-909.

Bocian, K., & Wojciszke, B. (2014b). Unawareness of self-interest bias in moral judgments of others' behavior. *Polish PB, 45,* 411-417.

Bocian, K., Baryla, W., & Wojciszke, B. (2016). When dishonesty leads to trust: Moral judgments biased by self-interest are truly believed. *Polish PB, 47,* 366-372.

Bodenhausen, G. V. (1988). Stereotypic biases in social decision making and memory: Testing process models of stereotype use. *JPSP, 55,* 726-737.

Bokek-Cohen, Y., Peres, Y., & Kanazawa, S. (2007). Rational choice and evolutionary psychology as explanations for mate selectivity. *J. of Social, Evolutionary & Cultural Psychology, 2*(2), 42-55.

Boldizar, J. P., et al. (1989). Outcome values and aggression. *Child Development,* 571-579.

Bond, C. F., Jr., & Brockett, D. R. (1987). A social context-personality index theory of memory for acquaintance. *JPSP, 52,* 1110-1121.

Bond, R., & Smith, P. (1996). Culture and conformity: A meta-analysis of studies using Asch's (1952b, 1956) line judgement task. *PB, 119,* 111-137.

Bonilla-Silva, E. (2003). *Racism without racists: Color-blind racism and the persistence of racial inequality in the United States.* Lanham, MD: Roman & Littlefield.

Bonta, B. (1997). Cooperation and competition in peaceful

socienties. *PB, 121*(2), 299-320.

Borgida, E., & Campbell, B. (1982). Belief relevance and attitude-behavior consistency: The moderating role of personal experience. *JPSP, 42*, 239-247.

Borgida, E., & Nisbett, R. E. (1977). The differential impact of abstract vs. concrete information on decisions. *J. of Applied Social Psychology, 7*, 258-271.

Boroditsky, L. (2011, February). How language shapes thought: The language we speak affect our perceptions of the world. *Scientific American*, 63-65.

Borsboom, D., & Wagenmakers, E.-J. (2013, January). Derailed: The rise and fall of diederik stapel. *Observer, 26*(1).

Borys, S., & Perlman, D. (1985). Gender Differences in Loneliness. *PSPB, 11*(1), 63-74.

Bothwell, R. K., Deffenbacher, K. A., & Brigham, J. C. (1987). Correlation of eyewitness accuracy and confidence: Optimality hypothesis revised. *JAP, 72*, 691-695.

Boydstun, A. E., Ledgerwood, A., Sparks, J. (2019). A Negativity Bias in Reframing Shapes Political Preferences Even in Partisan Contexts. *SPPS, 10*(1), 53-61.

Brambilla, M., et al. (2012). You want to give a good impression? Be honest! Moral traits dominate group impression formation. *Br J Soc Psychol, 51*(1), 149-166.

Brambilla, M.,& Leach, C. W. (2014). On the Importance of Being Moral: The Distinctive Role of Morality in Social Judgment. *Social Cognition, 32*(4), 397-408.

Braun, A. A. (2009). Gross national happiness in Bhutan: A living example of an alternative approach to progress. *Social Impact Research Experience J., 9*(1), 33-38.

Breckler, S., Olson, J., & Wiggins, E. C. (2006). *Social psychology alive*. Belmont, CA: Thompson Learning Ltd.

Brehm, J. W. (1956). Post-decision changes in desirability of alternatives. *JASP, 52*, 384-389.

Brenner, S. N., & Molander, E. A. (1977). Is the ethics of business changing? *Harvard Business Review, January-February*, 57-71.

Brewer, M. B., & Brown, R. J. (1998). Intergroup relations. In D. T. Gilbert, S. T. Fiske, & G. Lindzey (Eds.), *Handbook of social psychology* (Vol. 2, 4th ed., pp. 554-594). Boston, MA: McGraw-Hill.

Brewer, M. B., & Schneider, S. (1990). Social identity and social dilemmas: A double-edged sword. In D. Abrams & M. Hogg (Eds.), *Social identity theory: Constructive and critical advances*. NY: Harvester Wheatsheaf.

Brewer, M. B., Dull, V., & Lui, L. (1981). Perceptions of the elderly: Stereotypes as prototypes. *JPSP, 41*, 656-670.

Brezinski, Z. (1993). 통제불능의 세계. 서울: 을유문화사.

Brickman, P., & Campbell, D. T. (1971). Hedonic relativism and planning the good society. In M. H. Appley (Ed.), *Adaptation level theory: A symposium* (pp. 287-302). New York: Academic Press.

Brickman, P., et al. (1981). Microjustice and macrojustice. *The justice motive in social behavior: Adapting to times of scarcity and change*, 173-202.

Bridgman, P. (1927/1961). *The logic of modern physics*. NY: Macmillan Co.

Brockner, J., & Chen, Y. R. (1996). The moderating roles of self-esteem and self-construal in reaction to a threat to the self: evidence from the People's Republic of China and the United States. *JPSP, 71*(3), 603.

Brockner, J., Fishman, A., Goldman, B., Spiegel, S., & Garden, C. (2007). Procedural fairness, outcome favorability, and judgments of an authority's responsibility. *JAP, 92*(6), 1657-1671.

Broemer, P. (2004). Ease of imagination moderates reactions to differently framed health messages. *EJSP, 34*, 103-119.

Brown, J. D. (1998). *The self*. New York: McGraw-Hill.

Brown, P., & Elliott, R. (1965). Control of aggression in a nursery school class. *J. of Experimental Child Psychology, 2*(2), 103-107.

Brown, P., & Levinson, S. (1987). *Politeness: Some universals in language usage*. Cambridge, England: Cambridge University Press.

Brown, R. (1965). *Social psychology*. New York: Free Press.

Brown, R. (1988). *Group processes: Dynamics within and between groups*. New York: Ball Blackwell.

Brown, R. J., & Turner, J. C. (1981). Interpersonal and intergroup behaviour. In J. C. Turner & H. Giles (Eds.), *Intergroup behaviour* (pp. 33-65). Oxford: Basil Blackwell.

Brown, R. P., Osterman, L., & Barnes, C. (2009). School Violence and the Culture of Honor. PS, 20(11), 1400-1405.

Brunell, A. B., Gentry, W. A., Campbell, W. K., Hoffman, B. J., Kuhnert, K. W., & DeMarree, K. G. (2008). Leader emergence: The case of the narcissistic leader. *PSPB, 34*(12), 1663-1676.

Bruner, J. S. (1990). *Acts of meaning*. Cambridge: Harvard University Press.

Bryan, C., Walton, Rogers, T., & Dweck, C. (2011). Motivating voter turnout by invoking the self. *PNAS, 108*(31): 12653-12656.

Budziszewska, M. & Kalwak, M. (2022). Climate depression. Critical analysis of the concept. *Psychiatr Pol, 56*(1), 171-182.

Burger, J. M. (1986). Desire for control and the illusion of control: The effects of familiarity and sequence of outcomes. *J. of Research in Personality, 20*(1), 66-76.

Burger, J. M., & Palmer, M. L. (1991). Changes in and generalization of unrealistic optimism following experience with stressful events: Reactions to the 1989 California earthquake. *PSPB, 18*, 39-43.

Burke, M. (2020). Energy-Sufficiency for a Just Transition: A Systematic Review. *Energies, 13*(10), 2444.

Burnkrant, R. E., & Howard, D. J. (1984). Effects of the use of introductory rhetorical questions versus statements on information processing. *JPSP, 47*(6), 1218-1230.

Burnstein, E., & Vinokur, A. (1977). Persuasive argumentation and social comparison as determinants of attitude polarization. *JESP, 13*, 315-332.

Bushman, B. J., & Anderson, C. A. (2001). Media violence and the American public: Scientific facts versus media misinformation. *AP, 56*, 477-489.

Bushman, B. J., & Baumeister, R. F. (1998). Threatened egotism, narcissism, self-esteem, and direct and displaced aggression: Does self-love or self-hate lead to violence? *JPSP, 75*, 219-229.

Bushman, B., Bonacci, A., Van Dijk, M., & Baumeister, R. (2003). Narcissism, sexual refusal, and aggression: testing a narcissistic reactance model of sexual coercion. *JPSP, 84*(5), 1027.

Buss, A. H., & Perry, M. (1992). The aggression questionnaire. *JPSP, 63*, 452-459.

Buss, D. (1994). *The evolution of desire: Strategies of human mating*. 김용석, 민현경 공역(1995). 욕망의 진화. 서울: 백년도서.

Buss, D. (1999). *Evolutionary psychology: The new science of the mind*. 김교헌 역(2005). 마음의 기원. 서울: 나노미디어.

Buunk, B. P., & Prins, K. S. (1998). Loneliness, exchange orientation, and reciprocity in friendships. *Personal Relationships, 5*, 1-14.

Buunk, B. P., Oldersma, F. L., & De Dreu, C. K. W. (2001). Enhancing satisfaction through downward comparison: The role of relational discontent and individual differences in social comparison orientation. *JESP, 37*, 452-467.

Byrne, D. (1997). An overview (and underview) of research and theory within the attraction paradigm. *JSPR, 14*(3), 417-431.

Cacioppo, J. T. (2002). Social neuroscience: Understanding the pieces fosters understanding the whole and vice versa. *AP, 57*, 819-831.

Cacioppo, J. T., & Petty, R. E. (1979). Effects of message repetition and position on cognitive response, recall, and persuasion. *JPSP, 37*, 97-109.

Cacioppo, J. T., & Petty, R. E. (1982). The need for cognition. *JPSP, 42*(1), 116-131.

Cacioppo, J. T., & Petty, R. E. (1985). Central and peripheral routes to persuasion. The role of message repetition. In L. F. Alwitt & A. A Mitchell (Eds.), *Psychological processes and advertising effects: Theory, research, and applications* (pp. 91-111). Hillsdale, NJ: Erlbaum.

Cacioppo, J. T., Petty, R. E., & Morris, K. (1983). Effects of need for cognition on message evaluation, recall, and persuasion. *JPSP, 45*, 805-818.

Callan, M. J., Ellard, J. H., Will Shead, N., & Hodgins, D. C. (2008). Gambling as a search for justice: Examining the role of personal relative deprivation in gambling urges and gambling behavior. *PSPB, 34*(11), 1514-1529.

Campbell, D. T., & Stanley, J. C. (1963). Experimental and quasi-Experimental designs for research on teaching. In N. L. Gage (Ed.), *Handbook of research on teaching*. Chicago: Rand McNally.

Campbell, J., Assanand, S., & Di Paula, A. (2000). Structural features of the self-concept and adjustment. In A. Tesser, R. Felson, & J. Suls (Eds.), *Psychological perspectives on self and identity* (pp. 67-90). Washington, DC: APA.

Campbell, T. H., & Kay, A. C. (2014). Solution aversion: On the relation between ideology and motivated disbelief. *JPSP, 107*(5), 809-824.

Capezza, N. M. (2003). The cultural-psychological foundations for violence and nonviolence: An empirical study. Forum: *Qualitative Social Research* [On-line J.], *4*(2). available at http://www.qualitative-research/net/fqs-texte/2-03/2-03capezza-e.thm

Cappa, F., et al. (2020). Nudging and citizen science: The effectiveness of feedback in energy-demand management. *J. of Environmental Management, 269*.

Caprara, G. V., Barbaranelli, C., Pastorelli, C., & Perugini, M. (1994). Individual differences in the study of human aggression. *Aggressive Behavior, 20*, 291-303.

Carlsmith, K. M., Wilson, T. D., & Gilbert, D. T. (2008). The paradoxical consequences of revenge. *JPSP, 95*(6), 1316-1324.

Carlson, K. A., & Russo, J. E. (2001). Biased interpretation of evidence by mock jurors: A meta-analysis. *JEP: Applied, 7*, 91-103.

Carnagey, N. L., Anderson, C. A., & Bushman, B. J. (2007). The effect of video game violence on physiological desensitization to real-life violence. *JESP, 43*, 489-496.

Caron, J., & Fally, T. (2022). Per capita income, consumption patterns, and CO2 emissions. *J. of the Association of Environmental and Resource Economists, 9*(2), 235-271.

Carr, P. B., & Steele, C. M. (2010). Stereotype threat affects financial decision making. *PS, 21*(10), 1411-1416.

Carvalho, A. (2007). Ideological cultures and media discourses on scientific knowledge: re-reading news on climate change. *Public Understanding of Science, 16*(2), 223-243.

Carver, C. S., Kus, L. A., & Scheier, M. F. (1994). Effects of good versus bad mood and optimistic versus pessimistic outlook on social acceptance versus rejection. *J. of Social and Clinical Psychology, 13*, 138-151.

Casara, B. G. S., Suitner, C., & Jetten, J. (2022). The impact of economic inequality on conspiracy beliefs. *JESP, 98*, 104245.

Caspi, A., Elder, G. H., Jr., & Bem, D. F. (1988). Moving away from the world: Life-course patterns of shy children. *Developmental Psychology, 24*, 824-831.

Cate, R. M., Llovd, S. A., & Long, E. (1988). The role of rewards and fairness in developing premarital relationships. *J. of Marriage and the Family, 50*, 443-452.

Ceka, B., & Magalhaes, P. C. (2020). Do the rich and the poor have different conceptions of democracy? Socioeconomic status, inequality, and the political status quo. *Comparative Politics, 52*(3), 383-412.

Celermajer, D., et al. (2020). Multispecies justice: theories, challenges, and a research agenda for environmental politics. *Environmental Politics, 30*(1-2), 119-140.

Cervone, D., & Pevin, L. A. (2013). *Personality psychology* (12th ed.). 민경환, 김민희, 황석현, 김영철 공역(2015). 성격심리학. 서울: 시그마프레스.

Cha, J. H. (1971). *Clarity of the focal stimulus cue and the mediation of two opposing social perceptual phenomena*. Ph.D. dissertation, UCLA. (Diss. Abstr. Internet'l B 1971 September, Vol. 32, No. 3)

Chabris, C., & Simons, D. (2010). *Invisible gorilla*. 김명철 역(2011). 보이지 않는 고릴라. 서울: 김영사.

Chaiken, A., & Derlega, V. (1974). Liking for the normbreaker in self-disclosure. *J. of Personality, 42*, 117-129.

Chaiken, S. (1980). Heuristic versus systematic information processing and the use of source versus message cues in persuasion. *JPSP, 39*, 752-766.

Chaiken, S., & Baldwin, M. W. (1981). Affective-cognitive consistency and the effect of salient behavioral information on the self-perception of attitudes. *JPSP, 41*, 1-12.

Chakraborti, N. (2015). Re-Thinking Hate Crime: Fresh Challenges for Policy and Practice. *J. of Interpersonal Violence, 30*(10), 1738-1754.

Chang, E. C., & Asakawa, K. (2003). Cultural variations on optimistic and pessimistic bias for self versus a sibling: Is there evidence for self-enhancement in the West and for self-criticism in the East when the referent group is specified. *JPSP, 84*(3), 569-581.

Chang, M. K. (1998). Predicting unethical behavior: A comparison of the theory of reasoned action and the theory of planned behavior. *J. of Business Ethics, 17*(16), 1825-1834.

Chapleau, K. M., & Oswald, D. L. (2010). Power, sex, and rape myth acceptance: Testing two models of rape proclivity. *J Sex Res, 47*(1), 66-78.

Chapman, L. J., & Chapman, J. P. (1969). Genesis of popular but erroneous psychodiagnostic observations. *The J. of Abnormal Psychology, 74*, 272-280.

Chen, F. F., et al. (2016). Culture Matters:The Looks of a Leader Are Not All the Same. *SPPS, 7*(6), 570-578.

Chetty, R., Grusky, D., Hell, M., Hendren, N., Manduca, R., & Narang, J. (2017). The fading American dream: Trends in absolute income mobility since 1940. *Science, 356*(6336), 398-406.

Chi, E, & Kwon, H. Y. (2016) The trust-eroding effect of perceived inequality: Evidence from East Asian new democracies. *The Social Science J., 53*(3), 318-328.

Chiao, J. Y., Harada, T., Komeda, H., Li, Z., Mano, Y., Saito, D., et al. (2009). Neural basis of individualistic and collectivistic views of self. *Human Brain Mapping, 30*, 2813-2820.

Chiroro, P., et al. (2004). Rape myth acceptance and rape proclivity: Expected dominance versus expected arousal as mediators in acquaintance-rape situations. *J. of Interpersonal Violence, 19*(4), 427-442.

Chiu, C. Y., Gelfand, M. J., Yamagishi, T., Shteynberg, G., & Wan, C. (2010). Intersubjective culture: The role of intersubjective perceptions in cross-cultural research. *POPS, 5*, 482-493.

Chiu, C. Y., Hong, Y. Y., & Dweck, C. S. (1997). Lay dispositionism and implicit theories of personality. *JPSP, 73*, 19-30.

Cho, H., & Lee, J. S. (2015). The influence of self-efficacy, subjective norms, and risk perception on behavioral intentions related to the H1N1 flu pandemic: A comparison between Korea and the US. *AJSP, 18*(4), 311-324.

Cho, S., & Yoon, I. (2015). The International Comparison of Post-materialism: The Effects of Welfare Characteristics and Individual Security. *Development and Society, 44*(3), 495-533.

Choi, H. S. & Seo, J. G. (2024). Victims of the Itaewon crowd crush died twice: The role of justice beliefs (general vs. personal) and fatalism in predicting victim-blaming. ASIAN *JOURNAL OF SOCIAL PSYCHOLOGY*.

Choi, I., & Choi, Y. (2002). Culture and self-concept flexibility. *PSPB, 28,* 1508-1517.

Choi, I., & Markus, H. R. (1998). Implicit theories and causal attribution East and West. Unpublished manuscript, University of Michigan.

Choi, I., & Nisbett, R. E. (1998). Situational salience and cultural differences in the correspondence bias and the actor-observer bias. *PSPB, 24,* 949-960.

Choi, I., & Nisbett, R. E. (2000). The cultural psychology of surprise: Holistic theories and recognition of contradiction. *JPSP, 79,* 890-905.

Choi, I., Dalal, R., Kim-Prieto, C., & Park, H. (2003). Culture and judgment of causal relevance. *JPSP, 84*(1), 46-59.

Choi, I., Dalal, R., Kim-Prieto, C., & Park, H. (2003). Culture and judgment of causal relevance. *JPSP, 84*(1), 46-59.

Choi, I., Nisbett, R. E., & Norenzayan, A. (1999). Causal attribution across cultures: Variation and universality. *PB, 125,* 47-63.

Choi, J. N., & Kim, M. U. (1999). The organizational application of groupthink and its limitations in organizations. *JAP, 84,* 297-306.

Choi, S. C., & Choi, S. H. (1990). *We-ness. The Korean discourse of collectivism.* Paper presenteed at the Int. Conference. *Individualism and Collectivism: Psychocultural perspectivees from East and West.* July, 9-13, Seoul, Korea.

Choi, S. C., & Choi, S. H. (1992). The conceptualization of Korean tact, Noonchi. In S. Iwavaki et al. (Eds.), *Innovations in Cross-cultural Psychology.* Swets & Zeitlinger. Amsterdam/ Lisse.

Choi, S. C., Han, G., & Kim, C. W. (2007). Analysis of cultural emotion: Understanding of indigenous psychology for universal implications. In J. Valsiner & A. Rosa (Eds.), *Cambridge Handbook of sociocultural psychology* (pp. 318-342). Cambridge: Cambridge University Press.

Chua, H. F., Boland, J. E., & Nisbett, R. E. (2005). Cultural variation in eye movements during scene perception. *PNAS, 102,* 12629-12633.

Chui, C., Kouchaki, M., & Gino, F. (2021). Many others are doing it, so why shouldn't I?: How being in larger competitions leads to more cheating. *OBHDP, 164,* 102-115.

Cialdini, R. (1993). *Influence: The psychology of persuasion* (2nd ed.). 이현우 역(2002). 설득의 심리학. 서울: 21세기북스.

Cialdini, R. B., Baumann, D. J., & Kenrick, D. T. (1981). Insights from sadness: A three-step model of the development of altruism as hedonism. *Developmental Review, 1,* 207-223.

Cialdini, R. B., et al. (1976). Basking in reflected glory: Three (football) field studies. *JPSP, 34,* 366-375.

Cimbalo, R. S., Faling, V., & Mousaw, P. (1976). The course of love: A cross-sectional design. *Psychological Report, 38,* 1292-1294.

Cislak, A. (2013). Effects of power on social perception: All your boss can see is agency. *Social Psychology, 44*(2), 138-146.

Clark, C. J., Liu, B. S., Winegard, B. M., & Ditto, P. H. (2019). Tribalism is human nature. *Current Directions in PS, 28*(6), 587-592.

Clark, M. S., & Mills, J. (1979). Interpersonal attraction in exchange and communal relationships. *JPSP, 37,* 12-24.

Clark, M. S., Lemay, E. P., Jr., Graham, S. M., Pataki, S. P., & Finkel, E. J. (2010). Ways of giving benefits in marriage: Norm use, relationship satisfaction, and attachment-related variability. *PS, 21*(7), 944-951.

Clark, M. S., Mills, J., & Powell, M. C. (1986). Keeping track of needs in communal and exchange relationships. *JPSP, 51,* 333-338.

Clark, R. D., & Hatfield, E. (1989). Gender differences in receptivity to sexual offers. *J. of Psychology and Human Sexuality, 2,* 39-55.

Clayton, S. (2018). The role of perceived justice, political ideology, and individual or collective framing in support for environmental policies. *Social Justice Research, 31*(3), 219-237.

Clayton, S. (2020). Climate anxiety: Psychological responses to climate change. *J Anxiety Disord, 74,* 102263.

Clayton, S., Manning, C. M., & Hodge, C. (2014). *Beyond storms & droughts: The psychological impacts of climate change.* Washington, DC: American Psychological Association and eco America.

Clore, G. I., Bray, R. M., Itkin, S. M., & Murphy, P. (1978). Interracial attitudes and behavior at a summer camp. *JPSP, 36,* 107-116.

Coan, T., Boussalis, C. Cook., J., & Nanko, M. (2021). Computer-assisted classification of contrarian claims about climate change. *Scientific Reports, 11*(1). 22320.

Cogsdill, E. J., Todorov, A., Spelke, E. S., & Banaji, M. R. (2014). Inferring Character From Faces: A Developmental Study. *PS, 25*(5), 1132-1139.

Cohen, A. B. (2015). Religion's profound influences on psychology: Morality, intergroup relations, self-construal, and enculturatio. *Current Directions in Psychologcial Sciences, 24*(1), 77-82.

Cohen, A. B., & Rozin, P. (2001). Religion and the morality of mentality. *JPSP, 81*(4), 697.

Cohen, D., & Gunz, A. (2002). As seen by the other. PS, 13, 55-59.

Cohen, D., & Nisbett, R. E. (1994). Self-protection and the culture of honor: Explaining Southern violence. *PSPB, 20*, 551-567.

Cohen, D., & Nisbett, R. E. (1997). Field experiments examining the culture of honor: The role of institutions in perpetuating norms about violence. *PSPB, 23*, 1188-1199.

Cohen, G. L., Garcia, J., Apfel, N., & Master, A. (2006). Reducing the racial achievement gap: A social-psychological intervention. *Science, 313*, 1307-1310.

Cohen, G., Aronson, J., & Steele, C. 2000). When Beliefs Yield to Evidence: Reducing Biased Evaluation by Affirming the Self. *PSPB, 26*(9), 1151-1164.

Cohen, S. (2004). Social relationships and health. AP, 59(8), 676-684.

Cohen, S., Nisbett, R. E., Bowdle, B. F., & Schwarz, N. (1996). Insult, aggression, and the Southern culture of honor: An "experimental ethnography". *JPSP, 70*, 945-960.

Cohen-Chen, S., & Van Zomeren, M. (2018). Yes we can? Group efficacy beliefs predict collective action, but only when hope is high. *JESP, 77*, 50-59.

Cohrs, J. C., Maes, J., Moschner, B., & Kielmann, S. (2007). Determinants of human rights attitudes and behavior: A comparison and integration of psychological perspectives. *Political Psychology, 28*, 441-469.

Cole, M. (1996). *Cultural psychology: A once and future discipline*. MA: Harvard University Press.

Collins, N. L. and L. C. Miller (1994). Self-disclosure and liking: A meta-analytic review. *PB, 116*(3), 457-475.

Collins, R. (1998). *The sociology of philosophies: A global theory of intellectual change*. Cambridge, MA: Harvard University Press.

Conway, M., Pizzamiglio, M. T., & Mount, L. (1996). Status, communality, and agency: Implications for stereotypes of gender and other groups. *JPSP, 71*, 25-38.

Cook, K. S., & Hegtvedt, K. A. (1986). Justice and power: An exchange analysis. In H. W. Bierhoff, R. L. Cohen, & J. Greenberg (Eds.), *Justice in social relations* (pp. 19-43). New York: Plenum Press.

Cook, S. W. (1978). Interpersonal and attitudinal outcomes in cooperating interracial groups. *J. of Research and Development in Education, 12*, 97-113.

Cooley, C. H. (1902). *Human nature and the social order*. New York: Charles Scribner's Sons.

Cooley, C. H. (1909). *Social organization*. New York: Scribner.

Cooper, J., & Fazio, R. H. (1984). A new look at dissonance theory. In L. Berkowitz (Ed.), *AESP* (Vol. 17). New York: Academic Press.

Correll, J., Park, B., Judd, C. M., & Wittenbrink, B. (2002). The police officer's dilemma: Using ethnicity to disambiguate potentially threatening individuals. *JPSP, 83*, 1314-1329.

Correll, S. J. (2001). Gender and the career choice process: The role of biased self-assessments. *American J. of Sociology, 106*(6), 1691-1730.

Cosmides, L., & Tooby, J. (1996). Are humans good intuitive statisticians after all? Rethinking some conclusions from the literature on judgment under uncertainty. *Cognition, 58*, 1-73.

Cosmides, L., & Tooby, J. (1997). *Evolutionary psychology: A primer*. http://www.psych.ucsb.edu/research/cep/primer. html

Costin, V., & Vignoles, V. L. (2020). Meaning is about mattering: Evaluating coherence, purpose, and existential mattering as precursors of meaning in life judgments. *JPSP, 118*(4), 864.

Côté, S., House, J., & Willer, R. (2015). High economic inequality leads higher-income individuals to be less generous. *PNAS, 112*(52), 15838-15843.

Côté, S., Piff, P. K., & Willer, R. (2013). For whom do the ends justify the means? Social class and utilitarian moral judgment. *JPSP, 104*(3), 490-503.

Cottrell, N. B., Wack, D. L., Sekerak, G. J., & Rittle, R. M. (1968). Social facilitation of dominant responses by the presence of an audience and the mere presence of others. *JPSP, 9*, 245-250.

Cousins, S. D. (1989). Culture and self-perception in Japan and the United States. *JPSP, 56*(1), 124-131.

Couture, S. M., & Penn, D. L. (2006). The effects of prospective naturalistic contact on the stigma of mental illness. *J. of Community Psychology, 34*(5), 635-645.

Cowherd, D. & Levine, D. (1992). Product quality and pay equity between lower-level employees and top management: An investigation of distributive justice theory. *Administrative Science Quarterly, 37*, 302-320.

Crandall, C. S. (1988). Social contagion of binge eating. *JPSP, 55*, 588-598.

Crenshaw, M. (2000). The psychology of terrorism: An agenda for the 21st century. *Political Psychology, 21*, 405-420.

Crocker, J. (1981). Judgement of covariation by social perceivers.

PB, 90, 272-292.

Crocker, J., Hannah, D. B., & Weber, R. (1983). Person memory and causal attributions. *JPSP, 44*, 55-66.

Crosby, F. (1976). A model of egotistical relative deprivation. *PR, 83*, 85-113.

Crosby, F. (1984). The denial of personal discrimination. *American Behavioral Scientist, 27*, 371-386.

Crosby, F. J., Pufall, A., Snyder, R. C., O'Connell, M., & Whalen, P. (1989). The denial of personal disadvantage among you, me, and all the other ostriches. In M. Crawford & M. Gentry (Eds.), *Gender and thought: Psychological perspectives* (pp. 79-99). New York: Springer-Verlag.

Crutzen, P. J. (2002). Geology of mankind. *Nature, 415*, 23.

Csikszentmihalyi, M. (1990). *The psychology of optimal experience*. 최인수 역(2004). 플로우. 서울: 한울림.

Cui, P., Shen, Y., Hommey, C., & Ma, J. (2021). The dark side of the pursuit of happiness comes from the pursuit of hedonia: The mediation of materialism and the moderation of self-control. *Current Psychology*, 1-11.

Cullen, E. (1960). Experiments on the effects of social isolation on reproductive behavior in the three-spined stickleback. *Animal Behavior, 8*, 235.

Cunsolo Willox, A., Harper, S. L., Ford, J. D., Landman, K., Houle, K., & Edge, V. L. (2012). "From this place and of this place": Climate change, sense of place, and health in Nunatsiavut, Canada. *Social Science & Medicine, 75*(3), 538-547.

Cuperman, R., & Ickes, W. (2009). Big Five predictors of behavior and perceptions in initial dyadic interactions: Personality similarity helps extraverts and introverts, but hurts "disagreeables". *JPSP, 97*(4), 667-684.

Dabbs, J. M. Jr., & Leventhal, H. (1966). Effects of varying the recommendations in a fear-arousing communication. *JPSP, 4*, 525-531.

Damasio, A. R., Tranel, D., & Damasio, H. (1990). Individuals with sociopathic behavior caused by frontal damage fail to respond autonomically to social stimuli. *Behavioural Brain Research, 41*(2), 81-94.

Danaher, K., & Branscombe, N. R. (2010). Maintaining the system with tokenism: Bolstering individual mobility beliefs and identification with a discriminatory organization. *BJSP, 49*(2), 343-362.

Danziger, K. (1997). *Naming the mind: How psychology found its language*. London: Sage.

Darley, J. M., & Batson, C. D. (1973). From Jerusalem to Jericho: A study of situational and dispositional variables in helping behavior. *JPSP, 27*, 100-119.

Darley, J. M., & Fazio, R. H. (1980). Expectancy confirmation processes arising in the social interaction sequence. *AP, 35*, 867-881.

Davidai, S., & Gilovich, T. (2015). Building a more mobile America-One income quintile at a time. *POPS, 10*(1), 60-71.

Davies, M. F. (1997). Positive test strategies and confirmatory retrieval processes in the evaluation of personality feedback. *JPSP, 73*, 574-583.

Davis, D. (1981). Implications for interaction versus effectance as mediators of the similarity-attraction relationship. *JESP, 17*, 96-116.

Davis, M., & Franzoi, S. (1991). Stability and change in adolescent self-consciousnes and empath, *J. of Research in Personality, 25*, 70-87.

Dawes, R. M. (1979). The robust beauty of Improper linear models. *AP, 34*, 571-582.

Dawes, R. M., McTavish, J., & Shaklee, H. (1977). Behavior, communication and assumptions about other people's behavior in a commons dilemma situation. *JPSP, 35*, 1-11.

Dawkins, R. (1976). *The selfish gene*. New York: Oxford University Press.

De Castro, B. O., et al. (2002). Hostile attribution of intent and aggressive behavior: A meta-analysis. *child development, 73*(3), 916-934.

De Castro, B. O., Veerman, J. W., Koops, W., Bosch, J. D., & Monshouwer, H. J. (2002). Hostile attribution of intent and aggressive behavior: A meta-analysis. Child Development, 73(3), 916-934.

De Freitas, J., et al. (2018). Consistent belief in a good true self in misanthropes and three interdependent cultures. *Cognitive Science, 42*(S1), 134-160.

de Jong Gierveld, J., & van Tilburg, T. (1999). Living arrangements of older adults in the Netherlands and Italy: Coresidence values and behaviour and their consequences for loneliness. *JCCG, 14*, 1-24.

de Vries, D. A., & Kühne, R. (2015). Facebook and self-perception: Individual susceptibility to negative social comparison on Facebook. *Personality and Individual Differences, 86*, 217-221.

de Vries, M., Holland, R. W., Chenier, T., Starr, M. J., & Winkielman, P. (2010). Happiness cools the warm glow of familiarity: Psychophysiological evidence that mood modulates the familiarity-affect link. *PS, 21*(3), 321-328.

de Waal, F. (2022). *Different: Gender Through the Eyes of a Primatologist.* New York: W. W. Norton

de Waal, F. (2006). *Primates and Philosophers: How Morality Evolved.* Princeton Uni Press.

de Waal, F. (2013). *The bonobo and the atheist.* 오준호 역(2014). **착한 인류: 도덕은 진화의 산물인가.** 서울: 미지북스.

de Waal, F. B. M., & Van Roosmalen, A. (1979). Reconciliation and consolation among chimpanzees. *Behavioral Ecology and Sociobiology, 5*, 55-66.

Deaux, K., & Emsweiller, T. (1974). Explanations of successful performance on sex-linked tasks: What is skill for male is luck for the females. *JPSP, 29*, 80-85.

DeCelles, K. A., & Norton, M. I. (2016). Physical and situational inequality on airplanes predicts air rage. *PNAS, 113*(20), 5588-5591.

Deci, E. L., & Ryan, R. M. (1987). The support of autonomy and the control of behavior. *JPSP, 53*, 1024-1037.

Deci, E., & Ryan, R. (2000). The "what" and "why" of goal pursuits: Human needs and the self-determination of behavior. *Psychological Inquiry, 11*, 227-268.

Deluty, R. (1985). Consistency of assertive, aggressive, and submissive behavior for children. *JPSP, 49*(4), 1054-1065.

Denson, T. F., Pedersen, W. C., & Miller, N. (2006). The displaced aggression questionnaire. *JPSP, 90*(6), 1032-1051.

DePaulo, B. M., & Coleman, L. M. (1986). Talking to children, foreigners and retarded adults. *JPSP, 51*, 945-959.

Deutsch, M. (1973). *The resolution of conflict.* New Heaven: Yale University Press.

Deutsch, M. (1980). Fifty years on conflict. In L. Festinger (Ed.), *Retrospections on social psychology.* New York: Oxford University Press.

Devine, P. G. (1989). Stereotypes and prejudice: Their automatic and controlled components. *JPSP, 56*, 5-18.

Devine, P. G., & Baker, S. M. (1991). Measurement of racial stereotype subtyping. *PSPB, 17*, 44-50.

Devine-Wright, P. (2013). Think global, act local? The relevance of place attachments and place identities in a climate changed world. *Global Environmental Change, 23*(1), 61-69.

Dhont, K., & Hodson, G. (2014). Why do right-wing adherents engage in more animal exploitation and meat consumption? *Personality and Individual differences, 64,* 12-17.

Diekelmann, S., & Born, J. (2010). The memory function of sleep. *Nature Reviews Neuroscience 11*(2), 114-126.

Diener E., Ng, W., Harter J., & Arora R. (2010). Wealth and happiness across the world: material prosperity predicts life evaluation, whereas psychosocial prosperity predicts positive feeling. *JPSP, 99*(1), 52-61.

Diener, E. (1976). Effects of prior destructive behavior, anonymity, and group presence on deindividuation and aggression. *JPSP, 33*, 497-507.

Diener, E. (1980). Deindividuation: The absence of self-awareness and self-regulation in group members. In P. Paulus (Ed.), *The psychology of group influence.* Hillsdale, NJ: Erlbaum.

Diener, E. (1984). Subjective well-being. *PB, 95*, 542-575.

Diener, E., et al. (2010). Unhappiness in South Korea: Why it is high and what might be done about it. **한심연차 특별심포지엄**, 1-23.

Diener, E., Fraser, S. C., Beaman, A. L., & Kelem, R. T. (1976). Effects of deindividuation variables on stealing among Halloween trick-or-treaters. *JPSP, 33*(2), 178-183.

Diener, E., Lucas, R., & Scollon, C. N. (2006). Beyond the hedonic treadmill: Revising the adaptation theory of well-being. *AP, 61*, 305-314.

Dijksterhuis, A., & Van Knippenberg, A. (1996). The knife that cuts both ways: Facilitated and inhibited access to traits as a result of stereotype activation. *JESP, 32*, 271-288.

Dillehay, R. C. (1973). On the irrelevance of the classical negative evidence concerning the effect of attitudes on behavior. *AP, 28*, 887-891.

Dion, K., & Dion, K. K. (1973). Correlates of romantic love. *J. of Consulting and Clinical Psychology, 41*, 51-56.

Dion, K., Berscheid, E., & Walster, E. (1972). What is beautiful is good. *JPSP, 24*, 285-290.

Dixon, J., Durrheim, K., Tredoux, C., Tropp, L., Clack, B., & Eaton, L. (2010). A paradox of integration? Interracial contact, prejudice reduction, and perceptions of racial discrimination. *JSI, 66*(2), 401-416.

Dodge, K. A., & Tomlin, A. M. (1987). Utilization of self-schemas as a mechanism of interpretational bias in aggressive children. *Social Cognition, 5*, 280-300.

Dodge, K., Price, J., & Christopoulos, C. (1990). On the development of aggressive dyadic relationships in boys' peer groups. *Human Development, 33*(4-5), 260-270.

Donahue, E., Robins, R., Roberts, B., & John, O. (1993). The divided self: Concurrent and longitudinal effects of psychological adjustment and social roles on self-concept. *JPSP, 64*(5), 834-846.

Douglas, K., Uscinski, J, e al. (2019). Understanding conspiracy theories. *Political Psychology 40*, 3-35.

Dovidio, J. F., & Gaertner, S. L. (2000). Aversive racism and selection decisions: 1989 and 1999. *PS, 11*, 315-319.

Drews, S., & Antal, M. (2016). Degrowth: A "missile word" that backfires? *Ecological Economics, 126*, 182.

Dreyer, S. J., & Walker, I. (2013). Acceptance and support of the Australian carbon policy. *Social Justice Research, 26*, 343-362.

Duchacek, I. W. (1971). *Nations and men: An introduction to international politics* (2nd ed.). New York: Holt, Rinehart and Winston.

Dunbar, E., et al. (2005). Assessment of hate crime offenders: The role of bias intent in examining violence risk. *J. of Forensic Psychology Practice, 5*(1), 1-19.

Dunbar, R. (1997). *Grooming, gossip, and the evolution of language.* Faber & Faber.

Dunbar, R. I. (1993). The co-evolution of neocortical size, group size and language in humans. *Behavioral and Brain Sciences, 16*, 681-735.

Dunham, Y., Baron, A. S., & Banaji, M. R. (2008). The development of implicit intergroup cognition. *Trends in Cognitive Sciences, 12*(7), 248-253.

Dunlap, R. E., & McCright, A. M. (2008). A widening gap: republican and democratic views on climate change. *Environment, 50*(5), 26.

Dunlap, R. E., & Scarce, R. (1991). Poll trends: Environmental problems and protection. *The Public Opinion Quarterly, 55*(4), 651-672.

Dunn, E. W., Aknin, L. B., & Norton, M. I. (2008). Spending Money on Others Promotes Happiness. *Science, 319*(5870), 1687-1688.

Dunning, D., & Perretta, S. (2002). Automaticity and eyewitness accuracy: A 10-to 12-second rule for distinguishing accurate from inaccurate positive identifications. *JAP, 87*, 951-962.

Dunning, D., Meyerowitz, J. A., & Holzberg, A. D. (1989). Ambiguity and Self-Evaluation: The Role of Idiosyncratic Trait Definitions in Self-Serving Assessments of Ability. *JPSP, 57*, 1-9.

Durante, K. M., et al. (2012). Ovulation leads women to perceive sexy cads as good dads. *JPSP, 103*(2), 292-305.

Duval, T., & Wicklund, R. (1972). *A theory of objective self-awareness.* New York: Academic Press.

Dweck, C. (2000). *Self-theories: Their role in motivation, personality, and development.* Philadelphia, PA: Psychology Press.

Dweck, C. S., Hong, Y. Y., & Chiu, C. Y. (1993). Implicit theories: Individual differences in the likelihood and meaning of dispositional inference. *PSPB, 19*, 644-656.

Dweck, C. S., Hong, Y. Y., & Chiu, C. Y. (1993). Implicit theories: Individual differences in the likelihood and meaning of dispositional inference. *PSPB, 19*, 644-656.

Dwyer, C., Hiltz, S., & Passerini, K. (2007). Trust and privacy concern within social networking sites: A comparison of Facebook and MySpace. *AMCIS 2007 proceedings*, 339.

Dyck, R. J., & Rule, B. G. (1978). Effect on retaliation of causal attributions concerning attack. *JPSP, 36*(5), 521.

Eagly, A. H., & Chaiken, S. (1993). *The psychology of attitudes.* Fort Worth, TX: Harcourt Brace Jovanovich.

Eagly, A., Ashmore, R., Makhijani, M., & Longo, L. (1991). What is beautiful is good, but….: A meta-analytic review of research on the physical attractiveness stereotype. *PB, 110*, 109-128.

Earley, P. C. (1989). Social loafing and collectivism: A comparison of the United States and the People's Republic of China. *Administrative Science Quarterly, 34*, 565-581.

Earley, P. C. (1993). East meets West meets Mideast: Further explorations of collectivistic and individualistic work groups. *Academy of Management J., 36*, 319-348.

Easterlin, R. A. (1995). Will Raising the Incomes of All Increase the Happiness of All? *J. of Economic Behavior and Organization, 27*(1), 35-47.

Eddy, D. M. (1982). Probabilistic reasoning in clinical medicine: Problems and opportunities. In D. Kahneman, P. Slovic, & A. Tversky (Eds.), *Judgment under uncertainty: Heuristics and biases* (pp. 249-267). Cambridge University Press.

Edwards, A., Elwyn, G., Covey, J., & Pill, R. (2001). Presenting risk information-A review of the effects of "framing" and other manipulations on patient outcomes. *J. of Health Communication, 6*, 61-82.

Edwards, W. (1954). The theory of decision-making. *PB, 51*, 380-417.

Egan, L., Santos, L., & Bloom, P. (2007). The origins of cognitive dissonance: Evidence from children and monkeys. *PS, 18*(11), 978-983.

Einhorn, H., & Hogarth, R. (1981). Behavioral decision theory: Processes of judgement and choice. In M. Rosenzweig & L. Porter (Eds.), *ARP.* Palo Alto, CA: Annual Reviews.

Eisenberg, N., Fabes, R. A., Miller, P. A., Fultz, J., Shell, R., Mathy, R. M., et al. (1989). Relation of sympathy and distress to prosocial behavior: A multimethod study. *JPSP, 57*, 55-66.

Eisenberger, N. I., Lieberman, M. D., & Williams, K. D. (2003). Does Rejection Hurt? An fMRI Study of Social Exclusion. *Science, 302*(5643), 290-292.

Elfving-Hwang, J. (2013). Cosmetic surgery and embodying the moral self in South Korean popular makeover culture. *The Asia-Pacific J., 11*(24).

Elliot, A. J., Chirkov, V. I., Kim, Y., & Sheldon, K. M. (2001). A Cross-cultural Analysis of Avoidance (Relative to Approach) Personal Goals. *PS, 12*(6), 505-510.

Ellis, A., & Beattie, G. (1986). *The psychology of language and communication*. New York: Guilford Press.

Ellison, N. B., Steinfield, C., & Lampeet, (2007). The Benefits of Facebook "Friends": Social Capital and College Students' Use of Online Social Network Sites. *J. of Computer-Mediated Communication, 12*(4), 1143-1168.

Ellsworth, P. C., & Scherer, K. R. (2003). Appraisal processes in emotion. In R. J. Davidson, K. R. Scherer, & H. Goldsmith (Eds.), *Handbook of affective sciences* (pp. 572-595). New York and Oxford: Oxford University Press.

Elstad, B., & Ladegard, G. (2012). Women on corporate boards: key influencers or tokens? *J. of Management & Governance, 16*, 595-615.

Ember, C. R. (1981). A cross-cultural perspective on sex differences. In R. H. Munroe, R. L. Munroe, & B. B. Whiting (Eds.), *Handbook of cross-cultural human development* (pp. 531-580). New York: Garland.

English, T., & Chen, S. (2007). Culture and self-concept stability: Consistency across and within contexts among Asian Americans and European Americans. *JPSP, 93*(3), 478-490.

Eom, K., et al. (2019). The Psychology of Proenvironmental Support: In Search of Global Solutions for a Global Problem. *Current Directions in PS, 28*(5), 490-495.

Eom, K., Kim, H. S., Sherman, D. K., & Ishii, K. (2016). Cultural variability in the link between environmental concern and support for environmental action. *PS, 27*, 1331-1339.

Epley, N., & Dunning, D. (2000). Feeling holier than thou: are self-serving assessments produced by errors in self-or social prediction? *JPSP, 79*(6), 861.

Erickson, K. A., & Simon, H. A. (1980). Verbal reports as data. *PR, 87*, 215-251.

Etzioni, A. (1970). The Kennedy experiment. In E. I. Megargee & J. E. Hokanson (Eds.), *The dynamics of aggression*. New York: Harper and Row.

Evans, R. (1980). *The making of social psychology*. NY: Gardner.

Farr, R. M. (1996). *The roots of modern social psychology*. Cambridge, Mass: Blackwell.

Fast, N. J., & Chen, S. (2009). When the boss feels inadequate: Power, incompetence, and aggression. *PS, 20*(11), 1406-1413.

Fast, N. J., Halevy, N., & Galinsky, A. D. (2012). The destructive nature of power without status. *JESP, 48*(1), 391-394.

Fausey, C. M., Long, B. L., Inamori, A., & Boroditsky, L. (2010). Constructing agency: The role of language. *Frontiers in Psychology, 1*, 162.

Fausey, C., & Boroditsky, L. (2011). Who dunnit? Cross-linguistic differences in eye-witness memory. *Psychonomic Bulletin & Review, 18*, 150-157.

Fearon, J. (2003). Ethnic and cultural diversity by country. *J. of Economic Growth, 8*(2), 195-222.

Featherstone, M. (2010). Body, image and affect in consumer culture. *Body & Society, 16*(1), 193-221.

Fehr, E., & Schmidt, K. M. (1999). A theory of fairness, competition, and cooperation. *Quarterly J. of Economics, 114*, 817-868.

Fein, S., & Spencer, S. J. (1997). Prejudice as self-image maintenance: Affirming the self through derogating others. *JPSP, 73*, 31-44.

Feinberg, M., & Willer, R. (2013). The moral roots of environmental attitudes. *PS, 24*(1), 56-62.

Feingold, A. (1992). Good-looking people are not what we think. *PB, 111*, 304-341.

Feldman, N. S., & Ruble, D. N. (1981). Social comparison strategies: Dimensons offered and options taken. *PSPB, 7*, 11-16.

Feldman, R. S., & Prohaska, T. (1979). The student as Pygmalion: Effect of student expectation on the teacher. *J. of Educational Psychology, 71*, 485-493.

Ferguson, C. J., & Dyck, D. (2012). Paradigm change in aggression research: The time has come to retire the General Aggression Model. *Aggression and Violent Behavior, 17*, 220-228.

Ferguson, C. J., & Kilburn, J. (2009). The public health risks of media violence: A meta-analytic review. *J. of Pediatrics, 154*, 759-763.

Ferguson, C. J., Rueda, S., Cruz, A., Ferguson, D., Fritz, S., & Smith, S. (2008). Violent video games and aggression: Causal relationship or byproduct of family violence and intrinsic violence motivation? *Criminal Justice and Behavior, 35*, 311-332.

Ferguson, C., & Hartley, R. (2009). The pleasure is momentary… the expense damnable?: The influence of pornography on rape and sexual assault. *Aggression and Violent Behavior, 14*(5), 323-329.

Feshbach, S. (1984). The Catharsis hypothesis, aggressive drive, and the reduction of aggression. *Aggressive Behavior, 10*, 91-101.

Festinger, L. (1954). A theory of social comparison processes. *Human Relations, 7*, 117-140.

Festinger, L. (1957). *A theory of cognitive dissonance*. Evanston, IL: Row & Peterson.

Festinger, L. (1980). Looking backward. In L. Festinger (Ed.), *Retrospections on social psychology*. New York: Oxford University Press.

Festinger, L., & Carlsmith, J. M. (1959). Cognitive consequences of forced compliance. *JASP, 58*, 203-210.

Festinger, L., Riecken, H. W., & Schachter, S. (1956). *When prophecy fails*. Minneapolis: University of Minnesota Press.

Festinger, L., Schachter, S., & Back, K. (1950). *Social pressures in informal groups*. Stanford: Stanford University Press.

Fetterman, A. K., et al. (2016). The scope and consequences of metaphoric thinking: using individual differences in metaphor usage to understand how metaphor functions. *JPSP, 110*(3), 458.

Feynman, R. P. (1988, February). An outsider's inside view of the Challenger inquiry. *Physics Today*, 26-37.

Finkel, E. J., Burnette, J. L., & Scissors, L. E. (2007). Vengefully ever after: Destiny beliefs, state attachment anxiety, and forgiveness. *JPSP, 92*(5), 871-886.

Finkel, E. J., et al. (2012). Online Dating:A Critical Analysis From the Perspective of PS. *PS in the Public Interest, 13*(1), 3-66.

Fischhoff, B., & Beyth, R. (1975). "I knew it would happen": Remembered probabilities of once-future things. *OBHDP, 13*, 1-16.

Fischhoff, B., Slovic, P., & Lichtenstein, S. (1977). Knowing with certainty: The appropriateness of extreme confidence. *JEP: Human Perception and Performance, 8*, 552-564.

Fishbein, M., & Ajzen, I. (1975). *Belief, attitude, intention, and behavior: An introduction to theory and research*. Reading, MA: Addison-Wesley.

Fishman, J. A. (1972). The relationship between micro and macro-sociolinguistics in the study of who speaks what language to whom and when. In J. B. Pride & J. Holmes (Eds.), *Sociolinguistics*, Harmondsworth: Penguin.

Fiske, A. P. (1990). Relativity with Moose ("Mossi") culture: Four incommensuable models for social relationships. *Ethos, 18*, 180-203.

Fiske, A. P. (1992). The four elementary forms of sociality: Framework for a unified theory of social relations. *PR, 99*, 689-723.

Fiske, A. P. (1993). Social errors in four cultures: Evidence about the universal forms of social relations. *JCCP, 24*, 463-494.

Fiske, S. T. (1980). Attention and weight in person perception: The impact of negative and extreme behavior. *JPSP, 38*, 889-906.

Fiske, S. T., & Neuberg, S. L. (1990). A continuum of impression formation, from category-based to individuating processes: Influences of information and motivation of attention and interpretation. *AESP* (Vol. 23, pp. 1-73).

Fiske, S. T., & Tavlor, S. E. (1991). *Social cognition* (2nd ed.). New York: McGraw-Hill.

Foley, L., & Pigott, M. (2000). Belief in a just world and jury decisions in a civil rape trial. *J. of Applied Social Psychology, 30*(5), 935-951.

Folkes, V., & Sears, D. (1977). Does everybody like a liker? *JESP, 13*, 505-519.

Ford, B. Q., Dmitrieva, J. O., Heller, D., Chentsova-Dutton, Y.,… Mauss, I. B. (2015). Culture shapes whether the pursuit of happiness predicts higher or lower well-being. *JEP: General, 144*(6), 1053-1062.

Ford, T. E., Ferguson, M. A., Brooks, J. L., & Hagadone, K. M. (2004). Coping sense of humor reduces effects of stereotype threat on women's math performance. *PSPB, 30*, 643-653.

Fournier, M. A., Moskowitz, D. S., & Zuroff, D. C. (2002). Social rank strategies in hierarchical relationships. *J. of Personality Psychology, 83*(2), 425-433.

Frager, R. (1970). Conformity and anti-conformity in Japan. *JPSP, 15*, 203-210.

Frank, J. F. (1997). Science, Nature, and the Globalization of the Environment, 1870-1990. *Social Forces 76*(2), 409.

Frank, R. (1999). *Luxury fever*. 이한 역(2011). **사치열병: 과잉시대의 돈과 행복**. 서울: 미지북스.

Frank, R. H. (1985). The demand for unobservable and other nonpositional goods. *American Economic Review 75*, 101-116.

Frank, R. H. (2005). Positional Externalities Cause Large and Preventable Welfare Losses. *American Economic Review, 95*(2), 137-141.

Frazer, R. (2023). Marketing against extremism: Identifying and responding to moral disengagement cues in Islamic State terrorist propaganda. *J. of Public Policy & Marketing, 42*(1), 36-55.

Frazier, S. H. (1994). *Human aggression.*

Fredrickson, B. L. (1998). What good are positive emotions? *Review of General Psychology, 2*, 300-319.

Fredrickson, B. L. (2001). The role of positive emotions in positive psychology: The broaden-and-build theory of positive emotion. *AP, 56*, 218-226.

Fredrickson, B. L., & Kahneman, D. (1993). Duration neglect in retrospective evaluations of affective episodes. *JPSP, 65*, 45-55.

Fredrickson, B. L., & Losada, M. F. (2005). Positive affect and the complex dynamics of human flourishing. *AP, 60*, 678-686.

Fredrickson, L. M., & Anderson, D. H. (1999). A qualitative exploration of the wilderness experience as a source of spiritual inspiration. *JEP, 19*(1), 21-39.

Freedman, J. L. (1963). Attitudinal effects of inadequate justification. *J. of Personality, 31*, 371-385.

Freedman, J. L., & Fraser, S. C. (1966). Compliance without pressure: The foot-in-door technique. *JPSP, 4*, 195-202.

French, J., & Raven, B. (1959). The bases of social power. In D. Cartwright (Ed.), *Studies of social power* (pp. 150-167). Ann Arbor, MI: Institute for Social Research.

Fritsche, I., Cohrs, J. C., Kessler, T., & Bauer, J. (2012). Global warming is breeding social conflict: The subtle impact of climate change threat on authoritarian tendencies. *JEP, 32*, 1-10.

Fukuyama, F. (1995). *Trust*. 구승희 역(1996). 트러스트: 사회도덕과 번영의 창조. 서울: 한국경제신문사.

Gabrenya, W. K., & Arkin, R. M. (1980). Self-monitoring scale: Factor structure and correlates. *PSPB, 6*, 12-22.

Gabrenya, W. K., Wang, Y. E., & Latane, B. (1985). Social loafing on an optimistic task: Cross-cultural differences among Chinese and Americans. *JCCP, 16*, 223-242.

Gailliot, M. T., et al. (2007). Self-Control Relies on Glucose as a Limited Energy Source: Willpower Is More Than a Metaphor. *JPSP, 92*(2), 325-336.

Galdi, S. et al. (2008). Automatic Mental Associations Predict Future Choices of Undecided Decision-Makers. *Science, 321*, 1100-1102(2008).

Gallup, G. G. Jr. (1977). Self-recognition in primates: A comparative approach to the bidirectional properties of consciousness. *AP, 32*, 329-338.

Gangestad, S. W., & Buss, D. M. (1993). Pathogen prevalence and human mate preferences. *Ethology and Sociobiology, 14*, 89-96.

Ganna, A., Verweij, K. J., Nivard, M. G., Maier, R., Wedow, R., Busch, A. S., ... & Zietsch, B. P. (2019). Large-scale GWAS reveals insights into the genetic architecture of same-sex sexual behavior. *Science, 365*(6456), eaat7693.

Gawande, A. (2002). *Complications*. 김미화 역(2003). 나는 고백한다, 현대의학을. 서울: 도서출판 소소.

Gawronski, B., & Bodenhausen, G. V. (2006). Associative and propositional processes in evaluation: an integrative review of implicit and explicit attitude change. *PB, 132*(5), 692-731.

Geen, R. G. (1998). Aggression and antisocial behavior. In D. T. Gilbert, S. T. Fiske, & G. Lindzey (Eds.), *The handbook of social psychology* (4th ed., pp. 317-356). McGraw-Hill.

Geiger, N., & Swim, J. K. (2016). Climate of silence: Pluralistic ignorance as a barrier to climate change discussion. *JEP, 47*, 79-90.

Geiselman, R. E., Haight, N. A., & Kimata, L. G. (1984). Context effects on the perceived physical attractiveness of faces. *JESP, 20*, 409-424.

George, L. S., & Park, C. L. (2017). The multidimensional existential meaning scale: A tripartite approach to measuring meaning in life. *JPP, 12*(6), 613-627.

Gerard, H. B., & Mathewson, G. C. (1966). The effects of severity of initiation on liking for a group: A replication. *JESP, 12*, 278-287.

Gergen, K. (1973). Social psychology as history. *JPSP, 26*, 306-320.

Gergen, K. (1991). *The saturated self: Dilemmas of identity in contemporary life*. New York: Basic Books.

Gergen, K. (1994). *Reality and relationships*. Cambridge, MA: Harvard University Press.

Gergen, K., Gergen, M., & Barton, W. (1973). *Deviance in the dark. Psychology Today*, October, 129-130.

Gershoff, E. T. (2002). Corporal punishment by parents and associated child behaviors and experiences: A meta-analytic and theoretical review. *PB, 128*, 539-579.

Gertler, P. J., Shelef, O., Wolfram, C. D., & Fuchs, A. (2016). The demand for energy-using assets among the world's rising middle classes. *American Economic Review, 106*(6), 1366-1401.

Gifford, R. (2008). Psychology's Essential Role in Alleviating the Impacts of Climate Change. *Canadian Psychology, 49*(4), 273.

Gigerenzer, G. (2007). *Gut feelings*. 안의정 역(2008). 생각이 직관에 묻다. 서울: 추수밭.

Gigone, D., & Hastie, R. (1993). The common knowledge effect: Information sharing and group judgment. *JPSP, 65*, 959-974.

Gilbert, D. T. (2006). *Stumbling on happiness*. 서은국, 최인철, 김미

정 공역(2006). 행복에 걸려 비틀거리다. 서울: 김영사.

Gilbert, D. T., & Krull, D. S. (1988). Seeings less and knowing more: The benefits of perceptual ignorance. *JPSP, 54*, 193-202.

Gilbert, D. T., & Malone, P. S. (1995). The correspondence bias. *PB, 117*, 21-38.

Gilbert, D. T., & Wilson, T. D. (2007). Prospection: Experiencing the future. Science, 317, 1351-1354.

Gilbert, D. T., Tafarodi, R. W., & Malone, P. S. (1993). You can't not believe everything you read. *JPSP, 65*, 221-233.

Giles, H., & Powesland, P. F. (1975). *Speech style and social evaluation*. London: Academic Press.

Gilligan, C. (1982). *In a different voice*. 허란주 역(1997). 다른 목소리로. 서울: 동녘.

Gilovich, T. (1981). Seeing the past in the present: The effect of associations to familiar events on judgments and decisions. *JPSP, 40*, 797-808.

Gilovich, T. (1991). *How we know what isn't so: The fallibility of human reason in everyday life*. New York: The Free Press.

Gilovich, T., & Medvec, V. H. (1994). The temporal pattern to the experience of regret. *JPSP, 67*, 357-365.

Gilovich, T., & Ross, L. (2016). *The wisest one in the room: How you can benefit from social psychology's most powerful insights*. Simon and Schuster. 이경식 역(2018). 이 방에서 가장 지혜로운 사람. 서울: 한국경제신문.

Gilovich, T., Keltner, D., & Nisbett, R. (2011). *Social Psychology* (2nd.). New York: Norton Company.

Gilovich, T., Medvec, V. H., & Savitsky, K. (2000). The spotlight effect in social judgment: An egocentric bias in estimates of the salience of one's own actions and appearance. *JPSP, 78*, 211-222.

Gilovich, T., Savitsky, K., & Medvec, V. H. (1998). The illusion of transparency: Biased assessments of others' ability to read one's emotional states. *JPSP, 75*, 332-346.

Gilovich, T., Vallone, R., & Tversky, A. (1985). The hot hand in basketball: On the misperception of random sequences. *Cognitive Psychology, 17*(3), 295-314.

Ginges, J., et al. (2009). Religion and Support for Suicide Attacks. PS, 20(2), 224-230.

Gladwell, M. (2000). *The tipping point*. 임옥희 역(2001). 티핑 포인트. 서울: 이끌리오.

Glass, D. C., & Singer, J. E. (1972). *Urban stress*. New York: Academic Press.

Gleick, P. (2014). Water, drought, climate change, and conflict in Syria. *Weather, Climate and Society, 6*(3), 331e340.

Glick, P. et al. (2000). Beyond prejudice as simple antipathy: Hostile and benevolent sexism across cultures. *JPSP, 79*, 763-775.

Glick, P., & Fiske, S. T. (1996). The ambivalent sexism inventory: Differentiating hostile and benevolent sexism. *JPSP, 70*, 491-512.

Glick, P., & Fiske, S. T. (2001). An ambivalent alliance: Hostile and benevolent sexism as complementary justifications for gender inequality. *AP, 56*(2), 109.

Gmelch, G. (1978, August). Baseball magic. *Human Nature, 1*(8), 32-40.

Goethals, G. R., & Zanna, M. P. (1979). The role of social comparison in choice shifts. *JPSP, 37*, 1469-1476.

Goffman, E. (1959). *The presentation of self in everyday life*. Garden City, NY: Doubleday.

Goldberg, L. (1959). The effectiveness of clinicians' judgments: The diagnosis of organic brain damage from the Bender-Gestalt test. *J. of Consulting Psychology, 23*, 25-33.

Goldberg, L. R. (1993). The structure of phenotypic personality traits. *AP, 48*(1), 26-34.

Gómez, Á., López-Rodríguez, L., Sheikh, H., Ginges, J., Wilson, L., Waziri, H., ... & Atran, S. (2017). The devoted actor's will to fight and the spiritual dimension of human conflict. *Nature Human Behaviour, 1*(9), 673-679.

Gonzaga, G. G., Keltner, D., & Ward, D. A. (2003). *Power and flirtation*. Unpublished manuscript, University of California, Berkeley.

Goodman, M. (1964). *Race awareness in young children*. New York: Coolier.

Goodwin, G. P., et al. (2014). Moral character predominates in person perception and evaluation. *JPSP, 106*(1), 148-168.

Goodwin, S. A., Gubin, A., Fiske, S. T., & Yzerby, V. Y. (2000). Power can bias impression processes: Stereotyping subordinates by default and by design. *GPIR, 3*, 227-256.

Gorman-Smith, D., Tolan, P., Zelli, A., & Huesmann, L. (1996). The relation of family functioning to violence among inner-city minority youths. *J. of Family Psychology, 10*(2), 115-129.

Gottfredson, M., & Hirschi, T. (1990). *A general theory of crime*. Stanford University Press.

Gottman, J. M. (1994). *What predicts divorce? The relationship between marital processes and marital outcomes*. Hillsdale, NJ: Erlbaum.

Gottman, J. M., & Levenson, R. W., (1999). Rebound from marital conflict and divorce prediction. *Family Processes, 38*, 287-292.

Goudarzi, S., Badaan, V., & Knowles, E. D. (2022). Neoliberalism and the ideological construction of equity beliefs. *POPS, 17*(5), 1431-1451.

Gouldner, A. W. (1960). The norm of reciprocity: a preliminary statement. *American Sociological Review, 25*, 161-178.

Grabe, S., et al. (2008). The role of the media in body image concerns among women: A meta-analysis of experimental and correlational studies. *PB, 134*(3), 460-476.

Graham, J., Haidt, J., & Nosek, B. (2009). Liberals and conservatives rely on different sets of moral foundations. *JPSP, 96*(5), 1029-1046.

Granovetter, M. (1974). *Getting a job: A study of contacts and careers*. Harvard University Press.

Graumann, C. F. (1988). Introduction to a history of social psychology. In M. Hewstone et al. (Eds.), *Introduction to social psychology: A European perspective*. Cambridge: Mass Basil Blackwell.

Green, D. P., Abelson, R. P., & Garnett, M. (1999). The distinctive political views of hate-crime perpetrators and White supremacists. In D. A. Prentice & D. T. Miller (Eds.), *Cultural divides: Understanding and overcoming group conflict* (pp. 429-464). New York: Russell Sage Foundation.

Green, L. A., & Mehr, D. R. (1997). What alters physician's decisions to admit to the coronary care unit? *The J. of Family Practice, 45*, 219-226.

Green, R. G. (1991). Behavioral and physiological reaction to observed violence: Effects of prior exposure to aggressive stimuli. *JPSP, 40*, 868-875.

Greenberg, B. (1988). Some uncommon television images and the drench hypothesis. In S. Oskamp (Ed.), *Applied Social Psychology Annual: Vol. 8 Television as a social issue* (pp. 88-102). Newbury Park, CA: Sage.

Greenberg, J. (1986). Determinants of perceived fairness of performance evaluations. *JAP, 71*(2), 340.

Greenberg, J. (1996). *The quest for justice: Essays and experiments*. Thousand Oaks, CA: Sage Publications.

Greenberg, J., Solomon, S., & Pyszczynski, T. (1997). Terror management theory of self-esteem and cultural worldviews: Empirical assessments and conceptual refinements. *AESP, 29*, 61-142.

Greenberg, J., Solomon, S., Pyszezynski, T., Solomon, S., & Chatel, D. (1992). Why do people need self-esteem? Converging evidence that self-esteem serves an anxiety-buffering function. *JESP, 11*, 490-499.

Greene, J. D. (2014). Beyond Point-and-Shoot Morality: Why Cognitive (Neuro)science Matters for Ethics. *Ethics, 124*(4), 695-726.

Greene, J. D., Sommerville, R. B., Nystrom, L. E., Darley, J. M., & Cohen, J. D. (2001). An fMRI investigation of emotional engagement in moral judgment. *Science, 293*, 2105-2108.

Greene, J. O., O'Hair, H. D., Cody, M. J., & Yen, C. (1985). Planning and control of behavior during deception. *Human Communication Research, 11*, 335-364.

Greenfield, P. M. (2013). The changing psychology of culture from 1800 through 2000. *PS, 24*(9), 1722-1731.

Greenwald, A. G. (1980). The totalitarian ego: Fabrication and revision of personal history. *AP, 35*, 603-613.

Greenwald, A. G., & Banaji, M. R. (1995). Implicit social cognition: Attitudes, self-esteem, and stereotypes. *PR, 102*, 4-27.

Greenwald, A. G., McGhee, D. E., & Schwartz, J. L. K. (1998). Measuring individual differences in implicit cognition: The implicit association test. *JPSP, 74*, 1464-1480.

Greenwald, A. G., Spangenberg, E. R., Pratkanis, A. R., & Eskenazi, J. (1991). Double-blind tests of subliminal self-help audiotapes. *PS, 2*, 119-122.

Gregory, W. L., Cialdini, R. B., & Carpenter, K. M. (1982). Self-relevant scenarios as mediators of likelihood estimates and compliance: Does imagining make it so? *JPSP, 43*, 89-99.

Griffin, D., Dunning, D., & Ross, L. (1990). The role of construal processes in overconfident predictions about the self and others. *JPSP, 59*, 1128-1139.

Grijalva, E., Harms, P. D., Newman, D. A., Gaddis, B. H., & Fraley, R. C. (2015). Narcissism and leadership: A meta-analytic review of linear and nonlinear relationships. *Personnel Psychology, 68*(1), 1-47.

Grimland, M., Apter, A., & Kerkhof, A. (2006). The phenomenon of suicide bombing. *Crisis, 27*(3), 107-118.

Griskevicius, V., Tybur, J. M., & Van den Bergh, B. (2010). Going green to be seen: Status, reputation, and conspicuous conservation. *JPSP, 98*(3), 392-404.

Grossman, R. P., & Till, B. D. (1998). The Persistence of Classically Conditioned Brand Attitudes. *J. of Advertising, 27*(1), 23-31.

Gruber-Baldini, A., Schaie, K., & Willis, S. (1995). Similarity in married couple: A longitudinal study of mental abilities and rigidity flexibility. *JPSP, 69*, 191-203.

Gruter, M., & Masters, R. D. (1986). Ostracism as a social and biological phenomenon: An introduction. *Ethology and Sociobiology, 7*, 149-158.

Guendelman, M. D., et al. (2011). Fitting In but getting fat: Identity threat and dietary choices among U.S. immigrant groups. *PS, 22*(7), 959-967.

Guerin, B. (1986). Mere presence effects in humans: A review. *JESP, 22*, 38-77.

Guggisberg, M. (2020). Sexually explicit video games and online pornography-The promotion of sexual violence: A critical commentary. *Aggression and Violent Behavior, 53,* 101432.

Guiso, L., Monte, F., Sapienza, P., & Zingales, L. (2008). Culture, gender, and math. *Science, 320*(5880), 1164-1165.

Gurin, P., Dey, E. L., Hurtado, S., & Gurin, G. (2002). Diversity and higher education: Theory and impact on educational outcomes. *Harvard Educational Review, 72*, 330-366.

Gurr, T. (1970). *Why men rebel? Princeton,* NJ: Princeton University Press.

Guy, S., Kashima, Y., Walker, I., & O'Neill, S. (2014). Investigating the effects of knowledge and ideology on climate change beliefs. *EJSP. 44*, 421-429.

Hafer, C. L. (2000). Do innocent victims threaten the belief in a just world? *JPSP, 79*, 165-173.

Haidt, J. (2001). The emotional dog and its rational tail: A social intuitionist approach to moral judgment. *PR, 108*, 814-834.

Haidt, J. (2003). Differentiating diversities: Moral diversity is not like other kinds. *J. of Applied Social Psychology, 33*(1), 1-36

Haidt, J., & Graham, J. (2007). When morality opposes justice: Conservatives have moral intuitions that liberals may not recognize. *Social Justice Research, 20*, 98-116.

Hall, E. T. (1976). *Beyond Culture*. New York: Doubleday.

Hamachek, D. E. (1971). *Encounters with the self*. New York: Holt, Rinehart and Winston.

Hamaguchi, E. (1985). A contextual model of the Japanese: Toward amethodological innovation in Japan studies. *J. of Japanese Studies, 11*(2), 289-321.

Hamamura, T., et al. (2020). Narcissism over time in Australia and Canada: A cross-temporal meta-analysis. *Personality and Individual Differences, 155,* 109707.

Hammer, D. H., Hu, S., Magnuson, V. L., Hu, N., & Pattatucci, A. M. (1993). A linkage between DNA markers on the X chromosome and male sexual orientation. *Science, 261,* 321-327.

Hamill, R., Wilson, T. D., & Nisbett, R. E. (1980). Insensitivity to sample bias: Generalizing from atypical cases. *JPSP, 39*, 578-589.

Hamilton, D. L., & Gifford, R. K. (1976). Illusory correlation in interpersonal perception: A cognitive basis of stereotypic judgments. *JESP, 12*, 392-407.

Hamilton, D. L., & Zanna, M. P. (1972). Differential weighting of favorable and unfavorable attributions in impressions of personality. *J. of Experimental Research in Personality, 6*, 204-212.

Hamlin, J. K., & Baron, A. S. (2014). Agency attribution in infancy: Evidence for a negativity Bias. *PLOS ONE, 9*(5), e96112.

Hamlin, J. K., et al. (2013). Not like me = bad: infants prefer those who harm dissimilar others. *PS, 24*(4), 589-594.

Han, G. (2008). Need for microgenetic analysis of semiotic field in social psychology. In E. Abbey & R. Diriwachter (Eds.), *Innovating genesis.* Greenwich, CT: Info Age Publishers.

Han, G., & Choe, S. M. (1994). Effects of family, region, school network ties on interpersonal intentions and the analysis of network activities in Korea. In U. Kim et al. (Eds.), *Individualism and collectivism: Theory, method, and applications* (pp. 77-84). Calif, Thousand Oaks: Sage.

Han, G., & Choi, S. C. (2011). Trust working in interpersonal relationships: A comparative cultural perspective with a focus on East Asian culture. *Comparative Sociology, 10*, 380-412.

Hansen, G. L. (1985). Perceived threats and marital jealousy. *SPQ, 48*(3), 262-268.

Hare, R. D. (1993). *Without conscience*. New York: Simon & Schuster.

Harford, T., & Solomon, L. (1967). 'Reformed sinner' and lapsed saint strategies in prisoner's dilemma game. *JCR, 11*, 104-109.

Harris, M. J., & Rosenthal, R. (1985). Mediation of interpersonal expectancy effects: 31 meta-analyses. *PB, 97*, 363-386.

Hart, P. S., & Nisbet, E. C. (2012). Boomerang Effects in Science Communication:How Motivated Reasoning and Identity Cues Amplify Opinion Polarization About Climate Mitigation Policies. *Communication Research, 39*(6), 701-723.

Hartwell-Walker, M. (2016). Meta-communication. http://psychcentral.com/lib/meta-communication-what-i-said-isnt-what-i-meant/ 2016. 5. 20. 인출됨.

Hasan, Y., Bèguem L., & Bushman, B. (2012). Viewing the world through "blood-red tinted glasses": The hostile expectation bias mediates the link between violent video game exposure and aggression. *JESP, 48*(4), 953-956.

Haslam, N., Loughnan, S., & Holland, E. (2013). *The psychology of humanness. In Objectification and (de) humanization: 60th Nebraska symposium on motivation* (pp. 25-51). Springer New York.

Haslam, S. A., & Reicher, S. (2007b). Identity entrepreneurship and the consequences of identity failure: The dynamics of leadership in the BBC prison study. *SPQ, 70*(2), 125-147.

Haslam, S. A., & Reicher, S. D. (2012). Contesting the 'nature' of conformity: what Milgram and Zimbardo's studies really show. *PLoS: Biol, 10*(11), e1001426.

Haslam, S. A., et al. (2014). Nothing by mere authority: Evidence that in an experimental analogue of the Milgram paradigm participants are motivated not by orders but by appeals to science. *JSI, 70*(3), 473-488.

Hatfield, E., Utne, M., & Traupmann, J. (1979). Equity theory and intimate relationships. In R. Burgess & T. Huston (Eds.), *Exchange theory in developing relationships* (pp. 99-133). NY: Academic Press.

Haugtvedt, C. P., & Petty, R. E. (1992). Personality and persuasion: Need for cognition moderales the persistence and resistance of attitude changes. *JPSP, 63*(2), 308-319.

Hawkins, S. A., & Hastie, R. (1990). Hindsight: Biased judgments of past events after the outcomes are known. *PB, 107*, 311-327.

Hawkley, L. C., & Cacioppo, J. T. (2003). Loneliness and pathways to disease. *Brain, Behavior, and Immunity, 17*, 98-105.

Hecht, M., & LaFrance, M. (1998). License or obligation to smile: The effect of power and sex on amount and type of smiling. *PSPB, 24*, 1332-1342.

Heider, F. (1958). *The psychology of interpersonal relations*. New York: John Wiley.

Heilman, M. E. (1995). Sex stereotypes and their effects in the workplace: What we know and what we don't know. *J. of Social Behavior and Personality, 10*(4), 3.

Heilmann, K., et al. (2021). The urban crime and heat gradient in high and low poverty areas. *J. of Public Economics, 197*, 104408.

Heine, S. (2008). *Cultural psychology*. New York: Norton Co.

Heine, S. J., & Lehman, D. R. (1995). Cultural variation in unrealistic optimism: Does the West feel more invulnerable than the East? *JPSP, 68*, 595-607.

Heine, S. J., & Lehman, D. R. (1996). Hindsight bias: A cross-cultural analysis. *Japanese JEP, 34*, 317-323.

Heine, S. J., & Lehman, D. R. (1997a). The cultural construction of self-enhancement: An examination of group-serving biases. *JPSP, 72*, 1268-1283.

Heine, S. J., & Lehman, D. R. (1997b). Culture, dissonance, and self-affirmation. *PSPB, 23*, 389-400.

Heine, S. J., & Lehman, D. R. (1999). Culture, Self-Discrepancies, and Self-Satisfaction. *PSPB, 25*(8), 915-925.

Heine, S. J., Kitayama, S., Lehman, D. R., Takata, T., Ide, E., Leung, C., & Matsumoto, H. (2001). Divergent consequences of success and failure in Japan and North America: An investigation of self-improving motivations and malleable selves. *JPSP, 81*(4), 599-615.

Heine, S. J., Lehman, D. R., Markus, H. R., & Kitayama, S. (1999). Is there a universal need for positive self-regard. *PR, 106*, 766-794.

Heine, S. J., Takata, T., & Lehman, D. R. (2000). Beyond self-presentation: Evidence for self-criticism among Japanese. *PSPB, 26*, 71-78.

Heino, R. D., et al. (2010). Relationshopping: Investigating the market metaphor in online dating. *JSPR, 27*(4), 427-447.

Heinrich, L. M., & Gullone, E. (2006). The clinical significance of loneliness: A literature review. *Clinical Psychology Review, 26*, 695-718.

Helzer, E. G., & Dunning, D. (2012). Why and when peer prediction is superior to self-prediction: The weight given to future aspiration versus past achievement. *JPSP, 103*(1), 38.

Hendren, A., & Blank, H. (2009). Prejudiced behavior toward lesbians and gay men: A field experiment on everyday helping. *Social Psychology, 40*(4), 234-238.

Hendrick, C., Hendrick, S., Foote, F. H., & Slapion-Foote, M. J. (1984). Do men and women love differently? *JSPR, 1*, 177-195.

Henrich, J. (2020). *The WEIRDest people in the world: How the west became psychologically peculiar and particularly prosperous.* New York: Farrar, Straus and Giroux.

Henrich, J., Heine, S. J., & Norenzayan, A. (2010a). Most people are not WEIRD. *Nature, 466*, 29.

Henrich, J., Heine, S. J., & Norenzayan, A. (2010b). The weirdest people in the world? *Behavioral and Brain Sciences, 33*, 1-75.

Herek, G. M., & Capitanio, J. P. (1999). Sex differences in how heterosexuals think about lesbians and gay men: Evidence from survey context effects. *J. of Sex Research, 36*(4), 348-360.

Hermann, E., Call, J., Hernandez-Lloreda, M., Hare, B., & Tomasello, M. (2007). Humans have evolved specialized skills of social cognition: The cultural intelligence hypothesis. *Science, 317*, 1360-1366.

Hermans, H. M., & Kempen, H. G. (1993). *The dialogical self: meaning as movement.* San Diego, CA: Academic Press.

Herzog, T., Black, K., & Knotts, D. (1997). Reflection and attentional recovery as distinctive benefits of restorative environments. *J. of Environmental Psy, 17*, 165-170.

Hess, R., Chin-Mei, C., & McDevitt, T. (1987). Cultural variations in family beliefs about children's performance in mathematics: Comparison among People's Republic of China, Chinese-American, and Caucasian-American families. *J. of Educational Psychology, 79*, 179-188.

Hettinger, E. C. (1987). What is wrong with reverse discrimination? *Business & Professional Ethics J., 6*(3), 39-55.

Hewstone, M., & Antaki, C. (1988). Attribution theory and social explanations. In M. Hewstone, W. Stroebe, J. Codel, & G. Stephenson (Eds.), *Introduction to social psychology* (pp. 111-141). Oxford, UK: Basil Blackwell.

Hewstone, M., Bond, M. H., & Wan, K. C. (1983). Social factors and social attributions: The explanation of intergroup differences in Hong Kong. *Social Cognition, 2*, 142-157.

Hewstone, M., Stroebe, W, Codel, J., & Stephenson, G. (1988). *Introduction to social psychology*. Oxford, UK: Basil Blackwell.

Hicks, D. J. (1965). Imitation and retention of film-mediated aggressive peer and adult models. *JPSP, 2*, 97-100.

Higgins, E. (2005). Value From Regulatory Fit. Current Directions in *PS, 14*, 209-213.

Higgins, E. T. (1998). Promotion and prevention: Regulatory focus as a motivational principle. In M. E Zanna (Ed.), *AESP* (Vol. 30, pp. 1-46). New York: Academic Press.

Higgins, E. T., Rholes, W. S., & Jones, C. R. (1977). Category accessibility and impression formation. *JESP, 13*, 141-154.

Higgins, P., et al. (2013). Protecting the planet: a proposal for a law of ecocide. *Crime Law and Social Change, 59*, 251-266.

Hildreth, J. A. D., & Anderson, C. (2018). Does loyalty trump honesty? Moral judgments of loyalty-driven deceit. *JESP, 79*, 87-94.

Hill, C., Rubin, Z., & Peplau, L. (1976). Breakups before marriage: The end of 103 affairs. *JSI, 32*, 147-168.

Hilton, D. J., Smith, R. H., & Alicke, M. D. (1988). Knowledge-based information acquisition: Norms and functions of consensus information. *JSP, 55*(4), 530-540.

Hindman, D. B. (2009). Mass media flow and differential distribution of politically disputed beliefs: The belief gap hypothesis. *J.ism & Mass Communication Quarterly, 86*(4), 790-808.

Hinds, J., & Sparks, P. (2008). Engaging with the natural environment: The role of affective connection and identity. *JEP, 28*(2), 109-120.

Hinduja, S. (2008). Deindividuation and internet software piracy. *Cyberpsychology and Behavior, 11*(4), 391-398.

Hinsz, V. B., & Davis, J. H. (1984). Persuasive arguments theory, group polarization, and choice shifts. *PSPB, 10*, 260-268.

Hiroto, D. S., & Seligman, M. E. P. (1975). Generality of learned helpless in man. *JPSP, 31*, 311-327.

Hirsch et al. (2006). What makes you click? Mate preferences and matching outcomes in online dating. MIT Sloan Research paper No. 4603-06.

Hirsch, H. (1995). *Genocide and the politics of memory: Studying death to preserve life*. Chapel Hill, University of North Carolina Press.

Hitsch, G. J., et al. (2010). What makes you click?-Mate preferences in online dating. *Quantitative marketing and Economics, 8*, 393-427.

Ho, D. Y. F. (1998). Interpersonal relationships and relationship dominance: An analysis based on methodological relationism. *AJSP, 1*(1), 1-16.

Hoch, S. J. (1985). Counterfactual reasoning and accuracy in predicting personal events. *JEP: Learning, Memory and Cognition, 11*, 719-731.

Hodges, B. H. (1974). Effect of valence on relative weighting in impression formation. *JPSP, 30*, 378-381.

Hoffman, C., Mischel, W., & Baer, J. S. (1984). Language and person cognition: Effects of communicative set on trait attribution. *JPSP, 46*, 1029-1043.

Hofling, C., Brotzman, E., Dalrymple, S., Grawes, N., & Pierce, C. (1966). An experimental study in nurse physician relationships. *J. of Nervous and Mental Disease, 143*(2), 171-180.

Hofstede, G. (1980). *Culture's consequences: International differences in work-related values*. Beverly Hills, CA: Sage.

Hofstede, G. (1991). *Cultures and organizations: Software of the mind*. 나은영, 차재호 공역(1995). 세계의 문화와 조직. 서울: 학지사.

Hofstede, G., Hofstede, G. J., & Minkov, M. (2010). *Cultures and organizations: Software of the mind* (3rd ed.). McGraw-Hill.

Hogan, B. T., & Elmer, N. P. (1978). The biases of contemporary social psychology. *Social Research, 45*, 478-534.

Hogg, M. (1992). *The social psychology of group cohesiveness: From attraction to social identity*. NY: Harvester Wheatsheaf..

Holgersson, C., & Romani, L. (2020). Tokenism revisited: When organizational culture challenges masculine norms, the experience of token is transformed. *European Management Review, 17*(3), 649-661.

Holliday, R., & Elfving-Hwang, J. (2012). Gender, globalization and aesthetic surgery in South Korea. *Body & Society, 18*(2), 58-81.

Holtgraves, T., & Yang, J. (1992). Interpersonal underpinnings of request strategies: General principles and differences due to culture and gender. *JPSP, 62*, 246-256.

Holt-Lunstad, J., Smith, T. B., & Layton, J. B. (2010). Social relationships and mortality risk: a meta-analytic review. *PLoS medicine, 7*(7), e1000316.

Holtz, R., & Miller, N. (1985). Assumed similarity and opinion certainty. *JPSP, 48*, 890-898.

Homans, G. (1965). Group factors in worker productivity. In H. Proshansky & L. Seidenberg (Eds.), *Basic studies in social psychology*. New York: Holt, Rinehart and Winston.

Hormuth, S. E. (1986). Lack of effort as a result of self focused attention: An attributional ambiguity analysis. *EJSP, 16*, 181-192.

Hornsey, M. J., et al. (2016). Meta-analyses of the determinants and outcomes of belief in climate change. *Nature Climate Change, 6*(6), 622-626.

Horwitz, S. R., Shutts, K., & Olson, K. R. (2014). Social class differences produce social group preferences. *Developmental Science, 17*(6), 991-1002.

Hoshino-Browne, E., Zanna, A., Spencer, S., Zanna, M., Kitayama, S., & Lackenbauer, S. (2005). On the cultural guises of cognitive dissonance: The case of Easterners and Westerners. *JPSP, 89*, 294-310.

Hospido, A., et al. (2009). The role of seasonality in lettuce consumption: a case study of environmental and social aspects. *The International J. of Life Cycle Assessment, 14*(5), 381-391.

Hovland, C. I., & Weiss, W. (1952). The influence of source credibility on communication effectiveness. *Public Opinion Quarterly, 15*, 635-650.

Hovland, C. I., Campbell, E., & Brock, T. C. (1957). The effects of commitment on opinion change following communication. In Hovland et al. (Eds.), *Order of presentation in persuasion*. New Haven, CT: Yale University Press.

Hsiang, S., Burke, M., & Miguel, E. (2013). Quantifying the Influence of Climate on Human Conflict. *Science, 341*, 1235367.

Hsu, C.-W. J., Wang,C. C., & Tai, Y. T. (2011). The Closer the Relationship, the More the Interaction on Facebook? Investigating the Case of Taiwan Users. *Cyberpsychology, Behavior, and Social Networking, 14*(7-8), 473-476.

Huesmann, L. R. (1988). An information processing model for the development of aggression. *Aggressive Behavior, 14*, 13-24.

Huesmann, L. R., & Eron, L. D. (1984). Cognitive processes and the persistence of aggressive behavior. *Aggressive Behavior, 10*, 243-251.

Huesmann, L. R., Eron, L. D., Klein, R., Brice, P., & Fischer, P. (1983). Mitigating the imitation of aggressive behaviors by changing children's attitudes about media violence. *JPSP, 44*, 899-910.

Huesmann, L. R., Moise-Titus, J., Podolski, C. L., & Eron, L. D. (2003). Longitudinal relations between children's exposure to TV violence and their aggressive and violent behavior in young adulthood: 1977-1992. *Developmental Psychology, 39*, 201-221.

Huesmann, L., Eron, L., & Yarmel, D. (1987). Intellectual functioning and aggression. *JPSP, 52*(1), 232-240.

Hull, J. G., & Bond, C. F., Jr. (1986). Social and behavioral consequences of alcohol consumption and expectancy: A meta-analysis. *PB, 99*, 347-360.

Hull, J. G., & Young, R. D. (1983). The self-awareness reducing effect of alcohol: Evidence and implications. In J. Suls & A, Greenwald (Eds.), *Psychological perspectives on the self* (Vol. 2). Hillsdale, NJ: LEA.

Husband, C. (1975). *White media and black Britain*. London: Arrow Books.

Huta, V., & Ryan, R. M. (2010). Pursuing Pleasure or Virtue: The Differential and Overlapping Well-Being Benefits of Hedonic and Eudaimonic Motives. *JHS, 11*(6), 735.

Hutton, D., & Baumeister, R. (1992). Self-awareness and attitude change: Seeing oneself on the central route to persuasion. *PSPB, 18*, 68-75.

Hyman, I. E., Jr., Husband, T. H., & Billings, F. J. (1995). False memories of childhood experiences. *Applied Cognitive Psychology, 9*, 181-197.

Iacoboni, M, (2008). *Mirroring people: The new science of how we connect with others*. New York: Picador.

Ichida, Y., Kondo, K., Hirai, H., Hanibuchi, T., Yoshikawa, G., & Murata, C. (2009). Social capital, income inequality, and self-rated health in Chita Peninsula, Japan: A multilevel analysis of older people in 25 communities. *Social Science & Medicine, 69*, 489-499.

Imada, T., & Ellsworth, P. C. (2011). Proud Americans and lucky Japanese: Cultural differences in appraisal and corresponding emotion. *Emotion, 11*(2), 329-345.

Imada, T., & Kitayama, S. (2010). Social Eyes and Choice Justification: Culture and Dissonance Revisited. *Social Cognition, 28*(5), 589-608.

Inglehart, R. (1997). *Modernization and postmodernization:*

*Cultural, economic, and political change in 43 societies*. Princeton, NJ: Princeton University Press.

Inglehart, R., & Baker, W. E. (2000). Modernization, cultural change, and the persistence of traditional values. *American Sociological Review, 65*(1), 19-51.

Ipsos (2021). LGBT+ Pride 2021 Global survey; A 27-country Ipsos survey. https://www.ipsos.com/en/lgbt-pride-2021-global-survey-points-generation-gap-around-gender-identity-and-sexual-attraction.

Irwin, A. R., & Gross, A. M. (1995). Cognitive tempo, violent video games, and aggressive behavior in young boys. *J. of Family Violence, 10*, 337-350.

Iyengar, S. S., & Lepper, M. R. (1999). Rethinking the value of choice: A cultural perspective on intrinsic motivation. *JPSP, 76*(3), 349-366.

Iyengar, S., & Hahn, K. S. (2009). Red media, blue media: Evidence of ideological selectivity in media use. *J. of Communication, 59*(1), 19-39.

Izard, C. E. (1977). *Human emotion*. NY: Plenum Press.

Jabbour, J., Holmes, L., Sylva, D., Hsu, K. J., Semon, T. L., Rosenthal, A. M., ... & Bailey, J. M. (2020). Robust evidence for bisexual orientation among men. *PNAS, 117*(31), 18369-18377.

Jackson, L. M., & Esses, V. M. (1997). Of scripture and ascription: The relation between religious fundamentalism and intergroup helping. *PSPB, 23*, 893-906.

Jackson, L., Sullivan, L., Harnish, R., & Hodge, C. (1996). Achieving positive social identity: Social mobility, social creativity, and permeability of group boundaries. *JPSP, 70*(2), 241-254.

Jahoda, G. (2007). *A history of social psychology*. Cambridge, UK: Cambridge University Press.

James, W. (1890). *Principles of psychology*. New York: Henry Holt.

Jamieson, D. W., Lydon, J. E., Stewart, G., & Zanna, M. P. (1987). Pygmalion revisited: New evidence for student expectancy effects in the classroom. *J. of Educational Psychology, 79*, 461-466.

Jang, H., Reeve, J., Ryan, R. M., & Kim, A. (2009). Can self-determination theory explain what underlies the productive, satisfying learning experiences of collectivistically oriented Korean students? *J. of Educational Psychology, 101*(3), 644-661.

Janis, I. L. (1972). Victims of groupthink. Boston: Houghton Mifflin.

Janis, I. L. (1982). *Groupthink: Psychological studies of policy decisions and fiascoes* (2nd ed.). Boson: Houghton Mifflin.

Jansen, A. S. P., et al. (1995). Central Command Neurons of the Sympathetic Nervous System: Basis of the Fight-or-Flight Response. *Science, 270*(5236), 644-646.

Jenkins, J. M., & Asington, J. W. (1996). Cognitive factors and family structure associated with theory of mind in young children. *Developmental Psychology, 32*, 70-78.

Jennings, D. L., Amabile, T. M., & Ross, L. (1982). Informal covariation assessment: Data-based vs theory-based judgments. In D. Kahneman, P. Slovic, & A. Tversky (Eds.), *Judgment under uncertainty: Heuristics and biases*. New York: Cambridge University Press.

Jepson, C., & Chaiken, S. (1990). Chronic issue-specific fear inhibits systematic processing of persuasive communications. *J. of Social Behavior and Personality, 2*, 61-84.

Jessor, T. (1988). Personal interest, group conflict, and symbolic group affect: Explanations for whites' opposition to racial equality. Unpublished doctoral dissertation. Department of Psychology. University of California, Los Angeles.

Jetten, J., Peters, K., & Casara, B. G. S. (2022). Economic inequality and conspiracy theories. *Current Opinion in Psychology*, 101358.

Jo, G. (2016). Anti-Korean sentiment as an echo of anti-Japanese sentiment. *The J. of Asiatic Studies, 59*(1), 250-281.

Johnson, J. G., et al. (2002). Television Viewing and Aggressive Behavior During Adolescence and Adulthood. *Science, 295*(5564), 2468.

Johnson, J. T., Robinson, M. D., & Mitchell, E. B. (2004). Inferences About the Authentic Self: When Do Actions Say More Than Mental States? *JPSP, 87*(5), 615-630.

Johnson, M. K., Bransford, J. D., & Solomon, S. (1973). Memory for tacit implications of sentences. *JEP, 98*, 203-205.

Johnson, R. D., & Downing, L. L. (1979). Deindividualtion and valence of cues: Effects of prosocial and antisocial behavior. *JPSP, 37*, 1532-1538.

Johnson, T. J., Feigenbaum, R., & Weiby, M. (1964). Some determinants and consequences of the teacher's perception of causation. *J. of Educational Psychology, 55*, 237-246.

Johnston, L., & Hewstone, M. (1992). Cognitive models of stereotype change: 3. Subtyping and the perceived typicality of disconfirming group members. *JESP, 28*, 360-386.

Johnston, V. S., & Franklin, M. (1993). Is beauty in the eye of the beholder? *Ethology and Sociobiology, 14*, 183-199.

Joiner, T. (2005). *Why people die by suicide*. Cambridge, MA: Harvard University Press.

Jolley, D., et al. (2019). Belief in conspiracy theories and intentions to engage in everyday crime. *British J. of Social Psychology, 8*,

534-549.

Jones, E. E., & Davis, K. E. (1965). From acts to dispositions: The attribution process in person perception. In L. Berkowitz (Ed.), *AESP* (Vol. 2). New York: Academic Press.

Jones, E. E., & Nisbett, R. (1972). The actor and the observer: Divergent perceptions of the causes of behavior. In E. Jones et al. (Eds.), *Attribution: Perceiving the causes of behavior.* Morristown, NJ: General learning Press.

Jones, E. E., & Rhodewalt, F. (1982). *Self-handicapping scale. Unpublished scale*. Depts of psychology, Princeton University & University of Utah.

Jordan, C. H., Spencer, S. J., Zanna, M. P., Hoshino-Browne, E., & Correll, J. (2003). Secure and defensive high self-esteem. *JPSP, 85*, 969-978.

Joshanloo, M. (2019). Investigating the relationships between subjective well-being and psychological well-being over two decades. *Emotion, 19*(1), 183.

Joshanloo, M. (2021). Centrality and dimensionality of 14 indicators of mental well-being in four countries: Developing an integrative framework to guide theorizing and measurement. *Social Indicators Research*. https://doi.org/10.1007/s11205-021-02723-6

Joshanloo, M. L. Z. K. P. T. N. A. P. W.-C. Y. V. W.-l. S. S. A. M. A. R. I. T. T. S. R. M. K. I. A. (2014). Cross-cultural validation of fear of happiness scale across 14 national groups. *JCCP, 45*(2), 246.16(5): 1185.

Joshanloo, M. W. D. J. D.-Y. H. G. B. J. P. J. S. H. L. S. F. M. C. D. M. R. M. K. I. A. A. M. A. R. (2015). Fragility of happiness beliefs across 15 national groups. *JHS: An Interdisciplinary Forum on Subjective Well-Being, 16*(5), 1185-1210.

Joshanloo, M., et al.(2013). Cross-cultural validation of fear of happiness scale across 14 national groups. *JCCP, 45*(2), 246-264.

Jost, J. T., & Banaji, M. R. (1994). The role of stereotyping in system justification and the production of false consciousness. *BJSP, 33*, 1-27.

Jost, J. T., & Thompson, E. P. (2000). Group-based dominance and opposition to equality as independent predictors of self-esteem, ethnocentrism, and social policy attitudes among African Americans and European Americans. *JESP, 36*(3), 209-232.

Jost, J. T., Banaji, M. R., & Nosek, B. A. (2004). A decade of system justification theory: Accumulated evidence of conscious and unconscious bolstering of the status quo. *Political Psychology, 25*, 881-919.

Jost, J. T., Pelham, B. W., & Carvallo, M. (2002). Non-conscious forms of system justification and behavioral preferences for higher status groups. *JESP, 38*, 586-602.

Joy, M. (2009). *Why we love dogs, eat pigs, and wear cows.* 노순옥 역(2015). 우리는 왜 개는 사랑하고 돼지는 먹고 소는 신을까. 서울: 모멘토.

Judge, T. A., LePine, J. A., & Rich, B. L. (2006). Loving yourself abundantly: relationship of the narcissistic personality to self- and other perceptions of workplace deviance, leadership, and task and contextual performance. *JAP, 91*(4), 762.

Jussim, L., Robustelli, S. L., & Cain, T. R. (2009). Teacher expectations and self-fulfilling prophecies. In K. R. Wenzel & A. Wigfield (Eds.), *Handbook of motivation at school*. New York: Routledge/Taylor & Francis.

Jylhä, K. M., & Akrami, N. (2015). Social dominance orientation and climate change denial: The role of dominance and system justification. *Personality and Individual Differences, 86*, 108-111.

Kahneman, D. (2012). *Thinking fast and slow*. 이진원 역(2012). 생각에 관한 생각. 서울: 김영사.

Kahneman, D., & Deaton, A. (2010). High income improves evaluation of life but not emotional well-being. *PNAS, 107*, no. 38, 16489-16493.

Kahneman, D., & Tversky, A. (1972). Subjective probability: A judgment of representativeness. *Cognitive Psychology, 3*(3), 430-454.

Kahneman, D., & Tversky, A. (1979). Prospect Theory: An Analysis of Decision Under Risk. *Econometrica, 47*, 263-291.

Kahneman, D., Krueger, A. B., Schkade, D., Schwarz, N., & Stone, A. A. (2006). Would you be happier if you were richer? A focusing illusion. *Science, 312*, 1908-1910.

Kallgren, C. A., & Wood, W. (1986). Access to attitude-relevant information in memory as a determinant of attitude-behavior consistency. *JESP, 22*, 328-338.

Kameda, T. (2004). Are our minds fundamentally egalitarian? *Presented at The special Conference of Mind, Culture & Evolution*, 15-17, July, Vancouver, Canada.

Kameda, T., Takezawa, M., & Hastie, R. (2003). The logic of social sharing: An evolutionary game analysis of adaptive norm development. *PSPR, 7*, 2-19.

Kanai, R., Feilden, T., Firth, C., & Rees, G. (2011). Political orientations are correlated with brain structure in young adults. *Current Biology, 21*(8), 677-680.

Kang, S., Shaver, P. R., Min, K., & Jin, H. (2003). Culture-specific patterns in the prediction of life satisfaction: Roles of emotion, relationship quality, and self-esteem. *PSPB, 29*, 1596-1608.

Kanter, R. M. (1977). *Men and women of the corporation.* New York: Basic Books.

Kaplan, H., & Hill, K. (1985). Food sharing among Ache foragers: Tests of explanatory hypotheses. *Current Anthropology, 26*, 223-246.uuyio

Kaplan, S., & Kaplan, R. (1989). The visual environment: Public participation in design and planning. *JSIs, 45*(1), 59-86.

Karau, S. J., & Williams, K. (1993). Social loafing: A meta-analytic review and theoretical integration. *JPSP, 65*, 681-706.

Karremans, J. C., Frankenhuis, W. E., & Arons, S. (2010). Blind men prefer a low female Waist-to-Ratio. *Evolution and Human Behavior, 31*(3), 182-186.

Kashima, E. S., & Kashima, Y. (1998). Culture and language: the case of cultural dimensions and personal pronoun use. *JCCP, 29*, 461-486.

Kashima, Y., & Kashima, E. S. (2003). Individualism, GNP, climate, and pronoun drop: Is individualism determined by affluence and climate, or does language use play a role? *JCCP, 34*, 125-134.

Kashima, Y., & Triandis, H. C. (1986) The self-serving bias in attribution as a coping strategy: a cross-cultural study. *JCCP, 17*, 83-97.

Kassin, S. M. (1979). Consensus information, prediction, and causal attribution: A review of the literature and issues. *JPSP, 37*, 1966-1981.

Katz, J., & Beach, S. (2000). Looking for love? Self-verification and self-enhancement effects on initial romantic attraction. *PSPB, 26*(12), 1526-1539.

Kay, A. C., Gaucher, D., Napier, J. L., Callan, M. J., & Laurin, K. (2008). God and the government: Testing a compensatory control mechanism for the support of external systems. *JPSP, 95*, 18-35.

Keizer, K., Lindenberg, S., & Steg, L. (2008). The spreading of disorder. *Science, 322*, 1681-1685.

Kelley, H. H. (1973). The processes of causal attribution. *AP, 28*, 107-128.

Kelley, H. H., & Stahelski, A. J. (1970). Social interaction basis of cooperators and competitors' beliefs about others. *JPSP, 16*, 66-91.

Kelley, H. H., & Thibaut, J. W. (1978). *Interpersonal relations: A theory of interdependence.* New York: Wiley.

Kelling, G., & Coles, C. (1996). *Fixing broken windows.* New York: Touchstone.

Kelman, H., & Hamilton, V. (1989). *Crimes of obedience: Toward a social psychology of authority and responsibility.* Yale Univ. Press.

Keltner, D. (2015). Awe, the small self, and prosocial behavior. *JPSP, 108*(6), 883.

Keltner, D., & Haidt, J. (2003). Approaching awe, a moral, spiritual, and aesthetic emotion. *Cognition and emotion, 17*(2), 297-314.

Keltner, D., & Robinson, R. J. (1996). Extremism, power, and the imagined basis of social conflict. *Current Directions in PS, 5*, 101-105.

Keltner, D., & Robinson, R. J. (1997). Defending the status quo: Power and bias in social conflict. *PSPB, 23*, 1066-1077.

Keltner, D., Gruenfeld, D. H., & Anderson, C. A. (2003). Power, approach, and inhibition. *PR, 110*, 265-284.

Keltner, D., Kogan, A., Piff, P. K., & Saturn, S. R. (2014). The socio-cultural appraisals, values, and emotions (SAVE) framework of prosociality: Core processes from gene to meme. *ARP, 65*, 425-460.

Kennedy, E. and Huddart, J. J. S., & Ethan, D. (2019). Doing right and feeling good: Ethical food and the shopping experience. *Sociological Perspectives, 62*(5), 668-690.

Kenrick, D. T., et al. (1989). Influence of popular erotica on judgments of strangers and mates. *JESP, 25*(2), 159-167.

Keren, G. (1987). Facing uncertainty in the game of bridge: A calibration study. *OBHDP, 39*, 98-114.

Kerlinger, F. (1984). *Liberalism and conservatism: The nature and structure of social attitudes.* Hillsdale, NJ: Lawrence Erlbaum.

Kern, T. (2010). Translating global values into national contexts: The rise of environmentalism in South Korea. *International Sociology, 25*(6), 869.

Kernis, M. H., & Wheeler, L. (1981). Beautiful friends and ugly strangers: Radiation and contrast effects in perception of same-sex pairs. *PSPB, 7*, 617-620.

Kesebir, P. (2014). A quiet ego quiets death anxiety: humility as an existential anxiety buffer. *JPSP, 106*(4), 610-623.

Keyes, C. L. (1998). Social well-being. *SPQ, 61*, 17-31.

Khatib, F., Cooper, S., Tyka, M. D., & Players, F. (2011). Algorithm discovery by protein folding game players. *PNAS, 108*(47), 18949-18953.

Kim, D-S. (1999). Environmentalism in Developing Countries and the Case of a Large Korean City. *SSQ, 80*(4), 810.

Kim, E. (2022). "A complex mix of confidence, uncertainty, and struggle: Korean secondary social studies teachers' perspectives and practice on multiculturalism." *International J.*

*of Multicultural Education, 24*(3), 72.

Kim, H., & Markus, H. R. (1999). Deviance or uniqueness, harmony or conformity? A cultural analysis. *JPSP, 77*(4), 785-800.

Kim, H., & Ohtake, F. (2014). Status race and happiness: What experimental surveys tell us. *KDI Policy Study*. Sejong, KDI.

Kim, J. C. A. G. R. G. N. H. J. A. S. R. J. (2021). Is the illusion of authenticity beneficial? merely perceiving decisions as guided by the true self enhances decision satisfaction. *SPPS, 12*(1), 80.

Kim, J., Lee, S., & Gim, W. (2011). Culture and self-presentation: Influence of social interactions in an expected social relationship. *AJSP, 14*, 63-74.

Kim, S., & Shin, W. (2015). Understanding american and korean students' support for pro-environmental tax policy: the application of the value-belief-norm theory of environmentalism. *Environmental Communication, 11*(3), 311-331.

Kim, U., & Berry, J. (1994). *Indigenous psychology*. Newberry Park, CA: Sage.

Kim, U., Yang, G., & Hwang, K. K. (Eds.). (2006). *Indigenous and cultural psychology: Understanding people in context* (pp. 403-420). New York: Springer.

Kim, Y. & Na, J. (2022). The Olympic paradox: The Olympics and intergroup biases. *GPIR, 25*(1), 26.

Kim, Y., Jung, J., & Na, J. (2022). Socioeconomic status differences in psychological responses to unfair treatments: Behavioral evidence of a vicious cycle. *Plos one, 17*(6), e0268286.

Kim, Y., Sohn, D., & Choi, S. M. (2011). Cultural difference in motivations for using social network sites: A comparative study of American and Korean college students. *Computers in Human Behavior, 27*(1), 365-372.

Kim, Y.-H., Chiu, C.-Y., & Zou, Z. (2010). Know thyself: Misperceptions of actual performance undermine achievement motivation, future performance, and subjective well-being. *JPSP, 99*(3), 395-409.

Kim, Y.-H., Chiu, C.-Y., Cho, S., Au, E. W. M., & Kwak, S. N. (2014). Aligning inside and outside perspectives of the self: A cross-cultural difference in self-perception. *AJSP, 17*, 44-51.

Kinder, D., & Sears, D. (1981). Prejudice and politics: Symbolic racism versus racial threats to the good life. *JPSP, 40*, 414-431.

Kipnis, D. (1972). Does power corrupt? *JPSP, 24*(1), 33-41.

Kitayama, S., Mesquita, B., & Karasawa, M. (2006). Cultural affordances and emotional experience: Socially engaging and disengaging emotions in Japan and the United States. *JPSP, 91*(5), 890-903.

Kitchens, B., Johnson, S. L., & Gray, P. (2020). Understanding echo chambers and filter bubbles: The impact of social media on diversification and partisan shifts in news consumption. *MIS Quarterly, 44*(4).

Klayman, J., & Ha, Y. W. (1987). Confirmation, disconfirmation, and information in hypothesis testing. *PR, 94*, 211-228.

Kleck, R. E., & Strenta, A. (1980). Perceptions of the impact of negatively valued physical characteristics on social interaction. *JPSP, 39*, 861-873.

Klein, J. G., & Ahluwalia, A. (2005). Negativity in the evaluation of political candidates. *J. of Marketing 69*, 131-142.

Kloewer, M., et al. (2021). Quantifying aviation's contribution to global warming. *Environmental Research Letters, 16*(10), 104027.

Kluegel, J. R., & Smith, E. R. (1983). Affirmative action attitudes: Effects of self-interest, racial affect, and stratification beliefs on Whites' views. *Social Forces, 61*(3), 797-824.

Knee, C. R. (1998). Implicit theories of relationships: Assessment and prediction of romantic relationship inititation, coping, and longevity. *JPSP, 74*(2), 360-370.

Kohlberg, L. (1969). Stage and sequence: The cognitive-developmental approach to socialization. In D. A. Goslin (Ed.), *Handbook of socialization theory and research* (pp. 347-480). Chicago: Rand McNally.

Kollmuss, A., & Agyeman, J. (2002). Mind the Gap: why do people act environmentally and what are the barriers to pro-environmental behavior? *Environmental Education Research, 8*(3), 239.

Koltko-Rivera, M. E. (2000). *The Worldview Assessment Instrument* (WAI; doctoral dissertation, New York University, 2000). Dissertation Abstracts International, 61 (04), 2266B. (UMI Microform No. 9968433)

Koltko-Rivera, M. E. (2004). The psychology of worldviews. *Review of General Psychology, 8*, 3-58.

Koo, J. (1995). *Politeness theory: Universality and specificity*. Unpublished doctoral dissertation. Harvard University.

Koriat, A., Lichtenstein, S., & Fischhoff, B. (1980). Reasons for confidence. *JESP: Human Learning and Memory, 6*, 107-118.

Korman, J., & Malle, B. F. (2016). Grasping for traits or reasons? How people grapple with puzzling social behaviors. *PSPB, 42*(11), 1451.

Korpela, K. M., et al. (2001). Restorative experience and self-regulation in favorite places. *Environment and Behavior, 33*(4),

572-589.

Kposowa, A. (2003). Divorce and suicide risk. *J. of Epidemiology & Community Health, 57*, 993.

Kramer, D. (2007). Predictions of performance by EEG and skin conductance. *Indiana undergraduate J. of cognitive science 2*, 3-13.

Kraus, M. W., Park, J. W., & Tan, J. J. (2017). Signs of social class: The experience of economic inequality in everyday life. *POPS, 12*(3), 422-435.

Kraut, R., Patterson, M., Lundmark, V., Kiesler, S., Mukopadhyay, T., & Scherlis, W. (1998). Internet paradox: A social technology that reduces social involvement and psychological well-being. *AP, 53*(9), 1017-1031.

Kravitz, D. A., & Martin, B. (1986). Ringelmann rediscovered. The original article. *JPSP, 50*(5), 936-941.

Krendl, A. C., et al. (2008). The negative consequences of threat: A functional magnetic resonance imaging investigation of the neural mechanisms underlying women's underperformance in math. *PS 19*(2), 168-175.

Krosnick, J., Betz, A., Jussim, L., & Lynn, A. (1992). Subliminal conditioning of attitudes. *PSPB, 18*(2), 152-162.

Kross, E., Verduyn, P., Demiralp, E., Park, J., Lee, D. S., Lin, N., ... Ybarra, O. (2013). Facebook use predicts declines in subjective well-being in young adults. *PLoS One, 8*(8), e69841.

Kruglanski, A. W. (1988). *Lay epistemics and human knowledge: Cognitive and motivational biases*. New York: Plenum Press.

Kruglanski, A. W., & Freund, T. (1983). The freezing and unfreezing of lay-inferences. Effects on impressional primacy, ethnic stereotyping, and numerical anchoring. *JESP, 19*, 448-468.

Kruglanski, A. W., & Higgins, E. T. (2008). *Social psychology: Handbook of basic principles* (2nd ed). New York: Guilford.

Kruglanski, A., Shah, H., Fishbach, A., Friedman, R., Chun, W. Y., & Sleeth-Keppler, D. (2002). A theory of goal systems. *AESP, 34*, 331-378.

Krys, K. C. Y. J. H. B. W. v. O. Y. K. A. K.-Z. A. T. C. S. H. A. Z. J. M. B. M. H. P. J. L. (2023). Family first: Evidence of consistency and variation in the value of family versus personal happiness across 49 different cultures. *JCCP 54*(3), 323.

Krys, K., et al. (2020). Personal Life Satisfaction as a Measure of Societal Happiness is an Individualistic Presumption: Evidence from Fifty Countries. *JHS. 22*, 2197-2214.

Krys, K., et al. (2023b). Introduction to a culturally sensitive measure of well-being: Combining life satisfaction and interdependent happiness Across 49 different cultures. *JHS*. https://doi.org/10.1007/s10902-022-00588-1

Krys, K., et al. (2022). Outside the "Cultural binary": Understanding why Latin American collectivist societies foster independent selves. *POPS 17*(4), 1166-1187.

Ku, D. (2010). The Korean environmental movement: Green politics through social movement. *In East Asian social movements: Power, protest, and change in a dynamic region* (pp. 205-229). New York, NY: Springer New York.

Kubiszewski, I., Costanza, R., Franco, C., Lawn, P., Talberth, J., Jackson, T., & Aylmer, C. (2013). Beyond GDP: Measuring and achieving global genuine progress. *Ecological Economics, 93*, 57-68.

Kuhlman, D. M., & Marshello, A. F. (1975). Individual differences in game motivation as moderators of preprogrammed strategy effects in prisoner's dilemma. *Jpsp, 32*(5), 922.

Kuiper, N. A., & Rogers, T. B. (1979). Encoding of personal information: Self-other differences. *JPSP, 37*, 499-514.

Kumagai, F., & Strauss, M. (1983) Conflict resolution tactics in Japan. India, and the USA. *J. of Comparative Family Studies, 14*, 377-387.

Kunda, Z. (1999). *Social cognition: Making sense of people*. Cambridge, MA: MIT Press.

Kuo, F. E., & Faber Taylor, A. (2004). A potential natural treatment for attention-deficit/hyperactivity disorder: evidence from a national study. *American J. of Public Health, 94*(9), 1580-1586.

Kuo, M. (2015). How might contact with nature promote human health? Promising mechanisms and a possible central pathway. *Frontiers in Psychology, 6*, 141022.

Kwan, V., Bond, M. H., & Singelis, T. (1997). Pancultural explanations for life satisfaction. *JPSP, 73*(5), 1038-1051.

Kwon, O., & Wen, Y. (2010). An empirical study of the factors affecting social network service use. *Computers in Human Behavior, 26*(2), 254-263.

Kyba, C. C. M. A. Y. O. W. C. E. N. M. (2023). Citizen scientists report global rapid reductions in the visibility of stars from 2011 to 2022. *Science, 379*(6629), 265.

La Piere, R. T. (1934). Attitudes versus actions. *Social Forces, 13*, 230-237.

Lacroix, K. (2018). Comparing the relative mitigation potential of individual pro-environmental behaviors. *J. of Cleaner Production, 195*, 1398-1407.

Lakoff, G., & Johnson, M. (1980). *Metaphors we live*. 박미정 역

(2006). 삶으로서의 은유. 서울: 서광사.

Lakoff, J. (2014). 코끼리는 생각하지마. 유나영 역(2015). 와이즈베리.

Lambert, W. W. (1971). Cross-cultural background to personality development and the socialization of aggression: findings from the six culture study. In W. W. Lambert & R. Weisbord (Eds.), *Comparative perspectives on social psychology*. Boston. MA: Little. Brown.

Lamm, H., Wiesmann, U., & Keller, K. (1998). Subjective determinants of attraction: Self-perceived causes of the rise and decline of liking, love, and being in love. *Personal Relationship*, 5, 91-104.

Lammers, J., et al. (2010). Power increases hypocrisy: Moralizing in reasoning, immorality in behavior. *PS, 21*(5), 737-744.

Landau, M. J., et al. (2010). A Metaphor-enriched social Cognition. *PB, 136*(6), 1045.

Landau, M., Oyserman, D., Keefer, L., & Smith, G. (2014). The college journey and academic engagement: How metaphor use enhances identity-based motivation. *JPSP*, 106(5), 679.

Landy, J., Piazza, J., & Goodwin, G. (2016). When it is bad to be friendly and smart. The desirability of sociability and competence depend on morality. *PSPB, 42*(9), 1272-1290.

Langer, E. (2009). *Counterclockwise*. 변용환 역(2011). 마음의 시계. 서울: 사이언스북스.

Langer, E. J. (1978). Rethinking the role of thought in social interaction. In J. Harvey. W. Ickes, & R. Kidd (Eds.), *New directions in attribution research* (Vol. 2). Hillsdale, NJ: Erlbaum.

Langer, E. J., & Rodin, J. (1976). The effects of choice and enhanced personal responsibility for the aged: A filed experiment in an institutional setting. *JPSP, 34*, 191-198.

Langer, E. J., & Roth, J. (1975). Heads I win, tails it's chance: The illusion of control as a function of the sequence of outcomes in a purely chance task. *JPSP, 32*, 951-955.

Langlois, J. H., & Roggman, L. A. (1990). Attractive faces are only average. *PS, 1*, 115-121.

Långström, N., Rahman, Q., Carlström, E., & Lichtenstein, P. (2010). Genetic and environmental effects on same-sex sexual behavior: A population study of twins in Sweden. *Archives of Sexual Behavior, 39*, 75-80.

Larsen, K., Coleman, D., Forbes, J., & Johnson, R. (1972). Is the subject's personality or the experimental situation a better predictor of a subject's willingness to administer shock to a victim? *JPSP, 22*(3), 287-295.

Larsen, R. J., Csikszentmihalyi, N., & Graef, R. (1982). Time alone in daily experience: Loneliness or renewal? In L. A. Peplau & D. Perlman (Eds.), *Loneliness: A sourcebook of current theory, research and therapy* (pp. 40-53). New York: Wiley.

Larson, J. R., Jr., Christensen, C., Franz, T. M., & Abbort, A. S. (1998). Diagnosing groups: The pooling, management, and impact of shared and unshared case information in team-based medical decision making. *JPSP, 75*, 93-108.

Larwood, L. (1978). Swine flu: A Field study of self-serving biases. *J. of Applied Social psychology, 18*, 283-289.

Lasch, C. (1979). *The culture of narcissism: American life in an age of diminishing returns*. New York: Norton.

Latané, B. (1981). The psychology of social impact. *AP, 36*, 343-356.

Latané, B., & Darley, J. (1968). Group inhibition of bystander intervention in emergencies. *JPSP, 10*, 215-221.

Latané, B., Williams, K., & Harkins. S. (1979). Many hands make light the work: The causes and consequences of social loafing. *JPSP, 37*, 822-832.

LaTour, M., Snipes, R., & Bliss, S. (1996). Don't be afraid to use fear appeals: An experimental study. *J. of Advertising Research, 36*, 59-67.

Lau, R. R. (1982). Negativity in political perception. *Politician Behavior, 4*, 353-378.

Lau, R. R., & Russell, D. (1980) Attribution in the sports pages. *JPSP, 39*, 29-38.

Lau-Gesk, L. G. (2003). Activating culture through persuasion appeals: An examination of the bicultural consumer. *J. of Consumer Psychology, 13*(3), 301-315.

Lazer, D. M., Pentland, A., Adamic, L., Aral, S., Baraba'si, A.-L., Brewer, D., ... Van Alstyne, M. (2009). Computational social science. *Science, 323*(5915), 721-723.

Lea, M., & Duck, S. (1982). A model for the role of similarity of values in friendship development. *BJSP, 21*, 301-310.

Leary, M. R., et al. (2003). Teasing, rejection, and violence: Case studies of the school shootings. *Aggressive Behavior, 29*, 202-214.

Leary, M. R., Spinger, C., Negel, L., Ansell, E., & Evans, K. (1998). The causes, phenomenology, and consequences of hurt feelings. *JPSP, 74*, 1225-1237.

LeBon, G. (1895). *Psychologie desfoules*. Translated as the crowd. London: Unwin, 1908.

Lee, C. (1990). Modifying an American consumer behavior model for consumers in Confucian culture: The case of Fishbein behavioral intention model. *J. of International Consumer*

Marketing, 3(1), 27-50.

Lee, D. (2017). The origins of individualism. *Critical Review, 29*(3), 351-361.

Lee, Y. T., & Seligman, M. (1997). Are American more optimistic than the Chinese? *PSPB, 23*(1), 32-40.

Lee-Won, R. J., et al. (2015). Hooked on Facebook: The role of social anxiety and need for social assurance in problematic use of Facebook. *Cyberpsychology, Behavior, and Social Networking, 18*(10), 567-574.

Lehman, D. R., Lempert, R. O., & Nisbett, R. E. (1988). The effects of graduate training on reasoning: Formal discipline and thinking about everyday-life events. *AP, 43*, 431-442.

Leiserowitz, A., et al. (2009). Climate change in the American mind: Americans' climate change beliefs, attitudes, policy preferences, and actions. *Social Science Research Network*.

Lemyre, L., & Smith, P. (1985). Intergroup discrimination and self-esteem in the minimal group paradigm. *JPSP, 49*, 660-670.

Lens, I., Driesmans, K., Pandelaere, M., & Janssens, K. (2012). Would male conspicuous consumption capture the female eye? Menstrual cycle effects on women's attention to status products. *JESP, 48*(1), 346-349.

Leopold, A. (1948). *The land ethics*. A Sand County Almanac.

Lepkowska-White, E., Brashear, T. G., & Weinberger, M. G. (2003). A test of ad appeal effectiveness in Poland and The United States-the interplay of appeal, product, and culture. *J. of Advertising, 32*(3), 57-66.

Lepper, M., Greene, D., & Nisbett, R. (1973). Undermining children's intrinsic interest with extrinsic reward. *JPSP, 28*, 129-137.

Lerner, M. J. (1980). *The belief in a just world: A fundamental delusion*. New York: Plenum Press.

Lerner, M. J., Somers. D. G., Reid, D., Shirihoge, D., & Tierney, M. (1991). Adult children as caregivers: E-gocentric biasses in judgments of sibling contributions. *The Gerontologist, 31*, 746-755.

Leung, K. (1987). Some determinants of reactions to procedural models for conflict resolution: A cross-national study. *Jpsp, 53*(5), 898-908.

Levine, R. (1982). *Culture, behavior, and personality: An introduction to the comparative study of psychosocial adaptation* (2nd ed.). New York: Aldine.

Levine, T. R. (2014). Truth-default Theory (TDT): A theory of human deception and deception detection. *J. of Language and Social Psychology, 33*(4), 378-392.

Leviston, Z., & Uren, H. V. (2020). Overestimating one's "Green" behavior: Better-than-average bias may function to reduce perceived personal threat from climate change. *JSIs, 76*(1), 70-85.

Lewandowsky, S., Ecker, U. K., Seifert, C. M., Schwarz, N., & Cook, J. (2012). Misinformation and its correction: Continued influence and successful debiasing. *PSPI, 13*(3), 106-131.

Lewin, K. (1951). *Field theory in social science: Selected theoretical papers*. In D. Cartwright (Ed.). New York: Harper.

Lewinsohn, P. M., Mischel, W., Chapline, W., & Barton, R. (1980). Social competence and depression: The role of illusory self-perceptions. *J. of Abnormal Psychology, 89*, 203-212.

Lewis, M., & Brooks, J. (1978). Self-knowledge and emotional development. In M. Lewis & L. Rosenblum (Eds.), *The development of affect*. New York: Plenum.

Li, M., & Chapman, G. B. (2013). A big fish or a small pond? Framing effects in percentages. *OBHDP, 122*(2), 190-199.

Lichtenstein, S., & Fischhoff, B. (1980). Training for calibration. *Organizational Behavior and Human Performance, 26*, 149-171.

Lichter, S. R., & Linda S. L. (1992). The great greenhouse debate: Media coverage and expert opinion on global warming. *Media Monitor, 6*, 10, 1-6.

Lieberman, H., & Fry, C. (2015). Understanding the limits of competitive processes. LIMITS'15, June 15-16.

Lifton, R. J. (1994, June). Schindler's puzzle. *American Health*, 28-31.

Lin, B. B., et al. (2014). Opportunity or orientation? Who uses urban parks and why. *PLoS ONE 9*(1), e87422.

Lin, S. C. C. R. T. K. T. A. (2022). Feeling Good or Feeling Right: Sustaining Negative Emotion After Exposure to Human Suffering. *J. Of Marketing research, Volume 60*, Issue 3.

Lindblom, J., & Jacobsson, K. (2014). A deviance perspective on social movements: The case of animal rights activism. *Deviant Behavior, 35*(2), 133-151.

Lindemann-Matthies, P., Junge, X., & Matthies, D. (2010). The influence of plant diversity on people's perception and aesthetic appreciation of grassland vegetation. *Biological Conservation, 143*(1), 195-202.

Lindskold, S. (1981). Trust development, the GRIT proposal, and the effects of conciliatory acts on conflict and cooperation. *PB, 85*, 772-793.

Linville, P. (1985). Self-complexity and affective extremity: Don't put all of your eggs in one cognitive basket. *Social Cognition, 3*, 94-120.

Lipset, S. M. (1996). *American exceptionalism: A double-edged sword* (pp. 31-76). New York: Norton.

Liu, J. H., Castiglione, K., Mizuno, M., Hidaka, Y., Yuki, M., & Hong, Y. Y. (1997, August). Social identity and historical perceptions: East meets West. (Paper presented at the Second Conference for the Asian Association of Social Psychology, Kyoto, Japan.)

Lochman, J., & Dodge, K. (1994). Social-cognitive processes of severly violent, moderately aggressive, and nonaggressive boys. *J. of Consulting & Clinical Psychology, 62*(2), 366-374.

Loewenstein, G., Issacharoff, S., Camerer, C., & Babcock, L. (1993). Self-serving assessments of fairness and pretrial bargaining. *The J. of Legal Studies, 22*(1), 135-159.

Loftus, E., & Ketcham, K. (1996). *The myth of repressed memory*. 정준형 역(2008). 우리 기억은 진짜 기억일까? 서울: 도솔.

Longley, J., & Pruitt, D. (1980). Groupthink: A critique of Janis's theory. In L. Wheeler (Ed.). *Review of personality social psychology* (Vol. 1). Beverly Hills. CA: Sage Publiacations.

Lord, C. G., Ross, L., & Lepper, M. (1979). Biased assimilation and attitude polarization: The effects of prior theories on subsequently considered evidence. *JPSP, 37*, 2098-2109.

Lorenz, J., Rauhut, H., Schweitzer, F., & Helbing, D. (2011). How social influence can undermine the wisdom of crowd effect. *PNAS, 108*(22), 9020-9025.

Loughnan, S., Haslam, N., Murnane, T., Vaes, J., Reynolds, C., & Suitner, C. (2010). Objectification leads to depersonalization: The denial of mind and moral concern to objectified others. *EJSP, 40*(5), 709-717.

Loughnan, S., Kuppens, P., Allik, J., Balazs, K., De Lemus, S., Dumont, K., ... & Haslam, N. (2011). Economic inequality is linked to biased self-perception. *PS, 22*(10), 1254-1258.

Louis, B., & Lewis, M. (1992). Parental beliefs about giftedness in young children and their relationship to actual ability test. *Gifted Child Quarterly, 36*(1), 26.

Lu, L., & Gilmour, R. (2004). Culture and conceptions of happiness: Individual oriented and social oriented swb. *JHS, 5*, 269-291.

Lu, W., Waterman, D., & Yan, M. (2005). An economic study of violence in motion pictures: Genre trends and technology change. Submitted to the Mass Communication Division, International Communication Association November 1. available at http://www.allacademic.com

Lucas, R. E., Clark, A. E., Georgellis, Y., & Diener, E. (2003). Reexamining adaptation and the set point model of happiness: Reactions to changes in marital status. *JPSP, 84*, 527-539.

Luhtanen, R., & Crocker, J. (1992). A collective self-esteem scale: Self-evaluation of one's social identity. *PSPB, 18*, 302-318.

Luria, A. R. (1968). *The mind of a mnemonist* (L. Solotaroff, Trans.). New York: Basic Books.

Lutz-Zois, C. J., Bradley, A. C., Mihalik, J. L., & Moorman-Eavers, E. R. (2006). Perceived similarity and relationship success among dating couples: An idiographic approach. *JSPR, 23*(6), 865-880.

Lydon, J., Jamieson, D., & Zanna, M. (1988). Interpersonal similarity and the social and intellectual dimensions of first impressions. *Social Cognition, 6*, 269-286.

Lykken, D., & Tellegen, A. (1996). Happiness is a stochastic phenomenon. *PS, 7*, 186-189.

Lyubomirsky, S. (2013). *The myths of happiness*. 이지연 역(2015). 행복의 신화. 서울: 지식노마드.

Lyubomirsky, S., Sheldon, K. M., & Schkade, D. (2005). Pursuing happiness: The architecture of sustainable change. *Review of General Psychology, 9*(2), 111-131.

Maass, A. (1999). Linguistic intergroup bias: Stereotype perpetuation through language. In M. P. Zanna (Ed.), *AESP* (Vol. 31, pp. 79-121). San Diego, CA: Academic Press.

Maass, A., & Clark, R. D. (1984). Hidden impact of minorities. Fiften years of minority influence reseach. *PB, 95*, 428-450.

Maass, A., Clark, R. K., & Haberkorn, G. (1982). The effects of differential ascribed category membership and norms on minority influences. *EJSP, 6*, 245-254.

Maccoby, M. (2004). Narcissistic Leaders: The Incredible Pros, the Inevitable Cons. *Harvard Business Review, 82*(1), 92.

Mackie, D. (1987). Systematic and nonsystematic processing of majority and minority persuasive communications. *JPSP, 53*, 41-52.

MaCrae, C. N., & Bodenhausen, G. V. (2000). Social cognition: Thinking categorically about others. *ARP, 51*, 93-120.

MaCrae, C. N., Milne, A. B., & Bodenhausen, G. V. (1994). Stereotypes as energy-saving devices: A peek inside the cognitive toolbox. *JPSP, 66*(1), 37.

Maibach, E. W., et al. (2010). Reframing climate change as a public health issue: an exploratory study of public reactions. *BMC Public Health, 10*(1), 299.

Maibach E. W, Roser-Renouf C, Leiserowitz A. (2009). Global warming's Six Americas 2009: An audience segmentation analysis. [http://climatechange.gmu.edu].

Major, B., Gramzow, R. H., McCoy, S. K., Levin, S., Schmader, T., & Sidanius, J. (2002). Perceiving personal discrimination: the role of group status and legitimizing ideology. *JPSP, 82*(3), 269.

Makela, K. (1997). Drinking, the majority fallacy, cognitive dissonance and social pressure. *Addiction 92*(6), 729-736.

Malamuth, N. M. (2018). Adding fuel to the fire? Does exposure to non-consenting adult or to child pornography increase risk of sexual aggression? *Aggression and Violent Behavior, 41,* 74-89.

Malamuth, N. M., & Check, J. V. P. (1981). The effects of mass media exposure on acceptance of violence against women: A field experiment. *J. of Research in Personality, 15,* 436-446.

Malamuth, N., Addison, T., & Koss, M. (2000). Pornography and sexual aggression: Are there reliable effects and can we understand them? *Annual Review of Sex Research, 11,* 26-91.

Maldonado, T., et al. (2022). Unpacking humility: Leader humility, leader personality, and why they matter. *Business Horizons, 65*(2), 125-137.

Malkiel, B. G. (1985). *A random walk down main street: The time-tested strategy for successful investing* (4th ed.). New York: Norton.

Malle, B. F. (2004). *How the mind explains behavior: Folk explanations, meaning, and social interaction*. Cambridge, MA: MIT Press.

Malle, B. F. (2008). Fritz Heider's legacy: Celebrated insights, many of them misunderstood. *Social Psychology, 39*(3), 163-173.

Malle, B. F., & Holbrook, J. (2012). Is there a hierarchy of social inferences? The likelihood and speed of inferring intentionality, mind, and personality. *JPSP, 102,* 661-684.

Malle, B. F., & Pearce, G. E. (2001). Attention to behavioral events during interaction: Two actor-observer gaps and three attempts to close them. *J. JPSP, 81,* 278-294.

Malle, B. F., Knobe, J., & Nelson, S. (2007). Actor-observer asymmetries in behavior explanations: New answers to an old question. *JPSP, 93,* 491-514.

Malone, T. W., & Bernstein, M. S. (Eds.). (2022). *Handbook of collective intelligence*. MIT press.

Mann, L. (1981). The baiting crowd in episodes of threatened suicide. *JPSP, 41,* 703-709.

Manstead, A. S. R., Proffitt, C., & Smart, J. L. (1983). Predicting and understanding mothers infant-feeding intentions and behavior: Testing the theory of reasoned action. *JPSP, 44,* 657-671.

Marcus-Newhall, A., Pedersen, W., Carlson, M., & Miller, N. (2000). Displaced aggression is alive and well: A meta-analytic review. *JPSP, 78*(4), 670-689.

Markus, H. (1977). Self-schemata and the processing of information about the self. *JPSP, 35,* 63-78.

Markus, H., & Wurf, E. (1987). The dynamic self-concept A social psychological perspective. *ARP, 38,* 299-337.

Markus, H., Smith, J., & Moreland, R. L. (1985). Role of the self-concept in the perception of others, *JPSP, 49,* 1494-1512.

Mars, R. B., Neubert, F.-X., Noonan, M. P., Sallet, J., Toni, I., & Rushworth, M. F. S. (2012). On the relationship between the "default mode network" and the "social brain". *Frontiers in Human Neuroscience, 6,* 189.

Martela, F., & Steger, M. (2016). The three meanings of meaning in life: Distinguishing coherence, purpose, and significance. *JPP, 11*(5), 531-545.

Martin, G. G., & Clark, R. D. I. (1982). Distress crying in infants: Species and peer specificity. *Developmental Psychology, 18,* 3-9.

Marx, D. M., & Roman, J. S. (2002). Female role models: Protecting women's math test performance. *PSPB, 28,* 1183-1193.

Maslow, A. H. (1954). *Motivation and Personality*. New York: Harper & Row.

Masuda, T., Ellsworth, P., Mesquita, B., Leu, J., Tanida, S., & Van de Veerdonk, E. (2008). Placing the face in context: Cultural differences in the perception of facial emotion. *JPSP, 94*(3), 365-381.

Mata, A., et al. (2013). The metacognitive advantage of deliberative thinkers: A dual-process perspective on overconfidence. *JPSP, 105*(3), 353-373.

Matsuda, N. (1985). Strong. quasi-and weak conformity among Japanese in the modified Asch procedure. *JCCP, 16,* 83-97.

Maurer, K., Park, B., & Rothbart, M. (1995). Subtyping versus subgrouping processes in stereotype representation. *JPSP, 69*(5), 815-824.

Mauss, I. B., Tamir, M., Anderson, C. L., & Savino, N. S. (2011). Can seeking happiness make people unhappy? Paradoxical effects of valuing happiness. *Emotion, 11*(4), 807-815.

Mazar, N., & Zhong, C. B. (2010). Do green products make us better people? *PS, 21*(4), 494-498.

Mazur, A. (1985). A biosocial model of status in face-to-face primate groups. *Social Forces, 64,* 377-402.

McAlister, A., Perry, C., Killen, J., Slinkard, L. A., & Maccoby, N. (1980). Pilot study of smoking, alcohol and drug abuse prevention. *American J. of Public Health, 70,* 719-721.

McAndrew, F. T., & Jeong, H. S. (2012). Who does what on Facebook? Age, sex, and relationship status as predictors of Facebook use. *Computers in Human Behavior, 28,* 2359-2365.

McArthur, L. A. (1972). The how and what of why: Some determinants and consequences of causal attribution. *JPSP, 22*, 171-193.

McCauley, C. R., & Segal, M. E. (1987). Social psychology of terrorist groups. In C. Hendrick (Ed.), *GPIR: Review of personality and social psychology* (Vol. 9, pp. 231-256). Thousand Oaks, CA: Sage.

McClelland, D. (1985). *Human motivation*. USA: Scott foresman Company.

McCornack, S. A., Morrison, K., Paik, J. E., Wisner, A. M., & Zhu, X. (2014). Information Manipulation Theory 2: A propositional theory of deceptive discourse production. *J. of Language and Social Psychology, 33*(4), 348-377.

McCrae, R. R., Costa, P. T., de Lima, M. P., Simões, A., Ostendorf, F., Angleitner, A., ... & Piedmont, R. L. (1999). Age differences in personality across the adult life span: parallels in five cultures. *Developmental Psychology, 35*(2), 466.

McCright, A. M., & Dunlap, R. E. (2000). Challenging Global Warming as a Social Problem: An Analysis of the Conservative Movement's Counter-Claims. *Social Problems, 47*(4), 499-522.

McCullough, M. E. (2000). Forgiveness as human strength: Theory, measurement, and links to well-being. *J. of Social and Clinical Psychology, 19*, 43-55.

McDevitt, J., et al. (2002). Hate crime offenders: An expanded typology. *JSI, 58*(2), 303-317.

McDougall, W. (1908). *An introduction to social psychology*. London: Methuen.

McFarland C., & Ross, M. (1987). The relation between current impressions and memories of self and dating partners. *PSPB, 13*, 228-238.

McFarland, S. (2015). Culture, individual differences, and support for human rights: A general review. Peace and Conflict: *J. of Peace Psychology, 21*(1), 10-27.

McFarland, S., et al. (2012). All humanity is my ingroup: A measure and studies of identification with all humanity. *JPSP, 103*(5), 830-853.

McGuire, W. J. (1964). Inducing resistance to persuasion: Some contemporary approaches. In L. Berkowitz (Ed.), *AESP* (Vol. 1, pp. 192-229). New York: Academic Press.

McGuire, W. J., & Papageorgis, D. (1961). The relative emcacy of various types of prior belief defense in producing immunity against persuasion. *JPSP, 62*, 327-337.

McIntyre, R. B., Paulson, R. M., & Lord, C. G. (2003). Alleviating women's mathematics stereotype threat through salience of group achievements. *JESP, 39*, 83-90.

McKay, D. I. A. d. m. e. a. u. S. A. A. J. F. W. R. S. B. L. S. F. I. C. S. E. R. J. L. T. M. (2022). Exceeding 1.5°C global warming could trigger multiple climate tipping points. *Science* 377(6611), 1171.

McKenna, K. Y. A., Green, A. S., & Gleason, M. (2002). Relationship formation on the Internet: What's the big attraction? *JSI, 58*(1), 9-31.

McMahon, D. M. (2008). The pursuit of happiness in history. *The science of subjective well-being*. New York, NY, US, Guilford Press, 80-93.

McPherson, M., Smith-Lovin, L., & Brashears, M. (2006). Social isolation in America: Changes in core discussion networks over two decades. *American Sociological Review, 71*, 353-375.

Mead, G. H. (1934). *Mind, self and society from the standpoint of a social behaviorist*. Chicago: University of Chicago Press.

Mead, M. (1935). Sex and temperament (p. 280). Routledge and Kegan Paul.

Mead, M. (1935). Sex and Temperament in Three Primitive Societies. https://www.kenwoodacademy.org/ourpages/auto/2017/3/27/62730324/Sex%20and%20Temperament%20PDF.pdf

Mealey, L., Bridgstock, R., & Townsend, G. (1999). Symmetry and perceived facial attractiveness: A monzygotic co-twin comparison. *JPSP, 76*, 151-158.

Medvec, V. H., Madey, S. F., & Gilovich, T. (1995). When less is more: Counterfactual thinking and satisfaction among Olympic medalists. *JPSP, 69*, 603-610.

Mehrabian, A. & Wiener, M. (1967). Decoding of inconsistent communications. *JPSP, 6*(1), 109-114.

Mehrabian, A. (1971). *Silent messages*. Belmont, CA: Wadsworth.

Mendoza-Denton, R., Ayduk, O., Mischel, W., Shoda, Y., & Testa, A. (2001). Person × Situation interactionism in self-encoding (I am… when…): Implications for affect regulation and social information processing. *JPSP, 80*(4), 533.

Merikle, P., & Skane, H. (1992). Subliminal self-help audiotapes: A search for placebo effects. *JAP, 77*(5), 772-776.

Messick, D. M., Bloom, S., Boldizar, J. P., & Samuelson, C. D. (1985). Why we are fairer than others. *JESP, 21*, 480-500.

Meyers, S., & Berscheid, E. (1997). The language of love: The difference a preposition makes. *PSPB, 23*, 347-362.

Michaels, J. W., Blommel, J. M., Brocato, R. M., Linkous, R. A., &

Rowe, J. S. (1982). Social facilitation and inhibition in a natural setting. *Replications in Social Psychology, 2*, 21-24.

Milfont, T. L., & Sibley, C. G. (2014). The hierarchy enforcement hypothesis of environmental exploitation: A social dominance perspective. *JESP, 55*, 188-193.

Milfont, T. L., Richter, I., Sibley, C. G., Wilson, M. S., & Fischer, R. (2013). Environmental consequences of the desire to dominate and be superior. *PSPB, 39*, 1127-1138.

Milgram, S. (1963). Behavioral study of obedience. *JASP, 67*, 371-378.

Milgram, S. (1967). The small world problem. *Psychology Today, 1*(1), 60-67.

Milgram, S. (1974). *Obedience to authority*. New York: Haper & Row.

Milgram, S., Bickman, L., & Berkowitz, L. (1969). Note on the drawing power of crowds of different size. *JPSP, 13*, 79-82.

Miller, A. G. (1986). *The obedience experiments: A case study of controversy in social science*. New York: Praeger.

Miller, D. T., & McFarland, C. (1987). Pluralistic ignorance. When similarity is interpreted as dissimilarity. *JPSP, 53*, 298-305.

Miller, D. T., & Ross, M. (1975). Self-serving biases in the attribution of casuality. Fact or fiction? *PB, 82*, 213-225.

Miller, D. T., Norman, S. A., & Wright, E. (1978). Distortion in person perception as a consequence of the need for effective control. *JPSP, 36*, 598-607.

Miller, J. G. (1984). Culture and the development of everyday social explanation. *JPSP, 46*, 961-978.

Miller, J. P. (2005). *Educating for wisdom and compassion: Creating conditions for timeless learning*. Corwin Press.

Miller, J., & Bersoff, D. (1992). Culture and moral judgement: How are conflicts between justice and interpersonal responsibilities resolved? *JPSP, 62*, 541-554.

Mishra, S., Hing, L. S. S., & Lalumière, M. L. (2015). Inequality and risk-taking. *Evolutionary Psychology, 13*(3), 1474704915596295.

Mizokawa, D. T., & Ryckman, D. B. (1990). Attribution of academic success and failure: a comparison of six Asian-American ethnic groups. *JCCP, 21*, 434-451.

Moghaddam, F. (2005). A staircase to terrorism: A psychological exploration. *AP, 60*(2), 161-169.

Moghaddam, F., Taylor, D. M, & Wright, S. (1993). *Social psychology in cross-cultural perspective*. New York: Freeman Company.

Monsour, M., et al. (1993). Levels of perspectives and the perception of intimacy in cross-sex friendships: A balance theory explanation of shared perceptual reality. *JSPR 10*(4), 529-550.

Montagu A. (1968). *The new sociology*. NY: Oxford University Press.

Montoya, R. M., Horton, R. S., & Kirchner, J. (2008). Is actual similarity necessary for attraction? A meta-analysis of actual and perceived similarity. *JSPR, 25*(6), 889-922.

Moolna, A. (2012). Making Sense of CO2: Putting Carbon in Context. *Global Environmental Politics, 12*(1), 1.

Moon, C. (2015, September). *Cultural differences in responses to hierarchical pressures*. Paper presented at the meeting of the Culture & Psychology Mini-Conference, Colchester, England.

Moon, Y. (2000). Intimate exchanges: Using computers to elicit self-disclosure from consumers. *J. of Consumer Research, 26*(4), 323-339.

Moore, D. W. (2000, February 23). Americans say internet makes their lives better. Gallup News Service. Retrieved from http://www.gallup.com/poll/releases/pr000223.asp

Moreland, R. L., & Beach, S. R. (1992). Exposure effects in the classroom: The development of affinity among students. *JESP, 28*, 255-276.

Morell, V. (2014). *Animal wise*. 곽성혜 역(2014). 동물을 깨닫는다. 서울: 추수밭.

Moreton, S. G., et al. (2019). Elevating nature: Moral elevation increases feelings of connectedness to nature. *JEP, 65*, 101332.

Morewedge, C., Gilbert, D., & Wilson, T. (2005). The least likely of times: How remembering the past biases forecasts of the future. *PS, 16*(8), 626-630.

Morf, C. C., & Rhodewalt, F. (2001). Unraveling the paradoxes of narcissism: A dynamic self-regulatory processing model. *Psychological Inquiry, 12*(4), 177-196.

Morris, M. W., & Peng, K. (1994). Culture and cause: American and Chinese attributions for social and physical events. *JPSP, 67*, 949-971.

Morris, W. N., & Miller, R. S. (1975). The effects of consensus-breaking and consensus-preempting partners on reduction in conformity. *JESP, 11*, 215-223.

Morton, J. B., & Trehub, S. E. (2001). Children's understanding of emotion in speech. *Child Development, 72*, 834-843.

Moscovici, S. (1985). Social influence and conformity. In G. Lindzey & E. Aronson (Eds.), *Handbook of social psychology* (Vol. 2, 3rd ed., pp. 347-412). New York: Random House.

Moscovici, S., & Zavalloni, M. (1969). Studies in social influence. Minority influence and conversion behavior in a perceptual task. *JESP, 16*, 270-282.

Moyer, K. (1976). *The psychology of aggression*. NY: Harper & Row.

Mueller, C., & Dweck, C. (1998). Praise for intelligence can undermine children's motivation and performance. *JPSP, 75*(1), 33-52.

Mullen, B., Brown. R., & Smith, C. (1992). Ingroup bias as a function of salience, relevance and status: An integration. *EJSP, 22*, 103-122.

Mullen, B., Johnson, C., & Salas, E. (1991). Productivity loss in brainstorming groups: A meta-analytic integration. *Basic and Applied Social Psychology, 12*(1), 3-23.

Mulllen, B. F. et al. (1986). Newscasters' facial expressions and voting behavior of viewers: Can a smile elect a president. *JPSP, 51*, 291-295.

Mummendey, A., & Schreiber, H. (1984), Different just means better?: Some obvious and some hidden pathways to in-group favoritism. *BJSP, 23*, 363-368.

Munger, K., & Harris, S. J. (1989). Effects of an observer on handwashing in a public restroom. *Perceptual and Motor Skills, 69*(3), 733-734.

Muraven, M., et al. (2006). Conserving Self-Control Strength. *JPSP, 91*(3), 524-537.

Murchison, C. (Ed.) (1935). *Handbook of social psychology*. Worcester, Mass: Clark University Press.

Murray, J. (2008). Media violence: The effects are both real and strong. *American Behavioral Scientist, 51*(8), 1212-1230.

Murray, S., Holmes, J., & Griffin, D. (1996). The self-fulfilling nature of positive illusions in romantic relationships: Love is not blind, but prescient. *JPSP, 71*(6), 1155-1180.

Myers, D. (1993, 1997). *Social Psychology* (4th, 5th ed.). New York: McGraw-Hill.

Myers, D. G. (2000). *The American paradox*. New Heaven: Yale University Press.

Na, J., & Kitayama, S. (2011). Spontaneous trait inference is culture-specific: Behavioral and neural evidence. *PS, 22*(8), 1025-1032.

Na, J., Choi, I., & Sul, S. (2013). I like you because you think in the-right-way: Culture and ideal thinking. *Social Cognition, 31*(3), 390.

Na, J., Kim, S., Oh, H., Choi, I., & O'toole, A. (2015). Competence judgments based on facial appearance are better predictors of American elections than of Korean elections. *PS, 26*(7), 1107-1113.

Naess, A. (1973). The shallow and the deep, long-range ecology. *Inquiry, 16*, 130-140.

Nantais, K., & Schellenberg, E. G. (1999). The Mozart effect: An artifact of preference. *PS, 10*(4), 370-373.

Nelson, M. R., & Shavitt, S. (2002). Horizontal and vertical individualism and achievement values: a multimethod examination of Denmark and the United States. *JCCP, 33*(5), 439-458.

Neumann, J., & Morgenstern, O. (1944). *Theory of games and economic behavior*. Princeton, NJ: Princeton University Press.

Newcomb, T. M. (1943). *Personality and social change*. New York: Dryden Press.

Newcomb, T. M. (1968). Interpe ı sonal balance. In R. P. Abelson, E. Aronson, W. J. McGuire, T. M. Newcomb, M. Ş. Rosenberg, & P. H. Tannenbaum (Eds.), *Theories of Cognitive Consistency: A Sou ı cebook*. Chicago: Rand McNally.

Nickerson, C., Schwarz, N., Diener, E. F., & Kahneman, D. (2003). Zeroing in on the dark side of the American dream: A closer look at the negative consequences of the goal for financial success. *PS, 14*, 531-536.

Nisbett, R. E. (2003). *The geography of thought: Why we think the way we do*. New York: Free Press.

Nisbett, R. E., & Cohen, D. (1996). *Culture of honor: The psychology of violence in the South*. Boulder, CO: Westview Press.

Nisbett, R. E., & Wilson, T. D. (1977). Telling more than we can know: Verbal reports on mental processes. *PR, 84*, 231-259.

Nisbett, R. E., Caputo, C., Legant. P., & Marecek, J. (1973). Behavior as seen by the actor and as seen by the observer. *JPSP, 27*, 154-164.

Nisbett, R. E., Peng, K., Choi, I., & Norenzayan, A. (2001). Culture and systems of thought: Holistic vs. analytic cognition. *PR, 108*, 291-310.

Nisbett, R. E., Polly, G., & Lang, S. (1995). Homicide and U. S. regional culture. In B. Ruback & N. Weiner (Eds.), *Interpersonal violent behavior: Social and cultural aspects*. New York: Springer-Verlag.

Nishett, R. E., & Ross, L. (1980). *Human inference: Strategies and shortcomings of social judgment*. Englewood Cliffs. 한규석, 박상철 공역(1990). 인간의 추론. 서울: 성원사.

Nolan, J. M.,Schultz, P. W., Cialdini, R. B., Goldstein, N. J., & Griskevicius, V. (2008). Normative social influence is underdetected. *PSPB, 34*(7), 913-923.

Nollenberger, N., Rodríguez-Planas, N., & Sevilla, A. (2016). The math gender gap: The role of culture. *American Economic Review, 106*(5), 257-261.

Norenzayan, A., Choi, L., & Nisbett, R. E. (1999). Eastern and western perceptions of causality for social behavior: Lay theories about personalities and social situations. In D. Prentice & D. Miller (Eds.), *Cultural divides: Understanding and overcoming group conflict* (pp. 239-272). New York: Sage.

North, M. S., & Fiske, S. T. (2015). Modern attitudes toward older adults in the aging world: A cross-cultural meta-analysis. *PB, 141*(5), 993.

Norton, M. I., & Sommers, S. R. (2011). Whites see racism as a zero-sum game that they are now losing. *POPS, 6*(3), 215-218.

Nosek, B. A. (2007). Implicit-explicit relation. *Current Directions in PS, 16*(2), 65-69.

Nowak, A., & Vallacher, R. R. (1998). *Dynamical social psychology*. New York: Guilford Press.

Nowak, M. A. (2006). Five rules for the evolution of cooperation. *Science, 314*(5805), 1560-1563.

Nyhan, B., & Reifler, J. (2010). When corrections fail: The persistence of political misperceptions. *Political Behavior, 32*(2), 303-330.

Oakes, P. J., & Turner, J. (1980). Social categorization and intergroup behavior: Does minimal intergroup discrimination make social identity more positive? *EJSP, 10*, 295-302.

O'Brien, K. M., Friedman, S. M., Tipton, L. C., & Linn, S. G. (2000). Attachment, separation, and women's vocational development: A longitudinal analysis. *J. of Counseling Psychology, 47*(3), 301-305.

Ochsner, K. N., & Lieberman, M. D. (2001). The emergence of social cognitive neuroscience. *AP, 56*, 717-734.

OECD (2011). *Perspectives on Global Development 2012: Social cohesion in a shifting world.* Paris: OECD Publishing.

OECD (2014). Education at a Glance. OECD.

OECD (2015). *Health at a Glance 2015: OECD Indicators.* OECD Publishing, Paris, https://doi.org/10.1787/health_glance-2015-en.

Ogihara, Y., & Uchida, Y. (2014). Does individualism bring happiness? Negative effects of individualism on interpersonal relationships and happiness. *Front Psychol, 5*, 135.

Oishi, S. (2002). The experiencing and remembering of well-being: A cross-cultural analysi. *PSPB, 28*, 1398-1406.

Oishi, S., & Kesebir, S. (2015). Income inequality explains why economic growth does not always translate to an increase in happiness. *PS, 26*(10), 1630-1638.

Oishi, S., & Westgate, E. C. (2022). A psychologically rich life: Beyond happiness and meaning. *PR, 129*(4), 790-811.

Oishi, S., Kesebir, S., & Diener, E. (2011). Income inequality and happiness. *PS, 22*(9), 1095-1100.

Oishi, S., Kushlev, K., & Schimmack, U. (2018). Progressive taxation, income inequality, and happiness. *AP, 73*(2), 157.

Okimoto, T. G., & Gromet, D. M. (2016). Differences in sensitivity to deviance partly explain ideological divides in social policy support. *JPSP, 111*(1), 98.

Oliner, S., & Oliner, P. (1988). *The altruistic personality: Rescuers of Jews in Nazi Europe*. New York, NY: Free Press.

Olson, I., & Marshuetz, C. (2005). Facial attractiveness is appraised in a glance. *Emotion, 5*(4), 498-502.

Olson, J. M., & Hafer, C. L. (1996). Affect, motivation, and cognition in relative deprivation research. In R. M. Sorrentino & E. T. Higgins (Eds.), *Handbook of motivation and cognition* (Vol. 3, pp. 85-117). New York: Guilford Press.

Olson, J., & Zanna, M. (1993). Attitudes and attitude change. *ARP, 44*, 117-154.

Olweus, D. (1979). Stability of aggressive reaction patterns in males: A review. *PB, 86*, 852-875.

Olzak, S., & Nagel, J. (1986). *Competitive ethnic relations*. New York: Academic Press.

Oosterhof, N., & Todorov, A. (2008). The functional basis of face evaluation. *PNAS, 105*(32). http://www.pnas.org/content/105/32/11087.full.pdf

Osgood, C, (1962). An alternative to war or surrender. Urbana: Univ of Illinois Press.

Osgood, C. E., Suci, G. J., & Tannenbaum, P. H. (1957). *The Measurement of meaning*. Urbana: University of Illinois Press.

Osterman, K., Bjorkqvist, K., Lagerpetz, K. M. J., Kaukiainen, A., Landua, S. F., Fraczek, A., & Caprara, G. V. (1998). Cross-cultural evidence of female indirect aggression. *Aggressive Behavior, 24*, 1-8.

Oxley, D. R., Smith, K. B., Alford, J. R., Hibbing, M. V., Miller, J. L., Scalora, M., ... & Hibbing, J. R. (2008). Political attitudes vary with physiological traits. *Science, 321*(5896), 1667-1670.

Oyserman, D. (2011). Culture as situated cognition: Cultural mindsets, cultural fluency, and meaning making. ERSP, 22(1), 164-214.

Oyserman, D., et al. (2002). Rethinking individualism and collectivism: Evaluation of theoretical assumptions and meta-analyses. *PB, 128*(1), 3-72.

Paese, P. W., & Sniezek, J. A. (1991). Influences on the appropriateness of confidence in judgment: Practice, effort, information, and decision-making. *OBHDP, 48*, 100-130.

Pagel, M. D., & Davidson, A. R. (1984). A comparison of three social-psychological models of attitude and behavioral plan: Prediction of contraceptive behavior. *JPSP, 47*, 517-533.

Palermo, A. M., et al. (2019). Examining the role of pornography and rape supportive cognitions in lone and multiple perpetrator rape proclivity. *J. of Sexual Aggression 25*(3), 244-257.

Paolini, S., Hewstone, M., Cairns, E., & Voci, A. (2004). Effects of direct and indirect cross-group friendships on judgments of Catholics and Protestants in Northern Ireland: The mediating role of an anxiety-reduction mechanism. *PSPB, 30*, 770-786.

Park, J., Haslam, N., & Kashima, Y. (2012). Relational to the core: Lay theories of humanness in Australia, Japan, and Korea. *JCCP, 43*(5), 774-783.

Park, J. (2017). A study on the anti-Korea sentiment in Japan: Mainly in the four major japanese newspapers. Master's thesis. Gyeongsang University, Jinju.

Parks, C. D., Sanna, L. J., & Posey, D. C. (2003). Retrospection in social dilemmas: Thinking about the past affects future cooperation. *JPSP, 84*, 988-996.

Parks, M. R., & Roberts, L. D. (1998). Making moosic: The development of personal relationships on line and a comparison to their off-Line counterparts. *JSPR, 15*(4), 517-537.

Parsell, C., & Clarke, A. (2022). Charity and shame: Towards reciprocity. *Social Problems, 69*(2), 436-452.

Payne, B. K., Brown-Iannuzzi, J. L., & Hannay, J. W. (2017). Economic inequality increases risk taking. *PNAS, 114*(18), 4643-4648.

Peng, K., & Nisbett, R. E. (1999). Culture, dialectics, and reasoning about contradiction. *AP, 54*, 741-754.

Pepitone, A. (1981). Lessons from the history of social psychology. *AP, 36*(9), 972-985.

Pe-Pua, R. (2018). *Handbook of Filipino psychology*. Quezon City: University of the Philippines Press.

Perlman, D., & Oskamp, S. (1971). The effects of picture content and exposure frequency on evaluations of Negroes and whites. *JESP, 7*, 503-514.

Perlman, D., & Peplau, L. A. (1984). Loneliness research: A survey of empirical findings. In L. A. Peplau & S. Goldston (Eds.), *Preventing the harmful consequences of severe and persistent loneliness* (pp. 13-46). Washington, DC: U.S. Government Printing Office.

Peters, K., Jetten, J., Tanjitpiyanond, P., Wang, Z., Mols, F., & Verkuyten, M. (2021). The language of inequality: Evidence economic inequality increases wealth category salience. *PSPB, 48*(8), 1204-1219.

Peters, W. (1988). *A class divided: Then and now*. 김희경 역(2012). 푸른 눈, 갈색 눈: 세상을 놀라게 한 차별 수업 이야기. 서울: 한겨레출판.

Peterson, C., & Seligman, M. E. P. (2004). *Character strengths and virtues: A handbook and classification*. Washington, DC: American Psychological Association.

Peterson, C., & Seligman, M., & Valliant, G. (1988). Pessimistic explanatory style is a risk factor for physical illness: A thirty-five-year longitudinal study. *JPSP, 55*, 23-27.

Peterson, L., & Brown, D. (1994). Integrating child injury and abuse-neglect research: Common histories, etiologies, and solutions. *PB, 116*, 293-315.

Pettigrew, T. (1958). Personality and socio-cultural factors in intergroup attitudes: A cross-national comparison. *JCR, 2*, 29-42.

Pettigrew, T. (1975). *Racial discrimination in the United States*. New York: Harper & Row.

Pettigrew, T. (1979). The ultimate attribution error: Extending Allport's cognitive analysis of prejudice. *PSPB, 5*, 461-476.

Pettigrew, T. (1997). Generalized intergroup contact effects on prejudice. *PSPB, 23*, 173-185.

Pettigrew, T., & Tropp, L. R. (2006). A meta-analytic test of intergroup contact theory. *JPSP, 90*(5), 751-783.

Pettijohn, T. E. F., II, & Jungeberg, B. J. (2004). Playboy playmate curves: Changes in facial and body feature preferences across social and economic conditions. *PSPB, 30*, 1186-1197.

Petty, R. (1997). The evolution of theory in social psychology: From single to multiple effect and process models of persuasion. In C. McGarty & S. A. Haslam (Eds.), *The messages of social psychology* (pp. 268-290). Cambridge, MA: Blackwell.

Petty, R. E., & Krosnick, J. A. (1995). *Attitude strength: Antecedents and consequences*. Mahwah, NJ: Erlbaum.

Petty, R. E., Cacioppo, J. T., & Goldman, R. (1981). Personal involvement as a determinant of argument-based persuasion. *JPSP, 41*, 847-855.

Petty, R., & Cacioppo, J. (1984). The effects if invlovement on responses to arguments quantity and quality : Cental and peripheral routes to persuasion. *JPSP, 46*, 69-81.

Pew Research Center (2015). South Korea's millennials downbeats about payoff of education, future.

Phillips, D. P. (1980). The deterrent effect of capital punishment: New evidence on an old controversy. *American J. of Sociology, 86*, 139-148.

Picketti, T. (2014). *Capital in the Twenty-First Century*. Harvard University Press.

Piff, P. K., Dietze, P., Feinberg, M., Stancato, D. M., & Keltner, D. (2015). Awe, the small self, and prosocial behavior. *JPSP, 108*(6), 883-899.

Piff, P. K., Stancato, D. M., Côté, S., Mendoza-Denton, R., & Keltner, D. (2012). Higher social class predicts increased unethical behavior. *PNAS, 109*(11), 4086-4091.

Pihl, R. O., Zeicbner, A., Niaura, R., Nagy, K., & Zacchia, C. (1981). Attribution and alcohol-mediated aggression. *J. of Abnormal psychology, 90*, 468-475.

Pinel, E. C., & Long, A. E. (2012). When I's Meet:Sharing Subjective Experience With Someone From the Outgroup. *PSPB, 38*(3), 296-307.

Pinker, S. (1994). *The language instinct*. 김한영, 문미선, 신효식 공역(2008). 언어본능. 서울: 동녘사이언스.

Pinker, S. (2003). *The blank slate*. 김한영 역(2005). 빈 서판. 서울: 사이언스북스.

Pinker, S. (2011). *The better angels of our nature*. 김명남 역(2014). 우리 본성의 선한 천사: 인간은 폭력성과 어떻게 싸워 왔는가. 서울: 사이언스북스.

Pinkley, R. (1990). Dimensions of conflict frame: Disputant interpretations of conflict. *JAP, 75*, 117-126.

Plant, E. A., & Devine, P. G. (2003). The antecedents and implications of interracial anxiety. *PSPB, 29*, 790-801.

Plous, S. (1993). *The psychology of judgement and decision making*. New York: McGrow-Hill.

Poore, J., & Nemecek, T. (2018). Reducing food's environmental impacts through producers and consumers. *Science, 360*(6392), 987-992.

Poppendieck, J. (1999). *Sweet charity?: Emergency food and the end of entitlement*. Penguin.

Popper, K. (1959). *The logic of scientific discovery*. London: Hutchinson.

Post, J. M. (2015). Terrorism and right-wing extremism: the changing face of terrorism and political violence in the 21st century: the virtual community of hatred. *International J. of group psychotherapy, 65*(2), 242-271.

Post, J. M., Ali, F., Henderson, S. W., Shanfield, S., Victoroff, J., & Weine, S. (2009). The psychology of suicide terrorism. *Psychiatry, 72*(1), 13-31.

Post, J., Sprinzak, E., & Denny, L. (2003). The terrorists in their own words: Interviews with 35 incarcerated Middle Eastern terrorists** *Terrorism and political Violence, 15*(1), 171-184.

Postmes, T., & Spears, R. (1998). Deindividuation and antinormative behavior: A meta analysis. *PB, 123*, 238-259.

Postmes, T., Spears, R., & Cihangir, S. (2001). Quality of decision making and group norms. *JPSP, 80*(6), 918-930.

Pratt, T. C., & Cullen, F. T. (2000). The empirical status of Gottfredson and Hirschi's general theory of crime: A meta-analysis. *Criminology, 38*(3), 931-964.

Pratto, F., & John, O. P. (1991). Automatic vigilance: The attention-grabbing power of negative social information. *JPSP, 61*, 380-391.

Pratto, F., Sidanius, J., Stallworth, L. M., & Malle, B. F. (1994). Social dominance orientation: A personality variable predicting social and political attitudes. *JPSP, 67*, 741-763.

Pronin, E. (2007). Perception and misperception of bias in human judgment. *Trends Cogn Sci, 11*(1), 37.

Pronin, E., Berger, J., & Molouki, S. (2007). Alone in a crowd of sheep: Asymmetric perceptions of conformity and their roots in an introspection illusion. *JPSP, 92*(4), 585-595.

Pronin, E., Gilovich, T., & Ross, L. (2004). Objectivity in the eye of the beholder: Divergent perceptions of bias in self versus others. *PR, 111*(3), 781-799.

Pronin, E., Lin, D., & Ross, L. (2002). The Bias Blind Spot: Perceptions of Bias in Self Versus Others. *PSPB, 28*(3), 369-381.

Pruitt, D. G. (1981). *Negotiation behavior*. New York: Academic Press.

Pruitt, D. G., & Gahagan, J. P. (1974). Campus crisis. In J. T. Tedeschi (Ed.), *Perspectives on social power*. Chicago: Aldine-atheron.

Pummerer, L., et al. (2021). Conspiracy theories and their societal effects duing the COVID-19 pndemic. *Social Psychological and Personality Science, 13*(1), 49-59.

Putnam, R. (1993). The prosperous community: Social capital and public affairs. *The American Prospect, Spring*, 35-42.

Putnam, R. (2000). *Bowling alone*. 정승헌 역(2009). 나 홀로 볼링. 서울: 페이퍼로드.

Pyszczynski, T. A., & Greenberg, J. (1981). Role of disconfirmed expectancies in the instigation of attributional processing. *JPSP, 40*, 31-38.

Pyszczynski, T., Greenberg, J., & LaPrelle, J. (1985). Social comparison after success and failure: Biased search for information consistent with a self-serving conclusion. *JESP, 21*, 195-211.

Quattrone, G. A., & Tversky, A. (1984). Casual versus diagnostic contingencies: On self-deception and the voter's illusion. *JPSP, 46*, 237-248.

Quammen, D. (2017). Spillover: animal infections and the next human pandemic. 강병철 역(2017). 인수공통: 모든 전염병의 열쇠. 제주: 꿈꿀자유 서울의학서적.

Quinn, K. A., & Olson, J. M. (2003). Framing social judgment: Self-ingroup comparison and perceived discrimination. *PSPB, 29*, 228-236.

Raichle, M. E., MacLeod, A. M., Snyder, A. Z., Powers, W. J., Gusnard, D. A., & Shulman, G. L. (2001). Inaugural article: A default mode of brain function. *PNAS, 98*(2), 676-682.

Raskin, R., & Terry, H. (1988). A principal components analysis of the Narcissistic Personality Inventory and further evidence of its construct validity. *JPSP, 54*, 890-902.

Rau, P.-L. P., Gao, Q. & Ding (2008). Relationship between the level of intimacy and lurking in online social network services. *Computers in Human Behavior, 24*(6), 2757-2770.

Rauscher, F., Shaw, G., & Ky, K. (1993). Music and spatial task performance. *Nature, 365*, 611.

Rawls, J. (1971). *A theory of justice*. Cambridge, MA: Harvard University Press.

Read, S. J. (1983). Once is enough: Casual reasoning from a single instance. *JPSP, 13*, 28-45.

Reed, A., & Aquino, K. F. (2003). Moral identity and the expanding circle of moral regard toward out-groups. *JPSP, 84*, 1270-1286.

Rees, J. H., & Bamberg, S. (2014). Climate protection needs societal change: Determinants of intention to participate in collective climate action. *EJSP, 44*(5), 466-473.

Reeve, J., & Sickenius, B. (1994). Development and validation of a brief measure of the three psychological needs underlying intrinsic motivation: The AFS scales. *Educational and Psychological Measurement, 54*, 506-515.

Reeves-Sanday, P. (1997). The socio-cultural context of rape: A cross-cultural study. In L. L. O'Toole (Ed.), *Gender violence: Interdisciplinary perspectives*. New York: New York University Press.

Regan, D. T., & Fazio, R. (1977). On the consistency between attitudes and behavior: Look to the method of attitude formation. *JESP, 13*, 28-45.

Reicher S. D., & Haslam, S. A. (2006). Rethinking the psychology of tyranny: the BBC prison study. *BJSP, 45*, 1-40.

Reicher, S. (1984). St Paul's riot: An explanation of the limits of crowd action in terms of an identity model. *EJSP, 14*, 1-21.

Reicher, S. D. (1987). Crowd behavior as social action. In J. C. Turner, M. A. Hogg, P. J. Oakes, S. D. Reicher, & M. S. Wetherell (Eds.), *Rediscovering the social group: A self-categorization theory* (pp. 171-202). Oxford: Blackwell.

Reis, H. T., & Shaver, P. (1988). Intimacy as an interpersonal process. In S. Duck (Ed.), *Handbook of personal relationships* (pp. 367-389). Chichester, England: Wiley.

Reyes, R. M., Thompson, W. C., & Bower, G. H. (1980). Judgmental biases resulting from differing availabilities of arguments. *JPSP, 39*, 2-12.

Rhee, E., Uleman, J. S., Lee, H. K., & Roman, R. J. (1995). Spontaneous self-descriptions and ethnic identities in individualistic and collectivist cultures. *JPSP, 69*, 142-152.

Rhodes, G., & Tremewan, T. (1996). Averageness, exaggeration, and facial attractiveness. *PS, 7*, 105-110.

Rhodewalt, F. (1990). Self-handicappers: Individual differences in the preference for anticipatory self protective acts. In T. Higgins, C. Snyder, & S. Berglas (Eds.), *Self-handicapping: The paradox that isn't* (pp. 69-106). NY: Plenum.

Rhodewalt, F., Saltzman, A. T., & Wittmer, J. (1984). Self-handicapping among competitive athletes: The role of practice in self-esteem protection. *Basic and Applied Social Psychology, 5*, 197-209.

Ricard, M. (2011). The Dalai Lama: Happiness through wisdom and compassion. *International J. of Wellbeing, 1*(2).

Richardson, M., & McEwan, K. (2018). 30 days wild and the relationships between engagement with nature's beauty, nature connectedness and well-being. *Frontiers in Psychology, 9*, 359973.

Richeson, J. A., & Nussbaum, R. J. (2004). The impact of multiculturalism versus color-blindness on racial bias. *JESP, 40*, 417-423.

Riesman, D. (1950). *The lonely growd.* ew Haven: Yale University Press.

Rifkin, J. (2009). *The empathic civilization*. 이경남 역(2010). 공감의 시대. 서울: 민음사.

Evolutionary roots and implications for leadership. *J. of Nonverbal Behavior, 34*(2), 119-125.

Ritts, V., & Patterson, M. (1996). Effects of social anxiety and action identification on impressions and thoughts in interaction. *J. of*

*Social and Clinical Psychology, 15*, 191-205.

Rizzolatti, G., & Craighero, L. (2004). The mirror-neuron system. *Annual Review of Neuroscience, 27*(1), 169-192.

Robertson, J. L., & Barling, J. (2017). Toward a new measure of organizational environmental citizenship behavior. *J. of Business Research, 75*, 57-66.

Robinson, J., Shaver, P., & Wrightsman, L. (1991). *Measures of personality and social psychological attitudes*. San Diego. CA: Academic Press.

Robinson, R. V., & Jackson, E. F. (2001). Is trust in others declining in America? An age-period-cohort analysis. *Social Science Research, 30*(1), 117-145.

Robinson, R., Keltner, D., Ward, A., & Ross, L. (1995). Actual versus assumed differences in construal: "Naive realism" in intergroup perception and conflict. *JPSP, 68*, 404-417.

Roese, N. (2005). If only: How to turn regret into opportunity. 허태균 역(2008). IF의 심리학. 서울: 21세기북스.

Roese, N. J. (1994). The functional basis of counterfactual thinking. *JPSP, 66*, 805-818.

Roese, N., & Olson, J. (Eds.). (1995). *What might have been: the social psychology of counterfactual thinking*. Mahwah, NJ: Erlbaum.

Rogers, R. W. (1983). Cognitive and physiological processes in fear appeals and attitude change: A revised theory of protection motivation. In J. T. Cacioppo & R. E. Petty (Eds.), *Social psychophysiology: A sourcebook*. New York: Guilford Press.

Rogers, R. W., & Prentice-Dunn, S. (1981). Deindividuation and anger-mediated interracial aggression: Unmasking regressive racism. *JPSP, 41*(1), 63.

Rokeach, M. (1948). Generalized mental rigidity as a factor in ethnocentrism. *JASP, 43*, 259-278.

Rokeach, M. (1968). A theory of organization and change within value-attitude systems. *JSI, 24*(1), 13-33.

Rook, K. S. (1984). The negative side of social interaction: Impact on psychological well-being. *JPSP, 46*(5), 1097-1108.

Rook, K. S. (1987). Social support versus companionship: effects on life stress, loneliness, and evaluations by others. *Jpsp, 52*(6), 1132-1147.

Rosenberg, M. (1965). *Society and the adolescent self-image*. Princeton, NJ: Princeton University Press.

Rosenberg, M. (1979). *Conceiving the self*. New York: Basic Books.

Rosenberg, M., & Simmons, R. (1972). *Black and white self-esteem*. Washington. DC: American Sociological Association.

Rosenhan, D. L. (1973). On being sane in insane places. *Science, 179*, 250-258.

Rosenthal, R., & Jacobson, L. (1968). Pygmalion in the classroom. *The Urban Review, 3*(1), 16-20.

Rosnow, R. I. (1981). *Paradigms in transition: The methodology of social inquiry*. New York: Oxford University Press.

Ross, E. A. (1908). *Social Psychology*. New York: Macmillan.

Ross, I., & Nisbett, R. (1991). *The person and the situation: Perspectives of social psychology*. NY: McGraw-Hill. 김호 역 (2019). 사람일까 상황일까. 경기: 푸른숲.

Ross, L. (2018). From the fundamental attribution error to the truly fundamental attribution error and beyond: My research journey. *POPS, 13*(6), 750.

Ross, L., & Nisbett, R. E. (1991, 2011). *The person and the situation: Perspectives of social psychology*. Pinter & Martin Publishers. 김호 역(2019). 사람일까 상황일까. 경기: 푸른숲.

Ross, L. D. (1977). The intuitive psychologist and his shortcomings: Distortions in the attribution process. In L. Berkowitz (Ed.), *AESP* (Vol. 10). New York: Academic Press.

Ross, L., Amabile, T. M., & Steinmetz, J. L. (1977). Social roles. social control, and biases in social-perception processes. *JPSP, 35*, 485-494.

Ross, L., Bierbrauer, G., & Hoffman, S. (1976). The role of attribution processes in conformity and dissent: Revisiting the Asch situation. *AP, 31*(2), 148-157.

Ross, M., & Sicoly, F. (1979). Egocentric biases in availability and attribution. *JPSP, 37*, 322-336.

Rostad, W. L., et al. (2019). The association between exposure to violent pornography and teen dating violence in grade 10 high school students. *Archives of Sexual Behavior, 48*, 2137-2147.

Rothbart, M. & Birrell, P. (1977). Attitude and the perception of faces. *J. of Research in Personality*, 11(2), 209-215.

Rothbart, M., & Hallmark, W. (1988). In-group-out-group differences in the perceived efficacy of coercion and conciliation in resolving social conflict. *JPSP, 55*(2), 248.

Rotton, J., & Cohn, E. G. (2000). Violence is a curvilinear function of temperature in Dallas: A replication. *JPSP, 78*, 1074-1081.

Rowatt, W. C., Cunningham, M. R., & Druen, P. B. (1998). Deception to get a data. *JPSP, 24*, 1228-1242.

Rozin, P., & Royzman, E. B. (2001). Negativity bias, negativity dominance, and contagion. *PSPR, 5*, 296-320.

Różycka-Tran, J., Piotrowski, J. P., Żemojtel-Piotrowska, M., Jurek, P., Osin, E. N., Adams, B. G., ... & Maltby, J. (2021).

Belief in a zero-sum game and subjective well-being across 35 countries. *Current Psychology, 40,* 3575-3584.

Rubin, J., Priutt, D., & Kim, S. H. (1994). *Social conflict: Escalation, stalemate, and settlement* (2nd ed.). New York: McGraw-Hill.

Rubini, M., & Menegatti, M. (2014). Hindering women's careers in academia: Gender linguistic bias in personnel selection. *J. of Language and Social Psychology, 33*(6), 632-650.

Rule, N. O., Ambady, N., Adams, R. B., Jr., & Macrae, C. N. (2008). Accuracy and awareness in the perception and categorization of male sexual orientation. *JPSP, 95,* 1019-1028.

Rule, N. O., Ambady, N., Adams, R. B., Jr., Ozono, H., Nakashima, S., Yoshikawa, S., & Watabe, M. (2010). Polling the face: Prediction and consensus across cultures. *JPSP, 98*(1), 1-15.

Rule, N., MaCrae, C. N., & Ambady, N. (2009). Ambiguous group membership is extracted automatically from faces. *PS, 20,* 441-443.

Runciman, W. G. (1966). *Relative deprivation and social justice.* Berkeley: University of California Press.

Rusbult, C. E. (1980). Commitment and satisfaction in romantic associations: A test of the investment model. *JESP, 17,* 172-186.

Rusbult, C. E. (1983). A longitudinal test of the investment model: The development(and deterioration) of satisfaction and commitment in heterosexual involvements. *JPSP, 45,* 101-117.

Rusbult, C. E., & Martz, J. M. (1995). Remaining in an abusive relationship: An investment model analysis of nonvoluntary commitment. *PSPB, 21,* 558-571.

Rusbult, C., Van Lange, P., Wildschut, T., Yovetich, N., & Verette, J. (2000). Perceived superiority in close relationships: Why it exists and persists. *JPSP, 79*(4), 521-545.

Rushton, J. P. (1991). Is altruism innate? *Psychological Inquiry, 2,* 141-143.

Russell, G. W. (1991). Athletes as target aggression. In R. Baenninger (Ed.), *Targets of violence and aggression* (pp. 211-252). North Holland: Elseviers.

Ryan, E. B., Bartolucci, G., Giles, H., & Henwood, K. (1986). Psycholinguistic and social psychological components of communication by and with older adults. *Language and Communication, 6,* 1-22.

Ryff, C. D. (1989). Happiness is everything, or is it? Explorations on the meaning of psychological well-being. *JPSP, 57,* 1069-1081.

Saad, G., & Vongas, J. G. (2009). The effect of conspicuous consumption on men's testosterone levels. *OBHDP, 110*(2), 80-92.

Sagiv, L., & Schwartz, S. H. (1995). Value priorities and readiness for out-group social contact. *JPSP, 69,* 437-448.

Saguy, T., Tausch, N., Dovidio, J. F., & Pratto, F. (2009). The irony of harmony: Intergroup contact can produce false expectations for equality. *PS, 20*(1), 114-121.

Sakai, H. (1981). Induced compliance and opinion change. *Japanese Psychological Research, 23,* 1-8.

Salovey, P., & Rodin, J. (1989). Envy and jealousy in close relationships. *Review of Personality and Social Psychology, 10,* 221-246.

Samborski, S. (2010). Biodiverse or barren school grounds: Their effects on children. *Children Youth and Environments, 20*(2), 67-115.

Sanada, T., & Norbeck, E. (1975). Prophecy continues to fail: A Japanese sect. *JCCP, 6,* 331-345.

Sánchez-Rodríguez, Á., Willis, G. B., Jetten, J., & RodríguezBailón, R. (2019). Economic inequality enhances inferences that the normative climate is individualistic and competitive. *EJSP, 49,* 1114-1127.

Sandel, M. (2019). *Tyranny of merit.* 함규진 역(2020). 공정하다는 착각. 서울: 와이즈베리.

Sandel, M. J. (2010). *Justice: what's the right thing to do?* 김명철 역 (2014). 정의란 무엇인가. 서울: 와이즈베리.

Santos, H. C., Varnum, M. E., & Grossmann, I. (2017). Global increases in individualism. *PS, 28*(9), 1228-1239.

Savin-Williams, R. C., & Vrangalova, Z. (2013). Mostly heterosexual as a distinct sexual orientation group: A systematic review of the empirical evidence. *Developmental Review, 33(1), 58-88.*

Schachter, S. (1951). Deviation, rejection, and communication. *JASP, 46,* 190-207.

Schachter, S. (1959). *The psychology of affiliation.* Stanford, CA: Stanford University Press.

Schachter, S. (1964). The interaction of cognitive and physiological determinants of emotional state. In L. Berkowitz (Ed.), *AESP* (pp. 49-80). NY: Academic Press.

Schachter, S., & Singer, J. E. (1962). Cognitive, social, and physiological determinants of emotional state. *PR, 69,* 379-399.

Schaller, M., & Cialdini, R. B. (1988). The economics of empathic helping: Support for a mood management motive. *JESP, 24,* 163-181.

Schaufeli, W. B. (1988). Perceiving the causes of employment: An evaluation of the casual dimensions in a real-life situation. *JPSP, 54,* 347-356.

Schimmack, U., Oishi, S., & Diener, E. (2002). Cultural influences on the relation between pleasant emotions and unpleasant emotions: Asian dialectic philosophies or individualism-collectivism? *Cognition and Emotion, 16*, 705-719.

Schlegel, R. J. H., et al. (2011). Feeling like you know who you are: Perceived true self-knowledge and meaning in life. *PSPB, 37*(6), 745-756,.

Schmader, T. (2002). Gender identification moderates stereotype threat effects on women's math performance. *JESP, 38*, 194-201.

Schmitt, D. (2003). Universal sex differences in the desire for sexual variety: Tests from 52 nations, 6 continents, and 13 islands. *JPSP, 85*, 85-104.

Schneider, D. J. (1973). Implicit personality theory: A review. *PR, 79*(5), 294-309.

Schnell, T., Gerstner, R., & Krampe. (2018). Crisis of Meaning Predicts Suicidality in Youth Independently of Depression. *Crisis-the J. of Crisis Intervention and Suicide Prevention, 39*(4), 294.

Schofield, J. W. (2001). The color-blind perspective in school: Causes and consequences. In J. A. Banks & C. A. McGee (Eds.), *Multi-cultural education. Issues & perspectives* (4th ed., pp. 247-267). New York: Wiley.

Schooler, J. W., Ohlsson, S., & Brooks, K. (1993). Thoughts beyond words: When language overshadows insight. *JEP: General, 122*(2), 166-183.

Schulz, J. F., Bahrami-Rad, D., Beauchamp, J., & Henrich, J. (2019). The church, intensive kinship and global pscyhological variation. *Science, 366*. eaau5141.

Schulz, J. W., & Pruitt, D. G. (1978). The effects of mutual concern on joint welfare. *JESP, 14*, 480-492.

Schumutte, C., & Taylor, S. (1980). Physical aggression as a function of alcohol and pain feedback. *JSP, 110*, 235-244.

Schwartz, B. (2003). *The paradox of choice*. 형선호 역(2005). 선택의 심리학. 서울: 웅진지식하우스.

Schwartz, B., et al. (2002). Maximizing versus satisficing: Happiness is a matter of choice. *JPSP, 83*(5), 1178-1197.

Schwartz, S. H. (1992). Universals in the content of structure and values: Theoretical advances and empirical tests in 20 countries. *AESP, 25*, 1-65.

Schwartz, W. (1982). The problem of other possible persons: Dolphins, primates, and aliens. In K. Davis & T. Mitchell (Eds.), *Advances in Descriptive Psychology* (Vol. 2., pp. 31-56). Greenwich, CT: JAI Press.

Sears, D., Peplau, L. A., & Taylor, S. E. (1991). *Social psychology*. Englewood Cliffs, NJ: Prentice Hall.

Sechrist, G. B., Swin, J. K., & Stangor, C. (2004). When do the stigmatized make attributions to discrimination occurring to the self and others? The roles of self-presentation and need for control. *JPSP, 87*, 111-122.

Sedikides, C., Gaertner, L., & Toguchi, T. (2003). Pancultural self-enhancement. *JPSP, 84*, 60-79.

Sedlmeier, P., & Gigerenzer, G. (2001). Teaching Bayesian reasoning in less than two hours. *JEP: General, 130*(3), 380-400.

Segall, M. H. (1988). Cultural roots of aggressive behavior. In M. H. Bond (Ed.), *The cross-cultural challenge to social psychology* (pp. 208-217). Newbury Park, Calif: Sage.

Seligman, M. (1990). *Learned optimism*. 최호영 역(2008). 학습된 낙관주의. 서울: 21세기북스.

Seligman, M. E. P. (1975). *Helplessness: On depression, development, and death*. San Francisco, CA: W. H. Freeman.

Seligman, M. E. P., & Schulman, P. (1986). Explanatory style as a predictor of productivity and quitting among life insurance sales agents. *JPSP, 50*, 832-838.

Seligman, M. E., & Maier, S. F. (1967). Failure to escape traumatic shock. *JEP, 74*(1), 1.

Semin, G., & Fiedler, K. (1988). The cognitive functions of linguistic categories in describing persons: Social cognition and language. *JPSP, 54*(4), 558.

Settle, J. E., Dawes, C. T., Christakis, N. A., & Fowler, J. H. (2010). Friendships moderate an association between a dopamine gene variant and political ideology. *J. of Politics, 72*(4), 1189-1198.

Shaller, M., & Maass, A. (1989). Illusory correlation and social categorization: Toward an integration of motivational and cognitive factors in stereotype formation. *JPSP, 56*, 709-721.

Shariff, A. F., Wiwad, D., & Aknin, L. B. (2016). Income mobility breeds tolerance for income inequality: Cross-national and experimental evidence. *POPS, 11*(3), 373-380.

Shaw, J. I., Borough, H. W., & Fink, M. I. (1994). Perceived sexual orientation and helping behavior by males and females: The wrong number technique. *J. of Psychology and Human Sexuality, 6*, 73-81.

Sheikh, H., Gómez, Á., & Atran, S. (2016). Empirical evidence for the devoted actor model. *Current Anthropology, 57*(S13), S204-S209.

Shelton, J. N., & Richeson, J. A. (2005). Intergroup contact and pluralistic ignorance. *JPSP, 88*(1), 91-107.

Shen, H., Wan, F., & Wyer, R. S., Jr. (2011). Cross-cultural differences in the refusal to accept a small gift: The differential influence of reciprocity norms on Asians and North Americans. *JPSP, 100*(2), 271-281.

Sherif, M. (1935). A study of some factors in perception. *Archives of Psychology, 27*, 187.

Sherif, M. (1937). An experimental approach to the study of attitudes. *Sociometry, 1*, 90-98.

Sherif, M., Harvey, O. J., White, B. J., Hood, W. R., & Sherif, C. W. (1961). *Intergroup conflict and cooperation: The robber's cave experiment*. Norman. Okla: University of Oklahoma.

Sherman, D. A. K., Nelson, L. D., & Steele, C. M. (2000). Do messages about health risks threaten the self? Increasing the acceptance of threatening health messages via self-affirmation. *PSPB, 26*, 1046-1058.

Sherman, S. S. (1980). On the self-erasing nature of errors of prediction. *JPSP, 16*, 388-403.

Shih, M., Pittinsky, T., & Ambady, N. (1999). Stereotype susceptibility: Identity salience and shifts in quantitative performance. *PS, 10*, 80-83.

Shin, J. E. (2019). You are my happiness: Socially enriched happiness belief predicts life satisfaction, especially among the poor. *Cognition Emotion, 33*(8), 1702-1708.

Shin, J. E., Suh, E. M., Eom, K., & Kim, H. S. (2018). What does "happiness" prompt in your mind? Culture, word choice, and experienced happiness. *JHS, 19*, 649-662.

Shin, J.-E., Suh, M., & Jang, D. (2018). Mate value at a glance: Facial attractiveness reveals women's waist-to-hip ratio and men's household income. *Personality and Individual Differences, 135*, 128-130.

Shirakashi, S. (1984-5). Social loafing of Japanese students. *Hiroshima Forum for Psychology, 10*, 35-40.

Shoda, Y., Mischel, W., & Peake, P. (1990). Predicting adolescent cognitive and self-regulatory competencies from preschool delay of gratification: Identifying diagnostic conditions. *Developmental Psychology, 26*, 978-986.

Shutts, K., Kinzler, K. D., Katz, R. C., Tredoux, C., & Spelke, E. S. (2011). Race preferences in children: Insights from South Africa. *Developmental Science, 14*(6), 1283-1291.

Shweder, R. A., & Bourne. E. J. (1982). Does the concept of the person vary cross-culturally? In A. J. Marsella & G. M. White (Eds.), *Cultural conceptions of mental health and theory*. Dordrecht, Holland: D. Riedel.

Shweder, R. A., Much, N. C., Mahapatra, M., & Park, L. (1997). The "big three" of morality (autonomy, community, divinity), and the "big three" explanations of suffering. In A. Brandt & P. Rozin (Eds.), *Morality and health* (pp. 119-169). New York: Routledge.

Sidanius, J., & Pratto, F. (1999). *Social dominance: An intergroup theory of social hierarchy and oppression*. New York, NY: Cambridge University Press.

Siedentop, L. (2014). *Inventing the individual: The origins of Western liberalism*. 정명진 역(2016). 개인의 탄생. 서울: 부글북스.

Siegel, J. (2000). Aggressive behavior among women sexually abused as children. *Violence & Victims, 15*(3), 235-255.

Sillars, A. L., Folwell, A. L., Hill, K. C., Maki, B. K., Hurst, A. P., & Casano, R. A. (1994). Marital communication and the persistence of misunderstanding. *JSPR, 11*, 611-617.

Simon, B., & Klandermans, B. (2001). Politicized collective identity: A social psychological analysis. *AP, 56*(4), 319-331.

Simon, H. (1972). Theories of Bounded Rationality. In C. B. McGuire & R. Radner (Eds.), *Decision and Organization* (pp. 161-176). North-Holland Publishing Company.

Simon, L., Greenberg, J., & Brehm, J. (1995). Trivialization: The forgotten mode of dissonance reduction. *JPSP, 68*, 247-260.

Simpson, J. A., Campbell, B., & Berscheid, E. (1986). The association between romantic love and marriage: Kephart (1967). twice revisited. *PSPB, 12*(3), 363-372.

Sims, J., & Baumann, D. (1972). The tornado Threat: Coping styles of the North and South. *Science, 17*, 1386-1392.

Sinclair, L., & Kunda, Z. (1999). Reactions to a Black professional: Motivated inhibition and activation of conflicting stereotypes. *JPSP, 77*(5), 885-904.

Sinclair, R., Hoffman, C., Mark, M., Martin, L., & Pickering, T. (1994). Construct accessibility and the misattribution of arousal: Schachter and Singer revisited. *PS, 5*(1), 15-19.

Singelis, T. M., Triandis, H. C., Bhawuk, D. P. S., & Gelfand, M. J. (1995). Horizontal and Vertical Dimensions of Individualism and Collectivism: A theoretical and measurement refinement. *Cross-Cultural Research, 29*, 240-275.

Singer, P. (1975). *Animal liberations*. 김성한 역(2002). 동물해방. 서울: 인간사랑.

Singh, D. (1993). Adaptive significance of female physical attractiveness: Role of waist-to-hip ratio. *JPSP, 65*, 293-307.

Singh, D. (1995). Female judgment of male attractiveness and desirability for relationships: Role of waist-to-hip ratio and financial status. *JPSP, 69*, 1089-1101.

Sivacek, J., & Crano, W. D. (1982). Vested interest as a moderator of attitude-behavior consistency. *JPSP, 43*, 210-221.

Skinner, B. (1948). Superstition in the pigeon. *JEP, 38*(2), 168-172.

Slavin, R. E. (1983). When does cooperative learning increase student achievement? *PB, 94*(3), 429.

Slife, B. D., et al. (2017). *The Hidden Worldviews of Psychology's Theory, Research. and Practice*. New York: Routledge.

Slovic, P., Fischhoff, B., & Lichtenstein, S. (1982). Facts versus fears: Understanding perceived risk. In D. Kahneman, P. Slovic, & A. Tversky (Eds.), *Judgment under uncertainty: Heuristics and biases* (pp. 463-489). New York: Cambridge University Press.

Smith, A. (1759). The theory of moral sentiments. 박세일 역(2009). 도덕감정론. 서울: 비봉출판사.

Smith, E., & Mackie, D. (1995). *Social psychology*. New York: Worth.

Smith, P., & Bond, M. (1998). *Social psychology across culture* (2nd ed.). Boston: Allyn & Bacon.

Sniezek, J. A., Paese, P. W., & Switzer, F. S., Ⅲ. (1990). The effect of choosing on confidence and choice. *OBHDP, 46*, 264-282.

Snyder, M., & Ebbesen, E. B. (1972). Dissonance awareness: A test of dissonance theory versus self-perception theory. *JESP, 8*, 502-517.

Snyder, M., & Swann, W. B., Jr. (1976). When actions reflect attitudes: The politics of impression management. *JPSP, 34*, 1034-1042.

Snyder, M., & Swann, W. B., Jr. (1978). Hypothesis-testing processes in social interaction. *JPSP, 36*, 1202-1212.

Snyder, M., Tanke, E. D., & Berscheid, E. (1977). Social perception and interpersonal behavior: On the self-fulfilling nature of social stereotypes. *JPSP, 35*, 656-666.

Soga, M., & Gaston, K. J. (2016). Extinction of experience: The loss of human-nature interactions. *Frontiers in Ecology and the Environment, 14*(2), 94-101.

Solnick, S. J., Hong, L., & Hemenway, D. (2007). Positional goods in the United States and China. *J. of Socio-Economics, 36*(4), 537-545.

Sommet, N., Weissman, D. L., & Elliot, A. J. (2022). Income inequality predicts competitiveness and cooperativeness at school. *J. of Educational Psychology, 115*, 173-191.

Son Hing, L. S., Li, W., & Zanna, M. P. (2002). Inducing hypocrisy to reduce prejudicial responses among aversive racists. *JESP, 38*, 71-78.

Sorokowski, P., et al. (2021). Universality of the triangular theory of love: Adaptation and psychometric properties of the triangular love scale in 25 countries. *The J. of Sex Research, 58*(1), 106-115.

Spencer, S. J., Steele, C. M., & Quinn, D. M. (1999). Stereotype threat and women's math performance. *JESP, 35*, 4-28.

Spencer-Rodgers, J., Major, B., Forster, D. E., & Peng, K. (2016). The power of affirming group values: Group affirmation buffers the self-esteem of women exposed to blatant sexism. *Self & Identity, 15*(4), 413.

Spencer-Rodgers, J., Boucher, H. C., Mori, S., Peng, K., & Wang, L. (2009). The dialectical self-concept: Contradiction, change, and holism in East Asian cultures. *PSPB, 35*, 29-44.

Spencer-Rodgers, J., Hamilton, D. L., & Sherman, S. J. (2007). The central role of entitativity in stereotypes of social categories and task groups. *JPSP, 92*(3), 369-388.

Sporer, S. L., Penrod, S. D., Read, J. D., & Cutler, B. L. (1995). Choosing, confidence, and accuracy: A meta-analysis of the confidence-accuracy relation in eyewitness identification studies. *PB, 118*, 315-327.

Sprecher, S., & Regan, P. C. (2002). Liking some things (in some people) more than others: Partner preferences in romantic relationships and friendships. *JSPR, 19*, 463-481.

Springmann, M., et al. (2018). Options for keeping the food system within environmental limits. *Nature: International Weekly J. of Science, 562*(7728): 519.

Sprong, S., Jetten, J., Wang, Z., Peters, K., Mols, F., Verkuyten, M., ... & Wohl, M. J. (2019). Our country needs a strong leader right now: Economic inequality enhances the wish for a strong leader. *PS, 30*(11), 1625-1637.

Stanovich, K. E. (1994). *How to think straight about psychology*. 신현정 역(2013). 심리학의 오해. 서울: 혜안.

Staub, E. (1999). The roots of evil: Social conditions, culture, personality, and basic human needs. *PSPR, 3*(3), 179-192.

Steele, C. M. (1988). The psychology of self-affirmation: Sustaining the integrity of the self. In L. Berkowitz (Ed.), *AESP* (pp. 261-302). Hillsdale, NJ: Erlbaum.

Steele, C. M. (1993). Self-image resilience and dissonance: The role of affirmational resources. *JPSP, 64*, 885-896.

Steele, C. M., & Aronson, J. (1995). Contending with a stereotype: African-American intellectual test performance and stereotype threat. *JPSP, 69*, 797-811.

Steele, C. M., Southwick, L., & Critchlow, B. (1981). Dissonance and alcohol: Drinking your troubles away. *JPSP, 41*, 831-846.

Steele, C. M., Spencer, S. J., & Lynch, M. (1993). Dissonance and affirmational responses: Resilience against self-image threats. *JPSP, 64*, 885-896.

Steele, K., Bass, K., & Crook, M. (1999). The mystery of the Mozart effect: Failure to replicate. *PS, 10*(4), 366-369.

Stephan, M. J., & Chenoweth, E. (2008). Why civil resistance works: The strategic logic of nonviolent conflict. *International Security, 33*(1), 7-44.

Sternberg, R. J. (1986). A triangular theory of love. *PR, 93*, 119-135.

Stevenson, H., & Stigler, J. (1992). *The learning gap: Why our schools are failing and what can we learn from Japanese and Chinese education*. New York: Summit Books.

Stevenson, K. T., et al. (2014). Overcoming skepticism with education: interacting influences of worldview and climate change knowledge on perceived climate change risk among adolescents. *Climatic Change, 126*(3), 293-304.

Stone, J., Aronson, E., Crain, A. L., Winslow, M. P., & Fried, C. B. (1994). Inducing hypocrisy as a means of encouraging young adults to use condoms. *PSPB, 20*, 116-128.

Stone, J., Wiegand, A. W., Cooper, J., & Aronson, E. (1997). When exemplification fails: Hypocrisy and the motives for self-integrity. *JPSP, 72*, 54-65.

Stoner, J. A. F. (1961). *A comparison of individual and group decisions involving risk*. Unpublished master's thesis.

Storms, M. D. (1973). Videotape and the attribution process: Reversing actors-and observers-points of view. *JPSP, 27*, 165-175.

Stroebe, W., & Frey, B. S. (1982). Self-interest and collective action: The economics and psychology or public goods. *BJSP, 21*, 121-137.

Stroebe, W., Nijstad, B., & Rietzschel, E. (2010). Beyond productivity loss in brainstorming groups: The evolution of a question. *AESP*, 43, 157-203.

Strong, B., & Devault, C. (1992). *The marriage and family experience*. West Publishing Co.

Stronge, S., et al. (2015). Facebook is linked to body dissatisfaction: Comparing users and non-users. *Springer, 73*(5-6), 200-213.

Studd, M. V. (1996). Sexual harassment. In D. M. Buss & N. M. Malamuth (Eds.), *Sex, power, and conflict: Evolutionary and feminist perspectives*. New York: Oxford University Press.

Suedfeld, P., & Tetlock, P. E. (1977). Integrative complexity of communications in international crises. *JCR, 21*, 169-184.

Sugiyama, T., Leslie, E., Giles-Corti, B., & Owen, N. (2008). Associations of neighbourhood greenness with physical and mental health: do walking, social coherence and local social interaction explain the relationships? *J. of Epidemiology & Community Health, 62*(5), e9-e9.

Suh, E. M. (2002). Culture, identity consistency, and subjective well-being. *JPSP, 83*, 1378-1391.

Suh, E. M. (2007). Downsides of an overly context-sensitive self: Implications from the culture and subjective well-being research. *J. of Personality, 75*, 1321-1343.

Suh, E. M., Diener, E. D., & Updegraff, J. A. (2008). From culture to priming conditions: Self-construal influences on life satisfaction judgments. *JCCP, 39*(1), 3-15.

Suh, E. M., Diener, E., & Fujita, F. (1996). Events and subjective well-being: Only recent events matter. *JPSP, 70*, 1091-1110.

Suler, J. (2004). The online disinhibition effect. *Cyberpsychology & Behavior, 7*(3), 321-326.

Sundararajan, L., Hwang, K-K., & Yeh, K-H. (2020). *Global psychology from indigenous perspectives*. Springer.

Svenson, O. (1981). Are we all less risky and more skillful than our fellow drivers? *Acta Psychologica, 47*(2), 143-148.

Swaab, R. I., & Galinsky, A. D. (2015). Egalitarianism makes organizations stronger: Cross-national variation in institutional and psychological equality predicts talent levels and the performance of national teams. *OBHDP, 129*, 80-92.

Swann, W. B. J., & Jetten, J. (2017). Restoring Agency to the Human Actor. *POPS, 12*(3), 382.

Swann, W. B., Jr, Buhrmester, M. D., Gómez, A., Jetten, J., Bastian, B., Vázquez, A., ... & Zhang, A. (2014). What makes a group worth dying for? Identity fusion fosters perception of familial ties, promoting self-sacrifice. *JPSP, 106*(6), 912.

Swann, W. B., Jr. (1984). Self-verification: Bringing social reality int harmony with the self. In J. Suls and A. G. Greenwald (Eds.), *Psychological perspectives on the self* (Vol. 2). Hillsdale, NJ: Erlbaum.

Swann, W. B., Jr., & Gill, M. J. (1997). Confidence and accuracy in person perception: Do we know what we think we know about our relationship partners? *JPSP, 73*, 747-757.

Swann, W. B., Jr., et al. (1994). "Authenticity and positivity strivings in marriage and courtship. *JPSP, 66*(5), 857-869.

Swann, W. B., Stein-Seroussi, A., & Giesler, R. B. (1992). Why people self-verify. *JPSP, 62*(3), 392-401.

Swann, W., & Hill, C. (1982). When our identities are mistaken. *JPSP, 43*, 59-66.

Sweeney, P., & Moreland, R. L. (1980, August). Self-schemas of gender and the perseverance of beliefs about the self. Paper at the annual convention of the American Psychological Association. Montreal.

Swim, J. K., & Geiger, N. (2018). The gendered nature of stereotypes about climate change opinion groups. *GPIR, 21*(3), 438-456.

Tafarodi, R. I. et al., (2012). What Makes for a Good Life? A Four-Nation Study. *JHS, 13*(5), 783.

Tajfel, H. (1978). *Differentiation between social groups: Studies in the social psychology of intergroup relations*. London: Academic Press.

Tajfel, H. (1982). *Social identity and intergroup relations*. Cambridge, MA: Cambridge University Press.

Tajfel, H., Flament, C., Billig, M., & Bundy, R. (1971). Social categorization and intergroup behavior. *EJSP, 1*, 149-178.

Tam, K.-P. & Chan, H.-W. (2017). Environmental concern has a weaker association with pro-environmental behavior in some societies than others: A cross-cultural psychology perspective. *JEP, 53*, 213-223.

Tamir, M., et al. (2017). The Secret to Happiness: Feeling Good or Feeling Right? *JEP: General, 146*(10), 1448-1459.

Tannenbaum, P. H., & Zillmann, D. (1975). Emotional arousal in the facilitation of aggression through communication. In L. Berkowitz (Ed.), *AESP* (Vol. 8). New York: Academic Press.

Tavris, C., & Aronson, E. (2007). *Mistakes Were Made* (But Not by Me). New York: Harcourt.

Taylor S. E., & Brown, J. D. (1988). Illusion and well-being: A social-psychological perspective on mental health. *PB, 103*, 193-210.

Taylor, D. (1966). The monster. In N. E. Hoopes & R. Peck (Eds.), *Edge of awareness: Twenty-five contemporary essays*. New York: Dell.

Taylor, K. M., & Shepperd, J. A. (1998). Bracing for the worst: Severity, testing, and feedback timing as moderators of the optimistic bias. *PSPB, 24*, 915-926.

Taylor, S. E. (1983). Adjustment to threatening events: A theory of cognitive adaptation. *AP, 38*, 1161-1173.

Taylor, S. E., & Thomoson, S. C. (1982). Stalking the elusive "vividness" effect. *PR, 89*, 155-181.

Taylor, S. E., Lichtman, R. R., & Wood, J. V. (1984). Attributions, beliefs about control, and adjustment to breast cancer. *JPSP, 46*, 489-502.

Taylor, S., Peplaw, L., & Sears, D. O. (1994). *Social Psychology*. New Jersey: Prentice-Hall.

Tedeschi, J., Lindskold, S., & Rosonfeld, P. (1985). *Introduction to social psychology*. New York: West.

Terrell, F., Terrell, I., & Von Drashek, S. (2000). Loneliness and fear of intimacy among adolescents who were taught not to trust strangers during childhood. *Adolescence, 35*(140), 611-617.

Tesser, A. (1988). Toward a self-evaluation maintenance model of social behavior. In L. Berkowitz (Ed.), *AESP* (Vol. 21, pp. 181-227). San Diego, CA: Academic Press.

Tesser, A., & Smith, J. (1980). Some effects of friendship and task relevance on helping: You don't always help the one you like. *JESP, 16*, 582-590.

Tetlock, P. E., Peterson, R. S., McGuire, C., Changes, S., & Feld, P. (1992). Assessing political group dynamics: A test of the groupthink model. *JPSP, 63*, 403-425.

Thaler, R., & Sunstein, C. (2008). *Nudge: Improving decisions about health, wealth and happiness*. 이경식 역(2022). 넛지: 파이널 에디션. 경기: 리더스북.

Thalmayer, A., et al. (2020). The neglected 95% revisited: Is American psychology becoming less American? *AP, 76*(1), 116-129.

Thibaut, J., & Kelley, H. (1959). *The social psychology of groups*. NY: Wiley.

Thibodeau, P. H., & Boroditsky, L. (2011). Metaphors we think with: The role of metaphor in reasoning. *PLoS ONE, 6*(2), e16782.

Thibodeau, P. H., & Boroditsky, L. (2013). Natural language metaphors covertly influence reasoning. *PLoS ONE, 8*(1), e52961.

Thomas, A. (1982). Frank Terpil: Confessions of a dangerous man [Film]. (Available from Studio Film & Tape, Inc., New York)

Thompson, L., & Hastie, R. (1990). Social perception in negotiation. *OBHDP, 47*, 98-123.

Tice, D. M. (1991). Esteem protection or enhancement? Self-handicapping motives and attributions differ by trait self-esteem. *JPSP, 60*, 711-725.

Tinbergen, N. (1955). The curious behavior of the stickle-back. In Scientific American (Ed.), *Twentieth century bestiary*. New York: Simon & Schuster.

Ting-Toomey, S. (1986). Interpersonal ties in intergroup communication. In W. B. Gudykunst (Ed.), *Intergroup communication*. London: Edward Arnold.

To, Christopher, Dylan Wiwad, & Maryam Kouchaki (2023). Economic inequality reduces sense of control and increases the acceptability of self-interested unethical Behavior. *JEP:*

*General, 152*(10), 2747-2774.

Todorov, A., Mandisodza, A. N., Goren, A., & Hall, C. C. (2005). Inferences of competence from faces predict election outcomes. *Science, 308*, 1623-1626.

Topolinski, S., & Strack, F. (2009). The architecture of intuition: Fluency and affect determine intuitive judgments of semantic and visual coherence and judgments of grammaticality in artificial grammar learning. *JEP: General, 138*(1), 39-63.

Torelli, C. J., & Shavitt, S. (2010). Culture and concepts of power. *JPSP, 99*(4), 703-723.

Totman, S. (2021). *Grasping power: Re-thinking the active ingredient in leadership, education, parenting, global survival, forgiveness, restraint, identity*. Wipf and Stock Publishers.

Triandis, H. C. (1989). The self and social behavior in differing cultural contexts. *PR, 96*, 506-520.

Triandis, H. C. (1995). *Individualism and collectivism*. Boulder, CO: Westview Press.

Triandis, H. C., & Gelfand, M. J. (1998). Converging measurement of horizontal and vertical individualism and collectivism. *JPSP, 74*(1), 118-128.

Triandis, H. C., McCusker, C., & Hui, C. H. (1990). Multimethod probes of individualism and collectivism. *Jpsp, 59*(5), 1006-1020.

Triplett, N. D. (1897). The dynamogenic factor in pacemaking and competition. *American J. of Psychology, 9*, 507-533.

Trivers, R. L. (1972). Parental investment and sexual selection. In B. Campbell (Ed.), *Sexual selection and the descent of man 1871-1971* (pp. 136-179). Chicago: Aldine.

Tsai, J., Knutson, B., & Fung, H. (2006). Cultural variation in affect valuation. *JPSP, 90*, 288-307.

Tsay, C. J. (2013). Sight over sound in the judgment of music performance. *PNAS, 110*(36), 14580-14585.

Turner, J. C. (1985). Social categorization and the self-concept: A social cognitive theory of group behaviour. In E. J. Lawler (Ed.), *Advances in Group Process: Theory and Research, vol. 2*. Greenwich, CT: JAI Press.

Turner, J. C., Hogg, M. A., Oakes, P. J., Reicher, S. D., & Wetherell, M. S. (1987). *Rediscovering the social group: A self-categorization theory*. Oxford: Blackwell.

Turner, R. H., & Killian, L. M. (1972). *Collective Behavior*. Englewood Cliffs, NJ: Prentice-Hall.

Tversky A., & Kahneman, D. (1981). The Framing of Decisions and the Psychology of Choice. *Science, 211*, 453-458.

Tversky, A., & Kahneman, D. (1971). Belief in the law of small numbers. *PB, 76*, 105-110.

Tversky, A., & Kahneman, D. (1973). Availability: A heuristic for judging frequency and probability. *Cognitive Psychology, 5*, 207-232.

Tversky, A., & Kahneman, D. (1974). Judgment under uncertainty: Heuristics and biases. *Science, 185*, 1123-1131.

Tversky, A., & Kahneman, D. (1982). Judgement of and by representativeness. In D. Kahneman, P. Slovic, & A. Tversky (Eds.), *Judgement under uncertainty: Heuristics and biases*. Cambridge: Cambridge University Press. 이영애 역(2001). 불확실한 상황에서의 판단. 서울: 아카넷.

Twenge, J. M., & Campbell, W. K. (2003). "Isn't it fun to get the respect that we're going to deserve?" Narcissism, social rejection, and aggression. *PSPB, 29*(2), 261-272.

Twenge, J. M., Campbell, W. K. (2009). *The narcissism epidemic: Living in the age of entitlement*. New York: Free Press.

Tybout, A. M., & Scott, C. A. (1983). Availability of well defined internal knowledge and the attitude formation process: Information aggregation versus self-perception. *JPSP, 44*, 474-491.

Tyler, T. R. (1997). The psychology of legitimacy: A relational perspective on voluntary deference to authorities. *PSPR, 1*, 323-345.

Uchida, Y., & Kitayama, S. (2009). Happiness and unhappiness in east and west: themes and variations. *Emotion, 9*(4), 441-456.

Uenal, F., Sidanius, J., & van der Linden, S. (2022). Social and ecological dominance orientations: Two sides of the same coin? Social and ecological dominance orientations predict decreased support for climate change mitigation policies. *GPIR, 25*(6), 1555-1576.

Uhl, I., et al. (2018). Undesirable effects of threatening climate change information: A cross-cultural study. *GPIR, 21*(3), 513-529.

Ulanov, A. B. (1976). Escape from evil (Book Review). *LJ: Library J., 101*(2), 345.

Uleman, J. S., & Bargh, J. A. (1989). *Unintended thought: Limits of awareness, intention, and control*. New York: Guilford Press.

Vaish, A., et al. (2008). Not all emotions are created equal: The negativity bias in social-emotional development. *PB, 134*(3), 383-403.

Vallacher, R. R., & Wegner, D. M. (1987). What do people think they're doing? Action identification and human behavior. *PR, 94*, 3-15.

Vallacher, R., & Nowak, A. (2000). Landscapes of self-reflection: Mapping the peaks and valleys of personal assessment. In A.

Tessor, R. Felson, & J. Suls (Eds.), *Psychological perspectives on self and identity* (pp. 35-66). Washington DC: American Psychological Association.

Vallins, S. (1966). Cognitive effects of false heart-rate feedback. *JPSP, 4*, 400–408.

Valsiner, J. (2001). Process structure of semiotic mediation in human development. *Human Development, 44*, 84–97.

Valsiner, J., & Van der Veer, R. (2000). *The social mind: Construction of the idea*. Cambidge, UK: Cambridge University Press.

Van Aken, M., Van Lieshout, C., & Haselager, G. (1996). Adolescents' competence and the mutuality of their self-descriptions and descriptions of them provided by others. *J. of Youth and Adolescence, 25*(3), 285–306.

Van Berkum, J. J., Holleman, B., Nieuwland, M., Otten, M., & Murre, J. (2009). Right or wrong? The brain's fast response to morally objectionable statements. *PS, 20*(9), 1092–1099.

Van Boven, L., et al. (2018). Psychological brriers to bipartisan public support for climate policy. *POPS*, 13(4), 492–507.

Van Boven, L., Kamada, A., & Gilovich, T. (1999). The Perceiver as Perceived: Everyday. Intuitions About the Correspondence Bias. *JPSP, 77*(6), 1188–1199.

Van den Berg, A. E., Joye, Y., & Koole, S. L. (2016). Why viewing nature is more fascinating and restorative than viewing buildings: A closer look at perceived complexity. *Urban Forestry & Urban Greening, 20*, 397–401.

van Dijk, W. W., Ouwerkerk, J. W., Goslinga, S., Nieweg, M., & Gallucci, M. (2006). When people fall from grace: Reconsidering the role of envy in schadenfreude. *Emotion, 6*(1), 156–160.

Van Goozen, S. H., et al. (1995). Gender differences in behaviour: Activating effects of cross-sex hormones. *Psychoneuroendocrinology, 20*(4), 343–363.

Van Knippenberg, A., & Van Oers, H. (1984). Social identity and equity concerns in intergropu perceptions. *BJSP, 23*, 351–361.

Van Lange, P. A. M., & Rusbult, C. E. (1995). My relationship is better then-and not as bad as-yours is: The perception of superiority in close relationships. *PSPB, 21*, 32–44.

Van Orden, K. A., Witte, T. K., Cukrowicz, K. C., Braithwaite, S. R., Selby, E. A., & Joiner, T. E., Jr. (2010). The interpersonal theory of suicide. *PR, 117*(2), 575–600.

Van Valkengoed, A. M., & Steg, L. (2019). Meta-analyses of factors motivating climate change adaptation behaviour. *Nature Climate Change, 9*(2), 158–163.

Van Valkengoed, A. M., Wokje, A., & Steg, L. (2022). To select effective interventions for pro-environmental behaviour change, we need to consider determinants of behaviour. *Nature Human Behaviour, 6*(11), 1482.

Vasquez, K., Keltner, D., Ebenbach, D. H., & Banaszynski, T. L. (2001). Cultural variation and similarity in moral rhetorics: Voices from the Philippines and United States. *JCCP, 32*, 93–120.

Vazire, S. (2010). Who knows what about a person? The self-other knowledge asymmetry (SOKA) model. *JPSP, 98*(2), 281–300.

Vera-Gray, F., et al. (2021). Sexual violence as a sexual script in mainstream online pornography. *The British J. of Criminology, 61*(5), 1243–1260.

Verduyn, P., et al. (2015). Passive Facebook usage undermines affective well-being: Experimental and longitudinal evidence. *JEP: General, 144*(2), 480–488.

Verschuere, B., & Shalv, S. (2014). The Truth Comes Naturally! Does It? *J. of Language and Social Psychology, 33*(4), 417–423.

Vescio, T. K., Snyder, M., & Butz, D. (2003). Power in stereotypically masculine domains: A social influence strategy X stereotype match model. *JPSP, 85*, 1062–1078.

Vignoles, V. L., Owe, E., Becker, M., Smith, P. B., Easterbrook, M. J., Brown, R. et al. (2016). Beyond the 'East-West' dichotomy: global variation in cultural models of selfhood. *JEP: General, 145*(8), 966–1000.

Visser, P. S., & Mirabile, R. R. (2004). Attitudes in the social context: The impact of social network composition on individual-level attitude strength. *JPSP, 87*, 779–795.

Vohs, K., Mead, N., & Goode, M. (2008). Merely activating the concept of money changes personal and interpersonal behavior. *Current Directions in PS, 17*(3), 208–212

Vorauer, J. D., & Claude, S. D. (1998). Perceived versus actual transparency of goals in negotiation. *PSPB, 24*, 371–385.

Walasek, L., Bhatia, S., & Brown, G. (2018). Positional goods and the social rank hypothesis: Income inequality affects online chatter about high-and low-status brands on twitter. *J. of Consumer Psychology, 28*(1), 138–148.

Waldinger, R., & Schulz, M. (2023). *The good life: Lessons from the world's longest scientific study of happiness*. Simon and Schuster.

Waldzus, S., & Mummendey, A. (2004). Inclusion in a superordinate category, in-group prototypicality, and attitudes towards out-groups. *JESP, 40*, 466–477.

Walker, I., & Mann, L. (1987). Unemployment, relative deprivation, and social protest. *PSPB, 13*, 275-283.

Walster, E., & Walster, G. W. (1963). Effects of expecting to be liked on choive of associates. *JASP, 67*, 402-404.

Walster, E., Walster, G. W., Piliavin, J., & Schmidt, L. (1973). Playing hard-to-get: Understanding an elusive phenomenon. *JPSP, 26*, 113-121.

Walter, N., & Tukachinsky, R. (2020). A meta-analytic examination of the continued influence of misinformation in the face of correction: How powerful is it, why does it happen, and how to stop it? *Communication Research, 47*(2), 155-177.

Wan, K. C., & Bond, M. H. (1982). Chinese attributions for success and failure under public and anonymous conditions of rating. *Acta Psychologica Taiwanica, 24*, 23-31.

Wang, Z., Jetten, J. & Steffens, N. K. (2023). Restless in an unequal world: Economic inequality fuels the desire for wealth and status. *PSPB*, *49*(6), 871-890.

Ward, W. C., & Jenkins, H. M. (1965). The display of information and the judgment of contingency. *Canadian J. of Psychology, 19*, 231-241.

Wason, P. C., & Johnson-Laird, P. N. (1972). *Psychology of reasoning: Structure and content*. Cambridge, MA: Harvard University Press.

Watson, D., Clark, L., & Tellegen, A. (1988). Development and validation of brief measures of positive and negative affect: The PANAS scales. *JPSP, 54*, 1063-1070.

Watson, T. (1950). Some social and psychological situation related to change in attitude. *Human Relations, 3*, 15-56.

Watts, T. W., et al. (2018). Revisiting the marshmallow test: A conceptual replication investigating links between early delay of gratification and later outcomes. *PS, 29*(7), 1159.

Watzlawick, P., Beavin, J. H., & Jackson, D. (1967). *Progmatics of Human communication: Study of interactional patterns, pathologies, and paradoxes*. New York: W. Norton & Company.

Waugh, C., & Fredrickson, B. (2006). Nice to know you: Positive emotion, self-other overlap, and complex understanding in the formation of a new relationship. *JPP, 1*(2), 93-106.

Wayment, H. A., & Bauer, J. J. (2008). *Transcending Self-Interest: Psychological Explorations of the Quiet Ego*. Washington D.C.: APA.

Wayment, H. A., et al. (2014). The Quiet Ego Scale: Measuring the Compassionate Self-Identity. *JHS: An Interdisciplinary Forum on Subjective Well-Being, 16*(4).

Wayment, H., Al-Kire, R., & Brookshire, K. (2019). Challenged and changed: Quiet ego and posttraumatic growth in mothers raising children with autism spectrum disorder. *Autism, 23*(3), 607-618.

Waytz, A., & Young, L. (2014). Two motivations for two dimensions of mind. *JESP, 55*, 278-283.

Weary, G., & Arkin, R. M. (1981). Attributional self-presentation. In J. H. Harvey. W. J. Lckes & R. F. Kidd (Eds.), *New Directions in attribution theory and research* (Vol. 3). Hillsdale, NJ: Erlbaum.

Webb, E. J., Campbell, D. T., Schwartz, R. D., Sechrest, L., & Grouve, J. B. (1981). *Nonreactive measures in the social sciences* (2nd ed.). Boston: Houghton Mifflin.

Weber, E. U., & Stern, P. C. (2011). Public understanding of climate change in the United States. *AP, 66*(4), 315.

Weber, S., & Cook, T. (1972). Subject effects in laboratory research: An examination of subject roles, demand characteristics, and valid inferences. *PB, 12*, 539-546.

Webster, D. M. (1993). Motivated augmentation and reduction of the overattribution bias. *JPSP, 65*, 261-271.

Wegner, D. M., & Vallacher, R. R. (1977). Implicit psychology: An introduction of social cognition. New York: Oxford University Press.

Wegner, D., & Bargh, J. (1998). Control and automaticity in social life. In D. Gilbert, S. Fiske, & G. Lindzey (Eds.), *The handbook of social psychology vol. 2* (4th ed., pp. 446-496). Boston: McGraw-Hill Companies.

Weigel, R. H., & Newman, L. S. (1976). Increasing attitude-behavior correspondence by broadening the scope of the behavioral measure. *JPSP, 33*, 793-802.

Weimann, G. (2006). *Terror on the Internet: The new arena, the new challenges*. US Institute of Peace Press.

Weinstein, N., Przybylski, A. K., & Ryan, R. M. (2009). Can nature make us more caring? Effects of immersion in nature on intrinsic aspirations and generosity. *PSPB, 35*(10), 1315-1329.

Weisbuch, M., & Ambady, N. (2008). Affective divergence: Automatic responses to others' emotions depend on group membership. *JPSP, 95*(5), 1063-1079.

Weldon, E., & Gargano, G. M (1988). Cognitive loafing: The effects of accountability and shared responsibility on cognitive effort. *PSPB, 14*, 159-171.

Wellman, H. M., Cross, D., & Watson, J. (2001). Meta-analysis of theory-of-mind development: The truth about false belief. *Child Development, 72*, 655-684.

Wells, G. L. (1993). What do we know about eyewitness identification? *AP, 48*, 553-571.

Wells, G. L., & Harvey, J. H. (1977). Do people use consensus information in making causal attributions? *JPSP, 35*, 279-293.

Wells, N., & Lekies, K. (2006). Nature and the life course: Pathways from childhood nature experiences to adult environmentalism. *Children, Youth and Environments, 16*, 1-24.

Werner, C., & Parmelee, P. (1979). Similarity of activity preferences among friends: Those who play together stay together. *SPQ, 42*, 62-66.

Westen, D. (1988). Transference and information processing. *Clinical Psychology Review, 8*, 161-179.

Wheeler, L., & Kim, Y. (1997). What is beautiful is culturally good: The physical attractiveness stereotype has different content in Collectivistic cultures. *PSPB, 23*, 795-800.

White, K., & Argo, J. J. (2009). Social identity threat and consumer preferences. *J. of Consumer Psychology, 19*(3), 313-325.

White, M. P., Pahl, S., Ashbullby, K., Herbert, S., & Depledge, M. H. (2013). Feelings of restoration from recent nature visits. *JEP, 35*, 40-51.

Whiting, B. B. (1963). *Six cultures: Studies of child rearing*. Cambridge, Harvard University Press.

Whitmarsh, L., & O'Neill, S. (2010). Green identity, green living? The role of pro-environmental self-identity in determining consistency across diverse pro-environmental behaviours. *JEP, 30*(3), 305-314.

Whitson, J. A., & Galinsky, A.D. (2008). Lacking control increases illusory pattern perception. *Science, 322*, 115-117.

Wicherts, J. M. (2011). Psychology must learn a lesson from fraud case. *Nature, 480*(7375), 7-7.

Wickham, R. E. (2013). Perceived authenticity in romantic partners. *JESP, 49*(5), 878-887.

Wicklund, R. (1975). Objective self awareness. In L. Berkowitz (Ed.), AESP (Vol. 8, pp. 233-275). New York: Academic Press.

Wiemann, J. M. (1985). Interpersonal control and regulations in conversation. In R. L. Street & J. N. Cappella (Eds.), *Sequence and pattern in communicative behavior*. London: Edward Arnold.

Wilder, D. A. (1977). Perception of groups, size of opposition, and social influence. *JESP, 13*, 253-258.

Wilkinson, R., & Pickett, K. (2010). The spirit level. 전재웅 역 (2012). **평등이 답이다.** 서울: 이후.

Williams, D. R., & Collins, C. (1995). U.S. socioeconomic and racial differences in health: Patterns and explanations. *Annual Review of Sociology, 21*, 349-386.

Williams, E. F., & Gilovich, T. (2012). The better-than-my-average effect: The relative impact of peak and average performances in assessments of the self and others. *JESP, 48*(2), 556-561.

Williams, K. D., Cheung, C. K. T., & Choi, W. (2000). Cyberostracism: Effects of being ignored over the internet. *JPSP, 79*, 748-762.

Williams, T. P., & Sogon, S. (1984). Group composition and conforming behavior in Japanese students'. *Japanese Psychological Research, 26*, 231-234.

Willis, J., & Todorov, A. (2006). First impressions: Making up your mind after a 100-ms exposure to a face. *PS, 17*, 592-598.

Wilson T. D., & Schooler, J. W. (1991). Thinking too much: Introspection can reduce the quality of preferences and decision. *JPSP, 60*, 181-192.

Wilson, D. W., & Schafer, R. B. (1978). Is social psychology interdisciplinary? *PSPB, 4*, 548-552.

Wilson, E. O. (1978). *On human nature*. 이한음 역(2000). **인간본성에 대하여.** 서울: 사이언스북스.

Wilson, E. O. (2012). *The social conquest of earth*. 이한음 역(2013). **지구의 정복자.** 서울: 사이언스북스.

Wilson, J. P., & Rule, N. (2015). Facial trustworthiness predicts extreme criminal-sentencing Outcomes. *PS, 26*(8), 1325-1331.

Wilson, M., & Daly, M. (1996). Male sexual proprietariness and violence against wives. *Current Directions in PS, 5*, 2-7.

Wilson, R. E., et al. (2012). A review of facebook research in the social sciences. *POPS, 7*(3), 203-220.

Wilson, T. D., & Linville, P. W. (1982). Improving the academic performance of college freshmen: Attribution therapy revisited. *JPSP, 42*, 367-376.

Winkielman, P., et al. (2007). Affective influence on judgments and decisions: Moving towards core mechanisms. *Review of General Psychology, 11*(2), 179-192.

Winter, L., & Uleman, J. S. (1984). When are social judgments made? Evidence for the spontaneousness of trait inferences. *JPSP, 47*, 237-252.

Wittenberg, M. T., & Reis, H. T. (1986). Loneliness, social skills, and social perception. *PSPB, 12*, 121-130.

Wojciszke, B. (1994). Multiple meanings of behavior: Construing actions in terms of competence and morality. *JPSP, 67*, 222-232.

Wolsko, C. (2017). Expanding the range of environmental values:

Political orientation, moral foundations, and the common ingroup. *JEP, 51,* 284-294.

Wolsko, C., et al. (2016). Red, white, and blue enough to be green: Effects of moral framing on climate change attitudes and conservation behaviors. *JESP, 65,* 7.

Wolsko, C., Park, B., Judd, C. M., & Wittenbrink, B. (2000). Framing interethnic ideology: Effects of multicultural and color-blind perspectives on judgments of groups and individuals. *JPSP, 78,* 635-654.

Won-Doornink. M. (1985) Self-disclosure and reciprocity in conversation: A cross-national study. *SPQ, 48,* 97-107.

Wood, A. M., et al. (2008). The authentic personality: A theoretical and empirical conceptualization and the development of the Authenticity Scale. *J. of Counseling Psychology, 55*(3), 385-399.

Wood, W. (1982). Retrieval of attitude-relevant. information from memory: Effects on susceptibility to persuasion and on intrinsic motivation. *JPSP, 42,* 798-810.

Wood, W., & Kallgren, C. A. (1988). Communicator attributes and persuasion: Recipients' access to attitude-relevant information in memory. *PSPB, 14,* 172-182.

Wood, W., Kallgren, C., & Priesler, R. (1985). Access to attitude-relevant information in memory as a determinant of persuasion: The role of message attributes. *JESP, 21,* 73-85.

Wood, W., Lundgren, S., Ouellette, J., Busceme, S., & Blackstone, T. (1994). Minority influence: A meta-analytic review of social influence processes. *PB, 115*(3), 323-345.

Woods, R., Coen, S., & Fernández, A. (2018). Moral (dis) engagement with anthropogenic climate change in online comments on newspaper articles. *J. of Community & Applied Social Psychology, 28*(4), 244-257.

Woolley, A. W., et al. (2015). Collective intelligence and group performance. *Current Directions in PS,* 24(6), 420-424.

Word, C., Zanna, M., & Cooper, J. (1974). The nonverbal mediation of self-fulfilling prophecy in interracial interaction. *JESP, 10,* 109-120.

World Inequality Lab (2018). World inequality report: Executive summary. https://wir2018.wid.world/files/download/wir2018-summary-english.pdf.

Worth, L. T., & Mackie, D. M. (1987). Cognitive mediation of positive affect in persuasion. *Social Cognition, 5,* 76-94.

Worthington, E. L. J. (1998). Empirical research in forgiveness: Looking backward, looking forward. In J. E. L. Worthingtin (Ed.), *Dimensions of forgiveness* (pp. 321-339). Philadelphia: Templeton Foundation Press.

Wright, S., Aron, A., McLaughlin-Volpe, T., & Ropp, S. (1997). The extended contact effect: Knowledge of cross-group friendships and prejudice. *JPSP, 73*(1), 73-90.

Wyer, N. A. (2004). Not all stereotypic biases are created equal: Evidence for a stereotype-disconfirming bias. *PSPB, 30,* 706-720.

Xie, J., Sreenivasan, S., Korniss, G., Zhang, W., Lim, C., & Szymanski, B. K. (2011). Social consensus through the influence of committed minorities. *Physical Review E, 84*(1), 011130.

Yamagishi, T. (2011). *Trust: The evolutionary game of mind and society.* Springer Science & Business Media.

Yang, C. F. (2000). *A conceptualization of the Chinese interpersonal emotion, "Qing".* Presented at the International Association for Cross-Cultural Psychology. July, Pultusk, Poland.

Yip, P. S. F., et al. (2015). The roles of culture and gender in the relationship between divorce and suicide risk: A meta-analysis. *Social Science & Medicine, 128,* 87-94.

Young, R. (1958). *Congressional politics in the second world War.* Columbia University Press.

Young, S. M., & Pinsky, D. (2006). *Narcissism and celebrity. J. of Research in Personality, 40*(5), 463-471.

Young, S. M., et al. (2016). It's all about all of us: The rise of Narcissism and Its implications for management control system research. *J. of Management Accounting Research, 28*(1), 39-55.

Yu, F., Peng, T., Peng, K., Tang, S., Chen, C. S., Qian, X., . . . & Chai, F. (2016). Cultural value shifting in pronoun use. *JCCP, 47,* 310-316.

Yun, K. S., Ha, K. J., & Wang, B. (2010). Impacts of tropical ocean warming on East Asian summer climate. *Geophysical Research Letters, 37*(20).

Zadro, L., Williams, K. D., & Richardson, R. (2004). How low can you go? Ostracism by a computer is sufficient to lower self-reported levels of belonging, control, self-esteem, and meaningful existence. *JESP, 40,* 560-567.

Zajonc, R. B. (1980). Feeling and thinking: Preferences need no inferences. *AP, 35,* 151-175.

Zanna, M. P., & Aziza, C. (1976). On the interaction of repression-sensitization and attention in resolving cognitive dissonance. *JPSP, 44,* 577-593.

Zdaniuk, B., & LeVine, J. M. (1996). Anticipated interaction and thought generation: The role of faction size. *BJSP, 35,* 201-218.

Zebrowitz, L. A., & Collins, M. A. (1997). Accurate social perception at zero acquaintance: The affordances of a Gibsonian approach. *PSPR, 1*, 204-223.

Zebrowitz, L. A., & McDonald, S. (1991). The impact of litigants babyfacedness and attractiveness on adjudications in small claims courts. *Law and Human Behavior, 15*, 603-624.

Zebrowitz, L. A., & Montepare, J. (2005). Appearance DOES matter. *Science, 308*, 1565-1566.

Zelenski, J. M., & Nisbet, E. K. (2014). Happiness and feeling connected: The distinct role of nature relatedness. *Environment and Behavior, 46*(1), 3-23.

Zelenski, J. M., Dopko, R. L., & Capaldi, C. A. (2015). Cooperation is in our nature: Nature exposure may promote cooperative and environmentally sustainable behavior. *JEP, 42,* 24-31.

Zell-Ziegler, C., Thema, J., Best, B., Wiese, F., Lage, J., Schmidt, A., ... & Stagl, S. (2021). Enough? The role of sufficiency in European energy and climate plans. *Energy Policy, 157*, 112483.

Zhen, Z., Fang, H., & Liu, J. (2013). The hierarchical brain network for face recognition. *PloS one, 8*(3), e59886.

Zhong, C.-B., & Leonardelli, G. F. (2008). Cold and lonely: Does social exclusion literally feel cold? *PS, 19*, 838-842.

Zhong, C.-B., & K. Liljenquist (2006). Washing Away Your Sins: Threatened Morality and Physical Cleansing. *Science, 313*(5792), 1451-1452.

Zhong, C.-B., et al. (2010). Good lamps are the best police: Darkness increases dishonesty and self-interested behavior. *PS, 21*(3), 311-314.

Zhu, Y., Zhang, L., Fan, J., & Han, S. (2007). Neural basis of cultural influence on self-representation. *NeuroImage, 34*, 1310-1316.

Zillmann, D., Johnson. R. C., & Day, K. D. (1974). Attribution of apparent arousal and proficiency of recovery from sympathetic activation affecting excitation transfer to aggressive behavior. *JESP, 10*, 503-515.

Zimbardo, P. G. (1970). The human choice: Individuation, reason, and order versus deindividuation, impulse, and chaos. In W. J. Arnold & D. Levine (Eds.), *1969 Nebraska Symposium on Motivation* (pp. 237-307). Lincoln, NE: University of Nebraska Press.

Zitek, E. M., Jordan, A. H., Monin, B., & Leach, F. R. (2010). Victim entitlement to behave selfishly. *JPSP, 98*(2), 245.

Zuckerman, M., Kieffer, S., & Knee, C. R. (1998). Consequences of self-handicapping: Effects on coping, academic performance, and adjustment. *JPSP, 74*(6), 1619-1628.

## 참고문헌

## 저자 소개

### 한규석(Han Gyuseog)

미국 오하이오 대학교(Ohio University)에서 심리학 박사학위(1986)를 취득하고, 1987년부터 퇴임 시(2019)까지 전남대학교 심리학과 교수로 재직하였다. 사회 및 성격심리학회 회장(19대, 2002~2004), 사단법인 한국심리학회 편집위원장(2000~2001)과 부회장(2006~2007)을 역임하였다. 한국심리학회, 미국심리학회 및 국제비교문화심리학회, 국제 언어 및 사회심리학회, 아시아 사회심리학회, 우리말로학문하기 모임의 정회원이었다. 전공분야는 사회·문화심리학이며, 한국인이 보이는 사회문화적 심리의 특징에 대하여 연구 관심을 가지고 있다. 특히 서열적 교류의 심리와 한국인의 바탕말에 녹아 있는 '쪽' 세계관(본서 12장 참조)에 터한 심리현상의 이해와 이를 적용하는 삶의 가능성과 실천에 깊은 관심을 지니고 있다. 관심을 같이 하는 연구자들과의 공동연구와 논의를 환영한다.

이메일: ghan@jnu.ac.kr

# 사회심리학의 이해(5판)

SOCIAL PSYCHOLOGY (5th ed.)

1995년 2월 25일 1판 1쇄 발행
2001년 3월 10일 1판 8쇄 발행
2002년 2월 25일 2판 1쇄 발행
2009년 8월 20일 2판 13쇄 발행
2009년 9월 15일 3판 1쇄 발행
2016년 8월 20일 3판 14쇄 발행
2017년 2월 25일 4판 1쇄 발행
2024년 9월 25일 4판 12쇄 발행
2025년 3월 30일 5판 1쇄 발행
2026년 1월 20일 5판 2쇄 발행

지은이 • 한규석
펴낸이 • 김진환
펴낸곳 • (주) 학지사
04031 서울특별시 마포구 양화로 15길 20 마인드월드빌딩
대표전화 • 02-330-5114 팩스 • 02-324-2345
등록번호 • 제313-2006-000265호

홈페이지 • http://www.hakjisa.co.kr
인스타그램 • https://www.instagram.com/hakjisabook

ISBN 978-89-997-3355-0 93180

정가 36,000원